让 我 们 一 起 追 寻

Heinrich August Winkler

〔德〕海因里希·奥古斯特·温克勒　著
杨丽　李鸥　译

WEIMAR

1918-1933

DIE GESCHICHTE DER
ERSTEN DEUTSCHEN DEMOKRATIE

魏玛共和国

1918~1933

社会科学文献出版社
SOCIAL SCIENCES ACADEMIC PRESS (CHINA)

目　录

译者导读

德意志历史上第一个共和国——魏玛共和国，于 1918 年 11 月 7 日诞生在第一次世界大战战后的废墟之上，卒于 1933 年 1 月 30 日那个阴霾的冬日。这一天，希特勒的纳粹党接管了德国政权。在十余年的短暂生涯中，魏玛共和国力图甩掉旧时代的种种弊端，努力向着民主与和平前行，但是仍然不敌世界经济危机带来的动乱和国内的严重社会矛盾，最后倒在了各种保守势力和极端势力的围剿中。

魏玛共和国①的历史恰似一颗一闪即逝的流星，划过漫漫的黑夜，它的轨迹弧线照射出耀眼的光芒，记录了德国人民不断努力，力图克服《凡尔赛和约》带来的弊病，为后世留下不可多得的经验和教训。

在本书中，德国历史学家温克勒教授围绕一个核心主题，按照时间顺序铺开了这幅历史画卷：为什么会走到 1933 年希特勒上台的这一步，从而导致德国废弃共和制，继而发动了世界上最疯狂的战争？作者重在陈述这十余年发生的种种事件、各届政府频频出现的危机、渴望救国救民的政治家力挽狂澜的尝试、两害相权取其轻的踌躇，以期从中找出答案。

---

① 《魏玛宪法》第一条写道：“德意志帝国为共和制”（Das Deutsche Reich ist eine Republik）。即当时的正式国名为“德意志帝国”，体制为议会共和制。因此魏玛时期皆称总理为帝国总理，部长为帝国部长等，中文译文也保留了这种表述。

1918 年初冬，德国已经无力挽回一战的败局，德皇威廉二世出逃国外。各种势力集结在德国首都柏林，为了安全召开第一次国民会议，地址是距离柏林约 200 千米的魏玛。选址在为世界贡献了大文豪和古典人道主义理想家的魏玛，而非柏林，可谓寓意深长。一战战败后，德国人希望能够借此抛弃军国主义、专制主义的旧形象，向世界宣告，在歌德和席勒的故乡，一个文化的、理性的、民主的崭新德国诞生了，也暗暗希冀在进行战后赔款事宜和谈时，战胜国能够顾及魏玛这个名字的辉煌历史。“魏玛共和国”这一称呼是后世历史学家的称呼，并不是政府的正式用名。魏玛共和国也被称为“第一共和国”。

从建国起的那一天，魏玛共和国就一直着力解决《凡尔赛和约》规定的巨额赔款方面的问题。在西方，没有哪一个国家像魏玛共和国这样，经历过如此严重的经济危机。战后不久，政治局面还未稳定，就发生了恶性通货膨胀，竟然出现“上午买面包的钱，下午连面包渣也买不起”的场景。然而，哪些国民在这次经济危机中损失惨重，大容克地主和资本家如何从中受益？这次恶性通货膨胀在德国人的集体记忆中长期停留，挥之不去，继而影响着现代德国政治家的决策。温克勒的分析鞭辟入里，读到此处难免令人掩卷沉思。

如何在国际上改善德国的政治地位，修缮和战胜国的关系，特别是和邻国法兰西的关系，也与这个年轻共和国的生死存亡休戚相关。第一次世界大战的惨烈后果令睿智的政治家看到为保证欧洲和平，德国和法国必须建立友好睦邻关系。1926 年，和法国外长白里安一起荣获诺贝尔和平奖的是享有魏玛共和国最伟大政治家美名的德国外长施特雷泽曼，在这位外交官的不懈努力下，意在争霸欧洲大陆、彼此虎视眈眈的两个宿敌转为携手共进，为欧洲一段时间内的和平发展奠定了基础。

对魏玛共和国宪法的分析，也是贯穿全书的一条主线。倾注了德国自由主义精英大量心血的《魏玛宪法》，体现着德国人的严谨和深思熟虑。对德国而言，最重要的在于《魏玛宪法》终结了德国帝制传统，宣告了一个民主共和德国的诞生。但《魏玛宪法》的缔造者们并未停留在单纯照搬英式的议会制或美式的总统制，而是试图创造性地实现议会制和总统制的衔接，创立一种半议会制、半总统制的新政体。这一设计看似完美精巧，却未能经受住德国现实的严峻考验。在代表保守力量的兴登堡总统与议会的冲突中，《魏玛宪法》的缺陷暴露无遗：最致命的条款就是第 48 条紧急状态法。兴登堡通过持续使用第 48 条足以规避议会对总统的监督，最终导致总统权力的失控。希特勒则将《魏玛宪法》的漏洞利用到了极致，而各党派政治家因囿于文字中的条条框框，德国人性格中根植的固执，或者宪法中的时间规定等限制，竟然无法阻止希勒特组阁，最终酿成悲剧性结局。

史料丰富，用实例说话是此书的一大特点。每一次选举结果，每一个政党的竞选口号，都完整地呈现给读者。每一次国民议会的重大争执，每一项重大决策的出台，每一次左右权衡的考量，每一场政治势力的输赢，都辅助以翔实的历史记录。例如兴登堡两次荣登共和国总统宝座的详细选举情况，他如何在 1925 年第一次选举的第二轮中险胜，第三个获选票不多的候选人如何助力这位威廉皇帝时代的军中遗老，直至其顺利掌握共和国的生杀大权？援引政府要人的书信往来，温克勒让读者能更直观地理解决策者的矛盾心态，议会档案记录的整理和展示，为后人了解各党派争论的主题和论点，以及研究和总结历史经验提供了难得的视角。

温克勒这位历史学家并未仅仅停留在搜集史料的阶段，而是循序渐进地剖析每个重大决策前，决策者面临的挑战和难题，以及各届政府和其领导人在举步维艰的历史环境中，如何两害相权取其轻。有时，历史并未给决策人留下任何迂回的空间；有时，后人会顿足叹息没有抓住可能会扭转乾坤的机会。历史没有如果，发生的就是发生了。但是，反复探讨其他可能性和抉择，会为后世提供审视和思考的余地，吸取历史教训。

魏玛共和国的历史上留下一连串闪闪发光的名字。他们在《魏玛共和国》这本书中栩栩如生，他们的音容笑貌，他们的思维过程，他们的决策背景以及悲剧般的结局：德国社会民主党创始人之一威廉·李卜克内西，和卡尔·李卜克内西一同在柏林遇害的罗莎·卢森堡，提出修正暴力革命理论的伯恩施坦，借助德国地租马克结束德国恶性通货膨胀的金融天才汉斯·路德，1930 年到 1932 年担任总理、清教徒似的布吕宁——他秉持“距离胜利还有 100 米”的方针，提出修正《凡尔赛和约》中的赔款条约已近在咫尺，敦请德国人为此节衣缩食，以向国际社会证明，德国已经竭尽全力，但实在无力偿还。还有时任德国外长的施特雷泽曼。他在魏玛数个内阁中均担任外长，一直致力于打破德国孤立的僵局，和平修改《凡尔赛和约》，促成道威斯计划的制订，以及 1926 年国联接纳德国作为会员国。不幸的是，1929 年，年仅 51 岁的施特雷泽曼心脏病发作离世。如果他能再坚持几年，或许会阻止住纳粹运动的发展，德国的历史可能会转上另一个轨道。

这些充满矛盾的人物和事件，在温克勒的笔下是那么有温度，有细节。每一次国会的争论，每一次大事件的发生，都令人身临其境。如此多的巧合或命运的摆弄，致使在 1933 年的 1 月底，一个阴冷的柏林冬日，魏玛共和国不幸倒下。

纵观全书，作者将主要篇幅集中于还原魏玛共和国从诞生到消亡的发展历史，以及其中或场面宏大的历史事件，或影响深远的人物及其行为，研究方式严谨、科学，描写叙述客观。在极个别情况下，限于作者的教育背景和所处环境，或者是忠于原始史料的描述需要，对某些历史事件中社团组织的活动和个人行为的描述不完全准确，敬请读者留意。翻译如此大部头的著作，难免挂一漏万，欢迎读者批评指正。

《魏玛共和国》这部书以丰厚的史料见长，语言精练，感情深沉，读起来如同一部侦探小说，紧张而扣人心弦，睿智的分析更是令人醍醐灌顶。字里行间凝聚着作者对他的祖国的热爱，跳动着他对挽救厄运的尝试发自内心的深情赞美和顿足叹息。

最后，让我们跟随着温克勒的文字和思绪，让时光回溯到 100 年前，来一次魏玛共和国的深度之旅。在尘封的档案中，史海钩沉，从德国第一共和国的成功与失败中，汲取难得的宝贵经验与教训。

新版前言

I 不断延长的时间间隔并不一定意味着一个历史时期已经离我们越来越远。1993年，眼前的这部《魏玛共和国》德文版第一版出版时，德意志第一共和国的覆灭已经过去了60年。“魏玛”看起来比任何时候都更像是德国历史中一个完结的篇章。今天，在四分之一个世纪之后，人们相比那时会更加经常地听到针对“魏玛局势”（Weimarer Verhältnisse）的警告。虽然历史学家早就不再像两德统一之前的几十年中，如此激情澎湃地争论1918~1933年的德国历史，但是，在更加广阔的公开场合还活跃着一些历史观，其起源可以部分追溯到这个国家的成立时期，它诞生于一百年前（1918年11月）第一次世界大战最后的革命斗争中。

在柏林，每年1月中旬，极左翼群体都会纪念1918年的一月起义，但柏林工人阶级中一部分人的真正起义目的却几乎无人提及：阻止具有立宪性质的德国国民议会举行的选举，因为它会威胁遥遥无期的无产阶级专政。而在政治光谱的另一侧，即极右翼群体那里，人们最近却在试图重提“保守主义革命”的遗产——所谓“保守主义革命”是指20世纪20年代以及30年代早期反自由的知识分子运动，这一运动根本性地破坏了议会民主，并在受过教育的中产阶级中为支持希特勒的上台奠定了基础。如今，联邦议会中不仅有一个党派认为自己是第一共和国的德国共产党的继承者，而且从 2017 年开始还出现了另一个党派，虽然没有明确提及魏玛先辈，但不容忽视的是它秉持魏玛时期的国民权利的传统，尤其体现在该党奉行的那种德国民族主义变体上。

不过目前还谈不上是“魏玛局势”。因为现在既没有以推翻民主宪制国家为目标的左翼或者右翼民众运动，也没有产生尝试发动内战的政党军队。而且在 2017 年 9 月的联邦议会大选之后，德意志联邦共和国离 1930 年之后那样的民主危机依然很遥远。渐渐增多的党派虽然使政府的组建更加困难，但是这也可以被认作德国版欧洲标准化进程的标志。因为存在着广泛的宪法共识，并且在欧洲政策、外交政策和安全政策这些根本问题上，“正统”的民主政党之间的共识有着坚固的基础， Ⅱ
由此，一个必须依靠不断变动的多数意见的政府与德意志第一共和国中具有不同性质的政治不稳定状态的政府是不一样的。所以说，人们不能从被大量引述的“魏玛经验”中推导出被迫组建大联合政府的必然性。

1948 年秋天，当位于波恩的制宪会议打算为德意志联邦共和国制定宪法的时候，它认为其主要任务在于从德意志第一共和国的失败中总结具体结论。尝试从魏玛借鉴经验的结果是制定出防御性的、代议制的，以保证立宪机构运作能力的要求为导向的“总理民主”宪法。尽管一开始很多人抱有疑虑，这部宪法还是为人们所谓的联邦共和国“成功史”做出了决定性贡献。这部在 70 年前制定的宪法是当时为西德量身定制的权宜之计。然而，它在“旧”联邦共和国经受住了考验，因此它在核心部分没有改变的情况下，今天仍在重新统一的德国发挥着效力。

目前有争议的只是制定宪法的先辈们从魏玛汲取的教训中的一点，即他们广泛地拒绝了所有形式的直接民主。这一决定的批评者们习惯指出，第一共和国的失败并不是因为公民表决太多，而是因为国民议会中民主主义者太少。但这一指责只是表面上看起来正确，因此人们可以反驳说，在帝国层面上进行的两次民众裁决——1926 年的没收亲王财产（Fürstenenteignung）和 1929 年的青年计划——不仅没有为巩固民主党派地位做出贡献，反而加强了他们处在左派和右派边缘的对手，也就是说在第一次裁决中加强了共产党人的实力，在第二次裁决中加强了民族社会主义德国工人党人的实力。

在民众裁决中只在否决中一致、对于建设性合作却无能为力的各种力量，它们联合起来的危险至少在“更高”的、民族国家的层面上仍然是反对民众和议会之间竞争性立法行为的主要论据之一。在法学家和政治学家恩斯特·弗兰克尔（Ernst Fraenkel）发表于 1958 年的一篇文章中，以一种判决形式做出的表述依然有效：“一个不信任其议会具有代理能力的民族，必会忍受一种民主少数派情结的折磨。”

如果说魏玛共和国的失败有最决定性的一个原因，那么它就是针对存在于德国社会所有领域，尤其是受过教育的市民阶层中的西方民主做出了大规模保留。这些保留的深刻原因在于德国政治文化的当权者特色，在于德国大部分精英面对不可剥
Ⅲ 夺的人权、民众独立性和“代理议会”这些观点时的距离，在于 18 世纪末期两次大西洋革命，即 1776 年美国革命和 1789 年法国大革命的遗产，这些遗产可以用西方标准化工程这一概念进行概括。

虽然德国在帝制国家的时代就已经是一个法治和立宪国

家，它却是在 1918 年秋天第一次世界大战的军事失败中才成为议会民主制国家的。在德意志第一共和国所有的不利遗传因素中，这也许是最沉重的一点。虽然面对着自由主义新政体的持续敌视，但是魏玛通过民族主义权力在社会政策、住房建设政策和健康政策领域做出的改革和创新在国际比较中也是值得高度关注的。在知识和文化方面，德意志第一共和国散发出直到今天依然继续产生着影响的魅力。

在帝国和地方层面，德国在 1918 年之后才第一次获得机会去积累议会民主制方面的经验，所以，当到了建立一个新的民主国家的时候，变得聪明的魏玛人在波恩的制宪会议上就能够从中汲取知识。1975 年初在纽约，在希特勒逼迫之下流亡的魏玛政治家、帝国议会议员、普鲁士地方议会中社会民主党派的副主席恩斯特·汉姆伯格（Ernst Hamburger）在一次和我的谈话中，用下面的话总结了这一事实："波恩没有变成魏玛，也是因为以前有过魏玛。"

1930 年之后将魏玛带向衰亡的民主仇视已经不再是当代的问题了。在今天，西方的民主受到的威胁主要来自对民主理解过于简单的民主人士。与形形色色的民粹主义者的理解不同，民主，比仅仅表达多数派的意愿要内涵丰富得多。它是以这样一种宪法现实为前提，在其中，权力统治、权力分配，尤其是司法的独立性都获得了保障，在其中，少数派和多数派一样享有人权和公民权。正是这样一种西方政治文化，德国对它反抗了如此之久，直到 1933 年至 1945 年的灾难之后，才对它长期有效地秉持开放态度——这是一种迫切需要捍卫的文化。在可以从魏玛共和国的历史中推导出来的所有教训中，这是最重要的一条。

眼前的这部魏玛共和国史是我主要在1990年至1992年撰写的。在写作过程中，我得以依据自己的前期工作，其中就有我出版于1984年至1987年的三卷本《魏玛共和国工人和工人
Ⅳ 运动史》。这份文稿的大部分是我在慕尼黑历史研究所进行为期一年的研修期间完成的。1991年，我邀请了国内外的专业人士前来历史研究所参加了“1930~1933年的德国国家危机——回旋余地和其他选择”这一学术讨论会，我从中学到了很多东西。这次大会的论文集于1992年在慕尼黑奥尔登伯格（R. Oldenbourg）出版社出版。

我对于魏玛共和国及其建立、发展、衰落，以及其在德国历史中的位置的观点，自本书第一版出版以来并未发生改变。因此我仅对小的文字错误进行修改。此外，本次新版的主体内容相对于2005年出版的第四版而言没有变化。

海因里希·奥古斯特·温克勒

2018年1月，柏林

序

从德意志帝国的灭亡到“第三帝国”的兴起，德国经历了历史上极具争议的 14 年。史书上称为“魏玛共和国”的这个历史章节，是古典现代派的伟大实验室，是文化崛起的岁月，是摆脱空泛习俗束缚的解放，是国际化艺术和知识前卫的凯旋。然而，一提到德意志第一共和国，人们就会联想到无数次暴力政变尝试、疯狂的通货膨胀、大规模失业和政治激进主义、民主的危机以及最终的灭亡。这个民主共和国是从第一次世界大战德国的军事失败中诞生的，因此它在许多德国人眼中从一开始就带有自身的缺陷。 11

魏玛共和国之后发生的林林总总如此恐怖，以致我们必须将德意志第一共和国的失败视为世界历史上的大灾难。正因为如此，我们在关注魏玛时就不能回避这样一个问题：什么导致了 1933 年的事情发生？因此，撰写一部魏玛史也必然是一项善后的反思工作。

我们从魏玛的失败着手研究，并非要假设这种失败是不可避免的。追究共和国灭亡的原因与这样一个问题有着密不可分的联系：魏玛当时有多少活动余地和选择可能？也就是说，当年的境况能给予决策者多少空间？我们只有尽可能从源头去研究这个主题，才能回答这个双重问题。同时，这个问题迫使我们将注意力集中在这个问题的本质上。所以，我不可能也不希望把这本书写成一部魏玛共和国“全史”。这不是一部百科全书，而是围绕政治问题展开的一幅历史画卷。

魏玛不仅是“第三帝国”的前身，它也是“帝制德国”的后续。三者密不可分，但魏玛又和二者截然不同。魏玛也是德国人学习议会制民主的第一次重大机会，从这个意义上讲，魏玛属于“老”联邦共和国[1]的历史，而这个联邦共和国经历了第二次民主的学习过程。分析魏玛对波恩带来了影响，对德意志帝国的第二个继承国——德意志民主共和国来说也是如此，但影响的方式截然不同。1990 年完成统一的德国再次成为，迄今只有魏玛共和国或至少是其创建者想要建立的：一个民主的德意志民族国家。

12 民主和民族国家，这两者能在德国并存吗？对此的怀疑之声在德国内外都能听到。有人会问，波恩共和国之所以成为如此成功的民主制国家，难道不是因为它把自己当作一个“后民族的”、以普遍价值观为导向的“宪法爱国主义”共同体吗？统一后的德国的确不能再把自己定义为“后民族”国家，但它也不再是经典意义上的民族国家，而从一开始就是一个融入超民族共同体内的后经典意义的民族国家。困扰魏玛的民主和民族间的冲突此时不再重复，因为第一共和国的经验仍然历历在目，正如于尔根·哈贝马斯（Jürgen Habermas）1986 年在《历史学家之争》（*Historikerstreit*）一书中所说，德国在战后取得的一项伟大的精神成就是“联邦共和国毫无保留地对西方政治文化开放”。

将魏玛民主纳入德国民族国家的历史，最重要的就是以下

---

① 指东西德合并前的西德。（如无特别说明，本书页下注释均为译者注。）

问题。德意志第一共和国的 14 年是一个戏剧性的时代，历史学者既不应该试图去戏剧化，也不应该否认历史会出现悲剧：那些本意良好的人，例如民主和法治国家的坚定捍卫者，他们没有机会在“正确”和“错误”之间做出选择，而只能做出二害相权取其轻的抉择。这种抉择的后果可能是致命的，但谈论这个问题并不是在表达无可奈何的宿命论。只要去探询历史的明朗程度就不能排除这样一个事实，即在具体的情况下，历史局势不及观察者回顾历史时所希望的那样明朗。

本书重在陈述事件而不是梳理结构，以叙述见长。在一些读者看来，这种做法未免有些老派。但是，结构在某种程度上随着事件的铺展显现出来，叙述也是一种分析。然而，叙述与分析都是围绕着一个问题而展开的：为什么会走到 1933 年这一步？本书在结尾处尝试找出答案。这一尝试是否成功，则由读者自己定夺。

1. 棘手的遗产

13 德意志帝国垮台近两年半后的 1921 年 3 月，社会民主党理论家爱德华·伯恩斯坦（Eduard Bernstein）完成了他的著作《德国革命，起源、历程和结果》（*Die deutsche Revolution, ihr Ursprung, ihr Verlauf und ihr Werk*）。当年这位 71 岁高龄的作者试图为自己也为同代人阐明，为什么在德国的国家变革完全不同于历史上其他所有重大革命，为什么它不那么激进。伯恩斯坦认为，德国革命的温和主要有两个原因。第一个原因是社会发展程度。根据伯恩斯坦的观点，社会受教育程度越低，就越易于接受用激进变革的方式。“内部结构越复杂，劳动分工越细致，各个机构的协作已经定型，如果尝试在很短的时间内，用暴力彻底改变它们的内容和形式，那么生存机会遭到严重损害的危险性就越大。无论在理论上是否还需要对这个观点论证，社会民主党的关键领导人都从实际情况的认知中领悟出这个道理，并用它指导了自己的革命实践。”

伯恩斯坦认为，德国革命温和的第二个原因是德国已经实现了某种程度的民主化：“由于半封建机构的继续存在，军方在政治生活的重要问题上占据支配地位，这些虽然令德国相对落后，但是作为行政管理国家，现有的国家机器实现了初级民主化，这意味着向社会主义迈进了一大步。革命之前这些苗头就已显现。在帝国层面、邦层面和社区实现的民主化，进入立法和行政机构中的工人代表发挥的作用，都起到了有效的杠杆作用，促进了社会主义意义上的法律和措施的落实，因此在这方面，德意志帝国可以与政治上先进的国家媲美。”[1]

对伯恩斯坦的论点简单地加以概括，德国不能实行激进变革，就是因为它一方面工业化程度过高，另一方面又过于民主。让我们首先看一看这个双重论点中的第一个方面。西方的
所有“经典”革命，如 17 世纪的英国革命、1776 年的美国革 14
命和 1789 年的法国革命，确实都发生在工业生产方式大变革之前，也就是说发生在以农业为主的社会中。那些东方的大型革命，如俄国革命和中国革命也是如此。在农业社会中，大多数人可以在一段时间内为自己提供生活必需品。在这种社会中，可以彻头彻尾地更换国家机构，而不使经济和社会陷入混乱。而在复杂的、分工严谨的工业社会中，情况则不同。这里的多数人严重依赖国家和地方当局的服务，以至于公共服务的崩溃必然令整个社会生活陷入瘫痪。如同后来的作家里夏德·勒文塔尔（Richard Löwenthal）一针见血指出的，这种局面造成了在工业社会中出现了一种敌视革命的“拒绝混乱的条件反射”。[2]

并不一定是艾伯特领导的多数派社会民主党①的追随者，才会在 1918 年底得出和伯恩斯坦同样的结论。伯恩斯坦是反马克思主义的著名批评家，1917 年他和德国社会民主党分道扬镳，他因为反对德国社会民主党 1917 年投票同意发放战争贷款，暂时加入德国独立社会民主党。不伦瑞克的独立社会民

---

① 德国多数派社会民主党（MSPD）是 1917～1922 年社会民主党（SPD）的非正式名称，主要是为了强调与独立社会民主党（USPD）的区别。

主党机关报《人民之友》（*Volksfreund*）在1918年11月23日写道："经济生活如同一个组织，一台机器。所有部分彼此之间相互交织。高度文明的民族有机体非常复杂。它无法承受任何形式的停滞不前，否则很快会彻底崩溃。"[3]

海因里希·施特勒贝尔（Heinrich Ströbel）是独立社会民主党右翼的一名领袖，他在1920年也表达了类似的观点。"德国绝不能进行委员会专制以及立即践行全部社会化，因为那将是对经济和政治选项的一个致命误解。极端激进的左翼无产者以为德国可以完全效仿俄国模式。俄国是农业国，只有十分之一的人口靠工业为生，因此能够忍受工业生产的暂时瘫痪和中断，而不会造成灾难。失业工人可以在平原农村或红军中找到栖息之处。但是在德国，三分之二的人口靠工业和商业生存，他们将以什么为生？如果无计划的生产社会化令全部工业设备陷入停工，这4000多万人怎么办？"[4]

同时代的批评家认为，德国属于高度工业化国家，所以从一开始革命的深度就有局限。但同时，工业化又是1918～1919
15 年革命的先决条件。正是先进的社会立宪与落后的政治制度的矛盾，深深地制约着这个帝制国家，并使它早在1914年前就陷入不断的危机中。没有这种矛盾，就根本不会有采用革命的方案去解决危机的尝试。

帝制德国的根本矛盾存在于其建国时的逻辑。1848～1849年，自由主义者和民主党人试图建立一个统一和自由德国的努力失败。1866～1871年，俾斯麦"自上而下的革命"是对自下而上革命失败的一种反应。帝国的建立为德国人带来了渴望已久的统一，但是俾斯麦不能也不想实现议会制意义上的自由，从而赋予自由资产阶级政治权利。1866年战胜奥地利后，他迎合了旧普鲁士上层提出的自由要求，即王室、贵族、军队和高级公务员的要求，自由资产阶级能够在文化和经济方面自由发展，可以在立法方面施加影响，但是在俾斯麦帝国中，他们无法进入国家权力中心，不能染指真正的国家管理权。

德意志第二帝国的民事政权受宪法约束：君主的命令必须征得部长同意。但普鲁士国王（同时也是德国皇帝）的军事指挥权不属于部长签名的宪法规定范围，因此某种专制主义的成分本来就根植在帝国的宪政当中。帝国首相无须对议会负责，国王作为最高军事权威，拥有高于宪法的特殊地位，这两个因素使得德意志帝国成为一个在本质上与北欧和西欧议会制国家截然不同的集权国家。

然而帝制的德国并没有发展为真正意义上的“集权国家”。1867 年俾斯麦在北德联盟开始的，并于 1871 年在德国全境推行的普遍、平等和直接的选举权，使德国在某些方面比议会制诞生地英国更加民主。与其他议会君主制相比，在俾斯麦帝国中，大众在选举权方面的政治参与程度更高。

平等化的男性普选权和一个没有议会的执政体系，这就是德意志帝国的部分民主化。正是这种部分民主化构成了伯恩斯坦两个论点中的第二点。德国名义上已存在政治参与权，因此 1918 年时要做的只是扩大而不是限制这一权利。呼吁实行“无产阶级专政”，这也许在一个类似于沙皇俄国那样的警察
国家会找到肥沃的土壤。但是对于一个早在半个世纪前就经过 16
普选而诞生的帝国来说，这样的口号最多只能赢得少数工人的赞同。

有影响力的社会民主党人认为，扩大政治参与权意味着废除普鲁士的三级选举制，代之以普选权、妇女选举权以及实现

帝国议会制。早在1893年，卡尔·考茨基（Karl Kautsky）就认为，推行英国模式的议会制度在某种情况下是德国革命的唯一理由。考茨基不久后跻身坚决反对伯恩斯坦修正主义的行列。对于这位德国社会民主党的主要理论家来说，无产阶级的历史任务是弥补德国资产阶级由于其胆小懦弱而未竟的事业，即建立一个真正的议会制。然而，马克思主义者考茨基并不想放弃“无产阶级专政”这个概念。“我认为，无产阶级专政，就是按照英国模式组建强有力的议会，并得到社会民主党多数以及强大的、有觉悟的无产阶级的支持。我的看法是，为实现真正议会制进行的斗争将成为社会革命的决定性抗争，因为在德国，议会制就意味着无产阶级的胜利，反之亦然。”[5]

与社会民主党类似，1910年合并到进步人民党的左翼自由派也力争实现帝国议会制。虽然社会民主党在1912年最后一届选举的帝国国会中成为最强大的议会党派，但并没有形成过渡到议会制政府所需的多数，更不用说能够修宪的三分之二了。两个保守党坚决反对将权力交给帝国国会。民族自由派不希望从根本上动摇现有的分权制衡，天主教的中央党已经在君主立宪体系中占据了关键地位，它担心如果完全议会化，自己将会失去这一地位。因此在1914年前根本谈不上在德国实现势不可挡的国会议会化进程。当然，自俾斯麦时代以来，德国国会的政治势力有所扩大。但是将君主立宪制转变为议会君主制的最重要前提并不存在，因为在德国缺少真正想实现议会立宪制的议会多数派。

即使在社会民主党中，在某种程度上对议会化的承诺也只是纸上谈兵。虽然在1912年大选中取得了很好的成绩，但他们在国会中并不占有绝对多数席位，且距离这个目标还很遥

远，他们也只能是与资产阶级的中间党派，即进步人民党和中央党一起组成议会多数政府的一个基础。然而与资产阶级政党 17
组成联盟和无产阶级的阶级斗争的理念相互矛盾，而无产阶级的阶级斗争又是该党官方理论的核心。如果党的领导层或议会党团忽视这一准则，那么社会民主党就会因此而分裂。

帝制国家的宪法制度反映在政党体系中。由于政党并不承担执政的责任，因此他们也没有必要做出任何妥协。他们可以只满足于在议会中代表其"社会背景"的利益，在意识形态上夸夸其谈。正是出于这个原因，各党派加速了德国社会的断层，使其分裂为社民派、天主教派，以及各种资产阶级派别、中产阶级派别和乡村派别，而这些派别之间往来较少。

社会背景的分界与阶级的界限并不是完全平行的。社会民主党人的社会背景主要是无产阶级，但并不是所有工人都是社会民主党人。天主教的社会背景本身就是一个社会缩影，这里遍布着所有社会阶层的成员。特别重要的一点是，这两个政党的社会背景都非常固化，因为俾斯麦统治时，社会民主党人和天主教徒都受到迫害。他们被视为"帝国的敌人"而深受歧视。对社会民主党人的迫害比对天主教党人的更为严重，这种歧视一直持续到帝国末期。与社会民主主义者划清界限，在这一点上市民阶层是有广泛共识的。我们甚至可以这样说，正是通过这种界限划分，市民阶层才能够证明自己是一个"阶级"。同时，这里面还有一些威廉皇帝时代遗留下来的其他的分界线：教派之间、城乡之间、受过教育的人与普通人之间、满足现状的群体和其他人之间的分界线。1914 年之前的德国社会是一个多阶级社会，一个文化割据的社会。[6]

对国家的忠诚应该把这个四分五裂的社会从内部凝聚在一

起。在建立帝国之前，统一民族的口号一直是自由派和民主派提出的战斗口号。从自由派资产阶级以及新兴工人运动的角度出发，捍卫德国的统一就是为了自由和进步，反对王国及其贵族的诸多追随者。帝国建立后，民族口号中的自由主义光芒迅速消失。这个民族口号首先是在“文化斗争”中令天主教徒边缘化。在 1878 年《反社会主义法》的框架下，这个口号又是发起与社会民主党人斗争的工具。1879 年在向钢铁和谷物保护关税过渡的进程中，这个口号又击败了自由贸易理论。从
18 此时起，民族的概念首先意味着反对国际化。在短短几年内，“民族”一词已经从自由和民主的概念转变为“右倾的”保守派口号。

自由派的民族主义者喊着“他们自己的”口号，实际上却在打德国世界政治这张牌。他们的考量是，跻身世界强国的德国不可避免地要实行国内现代化，削弱普鲁士容克阶层的势力，增强德国资产阶级的力量。天主教徒们则倾向于另一种补偿式的民族主义：他们不想被视为德国二等公民，因此许多人争做特别优秀的爱国者。只有社会民主党人被称为“没祖国的家伙”，这样的说法几乎无可厚非，因为他们坚信国际无产阶级大团结，坚持阶级斗争的学说。[7]

这个局面一直持续到 1914 年 8 月 4 日。这一天，社会民主党人与德国国会的其他所有议会党团一样，批准了帝国政府要求的战争贷款。这并不是因为社会民主党的议会代表突然开始确信德意志帝国的和平愿望，一改他们在开战前几天的想法。实际上，积极支持战争贷款的人深知，奥地利皇位继承人在萨拉热窝被谋杀后，德国一定会敦促奥匈帝国对塞尔维亚宣战，并会引发欧洲战争。这场战争已是事实，社会民主党人除

了努力维护国内的“城堡和平”和支持国家的军事行动外，看不到其他的办法。俄国是德国的对手之一，这使得社会民主党人更容易做出决定。因为在马克思、恩格斯以及整个左派看来，自 1848~1849 年革命后，沙皇俄国一直是欧洲的反动派堡垒。对俄国的仇恨伴随着对德国内部改革的希望，党的领导层至少希望，通过民族团结来消除仍然阻止工人争取社会和政治平等的障碍。[8]

但是，1914 年 8 月 4 日的决定也起到了另一个作用。它一下子让大家都清醒地认识到，社会民主党的工人阶级已经完全融入了当前的社会。对无产阶级国际团结的承诺是一回事，与本民族人民团结的情感是另外一回事。虽然社会民主党仍旧受到歧视，但是工资的增长、社会的改良和政治上的参与权给他们带来的益处也不可小觑。1914 年前后，德国工人失去的 19
并不仅仅是锁链。因此他们当中大多数人已经做好了充分准备，愿意为自己祖国的胜利做出贡献。

1914 年，当然也有社会民主党人反对本党的这一新爱国路线。大多数持不同政见者在战前就站在党的立场左翼，而罗莎·卢森堡（Rosa Luxemburg）和卡尔·李卜克内西（Karl Liebknecht）则代表党的极左翼。社会民主党的“马克思主义中心”代表，如胡戈·哈泽（Hugo Haase）、社会民主党主席弗里德里希·艾伯特（Friedrich Ebert）、卡尔·考茨基，甚至是“右翼的”爱德华·伯恩斯坦，都属于这一官方路线的早期批评者。卡尔·李卜克内西坚持德国负有战争罪责，他是 1914 年 12 月 2 日第一个投票反对战争贷款的社会民主党国会议员。1915 年 12 月，又有 19 名国会议员效仿他。这些人又一次“违反纪律”之后，多数派对此做出了回应，这些人被开除出议会党团。之后，反对派组成了“社会民主工作小组”（Sozialdemokratische Arbeitsgemeinschaft），这就是1917年4月成立的独立社会民主党（USPD）的核心。

反对战争贷款的人士采取的是第二国际在1914年前一贯坚持的立场：他们有充分的理由认为所谓的“防御战争”不过是对公众的欺骗，实质上这是一场帝国主义的战争。有多重理由指责社会民主党背离了战前的观点而选择资产阶级民族主义的路线。但是，如果为这些人1914年8月4日的投票打上“背叛”的标记，这种做法是错误的。爱国情绪影响了大部分德国社会民主党民选代表及其支持者。甚至在议会党团行动之前，自由工会总委员会就已经同意与政府合作。如果社会民主党不同意战争贷款，它不仅要考虑这会导致党内的分裂，而且会受到国家强烈的压制和公众舆论的排斥。那样社会民主党就在客观上站到了德国的反战人士一边，并很可能会引发内战。正是这种自我保护的本能，令德国社会民主党在这个深渊前戛然止步。[9]

战争持续的时间越长，就越清楚地表明这不是一场保卫德国的战争。泛德意志分子和重工业界想要征服欧洲和非洲更多的地区。将这些战争目标放进官方的政治措施中，就足以确保德国在欧洲大陆的霸权地位。当德国获胜的信念开始减弱时，温和派势力便开始试图建立一个内部阵线，反对那些贪婪无度的征服政策的拥护者。资产阶级中间派中的急先锋要数中央党议员马蒂亚斯·埃茨贝格尔（Matthias Erzberger），他在战争最初几年里还是一个坚定的吞并主义者，现在却努力争取议会
20 多数达成和平谅解。1917年7月，社会民主党、中央党和进步人民党就一项决议达成一致，该决议呼吁达成没有“领土

割让，没有政治、经济和金融压迫的和平”。这项“和平决议”标志着德国国会三党之间密切合作的开端。这三个政党在国会中占有多数席位，因此无论是国家民事领导层还是最高统帅部（OHL）都不能忽视这股势力。

“胜利和平”的支持者马上行动起来反对国会中的这一新的多数（派）。成立于1917年的“德意志祖国党”（Deutsche Vaterlandspartei）致力于不断升级的征服计划，并得到军方领导层的大力支持。它在很短时间内便发展为群众运动。此时工人阶级厌倦战争的情绪开始激化。1917年4月，已经出现第一批大罢工，它们是对当年3月俄国“二月革命”的回应，也是一种抗议的表达。工人们抗议很久以来他们承受的巨大压力：1916年与1917年之交的冬季物资极端匮乏，战争负担分配日益明显的不平等，逾期已久的改革，普鲁士选举法的民主化。1917年春天一系列“自发”的罢工也向工会发出了警报：1916年12月具有法律约束力的《祖国援助法》把工人和战争经济捆绑在一起。在许多工人的眼中，工会作为自己的利益代表已经丧失了可信度。[10]

就像1917年4月的罢工一样，1918年1月柏林军械工人大罢工也和俄国事件相关。希望和平的布尔什维克十月革命给德国和奥匈帝国这两个中欧强国带来了希望，让它们看到东线战争结束的可能性。经布尔什维克敦促，在布列斯特-立托夫斯克（Brest-Litowsk）开始了公开的和平谈判。1月12日，霍夫曼（Hoffmann）将军在谈判中用拳头敲桌子，强调德国是胜利者，谈判必须考虑到这一事实。但他在无意间透露出德国国内发生大罢工的信息。在柏林，金属工业工会革命领导人发起了罢工运动，他们基本上是独立社会民主党的支持者。仅在1月底就有 50 万人参加了帝国首都的罢工。工人们一方面反对战争，反对德意志祖国党不断扩大的影响力和恶劣的粮食供应状况，另一方面也表达了对俄国工人和十月革命的支持。罢工委员会中有三名多数派社会民主党人。他们是弗里德里希·艾伯特、菲利普·谢德曼（Philipp Scheidemann）和奥托·布劳恩（Otto
21 Braun）。他们的目的是尽快结束罢工。2 月 3 日罢工结束：在大规模的抓捕、强征数千人服役之后，工会革命领导人不得不终止这次毫无希望的行动。[11]

1 月罢工明确表示了工人对“城堡和平”政策的支持正在不断减弱。保守派中央党的政治家、帝国总理赫特林（Hertling）伯爵的所作所为进一步加剧了两极分化。当德意志祖国党声称总理也赞同祖国党的目标时，他并没有表示反对。实际上，在布列斯特-立托夫斯克强制和平的和谈后，政府在东线遵循的政策完全符合民族主义右翼的精神。赫特林向激进吞并主义者立场的靠拢，使得在议会中与总理所属的党派紧密合作的社会民主党陷入困境。独立社会民主党因此获益，它在工人当中的吸引力不断扩大。[12]

在如何判断俄国事件的问题上，两个工人政党意见相距不远。最初多数派社会民主党人赞成布尔什维克在 1917 年 11 月接管政权，因为这一举动促进了和平的到来。但是自 1918 年 1 月 19 日列宁的支持者驱逐民选议员后，社会民主党得出明确结论：俄国布尔什维克的所为并不是社会主义或民主，而是政变和无政府主义。列宁主义者的政策必定将俄国推入一场流血内战，即 1918 年初席卷俄国的内战。让德国免遭这样的命运，成为多数派社会民主党当时迫在眉睫的任务。

独立社会民主党右翼对布尔什维克政策的批评并不少于多数派社会民主党的批评。考茨基的结论是，无产阶级专政只有人民中的多数统治少数才可行。他认为马克思主义指出了无产阶级专政通过民主进行协调的道路。少数派专政起到的作用是负面的，并会引发反革命。甚至连独立社会民主党当中极激进的斯巴达克团（1918 年改名为斯巴达克同盟）对布尔什维克的做法都态度不一。俄国革命期间正在监狱服刑的罗莎·卢森堡和卡尔·李卜克内西，在十月革命后发表的第一份声明中相当克制。罗莎·卢森堡就布尔什维克解散俄国立宪议会一事指责列宁和托洛茨基，认为他们排斥民主的行为扼杀了革命的生命源泉。斯巴达克团的另外两位共同创始人克拉拉·蔡特金（Clara Zetkin）和弗朗茨·梅林（Franz Mehring）则站在列宁一边，独立社会民主党之外的汉堡和不来梅的“左翼激进分子”也持同样态度。他们认为，1918 年 1 月 19 日的暴力行为对打破德国无产阶级的民主幻想做出了可喜的贡献。[13]

1917 年至 1918 年，工人对战争的厌倦达到了最强烈的程 22
度，而普遍的不满情绪早已蔓延到德国社会的其他阶层。早在 1917 年 8 月，巴伐利亚邦的冯·布雷特里希（von Brettreich）部长就认为，中产阶层“目前的情绪比其他所有阶层都更糟”。政府机构受到了种种抱怨，手工业界在分配原料时遭到忽视，订单和销售额普遍下滑。另外，贷款紧缺、房租拖欠、人员短缺，对最高价格规定和哄抬物价处罚规定的投诉也在不断增加。这种不满情绪在 1918 年夏天开始政治化。宗教哲学家恩斯特·特勒尔奇（Ernst Troeltsch）在 8 月就观察到，甚至在阿尔高（Allgäu）“爱国的”和“拥护战争的”农民及奶酪制造商那里，也聚集着“一种近乎疯狂的仇恨，这种仇恨直指军官阶层，因为他们是所有不公正和既得利益者的化身”。1918 年 9 月 23 日，在一次社会民主党议会党团和党委会的联席会议中，巴登的国会议员奥斯卡·盖克（Oscar Geck）在报告中指出，德国南部“有一种针对普鲁士的愤怒。这种愤怒并不是针对普鲁士人民，而是针对容克和军人阶层的。大家普遍认为，必须搞垮普鲁士，如果普鲁士不垮掉，那么德国将垮在普鲁士手上”[14]。

在 9 月 23 日的这次会议上，议员盖克阐述了美因茨以南地区的局势，多数派社会民主党主席艾伯特得出了旧政权权威已经崩溃的结论。他给党内朋友提出了明确的选项：“我们如果现在不想与资产阶级政党和政府达成一致，那么就必须听任事态发展，之后采取发动革命的战略，我们只能依靠自己的力量，把我们政党的命运交付给革命。经历了俄国发生的一切，那么为了无产阶级的利益，所有人都不会希望这种事情在我们这里发生。我们必须挺身而出，我们必须观察，是否有足够的影响力来贯彻我们提出的要求，并尽可能地将这些要求与拯救国家的使命结合在一起，这是我们责无旁贷的责任和义务。”

“选择多数政府还是发动革命?”在艾伯特看来，这根本不是一个问题。俄国的做法完全摧毁了选择“革命”的基础。如今无论谁发起革命，都必须明白革命的进程将与俄国相同，也就是选择反暴政、内战和混乱。那些不希望这样做的人必须立足于和平改革的政策。在德国，这只能由多数政党执政的政府来实现，或者用马克思主义者的话说，与资产阶级温和派做出阶级妥协。战前，社会民主党会斥责这一政策是违反马克思
23 主义的。但 1914 年以来，尤其是 1917 年以来在该党遵循的政

策前提下，过渡到与中产阶级组成开放式政府联盟，几乎是长期以来一系列决策的必然结果。社会民主党党委会和议会党团对党主席的这一路线表示赞同，并以绝对多数票通过的形式赞成。[15]

与德国社会民主党一样，中间党派也认为社会民主党参与执政是防止国内危机导致革命爆发的唯一可能，要想达成可以接受的和平，这也是必要前提。但是社会民主党无论如何不愿意加入赫特林伯爵政府。社会民主党呼吁以议会化为目标进行宪法改革。进步人民党同意这一要求，但中央党持反对意见。当三个政党组成的联合议会党团委员会在这个问题上陷入严重争执时，赫特林的中央党才表示，如果有必要，已经准备好放弃这个备受争议的总理职位。此后赫特林在议会中陷入孤立地位，并提交了辞呈，皇帝于 9 月 30 日接受了他的辞职申请。[16]

向德国第一届国会政府的过渡，这并不仅仅是这几个多数政党促成的。更重要的是，第一军需总监埃里希·鲁登道夫（Erich Ludendorff）将军和 1916 年后就任总参谋长的冯·兴登堡元帅（Marshal von Hindenburg）在 1918 年 9 月底也都认为实现议会制乃必要之举。中欧列强的军事局势当时已陷入绝境：自 1918 年 8 月 8 日这个亚眠的“黑色之日”以来，就连鲁登道夫也知道，德军已经无法与敌方的优势抗衡。9 月 14 日，奥匈帝国第一次提出与西方大国和谈，另一个盟友保加利亚于 9 月 29 日接受了协约国的停火条款。同一天，鲁登道夫力劝威廉二世，德国应尽快向美国总统威尔逊表达停火与和谈愿望。但是，这一责任不应由最高统帅部承担，而应由国会多数政党组成的政府来承担。

鲁登道夫把支持议会化与德军遭人暗算的说法联系在一

起："我已请求皇帝阁下，让那些人进入政府，我们落入今天这般境地主要就是因为这帮人。我们现在来看看这些先生如何进入各个部门。现在必须实现和平，而他们得出面缔结和平（条约），他们这是自食其果。"[17]

24 赫特林的继任者马克斯·冯·巴登亲王（Max von Baden）迄今尚未表明立场，他是否支持议会体系，是否赞成 1917 年 7 月的和平协议。进步人民党政客提名由他出任总理。这个提名最后勉强得到议会各党团的同意，因为其他得到提名的议员都不愿意履职。社会民主党认为接受这个决定并不妥当，其议会党团主席菲利普·谢德曼在 9 月 23 日曾明确表示赞成社会民主党参与多数政府。但他在 10 月 2 日表示，不能指望社会民主党同意由一位亲王出任内阁首脑，在最糟糕的时刻让该党承担几乎无法承担的责任是不合适的。弗里德里希·艾伯特则竭力强调社会民主党的责任意识，他最终说服了绝大多数国会议员同意加入巴登亲王内阁。[18]

在这个时候做出另一个决定也是非常困难的。社会民主党参与政府是希望由此能避免军事独裁和爆发革命的双重危险，并为达成谅解的和平铺平道路。社会民主党做出这一决定的结果是，不仅要在君主制国家的框架内，而且要在现任政府元首的领导下，去尝试达到实现和平的近期目标。当然，这一努力能否成功还要取决于内政和外交的一系列政策，而社会民主党及其资产阶级盟友在这方面几乎没有，或者只有很有限的影响力。

10 月 3 日成立的新内阁第一个官方举措，是在最高统帅部的高压下，于 10 月 4 日夜间向威尔逊总统发出一份照会。德方要求就停火进行谈判。美国总统 1918 年 1 月提出了"十四点原则”，示人以一个公正和平辩护人的形象。他一再发出的声明令人们产生希望：一个议会制的德国能够在和平谈判中得到比迄今的专制国家更优惠的条件。尽管如此，总理和内阁仍然犹豫是否要屈从于军方的压力而要求和谈。一个重要的理由是：仓促请求停战无异于承认不可挽回的失败，这必然会削弱军队士气，并会促使协约国将战线向德国方向推进。

美国国务卿兰辛（Lansing）10 月 23 日的最终回复是与协约国长时间磋商后的结果，这个回复摧毁了所有残存的幻想：德意志帝国必须在军事上投降，并以直言不讳的形式提出德皇
必须退位。在这个回复面前，德国最高统帅部进行了一次大掉 25
头。它强调军人要守护其荣誉，宣布不能接受投降的要求，并于 10 月 24 日以电报形式通知所有野战部队军事领导人继续战斗，不惜一切将战争进行到底。

帝国领导层别无选择，只能全力以赴应付这一有针对性的挑战。10 月 25 日，巴登亲王要求皇帝通过“更换最高统帅部的统帅人选”来结束双重政府，作为帝国首相，亲王本人也可以退位。威廉皇帝采取了折中方案。10 月 26 日，鲁登道夫不得不辞职，最高统帅部的另一负责人兴登堡继续留任。同一天，帝国国会通过了 1871 年宪法的修正案。这是德国向议会君主制转变的必要条件。10 月 28 日，德国宪法的修正案正式生效。

但是议会制度的基础并不稳固。解雇鲁登道夫并未结束民事政府和军事领导的双重政权。10 月 24 日的军事命令完全是企图阻挠再次进行停火谈判，同时也让议会君主制走向失败。10 月 29 日，在签署宪法修正案的第二天，威廉二世在兴登堡的建议下离开柏林，前往位于比利时斯帕的军队总部。历史学

家沃尔夫冈·绍尔（Wolfgang Sauer）表示："迈出这一步的意义毋庸置疑。第一眼看上去，这只是霍亨索伦君主专制的一种本能反应，在危机时刻要努力恢复自己的军事根基。但这一步骤也意味着，旧势力现在毁了好不容易与人民政府建立起来的纽带，并开始不假思索地尝试恢复君主制。"

民事政府受到的更大挑战来自海军战争指挥部。10 月 30 日发布的远洋舰队出海令虽然获得了皇帝批准，但并未获得帝国总理的明确批示。此时此刻，任何一场与英联邦的海战都会以败北告终。不管军事上还会起到什么作用，舰队出战的政治目标非常明确：海军战争指挥部关心的是要消除内政权力的新布局，帮助军队重获国家领导权。指挥官们认为，这是他们的历史诉求。

26 1918 年 10 月德国的议会化是不是一次"自上而下的革命"，这个问题可以去探讨。但是议会多数对这一转变做出了积极贡献，因此不能将修宪视为仅仅是执行了鲁登道夫的一项指令。可以肯定的是，这个德国军事强人对这一发展起到了决定性的作用。这种体制的改变，一方面让人看到议会制改革阻力重重，另一方面也可以被看作来自最高统帅部的"自上而下的革命"。军队领导和海军战争指挥部之所以在这个时刻试图扭转事态的发展，是因为他们清醒地看到，议会化进程会比鲁登道夫 9 月底的设想引发更为深远的后果。10 月底以来，军方活动中至少有一部分是在企图反对革命。以皇帝为首的反对派希望能够在国内再次扭转局面。如果暂时无法打赢这场战争，也许还可以打一场内战，以对付咄咄逼人的德国布尔什维克化。[19]

较温和的军官们以为，帝国政府和国会多数也感觉到严厉打击布尔什维克主义是不可避免的，因此他们在这个问题上与最高统帅部意见是一致的。鲁登道夫离开最高统帅部之后，来自符腾堡的将军威廉·格勒纳（Wilhelm Groener）接任了他的职位。11 月 5 日的内阁会议上，这位天生不善鼓动的将军说，他和兴登堡的总体看法是："军队要抵御的最糟糕的敌人来自家乡。布尔什维克主义咄咄逼人，它的影响让人精神崩溃。"没有人对此表示反对。曾任内阁国务秘书但未兼任具体职务的社会民主党人菲利普·谢德曼甚至明确保证，他本人也希望保住前线，令其坚不可摧，在他看来现在布尔什维克主义是比外部敌人更大的危险。

谢德曼和他的社会民主党与格勒纳观点的不同之处在于，他们认为，只有皇帝退位，抗击布尔什维克主义的斗争才能成功。不仅仅工人阶级认为威廉二世是达成和平协议的主要障碍。早在 10 月 31 日，谢德曼在一次小型战争内阁会议上就得出结论，在中产阶级和农民阶层中，没有人支持皇帝。而令他感到最惊讶的是公务员的意见："我简直不能相信，这些人如此一边倒。"虽然中央党的议会党团主席阿道夫·格罗伯（Adolf Groeber）在同一次会议上还提到，该党的决议是赞同皇帝和王朝的，但他的同党盟友、自 10 月初以来任内政部国务秘书的卡尔·特林博恩（Karl Trimborn，由于没有帝国部长，因此他就是该部领导）则支持谢德曼，他提到要求皇帝退位的公众舆论在急剧增加。

在 10 月 23 日美国照会的影响下，以社会民主党和进步人民党为首的帝国议会多数敦促皇帝退位，并敦促政治上难辞其咎的皇储退位。11 月 5 日举行的联席党团委员会议上，艾伯特说，团结的纽带不再是帝国，而是民主。自愿退位为时不晚，但当时的局面还需要有人推波助澜。"如果任局势自行发 27

展，那么我们就会走向灭亡。”进步人民党议员奥托·维默尔（Otto Wiemer）也希望威廉皇帝和他的长子自愿放弃皇位，这也与德国南部的氛围吻合。当然，这在普鲁士也可能出现强烈的反抗运动。“如果军队出面支持，这种可能性就更大。不得掉以轻心，否则就会引发内战。现在必须不惜一切代价避免内战。”

对社会民主党人来说，要求威廉二世和皇储退位是一种现实政治。他们同时也把建立共和国这个意义深远的核心方案搁置到不久的未来。11 月 5 日，《前进报》（*Vorwärts*）根据对未来的清醒认识，解释了社会民主党理性看待君主制的态度。这一中央机关报指出：“从根本上来说，社会民主党是一个民主政党，但是正如奥古斯特·倍倍尔（August Bebel）所说，它迄今从未特别重视过国家代表的形式。在一个年轻的共和国内，也许要花上 30 年的时间和保皇的堂吉诃德们打打闹闹，从而阻碍了国内必要的正常发展，这种展望实属最不愉快的事情。”11 月 6 日，艾伯特向鲁登道夫的继任者保证，虽然他和谢德曼一样是坚定的共和主义者，但在君主制还是共和制这个问题上，目前对他们来说仅具有理论上的意义。实际上，他们也可以同意议会君主制的形式。因此，他力劝格勒纳将军抓住拯救君主制的最后机会，尽快让一位皇储摄政。[20]

当柏林还在为皇帝退位和拯救君主制的问题争吵不休的时候，革命早已如火如荼地全面展开。10 月 29 日以后，海军舰队中抗拒命令的事件不断增多，越来越多的士兵拒绝冒着生命危险去参加某些充其量只能破坏国会多数努力实现和平的行
28 动。1917 年夏季，海军率先爆发兵变。自 1916 年 5 月斯卡格拉克海峡战役（即日德兰海战）以后，海军几乎没有参与过任何军事行动。军舰狭窄的空间、单调的兵役生活、官兵生活

条件的巨大反差，所有这一切营造了一种令人沮丧且愤怒的氛围。谢德曼11月4日在战争内阁中表示："海军的情况非常糟糕，因为人们一直在前线，有些人已经服役七年，船上生活如同地狱一般。"为远洋舰队做出海的准备工作成了导火索，它引爆了积压已久的炸药。[21]

11月1日的起义蔓延到陆地，并传到了基尔（Kiel）市。马克斯·冯·巴登亲王政府试图派遣进步人民党的国务秘书康拉德·豪斯曼（Conrad Haußmann）和社会民主党国会党团的海军军官古斯塔夫·诺斯克（Gustav Noske）这两名代表去控制局面，但未能奏效。诺斯克于11月7日当选为基尔总督（Gouverneur），他基本上稳定了这个波罗的海城市的局面。但是他无法阻止动荡的蔓延。11月4日，只有基尔落入叛变的士兵手中。但两天后，其他五个城市也相继失控。它们是吕贝克（Lübeck）、布伦斯比特尔（Brunsbüttel）、汉堡、不来梅和库克斯港（Cuxhaven）。11月7日，驻扎在不伦瑞克的军团加入了从基尔过来的大批士兵队伍，并控制了这座城市。当天基尔的200名水手抵达科隆，并于11月8日成立了工人和士兵委员会，持合作态度的市长康拉德·阿登纳（Konrad Adenauer）立即腾出市政厅的办公室供他们使用。

此时德意志的第一个国王被推翻，也就是维特尔斯巴赫（Wittelsbach）王朝。① 巴伐利亚非常憎恨普鲁士和普鲁士军国主义，它成了第一个过渡到共和国的德意志邦。11月7日下午，两个社会民主政党一起召集会议后，在巴伐利亚独立社会

---

① 指维特尔斯巴赫王朝末代国王路德维希三世，该家族自奥托一世始统治巴伐利亚开始延续了738年，堪称德意志地区最古老家族，作者此处的"第一个"有最古老、最先被推翻之意。

民主党领导人库尔特·艾斯纳（Kurt Eisner）和巴伐利亚农民协会激进派的领导人路德维希·甘道夫（Ludwig Gandorfer）的带领下，数千名士兵和市民前往慕尼黑西部和西北部的军营。驻扎在那里的士兵也加入示威队伍，他们共同占领了诸多公共建筑。在卡尔广场旁的马特泽啤酒馆（Mathäserbräu）内成立了一个士兵委员会，由艾斯纳领导的工人委员会也成立了。王室成员在内政部部长建议下离开了首府。当日傍晚，艾斯纳在邦议会召开巴伐利亚工人、农民和士兵委员会的制宪会议，他被选为邦总理。第二天早晨，在向民众发出的一份呼吁书中，艾斯纳宣布建立巴伐利亚自由邦，选举制宪国民议会，并宣告结束社会主义兄弟间自相残杀的战争。[22]

29 自由派的外交官哈利·凯斯勒伯爵（Harry Graf Kessler）在 11 月 7 日的日记中写道："革命的苗头开始出现。叛变士兵的油污沿着海岸逐步蔓延开了。柏林被孤立起来，将很快成为一座孤岛。与法国革命不一样，这里采用的是维京人的战略，边远地区的革命火焰燃烧到首都，海洋革命挺进到陆地。"第二天，普鲁士战争部的简报总结了这一事态的发展："上午 9 时：马格德堡发生严重动乱。下午 1 时：第 7 军指挥部出现暴动的苗头。下午 5 时：哈雷和莱比锡变红。晚间：杜塞尔多夫、哈尔滕、奥斯纳布吕克、吕讷堡变红，马格德堡、斯图加特、奥尔登堡、不伦瑞克、科隆变红。晚 7 时：美因河畔法兰克福的第 18 军副军长被废黜。"[23]

11 月 7 日晚，柏林战争内阁的办公桌上放着社会民主党的最后通牒。社会民主党中央及其议会党团要求，11 月 8 日下午之前，第一，必须撤销马尔肯总司令冯·林辛根（von Linsingen）将军对独立社会民主党集会的禁令；第二，警察和军方要尽量保持克制；第三，改组普鲁士政府，实行国会的多数原则；第四，加强帝国政府中社会民主党的影响；第五，皇帝和皇储退位。

巴登亲王认为这是最后通牒，其目的就是解除当天上午他以为已经和艾伯特达成的“协议”。根据时任首相的描述，当他问艾伯特是否会站在亲王一边反对社会革命时，艾伯特回答说，如果皇帝不退位，社会革命则不可避免。“但我并不希望革命，是的，我像憎恨罪恶一样憎恨它。”毫无疑问，11 月 7 日晚上艾伯特的想法不会和当天上午不同。但现在越来越清楚的是，社会民主党在君主与君主制之间所做的区分已经维持不下去了。群众的愤怒摧毁了这一精心构思的战略，迫使社会民主党采取更为激进的行动。

巴登亲王最初想以辞职来回应社会民主党提出的最后通牒，但谢德曼于 11 月 7 日晚向战争内阁保证，停战之前社会民主党不会让内阁破裂，因而阻止了巴登亲王的计划。各资产阶级政党对社会民主党的行动感到恼火，但很快就顺应了不可扭转的趋势。中央党和进步人民党也要求皇帝退位，甚至连民族自由主义者也表示他们赞成皇帝退位。进步人民党的一位匿 30
名重要领导人强调了社会民主党的关键地位，他对《柏林午报》（*B. Z. am Mittag*）说：“在当今这个时代，没有社会民主党就无法管理德国，这个政党是组成多数政府的必要条件，否则革命将不会以有序与和平的方式进行，而会采用布尔什维克的方式，这将导致极端恐怖的内战。”

11 月 8 日晚，威廉二世仍然是德意志皇帝和普鲁士国王。尽管如此，社会民主党还是公布了谢德曼前一天在战争内阁中的承诺：“本党不会在停战协定达成之前离开政府。”（德国和谈代表于 11 月 6 日离开柏林，但尚未到达协约国军队总部，因此还需要数日才有可能达成和谈协议。）社会民主党推迟了最后通牒的期限之后，还是在与政府和多数政党的谈判中取得了一些进展：在比例代表制基础上，在普鲁士落实和所有邦相同的选举权，并将其写进帝国的法律；确保普鲁士立即实行议会制；并在帝国政府中加强社会民主党的影响力。此外撤销最近在社会上引起轰动的招募军人的决定。[24]

1918 年 11 月 9 日上午，《前进报》刊登出党中央和社会民主党议会党团的这一声明时，革命已经蔓延到帝国的首都。11 月 8 日，工会革命领导人恩斯特·多伊米希（Ernst Däumig）被抓捕。马尔肯总司令下令在大企业布局安保人员，这一举动犹如火上浇油。11 月 8 日晚，社会民主党领导人通过工会负责人得知柏林工人已经拥上街头。第二天上午 9 时，柏林党委书记奥托·韦尔斯（Otto Wels）以社会民主党的名义宣布发动总罢工，并呼吁工人“在共同的旗帜下参加这一决定胜负的斗争”。一个小时后，谢德曼宣布辞去国务秘书一职。

与此同时，社会民主党议会党团召集会议。艾伯特向大家汇报，他已经与独立社会民主党和工人代表进行了谈判。如有必要，社会民主党将与工人和士兵一起行动。“社会民主党应像在慕尼黑一样彻底接管政府，但尽可能不要流血。”此次会议后，应立即与工人和士兵代表进行谈判，并要求政府“把政权移交我们”。如果政府不交权，就抗争到底。几乎在场的所有工人代表都参与了讨论，最后议会党团一致通过了党主席的提议。

31 与多数派社会民主党不同，独立社会民主党在 11 月 9 日还无法展开全方位行动，因为党的领导人胡戈·哈泽还在基尔。他不在场，独立社民党不想对多数派社会民主党做出任何承诺。

虽然卡尔·李卜克内西一再敦促要提前行动，但独立社会民主党左翼的工会革命领导人还是计划在11月11日展开大行动。因此，多数派社会民主党人能够在11月9日上午填补组织和战略上的真空，充分利用这次机会。

可以说德国社会民主党的幸运是双重的。11月9日，在柏林只有三个猎兵营（Jägerbataillonen），没有一线部队驻扎在此，瑙姆堡（Naumburg）山地作战营几天前才迁到首都，据说这个营特别效忠于皇帝。该部队自发地邀请社会民主党中央委员会派出一个人向他们阐明情况。奥托·韦尔斯答应了这一要求，结果引发了不同凡响的回应。他呼吁士兵们应该站在人民一边，站在社会民主党一边，这一号召得到了热烈的反响。

瑙姆堡猎兵营加入起义的消息让巴登亲王认识到，他的政府已经无法维持下去了。这个消息在斯帕也产生了影响。上午11时前后，首相通过电话获悉皇帝已决定退位。尽管半小时后还没有得到威廉二世的正式声明，巴登亲王还是把皇帝和国王放弃权位的意图通知了沃尔夫电报局。同时，首相宣布他将继续任职，他会一直坚持到皇帝和皇储退位以及摄政等问题得到澄清为止。他打算向执政者提议任命艾伯特议员为总理，并建议提交立即进行普选的法律草案，选出立宪国民议会，由这个议会最终确定德国人民的未来国家政体。

但试图通过摄政来拯救君主制的努力为时已晚。午间12时35分前后，以艾伯特为首的社会民主党代表团来到巴登亲王办公室，国务秘书们恰巧也聚集在那里。根据上午国会党团的决定，代表团的目的是提出交接权力的要求。艾伯特解释了该举动之所以必要，是为了保障安定和秩序，避免流血。独立社会民主党在这个问题上支持多数派社会民主党，很有可能也

32 会加入新政府。只要确保社会民主党的优势，也可以接受资产阶级加入政府。巴登亲王随即提出应该先安排好执政交接，社会民主党主席的回答是，现在为时已晚。巴登亲王随后建议请艾伯特担任总理。根据巴登亲王的笔记，艾伯特先是犹豫了一会儿，之后回答："这是一项艰巨的工作，但我会接受。"

除担任帝国总理外，社会民主党人还希望出任普鲁士战争部部长和管辖柏林军务的马尔肯总司令。然而在场的普鲁士战争部部长海因里希·朔伊希（Heinrich Scheüch）提出他应该继续任职，因为要处理战地物资供应以及正在进行的停火谈判等问题，艾伯特随即表示同意。海因里希·朔伊希也接受了谢德曼的建议，由社会民主党给他配备一名副国务秘书。马尔肯总司令的人选也由他推荐，还可以为其配备一名社会民主党人，没有后者的正式签名，不得下达任何命令。谢德曼认为这是一个解决办法。与海因里希·朔伊希一样，外交部国务秘书威廉·海因里希·索福（Wilhelm Heinrich Solf）也希望继续任职。总理与各位国务秘书进行了短暂的内部磋商后，启动了以下步骤，艾伯特首次向德国公民简要地做出如下声明："迄今任德国首相的马克斯·冯·巴登亲王，在征得所有国务秘书的同意后，委托我接任总理一职。"

社会民主党 11 月 9 日遵循的政策，完全符合谢德曼三天前提出的口号："站在运动最前线的时机到了，否则国家会陷入无政府状态。"德国社会民主党自 10 月初以来成为执政党，它不可能在一夜之间摇身一变成为一支革命运动力量，它依然是维护秩序的中流砥柱。正如艾伯特 11 月 5 日在国会党团联席委员会上所说，指导一切的思想是"我们如何维护德国及其经济秩序"。谢德曼两天后在战争内阁中表示，为了达到这个目标，社会民主党已经竭尽所能“把握群众”。11 月 9 日，大众的忍耐到了极限。现在关键的是要引导士兵和工人的运动方向，不要和艾伯特提出的原则背道而驰。既然社会民主党未能阻止革命，那么现在就必须驾驭它，不要让革命陷入混乱和内战。这个方针是 1918 年 11 月 9 日及之后的几周内，指导艾伯特和其他社会民主党领袖的行动指南。[25]

2. 中断的革命

33 1918年11月9日下午，谢德曼在德国国会大厦的阳台上宣布“德意志共和国”成立，此时他并未得到艾伯特授权。刚刚被任命为“帝国总理”的艾伯特更希望把“共和国还是君主制”这个问题留给制宪国民议会决定。但是谢德曼有着准确无误的直觉，巴登亲王为社会民主党领导人涂上的君主制油膏，虽然可能会给军方和高级官员留下深刻的印象，但并不能影响普通大众。革命的士兵和工人对社会民主党领导人的期望是，与令人憎恨的“普鲁士军国主义”彻底决裂。宣布共和国的成立吹响了这一号角。这种力量是巨大的，就连卡尔·李卜克内西都无法削弱它。谢德曼宣布共和国成立两个小时后，李卜克内西站在柏林宫的阳台上宣布：“自由的德意志社会主义共和国”成立了。[1]

威廉二世前往斯帕，这一举动通常被视为临阵逃跑，它给诸多保皇的德国人的情感以沉重甚至致命的打击。在普鲁士核心地以外，几乎没有任何对霍亨索伦家族末代皇帝的依恋感，但是在传统的普鲁士地区，少数保守的、忠于教会的路德派成员在君主垮台后仍然忠于他。当然，其他邦中信仰新教的德国人比天主教徒更难接受君主制的结束，因为各个君主也是新教教会的“最高主教”。无论如何，不管他们的信仰是新教还是天主教，君主制的支持者一开始都感到非常茫然。德国的战败给他们的伤害甚至超过了共和国的诞生，而皇帝的退位令他们别无选择，他们只能暂时接受新的国家政权。[2]

对于大多数德国人来说，共和国是与实现公正和平以及希望内政重新起步联系在一起的。“腐败的旧世界已经崩溃。军国主义完蛋了！”谢德曼的这句话恰如其分地表达了11月9日的气氛。亲王和将军们赌光了人们对他们的信任。他们代表着战败的失望和物质的匮乏。他们代表着一个实际上已经四分五裂的、分为“上层”（阶级）和“下层”（阶级）的社会。新时代开始了，人民摆脱对往日统治者的服从，成为主宰自己命
运的主人。不管民主具体意味着什么，它总是要好于一个专制 34
国家，最重要的是，它可以架起和西方民主国家沟通的桥梁，而当务之急是要跟这些国家商谈和平条件。

本土的情况同样出现在前线和后方：君主制几乎得不到什么有力的支持。11月9日，希望在皇帝带领下一起重返家园平息革命，或用他们的话说，平息“布尔什维克主义”的军官占绝对少数，而绝大多数人都聚集在格勒纳周围。格勒纳力劝兴登堡放弃“进军自己家园的计划”，因为这不仅意味着内战，而且意味着与协约国的战争还要继续打下去，所以这是完全无望的。正是这个格勒纳，他于11月9日上午在斯帕对威廉二世直截了当地说：“军队将在其领导人和将军们的率领下和平有序地返回家乡，但军人们不再听从陛下的指挥了，因为军队已经不再支持您了！”

格勒纳和艾伯特一致表示拒绝内战。艾伯特任“帝国总理”期间的第一项以及最后一项工作，就是向政府和官员保证，新政府接管政务的“目的是让德国人民免于内战和饥饿，落实德国人民合法的自治要求”。艾伯特呼吁官员留任，毫无

疑问就是表明，在旧有国家秩序崩溃和军事失败之时，哪些目标需要被最优先考虑："在这样一个艰难时刻，组织的失调意味着让德国陷入无政府状态和可怕的灾难。"他认为最关键的是要维护公共机构的功能和运转，或者用艾伯特的前任巴登亲王的话说，"不管发生什么情况，一定要防止政府机构崩溃"，并"尽可能维持合法性和连续性"。[3]

为了避免混乱和内战，社会民主党领导人与前任民事和军事国家政权中能够做出清醒判断的代表达成了基本共识。为确保这一目标，新掌权者和向左转的旧政府精英之间必须良好合作。多数派社会民主党虽然拥有群众支持，但这还不足以防止类似一年前俄国革命的脱轨现象。能否和独立社会民主党达成
35 协议阻止这种局面，还是个未知数。尝试与独立社会民主党达成一致，否则别无其他更理性的选择，这一点毋庸置疑。新政府只有展示其坚定的决心，准备结束这场社会民主党党内兄弟之间的争斗，才有可能得到工人阶级的支持。

在战争最后几个月，反对派和"执政的社会民主党人"之间的矛盾进一步加深。这同时也严重地影响了他们之间的人际关系：独立社会民主党的议员甚至不再和社会民主党常委成员打招呼。但是在 11 月 9 日，个人的感情不再那么重要了。上午，在国会的社会民主党议会党团召开那次关键的会议之前，两个政党的主要代表就组成联合政府进行了初步讨论，艾伯特下午向独立社会民主党建议：内阁由数目等同的多数派社会民主党成员和独立社会民主党成员组成，左派资产阶级政党成员可以担任专业部长。这意味着：允许资产阶级多数党参加政府，但他们与两个社会民主党派并不平起平坐，两个社会民主党派拥有政治领导权，两党各派出行使权力的人数也应对等。[4]

多数派社会民主党没有就人事问题提出条件，艾伯特甚至不反对李卜克内西加入内阁。倒是独立社会民主党对多数派社会民主党选入政府的三名政客持有强烈的保留意见，这三个人是艾伯特、谢德曼和议员奥托·兰茨贝格（Otto Landsberg）。独立社会民主党就加入内阁人员提出一个具体条件，这是多数派社会民主党无法接受的。李卜克内西和工会革命领导人要求，整个行政、立法和司法权应完全交给由全体劳动人民和士兵推选的代表。多数派社会民主党人对此所做的回复体现了他们的政治信仰："如果这个要求意味着让那些得不到大多数人民支持的一个阶级实行部分人的专政，那么我们必须拒绝这种要求，因为它违背我们的民主原则。"独立社会民主党提出了另一个要求，即资产阶级政党成员不得加入政府，对此多数派社会民主党也明确地予以拒绝。他们的顾虑是，这样做会无法保证居民的食物供给，或者会严重损害食品供应。

直到11月10日下午，独立社会民主党领袖哈泽从基尔返回之后，双方才达成协议。在哈泽温和立场的影响下，独立社会民主党撤回了被多数派社会民主党视为不合理的要求。现在 36
独立社会民主党也同意资产阶级专业部长入阁，但只能在一个真正的、纯粹的社会主义内阁中担任技术性助理职务，而且两个社会民主党派各派一名党员监督其工作。就多数派社会民主党提出召开的制宪会议一事，独立社会民主党希望在"革命局面巩固"后再决定。此时多数派社会民主党面临的关键问题是"政治权力掌握在工人和士兵委员会手中，这个委员会不久将召集全国性大会"。尽管这种要求听起来非常激进和"俄国式"，多数派社会民主党人还是有希望能在这个德国委员会大会中占据多数，并通过这种多数把政府与这个临时代理议会之间的冲突限制在狭小的范围内。起决定性作用的是，独立社会民主党原则上不再拒绝立宪会议，也不再提出任何会导致“无产阶级专政”的要求。正是从这个角度出发，多数派社会民主党领导人认为，向独立社会民主党做出妥协的步骤是合理的，也是当务之急。

在新内阁即“人民代表委员会”（Rat der Volksbeauftragten）正式成立之前，独立社会民主党的政府成员必须做出首个政治决策。11 月 10 日 12 时，他们和三位社会民主党的新内阁成员，以及旧政府的国务秘书共同协商后，决定同意接受协约国的停战条件。第二天，以马蒂亚斯·埃茨贝格尔为首的德国代表团在贡比涅森林里签署了停战协定。1918 年 11 月 11 日 11 时，第一次世界大战宣布结束。

“人民代表委员会”这个称呼是独立社会民主党提出的。这个词语来自俄语概念“人民委员”（Volkskommissare），并根据兰茨贝格的建议译成德语。这个委员会由六名成员组成。多数派社会民主党的代表有：艾伯特，1871 年出生于海德堡，做过马鞍匠学徒，1893 年任不来梅党报编辑，1913 年起接替奥古斯特·倍倍尔任社会民主党主席；议会党团主席谢德曼，1865 年生于卡塞尔（Kassel），在担任编辑之前是印刷工；奥托·兰茨贝格，律师，1869 年出生于上西里西亚的里布尼克（Rybnik），自 1912 年以来一直是德国国会议员。独立社会民主党的代表分别是：胡戈·哈泽，来自柯尼斯堡（Königsberg）的律师，1863 年生于东普鲁士的阿伦施泰因（Allenstein），1913 年先与倍倍尔一起任社会民主党主席，1913~1916 年再与艾伯特一起任该党主席；来自奥伊廷（Eutin）的威廉·迪特曼（Wilhelm Dittmann）出生于 1874 年，曾经是木匠，后来任党委书记，柏林金属工人罢工后，他于 1918 年 1 月被判处五年徒刑；最后一位是埃米尔·巴尔特（Emil Barth），工会革命领袖的挚友，1879 年出生于海德堡（Heidelberg），是一名金属工人。人民代表委员会中，哈泽和兰茨贝格这两个人来自犹太家庭。除了公开承认信仰犹太教的哈泽外，其他人民代表都称自 37
己为“异见人士”。这意味着他们不属于任何宗教团体，艾伯特和哈泽名义上是委员会中权力平等的主席，但实际管理权从一开始就握在艾伯特手中。

11 月 9 日和 10 日的政治决定是由两个社会民主党派的领导人共同做出的。而帝国首都金属业左翼先锋队的工会革命领袖们对频发的事件来不及做出任何反应。直到 11 月 9 日夜间，工会的两位领导人埃米尔·巴尔特和里夏德·米勒（Richard Müller），才在一个自发组成的柏林士兵委员会上强行通过一项决议。根据该决议，第二天要在首都所有工厂和军营中选举新的工人委员会和士兵委员会。这些委员会应在 11 月 10 日下午 5 时在布施马戏团剧场（Busch Circus）召开全体大会，并举行临时政府选举。在如此短暂的时间内不可能进行有条不紊的选举，而且 11 月 10 日是星期日。这一次又是奥托·韦尔斯采取的果断行动使该政党成功抢先行动。他马上印发传单，呼吁柏林士兵积极参加士兵委员会的选举。被选举出的 148 名士兵代表马上向韦尔斯表示，忠于多数派社会民主党路线。这就意味着他们赞成组建一个各派人数相等的政府。11 月 10 日，《前进报》向柏林工人发出的口号符合当时普遍的情绪。这份党机关报的大标题是《放弃内部斗争!》。

在布施马戏团剧场举行的工人和士兵委员会大会约有 3000 名工人和士兵参加，其中激进分子并未占多数。艾伯特做的成立人民代表委员会的报告得到多数人的赞同。而李卜克内西对艾伯特的猛烈攻击遭到了激烈反对，特别是遭到了韦尔斯带来的参会士兵的抗议。当巴尔特提议选举一个行动委员会，并由工会革命领袖拟定一个候选名单的时候，引发了轩然大波。艾伯特认为这样一个委员会是多余的。如果一定要选举行动委员会，那么它的结构必须像政府一样，由各派选派对等人数参加。此时，斯巴达克同盟的支持者开始威胁艾伯特。艾伯特离开会场，前往总理府去找普鲁士战争部部长朔伊希，让他在必要时出面保卫新政府。

新组建的人民代表委员会面临严重的危机，哈泽对激进分子的行动非常恼火，他在布施马戏团剧场宣布，在这种情况下他不能加入政府。士兵代表动用了最终威胁：如果不遵守均等
38 原则，他们将独自组建政府，以敦促工会革命领袖让步。大会最终选举产生了一个由 14 名成员组成的工人行动委员会，多数派社会民主党和独立社会民主党各派出 7 名代表。士兵行动委员会同样由 14 名成员组成，大多数人为无党派人士。第二天两个行动委员会共同组成了“柏林大区工人和士兵委员会执委会”，由工会革命领袖里夏德·米勒任主席。在米勒的提议下，当日下午达成一致的人民代表委员会的成员组成得到了再次确认。布施马戏团剧场的会议结束后，两个社会民主党派也明确重申了他们在几个小时之前达成的共识。

多数派社会民主党领导人 11 月 10 日晚有足够的理由对局势进展感到满意。一切迹象表明，在关键时刻政府能够调动柏林执行委员会。柏林执行委员会的任务是在德国委员会全体会议召开之前负责监督人民委员会代表的工作。不仅是柏林工人和士兵委员会，而且全国各地的工人和士兵委员会都赞成人民

委员的政府，至少它们都追随多数派社会民主党的路线，因此德国几乎不可能发展成 1917 年后俄国的样子。这时的俄国经受双重统治：一边是激进的议会，一边是临时政府。1918 年的德国工人和士兵委员会与俄国不同，它们并不要求拥有所有权力，大多数人只是希望在过渡时期控制住旧政府，直到选举出民主合法的人民代表为止。至少多数派社会民主党占优势的地区委员会中是这样，独立社会民主党温和派控制的地方委员会也是如此。1918 年 11 月，德国的工人和士兵委员会通常视自己为一个临时机构，而不是未来“更纯粹”的民主模式。[5]

在 11 月 9 日至 10 日的关键时刻，多数派社会民主党人最重要的权力基础是他们得到了起义士兵的支持。继续担任“专业部长”的普鲁士战争部部长朔伊希 11 月 10 日向艾伯特表示了支持的态度。这种支持更多是一种象征性的意义。这一天晚上，军需总监格勒纳打电话给艾伯特，提出结成反布尔什维克“联盟”的建议。这个电话常常被后人提起，而实际上它也仅具有象征的意义。让军队返回祖国，艾伯特需要最高统帅部的帮助。但格勒纳和艾伯特之所以不可能结成反布尔什维克联盟，是因为最高统帅部 11 月 10 日并没有可供支配的必要实力，因此起决定性因素的是士兵委员会的态度。他们在 1918 年 11 月更倾向于听从艾伯特和韦尔斯的话，而不是格勒纳和兴登堡的指令。[6]

多数派社会民主党人在 11 月 9 日采取了将士兵拉到自己 39
一边的政策，这对防止流血起到了很大作用。当天中午，马尔肯总司令下令部队停止使用武器。不久后，被认为特别忠于皇帝的柏林警察接到了警察总长冯·奥彭（von Oppen）的命令，不得再开枪。冯·奥彭也将其职位移交给了独立社会民主党人埃米尔·艾希霍恩（Emil Eichhorn）。11 月 9 日下午，在宫廷马厩（Marstall）附近和大学里的战斗仍很激烈，一些军官隐藏在那里并向示威人群开枪。在发生暴乱的那天，柏林共有 15 名革命工人和士兵身亡。[7]

不多的伤亡人数证明，帝制的德国即便在最可靠的支持者那里都已经得不到什么依靠了。在皇帝退位、共和国宣布成立的第二天，柏林似乎又回到了常态。正如恩斯特·特勒尔奇所记载的那样，11 月 10 日是一个周日，市民如同往常一样去格鲁讷瓦尔德（Grunewald）散步。“没有人盛装打扮，都是普通市民，有些人特意穿得随意些。气氛不免有些压抑，似乎这些人的命运决定权远在天边。但一切依旧平静安逸，一切都过去了。电车和地铁照常行驶，这证明所有生活的必要环节都有条不紊。所有人的脸上都写着：工资会继续支付的。”[8]

对于人民委员会代表来说，执政的日常工作始于 11 月 11 日。艾伯特 1919 年 2 月 6 日在魏玛制宪国民大会上回顾多数派社会民主党人开始工作的情况时说：“我们实际上是旧政权的破产管理人：所有仓库都空空如也，所有物资都已用光，信誉扫地，道德低落。我们在‘工人和士兵委员会’中央委员会的支持和赞助下，竭尽全力应对过渡时期的危险和痛苦。我们没有抢在国民议会前行动。但是在时间和困境不等人的地方，我们都努力满足工人最紧迫的要求，尽一切努力使经济生活步入正轨……如果成就与我们的愿望不符，那么就必须对阻碍我们取得成就的情况予以公正的考量。”[9]

40 在帝国被推翻和国民议会选举之间的这十周里，执政的社会民主党人并不是民主的奠基人，而是德意志帝国的破产管理人。作为民主派，他们认为没有德国人民的明确授权，他们就不能开展任何根本性的改革。在他们看来，在战争与和平的危险关头不适合实现社会主义。不能采用轻率的实验来损害社会主义的理念，而应着眼于处理当前的困难，这意味着首先让经济进入正轨，保卫帝国的统一。多数派社会民主党人认为，实现这些目标也需要政府能够得到人民明确的委任，因此应尽可能地限制革命过渡政府的任期，尽早举行制宪国民议会的选举。1919 年 1 月进行选举乃情理之中的选择。

独立社会民主党的人民委员代表中，温和派哈泽和迪特曼则认为要晚一点进行选举，最好在第二年 4 月或 5 月。如果把选举推迟到 1919 年春天，当时仍在东线的士兵和战俘也能参加选举，因此从形式上讲不无道理。独立社会民主党的主要理论家之一鲁道夫·希法亭（Rudolf Hilferding）11 月 18 日在党的机关报《自由》（*Freiheit*）中指出了更深层次的原因，说明为什么独立社会民主党的右翼要出面反对多数派社会民主党尽早进行选举的要求。过渡政府必须“尽力采取行动，让无产阶级相信已经没有任何退路，只能够向前。必须夯实民主，不能出现任何倒退。行政机构不得成为反革命活动的乐园。最重要的是，我们必须证明我们不仅是民主主义者，而且是社会主义者。落实一系列社会主义过渡措施是完全可行的。必须实行这些措施，建立抵御资本主义的反击阵地”。

我们可以这样解读希法亭的话：现在掌权的民主势力应该利用手中的革命权利，对社会做出预防性的干预。因为此刻还根本不清楚，社会主义力量在国民议会选举中是否能够达到所需的多数席位。希法亭的政治盟友卡尔·考茨基并不赞同用推迟选举日期来强化社会民主。考茨基的观点正好相反，他认为推迟选举日期甚至会削弱社会主义的吸引力。独立社会民主党温和派的立场与党内左翼有着更为本质的冲突。工会革命领袖根本不想召开资产阶级可能会占据政治优势的制宪会议，而是希望贯彻委员会制度，这样工人阶级就可以专政或者占据领导地位了。斯巴达克同盟对“无产阶级专政”的拥护就更加一目了然了。[10]

41 人民委员代表的行动余地是否真像艾伯特及其朋友所说的那样狭窄，关于此事时至今日仍然有激烈的辩论。可以肯定的是，激进左派的政策必定会引发协约国的军事干预。一边是多数派社会民主党人和“老派精英分子”，另一边是美国人和英国人，他们之间有一种反布尔什维克的基本共识。根据停战协定，协约国批准德军仍可留在战事激烈的波罗的海国家，以防止布尔什维克在这些国家掌握政权，由此可见一斑。法国人则担当了一个特殊角色，一旦德国发生某种“混乱”，法国人就会出面强调他们对莱茵河左岸地区的觊觎之望。但是，没有任何迹象表明，如果按照独立社会民主党温和派的政策，对军队和管理机构实行民主化，对某些关键工业行业实行社会化，就会导致协约国出兵。[11]

然而，如果人民代表委员会故意推迟国民议会的选举，帝国内部则极有可能会出现两极分化的危险。其实并不需要推迟选举日期，就可以有足够的时间在选举前进行社会政治改革。民主的反对派依然拥有强大的权力壁垒，可以想象他们只是等待时机来壮大自己的势力。因此，温和派的独立社会民主党人士有充分的理由认为，人民代表委员会的任务是双重的：一方面要解决眼前最紧迫的问题，另一方面要保护未来的民主。[12]

选举日期的分歧给人民代表委员会带来了不小压力，但这并没有影响政府开展工作。多数派社会民主党和独立社会民主党温和派代表通常能够就最紧急的日常问题达成共识。独立社会民主党人也不再一味反对资产阶级派来的国务秘书，所以后者并未受到独立社会民主党和多数派社会民主党“副手”的控制，反而被认为是真正的部门负责人。外交部国务秘书威廉·海因里希·索福就是这样工作的。只有在他认为有必要时才允许给他的副手考茨基审阅文件。一些重要的行动都绕过了考茨基和形式上负责外交政策的人民委员会代表哈泽。索福11月13日向协约国发出的一个秘密信息就是这样一个例子。在这封信里，他要求战胜国明确声明，一旦激进势力在德国得手，战胜国军队将不遗余力地开进德国。[13]

11月15日，人民委员代表任命左翼自由派人士、柏林宪法专家胡戈·普罗伊斯（Hugo Preuβ）担任德国内政部领导，承担起草德国宪法的任务。因此从一开始就很清楚，这部宪法不会带有社会民主党的特有痕迹。即使在最重要的经济复苏领域，两个社会民主党派也决定不派出自己人担任重职：新经济复苏部国务秘书由军事专家约瑟夫·克特（Joseph Koeth）中校担任，他是巴登亲王领导的前任内阁选定的。多数派社会民主党和独立社会民主党各自推举了一位国务秘书：多数派社会民主党的右翼人士奥古斯特·米勒进入帝国经济部，而独立社会民主党温和派的埃马努埃尔·武尔姆（Emanuel Wurm）入职帝国农业部。 42

由于两个不同方向的社会民主党人几十年来从未担任公职，所以并不具备足够的专业知识来掌控好1918年国家和经济的制高点。出于这种原因，人民委员会代表需要依靠“资产阶级”专家的帮助。只要这些专家是民主改革的支持者，或者是议会制度的坚定支持者，那么与他们的合作通常是没有什么问题的，但是比较困难的是与那些仍坚持旧体系思维的高级官员相处。外交部的国务秘书就是这样一个实例。12 月 13 日索福提交辞呈，起因是 4 天前他的一个丑闻。他拒绝与人民代表哈泽握手，因为根据苏俄驻德大使越飞（Joffe）的说法，哈泽知道苏俄向独立社会民主党提供金钱资助德国革命。[14]

然而像索福这样的辞职乃属例外。政府官员、检察官和法官都基本留任，尽管他们明明是前政权坚定的同路人，是民主的坚定反对派。在普鲁士，帝制时代的邦议员继续执政，好像 1918 年 11 月 9 日什么都没有发生一样。地方工人委员会抱怨邦议员的不忠行为，这些抱怨通常被多数派社会民主党的内政部部长沃尔夫冈·海涅（Wolfgang Heine）驳回，或者根本不予理睬。即使保守的邦议员主动辞职，海涅仍敦促他们继续任职以维持秩序。十一月革命 8 个月之后，依据三级选举权组建的管理机构才被新机构取代。

43 当然，让民事行政领域保持高度的连续性有充足的理由。如果革命政府撤销大量官员、法官和检察官的职务，德国将陷入混乱。由于两个工人政党没有可以填补空缺职位的人手，因此新的掌权者别无选择，只能要求以前的任职者留任。但是，绝对没有必要让极端保皇派官员继续担任重要职务。示范性地解聘一些人也会对那些难以认同共和国的官员发出警告。另外，不仅新的政府机构要依赖原有的官员，如果考虑到这些官员离开公职后的社会影响，实际上也存在着相反的依赖性。1918 年秋，完全有可能实现公共服务领域的部分民主化。之所以没有这样做，是因为执政的社会民主党认为这并不是优先考虑的事项。[15]

社会民主党与武装力量的关系也有类似的情况。在执政的第一周，柏林执行委员会制订了计划，准备创建一支人民志愿自卫军。11 月 16 日，人民代表委员会对此进行了讨论，但委员会没有做出任何具体决定。直到 12 月 6 日，政府才接受了艾伯特三天前提出的组建一支人民志愿自卫军的法律草案。该部队最初的规模为 11000 人，采取由团队选举领导人的原则。但是人民代表没有自己着手负责这条法律的落实，而是将这项任务委托给了普鲁士战争部，而战争部又请最高统帅部参与。以上两个机构共同努力的结果是预料之中的：这条法律仍然停留在纸上谈兵的阶段。

德国与奥地利不同，它没有能够在 1918 年建立一支忠于共和派的保卫部队。在这里，人民代表的疏忽是一个原因，但还有另一个原因：德国与奥地利的不同之处在于，德国的工人运动在政治上是分裂的。多数派社会民主党与独立社会民主党之间的矛盾，给建立人民自卫军的所有计划带来了浓重的阴影。如果两个社会民主党派的支持者组成一支志愿部队，人们都会怀疑他们能否在极端左翼发动政变时一致全力抵抗。11 月 10 日，《前进报》呼吁工人不要卷入一场“特殊的斗争”。与工会革命领袖的支持者和斯巴达克同盟的武装冲突是一场兄弟间的内战。正是出于这个原因，就不应高估社会民主党人参与这场斗争的意愿。另外，工人当中反军事主义情绪非常普遍。经历了四年战争后，即便只是暂时从军，也没有多少人愿意再次步入士兵的行列。

但是无论是什么原因阻止了人民自卫军的建立，仅仅用工 44
人的愿望以及厌战的情绪是解释不了人民代表做出的军事政策决定的。11 月 11 日，革命政府按照格勒纳的请求，在一份电报中要求最高统帅部“命令整个野战军，在任何情况下都要保持军纪，保持镇定和严肃的纪律。只要不被解职，就必须绝对服从其军队上级的命令。只有接到军队上级的命令才能解职军职人员”。军官必须携武器和佩戴军衔徽章。所有建立士兵委员会的地方都要“毫无保留”地支持军官维持纪律和秩序。第二天，人民代表的另外一个决议以更详细的形式确认了这一指令。

再次毫无保留地赋予军官以指挥权，而士兵委员会则把自己放在从属地位上。这种做法让最高统帅部感到满意：人民代表用他们的签名批准了军界恢复革命前的秩序。对“普鲁士军国主义”做出这种明显的支持，士兵委员会是深感受到挑战的。他们并不否认，野战部队的返乡和遣散需要遵守纪律，但是他们认为，恢复之前的状态根本无助于实现这个目标。

12 月 1 日和 2 日，在巴特埃姆斯（Bad Ems）召开的野战委员会和士兵委员会大会上，与会者一致要求进行必要的改革，取消专制国家的军事体制：废除非执勤期间的强制性敬礼，关闭军官餐厅，军官、文官和部队成员享有同等的伙食条件。另外，士兵委员会应该有权讨论所有涉及部队的经济和社会问题，以及发布纪律处分和处理投诉。后勤部门应“定期与士兵委员会”沟通协调。

最高统帅部对此提出了最严厉的抗议，而且取得成功。艾伯特于 12 月 14 日宣布，他原则上同意格勒纳和兴登堡的立场，但也指出士兵一致的反对立场所造成的困局。艾伯特的让步明确表明，政变后仅一个月，最高统帅部已成功晋升为和政府平起平坐的伙伴。在这种情况下，士兵们的反对情绪只会继
45 续增长。多数派社会民主党人正在失去士兵委员会的支持。11 月 10 日在与工人队伍中的激进势力抗衡时，多数派社会民主

党人正是得到了这一支持才站稳了脚跟。[16]

除了公务员队伍和军官队伍之外，企业家也属于“旧时代精英”。1918 年秋天，无论有没有意识形态上的顾忌，执政的社会民主党人都必须与企业家合作。对于人民代表来说，他们最重要的任务之一就是让数百万返乡士兵重新融入生产大军。而完成这个任务只能通过国家、企业家和工会的共同努力。对于工业企业家来说，与工人组织的合作，从社会角度考虑还意味着避免了两种危险：一方面是企业的社会化，另一方面是国家的调控。倾向社会民主主义的自由工会也有类似的看法。企业家的认可，让自由工会无论在国家面前还是在新成立的委员会面前都提高了自己的地位，而工人委员会正是自由工会很不喜欢的一个竞争对手。

早在 1918 年 10 月，电气行业的各方代表就开始了首次会谈。不久后，重工业和工会代表的会谈也相继跟进。双方同意，迫在眉睫的复员工作需要雇主方和工人方的积极参与。工会和雇主协会联合倡议建立一个帝国经济复员办公室，同时再组建一个专业委员会来辅助这个机构的工作，并由双方派出对等人数参加。

11 月 9 日之前举行的高层会谈中，讨论了要建立一个涉及面更广的“工作小组”。但此举还面临两大难题：到目前为止，工会还未能说动雇主大幅减少工作时间，并且放弃倾向于企业家的“橘色”工厂协会。之后的政治动荡似乎使企业家在这些有争议的问题上向工会方向迈进了一步。11 月 15 日，双方签署了所谓的《施廷内斯-莱吉恩协定》，该协定的名字来自两个谈判代表，他们是来自重工业的胡戈·施廷内斯（Hugo Stinnes）和自由工会总委员会主席卡尔·莱吉恩（Carl

Legien）。

在这份文件中，企业家承认工会是工人大众推举的代表。他们还保证，退役回乡的工人有权恢复原职，并接受与工会谈判达成的工资协议及工作条件的规定。在有 50 名以上员工的公司中成立工人委员会，并设定每天的正常工作时间上限为 8
46 小时，不允许因缩短工作时间而减少收入。未来合作的组织框架是由双方指派同等人数参与，并根据同样的原则进行专业分类的“德国工商业雇主和雇员协会中央工作小组”，简称为“中央工作小组”（ZAG）。

《施廷内斯-莱吉恩协定》似乎让工会实现了长久以来的愿望。这主要体现在承认工会是工资定价合作方，实行全额工资的 8 小时工作制。但是这个协定也有一个问题，企业家们表示，只有在所有文明国家通过国际协议同意采用相同工作时间的情况下，德国的 8 小时工作制才会持续下去。

企业家要求附上一个会议记录，声称只有所有文明国家通过这一国际协议，确认 8 小时工作时间，德国 8 小时工作制才能持续实行。在“橘色”工厂协会问题上，莱吉恩 11 月 5 日向雇主保证，如果这个组织是自发的，并且在没有财政赠款的条件下依靠自己的力量坚持 6 个月，那么它就可以与工会商谈进入中央工作小组一事。

对于雇主来说，成立中央工作小组所产生的效益远大于对工会阵营做出的让步。最重要的是，1918 年 11 月 15 日的协定等同于一个反对社会化的合约。接受企业家作为合作伙伴，工会就承认了现有的社会和经济秩序。实际上，自由工会 1918 年 11 月最想实现的是关键行业的社会化。工会作为工人经济利益的代表参与谈判，这些人正是出自对自己地位有限的了解去涉足上层政治。这种做法在某种程度上束缚了人民代表委员会的手脚。即使政府愿意，积极的社会化政策也很难在工会那里得到贯彻。[17]

独立社会民主党在人民代表委员会中极力推动重要经济部门的快速社会化。虽然多数派社会民主党人认为私有财产关系的变更会对经济复苏构成威胁，但他们不想被指责背叛自己推行社会主义的基本承诺。人民代表在 11 月 18 日做出的决定似乎给这道难题指明一条出路。根据这个决定，对那些“根据其发展程度，已经做好社会化准备”的工业分支立即实行社会化。但是在此之前应该任命一个“权威的国家经济学家委员会”，“让工人和企业家行列中的实践家共同参与，以确认细节”。

在这个社会化委员会中，除了两名社会民主党派和工会的 47
代表外，还有几位资产阶级的科学家，包括经济学家约瑟夫·熊彼特（Joseph Schumpeter）。12 月 5 日，由卡尔·考茨基领导的社会化委员会举行了第一次会议，但是工作进展很不顺利。负责“监督”该委员会的德国经济部国务秘书奥古斯特·米勒（August Müller）坚决反对各种形式的社会化。12 月底，他甚至声称，煤矿业的任何一种社会化行为都是犯罪和愚蠢的。米勒试图用限制场地、限制助理和限制资金的办法，尽量给委员会的工作制造困难。专家们在 1919 年 2 月中旬才提交了一份有关煤炭行业社会化的初步报告，主要困难是这些行政条件。[18]

1918 年底，只有不切实际的教条主义者才会谈论德国经济的全面社会化。在工人政党、工会、国家政府机构中，没有人可以取代资本主义的企业家及其经理人。大规模的没收将不可避免地导致国民经济的崩溃。只有在煤矿业这一领域，社会化在经济层面是可行的，因为该领域的市场规则基本失效，作为诸多煤矿企业的所有者，国家已经具有企业管理的经验。煤矿业实现社会化有一个至关重要的政治论据。煤矿业是当时德国的重要产业，矿主不仅是工会的死对头，而且坚决反对帝制国家的民主化。因此，煤矿业的社会化意味着将在反共和势力前线取得突破。多数派社会民主党的人民代表搁置社会化问题，无疑是放弃了巩固议会民主制的部分准备工作。

在帝制时期有一个社会团体，这个团体像莱茵-威斯特法伦的重工业界一样，坚决反对任何形式的民主化，这就是易北河东部地区的大地主阶层。君主制的垮台意味着这个团体的政治影响力急剧下降。但是在1918～1919年，容克的社会势力受到的威胁远远小于矿业主。农民和贫穷农民没有发动没收土地的运动，德国政府以及普鲁士革命政府都没有考虑过变更这片富
48 饶平原上的所有权关系。最重要的是，令执政的社会民主党人无法进行激进农业改革的原因，是他们担心采取严厉措施可能危及粮食供应。为了小农和农业工人的利益而进行农庄财产分配，确实会带来不可预见的经济风险。在这方面，也可以采用“国家资本主义”的解决方案：普鲁士、梅克伦堡-什未林（Mecklenburg-Schwerin）和梅克伦堡-施特雷利茨（Mecklenburg-Strelitz）这些邦可以没收大宗财产，然后交给有能力的佃户经营。但是1918年根本没有讨论这样的方案。农业问题并不是社会民主党的强项。从理论上讲，无论是在工业领域还是农业领域，大企业要比小企业更为合理，因为小企业几乎没有生存的机会。而从这个视角出发处理问题，实际上为1918年接受易北河东边的现状提供了理由。在主要由大地主出任代表的

“德国农业战争委员会”的敦促下，人民代表委员会于 11 月 12 日向“农业人口”保证向他们提供保护，“使其免遭不请自来者对其财产和生产条件的一切干扰”。不久后，人民代表同意成立由大地主、中小型农户和农业工人组成的联合委员会，但这个委员会起到的作用不过是对农村现有所有权结构的一个全面保证，在政治上大大削弱了本来就很弱势的农业工人运动。

独立经营的农民和农业工人并没有按照《施廷内斯-莱吉恩协定》的模式建立工作合作小组。农场主拒绝承认两个农业工人工会拥有农业工人的代表权，它们是社会民主党农会和基督教农会。但农业工人也取得了一些革命性的成果：1919 年 1 月 24 日的临时农业劳工法为他们提供了帝制时代不曾给予他们的农会活动权和社会工资协议权。然而农业工人权利远不及工业工人那样有保障。早在 1919 年春季，波美拉尼亚的农业联盟就开始准备用准军事手段破坏农业工人工会。不久就有更明显的迹象表明，容克地主的社会权利并未因十一月革命而受到多少损失。[19]

按照艾伯特的意见，所有政治领域在国民议会选举前应遵循的原则是，不要抢先在国民议会之前做任何决策，而应将精力集中于解决迫在眉睫的日常问题上。在人民代表委员会上，艾伯特的这一方针得到广泛赞同。但是他的影响力不足以让另一个柏林政府，即普鲁士邦内阁也落实同样的方针，该内阁由多数派社会民主党和独立社会民主党派出同等比例的代表组成。独立社会民主党的阿道夫·霍夫曼（Adolph Hoffmann） 49
很快就在普鲁士部长中上升为最有影响力的人物，他与多数派社会民主党人康拉德·黑尼施（Konrad Haenisch）共同担任文化部领导人，后者的灵活度远不及他。

霍夫曼出版过一部尖锐批评宗教十诫的作品，他因此获得了“霍夫曼十诫”的绰号。这位激进的无神论者上任时就宣布，普鲁士将来只有不受政治和教会监管的统一学校，并严格遵守政教分离的原则。11 月底霍夫曼颁布了两项法令，在小学里废除现有的校方宗教监管，废除宗教课程。

霍夫曼颁发的反教会法令引发了一场短暂而激烈的文化斗争。抗议来自新教和天主教。在莱茵兰和上西里西亚，这种来自部委的反教权主义助长了试图摆脱柏林的情绪，它既针对普鲁士，也部分剑指帝国。中央党在对抗阿道夫·霍夫曼政策的过程中，找到了迄今求之不得的振奋人心的竞选口号。在政治光谱的右翼，帝国保守党的继承人，即保皇派的德意志民族人民党（DNVP），在忠于教会的基督教派的动员中得益。1919 年元旦，中央党和柏林新教团体召集了 6 万人前往普鲁士文化部，抗议在德国最大邦颁布的教育政策和教会政策。多数派社会民主党人没有及时，或只是态度敷衍地和霍夫曼划清界限，但他们已经认识到，他们的政策不仅引起了左派的抵制，而且激起了右派和中间派的反抗。[20]

艾伯特暂时未受到“右翼”的反对，这位人民代表委员会主席被视为坚定地反对极左派的代表，因此是站在多数派社会党人右边的天然盟友。12 月初，高级军官和高位官员出台了一个计划。根据该方案，艾伯特得到军队支持，被暂时赋予全权履行德国总统之职，解散以柏林执行委员会为首的工人和士兵委员会。12 月 6 日，“弗朗茨皇帝”步兵团后备营的武装军人、人民海军师的水兵和一支学生民兵队向帝国总理府进军，以向艾伯特致意。游行代表提出要求，在 12 月选举国民议会，并指

责柏林执行委员会“管理不善”，最后宣告艾伯特为共和国总统。艾伯特的回答小心翼翼，也相当克制。这批示威者发动的 50
类似推翻执行委员会的行动几小时后，正规军士兵与斯巴达克同盟[①]支持者之间发生了枪战，造成 16 人死亡，12 人受重伤。

四天后的 12 月 10 日，根据最高统帅部和艾伯特之间达成的协议，近卫军进入柏林。按照格勒纳的说法，只有这些前线部队才能解除平民武装，清除帝国首都的斯巴达克分子。另外，近卫军的目的是强调最高统帅部的要求，最高统帅部才是保证内政稳定的最重要因素。但是格勒纳希望部队进驻带来的效果未能实现：士兵们回国的愿望如此强烈，以至于进入柏林的 10 个师在很大程度上没有完成交给他们的清缴任务。艾伯特在 12 月 11 日向返回家园的部队发表的一次讲演，在心理上给了军队一个巨大安慰：“任何敌人都未能战胜你们!”这似乎在为那句致命的所谓背后捅刀的说法进行强力辩解。[21]

12 月 16 日至 21 日，工人和士兵委员会首届全国代表大会在柏林召开。这符合柏林执行委员会的决定，该委员会确实只视自身为德国工人和士兵委员会的临时领导。在大会开始前，社会民主党已经基本可以确认，他们在 514 名代表中占大多数，因此他们比较放心。多数派社会民主党一方大约有 300 名来自地方和地区委员会的代表，独立社会民主党大约有 100 名代表。剩余的人或倾向左翼自由阵营或倾向无党派阵营。斯巴达克同盟的两名领导成员罗莎·卢森堡和卡尔·李卜克内西没有得到席位。会议开始时，绝大多数人拒绝了接纳他们作为

---

① 也译作“斯巴达克团”或“斯巴达克联盟”等，是德国左派社会民主党人的革命组织。主要领导人有卡尔·李卜克内西、罗莎·卢森堡、克拉拉·蔡特金等。

客座顾问的申请。

由于多数派社会民主党占据强有力的多数，这次会议最重要的问题似乎在开会前就得到确认：尽早举行国民议会的选举。推迟选举日期的支持者以及“纯委员会制”的支持者几乎没有什么机会。柏林执行委员会主席里夏德·米勒11月19日在工人委员会大会上放言：“只要我活着，就别想召开国民议会。”这句话曾被广泛引用，米勒也因此被称为“尸首米勒”。他再次警告：“资产阶级希望尽早召开国民议会，就是要吞噬工人的革命果实。”工会革命领导人恩斯特·多伊米希在其精彩讲演中提出要坚持“纯委员会制”，强调劳动人民要实行自我管理的倡议。但这并未能改变与会者的态度。

51 12月19日，与会代表达成344票对98票的投票结果。这个结果事先就被多伊米希称为革命的“死刑判决书”。代表们拒绝了多伊米希的提议，否定把委员会制度作为社会主义共和国宪法基础，拒绝承认工人和士兵委员会拥有最高立法和执法权。多数派社会民主党人马克斯·科恩-罗伊斯（Max Cohen-Reuß）的动议以约400票对50票得到通过。该动议建议1919年1月19日举行国民议会选举。这个日期比人民代表委员会在11月29日达成一致的2月16日提前了不少。

激进左派指责保守势力希望通过尽快选举国民议会来结束革命，或者至少部分地扭转其成果，在这一点上激进左派并没有冤枉后者。但是多伊米希提出的“纯委员会制”确实是建立在幻想的基础之上。他的设想是，在一个分工明确、高度发达的工业社会中，能够长时间地动员群众持续监督当选者。因为极少的工人有所需的空闲时间来完成这项任务，那么可以预见，“纯委员会制”将很快成为有特权的少数人对多数人的统治。更糟糕的是，如果废除了资产阶级的立法、执法和司法的三权分立，那么实际上就无法对监督委员会的工作进行监督。也许“纯委员会制”的某些支持者非常厌恶一党专政，但他们对直接民主的设想是没有任何保障的，这反而为最不民主的现实铺平了道路。

与多伊米希同台发言的科恩-罗伊斯在其激情洋溢的讲演中用俄国的例子警示国民议会的重要性，并取得了良好的效果。这位多数派社会民主党发言人关于委员会统治在德国可能造成的内政和外交后果的陈述，的确令人印象深刻。但即使没有科恩-罗伊斯的精彩讲演，赞同议会和反对委员会制度的决定也不会有太大不同。半个世纪以来，在全国范围内，德国男性一直享有平等的普选权，所以对于绝大多数工人来说，用一场民主革命取缔这项民主成果几乎是不可想象的。这场革命本应带来更多的而不是更少的民主，这是德国第一届委员会代表大会绝大多数人的明确意愿。

虽然多数派社会民主党就大会最重要问题的投票结果感到满意，但是在其他领域，代表们的立场仍站在多数派社会民主党人民代表路线的“左”侧。大多数人同意，政府应立即对 52
成熟的相关产业，特别是采矿业开展社会化进程。而让艾伯特感到更为不安的是，汉堡士兵委员会起草并得到大会一致批准的军事政策草案《汉堡要点》（“Hamburger Punkte”）。要点规定，在新当选的工人和士兵委员会的中央委员会控制下，由人民代表行使军事指挥权。作为“打倒军国主义和废黜盲目服从的象征”，取消所有军衔徽章，不得在军务外佩带枪支。士兵们自己推举领导。士兵委员会负责维持纪律，废黜现有的军队，加快建设一支人民国防军。

大会接受《汉堡要点》，首先是对政府疏忽的一种回应。如果人民代表们接受了野战军委员会和士兵委员会 12 月 1 日在巴特埃姆斯提出的温和要求，也就没有必要在委员会大会上做出这个决议。《汉堡要点》的某些部分，尤其在领导人的选举和取消所有军衔的问题上是不成熟的，也是不切合实际的。但是社会民主党领导人既没有尝试进行相应的更改，也没有努力去赋予该决议以指导性的特征，因为这个文件需要有具体条例才能实施。

在最高统帅部的巨大压力下，这个文件后来做了一些修改，但是这些改动从根本上颠覆了《汉堡要点》的核心。委员会大会的决议现在只适用于国内军队，而野战军不在其列。1919 年 1 月 19 日发布的执行条例完全允许建立一支共和国国防军，但与《汉堡要点》截然不同的是，条例明确规定了指挥权只属于军官。在 1919 年 3 月 6 日国民议会颁布的建立一支临时帝国国防军的法律中，已经根本看不到第一届委员会大会关于军事政策方面所做决定的任何痕迹了。

《汉堡要点》的决定暴露出多数派社会民主党人民代表领导能力不足，而独立社会民主党的同事们在大会上的表现证明了他们是“没有士兵的军官”。12 月 18 日，多数派社会民主党人提出申请，“在国民议会出台其他规定之前”，将立法权和行政权移交给人民代表委员会。由大会选举产生的中央委员
53 会来任命人民代表，由人民代表对议会进行监督。党内盟友对此问题发出追问，哈泽就议会监督的概念做了解释。所有法律都要提交中央委员会，较重要的法律必须经过中央委员会讨论，但是独立社会民主党代表认为这远远不够，他们希望中央委员会拥有在法律颁布之前同意或拒绝的“全权”。多数派社

会民主党人则坚持人民代表要拥有政治上的活动空间，并且发出威胁：如果大会接受独立社会民主党的提议，社会民主党人就不再出任人民代表、国务秘书和普鲁士邦部长。大会多数赞成哈泽对“议会监督”的解释方案。之后独立社会民主党激进左翼决定，自己的团队不参加中央委员会的选举。

选举的结果是，被选入“德意志社会主义共和国中央委员会”的17名成员是清一色多数派社会民主党人。因此应起到制衡政府作用的中央委员会远不及柏林执行委员会。独立社会民主党的内部分裂此时已经公开化。独立社会民主党的人民代表也因这个党团的决议失去了工作基础。政府合作伙伴之间自1918年11月10日开始的公开决裂，现在已不可逆转。[22]

所谓的“柏林圣诞节之战”是令这一合作终结的最后一次事件。“圣诞节之战”起因是围绕着人民海军师持续两周的冲突，事关水手的工资和让他们撤离占领的城市防御堡垒（起义军的防御工事）的指令。这场冲突在12月23日达到高峰，并演变成一场人民代表委员会和部队之间公开的权力斗争，部队一方越来越接近左翼极端派的立场。圣诞节前夕，两名叛乱的水手在与忠于政府的共和军士兵自卫队交火中被枪杀。之后，叛乱的士兵包围了政府办公地，占领了帝国总理府的电话局。此外他们还冲进城市指挥部，把担任城市指挥官的奥托·韦尔斯等人逼困在马厩。

艾伯特12月24日晚上得知，韦尔斯受到了监视人员的虐待，其生命处于危险之中，他通过一条不受叛军控制的秘密电话线向普鲁士战争部请求军事援助。格勒纳从位于卡塞尔的最高统帅部总部通过另一条不受监控的电话线联系了艾伯特，请求授权他以军事全权，对水手采取行动。多数派社会民主党的

54 三位人民代表随后向普鲁士战争部部长下达了相应的命令。上午 8 时前，勒奎斯（Lequis）命令炮兵向宫殿和马厩开火，其实这对韦尔斯和其他被囚人员构成了直接的生命危险。宫殿先被勒奎斯的军队占领，后来警察总长艾希霍恩的保安卫队、红色士兵武装和武装的工人赶来帮助水兵。宫殿又被夺回。之后艾伯特下令结束战斗。

勒奎斯部队的行动最后以军方的军事失败和政府的政治失败告终。人民代表不得不再次与起义的士兵进行谈判，以达到释放韦尔斯、收回宫殿和马厩的目的。为此付出的代价很高。政府不得不向这个人民海军师做出让步，承认其可以保持现有兵力，并被整体纳入共和军。另外水手们提出，韦尔斯必须辞去城市指挥官的职务，这个要求也得到了满足。

多数派社会民主党的人民代表向军方发出求救是极端的无奈之举，根据当时的局势也是在情理之中。另外，他们没有与普鲁士战争部部长商讨该行动实施的细节，而完全听任军队摆布，这未免过于轻率。艾伯特和格勒纳的政治联盟在 1918 年圣诞节前才最终敲定。在 12 月 28 日的人民代表委员会和中央委员会的联席会议上讨论了 12 月 23 日和 24 日的事件，哈泽的抱怨不无道理，他批评多数派社会民主党同僚没有必要给军队开出一份空白授权书。独立社会民主党质问中央委员会，是否批准了战争部部长的指令，中央委员会承认了此事，随后人民代表哈泽、迪特曼和巴尔特以此为由退出了政府。

虽然哈泽对以艾伯特、谢德曼、兰茨贝格为一方和以格勒纳与朔伊希为另一方的互动方式的批评有一定道理，但独立社会民主党的人民代表本身也负有很大责任，因为没有一支足够强大、可靠的共和派保安部队，人民代表委员会只能依靠常规部队。在过去的几周里，不仅是多数派社会民主党的人民代表，独立社会民主党的人民代表在军事政治领域也很被动。后者在委员会大会上没有采取任何行动制止其党团抵制中央委员会的选举。并不是 12 月 24 日的军事失败，而是这个决议，才是两个社会民主党派结盟失败的真正原因。

12 月 29 日，两名多数派社会民主党人取代了三名独立社 55
会民主党人民代表的席位。其中一人是鲁道夫·维塞尔（Rudolf Wissell），一位熟练的机械师，也是自由工会中央秘书处的长期负责人，1869 年生于哥廷根。他接手了社会和经济政策部门。另一人是比他大一岁、来自勃兰登堡的古斯塔夫·诺斯克，曾是木匠，后来任党报编辑，在帝国议会党团担任专员时颇受瞩目。诺斯克负责军队事务，因此一入职就必须做出影响重大的政治决策。

组建纯粹的多数派社会民主党政府并任命诺斯克，这使得执政权的政治方向向右移动了一大步。圣诞节之战让部分柏林工人开始明显向左转。在不少工人看来，投入军队似乎证实了斯巴达克同盟的观点，即社会民主党的人民代表已成为反革命的盟友。阵亡水手的葬礼成为帝国首都无产阶级激进势力的大型政治集会。示威者把争夺宫殿和马厩之战的罪魁们的名字写在标语牌上：“我们谴责艾伯特、兰茨贝格和谢德曼杀害水兵！”[23]

联合政府破裂两天后，德国共产党成立大会在柏林召开。它起源于两种不同的政治流派：一个是斯巴达克同盟小组，它曾是独立社会民主党的极左翼；另一个是德国共产国际，源自汉堡和不来梅左翼激进派。德国共产国际经熟知德国情况的布尔什维克专家卡尔·拉狄克（Karl Radek）介绍，直接和列宁取得联系。拉狄克自 12 月 19 日以来一直以苏俄领导人的代表身份非法逗留柏林，也是他一再敦促共产国际与斯巴达克同盟结盟。斯巴达克同盟领导人李卜克内西、罗莎·卢森堡和莱奥·约基希斯（Leo Jogiches）本并不愿意脱离独立社会民主党。但是12月15日柏林独立社会民主党全体大会并没有采纳他们提出的建议，即独立社会民主党应退出人民代表委员会，确立“所有权力归委员会”口号，因此在组建一个独立政党的问题上他们不再有什么顾虑。

参加共产党成立大会的大多数代表是熟练工人和知识分子，而且是这些人群中的年轻人，这种社会和年龄构成是这个
56 年轻政党的整体特征。共产党的追随者大多根植于社会民主党的传统，但也有一些成员，尤其是在柏林，他们是因为革命才关心政治。他们非常容易受党代表大会上那些乌托邦激进思潮的影响。受过马克思主义熏陶的领导人面对这种倾向有些束手无策。李卜克内西一向愿意和“基层”保持一致，自然不想出面反对。只有罗莎·卢森堡敢于出面指责激进势力。她对喧闹的代表们大声说：“你们就是想快刀斩乱麻地推进你们的激进主义。你们大声嚷嚷‘快点投票’就是最好的证明。”

罗莎·卢森堡还在党章中写入了：“斯巴达克同盟行使执政权必须符合德国绝大多数无产阶级大众的明确意愿，并且在得到他们明确同意斯巴达克同盟的观点、目标和斗争方法基础上。”实际上，党代会“狂热的乌托邦精神”还是占据了上风，这是历史学家阿图尔·罗森贝格（Arthur Rosenberg）在1935年出版的《德意志共和国历史》（*Geschichte der Deutschen Republik*）中的陈述。1927年前他本人一直是一名共产党员。这种情绪主要体现在会议最重要的争执议题上，即对国民议会的态度。虽然党的领导层在原则上承认委员会制度，但他们还是认为应

参加选举，因为他们将选举视为培养和教育人民的一种手段。但投票结果是 62 票对 23 票，通过了来自皮尔纳（Pirna）的代表奥托·吕勒（Otto Rühle）抵制选举的提议。

罗森贝格称该决议是"间接地呼吁篡权的冒险行动"，这个决议与罗莎·卢森堡提出的章程没有任何共同之处。但像李卜克内西一样，卢森堡也服从了多数人的决定，成了这一思潮的囚徒。他们有充分的理由认为，这是一种不明智的激进主义表现。工会革命领袖以及有长期工会工作经验的专业工人代表因不同意共产党反议会主义的观点，没有参加这个新的党组织。[24]

1919 年 1 月 4 日发生了所谓的"斯巴达克起义"，但这个说法有失公允：起因是普鲁士邦总理保罗·希尔施（Paul Hirsch）解除了独立社会民主党左翼人士埃米尔·艾希霍恩柏林警察局局长的职务。普鲁士政府的几位独立社会民主党成员，效仿几天前独立社会民主党三位人民代表的榜样行为，退出了普鲁士邦政府，之后希尔施试图说服艾希霍恩辞职，而艾希霍恩本人并不愿意，所以总理将他免职。鉴于艾希霍恩在圣 57
诞节冲突中所扮演的角色，解除其职务只是时间问题。任何政府都不能将首都的警察交给一个准备推翻政府的人管理。

激进左派并不这么看：他们把解除艾希霍恩的职务视为一场有针对性的挑衅。1 月 4 日晚上，柏林独立社会民主党主席与工会革命领袖一起，决定举行抗议活动。共产党中央委员会也签署了相关的呼吁。从参加人数和战斗精神来看，1 月 5 日的游行远远超出了组织者的期望值。但是那天事件失控了。在柏林警察总局，工会革命领袖、柏林独立社会民主党成员和共产党中央领导人正讨论如何进行下一步工作时，武装的示威者占领了《前进报》和《柏林日报》（*Berliner Tageblatt*）印刷厂、摩斯（Mosse）出版社、谢尔（Scherl）出版社和乌尔施泰因（Ullstein）出版社大楼、布克森施泰因（Büxenstein）印刷厂和沃尔夫（Wolff）电报大楼。

警察总局讨论期间，人民海军师指挥官多伦巴赫（Dorrenbach）上报了一个消息：不仅是他的部队，而且所有柏林军团都站在工会革命领袖一边，准备用武力推翻艾伯特-谢德曼政府，但后来被证实这是一个误传。正是听到这个军队支持抗议活动的误报，卡尔·李卜克内西宣布“在这种情况下，不仅要抵制对艾希霍恩的打击，如有可能也要推翻艾伯特-谢德曼政府”。大多数与会人士不顾里夏德·米勒和恩斯特·多伊米希的反对，表示要继续占领报社，呼吁柏林工人进行大罢工，掀起反政府的抗争，彻底推翻政府。[25]

柏林部分工人的1月起义最初群龙无首。并不是德国共产党计划要推翻政府，而是工会革命领袖支持者和共产党支持者的要求，而工会革命领袖支持者的数量占大多数。但是占领印刷厂和报纸编辑部之后，已经迈过了使用暴力的门槛，此时各个革命团体都争先比谁更激进。先是共产党领导人李卜克内西对来自下面的压力示弱，随后坚定反对政变行动的罗莎·卢森堡也在群众的自发性面前屈服，她一向视群众为历史最重要的推动力，而莱奥·约基希斯则希望共产党应该公开疏远李卜克内西。卡尔·拉狄克在1月6日德国共产党中央会议上表示，推翻政府的呼吁是错误的，并在三天后要求该党退出这场无望的战斗。

58 人民委员会的代表对极左翼行动的回答是呼吁发起大罢工。1月6日上午，社会民主党的大批支持者拥入政府办公区，在人民代表委员会前组成人体盾牌。但现在除了报刊办公区外，电报大楼和帝国印刷厂都已落入激进分子手中，因此政府和社会民主党不得不采用更强硬的抵抗形式。极左翼的起义显然是一种阻挠国民议会选举的尝试，意在将少数派的意愿强加给多数派。此时的局面和俄国有一定的可比性：布尔什维克在一年前驱散了民选的立宪会议，一年后他们的德国追随者正在努力抢先一步让制宪会议落空。因此，必须抵制这种对民主的攻击，必要时必须用武力来反对武力。

1 月起义开始时，柏林的几个后备营、部分共和派的士兵卫队和夏洛滕堡（Charlottenburg）安全部队站在政府一边。此外，刚刚启动的“社会民主党志愿服务队”也加入了。1 月 8 日，由这些志愿者和“爱心小组”（Gruppe Liebe，以其组长的名字命名）的成员组成了“爱心”和“国会”两个兵团。与这些具有社会民主主义倾向组织不同的另一个极端，则是政治上右翼的两个志愿军团：一个是“柏林神枪手军团”（Freischützenkorps Berlin），根据政府 1 月 7 日发出的“志愿者站出来”号召而成立，由原第 1 近卫师的士兵组成；另一个是规模更大的“赖因哈德志愿团”（Freiwilligenregiment Reinhard），由威廉·赖因哈德（Wilhelm Reinhard）上校领导，他本人后来积极参与纳粹党的活动。最初，人们还不知道配有重机枪、轻型榴弹炮和野战炮的“波茨坦军团”（Regiment Potsdam）的意向。1 月起义期间，这个后来自称为“波茨坦志愿军团”（Freikorps Potsdam）的武装力量越来越受共和派卫队军官的影响。最高统帅部的其他志愿部队在 1 月 8 日之后才接到命令前往柏林，并在首都附近准备发动进攻。

“好吧！总得有人出面当恶人，我不怕承担责任！”这是诺斯克的一句名言。1919 年 1 月 7 日，人民代表古斯塔夫·

诺斯克接任柏林及其周边地区政府军的最高指挥。此时已经很清楚，人民代表委员会已经争取到了强大的军队支持。根据多伦巴赫 1 月 5 日的判断，声称支持起义的那些军事团并没有真正地投身极左翼阵营，甚至多伦巴赫自己的部队人民海军师也持中立态度。

59 起初并不能确定是否会出现武装冲突。1 月 6 日，根据独立社会民主党主席的建议，政府阵营和起义一方开始谈判。多数派社会民主党和独立社会民主党温和派一致认为，必须充分恢复新闻自由。对于多数派社会民主党来说，这种要求具有生死攸关的重要性，因为《前进报》报社被占领，新闻自由实际上名存实亡。因此艾伯特认为，如果起义方不立即撤出印刷厂和编辑部，那么谈判没有任何意义。考茨基仍坚持进行调解：中央委员会和人民代表委员会应再次事先申明立场，如果谈判的结果无法充分恢复新闻自由，谈判就必须被视为失败。这个建议是为避免工人运动中发生兄弟之间流血冲突提供的最后一次机会。起义方是否会接受考茨基的妥协建议还不得而知。他们提出的所谓无理诉求是恢复艾希霍恩的职位，这是根本不能答应的。但他们又没有收到任何调解的方案。艾伯特和他的盟友担心放弃他们的现有立场会有损威望。由于《前进报》也是地方党的机关报，所以社会民主党的柏林党组织也坚持对激进分子采取强硬路线。中央委员会也持这种观点。1 月 7 日，大多数人拒绝了考茨基的提议。用暴力解决冲突的骰子终于掷下。

1 月 11 日早晨，“波茨坦军团”开始进攻《前进报》报社，甚至动用了野战炮。炮轰持续了几个小时，占领者后来投降。就交接问题参与谈判的 5 名议员被俘，随后被带到百丽联盟大街（Belle-Alliance-Straße）的龙骑兵营（Dragonerkaserne）里，并立即被就地执行死刑。同样的命运也落到为起义占领者当信使的3名工人头上。这次谋杀案的主要负责人是冯·斯特凡尼（von Stephani）少校，事后对他进行了13个月的调查，但最终他还是被无罪释放了。

《前进报》报社被夺回的同一天，政府军也接管了其他被占领的新闻机构大楼。就在1月11日这同一天里，根据诺斯克的指令，冯·吕特维茨（von Lüttwitz）将军率领由最高统帅部组建的志愿军团开始向柏林进军。因为1月12日已经彻底平息了起义，所以志愿军团在军事上没有任何令人信服的理由于1月15日进驻柏林。卡尔·李卜克内西和罗莎·卢森堡成 60
了志愿军团进驻柏林的第一批受害者。这两人都于1月15日被军官枪杀。据第二天的新闻报道，李卜克内西在逃离时遇害，而罗莎·卢森堡则被众人围攻杀害。罗莎·卢森堡的尸体被凶手扔进兰德韦尔运河里，4个月后才被找到。

1919年5月，一些直接参与谋杀的军官被军事法庭宣布无罪释放。对另外两名同犯，法院仅仅判处了轻刑，而其中一人还得以逃到国外。坐镇伊登（Eden）酒店指挥的“谋杀犯们”，包括瓦尔德马·帕布斯特（Waldemar Pabst）上尉在内，都未受惩罚。虽然军事法庭的枉法行径遭到了主要社会民主党人的尖锐批评，但国防部部长古斯塔夫·诺斯克最终仍然在判决书上签了字。

1月起义后的流血事件带来了深远的影响。卡尔·李卜克内西首先喊出“推翻政府”的口号。罗莎·卢森堡为共产党机关报《红旗报》（*Rote Fahne*）撰写的最后一系列文章中，也反对起义分子与政府进行谈判。当“群众”行动起来时，卢森堡并没有发声批评左翼激进主义。1 月起义是少数极左派人士的政变尝试。如果这些人实现了直接目的，成功地推翻艾伯特-谢德曼政府，就会在整个德国引发一场血腥的内战，导致协约国的军事干涉。因此政府认为自己有理由出面镇压起义。几乎没有什么理由可以支持采用谈判方式说服起义方投降的观点。尽管如此，也应该给考茨基的调解尝试一个机会。因为暴力镇压起义的后果不言自明：受到常规军和志愿军团支持的反革命风险加剧，工人运动中温和派和更激进派之间的分裂必定会日益加剧。

1 月起义期间，柏林以外的地方出现了许多较大规模的游行示威，以及起义分子支持者与政府军间的流血冲突。只有在不来梅发生了共产党的政变尝试。1 月 10 日，共产党在独立社会民主党的支持下，宣布成立苏维埃共和国，废除市政管理机构，阻止 4 天前新选出的社会民主党占绝对多数席位的工人委员会召集会议，以及支持在柏林战斗中的革命者。结果导致了政治和行政管理的混乱。1 月 16 日，银行宣布终止委员会政府的贷款，后者做出了让步，并同意选举不来梅制宪议会。1 月 28 日，《不来梅人民代表大会选举法草案》出台。

61 虽然此时这个苏维埃共和国开始全面崩溃，但诺斯克仍试图在不来梅树立一个典型。他拒绝了所有调解建议，并在 2 月 4 日让“格斯滕贝格师”（Division Gerstenberg）进驻这个汉萨同盟市。当然，志愿军团在那里的屠杀行径并不是诺斯克希望看到的，但身为社会民主党的人民代表，他此时甚至接受了“他的”将军们的军事战略思想。他也认为内政就是用战争手段延续战争。并不是“纯苏维埃制度”，而是对“白色恐怖”及其始作俑者的憎恨必定引发混乱，这个认知就是不来梅事件影响深远的结果。[26]

与不来梅苏维埃共和国不同，在莱茵河和鲁尔地区起步的社会化运动，最初和 1 月柏林之战没有直接关系。不仅是工人运动的积极分子，而且“普通”工人都希望借助革命形势实现生产资料的社会化。1918 年 12 月 21 日这一天提供了明显的佐证。在今日部分划归杜伊斯堡的汉博恩（Hamborn）举行了矿工罢工大会，大会向人民代表提出立即实现煤炭业社会化的要求。几天后汉博恩矿工们更关心的另外一些具体问题都摆到了台面上，例如更高的工资和更短的轮班时间。1919 年 1 月 9 日，矿业社会化这个问题重新进入鲁尔工人的议程，而且这次是持久的。由社会民主党、独立社会民主党和共产党派出同等人数组成的埃森工人和士兵委员会组建了一个“九人委员会”，委员会也是由三个工人政党代表等比组成。该组织要求工人和矿区管理层在莱茵-威斯特法伦的工业区携手合作，落实矿业的社会化工作。1 月 11 日，为了控制矿产主的商业行为和监督煤炭批发贸易，九人委员会占领了煤炭集团和采矿协会。

呼吁煤炭采矿业的社会化是一个预警。显然有很大一部分工人，甚至在多数派社会民主党人中，都有人对人民代表的政策不满意。自 11 月 9 日以来，社会权力结构几乎没有什么改变：企业家仍然是工厂的主人，军事将领的影响力又逐步增加。柏林 1 月起义遭到镇压，令人们更加担心反革命势力的反攻。工人应该肩负起经济和社会结构调整的口号，这个口号在 1919 年初比政治动荡后的那个时间段更受欢迎。第二波革命的浪潮开始出现，而且有可能比第一波更加激进。[27]

如果说站在社会民主党右侧的政治势力在某个问题上达成 62

了一致，那么这个立场就是无论如何要阻止社会民主党向左发展。1918 年 11 月 9 日以后，工人运动的政治势力迅速壮大，以至于资产阶级认为最重要的目标莫过于削弱社会民主党的影响力。如果能够克服资产阶级政党以往的分裂，那么实现这一目标的机会就必定会大大提高。

但是，在 1918 年末真正把力量凝聚在一起的是那些最有理由相信自己不得不背水一战的派系，这就是保守派。1918 年 11 月 24 日，德意志民族人民党成立，它集结了帝制时代的德国保守党和自由保守党。另外，加入这个政党的还有基督教社会党、德意志人民党和其他反犹太团体的成员。德意志民族人民党在建党的呼吁中并没有公开承认君主制。他们更重视宣传已经做出的决定，准备在“坚持法律和秩序的任何一种国家政体的基础上参与合作”，并称议会形式的政府是“根据最近事件发展唯一可能”的形式。他们原则上赞同私有经济，但在某些情况下，力求促进“共同经济的企业形式”。在旧普鲁士的新教地区，德意志民族人民党得到最强有力的支持，它是代表易北河东部大地主和重工业极右翼的政党，其支持者主要是保皇的知识分子、农民、小企业主以及有“民族主义倾向的”职员和工人。

自由派阵营中，分裂的党派没有达成类似的结盟。1918 年 11 月 16 日，《柏林日报》刊登了一篇文章，号召成立“德意志民主党”，签署人是 60 位名人，主要是记者和教授，以该日报总编特奥多尔·沃尔夫（Theodor Wolff）为首，还有社会学家阿尔弗雷德·韦伯（Alfred Weber），他是更为著名的马克斯·韦伯（Max Weber）的弟弟。这个倡议明确承认共和国体制，赞同社会民主改革，甚至建议“在垄断的经济领域接纳社会化的思想”，向任何形式的恐怖主义、“布尔什维克”和“反动派”宣战。签字人当中，有一些人曾隶属于进步人民党，他们很容易站到这样一个新平台的基础上。但是为了实现自由派的集结，它至少需要民族自由党大部分人的共同参与。这一扩展的努力没有成功，一方面因为以沃尔夫为首的 63
“民主派”对民族自由党的帝国议会党团主席古斯塔夫·施特雷泽曼（Gustav Stresemann）有着强烈的成见，施特雷泽曼在1917年前站在支持德国全面吞并政策的行列。另一方面，施特雷泽曼对沃尔夫派系左倾思想表示不满。因此，只是民族自由党人中的少数左翼分子参加了11月20日正式成立的德意志民主党。

施特雷泽曼领导的德意志人民党（DVP）于1918年12月15日成立，该党继承了民族自由党的遗产。德意志人民党与德意志民主党的不同之处在于，德意志人民党更强调民族因素，和社会民主党的界限更为分明，提出的要求更惠顾农业经济。在社会化问题上，德意志人民党在12月15日的竞选口号中赞同“把适当的企业部门归于公共权力机构的管理和所有权下，只要能为公众创造更高的回报并为员工创造更好的生活条件”。德意志人民党虽然拥护重建帝国，但是如果人民愿意，它也表示会“在当前的政体下”通力协作。

就其社会背景，两个自由党比较类似：它们主要获得受教育阶层、独立业主、工匠和商人、公务员和职员的青睐。德意志人民党获得了重工业界强有力的财政支持，而德意志民主党得到了电气工程工业和商贸界领衔企业家，以及一些银行的支持。它也是犹太中产阶级自由派的政党，深得柏林一些大型报刊和全国性报纸的支持，例如《福斯日报》（*Vossische Zeitung*）、

《柏林日报》和《法兰克福报》(*Frankfurter Zeitung*)。

天主教派政党没有作为一个统一的政党参加德意志共和国的第一次大选活动。1918 年 11 月 12 日，巴伐利亚的中央党独立，成为巴伐利亚人民党（BVP）。巴伐利亚人民党的建立是一项维护联邦制的预防性举措，意在反对向中央集权化方向发展。可以预计，中央党、社会民主党、左翼自由党如果组成联合政府，这个政府的政策基本上会调整到埃茨贝格尔的方向上来。在巴伐利亚，中央党工人“左翼”势力越来越大，保守的，特别是农民选民的权重不断减少。因此，巴伐利亚人民党清楚地定位在中央党的右边。在其建党纲领中，巴伐利亚人民党明确表示不认同 11 月 8 日和 9 日引发慕尼黑各种事件的“手段”，但它依然承认，新的局面“是一个既成历史事实”，
64 只能借助法规和法律对其进行修改。这一倾向联邦制的章程猛烈地批评“单方面的、无情的普鲁士霸权”。该党认为，柏林不应成为德意志，德意志也不应成为柏林，用一句口号总结：这个新政党最关切的要求是“把巴伐利亚还给巴伐利亚人”。

推翻帝制后的头几周，作为老牌政党的中央党开始讨论一个问题：是否将党改造为一个跨信仰的、对新教徒也开放的基督教人民党。最后，中央党还是决定保持原有的方针，保持自己依然对各阶层开放的天主教政党状态。阿道夫·霍夫曼反教会的文化政策大大帮助了中央党内顽固势力占据上风。中央党在竞选中出面激烈反对社会民主党，并对共和国持保留态度。1918 年 12 月 30 日，中央党帝国委员会发出号召：“德国的旧秩序已被暴力推翻，目前国家权力的支柱部分被清除，部分陷入瘫痪。必须在现实的基础上创建新秩序。君主制垮台后，这一新秩序不应是社会主义共和国的形式，而应该是一个民主共

和国的形式。”[28]

在德国制宪国民议会选举之前，种种迹象表明多个资产阶级政党会胜出，社会民主党不会赢得多数席位。1918 年 11 月 9 日至 1919 年 1 月 19 日举行的六次邦选举中，两个社会民主政党只在两个地方比资产阶级政党获得了更多席位。在 12 月 15 日安哈尔特（Anhalt）选举中，德国社会民主党得到 22 个席位，德意志民主党得到 12 个席位，德意志民族人民党得到 2 个席位。一周后在不伦瑞克的选举中，社会民主党得到 17 个席位，独立社会民主党得到 14 个席位，而资产阶级政党总共有 29 个席位。12 月 15 日，梅克伦堡-施特雷利茨的选举结果是平局：社会民主党是进入邦议会唯一的工人党，和资产阶级政党一样拥有 21 个席位。1919 年 1 月 5 日举行的巴登国民议会选举中，中央党成为势力最大的政党，社会民主党位居第二，德意志民主党第三，独立社会民主党没有得到任何席位。一周后，在巴伐利亚和符腾堡举行了选举。巴伐利亚人民党在巴伐利亚获得相对多数选票。社会民主党成为第二大政党，而邦总理库尔特·艾斯纳（Kurt Eisner）的独立社会民主党只排第三位。在符腾堡，德国多数派社会民主党成为势力最大的政党，其次是德意志民主党和中央党。在巴登，社会民主党的 36 名议员对峙 71 名“资产阶级”代表；在巴伐利亚，分别为 101 名“资产阶级”议员和 55 名社会民主党议员；在符腾堡为 94 名对 56 名议员。[29]

中央革命政府，即仅由多数派社会民主党人组成的人民代 65
表委员会在无议会的过渡时期，取得了一些可圈可点的成绩。战争结束时还有 800 万现役军人，1919 年 1 月底他们当中已经有相当一部分人重新融入生产流程。大约 300 万军工业工人队伍中，也有许多人找到了新工作。1919年2月，仍然有110万失业人口领取救济，这个数字在4月降到了83万。一系列强制措施推动了去军事化经济。企业家有义务接收1914年8月1日前为他们工作的工人。为了实现这一目标，必要时可以扩展工作范围。强制措施的不利一面是那些不一定必须就业的工人遭到了解雇。妇女受到的影响最大。人民代表提高了医疗保险的强制性限额，引入了失业救济金，并在国家出面介绍工作方面迈出了第一步。他们废除了1916年12月《爱国援助法》中为工商行业规定的军事仲裁系统：保留由同等数量的雇主和雇员代表参加的联合委员会，但从现在起，由他们选出的仲裁者不再是军官，而是平民。赋予帝国劳动部权限，可以根据申请宣布社会工资协议具有普遍约束力。《爱国援助法》原本规定雇员数量超过50人的公司必须成立工人委员会，现在20人以上的小型企业也必须成立工人委员会。

从狭义上讲，这些措施都不是“社会主义的”。所有这些措施都与资产阶级社会改革家的思想吻合。人民代表颁布的这些法令是希望从战争经济过渡到和平经济时尽可能平稳顺利，尽可能减少革命动荡。不仅财产所有权的变革要让位于这个主要目标，妇女解放这样最初的社会主义理想也一样：在经济进入正轨的过程中，大规模裁减女性员工完全违背了男女平等的社会原则。

作为某种补偿，妇女获得了政治上的平等：1918年11月12日人民代表的纲领承诺，“所有年满20岁的男性和女性”都享有同等的、不记名的、直接的和普遍的选举权。选举按照比例代表制进行。社会民主党认为这种选举方式能够纠正以前
66 多数投票制的不公正现象：例如在第二轮投票的决选中，资产

阶级候选人通常比政治上孤立的社会民主党候选人有更多的机会。另外，不公正的地方还有选区的划分，这种划分有利于农村而不利于城市。1918 年 11 月 30 日的《选举法》纠正了这种扭曲现象，现在每 15 万名居民可推选一名议员，虽然整个德国被划分为大小并不一样的 38 个选区，但是都根据人口数量向国民议会选送不同数量的议员。[30]

38 个选区中的一个选区仅仅在形式上被列入《选举法》：阿尔萨斯-洛林仍被法国占领，没有人能预料 1871 年被吞并的这个地区是否还会留在德国。另外，本应该在 1919 年 1 月 19 日参加选举的一些地区，如波兰人的居住区波森（Posen）、西普鲁士和上西里西亚等地，只要没有和谈协议，这些地区未来的命运还不得而知。维也纳临时国民议会于 1918 年 11 月 12 日一致决定并入德意志帝国，共同成立德意志-奥地利共和国，大家很清楚这不可能实现。11 月 25 日在柏林召开的德意志各邦帝国会议上，奥地利特使提出希望合并的申请时，外交部国务秘书索福以和谈为由表示反对。没有一个人民代表支持奥地利的倡议，其理由很充分：德奥合并意味着扩大德国领土，这会被协约国视为敌对行为，也会令其出台相应的举措。

在国民议会大选前，迹象已经很明显，奥地利的历史宿敌普鲁士将继续作为一个邦存在，而德国也不会成为一个统一的国家。人民代表已委托胡戈·普罗伊斯起草宪法。他设计了一个严格的中央集权的国家架构，但各邦新政府，特别是社会民主党和独立社会民主党领导的政府马上表示反对，理由是这个架构完全不顾社会民主主义的原则。在巴伐利亚，传统的独立愿望与艾斯纳的想法吻合，即尽量少把权力交给帝国政府。普罗伊斯的方案是，把德国最大的邦普鲁士分解成几个小邦，但这个方案在人民代表理事会中只得到一个人的支持，即艾伯特本人。多数派社会民主党的其他领导人都反对德国领土的重组，特别是反对肢解普鲁士。鉴于法国在莱茵兰发起的分离主义活动，他们更希望保住普鲁士，将其当作帝国在东西部之间的牢固纽带。普鲁士邦总理、社会民主党人保罗·希尔施在1919年1月25日宣布，普鲁士必须保持为一个完整的邦，以保证在共和国本身成立之前，西方和东方之间的宗教矛盾不会加剧。此外强化小型邦的做法只会符合法国利益。[31]

67 这些警告背后隐含着一种没有说出的恐惧，即分裂普鲁士是分裂德国的第一步。这种恐惧绝不是没有根据的。由于法国一直觊觎莱茵河以西地区，而新兴的波兰也在努力争取得到尽可能广阔的波罗的海入海口地区，因此帝国的统一受到了二者的威胁。较小的德意志邦可能无法像普鲁士这个“大邦”那样承受来自外部的强大压力。但不管维持普鲁士不变的外交论点有多么强烈，它都无法解决该结构带来的内部问题。普鲁士的人口和领土分别约占德国的五分之三。邦首脑同时出任国家政府首脑这种人事重叠的现象已成历史，因此共和国下的普鲁士的霸权地位远没有在君主制度下那么明显。在共和国成立之初可以预见的是，帝国与最大邦之间关系的和谐发展对双方都很重要，但在制度上这一点并没有得到保障。[32]

君主制灭亡与国民议会选举之间的革命过渡期保持了高度的连续性，普鲁士就是一个例子，这不仅有内政也有外交方面的原因。人民代表的行动范围受到德国政治的国际框架，以及德国的社会发展和政治传统的局限。在这种情况下，无法实现激进左派所要求的与过去彻底决裂。多数人的意愿是实现议会民主。在实现这一目标的道路上不能忽略多数人的意志。社会民主党人马克斯·科恩-罗伊斯在第一届委员会代表大会上的呼吁直指问题的核心："不可能实现大多数人民不希望的社会主义。"[33]

但在1918年与1919年之交的冬季，某些彻底的改革在德国社会也许能够获得足够的支持。无论在军事还是在民政管理中，都没有必要尽可能保持现状。在帝制国家被推翻后的最初几个月，资产阶级政党也认可煤矿工业的社会化。放弃这些干预措施是因为执政的社会民主党人认为这些问题并不那么紧迫或者过于危险。作为马克思主义者，他们深知历史带来的社会 68
进步是其必然性所致。同时他们也是德意志帝制国家的产物，在某种程度上，法治国家和宪法制度已经成为他们内在的一部分，以至于在他们眼中，发动革命无异于发疯。1918年11月，当他们突然掌权时，他们首要关注的是民主合法化和新局面的合法化。相比之下，他们所追求的民主需要社会变革的理念并没有足够的贯彻力。因此，1918年至1919年的动荡为德国社会民主化提供的（有限的）机会并没有得到充分利用。

3. 进退两难的多数

69 1919年1月19日举行的德国制宪国民议会选举中，多数派社会民主党以37.9%的票数成为最强政党，但即使和获得7.6%票数的独立社会民主党一道，多数派社会民主党派也不占绝对多数。1912年的上届德国国会选举时社会民主党赢得了34.8%的选票，此次多数派社会民主党相比之下虽然增幅不小，但并没有飞跃式增长。只有把独立社会民主党的票数和多数派社会民主党的票数加在一起，才会感觉有较大的增幅。

最成功的资产阶级政党是德意志民主党，获得了18.5%的选票，比其前身进步人民党在1912年选举时多6.2%。两个天主教政党——中央党和巴伐利亚人民党也有增加：总计达到19.7%，比中央党在1912年的得票高3.3%。德意志民族人民党得票数有所下降，10.3%的表现明显差于在上届德国国会选举中得票15.1%的保守党、农业党和反犹党的总和。右翼自由派的票数减少也很明显：德意志民族自由党在1912年得票13.6%，而施特雷泽曼的德意志人民党在1919年只得到4.4%的选票。

多数派社会民主党的选票增加主要归功于易北河东部的农村地区，尤其是农业工人的选票。在帝制时代，社会民主党和工会很难获得这一群体的支持。独立社会民主党人也有几个明显的根据地，它们都在美因河以北，大部分在德国中部。独立社会民主党在具有悠久社会民主传统的工业城市中很强大。在战争期间，地方党报一向支持左翼反对派。在特征明显的两个选区莱比锡和梅泽堡（Merseburg），独立社会民主党甚至强于多数派社会民主党。在梅泽堡行政区，独立社会民主党得票44.1%，这是全国范围内的最佳成绩，那里有德国最重要的军备企业，如新建的洛伊纳（Leuna）工厂。除了“左翼传统”因素外，独立社会民主党之所以获得高票，还因为在巨型企业中聚集了大批工人。

如果没有普鲁士文化部部长阿道夫·霍夫曼无意中的帮 70
助，很难解释中央党的选票为何大幅增加：在抵御霍夫曼反教会的政策中，长久以来受到威胁以及被瓦解的天主教阵营得到强化。德意志民族人民党也要感谢霍夫曼。如果在普鲁士推行的教育和教会政策没有把忠诚的天主教选民推向右边，保守派阵营的损失肯定会更大。德意志民主党的票数增加，与其竞争对手、右翼自由倾向的德意志人民党也有关。人民党于1918年12月中旬才刚刚成立，选举时在德国大部分地区还没有建立起可靠的组织。更重要的是，许多选民认为社会民主党会和德意志民主党结成联盟，所以希望通过手中的选票支持左翼自由党，来加强未来政府中的资产阶级成分。也正是出于这样的考虑，德意志民主党在竞选期间声称社会民主党会将所有生产资料社会化，而德意志民主党则是私有财产的保护者，因而尤其受到个体经营的业主、手工业者和商人的青睐，也吸引了公务员和职员这些“新中产”阶级，他们特别看重与体力劳动者之间的明显区别。

参加投票的人数占83%，略低于1912年德国国会选举的84.9%。但与此同时，由于妇女现在拥有投票权，而且投票年龄降低，有资格投票的年龄从25岁大幅降到20岁，所以投票人数比上一次选举多167%，即近2000万人。社会民主党是争取女性投票权最坚定的先锋，但并未从中获益：按性别分开投票的选区中，投票给社会民主党的男性多于女性。例如在科隆，社会民主党获得了46.1%的男性选票，但仅获得了32.2%的女性选票。在天主教强势的地区，1919年中央党和巴伐利亚人民党主要受益于女性的投票权；在新教占上风的地区，则是德意志民主党和德意志民族人民党受惠于女性选票。[1]

1919年2月6日，国民议会在魏玛召开制宪会议。之所以选址在魏玛，最初是要避开危机四伏的柏林。在柏林，人民代表似乎无法开始有序和不被干扰的议会工作。但是，选择图林根的这座城市也有其他积极的原因。魏玛位于德国中部，艾伯特希望由此可以强化德国统一的观念。此外他在1月14日的内阁会议上表示："如果能够把魏玛精神与建设一个新德意志帝国联系在一起，将会得到全世界的欢迎。"[2]

71 选举的结果似乎只有一种形式的政府联盟可行：旧国会中的三个多数政党再次携手合作。它们是1918年10月支撑着巴登亲王政府联合内阁的三个政党。但从理论上讲还有另外两个选择：两个社会民主政党组成少数政府，或者德国社会民主党和德意志民主党组成"社会自由派"联盟。第一个选项不成立，因为多数派社会民主党和独立社会民主党之间的矛盾太深，资产阶级中间派也不会容忍一个纯社会主义的内阁。第二个选项则会使左派自由党直面社会民主党的强大势力，这也是为什么左派自由党在2月3日与社会民主党的第一次会谈中，提议请中央党也作为一方联合执政。2月8日，与巴伐利亚人民党组成议会联合党团的中央党决定与社会民主党和德意志民主党一起参与执政。

对于多数派社会民主党人而言，与左翼自由党和中央党组成“魏玛联盟”① 的决定，就是再一次确认他们 1917 年 7 月支持帝国国会和平决议方针。如果他们希望实行议会民主制，那么就必须与资产阶级的温和派势力合作，而与“资产阶级”的正面对抗是独立社会民主党进入政府的一个条件，这与多数党的民主目标和议会民主的要求相互矛盾。没有人比爱德华·伯恩斯坦更加深刻地看到这一点。他在 1919 年初重新加入他原来归属的政党，在之后一段时间同时属于两个社会民主政党，他的目的是发出一个信号，希望多数派社会民主党和独立社会民主党再次统一。1921 年他在关于德国革命的一本书中写道：“共和国可以与某些资产阶级政党和阶级做斗争，但不能与所有人做斗争，否则会陷入困境。只有大部分公民关注共和国的存在和顺利发展，这个共和国才能承担起落在它肩上的重任。如果社会民主党在国民议会选举中赢得了数字上的多数，那么接受资产阶级共和党参与政府，这是保护共和国生存之必需，同时也是德意志作为一个民族生死攸关的必要条件。”[3]

国民议会的第一个重要决定是在 1919 年 2 月 10 日通过内政部国务秘书胡戈·普罗伊斯提交的临时宪法的法律草案。第二天，多数议员选举艾伯特为临时总统。多数派社会民主党的 72
这位最高领导在担任人民代表委员会主席期间，也赢得了资产阶级的尊重。他自己也希望，作为共和国最高职位的负责人，承担起社会民主党的执政角色。在他看来，保证工人温和派与

① 魏玛联盟这个称呼特指魏玛共和国时期，在共和国和各邦的层面上三个政党的联合执政——德国社会民主党、中央党、德意志民主党。

资产阶级之间持续至今的合作至关重要。艾伯特不是一个冷静、有胆识或超凡魅力的人物，他的公开演讲与其说具有强大吸引力，不如说是正直可信。他与众不同的特点是清醒、勤奋和执着，这种“资产阶级”的美德使中间党更容易投票支持他，并相信他会公正履职。当然，许多保守市民认为，让一个只上过小学，曾经修马鞍的手艺人作为皇帝的继承人，实在不尽如人意。艾伯特和社会民主党其他领导人通过自身努力获得的广博学识，在他们眼里不算什么。他们断然否认来自“人民”的人选有能力担任高级职务，帝国总统艾伯特从一开始就受到这种蔑视的困扰。

2 月 1 日，艾伯特在任职的第一天就委任一直担任人民代表的谢德曼组建政府。与艾伯特不同，谢德曼是一位出色的演讲家，他知道如何打动庞大群体以及小范围受众。这位有经验的议员善于避免正面冲突。通常他在知道胜券在握时，才会努力支持某事。正如这一正式头衔所表达的，作为帝国总理，他的任务是主持而不是引导。社会民主党的其他执政党伙伴也都赞同谢德曼担任这个职位。共和国的这位第一任议会政府首脑几乎没有给别人提供任何可以反对的理由。[4]

谢德曼内阁面临的最大国内挑战是罢工运动，该运动在 1919 年头几个月撼动了整个德国。对于绝大多数工人来说，战争大大减少了实际收入。《施廷内斯-莱吉恩协定》取得的社会成果，尤其是每天工作 8 小时，只是为进一步改善奠定基础，对此大家都心知肚明。当务之急是要明显提高工资，工会和雇主很快就这一要求达成一致，因为双方都认为这是阻止社会动荡的好办法。工资的上涨伴随着商品价格的上涨，因此雇主的让步可以被抵消。工资和价格螺旋式上涨的通货膨胀效应是各方都明白的道理。1919 年 4 月，复员部负责价格上涨的一名专员在一份报告上写道，目前工资的高水平本身不值得担心。“工资的提高有市场自身校正的因素，因为钱的购买力也在下降。”[5]

但是，无论工资谈判伙伴之间达成的工资增加还是工时的 73
减少，总体上远远没有达到劳动者的期望值。尤其是矿工们深感不满，作为重体力工人，他们从每天 8 小时工作制中受益相对较少。1918 年与 1919 年之交的冬天，他们扛起了“国有化”的第一面大旗，当然根据政治倾向不同，他们对此的理解也有很大区别。以汉博恩为首的工团主义思潮希望将矿山直接交给工人经营管理，而 1 月 9 日组建的埃森“九人委员会”提出的首选是，不论私人矿山还是国有矿山，一律由民选工人委员会管理。

随着提出建立经济委员会的要求，也提出了企业委员会要全面控制生产的要求，这标志着 1919 年 1 月开始的革命第二阶段。第一阶段主要围绕着政治民主问题，不仅是工人阶级，广大的资产阶级也认同这一目标。在第二阶段，革命的基础层面缩小到部分工业无产阶级。这些需求变得更加物质化，更加激进。经济委员会运动追求的目标，在国民议会选举中未能赢得多数。在工团分子和共产党人有话语权的地方，要求社会化的罢工常常充斥着暴力。因此与谢德曼联盟内阁的冲突不可避免。

政府投入志愿军团来应对动乱和自发的罢工。这是一支由年轻军官组成的新型志愿组织，成员多数来自曾经参战的学生，这些志愿者政治上非常右倾，他们组织起来抗击“布尔什维克主义”。例如在 2 月 14 日，明斯特第 7 军军长瓦特（Watter）下令，让利希特施拉格（Lichtschlag）志愿军团发动血腥攻击，占领赫尔维斯特-多尔斯滕（Hervest-Dorsten），原因是四天前有一名保守派办公室主任在那里被左翼激进分子杀害。之后共产党人和左翼激进分子发起大罢工。罢工于 20 日达到高潮，鲁尔区一半多的矿工都停止工作。几天后该行动才得以平息。

4 月，在鲁尔地区发生了一场更大规模的罢工。在此之前，矿工协会与雇主之间就逐步减少轮班时间达成了协议：最初将轮班时间从 8 小时减少到 7 个半小时，1921 年后减少到 6 小时。工会本希望这个结果能起到缓解作用，但事实恰恰相反。3 月 24 日至 25 日，在维滕（Witten）发生了工人与警察之间的流血冲突，导致 11 人死亡，多人受伤。维滕起义在波
74 鸿和多特蒙德一带引发了新一波罢工。罢工者要求承认工人和士兵委员会，立即落实委员会大会的军事政治决议，立即实行 6 小时轮班制，并在工业区和整个德国解除警察武装。3 月 30 日，由独立社会民主党和共产党完全控制的矿山代表会议在埃森召开。虽然有些反对的声音，但代表们仍决定脱离工会，建立一个在委员会制基础上的“矿工总工会”。埃森九人委员会被中央矿业委员会取代。此外还一致决定举行无限期大罢工。4 月 1 日，超过三分之一的员工开始罢工。4 月 10 日，近四分之三的员工加入罢工行列。

这种局面给谢德曼政府造成了极大威胁。煤矿业是德国经济的关键领域，鲁尔矿工的长期罢工必将导致帝国的经济崩溃。3 月 31 日，内阁下令鲁尔区戒严，并命令部队进驻。政府还决定，不得给罢工工人任何食品补贴，而那些遵守目前 7 个半小时工作制的劳动力则分配到更多的食品津贴。卡尔·泽韦林（Carl Severing）是比勒费尔德（Bielefeld）的社会民主

党刊物《人民岗哨》(*Volkswacht*)的编辑，他在4月7日被普鲁士邦政府任命为国家专员派往工业区。他自1907年以来就是德国国会议员，也是国民议会议员。这个当年的金属技工、后来的工会秘书长做了很多努力，才在4月底逐渐平息了这次大罢工。1919年5月2日，鲁尔区的煤矿开采恢复正常。

1919年春，莱茵-威斯特法伦的工业区只是数个动荡不安的地区之一。另一个地区是哈雷（Halle）和梅泽堡附近的德国中部采矿区。与鲁尔区不同，独立社会民主党左翼作为社会化运动的驱动力，在这里自始至终坚持社会主义方向。从本质上讲，这些运动代表的要求与埃森九人委员会的想法很接近：当选的企业委员和企业管理层一样，在工资、薪资和裁员问题上拥有同等影响力，可以不受任何限制地了解公司的所有运营、经济和商业流程。企业委员会和企业管理层之间的纠纷由地区工人委员会裁决。根据左翼独立社会民主党的设想，这样的社会化最起码暂时并不意味着没收财产，而是剥夺企业家的权力。

德国中部地区矿工与国家政府之间的谈判2月中旬在魏玛 75
举行。企业委员会运动的真正领导威廉·克嫩（Wilhelm Koenen）认为谈判结果并不令人满意，因此他宣布谈判失败。2月23日，哈雷矿工代表大会决定举行罢工。一半的参加者是独立社会民主党人，多数派社会民主党和共产党各占四分之一。次日，罢工在萨克森、图林根和安哈尔特开始。大型化工厂和电厂的工人以及铁路工人都加入了大型煤矿和钾矿矿业工人的罢工队伍。2月27日罢工达到高峰，德国中部的工人约四分之三参加了此次运动。

谢德曼内阁马上派政府军进驻哈雷，伴随着这一军事行动，政府同时还开始宣传攻势，利用两个大标题“社会主义在进行中！”和“社会主义即将到来！”，承诺在3月的头几天，政府将采取迅速和彻底的措施推行经济民主化，包括依法成立企业委员会，启动煤矿和钾矿的社会化。这也是内阁对1918年11月成立的社会化委员会提交的报告的回复。2月中旬，这个社会化委员会中多数人赞同煤矿业落实社会化。

与罢工者的再次谈判始于3月3日。政府对矿工的承诺比2月中旬迈进了一大步：把原则上已经接受的企业委员会制度纳入宪法，这个制度也扩展到采矿业之外的行业，允许工人有更多知情权。作为补偿，政府向参加谈判的企业家保证，只有企业家拥有管理企业的领导权。但必须允许企业委员会对公司的所有经济流程有知情权，前提是商业秘密不受损害。关于聘任和解雇工人，必须由工会和雇主协会达成原则共识，企业管理层和企业委员会必须遵守这个共识。虽然有不少人反对，但是罢工代表大会还是接受了这个提议。这次德国中部的大罢工于3月8日结束。[6]

而在柏林，3月4日开始的大罢工斗争仍在继续。它们与鲁尔区和德国中部大罢工有两方面的不同：一方面，从一开始这场罢工的倾向与其说是经济性的，不如说是政治性的；另一方面，与其他地区相比，这里参加罢工的多数派社会民主党人更多，而罢工矛头直指社会民主主义政府的政策。在德国首都之所以不可能有“社会化”的问题，是因为这里没有被视为
76 “可以社会化”的产业。柏林罢工者的要求旨在承认工人和士兵委员会，立即实施《汉堡要点》，即委员会大会的军事政治决议，成立革命工人卫队以及与苏俄建立政治和经济关系。

与魏玛政府谈判后，3月7日，多数派社会民主党和自由

工会决定撤出罢工统一阵线。做出此决定的原因是，工人和士兵委员会大会在前一天决定，罢工要扩大到提供日常生计用品的企业，而在3月3日已明确表示这些企业不得参与罢工。3月8日，独立社会民主党也退出了罢工领导层。

从那时起，这个名不副实的"大罢工"仅受共产党领导，并逐渐呈现出地方内战的特征。3月3日，社会民主党领导的普鲁士联合政府宣布在柏林警察管辖区、施潘道城区、泰尔托（Teltow）和尼德巴尼姆（Niederbarnim）实行戒严。从这天起，该地区的执法权归德国国防部部长诺斯克。3月9日，诺斯克发布了臭名昭著但受法律保护的命令："对所有持武器与政府军作战的人，格杀勿论。"之所以发布该命令是源于一则消息，说斯巴达克同盟成员在利希滕贝格（Lichtenberg）谋杀了60名警员。虽然很快证明该消息是误传，但国防部部长的指令的有效性一直持续到3月16日。在柏林3月的战斗中，大约有1000名受害者，其中包括26名手无寸铁的海军士兵和无数旁观者，《红旗报》编辑、共产党领导人约基希斯在被捕后遭到一名警察开枪射杀，尽管他并没有参加战斗。[7]

除鲁尔区、德国中部和柏林外，1919年前4个月，在上西里西亚、符腾堡和马格德堡也发生了大规模罢工。曼海姆和不伦瑞克甚至宣布成立苏维埃共和国。在这两个地方，共和国政权只维持了一天。慕尼黑的两个苏维埃共和国给同代人及后世留下的记忆更为深刻，与其他德国革命的插曲不同，慕尼黑苏维埃共和国引发了更为强烈的恐惧感，让人感觉俄国的局面似乎也会在德国出现。先是在巴伐利亚，然后整个帝国都将陷入血腥的内战。

巴伐利亚革命的第二阶段始于一次政治谋杀。1919年2

月 21 日，法学院学生、度假中的中尉安东·阿尔科-维勒伯爵（Anton Graf Arco-Valley）枪杀了巴伐利亚邦总理库尔特·
77 艾斯纳。这位巴伐利亚独立社会民主党主席当时正在前往邦议院途中，准备在会上宣布辞去邦政府首脑职位的决定。1 月 12 日邦议院选举中独立社会民主党惨败，他早就应该走出这一步了。艾斯纳之所以深受阿尔科所属右翼团体的憎恨，不仅是因为他数周内无视多数人的愿望，没有辞职，也因为他是来自柏林的犹太作家和和平主义者。正是他出版了 1914 年战争爆发时巴伐利亚的部分档案节选，严重地加罪于帝国领导人，向“民族主义的”德国发出挑战。而且艾斯纳删除了一些重要段落，甚至那些有冷静判断能力的人也倾向于怀疑他在有意操纵舆论，令这些文档有失澄清事实的作用。

艾斯纳的遇刺立即引发了另外一件暴力事件。为了报复，革命工人委员会的共产党人阿洛伊斯·林德纳（Alois Lindner）在邦议会上向巴伐利亚多数派社会民主党主席埃哈德·奥尔（Erhard Auer）开枪，致其重伤。赶来阻挡刺客的一位国防部专员中弹身亡。在之后的枪战中，巴伐利亚人民党的一名议员也被乱枪射死，枪手很可能也是林德纳。

1919 年 2 月 21 日当天，慕尼黑工人委员会执行委员会宣布实行戒严，并决定举行为期三天的大罢工。2 月 22 日，慕尼黑委员会大会召开。该大会选举出巴伐利亚共和国中央委员会，由多数派社会民主党、独立社会民主党、共产党和农民委员会的代表组成。左翼社会民主党人、来自奥格斯堡的教师恩斯特·尼基施（Ernst Niekisch）担任主席。中央委员会不顾极左派的强烈反对承认邦议院，并承诺邦议院可以继续召开会议。2 月 28 日，由中央委员会召开的巴伐利亚委员会大会以绝大多数票否决宣布成立社会主义共和国的动议，于是包括共产党人马克斯·莱温（Max Levien）在内的一些激进左翼退出了中央委员会。

但大会也遭到了巴伐利亚多数派社会民主党的反对。最大的工人政党拒绝参加由委员会大会成立的临时政府，并坚持认为，只有从自由选举的人民代表机构才能诞生一个能够运作的内阁。最后大会终于屈服于这次决定。根据双方之间的协议，邦议院于3月17日选举多数派社会民主党的教育部前部长约翰内斯·霍夫曼（Johannes Hoffmann）为新任邦总理。霍夫曼 78
组建了一个新内阁。这个内阁由两个社会民主党政党、巴伐利亚农民协会以及非党派专家组成，并得到巴伐利亚人民党和德意志民主党的支持。3月18日，邦议院通过了一项赋权法案，政府拥有特别的全权，此后议会进入无限期休会阶段。

几天以来，始于谋杀艾斯纳的这场内部危机似乎已经结束。但独立民主党的领导层与多数派社会民主党人达成的协议，完全没有得到党内基层的赞同，在独立社会民主党支持者最多的邦首府也得不到支持。3月22日，一次突然的寒潮袭击了慕尼黑，加剧了失业者的困境，助长了极左派的煽动。同时从布达佩斯传来的消息鼓舞了激进分子：库恩·贝拉（Béla Kun）领导的共产党与社会主义者一道，在匈牙利建立了一个苏维埃共和国，从根本上打破了资产阶级的议会制，建立了一个社会主义社会。

4月3日，奥格斯堡委员会当着尼基施的面，率先宣布成立一个巴伐利亚苏维埃共和国，与苏俄和匈牙利的苏维埃政府结盟，并开始推进“全面国有化进程”。次日，慕尼黑中央委员会提出不同意原定4月8日召开邦议会，并威胁在整个巴伐利亚举行大罢工。邦总理霍夫曼此时滞留在柏林，内阁表示服从委员会。在4月4日慕尼黑社会民主党的一次全体会议上，已经可以看到多数派社会民主党人中已经有“苏维埃共和国”口号的支持者。甚至两位内阁部长——内政部部长塞吉茨（Segitz）和军事部部长施内彭霍斯特（Schneppenhorst）也支持与左翼激进分子达成谅解。4月4日晚，独立社会民主党和共产党谈判，施内彭霍斯特为了不让多数派社会民主党陷入孤立，甚至同意建立苏维埃共和国，赞成三个工人政党合作。

巴伐利亚苏维埃共和国最坚定的支持者不是共产党，而是独立社会民主党和无政府主义者。3月初以来，来自苏俄的欧根·莱文（Eugen Leviné）领导的慕尼黑共产党，拒绝与多数派社会民主党共同建立苏维埃共和国。而多数派社会民主党内部无法形成一个明确的方针。4月5日至6日，多数派社会民主党在慕尼黑举行的特别地区大会上同意建立苏维埃共和国，但条件是三个工人政党共同参与。但4月6日在纽伦堡召开的社会民主党区域大会上，出于政治和经济上的原因否决了成立苏维埃共和国的动议，比例是47票对6票。

79 多数派社会民主党重要领导没有参加4月6日至7日夜间决定成立苏维埃共和国的慕尼黑中央委员会的讨论。这个大会还任命了11名临时“人民代表”。一份由尼基施签名的呼吁书，称邦议会为“过时的市民资本主义时代中没有任何成果的机构”，并宣布邦议会解体和霍夫曼政府下台。为了保护巴伐利亚苏维埃共和国免遭内部和外部的反动活动，将立即组建一支红军。“巴伐利亚苏维埃共和国，以苏俄人民和匈牙利人民为榜样，立即与这些民族建立起兄弟般的关系。另外，它拒绝与以艾伯特-谢德曼-诺斯克和埃茨贝格尔为代表的可耻政府合作，因为这个政府打着社会主义共和国的旗号，却继承了已经分崩离析的德意志帝国的帝国主义、资本主义和军国主义的事业。苏维埃共和国呼吁所有德国兄弟民族走上共同的道路。”

仅存在一周的第一个慕尼黑苏维埃共和国是一场悲喜交加的闹剧。周边地区保守派占据上风，考虑到巴伐利亚本邦内和德国其他地区的实际关系对比，它从一开始就注定会失败。苏维埃共和国之所以可能，是因为艾斯纳遇刺以来慕尼黑政治气氛的升温，以及慕尼黑独立社会民主党和无政府主义者的参与，与其说是他们满怀无产阶级的激进情绪，不如说是出于知识分子的狂热，以及巴伐利亚一些重要多数派社会民主党人的机会主义倾向。苏维埃共和国的宣布和公告令它在短短几天之内就沦为众人的嘲弄对象。无政府主义者西尔维奥·格泽尔（Silvio Gesell）作为负责财政的人民代表，承诺借助“自由货币”战胜资本主义，负责外交政策的独立社会民主党成员弗朗茨·利普（Franz Lipp）博士宣布和帝国断绝外交关系，并电报通知列宁，巴伐利亚无产阶级已经团结起来了。

无论施瓦宾（Schwabing）文人军团的举止多么滑稽，他们推翻了民选国家机构，因此必须予以消灭。已经搬到班贝格（Bamberg）的霍夫曼政府最初试图仅仅动用巴伐利亚军队夺回政权。4 月 13 日是复活节前圣枝主日，共和军士兵卫队与政府达成共识，发起推翻委员会政权的进攻。战斗造成 20 人死亡，100 多人受伤。人数众多的红军得胜。

苏维埃共和国似乎得救了。但曾经拒绝参加“虚假苏维埃共和国”、自 4 月 11 日起才出面担任“顾问”的共产党，在 4 月 13 日晚上接管了慕尼黑的政权。他们声称主要功劳是

80 他们的：他们击垮了政府军的“政变”，地方的成功证明了反革命已经被击败，巴伐利亚可以成为中欧乃至世界革命的堡垒。“今天，巴伐利亚终于建立了无产阶级专政，”由欧根·莱文领导的新成立的慕尼黑企业和士兵委员会执委会在一份呼吁中这样宣称，“世界革命的太阳升起了！世界革命万岁！巴伐利亚苏维埃共和国万岁！无产阶级万岁！……共产主义万岁！”

围绕在莱文周围的慕尼黑共产党人的独自行动，并没有得到柏林或莫斯科的指示。德国共产党中央在 4 月 11 日还发表声明，表示德国无产阶级的救助只能来自德国，而不是来自巴伐利亚、符腾堡或者不伦瑞克的苏维埃共和国，并且反对自己队伍中的极端激进分子。在莱文动手后，他还得到了列宁的祝福。4 月 27 日，苏俄最高领导人发电报给慕尼黑，表示衷心地向巴伐利亚苏维埃共和国致意。列宁很想更多地了解夺权的一些细节，特别关心是否安顿工人住进富人住宅，资产阶级的居住空间是否受到限制，所有银行是否都被接管，是否关押了资产阶级人质，等等。

班贝格的“流亡政府”从 4 月 13 日的事件中得出结论，巴伐利亚军队不足以消灭苏维埃共和国。霍夫曼政府得到了德国国防部部长诺斯克和符腾堡志愿军团的帮助。他们共动用了约 3.5 万人来对付红军。苏维埃共和国的捍卫者根本没有任何机会战胜这一特遣部队。此外，慕尼黑的经济状况日趋恶化。巴伐利亚的首府因军事封锁几乎与外界隔绝。新委员会政府于 4 月 14 日宣布为期 10 天的罢工，令工业生产陷入瘫痪。4 月 25 日，不得不发布牛奶饮用禁令。粮食库存几乎耗尽。为了确保支付能力，执行委员会下令打开保险箱和银行储物柜，但这根本无济于事，于是执行委员会命令达豪造纸厂印刷数百万马克，增发巴伐利亚中央银行的纸币。

4月16日，在作家恩斯特·托勒（Ernst Toller）的指挥下，一支“红军”部队从“白军”手中夺回了达豪。这次胜利让共产党领导人对真正力量的对比更加抱有幻想。然而两天后，奥地利人民卫队在维也纳镇压了共产党起义，从而摧毁了建立慕尼黑、维也纳和布达佩斯这一革命轴心的希望，第二苏维埃共和国开始分裂。包括独立社会民主党人恩斯特·托勒、 81
埃米尔·门纳（Emil Maenner）和古斯塔夫·克林格尔赫弗（Gustav Klingelhöfer）在内的温和派领导人，敦促与霍夫曼政府谈判。他们甚至还促成了慕尼黑企业和士兵委员会大会，在4月27日对执委会投不信任票，迫使执委会退出。共产党人随后退出行动委员会，即苏维埃共和国的“议会”。努力和班贝格政府调和的托勒出任该执委会主席。但在诺斯克的命令下，班贝格政府拒绝接受任何妥协，并坚持要求苏维埃共和国无条件投降。而担任慕尼黑“城市指挥官”和红军指挥官的26岁水兵鲁道夫·埃格尔霍费（Rudolf Egelhofer）也同样固执。在共产党的支持下，这位红军指挥官宣布红军最高统帅部将不惜一切代价抗击白军，保卫革命的无产阶级。

结局是恐怖的：4月30日，红军大概是听从了埃格尔霍费的命令，在卢伊特波尔德高中（Luitpoldgymnasium）枪杀了10个人质。这些人都是德国民粹图勒（Thule）协会成员。不久后志愿军团进驻慕尼黑，他们听说了这一经过添油加醋渲染后的恶行的消息，随即开始了血腥的报复行动，经常不由分说地枪杀携带武器的男子。他们枪杀了曾经在红军中执勤的53名俄罗斯战俘，12名因政敌告密被俘、大多为社会民主党成员的佩拉赫（Perlach）区的居民，另外还枪杀了21名被误认为是斯巴达克分子的圣约瑟夫天主教协会成员。5月3日“解放”慕尼黑时，共有606人在战事中丧生，其中38人是政府军官兵，335人是平民。

苏维埃领导人中，只有马克斯·莱温成功逃跑。埃格尔霍费和无政府主义者作家、曾在第一苏维埃共和国负责人民启蒙事务的人民代表古斯塔夫·兰道尔（Gustav Landauer）都被志愿军团士兵杀害。虽然欧根·莱文的法庭辩护引起很大反响，但他仍因叛国罪被判处死刑。1919年6月5日他被处决，该事件引发了抗议浪潮，柏林继而发起24小时大罢工。托勒被判处5年徒刑。共同起草第一委员会《共和国宣言》的无政府主义者作家埃里希·米萨姆（Erich Mühsam）与兰道尔都被判处15年徒刑。尼基施被判2年徒刑。[8]

对于大部分德国居民来说，两个慕尼黑苏维埃共和国似乎是一种不祥之兆。极左派第一次成功地控制了一个德国大城
82 市，在长达数周的时间内推行少数人专政。因此志愿军团奋力夺回慕尼黑的行为受到广大阶层的欢迎，特别是资产阶级认为志愿军团是邦首府的解放者，许多人无动于衷地默认甚至接受了这些暴行。1919年春季以来，慕尼黑比其他德国主要城市更加憎恨马克思主义和布尔什维克主义，其憎恨程度甚至达到了狂热的程度。艾斯纳、托勒、米萨姆和兰道尔都出身犹太家庭，共产党的两位领导人马克斯·莱温和欧根·莱文是从俄国移民的东方犹太人，这一事实大大助长了本来就很强大的反犹主义。霍夫曼政府5月9日甚至在一份呼吁书中称，被推翻的掌权者们是“来自外国的、毫无良心的人”。最能干的反犹激进分子阿道夫·希特勒在1919年夏季开始了他的政治生涯，

他深得巴伐利亚帝国国防军指挥部的信任。在革命后的慕尼黑，希特勒找到了传播他的政治思想的理想温床。[9]

慕尼黑第二苏维埃共和国的失败，标志着 1918～1919 年革命第二阶段的结束。革命初期，人们表达了对第一阶段结果的不满。许多工人对 1918 年 11 月政治动荡给他们带来的结果不满，即在资本主义社会秩序和议会民主未来的基础上取得的某些社会进步。苏维埃共和国运动的共同出发点是要求关键工业领域实现社会化，要求广泛的企业参与权和跨企业的决定权。狭义地讲，1919 年 1 月后的运动才能称为“委员会运动”。1919 年春季，只有少数工人争取实现“纯委员会运动”，争取以“一切权力归委员会”为原则的政治制度。根据工人阶级的激化程度，这个少数中的少数人认为无产阶级革命的时机到来了。慕尼黑第二苏维埃共和国的失败是这个极左势力的失败，但绝对不是企业委员会运动或无产阶级激进主义的结束。左翼共产党、工团主义和无政府主义潮流在德国工人阶级中依然很强大。因此慕尼黑的失败只是意味着始于 1 月柏林起义的左翼武力政变的尝试暂时告一段落。

德国共产党中央认为，慕尼黑事件证明了他们对各地方苏维埃共和国的否定态度是正确的。约基希斯被暗杀后，保罗·列维（Paul Levi）逐步晋升为党领导人。他称自己是罗莎·卢森堡精神遗产的践行者。这位来自大资产阶级犹太家庭的律师是出色的分析家和杰出的演讲者，他认为鼓动发起武装行动的左翼极端势力是共产党内的最大问题。剔除这些成分是德国共 83
产党成为革命的群众政党的唯一机会，也是赶超独立社会民主党的唯一机会，而独立社会民主党如今已经从工人阶级日益增长的不满中获益。1919 年 6 月中旬，列维在柏林举行的一次非法的全国会议上取得首次成功：德国共产党要坚决和工团主义划清界限，因为工团主义者不承认建立一个严格实行集中管理的无产阶级政党的必要性，他们最多只能在一些共产党拒绝的地方组织政变活动。[10]

与共产党相比，独立社会民主党则是政治巨人，但内部分歧更严重。1919 年春，关于委员会制度的争执导致两极分化。在 3 月的柏林“革命党大会”上，恩斯特·多伊米希这位委员会制度最坚定的拥护者坚持把一句话写入纲领性宣言中，即委员会制度是无产阶级革命的斗争组织，无产阶级专政是实现社会主义的前提。另外，在独立社会民主党具体的要求中，则体现着温和派党主席胡戈·哈泽的影响，独立社会民主党只是呼吁“委员会制度纳入宪法”，目的是确保委员会在立法、国家和地方行政以及企业中施加“决定性的影响”。这两种对委员会制度解释的矛盾如此明显，以至于与会代表克拉拉·蔡特金讽刺地指出，“委员会制度与议会的共存”相当于兔子与鲤鱼的婚姻。蔡特金此时已加入共产党，当时仅出于策略原因仍隶属独立社会民主党。[11]

试图在委员会制度和议会民主制之间进行调解的多数派社会民主党人和自由工会的冲突相对较少。1919 年春天，这两个组织得出的结论是，如果想要阻止工人阶级的激进化，对委员会的某些让步势在必行。4 月，以木材工人协会主席特奥多尔·莱帕特（Theodor Leipart）为首的一些年轻领导人坚持他们的观点，认为工会和委员会之间迄今的对抗是有害的，要用新方案取而代之：将企业委员会纳入工会，双方努力建立“企业民主制”。1919 年 6 月，多数派社会民主党战后在魏玛召开的第一次党代会上通过了以下纲领：在政治议会外还要组建一个经济委员会。经济委员会应享有提出法律动议的权利，进行评估的权利，但没有否决人民代表的权利。这样一来保证了议会的绝对优先地位，也尽量明确地表明了拒绝“纯委员会制度”的态度。

企业委员会和经济委员会得到法律保障的未来初具轮廓，84
地方工人和士兵委员会的日子却已屈指可数。这些早期委员会最初只是视自身为未来人民代表机构的前身。议会组成时，这些委员会面对的一个重要任务仍未解决：军队和民事管理机构的民主化。为了达到这个目标，显然也因为不相信人民代表机构有足够的精力来处理此事，1919 年春，温和派的工人和士兵委员会提出在宪法中确保这个委员会持久的权利。一边是地方工人和士兵委员会，另一边是民选的地级和县级管理委员会，出于财政原因这种双元政权根本不可行。因此在 1919 年 1 月 26 日普鲁士邦议会立宪选举后不久，许多地级议会和市议会拒绝给地方的工人和士兵委员会拨款。社会民主党内政部部长海涅对有关投诉基本予以驳回。直到 1919 年 6 月中旬，海涅才承认工人和士兵委员会在县一级的监督功能。因为此时十一月革命已过去 8 个月，经民主确认的新委员会已经取代了根据三级选举法组建的县级委员会。

德意志社会主义共和国中央委员会在 1919 年 2 月还表示，在行政管理实现民主化前要继续维持工人委员会，但是到了秋季就迈出了无法规避的一步。普鲁士财政部宣布 1920 年预算没有用于工人委员会的资金，中央委员会随即取消了筹划很久的工人委员会的选举，而且是永久取消。1919 年秋冬时节，剩余不多的委员会几乎都解散了。随着帝制时代军队的解散，“纯”士兵委员会在 1919 年春天就已消失。与此相反，1918

年底在许多地方出现的"市民委员会"则站稳脚跟。这是一个资产阶级联盟的联合委员会，他们通常以"反罢工"的形式来回应罢工，所谓"反罢工"就是关闭工厂、商店和医生诊所。[12]

1919 年春天，为争取实现社会化的工人大罢工在谢德曼政府时期没有取得任何进展。社会民主党的经济部部长鲁道夫·维塞尔赞同国务秘书维夏德·冯·默伦多夫（Wichard von Moellendorff）"共同经济"的理念，这种思想具有明显的保守甚至独裁的特征。默伦多夫原则上追求一种"有利于国
85 民共同体的、按照计划运营并受社会监督的国民经济"，即原则上保留生产资料的私有权，但受企业的自治管理和公共监督的限制。默伦多夫和维塞尔还希望能够控制工人，在某些经济最重要领域的工人一年之内不得罢工。

默伦多夫和维塞尔理解的"共同经济"，在联合内阁中引起了社会民主党人和自由派的反对。社会民主党的农业部部长罗伯特·施密特（Robert Schmidt）明确指出，1891 年《爱尔福特纲领》不仅意味着要控制企业，而且要把私有财产转变为社会共有财产。德意志民主党人、德国财政部部长格奥尔格·戈特海因（Georg Gothein）则从另外一个角度提出反对意见。他认为，维塞尔的"受管控的计划经济"相当于"以资本主义行会的形式永远保留统制经济"。

帝国经济部出台的两部法律把"共同经济"更加具体化了，3 月和 4 月国民议会颁布了《煤矿业经济法》和《钾矿业经济法》。两部法律都没有涉及私有财产这个问题，只是将这两个高度卡特尔化的经济分支转变为强制性大型集团。在德国煤矿业委员会和帝国钾矿业委员会中，企业家代表处于强势，

人数比雇员人数多。鉴于这种结构，在价格决策方面做出反对企业家的决定可能性几乎是没有的。这两部法律没有限制矿产企业家的政治权利。同样在 1919 年 3 月 13 日，尽管有右翼的反对票，国民议会仍然通过了社会民主党提出的一项社会化法案，这项法案也没有改变社会力量的比例关系。它允许帝国将某些符合社会化的企业合法转变为“公共经济”，前提是给予适当的补偿，但并未提及哪些生产行业必须进行社会化。

有关社会化争论最有洞察力的文件，是 2 月中旬煤矿业社会化委员会的报告，谢德曼政府在批准了维塞尔的两项法案后，即已经为社会化问题画上句号后，才把这份报告提交给国民议会。社会化委员会中多数专家支持煤矿业国有化的理由是，煤炭不仅构成了所有经济生活的基础，而且由于其垄断地位，早就应该对其进行公共干预。当然，委员会提出的“社 86
会化”并不意味着国有化。它认为财产的持有人应该是一个独立的经济体，即德国煤炭共同体。在煤炭理事会这个控制机构中，有工厂管理层、工人、德国国会和包括煤炭的工业购买者在内的“消费者”代表，各界代表的人数是一样的。帝国派出的 25 名代表中，10 名由议会推选产生，其中最多有 5 名公务员代表。委员会称煤炭共同体作为一个独立法人，可以享有独特的优势：煤炭共同体与国有财产不同，不属于“公共财产”。根据停战条件，公共财产被协约国视为战争赔偿的担保。专家们希望这种结构能够驳倒反社会化人士的一个代表性观点。

社会化委员会努力争取的煤矿业的社会化，也许会大大改变德国的社会力量平衡。与那种官方机构提出的采用集团方式的解决方案有很大不同，专家们的模型凸显出积极的一面。一方面它保证了对德国经济最重要部门的公共控制，而另一方面它并未降低其生产率，并考虑到了工人的参与权。如果这种模式得以实现，那么大多数反对这个新生民主国家的权力精英（Machtelite）将失去其影响力。但是尚不能肯定，工人阶级的激进分子是否赞成这一与无产阶级实施自治的理想毫无共同之处的解决方案。我们有充分的理由相信，如果共和国剥夺了工人阶级对立面的部分权利，那么共和国就有机会在工人中得到更多支持。[13]

煤矿业社会化的失败，首先并不是因为在国民议会中没有多数。如果社会民主党采纳了社会化委员会的提议，与中产阶级政党的联合政府不会因此而破裂。关键的问题是，社会民主党和自由工会认为现在不是改变所有权的时机。首先是经济重建，然后才是社会化改革——德国最大的政党坚持这个轻重缓急的顺序，尽管他们已经清楚地预见到，时间越拖延越不利于矿产业的社会化，但这个政党依然不改变这个原则。巩固矿场主的权力地位，强化了企业家阵营的右翼，这反过来又促使工人队伍中的力量向左倾斜。中产阶级和工人阶级中的温和派备受忽视，而他们的合作不仅是魏玛联盟也是整个共和国存续的基础。

4. 和平带来的弊病

1918年至1919年，德国无论在社会层面还是在道德层面 87
上，都几乎没有与帝制德国决裂。然而，这样的机会还是出现过的：有关第一次世界大战爆发的历史真相，在1919年春大部分已经公开。独立社会民主党人卡尔·考茨基担任外交部副部长，多数派社会民主党人马克斯·夸克（Max Quarck）在德国内政部担任副部长。1918年11月，他们受人民代表委托，收集和出版有关战争爆发的德方档案。多数派社会民主党和独立社会民主党决裂后，艾伯特在1919年1月初要求考茨基继续负责整理有关德方文件。夸克后来辞职，文件发布的准备工作全部由考茨基负责。

就在考茨基完成调研工作前不久的1919年3月22日，谢德曼内阁讨论了谁是发动战争的罪魁祸首的问题，艾伯特也在场。帝国总统指出，在巴黎和平谈判中必须对此表明态度。英国拒绝接受请中立方出面审查，因此德国必须自己做出评审。重要的是“最严厉地谴责旧政府的罪责”，并在备忘录中写下新政府的立场。艾伯特还主张成立一个宪法法院，调查战争主要负责人的罪行。

大多数部长都同意总统的意见，只有一个人例外，他就是帝国财政部部长欧根·席费尔（Eugen Schiffer）。他曾是民族自由党党员，于1918年11月加入德意志民主党。他发出警告："认罪会剥夺人民最后的自尊，让对手凯旋。"席费尔将战争定义为"预防性战争"，是德国试图挣脱"包围圈"的努力。"这种包围圈在一到两年内就会给我们脖子套上绞索"，因此不能把这种努力视为"犯罪"。公布有关战争爆发的德方文件，会"从内部和外部伤害我们"。来自社会民主党的不管部部长爱德华·达维德（Eduard David）的回答也很有代表性。他说德方文件中提到的负面行为，协约国早就知道。但是"如果我们与席费尔一样，承认这是一场预防性战争，那我们就承认了协约国指控我们的一切"。帝国总理谢德曼认为没有必要参与这场争论。

88 1919年4月18日，内阁再次讨论战争罪责问题。考茨基的文件收集工作已经完成，政府必须决定如何处理。外交部的文件无疑证明了，帝国领导层在1914年7月危机期间，督促奥匈帝国对塞尔维亚宣战，从而承担了引发世界大战的主要责任。作为报告人，隶属中央党的司法部部长约翰内斯·贝尔（Johannes Bell）表示反对公开这些文件。他认为这些文件会造成对德国不利的影响。因为这些文件仅涉及战争前夜一个很短的时间段，而只有和战争前的其他历史事件联系在一起，例如英国的包围政策、法国的复仇政策、泛斯拉夫和大塞尔维亚政策等，才能真正理解大部分文件的含义。

作为第二报告人，达维德则力主发表这些文件。他认为在当时的情况下，只有"将真相完全透明地"公布才会有益。同时也要强调这样一个事实，即现在的执政者在战争爆发时以及战争期间并不了解某些材料，而且德国已经完全取缔了旧制度。他还认为，战前的某些背景虽然不能证明这是一场预防战，但可以提供免责效果，至少可以提供某些解释。内阁并没有达成一致意见。未介入辩论的谢德曼最终表示反对达维德的意见，建议“目前不予公布这些文件”。

1919 年 6 月 11 日还是出版了德方文档的一些节选。外交部发表的《关于战争发动者责任的白皮书》（*Weißbuch betr. die Verantwortlichkeit der Urheber am Kriege*），正如考茨基切中要害分析的那样，“看不出与被推翻政权有任何政治上的决裂”。在考茨基搜集资料的基础上，一份更为详细的汇总文件《战争爆发的德方文档》（“Deutsche Dokumente zum Kriegsausbruch”）直到 1919 年底才公布。但是这份文件发布的时间实在太晚了，它已经无法影响德国对和平条件的判断，甚至已经无法去影响和平条件本身了。另外，试图从法律角度调查澄清战争罪行的努力也未成功。1919 年 8 月 16 日，国民议会宪法委员会否决了帝国政府提出的成立国家特别法院的法案。宪法委员会提议组建一个调查委员会，专门调查战争的起因、延续以及德军失败的原因。全体会议于 8 月 20 日通过了这一提议。但是指望调查委员会来消除这些历史争议性问题的政治冲击力，则是自欺欺人的做法。1919 年 11 月 18 日，就是在这个委员会面前，兴登堡借助一位匿名的英国将军之口说出了他本人想
要说的话：德国军队遭到了身后的袭击。此后，“背后捅刀传 89
说”（Dolchstoßlegende，也译作“刀刺在背传说”）成了经典的表述方式。[1]

1919 年春季，德国需要巨大的勇气才能毫无保留地披露自己在 1914 年战争爆发时的所作所为。那些主张公布德方档案的人，原则上希望以诚实的攻势打动协约国，并以此获得宽容的和谈条件。那些不同意公开的人则担心这样做会起到相反的效果：到头来是德国人自己验证了惩罚性和约的合理性。实

际上，协约国坚信战争罪责在中欧列强，几乎没有任何迹象表明德国人承认战争罪责就会影响和谈的条件。然而从长远来看，与之前的政体明显决裂的德国有望在战胜国中引起积极的反响。1919 年夏天已经出现了这种发展的苗头：意大利、英国和法国的社会主义政党对《凡尔赛和约》发出抗议。

如果公开披露德国的战争罪责，就难以预计会在内政方面带来什么后果。可以肯定的是，公布 7 月危机肯定会导致两极分化。如果考茨基的文档收集录在 1919 年 4 月出版，那么德国政府和魏玛联盟将受到缺乏爱国主义、背叛德国利益的指控。与激进民族主义的斗争无论如何已不可避免。关于战争罪责的争论提供了可以对发动战争和拖延战争的党派主动出击的机会。另外，现在的执政党也支持过德国的战争努力。如果他们承认自己被军事和民事领导层愚弄了四年，这些政党将有何颜面？他们事后依然赞成在战争爆发不久后称德国防御战将成为帝国奇迹的那些人的观点，这会引发什么后果？出于这些担心，大多数知情人决定不能毫无保留地澄清历史真相。

1919 年 5 月 7 日，《协约国和参战各国的和谈条件》在凡尔赛被递交给德国和谈代表团。帝国政府事先没有让德国公众做出任何准备要承担这种可预见的惨重代价，因此德国公众的回答是愤怒的吼声。大多数德国人期待的是一个《威尔逊和约》，一个标志着妥协与谅解的和约，一种在所有民族自主权
90 基础上，当然也在德国人民自主权基础上的和平协议。但是，从第一眼就可以看出这个和平协议似乎并不是由美国总统，而是由“死对头”的精神在为战胜国执笔。

强加给德国的大面积领土割让，令德国东部地区受到的损害最惨重。波兰应全盘接收上西里西亚、波森和西普鲁士的大

部分领土，由此切断了东普鲁士和帝国其他地区的联系。梅默尔地区归入协约国。但泽被划为一个自由市，受新建立的国际联盟监管。如果以自主权为基础做出裁决，那么毫无疑问应该只有波森归属波兰。最初只限于在东普鲁士南部和西普鲁士维斯瓦河东部，即马林堡（Marienburg）和马林韦尔德（Marienwerder）附近的居民才有权在德国或波兰之间做出选择。战胜国优先考虑的是建立一个具有强大工业潜力、能够生存的波兰，让它拥有进入波罗的海的直接入口。而重新界定领土的民主合法性则退而次之。

西部大面积的领土损失让人感到的震惊似乎小得多。1919年春天，阿尔萨斯-洛林归还法国已经板上钉钉。在奥伊彭-马尔梅迪（Eupen-Malmedy）地区割让给比利时的问题上，至少还举行了投票，但人为操纵严重，因此几乎没有任何说服力。法国一直觊觎的萨尔地区现在归国际联盟管辖，为期15年，之后再由这里的居民自行决定该地区归属的命运。

在莱茵兰问题上，法国不得不做出让步：莱茵河左岸地区没有从德国分割出去，也不受协约国持续的军事控制。和平条约规定了分别被占领5年、10年和15年的不同区域，设立德国莱茵河左岸的永久非军事化区。在德国最北部实行自决的原则：北石勒苏益格（Nordschleswig）的居民以全民表决的形式，在德国和丹麦之间做出选择。但在另一个问题上，和平条款则否定了自决权：禁止将德语区的奥地利与德国合并。

为了防止德意志帝国将来再对邻国发动袭击，战胜国对德国的军备予以严格限制：德国必须取消义务兵役制，军队人数不得超过10万，海军不得有超过1.5万名长期服役的职业军人。不允许德意志帝国拥有空军和潜艇，这一条也适用于坦克和毒气武器。解散总参谋部，上缴远洋舰队，只许留下很少一部分。1919 年 6 月 21 日，德国海军在斯卡帕湾的舰队抢在该条款生效之前采取行动，击沉了自己的军舰。

91 总体而言，根据这个和谈条约，德国将丧失七分之一的领土和十分之一的人口。经济影响则更深远，如果算上 1921 年对上西里西亚的瓜分，帝国将损失三分之一的煤炭资源和四分之三的矿产资源，另外还会丧失殖民地。战胜国就战争破坏和战争损失的赔款未能达成最终赔偿金额的共识，还需要制定一个规则来解决这个问题。协约国只是确定了某些赔偿范围。德国必须交出长途电缆、90%的商船和 11%的牛存栏量，每年要向法国、比利时、卢森堡和意大利提供约 4000 万吨煤，期限为 10 年。赔偿要求的理由依据《战争罪责条款》第 231 条，这个条款称德国及其盟国为战争的始作俑者，他们要对协约国及其盟国遭受的一切损失和破坏承担责任。[2]

在政府阵营中，最初占上风的是那些认为和平条件令人无法接受的派别，他们希望尽早向公众表明这一态度。谢德曼内阁的帝国外交部部长布罗克多夫-兰曹（Brockdorff-Rantzau）伯爵是一位无党派人士，但他与德意志民主党有密切关系。他第一个站出来说，经过深思熟虑只能拒绝这个和平条约。这位自由派职业外交官 5 月 7 日在凡尔赛宫的和谈条约交接仪式上就表达了其立场，他说“此时此刻扑面而来的是仇恨的力量”，并强烈反对德国是世界大战唯一罪人的观点。5 月 12 日，帝国总理的语气更加强硬。在柏林大学礼堂举行的国民议会的一次公开大会上，谢德曼提出了一个毋庸置疑的诘问：“那只为自己和为我们套上这个镣铐的手，难道不应该烂掉吗?”谢德曼的盟友、普鲁士邦总理保罗·希尔施喊出了一个口号："宁愿死，也不做奴隶！"国民议会主席、中央党议员康斯坦丁·费伦巴赫（Konstantin Fehrenbach）甚至以第二次世界大战威胁协约国："这份和约……就是要将战争永远继续下去。现在，我用一种他们也能听懂的语言，告诉我们的敌人：敌人们，请记住，一个复仇者将（从阵亡尸骨中）站起来（Memores estote，inimici，ex ossibus ultor）。德国妇女将继续生育子孙，这些后辈将打破奴隶的束缚，洗刷我们德国人蒙受的耻辱。"

抗议和平条款，似乎暂时形成了从德国民族主义者到社会民主党人的统一战线。企业家总联盟和工会总联盟于5月20 92
日发表联合声明，称《凡尔赛和约》草案是"给德国经济和民众生活判处死刑"。自远古时代以来，从来没有发生过这样一种像现在这样对待德国的罪行，这是对一个伟大、勤奋和文明的民族犯下的罪行。德国工业界曾抱有野心勃勃的战争目标，但并未妨碍企业家协会现在与工会站在一起，抗议"抢劫我们的殖民地和所有国外财产"，他们期待的是"公正的和平、自由的和平及民族和解的和平"。[3]

在政府内，主要是德意志民主党的部长们希望内阁拒绝接受该条约。他们得到了社会民主党的司法部部长奥托·兰茨贝格、劳工部部长古斯塔夫·鲍尔（Gustav Bauer）以及中央党政治家邮政部部长吉斯伯茨（Giesberts）的支持。强硬路线的拥护者希望他们的态度能够为德国和谈代表团提供支持，后者正在努力缓解凡尔赛会议的强硬要求。对于德意志民主党而言，这种考量不无道理，因为他们可以放心地持拒绝态度，且不会冒什么风险，因为国民议会中即使没有民主党的同意，也会形成接受和约条款的多数。而德国停战委员会主席、不管部部长马蒂亚斯·埃茨贝格尔及其社会民主党的同事达维德和诺斯克则持另外一种立场。这些“务实政客”深知，如果拒绝和平条约，协约国将占领整个帝国，而德国当时无法依靠其精疲力竭的军队来阻止协约国的入侵。诺斯克还指出，他的估计与军需总监格勒纳的评估完全吻合，而格勒纳的意见又给国防部部长的论据增加了分量。[4]

因此，执政党中只有德意志民主党对和谈条约一致采取拒绝立场。社会民主党和中央党内部意见不一。国民议会中社会民主党议会党团和本党未来的党主席赫尔曼·米勒的建议截然不同，他们5月12日宣布和平条约是不可接受的，党团成员中只有5人持反对意见。中央党内，埃茨贝格尔和吉斯伯茨的各自拥护者立场针锋相对。但是自6月16日，这两个政党的阵线出现了新变化。这一天，协约国回应了德方代表团5月28日对和平条约提出的反建议（Gegenvorschläge）。与5月7日的和谈条件相比，这一次最重要的进展是，同意全民投票决定上西里西亚归属波兰还是德国。对于莱茵兰，协约国同意如
93 果德方表现良好，会提前结束占领。在一份综合性照会中，战胜国以严厉的态度详尽地驳斥了德国对战争罪责问题的解释。德国在这个问题上的抗议令协约国的立场更加强硬。德国人现在只有5天时间来决定是否接受和约。[5]

以布罗克多夫-兰曹为首的德国和谈代表团建议政府立即拒绝这一和平条约。德意志民主党已经在6月4日决定，如果签署和约就退出内阁，他们在6月19日仍然坚持这一方针。同一天，中央党议会党团以五分之四的多数同意“在一定条件下，并表示在提出抗议的前提下”接受该和约。社会民主党的大多数也表示接受和约。谢德曼和兰茨贝格在6月19日

以辞职相要挟，两人宣布，如果议会党团放弃“不接受和约”的立场，他们就辞职。在当天的预投票中，有 75 名议员投票赞成签署，39 名表示反对。这种情绪转变的主要原因是，德国国防部部长诺斯克有关德国军事局面毫无希望的报告，以及农业部部长罗伯特·施密特有关粮食供应几乎同样令人沮丧的陈述。数小时前，内阁中 7 人支持，7 人反对，因而陷入僵局。在 6 月 19 日深夜的另一场内阁会议上，双方再起冲突，谢德曼最终决定践行自己做出的威胁。他与布罗克多夫-兰曹和兰茨贝格一起，于 6 月 20 日清晨向德国总统提交辞呈，退出内阁。[6]

谢德曼仓促决定对和平条约说“不”，最终他别无选择只能辞职；如果按照他的意见，协约国军队就会占领德国，帝国的统一就会遭到破坏。在莱茵兰和普法尔茨，分裂运动已经很活跃，这些运动得到法国占领势力的支持。另外，还要考虑到波兰可能会在东部发动进攻。如果不能通过军力阻挡协约国的占领，那么必然导致流血冲突，也很有可能发生民族主义右派的武力行动以及极左派的政变尝试。外侵和内战交织一体，德国会陷入混乱，而防止混乱一直是社会民主党和中产阶级的主要关注点。

当然，和平条约的签署伴随着巨大的内部风险。普鲁士东部各省已经做出积极筹备，一旦德国屈服于协约国的和平条件，就成立独立的“东部国家”。普鲁士战争部部长瓦尔特· 94
赖因哈特（Walther Reinhardt）将军以及社会民主党极右翼代表、负责普鲁士东部和西部事务的帝国专员奥古斯特·温尼希（August Winnig）都表示，这个邦将成为未来整个德国民族起义的核心。包括洛斯贝格（Loßberg）和冯·贝洛（von Below）

在内的一些高级军事将领更是急不可待，他们认为这样的行动太晚，应该在和平条约签订之时，马上就从东部发起解放德国的武装斗争。军需总监格勒纳将军坚决反对这一军事冒险计划。但格勒纳在政府危机最严重的时刻也无法肯定，军队中的反对派是否会用政变的方式对签署和平条约做出回答。[7]

6 月 21 日，艾伯特任命他的党内同志和知己作为谢德曼的继任者：前帝国劳工部部长、自由工会总委员会前任第二主席古斯塔夫·鲍尔。鲍尔在上一任内阁中是政治上最不起眼的一位部长。这个 49 岁的东普鲁士人在前几周仍反对签署和平条约，但此时他对局势有了更深入的了解。他领导的这届内阁只有社会民主党和中央党参与，即魏玛联盟中多数同意有条件接受和平条约的两个政党。为了保持自己的新民族形象，德意志民主党选择了放弃参加内阁，因为新内阁的首要任务之一就是签署《凡尔赛和约》。在认为必须迈出这一步的人当中，有 4 名最重要的内阁成员。前几天刚当选为党主席的社会民主党人赫尔曼·米勒现在主管外交部，古斯塔夫·诺斯克依旧担任帝国国防部部长，爱德华·达维德担任内政部部长，中央党人马蒂亚斯·埃茨贝格尔新加入鲍尔内阁担任财政部部长。[8]

由于德国政府出现危机，协约国将最后通牒的期限延长了两天，到期时间为 6 月 23 日。6 月 22 日，国民议会以 237 票对 138 票，6 票弃权的实名表决同意签署和平条约，但是仍悄悄地加入了政府自己表述的保留意见，即德国既不能承担唯一的战争罪责，也没有义务将德国战犯送交战胜国。当天晚上德方就收到了协约国的答复：必须无条件签署和约，并且拒绝了德方提出延长通牒 48 小时的要求。

95 这一消息传出后，国民议会在 6 月 23 日的几个小时里，似乎已经没有多数人赞同无条件接受和平条约了。中央党党团会议上，负责魏玛军事安全的默克（Maercke）将军表示，如果接受这个条约，军官们将不再支持政府，因此无法保障内部秩序。同属中央党的诺斯克承认因这条消息而“深受打击”，他现在转而表示拒绝签字。一时间反对签字的意见占了上风。12 点进行的非正式投票中，包括 4 位部长在内的 68 名中央党人投了反对票，只有 14 票同意接受该和约。这次投票还意味着黑红新联合政府的终结，它的成立只是为了有一个可以签署和平条约的德国政府。

此时唯一可以确定的是，只有两个社会民主政党，即德国多数派社会民主党和德国独立社会民主党还同意签约。德意志民族人民党和德意志人民党这两个右翼政党没有丝毫兴趣出面承担政府责任，因此现在社会民主党只能努力说服更多的中央党成员赞同这个协议。德意志民族人民党和德意志人民党也准备迎合中央党的愿望发表一个声明，表示尊重那些投票赞成和平条约议员的“爱国理由”。另外两个声明对中央党形成自己观点也起到了同样重要的作用：诺斯克试图削弱对局势的悲观评估；格勒纳在给艾伯特的一封电报中指出，作为军需总监，他断言采取军事行动是没有任何希望的。如果诺斯克发出一封公开呼吁书，阐明签署和约的必要性，就有望“得到军方的支持，因此可以避免内部产生新的动荡以及东部地区的对外冲突”。

这些解释促使中央党的微弱多数决定同意无条件接受和约。鲍尔政府得救了，国民议会中终于有了多数人投赞成票同意签字。在不记名投票表决中，议会宣布同意政府的观点，并授权政府签署和平条约。德意志民族人民党、德意志人民党、德意志民主党多数，以及中央党部分议员投票反对。6 月 28

日，外交部部长米勒和运输部部长贝尔在凡尔赛宫镜厅签署了和约。[9]

96 战后德国对战胜国的“强硬指令”义愤填膺，在此问题上表现出空前的团结一致。《凡尔赛和约》中的内容并没有考虑德国希望用战争达到的目标，也没有考虑《布列斯特-立托夫斯克条约》达成的条件。《凡尔赛和约》评估的标准仅仅是伍德罗·威尔逊提出的“十四点原则”中公正和平的理念。其实《凡尔赛和约》持久地伤害了威尔逊最有效的口号，即民族自决权。这一点特别反映在德国东部边境的问题上。但是，有没有机会将一个半世纪以来一直被野蛮剥夺了生存权的波兰转变为一个德国认可的有生命力的独立国家呢？在民族混居地区，在东欧中部和东南欧，是否可以实现某个民族的自决权，而又不损害其他民族的自决权呢？就奥地利人的自治权而言，如果战败的德国和德语区的奥地利合并，在战后获得大片的领土和众多的居民，那么战胜国各民族又将做何反应呢？

战胜国的政治家们承受着巨大压力，因为本国人民在各个方面都有着很高的期望值。要让德国人支付战争费用，这是战争期间法国政府曾多次向本国人民做出的保证。现在是兑现这个诺言的时候了。还未确定规模的战争赔偿必须重创德国，使其在数年之内都不能“恢复常态”。法国和英国一样，任何一个政府如果不把战争的负担压在“德国佬”或“酸菜佬”身上，而是让本国人民承担，都必定会被愤怒的风暴席卷下台。

协约国政府希望达成一种能够永远阻止德国复仇的和平。法国政府在这方面走得最远。但是正像我们提到的那样，盎格鲁-撒克逊人的干预使法国无法实现自己的最大期望。英国首相劳合·乔治（Lloyd George）想限制法国在欧洲大陆的霸权，但也不想让威尔逊总统过度丧失政治信誉。德国应感谢英国和美国，正是因为这两国的反对，莱茵兰才能留在德国，而没有被协约国永久占领。对法国来说，这样一来安全性有所降低。作为补偿，法国将得到英美两国的援助担保。伦敦下议院批准了这个相关协议，但华盛顿的参议院没有批准，因此英国的援助义务也就无从提起。美国参议院拒绝了在巴黎郊区签署的所 97
有条约，也拒绝批准威尔逊最倾心的成立国际联盟项目，因而“凡尔赛体系”失去了美国提供担保的这个基础。可以预见，法国现在将通过其他方式来防御德国，以保护本国的安全。

德国认为《凡尔赛和约》把德国人降为二等民族。德国暂时被排除在国际联盟组织之外，这个组织成了战胜国和中立国的亚略巴古（Areopag，古典时期雅典的仲裁会议）。德国主权受到限制，领土缩小，经济实力被削弱，霍亨索伦治下辉煌的军事实力现在仅留下微弱的余晖。但是帝国依然存在。它仍然是俄罗斯边境以西人口最多的国家，是欧洲经济实力最强的国家。

在外交方面，德国的情况也并不是完全无望。如果说法国在波兰和在1920~1921年形成的小协约国那里，即捷克斯洛伐克、南斯拉夫和罗马尼亚找到了天然的合作伙伴，那么德国仍然有机会与其他“欧洲之间”的国家，即芬兰以及从波罗的海到保加利亚之间的国家建立密切关系。更重要的是，如果说曾经有对德国形成的“包围圈”，那么在第一次世界大战后，这不再是一个话题。西方列强与苏维埃俄国之间出现了鸿沟。协约国支持“白军”的干预活动到1920年末才结束。虽然共和的德国还未恢复与莫斯科的外交关系（断交的原因是

1918 年 11 月 5 日巴登亲王政府抗议俄国向德国革命者提供财政支持)，但是 1919 年的和平秩序促使两个“被遗弃者”相互靠拢，这本蕴含在发展的逻辑之中。《凡尔赛和约》丝毫没有影响德国晋升为欧洲列强的前景。

在内政方面，《凡尔赛和约》很快就成为右派的武器。议会多数同意接受和谈条款是出于爱国的理由，这是德意志民族人民党和德意志人民党曾经做出的承诺，然而这个承诺很快就被遗忘了。共和势力遭到指控，他们在和约上的签字助长了敌人羞辱德国的气焰。自 1919 年 5 月得知协约国和谈条件以来，要求批判性地查明德国在 1914 年战争爆发时的所作所为的警告者就再也没机会了。6 月中旬，伯恩斯坦在魏玛召开的社会民主党代表大会上谈论“罪责和责任的问题”，并呼吁他的战友们不要再次成为 1914 年 8 月 4 日投票的俘虏（在那次投票
98 中，社会民主党议会党团赞同了战争贷款)，他因此立即受到党领导和与会代表的围攻。各个派别的代表在反对“战争罪谎言”的斗争中团结在一起。外交部也支持相应的活动，德国历史学家几乎团结一致，站在所谓的正义事业一边。为了反击德国是引发世界大战的唯一罪魁祸首这个错误论点，很快就诞生了一种“德国无辜说”。它不亚于孪生姐妹“背后捅刀传说”，助长了魏玛共和国政治生活中的民族主义情绪。[10]

5. 被容忍的宪法

1919 年 2 月底，德国立宪国民议会开始进行主要工作。在 99
起草新宪法之前，已经做出了两项初步的重要决定。首先，宪法不具有社会主义特色，而要彰显自由主义特征。1918 年 11 月 15 日，人民代表委托左翼自由派宪法学家胡戈·普罗伊斯起草宪法草案。他在前一天发表的题为《人民的国家还是与此相反的专制国家?》（“Volksstaat oder verkehrter Obrigkeitsstaat?”）的论文中向社会民主党发出呼吁，让资产阶级自由派参与德国新秩序的建设。两个社会民主政党虽然在寻求某些具体的宪政目标，但并没有一个完整的宪法方案。他们让内政部新任国务秘书普罗伊斯在宪法事务中发挥带头作用，就是承认自由派阵营在这个领域中卓越的专业知识。其次，也可以预见，宪法的集权程度将达不到普罗伊斯的原本预想，因此“邦委员会”自 1919 年 1 月 27 日以来一直在商讨普罗伊斯的草案，那些社会民主党领导的邦为草案做了联邦意义上的修订。[1]

此后一段时间里，帝国与各邦的关系成了议会讨论帝国宪法的主要争论点。在魏玛联盟内，中央党的多数认为自己是邦联制圣杯的守护者，而德国社会民主党和德意志民主党则倾向于中央集权。对于社会民主党来说，拥有国家政权比意识形态传统更为重要：议会党团努力争取强化中央政府，削弱邦势力。但是此举因遭到各邦社会民主党总理的反对而未能成功。

社会民主党还提出，德国参议院[1]不再由各地方政府代表，而是由邦议会代表组成。国民议会宪法委员会试图让中央获得更多的权力。所有这些企图也都没有得到落实。帝国政府不想与最重要的邦发生冲突，并一再奉劝联合政府的其他政党也做出让步。

100 普罗伊斯本计划将普鲁士分解为几个较小的邦，但未得到魏玛联盟各议会党团的支持。我们已经提到过持这种拒绝态度的主要原因：大多数议员都意识到领土重组可能对帝国的统一构成威胁，在德国西部这种情况更加明显。普鲁士似乎更能够阻止法国支持的分裂主义，防止地方自治运动成立一个隶属帝国但相对独立的莱茵兰邦的要求。宪法讨论最后确认的一些规定令帝国大幅重组即使并非不可能，也很难实现。宪法试图从两方面抑制普鲁士的霸权：一方面，普鲁士人口占德国的五分之三，但它只能占有德国参议院所有席位的五分之二；另一方面，其他邦由政府成员出任德国参议员，而对普鲁士不采取这一规定。在德国参议院中，普鲁士的代表一半由政府成员组成，另一半由普鲁士省级行政管理代表出任。

最后的结果是，帝国比联邦主义者要求的更集权化，比中央集权主义者要求的更加联邦化。各个邦不是纯粹的自治机构，帝国也不是普罗伊斯想象的统一国家。普鲁士政府和帝国政府的脱钩意味着德国这个最大邦少了一些特权。但此外，德国参议院的分量远小于帝制时代的邦联议院。德国南部各邦失去了俾斯麦授予他们在军事、邮政和税收系统方面的“保留权”，巴伐利亚损失最大。因此没有什么理由可以相信，这个

---

① Reichsrat，各邦派驻国会代表的机构，即魏玛共和国上议院。

德国南部的自由邦会长期认同这种地位的落差。[2]

与帝国和邦之间关系的问题一样，人们在议会与国家首脑关系的问题上发生了争执。普罗伊斯希望帝国首脑是一个人民直选的强势总统。在这一点上，他和自己最亲密的顾问、社会学家马克斯·韦伯的观点是一致的。这位德国内政部国务秘书给总统设计了一个平衡国会的角色。从资产阶级的角度来看，这种平衡之所以必要，是因为社会主义政党完全有机会在议会中赢得多数席位。普罗伊斯对“议会专制”的警告反映出他的愿望。他希望直选的总统能够践行一种比人民代表的多数更为保守的政策。普罗伊斯和资产阶级中间派政党认为，这位超越党派的总统还要具有高度的融合力。对于专职公务员而言，这一点尤其重要，公务员不应是各党派的猎物，公务员应该为整个国家服务。强大的帝国总统是一个超越党派的国家强大保障，因而也是一个国家连续性的保证：这就是普罗伊斯 1919 年 2 月 24 日向国民议会提交方案的本意。

这位自由派的“立宪之父”受到社会民主党人的强烈反 101
对。在 2 月 25 日的党团小组会上，老党员赫尔曼·莫肯布尔（Hermann Molkenbuhr）说，这种帝国总统不过是“代理皇帝”，并指责这是“利用民选总统的机制，玩拿破仑式的把戏”。在 2 月 28 日全体会议上，宪法草案首次宣读，社会民主党发言人里夏德·菲舍尔（Richard Fischer）表示，与法兰西共和国总统以及美国总统相比，该法案赋予了帝国总统更高的、更少限制的权力。“现在担任德国总统的是一个社会民主党人，但我们不应让这种想法影响我们。如果说之前的帝国宪法是为俾斯麦首相量身定制的，现在的宪法则不应为艾伯特总统量身定制。我们必须准备好面对这样一个事实：某一天另外一个政党的一个代表，也许是来自一个反动的、渴望政变的政党的代表站到这个位置上。我们必须对这种情况有所准备，特别是其他共和国的历史在这方面提供了很有启发的案例。”[3]

德国独立社会民主党以更为尖锐的方式表达了同样的忧虑，然而这些担心并未引起资产阶级政党的共鸣。1919 年春季，德国种种矛盾激化到近乎内战的局面。在这种情况下，甚至多数派社会民主党人都越来越拥护一个强有力的总统必不可缺的看法。与最初的意图相反，社会民主党同意了帝国总统长达七年的任期，并同意资产阶级政党的建议，在紧急情况下甚至扩大总统的特权。1919 年 7 月 30 日的三读中删除了宪法委员会在 6 月 18 日建议的条款。这个条款的内容是，根据《紧急条例》第 48 条，帝国总统采取的措施需要获得国会的批准。这个条款现在改为德国总统需立即将他的举措通知国会。当然这一修改并未触动国会的权力，国会依然可以否决帝国总统实行的措施。

国会体现着代议制民主原则，这个原则不仅受到直选总统的限制。作为立法者，国会与国民也形成了竞争关系。社会民主党是推行全民公投和全民决策的原动力。虽然他们中间也有人对全民立法表示担忧：在 1919 年 2 月 25 日的议会党团会议上，议员里夏德·菲舍尔表示，一个作为整体出现的民族，已经一再被证明会形成一种反动的力量，所有国家都有这样的实
102 例，全民投票总是反对进步革新。但是绝大多数社会民主党人希望坚持迄今党的纲领，并将直接的全民立法纳入宪法。德意志民主党并不像两个社会民主政党那样重视这个问题，但仍支持全民公投和全民公决的建议。而德意志人民党称全民公投和全民公决这两种形式都是激进民主政策的工具，因此对此表示

拒绝。在这个问题上，德意志人民党和德意志民族人民党一部分人的意见一致。德意志民族人民党的另一部分人则认为，全民公投和全民公决会产生保守效应，所以赞成全民公投。中央党起初并没有表明立场。

漫长的讨论后达成了一个折中方案。社会民主党人威廉·凯尔（Wilhelm Keil）提议，宪法需要经过全民投票通过，国会解散需要全民公投，这些建议在宪法委员会中未得到多数赞成。达成共识的是，如果有十分之一有表决权的人通过全民公投要求进行全民公决，那么就必须进行全民公决。此外，如果二十分之一的选民提出要求，且之前国会内有三分之一的议员反对某条法律，那么国会通过的这条法律就需要举行全民公决。在三读时，来自社会民主党、民主党和中央党的提议获得了多数。这项提议是，参加投票的人数必须超过选民总数的一半，才能以全民公决的形式废除帝国国会的决议。这样一种方式应该增加了帝国总统反对国会的难度。与凯尔提议的不同之处是，宪法委员会授权德国总统（如果要变更宪法，还要授权帝国参议院），可以通过全民公决来否决德国国会通过的法律。[4]

国会在立法领域免受了另一方面的竞争：一旦成立经济议会，人民代表的基本权利就可能受到挑战。要求成立经济议会的呼声来自各个方面。1919 年 4 月 8 日至 14 日，在柏林举行的德国工人、农民和士兵委员会第二届大会上，代表们通过了马克斯·科恩-罗伊斯和尤利乌斯·卡利斯基（Julius Kaliski）的提议，这两个“右翼”社会民主党人要求成立一个与政治议会平等的“劳工协会”。该提案遭到倡议人所属政党的拒绝，但获得极右派的赞许。1919 年 7 月 21 日，德意志民族人民党议员、前帝国国务秘书克莱门斯·冯·德尔布吕克（Clemens von Delbrück）在国民议会上表示，委员会的设想中有一点受到该党的赞许，即建立专业协会的想法，他和他的朋友们一直视专业议会是“对过分的议会制和议会优先制的制衡”。[5]

103 国民议会的大多数议员并不赞同这样一种附加的立法机构。魏玛宪法第 165 条“委员会”中，并没有限制民众成立代表机构的权利。工人和职员应组成自己的委员会，并与所有重要的行业团体一起，在地区和帝国层面建立的经济委员会中派驻代表。帝国经济委员会有权提出立法动议和审查法案，但无权否决法案。帝国经济委员会是第 165 条中提到的委员会中唯一真正问世的委员会，它是根据 1920 年 5 月 4 日颁布的一项法令建立起来的。但是这个临时帝国经济委员会并未发挥真正的政治影响。

第 165 条中最重要的内容仍然是它的第一段：承认劳资双方平等的原则，并从国家层面上认可劳资谈判伙伴以及他们之间达成的协议。这比宪法中关于大多数经济和社会问题的其他说法更为具体。关于“社会化”问题，宪法纳入了一些“非硬性规定的”条款，但并未超越 1919 年 3 月 23 日的《社会化法》的框架。“为了保护工作条件和经济条件”，宪法赋予“每个人和所有职业以结社的自由”，但这并不意味着承认罢工权。如果宪法中规定了罢工权，那么就必须规范其界限。这两个问题都会引起巨大争议，因此立宪者宁愿放弃有约束力的规定。[6]

但是，国民议会必须解决一些极具争议的问题，否则宪法无法成形。宪法的名称问题就已经引发了争议：应将其称为

"德意志帝国宪法"还是"德意志共和国宪法"？两个社会民主政党赞成第二个提法，但他们未能说服资产阶级政党的统一阵线。在同样具有象征意义的国旗问题上，独立社会民主党希望将红色作为国旗颜色，而多数派社会民主党人则希望继承1848~1849年运动的遗产，采用黑红金色。这些颜色也受到中央党多数和民主党少数的青睐。两个右翼政党、多数德意志民主党人和少数中央党人则希望保留俾斯麦帝国的黑白红色。7月初，关于国旗的争论达到了顶峰，社会民主党人有一段时间甚至考虑，如果无法通过黑红金的解决方案，则与独立社会民主党人一起投票支持红色。折中方案最终在二读时获得多数赞成，黑红金色被定为帝国国旗颜色。据说为了提高海上的识别 104
度，议会对商船旗帜做出特殊规定：船旗为黑白红色，内上角有一个黑红金色的标志。很明显，不仅仅政治右翼在用这种办法悼念帝制，就连魏玛政府的部分执政党也不例外。[7]

宪法中关于学校的条款引发了最尖锐的分歧。在1919年7月的一段时间里，甚至整个基本法部分都因这个问题而无法成立。社会民主党人主要的关注点是，通过重组教学体系让较低阶层的人们获得更好的社会晋升机会。中央党更关心在整个帝国认可教会学校。而自由派的重点在于减少教会对学校各方面的影响。因此，魏玛政府各政党唯一的共同点是，至少为全国的学校做出一个统一规定。宪法委员会中多数人最初同意，所有儿童，不论其信仰如何，都应该上全民普通学校。然后应由立法机关决定是否也可以根据法定监护人的要求设立教会学校。

但是中央党对这种解决方案不满意，社会民主党中也有反对的声音。自6月21日以来，中央党是社会民主党联合执政的唯一伙伴，中央党希望通过宪法确认教会学校的地位，而社会民主党议员凯尔则认为宁愿否认宪法，也不能承认教会学校。7月3日，社会民主党同意与中央党开始新一轮谈判，但指示其谈判代表必须坚持迄今的讨论结果，如果中央党不妥协，就彻底放弃"基本权利"这个章节。对于中央党来说，这样的放弃根本不可能，因为其中第二编"德国人的基本权利和义务"涉及宗教和宗教社会的问题。因此社会民主党如果不想让联盟破裂，就不得不做出妥协。在二读中，国民议会通过了社会民主党与中央党达成的折中方案，两个政党也都投了赞成票。根据这个方案，由法定监护人来决定一个社区的学校是对所有教派开放的、按教派划分的还是应该无宗教信仰的。但民主党人表示反对，因此有必要进行新的谈判。最终找到的解决方案在三读中通过：设立一种对所有教派开放的"非教会学校"（Simultanschule），这种学校就是常规学校；但是在法定监护人的要求下，可以用宗教的或非宗教的学校取而代之。[8]

105 在学校问题上的妥协确保了《魏玛宪法》获得多数通过。最终投票于7月31日举行：帝国宪法以262票赞成，75票反对，1票弃权获得通过。德国社会民主党、中央党和德意志民主党投票赞成宪法，德国独立社会民主党、德意志民族人民党和德意志人民党持反对意见。1919年8月11日，德国总统艾伯特签署了宪法。三天后，《帝国法律报》宣布宪法生效。

1919年7月31日，社会民主党出身的帝国内政部部长爱德华·达维德用这样一番话对宪法获得通过表示祝贺：这部宪法贯彻了民主，世界上没有任何东西可以与之相比，德意志共和国从此成为"世界上最民主的民主国家"。正是宪法中的直接民主成分让达维德使用了这样的最高级。如果在第二次世界大战后再去回顾魏玛时期，就不会有人能做出如此趾高气扬的判断。在许多情况下，评论家甚至更倾向于认为，达维德极力称赞的《魏玛宪法》中的全民表决正是魏玛失败的主要原因。在全民公投和全民公决的问题上，达维德的观点就无法自圆其说。在 1919 年至 1933 年举行的全民公投中，没有任何一项能够取得预期的成功，甚至未能让 1929 年的《杨格计划》获得成功。人们常常高估这个计划对民族社会主义崛起的意义，但是确实可以从这个实例中看到全民表决的煽动效果。直接民主的拥护者们经常将 1926 年没收贵族财产的另一次公投引证为全民立法的进步，但是仍可以从中看出，全民公投发起人的大规模动员对议会民主制来说并没有任何益处。从总体上看，魏玛并没有提供什么证据能够证明代议制民主中全民“动员”的优势。[9]

与全民公投和全民公决相比，魏玛全民民主的另一个因素更是备受指责：直选帝国总统。人民授总统以权力，任他使用，这样一种民主授权很容易与国会产生竞争和冲突。帝国总统的宪法权包括对整个帝国军队的最高指挥权，他有权举行全民公决和解散国会，拥有任免总理的自由裁量权。虽然总理需要得到国会的信任，但并非由国会选出。而且“在德意志帝国公共安全和秩序受到严重干扰或危害”时（第 48 条），总统享有绝对的独裁权，但宪法中并没有明确说明紧急状态的范围。从国民议会的角度来看，权力从议会转移给总统的情况只 106
是紧急状态。但用来界定紧急状态的第 48 条实施法没有成文，致使紧急状态和正常状态之间的界限模糊不清。

正如政治学家恩斯特·弗伦克尔（Ernst Fraenkel）判断的

那样，《魏玛宪法》的创立者接受了美国民选总统的机制，但未能认识到这样一个事实："非议会式的政府体系，以及与之相关的美国政党体系的特点，这一切令美国国会非常强大，可以在美国政府体系中保持全民成分和代议制成分之间的平衡。"

在德国，宪法中的全民决策成分，尤其是强势的总统削弱了议会的地位。令人担忧的并不是执法人在紧急状态下获得强大的权力，而是事实上无法受控的帝国总统的权力扩大。《魏玛宪法》没有任何措施来保护政府对待无执政能力的议会多数。如果议会制度不起作用，就由总统介入。这样一来，政党逃脱责任变得极为容易。弗伦克尔对新议会制度先天缺陷的点评非常尖锐："魏玛宪法之父们依然受到这样一种看法的困扰，即执法人领袖的使命是象征全体人民并且洞察全民利益。由于缺乏对议会代表任务的理解，他们制定了一部全民集权的宪法。一个民族不信任议会有代表自己的能力，实际上是一种民主自卑感的表现。这个所谓世界上最民主的宪法其实是专制国家思维的产物。"[10]

后来的有些批评家还把宪法规定的比例代表制视为魏玛政治制度的弱点。20 世纪 50 年代非常流行的一个观点是，比例选举制令政党体制分崩离析，令民族社会主义的崛起成为可能，如果采取相对多数选举制，可能会阻止两者的发生。实际上，1919 年确立的比例选举制标志着选举权的进一步民主化：它确保了席位的分配在更高程度上符合选民的意愿。这要比皇帝时代的多数选举权更加合理，特别是排除了选举人少数组成议会多数的可能性。如果魏玛议会民主制在起步阶段就背上这样一种扭曲选民意愿的负担（大概有利于左翼势力），就会造

成两极分化而不是维稳的效果。本来是可以通过适当的门槛条 107
款来防止政党制度分裂，但这与当年人们对民主的理解格格不入，因此不值得辩论。相对多数选举制可以阻止民族社会主义势力的兴起，这纯粹是一种猜测。也可以想象，这种投票制度在 1930 年以后会对希特勒的政党有利。但无论是这个还是那个论点都得不到“证明”。唯一可以确定的是，从 1919 年的选举法中不可能推断出魏玛共和国的垮台。[11]

《魏玛宪法》是不同意识形态阵营之间达成的一个折中方案。大家一致同意在这部宪法框架内解决诸多矛盾。关于社会制度，该宪法不能在“资本主义”和“社会主义”之间做出决定，而只能确认一个最低限度的共识：未来立法的基础是建立在现有的私有财产基础上的秩序，但要从社会福利角度予以规划。在立法机构中获得相应多数的前提下，可以在社会主义的意义上进行改革。如果这个方案是一个真正的折中方案，那么与其并行的还有一个虚假的方案，或者如宪法专家卡尔·施米特（Carl Schmitt）在 1928 年的《宪法学说》（*Verfassungslehre*）中归纳的那样，只能在表面上解决异议的“拖延性妥协方案”。施米特把普通学校作为常规学校的那个章节，以及国家与教会之间关系的有关规定都归入此类妥协范畴。这些规定虽然否认了国家教会，但并未明确区分国家与教会之间的关系。颇有讽刺意义的是，《魏玛宪法》中这些“拖延性”条款，是唯一被收入 1949 年《基本法》的条款，因此今天仍然有效。我们更有理由把“拖延性妥协方案”这个概念用在国旗问题的表面解决方案上，因为这个方案非但没有平息，反而加剧了哪种颜色代表国家问题的争执。[12]

在魏玛共和国的最后阶段，大多数选民把选票投给了否认现存国家制度的政党。卡尔·施米特在 1932 年对这种不断“以功能主义-形式主义的方式掏空议会立法国家”的做法发出严厉指责。这种做法演变成了“一种对内容无动于衷的、对自身的有效性都是中立的，放弃实质正义的合法概念”。票数统计的多数本身毫无内容，这就剥夺了合法性的所有说服力。中立首先是区别是与非的中立。施米特批评当时占上风的宪法理论为废除合法性开辟了合法之路，它在中立中走向自杀。“任何革命的，或反动的、颠覆的、反国家的、敌视德国的或无神论的目标都通行无阻，都不得剥夺其以合法方式得以实现的机会。”[13]

108 施米特的批评击中了《魏玛宪法》的要害。当然，从 1919 年的认知范围来看，不可能有一种做好防御的民主，一种预防性地向敌人宣战的民主。帝制国家瓦解后的几个月里，任何将选民的决定与立宪的限制规定联系在一起的企图，都会被视为向集权国家倒退。《德意志联邦共和国基本法》对多数人原则和选民意愿做出限制之所以可能，仅仅是因为立宪委员会获得了 1919 年宪法创始人所没有的经验：魏玛共和国的失败。[14]

与其说多数德国人接受了《魏玛宪法》，不如说他们容忍了这部宪法。因为这部宪法是折中的产物，所以赞同该宪法的所有政党都不是对它完全满意。在激进右翼势力煽动仇恨并实施暴行之后，宪法才成为共和国的象征。激进右翼的这些做法让执政党意识到，有关宪法的斗争在其颁布时并没有结束，而只是进入了一个新阶段。

6. 失败的反革命

1919 年夏季以来，德国政治渐渐趋于稳定。随着《凡尔 109
赛和约》的签署和《魏玛宪法》的颁布，德国的外交和内政框架初步确定。因此，内部重组的一些特别紧迫的问题再次浮出水面，这些问题曾一度被“大政治”掩盖。

对于鲍尔内阁来说，和平条约获得批准后，政府的日常事务工作便开始了。黑红架构的政府联盟做出的首批重要决策，重在确定经济政策的基本方向：7 月 8 日，内阁表示不同意社会民主党经济部部长鲁道夫·维塞尔提出的计划经济和共同经济的政策，四天后维塞尔辞职。他的继任者罗伯特·施密特是维塞尔在社会民主党中最强的对手。施密特与维塞尔不同，他是传统社会主义思想的追随者。由于此时已经确立了社会化的法律框架，因此任命施密特并不意味着左倾。而维塞尔的辞职倒是清除了重建魏玛联盟的障碍：德意志民主党因反对《凡尔赛和约》，于 6 月 20 日退出谢德曼内阁。可以想象，与富有使命感的国家调控者维塞尔相比，民主党现在更加容易与善解人意的施密特合作。[1]

7 月 8 日，就在内阁决定否决维塞尔的公共经济的同一天，财政部部长马蒂亚斯·埃茨贝格尔向国民议会提交了一整套影响深远的税务法。这位勇于革新的中央党政治家 1875 年出生于上施瓦本的一个小村庄。他曾经是小学教师，属于

“白手起家的人”。与该党的大多数人相反，他是一个坚定的中央集权论者。这次帝国财政改革以他的名字命名实不为过，改革的目的是要强化帝国的优先地位。俾斯麦时代曾经是帝国“寄宿生”（Kostgänger）的各个邦，在战争之前就开始丧失公共财政领域的优先地位。在战争期间，这种趋势进一步加剧。埃茨贝格尔决心继续这一进程，以确保财政主权完全归属帝国中央。这样做的目的是建立全国统一的税收管理机构，铁路系
110 统的“全国一体化”以及确保埃茨贝格尔税改法的整体性。帝国财政改革的“受害者”是各个邦和地方政府。地方本身的税收远不足以履行自己的职责，从现在开始地方就需要依赖帝国补贴。而那些战后因社会困境深受重创的地区，由于税收体系的改革，比以前更加依赖债券发行。

除了全国一盘棋的意图，还有社会层面的考虑。埃茨贝格尔想借助他的税制改革让“战争获利者”买单，启动大规模的财富再分配，让富人的财富流向较贫穷的阶层。在他于1919年7月提出并实施的税收政策中，有三项完全是针对这一目标的。这三项税种分别是针对收入和财产征收的两种战争税以及遗产税。1919年12月，继而出台的帝国紧急救助税是一次性财产税，这是埃茨贝格尔推行的税收法中最具争议的部分，引发了右翼政党和资产阶级愤怒的浪潮。国民议会在1920年3月通过“帝国所得税法”决议。这些当时被认为高额的税率和帝国紧急救助税，更加令右翼视埃茨贝格尔为没收财产的社会主义者。

帝国财政改革的紧迫性无可争议。埃茨贝格尔上任时几乎面临着灾难性的财政局面。国债在1913年约为50亿马克，而此时已达到1530亿马克。在这些债务中，有720亿马克是短

期债务，这意味着要么必须在短时间内偿还，要么需要提供担保。帝制时的德国主要通过发行债券为战争提供融资，本指望能从战败的对手那里得到赔偿。帝国银行的信贷政策为货币贬值起到的是推波助澜的作用：帝国银行的流通纸币，从 1913 年的 20 亿马克增加到 1919 年的 450 亿马克。埃茨贝格尔希望，通过一种充公似的税收来遏制或者扭转通货膨胀局面，但这一愿望未能实现。由于支出水平依旧非常高，为度过新税种到款的衔接期，帝国仍需像以前一样靠发行债券满足其财务需求。结果是令货币再次贬值。

但税收本身也加剧了通货膨胀。企业家把依据财富和收入征收的高税额转嫁到价格上。纳税时，自营职业者比拿工资的工人和拿薪水的职员受益更明显，因为后者的收入中被立即扣除了税款，而自营职业者因事后纳税获得的延迟时间而受益。在这段时间里货币又贬值了。埃茨贝格尔为争取社会公平所做的努力，在很大程度上被货币贬值毁于一旦。帝国金融改革的结果只剩下统一税收和财政管理。但是这一成就也有副作用： 111
各邦失去制定财政政策的权力，令它们和帝国中央的关系趋于紧张。埃茨贝格尔大力限制各邦财政来源致使地方政府债台高筑，这是造成 20 年代末和 30 年代初德国财政不稳定的主要原因。[2]

鲍尔内阁的另一个改革项目也蕴含着同样的政治爆炸力：以法律形式确认企业委员会的地位。社会民主党和自由工会在 1919 年春季就力主建立企业委员会，因此帝国政府必须商讨此事。经过长时间的准备工作，1919 年 8 月 9 日在“德国国会预告”上发表了一部法律草案，规定 20 名以上雇员的公司需成立企业委员会。企业委员会在雇用和解聘员工方面有发言权，雇主应告知企业委员会与员工有关的企业运营信息。较大的公司还要提交资产负债表和损益表，允许在监事会中派驻员工代表。倾向于企业家的德意志民主党认为，这些权利要求太过分。德意志民主党的一名重要政治家、普鲁士商业部部长菲施贝克（Fischbeck）在8月5日的一次内部磋商中称，该草案意味着“有组织地落实布尔什维克主义”。德意志民主党在1919年10月3日重新加入政府后，就竭尽全力按照他们的想法修改该草案。

11月底，冲突急剧升温。帝国总理鲍尔（自宪法生效以来他就一直用这个称呼）发出威胁，如果德意志民主党不支持政府该法案，他就辞职。中央党向德意志民主党提出的最终要求是，要么妥协，要么退出内阁。最后，在两个特别有争议的问题上达成了一个折中方案：向工人代表提交企业资产负债表，但无须提交理由和解释。企业委员会在监事会中的代表问题应在另一特别法中处理。

社会民主党很难接受对自由派政党做出的让步。1920年1月13日在该法律二读时，社会民主党人又尝试争取按照他们的意愿修改该法案。社会民主党议会党团主席保罗·勒贝（Paul Löbe）在1月15日警告其党内朋友，该法律无论如何都不得失败，否则政府将崩溃，而且在1919年11月25日，内阁已经一致做出了相应的决定。在1月18日进行三读时，社会民主党议会党团终于同意了“企业委员会法”，其中有5票持反对意见。尽管德意志民族人民党、德意志人民党和德国独立社会民主党表示反对，国民议会仍然在当天通过了该法案。

112 1月13日在柏林国会大厦前发生的流血骚动，令“企业委员会法”的二读和三读黯然失色。国会大厦从 9 月底开始就一直是国民议会的所在地。向国会大厦进军的号召，不仅来自“红色”柏林执行委员会，还来自德国独立社会民主党的地区领导。德国独立社会民主党期待借助非议会的行动，再次为工人阶级注入革命精神。组织者原本不打算攻击国民议会，但行动完全失控。当个别团体开始闯入国会大厦时，由当年的士兵和志愿军团的战士组成的柏林安全警察试图用刺刀挡住他们。第一枪显然是示威者队伍开的。维持秩序的警方没有发出预警，立即开枪还击。事件造成 42 人死亡，105 人受伤。同一天，艾伯特总统宣布除巴伐利亚、萨克森、符腾堡和巴登以外的德国所有地区进入紧急状态。帝国国防部部长诺斯克接管了柏林和勃兰登堡地区的执法权。[3]

除治安警察外，德国独立社会民主党对国会大厦前发生的血案也负有很大责任。虽然“企业委员会法”可能远未达到工人政党的期望值，但它在获得企业内部的决定权方面迈出了重要的第一步。鉴于国民议会中的多数票原则，社会民主党未能争取到更多成果。但是筹备 1 月 13 日行动的左翼独立社会民主党是要证明，议会体制无法满足无产阶级的要求。牺牲并不在计划之中，但必须面对：牺牲帮助了革命事业，因此这样做是值得的。

德国独立社会民主党在 1919 年出现了明显的左倾迹象。引起思想分歧的问题，源自对两个相互竞争的国际组织的态度：一个是“老派的”第二国际，它试图在战后尽快在政治上重整旗鼓；另一个是第三国际，这是 1919 年 3 月在莫斯科成立的共产国际，而德国共产党是第一个加入第三国际的政党。以希法亭为首的独立社会民主党温和派拒绝加入这个新国际，认为它仅是俄国布尔什维克的一个工具。以德国独立社会民主党总书记瓦尔特·施特克尔（Walter Stoecker）为首的左翼则赞成加入第三国际。1919 年 9 月在柏林召开的全国会议上，施特克尔为布尔什维克的政策辩护并批评希法亭，认为不发动内战而建立无产阶级专政只是一个“美丽的幻想”，“完
113 全是非革命的”。1919 年 12 月初在莱比锡召开的德国独立社会民主党特别党代会上，做出了脱离第二国际的决议，并启动了加入第三国际的谈判。独立社会民主党温和派和激进势力的最终决裂只是时间问题了。[4]

独立社会民主党内矛盾的激化令德国共产党看到了希望。共产党领导人保罗·列维坚定地与自己党内的极端左派做斗争，并最终果断与之决裂。他的这种做法是想赢得那些支持德国独立社会民主党的无产阶级大众。列维的反对者，即激进的左翼认为党魁列维的策略是一种变相的改良主义，背离了无产阶级革命的康庄大道。1920 年 2 月左翼成员被开除出共产党后，在 4 月成立了自己的党，即德国共产主义工人党（Kommunistische Arbeiterpartei Deutschlands，简称 KAPD）。它重在倡导最大化纲领：用无产阶级专政立即消灭资产阶级民主。但这个德国极左派似乎更加关注的是自己而不是资产阶级的敌人。他们把主要精力都用在争论当前的形势、什么是正确的革命战略和策略等问题上。[5]

激进右翼的表现也是五花八门。根据泛德意志协会的动议，1919 年 2 月成立了德意志保护和抵抗协会，其宗旨是借助反犹口号，动员大众反对民主共和国。在战争的最后几年，犹太人已受到越来越多的攻击。自从革命以来，犹太人被民粹主义团体指责为失败和颠覆的策划者。1919 年 10 月，德意志

保护和抵抗协会与另一个反犹组织德意志民粹联盟合并，成立了德国民粹保护和抵抗协会。就在当月，会员人数猛增到不可思议的10万人。反“犹太共和国”的斗争成为战斗的口号，这受到了小型个体经营者、职员和公务员的青睐。1920年1月底，该保护和抵抗协会以“致德国总统艾伯特一封信”的形式散发大量传单，宣称如果德国履行协约国引渡“战犯”的要求，那么就要对那些“反民族的和非德国的势力”进行报复。众多民间团体都认为，正是这些势力在从事和落实引渡事宜。

民粹运动甚至渗透到德意志民族人民党内部。为努力争取获得政治上的尊重，民族人民党考虑反犹要求，但不想背上种族激进主义的名声。1919年10月，该党领导层通过了一项决 114
议，向所有“分裂的、非德国的思想，不管是来自犹太人还是其他圈子的人”宣战，反对“犹太优先权”，因为这种优先权“随着政府和社会革命导致了越来越灾难性的后果”。1920年4月，民族人民党将这些声明纳入其最终的政党纲领，并补充上一项针对东欧犹太人移民的要求：“禁止外国人拥入我们的边境。”[7]

帝国国防军就是极端右翼宣传的首选对象。1920年2月，诺斯克不得不出面干预，因为一位将军同意分发德国民粹保护和抵抗协会的传单，该传单呼吁对“反民族和非德国势力”处以私刑。在国防军中，反共和行动的另一个表现是在国旗问题上屡屡发生的冲突。《魏玛宪法》通过后，原第4步兵团重组后的帝国国防军第29团团长宣布，他和他的军官们将对宪法宣誓，但有以下条件：“1. 允许我们佩戴当前的黑白红帽徽。2. 不能强迫我们对黑红金国旗宣誓。3. 黑红金国旗不得悬挂在我们的建筑物上。”第 15 步兵团团长威廉·赖因哈德上校也支持这一要求。1919 年 9 月 1 日，柏林的帝国国防军第 1 集团军总司令瓦尔特·冯·吕特维茨（Walther von Lüttwitz）曾向诺斯克阐述自己的看法，说明他和这些反对派的观点一致。

1919 年夏天以来，帝国国防军基本上由以前的志愿军团组成。这些志愿军团是最高统帅部于 1918~1919 年组建的，目的是保卫东部边界，平息国内动荡。根据 1919 年 3 月 6 日临时帝国国防军法，只有部分志愿军团被纳入帝国国防军。除帝国国防军外，还有第 2 海军旅和第 3 海军旅，分别以其指挥官埃尔哈特（Ehrhardt）旅长和勒文费尔德（Loewenfeld）旅长命名。此外还有一支“波罗的海部队”，这是一个由志愿者组成的联盟，在协约国的认可下在波罗的海国家反击布尔什维克。

1919 年 5 月底，布尔什维克运动基本上平息了，但在爱沙尼亚和拉脱维亚仍有很大一部分“波罗的海部队”队员。他们现在要求拉脱维亚政府兑现曾经的允诺，接纳他们为拉脱维亚公民，并允许他们获得拉脱维亚的土地。但是，拉脱维亚政府不承认有过这样的承诺，德国政府也认为无法支持这些游击队员的立场。这些人随即投身拉脱维亚新爆发的内战中，在一段时间里还站到以贝蒙特（Bermondt）上校为首的俄国反布
115 尔什维克支队一边参战。最后一批“波罗的海部队”队员于 1919 年 12 月返回德国，他们决心在德国继续进行反对共和国的斗争，认为正是共和国出卖了他们。

另外一部分“波罗的海部队”队员已经于 1919 年夏天返回德国。他们在波美拉尼亚（Pommerrn）、东普鲁士和西里西

亚的大庄园务工。他们取代了参加工会以及罢工的农业工人，在波美拉尼亚，大批农业工人因参加 1919 年 7 月的一次区域性大罢工后被解雇。大罢工是对斯德丁（Stettin）的第 2 集团军在代表大地主利益的波美拉尼亚乡村同盟的煽动下，于 7 月 12 日包围波美拉尼亚所做的回应。在斯德丁武装力量的积极帮助下，许多大农庄变成了武器储藏库。得到这些新支持后，大地主拒绝遵守与农业工人协会达成的工资协议。1919 年 9 月初，普鲁士农业部部长、社会民主党人奥托·布劳恩颁布了紧急法令，强令执行农村劳工工资协议。但是布劳恩的党内盟友、内政部部长沃尔夫冈·海涅没有重视波美拉尼亚乡村同盟反革命活动的信息，他既没有考虑布劳恩的要求，也没有罢免那些与乡村同盟关系密切并做出妥协的议员。没有“波罗的海部队”，庄园主就无法维持其反抗路线，“波罗的海部队”最终成为德国内政的一个重要主题。[8]

1919 年夏天和初秋，正规军领导层做出重要的人事变动。6 月 25 日，兴登堡对《凡尔赛和约》的签署做出回应，他辞去了总参谋长的职务。军需总监格勒纳将军也在同一天提出辞呈。7 月 4 日，最高统帅部解散。8 月 20 日，艾伯特总统将整个帝国国防军的最高指挥权委托给德国国防部部长古斯塔夫·诺斯克。9 月 13 日辞去普鲁士邦战争部部长职务的瓦尔特·赖因哈特上校接管了帝国国防军普鲁士邦司令部。在很短时间内，赖因哈特就把他的新职位扩展为全国陆军的最高指挥官。担任这一职务后，他成了帝国国防部军队办公室新任主任汉斯·冯·泽克特（Hans von Seeckt）少将的上级。来自符腾堡的赖因哈特与普鲁士人泽克特从一开始关系就非常紧张：赖因哈特坚定地力促帝国国防军忠于共和国，而泽克特对这个新国家持冷淡态度。泽克特的目标是让帝国国防军更加强大，以便德国能够重新成为强国。因此，泽克特坚决反对一切可能危害这一目标的影响和力量。

116 泽克特认为，帝国国防军内部最危险的势力是共和领导联盟，这是一个由社会民主党的军官和士官组成的协会，他们密切注视军中的反共和活动，并一再向人们发出预警。1919 年 10 月 28 日，他们当中的一位代表，米勒·勃兰登堡（Müller Brandenburg）中尉借着向国民议会中的社会民主党议会党团做报告的机会，表达了共和领导联盟对帝国国防军以及对国防部部长的不满：以冯·吕特维茨将军为首的反动活动几乎令国防军完全落入反动势力的手中。具有共和意识的军官被系统地撤职。虽然诺斯克“做了很多努力”，但他周围的人在暗中破坏他的工作。这位年轻军官的讲演在议会党团中引起了强烈反响。议员卡岑施泰因（Katzenstein）指责诺斯克在波罗的海参战的德国志愿军团问题上“欺骗并背叛了”党内的盟友。议会党团主席勒贝认为，“整个军官团队都是反革命的”；议员弗里德里希·福格特（Friedrich Voigt）表示，“我们在革命头几个月的被动行为和左派疯狂的愤怒”造成了帝国国防军目前的局面。诺斯克躲躲闪闪的回复并不能平息这种愤怒。11 月 13 日，党主席呼吁社会民主党内阁成员，鉴于反动派武装暴动的危险越来越大，在军事和安全政策方面必须急速调转方向。

议会党团和党主席的提议没有起到什么实际作用。鲍尔总理认为这种批评是对他个人的攻击并予以驳斥。12 月 13 日，德国国防部部长在党委会上反驳了谢德曼对他低估部队中的反动派危险的指责，并表示他确信这种危险会日益减少。政府显然和谢德曼及韦尔斯的观点不一致。社会民主党有两位平行主席，自6月以来韦尔斯是其中一位。谢德曼和韦尔斯认为，正是帝国大部分地区现行的紧急状态催生了国防军中的反共和势力。12月5日，普鲁士政府取消了自1919年初实行的大柏林戒严令。然而帝国政府在鲁尔区继续维持戒严状态，甚至在1920年1月11日铁路罢工日强化了戒严令。在国会大厦前血腥暴动两天后，德国总统发布紧急令，宣布德国大部分地区进入紧急状态。铁腕政策的追随者离他们的目标又近了一步。[9]

1920年最初几个月，引起公众最大关注的事件是帝国财 117
政部部长埃茨贝格尔提交的诉讼案，他控告内政部前国务秘书卡尔·黑尔费里希（Karl Helfferich）对他的侮辱。诉讼原因是黑尔费里希发表的一本题为《埃茨贝格尔滚开》的小册子。在这本小册子中，这个德意志民族人民党的政客不仅指责中央党这位最杰出的代表犯下损害德国利益的政治错误，而且断言埃茨贝格尔行欺骗之能，不断把商业利益与政治混为一谈。没有哪个共和派政客像埃茨贝格尔这样引发德国右翼如此深重的仇恨。埃茨贝格尔是1917年7月和平决议的发起人，1918年11月停火协议的签署人，也是1919~1920年帝国财政改革的创始人。这一改革损害了有产者的利益。保守阵营的精英人物黑尔费里希试图以攻击埃茨贝格尔的方式来打击整个共和国。这个意图是否成功，在很大程度上取决于司法部门的态度。

与诉讼直接相关的两次事件抢了这场争执的风头。1月26日，埃茨贝格尔参加了位于柏林莫阿比特（Moabit）的第一区法院第六刑事法庭的庭审后离开法院，被解职的20岁预备役军官奥尔特维希·冯·希施费尔德（Oltwig von Hirschfeld）向这位部长开枪，致使部长右肩受重伤，但事后不久埃茨贝格尔重新出庭。2 月 21 日，肇事者被判处 18 个月监禁。其罪名并非谋杀罪，而是严重的人身伤害。法院轻判的原因是，肇事者的行为是出于某种理想主义的动机。2 月 22 日，右翼的《汉堡消息报》（*Hamburger Nachrichten*）公布了埃茨贝格尔的个人纳税申报表，这个表格是在一名柏林财政官员的帮助下偷出来的。乍一看，该声明好像有逃税的嫌疑。公众反响非常强烈，两天后埃茨贝格尔被迫启动针对自己的调查，并承诺暂时不履行公职。

希施费尔德诉讼案暴露了一些可能不利于埃茨贝格尔的事情。作为议员，他多次支持那些他曾任监事会成员或股东的企业。在某些交易中，他也许利用从官方获得的信息获益。对于共同原告埃茨贝格尔来说，尤为致命的是公诉人在诉讼过程中
118 改变了立场，并在很大程度上采纳了被告希施费尔德的论点。1920 年 3 月 12 日，希施费尔德因诋毁罪和公开侮辱罪被判处 300 马克罚款或 30 天监禁。但是，诉讼案真正的失败者是埃茨贝格尔。法院证实，希施费尔德在很大程度上能够证明其观点的真实性，他的行动是出于“爱国的动机”。特别是在两起伪证案和七起把个人利益与政治混为一谈的案件中，法官认定埃茨贝格尔有罪。

埃茨贝格尔当天辞去了财政部部长的职务。虽然帝国法庭 1920 年 12 月拒绝了他提出修正判决的申诉，但在两个非常重要的方面，他还是得以恢复名誉。第一点，由于证据不足，他对自己提出的伪证案诉讼未能开庭。第二点，埃茨贝格尔在 1921 年 8 月，也就是他被谋杀的前几天还得知，指控他逃税和非法资本外逃的初步调查证明他免于一切指控。但埃茨贝格

尔的政治生涯已经在1920年3月12日结束了。自由派的《法兰克福报》也对他的辞职发表了定论：从长远角度讲，埃茨贝格尔是一个失败的部长和政府领袖，“他没有维护好个人的、私人品行的纯洁性，而民主制度比任何一种其他政体都更有必要把这种纯洁性作为参与公共活动行为的先决条件”。[10]

1920年3月12日，就在德国右翼组织对埃茨贝格尔和希施费尔德案件审判的结果欢呼时，德国内阁从德国国防部部长诺斯克的口中得知，据可靠消息，一段时间以来有一个小圈子经常开会，“目的是重新整合帝国政府”。这个小团体认为现任内阁太软弱。这些人主要憎恨普鲁士农业部部长奥托·布劳恩和外交部部长赫尔曼·米勒，称他们的政策“特别有害”。这些人还要求直选德国总统并重新选举国会。诺斯克的报告记录员的笔录是，两周前这个圈子里的人员就在考虑占领政府所在地威廉大街，并改组内阁。“这项工作将由土地局局长沃尔夫冈·卡普（Wolfgang Kapp）和瓦尔德马·帕布斯特（Waldemar Pabst）上尉指挥。作为德国国防部长，他认为立即摧毁正在筹备中的这个组织势在必行。因此他下令逮捕要犯。此时还有传言说某些部队，特别是埃尔哈特的海军旅，准备在第二天夜间实施上述计划。因此他下令进入紧急状态，并强化警卫工作。”[11]

自1月13日起，担任柏林和勃兰登堡行政长官的诺斯克 119
告知同僚的情况的确存在。自1920年1月10日《凡尔赛和约》生效以来，帝国国防军部分人员一直在找借口和政府发生冲突。国会答应了协约国处理德国“战犯”的要求，即使不把战犯移交战胜国，也要在德国法院予以审判，这令大部分军官无法容忍。许多军官认为，《凡尔赛和约》规定把军队人数减少到10万人是完全不能接受的。虽然协约国把降到这个数字的日期从1920年3月31日推迟到了1920年7月10日，但这并不能改变军队的拒绝态度。1920年1月，包括志愿部队在内的帝国国防军仍有25万多人。若要满足协约国的要求，意味着一定要解散包括“波罗的海部队”的志愿军团，而这些军团大部分已经发展为最有攻击力的军事部队，包括诺斯克提到的埃尔哈特海军旅。帝国政府不想在这个问题上和战胜国较量，在志愿军团的眼中，这一事实足以证明鲍尔内阁的完全失职。

柏林的帝国国防军第1集团军总司令冯·吕特维茨男爵出面为志愿军团说话。3月10日，吕特维茨当着诺斯克的面向帝国总统提出了最后通牒般的要求：立即解散国民议会，重新选举国会（国民议会在前一天拒绝了两个右翼政党同样的申请）。外交部、经济部和财政部要重新任命专业部长。任命吕特维茨为整个帝国国防军的总司令，撤职忠于政府的赖因哈特将军。最后的要求是，收回诺斯克于2月29日颁布的解散海军旅的命令。艾伯特和诺斯克拒绝了这些要求。但是德国国防部部长并没有逮捕这名显然打算发动政变的将军，只是力劝其离职，次日马上去度假。因此吕特维茨有机可乘，就在3月10日当天与海军旅旅长埃尔哈特上尉讨论进一步行动方案，并马上联络其他最重要的谋反分子。

吕特维茨和埃尔哈特是右翼阵线中军队一翼的先锋。军队右翼一方面主要是当年普鲁士贵族出身的正规国防军军官，他们认为签署和执行《凡尔赛和约》与他们的荣誉观念背道而驰；另一方面是志愿军团的士兵，他们面临被遣散的威胁，他
120 们更希望继续战争，不想重返市民生活。与这个活跃的阴谋团

体相对应的民事一翼是极右派政治家，他们大多来自原普鲁士各省保守的新教资产阶级，他们最重要的支持是易北河东部的大庄园主，而许多准备发动武装行动的军官大多来自这个阶层。虽然庄园主得以保住他们的财产且未受革命影响，但自1918年11月以来，他们被驱逐出权力中心。他们把农业工人最重要的革命成就视为眼中钉。农业工人结社的权利，让他们无法忍受。

阴谋的枢纽是1919年10月在鲁登道夫赞助下在柏林成立的民族同盟。民族同盟的领导核心除了前军需总监外，还有觊觎担任政府首脑的东普鲁士土地局局长沃尔夫冈·卡普，他在1917年与海军元帅冯·提尔皮茨（von Tirpitz）共同创建了德意志祖国党（Deutsche Vaterlandspartei），后来出任德意志民族人民党中央委员；马克斯·鲍尔（Max Bauer）上校，他在战争期间就是鲁登道夫的密友和政治顾问；瓦尔德马·帕布斯特上尉，正是他负责策划谋杀了卡尔·李卜克内西和罗莎·卢森堡；还有曾经积极参加祖国党活动、现在加入民族人民党的一些政客。民族同盟的目的是筹划政变。政变的目的是建立一个专制的，但最初还不是君主制的政权，该政权要对外推动积极的修正政策。

阴谋者中也有战略上的分歧，这些分歧主要体现在他们与社会民主党的关系，以及采取行动的时间问题上。大多数人认为，像诺斯克以及海涅这样的右翼社会民主党人、普鲁士的财政部部长阿尔贝特·苏德库姆（Albert Südekum），以及威斯特法伦的帝国及邦专员卡尔·泽韦林应加入新政府。卡普、鲁登道夫和鲍尔希望尽早发动政变。另外，自1919年10月以来，与密谋者保持密切联系的吕特维茨认为，只有在确认能得到军事指挥官支持的情况下，政变才是合理的。卡普所争取的宪法具有浓厚等级制国家的特点，吕特维茨则满足于改组政府，尽快举行议会选举，如可能进行总统直选，则由兴登堡出任右翼势力候选人。

阴谋家们认为可以不必依赖一个统一的群体组织。在某种程度上，取代这个群体组织的是居民防卫队，这是一支准军事力量。这一主要从市民阶层中招募组成的“自我保护协会”，被帝国和各邦视为解散正规军的某种补偿。因此这支自卫队伍
121 也得到了资助，并同时发展成为反共和势力的聚集处。作为政变的心理准备，紧锣密鼓的民族主义公关活动是必不可缺的。广泛传播所谓“背后捅刀传说”非常有效。兴登堡和鲁登道夫1919年10月在国民议会委员会提到的这个说法被正式记录在案；有组织地发起抗议引渡或定罪德国“战犯”的活动；黑尔费里希发起对埃茨贝格尔的攻势——所有这一切都是为政变做心理准备。

3月10日，吕特维茨在艾伯特和诺斯克那里碰了一鼻子灰后，认为必须采取行动。但是阴谋家们无法在3月13日之前行动，埃尔哈特海军旅认为，在技术上只有3月13日这天才能占领政府。13日这一天仍担任土地局局长的卡普也可以出任新“总理”。他躲过了两天前诺斯克的逮捕令，这是因为柏林警察总局事先向他透露了风声，鲍尔和帕布斯特也因此逃之夭夭。

令诺斯克防御对策完全失败的不仅仅是一次失误。军事办公室主任冯·泽克特将军很晚才将吕特维茨将军的意图告知国防部部长；帝国国防军递交给诺斯克关于埃尔哈特海军旅在柏林附近德贝里茨（Döberitz）基地活动的报告故意降低了危险

性；普鲁士邦公共秩序监察专员赫伯特·冯·贝格尔（Herbert von Berger），这个极右翼公务员故意向帝国和各邦有关单位隐瞒了卡普和吕特维茨的政变计划。社会民主党部长诺斯克和海涅的疏忽大意，以及不理睬对所有反对革命行动的预警，在1920年3月13日酿成了大祸。人们忽然发现，无论在军事领导层还是在民政管理部门，到处是至少对右翼发动政变不持敌意态度的人。[12]

3月13日大约1时，诺斯克正在和一些高层军官讨论局势，埃尔哈特海军旅开始向柏林挺进。国防部部长的立场是必须以武力来对付暴力，但只有最高统帅部总司令赖因哈特将军同意这个意见。其他所有将军，包括军事办公室主任冯·泽克特将军，都认为军事抵抗吕特维茨和埃尔哈特指挥的政变部队徒劳无益。泽克特此时是否说了那句常常被引用的话——“国防军不向国防军开枪”或“军队不向军队开枪”——这在后来并未得到证明。但是在这个问题上，泽克特的态度很明确。在他看来最关键的是，帝国国防军作为内政的工具，要保证其完好无损。因此他拒绝召集部队对付叛军，在立宪合法政 122
府与起义军的斗争中，他实际上采取了中立立场。3月13日加入起义军一边的柏林治安警察也不准备支持政府。

政府在凌晨4时左右召开会议。普鲁士政府成员，以及泽克特和奥尔德斯豪森（Oldeshausen）将军也临时参加了会议。在这种情况下，内阁别无选择，只得放弃军事抵抗，让部队撤离政府区。海军旅旅长埃尔哈特在最后通牒中，重申了3月10日吕特维茨提出的要求，另外还提出用另一位将军取代诺斯克，要求承认所有参与政变的人无罪。这个最后通牒遭到内阁拒绝。在是否继续留在柏林的问题上，内阁意见不一。出席会议的帝国总统艾伯特、总理鲍尔，以及自 1919 年 10 月 3 日任不管部部长的爱德华·达维德都认为，撤离意味着政府威严受损，因此不能离开首都。诺斯克和 10 月加入内阁的三名民主党人中的两名政治家，即副总理兼司法部部长欧根·席费尔，以及内政部部长埃里希·科赫-韦泽（Erich Koch-Weser）则认为，只有总统和总理在柏林外面组织与政变分子的抗争，才能取得成功。第二种解决方案的支持者还有一个更好的论据：合法的国家机关已经错失良机发布军事命令抵抗造反的国防军，国家机构若在柏林会面临着被消灭或被勒索的危险。内阁最终商定了一条中间路线：艾伯特、鲍尔和大多数部长撤离到德累斯顿，诺斯克认为那里的指挥官默克将军值得信赖，以席费尔副总理为首的其他部长留在柏林。[13]

3 月 13 日上午，政府已经撤离首都，卡普接管帝国总理府。此时柏林流传着一纸呼吁书，宣布举行“全面罢工”，号召无产者团结一致。该呼吁书上有艾伯特、社会民主党各位部长和社会民主党主席奥托·韦尔斯的签字。就在同一天，受到驻扎在德累斯顿的默克将军严厉指责的各位部长表示和该呼吁书没有关系。这份呼吁书确实与迄今艾伯特、鲍尔和诺斯克的口吻不一致。呼吁大罢工意味着完全违背 1920 年 3 月 13 日之前执行的政策。然而，诺斯克肯定事先知道并批准了帝国政府新闻官员乌尔里希·劳舍尔（Ulrich Rauscher）起草的文字，
123 这是我们从他自己的陈述中得知的，其他社会民主党部长和艾伯特也许并不知情。但是，我们可以想象奥托·韦尔斯在呼吁书发表之前就已经知道此事，并且他认为这一呼吁在政治上是正确的。[14]

号召大罢工风险巨大，但确是当务之急。社会民主党必须

考虑到，激进左派会为实现自己的目的而利用这次罢工，这样一来社会民主党不得不开辟第二战场。但是如果经济生活像往常一样继续，那么政变分子就没有什么理由立即做出让步。其次，可以想象，如果工人对总统和德国政府发出的忠于共和国的呼吁没有表达出应有的重视，那么很大一部分公务员就会承认既成事实。如果社会民主党没有要求工人努力为共和国而战，大批工人肯定会倒向独立社会民主党和共产党。由此看来，3 月 13 日的大罢工势在必行。

但总罢工不是由社会民主党领导的，而是由德国总工会联合会（ADGB）指挥的。这是 1919 年 7 月自由工会第一届战后大会上为其顶层组织的新冠名。1918 年 11 月以来，在社会民主派的工会内，倾向于独立社会民主党的反对派力量迅速增强，以至于领导层无法继续无视这股势力。1920 年春天，工会代表了工人运动仅存的团结。此外，工会不必像德国社会民主党那样顾及政府。社会民主党面临的正是工会所面临的问题。如果工会不对政变分子发起斗争，那么这个组织的团结就会受到威胁。因此，对于德国总工会联合会及其姐妹协会——自由雇员协会工作组（AfA）来说，3 月 13 日这一天无须考虑太多：呼吁总罢工势在必行。

工会认为没有必要征求自 1918 年 11 月以来一直与他们在中央工作小组共事的雇主方同意。1920 年春天，劳资之间的关系不再像中央工作小组成立时那么和谐。最强大的行业工会，即德国金属工人协会于 1919 年 10 月离开了中央工作小组，以表达更积极地代表工人利益的意愿。在反对企业委员会法的斗争中，雇主方已明确表示，他们不准备进一步向有组织的工人做出让步。一般情况下，企业家是反对极右翼政变的，

124 但也不能期望他们同意大罢工。另外，雇主以大罢工为理由放弃与中央工作小组的合作也不大可能。即使他们决心这样做，也不会改变工会的方针。

德国总工会联合会主席卡尔·莱吉恩希望德国独立社会民主党进入罢工领导层来确保这次行动的左倾路线。但是由于独立社会民主党拒绝与多数派社会民主党合作，相关建议未能得到通过。3 月 16 日，德国公务员工会联合会加入由德国总工会联合会和自由雇员协会工作组组织的大罢工。激进左翼组成了单独的“大柏林罢工管理中心”，柏林工会委员会、德国共产党和德国独立社会民主党、“红色”柏林执委会和企业委员会中央都加入了这个管理中心。

关于大罢工的目的，温和派与激进派之间存在着很大分歧。社会民主党和工会想让符合宪法的鲍尔内阁重新归位，独立社会民主党力争组建一个纯社会主义政府。德国共产党因保罗·列维还在服刑中，所以摇摆不定。3 月 13 日，德国共产党宣布，革命的无产阶级“不会向杀害卡尔·李卜克内西和罗莎·卢森堡的凶手政府伸出援手，这届政府已陷入深深的耻辱和羞辱的泥潭中”。但由于共产党在许多地方从一开始就参加了大罢工，第二天该党发布了一项新指令。在第二次呼吁中，共产党称大罢工是反对军事独裁斗争的开始。党中央在一封通函中甚至提醒共产党人，不仅应该认清自己的最终目标，而且应该认识到“必须参与行动，而且受制于大多数工人目前锁定的目标”。这无非就是呼吁共产党、独立社会民主党和多数派社会民主党采取统一行动，这表达了与共产党 3 月 13 日宣言正相反的观点。[15]

从一开始，积极支持卡普和吕特维茨势力的就只有德国社会一个狭窄的层面。这些人主要是易北河东部的保守势力，他们在 1920 年 3 月起来反抗自己权力的丧失。老普鲁士地区的大地主、军官和担任公职的知识分子资产阶级构成起义的骨干。与大地主阶层不同，大多数企业家认为政变在政治上是错误的，因为政变必定会给国民经济造成严重冲击。甚至为好战的反共和民族同盟提供财政支持的实业家也持这种态度。这次极右翼政变的直接后果将是大批人拥入激进左派队伍，持这个
观点的人在帝国国防军领导层中也占多数。从现实政治角度出 125
发的帝国军事将领们认为，这样一种极端化行为的风险太大，右翼独裁带给他们的好处与此相比太不值得。行政机构中的情况也类似。只有在普鲁士东部省份，才有相当数量的官员，包括许多邦议员与起义一方同心同德。帝国和普鲁士邦的部级官员几乎毫无例外地遵循所属部委国务秘书的决议，只接受立宪政府的指令。大多数人都认为他们的服务誓言使他们不能与卡普合作，而且许多人担心如果共和思想减弱，“布尔什维克主义”就会增强。在各部委下属机构中，官员们大多采取观望态度。对起义一方的保留态度越来越强烈，起义一方胜利的可能性也越来越小。

两个右翼政党中，既有同情起义一方的人，也有持怀疑态度的人。与参加政变的东北部地方组织相比，帝国层面的德意志民族人民党总部对这一行动更加持保留态度。与代表大实业家的德意志人民党相似，民族人民党力促政变之后局面的合法化，两党提议尽快举行新选举，这个建议 3 月 9 日被国民议会拒绝。3 月 13 日后，德意志人民党还试图在“旧政府”与“新政府”之间进行调解。而中央党和德意志民主党对反抗政权的态度显然是拒绝的。在自由派的制高点符腾堡和巴登，鲍

尔政府得到了强有力的支持，起义者自称代表某种特有的普鲁士精神，显然也对这些地区带来了很大影响。

政变初期，在帝国一些地区爆发了工人和军队之间的武装斗争。受到攻击的帝国国防军并不都是叛逃到卡普和吕特维茨一边的部队。在波美拉尼亚和梅克伦堡，农业和工业工人从大地主的非法仓库中搞到了武器。这些地区的国防军如同在易北河东部各地的帝国国防军一样，几乎都站到起义者一边，军方吃了几次败仗，无法攻进帝国的“红色”地带，去镇压在中部和西部起义的工人。最激烈的战斗发生在莱茵河和鲁尔工业区。3 月 13 日这里成立了“行动委员会”，这些委员会在夺取了国防军和安全警察的权力后，大多更名为“执委会”。在鲁尔地区的一些城市，执委会由三个工人政党组成，在其他城市，执委会由独立社会民主党和共产党组成。执委会的武装力量是地方工人武装，他们在最初的数场战斗中打败了刚刚侵入工业区的志愿军团，之后他们组成了鲁尔红军。武器最初来自当地居民自卫队，后来他们从被击败的志愿军团缴获了很多战
126 利品。3 月 16 日，红军在多特蒙德歼灭了特别令人厌恶的利希特施拉格志愿军团。两天后，红军占领了埃森。在武装斗争开始一周后的 3 月 22 日，鲁尔红军获得整个鲁尔区的控制权。[16]

此时，在柏林的卡普和吕特维茨政变早已分崩离析。虽然还有投奔他们的人，例如易北河东部平原的诸多官员，以及普鲁士内政部负责警察事务的政府顾问多伊（Doye）和柏林保安卫队，但这对于起义者来说已经无济于事。大罢工和部委官员们拒绝执行新统治者的命令，“帝国总理”卡普的指令犹如耳旁风，使政变方无法执行任何实质性的政务。3 月 15 日，

卡普通知自告奋勇的调解者默克将军，表示准备与迁至斯图加特的鲍尔政府达成和解。此时，德意志人民党的提案在柏林获得多数党派的支持，即“两个政府”都辞职，成立一个新的联合内阁，尽快举行国会选举和德国总统直选。3 月 16 日副总理席费尔表示，如果卡普辞去“总理”职务、吕特维茨辞去“总司令”职务，就可以履行上述承诺，届时几位在场的普鲁士部长表示同意，这里面包括了社会民主党人希尔施和苏德库姆，以及作为政变一方的代表帕布斯特上尉。此外席费尔还表示将尽快重组内阁，并尽力落实大赦。

但是在斯图加特的鲍尔政府出于两个原因，不能向卡普和
吕特维茨妥协：一、起义方政权显然已经失败，因此没有理由
和他们谈判；二、与起义方达成任何协定肯定会令工人情绪更
加极端化。逃亡内阁多数派的坚持不懈得到了回报：在军方的
压力下，卡普和吕特维茨于 3 月 17 日辞职。卡普称其这样做
是因为祖国处于极度困境。“团结一致对抗具有毁灭性威胁的
布尔什维克主义”是当务之急。吕特维茨让资产阶级政党做
出保证，并得到社会民主党人苏德库姆的同意，去落实他们提
出的要求，如举行新大选、民选帝国总统，政府改组和颁布大
赦令。吕特维茨还从席费尔处得到享有辞职退休金的承诺。除
吕特维茨以外，大多数起义领导者于 3 月 17 日带着假护照离
开了柏林。卡普逃往瑞典。埃尔哈特海军旅 3 月 18 日撤离首 127
都时，还制造了一场血案。海军旅士兵穿着他们的军服，唱着
德国歌曲，向勃兰登堡大门行进：“钢盔上的十字标，黑白红
丝带/我们是埃尔哈特海军旅。”此时人群中爆发出此起彼伏
的抗议声。士兵们立即开枪，造成 12 人丧生，30 多人受伤。
但这还不是这个志愿军团对这次政变失败最后的报复行动。[17]

起义方的投降并未结束大罢工。3月18日，德国总工会联合会、自由雇员协会工作组和德国公务员工会联合会决定继续罢工，直到下述要求得到满足：对大部分国防军的背叛负有重大责任的诺斯克不得以军队总司令身份返回柏林。必须彻底遣散不可靠的部队并解除其武装。必须对军队进行重组，以免将来发生军事政变。此外这三个团体都提出“积极参与重建秩序”的要求，同一天发表了一个九点方案，工人组织还要求惩罚所有参与政变的人员，在行政机构中彻底落实民主化，采矿业和能源生产业立即社会化，成立一个得到有组织的工人阶级支持的新保安队伍。除诺斯克外，普鲁士内阁的另外两名成员也应辞职：社会民主党的内政部部长海涅，公务员工会联合会谴责海涅对反动势力不负责任的宽容；民主党的交通部部长鲁道夫·厄泽尔（Rudolf Oeser），铁路工会认为他没有采取必要的严厉措施反击政变活动。[18]

3月18日，工会在这九点方案基础上与多数派社会民主党代表以及帝国和普鲁士邦政府代表开始谈判。莱吉恩发出的最后通牒使谈判蒙上阴影：如果工会的要求得不到满足，鲍尔内阁就不能返回柏林。不仅民主党对此项声明提出抗议，基本上同意这九点的社会民主党也反对这个最后通牒。艾伯特总统在电话中获悉谈话的过程，立即表示工会“参与政府工作”的要求不可取，但愿意接受并支持社会民主党领导层达成的意见：联合政府的代表应承诺，在组阁“人事问题”上，“与工会的工人组织达成一致”。

128 两天后的3月20日，工会的一系列要求得到满足：诺斯克部长和海涅部长提交了辞职申请。资产阶级政党同意社会民主党的提议，解散不遵守宪法的保安警察，由忠于共和国的居民卫队，即有组织的工人、雇员和官员组成的自卫队取代；立即成立社会化委员会，为已经成熟的产业的社会化做准备。尽管这远未满足工会方的所有要求，但德国总工会联合会和自由雇员协会工作组认为谈判的结果总体令人满意，宣布结束总罢工。但是独立社会民主党持不同意见并力促重新谈判，之后鲍尔总理于 3 月 22 日承诺：接纳工人加入保安警察，与多数党派谈判组建“工人政府”，解除柏林的强化戒严状态。此外，鲍尔还同意在鲁尔地区不会对武装工人发动袭击。基于这些让步，独立社会民主党才同意了 3 月 23 日结束大罢工的号召。[19]

帝国政府在 3 月 27 日完成改组。毫无特色的帝国总理鲍尔的威望因政变进一步受损，他的职位由外交部前部长赫尔曼·米勒接任，米勒是德国社会民主党的两位平行主席之一，另一位主席是奥托·韦尔斯。米勒的政治才能和才智远远超过他的前任。这个出生于 1876 年的曼海姆人年轻时当过店员，掌握多种外语。这一技能非常有助于他的政治生涯：1919 年 6 月担任德国外交部部长之前，他就是德国社会民主党中非正式的外交部部长，担任与西方国家的兄弟党会晤时的发言人。

但是，米勒领导的新内阁并不是大多数社会民主党人和工会所希望的政治新起点。米勒花费很大力气说服德意志民主党和中央党采取一种至少不拒绝与工会达成协议的立场。任何指望现在驶向新海岸的人都只会对国防部领导的人事变动感到失望。由于奥托·韦尔斯拒绝接任诺斯克的职位，德国社会民主党随后彻底放弃了这个不受欢迎的部门。民主党右翼的前重建部部长奥托·格斯勒（Otto Geßler）成为新任国防部部长。这 129
位纽伦堡前市长曾是维特尔斯巴赫家族的坚定支持者。格斯勒本人提到，当艾伯特请他出任国防部部长时，他回答：“无论如何，共和国不是我心中的挚爱。现在到处都要求向共和国表示衷心的时刻，我充其量是个理性共和者。”总统的回答则令人震惊：格斯勒代表的立场令他特别适合“成功克服这个职务面对的种种困难”。根据同样的标准，最高统帅部也更换了负责人：为表示对诺斯克的支持，赖因哈特将军于 3 月 25 日提交辞呈，4 月 2 日临时接任他职务的是汉斯・冯・泽克特将军，而泽克特在政变期间一直在政府与起义一方之间摇摆不定。[20]

由“工人政府”取代鲍尔内阁，在任何时候都是一个真实的假设。莱吉恩 3 月 17 日向独立社会民主党提交了这项提议，本意是想弱化自己队伍中领导层和反对派之间的矛盾，也就是加强工会的团结。但是建立一个像某些左翼工会成员设想的纯社会主义政府，还缺乏最基本的先决条件：社会民主党和独立社会民主党缺乏结盟的意愿，在议会中也没有所需多数席位。资产阶级政党根本无意支持这样一种社会主义政府，而且不能强迫他们今后只派遣工人进入魏玛联盟内阁。

如果同意自由工会 1920 年 3 月要求的政治参与，那么魏玛会变成一个工会国家，一种与 1919 年宪法不符的政治体制。资产阶级中间党派和以艾伯特为首的社会民主党温和派反对这种要求，因此他们不仅坚持了宪法，而且坚持了未成文的议会民主法。但坚持宪法是一回事，放弃从卡普-吕特维茨政变得出的实际结论是另一回事。大罢工两周后，在帝国层面上执政党似乎没有理解这次未遂政变的真正教训。社会民主党不再让自己人担任德国国防部部长的决定，无异于逃避承担政治责任。伴随着这个举动，社会民主党人调整了方向，朝着这个方向的发展必定令他们难以认同自己创建的共和国。

与帝国不同，在普鲁士这里，卡普-吕特维茨政变发生了深刻的政治转折。起义失败后，社会民主党在德国这个最大的邦大批更换了领导层，从而为普鲁士在后几年晋升为德国民主重要的“制高点”创造了先决条件。个性不鲜明的邦总理保罗·希尔施被前农业部部长、思维敏捷的东普鲁士人奥托·布劳恩取代，从此之后一直到1932年，尽管中间有短暂的中断，布劳恩一直担任普鲁士邦总理。卡尔·泽韦林曾任德国和普鲁士专员，专门负责动荡不安的莱茵-威斯特法伦工业区的维稳工作，现在他取代了倾向妥协的内政部部长沃尔夫冈·海涅。财政部部长苏德库姆像海涅一样，属社会民主党极右翼，他与希尔施在3月甚至与起义者直接对话，苏德库姆的职位由左翼的赫尔曼·吕德曼（Hermann Lüdemann）接任。 130

新任与前任的不同之处在于，这些人目标明确，精力充沛。他们需要这些素质来弥补推翻君主制后将近一年半时间内所耽搁的一切。1920年3月，只有普鲁士邦政府最高领导人来自魏玛联盟的政党。但政府主管中皇帝时代的官员占三分之二，邦议员甚至占十分之九。政变期间，普鲁士东部和西部对国家忠诚度暴露出明显的差别：在普鲁士西部，虽然不能排除也有来自工人的压力，但几乎所有邦议员都效忠宪法政府。在东普鲁士、波美拉尼亚、勃兰登堡、波森和西普鲁士边界地区，几乎五分之一的邦议员都发表个人声明承认卡普政府。

泽韦林着手解雇站错队的人，启动了在普鲁士政府内早就应该进行的民主化进程。11名政府高级领导人中有3人被免职，33名政府主管中3人被免职，480名邦议员中88人被免职，他们几乎全部来自东部省份。被罢免的政府高级首脑中有一名社会民主党人，他就是奥古斯特·温尼希，他本来负责管辖东普鲁士，在政变之前就与极端民族主义右翼建立了联系，并于3月13日与地区指挥官冯·埃斯托夫（von Estorff）将军一道承认了所谓“新政府”。西里西亚社会民主党政府高级首脑恩斯特·菲利普（Ernst Philipp）及其党内朋友、负责管辖布雷斯劳（Breslau）的警察局局长弗里德里希·福格特也被解职，因为他们在3月13日之前没有全力打击反革命活动。沃伊特的柏林同事欧根·恩斯特也不得不辞职，原因是他身为社会民主党人在政变期间没有辞职，尽管他这样做得到了海涅的批准。

泽韦林安插了他认为坚定捍卫共和国的人选去替代那些被解职的人。新任内政部部长坚定不移地聘用魏玛政党党员，即他自己所属的政党社会民主党的成员，让他们担任内政管理的
131 关键职位，甚至担任大城市中的警察局局长。泽韦林从容接受别人对他推行一种新型的党票官员制的指责：卡普-吕特维茨政变恰恰表明，传统的专职公务员根本没有坚定地支持共和国。[21]

巴伐利亚则发展为普鲁士的反面。卡普-吕特维茨政变之后，德国最大的邦向共和方向靠拢，而第二大邦巴伐利亚则在1920年3月开始掉头反对共和国。3月14日在慕尼黑发生了一次巴伐利亚式的政变。与巴伐利亚居民自卫队队长、林业顾问格奥尔格·埃舍里希（Georg Escherich）、上巴伐利亚政府高级官员古斯塔夫·冯·卡尔（Gustav von Kahr）和慕尼黑警察局局长珀纳（Pöhner）等保皇派政客商量后，帝国国防军第4集团军总司令冯·莫尔（von Möhl）将军要求社会民主党邦总理霍夫曼把行政权交给他本人，目的是保证和平与秩序。巴伐利亚少数联合政府是由德国社会民主党、

巴伐利亚农民协会和无党派人士组成的，这个政府也需要巴伐利亚人民党和德意志民主党的支持。少数政府同意了这一要求。反对这一决定的霍夫曼提出辞职。3 月 16 日，邦议会以仅多一票的多数选举古斯塔夫 · 冯 · 卡尔为新任邦总理。新政府由巴伐利亚人民党、巴伐利亚农民协会和德意志民主党的政客组成。德国社会民主党成为在野党，且持续到魏玛共和国灭亡。巴伐利亚从此发展为右翼派系“秩序的监狱”，发展成为所有反共和势力的堡垒，这些人的目的是尽快彻底消灭令他们痛恨的共和国。[22]

帝国、普鲁士和巴伐利亚政府的重组还没有给卡普-吕特维茨政变的章节画上句号，鲁尔地区的血腥动乱最终结束了这一章节。虽然帝国总理鲍尔在 3 月 22 日与工会、社会民主党和独立社会民主党的谈判中承诺，不会对武装工人，特别是不向鲁尔地区的武装人员发起进攻。但是参与谈话的人并不知道鲍尔所说的只代表他自己，并不代表德国政府。即使所有部长都赞同鲍尔的允诺，德国政府也不能让工业区落入鲁尔红军的掌控。由于合法政府重新执政，从法律上讲，鲁尔的“红色”统治代表着对宪法国家权力的反抗。因此鲍尔的诺言只能意味着，柏林希望先尝试和平解决冲突，如果这种尝试失败的话，将诉诸武力解决。

在战斗的高峰期，鲁尔红军至少有 5 万名武装工人。工会 132
组织的人员中，近半数属于自由工会，少数属于工团主义的自由工人联盟。按照政党成员分类，独立社会民主党人接近 60%，远远超过了占 30% 的共产党人。10% 属于社会民主党人。右翼人士称鲁尔红军的战士是“斯巴达克分子”，这实属一种歪曲。鲁尔红军绝不是仅由共产党的支持者组成的，而是迄今德国最大的无产阶级群众运动的一支军事力量。

鲁尔红军占领了市政厅和监狱，从城镇和乡村的私人手中征用汽车、牲畜和食物，对资产阶级报刊进行“红色”新闻审查。起义运动并没有一个统一的指挥中心。埃森中央委员会未能在整个鲁尔地区享有领导权威，相对温和的哈根中央（Hagen Zentrale）独立于这个中央委员会，特别激进的、工团主义占上风的米尔海姆（Mülheim）执委会也不例外。跨地区的委员会对3月26日在杜伊斯堡建立的无政府主义专政没有任何控制权，不久后共产党就表示与其保持距离。总体而言，以主要经济体为金属加工业的东部和南部，独立社会民主党在政治上占领导地位，与工团主义者以及左翼共产党人的据点“野蛮西部”矿产区相比，东部和南部地区并不那么激进。[23]

起义运动内部的政治分歧为柏林的统治者提供了一个在温和派和激进派之间见缝插针的机会。3月21日，中央党的帝国邮政部部长吉斯伯茨和普鲁士邦社会民主党的农业部部长布劳恩被派往该地区，目的是通知民众，如果这个工业区不再由共产党管理，那么就会尽快发运期待已久的来自荷兰的食品。3月23日至24日在比勒费尔德举行的一次会议上，吉斯伯茨和布劳恩代表帝国和普鲁士邦参会，除执委会、城市行政管理人员和政府首脑外，工会和资产阶级中间派政党以及共产党都出席了这次会议。泽韦林当时还是鲁尔地区的德国和普鲁士邦专员，他开场就明确申明，该会议的目的是就解除鲁尔红军武装和武器交付的组织问题达成一致。

会议上设立的一个委员会确实出台了一个帝国国防军和鲁尔红军之间的停战协定。该委员会于3月24日通过了《比勒费尔德协定》。这个协定重申工会四天前与柏林多数政党达成的协议，同时还有一些补充，例如大规模赦免反政变运动中发生的违法行为。武器的上缴应由执委会和地方政府共同管理，双方还负责建立地方共和防卫军。如果这些协议得到忠实遵守，帝国国防军就不得进驻莱茵-威斯特法伦工业区。 133

第一眼看上去，《比勒费尔德协定》是一种颇有希望的尝试，它还是能够和平解决鲁尔地区的冲突的。此时起义方的阵线开始分裂，这正中泽韦林下怀：温和势力、独立社会民主党和哈根中央赞成这个协定，埃森中央委员会和共产党则要求与帝国政府重新谈判。米尔海姆执委会和汉博恩执委会拒绝接受这个停战协定。鲁尔红军的武装领导人持同样的观点：他们希望进行军事较量，宁愿光荣的沦陷，也不要所谓的不值得信赖的妥协。[24]

如果不是因为杜伊斯堡的局面混乱，赫尔曼·米勒领导下的帝国新政府可能会如埃森中央委员会所望，开始新一轮谈判。但这座城市的局面是如此危险，以至于帝国内阁和泽韦林都认为不能做出让步。3 月 28 日政府方面对埃森中央委员会建议的回复是，最后通牒到 3 月 30 日中午为止。3 月 29 日，地区指挥官冯·瓦特中将没有征询泽韦林以及帝国政府的意见，就对帝国政府提出的交付武器和解散鲁尔红军的要求擅自加上了附加条件：这些工作必须在第二天中午之前完成。这根本无法完成。宣布进行新一轮大罢工是埃森中央委员会的回复。3 月 29 日，33 万名鲁尔矿工，或者说超过四分之三的工人开始罢工。

瓦特擅自纳入的附加条款，显示出《比勒费尔德协定》的根本性缺陷：军方不是缔约方，因此军队如何行事基本上不受限制。3 月 29 日，米勒内阁向受瓦特指挥的部队提出了一些愿望：请尽可能不去触动哈根和贝尔吉施地区（das Bergische Land），部队进入时尽量“不要挑衅”，士兵应尽可能佩戴黑红金徽章。但让准备进入鲁尔区的部队满足这些愿望是基本无望的，因为他们当中大都是志愿军团的军人，他们刚刚支持了卡普-吕特维茨的黑白红政变。此时被任命为国防军总司令的泽克特甚至准备让埃尔哈特海军旅去攻打鲁尔红军，但最后这个任务并未交给他们，而是由勒文费尔德海军旅执行
134 的。该旅也参与了初期的起义，现在终于得到机会，在工业区为“阻击布尔什维克主义”大显身手。

3 月 31 日，现任普鲁士邦内政部部长泽韦林为防止不必要的流血，做了最后一次尝试。在明斯特，他向执行委员会和各个政党的代表解释了帝国政府的决议，并征得谈判各方的同意。随后达成的协议把上缴武器和拆除壁垒的最后期限延长至 4 月 2 日中午 12 时。在此之前，帝国国防军应停止前进。4 月 1 日举行的埃森执行委员会全体大会上，出席会议的鲁尔红军武装领导人也认为继续战斗毫无意义。但是红军现在已经分裂为多个小团体，鲁尔地区已经没有任何一个无产阶级权威机构还能发布有效的指令。泽韦林回忆道：“勒索和纵火、虐待和枪击事件的消息急剧增加。居民、城市管理部门和政党领导人的紧急呼吁越来越急迫。”这些话没有任何夸张。根据地方政府负责人的报告，直到 4 月 2 日晚上，鲁尔红军的武器仍未上缴或只有少量上缴。因此《明斯特协议》没有得到贯彻，帝国国防军随即开始进驻鲁尔地区。[25]

军队的挺进伴随着武力和暴行，甚至令“红色恐怖”都相形见绌。4 月 2 日在佩尔库姆（Pelkum）附近，埃普（Epp）旅队员开枪射杀在上一次战斗中受伤的武装工人。无

数红军战士在“逃跑时被枪杀”，他们都是背后中弹身亡的。鲁尔工人的死亡总数从未确切统计过，但应远远超过千人。大多数人被俘后被杀。国防军一方有 208 人死亡，123 人失踪，41 名保安警察死亡。帝国政府在 4 月 3 日做出废除军事常设法庭的决议，才防止了一场更大规模的流血事件。此时军事法庭已经下达 205 份死刑判决书，其中 50 份已经执行。但是，鲁尔区的特别军事法庭数月后还在运作，它们并没有理会政府的大赦决定。鲁尔起义还引发了另一个影响时间并不长的事件：帝国国防军进入了属于莱茵兰非军事区的地界，于是 4 月 6 日法军占领了包括法兰克福市在内的迈因高（Maingau）。鲁尔地区的军事介入结束后不久，5 月 17 日法军也撤出了。[26]

始于 1917 年自发罢工的群众运动结束于鲁尔的无产阶级 135
起义。激进工人的抗议主要指向那些对战争负有责任的政治制度和社会制度，直指那些在 1918 年后试图复辟的团体。其次，这些群众运动抗议还针对那些随着时间的推移，已经融入现有社会秩序的工人组织。但是，受到这一指责的工会和多数派社会民主党的背后也有工人支持，而且人数多于工团派、共产党和独立社会民主党。因此工人阶级中间出现了一条裂缝。温和派希望依靠那些具有较高技能的熟练工人，也就是较有地位的工人，采取逐步改善的步骤来实现他们的目标。激进派的目的是尽快彻底改变社会状况，他们的大众支持者是那些非熟练工人，而且非熟练工人是最主要的群体。镇压鲁尔起义不仅给直接参与的工人泼了冷水，而且影响了之后很多年。此后激进左翼组织进行过几次起义，但规模都不大，都只是少数人尝试的共产主义政变。革命群众斗争的时代随着鲁尔起义而告终。从广义上讲，革命的时代也画上了句号。[27]

1920 年 3 月的大罢工像一把双刃剑。一方面，它为推翻反革命政权做出了重大贡献，在这个意义上成果丰硕。另一方面，它也形成了一股自身的爆发力，而工会和社会民主党对此却束手无措。1920 年春季，大罢工的先决条件近乎最理想状态，德国几乎没有失业人口，因此罢工者不必担心失业者会抢占他们的工作岗位。此外，只要是反抗政变的罢工，参加的工人就是站在国家合法权力机构一边的。然而，大罢工给工会留下了痛苦的回忆。这导致了在魏玛共和国发生最后一次危机时，都没有人严肃地考虑采用这种抗争方式，更提不上使用它：激进的左派违反了工会的意愿，令 1920 年的大罢工演变成武装斗争，但胜出的是军队，而不是工人阶级。[28]

击败鲁尔红军后，帝国国防军也必须做出一定的让步。1920 年 4 月 6 日，帝国政府出台了紧急状态的管理方案，规定民事政府优先于军队。这样一来，帝国国防军不能像之前那
136 样堂而皇之地独揽维护内政秩序的大权了。1920 年 6 月正式担任国防军总司令的冯·泽克特将军利用权力的重新分配，按照他的意愿大力巩固了帝国国防军，并把它建设为“一个国中国”。卡普-吕特维茨政变证实了他的估计，即国防军的兴趣并不是对抗宪政，而是意在与民事执法部门的较量中胜出。因此在泽克特看来，正式承认现有国家制度乃当务之急。他在 1920 年 4 月的一份公告中得出这样的结论：最高统帅部并不过问每个人的政治倾向，“但是对于仍在国防军服役的所有人，我必须能够相信，他要严肃对待他的誓言，并出于完全的自愿，做一名忠于帝国宪法的士兵。不谴责灾难性的三月暴乱，甚至认为再来一次这样的灾难也不会给人民和国防军造成

新的伤害，这种人应该知道，他们在军队中绝对没有立足之地”。

然而，帝国国防军的实际情况并非如此亲共和。1920 年夏天，军官队伍清除了支持“卡普精神”的成员。1920 年 8 月的大赦使支持政变的军官又被接纳到最后组成的帝国国防军中。帝国海军更是得寸进尺：它接管了发动政变的埃尔哈特海军旅和勒文费尔德海军旅，并将这两支队伍变为海军中的骨干。军队必须远离“任何政治活动”，泽克特 1920 年 4 月 18 日说出的这个警句，首先是指赞同共和国的活动。然而任何坚定反共和的思想，帝国国防军和帝国海军都认为没有什么不妥。[29]

司法部门也很照顾起义者。大多数领导者都未能受到起诉，因为他们像卡普和吕特维茨一样，已逃往国外。因叛国罪受审的只有前柏林警察局局长特劳戈特·冯·雅戈（Traugott von Jagow），他在 3 月曾任卡普政权的内政部部长；前农民协会主席康拉德·冯·旺根海姆（Konrad von Wangenheim），卡普曾准备让他担任普鲁士农业部部长；以及资产阶级政客、准备担任经济部部长的格奥尔格·威廉·席勒（Georg Wilhelm Schiele）。判决结果于 1921 年 12 月 21 日宣布。被告中只有雅戈一人被定罪，因协助叛国活动被判处五年徒刑，而法院认为这次轻判的原因是他的行动乃出于“对祖国的无私热爱”。1924 年 12 月他得到赦免，而且在对普鲁士邦提起的诉讼中获
胜，得到了退休金补偿。吕特维茨 1921 年从流亡地匈牙利返 137
回德国后，也提出诉讼，要求得到退休金，补偿日期从政变日开始计算。吕特维茨因交了保证金没有被审前拘留，也没有出庭受审。鲁登道夫甚至未受到起诉。被通缉的海军上尉埃尔哈

特受到官方掩护，得以在“秩序的壁垒”巴伐利亚开始筹备下一步反革命活动。卡普于1922年春从瑞典返回后被拘捕，1922年6月去世，但没有被定罪。1925年艾伯特的继任者兴登堡颁布大赦令，获释者包括卡普-吕特维茨政变的发起人和领导人，从而终止了悬而未决的其他诉讼，逮捕令也被取消。[30]

帝国政府在3月20日至24日对罢工工人做出的承诺只兑现了一部分。煤炭业的第二次社会化尝试又以失败告终。帝国临时经济委员会和帝国煤炭委员会的联合委员会，经过数月讨论之后于1920年7月底提交了两个建议：煤矿业立即启动全面社会化，交由一个公有权的煤矿共同体管理；在30年内逐步将煤炭业转化为公有财产。1921年2月做出的最终决定是反对任何形式的社会化。外交部和司法部的联合评估得出的结论是，通过社会化形成的国有资产有可能被协约国用来抵押战争赔款。即使评估没有得出这个结论，也很难在国会中形成赞成煤炭业社会化的多数。[31]

帝国政府的另一项承诺是解散不可靠的警察队伍。这一承诺最初只是在社会民主党掌权的地方得以贯彻。迫使帝国政府实施这一措施的还有一些外交上的原因。1920年3月12日，协约国军事委员会要求1920年4月10日之前必须解散居民自卫队，以及由国防军组建的临时志愿者联盟。由魏玛联盟执政党领导的普鲁士邦内阁，在要求到期的两天之前下令解散居民自卫队，用地方自卫队取而代之，这支地方自卫队是由赞同共和思想的居民组成的。其他大多数邦政府也相继采取了近似的措施。

事实证明，希望大批工人加入新的地方自卫队是不现实的。因此自卫队的社会成分变化并不大。另外，政府努力的成果比较突出，这就是解除居民防卫队武装，将其转变为地方保护或土地保护联盟。但是有一个邦固执地反对这种做法，这就 138
是巴伐利亚。巴伐利亚与帝国的这一冲突一直持续到 1921 年春天。如果不是协约国施加巨大压力，这场争执中胜出的也许不是柏林，而是慕尼黑。这个问题会在其他地方加以详细讨论。[32]

政变后的几周里，帝国政府满足了右翼势力的一项要求：4 月 30 日，赫尔曼·米勒内阁决定于 1920 年 6 月 6 日举行首次德国国会选举。政变之前，政府和多数党派都赞成在 1920 年秋季举行大选，理由是届时大多数地区会按照《凡尔赛和约》的要求，对其未来的归属问题进行全民表决。在石勒苏益格，全民表决在 1920 年 2 月和 3 月举行，结果是北部的大多数人支持并入丹麦，南部的大多数人支持加入德国。但是两国之间的边界尚未划定。维斯瓦河以东的西普鲁士、东普鲁士南部和上西里西亚尚待投票。因此在所有需要全民表决的地区，国会选举需要推迟举行。政府和多数政党都容忍了这个缺陷，因为他们不想令人觉得好像是他们害怕选民的裁决。从宪法角度讲，也没有什么理由可以反对国会选举的要求。成立国民议会的目的是拟定宪法，这个任务早已完成。国民议会之所以还没有解散，是因为大多数人认为许多紧急立法任务不得拖延。

1920 年 6 月 6 日举行的国会选举结果令魏玛联盟大失所望。明显的赢家是两个右翼政党和德国独立社会民主党，输家首属德国社会民主党和德意志民主党。魏玛联盟失去了多数席位。事后来看，这个政府是永远失去了多数席位。德国社会民主党的票数从 1919 年 1 月大选时的 37.9%下降到 21.6%，而德国独立社会民主党的份额从 7.6%增加到 18.6%。首次参加竞选的德国共产党得票率为 1.7%。中央党的损失比较小：1919 年得票率为 15.1%（不包括巴伐利亚人民党），现在为 13.6%。德意志民主党从 18.5%下降到 8.4%，与德意志人民党的增长比例几乎相同：人民党的得票率从 4.4%上升到 13.9%。德意志民族人民党的得票率从 10.3%增加到 14.4%。

139 进一步的研究证实了人们的第一感觉：德国社会民主党的选民主要流向德意志独立社会民主党，德意志民主党的选民则投入德意志人民党的怀抱。在大城市，独立社会民主党的增长和多数派社会民主党的损失特别明显。在广袤的农村，特别是 1921 年 2 月 20 日举行补选的东普鲁士，德国社会民主党的选票也有所减少。1919 年投票给社会民主党的农业工人，在 1921 年大部分把票投给了德意志民族人民党。自由派阵营也出现了变化，德意志民主党的选民转向了施特雷泽曼的德意志人民党。社会民主党议员安东·埃克伦茨（Anton Erkelenz）用一个形象的比喻描写了这种情绪的变化：在 1919 年，德意志民主党的党员证被认为是“在可怕的圣巴托洛缪之夜①的一份人寿保险单”。在 1920 年，许多人在德意志人民党的党员证上看到了“反对财产共享的保险单”。

第一次国会选举得出的核心结论是，工人阶级左倾，资产阶级右倾。不支持阶级妥协的势力在政治上得到回报，而阶级妥协则是魏玛赖以生存的基础。中间派左右两旁的温和势力受

① Bartholomäusnacht，指法国宗教战争期间，从 1572 年 8 月 24 日持续了数月的一次大屠杀，法国天主教暴徒对新教胡格诺派施以暴行。

到惩罚，不管他们做了什么或者没做什么：左翼指责魏玛联盟政府怂恿了反动势力，右翼指责执政的多数党派损害了国家荣誉，伤害了财产权益。不仅是3月之战，而且《凡尔赛和约》和税收改革也影响到选民的决定。1920年6月6日的选举结果证明，由于选民的两极分化，此前的政府模式已经无法再维持下去了，但是又没有一个新的多数可以取代迄今的魏玛联盟。

最强大的政党依然是社会民主党，在他们看来，与德意志人民党合作组成大联合政府不在选项之内。卡普-吕特维茨政变期间，施特雷泽曼及其政党奉行了彻头彻尾的机会主义政策，德意志人民党喊出坚决反对社会民主的口号投身竞选："只有德意志人民党才能让我们摆脱红色锁链。"如果社会民主党领导层同意与这样的人民党结盟，那么就会激起社会民主党党员的群愤。上届魏玛联盟执政党此时在466个议席中占225个席位，因此只能组成少数政府。这个政府必须得到巴伐利亚人民党和德意志人民党或德国独立社会民主党的默认，在这种极不稳定的情况下，几乎不可能体现出社会民主党的特色。这样一来，原则上只剩下一个解决方案，这也是最符合党内普遍情绪的方案：社会民主党不再参与执政，让资产阶级少数派组阁。

1920年6月25日，艾伯特总统任命国民议会主席康斯坦 140
丁·费伦巴赫出任总理。这位68岁的中央党政客是来自黑森林高地（Hochschwarzwald）弗赖堡的律师。这届内阁由中央党、德意志民主党和德意志人民党的部长，以及两名无党派部长组成。这是自1918年10月以来没有德国社会民主党参与的第一届政府，但这届政府可以在议会得到社会民主党的支持。

虽然社会民主党不再承担政府职责，但它已经无法担当起“典型”的反对党角色。为了共和国正常运行，社会民主党就必须容忍资产阶级新内阁。不管1920年6月6日的选举改变了什么，但是在当下的德国，政府还不能实施反对社会民主党的政策。[33]

尽管如此，1920年下半年的德国工人运动比战争刚结束时要弱得多。虽然激进右翼武力政变的企图被制止了，但改良主义者和激进左派试图利用革命成果实现自身利益的尝试都没有获得成功。1920年春天，在这场大型势力较量中胜出的是右翼温和派，而他们对卡普和吕特维茨行动的指责并不是针对其目的而是其所采用的方法。

1919年和1920年，社会主义工人运动不仅在德国受到挫折。奥地利在1918年至1919年的革命比在德国的革命更加彻底，但在1920年10月的国民议会选举中，社会主义者被基督教社会党人所取代，被排挤到在野党的位置上。匈牙利是苏俄边界以西建立的唯一苏维埃共和国。在那里，反革命力量在协约国的支持下于1919年8月取得了胜利，并在1920年初建立了一个“白色”专政，由王国摄政尼古劳斯·冯·霍尔蒂（Nikolaus von Horthy）领导。在中立国和新成立的国家，社会主义政党也都没有取得国家政权。1918年12月的英国大选是对劳合·乔治领导下的自由-保守党联盟继续执政的确认。1918年以来的大罢工都没有真正撼动资产阶级制度。在法国，乔治·克里蒙梭（Georges Clemenceau）领导的右翼和中间党派组成的国民联盟在1918年11月的选举中胜出。战后最严重的社会动荡，即1920年5月铁路工人大罢工以工会失败而告终。意大利的局势也不稳定，形式上意大利属于战胜国，但它认为其胜利果实被盟友们骗走了。在 1919 年 11 月的选举中，社会党成为最强势政党，但它未能进入政府。之后是一系列社会动乱，“红色双年”（biennio rosso）里发动了一系列罢工和总罢工。1920 年 8 月和 9 月事态发展到顶峰，占领工厂的事件频频发生。但控制工厂的目标并没有实现，工会也只能满足 141
于雇主和政府对共同决定权的承诺。这些情况对贝尼托·墨索里尼代表的法西斯运动无疑是一种鼓励：左派势力显然很软弱，游行和抗议活动不过是一种假象。

社会主义工人运动的失败把部分国家的无产阶级推向极端化。在意大利，社会党多数在 1919 年秋天的博洛尼亚（Bologna）党代会上同意加入第三国际。在德国，独立社会民主党的多数在 1920 年 10 月的哈雷党代会上支持采取相同的步骤。1920 年 12 月，在法国图尔（Tours），三分之二的社会党人同意加入共产国际，并将社会党改组为共产党。1920 年夏天，共产国际在莫斯科举行的第二次大会上推出了“二十一条”，规定了布尔什维克政党的类型，以及获得权力后布尔什维克要采用的方法，这对所有共产党具有普遍约束力，因此加入第三国际就意味着彻底与社会民主党的传统决裂。马克思主义工人运动中的一部分人，在意大利和法国最初是多数人，而在德国则是少数人，立即向多元化民主和工人阶级内部的“改良主义”宣战。工人运动的激进派当时锁定的模式是苏维埃俄国，这是唯一看起来成功的社会主义革命国家，因此被认为是资本主义制度的替代品。

自 1919 年与 1920 年之交的冬季以来，在苏俄的反革命活动基本上已经失败。苏波战争期间，俄国军队在 1920 年夏天占领了波兰大部分土地，有一段时间里，似乎中欧地区的共产主义革命会乘胜前进。1920 年 8 月波兰取得了胜利，“维斯瓦河奇迹”挫败了布尔什维克的梦想。但是布尔什维克在自己的国家中站稳了脚跟。这一点让布尔什维克确信，虽然世界革命的步伐比以前想象的要慢，但仍会继续前进并最终获胜。[34]

德国对待这一革命霸主的态度依然存在分歧。一方面，苏俄是努力推翻当前社会秩序的中心，因此是一个危险的对手。另一方面，苏俄是西方列强的敌人，也是德国原政府首脑不能容忍的波兰的敌手。1920 年 2 月初苏波战争前夕，冯·泽克特
142 将军在一份备忘录中写下了他的看法：“只有与大俄罗斯建立紧密联系，德国才有希望再次赢得世界大国的地位……普鲁士德国绝不认可布龙贝格（Bromberg）、格劳登茨（Graudenz）、马林堡和波森落入波兰手中。犹如上帝的奇迹一般，在艰难困苦的至暗时刻，我们迫切需要的帮助出现在地平线上。此时此刻，不要再指望德国在波兰遭受灭顶之灾时会动一动小手指。”

苏波战争期间，德国于 1920 年 7 月 20 日正式宣布保持中立。不久后德国政府颁布法规，禁止运往东方的武器和战争物资过境。在此问题上，德国站到了波兰的对立面，也就是站在西方盟国，特别是法国的对立面，也间接地站到俄国一边。早在 1920 年夏，世界政治的这两个难兄难弟之间的国际互助已经初见端倪。这种相互靠近的推动力在德国一边是其权力精英的国防军领导层，而他们内心武力反共的态度是他人无法超越的。[35]

7. 被推迟的危机

德国在 1920 年和 1921 年经历了一个特殊的经济发展阶 143
段。其他工业国家纷纷陷入战后萧条，说这是一场全球经济危机也不为过，德国却出现了一个繁荣期，基本上充分就业。法国 1920 年的工业生产比上一年增长了 8%，但 1921 年下降了 12%。美国则分别增加了 3%和下降了 22%；英国在 1920 年和前一年一样，但 1921 年下降了 31%。同期，英国加入工会的工人失业率从 6.9%上升到 17%，瑞典的失业率从 20.1%上升到 28.3%，挪威的失业率从 11.7%上升到 23.4%。在德国正好相反，工业生产从 1920 年到 1921 年增长了 45%，1922 年又增长了 20%；1921 年 1 月，工会会员的失业率为 4.5%，1922 年 4 月下降到创纪录的 0.9%低点。[1]

德国繁荣的主要原因是通货膨胀。当然，我们不能把它想象为一个持续贬值的过程。这个过程可以分为带有明显区别的几个阶段。1919 年 5 月到 1920 年 2 月是货币迅速贬值的阶段。战前 1 美元可以兑换 4.20 马克，在这个时间段 1 美元的兑换值从 12.85 马克升至 99.1 马克。帝国银行做出相应举措后，出现了一个相对稳定的时间段，一直持续到 1921 年 6 月。这时，平均 60 马克兑换 1 美元。资金雄厚的美国人指望马克的地位继续强化，投机资金在不到一年半的时间内涌向德国，这并不出乎意料。自 1921 年 8 月以来，马克的对外比值又开始下降。真正的恶性通货膨胀始于 1922 年秋，一年后达到了顶峰。[2]

我们谈过通货膨胀的原因。它始于以国债形式筹集的德国战争融资，且规模远大于协约国。帝国银行的货币政策也很不健全。早在 1914 年 8 月，帝国银行就把长期国库券和短期国库券这种纯融资性票据与商贸票据等同起来，除黄金之外，这些票据也完全可以用来给马克做“抵押”。从这时起，帝国银行就可以无限造币了。原计划可以用德国战争对手的赔款偿还
144 这些国债。德国战败后，“1 马克等于 1 马克”的原则，不过是掩盖了变相没收数百万储户购买的战争债券的事实。

货币贬值的另一个原因是战后工资、薪水和社会福利的急剧上升。国家和工会，甚至包括企业家都认为这是化解社会不满和抵制政治激化的一种手段。1919 年春季至 1921 年春季，几乎可以说在最重要的社会群体之间达成了某种“通货膨胀共识”。有意识的货币贬值促进了德国的出口，这是 1920 年和 1921 年德国一反国际常态的经济增长的主要因素。显然，通货膨胀使德国免于大规模失业造成的严重萧条，避免了也许会令年轻的魏玛共和国无法幸存的局面。

最后一个原因是，战争赔款推动了通货膨胀。当时大多数德国人认为这是货币贬值的真正原因，其实并非如此。赔款确实给帝国预算增加了负担，以“正常”税收的形式根本不可能筹集到这么多钱。据可靠的估计，在通货膨胀年代，德国需要国民收入的 10%来履行赔偿义务。根据卡尔-路德维希·霍尔夫雷希（Carl-Ludwig Holtfrerich）的统计，战争赔款在帝国总支出中所占比例，1919 年为 51.4%，1920 年下降到 17.6%，1921 年升至 32.7%，1922 年升至 69%。《凡尔赛和约》没有

规定战争赔偿总额，这给德国造成了致命的影响：由于须赔偿的金额迟迟无法确定，潜在的私人信贷方就不可能切实评估接受国的信贷信誉，因此德国无法找到长期外国贷款。权衡一下所有因素的影响，1919 年至 1923 年，公共财政不稳定的主要原因在于这个悬而未决的赔款问题。[3]

我们之后会详细讨论通货膨胀的社会后果。1922 年秋天，在恶性通货膨胀到来之前，某些影响已经浮出水面。贬值有利于财产所有人，毁掉了存款人。它促进了财富进一步流向少数强人手中，削弱了独立自主的中产阶级。通货膨胀使非独立自主的受雇人群的生活趋于平均化：在战争前一年的 1913 年，一名较高职位的公务员工资是一个非熟练工人的 7 倍，到了
1922 年 2 月 1 日仅为后者的 2 倍。和公务员相比，工人受货 145
币贬值的冲击并不那么严重，原因是，一方面工会在组织上的贯彻能力远远强于公务员工会，另一方面政府有意识地采取了相对有利于工人，尤其是有利于他们中间较贫穷工人的紧急政策。战后的政府希望尽快消除令国家和社会陷入危机的隐患。出于同样的原因，1918 年没有取缔“战争社会主义”中某些重要条款。住房强制管理以及由国家控制食品价格等条款仍然有效。

但是，如果认为工人阶级是这次通货膨胀的赢家，乃大错特错。战后年代，大多数工人的实际收入比 1913 年少得多。马克购买力的下降使有组织的工人和雇主之间的天平向后者倾斜。最迟自 1921 年夏天后，工会和社会民主党都意识到，货币贬值的社会弊端远远超过了它带来的好处，只有通过“统计实物资产”才能实现财政重组。通货膨胀的共识破灭，是因为识破这个问题的人越来越多。但是，只要实物资产受益于

通货膨胀，“统计实物资产”的要求就不会受到应有的关注。[4]

1920年至1921年的世界经济危机是典型的战后危机。这种危机是从战争经济向和平经济过渡的重重困难造成的。战争从根本上改变了国际贸易流向以及国内生产的重点和居民的基本保障。没有危机般的震撼就不可能做出适应新环境的调整。战后不久，其他工业国家经历了这场危机，而德国则借通货膨胀推迟了它的到来，却为此付出了高昂的代价。在短期内，战后通货膨胀导致的繁荣能够较容易地解决许多社会问题：返回家园的士兵能够迅速融入经济进程，工资上涨有助于遏制甚至化解工人阶级的革命潜力。但是从长远来看，仅被通货膨胀掩盖的生产力水平低下必定会抑制增长。战后第一个五年结束时，德国在全球经济中所占比重大幅下降。1925年，世界工业指数比1913年高21点，德国仅仅达到战前水平的95%。1929年，德国的工业生产比1913年增长了13%，而法国增长了38%，美国增长了70%，日本增长了200%。德国虽然再次成为仅次于美国的世界第二大工业国，但它和英国一样都是战
146 后工业竞赛的失败者。战争和通货膨胀热潮导致生产率只有小幅的提高，这就是德国经济在整个20世纪20年代没有摆脱相对停滞状态的原因之一。[5]

如果1920~1921年达成了一个让德国经济实力可以承受的、比较现实的战争赔款规则，通货膨胀也许不会演变为恶性通货膨胀。然而，法国并不准备达成这种规则。1920年7月在斯帕召开的有关落实《凡尔赛和约》的国际会议上，狭义上讲战争赔款问题只占次要地位。除德国裁军问题外，重点谈及德国在和平条约中承诺的煤炭供应。就已经答应的6个月内每个月向协约国运送200万吨优质煤炭一事，德国说服战胜国

做出一些财政让步，其中包括提供每吨煤获得 5 个金马克作为奖金，用于保证矿工的食品供应。但是斯帕的煤炭协议给德国经济生活带来了沉重负担：铁路、冶金和煤炭加工业首当其冲，这些行业受到了重创。但如果不答应这个条件，事情会更糟糕：如果德国延迟交付，协约国扬言要占领鲁尔地区。

几个月后，似乎就赔偿问题开始了实质性谈判。1920 年 12 月在布鲁塞尔举行的一次专家会议上，德国和协约国专家在寻找可行方案的努力上已经非常接近。但是法国政府不想让专家来制订赔偿计划，并确定每年支付赔款年金的额度，这些要求也得到了其盟友的认可。在 1 月 29 日的巴黎照会中，协约国提出一个类似最后通牒的“提议”，德国要在 42 年内支付总计 2260 亿金马克，此外德国出口额的 12%还要作为额外的战争赔款。为了确保这些要求的落实，应严格控制德国的货币政策和金融政策，并要求德国政府派遣授权代表参加 2 月底在伦敦举行的会议。

伦敦会议于 1921 年 3 月 1 日开始。德国代表团提出了自己建议中的一部分，如总赔款金额为 500 亿金马克，但应扣除德国已经提供的 300 亿。3 月 3 日，协约国拒绝了德国的提议，并威胁如果德国在 4 天内不接受巴黎“提议”，协约国就要实施惩罚措施。由于德国没有屈服于这一最后通牒，制裁于 3 月 8 日 147
生效：协约国占领了杜塞尔多夫、杜伊斯堡和鲁尔欧特（Ruhrort，西部鲁尔区和莱茵河交汇处以北），协约国莱茵兰委员会接管了整个占领区的海关业务。[6]

如果此时德国没有和协约国发生另一场冲突，法国是否能够将其盟友拉到最后通牒和军事制裁的强硬路线上来，我们还不得而知。这是一场《凡尔赛和约》军事条款引发的冲突。

1920 年夏天，志愿军团被解散，许多被遣散的士兵和一些残部统一被帝国国防军和帝国海军收编。还有一些志愿军团的士兵加入了警察队伍和“农业合作组”。这个组织负责加强波兰一侧边境的保卫工作，并且保护国防军的秘密武器库。根据 1920 年 2 月 18 日协约国的照会，国防军的兵员在同年 7 月 10 日应该减少到《凡尔赛和约》规定的 10 万人。在斯帕会议上，德国政府试图把兵员维持在目前的 20 万人，但此提议遭到了拒绝。谈判带来的结果是只可延长期限：德国在 1921 年 1 月 1 日前必须把兵员减少到 10 万人。

在驻地警卫队和居民自卫队这两支准军事力量的问题上，协约国的态度更加坚决。《斯帕协定》要求立即解除这两支队伍的武装。大多数邦已经按照协约国之前的要求开始对居民自卫队缴械。素有“秩序的壁垒”之称的巴伐利亚却强烈抵制。1920 年 8 月，巴伐利亚居民自卫队的创建者、林业顾问格奥尔格·埃舍里希创立了“埃舍里希组织”（Organisation Escherich，简称 Orgesch），它自视为所有“反布尔什维克”自卫联盟的顶层组织。这个联盟反共和的立场在其章程中暴露无遗：“埃舍里希组织”要求“拒绝一切旨在分裂人民的行为”，对青年进行道德培养和体育训练，嘉奖劳动意愿，培养劳动义务感。普鲁士内政部部长泽韦林对此立即做出反应。8 月 15 日，他向各邦高级领导人发出一道公告，指出“埃舍里希组织”违反了解散居民自卫队的命令，因此应予以取缔或解散。“埃舍里希组织”请求得到各个邦的承认，结果除了巴伐利亚之外，所有邦都拒绝了这一请求。

148 协约国的语气在 1920 年至 1921 年变得更为强硬，但巴伐利亚依然拒绝解散居民自卫队。1921 年 1 月 29 日，战胜国在一封巴黎照会中提出了最终形式的赔偿安排。就在同一份照会中，协约国还要求德国必须在 3 月 15 日前制定解散居民自卫队的法律规定，并在 1921 年 6 月 30 日前完成其解散工作。3 月 19 日，德国国会通过了相应的法律，但巴伐利亚拒绝执行。德国副总理、人民党政治家海因策（Heinze）3 月 24 日前往慕尼黑，目的是向卡尔政府陈述协约国军队咄咄逼人的制裁威胁，但并未得到向巴伐利亚各位部长解释帝国立场的机会。由于不可能从帝国层面对巴伐利亚进行制裁，因此 1921 年 3 月底就可以预见，只有协约国的介入才能解决巴伐利亚与帝国层面的冲突。[7]

1920 年秋季至 1921 年春季，“埃舍里希组织”反布尔什维克口号之所以找到了特别肥沃的土壤，关键在于极左翼的发展。1920 年 10 月，德国独立社会民主党代表大会在哈雷举行，代表们就参加共产国际一事进行表决。参会代表是直选产生的，实际上这也是对加入共产国际的一次全党公投。因此，结果在党代会之前已经很清楚了：近 58%的多数人赞成加入共产国际，也就是同意和共产党合并。赞成的人大多比反对派更年轻，他们通常是非熟练工人、职场新手。“赞成者”主要来自以矿产业和化学工业为主要经济来源的地区，而以纺织业为主的地区的工人多持否定态度。加入第三国际的意愿，不是来自受过社会民主传统熏陶的工人，而是强烈地体现在战争期间或战后才参与政治活动的工人中，并包括那些因走投无路而被迫反对现行经济和政治制度的工人。这种反抗“积极”的一面是出于对苏俄的钦佩，苏俄是唯一取得社会主义革命胜利的国家，加入共产国际似乎是帮助俄罗斯阶级兄弟，同时也是帮助自己的最保险的方法。

1920 年 7 月和 8 月，共产国际在莫斯科召开的第二次代表大会上提出了“二十一条”作为加入共产国际的先决条件。独立社会民主党大会上 236 名代表赞成接受“二十一条”，156 人投了反对票。就是说大多数赞成完全采用布尔什维克政党的模式。代表少数派的希法亭在与共产国际执行委员会主席季诺维也夫（Sinowjew）的讲演对决中，重申了民主与社会主
149 义的统一。少数派在投票后立即选举出了新的党领导。担任剩余独立社会民主党的两位领导人平级：阿图尔·克里斯平（Arthur Crispien）和格奥尔格·莱德布尔（Georg Ledebour）。克里斯平于 1919 年 11 月接任原党主席胡戈·哈泽，哈泽被一个精神失常的人枪杀身亡。莱德布尔是独立社会民主党的创始人之一，也是工会革命领袖。在致德国无产阶级的宣言中，少数派向改良主义的右翼社会主义政策宣战，向由资产阶级政党组成的联合政府宣战，向与企业家同流合污的工人组织宣战，同时还向共产党宣战，宣言称共产党用“每天不断变化的口号煽动政变”，“故意隐瞒真实力量的比例”去唤醒“无法实现的幻想”。[8]

左翼核心的党代会推选“纯”苏维埃制度的主要代表人恩斯特·多伊米希和普鲁士前文化部部长阿道夫·霍夫曼为权力相等的（左翼）独立社会民主党主席。1920 年 12 月上旬在柏林的两党联席大会上，被多数独立社会民主党称为左翼独立社会民主党的一派与德国共产党完成了合并。这次合并后德国共产党称自己的党为德国联合共产党（VKDP）。这个政党通过这次合并才真正发展为群众政党。在统一之前，德国共产党大约有 8 万名成员，而左翼独立社会民主党党员大约为 43 万。这个人数还不到独立社会民主党分裂前的一半。1921

年 7 月初，德国联合共产党有近 45 万名党员。由此可见，有很大一部分当年的左翼独立社会民主党成员拒绝与德国共产党合并。

像独立社会民主党的“右派”和“左派”一样，德国联合共产党也选举了形式上“权力平等”的两位主席：德国共产党中央委员会主席保罗·列维和独立社会民主党的前代表恩斯特·多伊米希。列维长期以来有计划地致力于与独立社会民主党的左翼合并，由他担任党领导似乎无懈可击。但表象是靠不住的。共产国际领导层中占上风的是季诺维也夫、尼古拉·布哈林和波兰人塞缪尔·古拉尔斯基（Samuel Guralski）等“左派”。这些人认为，罗莎·卢森堡的学生和朋友列维是世界革命的绊脚石。联合共产党 1921 年初给其他工人政党和工会发了一封公开信。公开信建议加强紧密合作，以实现具体社会和政治目标。德国共产党内左翼反对派以及共产国际执委会的主要势力都指责党领导的这个举动是在推行机会主义政策。如果不是列宁出面阻止，共产国际执委会必定会明确谴责这封公开信。俄国布尔什维克的领袖此时做了一个急转弯。虽然苏 150
维埃经受住了协约国的干预，在和“白军”反革命分子的斗争中立足下来，但它目前在经济上面临崩溃。列宁从中得出结论，现在要结束战争共产主义的暴力活动，在有限的范围内恢复私人资本主义的企业活动，为农业经济提供重要的减负措施。俄国共产党在 1921 年 3 月初党代会上制定的新经济政策（Neue Ökonomische Politik，简称 NEP），也是向外国私人资本发出邀请。列宁认为，这个方针和列维践行的灵活的统一战线政策一致，这种做法比在西方工业国家中发动共产主义政变更有优势。

另外，列宁与共产国际执委会的左派一样，要求第三国际的所有成员党要保持步调一致。根据他的指令，共产国际代表1921年1月在里窝那（Livorno）举行的意大利社会党代表大会上，要求开除以图拉蒂（Turati）为首的党内右翼，但以塞拉蒂（Serrati）为首的多数人表示反对，之后这些人也被开除出党。意大利社会党人已于1919年秋加入第三国际，现在他们内部发生了分裂。只有少数人在里窝那组建了意大利共产党，并在“二十一条”的基础上重新加入共产国际。

意大利社会党的分裂是德国共产党发生严重危机的直接原因。保罗·列维曾作为特邀代表参加了里窝那党代会，他支持塞拉蒂的立场，认为共产国际遵循的政策是灾难性的。在他看来，外部命令导致的政党分裂必将使革命的劳工运动蜕化为一种宗教运动。他在《红旗报》上发表的谨慎批评，立即受到第三国际德国专家卡尔·拉狄克在同一报纸上的尖锐反驳。1921年2月22日在德国共产党中央委员的一次会议上，列维提交的一份决议没有获得多数同意，这个决议对共产国际代表在里窝那的行为表示担忧。但是，由“左派”提出的一份决议得到了共产国际执委会代表匈牙利人拉科西·马加什（Mátyás Rákosi）的支持，并以28票对23票获得通过。该决议批准了共产国际执行委员会对意大利社会党的政策。之后，列维和中央委员会的四名成员宣布放弃自己的职位，他们是恩斯特·多伊米希、阿道夫·霍夫曼、奥托·布拉斯和克拉拉·蔡特金。

151 “列维中央”辞职乃迫于外部和内部压力的共同作用，同时也为那些坚持所谓“进攻理论”的势力铺平了道路。这一势力最突出的代表是奥古斯特·塔尔海默（August Thalheimer）。

1920年11月，在和左翼独立社会民主党合并之前的上一届共产党代表大会上，塔尔海默表示，当苏维埃俄国的世界政治在国际上陷入防御状态时，中欧和西欧有义务对资产阶级发起进攻。德国工人阶级必须给在暗中武装的反革命“发出行动的指令，引诱他们出击，利用有利于工人阶级的时机和局面，指引他们进入战斗”[9]。

塔尔海默很可能是从拉狄克那里得到了灵感，他的建议完全符合共产国际执委会多数人的路线。1921年2月22日，“列维中央”辞职的同一天，古拉尔斯基在共产国际执委会上要求“采取最直接和最严厉的行动，因为‘埃舍里希组织’是在挑衅无产阶级，而这种挑衅应该是在我党选择的正确时间段内引爆的”。布哈林也有类似的表述。拉狄克用下面的话概括了他的革命方案：“如果‘埃舍里希组织’向我们发起进攻，工人们就会团结为一个统一战线。我们必须迫使‘埃舍里希组织’做出有利于我们的事情。‘埃舍里希组织’正在等待我们的行动，以便能够向我们发起进攻。”[10]

“进攻性理论”就是对迄今列维路线的彻底否定。如果说列维继承了罗莎·卢森堡的传统，认为赢得无产阶级群众是德国共产党的主要任务，是革命的必要前提，那么进攻性理论家则认为，革命是唯一确保共产党领导工人阶级的机会。从这个角度来看，革命的时机不再取决于这个国家的条件是否成熟，而是取决于革命诞生国的需求。在季诺维也夫、布哈林和古拉尔斯基看来，要借助中欧和西欧的革命来平衡俄国革命进程放缓的速度。特别是在德国，很容易催生发动革命的诱因：战争赔款危机，即将在上西里西亚举行的公投，居民自卫队问题的冲突。似乎这些都是天赐的良机，可以让以“埃舍里希组织”

为首的极右翼出面“一起干”。城市中明显的粮食供应不足，以及煤矿行业即将签订的加班协议令社会不满情绪加剧。1921年的春天为寻衅的策略提供了不少切入点，因此共产国际执委会和德国共产党的进攻性理论家决定充分利用这个机会带来的所谓优势。

在3月的头几天里，共产国际的三名代表——极左派的匈牙利人库恩·贝拉、他的同胞波加尼·约瑟夫［József Pogány，别名彼得·佩珀（Peter Peper）］和塞缪尔·古拉尔
152 斯基［又名奥古斯特·克莱纳（August Kleine）］抵达柏林。他们与德国共产党新“左翼”中央着手筹备在德国的政变活动。革命的时间和地点被安排在复活节后的3月27日至28日的德国中部工业区。在2月20日的普鲁士邦选举中，德国共产党在这个地区取得了可观的票数，在哈雷－梅泽堡（Merseburg）大约获得19.7万张选票，德国独立社会民主党得到了7.5万张，德国社会民主党得到了7万张。德国中部是一个工业化相对较晚的地区，第一次世界大战期间出现了化工厂，1918年后失去重要的煤炭开采区，所以褐煤矿业的重要性减弱。工人阶级的社会来源和地缘来源各不相同，也没有受过多年工会工作的培训。除了德国共产党外，另一个更“左”的德国共产主义工人党，也在某种程度上成功地动员了那些易于激进的工人团体。1920年11月，德国共产主义工人党被临时接纳为共产国际成员，作为“有咨询权的支持性政党”在共产国际执委会中获得一个席位。它从一开始就参与了德国中部起义的准备工作，这是因为共产国际的左派认为它的存在形成了一种积极的力量，可以制衡迄今过于谨慎的德国共产党。

然而，1921 年 3 月，不仅德国共产党人把目光聚焦在德国中部工业区，普鲁士邦的管理机构也不例外。自卡普-吕特维茨政变后，这个地区就没有平静过。1921 年初，自发的罢工、掠夺和抢劫天天发生。激进工人手中仍然有很多武器。3 月 13 日在柏林胜利纪念柱上发现的炸药显然来自德国中部。消息灵通的国家公共秩序监督专员罗伯特·魏斯曼（Robert Weismann）在 3 月 14 日告诉泽韦林，苏俄政府正在加紧布局在德国的行动，鉴于苏俄严重的内部危机，它正设法在德国发动政变。泽韦林和他的党内盟友、普鲁士邦萨克森政府高级领导人奥托·霍辛（Otto Hörsing）随后扩大了先前的计划：他们原计划到 3 月 14 日前只在曼斯费尔德（Mansfeld）采取整治措施，现在他们准备在整个德国中部筹划一次警察行动。

德国共产党在 3 月 17 日举行的中央委员会会议上得知了警察策划的这个行动。这个消息改变了共产党的时间表。他们在当天就做出立即出击的决定。3 月 18 日，《红旗报》杂志发表了一份库恩·贝拉起草的呼吁书，称巴伐利亚邦总理卡尔蔑视法律：“卡尔是一个反革命的现实政治政客，他知道他在说什么，做什么。确实……必须响应卡尔先生的哨声！每个工人不必对法律有所顾忌，要想尽一切办法找枪支弹药！卡尔不在 153
乎法律，无产阶级也不必在乎法律！每个反革命分子都有武器。工人作为革命者一定不会比那些反革命分子软弱！”[11]

但是此次运动未能按计划进行。3 月 21 日，抗议罢工从曼斯菲尔德的铜矿场区开始，但最初只是一场罢工。德国共产党新组建了一个军事组织，但几乎没有运作能力，这个非法军事组织的负责人胡戈·埃伯莱因（Hugo Eberlein）在哈雷准备发动炸弹暗杀，目的是把这些活动归咎于“反动派”。此次起义的一个重要人物是行为怪异的德国共产主义工人党成员，名叫马克斯·赫尔茨（Max Hölz），在卡普-吕特维茨政变期间，他因为行为鲁莽被称为无产阶级的罗宾汉。赫尔茨来自福格特兰地区（Vogtland）贫困的家庭手工业区。1920 年 3 月政变失败后，他逃到捷克斯洛伐克，并于当年底非法返回德国。他与共产主义工人党制造的柏林胜利纪念柱未遂袭击案的策划者有紧密联系。3 月初，他本人一手制造了福格特兰地区法尔肯施泰因（Falkenstein）市政厅的爆炸案。

3 月 22 日，赫尔茨来到曼斯费尔德，负责组织武装工人，第二天就与警察发生了首次冲突。洛伊纳工厂的工人开始罢工。从哈雷出发，埃伯莱因的队伍炸毁了通往图林根的铁路。德国共产党于 3 月 24 日发出的总罢工呼吁没有受到什么关注。仅在卢萨蒂亚（Lausitz）、鲁尔部分地区、图林根州和汉堡有一些声援性的罢工。在汉堡这个汉萨城市，失业者根据德国共产党的指示临时占领了几家造船厂。3 月 23 日与警方的武装冲突造成 16 人死亡，30 人受伤。

与一年前的鲁尔起义不同，1921 年的“3 月行动”不是无产阶级的大规模起义，而是来自共产国际及其德国所属机构“上层”指令的一次政变尝试。即使在德国中部工业区，德国共产党和共产主义工人党罢工和斗争的支持者很大程度上都是自己人。他们基本上没有得到社会民主党和独立社会民主党工人的支持。从军事角度看，德国中部起义结束于复活节后周二的 3 月 29 日：洛伊纳工厂遭到炮击后投降，但至少有 60 名工人身亡。4 月 1 日警方与赫尔茨领导的一群起义者在贝森施泰特（Beesenstedt）附近展开了最后一场血战。逃走的赫尔茨两周后在柏林被捕。德国中部此次起义共牺牲了 180 条生命，其中有35名警察和145名平民。大约6000名工人被捕，4000人被判刑。截至1921年6月，特别法庭针对此次起义案共判处4人死刑、8人无期徒刑，以及共计2000多年的劳改和监禁。德国中部颁布的紧急状态令一直持续到1921年9月。[12] 154

这次冒险的政变行动给德国共产党造成了致命的后果。1921年11月，根据中央委员会估计，德国共产党最多还有15万名成员，占年初党员数量的三分之一。领导层也有外流。保罗·列维在他的小册子《我们的道路：反对政变》（*Unser Weg. Wider den Putschismus*）中严厉批评了3月行动，之后他被开除出党。许多著名的德国共产党人，特别是议会党团中的共产党人都表示积极声援列维，但其中许多人受到谴责、排斥，多人自愿退党。1921年9月，那些在国会党团中失去党团资格而偏向“右翼”的成员建立了一个共产主义工作小组（Kommunistische Arbeitsgemeinschaft，简称KAG）。1922年1月，当年的德国共产党总书记、更倾向左翼的代表弗里斯兰[Friesland，原名恩斯特·罗伊特（Ernst Reuter），多年后他成为柏林市长而享誉全球]，与两名志同道合的朋友因反对德国共产党不断加速布尔什维克化而退党。他后来加入了共产主义工作小组，这样一来这个党团共有15名议员，因此获得了议会党团的地位，而缩减到11名议员的德国共产党议会党团现在降到了议会党“小组”的级别。与左翼独立社会民主党合并一年后的德国共产党，似乎蜕化成一个微不足道的左翼组织。[13]

1921年3月给德国共产党和俄国共产党的想象力插上翅膀的是上西里西亚的冲突急剧激化。共产主义起义一旦成功，就可能会让德国和俄国对波兰形成夹钳形进攻。即便是德国在内外交困的情况下，帝国国防军和“埃舍里希组织”或与其靠近的右翼势力暂时获得了政权，然而这种局面也会给苏维埃俄国的外交政策带来好处。一个公开宣扬民族主义的帝国政府是无法与西方列强达成谅解的。与费伦巴赫内阁相比，这样一个新政府或许会给俄国提供更多的保险因素。从这个角度出发，极左翼的春季行动不仅针对德国右翼，同时也剑指波兰和协约国。[14]

在上西里西亚冲突中，德国一方和波兰一方的民族情绪一度高涨，甚至有可能发生战争。1919 年 8 月和 1920 年 8 月，波兰发动两次起义，德国出动了志愿军团和治安团。1921 年 3 月 20 日，恰逢德国中部起义期间，《凡尔赛和约》规定的投票在上西里西亚举行。近 60%的人赞成归入德国，40%的人赞
155 成归入波兰，工业区主要选择德国，农村地区多倾向于波兰。此后，帝国政府提出整个上西里西亚归属德国，而波兰和协约国则提出分割这一地区。为强调波兰的要求，波兰负责投票的专员科尔凡蒂（Korfanty）在与华沙政府进行秘密协商后，于 5 月 3 日发动了第三次上西里西亚起义。起义期间，波兰起义者占领了大部分投票区。起义开始三天后的 5 月 6 日，仍然在职的德国总理费伦巴赫在德国国会发表讲话，声称将在波兰发起军事动员并暗示可能在上西里西亚投入帝国国防军。如果将这一声明付诸行动，那不仅意味着与波兰开战，而且很可能与法国、英国和意大利这三个协约国发生武装冲突，协约国部队会对上西里西亚实施军事管制。[15]

然而费伦巴赫在位的时间已经所剩无几了。他执政的最后日子完全笼罩在战争赔款危机的阴影中。协约国赔款委员会 4 月 24 日提出最后要求，德国必须在 4 月 30 日之前支付给法国

银行 10 亿金马克作为到期付款的担保。两天后赔款委员会通知德国政府，德国需要赔偿的金额为现值的 1320 亿金马克，这笔款项未考虑相应的利息，并要求德国在 4 月 29 日之前给出答复。自 3 月底以来德国政府一直在和美国商谈赔款问题，德国随即请求美国出面调解。德方的建议于 4 月 24 日送交华盛顿：德国政府同意支付现值 500 亿金马克作为战争赔款，年偿还率待定，这笔赔款将通过发行 2000 亿金马克的国际债券来筹集。5 月 3 日，美国发出回复照会：华盛顿认为，德国的建议对协约国政府来说不是谈判的基础。帝国政府应直接与协约国联系，并且提出自己“清晰的、明确的和适当的”建议。

争取请美国担任调解人的努力失败，让总理和内阁顿感手足无措。德意志人民党敦促政府立即辞职。德意志民主党举棋不定，不知如何正确行事。担任总理的费伦巴赫一开始就力不 156
从心，5 月 4 日上午，因上西里西亚爆发波兰人起义，所以他决定继续执政，但几个小时后，继无党派外交部部长瓦尔特·西蒙斯（Walter Simons）辞职后，总理也递交了辞呈。由于联合政府各党派领导人不想说服这届政府留任，其他部长也追随西蒙斯的决定：5 月 4 日晚上，费伦巴赫内阁一致决定辞职。

5 月 5 日，英国首相劳合·乔治向德国大使施塔默（Stahmer）递交了协约国的伦敦最后通牒。协约国政府威胁德国，如果德国不遵守以下条件，他们将于 5 月 12 日开始占领整个鲁尔地区：按照迄今协约国的照会解除武装；根据《凡尔赛和约》的规定，支付 1921 年 5 月 1 日到期的 120 亿金马克；接受附件的赔偿计划；审判德国战犯。赔款的时间计划分为两部分，即目前的费用和今后发生的费用。“A 债券”和“B 债券”总计为 500 亿金马克的国债，须从 1921 年开始连本带息一并偿还；“C 债券”的偿还和利息额为 820 亿金马克，可以日后支付，总额共 1320 亿金马克。另外支付 60 亿美元作为 1914 年德国入侵中立国比利时的赔款。10 亿金马克必须在 25 天内，也就是在 1921 年 5 月 30 日到位。年偿还金额最初定为 30 亿金马克。这个数额的计算方法是，在固定偿还年金 20 亿金马克基础上再附加一笔额外的金额，这笔金额取决于出口额的高低，此时这笔金额被定为 10 亿金马克。[16]

不出所料，德国内部对伦敦最后通牒的反应各异。德意志民族人民党、德意志人民党和德国共产党对此表示拒绝。德国社会民主党、德国独立社会民主党和中央党因顾及咄咄逼人的制裁，对此表示接受。德意志民主党内分歧很大，反对人数略多。如果强硬路线的代表占上风，德国经济必将崩溃。右翼政党中的许多国会议员对此心知肚明。如同在《凡尔赛和约》表决问题上一样，他们可以完全放心，即使没有他们的赞成，也会有足够的赞同多数。如果德国屈服于协约国的压力，它不仅可以保住莱茵河和鲁尔河畔的工业区，还可以指望日后缓解赔款负担。出于这种选择，新的政府联盟也是根据这个逻辑组成的。社会民主党虽然有些犹豫，但还是决定与能够确保实现和平外交政策的各党派合作。中央党从一开始就准备支持“接受条款的新政府”。在中央党的敦促下，德意志民主党在
157 最后一刻决定加入政府。于是魏玛联盟的第一届少数内阁诞生了。

5 月 10 日，艾伯特总统任命来自巴登的中央党政治家约瑟夫·维尔特（Joseph Wirth）担任新总理。维尔特在 1920 年 3 月时接替埃茨贝格尔担任德国财政部部长，并在费伦巴赫内阁任职。这位 1879 年出生在弗赖堡的政治家当过中学数学老

师，非常有活力，也是出色的演讲家。在他的政党内，他属于支持共和的左翼，这并没有妨碍他同时也是一名狂热的民族主义者。伦敦最后通牒远远超过了德国的经济实力，在这一点上他和德国右翼观点一致。但与右翼党派不同的是，他认为必须通过德国先尽其所能履行让它承担的义务，来证明这种赔款负担是荒谬的。维尔特和那些持同一观点的人都认为，正是这种尝试必然导致的灾难性后果，迟早会迫使协约国修订伦敦赔款计划。正是出自这种"履行政策"的考量，维尔特内阁开始了其执政期。[17]

5 月 10 日，德国国会不得不对接受还是拒绝最后通牒做出决定，而此时组阁工作还未完成。维尔特本人临时兼任外交部部长和财政部部长。5 月 29 日任命瓦尔特·拉特瑙（Walther Rathenau）担任重建部部长之前，这个职位一直空缺。维尔特在政府声明中表示，他在接受最后通牒的同时也关注上西里西亚问题。他呼吁协约国不要容忍"波兰恐怖"行动，并履行和平条约规定的义务。社会民主党和中央党投赞成票，独立社会民主党也对伦敦最后通牒投了赞成票。德意志民主党有 17 张赞成票，21 张反对票。德意志人民党的比例为 6 比 41，巴伐利亚人民党的比例为 2 比 15，德国共产党为 1 比 15。国会议员中 220 人投票赞成授权政府签字，172 人投票反对。维尔特少数内阁在议会上的首次较量中胜出。[18]

新政府面临的第一个重要挑战是上西里西亚的波兰起义。从一开始，维尔特内阁就意识到，费伦巴赫派驻帝国国防军的提议不可行，因为协约国不会接受。因此帝国政府和普鲁士邦政府鼓励向上西里西亚自卫队提供武器，这是 1920 年以来成立的一个准军事组织。但是出于内政和外交考虑，维尔特内阁

必须与这个新组建的或重组的志愿军团保持距离，这支队伍在
158 波兰起义后不久就赶往西里西亚。5 月 19 日，政府发出了反对组建志愿军团的呼吁。5 月 24 日，德国总统发布一项紧急法令，对任何未经官方授权而建立军事联盟的人员予以严惩。一天前，自卫队和巴伐利亚的奥伯兰德（Oberland）志愿军团占领了上西里西亚的制高点安娜贝格（Annaberg），德方在军事力量对比上占优。6 月底，协约国协调委员会成功说服双方武装团体撤军。7 月 5 日，上西里西亚自卫队解散，尽管这只是名义上的。由于英法两国无法就未来的边界线达成共识，法国偏向波兰一方，英国则偏向德国一方，该争端于 8 月 12 日移交给国际联盟裁决。因此上西里西亚的问题上升到外交层面，这帮助维尔特政府在外交上赢得了喘息空间。[19]

维尔特内阁上任的前几周，在内政方面解散巴伐利亚居民自卫队的冲突一直断断续续。接受伦敦最后通牒后，卡尔政府也认识到无法继续坚持严厉的拒绝态度。5 月底，卡尔准备承诺“尽可能”对居民自卫队缴械，但仍拒绝解散它。在法国和英国外交官发出最终威胁后，卡尔才不得不让步。6 月 4 日，卡尔下令解除居民自卫队武装。6 月 24 日，帝国政府宣布，巴伐利亚居民自卫队、东普鲁士地方军和边防军以及全国范围内的“埃舍里希组织”已经解散。但准军事组织形式上的解散并不是准军事政治的终结。作为“秩序的壁垒”，巴伐利亚仍然是众多“爱国联盟”的圣地，这些爱国联盟的极端态度远超居民自卫队。在自卫队解散后，极右翼鼓动者的私人军队在组织人数上增长最快，这就是希特勒的冲锋队（SA）。

在审判德国“战犯”的问题上，伦敦最后通牒中的相关要求实际上没有得到满足。早在 1920 年 2 月 3 日，协约国就

放弃了要求德国交出受战争罪指控的895名人员的要求。这些人包括了威廉皇储、1909年至1917年的德国首相特奥巴德·冯·贝特曼·霍尔维格（Theobald von Bethmann Hollweg）、兴登堡将军、鲁登道夫将军和冯·提尔皮茨海军元帅。虽然协约国保留重申这一要求的权利，但原则上同意由德国法院对其追究刑事责任。1921年5月至7月，德国确实对12名被告进行了9次审判，其中6人被无罪释放，6人被定罪。对2名海军中尉的定罪引起了巨大的轰动。他们参加了击沉救生艇的行动，而这些救生艇是此前被鱼雷击沉的英国轮船放到海面上的。他们均被判处4年徒刑，这在帝国海军中激起了极大的愤 159
怒。刑拘时间并不长，1922年1月由埃尔哈特领导的“领事组织”（Organisation Consul）中的2名队员，也就是5个月后暗杀了瓦尔特·拉特瑙的这些人，帮助上述2名军官成功越狱。协约国抗议德国取消诸多审判、法院量刑少和量刑宽松的行为，1922年8月甚至威胁要重新要求引渡战犯，但这些都是停留在纸面上的抗议：除了1921年的6项定罪外，德国战争犯罪行为没有承担任何刑事后果。[21]

然而，德国人无法软化伦敦最后通牒的硬核：在1921年就必须支付33亿金马克赔偿金，其中第一笔10亿在5月30日到期。帝国只能筹集到1.5亿现金，剩余的金额则用为期三个月的国库券融资，这也是在到期前费了很大努力才筹到的。这些举措对通货膨胀的推动作用很显著。社会民主党的经济部部长罗伯特·施密特估计，每年因战争赔款，德国就需要额外的400亿至500亿马克纸币，这还不包括向协约国支付的占领费用和补偿费用。因此，施密特在1921年5月19日的一份秘密备忘录中提议，对财政政策进行根本性调整：只要没有足够的出口盈余，就只能没收 20%的农业、工业、贸易、银行和房屋资产，来筹集战争赔款。

“统计”实物资产和货币价值的要求，意在终止迄今默认的通货膨胀共识。1919 年以来通货膨胀影响着德国的经济、金融和社会政策。1921 年春季开始，社会民主党和自由工会开始明白了两件事：通货膨胀使社会力量的重心不断向财产所有者倾斜，增加了员工的负担；如果不对资产状况进行大规模干预，就不可能进行财务重整。施密特的建议就是基于这一认知，也正因如此他的建议没有任何机会得到支持。帝国财政部的保守派高级公务员们坚决反对社会民主党经济部部长提出的没收财产的计划，曾任综合电力公司主席、倾向于民主党的新任重建部部长瓦尔特·拉特瑙认为，施密特的计划是再次掠夺德国的经济自由，仅从数字上看，消费比财产（资本）更重
160 要。身兼总理和财政部部长的约瑟夫·维尔特与其专家们意见一致，认为“找不到必要的支持力量来落实这些计划”。

1921 年夏天德国的财政状况出现了一定的缓解迹象：8 月底，拉特瑙与他的法国同事卢舍尔（Loucheur）谈判后达成《威斯巴登协议》（Wiesbadener Abkommen），该协议把德国应支付给法国的大部分现金转化为实物支付。战争赔款的通货膨胀效应该可以通过这种方式得到遏制，实际落实的情况却远没有预期那么好。法国实业家担心，这样一来法国的重建工作就不经过自己的手，而是让德国人去完成了，所以法国实业家们竭尽全力破坏这项协议。结果《威斯巴登协议》几乎没有减轻赔款的财务负担，在国内政治上也没有引起什么反响。曾希望与法国的协议能使赔偿政策会更受欢迎的人很快发现这是一个错误。[22]

从一开始，履行政策就为激进右翼提供了廉价的煽动借口。被称为“马克思主义者”的德国社会民主党和德国独立社会民主党协助国会接受伦敦最后通牒，而且自5月10日以来多数派社会民主党人又参与政府执政，这一事实足以把整个维尔特内阁钉上耻辱柱。在巴伐利亚发行量很大的右翼地方报《米斯巴赫公告》（*Miesbacher Anzeiger*）中，隐去真实姓名的作家路德维希·托马（Ludwig Thoma）称维尔特是“比伯拉赫（Biberach）骗子的密友”。作家在这里把埃茨贝格尔比作比伯拉赫的骗子。托马这样描写前萨克森邦总理、现社会民主党内政部部长格奥尔格·格拉德瑙尔（Georg Gradnauer）的外貌：“他长着一对萨克森人特有的眯缝眼，希伯来人的鼻子和下巴，两个大耳垂更具希伯来人的特点，一副狐狸般的狡猾面孔，令人极不舒服。见面五分钟后你就恨不得和他大吵一架，单独和他干一仗。这就是内政部部长。”1921年6月中旬，国防部部长格斯勒准备把巴伐利亚志愿军团前领导人冯·埃普上校调到普鲁士，托马对此的评论是“我们既不允许施普雷河边的犹太猪来统治我们，也不允许他们来骚扰我们，如果在柏林的人还没有完全被上帝抛弃，那么就应尽快把格斯勒赶出帝国国防军”。[23]

《米斯巴赫公告》这类报纸对共和国代表的仇恨宣传，营造了一种随时都可能爆炸的气氛。1921年6月9日，巴伐利亚独立社会民主党的议会党团主席卡尔·加赖斯（Karl Gareis）在慕尼黑被一个陌生人连开4枪射杀。加赖斯一直是卡尔政府最尖锐的批评者，因此也是路德维希·托马愤怒攻击的首选目标。巴伐利亚首府工人阶级对此的回答是，举行3天 161
大罢工。但这次谋杀案的凶手并没有被抓到。而另一次政治谋杀案得以在很短时间内破案。1921 年 8 月 26 日，财政部前部长埃茨贝格尔在北黑森林的格里斯巴赫（Griesbach）附近散步，被海军中尉海因里希·蒂勒森（Heinrich Tillessen）和预备役中尉海因里希·舒尔茨（Heinrich Schulz）枪杀。两个凶手是上文提到的右翼极端组织“领事组织”和慕尼黑“日耳曼秩序”（Germanenorden）的成员。两个组织的领导人曼弗雷德·冯·基林格（Manfred von Killinger）中尉给这两个人下达了暗杀指令。舒尔茨和蒂勒森从慕尼黑逃到匈牙利，直到 1950 年他们才被判刑，服刑期分别为 12 年和 15 年，但他们只坐了 2 年牢。1922 年 6 月，奥芬堡陪审团认定基林格没有参与协助谋杀，宣布无罪释放。

右翼媒体以暗杀埃茨贝格尔一事为契机，传播为这一行为辩解的观点。德国民族主义者的《十字报》（*Kreuz-Zeitung*）把刺客比作布鲁图斯（Brutus）、威廉·退尔（Wilhelm Tell）和 1793 年杀死雅各宾派马拉（Marat）的夏洛蒂·科黛（Charlotte Corday）。文章谴责“眼下还在赞美埃茨贝格尔的人”，这些人彻底忽视了“对埃茨贝格尔的斗争完全是一场防御战”。持同一观点的《柏林地方公告》（*Berliner Lokal-Anzeiger*）认为，任何一个国家都会对这样的刺客表示理解。东普鲁士的《奥莱茨科日报》（*Oletzkoer Zeitung*）也是德国民族主义者的报纸，这家报纸声称，所有有民族意识的德国人都会认为埃茨贝格尔的命运是他应得的。“埃茨贝格尔这种人对我们祖国的不幸负有主要罪责，只要他活着，就必定是德国的威胁。用这样的话追悼一个死去的人，听起来很粗鲁和无情。但是打感情牌无济于事。我们必须播种仇恨！正如我们学会憎恨外部的敌人一样，我们还必须满怀仇恨和蔑视来惩罚德国内部的敌人。调解是行不通的，只有采取极端立场，德国才能再次成为战前的德国。”[24]

埃茨贝格尔被谋杀后，工会、社会民主党和独立社会民主党发起大规模示威活动，共产党也参加了游行。8月29日，在帝国总统艾伯特的主持下，维尔特内阁根据《魏玛宪法》第48条第2款通过了一项紧急法令，授权内政部部长取缔反共和国刊物、集会和协会。任何承认或赞美反宪法制度的行为，以及危害国内和平、对国家宪法机关和机构的蔑视，都被视为反共和国。[25]

紧急法令立即引发了巴伐利亚和帝国之间的新冲突。巴伐 162
利亚政府拒绝执行内政部部长格拉德瑙尔颁布的禁令，拒绝执行对《米斯巴赫公告》、《慕尼黑观察家报》（*Münchner Beobachter*）和民族社会主义德意志工人党中央机关报《人民观察家报》（*Völkischer Beobachter*）的禁令。巴伐利亚联合执政的党派分别是，1920年6月6日选举出的巴伐利亚人民党、德意志民族人民党、德意志人民党、德意志民主党和巴伐利亚农民联盟。他们抱怨帝国之前未与各邦进行沟通，且这项法令只是单方面针对右翼。邦总理冯·卡尔坚决反对国会为解除1919年11月以来在巴伐利亚的紧急状态做出的种种努力。巴伐利亚谈判委员从帝国政府处得到的让步，卡尔和内阁都觉得不够，但在巴伐利亚邦议会常务委员会中，谈判委员会在柏林争取到的改善却得到普遍认可。卡尔随后提出条件，只有在条件允许的情况下，才能解除巴伐利亚的紧急状态。然而，他自己的政党——巴伐利亚人民党对此表示拒绝。1921年9月11日，卡尔辞职。第二天，整个内阁也跟随卡尔一起辞职。

卡尔的继任者是巴伐利亚人民党的莱兴费尔德伯爵（Graf

Lerchenfeld)，他立即宣布与德国政府进行新一轮谈判。达成的结果是9月24日的《柏林协议》，该协议更符合巴伐利亚在联邦意义上修订紧急令的愿望，为此巴伐利亚承诺不迟于1921年10月6日解除邦紧急状态。9月28日，德国总统颁布了第二项保护共和国法令，不仅承诺为“共和民主国家政体的代表”，而且采用巴伐利亚提议的说法，为所有“公众人物”提供保护。为保护共和国而发布禁令和没收等具体工作下放到邦一级政府。与最初的法令相比，扩大了对此类措施提出申诉的可能性。1921年9月28日的法令修改稿结束了巴伐利亚与帝国之间的冲突，但是在保护共和国的问题上，这还不是最后一次交锋。[26]

当巴伐利亚牢牢掌握在巴伐利亚人民党占上风的资产阶级阵营手中时，1921年的普鲁士经历了一个非常不稳定的阶段。2月20日邦选举后，三个魏玛政党只得到微弱多数，社会民主党邦总理奥托·布劳恩辞职。借助上届联合政党和德意志人民党的票数，邦议会选举基督教工会领导和中央党政客亚当·施特格瓦尔德（Adam Stegerwald）担任邦总理。但是，施特格瓦尔德寻求组阁大联盟的努力未能成功，因此社会民主党撤回
163 了对政府首脑的支持，施特格瓦尔德辞职。4月21日，邦议会再次选举施特格瓦尔德为邦总理。这次包括德意志民族人民党在内的所有资产阶级政党都投了赞成票。施特格瓦尔德组建了一个多数内阁，中央党与德意志民主党的政治家和非党派专家加入了内阁。这届内阁需要依赖社会民主党或德意志民族人民党的交替支持。1921年10月，社会民主党宣布不再支持内阁，理由是这届内阁越来越依赖德意志民族人民党。之后，各执政党派开始谈判，目的是将目前的联合政府扩大为大联合政

府。谈判取得成功：11 月 5 日，社会民主党和德意志人民党进入内阁，大联合政府成立。在此之前，只是在不来梅（德意志民族人民党甚至加入了邦政府）、梅克伦堡-什未林和利珀（Lippe）出现过这样的合作。同一天，得到三个魏玛执政党和德意志人民党的投票支持，邦议会选举奥托·布劳恩出任邦总理。从此德国最大邦一直由一个得到议会多数支持的内阁领导，为时三年之久，即使在严重危机撼动帝国的时刻，普鲁士也是共和国的一个稳定因素。[27]

1920 年 6 月帝国国会选举后，德意志人民党首次努力与社会民主党组成政府联盟，但没有成功。德意志人民党加入普鲁士大联盟后，权力有所增加，也赢得了共和势力的尊重。对于社会民主党来说，与德意志人民党组成联合政府的决定也不再困难。1921 年 9 月举行的格尔利茨（Gorlitz）党代会上，奥托·布劳恩、赫尔曼·米勒和爱德华·伯恩斯坦热情洋溢的演讲，原则上就是批准了这样一种联盟。视德意志人民党为工人之敌的党内左派很难接受这一决定。但是没有人能反驳伯恩斯坦的观点，即人民党是一支“社会力量”，实际上它是德国资产阶级的政党：“它得到德国金融、大工业和知识分子的支持。我们必须设法把这个政党拴在共和国的战车上。”

在格尔利茨会议上，社会民主党开始努力向中产阶级开放，把自己转变为左翼人民政党，为此伯恩斯坦做出了最大贡献。受他启发发布的《格尔利茨章程》中，社会民主党称自己是“城市和乡村中劳动人民的政党”，“团结所有依靠自己工作成果的体力劳动者和脑力劳动者，达成共识和共同目标，形成民主和社会主义斗争的共同体”。由此，社会民主党不再 164
将自己定义为纯手工劳动者的政党。他们不再认为社会主义是经济发展的必然结果，而是政治意愿的结果。改良者最希望把“阶级斗争”一词从党的宣传军火库中剔除，虽然这个词在新章程中仍然出现，但不再作为斗争的口号，而是用来描述需要共同努力克服的社会环境。

对《格尔利茨章程》的反响并没有让社会民主党人振奋。重新定位引起了独立手工业者联盟的怀疑和拒绝。公务员认为他们的要求并没有得到充分考虑。独立社会民主党谴责多数派社会民主党人，称他们背叛了马克思主义的永恒认知。像库尔特·图霍夫斯基（Kurt Tucholsky）这样的独立左翼知识分子，以辛辣的讥讽称其为“资产阶级化”的社会民主党。在《世界舞台》（*Weltbühne*）报上，图霍夫斯基发表了一首诗，他是这样描述格尔利茨党代会的：

我们曾被囚禁，戴上镣铐
为了拯救一个席位，我们做出牺牲
放弃了金钱、自由、工作和舒适
钢铁企业视我们为敌
我们内心在燃烧，我们的力量，我们的向往
纯洁无瑕、遍布全球
皇帝憎恨我们
还有邦议员和法官
思想就是力量
这帮人感觉到了……
但是，那是在很久很久以前
今天却不再如此。

我们自命不凡，留意种种思想迷雾，
我们对坚强年迈的倍倍尔不屑一顾，
青年人起义，我们会意微笑
数百个集会用枪支和社论
与我们抗争，
我们坚持现实政治，
阶级斗争为布尔什维克分子带来好处
我们曾嘲讽部长名单……
但是，那是在很久很久以前
今天却不再如此。

巨大的雪茄、汽车和他们的举止
深深震慑了我们
毕竟，谁也不是虚无主义者。
我们也不是去求婚
我们的谢德曼却向各个方面倾倒。

施廷内斯先生笑了，所有小天使都笑了。
我们看不到他们准备对我们做什么，
我们看不见那些危险……
我们是读马克思的斯卡特牌友。
我们从来没有走得这么遥远，
远离了拉萨尔带领我们走上的轨道！[28]

格尔利茨党代会召开几天之后，社会民主党在是否真正愿 165
意和德意志人民党在帝国层面组成联合政府一事上，经历了一场考验。1921 年 9 月 28 日，在帝国总理维尔特主持下，联合执政的各个政党代表与德意志人民党商谈政府联盟的扩大一事，帝国总统艾伯特也在场。在国家政体和保卫共和国问题上，谈话没有争议，大家取得“共识，德意志人民党愿意支持宪法，并准备用各种权力工具捍卫它”。在外交政策方面也没有矛盾。甚至在特别有争议的金融政策问题上，双方立场也相互靠近。在此期间政府出台的税收草案以及征收第二个三分之一的“帝国紧急救助税”，即 1919 年底埃茨贝格尔推出的一次性财产税，也得到了人民党的同意。政府申请的 15 亿马克的工业贷款也获得了批准。社会民主党提出的以实际物质征税的核心要求，至少没有被人民党立即否认。这一轮谈判达成的公式是：“统计实物价值，如果此办法可以稳定马克，以解决战争赔款的问题。”这样一种模棱两可的备忘录，是否可以消除社会民主党对内阁建议征收新消费税的疑虑，社会民主党代表心中没底。

然而在之后的几周内，社会民主党的反应非常灵活。为促成工业、贸易和农业的“贷款行动”，他们甚至同意先不统计实物价值。在企业家当中，有愿意向政府让步的势力，也有拒绝维尔特内阁要求的势力，后者主要来自重工业。最后，德国最有实力的大集团老板胡戈·施廷内斯让德国工业帝国协会（RDI）同意他的立场。该协会是 1919 年德国企业家建立的总协会。施廷内斯的要求是，只有对铁路以及其他帝国企业实行私有化才有贷款可言。德国工业帝国协会的苛刻要求近乎是对民主共和国的勒索，逼迫共和国屈服于“经济界”的利益。面对工会和社会民主党的强力抗议，维尔特总理只能于 11 月 11 日宣布贷款行动失败。[29]

此时维尔特已不再是魏玛联合政府的领导人，而只是社会 166
民主党和中央党组成的留守联合政府的一号人物。政府危机的起因是协约国最高委员会关于上西里西亚问题的决定。10月20日，该委员会同意国际联盟委员会评估的意见，即大约五分之四的上西里西亚工业区应归属波兰，包括卡托维兹（Kattowitz）和科尼舒特（Könighütte），而3月20日当地的全民投票中，绝大多数人赞成这些地方归入德国。由于这项无视自决权的决定，德国损失了上西里西亚煤炭和铅矿产量的四分之三、锌矿产量的85%和铁矿产量的70%。在联合政府内，德意志民主党和态度不是很坚决的中央党敦促内阁立即辞职，以向全世界表明对协约国指令的抗议态度。德国社会民主党认为此举既危险也没有作用，但是这种顾虑未得到其他各方的认可。10月22日，维尔特向帝国总统递交了政府辞职的辞呈。

之后3天，联合政府的各个政党努力争取德意志人民党参与新内阁。社会民主党甚至准备搁置税收政策问题的争执，将其交由未来的大联合政府做决定。然而，德意志人民党因为担心自己会成为其他政党的提线木偶，并没有答应这个要求。他们对大联合政府说不，当然不能对外说是因为税收问题，而是对社会民主党的坚定性表示怀疑。他们不知道社会民主党在上西里西亚问题上能否站在民族抵抗阵线一边。这样一来，仅仅因为人民党而未能组成大联合政府。因为不想让右翼自由派竞争对手在民族问题上占上风，德意志民主党随即决定也不向新政府派遣部长。因此剩下的唯一解决方案是组成红黑少数内阁。在对《凡尔赛和约》做出决定后出现过类似的局面。在中央党内，反对单独和社会民主党组成政府的势力非常强大，以至于大联合政府的最坚定支持者——帝国总统艾伯特不得不以退位相要挟。最后在10月26日还是组成了以维尔特为首的新内阁。虽然德意志民主党不认为自己是执政党，但仍然同意由格斯勒继续担任专业部长领导国防部。这个决定使上届内阁的辞职看上去似乎是一场闹剧。[30]

维尔特第二任内阁在10月26日获得议会多数，这是因为独立社会民主党赞同社会民主党和中央党的关于国会应该通过
167 总理的政府宣言的提案。1月31日，暂时兼任外交部部长的维尔特把外交部的职位委任给前重建部部长拉特瑙。这样一来，德意志民主党形式上已经再次参与执政。在金融政策方面，1922年1月内阁说服了德意志人民党同意10亿马克的强制性国债，为此社会民主党需要同意提高某些消费税。因为协约国同意了德国付款延期的申请，所以社会民主党也较容易放弃广泛统计“实物价值”的要求。协约国为它们的让步在3月补充了绑定条件，其中包括额外征收约10亿金马克或600亿马克纸币的税，赔款委员会监督帝国财政预算等内容。3月28日，维尔特严厉拒绝了这一要求，因为他相信国会多数会同意他这样做的。但是也有理由认为这一要求并不是协约国最后的决定。1月16日，协约国最高委员会邀请德国参加1922年4月10日的日内瓦国际会议。这也是战后第一次，战败国和战胜国一起讨论世界经济重建问题。[31]

受邀国家还有苏维埃俄国。可以预见，柏林和莫斯科这两个世界政治的二等公民，事先会就参会一事进行协商。两个国家虽然没有恢复外交关系，但1921年5月以来，两国分别在对方首都设立了贸易代表处。1922年1月中旬，拉狄克来到柏林，向长期以来支持与苏俄合作的维尔特提出建议，如何能让两国在世界经济会议上保持一致。德国和苏俄应共同警惕一

种危险，即法国强迫它们接受《凡尔赛和约》第 116 条的有关解释：苏俄可以向德国提出战争索赔，但具体的条件是，莫斯科要承认自沙皇时代以来对西方的财政义务。在经济上，苏维埃俄国希望和德国紧密合作，但不允许协约国提议的由国际机构监督苏俄经济重建工作。最后拉狄克关注的是全面恢复外交关系，但他并未给德国谈判伙伴施加任何压力。

当瓦尔特·拉特瑙在 1922 年 1 月 31 日被任命为外交部部长 168
时，外交部东欧事务负责人阿戈·冯·马尔灿（Ago von Maltzan）已经和拉狄克制定了协议的基本纲要。与维尔特和马尔灿不同，拉特瑙希望避免德苏单独行动，因此赞成建立一个国际经济联盟。外交部新领导的亲西方立场令这场谈判陷入僵局。直到 4 月初，苏俄外交人民委员契切林（Tschitscherin）率领苏俄代表团在前往日内瓦途中经停柏林时，才恢复了谈判。当时最有争议的问题是苏俄社会化没收行动致（外国）财产受损的补偿问题：德国放弃该要求的前提是，苏俄答应给予德国最惠国待遇，即第三国待遇不得优于德国。4 月 3 日，苏俄表示基本同意，但德国人对相应条件仍不满意。德国人提出的替代方案又被苏方拒绝，因此谈判无果而终。但是在很多方面，观点已经趋于一致，似乎有可能在不久的将来签订协议。

以总理维尔特为首的德国代表团前往日内瓦之前，艾伯特总统在 4 月 5 日向内阁再次强调他拥有的宪法权限和政治意愿。作为帝国国际法的代表，他必须“再次强调，如果要达成任何具体的协议或规定，我必须特别提请注意，请事先征得我的同意”。艾伯特的想法是一回事，在日内瓦召开的会议是另一回事。德国代表在财政委员会处取得了相当大的进展：协约国专家承认德国的论点，即货币贬值主要是因为战争赔款造成了财政入不敷出。此外专家们还承认赔款绝不应该超过帝国的生产能力，但是这种令人高兴的发展抵不住令人不安的传言：苏俄在与西方列强的单独政治谈判中，达成了以德国为代价的谅解。在这种消息的影响下，拉特瑙终于屈从了马尔灿的坚持，下令恢复与苏俄中断的会谈。

马尔灿很快得知，苏俄与协约国的谈判距离成功还遥遥无期，但同时他仍竭尽所能与苏俄达成专项协议。一封应发给帝国总统有关德国和苏俄之间谈判的晦涩电报，被马尔灿扣押了一天。这一做法是为了防止艾伯特产生什么想法，去说动本来就犹豫不决的拉特瑙出面抵制与苏俄达成协议。决定是在 4 月 15 日夜间，在拉特瑙下榻酒店房间里开“睡衣派对”时做出
169 的。马尔灿汇报了刚刚和契切林沟通的电话，苏俄同意德方的条件，马上签署和德方的协议。拉特瑙想将此事告知英国首相劳合·乔治，马尔灿随即以辞职相威胁。而受外交部部长邀请参加夜间会议的维尔特，果断支持外交部这位东欧负责人的立场，最后拉特瑙做出让步。第二天是复活节星期日，德国代表团前往意大利北部海滨度假胜地拉帕洛（Rapallo），傍晚契切林和拉特瑙在那里签署了这个不久后被说得神乎其神的条约，该条约也以此地命名。苏俄和德国相互放弃所有与战争有关的索赔要求，恢复外交关系并承诺相互的最惠国待遇：两国将来给予其他国家的优惠贸易政策，将自动适用于签约对方。

拉特瑙长时间的犹豫不定是可以理解的：像艾伯特一样，这位外交部部长担心，如果德国在和苏维埃俄国的外交关系中起了带头作用，甚至让人感觉到德苏互动意在反对西方，这会持久地伤害德国与西方大国的关系。然而他最后准备签署《拉帕洛条约》，这是因为他意识到，德国在背水一战，现在

必须抓住最后的机会，阻止西方和东方联合起来损害德国的利益。

强调加强苏俄与德国紧密合作的那些人则不这样看。他们坚信德国只能在苏俄帮助下才能克服战后的凡尔赛体系。这里主要指波兰，这个国家被认为是纯粹的干扰因素。维尔特1922年7月对魏玛共和国驻莫斯科第一任大使布罗克多夫-兰曹说："必须解决波兰问题，在这一点上我和军队是一致的，特别是和泽克特将军的观点是一致的。"1922年10月，他对同一个谈话对象说，德国和苏俄必须再次成为邻国。必须"瓜分"波兰，而其他的邻国，这里指的是波罗的海各个共和国，他恨不得今天就解决掉它们。总理在日内瓦还毫不隐讳地与契切林谈及恢复1914年时的国境线问题。[32]

在这个问题上，维尔特援引泽克特的话是有理由的。1922年9月最高统帅部这位高官在一份备忘录中的记录，再现了他在1920年初就认为正确观点的基本特征："不能忍受波兰的存在，这与德国的生存条件格格不入。波兰因为自身的弱点，因为有苏俄，再加上我们的助力，它必须消失，也一定会消失。苏俄比我们更不能容忍波兰的存在。苏俄在任何时候都不会认 170
可波兰的存在。随着波兰消失，凡尔赛和平最强大的支柱，岌岌可危的法国霸权就会轰然倒下……恢复俄国和德国之间的漫长边界是相互强化的前提。恢复1914年时俄国和德国的边界！这应该是双方达成一致的基础。"

德国国防军领导层的苏俄政策以这个方针为准。自1921年9月以来，德国国防军与红军之间开展了系统化的秘密合作。对于德方而言，在苏俄帮助下打破《凡尔赛和约》的限制至关重要。而对俄国人来说，关键的是要从德国的先进技术中获益。1922 年初，在部队管理局组建了“俄国特别小组”[Sondergruppe R(ußland)]，协调相关工作。1921 年 11 月前一直担任德国财政部部长的维尔特为其提供必要的资金。在维尔特的协调下，1922 年初北德意志-劳埃德航运公司（Norddeutscher Lloyd）支付给国防部的 1.5 亿马克，容克飞机制造厂得到最大份额。根据与“俄国特别小组”的临时协议，该工厂于 1922 年 4 月在苏俄开始制造军用飞机，而《凡尔赛和约》是严格禁止德国制造军用飞机的。1922 年，第一批德国国防军军官被派往苏俄接受飞行培训。德国和苏俄军事接触的另一个成果，是在柏林和莫斯科成立了“工商业企业促进会”(Gesellschaft zur Förderung gewerblicher Unternehmungen，简称 Gefu)，这是德国工业驻苏俄的总机构。为生产有毒气体创建了一家德国和苏俄股份公司“贝索尔”(Bersol)，并派遣一名德国技术总监到苏俄。由于“苏德互动”，1922 年底时《凡尔赛和约》中的军事条款有很大部分失效。战后秩序的修订由此奠定了基础，作为第一个明确表示履行政策的帝国总理为此发挥了决定性作用。[33]

德国和苏俄之间军事方面的互动并没有写进《拉帕洛条约》，该协议也没有像四起的传言所说的那样有什么秘密附加条款。尽管如此，该条约的签署引发了西方列强的激烈抗议，一段时间甚至无法确定日内瓦会议是否还会继续进行。这次冲击在法国持续的时间最长。苏德协议对 1919 年巴黎接手欧洲大陆岌岌可危的霸权提出了质疑，因此可以想象，法国的外交
171 政策不可能甘愿承认这次失败。《拉帕洛条约》签署一周之后的 4 月 24 日，自 1922 年 1 月以来任法国总理的雷蒙·普恩加莱（Raymond Poincare）在巴勒迪克（Bar-le-Duc）的一次演

讲中提到，法国可能会进行军事干预。1922 年 5 月 2 日，莱茵兰占领区的协约国总司令德古特（Degoutte）将军在一封信中警告战争部部长马奇诺，鉴于苏德在拉帕洛的和解，如果法国想占领鲁尔盆地，不应再损失任何时间。拉帕洛令威斯巴登政策化为泡影，摧毁了和平共处的经济共识。占领鲁尔区的骰子此时还没有掷下，但毫无疑问，苏德条约打压了法国外交政策的温和派，强化了坚定不移的民族主义者。[34]

尽管英国人和法国人感到非常恼火，日内瓦会议还是按计划完成了日程，但并没有达成值得一提的实际结果。即使没有《拉帕洛条约》，德国和法国专家商谈的 40 亿马克“小额贷款”也不会落实。许多迹象表明，如果法国未受到苏德条约的挑战，与财务委员会就战争赔款问题的讨论可能会取得进一步的进展。参加日内瓦会议的中央党财政部部长赫尔梅斯（Hermes）马上表达了他的担忧：“对于德国来说，为规划战争赔款建立一个相应的基础，比缔结一个还不能预见成果的条约重要得多。我们口袋里有一份俄国人的合同还不够，我们必须从协约国那里带回一笔解决战争赔款问题的信任基金。”赫尔梅斯的国务秘书希尔施的表述更为简洁生动。他在 4 月 19 日的一封信中表达了自己的担心，在拉帕洛可能是“为了屋顶上苏俄的鸽子”，而牺牲了“手中肥胖的赔款麻雀”。[35]

在柏林，人们对《拉帕洛条约》的反应喜忧参半，但总体上是积极的。艾伯特总统对维尔特和拉特瑙无视他的指令很恼火，但对外依然表示支持帝国政府。条约的内容得到了共产党和德意志人民党的积极评价，甚至得到了德意志民族人民党持保留态度的赞许。该条约于 1922 年 7 月 4 日在国会三读时通过，仅有德意志民族人民党的几名议员投了反对票。当然也有一些批评和保留意见。早在 4 月 20 日，社会民主党的《前进报》就提出了质疑：做出这一备受关注的决定是否选择了合适的地点和成熟的时机。独立社会民主党的鲁道夫·布莱特沙伊德（Rudolf Breitseheid）称这份 4 月底的条约是对“未来”德国利益最严重的损害，因为它损害了和西方列强刚刚
172 开启的在经济问题上的谅解。民族人民党的俄国专家奥托·赫奇（Otto Hoetzsch）则认为 5 月 29 日国会辩论中没有承诺如何抵御布尔什维克的宣传，并担心因最惠国待遇条款令东方犹太人开始大规模移民。[36]

围绕《拉帕洛条约》的争议一直持续到今天。如果将这个意大利浴场的名称当作争论性的关键词，那就是德苏共谋反对西方。实际上这就是 1939 年“希特勒-斯大林条约”（即《苏德互不侵犯条约》）的前奏。这种解释与条约的内容没有任何共同之处。为这份条约辩护的德国历史学家强调德国代表团在日内瓦的困境，并强调这份苏德条约的防御性特点。这一恰如其分的评价体现了拉特瑙的动机。但维尔特、泽克特和马尔灿等德苏合作的真正倡导者，他们追求的目标更为远大，这是一个有进攻性的、只有通过战争才能实现的目标。毫无疑问，《拉帕洛条约》给法德关系带来了灾难性的破坏。虽然那些仁慈的评论者都不很情愿承认这一点，但是《拉帕洛条约》确实与 1923 年 1 月法国进驻鲁尔区有很大关系。1922 年 4 月德国得以大幅扩大外交活动空间，但为此付出了国内外危机的代价，这些危机在第二年就让德国陷入了深渊。德国早晚要在外交上承认苏维埃俄国，但采取这一行为用的是奚落西方的方式，这就意味着重拾威廉皇帝时代的冒险政策。艾伯特这样的预警人认为签订这种条约很可能会带来负面的后果，不久后事

实证明他是对的。

1922年5月31日是一个期限，在此之前德国必须履行协约国为1月赔款延期支付捆绑的附加条件。帝国政府和各个政党认为，一个最让人无法接受的条件是，德国要增加600亿马克新税收，以避免未偿还债务继续攀高。维尔特3月28日在德国国会上明确拒绝了这一要求。尽管如此，德国财政部部长赫尔梅斯5月中旬在与巴黎赔款委员会代表进行谈判期间认识到，如果要避免5月31日之后协约国的制裁，德国必须做出某些让步。因此，赫尔梅斯在英国人的敦促下做出一个说明，德国政府会在必要时征收新税种，或者如果能够通过外债得到足够的帮助，将发行新国债。德国总理维尔特虽然认为赫尔梅斯已经越权，但是总理这种解决冲突的方针在内阁得不到足够的支持，最后他还是服从了多数。5月29日，德国政府向巴 173
黎提交一份照会，同意赫尔梅斯的允诺，承认赔款委员会有权审查德国金融的措施，当然前提是不得影响德国的主权。随后，协约国在5月31日批准了德国要求延迟付款的请求。[37]

1922年春季和初夏，德国国内民族主义右翼活动日益增强。5月19日至6月中旬，兴登堡将军进行了一次东普鲁士之旅。根据奥托·布劳恩的说法，这次旅行变成了一次“德国民族主义宣传之旅”。帝国国防军特意参加了集会，以向这位最高统帅部的前任领导表示敬意，特别是在柯尼斯堡，6月11日甚至造成了工人党的反示威游行和流血冲突。6月4日，卡塞尔的市长和前帝国总理菲利普·谢德曼在卡塞尔遭到氢氰酸袭击，暂时出现健康问题，右翼激进《德国日报》（*Deutsche Zeitung*）取笑这个事件是“用灌肠注射器发动的恐袭”。与此同时，德意志民族人民党内民粹一翼的重要代表、国会议员威廉·亨宁（Wilhelm Henning）在《保守派月刊》（*Konservative Monatsschrift*）上发表了题为《〈拉帕洛条约〉真相》（“Das wahre Gesicht des Rapallo-Vertrages”）的文章。他指责外交部部长拉特瑙放弃了俄国社会革命者 1918 年 7 月谋杀德国公使米尔巴赫伯爵（Graf Mirbach），苏俄对此应做出的赎罪和赔偿。“国际犹太人拉特瑙的手指还没有抓牢德国的荣誉，就不再提及此事了。德国的荣誉不是国际犹太人手中的棋子！必须赔偿德国的荣誉。但是拉特瑙先生，德国人民将追究您和您的支持者的责任，否则用您自己的话说，‘世界历史将失去意义’。”[38]

亨宁这里的暗示，长期以来一直是右翼激进分子对犹太知识分子拉特瑙宣传攻势中的固定套话。1919 年 3 月拉特瑙在他出版的《皇帝》（*Der Kaiser*）一书中说了这样一句话，据说他在战争的头几天就向一名密友预言过：“世界征服者皇帝被白马圣骑士簇拥着穿过勃兰登堡大门，这一时刻永远不会到来。如果有这么一天，那么世界历史将失去意义。”在民族主义的资产阶级眼中，这一说法就是非德意志思想的证据，甚至是精神上的叛国行为。激进反犹分子把他们对犹太裔外交部部长的仇恨编进一个顺口溜：“拉特瑙，瓦尔特，也别指望能高寿。一枪崩了瓦尔特·拉特瑙，这头该死的犹太猪。”[39]

174 1922 年 6 月 24 日近中午时分，瓦尔特·拉特瑙从他在格鲁讷瓦尔德的别墅开车到外交部的途中中弹身亡。有两个人开车超越了他的座驾并向他射击。事后迅速找到了肇事者：退伍海军中尉埃尔温·克恩（Erwin Kern）和预备役军人赫尔曼·菲舍尔（Hermann Fischer）中尉。7 月 17 日，两人在科森（Kösen）附近的萨勒克堡（Burg Saaleck）被警察抓捕。克恩死于追击者的子弹，菲舍尔随后自杀。两人都是德国民粹保护和抵抗协会和“领事组织”的成员，后者是筹备并实施埃茨贝格尔谋杀案的组织方，1921年秋天事发后曾进行重组。这个秘密组织中幕后操纵此次暗杀事件的几个人很快被警察拘捕。一个得以逃跑的主犯是弗里德里希·威廉·海因茨(Friedrich Wilhelm Heinz)，这个志愿军团首领也担任过冲锋队首领。他在1933年称，这次暗杀的准备工作始于美因河畔法兰克福，海因茨在那里领导了一个名叫“领事组织”的地区小分队。谋杀案发起人希望借谋杀拉特瑙来打击《凡尔赛和约》的履行政策和整个共和国。从某种意义上讲，拉特瑙代表了他们所厌恶的一切。因为他批评原有的德国，如果没有革命，拉特瑙就当不上外交部部长。他对西方采取履行和约的政策，也没有维尔特那种向东扩张的野心。但与此同时，拉特瑙也是威廉皇帝时代的产物，他是一个德国爱国者，力图打破凡尔赛秩序。正是拉特瑙身上的这些矛盾，使他成为年轻共和国的化身，也成了那些希望发动反革命、从右边推翻魏玛共和国的人憎恨的对象。[40]

拉特瑙被暗杀后，分裂的左翼马上开始重新相互靠拢。除多数派社会民主党和独立社会民主党外，共产党也参加了德国总工会联合会呼吁的6月27日大规模示威。对他们来说，反对激进右翼的统一行动，是落实无产阶级“统一战线”的良机。自1921年夏季共产国际第三次代表大会以来，无产阶级的“统一战线”已成为所有共产党的总路线。然而这次合作很短暂。6月27日许多城市发生武力骚乱后，工会、社会民主党和独立社会民主党呼吁他们的支持者不要被挑衅者误导而鲁莽行事。7月1日又开始对社会民主党发动攻击的共产党则拒绝在这份呼吁书上签字。7 月 7 日，其他工人组织得出结论，他们公开宣布共产党脱离迄今的联合行动。直到 1926 年就没收贵族财产组织的全民投票前，再也没有出现过帝国层面无产阶级新的“统一战线”。[41]

175 6 月 24 日的国会财政委员会出现了群情激昂的场面。左翼议员甚至动手威胁拉特瑙最激烈的反对者之一——德意志民族人民党人黑尔费里希。第二天，维尔特在全体会议上先向被谋杀的外交部部长致敬，然后把下面的话甩给右翼，为此右翼再也没有原谅他：“敌人就在那里（向右指），他们正在把毒药注入人民的伤口。敌人就在那里，毫无疑问：敌人就在右边。”会议记录这样写道：“听众席的中间和左边发出暴风雨般的持续掌声和敲击声。持续良久的骚动。”[42]

又过了一天（6 月 26 日），帝国总统根据帝国政府的要求颁布了一项保护共和国的紧急法令。埃茨贝格尔被谋杀后，1921 年 9 月 28 日颁布的紧急法令已于 1921 年 12 月 23 日由艾伯特撤销，因为社会民主党人认为局面已经稳定，该法令已经没有存在的理由，所以德意志民族人民党、共产党和独立社会民主党提出撤销提案时在国会得到多数通过。保护共和国的新法令规定严厉处罚反共和行为，授权地方政府禁止反共和的团体、集会和出版物。此外，为了保卫共和国，在莱比锡帝国法院专门设立了一个宪法法院作为上诉机构。

此时，与第一次保护共和国法令颁布后一样的情况，巴伐利亚出现了抗议帝国的举措，此举得到了符腾堡的大力支持。莱兴费尔德政府主要反对成立新的宪法法院，因为它会干涉各邦的司法主权。莱兴费尔德政府还反对该规定单方面地针对右翼反共势力。尽管有巴伐利亚的抗议，6 月 29 日依然有保护共和国法的新法令出台。这项法令对凡是参加以"谋杀帝国或邦的共和派政府成员"为目标的各种协会的人员处以死刑或无期徒刑，对知情不报者判处监禁。[43]

这两项法令仅仅是共和国保护法的初期部分，这是事先就如此安排的。而这部共和国保护法本身，维尔特内阁直到 6 月 27 日才首次着手研究。7 月 3 日参议院召开了决定性会议，会上社会民主党领导的萨克森、图林根和不伦瑞克政府提出了更加严厉的提案，巴伐利亚提议的删除以及弱化某些条款的提案都未能通过。7 月 5 日国会开始一读。这里的局面比参议院更 176
为复杂。因为这部法律需要修改，所以需要三分之二多数票。要到达这个目标需要独立社会民主党或德意志人民党的赞同。对于资产阶级中间政党来说，只能考虑与温和右派达成一致，因此德意志人民党被推到一个关键的位置上，该党也知道如何巧妙地利用它。党主席古斯塔夫·施特雷泽曼声明，他的政党绝对不会牺牲资产阶级自由和正义的原则，但是会出面保护宪法，保护德国国旗，保护德国总统和共和国的其他机构。这样一来就为达成妥协奠定了基础，而这一妥协有助于 1922 年 7 月 18 日通过《共和国保护法》获得必要的多数。

称《共和国保护法》的最终版本是单方面针对右翼的责备，是不能自圆其说的。尽管如此，巴伐利亚仍在 7 月 24 日对帝国做出了一次前所未有的攻击。它在第二天就废除了《共和国保护法》，并且用巴伐利亚保护共和国的法规取而代之。虽然该法规接受了帝国法律的实质性惩罚条例，但把保卫共和国的宪法法院的所有职权转到了巴伐利亚法院、人民法院或巴伐利亚最高地区法院。7 月 26 日，帝国政府宣布巴伐利亚的程序违反宪法，但表示会努力寻求和解方案。谈判于 8 月

9 日开始，两天后达成妥协：在宪法法院下设立第二个判决委员会，负责处理在德国南部的犯罪行径，并由德国南部的法官在判决委员会任职。8 月以来，慕尼黑的各个执政党，即巴伐利亚人民党、德意志民族人民党［在巴伐利亚称为“巴伐利亚中间党”（Bayerische Mittelpartei）］和巴伐利亚农民协会对此并不满意，并敦促进行新一轮谈判。在后续谈判中，帝国政府没有再让步，但对目前为止达成的协议做了一些补充性解释，最终说服了巴伐利亚邦政府在 8 月 25 日废除了 7 月 24 日的法规。巴伐利亚右翼势力不同意莱兴费尔德做出这样的妥协，11 月 2 日莱兴费尔德不得不辞职，11 月 8 日其继任者欧根 · 冯 · 克尼林（Eugen von Knilling）上台，他比前任更倾向于民粹保护和抵抗协会与和希特勒的民族社会主义德意志工人党。

魏玛各党派因暗杀拉特瑙事件促成的这部《共和国保护法》，执行效果根本不尽如人意。法官们现在有了能够处理反宪法活动的工具，但法律不能强迫他们拥有必要的果断性。深受君主制影响的司法系统，对右翼政治刑事犯做出的评判一般
177 比对左翼事件更为宽容。同一个法院对两个相似案例做出完全不同的判决，这是非常有代表性的。一名共产党人因使用“强盗共和国”一词被判处 4 周监禁，而一个民族主义分子发出“犹太人共和国”这样的咒骂，仅被处以 70 马克的罚款。巴伐利亚法院并不惩罚“蠢猪共和国”的说法，因为在巴伐利亚方言中这并不是骂人的话。可以用“黑红黄”、“黑红芥末黄”或“黑红鸡蛋黄”称呼国旗的颜色，而不必担心受罚。一个人称国旗色是“黑红屎”，一审无罪释放，再次上诉后被罚款 30 马克。[44]

拉特瑙被谋杀后不到3周，普鲁士政府不得不禁止在马堡（Marburg）举行的全体学生活动，因为根据组织者迄今的表述，政府有理由担心他们会公开为这次暗杀事件辩解。于是，德国学生会内这一民粹倾向势力迂回到了巴伐利亚的维尔茨堡。在那里通过的决议规定，除帝国国民外，学生会还向德意志奥地利人和有“德意志血统、母语为德语的”外国德意志人开放，由此迈出了“雅利安人说法”的第一步。民主少数派、共和派学生联合会8月初在耶拿开会。他们提出的要求包括“对那些滥用教职工作权利进行反共和宣传、党派煽动或容忍这一切的教职人员给予惩处”。但实际上因在讲台上进行反共和主义宣传而真正受到惩罚的案例数量微乎其微。就像司法机构一样，德国大学依旧是共和国敌人的堡垒。[45]

教会对魏玛的强烈保留态度一如既往。虔诚的新教徒尤其如此，他们当中许多人并没有认为君主制已经倒台。官方教会的态度可以归纳为一句押韵的顺口溜：“教会在政治上中立，但它选择德意志民族主义。”德国新教教会委员会像德意志民族人民党一样，1922年7月谴责谋杀拉特瑙的事件是“可恶的罪行”，但同时又称战胜国才是真正的元凶：“我们要控诉敌人，他们的狂妄让我们的民族蒙受耻辱、陷入困境，所有的罪恶思想由此而生。”

天主教教会并不像新教那样把自己捆绑在君主制上，但它与共和国的距离同样遥远。8月下旬在慕尼黑举行的德国天主教大会上这一点显露无遗。慕尼黑和弗赖辛（Freising）的大主教福尔哈贝尔（Faulhaber）谴责1918年的十一月革命是“做伪证和叛国罪”，是“不当行为”。不能因为它给天主教徒带来了一些好处，就对其“顶礼膜拜”。天主教会议主席、科 178

隆市市长康拉德·阿登纳在闭幕词中表示，他和福尔哈贝尔的观点不一样，天主教的内部分裂已经很明显。总理维尔特没有出席这次会议。巴伐利亚德意志民族人民党的天主教徒公开向他建议，请他不要来慕尼黑。如果维尔特像前一年在法兰克福的天主教大会上做出对共和国的坚定承诺，那么 1922 年 8 月在巴伐利亚首府慕尼黑的类似举止肯定会引发争吵。[46]

总理及其内阁深知共和思想在德国有多么不受欢迎。1922 年夏，帝国政府做了一些尝试，激发群众的国家共同体意识。这种做法是为了在刑法保护的基础上再给共和国加上一层积极的保护。7 月 1 日，内阁同意社会民主党内政部部长阿道夫·克斯特（Adolf Köster）的提议，将 8 月 11 日《魏玛宪法》签署日定为法定假日。但由于某些邦的抵制非常强烈，以至于相应的法律草案悬置在参议院中，不能在这个立法期内通过。之后的尝试也没有成功。8 月 11 日正是暑假期间，因此尽管有官方规定，但大多数学校都几乎没有注意到这个法定假日。在高等学校里，宪政庆典活动也没有带来什么改善的转机。和大学一样，魏玛时代的大多数高等中学对共和的影响力都视若无睹。

而克斯特的另一倡议至少在表面上达到了目的：在有关 1922 年 8 月 11 日的一个呼吁中，德国总统宣布选择《德意志之歌》作为国歌。艾伯特说，霍夫曼·冯·法勒斯莱本（Hoffmann von Fallersleben）的歌曲并不是夸张的民族主义表达方式。“像当年的这位诗人一样，今天的我们依旧喜爱‘德国至上’。为了实现他的愿望，应该在黑红金旗帜下，歌咏团结、正义和自由，这是我们爱国情感的庄严表达。”企盼《德意志之歌》会有助于共和国的颜色更受人欢迎的愿望未能实现。唱了这首歌的第一段，并非就会变成共和人士了。正好相反，工人阶级共和派很难在这样一首歌中找到共鸣，虽然起源于民主，但它早已成了黑白红右翼的标志。[47]

拉特瑙被谋杀的长期影响还包括在德国政党体系中发生的深刻变化。就《共和国保护法》进行谈判的同时，在柏林也举行了各种扩大现有少数联合政府的商谈。社会民主党 6 月 179
28 日要求独立社会民主党参与政府，以确保政府推出的法律获得宪法多数。赫尔曼·米勒这样解释这一举动：自从拉特瑙去世后，独立社会民主党已“转变了看法”，并“准备积极参与合作”。资产阶级联合政府的伙伴中央党和民主党并没有从根本上拒绝米勒的要求，但是他们要求德意志人民党也加入政府，以防止内阁中社会民主党权重过高。

多数派社会民主党人在 1921 年 9 月已宣布，原则上有可能建立这样一个大联合政府。然而此时，独立社会民主党向多数派社会民主党的靠拢，助力了强烈反对与德意志人民党结盟执政的社会民主党左翼。如果社会民主党人想战胜 1917 年的分裂，而 1922 年夏天的机会比任何时候都难得，那么他们就不能同时与古斯塔夫·施特雷泽曼的企业家政党合作。7 月 14 日，社会民主党和独立社会民主党的两个议会党团合并组成一个工作组。五天后，中央党、德意志民主党和德意志人民党组成了“忠于宪政中心工作组”。建立一个大执政联盟的努力虽然没有彻底失败，但要先推迟一段时间了。[48]

两个社会民主政党议会党团的工作组只是两党合并的预演。分裂后，自 1920 年秋独立社会民主党一直“客观地”向右移动。即便是共产党前主席列维身旁的共产党工作小组中的多数异议人士在 1922 年 3 月加入独立社会民主党之后，这一点也没有什么改变。8 月 29 日，社会民主党和独立社会民主党领导人达成一致，他们开始准备联合行动章程，为两党统一做准备。这个章程于 9 月 4 日完成，在两天之后公之于众。与多数派社会民主党一年前在格尔利茨通过的章程相比，这份章程更强调阶级斗争，更具反资本主义的特征。实际上，拒绝《格尔利茨章程》是独立社会民主党提出的与多数派社会民主党合并的先决条件之一。

新的行动章程先分别在两党各自的党代会上获得通过，然后在 1922 年 9 月 24 日纽伦堡的联席会议上通过。与独立社会民主党的统一令社会民主党大步向左倾斜。党员人数和议会席位大大增加，但同时缩小了他们的政治迂回空间。对社会民主党来说，与温和资产阶级中间政党的合作，现在比以前更为困难。领导层不能忽视那些原则上拒绝与“阶级敌人”达成谅
180 解的派别，或认为允许这样做纯属例外的派别。激进右翼的好战行为必然使温和左翼结成联盟，但左翼与右翼之间的两极分化也妨碍了魏玛从中间派左边的势力集结中获益：1922 年初秋，德国工人运动内部克服了一些分歧，但造成了这种进退两难的结果。[49]

拉特瑙的谋杀案导致政治势力重组。暗杀事件发生后，德意志民族人民党在国会的辩论中一再受到严厉抨击，正是他们的议会党团容忍了狂热的反犹分子，如威廉·亨宁、赖因霍尔德·乌勒（Reinhold Wulle）和阿尔布雷希特·冯·格雷费（Albrecht von Graefe）等人。以前普鲁士财政部部长奥斯卡·赫格特（Oskar Hergt）为首的党领导认为，如果这个政党不想失去将来在一个反社会民主党的资产阶级阵营中应该承担的执政责任的机会，就必须远离民粹集团中最激进的代表人物。亨

宁在《保守派月刊》发表仇视拉特瑙的文章，这一举动使民族人民党主席有理由做出决定在7月把他开除出党。但这需要议会党团来做最后决定。最终的决定是仅把他从议会中除名，但不开除党籍。亨宁在8月1日以传单的形式做出回应，他猛烈攻击赫格特，此举还得到了乌勒和格雷费这两个最重要的同党的支持。这两个人后来也被从议会党团中除名。

极右翼在9月成立了“德国民粹工作组”，导致了民族人民党在组织上的分裂。在10月召开的格尔利茨党代会上，赫格特强调，民族人民党的反犹基本态度不容置疑。但是，党领导层同时还通过了一个新规章，对德国民粹工作组发出威胁。如果这种组织试图争取独立的议会代表权，这批人就将被开除出党。曾非常接近民粹立场的原德意志保守党代表库诺·韦斯塔普伯爵（Kuno Graf Westarp）现在倒向赫格特一边，亨宁及其盟友被彻底孤立。

党代会结束后不久，德国民粹势力从失败中吸取教训。他们立即向议会主席申请组成一个独立小组。1922年12月，德国民粹自由党（Deutschvölkische Freiheitspartei，简称DVFP）
成立。慕尼黑成了这批人最强大的堡垒，德意志民族党地方协 181
会加入了该组织。在巴伐利亚首府，德国民粹自由党找到了一种繁荣发展的气候。当然，在憎恨犹太人方面，他们还有一个无法超越的竞争对手：阿道夫·希特勒的民族社会主义德意志工人党。而此时甩开了极端民粹包袱的民族人民党，在1922年秋天向其最重要的目标迈进了一步：加入中间右翼势力的联盟，以确保这一联盟能够推行没有社会民主党的或反社会民主党的政治。[50]

拉特瑙谋杀案对德国通货膨胀的发展是一个重大的转折

点。6月10日，协约国国债委员会巴黎会议结束。此时可以确定地说，由于法国的反对，维尔特政府向国外举借国债的尝试失败。6月13日，内阁汲取了教训并决定寻求国内支持来稳定马克。在协约国的压力下，1922年5月26日的一条法律使德国银行拥有了完全的自治权，但德国银行对此犹豫不决。帝国银行行长哈芬施泰因（Havenstein）拒绝使用相当于5000万到6000万金马克的外币来支持本国货币，并声称这种干预只会引起国债委员会的不信任。帝国银行最终同意的一项支持活动仅仅维持了几天汇率，但不足以降低和美元的兑换比。即使这种无伤大雅的行动，也马上受到以施廷内斯为首的重工业界的抨击，而正是他们从帝国银行迄今的信贷政策中获益匪浅：他们称该支持举措是错误的，通货膨胀是德国对抗失业的唯一武器。拉特瑙的谋杀案彻底摧毁了对马克仅存的信任，令帝国银行支持运动的所有努力毁于一旦：国内和国外恐慌性地出售马克资产，资本外逃骤增。同时其他工业国家的经济复苏也对德国产生了不利影响：1920年以来，世界其他地区工业生产的下降对德国来说是一种“奖赏”，现在这种奖赏不复存在。1922年5月1美元兑换66.11马克，6月下跌至75.62马克，7月为117.49马克，8月为270.26马克，1922年12月达到了1807.83马克。德国进入了恶性通货膨胀的第一阶段。

从某种意义上说，马克的迅速衰落意味着维尔特履行政策的“成功”：劳合·乔治政府在此期间确认，德国已经尽了最大努力来履行对协约国的义务。现在需要长期暂停赔款以及减
182 轻赔款负担，才能让德国在经济上恢复实力。但是，自从签订《拉帕洛条约》以来，普恩加莱一直认为维尔特政府极不诚实。他坚持认为德国是为逃避赔款义务而有意破坏货币体系。

7月8日德国照会申请暂停赔款，有关争论一直到8月最后几天才结束：德国获准可以延迟支付1922年到期的款项，为时6个月。这又在第二年导致了更加严重的金融危机。

工人一方的组织早已认识到，只有稳定马克才能解决赔款问题，但稳定货币不可能不对实物财产增加税收。通货膨胀导致的经济繁荣在1922年夏末进入尾声前，因货币贬值受益的企业家们希望马克继续下跌，直到赔款新规出台，修改现行工作时间规定为止。大型工业企业家认为，经济的新开端有两个前提：尽可能大规模取消向国外支付战争赔款，放弃采矿业8小时工作制或7小时轮班制。雇主们能够提出的论据是，他们在1918年11月做出这一让步的捆绑条件并不存在，国际上并未实行8小时工作制。他们还指出，短工时和停战和平条约与德国承受的沉重负担彼此不相容。出于这些原因，企业家视1920年2月和1922年8月与工会达成的采矿业加班协议，只是普遍恢复更长工作时间的一个前奏。

胡戈·施廷内斯利用通货膨胀建立了一个真正的工业帝国。1922年秋天，他在处理赔款问题和工作时间的问题上，展示出企业家阵营自革命以来在政治权重和自信心方面都有所增长。9月初，他与法国工业家让·德·吕贝萨克男爵（Baron Jean de Lubersac）签订了实物交付协议，远远超出了一年前拉特瑙和卢舍尔达成的《威斯巴登协议》。这份新合同最初对施廷内斯本人的集团来说是一笔可观的生意。但这个协议也为国家带来了好处，特别是德方提供的服务马上记入赔款账户。施廷内斯的私人外交当然还无法令法国的态度发生根本改变：法国继续坚持必要时投入军事力量，以强迫德国履行赔款义务。[51]

183 施廷内斯在革命四周年之际的1922年11月9日，在帝国经济理事会上提出了关于稳定经济的构想。10月底，他也和美国大使霍顿（Houghton）就此沟通过。这个方案的核心之一是要求在10年到15年内，工人每天多工作2小时，而且不给特殊工资补贴。至少5年内，“极重要”企业内禁止罢工，否则视为刑事犯罪。胡戈·施廷内斯说的稳定主要是指加班和工人阶层的纪律性。无论德国政府还是施廷内斯所属的德意志人民党，甚至德国工业帝国协会都不能认同这个计划。1922年末，采矿业的企业家与帝国劳工部协商后，已经开始降低矿工的工资。始于恶性通货膨胀的经济灾难发展为维稳的助产士，这也是长期以来重工业一直梦寐以求的目标：1918年和1919年革命迫使企业家对工人做出的让步现在得到了根本上的修正。[52]

施廷内斯的提议激起了工会、社会民主党和共产党的愤怒风暴。自从施廷内斯担任德意志人民党的国会议员以来，他的声明也可以被看作人民党中重工业代表反对大联合政府的迹象。10月底以来，根据维尔特的建议，再次就组成大联合政府进行了商谈。中央党和民主党对这样一种政府联盟的扩展很感兴趣，因为自从社会民主党和独立社会民主党合并以来，联合政府内部的权重已明显向左倾斜。德意志人民党在一个非常重要的政治问题上，采取了巧妙的策略并成功进入内阁：在施特雷泽曼的动员下，德意志人民党在10月24日投了赞成票，令国会拥有了所需的三分之二的多数，将帝国总统（形式上仍然是临时的）艾伯特的任期延到1925年6月30日。这使原定1922年12月初的直接民选成为多余，两个自由党出于对国内和平的担忧，也希望尽量避免新的选举活动。10月26日，维尔特在与联合政府各党党魁和人民党党魁的一次谈话中，成功地说服他们成立一个委员会，为即将出台的经济政策决策，也就是赔款问题搭建一个共同的平台。代表德意志人民党加入该委员会的是电气工业家汉斯·冯·劳默尔（Hans von Raumer），他也是1918年11月中央工作小组的发起人之一。社会民主党的代表是鲁道夫·希法亭，9月前他一直是独立社会民主党的成员。1910年他出版了《金融资本》（*Das Finanzkapital*）一书，此后在全球享有马克思主义理论家的盛名。

11月初，德国政府邀请一个国际专家小组在柏林讨论赔 184
款问题，这对刚才提到的这个委员会的工作极为重要。专家成员包括英国经济学家约翰·梅纳德·凯恩斯（John Maynard Keynes）。自1922年出版了《和约的经济后果》一书以来，凯恩斯一直被视为批评赔款问题的代表人物。凯恩斯和其他志同道合的专家，例如瑞典金融学家古斯塔夫·卡塞尔（Gustav Cassel）都认为有必要重新调整赔款条约，但他强调，由于德国帝国银行有很多黄金储备，因此它可以用来参与支撑马克币值的措施。在这个观点上，凯恩斯和卡塞尔得出的结论与社会民主党的观点完全一致，但与帝国银行和德国重工业坚持的路线截然相反。

帝国政府现在认为，不能一再躲避解决赔款问题的具体建议。11月4日，德国在致赔款委员会的照会中表示遵循凯恩斯及其同事的评估。当然这份照会的形式还是非常笼统的，也没有任何帝国银行应参与支持举措的表示。但是，议会党团的联合委员会迈出了更大步伐，商议出一系列经济和财政措施，提供给政府作为11月13日赔款照会的附加资料。这个委员会的建议中包括减少支出和增加收入，旨在平衡国家预算，也提出了增加产量的建议，包括工时法的新规定。而最后这一条可以说是引发轰动的真正原因：“规定 8 小时工作日为正常工作日，但是根据劳资谈判或经官方渠道批准，允许出现在法律框架下的例外情况。”委员会并没有完全搁置 1918 年 11 月取得的最重要社会成就，但建议至少在经济界的某些领域可暂时增加工时，以期达到整顿财政、经济重建以及与邻国达成和平解决方案的目的。

维尔特政府 1922 年 11 月 13 日的赔款照会接受了这些提议，首次提出帝国银行将提供大规模支持的举措：如果筹措到 5 亿金马克的国际债券，帝国银行将提供同等金额参与这项支持行动。不仅执政党领导，而且德意志人民党代表也同意这个照会。成立大联合政府的基石似乎已经奠定。但这种幻想只持
185 续了一天。11 月 14 日，统一后的联合社会民主党（自 9 月纽伦堡党代表大会以来一直这么称呼）的议会党团，以压倒性多数决定反对组建大联盟。普鲁士总理奥托·布劳恩尽力敦促建立这一联盟，但他的观点没有被众人接受。党的领导层不想承担与当年独立社会民主党分裂的风险，独立社会民主党的大多数人与希法亭不同，仍然严厉拒绝与向工业家示好的德意志人民党合作。

就在当天，约瑟夫·维尔特根据和中间党派的商定提出辞职。1922 年 11 月 22 日，德国总统艾伯特任命威廉·库诺（Wilhelm Cuno）为其继任者。库诺是无党派人士，曾任汉堡美洲航运公司总裁，以及政府秘密高级行政专员。他是天主教徒，1876 年生于图林根的苏尔地区，政治上处于中间靠右。艾伯特希望，内阁领导由一位经验丰富的经济专家来担任，这样既可以使德国企业更靠近新生的国家，也可以在国外留下良

好的印象。从这个角度来看，库诺的政治立场甚至可能会成为一种正面资产。

新任总理组成的内阁，除他本人外还有四名无党派人士参加：专业外交官出身的弗雷德里克·冯·罗森贝格（Frederic von Rosenberg）出任外交部部长；曾担任埃森市长的汉斯·路德（Hans Luther）出任农业部部长；前军需总监威廉·格勒纳如同在费伦巴赫和维尔特内阁时期一样再次执掌交通部；最后是1919年2月至1921年5月担任总理府国务秘书的海因里希·阿尔贝特（Heinrich Albert），出任财政部部长。其他部长是中央党、巴伐利亚人民党、德意志民主党和德意志人民党的成员。

库诺的部长团队非常类似于君主制时代的公务员内阁，这是魏玛政府从未有过的。1922年11月的总理人选基本上是由总统决定的，这也是从未有过的。甚至可以夸张地说，资产阶级的库诺少数派政府就是魏玛共和国第一届犹抱琵琶半遮面的总统制内阁。这种向集权国家的倒退不能仅仅归咎于艾伯特的一次错误行动，更深层次的原因是共和国建国政党社会民主党的失败：由于担心政党的团结受到破坏，社会民主党拒绝了议会的危机解决方案，从而使总统制的解决方案成为可能。[53]

8. 被避免的灾难

186 1922 年 11 月 24 日，威廉·库诺在国会发表政府声明，强调了政策的连贯性，在这里他特别指外交政策。新任总理毫无保留地坚持 11 月 13 日照会的立场，支持维尔特政府首次向协约国提交的解决赔款问题的德方具体建议。这项承诺架起了通向社会民主党的一座桥梁，也事关这届政府的命运。仅仅出于外交原因，单方面依靠德意志民族人民党行不通，因此内阁必须得到人数远超其他政党的最大议会党团的支持。尽管如此，许多前独立社会民主党人希望社会民主党能够坚持无条件反对库诺的政策。如果社会民主党真这么做，就会不可避免地受到这样的指责：他们这是奉行阻挠政策并使德国陷入无法治理（regierungsunfähig）的局面。这种指责也不无道理。社会民主党人看到了这种危险，经过激烈辩论后，多数人的观点占了上风。11 月 25 日，社会民主党同意德意志民主党的提案表述：德国国会仅仅“获悉”了总理的声明，但明确同意政府以 11 月 13 日照会作为这届政府政策的基础。对库诺内阁这一有附加条款的信任票，开始了社会民主党对迄今魏玛极右翼内阁的宽容阶段。[1]

法国是第一个对德国赔款照会和库诺政府声明做出回应的协约国。11 月 27 日，普恩加莱发表正式声明，生硬地拒绝了德国提出暂停 3~4 年所有现金和实物交付的要求，并以占领鲁尔地区的三分之二为要挟，包括波鸿和埃森等城市。自1922年10月底以来，由保守党安德鲁·博纳·劳（Andrew Bonar Law）领导的英国内阁认为法国这种制裁太过冒险。英国向巴黎通报了英方的立场，同时这位英国新任首相也通知德国政府，德国并未提出令人满意的解决赔款危机的办法。但对德国暂停赔款建议做出决定之前，一个原本微不足道的问题令冲突升级。12月2日，德国政府提出申请，把根据《凡尔赛 187
和约》应于1922年底提供的木材，延期到1923年4月1日交付。12月26日，赔偿委员会不顾英国代表的反对，认为德国在板材和电线杆供货问题上故意失责，因而进驻鲁尔区的合法理由成立。

德国延误供货的做法可以追溯到上一届内阁。这种做法符合1922年8月16日维尔特提出的口号"有了面包才能赔款"，库诺政府在声明中也反复强调这一点。1922年秋季前，德国基本是全员就业。如果真有相应的政治意愿，应该完全可以履行木材和煤炭的供应义务。但德国就是要让协约国明白，自己的供货能力已经超过极限。这与维尔特，特别是其后继人的想法相吻合，因此可以说供货延迟有政治意图。

另一方的普恩加莱认为，德国人的行为只是一个借口，他们实际上是打着更有深意的算盘。普恩加莱决定占领鲁尔区的想法在1922年已经成熟，但是没有《拉帕洛条约》带来的震惊就无法自圆其说。苏德协议让法国总理坚信，德国在努力推翻战后秩序。他认为，《凡尔赛和约》并没有持续影响德国的经济实力，而事实正好相反，莱茵-威斯特法伦的工业得到机会，通过抵制洛林铁矿给法国造成了严重的经济损失。出于这两方面的考量，法国希望通过占领鲁尔盆地来为此提供有效的补救。如果把拥有大型煤矿储藏的德国最重要工业区掌握在自己手中，法国就有希望实现1919年因盎格鲁-撒克逊人的阻挠而未实现的目标：把莱茵兰从德国分离出去。这样一来，法国再也不会受到东面邻国的威胁，同时可以确立自己在欧洲大陆的霸主地位。

美国1922年底发出的一个信号似乎暂时为和平调解开启了可能性。12月29日，国务卿休斯（Hughes）在纽黑文（New Haven）召开的美国历史学家协会会议上，提议组建一个国际专家委员会，以核实德国的经济能力，并在这个基础上重新确认赔款事宜。但是，休斯并没有提美国是否会在协约国内部的债务问题上，特别是在法国对美国所欠债务问题上做出让步。因此从一开始就可以确定，休斯的建议不会让法国扭转立场。

188 1923年1月2日到4日的巴黎赔款会议上，普恩加莱和比利时总理特尼斯（Theunis）拒绝了博纳·劳的建议。劳的建议是允许德国有4年的暂停付款时间，到1927年后再以逐年增加金额的形式支付赔款。另一个折中方案同样遭到了拒绝。这个折中方案是由贝尼托·墨索里尼领导的、1922年10月底取得政权的意大利法西斯政府提出的建议，内容是允许德国暂停付款2年，其赔偿债务减少到500亿金马克。德国没有得到任何机会向协约国阐述自己的立场：1月4日，德国驻巴黎大使在向大会转交德国政府照会时遭到了拒绝。这次会议结束时，没取得任何结果。后面的步骤就掌握在赔偿委员会手中了。尽管再一次遭到英国代表的投票反对，1月9日该委员会仍断言德国1922年故意延迟煤炭交付。最终占领鲁尔区成为定局。[2]

法国和比利时于1月11日出兵，德国的反应是愤怒的吼叫。德国总统和政府向德国人民发出的一份呼吁书中，称这是一种失去理智的行为，而德国还没有力量能够阻止这一行为。在占领区，各个政党和社团联合起来组成民族防御阵线。在埃森被占领前不久，企业家们已将鲁尔-威斯特法伦煤炭集团的鲁尔矿业中央管理部门转移到汉堡。工会与帝国政府协商后，拒绝了德国共产党提议的大罢工，而是主张对占领势力采取消极抵抗政策。1月13日，库诺总理在国会上发言抗议入侵，几乎国会全部成员都为其鼓掌。中央党提交了一份议案，要求议会完全支持政府坚决反对法国、比利时的武力入侵活动。这个议案以284票对12票获得国会的支持，反对票中有10票来自共产党。但资产阶级政党与社会民主党的意见并非完全一致。16名弃权的议员中，有13名来自由49人组成的社会民主党议会党团，且多数为前独立社会民主党成员，他们用拒绝投票的方式表示他们的反对态度。[3]

德国政府与社会民主党之所以能够合作，是因为库诺内阁也采取消极抵抗的态度，明确反对用武力抵抗外国部队的入侵。自1923年1月以来，在落实消极抵抗策略中发挥了关键作用的自由工会向帝国政府靠近，这样一来在占领区几乎可以把工会视为国家机构。借助普鲁士邦政府这层关系，社会民主 189
党成了帝国内阁的不发声参与者。普鲁士邦内政部部长泽韦林甚至秘密参与了建立“黑色国防军”的工作，目的是培训临时志愿者，以加强目前受到严重威胁的德国安全。1923年1月30日，泽韦林与德国国防部部长缔结一项正式协议，向军方保证普鲁士政府将支持“保卫国家”的行动，在东部边界一带更是如此。

泽韦林签署这项协议时，东普鲁士北部发生了一起严重事件：1月10日，一支立陶宛小分队闯入协约国享有特殊地位的梅默尔地区。德方担心，波兰也可能利用鲁尔地区被占领的机会向德国发起进攻。社会民主党人泽韦林当然也希望，他签署的这个协议会阻止德国国防军与极右翼私人组织在非法武装方面继续合作。但这种希望落空了：1923年出现了许多曾经被正式解散的新志愿军团，它们都受到了国防军的积极支持。国防军还及时提供资金，让这些人在占领区搞破坏活动。国防军总司令冯·泽克特将军非常清楚，他这样做与官方政策背道而驰。但是他可以猜测，至少总理会采取与对外表态不一样的立场，对这一类活动表示理解。[4]

激进右翼当然没有站在民族统一战线一边，去参与反对鲁尔区占领的活动。在慕尼黑活动的民族社会主义德意志工人党故意袖手旁观。这个政党凭借着“领袖”阿道夫·希特勒的煽动才能，从1920年2月的一个很小的民粹团体，发展为巴伐利亚众多民族主义武力组织中最重要的一个党派。1923年1月11日，希特勒在克朗马戏团剧场（Zirkus Krone）的一次聚会上喊出口号：“不是要打倒法国，而是要打倒11月的罪犯！”他把矛头直指社会民主党。在接下来的几周里，民族社会主义德意志工人党称联合阵线的高谈阔论都是骗局。必须先消灭德国的“刺客”，然后才能成功采取对付法国的行动。积极参加抵抗运动的党员被开除出党，被视为叛变分子。克尼林政府认为民族社会主义德意志工人党的宣传攻势过于危险，于是在1月26日断然宣布慕尼黑戒严，并禁止了近日内准备召开的纳粹党全国大会。没想到这种做法却帮助希特勒取得了惊
190 人的成功：上巴伐利亚最高行政长官古斯塔夫·冯·卡尔和邦

军队司令洛索（Lossow）直接出面干涉，他们偏袒希特勒，并要求邦政府撤回禁令。希特勒似乎成了战胜国家机构的英雄，这进一步提高了他在右翼势力中的声誉。[5]

左派认为，与其他右翼激进政党相比，希特勒的民族社会主义德意志工人党更像是德国版的法西斯政党，像是法西斯主义在德国的一个分支。社会民主党和共产党在这一点上基本一致，这说明了很多问题。民族社会主义德意志工人党主要反对的是马克思主义运动。纳粹分子模仿他们所钦佩的榜样意大利法西斯，公开展示暴力。他们和意大利法西斯一样，强烈反对现有的民主制度。在这两个方面，民族社会主义德意志工人党和德意志民族人民党不同，后者期待着展示自己的政府能力，因此采取的策略更为收敛。希特勒则丝毫不掩饰其意图，他想以 1922 年 10 月墨索里尼“进军罗马”的方式推翻柏林宪政政府。德国和意大利一样，也存在财政上支持用武力反对马克思主义的企业家圈子，因此社会民主党和共产党一般称法西斯主义分子，特别是纳粹分子为资本家的帮凶。

民族社会主义德意志工人党的大批支持者主要是“小资产阶级”背景的群体，这些人是手工业者和独立经商者、职员及公务员。但无论是社会民主党还是共产党，都不否认民族社会主义德意志工人党的煽动性口号也吸引了工人，特别是中小企业、农业和公共企业中的工人，这些人在组织上几乎还没有被工人政党顾及。鲁尔的抗争给民族社会主义德意志工人党的蛊惑性宣传提供了难得的机会，没有任何一股政治势力像民族社会主义德意志工人党这样，能够如此巧妙地把对外的民族怨气发泄到内部对手身上。1922 年底，希特勒的政党在普鲁士、萨克森和图林根受到禁止。根据 1923 年 3 月 15 日莱比锡法院的判决，除巴伐利亚外，该党在整个德国遭禁止。这严重限制了希特勒政党的扩大。然而它在巴伐利亚这个“秩序的壁垒”中取得了重大成功，以至于 1923 年初左派有充分理由将民族社会主义德意志工人党纳入极危险的反革命形式中。[6]

德国共产党在 1923 年 1 月 22 日对入侵鲁尔区行动做出的回应是：“打倒鲁尔河畔的普恩加莱和施普雷河畔的库诺。”法国资本家一点不比德国资本家好，法国占领军的刺刀和国防
191 军的刺刀同样锋利。德国共产党这样来解释对两个阵线出击做出的呼吁。坚决反对库诺政府——这个魏玛共和国里最倾向于企业家的内阁——这对共产党来说是不言而喻的。但是在接下来的几周里，反对外国占领者的行为成了重中之重。海因里希·布兰德勒（Heinrich Brandler）和奥古斯特·塔尔海默领导的共产党，必须考虑到 1922 年 12 月正式成立的苏维埃社会主义共和国联盟的利益，因此德国共产党必须采取明确的反对法国“帝国主义”的政策。简称为苏联的这个新生国家，在外交上最担心的就是德国与西方列强结盟。共产党的理论家塔尔海默 2 月中旬在《国际》（*Die Internationale*）杂志上写道，如果德国资产阶级站到法国的对立面，那么他们就能够暂时地、不情愿地“客观地对外表现出革命性”。共产党不要从背后袭击他们，而应助力他们坚持这一路线，这是不言而喻的结论。

共产党的极左翼认为，布兰德勒和塔尔海默推行的党中央路线不外乎共产党的城堡和平政策，应该予以谴责。激进左派的领导人是两位知识分子：露特·菲舍尔（Ruth Fischer）和阿尔卡迪·马斯洛（Arkadij Maslow），他们原来的名字分别是埃尔弗里德·艾斯勒（Elfriede Eisler）和伊萨克·柴莫里斯基（Isaak Tschemerinsky）。他们共同领导柏林地区的共产党，这

个联盟中的三把手是汉堡港口工人恩斯特·台尔曼（Ernst Thälmann），他们三人在其他问题上也和党领导层不一致。根据1922年11月共产国际第四次代表大会的决议，党中央认为暂时建立德国共产党和社会民主党的同盟是目前唯一有效手段，这样可以阻止库诺政府发展为大资产阶级的公开专政，防止其发展为法西斯意大利模式的体制。极左派则拒绝任何"自上而下的统一战线"，特别是拒绝由德国社会民主党和德国共产党组成"工人政府"。1923年春，党的领导层与反对派之间的矛盾急剧激化，以至于共产国际执行委员会不得不出面干预。共产国际执委会在这个问题上基本认同党中央的意见，但也建议他们要加强团结极左翼。为此共产党中央委员会于5月中旬选举露特·菲舍尔和恩斯特·台尔曼进入党中央。但党内冲突并没有得到解决，只是暂时得到缓解。共产党对外再次显示出团结一致的一面。

在内政上，围绕着成立工人政府的争论，绝不是仅仅探讨其理论上的可能性。1923年春，萨克森朝这个方向迈出了实践性的第一步。上一次邦选举5个月后，社会民主党的邦大会决定不顾邦工作委员会和柏林党首的愿望，于3月4日开始与德国共产党谈判组阁事宜，而没有和德意志民主党进行联合政府谈判。这种做法是为了寻求出路，摆脱长期以来不断发酵的政府危机。2周后的3月18日，德国社会民主党和德国共产 192
党达成四点协议，组成一个得到共产党支持的纯社会民主党政府。双方达成的主要意向是组建一支无产阶级防卫队，以反对咄咄逼人的法西斯主义，成立打击高利贷的监控委员会，其成员由企业全体大会或工会大会选出。3月21日，前司法部部长、左翼社会民主党人埃里希·泽格纳（Erich Zeigner）获社会民主党和德国共产党的投票支持，正式当选邦总理。

德国共产党的统一战线策略第一次取得巨大成功。有一段时间，似乎图林根左派政党也会达成类似的一致。德国社会民主党和德国共产党于5月中旬就成立联合政府展开会谈，并同意建立共和紧急防卫队以对抗法西斯主义。但是社会民主党人在5月26日中断了谈判，并声称共产党希望进入内阁的条件无异于令社会民主党做出全方位的自我牺牲，因此无法接受。

萨克森社会民主党的决定令德国社会民主党中央领导层陷入窘境。虽然党主席认为萨克森社会民主党的政策有害于整个政党，但是没有任何法律工具来阻止德累斯顿的同志们向左转的方针。毫无疑问，德国共产党采取统一战线策略所追求的长远目标是为革命政变做准备。如果德国社会民主党与德国共产党同路而行，他们将被卷入不断恶化的激进旋涡，迟早要与帝国宪法和邦宪法发生冲突。动用国家权力对付工人运动，这正是极右翼所期待的，这种危险在不断加剧。德国社会民主党没有达到与德国共产党结成统一战线以削弱法西斯势力的目的，结果却适得其反：促进了极右翼获益最大的极端化。[7]

无论如何，德国在1923年春天经历的逐步去议会化的过程，正符合右翼的愿望。2月23日，在资产阶级政党和社会民主党的同意下，国会通过了一项“紧急法案”。这项法案授权政府在法律、经济、金融和社会政策领域可以颁布代替立法的行政令。内阁要求获得这一特权，本来是为了落实防御措施，但是这也意味着国会在很大程度上废除了自身的立法功
193 能。库诺的地位得到进一步巩固，但此时批评声也越来越大了：自3月初以来，社会民主党公开批评总理没有向占领国表示任何谈判的意愿。德国总工会联合会主席特奥多尔·莱帕特

更进一步：在4月17日总工会的一次联席委员会上，他提出成立大联合政府的要求，必要时请施特雷泽曼出任总理，因为只有这样才能与法国达成和平协议。然而社会民主党认为不能采纳这个建议。只要党内左翼拒绝与德意志人民党建立政府联盟，社会民主党只能停留在批评库诺政府上。自己不承担政府责任，同时搞垮库诺政府，这是灾难性的政策，因此对社会民主党来说，这一做法不可取。[8]

对库诺政府越来越不满的主要原因是，1923年春天消极抵抗成功的可能性越来越渺茫。这项政策的确挫败了占领国的计划，因为它们没有成功迫使德国支付战争赔偿：私人公司和公共机构只为德方服务，甚至有一段时间法国和比利时即使支付现金也买不到煤。但是，占领者在3月和4月陆续关闭矿山和炼焦厂，继而又关闭了其他加工厂，没收了煤炭并接管了铁路系统。帝国不仅要为被逐出占领区的德国铁路雇员支付工资，还要向煤矿和钢铁行业提供数万亿贷款，让停工的企业能够继续支付工资。此外，德国还要用外汇进口昂贵的英国煤炭。

从财政角度看，占领区的消极抵抗是一个无底洞。帝国的短期债务从1922年11月的8400亿马克上升到1923年4月的8.4万亿马克。1923年6月，这个数字攀升到22万亿马克。按批发价（Großhandelspreis）计算，1913年的1马克等于1923年1月的2785马克纸币，这个指数在4月升至5212马克，5月升至8170马克，6月升至19385马克。帝国银行出售黄金储备和外汇，力求稳定德国货币的对外价值，1923年2月到4月暂时稳定在1美元兑换21000马克左右，但在5月降至48000马克，6月降至110000马克。[9]

帝国银行希望通过这种支持的举措来遏制必需的煤炭和粮
194 食进口价格不断攀升。但是工业界和银行业都不准备为这项行动的成功做贡献，不去认购3月12日帝国银行发行的黄金国债。这次支持运动失败后，生活成本突然暴涨。政府与雇主协会达成协议，5月1日起平均工资上调40%。但是这仍不能弥补马克购买力的急剧下降，因此工人无比愤怒。5月中旬在多特蒙德开始了自发的罢工运动，这导致那些愿意工作的人和警察之间发生了严重冲突。5月23日，占领区有30万工人罢工。德国共产党最初对罢工感到意外，到了5月20日才参与其中。5月28日，受德国共产党控制的核心罢工领导层在调解会谈中达成的结果是工资上调52%，第二天罢工随即结束。

罢工伴随的武力行动致使多人受伤，20多人丧生。但绝非只有德国共产党和工团主义的追随者试图用武力达到目标。3月31日，法国军队可能因为受到德意志民族人民党的挑衅，开始对埃森的克虏伯公司工人进行血腥屠杀：共有13名工人被杀，41人受伤。占领者并未对要犯提出指控，而是指控公司管理层和一些雇员。5月，古斯塔夫·克虏伯·冯·波伦-海巴赫（Gustav Krupp von Bohlen und Haibach）被判处15年徒刑和1亿马克罚款，他的一些雇员甚至受到了更重的刑罚。

占领者的暴行给德国的某些势力提供了动力，他们早就等待着有一天从消极抵抗转向全面的积极抵抗。3月和4月在前志愿军团领导人海因茨·豪恩施泰因（Heinz Hauenstein）指挥下的破坏小分队，与克虏伯公司的高层雇员、埃森商会和德国政府有密切关系，对占领区的铁路设施进行了多次爆炸恐袭。这个活动的指挥官之一，激进民族主义者、前“波罗的海部队”成员阿尔贝特·莱奥·施拉格特（Albert Leo

Schlageter）被法国刑警拘捕。5 月 9 日，杜塞尔多夫的法国军事法庭认定施拉格特犯有间谍罪和破坏活动罪，并判处他死刑，5 月 26 日执行枪决。

处决施拉格特的事件在德国引发了抗议风暴。在给普恩加莱的照会中，德国政府提出严正抗议，占领国法院不得对德国人做出审判，更不能裁决德国人的生死。照会称德国政府是从媒体那里得知判决所依据的事实的，其实事实并非如此。豪恩 195
施泰因小分队筹备的行动，德国国防部和交通部总务管理部主任埃伯菲尔德（Elberfeld）是知情的，也给予了一定的支持。甚至德国总理也与志愿军团的另外一名领导格哈德·罗斯巴赫（Gerhard Roßbach）亲自交谈过，后者因涉嫌叛国罪于 1923 年 3 月底被捕。德国民粹自由党的领导人之一、国会议员阿尔布雷希特·冯·格雷费也多次获得总理接见的殊荣。这个政党在实施破坏活动中发挥了关键作用。因为怀疑民粹自由党在普鲁士领地从事叛国活动，普鲁士内政部部长泽韦林于 3 月 23 日取缔了民粹自由党，为此库诺对普鲁士政府很不满，并批评他们对共产党没有采取同样严厉的举措。但这种指责并不能维持很长时间：5 月 12 日，泽韦林禁止了德国共产党的无产阶级百人团，理由是他们的街头巡逻挑衅了国家主权。[10]

1923 年初夏有一次非常轰动的尝试，目的是弥合极左翼与极右翼之间的沟壑。6 月 20 日，共产国际德国问题专家卡尔·拉狄克在莫斯科扩大执行委员会上的讲话中称赞“法西斯分子”施拉格特是“德国民族主义的殉难者”“反革命的勇敢战士”，他值得“我们，革命士兵，真诚地敬仰他的男子汉气概”。“如果那些真诚地为德国人民服务的德国法西斯团体没有理解施拉格特命运的意义，那么施拉格特就白白牺牲了，他的纪念碑上应该写着：无处可去的流浪者……我们要竭尽全力，让施拉格特这样为共同事业不惜自我牺牲的人，不要成为无处可去的流浪者，而是成为全人类美好未来的寻路人，他们无私的热血不要为煤炭和钢铁贵族的盈利白白流淌，而是为伟大的德国劳动人民的事业而抛洒，德国人民也是为争取解放而战的大家庭中的一员。施拉格特再也听不到这个回答了。但我们确信，数百名施拉格特会听到并理解这个回答。”

拉狄克关于施拉格特的讲话是争取民族主义分子抛弃自己领导人的一次尝试，是把这股势力转化为社会革命力量的一种努力。在同一场会议的另一份报告中，他做出了解释：“民族主义以前是一种手段，为的是巩固资产阶级政府，现在是加速现行资本主义灭亡的一种工具。”在德国被称为德国民族主义的，“不仅仅是民族主义，而是具有重大革命意义的广泛的民族运动。小资产阶级的广大群体，科技知识分子的群体，他们将在无产阶级革命中发挥主要作用，因为他们是在资产阶级制
196 度下日益无产化的人群。所有被践踏、被贬低、陷入无产化的大众，以民族反抗的形式表达他们和令其社会地位日益低下的资本主义的关系”。

德国共产党并不需要先转向拉狄克力荐的这种“民族布尔什维克”的策略。早在5月17日，共产党中央委员会已要求所有党员，必须让现在仍站在法西斯主义者一边的、“被误导的民族主义小资产阶级”明白：“只有团结起来反对内部的资产阶级，他们才能捍卫自己和德国的未来。只有击败施廷内斯和克虏伯，才有可能战胜普恩加莱和卢舍尔。”

根据拉狄克的莫斯科讲话，德国共产党领导人做了一些有目的性的尝试，以争取激进右翼的追随。《红旗报》上开辟了

专栏，让后来成为纳粹党国会议员的民粹派作家恩斯特·雷文特洛伯爵（Ernst Graf Reventlow）和德国共产党中央委员保罗·弗勒利希（Paul Frölich）公开交流自己的观点。另一名共产党中央委员赫尔曼·雷莫勒（Hermann Remmele）8 月初在斯图加特召开的一次德国共产党和德意志民族人民党参加的集会上狠批犹太牛肉经销商，称他们在市场上不惜高价囤积牲畜，令斯图加特的肉食商两手空空。虽然露特·菲舍尔本人是“半个犹太人”，但她在 7 月底柏林举行的大会上对反犹分子做出更为大度的鼓励。她说：“先生们，任何呼吁反对犹太资本的人，都已经是阶级斗争的一员了，虽然他们本人还不知道。”她在《前进报》的一篇文章中写道：“你们反对犹太资本，希望打倒股票经纪人。没错，打倒犹太资本家，将他们挂在路灯上，把他们踩在脚下。但是，先生们，你们怎么看大资本家呢？怎么看施廷内斯和克勒克纳（Klöckner）呢？……只有和苏联结成同盟，亲爱的民粹派先生们，德国人民才能把法国资本主义赶出鲁尔区。”[11]

共产国际喊出“民族布尔什维克”的口号，是对 5 月初局面做出的反应。德国将无法长期坚持消极抵抗，这已经是越来越明显的事实。这一点莫斯科已经从 5 月 2 日德国发出的照会中判断出来。在该照会中，库诺政府首次向协约国提出具体赔款建议：在暂停赔款四年后支付总计 300 亿金马克，如果另一方不同意这一建议，则将此案提交专家委员会进行裁决。如果德国真屈服于法国的压力，那么欧洲力量将会失去现在的平衡，而局面就会变得对苏联不利，莫斯科就不再有反对帝国主 197
义西方列强的缓冲地带。在这种情况下，西方势力可能再次尝试扭转俄国十月革命的结果。共产国际把矛头指向英国的进攻意图。

因摩尔曼海岸的冲突，英国于5月8日向苏联提交了一份措辞强硬的照会，即寇松最后通牒。5月13日，英国政府拒绝了德国5月2日的照会，称照会令人“大失所望”。苏联领导人和共产国际认为，这一回答是伦敦和巴黎之间即将达成一致的信号。苏联反复呼吁德国无产阶级和“小资产阶级”大众不要屈服于法国，而是要反抗协约国。这种呼吁毫无疑问是为了达到让德国向苏联靠近的主要目的，只有这样才能挫败世界资本可能采取的战略。[12]

对于库诺政府来说，英国对德国5月2日建议做出的反应是一次严重的外交败笔。柏林并没有能够在协约国之间钉入楔子，反而拉近了伦敦和巴黎的距离。通过冷静观察，任何人都会对这个结果感到惊讶：德国内阁为开始谈判捆绑的条件，是让法国和比利时撤离占领区，这不仅对法国是一个挑战，而且在明确鼓励德国提出赔款问题新倡议的美国国务院看来，这也是德国人的一种傲慢表示。

收到英国的回复照会后，德国政府只能设法控制内政和外交方面的损失。具体来说，必须细化之前德国向协约国做出的含糊其词的暗示性保证和担保。在这方面，库诺需要工业界的支持。总理先是试图说服企业家，让他们原则上同意参与履行赔款的合作。但是胡戈·施廷内斯在5月5日对此发表了反对意见。库诺在10天后做了第二次尝试，德国工业帝国协会的回复于5月28日发布。德国工业帝国协会现在同意提供担保，但绑定了某些先决条件：国家不得介入私有财产的生产和分配，废除战争和统制经济的现存规定，劳资谈判允许打破8小时工作制的惯例，减轻非创造性经济的工资负荷。

198 就像1921年秋天的“贷款行动”一样，工业界现在又尝试让国家听从自己的指挥了。企业家要求的无异于以货易货：允许统计实物价值，但是必须放弃现有的社会成果，返回曼彻斯特自由主义。不同派别的工会，包括无党派、基督教派和自由派工会都做出了相应的回复。这些组织在6月1日给总理的一封联名信中表示，工业界这样做是想作为独立的权力机构向国家叫板，提出的要求都是让国家履行对公民的义务；工业界要求国家撤出经济领域，这将会让我们倒退到80年前的状态。“这就意味着，经济增长的推动力完全依靠追求利润，共同的经济思想将被彻底摧毁。我们不可能放弃8小时工作制，取消所有解雇限制，也不想和工业帝国协会就这方面的要求进行谈判。”[13]

库诺内阁面临着一个难以解决的问题：如果反对工业家，就会失去“经济界”的支持；如果同意其要求，就会受到整个工人阶级的反对。库诺选择了一个不是出路的解决方案。他从没有和工业界方案保持距离，现在则比以往任何时候都更像是个企业家的总理。因此社会民主党议会党团主席在5月30日向工会承诺，将会全力支持工会的斗争，反对削减已经取得的社会成果。此时库诺发现，在国会中支持他的只有德意志人民党了。

德国6月7日的新照会基本上重复了5月2日照会的原则，只是详细规定了提供的担保并放弃了捆绑的“条件”，但这并未给政府带来任何缓解。虽然伦敦和罗马对该照会表示欢迎，但巴黎仍坚持原有的回复：德国必须在谈判开始前毫无条件地放弃消极抵抗。显而易见，5月2日的建议之所以失败，不仅是由于帝国政府的无能，而且因为普恩加莱强迫德国人无条件投降的恒心。

但此时德国没有人准备屈服。甚至自 4 月以来，比其他任何社会团体都更主张与占领国谈判的自由工会也不想冒险，使自己沦为一个新的“背后捅刀传说”的牺牲品。向普恩加莱投降可能会丧失莱茵兰，因此如果做出投降的宣传将会导致灾难性的后果。仅仅出于这个原因，工会和社会民主党绝不可能毫无保留地屈从巴黎的要求。占领区的社会民主党和工会代表 5 月 31 日与科隆和柏林总部的代表们一起，再次强调他们的决心，即使在谈判开始后依然以同样的力度继续进行消极抵
199 抗。总理由此可以得出结论，他的职位现在还没有受到威胁：只要德国不准备承认失败，换上任何一位总理都不可能取得成功。此外，社会民主党依然对组建大联合政府犹犹豫豫。批评人士认为，正是因为社会民主党缺少决心，才得以让库诺暂时继续政府工作。[14]

货币贬值在 1923 年夏天创下了新纪录。6 月 11 万马克兑换 1 美元，8 月 460 万马克兑换 1 美元。与 1913 年相比，批发价格在 6 月上浮了 19400 倍，8 月上浮了 586000 倍。德国的短期债务从 6 月的 22 万亿增加到 8 月的 1196 万亿马克。工资的调整依旧落后于马克购买力的下降速度：1923 年 7 月，鲁尔区矿工和运输工人得到的实际平均周工资只有 1913 年的 47.6%，印刷工人仅为 36.6%。由于等待货币改革，许多农民拒绝出售他们的农产品，这导致某些地方的工人自己去田里摘土豆，其实就是偷土豆。

7 月中旬，占领区的德国金属工人协会的一名负责人发出警告：“工人士气低落……必将带来最严重的后果。”一份极有可能是出自德国财政部的备忘录在 7 月底得出结论，认为马克已经失去了衡量价值和报酬的意义：“在不能通过存货来自

救的各个行业，弥漫着一种绝望的情绪……也许在警察的大力干预下，暂时能阻止大规模的起义。如果城市与乡村之间的物流停止了，城里缺乏必要的粮食就无法长期维持下去。与其说是担心供给不足的城市居民发动大型政治反抗运动，不如说是害怕在城市里人们因为食不果腹而相互斗殴。帝国各个地区为维持本地的秩序而各行其是，最终会导致德国四分五裂。一个国家如果不能阻止货币全线崩溃而只能宣布破产，不能对发行的货币赋予任何购买力，这个国家必定会彻底失去权威性，最终将会丧失其存在的理由。”[15]

1923 年夏天的困境为德国共产党提供了难得的机会。民族布尔什维克的口号虽然没有得到他们争取的对象“小资产阶级”的呼应，但是可以肯定，大批工人的绝望为德国共产党人输送了新的支持者。阿图尔·罗森贝格回忆说，“毫无疑 200
问”，1923 年夏季德国共产党得到了德国无产阶级大多数的支持。这话有些夸张，但是在企业委员会选举中，在各个工会大会的选举中，在市议会和邦议会的选举中，德国共产党的票数明显增加。在梅克伦堡-施特雷利茨，1920 年德国社会民主党得票 25000 张，德国独立社会民主党得票 2000 张，而德国共产党根本没有参加选举。1923 年 7 月 23 日的邦选举中，共产党一举得到近 11000 张选票，合并后的社会民主党只得到约 12000 张选票。7 月 23 日举行的德国金属工人协会代表的选举中，多数票投给了主要持反对派立场的德国共产党。1922 年 9 月到 1923 年 9 月，德国共产党党员从不足 22.5 万人增加到近 29.5 万人，地方组织的数量也从约 2500 个增加到约 3300 个。[16]

1923 年夏，德国共产党积极参加罢工。这些罢工大多由工会发起。在汉堡、不来梅和埃姆登（Emden）这样的港口城市，德国共产党担任了海员罢工行动的发起人。但试图把失业者牢牢地与党联系起来的尝试并未成功。失业者的游行常常变成商铺抢劫，这迫使德国共产党小心翼翼地和这种暴动保持距离。[17]

7 月 11 日，共产党中央断言，法西斯精心准备的军事暴动就要发生。1923 年夏，慕尼黑右翼圈子确实有计划建立一个巴伐利亚领导小组，据说上巴伐利亚行政长官古斯塔夫·冯·卡尔、慕尼黑警察局局长恩斯特·珀纳和阿道夫·希特勒都属于这个领导小组。但不管是在“秩序的壁垒”慕尼黑，还是在德国其他地方，此时都没有出台具体的政变或暴动计划。尽管如此，共产党还是呼吁他们的追随者用红色行动反击白色恐怖，消灭法西斯起义。“如果武装到牙齿的法西斯分子打死无产阶级的战士，那么就要不留情面地消灭所有法西斯分子。如果法西斯分子杀害十分之一的罢工者，那么革命工人就必须枪毙五分之一的法西斯组织成员。”

7 月 29 日的“反法西斯日”就是要证明共产党人可以比民族人民党和法西斯分子集结更多的民众。共产党的粗暴语言却导致了与意愿相反的后果：按照德国政府的建议，图林根和巴登以外的所有邦都下令禁止为这一天准备好的游行。共产党
201 中央既不愿就此屈服，也不愿冒险流血。因此布兰德勒建议，只在无产阶级的据点鲁尔区、上西里西亚和萨克森举行户外示威活动。露特·菲舍尔坚持要在柏林游行。最后的决定由莫斯科做出。拉狄克认为，如果德国共产党与警察发生冲突，就会造成 1921 年 3 月那样的惨败。在征询了联共（布）中央总书记约瑟夫·斯大林的意见后，共产党选择了谨慎的路线。7 月

29日的行动没有发生重大冲突。

共产党在7月31日的一份声明中说，“反法西斯日”取得了成功，数百万工人信赖他们的领导。为了争取有民族主义情结的群众，共产党喊出了极具好战精神的口号：“我们有能力创造一种力量，即便是和平手段失效，这种力量也可以借助革命战争的手段成功抵抗协约国资本的外来压迫和剥削。”共产党中央委员会于8月5日和6日在一份呼吁书中强调反对帝国主义战争的口号，要求在无产阶级领导下把民族解放和革命阶级斗争结合在一起。德国工农政府将立即与苏维埃建立保护和防御联盟。工农政府将与红军并肩作战，打倒外国资本主义剥削者以及本国剥削者。德国共产党毫不掩饰后者将面临什么结局。中央委员会称：“在流血内战中，法西斯的资产阶级和无产阶级统一阵线两大势力的冲突已经不可避免。”[18]

几天后德国的社会危机急剧恶化。柏林的图书印刷工人自由工会8月8日决定，如果不给印刷工人增加工资，8月10日就开始罢工。德国总工会联合会试图阻止印刷纸币的国家印刷厂罢工，但没有成功。1923年8月10日，货币印刷机停机一天，随后立即出现了明显的纸币短缺的情况。

国家印刷厂的停工是德国共产党的杰作。德国共产党马上意识到，印刷厂的罢工给他们提供了一种什么样的杠杆。通过“革命企业委员会”，共产党也赢得了发电厂工人、建筑工人和柏林运输公司雇员的支持，在柏林的某些地区，还争取到医院工作人员参加罢工。8月10日，柏林工会委员会与德国社会民主党、剩余的德国独立社会民主党以及德国共产党开会，露特·菲舍尔要求举行三天大罢工，如果社会民主党主席奥托·韦尔斯没有告知大会以下这些消息，该动议大概会被接

202 受。韦尔斯告知大家，德国政府刚刚允诺进口 5000 万金马克的食品，由德国经济界出具黄金债券提供融资，政府也承诺出台稳定马克的行动计划。在德国共产党投票支持下，国会一致通过了一项有关提高所得税和公司税的法律，即所谓的莱茵和鲁尔救助强制税（Rhein-und Ruhropfer），这些措施很快就会对经济发展产生积极的影响，因此露特·菲舍尔的提议被拒绝。

但是德国共产党中央不想承认这个失败。8 月 11 日，“大柏林区革命企业委员会大会”号召发动推翻库诺政府的大罢工。但《红旗报》尝试发布共产党企业委员会公告的努力没有成功，原因是德国总统 8 月 10 日发布了紧急命令，禁止所有呼吁暴力更改宪法制度的期刊，禁止一切用威胁公共和平的方式呼吁暴力的媒体。德国共产党的这份机关报是 8 月 11 日被查封的第一份报纸，但是“反库诺罢工”仍然在帝国首都蔓延，并扩展到汉堡、卢萨西亚（Lusatia）、普鲁士的萨克森省，以及萨克森和图林根等邦。鲁尔占领区没有发生罢工，而仅仅是践行“消极抵抗”的策略。罢工中，共产党的工人占领了工厂并赶走了管理层。在个别工厂里，工人还竖起绞刑架，挂上草人，写上标题：“如果 24 小时内不同意我们的要求，这就是雇主的下场。”[19]

“反库诺罢工”持续时间不长，之所以说它是成功的，是因为矛头直指的头号人物于 8 月 12 日辞去了总理职务。总理辞职的直接原因是社会民主党议会党团在前一天做出的决议。决议的措辞是这样的：鉴于“国内外政治的艰难局面，社会民主党认为有必要建立一个得到广大人民信任和支持的政府”，这一政府应比目前的政府更为强大。社会民主党不相信库诺政府能够满足这些要求。

社会民主党做出决议的起因是德国共产党在8月10日提出了不信任动议。面对新一轮罢工潮，社会民主党领导层认为制止混乱的唯一选择就是加入大联合政府。不久前，在7月29日魏玛举行的一次会议上，以保罗·列维为首的30名左翼议员表示反对这种联盟，他们想和德国共产党进行“尽可能的合作”。但是，当社会危机出现了要闹革命的端倪时，大多 203
数人就不再准备考虑激进左派的建议了。

鲁道夫·希法亭是前独立社会民主党员，他在“反库诺罢工”第一天的8月10日就敦促人民党领袖古斯塔夫·施特雷泽曼与社会民主党组建联合政府。在这个问题上，积极支持希法亭的有其党内盟友、普鲁士的布劳恩和泽韦林，总工会联合会主席莱帕特，《前进报》总编弗里德里希·施坦普费尔(Friedrich Stampfer) 和党内理论家伯恩斯坦。就在同一天，国会采纳了社会民主党的意见，在莱茵和鲁尔救助强制税之外，还决定提高所得税和公司税的非常规预付款，以及根据财产核算的企业税和农业税的预付款。

在达成新共识的基础上，社会民主党在次日为加入大联盟内阁提出了条件。社会民主党要求果断落实国会决定的财务举措，迅速遏制通货膨胀，提供黄金信贷，筹备金本位货币，工资与物价挂钩，设立社会养老金和失业救济金，断绝国防军和所有非法组织的联系。另外，社会民主党还有意识地用外交辞令宣布：“在尊重国家统一和共和国主权的基础上，用外交方式解决赔款问题。”这句话特意没有被放到一系列条件的首要位置上。社会民主党提出的最后一个条件是，德国要申请加入国际联盟。[20]

库诺的辞职不仅是共产党和社会民主党的杰作。资产阶级政党在前几周对总理的不满也在不断增长。7 月 27 日，中央党的重要报纸《日耳曼》（*Germania*）猛烈抨击总理，这通常被认为是政府危机即将来临的迹象。8 月 12 日，倾向于德意志人民党的施廷内斯新闻喉舌《德国汇报》（*Deutsche Allgemeine Zeitung*）提出建立一个大联合政府，施特雷泽曼是一届内阁天生的领导，是对新局面应有的回答。德意志民主党和中央党持同样观点，只有巴伐利亚人民党对与社会民主党合作持强烈的保留态度。

如果大多数企业家不认为这样一个政府联盟非常必要，那么德意志人民党就不会为成立大联合政府做出努力。多数大型工业家在 1923 年夏天意识到，停止消极抵抗是迟早的事情，而像施廷内斯这样有政治头脑的人认为大联合政府的结果是，
204 社会民主党要为这一不受欢迎的步骤共同承担责任。持续的通货膨胀已经没有意义，因为它不再给大型资产所有者带来任何好处，而只是造成经济混乱。可以预见，在一个大联盟中，就如何达到稳定方式的看法会有很大分歧。但对于企业家而言，首先要解决消极抵抗的问题。如果大联盟完成了这项任务，这届政府就完成了主要的目标。[21]

施特雷泽曼作为库诺的候选接任者实际上没有争议，这其中有多个原因。社会民主党作为势力最大的政党不愿意出任政府首脑，因为这样会更损害党内的凝聚力。这种苗头在与德意志人民党结成政府联盟时已经出现了。社会民主党认为，由施特雷泽曼这样具有民族倾向并与工业界接近的政治家来负责艰难的外交政策方针矫正只有益处。这位德意志人民党主席出生于柏林，1923 年 5 月刚好 45 岁，国民经济学专业毕业后，任

萨克森工业家联合会顾问，后在工业联盟主席团中担负重任。1907年以来，他一直是民族自由党派的国会议员。第一次世界大战期间，他是狂热的吞并主义者，也是鲁登道夫的追随者，因此左翼自由主义派认为他的这种前科过于严重，以至于1918年底两个自由党的合并都失败在这一点上。在卡普-吕特维茨政变期间，施特雷泽曼和他领导的德意志人民党摇摆于各个阵线之间，采取了机会主义策略。但是后来的事实证明施特雷泽曼能够从中吸取教训。他坚定地主张采取温和的外交政策，并说服1918年仍然赞同君主立宪制的德意志人民党拥护共和国这个既成的历史事实，捍卫它并与共和国的敌人斗争。1923年8月9日，他在国会上再次做出对宪法制度的坚定承诺。这一承诺令社会民主党人容易做出同意他担任总理的决定。而中产阶级的中间政党，如中央党和德意志民主党，没有人能够在讲演天赋和政治贯彻力方面与他媲美。他们也认为，在1923年8月时，施特雷泽曼是最有能力继承和成功处理库诺遗产的政治家。[22]

8月12日，总统艾伯特委任施特雷泽曼组建政府。两天之后新内阁组建完毕。四位部长出自社会民主党：前农业和经济部部长罗伯特·施密特担任副总理兼重建部部长；出身于维 205
也纳犹太家庭的鲁道夫·希法亭担任财政部部长部，他医学院毕业后做过医生，后来成长为马克思主义的重要理论家；党内右翼领袖、来自科隆的帝国议员和《莱茵报》编辑威廉·绍尔曼（Wilhelm Sollmann）出任内政部部长；法律哲学家和刑法专家古斯塔夫·拉德布鲁赫（Gustav Radbruch）担任司法部部长，维尔特时代他就是这个部的领导人。经济部部长由汉斯·冯·劳默尔担任，这位德意志人民党的议员是1918年中央工作小组的创建人之一。德意志民主党的鲁道夫·厄泽尔担任交通部部长。中央党政治家安东·赫夫勒（Anton Höfle）担任邮政部部长。继续留任原职的有：中央党的劳工部部长海因里希·布劳恩斯（Heinrich Brauns）；天主教神学家和无党派人士，但倾向于人民党的汉斯·路德担任农业部部长；一贯反对社会民主党的德意志民主党人奥托·格斯勒继续任德国国防部部长。施特雷泽曼本人还临时兼任外交部部长。[23]

社会民主党中对加入大联盟一直争吵不断。8月13日议会党团中有83名议员投票赞成参与政府，39名议员投票反对。同一天，包括萨克森社会民主党和大多数前独立社会民主党人在内的43名议员，公开宣布反对新的大联合政府，并呼吁与资产阶级进行斗争，绝不与大企业资本建立同盟。施特雷泽曼发表政府宣言之后，8月14日举行了关于联合政府党的信任投票，社会民主党中那些持不同政见者，除两人外都没有参加投票，而这两个人投了反对票。以埃森商会负责人赖因霍尔德·夸茨（Reinhold Quaatz）为首的德意志人民党右翼12名议员组成了一个类似“资产阶级”小团体，在唱票之前高调地离开大会会场。德意志人民党和社会民主党议员中约有三分之一没有参加投票。社会民主党、中央党、德意志民主党和德意志人民党这四个联合政府党中有240名成员投票支持政府。76名人民代表，即德国共产党、德意志民族人民党、民粹自由党、独立社会民主党的2名成员和社会民主党的2名成员投票反对。包括巴伐利亚人民党在内的25名议员弃权。[24]

社会民主党人进入帝国层面的第一届大联合政府，稳定了工人大众的情绪。几天之后全国各地开始逐步复工。因此，德国共产党希望借助“反库诺罢工”起到的作用适得其反：社会动荡并没有演变成一场革命危机，而是为在议会框架下的政治解决方案铺平了道路。显然工人当中大多数支持社会民主党，但他们并不准备引发社会和政治动荡。而德国共产党则认为，德国出现动荡的时机日趋成熟。基于这样的判断，德国共 206
产党中央在 8 月 14 日宣布，组建大联合政府只是意味着人员的改变而不是路线的改变："社会民主党的公开参政，就是继续其原有的、已经破产的联合政府的方针和合作政策。新的灾难不可避免。新的崩溃近在咫尺。"[25]

右派对施特雷泽曼新政府的反应并不比左派好。来自巴伐利亚的评论充满敌意，巴伐利亚对《共和国保护法》耿耿于怀，库诺政府并未能够阻止巴伐利亚废除这部法律，现在巴伐利亚开始担心"秩序的壁垒"的特殊角色会受到威胁。8 月 16 日，曾在库诺内阁任总理府国务秘书的德意志民主党国会议员爱德华·哈姆（Eduard Hamm）在来自慕尼黑的一份报告中指出，绝大多数巴伐利亚人认为大联合政府"没有任何进步，它是对民族力量强大的邦强有力的领导层的威胁，并且对维护巴伐利亚经济和政治利益构成威胁。这也是大多数人的看法"。新任司法部部长古斯塔夫·拉德布鲁赫尤其不受欢迎。他被视为《共和国保护法》的代言人，免除堕胎惩罚的倡导者。库尔特·艾斯纳的私人秘书、宪法律师费利克斯·费申巴赫（Felix Fechenbach）也不例外。1922 年 10 月，费申巴赫被巴伐利亚人民法院判处 11 年徒刑，指控的理由是，他和艾斯纳一起在 1919 年发表了德国要对发动第一次世界大战承担罪责的官方文件，而这些文件据说是伪造的。

但巴伐利亚并不是反对大联合政府的唯一根据地。联邦公民教育中心（Bundeszentrale für politische Bildung）的前身叫作帝国家乡服务中心（Reichszentrale für Heimatdienst），这个中心的一名工作人员9月中旬从鲁尔地区提交了一份报告，报告中称，不仅在德国民粹自由党和德意志民族人民党的支持者中，而且在德意志人民党纵深处，煽动民族主义本能和激情的活动比比皆是。“这些人说，要不是犹太人政府像1918年那样出卖和背叛我们，我们还可以长久地继续抵抗下去。奥地利的犹太人希法亭和半个犹太人施特雷泽曼（实际上不是施特雷泽曼，而是他妻子有犹太血统），他们对民族的尊严和德国的荣誉一无所知。”社会民主党在1923年8月14日再次加入政府，这一举动是对民族主义团体的挑衅。这些团体以为，所谓超党派的库诺内阁才是朝集权国家的正确方向迈出的一步。从宣传的角度看，大联合政府也给激进右派带来了好处。为鲁尔地区争议的失败寻找替罪羊不难，一如第一次世界大战结束时
207 那样，他们在政治左翼、犹太人那里找到了替罪羊。鲁道夫·希法亭在施特雷泽曼内阁中掌管最不受欢迎的部门——德国财政部，这就给反犹分子提供了最好的攻击目标。他们可以发动一场对维也纳犹太马克思主义者的攻势，其恶意并不逊色于对瓦尔特·拉特瑙的攻击。[26]

1923年夏天紧急叫停消极抵抗运动的当然不是社会民主党和工会，倒是那些领导行业的企业家力促尽早结束这场无望的鲁尔斗争。8月下旬，科隆凤凰集团的股东奥托·沃尔夫（Otto Wolff）开始与驻莱茵兰的法军指挥官德古特商讨莱茵铁路的管理和未来向法国运输货物等事宜。希法亭则在8月30日向内阁发出警告，放松消极抵抗是极其危险的，因为这会被视为“背叛工人”的举动。德国总工会联合会委员会于9月7日通过一项决议，呼吁“在占领区尽快恢复生产工作”，社会

民主党马上出面干涉并阻止了这项决议的发表。社会民主党的一名发言人9月19日在埃伯菲尔德召开的占领区各政党联席会议上保证："在工会和社会民主党组织中的工人群众绝不屈服。"[27]

温和左派竭力避免被人再次说成是"背后捅刀传说"中的凶手，但他们最终不得不承认，德国的气数已尽。没有马克的稳定，就不可能实现经济复苏。只要德国为鲁尔地区的抵抗提供融资，马克与其他货币的兑换汇率就降不下来。帝国银行的贷款让停工的矿业继续支付工人的工资，从技术上保住了企业，却大大加速了货币的贬值。购买力的迅速下降是"反库诺罢工"的主要原因，而"反库诺罢工"又进一步加剧了通货膨胀。为了遏制社会动荡，企业家们同意大幅提高工资，并于9月1日与工会签署了一项协议，让工资和生活指数挂钩。在接下来的几周里，主要是因为与指数挂钩的工资，物价再次快速上涨。9月3日，1千克的黑麦面包价格为27.4万马克，9月24日需要支付300万马克。1千克土豆的价格在同一时间段内从9.2万马克升至124万马克，1千克黄油的价格从1400万马克升至1.68亿马克。[28]

施特雷泽曼内阁中关于如何解决马克问题的意见分歧很大。达成的唯一共识是必须迅速采取行动，防止在德国发生大饥荒：虽然收成不错，但农民和大地主仍在囤积货物，目的是 208
在货币改革后用稳定的价格出售货物。为了消除农业界的不信任，德意志民族人民党国会议员卡尔·黑尔费里希8月18日在内阁向各位部长建议，将黑麦作为新马克的价值衡量工具。黑尔费里希应希法亭之邀在内阁做报告，报告中还提议建立一个私人货币银行，由工业界和农业界代表出任股东。因为这两方需要确保“黑麦马克”的稳定，所以这位昔日的皇家国务秘书同时提出，废除刚刚出台的给工业界和农业界增加负荷的特殊税种。[29]

社会民主党财政部部长认为，黑尔费里希的计划是无法接受的。货币银行如果由有产者“行业”来支撑，这意味着国家权力进一步封建化，致使权力从劳动人民手中向企业家方向偏移。拒绝德国国会刚刚决定的统计有形资产的做法，一定会被工人视为有针对性的挑衅。希法亭同样不能接受的是，为什么要放弃坚实货币只能以黄金作为衡量标准的思路。财政部部长起初不想提出自己的改革计划，他认为解决鲁尔问题后才能进行货币改革。在总理和内阁同事们的坚持下，希法亭还是在9月初提出了一个方案，建议马克和黄金挂钩，建立独立的中央黄金银行，用经济抵押作为兑现纸币以及向帝国提供贷款的基础。

内阁于9月10日批准了希法亭的提议。但第二天帝国银行宣布，任何允许国家干涉帝国银行的举措都是无效的，因此它将立即停止贴现国库券。但是，帝国银行比较看好黑尔费里希的计划，于是德国经济部部长冯·劳默尔9月13日表示赞成那名民族人民党政客的方案。德国工业帝国协会和中央党也赞成这一决定。因此内阁9月13日在希法亭和黑尔费里希的提案之间选择了一个折中方案。以最快的速度建立中央黄金银行，但首先必须创建一种价值稳定的临时支付工具，以便让农业界接受。内阁于9月26日通过的法律草案也遵循这一原则。草案采纳了黑尔费里希建立一个由行业支撑银行的要求，但是
209 把任命这家银行行长的决定权交给了帝国政府。按照希法亭的要求，衡量价值的标准不是黑麦而是黄金。向实物资产征税这

一点基本上不变，因此财政部部长和他的同行也不必有挫败感。但是这个法律草案与内阁9月10日明确表示的立场有很大差距。在帝国银行的帮助下，工业界和农业界成功修订了法律条款，这些修订条款对希法亭宣扬的国家优先提出了影响深远的质疑。[30]

如果不解决鲁尔问题，就不可能对马克进行永久性修复，希法亭的这个论点在1923年9月底与在施特雷泽曼政府成立之初时一样有效。总理在8月23日向内阁表示，由于民众士气低落，消极抵抗运动只能坚持到入冬前。在这一点上，在场的所有人都没有表示反对。参会的普鲁士邦内政部部长泽韦林甚至认为，现在已经提不上什么消极抵抗了。保安警察已经屈服于占领势力，经济界已经向法国人妥协，占领区的工人阶级道德低下，需要数年的教育工作才能重整工会纪律。

施特雷泽曼最初希望英国出面调停与占领者的冲突。但是总理最迟在9月19日不得不认识到他不能再指望伦敦：普恩加莱和5月底上任的保守党首相斯坦利·鲍德温在巴黎会面后，英国传来消息说，两国在所有问题上没有根本的意见分歧。第二天，鉴于英法之间明确的相近立场，德国政府不得不做出表态：内阁准备无条件投降，并决定请占领区的代表、邦总理和党领导做好准备，以应对不可避免的局面。此时，只有德意志民族人民党出面反对并要求德国政府宣布“《凡尔赛和约》无效”。9月26日，德国总统和德国政府在一项联合呼吁中宣布结束消极抵抗，同时再次提出严重抗议，称占领行动是非法的。[31]

停止消极抵抗在内政和外交上都是一种冒险行动。帝国政府只能希望法国现在会与德国开始谈判，哪怕是先开始就莱茵和鲁尔局面的谈判，但这个愿望是否能够实现还不得而知。同时，政府也非常担心那些迄今在居民中几乎得不到什么支持的占领区分裂分子会在法国和比利时的支持下加速他们的活动，以达到将莱茵河左岸地区，或至少一部分地区从帝国分离出去
210 的目的。最后，政府还要预防极左翼和极右翼的政变企图。9月 26 日的投降对极左翼和极右翼来说是天赐良机，他们可以借机发动攻势反对施特雷泽曼政府以及支持政府的政党。

9 月 26 日，巴伐利亚对帝国发动了第一次攻击。停止消极抵抗运动后，巴伐利亚邦政府立即根据《魏玛宪法》第 48 条第 4 款宣布进入紧急状态，并将执法权交给上巴伐利亚行政长官古斯塔夫·冯·卡尔。第二天，邦总理冯·克尼林向帝国总理辩解采取这一措施的理由：巴伐利亚上上下下群情激愤。为防止来自任何一方的“愚蠢行动”，所以特此任命与右翼组织有“特殊关系”的冯·卡尔先生为邦总专员，因为此人可以对这些人施加影响。卡尔甚至被《巴伐利亚国家报》（*Bayerische Staatszeitung*）称为“巴伐利亚爱国势力的中心和集成”。卡尔在“第一次公开声明”中说，他希望“能够依靠所有出身德意志的团体，希望这些团体能够像我本人一样诚实地报效我们的祖国”。这句话的明确含义就是，犹太人并不在这个“圈子”里。[32]

9 月 26 日夜间到 27 日凌晨，帝国政府对巴伐利亚的单独行动做出了回应。帝国政府动用紧急法令，宣布整个德国进入紧急状态。这个法令限制了一些基本权利，对犯有叛国、纵火、爆炸恐袭以及破坏铁路设施等行为之人判处死刑。紧急法令赋予帝国国防部部长执法权，他可以把这一权力委托给其军事指挥官。从纯法律角度来看，德国总统或德国国会可以向巴

伐利亚政府提出要求，勒令其停止自己的行为。但是施特雷泽曼和内阁中资产阶级政党成员认为巴伐利亚不会遵守这一要求，因此最好不向慕尼黑提出这个要求。

而社会民主党内阁成员则因这些同僚的软弱战术陷入了严重困境。正如内政部部长绍尔曼 9 月 27 日所说，任命卡尔为总专员是“对所有共和团体的一个严重挑战”。社会民主党领导层及其议会党团在同一天表示，这是巴伐利亚右翼极端分子发出的“信号”，在德国其他地方“腐蚀民众的民粹团体”可能会采取类似的行动。出于这个原因，在整个帝国延长紧急状态是有理由的。因资产阶级政府伙伴的抵制，社会民主党未能坚守住自己的最初要求，即帝国应该要求巴伐利亚取缔那里的紧急状态。9 月 30 日社会民主党的部长们只满足于同意给巴 211
伐利亚邦政府发出一封信，信中请巴伐利亚“澄清”邦总专员的法律地位，并“审查”是否需要“废除”颁布的法令。绍尔曼、施特雷泽曼以及格斯勒共同起草了这封信，信中还强调帝国政府非常重视卡尔在民政管理方面采取的措施，要对各方都不偏不倚。这封信无非是向这位总专员提出一个礼貌的请求，他不应该像他上任最初几天那样，继续宽厚地对待纳粹党人。

9 月 30 日，总理本人在内阁会议上罗列的一些事件，说明了必须“迅速澄清”巴伐利亚与德国之间的关系。最严重的事件是卡尔拒绝执行格斯勒作为执法权全权代表对《人民观察家报》发布的禁令，这份由希特勒出版的民族社会主义德意志工人党机关报，在 9 月 27 日刊登了一篇标题为《独裁者施特雷泽曼和泽克特》的文章，对总理和军队领导人做出猛烈的反犹攻击，指责他们一个和犹太人结婚，另外一个和半个犹太人结婚。除格斯勒外，所有资产阶级政党的部长都认为施特雷泽曼给巴伐利亚政府的信函毫无用处，达不到任何目的。甚至国防部部长也公开表示，这封信最终不会有任何结果。但是他说国家不能动用军队对巴伐利亚实行惩罚，这句话揭示了问题的实质：国防军不准备对公开敌视国家的巴伐利亚采取行动，因此帝国没有办法强迫这个自由邦听话。

格斯勒说完这番话的第二天，情况变得更糟。10 月 1 日，巴伐利亚的国防军司令冯·洛索将军拒绝按照卡尔的意见取缔《人民观察家报》。这是拒绝执行命令的一个明显案例。只要洛索继续担任巴伐利亚国防军的司令，帝国国防部部长在巴伐利亚的执法权就意味着只是纸上谈兵。当然，这也符合“国防军不会向国防军开火”的口号。这个口号出自卡普-吕特维茨政变期间泽克特之口，尽管不是逐字逐句的复制，但还是表达了主要含义。因此不必期待国防军司令部会动用军事力量强迫洛索辞职。[33]

212 除了“部队不向部队”开火以外，1923 年秋天还有另一个原因促使这位国防军总司令对巴伐利亚持宽容的态度：泽克特准备在柏林担任类似卡尔在慕尼黑的职务。9 月，大农场主代表，即德意志民族人民党，有一段时间甚至泛德意志协会的代表都敦促泽克特接管政权。更为重要的是，胡戈·施廷内斯还希望这位国防军司令加入一个独裁的“领导团体”，以应对德国共产党发动武装行动。除了泽克特外，这个计划中还提到了一些名字。至 1923 年 10 月初一直担任施廷内斯集团柏林部门总经理的弗里德里希·米诺克斯（Friedrich Minoux），克虏伯集团的前董事会成员、现德国驻华盛顿大使奥托·维德费尔特（Otto Wiedfeldt）等人都是这个拥有特殊全权“领导团体”

的成员。

施廷内斯的动机通常都是从经济角度出发的。在他看来，只有一个专制国家才能破除 1918 年 11 月以来的一些社会成就，特别是 8 小时工作制，否则就不可能实现新的经济增长。9 月 15 日，施廷内斯向美国霍顿大使解释道，为了实施这些改变，必须找一个“有权的”独裁者“来做必须做的事情。这个人必须讲人民的语言，而本人又是来自资产阶级。这个人选已经准备就绪了”。在这里，施廷内斯不可能指希特勒。可以肯定的是，这个独裁者应该为计划中的“领导团体”奠定广泛的基础。施廷内斯告诉霍顿，至关重要的是右翼势力不得主动出击，而是在即将发生的共产党暴乱时下手，否则外界将对德国有成见。在柏林甚至有传言称，10 月 1 日布赫鲁克（Buchrucker）少校在屈斯特林（Küstrin）发动的地方政变是施廷内斯挑动的。这次政变以惨败告终。据说施廷内斯之所以要推动这次政变，是因为他想用这种方式来防止民族主义势力过早地发动更多的政变。[34]

1923 年秋天，不仅是企业家，而且极右翼军人和政客都在考虑用独裁方案来解决危机。甚至共和国最高代表在 9 月底也认为，维持国家统一的最后办法只有尽可能地将权力交给军队，即便这只是暂时的做法。9 月 22 日，艾伯特和施特雷泽曼当着内政部部长绍尔曼和国防部部长格斯勒的面，与泽克特讨论了总理作为行政权所有人，将权力交给国防军总司令的可能性。泽克特表示同意，尽管他认为这种权力转移的形式并不是最佳办法。他不久后起草的政府计划和政府宣言与帝国总统和帝国政府的意图当然没有什么共同之处。这位国防军总司令 213
想作为紧急总理将德国转变为一个专制的等级国家，也就是俾斯麦 1880 年设想的政体。

鲁道夫·希法亭认为建立另一种独裁统治是大势所趋。为了防止大联盟在巴伐利亚问题上发生破裂，这位财政部部长 9 月 30 日提议，应向国会要求授权政府“在财务和政治上采取必要行动，此外还要让国会休会。这是保住帝国的唯一途径”。内政部部长绍尔曼在同一次内阁会议上也表示，局势如此危险，以至于无法避免部分偏离议会民主制度。“来自右翼和左翼的风暴不断增加，”会议记录员绍尔曼这样写道，“人们担心，一旦出现暴力，后果将是让德国人民倒退数十年。因此，大联盟的任务是保护帝国和人民，这只有在广大人民群众支持的情况下才可以做到。现在大家都认为独裁措施是必要的。必须寻求一种不会引起新的严重震荡的形式。”[35]

1923 年秋天出台的各种独裁方案都提到了共产党暴动的危险，这绝不是德国共产党对手们的凭空想象。在谈论极左翼的革命尝试时，通常会联想到萨克森。社会民主党的泽格纳少数政府在议会中需要得到共产党的容忍，因此政府给予共产党的活动空间是德国共产党在其他邦享受不到的。特别从中受益的是无产阶级百人团这个准军事联盟。1923 年 8 月以来，这个组织越来越多地进行大规模地野外演习，测试警报，并且囤积武器。武装工人最坚决的反对者是萨克森国防军司令阿尔弗雷德·米勒（Alfred Müller）将军。泽格纳一再公开提及与“黑色国防军”有关的非法活动，对此米勒以自己的方式做出了回答：1923 年 8 月，他禁止军官参加德累斯顿举行的官方立宪庆典活动，拒绝与萨克森政府继续交往，称这种接触对“热爱荣誉”的士兵来说是一种苛求。9 月 27 日全德宣布紧急状态时，萨克森的行政权被移交给了米勒将军。自此情况不可避免地进一步恶化。9月底时就可以预见，帝国政府如果对萨克森采取惩戒措施，它将不必担心会产生像巴伐利亚那样的后果。在萨克森只会发生国防军与激进左翼之间的战争，而不会出现士兵打士兵的局面。

除了萨克森，图林根也为共产党提供了良好的发展机会。214
虽然德国社会民主党与德国共产党在魏玛议会的关系比在德累斯顿更为紧张，9月11日，德国共产党甚至帮助资产阶级政党成功通过了对奥古斯特·弗勒利希（August Frölich）领导的社会民主党少数派内阁的不信任动议，但是在普鲁士和其他邦早就被禁止的无产阶级百人团在图林根仍然安然无恙。9月27日，德国国防部部长格斯勒授予现任地方军事指挥官赖因哈特将军行政权，这位将军在1919年是普鲁士邦的战争部部长。这标志着图林根政府与军方之间进入急剧冲突的阶段。与此同时，左翼势力占多数的社会民主党开始与共产党靠近。[36]

然而，在德国发动共产主义革命尝试的决定，不是由魏玛、德累斯顿或柏林做出的，做出这个决定的是莫斯科。“反库诺罢工”的消息使某些布尔什维克领导人欣喜若狂，共产国际执委会主席季诺维也夫8月15日从他在苏联南部的度假地向执行委员会发出指示：德国共产党和共产国际行动的决定性新篇章即将开始，因此德国应为即将到来的革命危机做好准备。托洛茨基也持相似的乐观态度，他立即邀请共产国际执委会的两名德国共产党议员奥古斯特·恩德勒（August Enderle）和雅各布·瓦尔歇（Jakob Walcher）来到他在苏联南部的度假地，更详细地向他通报德国的情况。

为德国革命做准备的下一个重要日期是8月23日。这一天联布（共）政治局举行了秘密会议。拉狄克、托洛茨基和季诺维也夫赞成德国共产党发动革命进攻，并认为在接下来的几周或几个月内将进入决定性战斗。斯大林对此持怀疑态度，并对革命是否会在1923年秋天爆发表示怀疑。讨论结束时成立了一个委员会。这个委员会专门负责准备和领导德国的行动。委员会成员包括宣传和军事专家拉狄克，以及苏联驻柏林大使尼古拉·克列斯京斯基（Nikolai Krestinski），当然这不是公开的。这位苏联最高外交代表负责管理秘密资金，用于准备“德国十月革命”。

8月23日秘密会议上不成文的座右铭是“机不可失，时
215 不再来”。此时重病在身的列宁已经不是布尔什维克的决策人。布尔什维克主要领导人认为，1923年夏末的德国和1917年夏末的俄国类似。外部和内部危机升级，暴力行为一触即发。共产党人必须决定，是自己先出击还是让法西斯分子先下手。迅速采取行动的一个理由是，施特雷泽曼政府试图靠近英国，如果这样做就比较容易形成反苏阵营的开端。正因如此，拉狄克也为新的进攻理论积极辩护。他是“永久革命”代言人托洛茨基的支持者，他希望在德国获得成功后，红军的创建者之一托洛茨基能更容易对付其对手季诺也耶夫、加米涅夫和斯大林。当然，莫斯科的一些策划者也希望，德国的共产主义革命会转移苏联工人对物质匮乏的不满，并长久地帮助苏联解决巨大的经济问题。

和共产国际的领导人相比，德国共产党主席海因里希·布兰德勒对德国革命的可能性保持更为冷静的态度。8月底或9月初他抵达莫斯科，经过数周的讨论之后，他似乎在逐渐改变态度，做出更为积极的判断。布兰德勒到访不久之后，“左派”阿尔卡迪·马斯洛、露特·菲舍尔和恩斯特·台尔曼等

人前往苏联。让这些人成为马上要发动的革命的支持者，并不需要费很多口舌。季诺维也夫称“2200 万德国工人”就是红军的招募群体，并做出大胆预言，“700 万农业工人”也会加入。共产党人进入萨克森政府应该成为革命的引爆器。共产党可以站在这个战略位置上组织工人武装。托洛茨基为“德国十月革命”挑选了一个确切的日期，这就是 1918 年 11 月 9 日德国革命的五周年纪念日。布兰德勒则把日期的选择定得更加灵活一些，革命的时间可以在 10 月下旬或 11 月初。10 月 1 日，季诺维也夫给德国共产党中央下达指令，只要“泽格纳等人”确实准备反击巴伐利亚和法西斯分子，用实际行动来捍卫萨克森，共产党就应该进入萨克森政府。接下来的话是：“立即实实在在地武装 5 万到 6 万人，不用管米勒将军，在图林根也是如此”。[37]

在莫斯科积极准备德国革命的同时，德国的危机继续恶 216
化。在外交方面，停止消极抵抗并没有带来积极效果：普恩加莱依然拒绝与德国政府正式谈判。另外，施特雷泽曼内阁拒绝了法国让德国官员宣誓效忠占领当局的要求。在法国和比利时当局半公开半隐蔽的支持下，鲁尔河畔分裂分子的挑衅活动日益加剧。9 月 30 日，分裂分子在杜塞尔多夫组织的一次大规模示威游行中和德国警察发生流血冲突，随后被法国占领军包围并被缴械。共产党的非法无产阶级百人团也参加了分裂分子的斗争，据称在杜塞尔多夫甚至使用了手榴弹。但总体而言，消极抵抗结束初期工业区还比较平静。德国共产党的地区领导呼吁 9 月 27 日举行一天罢工，反对“施特雷泽曼-希法亭政府”，反对“法国帝国主义和分裂主义”，大约只有一半的工人参加了这次罢工。[38]

9月底内部危机的加剧不能仅仅算在共产党的头上，而更应算在企业家头上。9月30日，非占领区的矿主们在翁纳（Unna）通过的一个决定，无异于对国家和工人阶级的蓄意挑衅。这项决定规定，从10月8日起矿山企业每日矿下工作时间从7小时延长到8个半小时，包括进矿和出矿的时间。这项决定把矿工的作息时间恢复到了战前的状态。虽然重工业和德国工业帝国协会早就预告，松动8小时正常工作制的规定难以避免，但是翁纳的决议远远超出了这一要求：采矿公司的要求违反了1922年7月17日《帝国法》，该法规定矿井内工作时间为7小时，加班时间要按劳资协议执行。

翁纳决议最初没有公开发表，而是寄给了实际的收件人帝国政府。矿场主管们认为参与政府的社会民主党不可能屈服于来自企业家的压力。一切迹象表明，9月30日的举动旨在摧毁施特雷泽曼内阁。以胡戈·施廷内斯为代表的一批人认为，消极抵抗结束后，大联合政府已达到了它存在的目的：社会民主党已经为必要但不受欢迎的外交政策承担了连带责任。但是内政的关键问题只能采取与社会民主党抗衡的方式解决，最起码这是德国这位最有权势的企业家的看法。[39]

217 但是社会民主党部长们绝不否认德国要恢复经济就要加班工作的观点。中央党政治家、帝国劳工部部长布劳恩斯在10月1日的部长会议上明确表示，无法维持现有形式的8小时工作制。取而代之的应该是“以健康为基础的最长工作日”，即在不损害健康的前提下提高工作量。社会民主党对这一点并没有提出反对意见。布劳恩斯要求8小时的采矿工时（包括下矿和出矿），经济部部长冯·劳默尔要求加强对重要企业的保护，并禁止在收割期间农业工人举行罢工，社会民主党人对此也没有异议。副总理施密特只是认为，无须过多公开讨论，落实必要措施才有用。施特雷泽曼提出第二天向国会递交授权法案的建议，此举得到全体内阁的同意，授权法案要求赋予政府在金融、社会和经济政策领域的全方位特权。

9月30日，劳工部部长布劳恩斯首次在辩论中使用“全权”一词，财政部部长希法亭立即采纳了这一说法。内政部部长绍尔曼在同一次内阁会议上提到了“独裁措施”，措施内容主要是指工作时间问题。显然，社会民主党的部长们认为，他们的政党最好是通过政府的授权间接地承担暂时偏离8小时工作制的责任，而不是以参与制定工时法规的方式来直接承担责任。在这种情况下，迄今践行的联合政府政策已经通过某种方式被取消了。社会民主党的部长们，甚至施特雷泽曼全体内阁都认为，只有短时间让部分执法权独立出来才能拯救议会制。与此同时，还有一场关于让帝国国防军暂时成为国家权力主要承担者的讨论。这场讨论和授权法的讨论一样，标志着德国正处在卡普-吕特维茨政变以来最严重的内部危机之中。

虽然社会民主党内阁成员认为局势不可逆转，但他们都不敢肯定自己的党主席和议会党团是否会同意他们的观点。10月2日上午的议会党团联席会议上，党主席赫尔曼·米勒提出了比社会民主党部长们更为强硬的路线。在巴伐利亚问题上，他代表社会民主党对此做出了严厉的批评。至于给政府扩大授权的要求，米勒并没有从根本上予以拒绝。他提到了货币问题，并间接批评了党内盟友希法亭，认为希法亭在这个问题上浪费了很多时间。米勒指出，授权法草案将会引起强烈反响，一方面是因为现在不应该讨论工时的问题，另一方面是因为布劳恩斯刚刚宣布了失业救济金新规定。最后他对提高煤矿产量的观点也提出了异议，毕竟现在矿场里都堆满了褐煤。

218 然而，10 月 2 日上午，各党领袖的会议上真正引起轰动的并不是赫尔曼·米勒的忧虑，而是德意志人民党议会党团主席恩斯特·朔尔茨（Ernst Scholz）的提议。他坚持全方位放弃 8 小时工作制，并完全站在德意志民族人民党的立场上要求“与法国决裂”，邀请德意志民族人民党加入大联合政府。朔尔茨的要求反映出德意志人民党当时的观点。9 月 28 日至 10 月 1 日，国会议员胡戈·施廷内斯和他的几名密友，如埃森商会负责人赖因霍尔德·夸茨与施廷内斯集团下属的德国卢森堡矿山和冶炼厂总经理阿尔贝特·弗格勒（Albert Vögler），成功地将德意志人民党的议会党团拉到破坏大联合政府的立场上来，对外则把施特雷泽曼内阁的失败归咎于社会民主党。

这个精心策划破坏大联合政府的人，不仅仅是想把社会民主党赶出政府。大联合政府的终结是通往“民族专政”的一个阶段，与德意志民族人民党的互动是为筹备“领导团体”提供一定数量的议会支持。他们并没有想克服危机后重返议会民主制，施廷内斯团体的活动无非就是要密谋推翻魏玛共和国的宪法体制。施特雷泽曼身为总理，很少能参加本党的议会党团会议，而右翼势力又故意向他隐瞒这些阴谋：按照人民党右翼的想法，大联盟的结束也是总理生涯的终结。

施特雷泽曼从 10 月 2 日第一次党领袖会议得出的结果是放弃当天计划提交给国会的政府宣言。当天傍晚的第二轮联合政府会谈中，朔尔茨虽然不再要求民族人民党参政，因为这对社会民主党人来说根本不能接受，然而这次讨论也没有找到解决政府危机的办法。内阁辞职似乎只是几个小时之内的事情。在后来的内阁会议上，社会民主党部长们做出了一个本不可能

的决定，即同意关于工作时间的提案，这个提案在很大程度上
与布劳恩斯“以健康为基础的最长工作日”提法类似，同意 219
在授权法案基础上，在矿山企业实行矿下 8 小时一个班次，包括进矿和出矿时间，在“第一产业”普遍把工作时间提高到“无损健康”的程度。但在巴伐利亚问题上，各派的立场没有取得一致：资产阶级政党希望避免与慕尼黑发生冲突，而社会民主党根据上次党领导会议上米勒的声明，准备提出废除 9 月 26 日巴伐利亚紧急条例的提案。施特雷泽曼认为，在这种情况下只有一条出路：“内阁必须有勇气承担责任，必要时不必考虑议会党团的意见。”

总理认为，只有联合政府的所有伙伴意见一致，内阁才能取得独立。第二天早晨，即 10 月 3 日，大家似乎依然不能达成共识。社会民主党议会党团拒绝用授权法来规范工作时间和其他社会政治问题，这种方法是由政府得到授权后直接出台相关的规定。社会民主党人坚持采用特殊法的办法，显然他们希望在国会中通过更改提案的办法来按照自己的意愿修改政府的提案。这一决议遭到资产阶级政党的强烈反对，似乎大联合政府的终结已经是不可避免的了。然而，中央党的邮政部部长赫夫勒找到了一个可行的折中方案：他在晚上的内阁会议上说，授权法可以涵盖一般的社会政策，而工作时间问题可以纳入特别法。社会民主党的部长们马上同意在议会党团中支持这项提议，德意志民主党也提出了类似的建议。最后施特雷泽曼还承诺，在自己的议会党团中也争取通过这一方案，然而是否成功还很值得怀疑。

社会民主党的部长们再次误判了本党的议会党团。10 月 3 日晚上，议会党团以 61 票对 54 票拒绝了一项也将处理社会政

治问题的授权法。社会民主党内阁成员的失败，首先归咎于一个组织，这个组织自 1923 年春季起，一直在力促实现大联合政府：德国总工会联合会执行委员会在议会党团会议上宣布了一项决议。这项决议反对在 8 小时工作制问题上做出让步，赫尔曼·米勒和国会主席保罗·勒贝也表达了同样的观点。尽管普鲁士内政部部长和明斯特选区国会议员卡尔·泽韦林提出了折中的建议，也无法改变多数人的意见，原因是在投票前大家就已经知道，德意志人民党再次拒绝了有关工时的特别劳工法。

220 在内阁夜间召开的会议上，施特雷泽曼只能得出大联盟失败的结论，随后他通知帝国总统这届政府辞职。导致这一发展的罪魁祸首其实是他自己的政党。在右翼势力的压力下，德意志人民党向社会民主党发起挑衅，不再团结和支持本党的领导人。同时，社会民主党也要对政府危机的后果负责。捍卫 8 小时工作制，捍卫这一 1918 年 11 月取得的重大成就，这对一个工人政党来说是可以理解的。雇主方也毫不掩饰地提出延长工作时间的首要目的，就是要进行社会势力的较量。但还是有一些合理的经济理由让人去考虑暂时松动现行的工作时间制度。迄今还没有一个主要工业国家批准 1919 年 10 月的华盛顿国际劳工保护会议的决议而普遍采用 8 小时工作制。即便是工会坚持德国应通过设备和生产流程合理化来恢复国际竞争力，也不能证明企业家的理由是没有道理的，这就是由于资本匮乏，只能通过增加工作时间来增加产量。

第一届大联合政府失败了，一方面是因为右翼政党中的一些势力想用专制政权取代议会民主制，另一方面是因为左翼党派的多数不愿接受能够让议会多数政府生存下去的妥协。两翼的政党都受到激进竞争对手的压力，这些对手只是在等待机会，等待自己社会阵营中温和派对手做出让步，从而赚取政治资本：政治光谱左边是共产党，右边是民族人民党。不论左右翼，大家都认为党性高于联合政府，因此暂时用议会解决危机几乎不再可能。此刻，德国似乎为接受某种专制做好了准备。[40]

10月6日发生了一件几乎不太可能的事情：新任总理依然是古斯塔夫·施特雷泽曼。他领导的内阁得到了大联合政府各政党的支持。政府危机的结束主要归功于帝国总统艾伯特。他在旧内阁辞职后立即委任施特雷泽曼再次组建政府。虽然民族人民党拒绝施特雷泽曼担任总理，但德意志人民党的大多数并不认同右翼的想法，不准备背弃本党的主席。最后，第一届大联合政府的所有党派都认识到，除了继续他们的合作外没有其他选项。

各政党领袖和社会政治专家们在10月5日至6日取得了 221
关键性突破：就增加产量和“在原则上维持8小时工作日为正常工作日的基础上，对劳动时间法做出新调整”的目标达成一致。“从国民经济角度考虑，为了增加产量和降低生产成本，可以根据劳资协议或法律规定超时工作。”施特雷泽曼提出，是否在必要时可以把矿山8小时一班制以法律形式固定下来，这个问题也得到了肯定的回答。

1923年10月5日的折中方案原则上重复了11个月前达成的共识。这也是包括希法亭和劳默尔在内的大联合政府的专家们当时就赞同的提议。这个方案在韦尔斯政府1922年11月13日的赔款照会中也被提到过。在10月份的头几天，希法亭曾建议使用这次照会的内容，但既没有得到资产阶级内阁成员的支持，也没有得到社会民主党议会党团的支持。后者认为当时的措辞太过分了，前者则认为还不够。几天后大家都认识到，一方面没有比1922年11月达成的短暂共识更好的办法，另一方面它也具有足够的承载力，可以在其基础上建立新的政府联盟。

对于社会民主党人来说，“原则上”承认“8小时工作制”就是某种程度的成功，尽管这毫无疑问地意味着至少部分丧失了当年的成果。社会民主党人认为，他们所取得的成果还有：工作时间问题并没有笼统地由授权法来规定。社会民主党的谈判代表明确表示同意这样一种授权法。赫尔曼·米勒在议会党团会议上承认，这样的法规其实是某种专制，但如果不采取这种合法独裁，可能会出现暴力独裁。尽管没有法律规定，企业家也有足够的实力能够取消8小时工作制。

米勒在10月6日为之辩解的事实，在4天前也是正确的。在此期间，议会民主的命运处在关键时刻。德国战胜了危机而没有陷入独裁，这并不是社会民主党的功劳。社会民主党人在工时问题上取得了小小的进展，但他们在新内阁中的总体政治影响力有所下降。新内阁中社会民主党员不再出任4名部长，
222 而只有3名部长：绍尔曼、拉德布鲁赫和罗伯特·施密特。身为财政部部长的希法亭在自己人当中引起很多争议，他不得不在重压之下放弃这个职位。在特别是来自德意志人民党的压力之下，他将这个职位转交给非党派人士，但倾向于德意志人民党的汉斯·路德。企业家们认为劳默尔过于迁就，所以经济部部长由无党派人士、经济复原部帝国办公室前负责人约瑟夫·克特（Joseph Koeth）担任。接替路德任农业部部长的卡尼茨伯爵（Graf Kanitz）也是无党派人士。他是自10月23日接受任命后才退的党，此前他一直是民族人民党员。自1921年补

选以来，他一直代表民族人民党在国会担任议员。接受卡尼茨进入政府，意在选择一位农场主的代言人。从人员组成上看，施特雷泽曼第二任内阁显然比第一届更为右倾。

内阁组建一周后的 10 月 13 日，国会以必要的宪法多数，即 316 票赞成，24 票反对，7 票弃权的结果通过了授权法。大联合政府（只限于这一届政府）得到了在金融、经济和社会领域的特殊全权。授权书中明确声明不包括对工作时间的规定、养老金的限制以及还需要详细确定的给予某些群体的资助。授权法之所以一次就得到多数同意，是因为共产党和民族人民党在最后表决前离开了议会大厅。因为必须有三分之二议员在场，所以他们希望在场的议员人数无法满足这个条件而令决议失效，但是此举未能成功。另外，高票赞成也反映出德国总统的国会解散令起到了警示作用，条件是一旦授权法案被拒绝，总理就解散国会。此外社会民主党还决定强迫议会党团必须参加此次决定性投票，尽管如此还是有 43 名社会民主党议员没有请假而缺席投票，其中 31 名国会议员提交了一份政治宣言解释这样做的理由，这反映出最大政府党内部关系非常紧张。

在“帝国第一个授权法”短暂的有效期内，颁布的一些法规产生了深远的影响。10 月 13 日内阁通过了一项规定，为后来的失业保险铺平了道路：失业救济金的五分之四由雇主和雇员各承担一半，剩余的五分之一则由公共部门承担。10 月 27 日的“裁员条例”规定，公务员人数应逐步减少四分之一（1924 年 3 月 31 日之前减少 15%，此后再减少其余 10%）。1923 年 10 月 30 日的仲裁条例影响也很深远，引发了诸多争执，它授权邦承担类似劳资谈判高级仲裁的义务。国会没有机 223

会就这样一种大力介入方式的利弊参与讨论，就为工会、雇主协会和邦之间的关系规定了全新的法律基础。根据立法者的意愿，这个“合法专政”时间上是有限制的，但事实证明，其影响是长久的，也是难以纠正的。[41]

一方面帝国政府试图通过颁布条例应对危机，另一方面右翼专制势力和共产主义者则在使局势加剧恶化。卡尔和希特勒在巴伐利亚激烈争夺右翼阵营的领导权。希特勒于 9 月 25 日当选为“德国战斗联盟”（Deutscher Kampfbund）领导人，这是“祖国联盟”的一个新的顶层领导机构。4 天后，卡尔指示下属管理机构暂停执行《共和国保护法》。这位邦总专员的另一项措施甚至更加明确地证明了他对极右翼的支持，尤其是对希特勒支持者的鼓励。10 月中旬，他宣布驱除在巴伐利亚众多的东方犹太人。这些人当中有一些在慕尼黑已经居住了很多年。10 月 20 日，德国国防部部长格斯勒下令，撤掉慕尼黑国防军司令洛索的职务，其实这也是因为洛索多次违抗命令，是早就应该采取的手段。然而，邦总专员和邦政府对帝国决定所做的反应，无异于一次最猛烈的回击：就在当天，洛索被任命为巴伐利亚邦军队指挥官，驻扎在巴伐利亚的帝国国防军第 7 师被巴伐利亚自由邦委以“德国人民的监护人”的重任，而这支部队则交由洛索领导。

毫无疑问，卡尔和他的盟友冯·洛索将军，以及巴伐利亚警察局局长汉斯·冯·赛泽尔（Hans von Seißer）上校的长期意图是，他们并不希望巴伐利亚与德意志帝国分开，而只是发出一个“进军柏林”的信号，用它为德国建立“民族专政”画上成功的桂冠般的句号。“祖国联盟”和民族社会主义德意志工人党应该加入这一行动，但只能担任配角。墨索里尼的角色以及他一年前的“进军罗马”行动，激发了巴伐利亚阴谋家的想象力，但这个角色绝不是为希特勒而准备的，而是要先留给卡尔本人，然后在帝国层面上由一个志同道合的人来承担。即便10月20日爆发了轰动性事件之后，慕尼黑的三头同盟①依然选定国防军总司令作为帝国层面的人选。虽然泽克特同意卡尔的想法，但他坚持权力变更的合法性。在洛索事件中，他的个人声望也受到了威胁，因此对于巴伐利亚的政变策划者来说，能否在柏林取得成功仍是未知数。[42]

1923年10月，极左翼人士的注意力都聚焦到了德国中部。10月10日，德国共产党汇报了共产国际执委会主席九天前给他们布置任务的执行情况：他们加入了泽格纳领导的萨克森政府，但未能进入他们想得到的内政部，因此无法控制警察。但是财政部和经济部现在由德国共产党的两个主要领导人保罗·伯切尔（Paul Böttcher）和弗里茨·黑克特（Fritz Heckert）负责，而党魁布兰德勒则担任邦总理的职务。10月16日，图林根也成立了由社会民主党和德国共产党组成的联合政府。共产党在弗勒利希内阁的两个部门担任部长：阿尔宾·滕纳（Albin Tenner）担任经济部部长，卡尔·科尔施（Karl Korsch）担任司法部部长。 224

由于有议会多数赞成，所以在德累斯顿和魏玛成立左翼统一战线政府是合法的。形式上帝国也没有理由反对这两个新内阁的成立。泽格纳和弗勒利希政府也没有采取任何可称为与帝国为敌的行动。因此德国中部的危机与巴伐利亚危机有着根本的区别。然而在柏林，几乎没有人怀疑共产党进入这两个地方

① 即卡尔、冯·洛索将军、冯·赛泽尔上校。

政府的真正意图，这就是为武装起义做准备。帝国公共秩序监察专员 10 月 19 日称，在柏林发现了武器，在萨克森有武器商店连遭抢劫，这些都是证据。他还报告，萨克森新任财政部部长保罗·伯切尔在 10 月 13 日莱比锡的一次会议上要求立即把无产阶级武装起来。

就在 10 月 13 日，帝国国防军对德累斯顿成立的左翼联合阵线做出了回答：9 月 27 日掌握了行政权的萨克森军事指挥官米勒将军发布了对无产阶级百人团的禁令。3 天后，米勒和国防部长格斯勒沟通后，宣布萨克森警察由国防军直接指挥。这样一来，萨克森政府唯一有效的权力工具就被剥夺了。虽然没有形式上的决定，但帝国对萨克森的惩处已经在很大程度上完成了目标。

萨克森和图林根组建的统一阵线内阁，给社会民主党领导层提出了前所未有的挑战。在帝国和普鲁士邦层面，同一个政党与温和的资产阶级政党、包括企业家的德意志人民党进行合作；而在德国中部的两个大邦，这个政党却与共产党长期共同
225 执政，这是完全不可想象的。左翼联合政府的成立违背了党主席的意愿和严厉警告，当然社会民主党领导也无法禁止这种同盟，因为章程中没有相应的规定。另外，社会民主党也必须照顾到众多支持者。这些人很难理解，他们的政党在帝国政府中能够对巴伐利亚如此宽容，而与此同时又在萨克森政府中采取前所未有的强硬态度。10 月 15 日米勒将军还谴责萨克森政府未经他同意就公开了泽格纳的政府宣言，不仅《前进报》，而且内阁部长绍尔曼都对此提出了抗议。但施特雷泽曼解释说，这位将军的行动事先与帝国总统讨论过，并得到批准。此外总理还指出："如果政府在萨克森不采取行动，某些受到威胁的

萨克森阶层可能会向巴伐利亚求助。那么无须赘言，这将意味着内战和帝国的崩溃。”[43]

共产党先在萨克森起义，然后蔓延到整个帝国。这种危险在10月21日之前确实是存在的。就在这一天，共产党在开姆尼茨（Chemnitz）召开了工人大会。如果一切进展顺利，本次大会原定要发出举行总罢工的号召以及暴动的信号。但是当布兰德勒要求立即发动总罢工以回应国防军的独裁时，这项提议没有得到支持。在场的社会民主党劳工部部长格劳佩（Graupe）威胁说，如果共产党人坚持这个要求，社会民主党就退出合作。对此也没有人提出异议。对布兰德勒提议做出的这种反应，多年之后被奥古斯特·塔尔海默称为“三流的葬礼”，这种描述真是恰如其分。

开姆尼茨工人大会搅乱了“德国十月革命”的时间安排。德国共产党中央不得不认识到，甚至在自己的堡垒萨克森，共产党在工人阶级中都是孤立的。在这种情况下，将总罢工发展为武装起义的成功可能性几乎为零。没有等到已经上路的卡尔·拉狄克赶到德国，党中央就得出了唯一符合实际情况的结论：暂时取消无产阶级起义的计划。

两天后，在汉堡仍然发生了地区性共产党起义。这次起义的主要原因可能是恩斯特·台尔曼领导的沿海地区左翼党组织不想支持党中央的谨慎方针，并野心勃勃地想让汉堡取代萨克森成为德国革命的前沿阵地。但是即便在这座汉萨城市，群众 226
也拒绝跟随共产党。警察声称共有5000名起义者，这个数字很可能是有意夸大的。但可以肯定的是，在10月23日至25日的汉堡战斗中，有24名共产党员和17名警察被杀。这一地区性起义的平息为“德国十月革命”画上了句号。实际上这次革命在起步时就没有逃脱惨败的命运。共产国际和党内左翼在 1924 年初宣称，以布兰德勒为首的“机会主义分子”应该为这次失败承担责任。其实不然，承担主要责任的应该是 1923 年 8 月对德国革命做出误判的那些人，这些人在这个基础上制定了冒险策略。这些人正是莫斯科的共产国际执行委员会及其在德国共产党领导内部的左翼追随者。[44]

共产党在汉堡与警察作战时，德国国防军已经彻底控制了萨克森。自 10 月 21 日开姆尼茨工人大会以来，帝国多个地区的军队集结到德国中部。多个军团进驻莱比锡、迈森、德累斯顿和皮尔纳。包括开姆尼茨在内的几个城市以及在采矿区和福格特兰都发生了枪击事件。10 月 27 日，一名国防军军官在弗赖堡一再要求示威者解散，但后者执意不散开，士兵随即向示威者开枪，造成 23 名平民死亡，31 名平民受伤，还有 4 名士兵受伤。

帝国国防军在施特雷泽曼内阁没有做出正式决议的情况下把部队开进了萨克森。10 月 19 日，部长们仅从总理的口中得知，德国国防军将要恢复萨克森和图林根的法治安全，并阻止右翼激进团体的活动。直到 10 月 27 日，德国政府才对萨克森问题展开了详细而激烈的讨论。德国国防部部长格斯勒要求，任命一名民政专员行使政府权力，直到成立一个没有共产党参与的内阁。这一要求得到了资产阶级多数派支持。社会民主党人对此表示担忧，他们建议尽量说服泽格纳自愿辞职。讨论结束时出台了一个折中方案，这也是德国总统的代表、部级主管迈斯纳（Meissner）极力支持的方案：帝国总理向萨克森邦总理发出最后通牒，要求组建一个没有共产党参与的政府。如果泽格纳不遵守此要求，则由格斯勒作为执行权行使人任命一名专员。这位专员必须从国家利益出发，在组建成新的立宪政府之前负责这个邦的事务。

施特雷泽曼的最后通牒于10月27日送抵德累斯顿，这个 227
通牒中强调了包括布兰德勒在内的共产党政府成员的颠覆性宣传。最后通牒也表达了原则性的观点，这就是让共产党参与政府是有悖于宪法的，这一点从德国共产党的总体纲领中就可以看出来。萨克森的回复于10月28日如期到达柏林，回复对最后通牒做出了明确的否定：只有萨克森邦议会有权解散政府，只要邦议会没有做出这个决定，政府就会坚守岗位。

第二天帝国制裁措施正式出台。根据《魏玛宪法》第48条，帝国总统授权帝国总理免除萨克森政府成员，以及邦和地方政府成员的职位，并委托他人管理相关公务。施特雷泽曼随后任命德国前司法部部长和德意志人民党现任国会议员卡尔·鲁道夫·海因策为萨克森的帝国专员。10月29日下午，德国国防军伴随着军乐进行曲列队行进到德累斯顿各部办公地点前，迫使部长们离开其办公室。据称，军人的子弹已经上膛。开姆尼茨的共产党和社会民主党的领导层随后发出总罢工号召，但没有得到回应。10月30日泽格纳正式宣布辞职，这也意味着各部领导人辞职。在党主席奥托·韦尔斯和党领导成员威廉·迪特曼在场的情况下，社会民主党议会党团提名前经济部部长阿尔弗雷德·费利施（Alfred Fellisch）组建一个纯社会民主党少数政府。共产党拒绝支持这个政府，但德意志民主党表示同意。10月31日萨克森邦议会选举费利施接替泽格纳的职务。同一天，艾伯特总统在施特雷泽曼的要求下通知海因策结束其帝国专员的任务。[45]

帝国对萨克森的惩罚，与国防军及对其负责的国防部部长格斯勒的设想有所不同。显然是艾伯特说服了施特雷泽曼，在萨克森采用另外一种比较平和的紧急状态方式来解决问题，而不是采用9月26日的紧急状态令。10月29日帝国总统颁布法令，授权总理任命一名萨克森帝国专员，这种做法有力回击了国防军争当内政决定性角色的企图。施特雷泽曼通过这种授权方式证明，即使在极度危急的情况下，也不必把政治的至高权力交给军队。如果格斯勒坚持他的观点，亲自以行政权执行人的身份为萨克森任命帝国专员，那么帝国制裁措施可能不会在10月31日结束，而且很难通过选举一名新的社会民主党邦总理来解决这个问题。

228 如果社会民主党人能够说服泽格纳解雇共产党的部长，也许可以避免帝国对萨克森的惩罚。社会民主党人威廉·迪特曼受党主席的委托，与泽格纳和萨克森领导层进行过谈判。根据他的汇报，德累斯顿的议会党团在10月28日就已经准备和共产党决裂了。如果是这样的话，社会民主党的帝国部长们10月27日的举动就很令人费解。他们既不讨论给泽格纳信函的确切措辞，也不讨论泽格纳给内阁的答复。但是不管在10月27日至29日社会民主党领导和帝国政府中的社会民主党成员错失了什么机会，帝国制裁萨克森的真正责任都在萨克森的社会民主党身上。他们与共产党的结盟让一个策划暴力政变的政党获取了国家的权力。此次行动形式上的合法性是一方面，另一方面是其内容上的意义：德国政府有足够的理由，把任命共产党人为邦部长视为对宪政制度的严重威胁。[46]

暴力推翻萨克森联合政府在社会民主党内引发了激烈反应，此乃预料之中。尤其令党领导和普通党员感到愤怒的是帝国政府对萨克森和巴伐利亚完全不一样的处理方式：萨克森的泽格纳被士兵赶出办公室，而巴伐利亚的卡尔却可以不受干扰地继续工作。来自党内的压力如此之大，以至于内政部部长绍尔曼 10 月 29 日晚在内阁中公开提出大联合政府即将终结。他和他的党友不能容忍在萨克森发生的一切，尤其是国防军在免除萨克森部长职务时所做的挑衅行为，因此除了退出内阁，他们别无选择。但最终决定权还是在社会民主党的议会党团。

在 10 月 31 日举行的社会民主党议会党团会议上，继续维持政府的赞成者和反对者进行了激烈交锋。布雷斯芬左翼选区的代表、德国国会主席保罗·勒贝表示，社会民主党不能再为这个共和国而战，因为群众认为这个国家政体已经不值得捍卫了。资本、军队和高利贷与君主制时期的一样强大，因此对于社会民主党来说只有一条出路："回归到彻底的阶级斗争路线！"普鲁士内政部部长泽韦林的表现和在 10 月 3 日完全一样。作为维持大联合政府最雄辩的辩护人，他站出来极力反对勒贝的观点。德国不会像现在一样停止不变。法国人正竭力准备建立一个莱茵共和国。如果此时德国建立一个右翼政府，英国和美国将不再赞成开始新的赔款谈判。一旦武器库落入 229
"祖国联盟"手中，那么德国就会与法国发生战事。出于所有这些原因，泽韦林恳求党内的朋友："想想后果吧！"

讨论结束时似乎出现了妥协的迹象。社会民主党提出了维持大联合政府的最后条件：首先，要解除军事紧急状态。其次，德国政府要宣布巴伐利亚统治者的行为违反宪法，并立即启动制裁巴伐利亚的必要步骤。最后，限制在萨克森驻扎德国国防军，只许他们履行民政服务部门的辅助工作，开除部队中右翼激进组织的成员。

联合政府的资产阶级伙伴不可能屈从于社会民主党的最后

通牒，这是事先就可以预料到的。内阁中占上风的意见是，对萨克森的严厉镇压可以间接地化解巴伐利亚的问题。内阁是这样考虑的，如果帝国政府严厉打击左翼激进分子，这就是给咄咄逼人的右翼政变来个釜底抽薪。施特雷泽曼在 10 月 29 日特别提到了右翼势力的政变问题。格斯勒的要求更是变本加厉，他直接要求社会民主党人在 11 月 1 日离开内阁。“如果社会民主党这么做，冯·洛索先生会马上走人。”出于外交的原因，总理希望社会民主党继续留在内阁中。此时，正如泽韦林所说，不仅盎格鲁-撒克逊人愿意就赔款问题进行新一轮谈判，在这个问题上，法国一方也流露出态度转变的迹象。毋庸置疑，一个有社会民主党参与的政府，比资产阶级少数派甚至右翼政府有更好的机会与西方势力达成和解，施特雷泽曼当然深知这一点。但德国总理认为，不能在最重要的问题上向社会民主党做出让步。海军上尉埃尔哈特率领的极右翼武装力量驻扎在巴伐利亚和图林根交界的地区。一旦解除紧急军事状态，这些人就可能以为这是在鼓励他们攻击“红色”邻国，鼓励他们“进军柏林”。施特雷泽曼也不主张与巴伐利亚决裂，因为他认为，这种决裂无异于和德国国防军决裂。

11 月 2 日，施特雷泽曼内阁的资产阶级成员再次举行会议讨论这场危机。讨论的结果很明确：不能支持社会民主党提
230 出的条件。于是施密特、绍尔曼和拉德布鲁赫这三位社会民主党部长宣布辞职，从而宣告 1923 年 8 月 13 日他们参与的大联合政府寿终正寝。几天后的 11 月 11 日，德意志民主党的权威政客埃里希·科赫-韦泽表示，社会民主党是“被赶出政府”的。这是事实，但只是事实的一半。格斯勒和中央党右翼以及德意志人民党右翼一样，非常希望社会民主党离开内阁。社会

民主党因在萨克森和图林根与共产党组成联合政府，造成了他们与资产阶级中间派联盟的关系极度紧张。然而，即便没有上述原因，所有这一切在共产党 10 月 10 日进入泽格纳内阁的那一刻起就成为定局。此后关键的问题只能是，两个联盟当中哪一个先破裂，要么是萨克森的联盟，要么就是帝国的联盟。萨克森政府联盟终结的方式，是帝国大联合政府启动了制裁措施，这件事情本身就足以让社会民主党面临分裂的考验。而最终导致与资产阶级政党温和派不可避免的决裂，是因为内阁多数派对巴伐利亚采取的政策。社会民主党必须考虑到，如果本党的帝国部长们继续听任卡尔政权的所作所为，社会民主党的大部分支持者就会转向共产党，许多前独立社会民主党人甚至会脱离社会民主党。出于这种担心，社会民主党于 1923 年 11 月 2 日离开了施特雷泽曼政府。但当时没有人可以预见，这一次与权力告别竟然一下子持续了近五年时间。[47]

随着大联合政府的结束，施特雷泽曼政府还丧失了其最重要的权力基础：1923 年 10 月 13 日的授权法案虽然期限为 1924 年 3 月 31 日，但是如果德国政府发生变化或政党组成发生变动，这项法案就会提前失效。对于长期以来寻求以独裁方式来解决危机的人来说，这种相对的权力真空犹如天赐良机。10 月 24 日，泽克特直言不讳地要求施特雷泽曼辞职，并称他本人可以接任这个位置。社会民主党各部长辞职后，这位国防军总司令再次启动自己的计划。泽克特认为推出“领导团体”的时候到了。11 月 2 日，他起草了一封信，给可能会参与这个计划的古斯塔夫·冯·卡尔。在信中他向这位巴伐利亚总专员保证，他们的观点和目标在很大程度上有着共同性。他拒绝与社会民主党再次合作，因为社会民主党拒绝军事强国的理念，另外在谈到《魏玛宪法》时他表示“这和我无关”。这句话在11月5日发出的最终版本中被删除了。取而代之的表述是，放弃宪法的说法蕴含着极大的危险，因此只能在极度紧急的情况下予以考虑。

231 11月4日泽克特给德国驻华盛顿大使奥托·维德费尔特写了一封信，这件事情“不仅德国总统知道，而且信就是应他的要求写的”。维德费尔特这个名字很久以来和刚才提到的“领导团体”计划有关。泽克特明确表示，下一届政府不再会是议会制政府了。“社会民主党出局后，不会再有一个成功的议会政府。此后必须是一个拥有全权的领导团体型的小内阁。”泽克特认为克虏伯前经理维德费尔特适合担任总理一职。11月10日泽克特再次发电报给此信的接收人，敦促他尽快做出决定，但是后者在11月24日以缺少各政党、农业界和工业界的支持为由，谢绝了这个建议。

不管帝国总统实际上对泽克特说了什么，后者私下试探维德费尔特的意见一定是得到了授权。很明显，未能成功促成社会民主党维持大联盟的艾伯特，只给了施特雷泽曼内阁短暂的生存机会。因为看不到任何另外一种议会多数的可能性，艾伯特此时大概已经再次萌发了总统制内阁的想法，一如他在一年前任命库诺所做的试探性尝试那样。一个由德国总统授予特权、由国防军支持的内阁，这对艾伯特来说虽然危险，但仍然符合宪法规定。由于存在发生内战的风险，这也许是一个不可避免的最后选项。然而，艾伯特并没有告知总理征询维德费尔特意见一事。他在1923年11月的这个做法确实让人有些捉摸不透。

11月5日，当着格斯勒的面，泽克特要求艾伯特同意暂时成立一个右翼内阁，但是这个要求遭到德国总统坚定的拒绝，泽克特继而提出对施特雷泽曼解职的要求。艾伯特问泽克特是否准备亲自在总理面前重复这一要求时，这位国防军司令回答说是的。根据格斯勒的证词，之后泽克特与施特雷泽曼的谈话是这样的："总理先生，我们没法为您打仗，您得不到军队的信任。"施特雷泽曼反问："您这是在告诉我帝国国防军不再服从我了吗?"在泽克特回答之前，格斯勒插话："总理先生，只有我才能做这件事。"泽克特沉默不语，暂时搁置了和施特雷泽曼的较量。

在大联合政府破裂后，泽克特并不是总理要提防的唯一对手。总理自己所属的政党中，重工业右翼力促与民族人民党结成政府联盟，并准备在必要时付出代价，同意民族人民党提出加入政府的条件：让施特雷泽曼辞职。留守内阁能够得到德国 232
总统继续组阁的支持，因此他在 11 月 5 日坚决拒绝辞职。社会民主党人离开之后，空出了一个部长职位。根据总理的建议，艾伯特 11 月 11 日任命杜伊斯堡市长卡尔·雅尔斯（Karl Jarres）担任德国内政部部长，这名德意志人民党的右翼政客曾被占领区政府驱赶出占领区。[48]

施特雷泽曼拒绝考虑与民族人民党结成政府联盟的主要原因是颇有希望的外交进展。在大联合政府的最后几天，他就提醒社会民主党人注意这个问题。他不希望因政府向右转而危害到这件事。10 月 15 日，内阁在前财政部部长希法亭的建议下，决定向赔款委员会发出一份照会，建议协约国审核德国的资源和能力，同时听取德国政府代表的陈述。为了强调德国的善意，施特雷泽曼还想重启占领鲁尔区后停止的给占领国的付款。由于新任财政部部长路德的坚持，总理的想法未能实现。

德方于 10 月 24 日发送照会给赔款委员会。帝国政府至少可以指望英国会做出积极的回应。因为英国政府 10 月 12 日首次正式接受了美国国务卿休斯在 1922 年 12 月底提出的建议，同意召开国际会议并从经济角度审查赔款问题。美国国务院接受了 10 月初在伦敦帝国会议上以南非总理史末资（Smuts）为代表的观点。休斯明确表示赞同英国 10 月 12 日的倡议，让柏林正确地意识到这是一种鼓励，现在该轮到德国为解决赔款问题做出表态了。

真正的转折点直到 10 月 25 日才出现。普恩加莱通知英国政府，同意在一定条件下审核战争赔款问题。附加条件是：专家委员会必须由赔款委员会任命；1921 年 5 月伦敦给德国最
233 后通牒中规定的德国赔款额度和调查结果无关；组建第二个委员会来确定德国外汇的金额和下落。美国批准了该提议后，巴黎于 11 月 13 日正式向赔款委员会提交设立这两个委员会的申请。这为《道威斯计划》设定了方向。这个 1924 年的战争赔款协议是和魏玛共和国中期的经济发展密不可分的。

普恩加莱令人出乎意料的回心转意是由多种原因促成的。除了鲁尔占领区带来的财务问题外，法国的内政局势也起着重要作用。这位总理感觉到周围的气候越来越凛冽。这一点与法国日益被孤立的外交也有关系，在伦敦帝国会议上这一点充分表现出来。但促使普恩加莱改变路线的决定性原因可能是另外一个。美国国务卿休斯 10 月 23 日透露，美国将会对法国参加协约国联席专家委员会做出酬谢。美国首次表示，在同一框架下讨论战争赔款问题和协约国相互间的债务问题。因此法国可以指望，一旦与本国的债务方德国达成某种和解，就可以改善法国作为美国债务方的地位。[49]

普恩加莱在赔偿问题上的掉头，并不意味着他放弃了把莱茵兰从德国分离出去的目标。10 月 25 日，就在法国总理向英国政府通报新方针的当天，他还决定积极地正式推动占领区的自治，因此他特别注意也要和那些远离分裂派的人物保持对话。自 10 月 21 日以来，分裂分子一直试图在亚琛、特里尔、科布伦茨、波恩和威斯巴登等地区宣布成立“莱茵共和国”，这一行动得到了法国和比利时当局的支持。在普法尔茨，以巴伐利亚邦前总理约翰内斯·霍夫曼为首的社会民主党人此时和占领国一唱一和，力图将巴伐利亚从帝国分离出去，并组建德意志帝国邦联中的自治邦。霍夫曼及其在普法尔茨地区社会民主党的盟友们并不自视为分裂分子，而是德国的爱国者，他们的使命是挫败卡尔的反动政策和反共和国的政策。但是，与法国的合作足以令霍夫曼在党内被彻底孤立。10 月 26 日，他停止了“普法尔茨运动”。11 月 12 日，分裂分子和来自奥比斯（Orbis）的农民领袖弗朗茨·约瑟夫·海因茨（Franz Josef Heinz）宣布“普法尔茨自治政府”成立，这个政府立即得到了法国的承认。[50]

不仅在巴黎和莱茵兰，在柏林也存在着将占领区从整个帝 234
国分离的想法。施特雷泽曼总理 10 月 20 日和 24 日在内阁公开表示，德国在经济上无法再承担占领区的负担。财政部部长路德认为，如果在占领区也发行新货币，如果像原来的货币一样被占领国作为赔款没收，那么新货币一开始就注定要失败。路德的看法是，占领区现在只能暂且自顾自了。施特雷泽曼在 10 月 25 日哈根与占领区莱茵兰地区代表举行的会议上明确表示，占领区代表们要承担起自己的责任，要努力和占领国达成共识。

莱茵地区中央党的重要人物、科隆市长康拉德·阿登纳和工业家领袖施廷内斯协商后，提出在帝国大家族内组建一个莱茵联邦的建议。这个建议被总理严厉拒绝了。虽然施特雷泽曼和阿登纳都认为，莱茵兰与德国其他地区的暂时隔离也许无法避免，但总理的看法是，任何一种形式上的认同，只要是承认了实际上不可扭转的事情，都是放弃德国的合法立场。这种做法也为再次收回分离出去的部分制造了障碍。哈根会议结束时，占领区代表选举了一个由 15 人组成的机构，他们负责与占领当局谈判。当然谈判的目的尚不清楚。与施特雷泽曼留守内阁取代大联合政府时相比，此时占领区的前途更为渺茫。[51]

内阁还没有对占领区的未来做出任何最终决定，巴伐利亚的危机却进入了一个新阶段：1923 年 11 月 8 日晚上，阿道夫·希特勒在慕尼黑啤酒馆发动政变。他利用卡尔追随者的一次聚会，用手枪逼着卡尔和他的盟友赛泽尔、洛索参加“民族革命”。这三个人面对这种逼迫，至少在表面上表示屈从。希特勒随即宣布自己为临时国民政府首脑，并许诺卡尔任君主国的总督，掌管巴伐利亚的命运。聚集在啤酒馆的巴伐利亚政府成员都被纳粹分子“抓了起来”。然而被希特勒任命为国民军队总司令的鲁登道夫当晚释放了卡尔、赛泽尔和洛索这三位同盟成员。就在 11 月 9 日夜间，他们三人就宣布被迫发表的声明无效，同时开始着手平息政变。

235 当天夜里，部长们在柏林召开会议。经过磋商后，艾伯特总统把帝国国防军的最高指挥权交给国防军总司令。他修改了 1923 年 9 月 26 日的法令，授予泽克特行政执行权。这样一来，泽克特集多种权力于一身。当然他并未得到其渴望已久的帝国政治领导权。艾伯特、施特雷泽曼和格斯勒显然认为，要想争取巴伐利亚国防军加入统一阵线，齐心协力反对政变分子，唯一的办法就是加大向泽克特转交权力的力度。但是没有人敢肯定，把镇压武装起义者的任务交给泽克特，就能阻止他自己造反。11 月 9 日的那个清晨之后，关键的权力就掌握在一个敌视共和国的人的手中。所有认为他不会在政治上滥用这一权力的理由，就是他的法治观念，这一点在他对德国总统的忠诚上体现出来。艾伯特甚至认为，泽克特现在直接隶属于国家元首，而此前泽克特所处的职位在政治上几乎不受控制，这可能对共和国的危险更大。无论如何，自 1923 年 11 月 9 日以来，民政与军事力量的关系发生了变化：没有泽克特，德国暂时无法做出任何政治决策。

11 月 9 日中午，在巴伐利亚警察枪林弹雨般的攻击下，希特勒的政变结束于慕尼黑的统帅堂。希特勒本人得以逃脱，但两天后被捕。他的追随者中有 16 人付出了生命的代价。民族社会主义德意志工人党领导人自作主张的行动，打乱了卡尔等人组织的、需要泽克特参与合作的政变计划。11 月 9 日后，卡尔再也无法继续跟进这个计划。他的权威被削弱，群众的支持也逐渐消失。原则上拒绝政变分子的帝国国防军第 7 师又开始向帝国国防军靠近。因此，希特勒的政变帮助化解了巴伐利亚和帝国之间的冲突。它败坏了民族主义右翼“严肃”政变计划的名声，无意间还巩固了他们仇视的共和国。1923 年 11 月 9 日对极右翼势力来说是一场教训，而领悟这次教训最为透彻的要数希特勒：若想从根本上改变现状，不能全面与国家机构对抗，而只能通过精密筹划与国家互动，而且在外表上要保持合法。而这正是希特勒首次尝试夺权时完全摒弃的方式。[52]

民族社会主义德意志工人党的非法行径换来的是 11 月 9 日邦

总专员卡尔颁布的禁令。同样，参与政变的“高地”（Oberland）联盟和“帝国战旗”（Reichskriegsflagge）也被取缔和禁止。
236 为了至少能让部分右翼接受这些措施，两天后卡尔还命令取缔并禁止共产党，禁止莱茵河右岸的巴伐利亚共产党与社会民主党的所有报纸和杂志。作为行政权执行人的泽克特在两周后也采取了行动，但并没有像巴伐利亚临时独裁者那么彻底：11月23日，国防军总司令宣布在整个德国禁止民族社会主义德意志工人党、德国民粹自由党和德国共产党。然而，这些激进政党并不担心会在整个国家层面被永久定性为非法政党：他们可以期望，国家的干预会随着紧急状态取消而结束，因为紧急状态是允许颁布这些指令的基础。

图林根危机的化解比巴伐利亚更快、更彻底，但并不像萨克森那么极端。11月6日，经艾伯特同意，国防军进入图林根中部和东部，并在随后几天内下令解散了无产阶级百人团。11月12日，图林根的社会民主党屈服于柏林的压力，解散了与共产党的联合政府，共产党从弗勒利希内阁中撤出了自己的两名部长。作为社会民主党少数派政府的首脑，奥古斯特·弗勒利希一直任职到1924年2月10日的大选。这次提前选举的结果意味着社会民主党告别政权：在接下来的三年中，这个德国中部的邦由资产阶级的公务员内阁政府掌权，并得到了民粹派的支持。[53]

化解了巴伐利亚危机和图林根危机后，帝国政府可以再次全心专注于货币整顿和与占领区有关的问题。10月15日还是大联合政府执政的时候，内阁决定推出一种名为地产抵押马克（Rentenmark，又称地租马克）的新货币。根据财政部部长路德的提议，在引入以金本位为基础的最终货币之前，以地产抵押和工业及农业债权作为购买力的保证。与其前任希法亭相比，路德的解决方案更倾向于有产阶级。路德更接近于黑尔弗里希8月向内阁提出的建议：地租银行的净利润支付给股东的额度相当于被抵押资产的利息。11 月 15 日开始使用的地产抵押马克并不是真正地为实物资产增加赋税。

11 月 7 日路德力劝内阁发表一项声明，表示帝国下一步不得不停止对占领区的所有付款。财政部部长的意图很明确：如果不想让新货币再次陷入通货膨胀的旋涡，德国必须停止一切无效的支出。路德认为，这主要包括对占领区的“政治性”付款，其中最大的一笔是给失业者的资助。11 月 9 日内阁也 237
做出了相应的原则性决议。但在 3 天后，新任内政部部长雅尔斯成功地想出了延缓的办法。从 11 月 15 日开始，支付给失业人员的工资延期 10 天发放，他想用这种方法再次表达德国其他地区与莱茵兰人的团结。与此同时内阁通过了一项宣言，宣布“搁置”《凡尔赛和约》，直到赔款问题新方案出台。雅尔斯坚持的“与法国决裂”的路线完全与德意志民族人民党的立场吻合。

但是，帝国政府 11 月 12 日的这个声明并未与公众见面。为抵制法国人建立自治区的愿望，内阁想在拒绝《凡尔赛和约》的同时，在占领区建立一个联邦自治机构，这个机构今后可以作为谈判的一方参加与占领国的谈判。但是这个计划遭到了那些所涉地区的反对，它们从未想过要放弃任何国家主权。11 月 13 日，社会民主党的普鲁士邦总理奥托·布劳恩在与德国内阁的一次讨论中表示：“当然在一定程度上可以让占领区自己掌握其命运……从现在起，占领区在政治上发生的一切都必须让人看上去是被勒索之举。”在被占领地区，科隆市长康拉德·阿登纳反对德国政府停止付款的观点，莱茵兰应该“比一种、两种甚至三种新货币更有价值”。在建立起新的行政机构之前，无论如何都不应停止付款。各个邦和占领区的反对意见指向不同方向，却是殊途同归。帝国没有对《凡尔赛和约》发表任何声明，没有宣布终止给占领区失业人员的付款，也没有在占领区建立一个自治机构。因此莱茵兰和鲁尔的未来依旧悬而未决。

尽管如此，“地产抵押马克的奇迹”还是出现了。新货币于 11 月 15 日问世。帝国银行不再使用国库券贴现。11 月 14 日，纸币马克与美元的兑换率为 1.26 万亿比 1。这个汇率 11 月 20 日稳定在 4.2 万亿比 1。随后帝国银行设定了 1 万亿纸马克兑换 1 地产抵押马克的模拟汇率，这正好是战前的金马克对金美元的汇率状态。亚尔马·沙赫特（Hjalmar Schacht）在几天前被任命为货币委员，他是德意志民主党的创始成员、“达姆施塔特和国家银行”（达纳特银行）行长。他曾坚决反对地
238 产抵押马克这个中间步骤，同希法亭一样，他主张立即建立金本位银行。路德则认为相关的风险变数过大，因此这个临时解决方案占了上风。在 1924 年 8 月 30 日流通金本位的帝国马克之前，占领区不得不使用一种市政应急货币作为支付手段，地产抵押马克最终结束了德国其他地区的通货膨胀。

新货币的成功主要是因为根据 10 月 13 日的授权法案发布的相关条例。条例规定了将要发行的地产抵押马克的最大金额和向帝国提供贷款的最高金额。根据 10 月 17 日发布的上述条例，开始了大批裁员。截至 1924 年 4 月 1 日，已有 40 万公务员、职员和工人离开了国家服务机构。受国家措施影响的职员人数从占比上讲远远多于公务员。国家公职人员的薪水已降至

战前水平的60%。也许大联合政府是唯一可以进行如此激烈干预的政党联盟。当然这也需要基于授权法颁布法规的独裁手段。[54]

在占领区，企业家们也在积极参与政治。10月9日，科隆凤凰集团的合伙股东奥托·沃尔夫与“协约国工厂和矿山控制代表团”（Mission Interalliée de Contrôle des Usines et des Mines，简称MICUM）缔结了一项协议。这项协议允许凤凰集团和莱茵钢铁集团的工厂复工。10月31日，采矿协会委员会与协约国工厂和矿山控制代表团达成协议，到1924年2月15日之前，将免费提供煤炭总开采量的18%作为赔偿煤炭。帝国政府曾承诺退还一些相关款项，但并没有同意退还在此时（10月11日）已经取消的煤炭税。协约国工厂和矿山控制代表团要求得到这笔税款，而且把追溯期推至占领开始阶段。10月31日，施廷内斯在与施特雷泽曼政府资产阶级内阁成员的会谈中，要求政府全额退还煤炭税并增加工作时间。参会部长援引即将颁布的法律，拒绝在矿业工作时间上做出特殊规定。第二天，内阁同意了施廷内斯在煤炭税问题上的观点，但社会民主党部长们放弃表态。在涉及煤炭供应如何与赔款账户的核算问题上，双方经过了进一步漫长的谈判。11月23日出台了与协约国工厂和矿山控制代表团的协议，有效期至1924年4月15日。这个协议对尚未与该代表团达成单独协议的矿业企业都是强制性的。煤炭供应全部记入赔款账户，但追加支付的煤炭税和其他税款，则记入协约国工厂和矿山控制代表团的“抵押账户”，这样就帮助法国和比利时实现了它们占领鲁尔区的初衷：他们可以得到“生产性抵押”（produktiven Pfändern）。

矿场主深谙怎样从谈判中获得最大收益。他们可以把协议 239

的费用转嫁给帝国，或在征得其同意的情况下转嫁给消费者。因此，矿场主并没有承担特定的赔款负担，在政治上则意味着重工业权势大增，他们与协约国工厂和矿山控制代表团的谈判，代表着一个权力和另外一个权力的谈判。最后帝国政府不得不屈服于巴黎和鲁尔矿业代表的联合压力。可以预见，鲁尔冲突的这个经济解决方案，也就是这份与协约国工厂和矿山控制代表团达成的协议，将对德国内部权力的分配产生持久的影响。[55]

在与协约国工厂和矿山控制代表团签署协议三天前的11月20日，德国国会召开了自10月13日通过授权法案后的第一次会议。11月22日，社会民主党对施特雷泽曼内阁提出了不信任议案，理由是帝国政府以最严厉的方式对萨克森和图林根采取行动，但对巴伐利亚的违宪局面没有采取任何关键性措施。在措辞中可以看出，与其说社会民主党希望推翻施特雷泽曼，不如说是它只想讨得本党左翼的满意。提案的表述根本不会得到德意志民族人民党的同意，而提案是否通过完全取决于德意志民族人民党。同样，社会民主党也会拒绝民族人民党或共产党的不信任议案。

但社会民主党的计划过于短视。社会民主党人本应该明白，无论如何他们的提议都提供了施特雷泽曼的核心内阁缺少议会支持的证据。这种做法会削弱其地位并加剧内部的危机。如果这个最大的议会党团真想呼吁取消紧急状态，那么现任内阁失败或辞职并不是实现这一目标的合适手段。目前还看不到能够与社会民主党相处更好的政府，但是一个“更右翼”的继任内阁，甚至一个专政统治的领导团体已经近在咫尺。施特雷泽曼也受到自己政党右翼的严厉抨击，这种情况瞒不过社会民主党，而抨击的理由与社会民主党的指责同出于一件事，这就是对萨克森的制裁。包括短期担任帝国专员的海因策在内的德意志人民党右翼对总理深感不满，因为总理选择了一个社会民主党人继任泽格纳的职位，而且在两天后就不再让海因策担任帝国专员。社会民主党可以批评施特雷泽曼在对待巴伐利亚 240
问题的政策上缺乏严厉性和连贯性。但是不管施特雷泽曼还是任何一位其他总理都不能调动国防军出面干预这个自由邦，否则很可能意味着强制发动内战。在这种情况下，对施特雷泽曼提出不信任议案，除了党派策略的考量外毫无其他意义，此举不过是一种赌博而已。

11 月 19 日核心内阁讨论了内政局势，但没有做出任何决定。施特雷泽曼认为，可以想象任何不信任议案都不会得到多数赞同。雅尔斯认为，内阁并不一定需要国会投出信任政府的票数。而交通部部长厄泽尔认为，不能接受进一步损害内阁声誉的做法。格斯勒的观点是，如果政府在国会得不到多数支持，他就赞成发起信任内阁议案。

对议会失败可能导致的后果，大家也是各执一词。格斯勒强调了仅根据《魏玛宪法》第 48 条执政，政府可能会面临种种困难。而部分与国会合作，部分依据第 48 条的“混合政府”也令人担心。有几位部长想解散国会，其他人又不同意，理由是这会有助于莱茵兰分裂势力的扩张。施特雷泽曼本人也正是出于这个原因对解散国会忧虑重重。帝国总统与总理讨论了各种可能性，他坚决拒绝解散国会，并试图私下说服社会民主党放弃不信任动议。施特雷泽曼从一个社会民主党人口中得知艾伯特对他的党内朋友说的一番话：“你们推翻总理的理由 6 周之后就被忘记了，但是你们在 10 年后依然会领教你们的愚蠢所导致的后果。”

11月22日，施特雷泽曼在内阁中表达的立场与3天前格斯勒的看法相似一致。经所有部长同意，他宣布如果社会民主党提出不信任议案，他就会提出一个信任议案，以阻止民族人民党和共产党投票赞成不信任议案。第二天，政府各党派要求国会对政府表示信任，作为社会民主党不信任议案的答复。最后国会以231票反对、156票赞成和7票弃权否定了这个议案。反对票来自德国民粹自由党、德意志民族人民党、巴伐利亚人民党、德国社会民主党和德国共产党。正如施特雷泽曼不久后对外国新闻记者所说：“在德意志共和国历史上，政府第一次在公开的战役中倒下。”11月23日傍晚，总理向总统递交了内阁辞呈。[56]

241 从理论上讲，推翻施特雷泽曼可能标志着泽克特时代的到来。但是这位国防军总司令并不准备违背帝国总统的意愿去攫取政权。11月底，艾伯特比以往任何时候都不想任命泽克特为总理，或者考虑组建一个政府领导小组。相反，共和国面临的紧急危机解决后，帝国总统想再次把紧急状态的执政方式交给对议会负责的国防部部长，而泽克特成功地抵制了这个计划。正是因为这位将军的坚持，艾伯特试图组建超党派文官内阁的努力也没有成功。他本想让海因里希·阿尔贝特领导这样一个内阁，无党派人士阿尔贝特在库诺内阁时曾任财政部部长和重建部部长。但是没有执行权，阿尔贝特就不想接任总理一职。总理的另一个候选人是中央党政治家亚当·施特格瓦尔德。他与民族人民党就组成右翼联盟进行了谈判，但是民族人民党提出解散普鲁士邦大联合政府的要求，致使谈判破裂。最后一条出路是，组成资产阶级的中间派少数内阁，但这需要得到社会民主党的支持。中央党主席及议会党团领导人威廉·马克思（Wilhelm Marx）努力争取这一解决方案，11 月 29 日艾伯特委任马克思组建政府。这位来自科隆的 60 岁法官重在调解，但行为没有多少个人色彩。这位政治家在第二天成功地组建了一个内阁。这个内阁除此前执政的中央党、德意志民主党和德意志人民党外，还接纳了一名巴伐利亚人民党员：埃里希·埃明格尔（Erich Emminger）作为“无党派的专业部长”出任司法部部长一职。[57]

虽然前途未卜，但是议会民主再一次得以幸存。1923 年秋季，勉强克服国家危机的主要原因有三个。首先，大联合政府以及在此基础上建成的施特雷泽曼核心内阁成功地抑制了通货膨胀，为重建经济奠定了基础。其次，10 月底以来，由于美国的外交干预，已经出现找到赔款问题解决办法的迹象，外交关系趋于缓解，这是反驳任何形式右翼政府的有力论据。最后，冯·泽克特将军领导的德国国防军领导层的独裁野心受到其自身法治的抑制，同时也因为希特勒右翼激进势力的暴动受到阻碍。

1923 年 10 月底以来，极左派不足以构成发动真正革命的危险。共产党人因准备攻击现行制度而陷入孤立。他们从中得
出结论，不能在德国发动“十月革命”。革命政策的失败与工 242
人的物质状况密切相关：实际周工资在夏末虽然稍有增加，但在 11 月时仅略高于 1913 年工资水平的一半，工会会员的失业率则从 7 月的 3.5%增长到 11 月的 23.4%。这些微不足道的数字后面隐藏的苦难，与其说能够鼓动革命，倒不如说令人沮丧。在恶性通货膨胀的最后几个月中，马铃薯种植地的偷盗事件频频发生，农场屡遭袭击，抢劫市场摊位和杂货店的事件层

出不穷。工会支持政府的消极抵抗策略，但因为支持国家而付出的代价是失去了工人的信任：1923 年第三季度，德国总工会联合会减少了 30 万名会员。货币改革成功后，罢工基金到 11 月中已经枯竭。在这种情况下，几乎不可能指望工人会成功反抗刚刚起步的维稳政策。[58]

尽管如此，对左翼激进主义的恐惧依然存在。11 月 23 日格斯勒在国会上说，萨克森危机最严重时，那里的工业家威胁，如果他们的人身自由得不到保护，他们就会请求巴伐利亚法西斯武装力量前来协助。11 月 19 日，这位国防部部长在内阁中论证了继续维持紧急状态的必要性，原因是萨克森和图林根的中产阶级遭到排斥而无法参与政府工作。这些话反映出对社会民主党的深度不信任不仅存在于国防军领导层，资产阶级群体也持同样观点。这种情况远远超越了德国中部地区，给德累斯顿和魏玛短命的统一战线政府留下了长期的影响。[59]

尽管如此，在德国最大的邦，社会民主党和包括德意志人民党在内的资产阶级政党仍在继续共同执政。普鲁士大联合政府让人看到了即使在 1923 年秋季后，德意志共和国仍然能够在资产阶级和工人阶级温和派之间的互动中生存的法则。温和派当中有一个人在国家危机中展示出自己杰出的政治家才能，他没有让德国落到独裁政权手中，他比其他任何政治家做出了更多的贡献，这个人就是施特雷泽曼。

刚刚被社会民主党推翻的施特雷泽曼在 11 月 23 日就表示，与社会民主党的合作在未来也至关重要。几周之后，他的话听起来就不那么信心满满了。1924 年 1 月 20 日，他在德意
243 志人民党周报上发表的一篇未署名文章中称，社会民主党议会
党团“作为一个建设性的角色已经离开了议会生活。它本身

已经变得不可预测，所以它只会推翻内阁，但已经不会再组建内阁了。在这种情况下，只有消除无法兼容的部分，才能出现转机”。[60]

施特雷泽曼的评论并不是社会民主党的最终拒绝。这位德意志人民党主席被迫辞去总理一职后，表达的是资产阶级中间派的感受。如果社会民主党能够成功驯服那些认为与资产阶级妥协就是反对阶级斗争学说的派系，那么德国或许有一天会再次组成大联合政府。出于外交原因，施特雷泽曼非常重视不要拆掉所有通向社会民主党的桥梁。作为总理，他担任政府首脑仅 100 天左右。在马克思内阁中，他继续出任外交部部长一职，他是保证连续性的关键要素。作为资产阶级政策的代表，他在内政和外交方面力主避免冲突，强调用和平手段调解各方利益。

9. 脆弱的稳定

244 1924年，经济学家弗朗茨·奥伊伦堡（Franz Eulenburg）发表了一篇文章，探讨通货膨胀对社会的影响，其精辟程度至今仍无人能够超越。他在《国民经济学和统计年鉴》中写道："财富集中在少数但有实力的人手中，中产阶级的资本化为乌有，因此他们也无法获取部分的其他资产。这种获取主要来自工业界。中小企业虽然没有被没收，但在很大程度上被并入了大型集团。结果是财富分配变得愈加不平等。"[1]

奥伊伦堡并没有说货币贬值摧毁了中产阶级，而只是正确地指出货币贬值摧毁了中产阶级的固定资产。实际上，通货膨胀的真正受害者是储户，以及将大部分资本购买了战争债券的人。通货膨胀使习惯于靠储蓄、证券清偿和证券利息为生的那些人变得几乎一无所有。一向用储蓄来资助孩子学业的知识分子家庭也深受重创。另外，中产阶级的许多人也从货币贬值中受益：房屋和土地所有者被免除了债务，从实物资产的一般特权中受益。房主当中有许多独立从业的工匠，他们是工商业中产阶级的核心群体。1923年关于大通胀前货币债权重估的争论中，中产阶级利益集团并没有积极出面，这也表明了不能普遍地视小型独立从业者为货币贬值的受害者。

通货膨胀的赢家中有原来负债累累的大地主，货币贬值让他们摆脱了债务。大型工业资产的所有者也是如此。大型工业中，主要是采矿业从通货膨胀中崛起。虽然钢铁行业在经济增长方面早已被化学、电气工程和机械工程等“新兴行业”超越，但在恶性通货膨胀时期因为急缺原材料和贷款，钢铁工业不但使加工业处于依赖地位，而且在企业家阵营中争取到了政治领导权。一种很流行的办法是重工业企业与客户企业组成联 245
盟，在一个大集团旗下组成某种联合体。主要由施廷内斯创建的西门子-莱茵-易北河-舒克特联盟就是这样一个例子，虽然持续时间不长，却是最著名的一个实例。这种垂直的集成为重工业的销售提供了保证，并使其参与到利润丰厚的换取外汇的成品出口业务中。同时加工业伙伴也可以获得资金，原材料供应得到了保障。双方都降低了企业风险和对马克的依赖。通货膨胀令行业相互靠近，这种结合的结果抵御了通货膨胀。

通货膨胀的另一个大赢家是国家。用一钱不值的纸币偿还债务，支付战争贷款的巨额数字，无异于免除债务。但是债权人并不愿接受这一点，就像债权人不能认可个人债务人债权的贬值一样。1923 年 11 月 28 日，通货膨胀受害者得到帝国法院轰动一时的助力。德国最高法院认为“一个马克等于一个马克”的原则与诚信为本的信念背道而驰，并确认抵押债务的增值。1924 年 1 月，法官协会表示站在德国法院一边，警告德国政府不要无视德国法院的意见，并且发出威胁，说升值禁令经不起司法复查。这是一种前所未有的反抗行为。《魏玛宪法》中没有相应规定，如何来处理帝国法院法官们提出对法律内容进行审查的要求。但法官的否决意见也是因通货膨胀对国家失去信心的表现。货币贬值并不是始于共和国，它早在帝制德国时期就开始了。这一事实在 1923 年底几乎被忘得一干二净。共和国无法令债权人满意，慷慨的增值会再次动摇货币，于任何人都无益。这个认知对那些受害人来说是难以接受的。他们的失望导致对国家的不满，即使在经济复苏的年代，共和国也未能解决好这个问题。[2]

对于工人而言，稳定从低工资和高失业率开始。根据德国统计局的数字，1923 年 11 月至 12 月，实际平均周工资从战前水平的 53%上升至近 70%，但依旧很低，1923 年 3 月工人的收入只有 1913 年水平的 79%。工会会员的失业人数比例从 10 月的 19%上升到 1923 年 12 月的 28%，1924 年 4 月逐步下
246 降到 10.4%。使用地产抵押马克之后，自由工会的会员人数急剧下降，从 1923 年 9 月的 740 万下降到 1924 年 3 月的 480 万。许多工人认为用稳定的货币支付会费是不合理的负担。在通货膨胀期间已遭受严重打击的工会战斗力进一步下降。大联合政府期间已经来不及彻底解决工时的问题了，在这个问题的角逐中，大型工业在 1923 年底握着一手更好的牌。[3]

大多数企业家认为，1923 年 11 月 30 日开始执政的马克思内阁中只有资产阶级的部长，这是一个很大的优势。但是新政府没有议会多数席位，因此必须寻求特别立法的方法。马克思在上任的第一天就要求得到授权法，以迅速处理经济和金融方面的紧迫问题。社会民主党领导层最初的态度是否定的。由于没有社会民主党就无法达到宪法所要求的多数，因此帝国总统和帝国政府考虑，是否要解散国会，并宣布举行新选举。但是，由于占领区的局面不稳，选择这一方式肯定会很冒险，于是艾伯特决定，不鼓励提前大选，而是让内阁考虑动用宪法第 48 条，这也是施特雷泽曼核心内阁采用过的举措。12 月 2 日的内阁会议上，德国国防部部长格斯勒甚至建议，在宪法规定的 60 天期限之后再举行新选举，但这样一来就违反了宪法。

帝国总统办公室负责人、国务秘书迈斯纳原则上并不反对这一建议，虽然他认为现在谈论“延长选举时间”还为时过早，但如果总体情况表明“到 60 天时还不能进行选举，那么就要根据第 48 条采用延长时间的办法”。

如此冷血讨论的违宪行为最终并没有落实。立即被公开的即将动用第 48 条一事，在社会民主党中引起了激烈的讨论。大家心知肚明，是否使用紧急法令完全不受社会民主党的左右。国会法律规定，拥有简单多数就可以取消这一法令，但是如果社会民主党无法争取到所需的票数，就根本无济于事。而短期内执行授权法也许是两害相权取其轻的一种办法。尽管如此，不仅是社会民主党左翼，甚至连党主席赫尔曼·米勒也不同意一个没有社会民主党的内阁拥有这样的权力。另外，右翼代表提醒大家注意，如果授权法不能通过，可能会导致采用第
48 条实施全面紧急状态的风险。此外，国外也会对新货币失 247
去信心，如果政府的政令不通，则德国得不到贷款。最后，内阁为了争取支持者赞同，做出了一定的让步。政府同意在颁布该法令之前，举办国会常委会听证会。在这些论据和信息的影响下，社会民主党议会党团 12 月 4 日在全体会议上以 73 票赞成，53 票反对通过了授权法。

但是党内争端并没有就此结束。虽然议会党团强令参加最终表决，但是在 12 月 8 日的表决中，还是有 42 名左翼议员依旧没有出席，他们几乎是清一色的前独立社会民主党员。持不同政见者的人数如此之多，如果采用严厉的制裁就会造成党内分裂。这也是领导层没有采取任何惩罚性措施的原因。但左派仍然无法阻止投票成功。德国国会以 313 票赞成，18 票反对，1 票弃权通过了授权法，这个表决结果满足了宪法所需要的

多数。[4]

1923年12月8日的授权法，可以让帝国政府“在考虑人民和帝国的困境的基础上，采取必要和紧急的措施”，但不允许严重偏离《魏玛宪法》的相关规定。授权法的有效期到1924年2月14日。政府现在可以规定政令干预的范围，包括有争议的工作时间问题。11月17日，延期了多次的恢复国民经济条例已经到期。这些条例对工作时间做了规定。从法律角度讲，从这一天起，凡是未经劳资双方确认工作时间的行业，都应该以战前规定的工作时间为准。

马克思政府上任时，已经就工作时间问题做出了一个初步的重要决策。在帝国劳工部部长布劳恩斯主持的会议中，占领区的矿工协会和煤矿主协会的代表于11月29日在柏林达成一致意见，规定8小时一个班次，包括入矿和出矿时间。这意味着每天工作时间延长1小时。雇主方的论据是，不这样做很难履行11月23日与协约国工厂和矿山控制代表团的协议。而雇员一方对此几乎提不出反驳意见。12月14日，工会还同意了在非占领区采取类似11月29日的规定。就在12月14日这一天，布劳恩斯参照了与协约国工厂和矿山控制代表团的协议，为钢铁工业签订了一项协议，允许战前采用12小时“两班制
248 体系”的行业，重新启用12小时轮班制。这就是说，对于大多数轮班工人来说，减去休息时间，每天实际工作时间是10个小时，周六9个小时，每周一共工作59个小时。如果考虑到休息时间和“为工作的准备时间”，则每周的工作时间要长得多，大约长达70个小时。金属业工人与矿工不同，他们反对加班，但是至1924年初发动的断断续续的罢工行动并没有取得任何成功，最终金属行业的工人不得不接受延长工时的

做法。

1923年12月14日也是公务员难忘的一天。这一天，马克思内阁决定将帝国官员的每周工作时间从48小时增加到54小时。一周之后的12月21日，根据12月8日授权法颁布了工作时间总条例。在“以最终规定为准”的前提下，条例称仍然坚持8小时工作日为正常工作日。但是该原则已经被各种特例抵消了。在许多情况下，根据官方规定或劳资协议，每天工作时间可以延长最多2小时。从这个时候起，大多数经济领域中法律允许10小时工作制。取消较短工时的劳资协议需提前30天通知。

关于工时的旷日持久的争论，在1923年12月至少暂时告一段落。在这一轮争论中企业家一方胜出。为了获得支持，企业家搬出了国民经济的论点，而这种论点不仅在资产阶级政党内部，在社会民主党当中也引起了反响。自由工会执意坚持8小时工作制，但并未得到基督教工会、希尔施-东克尔行业协会（Hirsch-Duncker Gewerkverein）等其他派别工会的支持。但是，雇主方远远不满足于已经取得的成绩，因为8小时“原则上”仍然被认为是正常工作日。此外，根据10月13日授权法通过的1923年10月30日的仲裁条例，允许帝国劳工部部长在劳资谈判冲突中担任仲裁人，布劳恩斯经常通过这个办法为弱者，即雇员方争取利益并进行干预。因此，绝不能说德国在1923年底已经重新返回“曼彻斯特自由主义”。国家比以往更加有力地介入经济生活。它并不把自己视为企业家的伙伴，而是站在企业家的对立面。因此，对某些工业家来说，这次工作时间的较量不过是一种惨痛的胜利。[5]

自由工会则认为取缔8小时工作制是一次重大失败。他们 249

在 1924 年 1 月中旬对此做了回答，宣布退出 5 年前他们在 1918 年 11 月和企业家共同组成的中央工作小组。但就当时情况而言，这一决定只是一个声明性的姿态。因为在 1919 年秋至 1922 年夏，许多行业的工会，包括金属工人和建筑工人协会等组织，都已经离开了中央工作小组。1922 年 6 月在莱比锡举行的德国总工会联合会大会上，根据代表会员的数量，中央工作小组的支持者在代表中已经不占多数。另外，以重工业为首的企业家右翼从来没有真正接受过劳资平等以及劳资谈判自主权的原则，并一直鼓动收回 1918 年 11 月在处于下风时对工会做出的让步。因此，中央工作小组早在其正式结束前就只是一个门面而已。两个阵营都视自身的团结比和对手在组织上的联系更为重要。但是工会以及企业家中的温和派都不想放弃进一步合作的想法。这种伙伴关系应比以前更具有弹性。只有这样才能排除令中央工作小组失败的原因。1918 年的和谐模式中并未考虑到社会冲突引起的重大挑战。[6]

不仅在工作时间问题上，而且在其他许多领域，授权法都允许马克思内阁采取维稳政策，这是通过正常立法渠道不可能做到的。1923 年 12 月 12 日，公务员工资的定位远低于战前的水平。大批公务员的裁员计划在大联合执政时就已经决定，现在马克思内阁可以果断落实，甚至提前完成裁员计划。

紧急税收法规为德国创造了必要的收入来源：增加了营业税，调整了收入税、公司税和财产税，重新确定了帝国与各邦之间的财政平衡。房屋利息税和债券税考虑到了因通货膨胀而获益的那一部分的税收问题。房屋税是 1924 年 2 月 14 日第三次紧急税收法规中启用的，它也有助于减轻战争经济的影响。在战争和通货膨胀年代，租金实际上被冻结了。德国财政部估

计 1923 年底的租金只有和平时期租金的 20%。为了促进新建
住房和维修住房，马克思内阁尽力将租金调整至战前水平。财 250
政部部长路德的设想是上浮租金，1924 年底租金要达到和平
时期租金的 80%，但对此的决定权不在帝国，而是在邦政府
手中。1924 年 4 月 1 日起，房主可留下的租金至少为和平时
期租金的 30%，7 月 1 日起至少为 40%，10 月 1 日起至少为
50%。剩余的部分由各邦和市政当局支配，主要用于住房建
设，这个领域自 1914 年以来积压了大量的投资需求。[7]

第三次紧急税收法规中争议最激烈的部分是重新估价的规定。在这一点上，德国政府面临的压力很大，以至于路德无法维持拒绝任何重估要求的方针。1924 年 2 月 14 日的规定为重估某些资产规定了一个平均比率。这个比率是金马克价值的 15%。但是，重估后的债务偿还推迟到 1932 年，公共债务的偿还和利息支付推迟到赔款问题最终解决，也就是无限期推迟。这些规定远远未能满足帝国法院和法官协会唤起的过高期望值，因此抗议风暴不断。甚至有些法院宣布这个规定法律上无效。[8]

在占领区问题上，路德也无法完全实现自己的主张。他的本意是在发行地产抵押马克后，停止向占领区的所有付款，但这将不可避免地激化与法国和比利时的冲突。马克思内阁经过详细协商后，于 1923 年 12 月 5 日决定继续支付占领地区公务员的失业救济金和薪金，并再次开始支付占领费用，承担占领损失赔偿。但路德同时坚持，在占领区不发行地产抵押马克，或至少不将其用作官方付款方式。

不得不做出让步的不仅仅是那些“与法国决裂”的支持者，路德和在新内阁中担任内政部部长的雅尔斯，都属于这一

类人。就连那些在1923年与1924年交替之际，希望通过成立一个西德联邦州来满足法国安全要求的代表们也未能达到目标。外交部部长施特雷泽曼预计，德国恢复向法国和比利时占领军付款之后，德国与巴黎和布鲁塞尔达成直接谅解的可能性会迅速增加。因此施特雷泽曼坚持要求拒绝科布伦茨的莱茵委员会和协约国莱茵兰委员会进行私下谈判。施特雷泽曼的坚持
251 颇有成效。1924年1月，科隆市长康拉德·阿登纳放弃了建立莱茵联邦的计划。同时，有影响力的莱茵银行家也认识到，由于法郎疲软，巴黎无法有效地参与莱茵-威斯特法伦金本位银行的建设，于是他们把这个计划搁置起来。1923年12月中旬开启的与法国政府的谈判最初并未得出任何具体结果。但是，人们有理由相信会得到盎格鲁-撒克逊人的善意协调：英国人在专家委员会中起着决定性作用，1924年1月中旬以来，在巴黎的这个专家委员会一直在美国银行家查尔斯·道威斯（Charles Dawes）的领导下，努力寻找赔款问题的解决方案。[9]

1924年初，莱茵兰的出路还未能见到端倪，另一个危机地区的情况则日趋缓和。自从11月8日和9日慕尼黑事件以来，所有预言家都清楚看到，卡尔和洛索再也无法长期担任他们的职务：两者在希特勒政变事件中扮演的角色产生了深远的负面影响。另外，巴伐利亚邦政府也想在帝国面前保住面子，因此也不想马上与其一刀两断。1924年2月14日，巴伐利亚与帝国就巴伐利亚邦军事指挥官合法聘任这个非常有争议的问题达成了谅解。帝国政府许诺，未来在召回邦军队指挥官时，要与巴伐利亚邦政府保持“一致”，并尽可能考虑其“合理的愿望”。此外，在全体德国国防军的誓言文本中还补充了履行各邦宪法义务的说法。随着这个协议的生效，慕尼黑政府不再

对驻扎在巴伐利亚的帝国国防军负责。2 月 18 日，卡尔辞去总专员职务，洛索不再担任巴伐利亚军队指挥官。这两个人并没有为他们的叛国行为承担任何刑事后果。

巴伐利亚和德国之间的冲突由此正式结束，为此帝国政府做出了最大的让步，巴伐利亚人民党也为达成这一谅解付出了努力。但是就在 2 月 14 日达成妥协的前几天，如果马克思内阁没有从一开始就选择避开这次较量，柏林和慕尼黑之间很容易会爆发新的争执。慕尼黑内阁不同意泽克特提出的结束军事紧急状态令，理由是马上开始的对 1923 年 11 月 8 日叛乱事件中希特勒和其他同伙的审判与这一做法相互矛盾。1924 年 2 月 28 日，艾伯特总统整体上解除了军事紧急状态，同时授权帝国内政部部长必要时可随时采取措施以抵御敌视国家的行动。在帝国政府的强烈敦促下，艾伯特最终同意，“考虑到当地目前的全面紧急状态”，巴伐利亚作为例外不使用这一规定。[10]

希特勒一案的判决当然不是为了引起“民族分子团体” 252
的愤怒，或触发新的政变尝试。1924 年 4 月 1 日，慕尼黑人民法院宣布鲁登道夫叛国罪名不成立。另外 5 名参与者，如冲锋队的组织者恩斯特·罗姆（Ernst Röhm）被判处缓期徒刑 3 个月，并处以 100 马克的罚款。希特勒本人和三个同谋被判处 5 年监禁以及 200 马克罚款，服刑 6 个月后，他们也可以指望获得缓刑。法院轻判所有被告的理由是：“一种纯粹的爱国精神和最高尚的、无私的愿望指导了他们的行动，他们真诚相信必须采取行动来拯救祖国，他们的所作所为也是不久前巴伐利亚领导层的意图。”这个判决及其推论无异于宣布这些人道德上的罪名不成立，巴伐利亚以外的地方也是这样理解的。[11]

1924 年 2 月 28 日军事紧急状态的结束并不是在马克思内阁的敦促下完成的，而是如上所述应泽克特的要求完成的。正是这位国防军首领想要推卸德国总统 1923 年 11 月 8 日夜间至 9 日凌晨委托给他的工作。他的这个考量有两个充分的理由。第一，国防军在与民政当局的小型纷争当中威信扫地，这种情况在萨克森、图林根以及普鲁士等地尤为严重。第二，国防军担心受到右翼激进武装力量的渗透。在军事紧急状态授予国防军广泛政治权力之时，军中领导层不确定他们在部队中到底能够得到多少支持。出于这两个原因，这位国防军领导得出结论，为了实现长期目标，包括修订《凡尔赛和约》这一首要任务，国防军迫切需要一段时间进行内部整顿。解除军事紧急状态主要是为达到这个目的。内部局势的逐步稳定和即将开始的外交缓和使这位国防军司令更容易选择战术上的撤退。[12]

1923 年 11 月 23 日，泽克特对德国共产党、民族社会主义德意志工人党和德国民粹自由党颁布了取缔令。1924 年 2 月的一段时间里，对这一取缔令是否应继续生效产生了争议。统帅部负责人和马克思内阁多数成员都坚持对这些政党维持禁令，而普鲁士内政部部长泽韦林则要求取消禁令。他的理由是，经验表明，国家镇压无异于为从事敌视国家的行动做宣
253 传。艾伯特 1924 年 2 月 28 日颁布的规定是两个对立立场之间的折中。这个规定废除了 1923 年 9 月 26 日和 11 月 8 日的军事紧急状态。限制人身自由、新闻自由和结社权的规定，以及泽克特的政党禁令一律失效。与此同时，艾伯特授权帝国内政部部长可以对敌视国家的行动采取必要措施。为了这个目的，可以继续限制人身自由和言论自由，禁止露天公共聚会和游行。根据普鲁士的要求，邦中央机关可以做出例外的决定。这

一“民事紧急状态法”实施了 8 个月，直到 1924 年 10 月 25 日，德国总统的另一则规定废除了这一紧急状态令。[13]

紧急状态令的内容虽然有所弱化，但是继续实行紧急状态令的目的是防止帝国政府被突然剥夺所有的权力。第三个紧急税收法规颁布后的第二天，就在 1924 年 2 月 15 日，1923 年 12 月 8 日生效的授权法到期，也不可能再次赋予马克思内阁新一轮的特殊全权。2 月 20 日，国会再次举行会议，德国社会民主党、德国共产党和德意志民族人民党提议修订或废除根据两项授权法颁布的各种法令。社会民主党最希望废除关于裁员和增加工时的有关规定，并用财产税附加费取代租金税。但是政府抢在国会投票前先行了一步。根据内阁的要求，3 月 13 日德国总统解散了国会。艾伯特显然被说动，担心修改第三个紧急税收法规会危及新货币。国会的新选举定于 1924 年 5 月 4 日。其实 1920 年 6 月 6 日选举产生的德国国会的立法期在选举日的四周后也该正式结束了。[14]

在帝国各地曾经一度被禁止的政党这次都参加了竞选，这让人对国家施压的作用感到怀疑，同时也证实了泽韦林的怀疑态度。“德国十月革命”失败之后，共产党内部发生了激烈的派别斗争，最后以极左翼获胜告终。共产国际和联共（布）的贡献是，把围绕在布兰德勒和塔尔海默周围的“右翼”分子开除出党。他们被称为托洛茨基和拉狄克顺从的追随者。剥夺他们的权力，这是斯大林、季诺维也夫和加米涅夫“三驾马车”的共同目标，这“三驾马车”在列宁 1924 年 1 月 21 日去世后已经成为苏联新权力的中心。但是甚至连左派的季诺维也夫都认为，德国共产党的向左转有些用力过猛。大多数失 254
业的党员选举“左翼”代表参加 1924 年 4 月法兰克福党代

会，而这些代表又支持绝大多数“超左翼”的领导层，包括知识分子露特·菲舍尔、阿尔卡迪·马斯洛、维尔纳·沙勒姆（Werner Scholem）和阿图尔·罗森贝格，以及无产阶级的革命代表、汉堡的码头工人恩斯特·台尔曼，他是共产国际特别信任的人选。不管季诺维也夫如何劝告，被选进党中央的非激进共产党人依然只占少数，而“右翼”的克拉拉·蔡特金甚至未能入选。

党代表大会的决议带有极左派的痕迹。代表们表示，要消灭“布兰德勒主义的残余分子”，回到以“鼓动革命和动员群众的方法”为基础的统一战线策略上来，并宣布向社会民主党内的“修正主义分子”和德国民粹自由党发起“歼灭战”。党代会称共产党的主要任务是“组织革命”，为此必须成立工人政治委员会，以团结无产阶级进行武装斗争。另外一个关键问题是，要把当时与社会民主党极为相似的共产党扭转到非法的方向上来，党只有依靠基层行动小组，违法行为才能够站得住脚。虽然联共（布）在法兰克福党代表大会上并没有成功落实它的所有人事要求，但此后德国共产党在组织架构上开启并始终如一地践行了布尔什维克一直以来的愿望：德国政党的布尔什维克化。[15]

即便在军事紧急状态结束后，极右翼党在邦层面也是被禁止的。然而这并未阻止它们参加国会竞选。部分已解散的民族社会主义德意志工人党和民粹自由党结成联盟，目的是一起争取反犹分子和极端民族主义者的赞成票。民粹自由党和一个名字里有“社会主义党”的运动结合，自然在某些资产阶级圈子里引起了强烈的不信任感。1924 年 4 月，《西北德手工业工人报》（*Nordwestdeutsche Handwerks-Zeiturg*）认为德国民粹自由党和民族社会主义德意志工人党是纯粹的工人运动，并警告说，它是“置入黑白红包装内的布尔什维克毒药”。但是4月6日的巴伐利亚邦选举表明，许多选民并不担心极右翼的激进态度：“民粹阵营”名单上有很多民族社会主义德意志工人党人参与竞选，他们在129个议席中占了23个，与社会民主党议员人数一样多。[16]

与其他党派相比，德意志民族人民党最强调因通货膨胀受 255
到损失阶层的要求。彻底恢复债权人的权利是民族人民党在国内竞选中最重要的口号。民族人民党人可以指望选举取得好结果的另一个理由是，他们的竞争对手、右翼自由派的德意志人民党发生了分裂。1924年3月12日，一个民族自由协会问世，宗旨是影响“德意志人民党，把方针调整到专注民族的、反社会主义政策的方向”。这个新成立协会的支持者是几周后于1924年4月10日去世的胡戈·施廷内斯，以及以他为代表的重工业家们。施廷内斯集团的总经理阿尔贝特·弗格勒4月在德国工业帝国协会和德国雇主协会联合大会上明确阐述了这个民族自由协会发起人的政治初衷：“超越党派的国家已经成为过去，我们希望能够通过努力使其再生。”

德意志人民党主席对“民族自由分子”的分裂活动立即做出斩钉截铁的回复：“党内不能也不允许存在这样的特殊组织。”4月7日，党主席得到中央委员会声明的支持，开除了民族自由协会的成员。被开除的人当中还包括弗格勒和埃森商会负责人赖因霍尔德·夸茨。受制裁的人们马上反击，呼吁要把选票投给德意志民族人民党。3月底，德意志人民党在汉诺威召开的党代表大会声明，社会民主党在帝国政府中已经失败，“根据历史的发展以及为德国文化和经济做出的贡献”，德国资产阶级现在提出领导国家的要求。但是，下面的一句话又为建立一个大联合执政联盟留出了一扇门："凡是愿意秉承爱国精神参与重建强大德国的人，就不应该遭到拒绝。"[17]

这句话中暗指的社会民主党在这次国会选举中正处于前所未有的四分五裂的状态。党内争执是因持续了数年的"萨克森冲突"。1923 年 12 月 14 日，萨克森的德意志民主党撤回了对社会民主党费利施领导的内阁的支持，迫使邦总理宣布政府解体。1924 年 1 月 4 日，社会民主党邦议会党团的大多数在与柏林的党领导秘密协商后，决定与德意志民主党和德意志人民党组成新的联合政府。这一决定有悖于 12 月初萨克森地方党代会的一个决议。这个决议称，未经党代会批准不得再成立
256 执政联盟。因此议会党团中占少数的 15 名议员马上提出反对 1 月 4 日的决议，拒绝多数人请迄今的邦财政部部长马克斯·黑尔特（Max Heldt）任邦总理候选人的提议。尽管如此，黑尔特还是当选邦政府首脑，对此 25 名社会民主党人投了赞成票。

1924 年 1 月 6 日召开的邦党代会上，77 票对 16 票的不信任票表达了对议会党团多数的强烈不满。与两个自由党组成的联合政府是"对资产阶级暴力政策的屈服"。议会党团多数则明确表示，他们深知这一行动的影响范围，但仍决定不放弃他们的决议。之后，邦党代会在三票反对的情况下做出决定，萨克森的社会民主党"不参与黑尔特内阁，也没有责任组建这一联合执政政权"。

议会党团多数派置党代表大会决议于不顾，并非没有充分的理由。如果社会民主党拒绝一个大执政联盟，那么另外一个多数执政的选择，就是包括民族人民党在内的资产阶级阵营，

或者推出一个与共产党合作的新版本，但是这种统一阵线有过一次惨痛的失败。这两种选择都是负责任的社会民主党人不希望看到的，因此德累斯顿邦议会党团多数成员都确信，在与萨克森地方党组织多数人发生争执的问题上，全国党代会上多数人会认为他们的决定是正确的。这次党代会原定于 1924 年 3 月底举行，但因国会提前选举推迟到了 6 月。不言而喻，社会民主党领导不愿意在竞选期间向公众展示一个内部分裂的政党。

1924 年 1 月初，社会民主党机关报就萨克森危机的一段评论，揭示了这次冲突的更深层次的原因：争论核心无非就是这个德国最大政党与议会民主的关系。“必须承认，在德国议会制度创立之前，这个党处在相对舒适的位置上。”《前进报》这样写道：“这个体制致命的必要性，就是要建立多数，要组建政府，这将给我们带来一些很棘手的问题。”

前共产党主席保罗·列维现在是社会民主党极左翼的代表，他认为事情并不那么复杂。“我们的出发点是，我们的政党是一个天生的反对党，”他在 1923 年 11 月底写道，“这个人民国家与原有的集权国家有着同样的经济内涵……因此，社会民主运动由此得出的基本立场就是在野党的立场。”社会民主党三位主席之一奥托·韦尔斯在 1924 年 2 月中旬得出的结论则截然相反。在勃兰登堡举行的社会民主党地区党代会上，他以自我批评的方式强调，从政府组建的第一天起，社会民主党就是被迫践行联合执政政策的。“单单为了实现和平，就有 257
必要参与执政。我们可能犯了错误。我认为错误在于没有一直参与执政。过多考虑反对参与联合执政的意见是错误的。”[18]

坚决反对与社会民主党合作的一派脱离了德意志人民党

后，国会选举后成立一个新的大联盟不再绝无可能。无论如何，除了巴伐利亚人民党外，资产阶级中间政党中，没有一个团体原则上拒绝与社会民主党合作。1924 年 1 月底，即将上任的德意志民主党主席埃里希·科赫-韦泽在党委会上表示，无论如何都看不到取代大联盟的其他可行方案。现任的少数派政府不可行，它只不过是下次大选前的一个临时方案，甚至与德意志民族人民党结成资产阶级阵营也不可行，因为“民族人民党的强势和傲慢”会占据上风，“我们已经从巴伐利亚的经历得到了惨痛教训”。

1924 年 2 月 28 日，科赫-韦泽在国会上的语调听起来像是号召进行阶级斗争。在社会民主党执政期间，德意志民主党多年来一直致力于防止国家屈服于经济界。但是今天还有另外一场战斗。“现在出现了另外一场战斗，经济落入几个经济巨人手中后，经济界发起了反对服从国家的斗争。”令他深感忧虑的还有：“今天，部分工厂主试图清除 1919 年和 1920 年共产党的工人多次施加给他们的恐怖后果。如果过多地强调他们是企业主人的立场，这将无助于我们经济生活的自由发展。”

中央党议会党团主席路德维希·卡斯（Ludwig Kaas）主教 3 月 5 日在国会上也强烈谴责某些雇主阶层，称他们“滥用权力”，利用工时紧急法为自己的目的服务。中央党原则上坚持 8 小时工作日，并且希望经济危机过后出台新的工作时间法，将 48 小时周工时数定为重体力工作时间，而其他工种工时的相应规定则根据生产条件并参考国外的竞争力，但要短于雇主现在提出的工时数。[19]

1924 年 4 月 9 日，一次外交事件成为资产阶级中间政党与社会民主党在内政方面相互靠拢的标志，有望成为政治阵营

中温和派重新合作的基础。这一天，道威斯委员会的评估在巴 258
黎发表。它并没有提出德国应赔款的总额，但认为 1921 年 5 月伦敦最后通牒提出的 1320 亿金马克的战争索赔额显然超过了德国的经济能力。为了不危害德国货币，债权国应指定一个赔偿代理机构负责汇款保护，即确保付款方式兼顾马克的对外比值。该委员会希望，最初每年支付 10 亿金马克，并在 5 年内增加到每年 25 亿金马克。考虑到法国让德国提供担保的强烈要求，委员会提议将德国铁路转型为一个有限公司，并承担一定的债务，债权国代表也进入该公司的监事会。专家委员会还建议抵押德国某些税收，德国工业提供计息抵押的 50 亿马克作为进一步的担保。

该计划的重要组成部分是一笔 8 亿马克的外国国债，作为委员会提议新筹建的中央银行的基本金，并以此确保货币稳定。这笔国债的收益先用于支付给协约国在德国国内的费用，例如实物供应和占领费用。《道威斯计划》确定了支付赔款要考虑德国货币稳定的原则，除此之外还要提供外国贷款，主要是美国贷款。这是该计划中为德国开启的最令人鼓舞的前景。委员会对德国主权限制的要求很严厉，但比法国和比利时在 1923 年 1 月占领鲁尔地区时要求用领土担保更容易承受。

美国介入欧洲事务这种新做法，比其他任何事件都更明显地标志着战后时代的结束。美国的影响及法国自身的经济弱势令后者认识到，无法强求在欧洲大陆上永久称霸。自 1923 年底以来，德国一直希望华盛顿能够提出建设性建议以解决赔偿问题，并阻止法国单方面行动，这对德国起到了维稳的作用。

期望得到美国贷款还有一个作用，就是使德国逐步摆脱政治低迷。美国对振兴德国经济有着浓厚的兴趣。1914 年之前，

德意志帝国一直是美国商品出口最重要的接收国，美国资本在
259 其他任何地方的投资都不如在德国得到这么高的盈利回报。华盛顿之所以这么晚才决定在赔款问题上正式出面调解，主要原因在于“孤立主义者”的反对。美国公众对任何形式海外活动的怀疑态度依旧非常强烈，因此暂时还不能想象，美国能够为新的经济承诺提供坚实的政治保障。美国还不能真正履行第一次世界大战后落在他们肩上的领导世界经济的任务。然而，为欧洲人指明出路，以摆脱赔款政治僵局，这个决定是 1923 年秋季至 1924 年夏季对世界政治局势变化做出的决定性贡献。[20]

同时，苏联也以自己的方式为维稳做出了另一份贡献。斯大林、季诺维也夫和加米涅夫这“三驾马车”进一步剥夺了托洛茨基的权力，这就意味着他们执行的是不同于托洛茨基有关世界革命是一场永久革命的方针。虽然斯大林在 1925 年才提出“一国建设社会主义”的说法，但自 1924 年 1 月列宁去世后，受斯大林影响的苏联外交政策一直遵循这一原则。“德国十月革命”的失败验证了这位联共（布）中央总书记的判断。苏联要做好这样的准备：苏联将在很长一段时间内是欧洲唯一的革命国家，也就是说它必须与资本主义国家共存。越来越多的资本主义国家也在准备与苏联建立外交关系。1923 年底，除波罗的海邻国外，只有两个欧洲国家迈出了这一步：德国 1922 年 4 月与苏联建交，缘由是为了签订《拉帕洛条约》；1923 年 9 月，波兰也与苏联建立了外交关系。1924 年 2 月 1 日，第一个战胜国正式承认苏联，这就是 1924 年 1 月后由麦克唐纳工党内阁执政的英国。几天后法西斯意大利紧随其后。1924 年 2 月和 3 月，奥地利、希腊、挪威和瑞典也与苏联建

立了外交关系，同年晚些时候中国、墨西哥和匈牙利也迈出了这一步。最后，法国于 10 月和苏联建交，法国在 1924 年 6 月已由激进社会党人赫里欧担任总理。

作为两翼势力之一的美国在 1917 年进入欧洲，1923 年至 1924 年在某种程度上放弃了自己选择的孤立主义政策，并且开始在欧洲旧大陆上发挥积极的作用。而与此同时，另外一翼的苏联则朝着另一个方向发展：它放弃了过去几年反复尝试的革命干预，投身于自己国家的转型建设。然而，在之后的几年里，莫斯科依然通过两种渠道出现在所有欧洲民主国家中：一 260
是借助于外交使团，目的是保护共产主义革命的祖国进行“社会主义建设”；二是借助各国共产党，他们的任务是努力把各自国家推到苏联希望的轨道上来。[21]

前面提到的伦敦和巴黎的政府更迭，也属于 1923～1924 年世界格局的变化。在英国，工党和自由党在 1923 年 12 月 6 日下院的选举中击败了保守党。1924 年 1 月 23 日，英国迎来了第一任工党政府首脑拉姆齐·麦克唐纳。这个内阁是一个需要依靠自由党的少数派政府，因此从一开始就不稳定。1924 年 11 月初，工党不得不将权力再次让给 10 月 31 日大选中获胜的保守党。但是英国在工党执政期间，正好是从道威斯评估计划出台到 1924 年 8 月伦敦会议上签署《道威斯计划》的这段时间，因此在外交政策方面具有重大意义。德国很期待这一届内阁比保守党政府在政治上能做出更多的让步。

法国的政权更替对德国更为重要。德国国会选举一周之后，1924 年 5 月 11 日德国西边的邻国举行了内阁选举。这次选举中，以普恩加莱为首的民族阵线失去了多数地位，社会党和资产阶级激进社会党的选举联盟“左翼联盟”获胜。为此，民族阵线的发起人之一的国家总统米勒兰（Millerand）引咎辞职。6 月 14 日，喜爱德国唯心主义哲学的爱德华·赫里欧出任资产阶级左翼新内阁首脑，这一届内阁得到了社会党人的支持。德国可以指望他比普恩加莱有更多的谅解诚意。[22]

《道威斯计划》的出台是德国国会选举的一个重要转折点。帝国政府于 4 月 27 日在竞选呼吁中提到了协约国的建议，称尽管它要求德国做出最大牺牲，但“对于我们没有防御能力的人民来说”仍是一个进步，因为他们用经济理性取代了军事暴力。社会民主党的反应是积极的。而共产党人和民族主义右翼则呼吁反对新的赔款条件。泛德意志协会要求建立民粹专政，彻底与履行政策决裂。德意志民族人民党则称这个报告是“奴役的审判”，是“凡尔赛第二”。德国共产党就像民族人民党的好学生。1924 年 5 月 1 日，德国、法国、比利时和意大利共产党发表联合声明，同样谴责《道威斯计划》是
261 “凡尔赛第二”，这个计划是对“德国无产阶级的奴役”，是对其他欧洲国家无产阶级的奴役。[23]

1924 年 5 月 4 日举行的国会选举中，激进右翼取得巨大成功，温和派左翼失败惨重。德意志民族人民党得票比 1920 年增加了 140 万张，得票率从 15.1%飙升至 19.5%。它一下子成为中产阶级阵营中最强大的势力和第二大政党。与群龙无首的纳粹党结盟的德国民粹自由党首战告捷，他们赢得了 190 万张选票，得票率为 6.5%。1924 年 5 月，超过四分之一的德国选民选择了反对共和的右翼党派。

中间派左侧的政治势力中有两种倾向值得注意，权重从社会民主党向共产党倾斜严重，但“马克思主义派”的总票数则大幅下降。1920 年 6 月的国会选举中，包括 1921 年和 1922

年的地方候补选举，工人政党总共获得 1170 万张选票，占有效选票的 41.7%，相比之下 1924 年 5 月的得票只有 970 万张，占有效选票的 34%，至少损失了 200 万张选票。社会民主党的选票从 610 万张降至 600 万张，得票率从 21.7%降至 20.5%。初看起来似乎损失不大，实际上却是一场灾难：1924 年 5 月的选举中，重新合并后的社会民主党获得的票数少于多数派社会民主党在 1920 年的票数。1920 年有 500 多万选民把选票投给了独立社会民主党，令该党取得了 17.9%的份额。很显然，这些选民中没有多少人认为社会民主党现在是他们新的政治家园。共产党获得近 370 万张选票，这相当于 12.6%的份额。共产党第一次以无产阶级群众政党的身份在国家层面参加选举，但是他们赢得的 300 多万张选票远远少于两个社会民主政党损失的 500 万张选票。

资产阶级中间党和温和派右翼当中，也有一部分蒙受了巨大损失。德意志人民党在 1920 年 6 月的得票率为 13.9%（390 万），1924 年 5 月得票率降至 9.2%（270 万）。德意志民主党的得票率从 8.3%（230 万）降到 5.7%（166 万）。天主教党派的变化相对较小。中央党的得票率从 13.6%（380 万）降至 13.4%。巴伐利亚人民党的得票率从 4.2%（117 万）降至 3.2%（94.7 万）。资产阶级小型政党在 1924 年 5 月的得票率共计 8.5%（250 万），与 1920 年相比，它们的票数增长了 5.3 个百分点（156 万）。

对个别选区和城镇的调查证实了一些可想而知的猜测：激进右翼的德意志民族人民党和德国民粹自由党主要获得了曾经选择两个自由党选民的信任。同样从这里获得选票的还有一些德国中产阶级和农业小型党派。在这些党派中，简称经济党

（WP）的德国中产阶级帝国党（Reichspartei des deutschen
262 Mittelstandes）的规模最大。共产党获益于当年投票给独立社会民主党的选民，当然也获益于当年投票给多数派社会民主党的选民。然而，还有一种更令人吃惊的选民倾向的变化。从前选择工人政党的相当一部分选民，这一次很可能转向了激进的右翼政党。特别在新教徒占多数的易北河以东地区，一方面是工人政党票数的损失，另一方面是民族人民党票数的增加，这两者的关联性很明显，在某些地方与民粹自由党选票增加的相关性也很明显。无论在农村还是城市的选区，都可以看到相应的变化。1924 年 5 月出现的选民倾向左右移动的情况，农业工人的变化只是其中一个原因。在弗兰肯（Franken）这个民族社会主义者的早期据点，极右翼在纺织业所占比重较大的某些地区吸引了 1920 年选择独立社会民主党的诸多选民。但是德意志民族人民党和德国民粹自由党新获得的大多数支持者不是工人，而是独立执业和非独立执业的中产阶级，在通货膨胀时期，这些中产阶级对国家的信任大打折扣。

马克稳定后的第一次德国国会选举，恰逢政治动荡趋缓之际。如果在危机最严重的时候举行选举，比如在 1923 年夏天和秋天，左翼和右派激进势力肯定会更受欢迎，而民族主义右派可能会比极左派的吸引力大得多。共产党的政变企图只能导致一个结果：在国防军的支持下建立一个“民族专政”。从 1924 年春季回过头来看，魏玛能在 1923 年危机中幸存下来，而没有陷入公开专政统治这件事在半年前绝不是那么理所当然的。[24]

这次选举令民族人民党上升为最重要的资产阶级政党，加上农民党的 10 名议员加盟，民族人民党成为最大的议会党团，他们提出领导新政府的要求并不出乎意料。在其他资产阶级政党中，尤其是德意志人民党赞成民族人民党执政。但施特雷泽曼的政党还附加了一个条件。这个条件让民族人民党很难满足，因为它与自己的竞选口号冲突。这个条件就是明确认可道威斯委员会的报告。另外，没有一个中间党派愿意接受民族人民党提议的总理人选——海军元帅冯·提尔皮茨。结果帝国总统艾伯特请5月26日宣布辞职的威廉·马克思再次组阁。与民族人民党的谈判和以前的谈判一样没有取得成功。德意志民 263
族人民党提出的一系列要求令温和的资产阶级政党无法接受：改变外交政策，施特雷泽曼卸任外交部部长，提前重组大联合执政的普鲁士邦内阁。一切迹象表明，德意志民族人民党也知道，这些要求根本得不到满足，因此他们只是表面上参与谈判。出于政党战略，民族人民党想在赔款问题解决后再加入德国政府。看透了这一计谋的马克思于6月3日中断了谈判。就在同一天，他宣布各前部长就职。[25]

社会民主党在国会选举中惨败后，没有任何一方认真考虑过重新组建新的大联合政府。6月11日至14日，在柏林举行的社会民主党代表大会上，左翼猛烈批评党领导迄今的大联合执政政策。德国金属工人协会主席、前独立社会民主党人罗伯特·迪斯曼（Robert Dißmann）提出要用“不可调和的阶级斗争政策”，反对“兼顾国家和资产阶级联合执政党”的方针，只有这样才能夺回投入共产党怀抱的那些无产阶级选民。党主席赫尔曼·米勒在陈述中表达了歉意，纵观过去几年的联合执政，“我们进入政府是因为我们必须进入。迫使我们这样做的几乎总是外交上的原因”。米勒提交了一份议案，代表们以262票对105票通过了这项提案。党代会在该提案中称，联合执政的政策是一个策略问题，不是一个原则问题。只有在"权衡弱势群体利益的所有利弊后，在确保工人阶级不做出单方面牺牲"的前提下，社会民主党才可以参与执政。社会民主党并未表示反对今后参与联合执政，但这个决议的直接效果很明显：在国家层面，社会民主党认为在野是常态，而参与执政则是例外。[26]

支持马克思第一届内阁的巴伐利亚人民党没有参与马克思第二届政府中。司法部部长埃明格尔于 4 月 14 日辞职，因为慕尼黑的党领导认为必须这样做，以明确抗议中央党决定在巴伐利亚提名自己的候选人参加国会选举。中央党给巴伐利亚人民党造成的选票流失，不仅在普法尔茨带来严重后果，而且令两党之间的分歧在选举后仍然存在，并导致巴伐利亚人民党疏远了中央党人马克思任总理的少数内阁。[27]

264 因此马克思第二届内阁在国会只能依靠中央党、德意志民主党和德意志人民党的议席，共占 472 个议席中的 138 个。为了在议会中立足，政府必须争取社会民主党或民族人民党的支持。而要通过最重要立法草案的《道威斯计划》，仅国会议员的绝对多数同意也不够。按照专家委员会的建议，需把帝国铁路改制为公司并承担某些债务，就必须修改德国宪法，这需要三分之二的多数支持。民族人民党是否会伸出援手，还根本不能确定。由于这种不确定性，内阁内外 1924 年夏天反复讨论解散国会以及全民表决《道威斯计划》的问题。[28]

《道威斯计划》的国际谈判 7 月中旬在伦敦开始。欧洲协约国先和美国开会。德国政府代表团在 8 月 5 日至 16 日参加会议。狭义上的赔款问题无须讨论，协约国认为专家的报告已经阐明了一切必要的内容。于是会议聚焦在政治问题的讨论上，首先是撤离“新占领区”的问题，德方要求立即撤离占领区，但是在盎格鲁-撒克逊人的敦促下不得不做出妥协：法国和比利时承诺一年内撤出 1921 年和 1923 年占领的领土，并承诺在最终签署协议的当天，撤离 1923 年 1 月占领的多特蒙德-霍德地区和莱茵河右岸。帝国总理马克思最后还是放弃了准备在伦敦提交一项反对《凡尔赛和约》中关于“战争罪条款”的声明。这一声明在签署《伦敦协定》的前一天，即 8 月 29 日由柏林以正式抗议的形式公之于众。这一抗议的内容实际是给民族人民党看的，因此会对这些人产生一些影响。但是，如果在伦敦引发外交轰动事件，那么德国无异于玩火。出于外交和经济的原因，德国非常需要前战争对手们的信任。

《伦敦协定》对德国来说意味着重大成功。正如麦克唐纳首相所说，这是“自战争以来第一个真正达成的协议”。莱茵兰仍留在德国，并且在经济和财政上再次完全归入德国大家庭。由于帝国银行实行的严格贷款政策，地产抵押马克维持了
购买力，这一临时货币完成其使命后让位给新德国马克，新货 265
币的 40%与黄金或外汇挂钩。一些新成立的机构和新人员大大限制了德国主权，例如：负责赔款汇款的外国总代理；监督钞票发行的外国专员；德国帝国银行总管理委员会中一半由德国人，一半由外国人组成；德国铁路管理委员会里同样德国人和外国人各占一半，等等。但与此同时，德国通过道威斯贷款得到了经济启动援助，这是获得进一步外国贷款的开始。这不仅是经济上的胜利：德国现在能够在物质上支持其政治复兴，并提出全面修订《凡尔赛和约》的要求。

在伦敦确定的新秩序中，法国是失败方。法国未能实现占领鲁尔区时设定的目标，不得不因相对的经济和金融劣势在伦

敦吞下其政治后果，从此法国在欧洲大陆的霸权也暂告一段落。伦敦会议上达成的是德国与法国之间脆弱的平衡，双方也在不同领域向对方展示了自己的优势：法国在军事领域，而德国则在经济领域。这一点从长远角度看更加重要。[29]

毫无疑问，《道威斯法案》中的大部分都能够在国会中获得多数通过：执政党从一开始就相信社会民主党会投赞成票。但是《帝国铁路法》必须获得三分之二的多数票通过，因此结果如何还不得而知。所有这一切都取决于民族人民党中是否有足够的议员冲破阻力投赞成票。因此，德国工业帝国协会、基督教民族工会，甚至一段时间里，就连附加诸多条件的帝国乡村同盟（Reichslandbund）也出面动员民族人民党。德意志人民党提出的建议是，如果民族人民党同意《道威斯计划》，它就可以加入德国政府执政。德国总统和总理则要挟，如果不接受《伦敦协定》就解散国会。面对协约国指责德国犯下战争罪的说法，德国政府在 8 月 29 日发表了上述那份声明。声明称如果不把德国人民从“这些错误指控的锁链”中解放出来，依旧把德国人视为“人类的罪犯”，就不可能实现各民族之间的真正理解与和解。

266 这种施压与诱惑、威胁与让步的结合起了作用。在 8 月 29 日的决定性投票中，民族人民党议会党团中 52 人投了反对票，48 人投了赞成票。《帝国铁路法》要得到修宪的多数，需要 466 名法定议员中有三分之二的人出席，出席的议员中需要有三分之二投赞成票。投票当天共有 441 名议员参加投票，因此 294 张赞成票就能达到合规的多数。这一法案实际以 314 票得到了通过。民族人民党议会党团中接近半数的赞成票让接受《伦敦协定》成为可能。[30]

《道威斯法案》三读后的第二天，德国国会本应受理德国政府提交的一项法案，法案的内容是对德意志民族人民党的友善行为给予某种形式的政治奖励。农业部部长卡尼茨伯爵（1923 年 10 月前他一直是民族人民党员）提议，重新引入 1914 年被暂停的农业关税，于 1925 年 1 月 10 日重启 1902 年的“比洛关税”。根据《凡尔赛和约》，从 1925 年 1 月 10 日这一天起，德国不必单方面给战胜国以最惠国待遇，因此德国有了更多的贸易政策活动余地。1924 年 6 月卡尼茨曾在国会中提及乡村同盟对关税的要求，并在内阁公开阐明，用这种方式最容易争取民族人民党的反对派同意《道威斯法案》。内阁起初甚至准备在讨论《道威斯法案》之前就向国会提交这一关税提案，但随后因工会抗议和普鲁士政府的警告改变了时间表。关税提案一读最终定在 8 月 30 日，但是未能进入投票环节，因为社会民主党和共产党退出了全体大会，令国会无法做出任何决议。随后国会休会至 1924 年 10 月 15 日。议会休会结束三天前，政府宣布由于收成条件的变化，不能再坚持这种方式的关税提案，因此予以撤回。

左翼的议会阻挠活动是某种政治自卫。社会民主党和共产党人一起阻止了议会处理这部法律草案，他们阻止了一种不能苛求本党支持者赞同的行为，这种行为对整个经济界都是不负责任的做法。农产品的保护关税，特别是谷物保护关税必定会增加广大民众的生活成本，必定会造成相关国家为抵制德国工业出口而实施制裁措施。可以预计，农业保护主义复燃的最终结果将危及德国的就业。[31]

资产阶级中间派的企业家和政治家原则上也持同一种观点。但是自 1924 年 9 月底以来，马克思内阁中极右翼党派开

267 始调整政治方向，如果不向大农场主做出大幅让步，这一政治目标就无法实现：德意志人民党要求民族人民党参与执政，从而兑现 8 月 29 日决定性投票前夕向民族人民党做出的承诺。《道威斯法案》通过后，德意志人民党的右翼认为，不再需要继续顾及社会民主党。与前一段时间相比，此时的内政确实更容易稳定右倾的状态。民族人民党中相当一部分人协助通过了《伦敦协定》之后，右翼势力似乎在外交方面也不那么危险了。

然而，帝国总理对成立一个资产阶级阵营的内阁深表怀疑。马克思认为，右翼政府在内政上会遭到社会民主党的强烈反对，在外交上会为占领区制造重重困难。此外，他必须考虑到德国民主党和自己本党的左翼都反对与右翼联盟。因此，10 月 1 日政府首脑提出了一个看上去极有智慧的解决方案：同时向左和向右扩展联合政府，这个“人民大合作”政府将社会民主党和民族人民党都包括在内。

这样一种“全方位大联盟”在任何时候都是一厢情愿：左翼和右翼两个政党之间隔着千山万水，没有任何一种妥协可以弥合这种隔阂。尽管如此，在 10 月上半月还是开始了就这种政府联盟的谈判。内阁于 10 月 7 日提出的“准则”有意选择了模棱两可的表述，如拥护《魏玛宪法》和《伦敦协定》，提高生产，保证分摊赔款费用的社会公正性。社会民主党人 10 月 8 日的呼吁要求内阁做出更精确的确认，包括保持政府的共和制，继续执行马克思内阁迄今的外交政策，以及批准国际上实行 8 小时工作制的《华盛顿协定》。同一天，德意志民族人民党表示了坚持基督教文化和青年教育，否认阶级斗争，对战胜国正式澄清“战争罪不在德国”的态度。因此社会民主党有充分理由得出结论，德意志民族人民党是在拒绝与社会民主党合作。10 月 15 日，总理也得出同一结论。向左右两侧扩大内阁的尝试就此告败。

除了“全方位大联盟”外，理论上还有四个其他解决方案：第一个选择是单方面向右扩大内阁，这是德意志人民党的要求，但遭到了德意志民主党和部分中央党严厉拒绝；第二个是和社会民主党组成大联盟，这是德意志民主党希望达到的目标，但受到德意志人民党和中央党大多数的反对；第三，保留 268
目前的马克思少数内阁，但国会将提出不信任议案，而且通过概率会很大，因此德意志人民党并不赞同由德意志民主党提出并得到中央党支持的这个建议；第四，剩下的唯一选择就是解散国会，内阁于 10 月 20 日做出了这一决定。艾伯特在同一天就解散了国会，这也是内阁认为无法挽救的既成事实。新大选日期定于 1924 年 12 月 7 日。[32]

1924 年的第二次国会大选正值经济全面复苏，这在很大程度上归功于此时涌进德国的外国贷款。帝国银行颁布的严厉信贷闭锁机制导致 1924 年夏季失业率急剧上升，但到了秋季失业率开始持续下降。工会组织中工人的失业率从 7 月的 12.4%下降到 11 月的 7.3%。来自 12 个行业的数据显示劳资协议的小时工资在增加，从 1924 年 1 月的平均 57 芬尼增加到 1925 年 1 月的 72.5 芬尼。总的来讲，相对于争取减少工时的抗争，工会在薪金方面取得了更耀眼的成绩，尽管工时方面也有改善：根据德国总工会的调查，1924 年 5 月有 54.7%的工人每周必须工作 48 小时以上，13%的工人甚至超过 54 小时；到了 1924 年 11 月，只有 45.4%的工人工时超过 48 小时。[33]

经济和社会条件的改善，让左右翼极端党派没有理由对选举有特别高的期望值。但是他们仍不想改变战术和缓和语气。

德国共产党人喜欢在国会中用口哨和儿童喇叭来“调节气氛”。他们嘲笑市议员相互握手的规定，有些地方的共产党人在开会时戴上红色连指手套，或者在履行握手义务后，特意在自带的盆里洗手。红色阵线战士同盟（Roter Frontkämpferbund）成立于 1924 年 7 月，成立初期就把矛头对准同年 2 月创建的黑红金帝国旗帜团（Reichsbanner Schwarz-Rot-Gold），这个组织是一个主要由社会民主党工人组成的共和势力的防卫组织。两个团体之间的斗殴在 1924 年夏季和秋季已经是家常便饭。

269 1924 年 8 月在魏玛成立的极右翼政党——民族社会主义自由运动也参加了竞选活动，这里聚集了德国民粹自由党和主要来自北德的纳粹党成员。埃里希·鲁登道夫和阿尔布雷希特·冯·格雷费号称这个运动的领导人，他们两人 5 月都当选为国会议员。在魏玛召开的“帝国大会”上，这个“运动”宣布忠于 1920 年的《希特勒二十五点计划》，承认由鲁登道夫、希特勒和格雷费担任集体领导。一部分纳粹党员则拒绝鲁登道夫为正式党魁，而是团结在一个没有参加国会选举的大德意志民族共同体周围。此时希特勒被囚禁在兰茨贝格，没有参与其追随者的争执，而是致力于撰写他的《我的奋斗》一书。1924 年 12 月 23 日希特勒提前获释时，他的声望在各个极右翼阵营依旧。[34]

德意志民族人民党和社会民主党这两个政党最有可能指望因极端势力失势而获益。他们对外尽量掩饰内部的分裂。德意志民族人民党国会议会党团在 8 月 29 日投票中意见不一，此后一度出现反对党领导层的涌动：《伦敦协定》坚定的反对者在易北河以东地区乡村同盟那里找到了最有力的支持，这些人一起发起了反对党领袖赫格特的活动。这位前普鲁士财政部部长本人虽然投票反对所有《道威斯法案》，但对那些持不同看法的人表示理解。在 9 月 18 日举行的农业联盟主席会议上，赫格特表示如果参加德国政府组阁的谈判失败，他将放弃党主席职务。10 月 23 日他兑现了这一诺言，辞去党和议会党团主席职务。随后，普鲁士邦议会党团主席、基督教主教会议主席、温和保守派的神学家弗里德里希·温克勒（Friedrich Winckler）被任命为临时党主席。

两天前，民族人民党议会党团在一份公开的声明中宣布了他们的竞选方向。“我们党的路线依然不变：保皇的、民粹的、基督教的和社会的路线。我们的目标正如我们的名字所代表的：德国和民族。我们崇尚的颜色依然是黑、白和红色，我们的意志比以往任何时候都更加坚定：创建一个没有犹太人统治、不受法国统治、没有议会束缚和民主资本统治的德国……”这种肆无忌惮的宣传，主要是针对德国民粹自由党和德意志民族人民党的支持者。民族人民党的竞选宣传单如同希特勒的一样，都说“社会民主党是 11 月事件的罪犯”，而自己的党则是“最强大的中产政党”，并向“德国人民同志”宣告：“谁不投票，就会成为犹大的奴隶，成为法国的苦力，把布尔什维克主义招进国内，牺牲自己的后代。”10 月 29 日的正式选举呼吁书再次让全世界看到了民族人民党反共和的基本态度：“现在的关键问题是，做强做大，靠我们的实力和重要的影响力，强势进入政府。在帝国和普鲁士举行大战的日子即将到来，它将决定黑白红与黑红黄谁胜谁负。民族阵营绝不能分裂！”[35] 270

与德意志民族人民党相比，社会民主党在解决或避免党内矛盾方面并不那么成功。年初开始发酵的“萨克森冲突”指的是社会民主党地方组织和邦议会党团多数之间在1月4日因德国社会民主党、德意志民主党和德意志人民党组建邦联合政府问题上发生的冲突（中央党在新教地区萨克森基本没有什么影响力）。在6月的柏林党会议上，这个冲突只是得到了表面上的解决：参会代表批准了一个专门的“萨克森委员会”提出的折中方案，规定地方党代会的决议原则上对议会党团有约束力。但是，“如果这类决定与全国党代会的决定相抵触，或严重损害整个政党利益”，那么在全国层面，党主席和党委会有权“在帝国党代会的决定之前中止此类决定”。柏林党代表大会还决定，现在不能让萨克森政府落入反动派手中。鉴于近期的危机局面，应再次启用已经形成的邦议会候选人名单。“鉴于党内争端已经解决，不必评估党内个别同志的立场。”

4个月之后，事实证明柏林的妥协是在沙子上达成的。10月26日，在多数邦议员缺席的情况下，萨克森社会民主党地方党代会做出一个决议，要求立即解散邦议会，并提出在12月7日这个德国国会选举的日子同时举行邦议会选举。地方党代会还建议：“迄今的议员将（再次）得到提名。出于慎重考虑，特别是从党的利益出发，极个别人将不再获得提名。”除了“特别是从党的利益出发”这几个字外，该决议是符合柏林党领导批准的建议的，这也是两天前争执双方达成的一致看法。然而，附加的内容彻底颠倒了最初的建议：地方党代会让下属机构自行决定，哪些议员获得再次提名，哪些议员由其他人替补。某些地方也是按照这个决定做出了相应的选择。

面对萨克森左翼势力突如其来的袭击，柏林党领导的回复是，向德累斯顿议会党团建议，先解决邦议会候选人提名的争执问题，然后提出解散议会的提案，或赞同其他政党的相关提

案。议会党团大部分人遵守了这一指示，并于 11 月 8 日拒绝 271
德意志民族人民党和共产党解散议会的提案，因此这个提案未获通过。三天后，萨克森社会民主党地方有关部门强烈谴责 23 名投票反对解散国会的社会民主党代表，指责他们严重违纪并损害了党的利益。要求各地方组织尽快撤销“破坏纪律”议员的职位。萨克森的党领导机构对由社会民主党人马克斯·黑尔特领导的政府表示非常不信任，称 17 名赞成解散议会的议员才是社会民主党的真正代表。

萨克森地方党组织的挑战似乎令党主席一时哑口无言。直到 11 月 13 日，他才宣布，目前不会对萨克森地方机构和议会党团少数的最新言论表态。现在关键的问题是搁置地方政治问题的一切矛盾，不要削弱帝国层面与咄咄逼人的资产阶级阵营的斗争。

顶层的沉默似乎也无法缓解冲突了。11 月 19 日，萨克森议会党团多数派的上千名支持者，包括许多长期任职的官员在德累斯顿开会，宣布“23 名温和派拒绝解散邦议会，为工人阶级做出了比激进派更大的贡献”。议会党团多数的支持者向黑尔特政府保证提供支持，并承诺“竭尽全力教育群众，不让灾难政客的诡计得逞”，并将他们的要求归纳为简洁的口号：“不要夸夸其谈的政治，而是实实在在的工作。”

在德国国会选举前不到三周，“萨克森冲突”达到了戏剧性的高潮。1914 年以前，萨克森是社会民主左翼运动的堡垒，自 1917 年以来成为独立社会民主党的据点，现在逐渐流露出社会民主党在组织上分裂的苗头。党内激进派显然在有意推动这一进程，最后党主席不得不尴尬地保持沉默。社会民主党对 1924 年第二次德国国会选举抱有很大的期望，但是社会民主党未能像5月4日大选前那样团结一致地投入竞选。[36]

1924年12月7日选举结果的显著特征是明显的去激进化。极端派政党，例如此次以民族社会主义自由运动出面的德
272 国民粹自由党以及德国共产党，在竞选中各有损失。虽然内部有纠纷，但社会民主党仍然获胜，德意志民族人民党得票也有小幅增长。社会民主党的得票率从20.5%增至26%，德意志民族人民党从19.5%增至20.5%。德国共产党则从12.6%下降到9%，统一后的民族社会主义党和民粹自由党从6.5%下降到3%。而中间党派和温和右派的变化相对不大。自由党派和天主教党派相比1924年5月大选均各自上涨不到一个百分点。德意志民主党从5.7%增长到6.3%，德意志人民党从9.2%提高到10.1%。中央党仅有小数点后的略微变化（12月为13.6%，5月为13.4%），巴伐利亚人民党也是如此（分别为3.8和3.2%）。在较小的政党中，经济党最为成功，得票率为3.3%。人权与重估党（Reichspartei für Volksrecht und Aufwertung，简称VRP）的得票率仅为0.4%，主要原因是德意志民族人民党也自称通货膨胀受害者的坚定代言人。[37]

选举结果得出只能组成两种类型的议会多数政府的结果：大联合政府或资产阶级右翼联盟。12月10日，德意志人民党表示反对与社会民主党组成联合政府，而是赞成民族人民党加入内阁。施特雷泽曼为强调这一要求的严肃性，当场否定了马克思提出延续之前的少数内阁的可能性。德意志民主党一如既往地拒绝右翼政府，但从数量上讲，即使没有德意志民主党参加，也能够组成这样一种联合政府。民族人民党有103名议员，乡村同盟有8名议员，和上届立法期一样，这两个组织组成了一个议会党团。另外，可以预期巴伐利亚人民党也会加入

右翼政府。因此在 493 个席位中，这样一个政党联盟就占了 250 个席位。

当然，关键要看中央党如何决定，1924 年底中央党依然坚持反对右翼联盟，总理马克思本人也对右翼联盟深感担忧。在马克思内阁正式辞职四天后的 12 月 19 日，马克思与艾伯特达成一致意见，把新政府成立推迟到 1925 年 1 月初，在此期间上一届内阁继续履行政务。但一些部长认为这是一种示弱的表现，是很危险的。在 12 月 19 日的一次非正式会议上，国防部部长格斯勒谈到他的观点，他认为当前的危机不仅是政府危机，而且与以往的危机一样，这是一次宪法危机。解决办法要么是强化帝国总统的地位，要么是强化一个有能力与议会抗衡的帝国政府。格斯勒呼吁进行宪法改革（他认为，非议会内阁比议会内阁更容易修宪），只有内政部部长雅尔斯明确赞成这个要求。但外交部部长施特雷泽曼担心“民众中有很多团 273
体，他们乐滋滋地密切注视这种混乱局面和层出不穷的政府危机，因为他们可以借此向他们的拥护者证明议会民主制度的破产”。出席会议的中央党内阁成员马克思和布劳恩斯不同意格斯勒的结论，但同意后者对严峻形势的评估。圣诞节前的最后磋商也未能做出任何决定，但大家都认识到，由于局势严重，需要进一步讨论。

格斯勒和雅尔斯可能很明白，他们所考虑的帝国宪法的改革还缺少最重要的前提条件，也就是缺少国会中的必要多数。但是宪法危机和宪法改革这些提法主要是为了达到某些策略性的目标：为不可避免的右翼内阁上台做好心理准备。新年之初，德意志人民党率先在普鲁士邦制造出这样一个既成事实，这大大推动了人们对此的认知。12 月 7 日，普鲁士和全德大选同日举行。1925 年 1 月 6 日，德意志人民党宣布退出大联合政府，理由是布劳恩政府也有义务在邦议会选举后退出政府。从宪法的角度来看，这一步骤绝不是强制性的，实际上德意志人民党醉翁之意不在酒，目的在于满足德意志民族人民党为参与帝国执政而提出的条件。

就在 1 月 6 日同一天，中央党也表示可以考虑右翼联盟。帝国劳工部部长布劳恩斯提出了一项提议，这个提议得到内阁的通过。提议的内容是确保一个资产阶级的联合政府也应该具备左倾的意识。布劳恩斯请求获得同事们的授权，拟出一份关于炼焦厂和高炉厂工作时间的规定，在部分大型钢铁企业中，恢复 8 小时三班倒工作日，也就是恢复正常工作日。这一惊人的让步是做给布劳恩斯政党的左翼看的，特别是给工人看的。劳工部部长想让这些人知道，中央党即使与德意志民族人民党组成联盟，也会坚定地保护工人的利益。

1 月 2 日以来，马克思接受德国总统的组阁授权。马克思再次试图化解危机，但未获成功，三天后他把组建政府的任务还给了艾伯特。根据施特雷泽曼的建议，帝国总统请无党派的财政部部长汉斯·路德开始下一轮试探性组阁会谈。这位宪法专家 1879 年生于柏林，在埃森担任过四年市长，1922 年 11
274 月加入无党派的威廉·库诺内阁，担任农业部部长。像库诺一样，路德明显站在中间靠右的立场上，在所有党派中他最靠近德意志人民党。1929 年至 1933 年，他是德意志人民党的一员。1960 年他出版了回忆录《无党派的政客》（*Politiker ohne Partei*），在标题中就夸赞的“无党派”同时包含了两个意思，一是议会制度生不逢时，二是魏玛政党危机的征兆。1922 年以来，无法组建稳定的多数政府导致了行政权力的独立性。多项授权法和反复使用的第 48 条紧急法弥补了政府得不到议会支持的不足。这就导致了国内政治的官僚化，这一现象使库诺和路德这类人在职业生涯上飞黄腾达。当然，马克思也是其中一人。没有强大政治背景的官员担任总理的职务，似乎最有可能调和有序政府的要求与当事方的利益，与参与执政或默认政府的各政党的利益达成一致。

早在 1924 年 10 月中旬，路德就在一次部长会议上建议，帝国总统应该根据帝国总理的建议任命部长，无须等待“各议会党团正式宣布他们加入联合政府执政”。1925 年，路德也是根据这一想法，组建了一个获得议会多数支持的专家政府。显而易见，这一所谓超党派政府的定位是君主立宪制，但路德的设想无法全部实现。最初他希望四个执政党，即中央党、巴伐利亚人民党、德意志人民党和德意志民族人民党各派一人进入内阁，其余部门则由与这些政党靠近的文官担任部长。

最终的部长名单和起初的设想大相径庭。这是一份非常具有“党派性”的名单。似乎最需要掩饰的德意志民族人民党推举了三位内阁成员：内政部部长席勒、财政部部长冯·施利本（von Schlieben）、经济部部长卡尔·诺伊豪斯（Karl Neuhaus）。德意志人民党公开推举了任外交部部长的施特雷泽曼，不公开推举了负责交通运输的“专业部长”鲁道夫·克罗内（Rudolf Krohne）。中央党仍然由任劳工部部长布劳恩斯代表。另外在形式上无党派的司法部部长阿洛伊斯·约瑟夫·弗伦肯（Alois Joseph Frenken）也由中央党举荐。巴伐利亚人民党的卡尔·施廷格尔（Karl Stingl）出任邮政部部长。农业部部长仍由德意志民族人民党前成员卡尼茨伯爵担任。有一件事近乎怪诞，中央党提议当时名义上仍是德意志民主党成员的国防部部长格斯勒作为“专业部长”留任。路德被任命为总理两天前的1月13日，德意志民主党批准了这一方案，但并不自视为执政党，也未被其他党派视为执政党。[38]

275 社会民主党立即宣布对魏玛共和国第一个公开的右翼政府展开“无情的斗争”。但是，路德1月19日在政府声明中采用了非常节制的口吻，承认共和宪法是政府工作的法律基础，并且信守各民族的和解和《伦敦协定》，甚至考虑削减目前实行的工作日时间。社会民主党发言人鲁道夫·布莱特沙伊德表示，这种政府声明“马克思先生”（指上一届政府总理）也做得出来。因为内阁成员中有德意志民族人民党人，所以社会民主党宣布在议会内外都要做新内阁“锋芒毕露、坚定不移的反对者”，强调社会民主党与政府之间有着“不可逾越的鸿沟”。但这种说法可能主要是出于言辞表达的义务。1925年1月人们已经有充分的理由怀疑，路德内阁如果继续执行社会民主党支持的施特雷泽曼外交政策，是否也会受到社会民主党的正面抨击呢？[39]

然而在内政特别有争议的一个领域，路德内阁上任初期就给最大的反对党提供了一次进行最有效煽动的意想不到的机会。在全国农业、工业、贸易和银行协会一致表决通过后，民族人民党新任部经济部长诺伊豪斯在1925年1月底的备忘录中宣布，如果实物评估的升值超过15%，实际上是对有产者的苛求，因此是绝对行不通的。马克思内阁1924年2月14日的第三次紧急税收法曾计划实物评估升值15%。1924年的两次大选中，德意志民族人民党都强烈反对这一法案。德意志民族人民党的部分议会党团成员也反对这位部长的突然掉头。在国会的资产重估委员会中，凭民族人民党候选名单进入议会的格奥尔格·贝斯特（Georg Best）提交了一项动议，作为保护抵押债权人和储蓄者协会主席，他要求对所有受通货膨胀影响的债权重新进行单独评估，这项动议得到了民族人民党议会党团中 17 名议员的支持。

虽然在民族人民党内阁成员的敦促下，民族人民党很快撤回了该提案，但还是让社会民主党找到了一个进攻的突破口。社会民主党一年前就竭力反对资产评估升值，现在当然也不会怀疑全面升值会导致通货膨胀。社会民主党接受贝斯特的提案，是把战术考量凌驾于国家政治考虑之上。社会民主党认为，这是在德意志民族人民党"大资本家"领袖和中产阶级支持者中间插入楔子的难得机会。1925 年 2 月初，路德内阁 276
又无意间给反对派的宣传提供了一个有利口实：政府为受法国和比利时占领影响的鲁尔工业界提供了 7 亿马克的慷慨补偿。此时，小储户和投资者再次感到民族人民党欺骗了他们，而社会民主党巴不得能够充当失望者的代言人。[40]

1925 年 2 月 28 日，年仅 54 岁的艾伯特总统去世，党派的争执暂时沉寂。总统死亡的直接原因是阑尾炎和腹膜炎。但毫无疑问，前几个月积累的精神创伤令艾伯特的健康严重受损。一名民族右翼的记者给他造成的伤害最深。《德国中部新闻》（*Mitteldeutschen Presse*）编辑埃尔温·罗特哈特（Erwin Rothardt）指责德国总统叛国，理由是艾伯特在 1918 年 1 月参与了柏林弹药厂的工人罢工。艾伯特因此对罗特哈特发起侮辱罪诉讼。1924 年 12 月 23 日，马格德堡地方法院扩大评审法庭宣读诉讼案的判决书，法院以侮辱德国总统的罪名判处被告三个月监禁。但审判书写明，罗特哈特指责艾伯特参与上述罢工犯下叛国罪的判断在刑法上是成立的，因此不能说罗特哈特犯有诽谤罪。

马格德堡法官的恶意中伤，是一个借法律敌视共和国的典型案例。一些有分量的声音，如知名法学家和历史学家格哈德·安许茨（Gerhard Anschütz）和弗里德里希·迈内克（Friedrich Meinecke）等都纷纷发表声明支持艾伯特。整个帝国政府以及执政的马克思内阁为艾伯特发表了一个恢复荣誉声明。马格德堡案的检察官立即提出上诉。但这项裁决在此期间已经生效，它的矛头直接指向艾伯特和他所代表的共和国。

德意志民族人民党的政客和胡根贝格集团的记者们试图把艾伯特牵扯进巴马特事件中。这种企图与上述活动相似。1925 年 1 月以来，德国国会调查委员会一直在跟进巴马特事件。尤利乌斯·巴马特（Julius Barmat）是 20 世纪初移居荷兰的俄罗斯犹太人。在战争期间和战后不久，他向德国运送了大批粮食。正因为如此，1919 年时他成为包括艾伯特在内的社会民主党领导人的重要谈判伙伴。巴马特事件在恶性通货膨胀期间才发酵为丑闻，因为他新成立的集团投机业务得到了普鲁士国家银行和德国邮政的贷款资助。艾伯特在与巴
277 马特的交往中没有得到任何个人的好处。国会应民族人民党的要求成立了一个调查委员会，并在议会调查委员会的公开听证会上多次提到德国总统的名字，仅这一事实对于民族人民党来说就足够了。这个委员会达到了始作俑者的目的，为反对共和国及其最高代表的斗争提供了有广泛影响力的平台。[41]

为艾伯特发布的一些讣告好像努力在他死后做出道歉。包括民族人民党成员在内的德国内阁宣布，弗里德里希·艾伯特“在最困难的时期……以模范型的尽责和政治家的智慧，履行

德意志帝国总统的职务”。“艾伯特的为人品质和政治家的卓越才干”让所有认识他以及和他共过事的人都非常尊敬和赞赏他。“他是一个正直的人，在最困难的时期为祖国鞠躬尽瘁。”

社会民主党的媒体也不乏平息往日争执的种种尝试。帝国对萨克森实行制裁后，社会民主党对艾伯特提出了尖锐的批评，甚至也有人提出把他开除出党的提案，这位帝国总统也确实被他所属的马具匠工会开除。《前进报》在提到这些紧张关系和分歧时，做出了这样的解释：艾伯特的超越党派的职务使他远离了党的生活，他只是在正式场合才与大众接触。但是，这种说法无损于对第一任德国总统积极的总体判断。“艾伯特不但是伟大的理论家和伟大的宣传家，他还是德国工人运动中第一位伟大的国家领导人。这需要一种全新的理解。工人阶级越理解这种立场，他们就越能证明自身的日趋成熟。尊重弗里德里希·艾伯特，就是尊重他们自己。”[42]

在艾伯特生前鄙视他、讨厌他的那些人，在他去世后仍是如此。不仅德意志民族人民党和民粹自由党右翼如此，共产党也不例外。共产党议员赫尔曼·雷莫勒 1925 年 3 月 1 日代表共产党在国会向去世的德国总统致悼词时说，他的离世，是“带着德国无产阶级的诅咒进入坟墓的”。回顾历史，我们可以看到，艾伯特最大的成就似乎就是共产党人指责他的地方：他致力于工人阶级和资产阶级温和派之间的相互理解与合作。艾伯特在 1918 年比许多党内盟友更加深刻地认识到，相互之间的“阶级妥协”是共和国生存的基础。因此，他反复敦促社会民主党与中产阶级中间派结盟，与古斯塔夫·施特雷泽曼的德意志人民党结盟，不要在没有令人信服的理由时轻易放弃

278 这一联合政府。艾伯特在外交政策问题上也有着清醒的判断。1922年，他特别对德国与苏联单独结盟的致命后果发出了预警，但无济于事。第二年，法国和比利时占领鲁尔区就是对《拉帕洛条约》的回答，但艾伯特已无法阻止这一条约的签署。

除了弗里德里希·艾伯特的功绩外，他的局限性也是显而易见的。他常常依赖军事顾问和官僚顾问的判断，丝毫不加怀疑。在君主制垮台后的头几个月，以及1923年金融危机之秋皆是如此。德国国防军得以发展为“国中国”，成为威胁共和国的隐患，艾伯特对此应负责任。令艾伯特的挚友奥托·布劳恩深感遗憾的是，艾伯特对频繁使用第48条以及紧急法带来的危险没有任何警觉。仅在1923年，德国总统就签署了42项此类规定，其中大多数是为了处理经济的紧急状态。彻底弄清德国在发动世界大战中所扮演的角色，从长远角度看对德国是有益处的。在这些事情上，德国总统却没有花相应的气力去得出正确的见解。

因此，艾伯特不能与德国历史上的大政治家和伟人并驾齐驱。帝国第一任总统是一位坚定的民主斗士，一位德意志爱国者，一位致力于各民族和平相处的政治家。他在艰苦条件下竭尽所能，在任职期间默默地忍受恶毒攻击而不失尊严。他的政治教养和人文教养远胜于那些蔑视他为“暴发户”的大多数资产阶级学者。在艾伯特去世后很久，他的许多政治盟友才意识到，由一个忠于共和的人选担任共和国首脑意味着什么。艾伯特在任期结束几个月前去世，这件事情及其继任者的选举是德意志第一民主共和国历史上最深刻的一次转折。[43]

1925年3月29日，第一次全民直选德国总统的首轮投票举行。政府右翼的代表人选是德国内政部前部长、时任杜伊斯堡市长的卡尔·雅尔斯，他得到自己所属的政党人民党以及民族人民党和经济党的支持。社会民主党的候选人是奥托·布劳恩，他因最近一次政府危机于 1 月 23 日辞去了普鲁士邦总理职务。中央党的候选人是前总理威廉·马克思。德意志民主党的候选人是巴登邦首脑维利·黑尔帕赫（Willy Hellpach）。巴伐利亚人民党的候选人是海因里希·黑尔德（Heinrich Held），自 1924 年 4 月以来他担任这个自由邦的总理。共产党的候选人是恩斯特·台尔曼。民族社会主义党推选埃里希·鲁登道夫为候选人。

没有一位候选人在第一轮选举中获得所需绝对多数。雅尔 279
斯表现最佳，获得 1040 万张票（38.8%），布劳恩以 780 万张票（29%）排名第二，第三名是马克思，得票 390 万张（14.5%）。落在后面的几位候选人分别是：得票 190 万张的台尔曼（7%），得票 160 万张的黑尔帕赫（5.8%），得票 100 万张的黑尔德（3.7%），得票 28.6 万张的鲁登道夫（1.1%）。

非常引人注目的是，最激进派候选人得票结果很差：与 4 个月前上一届德国国会选举相比，台尔曼的选票比共产党得票减少了 80 万张，同样，鲁登道夫的选票和他所属政党相比减少了 60 万张。我们当然也不能忘记，德国民粹自由党为避免右翼阵营分裂，呼吁把选票投给雅尔斯。1924 年 5 月和 12 月的两次德国大选之间观察到的去激进化的趋势，在这次选举中得以延续。这一发展的主要原因很明显：经济复苏导致失业率下降。1924 年 12 月投票给共产党或民族社会主义党的许多选民可能没有参加 1925 年 3 月的选举。1925 年 3 月 29 日的投票率为 68.9%，比上届国会选举的投票率低了约 10%。第一轮投票结果得出的一个解释是，极端党派失败的原因在于这10%的人没有参加选举。[44]

对于三个“魏玛”政党来说，只要他们在第二轮投票中赢得相对多数就可以了。如果他们同意推举一个共同的竞选人，就可能击败右翼候选人。理论上这个候选人应该是布劳恩，即“黑红金”光谱中得票最多的候选人。但是社会民主党从帝制时代复选投票规定中得出经验，听从候选人建议更多的是自己的支持者，而不是资产阶级的选民。从这一考量出发，推荐马克思进入复选更为有利。但是这位前总理不是特别深得民心，另外他作为一个忠实的天主教徒，在新教徒和马克思主义者中都会受到某些掣肘。另外，马克思也是普鲁士邦总理的候选人。1925 年 2 月 10 日和 3 月 10 日，他两次当选为德意志最大邦的政府首脑，但上任后不久都宣布辞职：第一次是因为他无法为魏玛联合执政党内阁组成议会多数；第二次是因为德意志人民党和德意志民族党宣称，马克思参加竞选德国总统与普鲁士邦总理的职位发生冲突。在这种情况下，一场政治交易的方案浮出水面：社会民主党在帝国总统复选时支持马克思，而中央党承诺支持布劳恩当选普鲁士邦总理。此时，普鲁
280 思，而中央党承诺支持布劳恩当选普鲁士邦总理。此时，普鲁士政府又经历了一场危机：德意志民主党人赫普克尔-阿朔夫（Höpker-Aschoff）组阁尝试失败。于是，德国社会民主党、中央党和德意志民主党 4 月 3 日终于达成一致意见，推举马克思为帝国总统的联合候选人。就在同一天，奥托·布劳恩获得430 张有效票数中的 220 票，当选普鲁士邦总理。[45]

面对“人民联盟”的共同候选人马克思，雅尔斯没有任何获胜的可能。因此右翼势力必须设法找到一个更具吸引力的候选人。根据 1920 年 5 月 4 日德国总统选举法，这个人也可

以是没有参加第一轮选举的人选。这就让某些“民族主义”集团有机会去寻找一个人，此人虽然不是政治家，甚至对政治不怎么感兴趣，但是他的履历已经成为一个神话。这个人就是冯·兴登堡将军。他 1847 年 10 月 2 日出生于波森，时年 77 岁，1919 年夏天离任总参谋长后退休，之后一直住在汉诺威。

“坦能堡战役”是 1914 年 8 月从俄国人手中夺回东普鲁士的一场战役，这位所谓的“坦能堡英雄”的陆军元帅比一战期间其他军事指挥官享有更广泛的知名度。1920 年 3 月卡普-吕特维茨政变期间，军方曾经考虑请他出任未来的帝国总统。五年后他出面竞选这一职位，也是因为 1920 年那些想以武力铲除共和国势力的推动。这一股势力的代表是来自德意志民族人民党的老普鲁士核心团体，帝国乡村同盟中大地主和以 1918 年前曾辉煌一时的前海军元帅冯·提尔皮茨为首的军方代表。然而，这次向右转是严格按照法律程序的，并且是受人民之托。只有像兴登堡这样一个来自“民族”阵营、众所周知的代表人物准备竞选帝国总统，这种转型才可能成功。

前普鲁士内政部部长弗里德里希·威廉·冯·勒贝尔（Friedrich Wilhelm von Loebell）领导的保守势力“帝国公民委员会”，在第一轮投票前就推举雅尔斯做候选人，因此他们最初强烈反对兴登堡参加竞选。德意志人民党，特别是党的领导人古斯塔夫·施特雷泽曼担心这位元帅的胜利会被西方列强视为挑衅。承担竞选活动大部分经费的工业界认为兴登堡是农业利益的代言人，因此工业领袖们像德意志人民党一样，提议让雅尔斯参加复选。但是雅尔斯本人退出竞选之后，这种考虑就没有任何意义了。兴登堡本人在获得了前皇帝本人的同意后， 281
于 4 月 7 日宣布作为“帝国联盟”的候选人参加竞选。[46]

兴登堡一开始就比雅尔斯有更好的机会战胜马克思。关键的是巴伐利亚人民党也支持这位普鲁士将军。兴登堡虽然是新教徒，但与天主教的马克思不一样，他公开表示敌视社会民主主义，这促使巴伐利亚人民党在决定性的投票中出面反对中央党的候选人。马克思也不可能指望把在右翼选民那里失去的选票从左翼选民那里弥补回来。4 月 11 日，共产党总部决定让台尔曼参加竞选。共产党向德国工人呼吁："无产阶级的任务不是在民政独裁者马克思和军事独裁者兴登堡之间选出一个代表资产阶级利益的精明人物，做出二害相权取其轻的决定。我们呼吁群众组织起来进行大规模抗争，反对资产阶级独裁者，反对兴登堡，反对马克思！……每一个有阶级觉悟的工人都要投票反对兴登堡，反对马克思，把票投给台尔曼。"[47]

"人民联盟"各政党发出的对共和国与和平造成危害的所有警告都已经无济于事了。1925 年 4 月 26 日"帝国联盟"候选人在第二轮投票中取得胜利，其所得票数领先马克思 900000 张。官方最终选举结果的票数是：

兴登堡	14655641（48.3%）
马克思	13751605（45.3%）
台尔曼	1931151（6.4%）
其他	13416（0.0%）

"兴登堡得到了台尔曼的恩赐！"4 月 27 日《前进报》的头条新闻这样写道。确实如此：如果共产党人投票支持马克思，共和国将免于兴登堡出任总统的命运。当然这句话也可以用在巴伐利亚人民党的选民身上。在巴伐利亚以外的地方，许

多“叛逆者”直接或间接地为陆军元帅的胜利做出了贡献。与第一轮竞选相比，马克思这个魏玛候选人在萨克森损失的票数最多，表面上的赢家是台尔曼，因为台尔曼充分利用社会民主党选民对教会的怨恨，但是左翼抗议性投票令右翼候选人间接受益。在符腾堡新教地区，许多自由派，还有一些社会民主党的选民投身到兴登堡阵营中。他们的动机应该是对马克思这个“罗马天主教忠臣”不共戴天的厌恶。在东普鲁士，“坦能堡英雄”的光环比德国任何一个地方都强大：这位陆军元帅在这里吸引了在第一轮投票中赞成魏玛候选人的许多选民，并且吸引了在 3 月 29 日未参加投票的更多选民。后面一种情况 282
在整个帝国都一样：选民投票率从 68.9%增加到 77.6%。在这些增加的选票中，右翼候选人的获益程度远远大于其共和派的竞争对手。结论显而易见：兴登堡的胜利原因远远不止于社会民主党机关报头条新闻所总结的。[48]

共和派的媒体对兴登堡的胜利非常担忧。自由派的《法兰克福报》认为，选举结果的主要原因是不关心政治的群体助力元帅获得了压倒性胜利。“我们大家都知道，是什么把如此众多原本不参加投票的群体引向了投票箱。那些深陷贫困、民族自信心遭受重创的市民阶层，他们狂热的幻想编织成了环绕在将军头上的浪漫光环。但他们并没有意识到，正是皇帝的帝国和军国主义的旧体制才是造成他们个人和民族深陷困顿的原因。他们崇拜的这位将军正是这个旧体制的代表。浪漫地渴望曾经的辉煌和逝去的骄傲，把这些非政治阶层引向投票站，才使兴登堡取得了胜利。另外，新教信仰危机的宣传也影响了许多人，但最重要的原因还是人们对过去的渴望。”

同样是自由派的《柏林日报》为“数百万人政治上的不

成熟感到羞愧难当”。社会民主党的《前进报》指出，这是“反动派的意外胜利，是共产党背叛共和国而导致的胜利”。这两篇文章都把兴登堡的竞选获胜和法兰西第三共和国早期的一个事件相提并论，作家海因里希·曼（Heinrich Mann）此时也提到了此事：这是一个忠于教会人士的、保皇分子的胜利，类似于1873年总统选举时麦克马洪元帅的胜利。当然《前进报》还从这个历史事件中得到某些安慰：“正如50年前的法国，今天战败后的德国由保皇派的一位将军出任共和国总统。法兰西共和国幸运地穿越了这个危险区。德意志共和国是否有幸脱离这个险境，这将是德国共和派的任务，特别是德国社会民主党人的任务。”

共和派认为真正危险的不在兴登堡，而在于他身边的人。《柏林日报》的一篇社论说：“必须采取一切措施阻止兴登堡背后当年的总参谋部秘密顾问团再次尝试执掌国务。如果这些人有勇气依据宪法执政，那么就请出来试试吧。他们应该向人
283 民证明，他们对先前执政者猛烈的攻击是有道理的，并且向人民证明他们有能力带领德国进入光荣的时代。这些人心怀叵测，他们选举兴登堡是借助民选的办法来实现某种形式的卡普-吕特维茨政变，以掩饰的武力来执掌国家大权。德国人民不喜欢看到总统秘密顾问团取代宫廷秘密顾问团。”

另外一些观察者试图从1925年4月26日的事件中找出积极的意义。5月12日，就在兴登堡在社会民主党人的帝国议会主席保罗·勒贝面前，对着黑红金帝国元首旗帜向宪法宣誓就职的第二天，曾为德意志民主党努力帮助马克思竞选的哈利·凯斯勒伯爵说，现在共和国“随着兴登堡登上了大雅之堂，黑红金色的标志也将伴随着兴登堡作为他个人的标配色频

频出现。对他的个人崇拜将不可避免地逐渐消除。纳粹旗手们（纳粹分子）则不再那么容易把黑红金旗扔到街道的污泥中。中心街道上布置的旗帜已经比以前更加明显。威廉大街（Wilhelmstraße）原本只敢挂上不多几面黑红金旗，今天这里已经成为黑红金旗的海洋。如果共和党人保持警惕和团结，兴登堡的当选甚至对共和国与和平都会非常有利”[49]。

这位陆军元帅的获胜本身确实蕴含着一些矛盾。他曾是保皇派，但他的获胜不仅仅归功于那些想再次让皇帝担任国家元首的少数人。他的胜选更是一种愿望的表达，表达出人们对民族强大和坚定领导的渴望。魏玛的议会民主制未能满足这一要求，而许多并不想恢复君主制的人也有这样的要求。兴登堡承诺尊重共和宪法这一事实，很难让那些迄今憎恨共和国的群体对新国家坚持不共戴天的敌对态度。在这方面，基督教现实政治的转向很有代表性。不管基督教会对遥远的未来抱有什么希望，但是 1925 年后，它站到了依然不受其欢迎的既成事实“共和国”这一边。如果有一天可以用合法途径选举一位替补皇帝，人们也会接受甚至愿意实现君主制。也许根本不必恢复君主制就可以达到黑白红阵营所追求的目的。关键是要建立一个类似于 1918 年 10 月前帝国那样的强国，能够有效地限制议会和政党。[50]

第二任德国总统当选，最高兴的当数兴登堡出身的阶层， 284
以及与其一直保持密切关系的集团。这就是德国军界人士和易北河以东的贵族。从现在起，德国国防军和大庄园主又有了直接联系国家元首的渠道，这是在危机时代直通真正掌权者的桥梁，这一点对国防军和大地主阶层来说意义非凡。1925 年 4 月 26 日之后，社会力量的关系并没有发生突变。但是从这一天起，共和之前的德国普鲁士原有领导层再次握住了可以操纵的杠杆，尽管国会不愿承认这是事情的本质。从“右翼”的立场出发，这意味着向前迈进了一大步。毫无疑问，这也是远离 1919 年建立的魏玛共和国的一大步。1925 年春天发生的事情是一次无声无息的宪法变革，一次共和国的保守重组。

共和派说得对，兴登堡确实没有得到多数选民的支持，但是没有把票投给兴登堡的微弱多数选民意见不一，也无法采取行动。民族口号团结起来的群体，虽然只是一时之为，但他们仍比坚持捍卫共和国的群体人数多。这样看来，魏玛的第一次全民公投其实是一次反对魏玛共和国的投票。1919 年建立的国家秩序在形式上没有变化，然而从 1925 年春季开始，国家的政治内容已经不是推翻君主制几个月后建立起来的那个共和国了。

10. 分裂的社会

1925 年春冯·兴登堡元帅出任总统时，德国是一个四分 285
五裂的社会。而最重要的分界线依然是有阶级觉悟的工人阶级与不信仰马克思主义群体之间的界限。根据 1925 年的人口、职业和企业普查，全职人口中有 45%是工人，比 1907 年的普查减少了 1%。但是，只有部分劳动阶层具有马克思主义的阶级觉悟，只有这部分人认为无产阶级和资产阶级之间的阶级斗争是不可避免的，他们相信新型的社会主义社会终将取得胜利。他们认为，这个社会里私有的生产资料将被公有制取代。虽然他们对如何实现这一目标的意见分歧很大，但社会民主党和共产党的大多数支持者都认同马克思主义学说中关于社会发展必然性的基本观点。社会民主党和共产党的选民并不全是工人，有相当一部分职员也倾向于“马克思主义”政党，他们通常倾向于社会民主党。因此，德国选民中可以说最多三分之一是“有阶级觉悟”的，这些选民并不全是工人，但工人占多数，他们在选举中支持这两个左翼政党。

工人通常从马克思那里汲取符合他们眼前需要的东西。“对我们来说，只有黑和白，资本和无产阶级，压迫者和被压迫者。所有不适于这个体系的或者在这个体系之外的一切，都和我们无关，都将被我们拒绝”，共产党员矿工“海因里希”1923 年向实习生亚历山大·施滕博克-费莫尔伯爵（Alexander

Graf Stenbock-Fermor）做出这样的解释。他接着说："是的，我们所需要的就是无限的仇恨，对剥削者及其奴才资产阶级的仇恨！马克思是否掌握真理，他是否正确，对我来说并不重要。我认为重要的是，马克思的唯物史观是对我们目前的运动唯一有用的。必须灌输给每一个无产者，只有在地球上，并且只能通过无产阶级的拳头才能建立起这样一个天堂……"

这位矿工代表无产阶级激进派，这些人是站在不堪忍受压迫而奋起造反的反抗争团体的立场来看这个社会的。对这么一个共产党的同路人来说，马克思主义的价值就是给人提供了一个为什么要刻骨仇恨剥削阶级的道德说法。而一个社会民主党的技术工人肯定会采取一种不同的表达方式，但无论是社会民主党人还是共产党人，两者都没有从马克思主义的思想中汲取任何和他们无关的成分。[1]

286 1929年至1931年，在心理学家埃里希·弗罗姆（Erich Fromm）领导下，法兰克福社会研究院在德国做了一项社会调查，目的是了解德国工人在政治信念和个人生活上的详情。调查结果让人非常震惊：德国工人的思想意识远不像法兰克福学院马克思主义知识分子预计的那么坚定。许多答案暴露出他们的"小资产阶级"偏见，甚至是集权的思维方式。几十年来，社会主义教育工作似乎只取得了微小的成果。至少某些调查结果令人吃惊。例如，许多社会民主党人认为，完全可以把俾斯麦、兴登堡与马克思和倍倍尔相提并论，因为他们都属于历史上最辉煌的人物。无论被调研的工人是来自左派、右派还是中间派，所有阵营都视拿破仑为历史伟人。

工人常常是在"个人"看法上与人们设想的无产阶级应有的阶级觉悟和阶级斗争的观念大相径庭。几十年来，工人运动要求彻底实现妇女的社会平等，宣传就业是解放妇女的办法。弗罗姆在对工人和职员的调研中发现，大多数人都持另外一种观点：68%的人更希望已婚妇女留在家中，而不是在工厂或办公室工作。而在社会民主党党员中，持这种观点的人高达71%。即使在特别关注“妇女工作”问题的共产党人中，每100人中就有51人反对雇用已婚妇女。社会民主党人和共产党人中只有三分之一的人认可“反权威”的观点，就是说在教育孩子的过程中可以不用棍子，这尤其令马克思主义的教育改革家深感沮丧。大约三分之一的共产党人和大约五分之一的社会民主党人赞成对儿童进行早期性教育。调研组由此得出结论：“基督教的中产阶级道德”在无产阶级中仍然很普遍。

在家居装饰问题上，调研得出的评估倒不是那么极端。《前进报》在1927年5月呼吁其读者，“扔掉所有的小摆设、所有带有金框的油画和刺绣的墙布”，目的是摆脱“小资产阶级”的生活习惯，培养一种全新的务实居家文化。弗罗姆调研中，大约有10%的社会民主党人、至少有4%的共产党人赞成小摆件，平均40%的受访者用“图片和鲜花”装饰住宅。 287
弗罗姆的推测有道理，他认为这一回答“表达了一种相对保守的审美观”。墙上挂社会主义领导人的照片或肖像的做法，在共产党人和非熟练工人家中比在社会民主党人和熟练工人家中更受欢迎。除了“政治性”照片以外，很多人还用家庭照装饰房间。在家中用图片装饰来体现个人对艺术的兴趣，这在社会民主党人和熟练工人中比在共产党人和非熟练工人中更为普遍。

在其他审美问题上，工人也并不是那么前卫。被保守势力视为“颓废的”和“非德国的”爵士音乐，被左翼作曲家如汉斯·艾斯勒（Hanns Eisler）和库尔特·魏尔（Kurt Weill）有意识地利用起来，被用作一种艺术“鼓动宣传”的风格方式。然而，受调查者中有50%的受访者对此表示拒绝，只有40%的受访者赞成。传统戏剧比革命戏剧更受欢迎，但接受调查的工人中，有一半以上的人并没有最喜欢的剧目或没有回答相关问题。在服饰问题上，工人表现得与时俱进。约五分之四的人喜欢“当前的女性时尚”或最新女性发型“波波头”。然而他们认为使用香粉、香水和口红是不自然的，这种做法应该被摒弃，居然有84%的人以这种或那种方式对此表示反感。

无产阶级的阶级意识在直接的政治问题中比在看似非政治性的问题中显得更加清晰。55%的共产党人和28%的社会民主党人把通货膨胀归咎于资本主义、大企业家或银行和证券交易所，两党中各有10%的人认为政府应为此承担责任。85%的共产党人和46%的社会民主党人认为德国司法是很“糟糕的”。社会民主党人普遍支持民主共和国政体，他们列举的理由常常是，这种政体最能体现公民的自由和平等。共产党人信仰苏维埃制度乃意料之中，他们的理由是它能够代表工人利益。当被问及谁真正拥有国家权力时，60%的共产党人和58%的社民党人的回答是“资本”，即资本家、工业界和银行。[2]

法兰克福调研暴露出来的阶级觉悟的不足，如果不是拖延到1980年，而是在当时就公之于众，必定会引起工人运动文化组织的警觉。20世纪20年代中期正值诸多社会民主协会的鼎盛时期。这类协会大部分成立于帝制时代，作为一个整体，它们推出了有社会主义色彩的文化项目，与流行的“资产阶
288 级”文化分庭抗礼。传统的协会有：人民舞台运动、工人歌手联盟、社会主义自由思想家协会和火葬协会、工人体操和体

育协会、自然之友和工人戒酒联盟，等等。1919 年之后又诞生了一些新协会：工人福利协会、社会主义青年团、儿童之友、工人广播电台联盟、工人钓鱼者联盟和工人射击联盟。社会主义的新文化囊括了工人生活的各个方面，几乎从“摇篮到坟墓”，应有尽有。没有比维也纳工人火葬协会的座右铭更能恰如其分地总结这种新的世界观了。名为“火焰”的火葬协会的座右铭带有某种潜意识的自嘲：“生为无产者，死为无产者，为了文化进步，直到化为灰烬。”

埃里希·弗罗姆和他同事的调研揭示了工人运动的文化并非工人文化，而是具有阶级意识的反精英文化，这一点在最新的历史研究也得到了证实。工人运动文化的影响范围比较有限，远没有工人体操和体育协会，或工人自行车团结协会等人数众多的协会举办大型活动所造成的影响大。甚至许多社会民主党员都不参加本党的足球俱乐部，而是加入“资产阶级”的足球俱乐部，即便是在“正确”的俱乐部踢球，也不一定证明在政治上就倾向于社会民主党（或在坚持运营的共产主义业余活动新组织中，他在政治上就倾向于德国共产党）。统一的社会主义生活方式只是少数积极分子的选择，而不是广大社会民主党和德国共产党支持者的事情。然而，我们不能因此低估工人运动文化中这一营造身份认同的做法，它有助于工人政党中的“硬核”形成一种“归属感”，以此来加固“社会主义”和“资产阶级”世界之间的分界线。

不相信马克思主义的工人中，最大的一个群体是忠于教会的天主教徒。他们选举中央党或巴伐利亚人民党。他们属于天主教工人协会，参加由天主教民族德国工会联盟组织的专业协会。与马克思主义者的区别主要在于，他们不赞成阶级斗争和废除私有财产，而是想在现有社会秩序的框架内，调解与企业家利益的冲突。但也不要把天主教工人的社会觉悟想象得太温和。在 1926 年的一项“关于德国天主教工人目前心理状况的调查”中，有一份报告涉及下莱茵，这份报告称天主教工人阶层非常不信任企业家们。“大多数企业家彻头彻尾的资本主
289 义立场令人无法与其开展相互信任的合作。天主教工人指责企业家冷漠，没有基督情怀，指责他们对工人及其家庭最基本的生活要求持有敌视态度：例如降低工资，延长工时，与工会抗衡，拒绝劳动委员会制，反对扩大社会立法，等等。”

中央党政治家约瑟夫·约斯（Joseph Joos）是德国西部天主教工人和矿工协会主席，他把弗罗姆的调查结果归纳如下：“基督教工人用理智反驳对有产者和富裕阶层的阶级仇恨。但在情感上，他们深深地憎恶有产阶级。他们把强烈的不满发泄在战争、革命和通货膨胀的获益者身上。”随着天主教富有阶层政治上越来越右倾，天主教的工人阶级则不断向左倾斜。在向社会民主运动靠近的同时，天主教工人与天主教社区之间的纽带正在松动。“这种矛盾还能在世界观问题上感觉到，但是在追求社会和经济目标方面已经不再那么明显。那些积极投身文化工作的社会主义者不再坚持自由思想的观点。在天主教地区，温和的社会民主党人尽量与天主教工人中的社会民主派保持联系。出于所有这些原因，天主教工人和社会民主运动的关系发展为一种相当平和的关系。”

尽管如此，天主教和马克思主义对社会看法的区别依然很明显。20 年代中期，忠于教会的天主教工人仅仅具备了初步的阶级觉悟。在习惯把票投给非天主教资产阶级政党的工人当中，这种阶级觉悟更加微弱或者说根本没有。这里主要是指靠

近德意志民主党的希尔施-东克尔行业协会组织中的那一小部分工人，特别是指在政治上受德意志人民党和德意志民族人民党吸引的工人。德意志民族人民党的工人通常是忠于教会的新教徒，他们基本上集中在对经济示好的“橘色”工会组织中。一般来讲，与教会的各种联系通常是妨碍阶级觉悟形成的最大障碍。与马克思主义思想格格不入的另一批工人生活在乡村或小镇里，这里的工人有自己的住宅，经营农副业，有着中小型规模的作坊。希望有一天能够自己开业的手工业工人以及家政工人基本上都谈不上有什么阶级觉悟。具有典型的马克思主义阶级觉悟的工人一般在较大的工业企业工作（当然是在不失 290
业的情况下），他们居住的城市人口超过 2 万，他们通常已经脱离了教会或从未与教会有过交集。在这个意义上讲，大多数工人是有“阶级觉悟的”，但他们在德国社会中只占少数。

与蓝领的手工业工人仅“一领之隔”的白领打工族，通常是身穿白衬衣的男性职员。魏玛共和国的最初几年，几乎有一半的职员都参加了自由工会性质的自由雇员总工会（Allgemeiner freier Angestellten-Bund，简称 AfA-Bund）。1920 年，有 47.5%的职员属于这个自由雇员总工会，31.8%的职员加入了“右翼”的德国雇员工会总联合会（Gesamtverband Deutscher Angestellten-Gewerkschaften，简称 Gedag），20.7%的职员加入了自由主义的雇员工会联合会（Gewerkschaftsbund der Angestellten，简称 GdA）。“左翼”工会最重要的支持者是技术员和车间主任，而“中产阶级”工会的主要成员则是商务员工和办公室职员。对许多职员来说，共和国成立初期的社会主义取向只是政治上的昙花一现。1922 年到 1927 年，“左派”的自由雇员总工会会员人数急剧减少。1926 年，它首次被

“右派”的德国雇员工会总联合会超过。到了20年代后半，大约只有三分之一的职员还留在（政治上倾向社会民主党的）自由工会阵营。40%的职员属于德国雇员工会总联合会，四分之一的职员属于雇员工会联合会。

职员比任何一个社会阶层都更在意他们的社会地位和声誉。所以他们也特别容易接受各种代表“时代精神”的不同思潮。这些千变万化的思潮让“右翼”和“左翼”职员在极不相同的意识形态上的强烈需求得到满足。他们当中有些人觉得自己是有阶级觉悟的无产阶级先锋，并试图超越马克思正统学说中的体力劳动者；而另外一些人则“民族”立场鲜明，远离国际主义的工人运动。1893年成立的德国全国商业雇员协会（der Deutschnationale Handlungsgehilfen-Verband）是规模最大的雇员工会。这个靠近民族人民党的组织民族主义色彩浓重，反犹意识更是明目张胆。对犹太人的敌视，不仅让这些极右翼的职员们与受马克思主义影响的无产阶级所谓幕后支持者拉开了距离，他们还与许多中等阶层的雇主架起了一座桥梁，这些雇主认为犹太人的百货商店是最危险的竞争对手，也是物质生活艰辛的主要根源。

291 早在世纪之交，社会学家就将白领职员和公务员纳入“新中产”这个概念，这也符合大部分职员的自我评估。不自己开业而是为别人打工，这种现象日益普遍，然而这完全没有引发马克思所预言的社会无产阶级化。从政治上讲，当事人的主观意识比客观现实更重要，许多低收入职员无论如何也不愿称自己是无产者，所以“新中产”徒有数量上的增加，却没有社会学家们所期待的内涵。这一数量上的增加在1925年人口普查和职业普查中也是最引人注目的一个发现：与1907年相比，职员和公务员在全职雇员总数中的比例从 12.6%增加到了 16.5%。再加上蓝领工人的比例略有下降，因此人们很容易得出结论，有增长空间的社会阶层是白领职员和公务员，而工业的权重越过了顶峰。20 年代中期，德国正在成为服务行业发达的社会。工业化进程虽然尚未结束，但速度已经明显放慢。

大多数公务员和无产阶级之间的距离与“资产阶级”职员和无产阶级之间的距离相仿。高级公务员的薪水与非熟练工人工资之间的差距，从 1913 年的 7 倍缩小到 1922 年的 2 倍，这意味着物质上高度的平等化，但这一发展的（虽然程度不同，但涉及所有公务员）受害者并未因此而拥有无产阶级的觉悟。在稳定的初期阶段，低薪水和解雇潮削弱了左翼势力。参加社会民主党工会组织的公务员数量大大减少。德国公务员自由工会联合会（Der freigewerkschaftliche Allgemeine Deutsche Beamtenbund）成立于 1922 年，当时有 35 万名会员，但在 1928 年至 1932 年只剩下 17 万名会员。而受益者是在政党政治上保持中立的德国公务员联盟（Deutscher Beamtenbund），该联盟 1928 年时会员突破了百万大关。保守派的德国高级公务员帝国联盟（Reichsbund der höheren Beamten）也迅速壮大，该联盟 1918 年成立时有 4 万名会员，1924 年会员增加到了 10 万多名。

与白领职员和公务员组成的“新中产”不同，“老中产”至少保持着形式上的经济独立。以工匠和小商人组成的这个核心群体，一向视自己为资本和劳工之间的社会缓冲层，当然这并不是说他们与资本主义和与社会主义保持着同样的距离。小型个体经营者的利益集团在共和时期与皇帝在位时一样，大都

态度保守，采取明显的反社会民主主义立场，他们的反资本主
292 义态度更多只限于语言上的表达。魏玛共和国成立初期，工会与工业企业的互动让手工业和零售业感受到来自大型企业的排挤。通货膨胀结束之后，“老中产”在政治上陷入孤立。他们把这种情况归咎到资产阶级中间派政党，特别是两个自由派政党身上。1924 年两次国会选举中许多小企业主投入德意志民族人民党的怀抱就是这种追责的必然结果。这场危机导致德国中产阶级帝国党迅速崛起。这个政党简称经济党，它在 1924 年 12 月德国国会选举中获得了 4.5%的选票。重新回到赤裸裸的特殊利益立场，这无疑就是宣布不信任魏玛的议会民主制。

农业方面也有类似的趋势。除了乡村同盟外，包括巴伐利亚农民和中产联盟、符腾堡农民和葡萄种植主联盟，以及石勒苏益格-荷尔斯泰因农业党在内的许多地方团体都完全或者主要依靠农业选民。农业在政治利益上分为两大阵营。帝国乡村同盟成立于 1920 年与 1921 年交替之际，主要集中在德国北部和东部，因此深受易北河东部大庄园主的影响。与乡村同盟相对的是一些农民协会，威斯特法伦、莱茵兰和巴伐利亚的天主教农户把这些农民协会视为自己的代表。德国东部粮食生产的大规模企业与德国北部、南部和西部的小型畜牧业和加工业之间的利益诉求差异很大，但这些农业组织在一个关键问题上的意见是一致的：应该保护德国农业免受国外廉价进口产品的影响，保护德国免受进一步工业化的影响。这一立场注定会招来某些人的共同反对，这些人中的一部分是以工人为主体的消费者，另一部分是反对德国与世界市场脱钩的工业界。

农业的保护主义倾向在传统上最接近重工业。矿产企业自

帝国时代就习惯于依赖国家的军备订单。经济学家莫里茨·尤利乌斯·波恩（Moritz Julius Bonn）一针见血地指出，煤炭和钢铁企业追求的是一种“无客户的经济理念”，“在经济生活中，不需要考虑市场需求，只负责生产和投入技术精良的设备”。1918 年后，德国军事界的需求急剧减少。重工业生产在一定程度上开始面向民众，但并没有在思想上完成自由化。煤
炭开采和钢铁行业仍站在企业家阵营的右翼。采矿业主坚持 293
“家中主人”的立场，从根本上拒绝劳资平等的思想，特别是工资需劳资双方协商的观点，多数人支持回归“强势”的专制国家，支持积极的军备政策。实际上没有哪一种工业像钢铁工业那样因军备政策而获得如此之多的好处。

与采矿业相比，以出口为导向的经济分支，如电气工程、化学和机械工程行业，既不那么敌视工会，也不像矿产业那样忠于集权国家。与停滞不前的重工业不同，这些充满活力的增长领域更容易接受“自由”的态度。作为德国出口的主要载体，它们非常关注德国各届政府的国际声誉，拒绝卷入施廷内斯设计的“民族专政”计划。德国工业帝国协会中，“新兴工业”不断增长的权重在 1925 年日趋明显。卡尔·杜伊斯贝格（Carl Duisberg），这位拜耳染料工厂（Farbwerke Bayer）首席执行官接替了克虏伯董事库尔特·佐尔格（Kurt Sorge）出任这个全国工业界组织的领导，从此开启了德国工业家的现实政治阶段。现实政治突出的特点是愿意在各方面做出妥协：向“右”边的大型农业主妥协，接受 1925 年启动的农业关税；向“左”边的工人做出妥协，同意 1927 年的失业保险法。在共和国中期，工业协会与工会达成共识，德国工业生产必须强制合理化才能符合宏观经济利益。在这种共性的背景下，企业

家队伍中更具弹性的那部分人1926年后再次认同组成大联合政府的想法并不出乎意料。相对的繁荣为雇主和工人达成新共识提供了机会，从而也为共和制国家的政治稳定奠定了基础。

与共和国及民主的距离更加遥远的是广大知识分子（“受教育的中产阶级”，这个略带精英意义的概念几乎不太适用于魏玛时代）。他们与国家休戚相关的强烈程度超越了任何一个其他社会阶层。他们视德国的军事失败为对个人的侮辱，而帮助社会民主党上台的革命则是社会退化的表现。通货膨胀毁掉了他们的积蓄，拉平了他们的收入，加深了他们对社会的怨恨。对许多知识分子来说，犹太人是他们最厌恶的对象。随着
294 犹太人社会地位的提高，反犹主义也被社会各界接受。特别在学生和自由职业者当中，例如医生和律师，他们将犹太同学和专业同行视为竞争对手，他们并不承认犹太人的成绩是因为其个人出色的表现，而是种族原因导致的狡猾，甚至是源于天生的卑劣。

但是，这个问题也不能一概而论。在柏林、法兰克福和布雷斯劳等大城市，受过良好教育的富裕犹太人对文化生活的影响很大。这里的知识界反犹情绪要远远弱于只有少数犹太人居住的中小城镇。总体来讲，新教徒，特别是路德信徒比天主教徒的反犹态度更加强烈。对共和国以及议会民主的态度也是如此：最激烈反对新生国家的右翼政党在德国新教地区的支持者远远多于天主教地区的。

总体来讲，宗派分界线在魏玛政治生活中的作用不可小觑。不仅是虔诚的基督徒，世俗化的“文化新教徒”也都认为天主教徒是德国的二流阶层。这一点强化了天主教徒的自卑感，他们往往用民族主义来对此加以补偿，他们被迫努力证明

自己是一个特别优秀的德国人。1930 年到 1932 年任德国总理的海因里希·布吕宁给我们提供了研究这种关系的机会，这种关系常略带讽刺意味地被称为“布吕宁综合征”。与德国新教地区相比，天主教地区一向具有高度的政治一致性。在经常参与投票的天主教徒中，1919 年以来的四次全国大选中，平均 60%的人选择中央党和巴伐利亚人民党，在忠诚的天主教徒中这个数字甚至高达 69%。俾斯麦文化斗争年代中的团结经验现在继续发挥着作用，尽管长期以来一直呈下降的趋势：1881 年，超过 86%的男性天主教徒（包括那些未参加选举的人）支持中央党。研究天主教选举行为的学者约翰内斯·邵夫（Johannes Schauff）估计，1928 年选择中央党或巴伐利亚人民党的男性天主教徒大约有一半。

德国天主教徒的选举行为相对稳定，这首先要归功于女性，因为她们比男性更忠于教会，更喜欢中央党。1920 年的选举中，中央党的选票有 69%来自女性选民。中央党还从比例代表制选举法得到了另一个益处：它可以充分利用散居地区的投票潜力，这些选票在皇帝时代实行的多数选举法中或多或少被忽略了。比较吃亏的是大城市，在这里天主教选民对“中央党友好”的态度有所下降。1928 年，大城市中平均只有 35%的天主教徒选择了中央党或巴伐利亚人民党。巴伐利亚的天主教徒也“不太守纪律”：1924 年 12 月的德国国会选举中， 295
只有 44%的天主教徒把票投给了巴伐利亚人民党。就在同一次选举中，在新教徒众多的普鲁士，中央党却获得了 58%的天主教徒的选票。

20 年代中期，天主教环境受到侵蚀，左派比右派从中受益更多。根据绍夫的评估，1924 年第二次德国国会选举中，天主教选民中有 18.8%的人投票支持社会主义政党，6.5%的人投票给共产党，12.6%的人把票投给了两个自由党，9.3%的人投票给了保守党。左翼获得的奖励来自天主教工人，而中央党对这个群体最没有把握。这些工人选举行为的世俗化与无产阶级普遍疏远教会有关。去教会化在新教工人中比在天主教徒中更进一步。金特·德恩（Günter Dehn）牧师在 1930 年提到的柏林莫阿比特工人街区的现象，其实在德国大城市中很典型：每年只去一次教堂，工人只在平安夜才去教堂做礼拜，只有无产阶级妇女坚持给孩子做洗礼和坚信礼，请宗教人士主持葬礼。对于普通无产者来说，至少对无产阶级男性来说，做完坚信礼后就意味着无须再与教会接触了。[14]

帝制时代“社会道德基础”坚实的天主教，在 20 年代受到了瓦解的威胁，而天主教工人阶层明显的去教会化是导致天主教瓦解的主要原因。在日常生活世俗化的过程中，传统的宗教纽带逐渐失去了重要性，而物质利益变得越来越重要。在某种程度上，这种发展是与阶级社会的发展同步的。从投票行为来看，部分天主教工人正在接近“马克思主义”工人，而这些工人中的大多数名义上还是新教徒。但从整体上看，工人队伍正在萎缩。与共和国成立初期相比，1925 年有意识地向社会主义靠拢的非无产阶级人数有所减少。此时，把白领职员与蓝领工人划分开的那道“领口线”更加根深蒂固了。资产阶级各阶层与工人阶层之间的鸿沟依然存在，而此时工人阶级内部的裂痕比任何时候更深。[15]

魏玛时代的德国社会是一个阶级社会，尽管大多数德国人不愿听到这个概念。工人当中大多数人都是有阶级觉悟的，来自“下层”和来自“上层”的阶级斗争都存在。阶级司法不仅是左派论战的口号，而且是政治现实。高等教育机构是资产阶级的阶级阵地。与天主教教会不同的新教教会逐渐发展为中上层阶级的阵地。它对广大工人已经毫无意义，而且对工人也无话可说。

但是与此同时，阶级社会的局限性已经明显可见。20 年 296
代，出现了一种以消费和休闲为导向的新型大众文化。这种文化在一定程度上淡化了阶级文化和背景文化。新文化最重要的驱动力是平装书、画册、唱片、电影，以及 1923 年后开始流行的广播电台。新媒体打破了贫与富、新教徒与天主教徒、城市与乡村、工人阶级与中产阶级之间的界限。秘书和老板都哼着最新的流行歌曲。各阶层的人都去看电影。柏林和边远地区首府的人都在跳查尔斯顿舞。被保守派批评家称为精神肤浅、价值堕落的大众文化也意味着某种程度的民主化：曾经象征“高档阶层”身份的教育产品，现在最广泛的大众群体都可以享用。另外，流行娱乐产品也进入“有教养”的阶层。既不能把“粗俗文化”隔绝起来，也不能阻止社会主义工人接受资本主义休闲产业的产品，尤其是好莱坞的产品或位于波茨坦附近的巴伯尔斯贝格（Babelsberg）、简称“乌法”（Ufa）的全球电影制片厂（Universum Film AG）的影片。[16]

新大众文化逐渐松动了阶级阵线，因此可以说魏玛是转型中的阶级社会。那几年发生的事情，不能简单地用当时被讨论很多的“无产阶级的资产阶级化”来加以描述。一方面，无产阶级“贫民窟”开始解体；另一方面，还有一种相反的发展趋势，即日常文化的无产阶级化。城市下层阶级的习惯和规范广泛传播，逐渐成为主流社会的习惯和规范。去教会化、资产阶级性道德的放松、休闲行为的改变、最初只有“无产者”

玩的足球现在成了普及的大众体育运动。所有这些新潮流既不符合“无产阶级的资产阶级化”的论点，也不符合后来出现的“平均化的中产社会”的观点。社会学家特奥多尔·盖格尔（Theodor Geiger）在第二次世界大战后提出了“熔炉中的阶级社会”，这可能最适用于这一社会变革过程，而第一共和国的 14 年只是其中一个重要阶段。[17]

297 魏玛是个分裂的社会，这不仅仅是因为阶级和教派的界限在起作用，这里面还有代沟和地区之间发生的冲突。就年龄而言，这场战争给 1914 年至 1918 年应征入伍的男性年龄段撕开了一个巨大缺口。1925 年人口普查的年龄金字塔显示出一段明显的扭曲，主要是 30~40 岁的男性急剧减少，而女性则相对过多。年龄较大和年龄较小的人群数量也相应过多。这给劳动力市场带来负担，战前出生率很高，生于战前的那些人在魏玛时代恰好步入工作年龄段。而社会远远无法让所有年轻人都有谋生的工作。因此在大危机爆发前，青年失业就已经是一个很普遍的现象。

与年长的失业者不同，年轻的失业大军从来没有经历过能够使他们振作的“常态时间段”。他们童年时经历了战争，刚懂事时遇到通货膨胀，他们的经验是在货币贬值之前尽快把钱花掉。1910 年至 1914 年出生的无产阶级后代在 1923 年后相对稳定的阶段开始工作。全球经济危机开始时，许多人的学徒期尚未结束，只有少数人有权获得失业救济。

未来人生的不确定性使无产阶级的年轻一代感到自己属于多余的一代。在这种条件下成长的人，工人运动的群众组织很难争取到他们的支持，更不要提那些长期失业的人。大城市中失业的年轻无产者没有参加工会，没有加入工人政党和无产阶级文化协会，而是拥向所谓的“狂野集团”。在这些团体中，青年人对现存关系的反抗纯粹是物质上的，而且常常逾越了合法的界限。[18]

对于出生在资产阶级家庭的年轻人来讲，魏玛年代也是一个非常不稳定的时代，但是原因不一样。由于家族的关系，他们根本没有做好准备去应对德国的现代化飞跃，而这种现代化进程绝不是1918年后才开始的。原有君主制的瓦解撼动了承载和体现威廉精神的父辈权威。但是年轻的一代，无论是在新共和秩序中，还是在没落的旧制度中，都无法找到自我。

1918年后，许多年轻人选择了战前青年运动已经开启的浪漫反抗之路。魏玛共和国的岁月成就了联盟青年的鼎盛期，他们既反对威廉式家族中资产阶级的繁缛礼节，也抵抗对20年代日常生活产生影响的“美国化”。返璞归真和对社区的热爱，乍 298
一看好像更是要逃到辉煌的过去。但这种浪漫特征并不一定与反动思想吻合：社会民主青年像资产阶级的“候鸟”① 一样“踏上征途”。他们也弹起六弦琴，唱着《拨弹吉他的汉塞尔》(*Zupfgeigenhansel*) 歌本②里的歌曲。青年运动之路不仅仅通往一个政治阵营，也不仅仅面向一种未来。[19]

而稍微年长几岁的青年已经参过军打过仗，这些经历深深地影响了他们后来的生活。许多人内心无法承受回归平民生活的常态，于是选择了继续留在志愿军团里参加武装斗争，而这次的斗争对象则是国内的敌人。积极参加准军事团体的人数更多，很多人加入了1918年末成立的钢盔团 (Stahlhelm)，

---

① Wandervogel，始于1896年的德国青少年运动，提倡返璞归真。

② “候鸟”青少年运动组织的歌谱。

以此发泄对共和国和左派的憎恨。以工人为首的另一批人曾经发誓再也不会拿起武器，但现在被迫用类似的准军事手段来抵抗武装起来的右翼势力。这些人要么加入黑红金旗帜团，要么加入亲共产党的红色阵线战士同盟。德国进入相对稳定阶段时，政治生活的军事化已经很普遍。根据《凡尔赛和约》规定，帝国不得拥有庞大的军队。右翼势力类似军队的士兵团队算是一种补偿。赞美战争的文学也竭尽所能，以确保实体精神不败：这个实体就是能够为 1918 年复仇的德意志军事强国。[20]

从统计学概率上讲，战争结束时年龄越大的人，就越不可能彻底和 1914 年以前的立场决裂。帝制时代保守党的支持者大都希望在 1918 年后重返君主制。“资历丰富”的社会民主人士比年轻人更倾向于站在自家政党一边，只有少数人加入了共产党。1918 年后，自由党派和中央党的支持者大多数来自“理性的共和派”。妇女的政治行为在许多方面也相似。一般情况下，她们投给极端势力的票数不如男性那么多。德国共产党在很大程度上是男性政党。民族社会主义德意志工人党也属于男性政党，但规模不及共产党，男性选民也少一些。恰恰在两个顽固反对妇女拥有投票权的“阵营”里，中央党和德意志民族人民党却尽享女性选民投票的奖励。自由党的男女选民
299 基本平衡。投给社会民主党的票数中，男性选民人数稍稍领先，但与女性选民人数并没有特别明显的区别。所有政党当中，除了露特·菲舍尔有一段时间领导过共产党之外，最重要的职位都是由男人担任的。在“老”党的领导当中也几乎没有年轻人。特别是在大危机年代，激进政党对年轻选民的吸引力与传统政党的相对老龄化有很大关系。[21]

德国各地区的多样性也被证明是魏玛共和国冲突的根源。普鲁士的高权重不仅仅引起了巴伐利亚人的不满。易北河东部的农村地区和西部城市之间仍存在结构性差异，这也以不同的心态和截然不同的政治亚文化方式表达出来。在魏玛时代，一些邦从根本上改变了政治形象：在战后的头几年，社会民主党和独立社会民主党在图林根和不伦瑞克拥有发言权，而在1930年，这两个地方竟然成为首批纳粹党员出任部长的邦。1923年前，萨克森一直是德国所有邦中“最红”的，在社会民主党地方组织分裂后，资产阶级政党在1929年开始执政。向右转向让人们清醒地认识到，左派暂时占优势的基础是多么不稳固。力图争夺霸权但从未得到大多数居民支持的巴伐利亚早已开始向右转，这种倾向始于1920年3月的卡普-吕特维茨政变。这次政变事件后，普鲁士逐渐发展为一个民主的榜样，而巴伐利亚则演变为普鲁士最强劲的对手，它成了保守势力的堡垒，试图将整个德国的方向盘向右转。

巴伐利亚和普鲁士的矛盾，在某种程度上也反映出地方与首府之间普遍存在的紧张关系。1918年后，柏林展示出巨大的文化吸引力：凡是寻找新事物的人，都被帝国首都的魔力吸引；而那些对柏林现代化充满恐惧的人，对帝国首都的反感程度也同样强烈。柏林代表了他们所憎恶的一切。他们不喜欢的一切都是因为柏林。“我们巴伐利亚人知道，德国所有不幸的罪魁祸首是柏林的无能，不论是过去的柏林还是现在的柏林。”作家路德维希·托马1920年11月28日在《米斯巴赫公告》上写道：“在那里，有人别有用心地与全世界结下了怨恨，在那里，有人通过革命手段毒害了德国。今天仍然有一个政府在那里坐镇，使任何复苏都不能实现。如果柏林社会民主党认为一神论会把我们变成糟糕经济的沉默奴隶，而他们自己则赚得腰包满满，那么他们就大错特错了。柏林现在已经不是德意志的，而是站在了德意志的对立面上，被加利西亚人搞得乌烟瘴气。今天，每一个善良的普鲁士人都知道，他可以在哪里找到诚实的德意志精神之根基——巴伐利亚。任何犹太人都不能动摇他们和我们对此的认知。”[22]

300 柏林及柏林犹太人让德国保守派对魏玛共和国恨之入骨。对传统不断提出质疑的作品被右翼视为对社会的瓦解，而这一潮流在 1918 年前已经出现。正如彼得·盖伊（Peter Gay）所言，“魏玛风格”起源于魏玛之前。他指出，在 20 世纪的第一个 10 年中，绘画、文学和戏剧表现已经发生了革命，无调式音乐也取得了革命性突破。同样，这个时代经历了科学上的伟大创新，如西格蒙德·弗洛伊德的精神分析，阿尔贝特·爱因斯坦的相对论和马克斯·韦伯的社会学，这些开创性研究都始于 1914 年之前。甚至连 1923 年后把表现主义赶出所有艺术领域的“新客观主义”也可以追溯到战前时期。瓦尔特·格罗皮乌斯（Walter Gropius）于 1926 年在德绍（Dessau）开创的包豪斯建筑是一种注重功能的新美学模式。它立即引来瞩目和敬佩，也引发了种种争议，但这种风格形成于第一次世界大战之前。魏玛共和国的文化，实际上在共和国成立之前就已经形成了。但是政治体制的变化起到了释放的作用：创新者获得了在旧体制中没有的机会。他们的影响深远广泛。回顾历史，似乎魏玛是经典现代派的一次大规模试验。[23]

在弘扬魏玛精神的这群人当中，犹太人扮演着重要的角色。犹太人在政治上不右倾，是因为右翼势力是反犹的。只有自由派或左派才去反对歧视少数派的人。许多犹太人参与工人运动的事实还可以解释为，没有其他阶层的群众愿意为争取社会权利平等而斗争。由于魏玛社会远未达到平等，所以共和国无法令左派满意。因此不管是不是犹太人，魏玛共和国左翼知识分子的显著特征是对现有局面的批评态度。

知识分子中有相当多的人对魏玛的批评非常尖锐，甚至到了全盘否定这个新生国家的程度。那些加入共产党或公开承认共产党的人认为“资产阶级”共和国不值得捍卫。聚集在共产党新闻和宣传领导人维利·明岑贝格（Willy Münzenberg）身边的知识分子力争实现共产党宣传的目标，即用革命手段打破现有制度，建立一个“德国苏维埃”。“魏玛知识分子”中最著名的人物有贝托尔特·布莱希特（Bertolt Brecht）、阿诺德·茨威格（Arnold Zweig）、安娜·西格斯（Anna Seghers）、约翰内斯·R. 贝希尔（Johannes R. Becher）和库尔特·魏尔。他们并非与1919年的共和国有着内在联系，而仅仅是生活在同一时代而已。[24]

左翼犹太知识分子库尔特·图霍夫斯基是《世界舞台》 301
报的主要作者之一。他对魏玛提出严厉批评，却并未戴着共产党的眼镜看问题。1928年在一篇题为《柏林与外省》（“Berlin und die Provinz”）的文章中，他对“共和思想”的实际传播给出了自己的判断。他得出的结论是：“在外省”，即在首都以外的地区，“只能看到零星地区有共和思想存在。易北河以东局面不妙，奥德河右岸就更糟糕”。如果柏林以为共和思想是国家的核心和中心，那它就太高估自己了。“柏林的评论家最好隐姓埋名地去西里西亚大庄园走走，去东普鲁士大庄园走走，去波美拉尼亚乡村小镇走走，他就可以得到亲身体验。那时候的兴登堡节，柏林的街头巷尾冒出来的都是不倒翁、纪念威廉皇帝的大礼帽、百年的乡绅礼服和守林员的大胡须。这些仅仅是一小部分物品：小镇上的仓库里货物琳琅满目，可以随时参观。但是参观起来并不总是没有危险。如果‘柏林人’想消除那里的资产阶级恐怖、独裁和无礼，就会招惹上危险。他在那些地方得不到法院、行政机构和报纸的支持。他输定了，只能落荒而逃。”

尽管外省比大都市反动，但图霍夫斯基也绝不想把柏林美化为自由的天堂：“柏林只是一个大城市，在一个大城市里，所有的个体都消失了，而群体则可以不受干扰地工作。一个在科隆只是 80 人或 100 人的圈子，在这里就是上万人，一切都要乘上 100。柏林的喧嚣不代表德国，外省的这种责备是有理由的，因为大型民主媒体、艺术家、自由协会的呼声与其真正的实力确实不成比例，而反动势力在活动，他们几乎是无声无息的，他们无处不在，行动更加巧妙，特别是更加肆无忌惮。支持这一势力的是证券交易所和商人的虔诚愿望，这些人在柏林的各种文化活动首发式上向那些不疼不痒的游行鼓掌示意。”[25]

图霍夫斯基对共和国局面的评判并未过于悲观。他自己还列举了一个文化政治上的实例。包豪斯当时可谓现代建筑的据点，却受到了频繁的攻击。1924 年秋天，图林根议会把包豪斯学院的资金削减了一半，令其无法继续工作，包豪斯不得
302 不于 1925 年放弃魏玛原址。然而，在安哈尔特首府的德绍市新工作地点，包豪斯依然被右翼势力视为眼中钉。1918 年到 1932 年 5 月，社会民主党成员几乎一直出任那里的邦总理。1929 年，格罗皮乌斯为德绍特尔滕（Törten）的容克工厂设计了一个工人定居点。纳粹党人和民族人民党人愤怒地称它为

“黑人定居点”的“摩洛哥小屋”。攻击的理由是这些房屋没有“德国式”的尖顶，只有“新客观主义”建筑风格中常见的平屋顶。[26]

与魏玛精神做斗争还可以采用一种更为高雅的形式。右翼知识分子评论人士认为，共和国是一个平均化集体主义的产物，它使群体战胜了个性。马丁·海德格尔（Martin Heidegger）在1927年出版的哲学著作《存在与时间》（*Sein und Zeit*）中就谈到了“常人”的专政。“常人到处都在场，却是这样：凡是存在挺身出来决断之处，常人却也总已经溜走了。因为常人预定了一切判断与决定，他就从每一个存在身上把责任拿走了。常人仿佛能够成功地使‘人们’不断地求援于它。常人能够最容易地担负一切责任，因为他绝不是需要对事情担保的人。常人一直‘曾是’担保的人，但又可以说‘从无其人’。在存在的日常生活中，大多数事情都是由我们不能不说是‘不曾有其人’者造成的。”

各种陈词滥调指责集体主义令人窒息，指责多元主义扭曲民主制、瓦解国家。1926年，宪法专家卡尔·施米特在为1923年出版的《当今议会制的精神史境况》（*Die geistesgeschichtliche Lage des heutigen Parlamentarismus*）第二版前言中断言，今天的议会不再是公众和自由交换意见的场所，而是有组织的利益冲突之地：意识形态的两极化取代了理性论证，结果是当今的议会制缺乏达成政治统一的能力。“在某些邦，议会制已经堕落，所有公共事务成了政党和其追随者的猎物和妥协的对象，政治已不再是精英阶层的事业，而是备受鄙视的阶层经营的备受鄙视的生意。”

兴登堡当选后，卡尔·施米特等右翼知识分子坚信找到了根治议会病的灵丹妙药，这就是以全民公投的民主方式选举出代表公共意志的帝国总统。直选的国家元首是卢梭所说的“公共意志”（volonte generale）的化身，因此总统的权力应该比议会更大。议会代表的是所有人的意志（volonte de tous），即众多个人意志的总和。于是民主就与议会对立起来了，人民被号召出面作证反对自己的代议人。[27]

303 激进民族主义的意识形态与所谓的分解国家的多元化要求势不两立。应该用团结一致的民族来取代一个分裂的社会。从这个角度看，一体化的民族主义是对马克思主义和自由主义做出的回应。后者是前者得以存在的条件，而前者视后者为主要敌人。希特勒比任何人都更清楚地认识到，并论证了德国民族主义在内政上的实用性。1924 年初，在一篇为 1923 年 11 月 9 日政变辩护的文章中，这个纳粹党的领袖写道：“击毁马克思主义的国际主义，需要动用拥有最高社会伦理和道德的法西斯式的极端民族主义。不给人民一个更好的上帝，就无法让他们放弃马克思主义的虚假偶像。最清楚地认识到这一点，而且做得最正确的，是贝尼托·墨索里尼。他在这方面取得了举世瞩目的成就。他用民族狂热的法西斯主义取代必须铲除的国际马克思主义，在意大利几乎完全成功地瓦解了所有马克思主义的组织。”[28]

意大利法西斯主义造成的迷惑不仅仅影响到了民族社会主义德意志工人党。但是在 20 年代中期，只有以希特勒为首的极右翼要求建立墨索里尼式的体系。通过观察民族社会主义德意志工人党传播的反犹斗争，就可以得出这个结论。在共和国相对稳定时期，对犹太人的敌视不再像共和国成立最初五年那样广泛和强烈。然而德国社会中仍有强烈的反犹怨气，人们把矛头直指犹太人在文化方面占据的所谓主导地位，犹太人作为记者在出版界、戏剧界和电影业发挥的作用。有人把犹太精神与败坏的知识风气和颓废的都市文明联系起来，这些人就会受到中间派靠右政治势力的赞同，甚至得到中央党的支持。天主教参考书《大赫尔德》（*Der Grosse Herder*）① 1926 年在相关词条的文章中提出，反犹主义“实质上是大多数人对那些被视为异己的、某种程度上自成一体的，但具有非同寻常影响力的少数人的厌恶。这些少数人拥有高尚的精神价值，但也不乏夸大的自信”。纳粹分子搞的种族迫害，则被温和派团体视为低俗的、违背良好道德的行为。社会上是接受反犹主义的，但反犹不能超过公共礼仪的某些界限。[29]

忠于魏玛的大多数知识分子深知国内政局不稳定。托马 304
斯·曼在战争期间还是一个集权帝制国家的捍卫者，一个“权力保护内心世界”的捍卫者。1922 年 10 月在格哈特·豪普特曼（Gerhart Hauptmann）60 周年诞辰之际，他在柏林的一所大学大礼堂内当着部分愤愤不平的学生的面，对德意志共和国做了一番备受关注的忠诚表白。1926 年 11 月底，这个选择落户慕尼黑的知识分子满怀愤怒和悲情地说，自战前时代以来，巴伐利亚与帝国首都之间的关系发生了很大变化，当年的慕尼黑是民主的，而柏林是封建军国主义的，但是现在这一切几乎发生了彻底的反转。“我们感到抬不起头来，因为来自慕尼黑的顽固的悲观主义与柏林的政治见解、整个世界的政治诉求相对立；我们忧心忡忡地看到，它那健康的、欢快的血液受到反犹民族主义以及天知道怎样一种邪恶的愚蠢深深的毒害。

① 一部德国百科全书。

我们不得不眼睁睁地看着德国的慕尼黑成为反动派的堡垒，它顽固不化，与时代精神为敌。我们不得不听别人称它为一座愚蠢的、愚蠢透顶的城市。”

托马斯·曼的哥哥海因里希也在德意志民主党召开的同一次会议上发表了讲话。托马斯·曼希望以直言不讳的方式达到改善的目的。但毋庸讳言，托马斯·曼与柏林历史学家弗里德里希·迈内克都选择了防守的基本态度。1926 年 4 月，在德国大学教师的魏玛会议上，迈内克试图在共和派教授和讲师与德意志民族人民党温和派支持者之间搭起一座桥梁。1919 年，黑白红色与黑红金色之间未能达成和解，从而导致了“颜色的彻底改变”，对此“理性共和派”迈内克深表遗憾。他坦言，议会制并不是民主共和国的必然结果。兴登堡当选总统一年后，他表示愿意考虑“是否应该进一步完善《魏玛宪法》以扩大德国总统的权力”。

这种表述流露出的犹豫不决，是自由派“理性共和主义”的典型特点。但迈内克呼吁勿忘魏玛建国的法则，在这一点上，他远远领先于德国学术界的大多数人。“共和国是调节工人阶级与资产阶级之间阶级斗争的重要工具，是维持他们之间社会和平的国家体制”，1925 年 1 月，他在柏林民主学生联盟的一次演讲上这样说道。“社会冲突已经不再是工人阶级和资产阶级之间的冲突，裂痕已经向右移动，这条裂痕贯穿于资产阶级本身。”[30]

305 迈内克也可以说，这条裂痕不仅向右移动了，也向左移动了。这条裂痕同时贯穿资产阶级本身和工人阶级本身。这就是魏玛共和国的特征，这里的政治分界线不再与社会阶层的分界线完全等同。在资产阶级的“理性共和主义者”与极右派之间横亘着一条沟壑，社会民主党与共产党之间的关系也是如此。两个工人政党甚至都使用了马克思主义的同一个概念，但是两党的理解不一样。共产党人认为阶级斗争是社会矛盾的加剧，最终目标是无产阶级革命；而社会民主党人和自由工会则认为，阶级斗争是为了给工人实现多元化利益政治。

共和国要一如既往地依靠资产阶级的温和派和工人阶级的温和派。20 年代中期的种种迹象表明，1918～1919 年达成的“阶级妥协”会发生变化，朝着政治上两极分化的方向发展。可以肯定的是，1923 年后魏玛共和国的稳定只是相对于前几年的不稳定而言的。国家内部对民主的威胁从未停止过，只不过是有所缓和而已。

11. 保守的共和国

306 1925 年被写进德国历史教科书的原因有两个：兴登堡当选为德国总统，《洛迦诺公约》（*Locarno-Verträge*）缔结。公约的签署使德国重新回归欧洲大国的圈子。新年伊始，很难想象德国竟然会有如此这般的凯旋。德意志帝国有众多理由遭人谴责，其中一个就是德国国防军试图与众多志愿者一起绕过只能拥有一支 10 万人军队的限制。右翼势力发起的一次又一次准军事活动让巴黎和伦敦对德国人倍加防范。就在 1925 年 1 月 5 日，战胜国还拒绝执行五天后就应该撤离第一个莱茵兰地区（“科隆”）的协议，其理由很简单：德国违反了《凡尔赛和约》的裁军规定。

协约国做出这一决定的最重要原因是悬而未决的“安全问题”。法国担心德国再次军事化，因此试图保留 1924 年 8 月《伦敦协定》之后德国还应兑现的一切承诺。因为英国人是站在法国人一边的，所以威廉大街的政客被迫采取灵活的应对方式。1 月 20 日，外交部部长施特雷泽曼向英国政府提交了一份秘密备忘录，又在 2 月 9 日向法国政府提交了一份秘密备忘录。出于对德意志民族人民党部长们的不信任，他最初并未知会整个内阁，而仅仅向帝国总理路德做了汇报，施特雷泽曼在文件中提议签署一份协议，该协议要求“对莱茵地区有兴趣的大国”有义务以和平方式解决所有问题，而德国本身同意对“莱茵地区现有占领状态”签署一个担保协议，并且与法国和其他所有有关国家缔结一项仲裁协议。[1]

德国外交部部长的这一举措标志着通往洛迦诺的第一步。在德国本土，外交部部长于3月把这一倡议知会了内阁各位部长，由此引发了一场激烈的争执。右翼政党指责这位德国外交部部长对协约国过于放纵，于是在6月发动了一场猛烈反对外交部部长的新闻攻势。另外，西方强国的种种做法让施特雷泽
曼对付此类攻击难上加难。1925年6月4日，协约国就裁军 307
问题提交了一份照会，这份照会上列出的详细投诉就连施特雷泽曼都觉得“小气而可怜”。6月16日，奥赛码头（Quai d’Orsay，指代法国外交部）要求德国无条件加入国际联盟，并且要求德国向《凡尔赛和约》和未来的《莱茵公约》（*Rheinpakt*）所有签署国做出保持德国东部边界的保证。对法国政府的这些要求，施特雷泽曼也并不满意。

1924年9月，伦敦会议之后不久，时任英国首相的工党领袖麦克唐纳建议德国加入国际联盟。马克思和路德政府是认同这一目标的，但是为其附加了一些条件：德国要拥有国际联盟常任理事国的席位，免除参加国际联盟的执行任务（提出这一点的理由是德国国防军实力弱小），以及参与国际联盟殖民托管地管理的义务。关于德国东部边界，双方达成了影响深远的“修正共识”，这一共识还得到了社会民主党的认可：不得给德国以和平变革方式为自己获取利益的可能性。[2]

德意志民族人民党处处煽风点火，这让施特雷泽曼认识到，为了顺利推行与西方保持平衡的政策，除了各大自由派报纸之外，争取让最重要的在野党——德国社会民主党站在自己一边是至关重要的。6月底，在路德的鼎力支持下，内阁勉强

通过了授权外交部部长继续与英国和法国进行谈判的决议。然而这一系列谈判非常成功，使 1925 年 10 月 5 日德国与协约国在洛迦诺关于安全问题的会议得以顺利开始。除了施特雷泽曼，路德也参加了这次会议，这是与德意志民族人民党的愿望背道而驰的。德意志民族人民党尤其感到沮丧的是，总理和外交部部长要为 10 月 26 日的谈判结果签字。在时任内政部部长的德意志民族人民党员席勒的敦促下，柏林内阁的其他成员发电报建议不要签署协议，而是建议采用约束力较小的会谈纪要的形式。

然而路德和施特雷泽曼的坚定信心是有充分理由的。他们相信，“为德国取得的明显优势”只有立即签字确定才能得到保证，而《洛迦诺公约》的确对德意志帝国有利。从国际法角度讲，只是对德国西部边界进行了界定：德国、法国和比利时放弃对现有边界的任何暴力更改，而英国和意大利也对此做出了保证。在东部，德意志帝国仅仅与邻国波兰和捷克斯洛伐克达成了仲裁协议，而法国则对波兰和捷克斯洛伐克做出承诺，一旦德国对后者发动进攻便提供军事援助，这就意味着《洛迦诺公约》不排除对德国东部边界进行和平“修改”。

308 在加入国际联盟的问题上，施特雷泽曼也取得了初步成功。协约国就《国际联盟条约》中关于干预的第 16 条的解释向德国做出保证，而这一解释与德国的意愿非常吻合：在国际联盟采取制裁行动时，德国可以根据本国军事和地理状况量力而行。因此，德国不必担心会违背自己的意愿被迫参加对苏联的经济制裁，而且苏波战争一旦爆发，德国甚至不必允许法国军队经过本土。

西方列强对德国做出让步，是因为他们希望以协议的方式让德国参与进来，这样能够缓和局面并促进和平。在他们看来，成为国际联盟会员是遏制德国修正主义的合适手段，只有德国加入国际联盟后，该条约才能生效。从施特雷泽曼的角度来看，《洛迦诺公约》还能使和平更有保障，但与此同时，这些条约也只是全面摆脱战后局面的一步。1925 年 10 月的公约意味着施特雷泽曼实现了近期的目标：通过与西方国家的交流来扩大德国的行动范围。虽然德国的主权仍然受到限制，但他现在可以重操一个欧洲大国的政策。这其中还包括对波兰采取更强硬的态度，使该国未能在“东方洛迦诺”会议上贯彻自己的要求。

施特雷泽曼根据《洛迦诺公约》中对东部边界进行和平修正的理解，于 1926 年 4 月 19 日通过德国驻伦敦大使馆做了直言不讳的陈述：“以切实符合我们要求的方式和平解决与波兰的边界问题，在波兰的经济和金融困境没有达到极端的境地，使波兰整个国家彻底瘫痪之前，是无法实现这一目标的……因此从广义上讲，我们的目标应该是尽可能延迟波兰最终的长久整顿，直到该国软弱到不得不按照我们的要求解决边界问题，而那个时候我们的政治实力已经得到充分加强……只有对所述地区重新获得不受限制的主权，我们才能彻底满意。”[3]

西方列强在洛迦诺做出的让步对于德意志民族人民党来说是远远不够的。协约国承诺不仅对德国违反裁军规定睁一只眼闭一只眼，甚至还承诺在公约批准后撤离“科隆地区”，但是德意志民族人民党并未对协约国的这些做法留下深刻印象。1925 年 10 月 22 日，帝国议会中的德意志民族人民党党团宣 309

布，他们无法接受洛迦诺的谈判结果。他们认为并没有看到其他国家为德国的牺牲而付出，这一公约与“德国生存的必要性格格不入，而且不排除让德国丧失土地和人民的可能性”（在这里指的是奥伊彭-马尔梅迪和阿尔萨斯-洛林地区），他们是不会同意这样一个公约的。无论是总理路德，还是内政部部长席勒都未能让德国民族主义者改变自己的想法。10 月 23 日，德意志民族人民党主席和邦主席宣布，本党“不能接受”洛迦诺的谈判结果。两天后，德意志民族人民党议会党团决定立即退出联合政府。[4]

德意志民族人民党做出退出路德内阁的决定并不容易。这个“资产阶级阵营”中的右翼政党毕竟在 1925 年 8 月实现了其主要诉求之一，即按照 1902 年的“比洛关税”恢复对谷物和其他农产品征收保护性关税。导致 1925 年秋天联合政府瓦解的并不是大农场，而是这个党的右翼人物的媒体康采恩。这个媒体集团的创立人就是阿尔弗雷德·胡根贝格（Alfred Hugenberg）。他利用自己遍布全国的报纸媒体发动攻势，先后把各邦的党组织、党主席和帝国议会党团都争取到自己一边，和他一起推行激进的民族主义路线，煽动群众的情感，而把各组织的利益放在第二位。[5]

德意志民族人民党的部长们离开了路德的内阁，于是“洛迦诺危机”开始了。政府在 10 月 25 日失去了议会多数席位。这个时候，只有让社会民主党人来填补德意志民族主义者留下的空缺，才能确保议会通过这个公约。虽然《前进报》10 月 17 日还在庆祝洛迦诺是“世界历史上最重大的事件之一”，但是社会民主党最初并未明确对此表示支持。对于大多数社民党领袖来说，否决这个公约，解散帝国议会，重新进行选举更为重要，因为社会民主党人希望从新的选举中获得胜利。

当普鲁士总理奥托·布劳恩四处游说，争取让大家接受条约并组建一个大联合政府时，他在党内几乎是完全孤立的。实际上，这一提议是唯一现实的提议：社会民主党可以用同意该条约作为代价要求加入政府。另外，该条约也赢得了工业界几乎一致的掌声。如果社会民主党在帝国议会否决了这项条约， 310
那么这个政党如果再本着洛迦诺精神进行接下来的选举，就会让人觉得匪夷所思。

社会民主党内有一批人认为阻碍议会是危险的，而重新选举又会前途未卜。在11月的前三个星期中，这股力量占了上风。但是，社会民主党并没有想到就联合执政进行谈判。社会民主党人甚至认为路德内阁于11月19日决定在条约签署后辞职是社会民主党的成功，原因是社会民主党人可以为洛迦诺投赞成票，而又无须同时给路德政府投信任票。11月27日，社会民主党议员在帝国议会坚定地投票赞成《洛迦诺公约》。最后，公约以291票赞成，174票反对，3票弃权获得通过。八天之内，又接连发生了三件大事：11月30日，占领国开始撤离"科隆地区"；12月1日，《洛迦诺公约》在伦敦签署；12月5日，路德内阁如前所述集体请辞。[6]

德国政府危机由此进入了一个新阶段。从理论上讲，社会民主党帮助公约获得通过后恢复执政权是很自然的。中央党和德意志民主党也主张建立一个大联合政府，而巴伐利亚人民党和德意志人民党对此建议则很冷漠甚至拒绝。危机进一步发酵，接下来的场景来自帝国总统办公室的国务秘书迈斯纳，这位官员是兴登堡从艾伯特手上接过来的。迈斯纳12月2日发出提议，就建立一个大联合政府展开"非常认真的"谈判，但是由于社会民主党和德意志人民党之间的分歧难以弥合，社会民主党的要求又过于苛刻，谈判注定是要失败的。最终的结局是出现了一个路德领导下的“中间立场的政府”。虽然这个政府没有议会的多数支持，但是在眼下也不需要做出什么外交上的决断。在内政上，主要是在公务员薪金和减轻社会负担方面，内阁可以依靠极右翼党派的支持。

德意志人民党党团主席恩斯特·朔尔茨本来已经听从迈斯纳的策划，放弃了反对与社会民主党谈判的想法。然而现在社会民主党人扮演起兴登堡的顾问原本为朔尔茨等人设计好的角色：他们提出了重新实行 8 小时工作制和其他一些要求，这就给了朔尔茨一个口实，可以名正言顺地说社会民主党的条件是不可接受的。

如果社会民主党真对分享权力感兴趣，那么它就应该在投票赞成《洛迦诺公约》之前进行大联合政府的谈判。11 月 27
311 日之后，社会民主党已经没有什么筹码可以说服人民党在经济和社会政策方面做出让步。然而大多数社会民主党人都不想在 1925 年与 1926 年之交的冬天上台。这段时间的经济危机非常严重，在 12 月领取失业救济金的失业者有 180 万，到第二年 1 月上升到 200 万以上。此时此刻，社会民主党人如果参与联合政府必然会变得不受人欢迎。因此，德意志民主党党魁埃里希·科赫-韦泽组建大联合政府的努力以失败告终，这是大家从一开始就预料到的。之后，兴登堡于 1926 年 1 月 13 日委托路德组建政府，一周之后，现任总理组成了一个中间派资产阶级的联合政府，内阁成员包括德意志人民党、德意志民主党、中央党和巴伐利亚人民党成员。帝国总统不是赞成，而是反对组成在议会拥有多数的政府，尽管他这是在暗中操控。这在魏玛共和国历史上还是第一次。[7]

路德的第二届内阁仅仅存在了几个月。总理在 1926 年 4 月 20 日致外交部部长施特雷泽曼的信中说明了他解散内阁的原因。考虑到海外德国人，特别是生活在拉丁美洲的德国人的愿望，路德想授予德国驻外使团以权利，除了悬挂共和国的黑红金三色国旗之外，还允许他们使用帝国时代的标记，那就是在黑白红的贸易用旗上端镶嵌一面黑红金三色旗。内阁显然没有意识到这一要求具有爆炸性的政治性质，便草草决定从 5 月 1 日开始执行这个提议。虽然这个决定并非针对所有驻外使团，但是公使馆和领事馆除了悬挂德国国旗之外，还要悬挂这面贸易用旗。

内阁的决定引发了社会民主党、自由工会和与上述两个组织关系密切的，名为黑红金旗帜团的共和国防卫协会的愤怒。另外，中央党和民主派人士也对这种复辟性的和带有反共和制倾向的新规定提出抗议。令他们格外不满的是，他们直到新闻界发布消息时才知道内阁的这个决议。矛盾愈演愈烈，政府不得不退缩：兴登堡于 5 月 5 日签署法令，将使用贸易用旗的范围缩小到欧洲以外的地区，在欧洲只允许有商船进出的地方才可以悬挂这面旗。

但是，这种让步并没能抑制住共和国政党力量的愤怒。5 月 6 日，社会民主党人在帝国议会对国旗问题提出质疑，并对路德提出了不信任议案。这项提案没有获得大多数人的赞成，但是德意志民主党提出的否决案得到了通过：5 月 12 日，议会以 176 票赞成，146 票反对，103 票弃权接受了这个提案。312
除了德意志民主党外，德国社会民主党和德国共产党也投了赞成票。德意志人民党、中央党和巴伐利亚人民党投票反对；德意志民族人民党投了弃权票。就这样，第二届路德内阁于同日提出辞职。

如果帝国的元首不是一个坚定的君主主义者，内阁也许会取消 5 月 1 日的决议。但是兴登堡非常欣赏路德的倡议，以至于政府无法有序地撤回这项决议。不仅是无党派的总理，而且内阁的所有成员都缺乏对国旗问题的政治直觉。他们没有意识到自己的政令已经涉及有象征意义的政治领域，这一领域比旗帜本身更容易唤起激情，填上的沟壑现在又重新被挖开了。[8]

1926 年上半年的另一个问题焦点也属于有象征意义的政治领域，这就是如何处置早年王侯们的财产问题。在 1918~1919 年的革命时代还从来没有发生过无偿没收统治者财产的事情。此后的几年里有过几次复杂的和解谈判案例，而法院则越来越多地站在了偏袒被罢免的王侯们的立场上。1925 年 11 月底，德意志民主党在国会提出一项法案，该法案授权各邦使用法律和以无法律追索权的方式与前统治者们解决争端。

此后不久，德国共产党提出了一项更为激进的草案，草案的内容是无偿没收王族的财产。共产党人以高超的亲民技巧，要求把大地主的土地分配给小农和租户，他们的宫殿应该拿出来以缓解住房短缺或改建成疗养院，而被没收的现金应该补偿给战争受害者和战争死难者家属。共产党当然很清楚，他们的这项提议是不可能在议会获得多数通过的。当然，他们提出这项议案的时候更多考虑的是民众，而不是民众的代表。12 月 4 日，《红旗报》发表了德国共产党中央委员会给德国社会民主党执行委员会、自由工会中央协会、黑红金旗帜团联邦指挥部和共产主义红色阵线战士同盟联邦指挥部的公开信，共产党在信中建议召开一次举行全民公决的联合会议。

面对居高不下的失业率，共产党人期待着他们此时提出这样的要求应该会迎来一片掌声。他们向这批“改革主义者”提出的呼吁符合共产国际的新统一战线政策。共产国际对以菲舍尔-马斯洛为首的德国共产党中央把众多无产阶级选民排除在外的极左政策感到不满，因此在 1925 年秋提出了这一新统一战线政策。共产党认为，对没收王侯财产进行全民公决，将是在社会民主党党员和领袖之间，在工会会员和领袖之间插进一脚的一次绝好机会。如果非共产党组织拒绝该要求，则可以 313
将其打上阶级叛徒的烙印。如果他们持赞成态度，共产党就很快会找到机会指责这些人只是敷衍了事，并且出尔反尔。

社会民主党员对共产党的倡议果然反应极为强烈。起初社会民主党领导对此感到非常勉强，但到了 1926 年 1 月中旬，不得不置各种疑虑于不顾，决定与共产党一起就无偿没收王侯财产、进行全民公决事宜做准备。1 月 19 日，党委请德国总工会联合会领袖出面担任起草联合法案的协调人。三天后，应德国总工会联合会的邀请，德国社会民主党代表、德国共产党代表和由统计学家罗伯特·雷内·库钦斯基（Robert Réne Kuczynski）领导的“无偿没收王侯财产委员会”的一个代表在国会大厦举行会议。讨论的结果是共同起草的法律条文。这一草案的内容就是，“为了共同利益”，要无偿没收至 1918 年占据统治地位的王侯们的全部财产。1 月 25 日，该草案已提交给内政部，倡议者要求尽快批准做出全民公决，这是全民公决前的一项工作。

内政部将全民公决的日期定为 1926 年 3 月 4 日至 17 日。许多知名的知识分子和艺术家站在支持者一边，其中包括阿尔贝特·爱因斯坦、库尔特·图霍夫斯基、阿尔弗雷德·克尔

(Alfred Kerr)、埃尔温·皮斯卡托（Erwin Piscator)、凯绥·珂勒惠支（Käthe Kollwitz)、马克斯·佩希施泰因（Max Pechstein）和海因里希·齐勒（Heinrich Zille)。站在反对派前列的是资产阶级政党、“民族势力”团体、帝国乡村同盟和基督教教会。全民公投的结果对左派来说是一次巨大的成功：1250万有投票权的选民在官方的名单上填上了自己的姓名；这比德国社会民主党和德国共产党在1924年12月的议会大选中共同获得的票数还多出将近200万票。中央党聚集地区的投票结果格外令人瞩目。选民们的态度让中央党大失所望，不仅仅是工人，还有很多天主教徒对无偿没收昔日王侯财产一事持欢迎态度。

根据《魏玛宪法》第73条，全民公决如果得到有表决权人数十分之一的支持，公民投票就是成功的。这次投票赞成左翼法案的人数是宪法规定人数的三倍多，占比31.8%。现在，德国政府有义务将法律草案提交给帝国议会。只有当帝国议会原封不动地全盘接受法案内容的时候，才不必要对此做出全民公决。然而，帝国议会于5月6日以236票对141票拒绝了社
314 会民主党和共产党拟出的这部法律草案。于是，帝国内政部决定于1926年6月20日对这项法案进行全民公决。

根据兴登堡的要求，德国政府宣布该法律草案意味着修改宪法，因此这项法案的支持者现在面临着巨大的挑战。要通过这项法案，不仅要有多数拥有投票权人的赞成，而且必须是绝对多数。虽然德意志民主党明确告知本党党员可以随意投票，而且受害者评估协会明确告知自己的会员要投赞成票，但是左派政党几乎不可能期望这次全民公决的票数比之前的全民公决再多出18%。公决的结果也证明了持怀疑态度的人是正确的：

1926年6月20日，有1560万或39.3%有投票权的人参加了全民公决，其中1450万或36.4%的人投了赞成票。全民公投的发起人显然未能达到他们的目标。他们所达成的不过是引起人们的充分关注。

魏玛共和国历史上的第一次公决就暴露出了全民民主的陷阱。无偿没收王侯的法案将那些无法持久建设性合作的力量联结在一起，它在共和国唯一能够依靠的力量，即工人运动中的温和派和资产阶级之间挖出了一条深深的鸿沟。在工人阶级内部，社会民主党和共产党暂时的统一行动并未能弥合这一矛盾。情况正好相反：全民公决刚刚结束，共产党马上就老调重弹，指责社会民主党为阶级叛徒。

实际上，德国社会民主党在1926年6月20日之后已经很难再回到它往常的阶级妥协的道路上了。7月2日，由于社会民主党投了反对票，德国政府未能通过对王侯进行补偿问题的法案。然而在普鲁士，1926年10月15日又因为德国社会民主党投了弃权票，该邦通过了与霍亨索伦家族之间的调解决议。社会民主党出身的邦总理奥托·布劳恩遭到如果投否决票就会被强制退位的威胁，这很可能意味着魏玛联合政府的执政终结。如果不是为了顾全全局，他的政党会在德国最大的邦依然坚持不妥协的解决方案。[9]

此时的帝国内阁和上一届政府一样，也是由资产阶级中间派组成的。路德的少数派政府解散后，1926年5月17日路德的前任威廉·马克思再次组成了少数派政府。在外交政策上，社会民主党依然在议会上向政府提供支持。1926年6月10日，帝国议会几乎一致通过了与苏联签订的《柏林条约》。根据这项协议，当其中一国没有武力行为却遭到第三方攻击时，

315 两国依然保证彼此中立。此外，这两国还承诺不参加旨在抵制另一国经济或金融的联盟。1922 年缔结的《拉帕洛条约》仍然是德苏关系的基础。

《柏林条约》的主要目的是消除莫斯科对德国奉行的洛迦诺政策的不信任。德国再次明确地向苏联保证了它 1925 年 10 月对西方大国所设定的立场，这就意味着德国不参与国际联盟实施的任何制裁。威廉大街也希望该条约还能起到其他的作用：苏联能够增加对华沙的压力，并最终让波兰人满足德国对边境线修订的要求。但是，这一期望并没有实现。1926 年 5 月，毕苏斯基（Pilsudski）元帅通过政变上台后，德国的东部邻国开始在政治和经济上稳定下来。在此后一段时间内，德国人和苏联人已经指望不上波兰在领土问题上做出“和平”让步。[10]

1926 年的第二大外交事件发生在 9 月 10 日。这一天，德国加入了国际联盟。这一天与通过《柏林条约》正好相隔 3 个月。正如路德和马克思两届政府所坚持的那样，德国立即成为国际联盟中最重要机构的成员，获得了常任理事国的资格。这一地位的主要竞争者波兰却不得不屈居非常任理事国的地位，它得到的仅仅是一个再次被选入此机构的承诺。社会民主党人比德国任何一个政党都更早和更坚定地要求加入国际联盟。这一目标实现后，全党上下欢庆这一伟大的时刻。《前进报》写道，“德国和欧洲正在从国际无政府主义的紧急状态过渡到逐步实现各国人民自由的国际组织状态”，这是“世界历史的一次飞跃”。[11]

在日内瓦万国宫举行欢庆仪式一周后，9 月 17 日，法国和德国的外交部部长在附近的法国图瓦里村（Thoiry）举行了一般性讨论。饭店老板莱热（Léger）提供了丰盛的食物和多种美酒，白里安（Briand）和施特雷泽曼心情愉悦。双方同意，要为德国做出政治上的让步，而德国应该为法郎的稳定提供实质性的帮助。具体来讲，就是德国要提前偿还部分战争赔款。而政治让步中最重要的几点是早日归还萨尔地区，尽快结束军事控制，并在 1927 年 9 月底就提前撤离莱茵兰，以及法国 316
同意德国与比利时就奥伊彭-马尔梅迪归还帝国一事的协议。

兴高采烈之后接踵而至的却是抱怨。普恩加莱总理根本不想履行他的外交部部长的承诺。在德国，人们也在担忧施特雷泽曼要为西方列强支付的价码是否太高了。最后，在莱热先生餐厅的聚会约定的内容几乎全部消失，剩下的仅仅是双方同意国际军事委员会应于 1927 年 1 月 31 日离开德国。图瓦里聚会可以说既是《洛迦诺公约》的顶峰，也是《洛迦诺公约》的终结。此后，在施特雷泽曼担任外交部部长的这段时间里，法德关系就再也没有出现过重大突破。两国的关系不好不坏。除了偶尔出现一些紧张局势外，两个邻国可以说是相互容忍地并存着。[12]

在内政方面，德国在马克思担任总理的第三届内阁时期经历了相对平静的时期。政府的议会基础当然非常脆弱，以至于不得不常常要讨论如何扩展现有的联合政府。为此做出杰出贡献的是保罗·西尔弗贝格（Paul Silverberg），他是褐煤开采领域的领袖人物之一，同时担任德国工业帝国协会副主席一职。1926 年 9 月 4 日，他在该组织于德累斯顿举行的年度会议上发表了演讲。西尔弗贝格在讲话中说道：“如果像社会民主党这样的大党派在议会制度中扮演着多多少少有些不负责任的在野党角色，从长远来看，这种局面在政治和经济上是难以忍受的，并且具有破坏性。曾经有人说，政府不能与工人对着干。这不恰当，我们应该说，政府不能没有工人力量。如果这是正确的，那么我们就要鼓起勇气面对现实。政府中不能没有社会民主党，因为它是绝大多数德国工人的政治代表。”

西尔弗贝格的发言并不代表这个领先的工业协会，但是他在企业家阵营里代表着有影响力、相对温和且有弹性的一派，这个阵营的支持者主要来自化学界、电气业和纺织行业、机械制造业和成品制造行业中“先进的”分支行业。工业帝国协会的二把手关于促成大联合政府的激情讲演，并非要降低企业家的要求，或者给予工人权力以寻求政治力量间的平衡。他更加关心的是让社会民主党在政府实施不受欢迎的措施，例如减少国家福利时能够承担起责任。社会民主党参政是要付出可观的代价的。他们必须放弃阶级斗争，还要承认企业家在经济政
317 策上的领导权。西尔弗贝格在德累斯顿的演讲虽然附加了这些条件，但依然不失为一份企业家现实政治的文件。这是第一次记录在案的一位杰出工业家明确的表态，虽然这在那个时代还有些夸张，但可以肯定的是，德国的企业家精神今天依然“完全站在支持国家的角度上”，因此也是立足于“当今国家的土壤和帝国宪法”之上的。[13]

同时，另一批当权派精英中也存在着以“现代”方式思考的力量，这就是德国国防军，现实政治也是他们的座右铭。1926 年 9 月，德国南部一家报纸首次报道，皇储的长子威廉·冯·普鲁士王子（Prinz Wilhelm von Preußen）身穿军装参加了特别有“普鲁士”特征的第 9 步兵团的演习。一周后，柏林的报纸也开始讨论此事，部队指挥官陷入公众批评之中。德国国防部部长格斯勒召见泽克特，要他为自己的擅作主张负

责，泽克特于10月5日辞职。兴登堡任命第一军区指挥官威廉·海耶（Wilhelm Heye）中将为泽克特的接班人，他是泽克特的亲密幕僚，但远没有前任那样的政治野心。

在海耶的领导下，德国国防军的军官们得以实现兴登堡当选总统之前不可想象的，或至少是不可表达的想法，德国国防部新成立的国防军部门负责人库尔特·冯·施莱歇（Kurt von Schleicher）上校就是一个例子。但是，由于魏玛越来越发展成为一个保守的共和国，少壮派认为有必要重新确定德国国防军的政治位置。1926年12月，施莱歇写下了一篇关于"帝国国防军对国家的态度"的文章。文中说道，现在的问题并非共和制还是君主制，而是这个共和国应该是什么样子。"如果我们积极上进，不懈地努力工作，就可以按照我们的意愿去建设它，这是显而易见的。如果我们心怀这种想法，就不会对'共和国'这个词感到焦虑或者害羞地环顾四周，看看是否有人听到这个词。"

施莱歇与西尔弗贝格不同，他并不主张社会民主党参与政府。他认为，最好是"政府奉行右倾路线，遵循美好的老规矩，赢的时候最舍得付出"。但是，即便是出于策略性的考虑，要承认共和国的形式就意味着在某种程度上要适应现实。在泽克特时代，国防军对魏玛共和国是很有意见的，现在国防军不得不做出让步。兴登堡违背自己的意愿，把共和国打造得让一部分右翼力量能够接受它。在没收王侯财产的运动中，复辟君主专制的举动却不得人心。这种经历促成了这样一个事实，即施莱歇这样的现实政治家尽可能避免讨论国家形式的问 318
题。国防军是能够和这样一个共和国达成和解的，更何况国家政府的最高元首本人是一位元帅，国家政府还能享有右翼力量的支持。[14]

1926 年秋天的一段时间里，马克思的少数派政府与社会民主党的沟通看上去甚至比与德国民族主义势力的沟通更容易些。11 月 10 日，一次议会投票失败后，内阁决定与社会民主党就“妥协”（modus vivendi）谈判。第二天，德国总理向部长们报告，社会民主党人尚未对参与联合政府或成立工作组做好准备，但表示愿意和政府就“具体事务”进行接触。然而，这种“默认的联盟”并没有持续很长时间。在 12 月 3 日的国会会议上，政府得到德意志民族人民党的票数支持，通过了一条法律，这条法律的内容是保护年轻人免受“污秽和垃圾”的侵害，在这项议案上，社会民主党投了反对票。两天之后，德意志人民党议会党团主席恩斯特·朔尔茨在东普鲁士的因斯特堡（Insterburg）讲话中指出，德国民族主义力量和资产阶级中间派政党之间的内部一致性当然比社会民主党的更高。社会民主党把这次讲话定性为公开宣战，从此以后社会民主党与总理的协议也寿终正寝了。[15]

就在 1926 年 12 月 5 日当天，当朔尔茨在因斯特堡的讲话中向社会民主党人挑衅时，《前进报》发表了一篇文章，这篇文章预示着魏玛共和国马克思第三届内阁终结的开端。文章的标题为《苏联炮弹用到德国国防军大炮上》。社会民主党机关报刊登了《曼彻斯特卫报》（*Manchester Guardian*）披露的（应该是出自社会民主党的）调查。调查指出，德国国防军责成容克公司在苏联建设了一家飞机厂，为德国和苏联制造军用飞机；两国的军事专家还准备在苏联修建化工厂，生产毒气；德国国防军官员为此目的携带假护照前往苏联；苏联船只于 11 月为德国国防军将武器和弹药运往斯德丁。

社会民主党发表这篇文章的用意有两个。第一，社会民主党人告诫德国国防军，不要让军队成为人们不信任德国的理由。第二，《前进报》的文章也是朝共产党来的。报纸写道，莫斯科宣扬世界革命，同时却为德国国防军提供镇压暴动的武器。“这是要把德国工人往装上苏联弹药的枪口上送！”

右翼媒体反驳《前进报》的攻击，指责社会民主党人企
图叛国。政府却发出了完全不同的声音。此时，施特雷泽曼正 319
在日内瓦与战胜国谈判如何结束协约国的军事管制。他发出警告说，政府当前正面临危机。12 月 12 日，施特雷泽曼实现了外交目标后返回柏林，他在议会上竭力阻止社会民主党人提出的关于军队的辩论。外交部部长认为这种讨论非常危险。为了让社会民主党人放弃这项提议，他情愿付出高昂的代价：让社会民主党加入德国政府。

12 月 15 日，内阁听取了施特雷泽曼的意见，一致同意与社会民主党就组成大联合政府进行谈判。正如施特雷泽曼所知，社会民主党主席赫尔曼 · 米勒已经准备好迎接这种戏剧性的转变了。可惜的是，米勒并不能在议会党团中立住脚。12 月 1 日晚，社会民主党议员们同意就组建一个大联合政府进行谈判，但附加了马克思内阁无法接受的条件：德国政府必须辞职。此外，社会民主党党团还决定提议对德国国防部部长格斯勒投不信任票。

第二天，内阁拒绝了社会民主党的要求。与此同时，内阁不得不考虑社会民主党是否会对整个德国政府提出不信任案。在不信任案提出之前，菲利普 · 谢德曼于 12 月 16 日在德国议会发表的演讲引起了轰动。这位前总理谈到了军备的秘密筹资以及如何掩盖筹资的情况。他描述了国防军与右翼组织之间的

互动。他提到了小口径步枪射击者协会，而德国国防军正是通过这种协会避开了德国不得拥有 10 万名以上士兵的限制，从而形成了一批“黑色国防军”（Schwarze Reichswehr）。共产党人还指出，他们的斯德丁港口对苏联船只卸载的情况了如指掌。这些船是在 9 月和 10 月把武器弹药运到德国的。谢德曼听闻此事后火冒三丈。

演讲者提出的积极要求远比发言的语气温和得多。他提的几项要求中，有呼吁禁止向德国国防军进行私人捐款，禁止与激进的右翼协会进行一切接触，民间团体禁止招募军官和现役团队。尽管如此，这次演讲的影响仍然是致命的。谢德曼揭露的事实虽然大都不是什么新闻，他却遭到了右翼党派甚至中间党派对社会民主党的愤恨。中央党、民主党和德意志人民党、德意志民族人民党一样，把凡尔赛的这些规定视为对德国安全
320 的主要威胁，因此极力去掩盖那些非法武装。但是，如果社会民主党想要改变德国国防军的现状，并且切断国防军与极右势力的联系，就必须依靠中间党派的力量。因为社会民主党人估计到参与帝国政府的机会甚少，与其如此倒不如来一次壮观演讲的效果更加明显，于是他们抓住了这个机会。[16]

就在谢德曼讲演的第二天，德国国会于 12 月 17 日以 249 票对 171 票推翻了马克思政府。德意志人民党、德意志民族党和共产党都投票赞成社会民主党的不信任议案。然而，谢德曼的讲话本身也让大联合政府的问题成为多余：资产阶级政党中再也没有人愿意为解决这场危机挺身而出，甚至没人认真地去考虑这一问题。

德国民族主义者与社会民主党不同，他们决心不错过参与政府的机会。德意志民族人民党受益于这样一个事实：兴登堡

在其国务秘书迈斯纳和冯·施莱歇上校的建议下，从一开始就努力组建一个右翼政府。如果可能的话，这个政府尽量建立在议会多数席位的基础上，但如有必要也可以根据第 48 条建立总统内阁①，正像施莱歇所说，“口袋里装着解散国会的命令”。这位德国国防部的国防军部门负责人，在 1926 年与 1927 年之交的冬天第一次对组建新内阁具备影响力，他认为德国民族势力的参与才是解除危机的唯一出路，而第 48 条是帮助实现这一目标的适当手段。

事态的发展正如施莱歇所猜测的那样。1927 年 1 月 16 日，现任总理威廉·马克思再次受命组建政府。他首先和社会民主党人谈判，讨论组建一个中间派政府的可能性。但是他和兴登堡一样，坚持让格斯勒担任国防部部长，所以这一轮谈判只能以失败告终。随后，当总统“为了祖国的利益”呼吁马克思组建一个“以在德国议会占多数的资产阶级政党为基础的政府”时，在权力斗争游戏中扮演重要角色的中央党的举动正如人所料。总理所在的政党在一份宣言中规定了建立右翼联盟的条件，其中包括毫无保留的赞同帝国宪法及其象征性标准，帝国国防军必须严守无党派立场，奉行劳资双方平等的社会平等政策，以及遵守基督教义的教育法。

德国民族主义者接受了这些条件，马克思组建的第四届内阁就这样诞生了。1927 年 1 月 29 日，兴登堡再次任命中央党政治人物为总理。头一天宣布退出德意志民主党的奥托·格斯勒依然在新政府中担任德国国防部部长。其他部长来自中央 321
党、巴伐利亚人民党、德意志人民党和德意志民族人民党。[17]

① Präsidialkabinett，内阁成员直接由总统任命。

1926 年与 1927 年之交的冬季的政府危机也有可能导致另一种结果。资产阶级阵营中愿意与社会民主党结盟的人比一年前多得多。就连德意志人民党也不再抗拒这样的联盟，部分原因是在 1926 年 9 月后有一批赞同保罗·西尔弗贝格观点的企业家所施加的影响。然而，大多数社会民主党人仍然不想结成大联盟内阁。也许施特雷泽曼是对的，他认为社会民主党不同意加入政府的主要原因是出于对工人工作时间设置的争议，而不是在军事政策上的分歧。社会民主党缺乏机动性，这使党内领导人感到担忧，其中包括常年担任普鲁士内政部部长的卡尔·泽韦林和党主席赫尔曼·米勒。但是面对那些尚未克服 1923 年秋天创伤的大多数党员，他们也无能为力。早在 1926 年 1 月初，当这场危机的结果还不明朗的时候，中央党的权威报刊《日耳曼》就已经无可奈何地看到，必须是一个议会制度的坚定支持者，才能相信议会制度在德国的可能性。[18]

在马克思的第四届内阁中，德国民族主义者担任内政、司法、农业和交通运输部的部长，这比路德领导下的第一届"资产阶级阵营"政府还多一个部长职位。1920 年 3 月在诺伊马克的柯尼斯堡担任邦行政官、与卡普-吕特维茨政变政府合作过的内政部部长冯·科伊德尔（von Keudell），一直是左派批评的首选对象。但此时这个政治家也已经成为德意志民族人民党"现实政治"的力量，这股力量已经把共和国默认为无法改变的事实了。1927 年 5 月 17 日，《共和国保护法》在文字上做了些微不足道的更改，又延长了两年。德国民族主义者投了赞成票，于是这项原本不受人欢迎的法案居然得到了只有宪法才需要的三分之二多数的高票通过。

为了对国会里如此众多的议员一边倒表达迫切的敬意，科伊德尔在国家内政其他事务中尽其所能地表达出“右倾”的语气。例如，1927 年 11 月 27 日，他以电报形式向德国学生会（Deutsche Studentenschaft）表达他的“内在亲和力”。这种表述用意明确，因为当时德国学生会正在与普鲁士政府发生严重的冲突。德国学生会中还有几个奥地利学生会，这些学生会明确禁止犹太人加入。1927 年 9 月，魏玛共和国伟大的大学改革者之一、普鲁士文化部部长、无党派人士卡尔·海因里希·贝克尔（Carl Heinrich Becker）说服布劳恩政府，取消国 322
家对普鲁士大学学生会的认可，因为这些学生会一直拒绝与德国学生会脱离关系。1927 年 11 月 27 日，布劳恩在给德国总理马克思的信中威胁道，如果再向德国学生会发出表示亲近的信息，普鲁士政府将切断与德国内政部部长的一切接触。社会民主党和共产党以“科伊德尔案例”为由提出不信任议案，1927 年 12 月 6 日，议会中联合政府的多数议员投了否决票，议案未通过。科伊德尔试图禁止共产党的准军事力量红色阵线战士同盟，但最后以失败而告终。这个德国民族主义派的内政部部长于 1928 年 4 月 16 日根据《共和国保护法》向各邦政府提出了相应要求。他的大多数内阁同事以及马克思都对这个时机感到严重担忧：德国正处在议会选举阶段，而马克思的第四届内阁也只是在应对日常事务。各邦的反应也是以消极为主：除了巴伐利亚和符腾堡，其他各邦都拒绝执行该禁令。5 月 2 日，帝国法院宣布各邦的拒绝是有充分根据的，这意味着科伊德尔的尝试最终失败。

中右翼政府的农业政策非常保守，这并不出人所料。为了实现保护性关税的要求，帝国乡村同盟（魏玛共和国时期最重要的农业团体）强烈要求德意志民族人民党加入马克思第四届内阁。德国农业部部长马丁·席勒本人就是德意志民族人民党员，并在乡村同盟中担任要职。他竭尽全力满足人们对他的期望。1927 年 7 月 9 日德国国会通过的关税修正案，将 1925 年制定但尚未全部生效的多种农产品关税延长了两年。在某些情况下，还提高了对马铃薯、糖和猪肉的关税。

出于对社会政治稳定的考虑，中央党一直反对食品价格的进一步上涨，但最终还是松口了，否则德意志民族人民党将离开联合政府。出于对出口行业利益的考虑，德意志人民党最初也拒绝了农产品的关税要求，但德国工业帝国协会最终还是说服了德意志人民党。企业家的这一上属协会将与大农业主的友好合作视为稳定共和国朝着保守方向发展的契机。由于德国的出口在 1926 年取得了有利的发展，因此德国工业帝国协会认为以出口为主的产业在海关政策上可以对农业做一些让步。[19]

在另一个领域，即在社会政策方面，马克思第四届内阁的
323 立场比工会和工人政党所设想的反动程度要小。对于中央党来说，右翼联合政府的关键是必须明确自己的社会形象，因为只有这样才能安抚本党内的工人派别。海因里希·布劳恩斯曾担任新政府的劳工部部长一职，他竭尽全力消除马克思第四届内阁特别支持雇主的印象。经过这位部长的百般努力，1927 年 4 月 8 日，《工作时间紧急法》（*Arbeitszeitnotgesetz*）以微弱多数的票数得到通过。法律规定，在劳资协议规定的正常工作时间以外的工作时间，必须在支付工时报酬的基础上再支付 25% 的加班费。然而，社会民主党和自由工会完全不能接受这条法律，他们认为这一点加班费远远不够。但是实际上附加工资以及即将崛起的经济抵消了工作量的增加。平均工作时间减少了。1927 年 4 月底，所有全职工人中还有 48% 每周工作超过 48 小

时，但是到了1927年10月底，这个数字下降到了42.7%。1928年10月底，这个数字仅为26.6%。[20]

与工作时间法相比，1927年通过的失业保险法争议较小，这是整个魏玛共和国期间颁布的最重要的社会政治法律之一。正如工会长期以来所要求的那样，失业救济金通过这条法律转换成为保险金，雇主和雇员分别支付雇员工资3%的金额作为保险基金。失业保险金和职业介绍所的执行机构是一个独立的国家机构，并在区和地方上都有自己的下属机构。在各个层面上，被保险人、雇主和公共机构的代表，都以相同的数量组成了一个统一的行政机构。这种自主管理的原则可以追溯到德国总工会联合会，这个工会联合会也被雇主和中央党接受。1927年7月7日，德国国会以压倒性多数通过了该法案：356名议员投赞成票，47人投反对票，16票弃权。投反对票的有共产党和民粹自由党成员。

失业保险是魏玛共和国期间工人和雇员在社会保障方面感受到的最大收益。1927年的法律基于俾斯麦的社会政策基本思想，把各个就业阶层的责任与国家责任结合起来。因为不仅雇主和雇员都必须支付失业保险金，而且在紧急状态下国家也要为此支付费用。如果这个国家机构为了安置就业和支付失业保险，而自己的"紧急库存"又不能满足财政需求的时候，国家有义务为其提供贷款。法律并没有规定国家进行直接补助。政府、议会和行业协会显然无法想象会发生大规模失业的现象。如果真出现这种情况，那么1927年的保险体系将会受到根本的威胁。

的确，如果1927年夏天有许多失业者的话，同意这项改 324
革的人就不会有那么多。但是，这条法律是在经济繁荣时期通过的：在魏玛共和国，德国工业界没有任何一年能像 1927 年那样获得如此丰厚的利润。这一年 7 月，失业人数特别少，仅有 63.3 万人。因为这些有利的征兆，马克思的第四届内阁才能够做出议会民主制中保守政府必须做的事情：通过这种社会让步把自己从纯粹为雇主服务的政府的恶名中解放出来。[21]

1927 年不仅对工人和雇员来说年景好，对于公务员来说也是很不错的一年。出身于中央党的德国财政部部长海因里希·克勒（Heinrich Köhler）本人是巴登铁路工人的儿子，他的工资改革主要有两个目的。第一，公务员的薪水应该大幅提高，从而弥补公务员与工人薪水之间日益增大的差别。这一差别是从第一次世界大战期间开始的，随着多年来的通货膨胀，这一差别变得越来越大。第二，克勒希望公务员内部的工资水平也能保持相对一致，因此低级公务员薪水增长的幅度比高级官员的薪水增长幅度大得多。

1927 年 12 月 15 日，德国国会以 333 票赞成、53 票反对、16 票弃权的票数通过了工资改革法案。所有公务员的平均薪资涨幅在 16%~17%。克勒说，自 1924 年 12 月以来，工人的工资增长了约 24%，而公务员的工资仅增长了 4%~6%，因此这次公务员工资大幅度调整是合理的。

低级公务员收入的相对改善更加方便社会民主党赞同这条法律。在克勒所属的政党——中央党内部却存在着尖锐的矛盾。以基督教矿工工会为首的基督教工会为工人打抱不平，认为他们没有受到和公务员一样的待遇。1927 年 9 月，在基督教工会成员与总理之间的一次对话中，德国工会联合会主席亚当·施特格瓦尔德从克勒的法律草案中得出了一个合乎逻辑的结论：如果经济形势能够承受增加工资的巨大负担，那就意味着没有理由拒绝增加工人的工资。帝国政府最终被迫因为公务员增加工资向工人做出补偿：内阁大大降低工资税，并把这项措施与工资改革联系在一起。

这一做法并没有解决加薪所带来的最大问题，而是进一步激化了这个问题，这就是公共预算不堪重负。国家、邦和地区当局必须承担巨额的额外支出，只有经济持续好转，他们才能 325
期望收入有所增加，然后用这些多出来的收入去兑现 1927 年 12 月开出的支票。一些政治家清楚地知道，克勒的财务政策（与他的前任——德意志民主党员彼得·赖因霍尔德一样）是非常不稳定的。中央党出身的预算专家海因里希·布吕宁就是这样一个属于少数派的政治家，他在 1927 年 12 月 15 日的最终投票中投了弃权票。但是德国国会选举将在 1928 年举行，因此没有一个政党不想争取公务员的选票，在这一角逐中各个党派争先恐后。在这种情况下，一味坚持财政稳定的人意味着逆流而行。[22]

与布吕宁持同样观点的政治家在企业家协会、在从 1923 年 12 月以来担任帝国银行行长亚尔马·沙赫特，以及在负责德国赔款的美国代表帕克·吉尔伯特（Parker Gilbert）那里找到了盟友。在 1927 年 10 月底的备忘录中，吉尔伯特指责各地区财政上的大手大脚。他抱怨，“过分的财政支出和过度使用信贷的倾向”确实存在，但这在很大程度上是马蒂亚斯·埃茨贝格尔 1919 年至 1920 年进行的帝国财政改革的结果。当时，地方当局被剥夺了对个人所得税和公司所得税征收附加费的权利。他们只能征收实物税，而实物税中只有土地税和贸易税才稍有些分量。此外，还有来自邦的拨款，但这远远不足以满足地方的财政需要。虽然他们的收入减少了，但是任务增加了，而财政支出的主要部分是在社会政策领域。因此，债务问题在好几年前就已经初露端倪了。

批评地方政府的呼声越来越高，自 1927 年夏季以来，帝国银行行长的呼声已经无法让人置若罔闻。不久之后，德国工业帝国协会也站出来谴责地方政府的那些“奢侈的支出”，例如修建昂贵的公共建筑。虽然批评者们不必杜撰例子，但是他们盘点的这些奢侈项目也有些误导性。国外贷款几乎全部用于生产性投资，主要用于公共事业企业。在节约的告诫者眼里，那些对实际上早应该修建的基础设施的投资也被视为“奢侈”。游泳池、体育设施和绿化项目、医院、学校，以及相当重要的城市重建项目都属于这个范畴。带有公共补贴的住房筹建用的不是外国贷款，而主要是用 1924 年开始征收的住房税来融资的。但是这并不能阻止当时人们的说三道四。当时的民宅大都以“新简约”（neue Sachlichkeit）风格建造，从柏林布里茨（Britz）的马蹄铁形社区（Hufeisensiedlung）到汉堡的奥托-斯托尔滕住宅（Otto-Stolten-Hof），再到斯图加特的魏森霍夫住宅（Weißenhof），都属于这一类民房。尽管如此，它们依然被视为浪费公共资产的证据。[23]

326 除了地方政府，邦政府的财政预算也备受谴责，薪资改革以后，国家政府的财政预算也不免遭到批评。这些指控主要聚焦在一点上，这就是公共事业机构没有勤俭节约，没有真正承担起战争赔偿的责任。实际上，自 1924 年夏季《道威斯计划》生效以来，流向德国的外国贷款刺激了经济增长，这给政客们带来了与事实不符的乐观情绪。只要有可能获得贷款，就可以在必要时延长还款期限。然而，公共部门几乎没有将短期和中期债券用于长期目的。赔偿的支付并非像《道威斯计划》之父所设想的那样从德国的出口盈余中产生，而是通过外国信贷来实现的。虽然笼统指责美国的债券都被公共事业机构用在奢华项目上是无稽之谈，但几乎不可否认的是，德国自1924年以来一直在大手大脚地生活。[24]

1927年11月，德国工业帝国协会接受了对战争赔款代理人的相关批评，要求彻底逆转这一局面。1928年，企业家在一份备忘录中要求国家、各邦和地方政府的支出较前一年削减10%，同时再颁布一项紧急金融法，该法律应该制止各邦和地方政府自行借款，并且阻止各级议会强行要求邦政府和地方政府过多支出。德国工业帝国协会的目的很明确，就是要“彻底修改宪法”。德国政府必须对财政政策的领导和正确的赔偿政策承担全部责任。“多年来，各邦和地方奉行的财政政策忽视了我们实际情况的要求，那种考虑历史现实和尊重宪法事实的做法最终必须回到以国家和整个德国人民的福祉为重的立场上来。”

然而，如何让议会多数来通过“彻底修改宪法”，德国工业帝国协会并没有提出这个问题。帝国总理马克思在1927年11月24日会见工业帝国协会上属组织的时候，指出了一个众所周知的事实。目前的国会已经处在议会任期的结尾，这样一个“行将就木的帝国议会”是几乎无法做出任何改变的。即便议会像保罗·西尔弗贝格提议的那样把大选期提前，新一届议会是否比老一届议会更能满足企业家的需求，这也是一个问题。按照备忘录的逻辑，如果德国议会仍然像以前那样愿意花钱，那就有必要提出要求将政治体制过渡到总统制。德国工业 327
帝国协会虽然在1927年秋天还没有得出这个结论，但是种种迹象表明，他们对此是有所了解的。[25]

自由工会的想法却与此背道而驰，会员们在 1925 年 8 月和 9 月召开的布雷斯劳会议上主张实现经济民主化。同时，由弗里茨·纳夫塔利（Fritz Naphtali）率领的一组专家致力于填补“经济民主”一词的内容。社会民主工会运动的思想领袖们关心的是如何逐步克服资本主义经济体系，使其向社会主义共同经济体发展。迄今为止，工会和社会民主党已经取得的社会成就都被视为朝着实现这一目标迈出的脚步。这被视为工人跨企业的共同决定。可以说，经济民主化是在扩展这种共同决定的模式，其终极目标就是社会主义。

将社会主义与经济民主融为一体，把实现社会主义理解为一种过程，这对工会改良主义者来说是一个远远超出日常斗争的远景，从历史角度讲，这是高不可及的。恰恰在企业家们认为要限制政治民主的时候，自由工会却希望通过从政治转移到经济的手法来扩大民主。虽然这两个草案相去甚远，它们却有一个共同点，这就是它们都缺乏议会民主制在改变政治体系时所要求的多数支持。[26]

在当前的社会状态问题中，在其中一个问题上企业家和工会似乎持相同意见：双方都反复批评 1923 年 10 月 30 日以法令的方式通过的强制性仲裁。这项法令是古斯塔夫·施特雷泽曼领导下的大联合政府颁布的，这项法令的依据来自 1923 年 10 月 13 日的授权法。根据这项法令，最低一级的仲裁与以往一样，由雇主和雇员共同组成的联合仲裁委员会完成。仲裁委员会由一个中立的主席领导，主席由邦最高政府任命。如果委员会未能达成和解，则由仲裁委员会主席出面组建一个双方参与人数相等的联合仲裁庭。联合仲裁庭的裁决虽然不具有约束力，但是只要协议的当事方接受了该裁决，那么这个裁决就形成了有效的劳资协议。如果只有一方同意裁决，那么这一方则可以为这一裁决申请约束力声明。这个约束力声明可以由上属仲裁员、帝国劳工部部长或由他任命的特别仲裁员宣布。但是，这个约束力声明也可以由政府部门来宣布，先决条件是，这个裁决是“在综合平衡了双方利益的情况下做出的公正安排，并且出于经济原因必须予以执行”。[27] 328

因此，德国劳工部部长几乎可以无限制地介入劳资纠纷并解决争端。1923 年 12 月 29 日颁布的一项执行法令还出台了“单人仲裁裁决法”，这进一步加剧了强制仲裁的独裁性质：如果双方人数相等的联合仲裁委员会做不出多数通过的决定，则由国家派任的委员会主席的这一票做出最终裁决。这样，如果遇到双方争执的情况，劳资谈判的自主性质就几乎不存在了。

自由工会在 1925 年的布雷斯劳代表大会上强烈反对这种强制性薪资调解。但是即便在这个时候，反对国家出面进行仲裁的呼声也不是那么坚决。弱势协会的成员，例如农业工人协会，普遍将公共调解视为一种社会保护。工人们也必须想到，在发生劳资纠纷的时候，工人向国家的诉求案例要比雇主向国家诉求的案例多得多。例如在 1926 年，工会提出的仲裁案例占所有仲裁案例的四分之三以上。自由工会对 1926 年和 1927 年的仲裁裁决给予比以前更积极的评价，这是非常容易解释的。1926 年，公共调解员设法将工资保持在一定水平上。1927 年的经济形势良好，这就给调解员提供了满足工人要求的机会。这种状况远比 1925 年至 1926 年的“稳定危机”期间要好得多。因此，劳资强制性调解终于大致上成为德国劳工部部长布劳恩斯从一开始对其设想的那样：在帝国政府对企业家有利的经济政策框架中做出社会调解。

1927 年 5 月在基尔举行的社会民主党代表大会上，德国社会民主势力的“首席意识形态学家”鲁道夫·希法亭认为，国家调解员确定的“政治工资”证明了市场法则正在逐渐被“有组织的资本主义”取代，因此社会主义的时机已经在经济上成熟了。半年之后，在 11 月召开的德国总工会联合会的联邦委员会会议上，只有以主席弗里茨·塔尔诺（Fritz Tarnow）的德国木工协会为首的屈指可数的几个行业协会组织拒绝国家仲裁。即便是最大的单一工会，德国金属工人协会也不再希望废除国家仲裁，而仅仅是限制强制性薪资调解。该协会的一名发言人指出，他们做出这一抉择的理由是雇主缺少“支付意愿”。

在企业家阵营中，强制性薪资调解越让对方受益，企
329 业家对这种做法的评论就越带有敌意。自 1927 年夏以来，莱茵兰和威斯特法伦重工业行业雇主的联合组织西北重工（Arbeit Nordwest）一直准备与帝国劳工部部长布劳恩斯做大规模的对抗。克雷菲尔德金属工业家协会（Krefelder Metallindustriellenverband）在 8 月 28 日的通函中就已指出，只要布劳恩斯在这一职位上，经济界就没有什么可以指望的。雇主们必须看到这一后果。因此，“是我们站出来抗衡帝国劳工部部长的时候了，我们可能要来一场由此而发的战斗，我们必须利用一切手段来赢得这场战斗”。

1927 年 12 月初，雇主们的停工申请就是对这一抗衡提出的挑战，这一行动是企业家们对布劳恩斯不允许他们推迟实行 8 小时三班制的回应。停工的通知在仲裁程序还没有开始之前就已经发出了。但是迫于当局的压力，停工申请在最后一刻不

得不被撤回，接下来布劳恩斯宣布 12 月 20 日做出的仲裁裁决具有约束力。双方再次避免了正面交锋，但所有参与人都很清楚这只是推迟了交锋时间。

从企业家的角度来看，强制性薪资不可避免地会导致经济上无法忍受的过高工资。但是事实与这一判断并不相符。总体来看，通过自由协商谈判出来的工资上涨幅度并不低于国家仲裁员调解制定的工资上涨幅度。强制性薪资使劳资谈判伙伴丧失了对责任的自我担当，这就意味着经济又向非民主化迈了一步。但是，国家调解员人为地将工资水平推到市场价格之上，这不过是冲突一方单方面所持的观点而已。

在魏玛共和国中期，且不论工资的增长是如何形成的，但是工资增长的速度是否比生产率的增长速度还要快，这一点直至今日仍然是有争议的。从那个时候起，企业主们就声称已经是这种情况了。实际上，工资在 1924 年之后开始急剧上升，但考虑到通货膨胀期结束时极低的工资基础，这一点也并没有引起轰动。和国际工资水平相比，1927 年前后德国的工资水平绝非超出平均范围。即便在这一年，实际的周工资也未能达到 1913 年的水平。其中一个主要原因当然是现在的工作时长缩短了。这一项社会成就带来的后果是，1927 年的工人工作量减少了，收入也比战前减少了。劳资双方对这样的结果都感到不满意。

魏玛经济的“病态”不能用一个单一的原因来解释，例如所谓的高工资，应该说这是由一系列因素引起的。德国工业 330
的高度垄断，对大型农庄经济和重工业的补贴，保护性关税，“刺激式经济”，1928 年以来向公务员发放的过高工资，所有这些因素导致的后果都不亚于强制性劳资调解。希法亭“有组织的资本主义”公式过分美化了魏玛的现实。由于市场逐渐失去了自我调节作用，应该说这个时候实际是“组织不当的资本主义”。[28]

同属于这一类别的还包括企业家和工会同样给予正面评价的一种发展趋势：德国经过了几年通货膨胀之后，开始强力推行工业合理化。通过工业设备和生产流程的全面现代化改造，德国企业家试图提高自己在世界市场上的地位，特别是面对已经更加合理化的美国工业竞争。这种做法不仅导致大量工作机会的流失，还导致煤矿和钢铁等行业的产能大量过剩。正因如此，即使在魏玛共和国最好的年头里，失业率也远远高于战前水平。“传统”工业的脆弱性日益显现出来。对工会而言，合理化的基本原则是他们为缩短工作时间而奋斗的必然结果。只有提高生产力，才能缩短工作时间而且不降低工资。只有当德国陷入了大萧条的旋涡时，工业合理化的共识才被打破。这种雇主与雇员之间的基本共识，就像 1919 年到 1921 年劳资双方对通货膨胀的共识一样，在魏玛共和国中期起到了稳定社会的作用。[29]

只有在 1927 年上半年还能谈得上政治稳定。初夏之前，马克思第四届内阁的凝聚力还没有受到任何严峻的压力测试。随后政治党派间出现了裂痕。中央党、巴伐利亚人民党和德国民族主义者形成一派，站在另一边的是德意志人民党。内政部部长冯·科伊德尔在 7 月初提出的基督教学校法草案引起了迅速升级的冲突。内阁的自由派成员、外交部部长施特雷泽曼和经济部部长尤利乌斯·库尔提乌斯（Julius Curtius）对该案中的两个基本要素提出反对：一是教会参与宗教课程的设置，二是基督教社区学校和基督教宗教学校在法律上受到同等对待。

同等对待的做法违背了《魏玛宪法》。《魏玛宪法》第 146 条规定社区学校和非教会学校具有优先地位。如果天主教政党和德意志民族人民党占据了上风，那么在只有社区学校的巴登和黑森，就要建立宗教学校。德意志人民党拥有民族自由主义者 331
的文化斗争传统，他们不想接受这一点。在 7 月 13 日对法律草案的最终协商中，施特雷泽曼和库尔提乌斯提出申请，试图确保德国西南部社区学校的垄断地位。这项申请遭到拒绝。结果，两位部长都坚持自己的立场，宣布德意志人民党在这个问题上不受内阁决定的束缚。

由于学校法对中央党来说意义重大，并且双方没有妥协的迹象，因此自 1927 年 7 月中旬以来，就可以预见马克思第四届内阁行将结束。在暑假之后开始的议会审议中，自由派和社会民主党人经常团结在一起，这进一步恶化了政府阵营的气候。1928 年 2 月 15 日，德意志民族人民党党团主席兼联合政府委员会会议主席韦斯塔普伯爵不得不声明，就有争议的问题达成协议似乎是不可能的，联合政府就此解散。

魏玛各种形式的多数议会制政府都孕育着衰败的胚芽，这是显而易见的。派系之间的社会政治较量是大联合政府最重要的危险来源，而外交和文化政策的分歧则是右翼联盟政府的危机点。1925 年 10 月，第一个有德国民族派参与的政府，即路德内阁，在关于《洛迦诺公约》外交政策问题的争端中破裂。马克思的第四届内阁在外交政策领域并没有做过重大决定，但是在世界观斗争的经典场景，也就是学校政策斗争中失败了。从君主立宪制时代起，魏玛的各个政党就不习惯妥协了，他们把自己的目标视为不可谈判。皇帝时期留下的这一遗产在很大程度上解释了政治动荡的原因。即使在第一共和国仅有的相对平静的几年里，这也是德国议会制的一个特征。[30]

马克思第四届内阁的联合政府的所有伙伴都很清楚，1928年无论如何是要重新选举的，这就更加不利于执政各派达成谅解的意愿。然而，德国社会民主党和德意志民主党出人意料地显示出妥协意愿。他们表示，除非提前大选，否则他们将不支持内阁的“紧急工作计划”，但是会容忍该计划。1928年3月31日，德国总统解散了1924年12月当选的魏玛共和国第三届议会，并且设定5月20日为选举日。在没有议会的时期，公众的注意力都聚焦到那些不受政府危机影响的宪法机构上。首先是帝国总统，在很多人眼里帝国总统是一股稳住大局的力
332 量，这一力量比以往任何时候都更加重要。他是集体意志的化身，而这种集体意志正是议会没有能力表达出来的。另一个宪法机构则是魏玛共和国参议院。[31]

3月31日，即德国议会解散的这一天，德国参议院对一个项目做出了决定，这个项目在几个月后引发了下一届内阁的第一次重大危机。这个项目就是装甲巡洋舰“A”。帝国海军想借建造这艘舰的机会购买一系列据说拖欠已久的配件，并且想让立法者制订一个长期的、跨越数任政府的宏伟项目计划。由普鲁士邦领导的德国参议院于1927年12月对这个项目预算提出反对，然而德国参议院中还是有大多数来自“资产阶级阵营”的政党批准了预算的首期支付款。德国参议院在四天后对这项决议做出了回应，请求行政内阁对财务状况进行重新审查之后再启动装甲巡洋舰的工作，而且不要在1928年9月1日之前启动。因为政府在接下来的几周里与德国参议院的合作要比以前频繁，所以无党派的德国国防部部长威廉·格勒纳勉强接受了这一要求。格勒纳是1928年1月19日从厌倦官场

的奥托·格斯勒手中接任国防部部长一职的。[32]

装甲巡洋舰“A”为左翼政党的选举提供了他们意想不到的利器。德国共产党在恩斯特·台尔曼的领导下逐渐成为苏联政治的合规工具。他们用为小学儿童免费提供儿童餐的提案来与建造装甲舰项目抗衡（儿童餐提案需要500万马克，因此被参议院大多数资产阶级的议员拒绝）。

“要儿童餐不要巡洋舰”的口号也被社会民主党采纳。由此社会民主党做出了比此前更加激进的事。在1927年5月召开的基尔党代会上，社会民主党下定决心，坚决阻止再次成立右翼政府。为了这一目的，他们打算在选举结果良好的情况下承担起执政的责任。在1928年的德国议会选举中，德国最大的政党比四年前更加行动一致。1926年4月，以萨克森邦总理马克斯·黑尔特为首的右翼被开除出党之后，社会民主党就成了老派的社会民主党派，社会民主力量的统一似乎不再有什么威胁了。团结在保罗·列维周围的左派“阶级斗争团体”反对大多数人准备加入联合政府的意愿。但是，只要该党在实际中没有分享帝国的权力，反对派也只能保持收敛的态度。[33]

在资产阶级政党阵营里，德意志民主党在装甲巡洋舰“A”问题上的态度最接近社会民主党。大多数社民党人认为造船对海军来说毫无军事意义，仅仅是一项面子工程。虽然德意志民主党明确表示拥护大联合政府，但另一个传统的中间 333
政党——中央党避而不谈未来政府联盟的问题。1926年，左翼政党就没收王侯财产举行全民公投时，成功打入了天主教工人阶级内部。因此，中央党更加重视宗教信仰的一致性。而为基督教学校法发起的斗争是完全符合这一要求的。当中央党在一个中右翼联盟政府中未能实现自己最重要的文化政治目标之后，它也没有理由希望能够通过中左翼联盟政府在这方面取得成功。1919 年以来，中央党一直是魏玛联盟中的一员，而最近一段时间的负面经验使中央党对联合政府的怀疑日益加深。

在竞选期间，德意志人民党完全依靠其党魁——德国外交部部长的声望。“别人和你有什么关系？要选就选古斯塔夫·施特雷泽曼！”这是他们的竞选口号之一。施特雷泽曼在巴伐利亚受到民族社会主义者最猛烈的攻击，他在马克思第四届内阁失败后非常清楚，在未来一段时间内与社会民主党人组成大联合政府并不是一个现实之举。而德国民族主义者则试图通过攻击施特雷泽曼的和解政策来大幅度提升自己的形象，“新闻大亨”阿尔弗雷德·胡根贝格在这个政党中的影响力也越来越大了。德国民族主义者在两届内阁中实行现实政治，唬住了相当一部分中产阶级支持者，他们在 1924 年的两次选举中之所以取得出色的成就正是要归功于这些人，特别是那些在资产评估中受到损害的这批人。然而，在 1928 年春季，德意志民族人民党是否能够借助民族主义口号来赢得这些失望的选民群体，还是有疑问的。[34]

极右派在前几年里进行了整顿。阿道夫·希特勒是民族社会主义德意志工人党无可争议的领袖。在德国北部势力强大的左翼以奥托·施特拉塞尔（Otto Strasser）和格雷戈尔·施特拉塞尔（Gregor Strasser）兄弟为核心，自 1926 年 2 月班贝格举办的“领袖会议”以来，就再也没能对慕尼黑的党总部构成制衡。虽然民族社会主义德意志工人党依然以面向工人，特别是以“社会主义”自居，但是对这个党产生最大反响的不是大城市，而是农村地区。在农村，1927 年生猪价格下跌，这是全球农业经济危机的前兆。但是在大选前夕，整个社会还没有受到这种危机情绪的影响。经济景气数据上扬，失业率低于前一年。在魏玛共和国举行的任何一次议会选举，都没有像 1928 年 5 月 20 日这次一样让共和力量充满乐观的情绪。[35]

12. 议会制的代价

334 1928年5月20日德国议会选举的最大赢家是德国社会民主党，失败者是德意志民族人民党，其次是中产阶级政党。德国社会民主党赢得了29.8%的选票，比1924年12月增加了3.8个百分点。德意志民族人民党的选票急剧下降：从20.5%下降到了14.3%。在温和党派中，中央党的损失最大，选票下降了1.5个百分点。两个自由党各输掉1.4个百分点。如果在魏玛共和国也有必须获得5%的选票才能进入议会的限制，那么德意志民主党将会被阻挡在议会之外，因为它只获得了4.9%的选票。

另外，有些以本阶层利益组合在一起的规模较小的政党也在选举中胜出，例如简称经济党的德国中产阶级帝国党，其票数从3.3%增长到了4.6%。基督教民族农民和乡村人民党（Christlich-Nationale Bauern-und Landvolkpartei）首次参加选举便得到了2.9%的选票。共产党的选票增长率也让人刮目相看，从9%上升到了10.6%。与其相对的极右党派却没有任何高兴的理由，纳粹党仅仅得到2.6%的选票。让他们感到慰藉的是在某些面临农业危机的地区选票情况良好。他们在荷尔斯泰因（Holstein）格斯特（Geest）的几个县获得的选票数产生了轰动：在北迪特马申（Norderdithmarschen）为28.9%，在南迪特马申（Süderdithmarschen）为36.8%。

因此，选举结果绝不是乍看上去的那样，共和国获得了明显胜利。德国民族主义者的损失并没有使中间派政党受益，而收益的仅仅是中等阶层和农业利益政党，这些政党对议会制度的态度都是冷漠或拒绝的。资产阶级中间派的削弱和政党格局的分裂都是一些危险信号。纳粹分子在局部地区的成功也不例外。魏玛支持者唯一感到满意的是最强大的共和制度政党成了赢家。这次大选成了反对“资产阶级阵营”所有政党的一次全民公决，现在领导政府的担子显然落在了社会民主党的肩上。[1]

德国社会民主党决心利用这次机会与温和的资产阶级政党组成联合政府，原因有三个：第一，社会民主党在这次选举中赢得了强势地位；第二，社会民主党决心这次无论如何都要阻止产生一个新的资产阶级阵营内阁；第三，普鲁士做出的榜样产生了积极影响。自共和国成立以来，这个邦除了两次短暂的中断外，社会民主党一直出任邦总理一职，结果使魏玛共和国最大的邦成为共和政府的典范。

在包括德意志人民党在内的潜在合作伙伴当中，大家根据 335
现实情况一致同意组建政府的命令只能交给一位社会民主党人士，而可以考虑的唯一候选人就是普鲁士总理奥托·布劳恩。他来自柯尼斯堡，印书工出身，这一年的 1 月年满 58 岁。他在 5 月 20 日邦选举中取得的结果比社会民主党在德国议会的选举结果更为出色。如果布劳恩在担任邦总理一职的同时接任德国总理一职，就可能为经常被提到，但从未执行过的“帝国改革”开创一个新机遇：通过一人身兼两职的办法，来消除或减轻国家和最大一个邦之间频繁出现的矛盾。

布劳恩本人在大选之前就想到了这样的解决方案。5 月 20 日之后，总理却对此多了一层考虑。可以肯定的是，作为交换条件，德意志人民党可能要求进入普鲁士内阁，而且有可能实现这一点。然而布劳恩对此不以为意：由德国社会民主党、中央党和德意志民主党组成的魏玛联盟所进行的改革，要比之前四年里大联合政府推行的改革多得多，尤其是在公务员制度的民主更新方面。而在普鲁士，他和德意志民主党自 1925 年 4 月以来就一起执政。于是，布劳恩怀疑德国总统和中央党不会同意将德国这两个最重要的政府要职交给一个人。另外，布劳恩也不能确定，他自己的政党在国家层面上是否也会像普鲁士的社会民主党及其议会党团那样坚决支持他在全德国执政。最后一个顾虑是布劳恩个人的担忧，他妻子疾病缠身，他自己的身体也比较虚弱，这些情况让他无法应对担任国家总理的政治挑战。

第二天，米勒接到了正式命令："在最广泛的基础上"组
336 建一个政府。兴登堡早就习惯了组建大联合政府的想法。他的两位最重要的军事顾问——新任德国国防部部长威廉·格勒纳和库尔特·冯·施莱歇上校都建议他这样做。他们的论据是，如果社会民主党参与政府执政，就可能使社会民主党人更热衷于国防事业。即便总统对这样一种政府联盟持高度保留态度，在 5 月 20 日大选之后，他也只能请一个社会民主党人担任总理职务。

但是，从总统下达命令到任命还有很长的路要走。德意志人民党希望同时能够进入帝国政府和普鲁士政府。奥托·布劳恩拒绝了这一请求，从而惹恼了施特雷泽曼。另一个有争议的问题是装甲巡洋舰"A"项目。根据德国参议院 3 月 31 日的决议，新政府必须在启动建造军舰的项目之前审查财务状况。社会民主党的竞选口号就有"要儿童餐不要巡洋舰"这一条。

德意志人民党强调上届议会已经做出了肯定的决议。中央党虽然没有特别强调，但对德意志民主党的做法表示支持。德意志民主党在这个问题上没有明确表态。最后，各党派的谈判人员同意暂时搁置冲突。最终要做决定的是德国政府，而做出决定的时间是德国参议院规定的：1928 年 9 月 1 日。

争议在财务政策和象征性等问题上也爆发出来。资产阶级政党不同意社会民主党要求征收资本利得税，德意志人民党还拒绝提高维持生活最低收入所得税的起征点。社会民主党提议将 8 月 11 日这一天定为宪法日及公共假日，人民党对此也无动于衷。最终，争执双方在“普鲁士问题”上也是硝烟四起，布劳恩和德意志人民党各执己见。

6 月 23 日，《前进报》刊登了以《大联合政府已经失败》为题的文章。这篇文章的依据来自米勒前一天对时局的评估。但是兴登堡并没有撤回组建政府的命令，而是要求社会民主党领导人设法组织一个规模较小的联合政府，即魏玛联盟（联合政府）。这样的联盟只有在巴伐利亚人民党的帮助下才能在议会拥有超过半数的议席，而巴伐利亚人民党几乎不可能同意这一点。兴登堡的顾问们非常清楚这一点，而兴登堡依然命令米勒重新组阁，这就很可能是一种策略，通过这种办法向各个党派施加压力，最终达成大联合政府的组建。

最后的结果证明总统是对的。患病的施特雷泽曼正在黑森林疗养，6 月 23 日，他从比勒霍厄（Bühlerhöhe）打电话给赫尔曼·米勒。电话内容可以从谈话后，外交部部长给代理经济部部长库尔提乌斯和德意志人民党议会党团主席恩斯特·朔尔
茨发出的电报中获知。施特雷泽曼在电报中说，大联合政府是 337
建立合理稳定的政府关系的最佳实践方法。但是，德意志人民

党主席对各政党之间就长期计划达成承诺表示怀疑。“我依然认为，从社会民主党到人民党之间的合作是必要和可能的。如果大联合政府的各个党团的领袖人物能够对执政纲领一清二楚，并且支持和执行这个纲领，那么合作将最有可能取得成功。这种内阁组合也符合帝国宪法的精神，即它只认可每个帝国部长应尽的个人责任，而不是对议会党团应尽的责任。”

6月24日是一个星期日，这一天施特雷泽曼授权库尔提乌斯公开这份电报内容，周一媒体就说这是“来自比勒霍厄的一枪”。实际上，外交部部长已经越过党团主席，直接和赫尔曼·米勒达成了政府联盟协议，让事态发生了新的变化。朔尔茨被激怒了，他最初不想让库尔提乌斯作为德意志人民党的第二个部长进入米勒内阁。但在6月25日，他还是同意了库尔提乌斯担任部长职务，但在议会党团问题上做出重大保留：德意志人民党的议会代表明确表示，施特雷泽曼和库尔提乌斯虽然是内阁成员，但这绝对不会让议会党团承担义务，在给政府投信任票或不信任票时做出支持政府的表决。此外，施特雷泽曼也因其擅自做主的行为受到了公开谴责。

德意志人民党不是与未来政府保持距离的唯一党派。中央党由于既未能获得副总理一职，也没有得到内政部这一传统部门而感到恼火，因此劳工部部长布劳恩斯从内阁中退出，仅仅留下交通部部长卡尔·特奥多尔·冯·格拉尔德（Karl Theodor von Guérard）作为“观察员”留在内阁。巴伐利亚人民党对自己内阁成员的评估也差不多，该党出任内阁成员的是邮政部部长格奥尔格·舍策尔（Georg Schätzel）。只有社会民主党和德意志民主党才将自己视为真正的联合政党。即便如此，在社会民主党中还是有许多人倾向于将部长视为议会党团的代理人。只有德意志人民党明确表示反对这一点。他们认为，德意志人民党的部长仅仅是个人，这些人要自己承担执政风险。实际上前两者的效果都是一样的：政府在议会中得不到政府能够执政而所需的信任基础。[2]

结果，穆勒的第二届内阁最初也只是一个隐形的大联合政府。只有当各个议会党团正式接受政府同盟时，政府才能从这个所谓的“人物内阁”中脱颖而出，而不是现在的一批向各自政党负责的代表，他们的头上悬着一把达摩克利斯之剑，对 338
他们的信任随时有可能被剥夺。议会政府制已经经过了10年的过渡，但执政党依然没有领悟到议会民主制与君主立宪制的不同。在议会民主制中，不是要在政府和人民代表之间画上一条明确的分界线。这条分界线应该画在执政阵营和在野阵营之间。德国的议会制危机并没有在1928年艰难组阁之后得到克服，这个危机仅仅是进入了一个新阶段。

1928年6月28日，帝国总统终于可以任命新内阁成员了。他们是：

帝国总理赫尔曼·米勒（德国社会民主党）

帝国外交部部长古斯塔夫·施特雷泽曼（德意志人民党）

帝国内政部部长卡尔·泽韦林（德国社会民主党）

帝国司法部部长埃里希·科赫-韦泽（德意志民主党）

帝国财政部部长鲁道夫·希法亭（德国社会民主党）

帝国国防部部长威廉·格勒纳（无党派）

帝国经济部部长尤利乌斯·库尔提乌斯（德意志人民党）

帝国劳工部部长鲁道夫·维塞尔（德国社会民主党）
帝国交通部部长特奥多尔·冯·格拉尔德（中央党）
帝国农业部部长赫尔曼·迪特里希（德意志民主党）
帝国邮政部部长格奥尔格·舍策尔（巴伐利亚人民党）

11 位部长中有 8 位担任过政府要职，他们中的 4 位还在刚刚卸任的马克思第四届内阁中任过职，他们是施特雷泽曼、库尔提乌斯、舍策尔和格勒纳。真正的“新手”只有迪特里希、格拉尔德和泽韦林。社会民主党推出的内政部部长当然资历不浅，他从 1920 年 3 月到 1921 年 2 月，然后连续从 1921 年 10 月到 1926 年 10 月一直担任普鲁士邦内政部部长，因此拥有丰富的实践经验来履新。

赫尔曼·米勒于 7 月 3 日发表了政府宣言。这份宣言非常温和，很符合总理的性格和内阁岌岌可危的议会根基。最引人注目的恰恰是米勒避而不谈的东西，即对于装甲巡洋舰“A”项目的说明。一直到共产党人提出抗议之后，德国总理才在辩论会上暗示，政府必须按照前任政府的约定办事。政府并不坚持要进行明确的信任投票，只要进行如下的操作程序即可：参与政府的各议会党团提交一份申请，请求议会批准帝国政府的宣言，然后和其他提案一起进入流程。国会于 7 月 5 日以悬殊的多数通过了这一申请。在提交的 423 张有效选票中，有 261 票赞成，134 票反对，28 票弃权，无声的抗议来自社会民主党
339 成员，包括保罗·列维在内的 7 名左翼议员没有参加投票。社会民主党通常可以接受这种违反议会党团纪律的行为，党员还不会受到严重的处罚。

8 月 10 日，被推迟的装甲巡洋舰问题的冲突终于摆在了

内阁面前。德国国防部部长格勒纳说，7 月 20 日，德国财政部部长对装甲巡洋舰“A”的建造将于 9 月 1 日开始这一事实没有向他表示任何担心。希法亭在被米勒问及此事时也证实了这一点。泽韦林是这样解释格勒纳的陈述的，即由于节省了其他各项开支，所以建造装甲巡洋舰不会导致军事预算的增加。之后，内阁做出决议，开始建造装甲巡洋舰，并且添加了与泽韦林的解释相符的备注。

在做出决定之前，还有某些内容并没有被记录到官方会议记录中。司法部部长科赫-韦泽在日记中写道，他怀疑格勒纳甚至在幕后威胁辞职，此举得到了兴登堡的大力支持。实际上，如果格勒纳的主张被否决，他就不可能继续担任德国国防部部长。但这已经是不仅关乎一个部长，而是整个内阁的大事了。德意志人民党和中央党坚持建造装甲巡洋舰。他们不会顾及德国社会民主党和德意志民主党在内阁中占据多数部长职位，也不会接受总理反对开始建造的决定。反对格勒纳的决定就意味着米勒内阁的终结。1928 年夏建造装甲巡洋舰其实并不比年初开工更有意义。很少有人相信德国国防部部长的说法，即海军替换装备可以保护德国在波罗的海沿岸免受波兰的袭击。这样的情况依然存在，即如果德国国防部制订长期的计划，就有可能避开德国议会每年对年度预算的批准手续，议会的权力就会受到威胁。实际上，为了支持建造巡洋舰，社会民主党的部长们也只能提出一个框架性的政治论点：这是为了避免一场政府危机，因为如果内阁多数否决了该项目，将会导致不可预测的后果。[4]

社会民主党的大多数积极分子对此的看法不同，他们在众多决议中表达了愤慨，其中一些决议甚至要求社会民主党内阁成员辞职。德国共产党试图通过全民公决的行动加深对方内部的矛盾：8月中旬，共产党发起了全民活动，意在禁止建造装甲船和巡洋舰。由于社会民主党立即提出反对，这次没有成功：在登记日10月24日结束之前，只有2.94%有投票权的人支持
340 全民公决。这远远少于宪法的规定，即至少要有10%的公民响应才能进行全民公决。社会民主党应该由此可以得出结论，现在公众对装甲舰引发的激动情绪已经消退。但是奥托·韦尔斯认为，有必要在议会暑假结束后，再次大张旗鼓地表明大多数党员的意愿。韦尔斯在米勒担任总理期间实际上是社会民主党唯一的党主席。10月31日，议会党团在他的煽动下提出要求，停止建造装甲巡洋舰"A"，并将节省下来的资金用于发放儿童餐。

这样的提议对赫尔曼·米勒来说无异于一记耳光，早知道这样，总理和社会民主党的部长们就应该与议会党团一起投票反对内阁在8月10日做出的决议。1928年11月16日，在德国议会全体会议上又上演了同样一出戏：米勒、希法亭、泽韦林和维塞尔对这项提案投了赞成票，这相当于给自己投了不信任票。

这次表决中，所有资产阶级政党和纳粹党都投了反对票，因此社会民主党的提议并没有获得多数。但是，公众对执政的社会民主党人自我侮辱的反应是毁灭性的。中央党左翼出身的议员约瑟夫·维尔特指出这是"德国议会制度正陷入潜移默化的危机"，这一次危机又是近在咫尺。来自德意志民主党的恩斯特·莱麦尔（Ernst Lemmer）提醒所有参与共和国政府的左翼党派"有不可推脱的义务表示出执政的意愿，竭尽所能保持政府的权力……"《福斯日报》指责德国社会民主党缺乏可信度。这家柏林的自由派报纸说，韦尔斯"用重炮放出了反政府的言论"。"如果这番话是认真的，那么就会得出一个令人震惊的结果。它的合理结论是社会民主党应该宣布从政府中撤出自

己的部长。然而该党并不这么想，它想继续执政，只是为了保住自己的脸面……它在议会上大拍桌子，当别人试图阻止它不要搞破坏的时候它又很高兴，这种情况你看得过去吗？”[5]

社会民主党内部对装甲巡洋舰“A”引发的危机也感到不满。年轻的议员尤利乌斯·莱贝尔（Julius Leber）在他编辑的《吕贝克人民使者》（*Lübecker Volksboten*）中说，这场危机的根源是工人们在情感上反对军事主义。只有社会民主党委员会在9月同意制订一个国防计划（之后马格德堡党代表大会在1929年5月做出了决议），才能为此带来转机：“如果态度没有发生根本性的改变，那么社会民主党人的参政就不是一件好事。没有一个内阁承受得了最近发生的几次危机。”希法亭的判断 341
是相似的。“整个危机源于国防问题的完全不明朗化，”他这样写道，“从根本上来讲，这是一种战前对军事主义的旧态度。经历了战争之后，这种态度变本加厉，成了对军备的敌视和对帝国国防军的不信任。”[6]

装甲巡洋舰的冲突尚未结束，下一轮危机已经爆发了，这次的起因是鲁尔铁矿之争。前帝国劳工部部长布劳恩斯曾于1927年12月27日宣布，鲁尔地区钢铁行业的仲裁裁决开始生效。1928年10月30日，这项仲裁裁决到期了。为了争取一次新的仲裁裁决，也是为了瓦解这种“政策性工资”系统，雇主们采取了蓄意挑衅的措施，他们宣布于11月1日解雇23万名员工。

随着大规模停工，在劳工法院的斗争此起彼伏。劳工部部长维塞尔于10月26日宣布，仲裁员约滕（Joetten）做出的一票决定性裁决具有约束力。雇主们对此立即提起诉讼，要求法院做出确认判决。他们最初获得了成功：11月12日，杜伊斯堡劳工法院批准了他们的诉讼。但是他们在第二级仲裁机构中败下阵来。工会向杜塞尔多夫邦劳工法院提出上诉，因此杜塞尔多夫邦劳工法院在 11 月 24 日驳回了雇主们的反对意见。之后，雇主们又向第三级，也是最后一级仲裁机构，即帝国劳工法院提出了上诉。

重工业行业的行动遭到媒体的严厉批评。《法兰克福报》称，以停工的形式破坏具有约束力仲裁裁决的做法是反对国家的“革命行为”。德国议会于 11 月 17 日以多数票决定，国家应该向普鲁士提供资金，以便让市政当局能够履行照顾被开除工人的义务。曾经一度愿意用自由劳资协议取代强制性薪资规定的工会，这个时候态度也变得强硬起来。但是在雇主一方，强硬派也占据着上风。在此之前，重工业行业在企业家阵营中一直处于孤立的地位，但是在德国议会做出决议之后，重工业行业得到了主流工业协会的支持。

11 月 28 日，德国政府决定尝试对此进行调解。政府任命内政部部长泽韦林担任首席仲裁员，并且敦促劳资双方必须事先就遵从他的决定。企业家们立即做出了承诺，工会却是在 12 月 2 日经过艰苦的内部辩论后才答应这样做的。第二天，德国截至当时发生的规模最大、历时最长的停工期结束了。泽韦林于 12 月 21 日宣布了他的裁决。在劳动工时上，他做出了
342 偏向工会的裁决；而在工资方面，他是照顾企业家利益的。为了维护仲裁裁决具有约束力的原则，仲裁员约滕做出的有争议的裁决自 12 月 3 日至 31 日仍然有效。

鲁尔地区钢铁企业争端的正式结论并非泽韦林的裁决，而是 1929 年 1 月 22 日德国劳工法院的判决。作为最终一级法院，它宣布约滕的一票决定性裁决从一开始就是无效的，并且

宣布一票决定性裁决这种“一人裁决方式”从根本上无效。这次冲突的真正失败者是德国劳工部。雇主们对此表示满意，但他们的成功并不是劳资谈判获得自治权的胜利：重工业界发言人想要的是用各企业内的协商，而不是用自由谈判出来的薪资代替强迫仲裁，只有采用了企业协商的办法才能持久地削弱工会的影响力。

鲁尔地区的企业家在 1928～1929 年没能实现这一目标。他们也未能取消强制性薪资规定，而仅仅取消了其最苛刻的形式，即一票决定性仲裁，而且这也只是暂时的。在 1931 年，它以略有修改的形式被重新启用。因此，鲁尔钢铁企业之争的政治意义不是立即产生的结果，而是其象征性的特征：企业家阵营的右翼力量选择了与国家对抗的方式，国家最后败下阵来。强制性薪资规定是共和国做出的一件非常不自由的事，此后整个魏玛民主制度就越来越成为企业家批评的目标了。[7]

1928 年底，几乎没有人觉得米勒的内阁是特别成功的。考虑到政府在头五个月里必须面对的危机，赫尔曼·米勒居然还在担任总理，这几乎是一个奇迹。但是，内阁还是取得了成就，特别是在外交政策方面。施特雷泽曼在竞选期间患病，之后几个月他一直无法履行公职。9 月初，久病的外交部部长在巴黎签署了以美国国务卿弗兰克·凯洛格（Frank Kellogg）的名字命名的《凯洛格公约》（*Kellogg-Pakt*，又称《凯洛格-白里安公约》或《非战公约》）。这是一个废弃战争的普遍公约，施特雷泽曼代表德国在公约上签了字，这是他个人的一项伟大胜利。他还利用在法国首都逗留的机会与普恩加莱总理进行了对话。

相比之下，9 月帝国总理米勒代表外交部部长前往日内瓦参加国际联盟会议的政治意义更为重大。他有两个最关注的问题，一个是让占领者提前撤离莱茵兰，一个是对战争赔偿问题做出最终解决。1924 年的《道威斯计划》仅仅制订了一个临
343 时性方案。1928 年至 1929 年，《道威斯计划》里的年偿还金额首次达到了全额，即 25 亿帝国马克。由于经济状况恶化，参政的所有政党都对尽快减轻这种负担感兴趣。另外，战争赔款调解人也主张修订《道威斯计划》。只要帕克 · 吉尔伯特必须考虑德国的国际收支情况和马克的稳定性是否能合理承担战争赔款的支付，德国人就可以在一定程度上逃避自己的责任。吉尔伯特认为这是有害的，因此希望通过一项新协议迫使德国自己承担经济责任。

米勒在日内瓦亮相后重视本国利益，并且对法国没有裁军的迹象发起攻击，这一切使他在德国收获了一片掌声。但是在国际联盟，他遭到了法国外交部部长白里安尖锐的批评。然而，实际上审议的结果是符合德国政府的目标的：德国和包括日本在内的协约国于 9 月 16 日同意成立一个专家委员会，来制定最终的赔偿条例。在提前撤离莱茵兰的问题上，双方协商了开始正式谈判的时间。虽然德方否认这两个问题之间有直接联系，但是法国很明显不这样认为。只有德国在将来也能满足赔偿要求的情况下，法国才愿意解决莱茵兰的问题。[8]

德国公众是否会积极接受新的赔偿协议，这是一个未知数。1928 年秋季以来，有明显迹象表明民意开始右倾。阿尔弗雷德 · 胡根贝格在 10 月当选为德意志民族人民党领袖，成为温和的韦斯塔普伯爵的继任者。激进的民族主义者胡根贝格的胜利使党内接受共和国事实的政治势力失去了根基，更不要说像民族阵营的德国全国商业雇员协会主席瓦尔特 · 兰巴赫

(Walter Lambach)那样的政治家了，他们认为君主制的目标已经过时。从这一刻起，德意志民族人民党日益激进，成为一个坚定的民族主义阵营在野党。胡根贝格领导的德国民族主义者将竭尽全力反对任何新的赔偿协议，这从一开始就是毫无疑问的。[9]

1928 年底，共和国内典型的中间派政党也开始右倾。12 月 8 日于科隆举行的党代会上，特里尔主教和教会律师路德维希·卡斯接任了不想再干的威廉·马克思的职务，担任中央党主席。在投出的 318 票中，卡斯获得 184 票，远远超过了所需的绝对多数票。天主教工人协会的候选人约瑟夫·约斯获得 92 票，基督教工会主席亚当·施特格瓦尔德仅仅获得 42 票。

党员们推选一名神父为党主席，这表明中央党有意识地重 344
返大家共同的信仰，中央党试图用这一信仰来制止“天主教环境”日益受到的侵蚀，尤其是在大城市中。人们从卡斯在次年的讲话中感觉到，他要把中央党带往什么方向。他以越来越敏锐的态度抨击议会制政党国家，并且主张用专制的方法来建立秩序。1929 年 8 月底他在弗赖堡召开的天主教日发表演讲，语气以特别醒目的方式向右转，其中达到高潮的一句话是：“我们需要一个有大家风范的领袖人物，这是发自德国人民灵魂的愿望，在我们的祖国和文化遭受灾难的时刻，这一愿望比以往任何时候更强烈、更迫切。”[10]

中央党领导层更迭的第一次实际影响是一次政府危机。1929 年 1 月 24 日，这个天主教政党向总理开出了正式组建大联合政府的条件。最为关键的是中央党要求获得三个部的部长职务。交通部自 1928 年 6 月以来就一直由特奥多尔·冯·格拉尔德领导。除了这个部门之外，还要成立一个独立的被占领地区部和司法部。司法部是一个传统部门，这个部的领导权在6月落到民主党人手中，但是当时有一个附带条件，就是这样的安排仅仅是临时的。

德意志民主党准备将司法部移交给德意志人民党，而不是给中央党。而德意志人民党又反对扩建（迄今由格拉尔德兼管的）所谓“莱茵部”，同时还要求在普鲁士邦也成立一个像德国国家层面这样的大联合政府。就在这一点上，中央党比奥托·布劳恩的社会民主党更加顾虑重重。在普鲁士，政教协定（Konkordat）即将签署，而对此最感兴趣的莫过于中央党了，此协议最坚决的反对者是文化上好斗的德意志人民党。就因为这一点，中央党就坚决反对在普鲁士组建大联合政府，至少在目前是绝对不行的。各党派之间艰苦的谈判以一场轰动事件而告终：中央党将格拉尔德从米勒内阁中撤出，至此米勒内阁失去了在议会的多数支持。[11]

德国总理认为此次事件是一场全面危机的表现。“随着中央党撤离政府，德国资产阶级阵营中的这样一些思潮加强了，这些思潮期待着能出现一个超越党派之上的强有力的政府，因为宪法基础上建立的各个党派分歧日益扩大，帝国议会也变得无能为力，”赫尔曼·米勒在1929年2月12日致奥托·韦尔斯的信中这样写道，“外部事件也正在把资产阶级阵营的思潮推向同一个方向。在塞尔维亚，专制战胜了民主。毕苏斯基在
345 波兰实施的专制也不再遮掩，而成为法西斯军事集团的公开独裁……如果我们不能确保在帝国中建立的政府关系，那就意味着基于德国魏玛宪法的议会制的破产。从长远角度来看，这种破产不会使各个邦的政府关系保持不变，它甚至会影响到地方政府。此外，广大人民群众不能理解组建政府可以因为部长职

务分配上出现困难而失败。”

此后不久，古斯塔夫·施特雷泽曼也表示出同样的悲观情绪。“我们不要误会：我们正处在议会制度的危机之中，这已经不仅仅是一个信任危机了，”他在2月26日德意志人民党中央委员会会议上说，“这场危机有两个原因：第一，议会制度在德国变成了这样一幅扭曲的画面；第二，议会制向国家负责的态度是完全错误的……因为实行了议会制，所以政府事实上是各党组合的政府，然而各党又认为可以继续和本党组成的政府作对，这是一个什么样的怪诞观点？议员必定是这个国家现成的对手，这真是一种陈旧而市侩的观点。”[12]

3月中旬，施特雷泽曼必须以辞去党主席，甚至退出德意志人民党相威胁，才能迫使他的党接受总理的建议，派出代表加入跨越议会党团的国家财政专家小组。由于中央党也采取了同样的手段，因此组建大联合政府的可能性死灰复燃，这使大多数观察人士感到惊讶。当这个专家小组于4月5日提交了审议结果时，这种可能性变得越来越大。根据这个审议方案，1929年的财政预算不应像希法亭在预算草案中所希望的那样主要通过提高税收，而是通过削减开支来取得平衡。为了促使协议达成，专家们像之前财政部部长所做的那样，再一次向上修正了税收收入的预测。4月7日，内阁批准了这些提议。虽然希法亭有言在先，说专家的这个假设很快就会被证明是过于乐观，但是，由于只有内阁站在专家小组提案的基础上才能建立牢固的政府基础，因此，财政部部长采纳这个建议也是出于无奈。

大联合政府在财政协议上尚未达成十全十美的结果。资产阶级政党希望在最终达成协议之前让德国社会民主党做出承诺，在对装甲巡洋舰“A”的第二笔拨款投票时不要投否决

票。奥托·韦尔斯拒绝了该请求，并且指出这是因为共产党在
346 煽动。如果资产阶级执政党和中央党没有意识到政府危机将会带来一个严重的不良后果的话，这一争执就会进一步激化。这个后果就是，从2月初在巴黎开始的战争赔款谈判将会受到不良影响。大家都愿意谈判一个更好的赔款规则。正是出于这样一个外交政策的原因，虽然各党在装甲巡洋舰问题上仍然持不同意见，但仍然决定组建正式的大联合政府。

4月9日，社会民主党对国务秘书赫尔曼·平德尔（Hermann Pünder）起草的内阁意向声明书投了赞成票，第二天几个资产阶级政党也投了赞成票。4月11日，德意志民主党的司法部部长科赫-韦泽提出辞呈，以便重新分配各部长的名额。他的继任者是前交通部部长冯·格拉尔德。格拉尔德来自中央党，一直在米勒的内阁中担任"观察员"。与格拉尔德一起进入政府的还有两个中央党成员：亚当·施特格瓦尔德担任交通部部长，约瑟夫·维尔特担任被占领地区部部长。因此，中央党的坚持不懈得到了回报。德意志人民党曾经想阻止建立"莱茵部"，现在也不得不认可这一现实。人民党在普鲁士也没能实现自己的目标：它既无法实现一个大联合政府，也无法阻止邦议会于1929年7月9日由德国社会民主党、中央党和德意志民主党共同投票通过的政教协定。[13]

1929年4月巴黎举行的战争赔款谈判是大联合政府的黏合剂。这次谈判给国内外留下的第一印象仿佛是以其他方式在延续德国的内政，帝国银行行长就是这样评论这次谈判的。行长亚尔马·沙赫特和联合钢铁厂（Vereinigten Stahlwerke）总裁阿尔贝特·弗格勒是参加巴黎会议的两名主要德国代表。他们的副手是来自瓦尔堡银行（Bankhaus Warburg）的银行家卡

尔·梅尔希奥（Carl Melchior）和德国工业帝国协会的执行董事会成员路德维希·卡斯特尔（Ludwig Kastl）。帝国政府派遣工业代表和银行代表参加战争赔款谈判，有意识地表示出对经济界的主张的尊重，而且在沙赫特的坚持下，帝国政府并没有给他们任何指令。

沙赫特是德意志民主党的创始成员，但在此期间，他越来越向右翼民族势力靠拢了。他想在巴黎谈判中采取的路线已经在2月中旬与战争赔款会议的美方首席谈判代表、美国通用电气公司董事长欧文·D. 扬（Owen D. Young）的谈话中表现出明确的重点：首先，德国的赔款取决于其他国家是否愿意接受德国的出口产品；其次，德国农业的重建必须通过“波兰走
廊”（polnischer Korridor）的回归来保证；最后，德国必须参 347
与海外殖民地区的原料开发。弗格勒在与沙赫特和德国工业帝国协会协商之后于3月底提出要求。这个要求主要不是针对美国，而是针对德国的。这就是将战争赔款调解人替换为一个国内控制机构，该机构向德国财政部部长提供建议，并且对德国议会的支出和税收决议拥有绝对否决权。

4月中旬，就在柏林内阁改组几天后，巴黎会议陷入了严重危机。主要债权人要求将年度付款额提高到18亿至24亿德国马克，于是沙赫特提出了两个系列的年度分期付款，而还款数额较高的一个系列则与他的政治计划捆绑在一起。显而易见，帝国银行行长在这个时候赌的是谈判失败而不是成功。然而，紧随巴黎抗争之后的信贷危机迫使沙赫特屈服。由于外国资本的突然短缺，德国的贴现率从6.5%提高到7.5%。当扬在4月下旬提出新的年偿还金额时，帝国银行行长仅仅来了一场撤退的争斗。他将决定权留给了德国内阁，后者于5月3日

接受了这个新建议。

事隔仅仅三个星期，又发生了一起丑闻。5 月 23 日，赔款谈判的第二个主要代表阿尔贝特·弗格勒辞职。他的请辞理由是，他认为这一战争赔款在经济上是不能容忍的。这种说法与重工业的右翼观点一致，并且就像是右翼工业领袖说出来的那样，把矛头直指外交部部长施特雷泽曼及其和解的外交路线。德国工业帝国协会并不准备采取这样硬碰硬的路线，并且同意由执行董事卡斯特尔接替弗格勒。在鲁尔钢铁业争端期间，该行业内的分裂已经很明显；到了 1929 年春季，分裂比前一年秋天更加明显。

巴黎专家会议的结果是 1929 年 6 月 7 日签署的《杨格计划》[①]。根据这个协议，德国应支付战争赔款直到 1988 年，也就是将近 60 年的时间。在最初的 10 年中，每年偿还的金额低于 20 亿德国马克的平均水平，10 年之后偿还金额上升，到 37 年后再降下来。不再计划对德国的金融实行外国控制，也不再对工业债券和帝国的收入进行抵押。支付战争赔款的责任由德国政府取代现在的赔款调解人来承担。德国政府可以把战争赔偿分为“受保护”部分和“不受保护”部分。第二部分赔偿金的支付必须无条件地及时偿还，而第一部分赔偿金可以延迟两年偿还。赔款的接受者是一个新的单位：位于巴塞尔的国际
348 清算银行。一旦德国遇到付款困难，则可以将问题提交给国际专家委员会。如果德国在经济上无法履行其偿还义务，国际专家委员会将讨论出修订《杨格计划》的提议。另外一种可能出现的情况也得到了解决：如果美国为协约国的债务人减免债

① 以欧文·杨的名字命名。

务，则其中的三分之二必须记入德国的赔偿负担。

与《道威斯计划》相比，《杨格计划》对德国更加有利，主要是因为德国重新获得了经济政策领域的主权。但是，这种优势又和一个严重的劣势相关联：战争赔款调解人保护赔偿支付的机制被取消了，这种做法与以往不同的是，德国即使在经济不景气的情况下也必须支付战争赔款，这样就会加剧危机。最初几年的支付金额少于《道威斯计划》的事实也只能提供一个短期的救济，而且支付年限长达58年的前景令人沮丧。从政治上讲，如果能够做出一个更加慷慨的安排应该是更为明智的。但是债权国的政府承受着来自本国公众的压力，而公众则坚持物质补偿的原则。结果，德国要继续为其战争期间的损失，以及欧洲的胜利国支付战争期间在美国所产生的债务埋单。

《杨格计划》为德国带来的最大利益并未出现在专家的报告中，因为这是一个间接的成果。德国政府同意了这一新的战争赔款协议，这就促使法国在莱茵兰问题上迈出了决定性的一步。1929年8月30日，在英国、法国、意大利、比利时、日本和德国参加的海牙会议结束时，签署了提前撤离莱茵兰的协议。协约国部队将于1929年11月30日从第二区撤出（第一区已在1925年与1926年之交的冬季清理）。占领军将在1930年6月30日，即《凡尔赛和约》规定日期的五年前撤离第三个也是最后一个区域。在萨尔地区，德国政府就没有这么成功了。根据和平条约，公民要到1935年才能投票决定这个地区的未来。法国就是不同意在较早的时间里将这个地区归还德国。但是，施特雷泽曼确实取得了一项成就：7月底从普恩加莱手中接过法国总理一职的白里安答应德国外交部部长就萨尔问题进行谈判。

战争赔款问题尚未能在海牙会议上得到最终解决。债权人
349 原则上批准了专家的报告，但仍希望在细节上能够做出更改。德国政府不想让会议的积极成果遭遇不测，因此不顾沙赫特的反对，同意小组委员会对此进行进一步审议。这些小组委员会的商议时间比预期长得多，用了整整一个秋天。结果，决定性的第二次海牙会议一直到 1930 年 1 月才举行。[14]

德国右翼势力并不想承认德国政府在巴黎和海牙取得的成就。他们对《杨格计划》的态度从一开始就非常明确，即便是协约国从莱茵兰撤离的协议也不能动摇他们的态度。7 月 6 日，德国农业委员会声称《杨格计划》在经济上是不可接受的。两天后，重工业企业的朗南协会（Langnam-Verein）[①] 核查了专家的报告，声称这将给德国经济带来"难以承受的负担"。7 月 9 日，柏林组成了一个德国全民公投委员会（Reichsausschuß für das Deutsche Volksbegehren），参加这个委员会的有全德协会（Alldeutscher Verband）的海因里希·克拉斯（Heinrich Claß）、钢盔团的弗朗茨·泽尔特（Franz Seldt）、德意志民族人民党的阿尔弗雷德·胡根贝格、民族社会主义德意志工人党的阿道夫·希特勒。他们签署了一项宣言，呼吁德国人民反对《杨格计划》和"战争债务的谎言"，并宣布提交全民公投的所有资料。[15]

当右翼势力不断积蓄力量的时候，左翼势力内部的温和派与激进派之间的裂痕日益扩大。早在 1928 年夏天，莫斯科举行的共产国际第六次代表大会就为强化左翼路线奠定了基础，

① Verein zur Wahrung der gemeinsamen wirtschaftlichen Interessen in Rheinland und Westfalen 的缩写，全称为莱茵兰-威斯特法伦共同经济利益保护协会。

并且说明这是因为战后发展进入一个新的历史时期。根据这一理论，在 1917 年至 1923 年的剧烈革命危机之后，接踵而至的是资本主义相对稳定的完成阶段。新的“第三时期”以严重的经济和政治危机为标志，这也为无产阶级革命开辟了新的视野。因此，必须对这场危机不断升级的主要障碍发起正面攻击，而这个主要障碍指的就是德国社会民主党人。共产国际声称德国社会民主党人越来越接近法西斯主义者了。

共产国际的极左转向有苏联内部的原因，也有德国的原因。在苏联，联共（布）中央总书记斯大林与围绕在尼古拉·布哈林周围的一个被称为“右派”的集团之间正在进行权力斗争。这个集团反对斯大林的农业集体化，反对加快工业化的步伐。如果共产国际的其他党派制定出反对“右倾”的路线，这将有助于帮助斯大林打击布哈林集团。“左派”托洛 350
茨基的权力早已被剥夺［他于 1927 年被联共（布）开除，1929 年被驱逐出苏联］，因此消灭“右倾”反对派是巩固斯大林政权的又一手段。德国之所以向左转，是因为德国自 1928 年 6 月以来由一个社会民主党人担任总理，并且组成了一个大联合政府。社会民主党比其他任何政党都更主张与西方大国，尤其是法国达成和解。正是因为这一点，社会民主党在斯大林眼中就成了苏联危险的外交政策对手。[16]

对于德国共产党的支持者来说，如果没有机会来确认共产国际的口号的话，那么德国社会民主党的逐渐法西斯化的论点可能只不过是一个抽象的表述。然而，只要普鲁士警察对共产党采取行动，社会民主党就很容易被谴责为资本主义国家的法警。1929 年柏林发生的“血腥五月”事件，使社会民主党人日趋法西斯主义化的敌对形象更加广泛且持久地在民间流传。1928 年

12 月，共产党人和纳粹分子，甚至共产党人和社会民主党人之间发生了一系列流血冲突。每当冲突爆发，社会民主党人出身的警察总局局长卡尔·弗里德里希·佐尔吉贝尔（Karl Friedrich Zörgiebel）总是用禁止举行露天集会和示威活动的办法来解决。到了 1929 年 4 月，他决定把这个示威禁令延长到 5 月 1 日。

由于共产党人已经下定战斗决心，而传统的劳动节又不是一个法定假日，所以很难有一种合适的手段来维持“和平与秩序”。德国共产党马上发出呼吁组织群众游行，这就引发了柏林地区的社会民主党主席弗朗茨·金斯特勒（Franz Künstler）的猜测，他认为德国共产党预计“5 月 1 日有 200 人死亡”。实际上，在 5 月的头几天里有 30 多人死亡，而且全部是平民，另外有 194 人受伤，1228 人被捕。最激烈的战斗在“红色的”威丁区（Wedding）打响，5 月 1 日晚上，这里的某些街道上还竖起了路障。在科斯利纳大街（Kösliner Strasse）的顶楼和屋顶上，有人朝着大街上走来的警察开枪，随后警察动用了装甲车，并且用枪支还击。佐尔吉贝尔显然决心无论如何要树立榜样，而他得到了本党的全力支持。

没有证据表明德国共产党想在 1929 年 5 月 1 日发动内战。他们也没有尝试有针对性地武装自己的追随者。最常用的武器不是手枪和步枪，而是瓶子、石头和刀。无法证明共产国际组织和它所控制的“军事机构”（简称“M 机构”）在这里起
351 到了积极的作用，而且这也不太可能，否则警察会在突袭中缴获更多的武器。[17]

冲突开始之后，来自莫斯科的电报才到达柏林。电报指出五一劳动节的斗争具有极大的革命意义。但是，这些电报并没有落入德国共产党手中，而是落到了德国政府手中。在奥托·

布劳恩的支持下，普鲁士邦内政部部长阿尔贝特·格热辛斯基（Albert Grzesinski）呼吁禁止德国共产党及其附属组织。而德国内政部部长泽韦林不想走那么远。他认为禁止一个党派的做法是不明智的，因为这是不可行的，而且很快就会证明是要失败的。但是，他批准了普鲁士政府对红色阵线战士同盟的禁令，并敦促其他邦政府也这样做。黑森、巴登和不伦瑞克这三个邦是由社会民主党执政的，这三个邦对此表示关注，因为格热辛斯基的法令是单方面针对最左派的准军事组织的，而对右派组织，例如钢盔团和希特勒的冲锋队却熟视无睹。最终，还是泽韦林和格热辛斯基占了上风：5 月 10 日，联邦内政部部长会议商定了全国范围内对红色阵线战士同盟的禁令。只有不伦瑞克邦不情愿，泽韦林不得不下令解散共产主义武装部队在当地的集团。[18]

德国共产党虽然因为拥有 8 万名成员的红色阵线战士同盟遭到禁止，在组织上蒙受了损失，但是在宣传上因国家干预而得到了益处。先是“血腥五月”，然后是红色阵线战士同盟的禁令，所有这一切为共产党的领导层提供了证据，表明社会民主党正在走向“社会法西斯主义”。原定于在德累斯顿举行的共产党第十二届党代会，在“血腥五月”后会议地址也被移至战斗的核心地点——威丁。在这次会议上，恩斯特·台尔曼将社会民主党的“社会法西斯主义”称为法西斯主义发展出的特别危险的形式。共产党指出，社会民主党最近在马格德堡举行的党代会上，已经显示出自己是一个彻头彻尾的社会法西斯党，这一点也反映在党员代表们的社会组成上：社会民主党的重心越来越向小资产阶级方向转移。

自 1925 年秋天以来，前汉堡造船厂工人台尔曼一直就是德国共产党实际上的党主席。1928 年 9 月下旬，他由于掩盖挪用公款的事情而被解除了所有职务，但在斯大林的极力干预下又官复原职。在威丁召开的党员代表大会上，大家以一种“领导崇拜”的方式来祝贺他。根据会议记录，在为时两小时的演讲开始之前，与会代表们对他发出一片欢呼声，并且报以
352 经久不息的掌声。“党代会上，代表们向台尔曼同志报以暴风雨般的掌声。代表们起立并唱起了《国际歌》。共青团代表向党的第一任主席三呼‘莫斯科万岁’，致以敬意。”

1929 年 5 月的流血事件不仅凸显了两个工人政党之间的政治对立，还凸显了工人内部的社会分歧。社会民主党通常代表受过良好教育和地位优越的工人，以及少数白领雇员。而共产党的支持者，除了一部分成为中流砥柱的主要来自金属行业的技术工人以外，大多是一些非技术工人和失业者。社会民主党的工人大多生活在社会阶层混居的社区中，这些社区里有相当多的新建筑；而共产党员都居住在纯粹的无产阶级社区的破旧房屋里。因此，共产党很容易指责社会民主党和自由工会的干部们是享受特权的“大佬”，指责他们已经变成了资产阶级，也就是说，他们已经背叛自己，投身敌人的阵营了。这种说法非常普遍，尤其是在年轻的失业者中流传甚广。反之也是一样，社会民主党中对共产党也有着类似的偏见。在社会民主党眼中，共产党经常被视为臭名昭著的恶霸，甚至是游手好闲的无赖，专门向警察寻衅。无产阶级阵营早在 20 年代末就不再是一个统一体了。社会民主党和共产党之间的政治差距在很大程度上与劳动群体之间的社会裂痕相对应。[19]

1929 年，失业者日益成为德国的政治问题。经济低迷导致 2 月的失业人数首次激增至 300 万以上，春季的正常复苏仅产生了微弱的影响，3 月仍然有 270 万人失业。德国就业服务和失业

保险只能从保险金中为 80 万受助人提供“主要支持”，因此被迫向德国政府借贷，但是由于国库无法提供资金，财政部部长别无选择，只能寻求银行业财团的帮助。这种非同寻常的做法是唯一可以防止德国就业服务机构在 1929 年 3 月倒闭的方法。

这个时候已经完全清楚，如果不对失业救济金保险进行改革，就不可能对德国财政进行重组。但是如何进行重组，各个党派对这个问题的看法大不相同。社会民主党与自由工会达成一致意见，主张增加雇主和雇员的失业救济保险的金额。德意志人民党考虑到企业主的情况，严正拒绝了这个建议，而是提出来要求减少福利。专家委员会无法弥合对立立场之间的分歧，从而使冲突进一步升级，德国劳工部部长维塞尔首次于 8 353
月 10 日公开威胁辞职。然而，外交部部长施特雷泽曼希望无论如何也要避免发生政府危机。此时此刻，他正在海牙与库尔提乌斯、希法亭和维尔特就战争赔偿和撤离莱茵兰问题进行谈判。德意志人民党主席的投票对 1929 年夏季内阁没有出现丑闻的事实做出了重大贡献。但是，争端并没有真正解决。

米勒政府迄今历时最长的危机发生在内阁失去领导人的时候。赫尔曼·米勒身患胆和肝脏疾病几个月，6 月底病情加重，直到 9 月底前都不能履行公职。内阁并没有设置副总理一职，结果德国政治的协调成了高级官员的工作。德国总理府国务秘书赫尔曼·平德尔在政治上靠近中央党。平德尔在 9 月初想出一个主意，请求普鲁士邦政府对此进行调解。实际上，在普鲁士内阁的框架内，中央党和社会民主党达成了一项折中方案，德国参议院于 9 月 16 日以一票胜出的最微弱多数通过了这一折中方案。根据这个方案，应当杜绝滥用和浪费失业保险金的现象，降低补贴金额，而缴纳的保险金额则增加了

0.5%，期限是1931年3月31日。

劳工部部长维塞尔马上对德国参议院的决议表达了严重怀疑的态度，而各个全国性工业协会的反应则更为强烈。因此，这一妥协的决议能否在议会获得多数票通过还是一个未知数。9月28日是内阁三个月以来第一次在总理主持下召开会议的日子。会上，米勒和希法亭采纳了施特雷泽曼的提议，建议应该结合金融改革来重组失业保险。当然，这样的改革必须以放宽《杨格计划》的条款要求为前提。然而，这种打算不能早日公布，否则这会削弱德国在战争赔款谈判中的立场。从一开始，这个一揽子计划的预期效果就让人怀疑：没有任何迹象表明全国性工业协会会停止反对增加保险费，因此，德意志人民党的决定仍然像以前一样直截了当。

9月30日，议会社会政策委员会召开会议，否决了德国参议院提交的一系列草案，其中包括增加保险费。10月1日，总理与各党团主席举行的会议也没有取得任何进展，于是米勒
354 得出结论，他认为德国议会投票表决一旦失败，将进一步损害政府的声誉，最终他将承担后果。在当天下午与各党团负责人的另一场谈话中，德意志人民党突然表示此事可以再谈。经济部部长库尔提乌斯和党团副主席阿尔贝特·察普夫（Albert Zapf）表示，如果把增加保险费的事情推迟到12月，他们的党可以在表决中投弃权票。这是经过施特雷泽曼的劝说，德意志人民党才改变了自己的态度。1929年10月3日，德国议会通过了《修订就业服务和失业保险法法案》，但这是一个之前商定的版本，即不增加保险费的缴纳金额。这项法案的表决结果是237票赞成，155票反对，40票弃权。德国社会民主党、中央党、德意志民主党和巴伐利亚人民党投了赞成票，德意志

弗里德里希·艾伯特，1913年任德国社会民主党主席，1919年艾伯特协助制订《魏玛宪法》，并被推选为魏玛共和国首任总统。1923年，艾伯特领导镇压了纳粹党在慕尼黑发动的啤酒馆政变。

1921 年前后发行的 50 芬尼应急货币纸币。

地租马克，也称地产抵押马克，1923 年在德国推出，用以遏制当时的恶性通货膨胀。

约翰内斯·贝尔（背身居中）代表德国于凡尔赛宫镜厅签署《凡尔赛和约》，其身前为各协约国代表。《凡尔赛和约》对魏玛时期的德国产生了深远影响。

Vorwärts

Central-Organ der Sozialdemokratie Deutschlands.

Nr. 1. Sonntag, 1. Oktober. 1876.

Mit dem 1. Oktober a. c. haben laut Congreßbeschluß unsere bisherigen zwei offiziellen Parteiorgane „Volksstaat" und „Neuer Sozialdemokrat" zu erscheinen aufgehört und ist an deren Stelle als einziges offizielles Parteiorgan getreten der

„Vorwärts"

Centralorgan der Sozialdemokratie Deutschlands.

Redakteure: W. Hasenclever und W. Liebknecht.

Ort des Verlags: Leipzig.

Die Arbeiter und die Zollfrage.

An ihren Früchten sollt ihr sie erkennen.

《前进报》创刊于 1876 年，是德国社会民主党的机关报。该报支持马克思主义者和在德国实行议会制，恩格斯曾在该报发表《反杜林论》。

菲利普·谢德曼，1919 年任魏玛共和国首任总理，
1933 年纳粹上台后流亡国外。

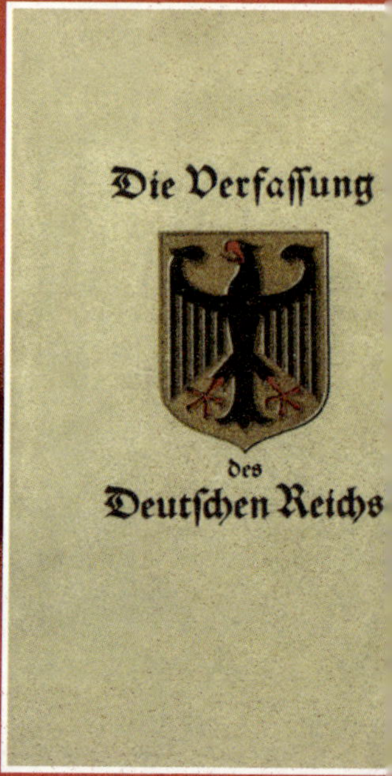

左：斯巴达克斯起义期间的街垒。

右：《魏玛宪法》，德国历史上第一部实施民主制度的宪法。现今的德意志联邦共和国宪法《德国基本法》仍保留《魏玛宪法》的部分条文。

左：威廉·李卜克内西，德国社会民主党创始人之一，他与流亡英国伦敦的马克思和恩格斯联系密切，致力于国际社会主义运动。
在他的领导下，德国社民党从一个边缘小党发展成为德国最大的政党。

右：卡尔·李卜克内西，马克思主义政治家、律师，德国共产党创始人之一，亦是社会主义青年国际的创始人，于 1919 年不幸遇害。

左：威廉·库诺，魏玛共和国总理（1922~1923 年），任期共计 264 天。德国经济崩溃之后，为了偿还国家债务，库诺主导政府大量印刷货币，导致恶性通货膨胀达到顶点。

右：威廉·马克思，两次任德国魏玛共和国总理（1923 年 11 月 ~1925 年 1 月，1926 年 5 月 ~1928 年 6 月）。任期内，他设法稳定德国经济的通货膨胀，接受了道威斯计划，在第二个任期内，德国加入了国际联盟。

左：查尔斯・道威斯，曾任美国副总统，因推动道威斯计划获得 1925 年诺贝尔和平奖。1923 年，美国提出道威斯计划，用以舒缓德国因《凡尔赛和约》赔款而承受的巨大财政压力。

右：古斯塔夫・施特雷泽曼，德国魏玛共和国总理（1923 年）和外交部长（1923，1924~1929）。他最引人注目的成就是促成德国和法国之间的和解，并于 1926 年获诺贝尔和平奖。同时他也和财政部长等人一起结束了德国的恶性通货膨胀。

左：海因里希·布吕宁，魏玛共和国末期（1930~1932 年）总理，上任时年仅 44 岁。为了挽救经济，布吕宁推行一系列紧急法规和紧缩性财政政策，但最终未能挽救已深陷危机的德国经济。

右：保罗·冯·兴登堡，一战期间任德国总参谋部总参谋长，陆军元帅，魏玛共和国时期第二任总统（1925~1934 年）。在 1932 年的两次国会选举结束后，兴登堡越来越依靠右翼盟友控制局势，最终任命希特勒为德国总理，导致了魏玛共和国的灭亡。

库尔特·冯·施莱谢尔，德国将军，也是魏玛共和国的最后一任总理。1934年的“长刀之夜”中，施莱谢尔与他的妻子伊丽莎白在波茨坦别墅中被纳粹分子枪杀。

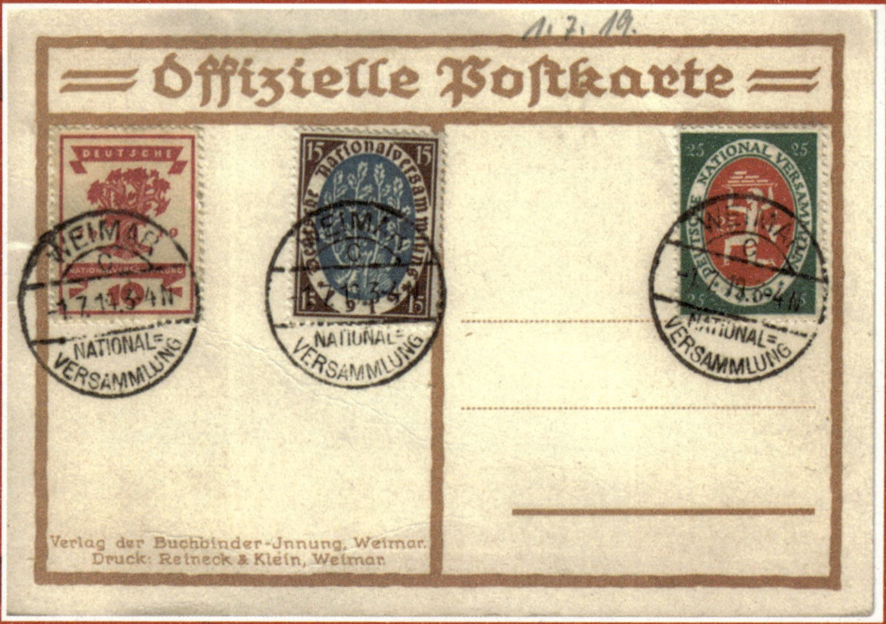

魏玛时期发行的人民代表议会官方明信片。

通货膨胀：数百人站在银行大楼前，装满 10 万马克或更高面额纸币的手推车被推入银行大楼。柏林，1923 年。

表现通货膨胀的照片蒙太奇。以前购买一车木材的钱，现在只够买一盒火柴。
柏林，1923 年。

人民党弃权，其他所有党派都投了反对票。于是大联合政府终于经受住了迄今最严峻的考验。[20]

当议会主席宣布表决结果时，为挽救米勒内阁付出最多的那个人却已经与世长辞了。古斯塔夫·施特雷泽曼在1929年10月3日凌晨中风去世了。这位德国外交部部长病魔缠身已久，他用尽自己最后的力量来阻止政府的更迭，为的是不让他的和解政策失去议会的基础。施特雷泽曼比资产阶级政党的任何一位政治家经历的变化更深刻。他从一个志向远大的主战派转变成一个有尺有度的中间派，从机会主义战术家（正如他在卡普-吕特维茨政变期间所做的那样）转变成一个共和国的捍卫者。虽然他一直认为有必要通过强调民族，甚至民族主义的言论来维护自己的权利，但他仍然毫不动摇地坚持，《凡尔赛和约》的修订只能通过和平手段来实现。他的外交政策成为可能的条件是中产阶级和工人阶级温和阶层之间的合作。因为施特雷泽曼知道这一点，所以他在1923年就任总理时，以及自1928年以来，他一直是大联合政府最坚定的维护者。他去世后，这个联盟的基础比以前更加虚弱了。在魏玛共和国中产生的唯一政治家很快就证明了，他在国内外政治中是不可替代的。[21]

如果大联合政府在1929年秋天破裂，就可能对国内外造成致命的后果。一旦米勒政府垮台，那么其主要受益者是“从民族利益出发的反对派”，这些人于1929年7月初成立了德国全民公投委员会，并于9月28日向内政部递交了以规定的法律草案形式书写的公投申请，反对《杨格计划》和“战争债务的谎言”。如果这项倡议成功的话，德国政府必须立即 355
庄严通知各个国家，《凡尔赛和约》中的战争债务是强迫性的，是违反历史真相的，因此这个和约不受国际法约束。这个时候，德国政府将提出正式废除《凡尔赛和约》第 231 条的战争罪，并且不再承担基于该条款的负担和义务，最终使《杨格计划》失效。

草案中最引人注目的条款是第 4 条。这条的内容是："德国总理和德国部长及其授权代表们，如果违反协约第 3 条的规定与外国签约，应受到《刑法》第 92 条第 3 款的处罚。"这一条的内容是一旦犯了叛国罪，将判处两年以上的监禁。在草案的第一个版本中，第 4 条的措辞略有不同。在这里，监禁的威胁不仅仅针对"德国总理和德国部长及其授权代表们"，甚至还包括德国总统。但兴登堡自 1924 年以来一直是钢盔团的名誉成员，因此钢盔团头目弗朗茨·泽尔特在德国民族主义者的支持下，修改了草案的文本，使国家元首免于受到惩罚的威胁。

赞成全民公投的登记人数越多，德国丧失在 8 月的第一届海牙会议上争取到的协约国让步的危险就越大。因此，德国政府进行了反击：几位部长在广播中发表了反对民族主义右翼势力的战斗宣言，甚至连兴登堡都强烈反对该法律草案中的监禁条款。但是，所有这些努力都不能阻止宪法规定的公民投票限制，哪怕是超出这个范围一点点。结果有 10.02%的选民投票赞成全民公投，这个结果仅仅超出了最低票数门槛 0.02 个百分点。

从 11 月 27 日至 30 日，即公民投票截止日期大约四个星期之后，德国议会开始处理《自由法案》。真正的政治问题并不是人们普遍期望的对草案的拒绝，而是瓦解德意志民族人民党。在德意志民族人民党的 72 名议员中，只有 53 人赞同监禁的条款，这表明胡根贝格还没有得到本党党员的完全支持。党主席采取的敏锐措施导致了党内的派系分裂。12 月初，包括前部长科伊德尔、大庄园主汉斯·施兰格-舍宁根（Hans Schlange-

Schöningen)、民族阵营的德国全国商业雇员协会常务理事瓦尔特·兰巴赫和已退役的海军上尉戈特弗里德·特雷维拉努斯（Gottfried Treviranus）在内的12名议员宣布退党，并且组建了德国民族工作团组（Deutschnationale Arbeitsgemeinschaft）。民族人民党主席韦斯塔普伯爵为了抗议胡根贝格的政策提出辞职。

1929年12月22日举行了《反对奴役德国人民法》的全 356
民公决。结果有580万，即13.8%有投票权的选民投票支持该草案。但是必须有2100万张赞成票才能通过这个草案。因此德国全民公投委员会的失败是不容置疑的。但让人深思的是，35个选区中的9个选区里，超过五分之一有投票权的选民投了支持票。而且希特勒正在顺利地被“良好社会”认可，被当作可以结为盟友的对象。这个1923年的政变分子被纳入德国全民公投委员会，表明希特勒已经实现了一个阶段性目标：地位牢固的右翼势力认为他靠得住，并且让他分享资金，这对民族社会主义德意志工人党的进一步崛起起到了重要作用。[22]

到了1929年下半年，人们再也不能忽视民族社会主义者的崛起了。在11月和12月的选举中，无论他们在哪里竞选，都赢得大量选票：在巴登和图林根的选举，在吕贝克公民选举和普鲁士邦议会的选举，在黑森和柏林的地方选举，都毫无例外。柏林的地方选举在11月17日举行。这次选举中，德国社会民主党的席位从73个减少到了64个，德意志民主党的席位从21个减少到14个，而以前从未在市议会中出现过的民族社会主义德意志工人党则一举赢得了13个席位。民族社会主义者在柏林取得突破的部分原因是，他们充分利用斯卡拉雷克丑闻掀起了一场毫无掩饰的反犹运动：9月26日，柏林服装加工公司“东方犹太人”所有者马克斯（Max）、莱奥（Leo）

和维利·斯卡拉雷克（Willy Sklarek）三兄弟被怀疑犯有欺诈罪和伪造文件罪。战后，斯卡拉雷克一家几乎垄断了该市供应制服的生意。他们与德国社会民主党保持着良好的关系，并且向主要官员慷慨送礼。最引起轰动的是一件皮大衣。犹太三兄弟当中的一人把一件皮大衣以低得可怜的价格卖给了市长古斯塔夫·伯斯（Gustav Böß）的夫人。伯斯是德意志民主党员，右翼媒体和纳粹分子充分利用此事件加以炒作，11 月初他们取得了初步成功，伯斯被停职。[23]

反犹太人的口号也帮助了德国大学界的纳粹分子。民族社会主义德国学生会是 1929 年与 1930 年之交的冬季学期大学生总委员会（Allgemeiner Studentenausschuß，简称 AStA）选举的最大赢家。在维尔茨堡，纳粹学生会获得的选票比例达到 30%，在柏林工业大学达到 38%，在格赖夫斯瓦尔德（Greifswald）居然达到了 53%。学生们的右倾行为是社会抗议的一种表现。一代年轻的学者反对知识分子无产阶级化，向社会制度宣战，指责政府应该对学者的物质困难和不确定的工作前景负责。对魏玛共和国的仇恨和对犹太人的厌恶相伴而生。
357 犹太人虽然仅占总人口的 1%，但在大学生中的比例为 4%~5%。在医学院和法学院等学院，以及法兰克福和柏林等地一些大学中，这一比例甚至更高。在许多非犹太学生的眼中，这无非是犹太人在为争取更高社会地位而进行的日益艰苦的斗争中得到了非法特权。纳粹学生会组织迅猛的发展也正是基于大规模调动这种嫉妒的社会感觉。[24]

纷纷倒戈到纳粹阵营并不是政治激进化加剧的唯一标志。1929 年春季以来，在德国北部，尤其是在石勒苏益格-荷尔斯泰因，金融机构和邦议会办公室屡屡遭到炸弹袭击。9 月 1

日，一枚“炼狱机器”① 在德国国会大厦的地下室发生爆炸，但破坏力很小。这些袭击是由农村人民运动的积极分子发起的，他们希望以这种方式抗议强行拍卖负债累累的农庄。农村人另一种比较温和的抗议办法是拒绝缴税，这种做法由荷尔斯泰因的马尔施（Marsch）地区的农民发起，1929 年蔓延到德国北部和中部的广大地区。与警察的冲突，以及对反叛农民的严厉判决进一步加剧了农村局势的动荡。警方和法院的干预以及抗议活动起码起到了一个作用，这就是让德国公众关注到自 1927 年以来德国农业一直处在严重的危机状态。[25]

到了 1929 年秋天，危机不再仅仅存在于农业界，这一点已经是毫无疑问的了。股票价格就是一个明确的标志。如果将 1924 年到 1926 年的股值水平设定为 100，那么股值在 1927 年的繁荣时期达到了 158 点，达到了顶峰，然后下跌至 1928 年的 148 点和 1929 年的 134 点。必须指出的是，资本货物行业的股值下降幅度甚至超过了所有工业股值的平均水平。从 1928 年到 1929 年，生产总量再次略有上升，但在耐用性较强的消费品（例如纺织品和家庭用品）方面，产量已经大幅下降。劳动力市场的发展依然令人不安：求职者从 1929 年 9 月的 150 万，增加到 12 月的 290 万，比前一年同期增加了 35 万。[26]

最刺耳的警报信号来自美国。1929 年 10 月 24 日这个“黑色星期五”（实际上是星期四），纽约证券交易所的股价出现了崩盘式的下跌，这一现象在后来几天一直持续。因此，全年的股市上涨出来的市值在瞬间就化为灰烬。股市崩盘的原因

① Höllenmaschine，这是 19 世纪以来对用于军事或恐袭目的炸药的称呼，这种炸药一般是定时或通过传感器引爆的。

是长期的过度投机。小股东和大型投资公司相信股市会一直繁荣下去，所以一直向工业企业投资，这样就导致了产量的持续
358 增长。然而，1929 年 10 月爆料出来，很多商品的供应量远远大于需求量。通用电气公司这一类大型工业公司，以及高盛贸易公司等投资公司的股值暴跌引发了股民们的恐慌，其影响立即传到了大西洋彼岸。

为了保持自己的支付能力，美国银行开始收回在欧洲投资的短期资金。这一做法主要影响到德国。1929 年，德国的短期外国贷款（尤其是美国贷款）总额达到 157 亿德国马克。但是，大约四分之三的短期贷款和中期贷款被用到长期投资上。这些贷款中的很大一部分直接或间接来自国外。特别是地方政府惯常使用这种手段，因此战争赔款调解人帕克·吉尔伯特对此提出了批评。挪用的贷款实际上已被冻结：因为一旦到期，这些贷款是无法偿还的，所以充其量只能用新的借款来填补。[27]

德国在国外发行债券也变得越来越困难。到 1929 年 10 月底，未偿还债务已经达到 12 亿德国马克。为了填补 12 月迫在眉睫的现金赤字，德国财政部部长希法亭和他的国务秘书约翰内斯·波皮茨（Johannes Popitz）努力争取从美国狄龙-里德投资银行（Dillon, Read u. Co.）借贷。就在同一年 6 月，他们已经在同一家银行发放了 5000 万美元的债券。为了此事，他们把帝国银行行长找来参与这个计划。但是沙赫特提出，只有政府同意致力于长期重组德国财政，他才愿意帮助政府解决短期现金问题。他想把当前的现金赤字与 1930 年的帝国预算联系起来，并决心利用这次机会确定着手的方向。

如果沙赫特放弃动员公众反对米勒内阁，那他就不是沙赫

特了。12 月 5 日，他开始发起攻势。他抗议由他签署的《杨格计划》在随后的谈判中遭到了篡改。次日，德国政府声明沙赫特下的这个结论“过于仓促”，危害了“国家的统一管理”，并迅速宣布在下一周开始重组德国财务的总体计划。12 月 9 日，希法亭向内阁提交了他的总体计划草案。对于财政部部长来说，最重要的是通过减少直接税来增加资本形成率。他想提高两种间接税，即啤酒税和烟草税，这立即引起了巴伐利亚人民党出身的邮政部部长舍策尔的强烈不满。他威胁道，如果提高啤酒税，他将中止大联合政府。

另外，德意志人民党的新经济部部长保罗·莫尔登豪尔 359
（Paul Moldenhauer，他的前任库尔提乌斯接替了施特雷泽曼的外交部部长一职）在这方面却是非常配合的。他准备同意将失业保险金提高 0.5%。希法亭的总体计划对企业主来说如此友好，以至于人民党发现比两个月前更容易在这一点上做出让步。此外，11 月底的失业人数比 9 月底增加了 130 万。莫尔登豪尔出了这个主意之后，总体计划基本上已经板上钉钉了。内阁制订了“一揽子计划”，其中包括将失业保险金从 3% 提高至 3.5%，放弃提高啤酒税，政府还将提交一项管理德国债务的法案。

但是内阁的共识并不意味着各议会党团之间也达成了共识。德国社会民主党认为在当前情况下减税是不负责任的做法，因为减税不得不增加帝国的财政赤字。巴伐利亚人民党同样持保留意见，德意志民主党也不想把自己约束在赞同一方。当米勒总理 12 月 12 日在德国议会发表政府声明时，他并不确定该金融计划是否会获得议会多数议员的赞同。此时又是国务秘书平德尔站出来拯救了局面，他找到一个折中的办法：他建议德国议会仅仅间接批准内阁的方案，既保留“各条法律最终起草”的权利，又对德国政府的“总体政策”表示信任。12月14日，德国国会以222票赞成，156票反对，22票弃权接受了这项跨议会党团的议案。巴伐利亚人民党议员投了弃权票；德意志人民党代表中有24票赞成，14票反对。社会民主阵营中有28名几乎清一色的“左派”成员没有参加投票。

如果政府认为帝国银行行长现在会接受政府释放的善意，那么在12月16日这一天，政府被告知并非如此。沙赫特评估道，内阁的短期措施是不够的，因此要求必须在1930年的财政预算中包含5亿德国马克的债务偿还额。两天后，战争赔款调解人帕克·吉尔伯特和法国总理安德烈·塔迪厄同意帝国银行行长的意见。法国总理还指出，德国政府在国外发行的债券实际上正在危及《杨格计划》的顺利执行。12月19日，内阁首先表示屈服，然后议会党团也投降了。12月22日，德国议会通过了赎回基金法案，用以支付德国的未偿还债务。根据该法案，1930年政府必须提供4.5亿德国马克（沙赫特最近一
360 次宣布这一数额已经够了）以偿还债务。就在同一天，德国政府从帝国银行牵头的国内银行财团那里获得了过渡贷款，从而使德国免于破产。[28]

此时此刻，鲁道夫·希法亭已经不再是德国财政部部长了。12月20日，他提出辞呈，理由是“外部干预”使他无法继续执行自己的政策。在这次的两人较量中，沙赫特确实是明显的赢家，但导致财政部部长失败的还有其他原因。12月15日，德意志人民党中央协会在一项一致通过的决议中宣布，对德国财政部部长管理的信心已经受到严重动摇。第二天，来自斯图加特的社会民主党财政预算专家威廉·凯尔在本党的

柏林官员面前指出，他认为希法亭是一个重要人物，但他是个软弱的部长，没能完全掌握自己的部门。财政部部长退位之后，《前进报》总编弗里德里希·施坦普费尔的态度更加明确了。12 月 22 日，他在党的机关报中写道，希法亭在春季让议会党团，特别是资产阶级政党的议会党团来处理他认为必要的新税种可能是一个错误。“政府和议会现在迫于沙赫特及其背后金融集团的压力所做的事情，是他们自己应该主动做的，而且他们必须自己继续做下去！偿还债务，整顿收支状态，平衡国家预算！其他一切要求都必须为国家的这些生存需求让路！”

正如社会民主党党团主席鲁道夫·布莱特沙伊德所说：“如果不对议会负责的帝国银行行长给人以一种他可以确定国策指导方针的印象，这的确是无法忍受的。”但是，帝国银行行长的强势地位源于那些强国的意志，它们要求德国必须向它们赔款。德国政府再也不能像通货膨胀时期那样再次将印钞机用于政治目的。如果处于关键地位的社会民主党人认为重组财务比减税更为紧迫的话，他们就不会和沙赫特的立场相差这么远。帝国银行行长羞辱了米勒内阁和大联合政府，但是政府采取了过于战术性的做法，使沙赫特轻而易举取得了胜利。

12 月 23 日，法本公司（IG Farben，全称为染料工业股份公司利益集团，Interessen-Gemeinschaft Farbenindustrie AG）理事会成员保罗·莫尔登豪尔被任命为希法亭的接任者，他曾经短期担任经济部部长一职。而经济部则交给了社会民主党人罗伯特·施密特，他在古斯塔夫·鲍尔和约瑟夫·维尔特任总理的这两届内阁中都担任过这一职务。德国财政部国务秘书的职

位也必须填补：约翰内斯·波皮茨于12月19日，即希法亭辞
361 职的前一天要求临时退休。他的继任者是德国经济部司长汉斯·舍弗尔（Hans Schäffer），他是第一共和国中为数不多的几名犹太高级官员之一，与银行界和社会民主党右派都保持着良好的关系。

社会民主党左翼把最近发生的事件看作党领导的联合政府政策的失败，必须尽快终止。来自萨克森的德国议员马克斯·赛德维茨（Max Seydewitz）12月中旬在《阶级斗争》（*Der Klassenkampf*）杂志上提出，社会民主党的总理和社会民主党的财政部部长向社会民主党的议会党团递交了一套财政计划，而这套财政计划对外根本不能代表社会民主党，这真是令人难以理解。这样一种联合政府政策“对于社会民主思想，对于工人阶级，甚至对于共和国的存在都构成了危险”。

在两个月后的1930年2月9日自杀身亡的保罗·列维的措辞就更加尖锐了。“我们现在看到的不是民主，不是联合政府，而是一个政府的讽刺漫画，”这位社会民主党左翼知识分子发言人在《阶级斗争》中这样写道，“如果你说一百遍，联合政府的问题不是一个原则性问题，而是一个战术性问题，那么你可以重申，你也可以在战术领域犯错误，而那些错误同样致命，就像穿着靴子进入主清真寺的圣地一样。是的，过去几个月我们在德国看到了一个非常典型的例子，这说明了德国现在的联合政府的形式是多么灾难深重。”[30]

虽然是出自不同的原因，但企业家阵营右翼对联合政府的法案也反应强烈。1929年11月26日，古特霍夫农集团[①]总裁

---

① Gutehoffnungshütte，当时是一家重要的采矿和机械制造企业。

保罗·罗伊施（Paul Reusch）指派给德国工业联合会一项紧迫的任务，即“利用一切手段来促进反抗得寸进尺的马克思主义的防御阵线，并向资产阶级政党施加压力，使在我们国内政策的各个方面最终形成对社会主义的有效抵抗”。德国工业帝国协会副主席保罗·西尔弗贝格在1926年9月的时候还坚决主张社会民主党人参与政府执政，他现在的看法也与罗伊施相同了。“我曾经试图和工人队伍中较为理性的人，以及我认为具有政治影响力的人一起建立社会秩序……但是我在这两批人身上都失败了，我们必须独自工作。”他在1929年12月24日写给罗伊施的信中这样写道。当德国议会不得不在12月14日对米勒政府进行信任投票时，德意志人民党中所有重工业的代表都投了反对票。

1929年底，工业协会在大联合政府的问题上态度还是比较矜持的。德国工业帝国协会主席、法本公司监事会主席卡尔·杜伊斯贝格以及大多数大企业家认为，要让社会民主党人支持批准《杨格计划》，这非常重要。在此之后，再走一步看一步。但是，现在已经是时候向米勒内阁提出严正甚至最终警告了。12月，德国工业帝国协会在一份题为《是上升还是下降?》（*Aufstieg oder Niedergang*?）的备忘录中，要求严格限制公共部门的经济活动，根据德国经济情况调整社会政策，减少公共支出，降低征税。德国政府对议会提出的增加开支的法案拥有否决权。备忘录最终发出呼吁，所有“积极向上的力量应该结成广泛的统一战线，来防御所有与经济为敌的力量”。自由工会毫无疑问属于那种与经济为敌的力量，他们在1928年9月的汉堡大会上通过了精心措辞的“经济民主”纲领，从思想意识上挑战企业家。德国社会民主党也被点了名，对于 362

德国工业帝国协会而言，这个党所做的一切都意味着“下降”而不是“上升”。[31]

与工业界不同的是，大农庄经济界从一开始就反对大联合政府。与工人和企业家不同，大地主们在米勒内阁中没有自己的亲信，这使得他们早前与总统的密切关系比以往更加重要。1927 年，兴登堡在其 80 岁生日时成了东普鲁士诺伊德克（Neudeck）的庄园主，这要归功于德国经济界的捐赠。因此，他始终对贵族邻居们的愿望持开放态度。1929 年春，他利用自己的全部影响力出台了有关帝国对东普鲁士经济援助的法律，该法律随后于 5 月 16 日被德国议会以绝大多数票通过。1929 年 12 月，包括黑麦和小麦在内的农产品的关税提高的议案进入议会讨论。这项议案和“东部援助”法案一样，得到了社会民主党的再次投票赞成。但这并没有使大联合政府更受欢迎。大农场主们站在右翼立场，只有右翼的政府才有机会得到他们的青睐。[32]

自 1929 年春季以来，包括兴登堡庄园的左邻右舍在内的一股势力，正在通过可以直接与德国总统接触的渠道，努力调整政治路线，使其更加右倾。1929 年德国国防部新成立了部长办公室这个部门。部门负责人是库尔特·冯·施莱歇少将，他不仅是格勒纳最亲密的顾问之一，而且他的话就连年迈的国家元首也听得进去。早在 1929 年 4 月，施莱歇就在艰难的财政预算咨询时向中央党政治家海因里希·布吕宁介绍了兴登堡
363 的意图，“与德国国防军和议会中的年轻势力一起，在他去世前解决问题”。这种操作不会让德国总统违反宪法，但会在适当的时候让议会休会一段时间，然后启用第 48 条执政。

1929 年 3 月 18 日，兴登堡与德意志民族人民党议会党团

主席韦斯塔普伯爵进行秘密会晤。这次会晤连德国总理米勒都不知晓，这是兴登堡实际上在考虑建立“右翼”总统内阁的证据。会晤中，德国总统明确表示，这样一个政府不能有社会民主党参加，并且是反对社会民主党的。1929 年 12 月，已经当选为中央党议会党团主席的布吕宁从施莱歇和兴登堡的国务秘书迈斯纳那里获悉，在《杨格计划》通过后，帝国总统绝不想让米勒内阁继续下去。根据兴登堡和他的顾问们的意思，新任总理最好让海因里希·布吕宁来担任。德国总统还想在必要时根据《紧急状态法》第 48 条授予他全权。

施莱歇将军在与他的非军人盟友奥托·迈斯纳谈话的时候，解释了自己看中布吕宁的原因：布吕宁是一个“持保守态度的中央党议员，是一个有经验的政治家，一个有民族思想的人，一个上过前线的士兵。这是一个合适人选，右翼政党原则上不会反对他，他也会得到国防军方面的信任。另外，由于布吕宁的社会政治态度，他也会得到社会民主党的赞赏”。[33]

1929 年底，施莱歇认为无法保留米勒内阁的观点已经成为无可辩驳的事实。因此他开始系统地准备“布吕宁解决方案”。布吕宁本人却有另一番表现。他对现任总理表示忠诚。中央党的这位议会党团主席希望大联合政府一直可以延续到 1930 年秋天，享受外交政策的巨大成功，看到协约国从莱茵兰地区撤离。当然，大联合政府首先应该批准《杨格计划》，并采取严厉的财政紧缩措施。

兴登堡智囊团的危机计划的核心在于，不是让社会民主党人赫尔曼·米勒，而是他的资产阶级党派的继任者获得紧急状态授权。格勒纳和施莱歇极力在这一点上对这位老先生施加影响，然而兴登堡自己早已下定决心尽快将社会民主党人从帝国中除名了。如果不再需要大联合政府，以及联合政府内各党的妥协能力最终丧失殆尽，那么分手的时候就到了。眼下就有必
364 要为这种情况做准备。1930 年 1 月上旬，总统询问胡根贝格和韦斯塔普，一旦成立一个“兴登堡内阁”，德意志民族人民党会怎么看待这个问题。此时，总统的布局已经很明显。迈斯纳于 1930 年 1 月 15 日与韦斯塔普伯爵谈及组建一个“反议会和反马克思主义的政府”，这样一个政府的组建绝不能因为德意志民族人民党而失败，否则兴登堡就无法摆脱“与社会民主党人一起执政”的命运。[34]

1930 年的第一个重大事件是 1 月 20 日在海牙签署了《杨格计划》。对于德国而言，最重要的是付款方案和付款金额没有发生变化，这是专家们在 1929 年 6 月提出的要求。帝国银行行长再次通过附加其他政治条件让谈判陷入危机，但这一次他未能说服德国政府回心转意。另外，社会民主党的议会党团也没有取得成功，他们曾要求德国政府接受沙赫特再次发出的挑战。德国总理米勒对本党团的提议表示反对，他指出政府只有整顿了德国财政，才能成功与沙赫特抗争。[35]

1930 年 1 月 28 日，中央党把财政重组和《杨格计划》联系起来。根据海因里希·布吕宁的建议，中央党议会党团执行委员会决定，应该通知总理：“如果政府不及时提出措施并征求各党派意见，在批准《杨格计划》之前先落实财政重组计划的话，那么他就不要指望中央党对批准《杨格计划》投赞成票。同时也必须尽早提出税收的问题，在第三次宣读《杨格计划》之前就应该开始委员会的谈判，并且让各党派参与。”

布吕宁的诉求翻开了大联合政府历史的最后一章。中央党的议会党团主席在把《杨格计划》与财政改革结合在一起的时候并没有想引发冲突。他的这种做法是想利用最有效的外交政策手段来解决最紧迫的国内问题。1月28日，布吕宁向执行委员会其他成员解释了局势的严重性。他指出有几个邦的财政完全依靠国家的补贴才能维持：如果国家财政不进行整顿，到了4月，巴伐利亚和巴登连工资都开不出来。

德国总理米勒从布吕宁的倡议中看出了他的意图，把当下尽可能和将来联系在一起，因为大联合政府在通过《海牙公约》后有瓦解的危险。但是对于德国政府首脑来说，另一个危险甚至更加咄咄逼人：他1月30日在内阁中表示，财政改 365
革将会使《杨格计划》的批准通过程序大大延迟，并且也因此让右翼在野势力更加得意。德意志人民党的两名内阁成员——外交部部长库尔提乌斯和财政部部长莫尔登豪尔都非常赞同总理的意见。然而交通部部长施特格瓦尔德则为本党提出的诉求辩护，他指出在帝国议会中存在着这样的“潮流”，这些潮流想在《杨格计划》通过后解散议会，然后借助第48条来进行财政改革。

社会民主党人对自己的总理给予支持，虽然在议会党团有一些议员呼吁提出自己的诉求，表示赞同只有在财政改革的情况下才批准《杨格计划》，并且把社会民主党的设想也带入财政改革中，但绝大多数人坚决反对内政与外交挂钩的做法。在内阁中，面对施特格瓦尔德关于紧急状态条款的言论，内政部部长泽韦林提示了魏玛共和国早期在危机年代的做法。即使在德国处于最严重的金融危机时，也没有采用第48条来发布税收法规，而仅仅是根据授权法发布的。但是，对中央党的各种呼吁都是徒劳的。施特格瓦尔德坚持本党的诉求，因此局面很明确，如果不进行财政改革，《杨格计划》就不会得到多数票的通过。[36]

2月，内阁对解决财政问题的各种方案进行了研究，但是并未达成一致。德意志人民党拒绝了社会民主党把失业保险金从3.5%提高到4%的要求，并且拒绝提高直接税税率和为受薪雇员设立紧急受害基金。而社会民主党又不同意其他党派的意见，声称如果要提高大众税种的税率，就必须同样提高地主的征税率。3月2日，德意志人民党议会党团一致通过了一项声明，声明坚决反对在失业保险金和公务员紧急受害基金上做出让步。这种做法非常明确地表明，人民党现在显然想退出大联合政府。

德意志人民党右翼人士正是怀有这样的企图。施特雷泽曼的继任者恩斯特·朔尔茨的意图也是如此，到1929年为止，他一直担任着德国高级官员联盟（Reichsbund der höheren Beamten）主席一职。1月24日，“德意志人民党右翼圈子”在“严格保密”的会议中商定了他们的下一个目标。如果社会民主党未能彻底重组失业救济保险，那么它“必须离开政府，否则人民党就不得不通过离开政府的办法推翻米勒总理内阁”。2月4日，朔尔茨宣布，这也是他的想法。他告诉保罗·罗伊施的亲信埃里希·冯·吉尔萨（Erich von Gilsa）议员和该党右翼的其他代表，在完成《杨格计划》之后，“以最
366 后通牒的形式向内阁提出要求，把财政改革和税务改革捆绑在一起。朔尔茨秘密地告诉我们，他正在有意识地争取与社会民主党分道扬镳。在决裂这件事上，他已经与席勒、特雷维拉努斯和布吕宁联系过了”[37]。

但是在议会党团中还存在其他声音。团结在库尔提乌斯和莫尔登豪尔部长周围的温和派都反对与右翼势力采取对抗路线。在这批温和派势力中还有大批国会议员：莫尔登豪尔估计“坚定的反对派”的核心力量有 15 名议员，这是该议会党团总人数的三分之一。布吕宁在 3 月说，德意志人民党的温和派和激进派的人数大致相当。全国的企业家协会暂时没有要求解散大联合政府。但他们在 2 月 27 日的一封致议员的信函中指出，正如 1929 年 12 月的政府纲领中规定的那样，《杨格计划》和财政改革之间存在着密切的联系。这符合中央党和巴伐利亚人民党的立场，但是与德意志人民党右翼势力的立场相去甚远。

另外，大联合政府的反对派能够依靠一个强有力的盟友——德国总统。3 月 1 日，兴登堡接待了中央党的议会党团主席海因里希 · 布吕宁，并且开诚布公地问道：“中央党是否准备好为另一届政府提供支持？”这个问题遭到了布吕宁的拒绝。他说，议会党团执行委员会一致认为，应该尽可能长期维持目前的联合政府，这一届政府要批准《杨格计划》，出台一些重要的内部改革法案。在对话结束时，布吕宁总结了中央党的观点：“我们至少应该呼吁各党派领导人对财政法案负责，并一致希望当前的联合政府能够持续一段时间。”[38]

3 月 5 日发生的事情几乎没有几个观察者能够想象得到：大联合政府内阁在 1930 年德国财政预算资金来源的议案上达成了一致。最重要的一点是提高“工业的负担”。这一点在通过《杨格计划》之后应该被取消，实际上却在 1930 年，金额从 3 亿提高到了 3.5 亿德国马克。这样就满足了德国社会民主党提高直接财产税的要求，哪怕只是一年的期限。就业和失业救济金保险机构自己将缴费比例从3.5%提高到4%。关于减少哪方面福利的问题，德国政府的保险机构可以向德国政府提出建议，但这些建议只有在获得德国国会批准后才能生效。无
367 论是提高缴费比例还是减少福利的建议，都需要在企业主和雇员代表中以多数票通过，然后由董事会做出决议，而公共机构的代表则不允许投票。社会民主党的部长们也不得不做出让步。他们放弃了1931年的工资税偿还，并同意授权财政部部长制订一项长期紧缩计划，该计划将为减税奠定基础，并使1931年的经常性支出保持在1930年的水平以下。

内阁达成统一意见是所有阵营中温和派的胜利。但是最终找到解决方案的轻松并没有维持很长时间。社会民主党议会党团和自由工会的批评声不断，他们对社会民主党的内阁成员向财政部部长做出的承诺不满，并要求做出改变。而德意志人民党的态度则是一口拒绝。经过3月6日一场暴风骤雨般的会议之后，虽然莫尔登豪尔以辞职相威胁，但议会党团还是拒绝了内阁决议中的关键内容。企业主协会也对德国政府的妥协方针提出了保留意见。3月6日，德国雇主协会联盟扬言，如有必要，他们将停止在德国国家社保机构董事会的工作。一天之后，各工业协会宣布，政府的计划不符合“振兴经济和减少失业所需的财政和经济政策”。

3月7日，帝国银行行长向德国政府发动了另一场战争宣言。沙赫特宣布辞职，他向帝国银行中央委员会提出的理由是，海牙赔偿协议将给德国带来通缩危机，从而危及经济和货币。他的时机选择得很巧妙：3月6日，德国议会开始二读审核《杨格计划》法案，而沙赫特希望他的示威手段仍然能够阻止新的赔偿条例获得多数通过。德国政府立即采取了行动。

在帝国银行总理事会主席弗朗茨·冯·门德尔松（Franz von Mendelssohn）的建议下，银行于3月7日晚上宣布德国前总理和财政部部长汉斯·路德接任沙赫特的职务。路德在经济界享有很高的声望，从“地租马克奇迹”（Wunder der Rentenmark）开始，他的名字就代表着德国货币的稳定。总理事会接受了这一建议，并于3月11日选举路德为新任帝国银行行长。[39]

比帝国银行行长沙赫特下台更加严重的危机是如何解决3月以来的财政预算资金来源问题。德意志人民党坚决反对给工
业界增加负担，坚决反对提高失业救济保险金额。巴伐利亚人 368
民党要求免除内阁决定增收的啤酒税。德国社会民主党、中央党和德意志民主党同意满足巴伐利亚的要求。德国不应该征收啤酒税，而是把这项权利留给各个邦。但是，与德意志人民党的异议仍然存在，因此3月9日米勒考虑解散内阁。

然而在3月10日和11日这两天里，德国总统发出了令人惊讶的信号：在与布吕宁和米勒的单独会谈中，他宣布愿意授予政府第48条的全权。这一做法似乎可以确保内阁的金融计划生效，或者是让经过由德国社会民主党、中央党和德意志民主党这三个党组成的“核心联盟”略微修改的提案生效，如果不能通过德国议会多数票的决议使其生效，那就通过帝国总统的紧急法令。中央党从兴登堡那里得到保证，该党在1月28日提出的诉求已经达到了目的。在3月12日的三读之后，《杨格计划》以265票赞成，192票反对，3票弃权获得了通过。投赞成票的包括中央党的几乎所有议员，而巴伐利亚人民党的大多数议员投了反对票，并且在接下来由德国共产党提出的对米勒政府不信任提案中象征性地投了弃权票。巴伐利亚人的抗议活动与战争赔款无关，而是为了他

们喜爱的饮料。就在两天前，奥托·布劳恩宣布普鲁士坚决不同意最新的啤酒税收妥协案，这种做法实际上已经让这项提案付诸东流了。[40]

《杨格法案》获得批准后，财务重组之路应该是一马平川了。先决条件是兴登堡要兑现他 3 月 10 日对米勒和 3 月 11 日对布吕宁做出的承诺。但是，德国总统的主要顾问认为他不应该这样做。从他们的角度来看，兴登堡的承诺在达到目的之后就不再有效了，而这个目的就是让中央党赞同批准《海牙公约》。此后，总统的智囊顾问就应该出面为总统设定新的路线方针：成立一个没有社会民主党参与的总统内阁。

3 月 18 日，人民党议员冯·吉尔萨向他的工业界老板保罗·罗伊施报告，根据“消息灵通的内线人士”透露，兴登堡“好像在格勒纳和施莱歇的策动下”拒绝解散德国议会，根据第 48 条授予政府全权，并且说服库尔提乌斯和莫尔登豪尔留任部长。就在 3 月 18 日这一天，冯·施莱歇将军还向国务秘书迈斯纳再次提到“我的解决方案”的正确性，即由总统做后盾的资产阶级政党内阁。答复来得很快。就在 3 月 19 日，迈斯纳请他在德国国防部的盟友注意兴登堡前一天给米勒
369 的公开信。在这封公开信中，帝国总统几乎以命令的语气呼吁对德国东部农业采取强有力的援助措施。迈斯纳的解释非常清楚：“这是您的解决方案的第一步！这也是我们能够为‘兴登堡’统帅制度奠定的最好基础。”[41]

下一轮权力之争的战场是在曼海姆。德意志人民党的代表大会于 3 月 21 日至 22 日在这里举行。会议上，党的领导人恩斯特·朔尔茨指责社会民主党人，指出他们推行从根本上反对资本主义的政策，特别是在税务政策方面，尽管这个国家是建

立在资本主义基础上的。他们口口声声说效忠黑红金色，骨子里却信奉红色。另外，朔尔茨也非常务实。从目前的实际情况来看，必须认识到，如果是对着社会民主党干，或者离开社会民主党，长远来看政府都几乎不可能长期存在下去。这位党魁表现出明显的宽容态度是有自己的理由的。当朔尔茨讲这番话的时候，他几乎可以确信，外交部的一名官员于 20 日向正在休假的库尔提乌斯部长传递这样一个信息，说总统期待着大联合政府的失败，并且盘算着让议员布吕宁组建一个“兴登堡内阁”。因此，朔尔茨可以说得出这种和解姿态的语言，最后让德国社会民主党来背黑锅。这样一种策略，无论是对公众还是对党内温和派来说都比较得体。然而，德意志人民党在这件事情上表现出毋庸置疑的态度，他们绝对不会再和德国社会民主党达成妥协。应高度工业化的莱茵-威斯特法伦邦工作小组的要求，议会党团在 3 月 2 日做出明确决议，表示在失业保险金和公务员的紧急受害基金方面绝对不妥协。

与 3 月初相比，重工业家们在曼海姆党代表大会期间所处的地位要有利得多。因为自从《杨格法案》通过之后，德国工业帝国协会也一直在反对大联合政府。3 月 14 日，德国工业帝国协会主席卡尔·杜伊斯贝格答复了 3 月 10 日莫尔登豪尔的来信。在这封信中，财政部部长宣布，他将在战争赔款协议获得批准后辞职，因为他的政治朋友以及“经济界”都对他失去了信心。杜伊斯贝格用电报对此做出了回应，而这个回应实际上就是要求财政部部长辞职：“您的政党不能遵照内阁的决议去做，这一点我完全能够理解。如果您能承担后果，那您肯定不会失去经济界对您的信任，正好相反，对您的信任将会得到保留。”[42]

370 在德意志人民党代表大会召开三天后的 3 月 25 日，总理府举行了各党领袖会议。然而各党派之间依然没有能够找到妥协的办法。德国社会民主党出身的鲁道夫·布莱特沙伊德拒绝了大联合政府中资产阶级各党派专家于 3 月 15 日达成一致的方案。根据这一方案，国家社保机构即便在没有法律授权的情况下也可以采取紧缩措施，只有在采取紧缩措施之后才可以提高保险缴纳金额。德意志人民党代表朔尔茨则反对超过当前 3.5%保险金水平的任何金额上涨，除非同时减少失业者的福利。德意志民主党的奥斯卡·迈尔（Oscar Meyer）提议把提高保险金额 0.5%改为仅提高 0.25%，但这个提议仅仅得到了莫尔登豪尔的个人认可，而不是德意志人民党全党的认可。但是，德国社会民主党在第二天接受了迈尔的折中提议。

海因里希·布吕宁最期待各党派能够在 3 月 25 日的会议上达成一致。3 月 26 日，他向中央党主席通报了也许并不是他在这一天才掌握的情况："德国总统将不授予内阁第 48 条的全权，此外从国家法律角度来看，并非所有问题都可以通过第 48 条来解决。"这就是为什么布吕宁认为有必要尽一切努力，最后一次尝试寻求解决议会危机的方法。3 月 27 日上午，他在各党领导人的另一场会议上提出了他已经征得朔尔茨和迈尔同意的一个建议。"布吕宁妥协建议"的核心是搁置关于提高缴纳保险金的争端。德国保险机构将采取紧缩措施，并在必要的时候从德国政府那里得到拨款，而这笔拨款将确定在每年的财政预算中；如果劳动力市场的情况进一步恶化，德国政府必须决定是通过法律途径增加保险金额，还是降低救济金额，或通过提高间接税来为德国贷款提供资金。[43]

布吕宁提出的建议显然是削弱了内阁3月5日做出的决议，并且是以牺牲失业者的利益为代价的。德国社会民主党最大的担忧是暂时放弃提高保险金额，并且限制德国的借款义务，正是这些要点促使社会民主党谈判代表确信他们不能同意这个草案。德意志人民党的代表还不想做出承诺，但对议会党团会认为节省措施是否足够表示怀疑。讨论结束后做出决议，给各个议会党团以机会进行表态，表态的形式是对谈判结果表示赞成或反对。在12时开始的部长级会议上，只有劳工部部长维塞尔明确反对“布吕宁妥协建议”；其他所有内阁成员都同意总理的建议，即如果政府的决议得不到多数赞成，政府就 371
应该接受各党之间达成一致意见的纲领。

议会党团在下午召开会议。在社会民主党内，维塞尔是唯一反对“布吕宁妥协建议”的内阁成员，还有一个和德国总理同名的人物也出面反对，他就是德国总工会联合会副主席赫尔曼·米勒（Hermann Müller）①，他以威胁性的语气警告党与工会之间势必发生冲突。内阁建议的最坚定支持者是总理和内政部部长，但大多数人显然站在批评者一面，因此当奥托·韦尔斯要求议会党团遵守政府3月5日决议的时候，几乎没有反对的声音。

当社会民主党拒绝布吕宁的妥协建议时，他们知道除了巴伐利亚人民党以外的其他各议会党团都接受了这一建议。这一妥协建议只是在德意志人民党中引起了争议，这个党里的重工业企业主代表希望与德国社会民主党决裂。议会党团副主席阿

① 他的姓名与时任总理完全相同，因此为了区别二者，史学家会在政治家姓名后面标出他所在的选区，这位米勒来自利希滕贝格选区。

尔贝特·察普夫为这一妥协建议辩解说，不是人民党，而是社会民主党经历了一次失败。恩斯特·朔尔茨也表示，布吕宁的妥协建议使人民党进入了一个“强势阶段”。在投票过程中，有 25 名议员投票赞成，有 16 名议员反对中央党政治家提出的建议。

下午 5 时召开了大联合政府的最后一次内阁会议。作为辞职的另一种选项，米勒再次把第 48 条提到议事日程上，随后莫尔登豪尔宣布，由于内阁意见分歧很大，这条路行不通。财政部部长根据进一步分析发现，政府在德国议会已经不再拥有足够的多数席位支持，他实际上已经在宣布解散这个大联合政府了。泽韦林要求政府在“公开的战场”上面对议会，但是这个要求也落空了，因为此时的政府充其量就是一个空壳。在中央党的部长们与布吕宁进行磋商的短暂休会期间，约瑟夫·维尔特从国务秘书迈斯纳那里获悉，兴登堡不会根据第 48 条赋予这一届政府全权。会议重新开始后，莫尔登豪尔建议内阁提出辞职，如果大多数部长反对德意志人民党的意愿，将抵押方式的决议带进税务委员会，他就宣布自己辞职。结果，米勒发现内阁显然是想集体辞职，于是他立即通知了德国总统。米勒向内阁表示感谢，几位部长发言表示对总理的尊重，第一共和国的最后一届有议会多数支持的政府举行了最后一次会议之后寿终正寝。[44]

372 1930 年 3 月 27 日是魏玛共和国历史上最深刻的转折点之一。我们现在来回顾这个时刻，会毫无疑问地发现，从这一天起，相对的稳定时期已经一去不复返了，德国的第一个民主制度的瓦解阶段开始了。实际上有许多同时代人当时也意识到了这个创伤的深度。《法兰克福报》称 3 月 28 日是一个

“黑暗的日子……因为争论的话题本来很小，但它引发了灾难性后果，根本不成比例，这真是个不祥之兆”。社会民主党里的批判之声也日益高涨，正是因为他们做出的决议才让米勒政府最后彻底画上了句号。鲁道夫·希法亭在社会民主党5月出版的理论杂志《社会》（*Die Gesellschaft*）中解释了为什么他不能遵循党内多数派的观点：这些人认为一旦同意了布吕宁的提议，就再也无法阻止在秋天降低保险的福利了。“单从确保失业保险的角度来看，从政府中退出至少看上去就不是明智之举。仅仅因为担心秋天局势会恶化，真不足以采取后果如此严重的举措。仅仅出于对死亡的恐惧而去自杀并不是一件好事。”

3月27日决定的后果至少是可以预见的：内部权力的平衡从立法机构转变成了行政机构。希法亭简洁地表达了当时许多人已经意识到的事情：“毫无疑问，如果议会未能履行其基本和最重要的职能，即组建政府，那么帝国总统的权力就会在损害议会利益的基础之上，并且由于议会的过失而扩大。帝国总统必须履行议会无法履行的职能。如果有人补充说，议会的这种瘫痪是几个非常强大的团体希望和直接促成的，那么人们将会理解，德国议会制未来所面临的真正危险不是来自外部，不是来自暴力政变，而是来自内部：大埃阿斯最终死于大埃阿斯之力①。避免这种危险一直是社会民主党在最困难的情况下出面承担责任的必要条件。”[45]

社会民主党人做自我检讨是有充分理由的。如果接受布

① 大埃阿斯是希腊神话人物，大埃阿斯因为在甲胄继承权战斗中败落而自杀。

吕宁的妥协建议，大联合政府不一定就会长寿，但是至少可以避免议会再次自我缴械。社会民主党也不会因此而落入致命的境地，不会因为 1930 年 3 月 27 日之后的影响力比以前小很多而自责。随着后果变得越来越严重，这种自责也越来越强烈了。尽管怀疑党内多数人和自由工会在 1930 年 3 月最后几天政治智慧的这种自责是对的，但这些人也仅仅是接受
373 了议会多数党政府的终结而已。社会民主党人在这件事上不明智，在大联合政府的最终危机时当了替罪羊，而权力变更的设计者们实际上是政府阵营中的右翼，或者那些议会以外的右翼。

从 1930 年初开始的一件大事就可以清楚表明，德意志人民党在施特雷泽曼死后，已从原来的自由派立场走出去多远。1 月 14 日，纳粹分子威廉·弗里克（Wilhelm Frick）在图林根当上了内政部和人民教育部部长，而德意志人民党也在政府里。乍一看，大联合政府中的这个右翼政党的情况让人想起 1923 年秋天的社会民主党：当时在施特雷泽曼领导下的大联合政府中的这个左翼政党，在数周内同时成为萨克森和图林根这两个邦共产党人的联合伙伴。当德国社会民主党随着德国中部左翼联合政府的解散和在中央政府中的权力丧失而失去平衡时，德意志人民党在 1930 年最初还能够在邦政府和中央政府维持自己的权力份额。德国的政治重心已经严重向右倾斜，因此德国社会民主党脱离中央政府要比图林根邦右翼联盟的破裂更符合逻辑。[46]

德意志人民党及其背后的企业家团体的政策始终基于社会的经济框架，而不是经济的社会框架。经济危机越严重，人民党就越侧重于强调经济的首要地位。有决策权的社会民主党人

其实已经完全准备好去考虑经济界的需求。当自由工会 1930 年 1 月要求政府提供贷款以刺激经济时，奥托·布劳恩就反对这些言论："我们现在正处在危机中，目前是靠借贷经济来暂时推迟这个危机。"布劳恩认可财政重组的共识，只有这一共识才能让大联合政府维持得更久，并且使几度出现的总统内阁更加温和。这一共识对第一共和国最后阶段的德国政治而言，同魏玛早期的通货膨胀共识和魏玛中期的理性化共识一样重要。这一共识中一直存在着一个分配的问题：由谁来承担财政重组所带来的负担。在这个问题上，社会民主党人与资产阶级政党的回答大不相同。[47]

资产阶级政党越向右倾，他们的结论就越明确，那就是只有通过放弃议会民主制才能克服让经济界过度负担社会要求的问题。地位稳定的右翼势力认为，这种形式的政府已经把工人和消费者的利益提升到了与共同利益不再兼容的地步了。 374

加强总统权力的人们希望，这一做法不仅可以增强政治稳定性，而且可以使经济结构健康化。但是在 20 世纪 30 年代初期，这种对事物的看法不再是右翼的专利了。德国议会制持久的危机导致资产阶级中间派也不再是这个体制的支持者了。而且在社会民主党中，对联合政府政策的不满程度如此强烈，以至于大多数人在 1930 年 3 月宁愿以恐怖的方式结束这一届政府，也不愿意无休止地恐怖下去。

在大联合政府内部，以及在帝国总统周围的那些坚定不移地朝着总统制努力的力量把取消议会制想象得比实际执行容易。过去几年里，议会民主制运作不佳，但是它毕竟保证了能够使选民对政府产生一定程度的影响。想把行政权独立出来的人，势必要和比魏玛共和国古老得多的政治参与主张发生冲突。普选制创造出来的参与权是不能简简单单地被废除的。在德国，如果想对大众禁言，势必会引起大众的抗议。在 1930 年春季还看不出来的是，谁能够在最有效地表达抗议的竞赛中胜出。[48]

13. 大众被禁言

从米勒政府辞职到布吕宁组建新内阁仅仅三天时间，这标志着兴登堡的顾问们已经为权力更迭做好了充分的准备。1930年3月30日，海因里希·布吕宁出任帝国总理，这一年他44岁。这个苦行僧般的单身汉出生于威斯特法伦的明斯特，他大学修的课程类别很多，毕业于历史和政治学学科，1915年以题为《英国铁路国有化》的博士论文获得博士学位。像他这一代的大多数政治人物一样，对他影响最大的经历是第一次世界大战。布吕宁尽管体质虚弱并且近视，但还是作为志愿兵上了前线。他受了伤，并被授予后备役中尉军衔。每当中央党政治家在小圈子里聊天的时候，他在前线担任军官的回忆便是一个最热门的话题。 375

1918年11月，布吕宁加入了温特费尔特小组（Gruppe Winterfeldt），这是一个特别的协会，其任务是平息革命。他的政治生涯开始于1919年9月，当时的普鲁士福利部部长亚当·施特格瓦尔德任命布吕宁为自己的发言人。一年后，布吕宁成为德国基督教民族工会联合会（christlich-nationaler Deutscher Gewerkschaftsbund）主席。1924年5月，他首次被选为中央党的议员进入德国国会时，并没有放弃德国基督教民族工会联合会主席的职务。在很短的时间里，他成为中央党重要的财政预算专家，并最终于1929年12月当选为议会党团主席。在中央党内，没有任何一个政客能够像布吕宁那样，得到如此多的支持：工人们由于他的工会活动而拥护他，他因为保守的政府预算政策和坚持民族利益优先的态度让保守派刮目相看。

布吕宁那种鲜明的爱国主义精神也可能是对广泛的宗派怨恨的一种反应：就像在文化斗争时期一样，许多新教徒甚至在60年之后都看不起天主教徒，无论是在世俗问题上，还是在民族信仰上都是这样，尽管德国天主教徒在民族可靠性上是毋庸置疑的。而布吕宁正是这种偏见的对象。正如国务秘书平德尔记录的那样，他在被迫辞去总理职务的前几天，于1932年5月26日付出了巨大的努力，参加了圣赫德维希大教堂（Sankt-Hedwigs-Kathedrale）前的圣体节游行，用这种方式在
376 柏林公开表明他的天主教信仰。但是出于对本党的尊重，他也不能给人留下以自己的宗教信仰为耻的印象。他只能希望，只要能够继续努力证明自己在民族主义方面绝不落后于他人，新教德国是能够有这种宽容度的。

布吕宁的回忆录直到他去世后不久的1970年才问世。他在回忆录中写道，在任总理期间，他矢志不渝地努力恢复君主制，更确切地说，是要建立英国式的议会君主制。实际上，布吕宁是一个共和思潮之前的德国人，与魏玛相比，他的思想更接近俾斯麦帝国。但是，没有任何当时的证据表明，他在位期间曾用自己的实际政策把国家推向君主立宪制。直到20世纪30年代后期，布吕宁才回过头来说起这种意图，这也可能是为了用这种口号把希特勒的保守派反对者团结在自己周围，并且为自己打造出一个目光长远的政治战略家的形象。

1930~1932年的现实情况并非这样。德国总理海因里希·布吕宁全神贯注的工作可以用如今所谓的“危机管理”来形容。

这并不排除依然追求长期目标的可能性，但是这些目标几乎不在当时工作的范围之内。他和几乎所有资产阶级政党中的主要政治人物一样，在大危机期间的首要工作是克服凡尔赛体系，并帮助德国重新获得完全平等的大国地位。为了这个目的他也必须组织一个强大的政府，并且削弱议会的地位。但是为了实现这些目标，没有必要重返君主制。相反，如果布吕宁在内政上推行极端的复辟方针，反而会让他的外交计划付诸东流。没有依据证明，他作为政府首脑曾经制定这样适得其反的政策。[1]

布吕宁内阁于 1930 年 3 月 31 日召开成立会议，其内阁成员似乎保证了高度的政治连续性。12 名部长中有 8 名曾经在大联合政府中任职，尽管部分部长领导的是其他部门：

副总理兼经济部部长赫尔曼·迪特里希（德意志民主党）

外交部部长尤利乌斯·库尔提乌斯（德意志人民党）

内政部部长约瑟夫·维尔特（中央党）

财政部部长保罗·莫尔登豪尔（德意志人民党）

国防部部长威廉·格勒纳（无党派）

劳工部部长亚当·施特格瓦尔德（中央党）

交通部部长卡尔·特奥多尔·冯·格拉尔德（中央党） 377

邮政部部长格奥尔格·舍策尔（巴伐利亚人民党）

新任部长都来自参与了上一届联合政府执政的右翼政党：

司法部部长约翰·维克托·布雷特（Johann Victor Bredt，经济党）

农业部部长马丁·席勒（德意志民族人民党）

被占领地区部部长戈特弗里德·特雷维拉努斯（保守人民党）

一位新任部长的要求几乎让3月29日新组成的内阁崩溃。帝国乡村同盟主席马丁·席勒是兴登堡总统亲自推荐的候选人，他要求对农业采取极为广泛的援助措施，并且削减失业援助金，总统不得不出面干预。最后，席勒在农业政策上占了上风，但在社会政策上没有成功。席勒担任部长后就辞去了德国国会议员的职务，因此最初并不清楚他的政党——德意志民族人民党对新政府的态度是怎样的。司法部部长布雷特的入职是要让内阁得到一个从未参与德国政府工作的政党的支持，这个党在工匠、小商人和房主中有一定的支持率。站在最右立场的是退役海军上尉特雷维拉努斯，他于1929年12月离开德意志民族人民党，用这种方式来抗议胡根贝格的路线，并于1930年1月底与其他前德国民族主义者，以及基督教民族农民和乡村人民党的成员一起成立了保守人民党（KVP）。

虽然米勒内阁中的很多部长进入新的内阁，但从一开始就毫无疑问，布吕宁政府是一个新型的内阁。兴登堡3月28日授权布吕宁成立内阁时，就向中央党的这位政治家表示："由于议会困难重重，所以他（总统）认为并不宜在联合政府的基础上组建新政府。"然而，布吕宁知道，如果有必要，新任总理可以使用总统不愿意授予其前任的权力，这就是《魏玛宪法》第48条规定的紧急状态法全权授权。布吕宁在4月1日的简短政府声明中也对此做了明确表示。他告诉国会议员们，他的内阁将是"最后一次尝试，通过这一届议会来执行解决方案”。

国会于4月3日对德国社会民主党的不信任提案进行投票表决，议案以253票对187票被否决。布吕宁政府的成功归结于这样一个事实，即团结在韦斯塔普伯爵周围的温和势力和农 378
业利益代表再次在德国民族主义者中占了上风。但是，该党领袖胡根贝格在辩论中提出的观点包含了对新内阁如此猛烈的攻击，以致没有人认为，德意志民族人民党认为自己是政府阵营的一部分。因此布吕宁内阁时时刻刻都有可能在表决中失败。但是，内阁可以在某种程度上比较冷静地面对这种可能性，因为兴登堡的保证使内阁政府有信心自己会比德国议会活得更长久。布吕宁内阁虽然不是一个公开的总统内阁，但从任期的第一天起，它就是一个秘密的总统政府。[2]

议会在4月3日经历了首次考验，9天之后第二次考验接踵而至。德国国会必须决定1930年德国联邦预算的资金来源提案，该提案已于3月24日在德国参议院得到了通过，那个时候还是大联合政府时期。为了向德国民族主义者施加压力，政府推出了一揽子计划：席勒的农业计划，其中包括临时授权提高谷物和牲畜的关税措施，只能与预算资金来源提案一起生效。这一威胁在德意志民族人民党议会党团内部引起了公开矛盾：4月12日，有6名议员没有参加投票；包括胡根贝格在内的23名议员拒绝了执政党的这一提案；而以韦斯塔普为首的这一派对此投了31票赞成票，从而帮助政府赢得了微弱多数。4月14日，在对这项议案进行三读时，结果依然保持不变。两个月后，布吕宁内阁陷入了第一次危机。6月19日，财政部部长莫尔登豪尔提出了辞职请求，原因是他所属的德意志人民党严正拒绝了他的“国家对固定薪资者的救助”提议，而且重工业雇主一派要求他辞职。布吕宁只好在五天后为他找了继任者。此人就是副总理赫尔曼·迪特里希，来自巴登的律师，拥有大片土地，他在赫尔曼·米勒时代就以德意志民主党员的身份任职于内阁。迪特里希领导的经济部在6月27日由该部门的国务秘书恩斯特·特兰德伦堡（Ernst Trendelenburg）临时接任。此人并不是政治家，他可以接受布吕宁的“现实政治”的思想，但不能帮助内阁在议会中建立更为牢固的基础。

6月的内阁危机凸显了财政预算问题的日益严重。4月的资金来源决议已经不能满足德国政府的财务需求。最重要的是，长时间居高不下的失业率迫使人们重新考虑。内阁于6月5日达成协议，将失业保险金缴费金额从3.5%提高至4.5%，但这仅仅解决了部分问题。因此，政府被迫进行进一步的
379 “改革”：决定从1931年4月1日起，将帝国政府到目前为止为德国职业介绍和失业保险机构提供的无上限贷款义务，在每年预算中确定最高数额。另外，政府还通过收取单身税和所得税附加费来增加收入。备受争议的公务员和雇员紧急救助补贴最终还是获得了所有政党的同意。德意志人民党主席恩斯特·朔尔茨在7月8日宣布，他的政党将接受对固定薪资者的救助，但必须同时引入一种普遍的“公民税”。由于这项税没有累进制，低收入家庭会受到特别打击。然而，政府在7月4日还是接受了人民党的方案。这一做法立即在社会民主党人和共产党人中间引发了抗议风暴。

内阁修改资金来源提案的决议是否能够得到议会多数的通过，这还完全没有保证。7月11日，因德意志民族人民党、德国社会民主党和德国共产党投票反对，德国议会税务委员会拒绝了政府关于固定薪资者救助的提案。随后财政部部长迪特

里希宣布，政府对这一提案的二读不再感兴趣。与两个最重要的在野党的谈判没有取得任何进展。德意志民族人民党对此不屑一顾，德国社会民主党则提出了一个布吕宁不可能接受的折中方案。社会民主党方案的核心就是放弃公民税（俗称“人头税”或“黑人税”），而德意志人民党是在任何情况下都不会放弃的。如果布吕宁屈服于德国社会民主党，内阁就会崩溃。当德国议会于7月1日举行会议，对资金来源法案进行二读时，议会解决危机的办法实际上是不可能实现的。[3]

辩论的第二天，即7月16日，兴登堡正式宣布他打算如何从陷入困境的局势中走出来：如果资金来源法案不能得到议会通过，那么他已经授权总理，运用宪法第48条让这项法案生效。如果议会决定废除已颁布的紧急法令或对内阁提出不信任议案，他就解散议会。社会民主党的议会党团主席鲁道夫·布莱特沙伊德立即代表本党提出抗议，指出第48条是“为了在某种情况下帮助国家和保护国家，而不是为了帮助一个政府摆脱得不到它想要的多数支持的困境”。

但是朝着紧急法令政权的发展已经不可阻挡。当德国议会以256票对193票否决了国家财政资金来源提案的第二条，即公职人员紧急救助法之后，布吕宁宣布，德国政府认为继续这 380
场辩论已经不重要了。就在同一天，即7月16日，布吕宁政府颁布了两项紧急法令。第一项法令是包括公民税在内的资金来源法，第二项法令是给地方政府提供征收饮料税的机会。

正如预期的那样，第二天德国议会主席保罗·勒贝就收到了德国社会民主党的两项提案：第一，议会应该对布吕宁政府提出不信任议案；第二，必须废除这两项紧急法令。德国议会必须在第二天召开全体会议讨论和决定这两项提案，除非多数议员提出休会。休会很可能最符合德国民族主义者的利益，否则他们将有可能在这次投票中再次分裂，而这一次分裂将是彻底的决裂。长期以来，胡根贝格一直认为与温和派的决裂是不可避免的。但是作为党的领袖，他仍然要避免给人留下这样一个印象，好像自己没有为保持德意志民族人民党的统一做出所有努力。在 7 月 17 日下午与布吕宁和迪特里希的一次对话中，他提出了一项关于未来重大计划的建议，其中包括建立反马克思主义阵线，反对《杨格计划》的斗争以及政府的“转型”，首先是在普鲁士，后来是在联邦层面。由于布吕宁不同意这些要求，而且他的内阁主要成员也确认了表示支持他的反对立场，因此德意志民族人民党议会党团必须站出来表明自己的立场。在 7 月 17 日晚举行的一次会议上，经过长时间的讨论，德国社会民主党罢黜政府的动议以 34 票对 21 票获得通过。德国政府至少需要 39 张来自德意志民族人民党的选票，才能在德国议会中保持自己不被罢免。[4]

魏玛共和国第四届国会的最后一次会议于 7 月 18 日 10 时后不久开始。1918 年至 1919 年的人民代表奥托・兰茨贝格代表德国社会民主党指责布吕宁政府通过了两项紧急条例，从而违反了宪法。因为在德意志帝国，公共安全和秩序并未受到重大干扰或危害，因此不适用第 48 条。帝国内政部部长约瑟夫・维尔特回答说，帝国、各邦以及地方政府都出现了财务紧急情况，而且无法通过议会手段加以补救，因为提案无法在议会中得到多数人通过。议会党团主席恩斯特・奥伯福伦（Ernst Oberfohren）代表大多数德国民族主义者讲话，他声称政府没有遵守诺言，特别是在援助德国东部方面。德意志民族人民党中的少数派代表韦斯塔普伯爵否定了德国社会民主党废

黜政府的提案。因为在经济困难时期需要一个稳定的政府，现在再也经不起政府危机和竞选活动带来的进一步冲击。帝国财 381
政部部长迪特里希在讲话结束时说，现在的问题是“我们德国人到底是一群利益争夺者还是一个国家的国民”。代表德国共产党发言的威廉·科嫩（Wilhelm Koenen）认为这一切都很明显，“这些措施是布吕宁准备建立法西斯专政的手段”。

经过表决，社会民主党7月16日在议会提出的要求推翻两个紧急法令提案的结果是明显的：236名议员投票赞成，222名议员投票反对。德国社会民主党、德国共产党、民族社会主义德意志工人党以及德意志民族人民党的32名议员都投了赞成票。其他政党和德意志民族人民党的25名议员均投了反对票。接下来，德国议会再也没有机会对德国社会民主党和德国共产党提出的不信任议案进行投票了。德国议会主席勒贝宣布接受社会民主党的申请之后，布吕宁总理立即宣读了德国总统的一项法令：“德国议会今天通过决议，要求废除我根据《魏玛宪法》第48条发布的7月16日紧急法令。鉴于这个原因，我根据《魏玛宪法》第25条宣布解散德国议会。柏林，1930年7月18日，德国总统冯·兴登堡。德国总理布吕宁博士。”布吕宁宣读到最后的时候，引发了共产党人的一片喧闹声：“打倒这个饥饿政府！”下午1时，德国议会主席宣布会议结束：“现在我们的工作结束了。”

在德国议会解散的同一天，紧急法令被废除了，而且公布了新的选举日期：1930年9月14日。7月26日，德国总统发布了新的《缓解财政、经济和社会紧急状况的紧急法令》。它比7月16日的两项法令更为全面，在某些方面也存在不同。公民税已经采用初步的累进方式征收。早先是一刀切，每人6

马克，现在变成了低收入人群只需缴纳 3 马克，但这一类纳税者的收入上限不得超过 1000 马克。这项紧急法令中新添的内容有对德国东部地区负债的农业企业的强制执行保护条例，这是由帝国乡村同盟、德意志民族人民党和德意志民主党强烈要求的。其他的新增内容来自东部救助法草案。德国议会在解散前已经无法颁布这个草案了。除此之外，这项法令基本是照抄内阁已经确定下来的内容：失业保险机构的改革，公职人员救助法，所得税补贴以及单身税。地方政府可以自由决定是否要征收公民税或当地啤酒税，或同时征收这两种税。[5]

隐蔽的总统制政府在 1930 年 7 月过渡到公开的总统制政
382 府，这里面存在必然性。当德国总统四个月前拒绝了有议会多数支持的政府之后，在 7 月危机期间只有一条法律得到了落实，这就是新任总理在 3 月 30 日上任。布吕宁不可能在不破坏政府右翼阵营的情况下向社会民主党让步。他不可能破坏右翼阵营，否则他就违背了就任总理的逻辑。因此，总理执政的活动范围非常有限。

当然，社会民主党的活动范围就更小了。他们不能接受没有累进制的公民税，而这是德国政府一直到德国议会解散之前都在坚持的，这是因为社会民主党不能如此大规模地挑战自己的支持者，并且为便宜共产党打出王牌。另外，社会民主党的重要政治人物，尤其是赫尔曼·米勒和奥托·布劳恩，他们非常清楚地知道不应该把与布吕宁的冲突扩大到全面对抗。只要社会民主党人在普鲁士与中央党一起执政，德国总理就可以向德国最大的政党施加压力，他可以随时以退出另一个柏林联合政府相威胁。布吕宁在未来使用这种手段的程度完全取决于德国国会选举的结果。[6]

面对 9 月 14 日的选举，布吕宁政府特别放松。在 6 月 22 日萨克森邦的选举中，民族社会主义德意志工人党将自己在邦议会的议席从 5 个增加到 14 个，并成为仅次于德国社会民主党的第二大党，然而总理和部长们对此不以为意。布吕宁相信，他凭借自己的“现实”政治能够让更多的德国人信服。此外，除了采取严格的紧缩措施外，他的政府在头几个月就取得了巨大的外交成功。当然这一外交成就要归功于大联合政府：根据 1929 年 8 月的《海牙公约》，6 月 30 日对莱茵兰最后一个地区的占领宣告结束，撤离的时间早于最初的协议约定时间。德国总统和德国政府对这一事件表示赞赏，并且发表了宣言，然而此事引起了巴黎的不满。宣言中仅仅提到了莱茵地区的百姓饱受苦难，以及外国势力横行霸道，但没有提到如果法国在这个问题上不做妥协的话，要到 1935 年才会撤离这一地区。

德国官方宣言的吹嘘语气恰好加强了布吕宁试图赋予德国外交政策的强烈的民族形象。外交部高层的人事变动凸显了右倾路线的调整：6 月初，德国外交部常年任职的国务秘书、施特雷泽曼的亲密同事卡尔·冯·舒伯特（Carl von Schubert）被贬到罗马担任大使。取代他的是“更有魄力的”伯恩哈德·威廉·冯·比洛（Bernhard Wilhelm von Bülow），这位杰出的律师是 1900 年至 1909 年任帝国首相的比洛的侄子，恰如其分地体现了德国外交部的威廉时代传统，这使他成了布吕宁 383
心仪的人选。布吕宁作为德国总理对外交政策的影响远远超过了他的大多数前任。

德法关系的困扰不仅仅出于 1930 年 7 月撤离莱茵兰的宣言。同时，尽管巴黎发出了积极信号，德国政府仍然停止了根据协议解决萨尔问题的谈判。不久之后的7月8日，内阁断然拒绝了法国外交部部长白里安在5月17日提出的建立欧洲国家联盟的计划。布吕宁本人要求做出这样一个回复，以表示德国对“公正和永久的欧洲秩序”的追求，在“欧洲，德国必须拥有足够的自然生存空间”，这与法国坚持维持现状的要求大相径庭。为了在国内产生期待的政治影响，政府决定在德方对白里安的答复中“尽量采用民间的说法”。[7]

面对东部邻国，布吕宁内阁的自信也在日益增强。波兰受到的影响尤为严重：经过多年的艰苦谈判，米勒政府于1930年3月签署了两国之间的贸易协定。然而这项贸易协定在新政府中遇到了农业部部长席勒的阻挠。与前几年一样，协议里面有一条特别遭到德国农业界的反对：进口廉价波兰猪。席勒申请推迟批准这个协议，最终由于德国国会解散，该协议不了了之。在9月的选举中，右翼势力不断扩大，布吕宁政府认为再将这个协议提交议会批准是不合时宜的。

在上任的头几个月中，布吕宁政府在国际关系领域所做的解释和工作，无论在形式上还是内容上，都与大联合政府，以及古斯塔夫·施特雷泽曼担任外交部部长时所有内阁的外交政策存在着很大差异。1928年9月，赫尔曼·米勒在裁军问题上已经比“洛迦诺时代”的德国政府所能听到的语气多了几分民族主义口吻。1930年2月，在他下台几周前，德国社会民主党总理同意铭记本党的大德意志传统，甚至对外交部部长库尔提乌斯操作的德国-奥地利关税同盟极有争议的项目进行“审查”。但是，只要社会民主党还参与政府执政，德国修正主义就仍然受制于“谅解政治”的原则。只有在大联合政府破裂之后，那些想彻底推翻凡尔赛体系的势力的要求才能得到

贯彻，反对“泛欧洲”主张的势力也形成了一个看似更为具 384
体的愿景：在经济上和政治上以德国为主导的“中欧”。[8]

德国外交政策的变化，部分原因是资产阶级中间派开始右倾，这一转变早在1930年之前就已经开始了，在大联合政府结束后仍在继续。1928年12月，当路德维希·卡斯当选为中央党的党主席时，该党的路线就确定右倾了。布吕宁接任总理职位后，中央党更是无条件地跟随政府首脑的总体政策，并且对德国国会采取打压态度。在7月29日举行的中央党执行委员会会议上，卡斯强调说，中央党不想推翻民主，而是要维护民主；不是要消灭议会制，而是要使其进一步完善和规范化。这位来自特里尔的高级教士向社会民主党发出的警告在措辞上更加精准。如果德国社会民主党像在7月18日那样，再次与德国民族主义者一起投票反对布吕宁的话，他就以终止普鲁士联合政府相威胁。

另一个经典的中间派政党——德意志民主党也已经在大联合政府期间开始向右修正路线，并向德意志人民党靠拢。德意志民主党在1928年的选举中惨败，由此引发了党的路线的转变。政治自由主义在选民中几乎没有留下什么痕迹：工匠和小商人在1919年是左翼自由主义派的中流砥柱，他们在1920年转向了德意志人民党，在1924年转向了德意志民族人民党，在1928年转向了经济党。中小型工商业雇主被夹在大资本家和马克思主义工人运动之间，面对他们的恐惧，自由主义党却无所作为。结果，德意志民主党情愿在诸如贸易自由方面削减自由主义的原则，也不愿丧失更多选票。1930年4月，德意志民主党人甚至接受了对百货商店和消费者合作社的营业额收取歧视性的特别税。他们试图通过这一手段来获得布吕宁内阁对经济党的支持。

7月27日，即德国议会解散后的第9天，德意志民主党领导人进行了一次绝望的尝试，以阻止该党的进一步衰落：埃里希·科赫-韦泽、赫尔曼·迪特里希和德意志民主党的其他几名主要政治家联合了以青年德意志骑士团（Jungdeutscher Orden）的“大师”（Hochmeister）阿图尔·马劳恩（Artur Mahraun）为首的全国人民民族联盟（Volksnationale Reichsvereinigung），以及德意志人民党的其他几名年轻成员，共同成立了德意志国家党（Deutsche Staatspartei）。对于自由主义的危机来说，政党的名字里放弃了“民主”字眼，这是一个明显的特征。另外，德意志民主党在对年轻德国人的反犹主义倾向上又睁一只眼闭一只眼，显得非常大度。轻率地成立新党导致的第一个后果是一名著名的国会议员的退党。希尔施-东克尔行业协会的秘书长安东·埃克伦茨（Anton Erkelenz）7月29日退出了德意志民
385 主党，并且加入了社会民主党。在德国国会选举中，新政党又将面临进一步的损失：到此刻为止，犹太资产阶级一直是德国自由主义最可靠的支柱之一，这股力量是否能够容忍与青年德意志骑士团走到一起，还是他们会离开国家党，这里存在着极大的不确定性。[9]

本来希望德意志人民党能够并入，但是这个计划并未实现。德意志人民党遵循自己的对象争取计划，并不考虑承认国家党作为门当户对的伙伴。右翼中间派后来所做的工作肯定称不上“专注”（Sammlung）。经过长时间的谈判，8月18日，由德意志人民党、经济党和新成立的保守人民党发出了联合竞选号召，在竞选号召中三党致力于支持德国总统的“改革工作”。对《兴登堡计划》的称谓成了国家党拒绝签字的理由。

本来，国家党也受到邀请在这个计划上签字，但是国家党拒绝参与合作。马劳恩解释说，帝国总统地位崇高且公正，不应该用帝国总统的名字作竞选运动的口号。

保守人民党并没有国家党那样的担心。这个党成立于 7 月 23 日，建党的核心力量是以特雷维拉努斯为首的人民保守势力，和以韦斯塔普伯爵为首的反胡根贝格势力。这些前德意志民族人民党人获得了工业界的大量财政支持，这主要是因为大多数人对胡根贝格强烈的反政府立场不满意。但是，保守人民党理解的资产阶级争取对象运动的核心与国家党的新组合一样不见成效。在 1930 年的德国国会选举中，资产阶级中间派和温和派右翼势力得到的选举结果与早先的选举结果一样不尽如人意。[10]

德国最大的政党将 9 月 14 日的选举描述为“资产阶级阵营与社会民主主义、劳动与资本、民主与专政之间的抉择”。社会民主党主席在 7 月 19 日的竞选呼吁中指出，布吕宁政府想放过那些有钱人和有能力的人，把负担放在穷人和弱者身上。“社会民主党反对社会反动派的斗争不仅是争取议会权利的斗争，而且是争取人民权利的斗争。纳粹分子是一批独裁拥护者，他们也想消灭人民的权利。他们想用刀枪将残酷的暴力变成一个国家体系。在这个过程中，共产党人通过他们的斗争方法和对工人的瓦解，正在为纳粹积极效劳。”竞选呼吁的结束语是这样的：“反对布吕宁政府，因为这个政府与大资本家们沆瀣一气，想要压垮工人阶级！为民主和社会主义，为劳动人民，为社会民主而斗争！”

受到德国社会民主党谴责的共产党人进行了反击。共产党 386
人指出，社会民主党的批评意见简直是轻描淡写。8 月 24 日，

《红旗报》发表了《关于德国人民的民族和社会解放的纲领宣言》。这篇文章完全遵循 1923 年的“民族布尔什维克”的传统，主要目标是要把选民从极右派那里拉到共产党这边。希特勒和纳粹分子指责共产党对南蒂罗尔的德意志农民的苦难保持沉默，这是因为他们与意大利法西斯政府签订了秘密协议，将本属于德国的南蒂罗尔地区拱手送给了外国占领者。

文章对社会民主党的攻击措辞要严厉得多。文章指出，社会民主党“不仅是德国资产阶级的刽子手，而且心甘情愿地做法国和波兰帝国主义的代理人。社会民主党人的一切背叛和腐败的行为都是对德国工人群众生命利益的出卖，都是叛国的罪行”。共产党人宣称自己是唯一既反对《杨格计划》，又反对凡尔赛强盗式和平协议的党派。“我们共产党人反对任何战争赔偿，反对偿还任何国际债务……只有无产阶级专政的铁锤才能砸碎《杨格计划》和民族压迫的锁链，只有社会革命才能解决德国的民族问题。”[11]

共产党人的民族主义口号在纳粹分子那里引发了一阵嘲弄和蔑视。《人民观察家报》的主编阿尔弗雷德·罗森贝格称德国共产党的纲领宣言为“迄今我们最大的胜利”。布尔什维克领导人咬牙切齿地窃取了民族社会主义者的口号。共产党“偷了东西，但必须记住的是，偷窃这个口号不是要去实现它，而是要再次欺骗那些受骗者。我们将在所有集会上呼吁：共产党人已经承认了自己在世界观上的崩溃，现在只有靠继续偷盗才能继续生活下去。我们从来没有像现在这样为出自《红旗报》的文章骄傲过”。

德国民族社会主义者的竞选活动的中心主题和德国共产党的相似，这就是反对《杨格计划》和各类“杨格党”。在此起彼伏的大型集会浪潮中，民族社会主义德意志工人党试图动员群众反对魏玛的“体制”，这个体制把德国禁锢在世界犹太金融的枷锁之中。他们将如何取代这个遭人痛恨的“体制”，这一点此时此刻还含混不清，但可以确定的是，紧急法令政权将议会制变成了一场闹剧，因此这就给纳粹分子提供了一个独一
无二的机会：他们可以为被剥夺权利的人充当政治代言人，以 387
总统制国家的方式为党派统治和官僚总统制提供另一种选择。

纳粹分子除了强烈反对“体制”外，他们和共产党人还有一个共同点，这就是组织内部的高度一致性。在过去几年里，德国共产党与“左倾”路线偏离者分道扬镳，例如露特·菲舍尔、阿尔卡迪·马斯洛和阿图尔·罗森贝格。然后，共产党又摆脱了一批“右倾”人士，这批人团结在前党魁海因里希·布兰德勒周围，热衷于改良主义。在 1930 年初，一批“和解者”宣告投降。在共产党领导人看来，这批人是在有意地阻挠反对“右翼危险”的斗争。在清除了“右翼”以及“和解者”之后，共产国际和德国共产党的领导就可以着手纠正一些他们认定的过激行为，而纠正的手段往往采用后来的那种典型的，把所有罪责都推到一个人身上的方式。革命工会反对派（RGO）领袖保罗·默克（Paul Merker）在反对“社会法西斯主义者”的斗争中曾经喊出了这样的口号：“把最小的佐尔吉贝尔从学校和游乐场中赶出去!”（佐尔吉贝尔是德国社会民主党政治家，在魏玛共和国时期曾经在多地担任警察局局长。）从 1930 年 3 月下旬起，根据中央委员会的决定，共产党再次要求建立“自下而上的统一战线”，意思就是要把普通的社会民主党籍的工人和他们的“反革命”领导人区分开来。4 月初，“政治局”罢免了默克的职务，并下令对他的支持者

采取纪律处分。当德国议会选举开始时，德国共产党已经用前所未有的手段肃清了所有偏离分子。[12]

纳粹分子也在竞选活动开始之前肃清了他们的反对者。1930年7月4日，在希特勒禁止的《萨克森观察家》（*Sächsischen Beobachter*）中，有一篇标题为《社会主义者离开民族社会主义德意志工人党》的宣言。奥托·施特拉塞尔和其他24名自称社会主义接班人的纳粹分子，在这篇宣言中呼吁所有志同道合的人都退出民族社会主义德意志工人党，加入一个新运动，即“革命民族社会主义者战斗同盟”（Kampfgemeinschaft Revolutionärer Nationalsozialisten）。他们指责希特勒的党越来越偏离1920年的“社会主义”纲领，正在远离民众，成为资产阶级政党。奥托·施特拉塞尔及其追随者与希特勒相反，他们坚决拒绝发动针对苏联的干预战争。他们要求一个基于大德意志的民族国家，明确拒绝复辟君主制的努力，并且要打破“财产垄断”。

由于“革命民族社会主义者”致力于坚决反对议会主义，他们拒绝参加议会选举。仅仅这一个原因，他们就不会对民族社会主义德意志工人党构成任何严重威胁。奥托·施特拉塞尔在党内的追随者远远少于他自己的期待，也远远少于希特勒所
388 担心的人数。到1931年5月，战斗同盟在全国大约有5000名成员。最终，革命民族社会主义者战斗同盟的离开对希特勒来说是一大收获：在1930年的德国国会选举中，他成了无可争议的运动领导者。这一运动不是要推翻现有的社会秩序，而是要消除当前的政治体系，而消除这一政治体系也不使用政变式的暴力，而只是充分利用宪法赋予反对者的法律权利。[13]

议会选举带来了无数次暴力冲突，这些暴力冲突主要发生在纳粹分子与共产主义者之间，这次冲突是这一方挑起的，下

一次冲突又是另一方挑起的。7 月底，民族社会主义德意志工人党和共产党的支持者在厄尔士山（Erzgebirge）的恩斯特塔尔（Ernstthal）发生了一场血战，结果一名民族社会主义德意志工人党市议员的右眼被刺。9 月 12 日，《前进报》报道说，在埃森举行的民族社会主义德意志工人党的会议上，一个不知名的年轻小伙子捅了纳粹学生致命的一刀。大选的最后一天尤其血腥。9 月 13 日，一名纳粹分子在柏林被枪杀，一名女共产党员身中数弹受重伤。在鲁尔河畔的施韦尔特（Schwerte）发生了一场室内大战，一名共产党员被刀刺穿了心脏。在明斯特、开姆尼茨、哈瑙（Hanau）和亚琛也发生了斗殴、持刀伤人和枪击事件。[14]

当投票站于 9 月 14 日晚上关闭时，首先可以确定的是，自 1919 年 1 月 19 日国会选举以来，从没有这么多德国人参加议会选举：82%的投票率高于魏玛共和国以前的所有议会选举。然而，1930 年 9 月 14 日真正引起轰动的是德国第二大政党——民族社会主义德意志工人党压倒性的票数。纳粹的选票从 1928 年 5 月的 80 多万张增加到 640 万张，用百分比来表示，这意味着从 2.6%增长到 18.3%。国会议席的数量从 12 个激增至 107 个。德国共产党的收获是可观的，但远没有那么有戏剧性。它在议会选举的得票率从 10.6%上升到了 13.1%，从 54 个席位增加到 77 个席位。

其他党派在这次竞选中都是失败者。德国民族主义者的选票削减了一半，百分比从 14.3%下降到了 7%。两个自由党的跌势仍在继续：德意志人民党从 8.7%降至 4.5%，德意志国家党（前德意志民主党）从 4.9%降至 3.8%。与此相比，天主教政党的损失相对较小：中央党在 1928 年获得了 12.1%的选票，现在为 11.8%；巴伐利亚人民党这次的得票率为 3%，两年前是 3.1%。德国最大政党的损失更大：德国社会民主党的选票从 29.8% 下降到了 24.5%。新成立的保守人民党和“韦尔夫的”德国汉诺威党（DHP）的选票合在一起仅有 1.3%。

389 正如当时的人所猜测，并且被新近的选举活动研究人员所证实的那样，纳粹党比其他任何政党从选民投票率的增加中获得了更多利益。换句话说，纳粹分子特别能够发动那些往日不投票的人。然而，这个人群在 1930 年 9 月绝不是纳粹分子获得选举成功的最重要的选票来源。民族社会主义德意志工人党的大多数选民都投票支持过其他政党。根据科学计算，在 1930 年，每三名德意志民族人民党的选民，每四名德意志民主党或德意志人民党的选民，每七名非投票人和每十名德国社会民主党的选民中就有一名为希特勒的政党投了票。因此，保守派和自由派“阵营”在民族社会主义的兴起中所占的份额要比社会民主党大得多。其他一些发现也很确定：新教徒对民族社会主义德意志工人党的青睐程度是天主教徒的两倍。自由职业者、农民、公务员、养老金领取者和退休金领取者在民族社会主义德意志工人党的选民中所占的比例，要超过其在其他工作人员中所占的比例，而工人和雇员的人数则要少得多。失业者对民族社会主义的崛起贡献很小，失业的工人更频繁地把票投给了台尔曼而不是希特勒。[15]

民族社会主义对中产阶级的吸引力是如此明显，以至于社会学家特奥多尔·盖格尔在 1930 年秋季就把民族社会主义德意志工人党的成功解释为“中产阶级恐慌”。社会民主党人盖格尔把他的判断和给本党发出的警告结合在一起。要认清

“中产阶级的思想意识混乱”和“政党社会主义的自身思想意识孤立”之间的连带关系。实际上，社会民主党在1925年前受前独立社会民主党派的影响，不是给小型独立经营者面包，而是向他们投掷石头。在执行《海德堡纲领》之初，社会民主党就抱着古老而错误的“马克思主义主张”不放，认为工业界、贸易界和交通运输界的大型企业由于内在需要而不断排挤小型企业，从而降低了其社会重要性。

毋庸置疑，在这种情况下，小型商人在社会民主党那里看不到他们的政治归属。同时也不难解释为什么那些“老派的中产阶级”对自由派和保守党深感失望，因为这些政党不能满足手工业者和小商人的要求，而他们的诉求就是有效地保护他们免受与大公司的竞争。但城市和乡村里的那些独立和受雇的中产阶级并不是民族社会主义德意志工人党唯一的储备力量。希特勒的政党也赢得了许多工人的支持，特别是那些以前没有选德国社会民主党和德国共产党，而是投票给了某一个资产阶级政党的那些人，那些没有无产阶级意识的工人，他们在农业企业、手工业企业或中型公司中当雇员，并且积极参与教 390
堂（主要是新教的教堂）活动。[16]

早在1930年，民族社会主义德意志工人党就毫无疑问地成了一个“人民党”，该党的群众基础比德国第一共和国中的其他任何党派都大。共产党和社会民主党的对象是内部已经分裂的工人队伍，中央党和巴伐利亚人民党的对象是忠于教会的天主教徒，自由派和保守派政党的对象主要是来自资产阶级和农民阶层的新教徒。1930年前后，有社会背景和宗教背景的人群不再像皇帝时代那样老死不相往来。唱片、电影和广播已经开始传播，为超越背景界限的大众文化打下了基础。但是

“老派”的政党几乎没有意识到这一发展所带来的挑战。另外，民族社会主义者一贯使用现代大众传播的手段，满足了阶层、阶级和宗派之外的社区的广泛需求，而其他党派并没有看到这一需求，更不用说去满足这些需求了。正如民族社会主义德意志工人党向其选民所承诺的那样，该党的成功也是其适应大众时代的条件，并在这种意义上表现出“现代性”能力的产物。

纳粹分子对社区需求的回答是极端的民族主义。这个回答在 1930 年和在过去的几年里一样。这样一种极端的民族主义可以把所有分隔德国人的东西都拢到一起。反犹主义的口号常常与民族的口号并驾齐驱，但在 1930 年大选期间没有那么直接地出现在竞选口号中。这主要是因为民族社会主义德意志工人党关心如何赢得工人，而工人们在很大程度上对反犹主义的煽动无动于衷。“社会主义”这个概念很容易让资产阶级选民们无所适从，因此民族社会主义德意志工人党坚持重新诠释“社会主义”这个词。希特勒意义上的社会主义并不意味着废除私有财产，而是社会机会均等和建立在“共同利益优先于个人利益”原则上的经济观念。[17]

无论它们觉得自己多民族化，共和政党都超越不了民族社会主义者的民族主义。但是魏玛坚定的拥护者用来抗衡极右势力的民主共和国的信念，仅仅能动员少数人。即便是在仍然在普鲁士维持着的魏玛联盟各党内部，对共和信念的激情也无济于事。这是因为对魏玛到底什么值得保留的意见分歧太大。9 月 14 日的选举结果反映出对政治两极分化的第一反应是，无
391 论如何都要回到自己力量的源头。对于社会民主党人来说，这意味着将自己的追随者更牢固地融入社会主义，将其作为一种

文化运动和生活方式；而对于中央党来说，就是要回归天主教的社区建设中。[18]

资产阶级的自由主义派所代表的环境远没有那么明确，其政治信念比社会民主党和中央党更加不稳定。面对选民们的向右转，几个自由党的回应是重新定位自己的政治方向，使其和选民们保持一致。德意志人民党就是这样做的，在施特雷泽曼死后不久，其实几乎没有什么“自由”可言了。德意志民主党也是一样，该党在9月14日与反犹的人民民族协会的结合并没有得到回报。中产阶层纷纷离去，有相当数量的犹太选民可能因为失望而去投靠了德国社会民主党。德意志国家党在选举三周之后就再次分裂：10月7日，由于无法克服意识形态上的差异，阿图尔·马劳恩周边的青年德意志骑士团宣布退出该党。积极追求合并的埃里希·科赫-韦泽随后辞去了党主席的职务。现在，新的党名是唯一能让人想起这个党曾经与青年德意志骑士团合并这件事了。[19]

自由主义的衰落不仅使犹太选民开始寻找新的政治归宿，德国最著名的作家之一也在寻找的行列之中。1930年10月，托马斯·曼在德国柏林的贝多芬大厅发表的《德国演说》(*Deutsche Ansprache*) 中呼吁德国资产阶级与社会民主党联盟，而不要被马克思主义的“幻象”吓倒。在《布登勃洛克一家》(*Buddenbrooks*) 的作者看来，只有社会民主党人还能够抵制纳粹分子的狂热民族主义。托马斯·曼的诉求主要是考虑到社会民主党人主张欧洲的和平建设，并且对古斯塔夫·施特雷泽曼的政治是最可靠的支持。如果他认为德国资产阶级的政治位置应在社会民主党一边，那么他是从内政与外交政策的统一性的意义来理解“政治”这个词的意义的。“这也是马克思主义，那也是马克思主义，说到底，正是德国资产阶级的精神传统赋予了它的这个位置。只有适用于法德两国和解的外交政策才能营造出一种气氛，只有在这种气氛中，资产阶级所追求的自由、精神、文化等幸福才有生存的可能性。其他任何做法都会导致民族的自闭和拘谨，这将意味着在祖国与文化之间会发生最可怕的冲突，并给我们所有人带来不幸。”[20]

托马斯·曼讲演的副标题为《对理性的诉求》（*Ein Appell an die Vernunft*），这次演讲曾多次被敌对方的插话打断，这使
392 人不管是否情愿，都会想起奥托·布劳恩广受好评的要求。9月15日，在德国国会大选后的第二天，普鲁士总理在接受美国合众社（United Press）采访时说，他认为激进政党根本不可能在现实中贯彻自己的执政方针。“我倒是认为，由所有明智的人组成的大联合政府可以团结起来，通过毫无疑问的政府多数来集中精力与失业做斗争，并且改善群众的经济状况。”[21]

奥托·布劳恩对所有明智人士的呼吁几乎没有比托马斯·曼对理性的呼吁获得更好的受到重视的机会。普鲁士总理要求建立一个大联合政府的呼吁，在1930年9月遇到了无法克服的障碍。最重要的是兴登堡拒绝恢复社会民主党的执政权。在9月的大选中，经济党和德意志人民党也没有让人感觉到他们要改变不和德国社会民主党联合执政的做法。在社会民主党方面，不仅党内的左翼，而且党的领导人都拒绝成立一个正式的大联合政府的想法。由于选举形成了新的多数关系，因此如果要组建大联合政府，除了德意志人民党之外，至少还需要经济党的加入。9月18日，社会民主党中执政派的鲁道夫·希法亭向德国财政部国务秘书汉斯·舍费尔解释了为什么德国社会民主党无法加入布吕宁内阁。他说：“面对工人大众，我们有

必要不做妥协，否则工人群众就会离党而去。这样的话，唯一的支柱就会倒下。”[22]

布吕宁内阁无法向左扩展，也不可能向右扩展。与纳粹分子组成联合政府，这对中央党、巴伐利亚人民党和国家党来说是不可想象的。1930 年秋天，德国国防军的领导层和德国工业帝国协会也不认为民族社会主义德意志工人党是一个有执政能力的政党。即便是当希特勒在审判乌尔姆的国防军军官舍林格尔（Scheringer）、卢丁（Ludin）和文特（Wendt）犯有叛国罪的法庭中出庭后，这一点也暂时没有任何改变。应这三名年轻纳粹分子的辩护人的要求，希特勒作为证人于 9 月 25 日在德国法院出庭，声称民族社会主义德意志工人党仅仅通过合法的途径接管权力。当法官向希特勒提问，希特勒所说的纳粹分子一旦取得胜利后就会人头落地是什么意思时，希特勒补充道，通过普通立法的途径成立一个国家法院，由这个法院来审判在 1918 年 11 月犯下罪行的罪犯，并将在法律基础上对其执行死刑。[23]

由于民族社会主义德意志工人党和德国社会民主党都不能入选为执政党，布吕宁少数派内阁必须争取到多数的宽容。从 393
一开始就很明显，民族社会主义德意志工人党绝不会和执政党达成任何协议。社会民主党人也强烈反对向布吕宁做出妥协。在左翼阵营，国会议员马克斯·赛德维茨在德国国会选举后立即在《阶级斗争》杂志上宣布，中央党总理在法西斯主义的程度上不亚于法西斯主义者所建议的方法，因此很难理解“为什么社会民主党在争取民主和反法西斯主义的斗争中，要把布吕宁和希特勒的法西斯主义区分开来”。但是也有不同的声音。在上面提到的 9 月 18 日与舍费尔的谈话中，希法亭还说，最正确的是“要在政府以外做事，这样就可以稳住选民，等待情况发生变化的那一天”。赫尔曼·米勒的想法与希法亭相同。当大联合政府不再可能之后，普鲁士社会民主党的两位最重要人物——奥托·布劳恩和邦议会党团主席恩斯特·海尔曼（Ernst Heilmann）开始持有这样的观点。[24]

9月23日，布吕宁与赫尔曼·米勒在希法亭的住所举行首次“非常机密的”对话，而谈话的主题就是关于未来合作的事情。一周之后，米勒和韦尔斯在柏林与德国总理会晤，地点选在国务秘书平德尔在利希特费尔德（Lichterfelde）的公寓。公寓主人在日记里记录了9月30日的谈话结果：“在我看来，经过今天的谈话，真不能排除社会民主党支持布吕宁内阁的可能性了。这一做法的目的是避免右翼势力的独裁。”[25]

接下来的几天时间里，社会民主党的领导层试图说服本党应该采取两害相权取其轻的政策。总理却在忙不迭地与另一个完全不同的政治派别进行接触。10月5日，他在帝国部长特雷维拉努斯的家中会见了希特勒和图林根邦内政部部长弗里克。希特勒最近的这一次合法宣誓才使得这次会晤成为可能。布吕宁在回忆录中声称，他的这次对话是将民族社会主义德意志工人党领袖纳入他的长期目标，包括复辟君主制，但布吕宁实际上是否这样做了，令人怀疑。根据猜测，总理可能主要是想劝说希特勒收回立即修订《杨格计划》的要求，并中止德国支付赔款的呼吁。这两项要求对布吕宁都非常不利，因为它们可能会影响政府努力争取的外国贷款。

但是说服希特勒的努力以失败而告终。平德尔在谈到布吕宁于10月7日在向兴登堡发出的信息时指出：“民族社会主义者在本质上就站在不同的角度上，并且充分意识到了他们的提议会引发灾难性的后果。”然而，从长远角度来看，总理并不想排除与民族社会主义者的合作。他对德国总统说，从原则上和长期角度来看，只要一个政党具有适度的考量，并且遵守法律规定，就不应拒绝与其合作。[26] 394

在这段时间里，社会民主党人做出了一项重要决定。10月3日，德国社会民主党议会党团通过了一项决议，该决议已经在第一句话中指出了社会民主党的最重要任务：“经过国会选举的结果，社会民主党议会党团认为，该党的首要任务是维护民主，维护宪法和维护议会制度。”该决议还指出，社会民主主义正在争取民主，以保护社会政策，并提高劳动者的生活水平。“只有维护严格遵守宪法的政府才能创造必要的就业机会，以阻止经济的下滑。社会民主党议会党团在保护劳动群众切身利益的前提下，捍卫议会的基础，支持解决最紧迫的财政政策问题。”

社会民主党议会党团的决议并没有明确同意政府于9月29日通过的最新紧缩计划，其中包括将公务员的工资削减6%，并将失业保险金从4.5%提高至6.5%。但是对于内阁来说，社会民主党能够同意就最重要的问题达成谅解这一点更为重要。这样的话，社会民主党中的一种普遍趋势就被打压下去了，这种势力认为，最好让纳粹分子参政，这样他们就会自行“消亡”了。10月3日的决议意味着现实政治家取得了胜利，他们从一开始就致力于达到一个双重目的：一方面在联邦层面抵制一个无论是由纳粹分子公开还是暗中参与的右翼政府，一方面在普鲁士邦的层面维持社会民主党、中央党和德意志国家党的联合政府。[27]

1930年10月13日，新当选的议员举行了德国国会第一次会议。然而首次会议就被一件丑闻埋没。为了抗议普鲁士政府禁止穿制服的决议，民族社会主义德意志工人党的 107 名议员身穿冲锋队的褐色衬衫进场。国会大厦门前聚集了成千上万的纳粹分子。“纳粹分子在德国议会嘲笑普鲁士警察，他们在大街上的支持者相信他们也可以这样做，”奥托·布劳恩在他的回忆录中这样写道，“因此，他们在议会首次会议的这一天来了一次小规模的犹太人屠杀，他们打碎犹太人商店、百货商
395 店和咖啡馆的橱窗，骚扰路过的犹太人。警察起初对这些胡作非为的行为感到震惊，随后就通过大力干预制止。”

三天后，海因里希·布吕宁发表了他的政府声明。总理要传递的主要信息是，来自美国一家银行财团的 1.25 亿美元的过渡性贷款是有先决条件的，这就是接受该贷款的授权和偿还该贷款的协议要通过法律条文来实现。这是对德国议会施加压力的重要手段，同时也有助于政府自主执政。

在随后的辩论中，赫尔曼·米勒明确表示，社会民主党不同意德国共产党、民族社会主义德意志工人党和德意志民族人民党提出的废除 7 月 26 日紧急法令的要求。民族社会主义德意志工人党的帝国组织部领导人格雷戈尔·施特拉塞尔（背离纳粹党的奥托·施特拉塞尔的哥哥）代表纳粹发言，在发言中强调，与资产阶级的专政计划相比，“原则上反对议会的人”“几乎成了《魏玛宪法》的保护者”。“我们现在支持魏玛的民主，只要适合我们，我们就支持《共和国保护法》。只要我们愿意，我们就可以在这种民主基础上要求并获得每一个权力地位。”

然而，共产党的发言人威廉·皮克（Wilhelm Pieck）并没有把合法化的披风罩在该党的颠覆计划上。他说，只有一种

方法可以推翻资本主义剥削和奴役的万恶制度："革命，摧毁资本主义，并消灭支持这一制度的所有人。这就是共产党的明确任务。这一天终将到来，在共产党领导下，工人群众和失业民众将摧毁这个企业家和法西斯议会。此后，德意志苏维埃将在国会大厦召开会议，建立无产阶级专政，用一个自由的社会主义苏维埃德国取代这个腐烂的资产阶级社会和这个饥饿的共和国。"

10 月 18 日深夜开始了投票，而这场投票一再被骚乱打断。在德国社会民主党赞同的情况下，议会通过了关于偿还债务的法律，要求废除紧急法令的要求则提交给预算委员会。议会接受了执政党党团的议案，跳过所有不信任议案，直接进入议程。投赞成票的包括德国中产阶级帝国党，该党在 10 月 13 日还在想着将本党党员、司法部部长布雷特撤离出内阁。毫无疑问，该党不想再让人将自己视为执政党。投反对票的包括德意志民族人民党和乡村人民党。这样，大型农业界的所有代表 396
都表示反对布吕宁内阁。10 月 19 日凌晨，德国国会宣布休会至 12 月 3 日。布吕宁政府不仅赢得了一场战役，而且赢得了同样重要的东西——时间。[28]

社会民主党人决定容忍布吕宁，从而背上了沉重的包袱。他们让本党追随者的耐心经受考验，而向对手展示了可受攻击的一面。共产党人指责德国社会民主党通过支持"布吕宁独裁"而背叛了工人阶级，并且支持德国的法西斯化进程。由于德国社会民主党的宽容政策，民族社会主义德意志工人党有机会成为在政治见解上站在共产党右侧的唯一发挥作用的在野党。1930 年秋天以来，德国国会的发言权甚至比帝制时代还少，因此抗议活动不得不比以前更多地流落街头。在对群众做议会外抗争动员的斗争中，只有那些反对用紧急法执政的人才会响应。由于对布吕宁的容忍政策，德国社会民主党已经退出了这场角逐。

尽管如此，如果想保留住在普鲁士邦的政权，社会民主党除了采取宽容政策，别无其他选择。对于社会民主党来说，普鲁士是现在该党所剩的国家权力的最重要部分了。他们必须维护自己在德国最大邦内的政权，以便有效地与纳粹分子作战。在普鲁士，社会民主党必须依靠布吕宁的政党——中央党。如果社会民主党令帝国层面的布吕宁垮台，那么过不了多久，奥托·布劳恩在普鲁士可能也就不复存在了。如果布劳恩下台，1930 年 10 月 31 日再次担任普鲁士内政部部长的卡尔·泽韦林也难以自保。泽韦林不在其位，德国社会民主党就失去了对普鲁士警察的控制，而普鲁士警察是反对纳粹主义斗争中最重要的国家力量。[29]

1930 年 11 月底，布吕宁向社会民主党清楚地表明，执政的普鲁士社会民主党人有多么依赖中央党的意愿。政府制定了一项紧急法令，这项法令一方面将给社会带来新的负担，另一方面也会为某些人减轻一些负担，而这正是社会民主党所敦促的。民族社会主义者和德国民族主义者都已经明确表示持否定态度。11 月 30 日，内阁召开会议，普鲁士邦的国务秘书魏斯曼出席了会议。根据会议纪要，布吕宁在这次会议上说，在这种情况下，“社会民主党必须让内阁获得紧急法令的多数通过。如果社会民主党这次不合作，那么中央党将提出普鲁士联合执政的问题。作为德国总理的他认为，社会民主党，特别是普鲁士总理对此非常清楚。国务秘书魏斯曼确认，普鲁士总理对此完全知情”。

但是，对维持权力的考虑并不是促使社会民主党人支持布 397
吕宁的唯一原因。政府阵营和社会民主党之间在一个核心点上达成了一项有实质内容的协议：为了克服有害的“借债经济”的后果，极度的节省是必要的。布吕宁在11月27日德国工业帝国协会常务委员会会议上的讲话，听上去就像是从布劳恩的口中说出的话：“我认为，那些相信德国内政和经济生活中的一切苦难和所有错误都可以归因于战争赔款的人，会误导德国人民，并且妨碍德国人民认识自我。它妨碍我们应该意识到，即便是在没有赔偿的情况下，也不得不采取这些措施……宁愿几个月甚至整整一年都不受欢迎，也不能再犯一次错误，过早地处理问题。”[30]

对整顿达成的进一步共识，解释了社会民主党人为什么对兴登堡12月1日签署的新紧急法令只是提出了温和的批评。社会民主党对公民税进行了更加严格的分级，并且免除了失业人员的健康保险费用。作为交换条件，社会民主党接受了一些削减社会福利的措施，例如9月底内阁决定削减公务员的薪水，采取了新的保护农业的措施，包括提高小麦和大麦的关税。从12月3日起，伴随德国国会会议的召开，共产党人组织绝食来抗议。然而，社会民主党人对此不以为意。12月6日，国会全体会议在社会民主党的投票支持下，拒绝了废除最新的紧急法令和7月26日颁布的上一个紧急法令的议案。第二天，德国国会宣布休会至1931年2月3日。[31]

《前进报》乐于看到国会放长假。在新选举三个月之后，社会民主党机关报在12月13日的社论里说，所有人可能都持相同的看法，“这个议会是个怪胎，如果能够对这个议会不闻不问，那真是一件乐事”。在联邦议会同样担任议员的普鲁士议会党团主席恩斯特·海尔曼说，拥有107名民族社会主义者和77名共产党人的国会是无法真正发挥作用的。“选举出这样的国会的人民实际上放弃了自治。国会的立法权会自动被第48条取代。对于每个民主之友来说，这是非常可悲的事实，我们必须接受，直到德国人民有能力进行一次更加成功的选举。”

奥托·布劳恩在12月17日的广播演讲中回顾说，他在弗
398 里德里希·艾伯特任职期间反对滥用第48条。“我原来不想，现在也不想扭转宪法的基本民主观念，而为随心所欲的做法打开大门。但先决条件是，宪法所知的主要权力因素，即从人民当中产生的议会，愿意并能够执行宪法赋予它的任务，以及对人民至关重要的工作。如果由于反议会团体的干扰，议会被证明不能正常开展工作，那么只有在这个时候，必须发出SOS政治紧急信号，然后必须打开宪法的紧急阀门，直到议会不能掌控或不愿意掌控的紧急情况消除为止。”《前进报》发表的这篇布劳恩的演讲标题是《民主教育!》。[32]

社会民主党容忍政策的基本设想是，布吕宁政府应该让纳粹分子远离权力。但是在1930年末发生了一些事情，这些事情与这一设想相悖。10月底，内政部部长维尔特未能在内阁中实现自己的意图，阻止向不伦瑞克邦发放警察资金，在这个邦，纳粹分子担任内政部部长已经有四个星期了。11月10日，德国国防部部长格勒纳请求总理做出内阁决议，以解决民族社会主义德意志工人党到底是合法还是非法的“高度政治化”问题。到目前为止，德国国防部一贯的做法是把纳粹分子清除出国防军的企业。但是现在格勒纳的疑问浮出了水面：希特勒宣誓只通过合法手段上台执政，总理也亲自会见了民族

社会主义者的领袖，并与其正式谈判。

12 月 19 日，在格勒纳请求总理做出的解释中，布吕宁表示，德国内阁尚不能就民族社会主义德意志工人党的合法性或非法性问题发表最终声明。“无论如何，德国政府必须谨慎，不能使用像战前时期对待社会民主党那样的错误方法来对待民族社会主义者。如果他是德国国防部部长的话，就暂时不必去考虑军队企业内部工人的党派隶属关系。”在边防领域，布吕宁也赞成采取大度的做法：虽然在上西里西亚和其他地方不允许有完整的民族社会主义组织存在，但是可以接受个别的民族社会主义者。根据协议，德国内阁“对总理的这一基本声明没有异议”。

低估民族社会主义的危险和高估共产党人的威胁形成了对比。12 月 12 日，总理在中央党议会党团的执行委员会会议上指出，德国共产党是更加危险的政党。卡斯补充道，包括新任 399
普鲁士邦内政部部长在内的主要社会民主党人都赞同这个看法。德国共产党主要还是因为自身的原因让人得出这种评估结果。民族社会主义德意志工人党给人的印象是，它是在完全合法地争取权力；而共产党人则一再强调，他们决心通过革命手段实现自己的革命目标，创建一个“苏维埃德国”。这个目标还包括威廉·皮克 10 月 17 日在议会上提出的要摧毁资本主义制度的所有支柱。实际上，根据斯大林的说法，资本主义社会的日益瓦解已经在德国提上了日程，但尚未推行共产主义革命。但共产党人引起的恐惧是真实的，而从中受益的正是他们最激进的对手——民族社会主义者。[33]

失业率不断上升使政治局势在新的一年里进一步激化：1931 年 1 月中旬，失业人数达到了 476.5 万人的新纪录。报纸几乎每天都在报道街头骚乱和斗殴，这些暴乱经常闹出人命。然而，德国的政治生活并没有因为左右两派极端力量之间的斗争而崩溃。事态的发展正好与此相反，在两极分化的同时，政治局势实现了一定的稳定。

1930 年 12 月，布吕宁就已经在执政党和社会民主党的秘密会谈中谈到了防止纳粹分子和共产党人滥用议会权力的方法。谈判在次年 1 月继续进行，并于 2 月 3 日结束。这一天正是国会在新的一年举行第一次会议的日子。谈判的结果是一项提案，这项提案对议会程序规则做出了重大的更改。第一项更改就大大提高了议会批准议案的难度：可能导致支出增加或收入减少的提案申请必须与如何出资抵押的提案挂钩，而且这些提案最初被转交给有关的委员会，只被当作与国家预算相关的问题一起进行咨询。

第二项更改是要制止那种虚假的不信任议案。民族社会主义者在 1930 年 12 月向国会递交的那种信任议案，其目的是要让其他政党，特别是社会民主党陷入尴尬的境地。将来仅仅允许一种版本的不信任议案，那就是德国议会对德国政府或其中一位部长提出不信任议案。此外，《新闻法》也得到了修正，旨在防止有人滥用议会豁免权，其矛头主要是针对共产党人和纳粹分子。更改后的条文禁止议会议员担任报纸或杂志的编辑。

400 德国共产党、民族社会主义德意志工人党和德意志民族人民党的大声抗议是徒劳的。1931 年 2 月 10 日清晨，德国国会以 297 票有效票数通过了议案，反对票数为 0。激进的反对党没有参加投票。在 2 月 10 日下午的会议上，民族社会主义者宣布，面对这种“有组织的违宪”行为，他们将离开“祭台上的法庭”。德国民族主义者也跟随其后采取了这一手段，于是国会终于经历了数周的正常状态。由于右翼政党采取了抵制议会的做法，议会当中仅仅留下共产党这一个激进的反对派了。[34]

激进右翼政党的离开突然改变了国会多数席位的形势。从理论上讲，现在正是“马克思主义”的多数派：206 名资产阶级政党议员面对 230 名社会民主党和共产党议员。从一开始就可以预见，这将给社会民主党带来大问题。凡是在可以证明社会民主党人是政府阵营的暗中支持者的地方，共产党就竭尽全力去做。而即将开始的 1930 年德国国家财政开支的审议为此提供了理想的时机：由德国国防部部长提出要求，并由政府决定的装甲巡洋舰“B”的第一批建造费用的问题被提上了日程。关于装甲巡洋舰“A”的争议仅仅过了两年半的时间。如果是出于社会原因已经在 1928 年秋季就对建造装甲巡洋舰提出反对的话，那么在 1931 年春季就更要这样去做了。但是社会民主党人也知道反对装甲巡洋舰“B”的后果是什么。这一做法不仅将导致格勒纳辞职，还将导致布吕宁辞职。由此可能导致整个宽容政策的失败：拒绝装甲巡洋舰的建造有可能导致右翼政府上台。

尽管对社会民主党接受第二艘装甲巡洋舰的提案，布吕宁仅提出让其做出一点点让步，社会民主党最终还是决定在 3 月 20 日的决定性投票中投弃权票。但并非所有议员都遵循了这一决定。29 名议员没有投票，还有 9 名清一色的左翼人士与共产党人一道投了反对票。这是自第一次世界大战该党分裂以来最严重的一次违纪行为。但是，除了一名议员外，其他投反对票的异议者都得到了自己的党的支持，其中有三人还得到了自己所在党区的支持。但这并不能说是党内实现了广泛的团结。这一违纪行为于6月初在莱比锡召开的下一次社会民主党党代表大会上得到了处理。结果是大多数人认为这一违纪行为比接受装甲巡洋舰更加不得人心，而装甲巡洋舰是社会民主党迄今为其宽容政策付出的最大代价。[35]

就在1931年3月20日，当德国社会民主党使建造装甲巡洋舰“B”成为可能的这一天，坚持不懈地推行宽容政策的政
401 治家、前总理赫尔曼·米勒因长期受胆囊炎病痛的折磨而离世。这位刚刚在两天前度过自己55岁生日的德国社会民主党主席，在德国社会民主史上并不是一个伟人，也没有宏图大志，更不是一个有超凡魅力的领袖。从1928年到1930年，他尽了最大的努力，在下台后生命的最后一年时间里，他竭尽所能去维系社会民主党与中产阶级温和派之间的纽带。

布吕宁知道，他要感谢赫尔曼·米勒所做的一切。在议会上，总理回顾了米勒因1919年6月28日作为德国外交部部长不得不签署《凡尔赛和约》而遭受的苦难。布吕宁总理称他的前任是“最有爱国主义思想和行动的国民”，这番话深深地感动了社会民主党。总理讲话结束后，韦尔斯和布莱特沙伊德走到布吕宁面前，代表社会民主党议会党团对他表示感谢。3月26日，当柏林社会民主党人的葬礼队伍随灵车经过总统府的时候，身穿黑色西服的兴登堡走上台阶，摘下了帽子。国防部部长格勒纳花了九牛二虎之力，才说服了总统为社会民主党最后一位总理做出这样的姿态。[36]

此时，德国国会又开始放长假了，假期结束于1931年10月13日。布吕宁原本打算将休会的时间拉得更长，直到11月，但是面对社会民主党的抗议，总理做出了一些让步。1931

年帝国预算通过，以及国会有限地自我放弃，政府立即尝试利用这个机会去争取回旋的余地。3 月 28 日，就在议会临时的夏季长假开始两天后，德国总统发布了一项打击政治过激行为的紧急法令。这项法令对共产党人的打击远比对纳粹分子的严重。就在 3 月 28 日之后的三个月里，共发生了 3418 起有警察介入的或被执法的政治暴力活动。在这些案件中，有 2027 起涉及德国共产党，这项统计还没有把共产党的附属组织算进去。

共产党成为新紧急法令的主要受害者，这不一定是因为警察和司法机构在政治上有偏向性。德国共产党的领导层宣传要“对法西斯主义采取抵抗斗争”，这其中包括了抵制运动、租户罢交房租和示威游行。与此同时，还发生了无数次针对希特 402
勒支持者的恐怖事件，共产党的领导并不赞成这种活动，因此在 1930 年 6 月就收回了前一年秋天打出的口号：“无论在哪里遇到法西斯分子，都要给他们痛击！”此外，共产党仅允许红色阵线战士同盟正式拥有枪支。这个组织在 1929 年 5 月遭到禁止，此后一直非法存在。该组织将自己视为未来红军的先锋队。1931 年成立的共产党自我保护组织也有资格拥有武器，这个秘密组织的任务就是为共产党领导干部和共产党设施提供保护。

但是，上层无法完全控制住每天的反法西斯主义活动。即使在德国共产党总部所在地的德国首都，也发生了很多背离党的领导的事情。事态的发展和 20 年代以来的社会变革息息相关。原来的工人阶级社区更加“无产阶级化”了。收入较高的工人都迁到了住房短缺不严重的地区，例如威丁区或腓特烈斯海恩区（Friedrichshain）。纯工人住宅区在 30 年代初期成了真正失业人群的聚集地，因此也就成了共产党的据点。随着失业人数的增加，整天都泡在红灯区（Kiez）里的居民数量有所增加。活跃的年轻共产主义者和失业的“愤青团伙”（wilde Cliquen）想捍卫这个小小的世界，来抵抗纳粹的准军事力量。1929 年以来，希特勒的“褐衫队”越来越多地在与自己为敌的无产阶级地区建立据点。一个个共产党人的小酒馆变成了冲锋队的“冲锋小吃馆”，无产阶级的据点就这样被拱手送给了阶级敌人。冲锋队队员也是工人，他们住在同一个地区，被视为阶级敌人的帮凶。

有这种想法的人很容易认为伤人没有什么，甚至杀死敌人都是合法的。在具体情况下很难确定攻击者是纳粹分子还是共产党人。在 30 年代初期，双方都进行了大量政治谋杀。1930 年初，柏林冲锋队领导人霍斯特·韦塞尔（Horst Wessel）成为此类犯罪的受害者。杀他的凶手阿里·赫勒尔（Ali Höhler）并不是德国共产党成员，而是一个拉皮条的，但是他响应了共产党的呼吁去杀韦塞尔。纳粹分子的残忍非同一般。1931 年 3 月 14 日，即在新法令颁布几天前，汉堡民族社会主义德意志工人党的三名成员无意中杀害了汉堡议会的共产党议员恩斯特·亨宁：施暴者误以为这位议员是红色阵线战士同盟的地方领导人。[37]

403 纳粹分子和共产党人一样，都强烈抗议兴登堡的法令。当然，希特勒在党内发布了一项命令，不允许民族社会主义德意志工人党成员公开违反该法令。这项命令引发了柏林冲锋队领导人瓦尔特·施坦尼斯（Walther Stennes）的叛乱。暴动很快被制止了，冲锋队也比以前更加效忠于希特勒，但是人们头脑中的印象依然存在，民族社会主义德意志工人党的自身队伍中对走合法性路线的问题似乎仍然存在着争议。与此同时，民族社会主义者在图林根遭受严重挫败。4月1日，图林根邦议会把内政部和人民教育部部长威廉·弗里克赶下了台。德意志人民党在这里起了决定性作用，人民党在投票时宣称，民族社会主义德意志工人党事实上想成为一场运动而不是一个政党，所以和其他所有政党有着最大区别。此外，民族社会主义者退出德国议会的事实也间接造成了不良影响：公众对纳粹分子的关注度有所减弱。1931年春季，民族社会主义德意志工人党与国家政权之间的距离似乎比在六个月之前更加遥远了。[38]

经济也出现了好转的迹象。1931年4月，德国总工会联合会的机关报《工会报》（*Gewerkschafts-Zeitung*）满意地注意到，经济曲线已经在数周前停止下滑了，因此经济危机有可能已经达到了最低点。实际上，股票指数，特别是固定利率的有价证券指数，在最近一段时间内有所回升。1931年4月的失业人数比1930年3月的失业数字下降幅度大得多。5月底的《工会报》的预测是审慎乐观的："今年，预计经济活动将有进一步的季节性增长，但鉴于总体经济形势，它将在相当狭窄的范围内进行。"[39]

然而经过仔细分析，没有理由能够看到这场危机迅速消退的希望。3月初，德国财政部部长迪特里希估计，德国财政在1931年第一季度的赤字为4.3亿德国马克。此外，德国政府还向职业介绍和失业保险机构提供了8300万德国马克的过渡性贷款，虽然从前一年10月开始，保险的缴费金额从4.5%提高到了6.5%，但是职业介绍和失业保险机构依然无法履行法定的救济金支付。迪特里希在4月23日通知内阁，由于收入方面的缺口，德国财政的支出必须在1931年减少4.4亿德国马克。国库的资金缺口在 5 月为 9000 万德国马克，在 6 月增长到了 1.8 亿马克。

1931 年春，德国财政状况如此危殆，以至于德国政府除了准备新的紧急法令已经没有其他办法了。在这一点上社会民主党与内阁的意见相同。而这样一种紧急法令能否持久，关键
404 在于社会民主党。然而，社会民主党议会党团的谈判代表并不同意布吕宁和迪特里希的观点，即赤字无论如何都不能通过增加收入来弥补，而只能通过节省来弥补。议会党团主席布莱特沙伊德感觉，计划中的紧急法令将会带来新一轮社会困境，而且困难程度如此严重，以至于他不得不于 4 月 29 日向总理说明准备召集德国国会会议。而普鲁士的社会民主党人布劳恩和泽韦林在 5 月则提出了完全不同的看法。他们说，无论有多么痛苦，布吕宁最好一次完成所有必要的工作，而不是在冬天再次提出颁布新的紧急法令，因为有可能社会民主党不会再次采取接受的态度。[40]

关于颁布紧急法令的时间点，德国总理把它定在 5 月 7 日。该法令必须在德英会议召开之前发布，该会议在契克斯（Chequers）召开，已经被推迟多次了。之所以要把发布紧急令的时间放在德英会晤之前，“是要让英国看到德国处在一个什么样的境地”。布吕宁的意图一目了然，德国想通过如此极端的紧缩措施来让伦敦相信，德国正在尽最大的努力履行其赔偿义务，而这也导致了这场危机进一步加深，又必将对世界经济造成毁灭性影响。但是，总理依然和从前一样，不去拉动那根“赔偿金的紧急绳索”。重大的改变有三个先决条件，这就是美国总统大选、法国议会选举和裁军会议完全结束。这三件事直到 1932 年才被提上议程。在此之前，更准确地说，在

1933 年 3 月新任美国总统上任之前，德国的任务是坚持，无论这个政策将要付出什么样的代价，都要坚持。

布吕宁的首要任务很明确：必须一劳永逸地解决战争赔款问题。如果总理能够独自处理这件事情，他将把问题押后至 1932 年春季或夏季。但是他很清楚，由于国内的情况，此事不可能拖延那么长时间。因此，他准备在 6 月采取第一个步骤，即宣布推迟对年偿还金受保护部分的支付。根据《杨格计划》，此类公告必须提前 90 天发布。总理并未设想推迟支付能够大幅度地减少德国政府财政的压力，但他确实希望公众舆论能够有所缓和。当布吕宁努力从长期角度去彻底解决战争赔款问题的时候，最起码德国人民应该相信，政府正在尽其所能在短期内减轻赔偿的负担。

总理的这个方针绝不是人人都感到满意的。在 5 月 30 日的一次部长会议上，帝国央行行长路德提出了不同意见。路德认为实施战争赔款的修改措施的时机还不成熟，因此他认为布 405
吕宁的这套双重做法根本行不通，因为“国外最终会察觉到内部正在发生的事情”。德国货币最权威的保护者的核心论点是，如果帝国宣布推迟支付战争赔款，德国的信贷信誉将受到损害。在同一次会议上，德国内政部部长维尔特也提出了反对布吕宁策略的意见，他的理由则是另外一个。他说：“国内局势将不可能再这样持续下去。没有一个专政政权能够向人民讲明白，为什么要坚持战争赔款问题。”因此他认为，今年找出一个临时解决方案要比明年什么方案都没有好。

布吕宁立即驳回了这一建议。他不能同意临时解决方案，因为这样一个方案就意味着偿还更多实物或者要重新贷款，“因为这样的解决方案意味着长达五年的承诺”。在这个方面，布吕宁和路德的意见是完全一致的。此时，帝国银行行长为总理提供了解围的理由："如果我们无法获得全面解决方案，而仅仅在冬季采取一项能够缓解几个亿的临时措施，将会导致比我们现在所处的局面更加糟糕的局势。"[41]

对于布吕宁以及路德所主张的，要么全部偿还要么都不偿还的方针来说，维尔特所建议的临时解决方案确实是一种真正的替代方案。内政部部长的提议在很大程度上与社会民主党的主张相吻合。但是，这样的解决方案只能在与资本充裕的法国达成谅解的基础上实现。为了说服巴黎在赔偿方面做出让步并且发行债券，德国方面必须做出很多姿态，要求修订《凡尔赛和约》的提议要搁置起来，在军事方面要求平等的做法更是要有所收敛，继续建造装甲巡洋舰"B"的事也要放一放。最重要的是有必要把一份德国政府刚刚于3月18日制订的计划收到档案里，这就是与奥地利结成关税同盟。

关税同盟这个项目早在一年前大联合政府就做出了决议。从一开始就可以预见，西方大国，尤其是法国会把这样的举动视为德国正向着"大德国"的方向迈进，即德意志帝国准备完全吞并奥地利。实际上，关税同盟的设计师、德国外交部部长库尔提乌斯就是这样想的。3月16日，他对内阁说："吞并在政治上还不成熟，但是在经济上完全可以极力推进，只是我们在操作的时候要格外关注外交上可能引起的麻烦。"

然而吞并奥地利仅仅是一个阶段性目标。关税同盟具有一个更
406 为广泛的背景，就是要加强德国对"中间欧洲"（Zwischeneuropa），即从芬兰到巴尔干地区的中小国家的影响力。柏林和维也纳之间的贸易政策上的统一会使德国在东南欧的地位大大提高。从这个角度来看，关税同盟是朝着德国对中欧增强影响力，实际

上是向德国的大陆霸权迈出的重要一步。这就是巴黎不得不将3月18日的决议视为有针对性的挑战的原因。只要德国政府坚持关税同盟，就无法想象法德两国能在赔偿问题上达成共识。

许多观察人士认为，正是因为德国的这种做法，才使阿里斯蒂德·白里安在5月13日竞选法国总统时败给了法国参议院主席保罗·杜美（Paul Doumer），因为白里安是德法两国谅解的守护者。5月18日，库尔提乌斯不得不向日内瓦的国际联盟委员会表示，应英国的要求，关税同盟的问题已移交给海牙国际法院进行审查。同时奥地利做出承诺，不再对该项目进行任何进一步的谈判。法官做出判定，关税同盟是与1922年关于奥地利经济和金融重建的日内瓦协议，即国际法相抵触的，而巴黎、伦敦和罗马也对此毫不怀疑。

至此，关税同盟的计划实际上已经失败了。外交部部长库尔提乌斯和国务秘书冯·比洛这一带有帝制思想的做法给德国带来了一次严重的外交失败，并且让德法关系持续恶化。因为德国内阁也批准了该计划，所以以总理为首的其他部长也要对此事的后果负责。内阁的这个决议似乎旨在告诉欧洲，德国人缺乏判断能力。[42]

在德国，很少有人批评德国在日内瓦惨遭失败的政治行为。右翼势力本来就不会对关税同盟发起攻击。一直心怀大德意志理想的社会民主党人也明显噤声。在为数甚少的反潮流人群中有一名来自黑森的国会议员卡洛·米伦多夫（Carlo Mierendorff），他是社会民主党中的“年轻右派”。在1931年4月中旬出版的《社会主义月刊》（*Sozialistische Monatshefte*）中，他就对关税同盟进行了谴责，这早于国际联盟做出决定的时间。他指责政府政治“杂乱且没有计划”，“乱改一气”，要求德国“要有勇气与法国进行慷慨的谅解，从而启动统一欧洲大陆的建设”。

米伦多夫从对德国外交政策的批评开始，转而对布吕宁政策进行全面批评。虽然他的批评是非常谨慎的，但还是把矛头
407 指向了社会民主党的宽容政策。“令人担忧的是，政府将在暑期推出的一系列措施都是那些人们司空见惯的财政措施。这是行政，而不是政治。这是行政管理，不是大胆打破命运循环的创造性政治思想。社会民主党必须保持警惕，及时采取干预措施。仅仅接受‘上面’发生的事情，那并不是‘宽容’的意义。发现错误或疏忽会危及成功，这正是宽容的界限所在。”[43]

在1931年5月31日至6月5日在莱比锡举行的社会民主党代表大会上，人们对宽容政策提出了很多批评，但宽容政策捍卫者的主张得到了更多的赞同。“我们成功阻挡了民族社会主义者进入政府，”议会党团副主席威廉·绍尔曼说，“如果议会在1930年10月成功地阻止议会主席团、德国国防军和警察落入纳粹分子手中，那么就不该有人批评我们做出这样的断言：这是一个巨大的成功，这是德国社会民主主义者在全欧洲取得的成功。”3月20日投票反对建造装甲巡洋舰“B”的9名德国议员的行为遭到党代表大会的绝大多数人的指责。社会民主党指出，今后如再发生这种违反纪律的行为，将一律按照损害本党的行为处理，那就是开除出党。迄今的宽容政策并不意味着向德国政府开出一张空白支票。党代表大会以压倒性多数接受了柏林党代表的一项提议：如果在新的紧急法令中进一步削减失业保险金的话，那么社会民主党将以终止宽容政策来

威胁布吕宁内阁。[44]

衡量德国社会民主党是否坚守这一决定的机会马上来了。帝国总统冯·兴登堡于 1931 年 6 月 5 日签署了期待已久的紧急法令，而这一天正是德国社会民主党莱比锡党代表大会结束的日子。

14. 大萧条时代的政治

408 《保护经济和财政安全的第二项紧急法令》（Zweite Notverordnung zur Sicherung von Wirtschaft and Finanzen，以下简称《紧急法令》）不仅在1931年6月6日成了头条新闻，德国政府发出的呼吁也引起了轰动。布吕宁内阁以空前的强硬口气谴责这种"纳贡式"的战争赔款，称它大大削弱了德国的购买力，严重遏制了德国的进口。"我们竭尽所能来履行因战争失败而应承担的义务。为此，我们还在外国到处求援。现在这已经不再可能了。全国各界人民尽其所能，用最后的气力给德国政府支持。出于对本国人民负责的态度，我们有义务对全世界说：我们强加给我国人民的贫苦已经达到了极限!"

《紧急法令》缩减社会福利的程度实际上已经超出了最坏的想象。残疾人和战争退伍伤兵的退休金被缩减了。失业保险金的支付率平均降低了10%～12%，这也自动降低了危机救济的支付比例。这是一个面向失业者的救济网，失业者在失业26周后，在劳动市场情况糟糕的时候则在39周后，他们就无权享受主要失业救济金，或者他们就业时间还不够长，也会落入这个救济网，为的是等待能够重新享受主要失业金。

这些社会开支的削减尚不足以弥补2.45亿德国马克的危机救济缺口，因此《紧急法令》还推出了新的危机税种，征收的方式是在工资税和所得税上进行追加。多付的工资税不再返还。公务员和雇员不得不再次接受薪水降低，减薪的幅度根据补贴和地区不同，在先前薪资的 4%~8%浮动。减薪和不再返还多缴所得税节省出来的这一部分资金，首先是帮助地方政府来负担日益增加的无福利失业者的负担。这些失业者生活在社会最底层，他们没有可能得到危机救济的帮助。《紧急法令》中包含的公共服务是非常有限的。帝国铁路局将再发出 2 亿德国马克的订单，为 12 万人提供就业机会。此外，创造公共就业机会就剩下自愿就业服务了，这一部分是由德国就业服务和失业保险机构负责的。就业服务的活动领域包括平整住宅 409
区和小绿地住宅区土地，改良土壤，改善地方交通路线，以及开展“有助于提高公共卫生水平”的工作。这些工作与钢盔团之类的右翼军事组织长期以来提出的要求很相似。这些组织现在已被正式邀请来参加志愿劳工组织的工作。[1]

如果布吕宁政府以为，通过这种“纳贡式的呼吁”能够减轻人们对《紧急法令》的愤怒，或分散其对赔款的注意力，那是错误的。抗议活动来自所有政治阵营，共产党和民族社会主义德意志工人党、德意志民族人民党和经济党都要求召开德国国会会议。《前进报》理直气壮地提出，社会民主党要与《紧急法令》中反社会福利的内容做斗争。财政部部长迪特里希所属的政党——德意志国家党也有不满，国家党的议会党团宣布，他们认为《紧急法令》的主要部分是错误的。甚至布吕宁的政党也提出了抗议，中央党的工人委员会在杜伊斯堡会议上表达了对德国议会的期望，政府应该去开拓“消除不合理社会困苦的可能性”。[2]

6 月 5 日至 9 日，负责出台《紧急法令》的德国总理布吕宁与外交部部长库尔提乌斯正在英国逗留。战后第一次德英两国政府正式会议于6月6日至7日，在英国首相传统的乡村宅邸契克斯举行。会议的一个重要主题就是德英两国会议第一天发表的那份关于战争赔偿的宣言。首相麦克唐纳和外交大臣亨德森（Henderson）认为德国的宣言是致命的错误。亨德森以赞同的口气宣读了他的美国同事史汀生（Stimson）的第一份书面表态。文件指出，德国这样做，不但得不到它所期待的战争赔款的削减，而且失去了信用。亨德森建议，德国人应该与法国谈判，以达成赔偿的一致意见。最终，布吕宁和库尔提乌斯从契克斯收获的还是比这样一个建议多得多。英国人虽然不同意德国人在赔偿问题上的立场，但表示，如果布吕宁在不久的将来提出暂停支付赔款的申请，英国原则上没有顾虑。

布吕宁在重返柏林的途中受到严重的惩罚。将总理和外交部部长从不来梅港运送到柏林的专列，在每一个火车站都遭到了纳粹分子的骚扰，暴徒们向火车投掷石块。在柏林的弗里德里希大街火车站，有数千名希特勒的支持者在等着布吕宁。当总理走出车站大楼时，到处是口哨声和嘘声。由于普鲁士警方
410 采取了封路措施，才没有发生严重的事件。此后，布吕宁从副总理迪特里希以及国务秘书迈斯纳和平德尔那里了解到，在他出访期间，情况已经严重恶化：在过去8天里，外汇正在不断流失。第二天早晨，帝国银行行长路德向总理报告，自5月26日以来，德国已经损失了6亿德国马克。在随后的部长会议上，路德指出5月11日奥地利信贷机构的倒闭是这种情况的原因之一。同时，帝国银行行长也明确指出，德国政府的“纳贡式的呼吁”对这一事态发展起到了主要作用。德国在赔款问题上提出的倡议，以及提前终止支付战争赔款的谣言危及了德国的外部信贷以及国内货币市场。人们普遍的印象是，

国会很快就会召开会议，要求废除《紧急法令》。所有这些都对外汇流失的情况起到了推波助澜的作用。

总理立即明确表示，他不会重新召开国会会议或预算委员会会议，也不会在美国国务卿史汀生 7 月下旬访问柏林之前提出暂停支付赔款。“德国政府如果不能在这些问题上坚持自己的意愿，就将下野。这一做法不是为了组建新内阁，而是永远下野。”[4]

情况确实像布吕宁所见的那样严重。此前支持他政府的两个政党，现在已经不再是确信不疑的伙伴。德国社会民主党和德意志人民党都在呼吁更改《紧急法令》。德意志人民党对新一轮减薪和危机税感到愤怒，因此要求召开国会会议。社会民主党呼吁为广大民众减负，但暂时还没有提出要提早结束议会休假期。

与社会民主党的温和声明相比，德意志人民党的路线变化在国内外引起了更多关注。面对人民党议会党团 6 月 11 日以 15 票对 13 票的多数通过的决议，许多观察人士认为，这显然是对布吕宁的“经济”说不。这一评估在帝国银行那里得到了证实。外汇流失的速度急剧加快，帝国银行不得不在 6 月 13 日做出回应，将贴现率从 5% 提高到 7%。外汇发放率确实开始大幅下降。但是德国央行领导层清楚地知道，他们最新出台的措施将进一步抑制经济，这对危在旦夕的企业和银行来说是致命的一击。

在东普鲁士的诺伊德克庄园，布吕宁向兴登堡汇报了政治局势和在契克斯的会谈情况。从诺伊德克庄园返回之后，布吕宁立即于 6 月 13 日开始了与各党的谈判。第一批约谈的是邦 411
总理奥托·布劳恩和社会民主党议会党团的代表，其中包括党团主席奥托·韦尔斯。社会民主党的谈判者首先坚持对《紧急法令》进行修改，要重新把年轻人的失业救济金加进去。总理对此持和解态度，并且宣称10月出台的新紧急法令就可以带来一些细微变化。然而在此之前不得动摇6月6日的《紧急法令》。最重要的是，不得召开国会会议。

与德意志人民党主席爱德华·丁格尔代（Eduard Dingeldey）的谈话则难度更大。丁格尔代在1930年底继恩斯特·朔尔茨担任德意志人民党主席一职。总理向德意志人民党许诺将满足其一个核心的要求，这就是在很大程度上放宽现有的劳资谈判法，并在稍后（例如，在战争赔偿谈判开始时）重新调整内阁。布吕宁提议联合钢铁厂董事会主席阿尔贝特·弗格勒出任新内阁的经济部部长。那将意味着政府会更加右倾，因此会博得丁格尔代的青睐。但是公众绝不能得知这些消息，因为这种消息的直接效果是可以预见的：如果社会民主党人意识到布吕宁的意图，他们就会要求召开国会会议，而这正是总理想不惜一切代价去阻止的。

正是为了实现这个短期目标，布吕宁向德意志人民党做了很多承诺。但是他向丁格尔代交代的不仅仅是短期的战略。向右转是布吕宁确定的优先事项。由于德国必须再次成为一个与他国平起平坐的大国，因此必须一劳永逸地停止战争赔偿。为了实现这一目标，通货紧缩的艰难历程必须继续进行，即便这会导致更多的社会苦难。向国外借贷，尤其是在法国发行外国债券，是有可能减少这一代价的。但发行这样的外国债券是要付出其他代价的：缓和国家在修改和约方面的态度，以及在战争赔款问题上改变“孤注一掷”的做法。因为布吕宁不像社会民主党人那样愿意付出这样的代价，作为兴登堡领导的总统内阁总理，他也没有能力付出这样的代价，所以他向右修正政治路线是有着一定的内在逻辑的。[5]

6月15日，布吕宁出乎意料地遇到了来自中间派左翼的强硬抵抗。在与所有总工会组织的代表进行对话时，德国总理无法阻止德国总工会联合会主席特奥多尔·莱帕特立即召开国会会议的要求。莱帕特的坚定态度对社会民主党也产生了影响。该议会党团的一个代表团在6月15日下午敦促布吕宁至 412
少批准召开预算委员会会议。面对这个要求，德国总理立即以提出辞职相威胁。

只有在普鲁士社会民主党人那里，布吕宁才能确保他们将继续站在他的一边。奥托·布劳恩在6月15日与获选的党领导人举行的会议上宣布，国会一旦召开会议，就不可能实行任何赔款政策。内政部部长泽韦林担心，如果要召开国会会议，就很容易发出类似1930年10月新国会第一届会议事件的信号，只是这次示威者不是纳粹分子而是共产党人。“作为掌管警察的部长，他有一定的工作经验，共产党正在煽动失业大军，并在那里为自身的计划找到了沃土。”

泽韦林的悲观言论完全与德国国防部部长格勒纳如出一辙，格勒纳此前警告说，只要国会一开会，各种事就都如一团乱麻般蜂拥而至，“把德国推到一场新革命的门槛上。如果谁有任何勇气越过这个门槛，就会制造出只有武装暴力才能解决的局面，而这个人必须对此事的后果承担责任”。实际上，德国政府预料到有发生社会动荡的危险，并且在兴登堡的同意下，已指示帝国国防军指挥官做好一切必要的措施。如果第二天德国国会元老会（Ältestenrat）的多数人要求召开全体会议或预算委员会会议，德国国家危机就会进入一个新阶段。最可能的结果将是成立一个布吕宁领导的、公开反议会的新内阁。他最重要的支柱也将不再是议会中多数人的容忍，而是帝国国防军。总统内阁制在这个第二阶段将变成暗中的军事独裁。

各议会党团于6月16日上午举行会议。乡村人民党和经济党表示要求召开德国国会会议。社会民主党议会党团根据主席团的提议，以70票赞成、57票反对的票数要求召开预算委员会会议。德意志人民党以18票对9票，推翻了本党在6月11日要求召开国会会议的决议，其原因一方面是布吕宁和丁格尔代之间经过谈判所得的结果，另一方面是即便人民党的要求得到满足，民族社会主义者和德国民族主义者也不愿意承担执政责任。为此，德意志人民党明确了最新行动的含义：创建一个右翼多数能够容忍的、人事更新后的布吕宁新内阁。

413 在中午12时开始的元老会会议上，由民族社会主义德意志工人党、德意志共产党、德意志民族人民党、经济党和乡村人民党提出的召开国会会议的所有请求均被拒绝了。国务秘书平德尔宣布，如果社会民主党提出的召开预算委员会会议的申请得到通过，德国政府将集体辞职，于是对这项申请的表决被推迟至下午6时。休会后，布吕宁再次与韦尔斯、布莱特沙伊德和希法亭进行了谈判。谈话中，总理表示在这一点是有通融余地的。他准备在8月召开预算委员会会议，并承诺政府在执行《紧急法令》的规则中将减缓一些社会福利的削减力度，特别是为那些没有资格申请失业救济，而又有需求的年轻人群提供适当救济。与此同时，布吕宁也使用了极强的高压手段。他通过议员保罗·赫兹（Paul Hertz）向社会民主党议会团体发出通报，如果社会民主党强行要求召开预算委员会，中央党将退出普鲁士联合政府。

压力发挥了作用。经过激烈的辩论，议会党团以多数票决定不召开预算委员会会议。社会民主党人的决议并没有提及普鲁士，但确实提到了布吕宁愿意开始谈判修改《紧急法令》。元老会于下午6时再次举行会议。共产党人重拾被社会民主党人放弃的召开预算委员会的申请，但只有民族社会主义德意志工人党和德意志民族人民党投票赞成，因此这个申请被拒绝了。

“极具重要性的一天即将结束，”总理府的国务秘书赫尔曼·平德尔午夜前在日记中这样写道，“我们赢了！我们这些执政者承受了巨大的压力。外面的生活依然按部就班，只有极少数人知道或猜到，一场内战蓄势待发。不管怎样，如果没有今天的结果，我们将无法在14天内支付工资、养老金、战争抚恤金等。但我们最终还是赢了！”[6]

社会民主党做出6月16日的决定之后，党内极左派发出了“到此为止，绝不继续”的警告。《阶级斗争》杂志7月1日发出《全党警告书》，编辑马克斯·阿德勒（Max Adler）、库尔特·罗森菲尔德（Kurt Rosenfeld）、马克斯·赛德维茨和海因里希·施特勒贝尔在警告书上签了名，并且请求得到大家的支持：“结束宽容政策，收起这样的幻想，不要以为这种宽容政策、逃避政策和退让政策，能够避免给工人阶级带来更大的损害。要意识到，只有克服资本主义社会的困难，才能为无产阶级摆脱这场资本主义危机闯出一条路来。”

几乎在同一时间，社会民主党的理论杂志《社会》上刊 414
登了一篇声调截然不同的文章，编辑鲁道夫·希法亭在其题为《在危机的灾难中》的文章中说，社会民主党议会党团所做的决定对每个成员来说可能是最严重的心理负担。“这并不是一个党团内两个封闭的派系相互对立。为了争取做出正确的决定，每个人都在和自己的灵魂搏斗。每个人都不得不一次又一次地扪心自问，哪个决定将意味着更大的不幸。这对每个人来说都是悲惨的情况，事态的严重性为发言和评论投下了阴影。”

这之所以是一场悲剧，是因为严重的经济危机与 1930 年 9 月 14 日选举造成的政治紧急状态交织在一起。“德国国会成了一个反对议会制的议会。它的存在对民主、工人、外交政策构成了威胁。不管政府有多糟糕，如果让这个议会自由地做出自己的政治决定，唯一的必然结果就是出现一个更加反动的政府。以反对抛弃了民主的多数派来坚持民主，并且采用民主宪法的政治手段，而宪法的前提就是可以运作的议会制。摆在社会民主党人面前的这个任务简直是一场无解的危机。这真是一个前所未有的情况。”[7]

虽然德国的最大政党做出的决定难上加难，但其投票的结果证明了多数人的选择是正确的。帝国银行的外汇损失从 6 月 16 日的 8000 万马克减少到了 6 月 17 日的 1000 万马克，并且在 6 月 18 日进一步减少。国内的货币市场也开始趋于平静：6 月 19 日，国家得到了迫切需要的 2.5 亿马克的现金贷款。

然而就在同一天，外汇储备额又猛跌了 7000 万马克。与达姆施塔特和国家银行有着密切联系的纺织公司北方羊毛（Nordwolle）即将倒闭的新闻引起了新的恐慌。根据银行法和《杨格计划》的要求，德国货币的抵押率不得低于 40%，到了 6 月 19 日晚上，货币的黄金和外汇抵押率降到了仅仅比这个底线高出 1 亿马克的水平。抵押率一旦低于这个界限，贴现率就会自动提高。银行法希望通过这种方式防止国内纸币的流通量增加，以代替被提取的外国货币。

第二天，即1931年6月20日，危机眼看就要演变成一场灾难。帝国银行先是宣布了严格的信贷限制，然后向英格兰银行寻求再贴现贷款，其目的是再次增加帝国银行的外汇储备。415
当这一尝试失败时，德国的金融和经济崩溃似乎迫在眉睫。但是就在下午晚些时候，解救的信息从美国传来：胡佛总统提议，对所有强制性的政府债务，包括德国的战争赔款以及协约国的战争贷款，都暂停支付一年。胡佛出于国内政治的原因坚持让德国总统发出正式请求。就在当天晚上，兴登堡就把胡佛想要的电报发送给后者。此后，胡佛总统立即向全世界宣布了他的计划。

布吕宁本来是可以把胡佛暂停付款的提议当作一项重大的政治成功来庆贺一番的。但是，德国总理有意降低了这一历史事件的重要性。他心里想的是如何能够一劳永逸地取消战争赔款，因此他感到有义务立即把矛头指向社会民主党和同一类型的人。这些人认为，取消或至少减轻最新紧急法令中削减社会福利最严厉措施的时机到了。

在6月23日晚所有德国频道播出的演讲中，布吕宁表示，德国财政的困境不是在1931年，而是会在第二年达到顶峰。"如果相信胡佛总统的提议会解决德国所有的麻烦，这将是德国人民可能产生的最危险的幻想……如果德国人民不坚决遵守哪怕是要做出牺牲，也必须重组我们公共财政的基本原则，那么我们将失去世界的一切谅解和所有信任……只有德国人民坚定地在各个领域继续贯彻节衣缩食的方针，胡佛总统在世界史上迈出的这一步中所体现出来的信任，才能取得成果。"

胡佛的倡议在德国得到广泛认可，巴黎却感到了美国总统的欺骗。法国是德国最重要的赔偿债权国。6月20日至21日夜里，华盛顿推给法国的是一个既成事实。在这一点上，塞纳河畔的政府感到遭受了侮辱。接下来法国施展了一系列外交手段，试图稀释这个暂停支付的倡议：德国必须继续《杨格计划》中无条件和未受保护部分的支付，然后从国际清算银行得到支付款中五分之四的计息贷款。如果法国的观点占据上风，那么《杨格计划》中德国以实物交付的部分必须继续支付。柏林方面对此感到愤怒，立即驳回了法国的其他要求，即放弃与奥地利的关税同盟和建造装甲巡洋舰“B”。

416 由于法国的抵制，胡佛提议的债务轮空年也无法从7月1日开始。直到7月6日晚上，外交斗争才以妥协告终：根据在巴黎达成的协议，即使在1931年7月1日至1932年6月30日的债务轮空年，德国也必须支付战争赔款不受保护的赔偿部分，但是德国可以从国际清算银行收回全部支付款项，这笔款项以担保债券的形式退还给帝国银行。延期支付的款项以及担保债券均应计算利息，并从1933年7月1日起，分10年还清。实物偿还的问题则交给专家委员会处理。如果德国在债务轮空年结束后根据《杨格计划》推迟付款，法国将保留坚持偿还不受保护年偿还部分的权利。

德国政府在接受巴黎谈判的结果的同时，对胡佛表示感谢，并且向德国人民发出警告。政府在7月7日发出的声明中呼吁德国努力节省，绝对不能松懈。“胡佛计划给德国带来的缓解，将毫无保留地用于公共财政的重组。由此产生的货币和信贷市场的宽松将使德国经济受益。在债务轮空年，不可能在任何领域加大国家的任何开支。”

如果有人依然期待胡佛暂停支付赔款的计划能够把德国带

进一个社会负担减轻的阶段，那真是大错特错了。布吕宁政府坚定地认为，在战争赔款的问题上只有一个解决方案，这就是终结“纳贡”。一旦放宽支出政策，就无法让赔款债权人相信如此大幅度削减开支的必要性，因此必须继续保持通缩政策基本不变，这一点是合乎逻辑的。另外，虽然已经开始实行暂停赔款的计划，但美国国会尚未批准这项计划。因此，布吕宁政府期待至少有一些德国公众舆论能够理解，政府为什么会发出不要过度乐观的警告。[8]

胡佛暂停支付赔款的计划并没有引起兴奋，这里还有另外一个原因。就在巴黎谈判还在进行的时候，德国有关公司和银行倒闭的报道正在源源不断地传来。7 月 13 日发生的一个事件引发了德国经济萧条的新阶段：达姆施塔特和国家银行，这家规模仅次于德意志银行的德国最大私人银行倒闭。由于达纳特银行与破产的北方羊毛纺织集团关系密切，因此
银行的倒闭几乎不会让行家们感到惊讶。但 7 月 13 日的消息 417
对广大公众来说是一个爆炸式新闻。为了防止引起恐慌情绪，政府试图在 7 月 12 日为达纳特银行的存款提供全额担保。但是，这一措施不能阻止广大民众从第二天起开始在其他储蓄银行等银行挤兑。因此，内阁被迫采取另一项重大举措，通过一项紧急法令于 7 月 14 日至 15 日关闭了储蓄银行和其他所有银行。

布吕宁内阁利用这个“银行假日”发布了新的紧急法令，该法令对从 7 月 16 日起恢复的银行支付做出了限制的规定，并对外币兑换进行了严格的限制。7 月 15 日帝国银行将贴现率从 7%提高到 10%，并且把对储蓄银行来说非常重要的抵押贷款利率从 8%提高到了 15%。贴现率的提高使帝国银行可以

根据银行法增加帝国银行现钞。由于支付手段的短缺和外汇交易的限制，帝国银行回收了大量外汇，从而扩大了发行纸币的基础。

经过两天的强制假日后，付款交易最初仅仅在有限的范围内恢复。从 7 月 16 日至 17 日，只有在要求支付工资和退休金以及社会福利、保险金和税款的情况下，才允许在信贷机构和邮政支票机构提取现金或进行转账。否则，从 7 月 16 日至 18 日的这几天也被视为银行假日。从 7 月 20 日星期一至 8 月 5 日星期三，所有账户持有人都可以提取现款，根据时间的划分，提取的金额从最高 100 帝国马克到最高 300 帝国马克。转账也依照相同的程序进行。从 8 月 5 日开始，银行完全恢复付款交易；三天后，储蓄银行开始恢复正常付款交易。

德国最大的银行之一德累斯顿银行（Dresdner Bank）在 7 月 14 日面临倒闭，不得不在 7 月底用公共资金进行重组。国家接管了银行全部股份的 75%。国家也帮助了达纳特银行。国家给莱茵-威斯特法伦重工业预支购买银行股份所需的资金。但是，重组并没有就此结束。在 1931 年与 1932 年之交的冬天，政府认识到，合并两家银行对国家来说要比分别支持更
418 合适。由于自愿合并没有成功，国家于 1932 年 2 月通过紧急法令对其强行合并。合并后的新德累斯顿银行实际上是一家国有银行。1932 年 3 月与巴尔姆银行协会（Barmer Bankverein）合并的商业和私人银行（Commerz-und Privatbank）也是同样的性质，不过方式有所不同。国家不仅直接参与其中，而且是通过帝国银行的“子公司”黄金贴现银行（Golddiskontbank）占有了这家银行 50%以上的份额。

为了一劳永逸地排除新的银行危机，有关银行的管理层人

员被大规模替换。根据 1931 年 9 月 19 日的紧急法令，专门设立一个银行业帝国专员和一个银行管理委员会作为帝国银行的延伸机构，旨在确保银行业具有足够的透明度。1931 年 10 月 6 日的另一项紧急法令将储蓄银行转变为拥有自身资产的公共机构。这样做的结果是，地方政府和地方团体对储蓄银行的影响力大大下降。这部紧急法令还有效地限制了地方政府的借债经济政策。储蓄银行向地方发放的贷款金额不得超过其总存款额的 25%。然而，这个时候市政贷款根本无从谈起。1931 年 8 月 5 日的紧急法令中对此做了明确规定，该法令此时依然有效。

1931 年 7 月的银行业危机是对资本主义经济体系信任度的一次打击，这次打击的严重程度远远超过了几十年来各种形式的马克思主义者的鼓动。7 月 13 日，恐慌的人们在储蓄银行等银行前面排起了长队，一心想挽救自己的积蓄。严重危机的另一处景象是，失业者拥挤在职业介绍所门口领取救济金，或者在城市的救济用餐点领取一餐少得可怜的食品。国家通过大量国有化的办法来挽救银行，即便不是从形式上，但在实质上是这样去做了。然而这种做法并不适合重建对资本主义，以及对其设施和代表的尊重，也不能为政府赢得新的朋友。用纳税人的钱来纠正企业的失败，这样做既破坏了国家的形象，也破坏了“经济”的形象。银行危机引发的冲击是深刻的，而且引发了严重后果。直到 1931 年夏天，人们才逐渐意识到这场经济危机不是通常的危机，而是一种长时期的萧条，而且尚未触底，根本无法预期什么时候会结束。[9]

德国银行业危机也引起了国外的极大关注。胡佛总统立即提议召开一次国际会议，希望能从正在发生的事情中得出实际

419 结论。根据英国的建议，会议于7月20日在伦敦召开。美国、英国、法国、意大利、比利时、德国和日本参加了这次会议。应法国政府的邀请，布吕宁和库尔提乌斯在赴伦敦会议的途中于7月18日至19日在巴黎暂做停留。巴黎会晤中谈话气氛轻松愉快，但并没有使双方的观点更加接近。法国向德国提供一种长期债券，但开出的价码是德国人不想支付也支付不起的，这就是德国在10年里不得对《杨格计划》和《凡尔赛和约》提出修改。布吕宁对巴黎的提议说不，这并不困难，因为在他离开柏林前不久，美国大使弗雷德里克·萨基特（Frederick Sackett）曾经告诉他，美国政府拒绝在法国定出的条件下参与对德国的财政援助。

在7月20日至23日举行的伦敦七国会议上，法国完全处于孤立的地位。美国和英国的观点获得了认同，他们认为不应该为德国获得经济援助设置政治先决条件。然而发行长期债券只有在资金实力雄厚的法国参与下才可行，所以这一方案也不了了之。尽管如此，德国代表团对会议的结果还是感到很满意的。三项决议都对德国有益。首先，德国帝国银行于6月25日从国际清算银行获得的1亿美元贷款将在9月25日到期之后再延长三个月。其次，不同国家的金融机构达成协议，采取联合措施保护德国免受被进一步抽走外国贷款的待遇。最后，建议国际清算银行成立一个委员会，以审查德国的信贷需求，并且根据情况，审核将一些短期债券转换为长期债券的可能性。

向德国借贷的外国贷款尽量"保持不动"的决议立即产生了效果：抽走贷款的数额开始急剧下降。7月29日，以德国银行为一方，英美银行为另一方达成了维持外国贷款协议的基本条款。8月8日，在国际清算银行所在地巴塞尔成立了伦敦会议提议的专家委员会，专家委员会由纽约大通国民银行董事会主席阿尔伯特·H. 威金（Albert H. Wiggin）主持。由专家对德国借贷情况进行审查的建议是在战争赔款争议问题上的一个历史性突破。专家委员会主席的名字就预示了一个方案。威金本人是纽约银行的领头人，而纽约银行在商业贷款方面正是德国的主要债权人。因此，纽约银行的基本利益所在是确保 420
德国将通过出口盈余获得的外汇用于偿还私人债券而不是偿还战争赔款。

在威金委员会成立会议的三天之后，即8月11日，另一个专家小组完成了自己的工作。负责审查《胡佛计划》实际执行情况的专家们就《杨格计划》中实物支付这个有争议的问题达成了妥协。某些实物的交付即便在债务轮空年还要继续执行，但可以尽可能从国际清算银行为其获得贷款。又一个星期后，即在8月18日夜里至19日凌晨，就停止偿还外国贷款的问题达成了协议。协议规定德国可以推迟63亿马克的短期外债偿还，但是仅仅推迟六个月的时间。

同时，威金委员会提交了《经济学人》（*Economist*）编辑沃尔特·托马斯·莱顿勋爵（Lord Walter Thomas Layton）编辑的德国经济状况报告。这一报告的结论是贸易壁垒，特别是美国的贸易壁垒妨碍了德国的出口，而德国正是要通过出口来帮助偿还战争赔款，因此贸易壁垒间接地助长了德国的过度借贷。世界贸易的持续自由化是莱顿报告的一项公开建议。在这个报告的字里行间，还能读到另一个信息：德国是值得信赖的，在长期借贷方面也是这样。但战争赔款是一个严重障碍，在这个问题上，德国前途未卜。这些言论的含义并不难理解：

迅速结束战争赔偿不仅对德国经济恢复，而且对全球经济都有利。[10]

总而言之，伦敦七国会议的结果对德国是积极的。修订《杨格计划》的前景得到了改善。美国国务卿史汀生 7 月 25 日至 27 日对柏林的访问，以及 7 月 28 日英国首相麦克唐纳的访问也足以让布吕宁信心满满，希望胡佛的暂停收回贷款的期限到期后不会再返回《杨格计划》。

但总理从未想过把这样一种印象传递给德国公众。他还在伦敦的时候，就叮嘱要尽可能低调宣传伦敦会议对德国有利的结果。他认为，债权国所做的让步并不能得出其他任何结论。强硬的通货紧缩政策已经开始见效，因此必须继续下去。经济困难和社会苦难，甚至是政治激化，都可以被用来作为彻底解
421 决战争赔偿问题的论点，而布吕宁最关注的问题就是赔款问题。这样看来，大危机也有其有利的一面。正如德国总理所理解的那样，这样做是符合德国的国家利益的。不是克服萧条，而是利用它达到政治目的。自 1931 年春季以来，这一直是布吕宁执政策略的中心主题。[11]

直到 1931 年夏天，德国总理一直能够依靠德国社会中的主要力量与他一起承受人们对紧缩政策的批评。从企业家到社会民主党领袖，他们对整顿经济的共识是基于这样一个见解，即前几年的借债经济迫切需要得到纠正。然而到了 1931 年的盛夏，这种共识开始瓦解了。危机已经达到了让人们对继续实施通货紧缩政策的意义产生怀疑的程度。胡佛的暂停收回贷款令也产生了一定影响。现在，通过指出赔偿的负担来拒绝任何振兴经济的要求，这种做法要比以前更加困难了。

8 月 3 日召开的部长会议上邀请了一些商界代表和著名的

社会民主人士。会议上，一些专家提出了刺激经济的新建议。提出最多要求的是来自德国最大的化工集团——法本公司的董事会成员赫尔曼·瓦姆博尔德（Hermann Warmbold）。他要求用商品作抵押，由政府提供短期国内信贷，以这种方式为国内市场带来新的动力，因为国内市场的萎缩甚至大于外贸市场的萎缩。法本公司的另一名董事会成员赫尔曼·施米茨（Hermann Schmitz）和褐煤工业家保罗·西尔弗贝格的言论也与上述要求类似。施米茨认为，“只用看起来像通货膨胀的方式来对抗一场明显的通货紧缩”是理所当然的。“在这场抗衡的活动中只需要防止通胀问题的永久化。”

德国社会民主党的主要理论家鲁道夫·希法亭站在最明确的对立立场。针对西尔弗贝格提出的使用国库券作为银行转账货币基础的提议，希法亭一言以蔽之：这样做有通货膨胀的风险。实际上，如果考虑到有大量的闲置产能，并没有必要去担心人为的信贷创造会产生通货膨胀的效应。但是通货膨胀的创伤根深蒂固，信仰马克思主义的希法亭坚信资本主义制度中的危机必然会出现，并不能通过政府的干预来缩短。总理在发言中仅仅明确驳斥了一个发言人的言论。他反对施米茨建议的发行长期外国债券的想法。“如果我们现在发行一笔长期贷款，”布吕宁说，“我们将使（解决）战争赔款的问题变为不可能，并犯下与1929年相同的错误。我不会这样做。”

8月3日的讨论没有产生任何实际影响。但事实表明，企 422
业家阵营中的强势力量不满意布吕宁的通货紧缩政策，认为这是很危险的。工业界更为广泛的群体则对政府的政策提出了另一种批评。包括克虏伯、克勒克纳、西尔弗贝格、弗格勒和罗伊施在内的九位杰出商业领袖在7月30日联名上书总理，要求立刻终止迄今的失业保险和规定工资的制度。上书人想用对贫困人群发放救济金的办法来取代发放保险金。他们认为，工资是生产中最重要的成本因素，但国家仲裁制度和不可缺少的劳资协议把工资固定化，使其失去了弹性。信中指出，为了纠正所有这些缺点，有一个简单的办法："必须让经济摆脱束缚，并根据永远有效的经济法则去放手经营，只有这样才能发挥其实力。这样一来，经济行业就将会吸收越来越多的未使用的劳动力。"[12]

显然，上书者要求的路线掉头意味着布吕宁与社会民主党之间无声的联盟将就此终结。早在7月15日，德意志人民党中以重工业为主导的莱茵-威斯特法伦工作小组已经就这一层意义表达了自己的看法。"与左派串通一气会让德国流血不止"，第二天，古特霍夫农集团总裁保罗·罗伊施最亲密的同事之一埃里希·冯·吉尔萨对他的上司说，如果胡根贝格和希特勒拒绝与布吕宁合作，那么剩下的选项只有"要么专政统治，要么尝试组成希特勒-胡根贝格政府，对这样一个组合，德意志人民党必须保持谨慎"。

7月22日，德国最大的农业利益集团——帝国乡村同盟在向兴登堡递交的文书中也要求"与国际马克思主义力量彻底决裂"。这个组织长期以来一直以"民族反对派"自居。信中说道，人们经常听到没有社会民主党就无法执政的说法，这实际上是错误的，因为这种说法把社会民主主义与工人混为一谈。背叛德国工人最多的就是受社会民主党影响的这一届政府。"500万失业大军和短期工作者就是证明。"[13]

谁想剥夺社会民主党人的权力，他就不可能仅仅满足于只抨击社会民主党对布吕宁政府实行的宽容政策。同样重要的是要攻克社会民主党在普鲁士的“堡垒”。为了实现这一目标，钢盔团从1931年2月初开始发起解散普鲁士邦议会的全民公投。这项活动得到了民族社会主义德意志工人党、德意志民族人民党和德意志人民党的支持，到6月底登记期结束时，已有 423 596万名选民在全民公投名单上签了字。7月9日，邦议会否决了全民公投，邦政府决定于8月9日举行全民公决。

奥托·布劳恩的邦联合政府对全民公投的结果并不特别担心，因为参加全民公投的选民数量大大少于1930年9月14日在普鲁士举行的德国国会选举中三个右翼政党获得的选票数量。然而，7月22日发生的一件事情突然增加了全民公决的成功机会。这一天，德国共产党中央委员会宣布参加全民公决，共产党人从此将这次投票称为“红色全民公决”。为了击败“社会法西斯主义”，共产党甚至没有回避与“民族法西斯主义者”临时搭帮结伙。

改变路线的指示来自共产国际执行委员会政治局。这个决定可能是在布吕宁逗留巴黎期间于7月19日做出的。莫斯科把德法谈判视为德国资产阶级即将屈服于法国帝国主义的标志。由于与法国的协议完全符合德国社会民主党的方针路线，因此当1931年春季召开共产国际执行委员会第11次全体会议时，德国社会民主党被打上了“资产阶级的主要社会支持者”的烙印，而且对其发起的攻击越来越猛烈。斯大林和他的追随者当然知道台尔曼并不能替代布劳恩。根据事态的发展来看，全民公决的成功只会导致普鲁士向右偏移，此后不久德国的政治路线也将向右偏移。但是在苏联领导人的眼里，向右转比“德国对法国帝国主义的屈服，德国被纳入反苏联集团”的邪恶程度要小，《真理报》在7月18日发出了这样的警告。在可预见的未来，苏联的国家利益并不在于德国共产主义的胜利，而是德国亲西方势力的失败。

为了鼓动支持者参加 7 月 24 日的全民公决，德国共产党声称，工人群众在奥托·布劳恩和卡尔·泽韦林执政的普鲁士所受的压迫甚至比在霍亨索伦时代更加严重。“布劳恩和泽韦林的政策开了法西斯主义的先河。对于布吕宁阵线来说，普鲁士政府是最忠诚的哨兵或最好的捍卫者。只要布劳恩和泽韦林执政，布吕宁就可以继续执行针对人民的紧急法令的政策。”

1931 年 8 月 9 日的全民公决以发起方失败告终。一共有
424 980 万人，即 37.1%有投票权的人投了赞成票，但全民公决要得到绝对多数，即 1340 万张选票才算获得成功。也许德国共产党的参与阻止了一些中产阶级选民投票反对执政的魏玛联合政府。但可以肯定的是，在 8 月 9 日这一天，有许多共产党人拒绝服从他们党的号召。在柏林的极端“红色”地区，例如威丁区和腓特烈斯海恩区，所有党派参加全民公决的票数要少于 1930 年 9 月 14 日投给共产党这一个政党的票数。共产国际的决定导致了德国共产党的惨败。[14]

但是就在 8 月 9 日这一天晚上，德国共产党以蓄意犯罪的方式继续实施他们的灾难性政策。在共产党总部附近的比洛广场（Bülowplatz）卡尔·李卜克内西大楼（Karl-Liebknecht Haus）附近，两名警官被秘密枪杀。他们是伦克（Lenk）和安劳夫（Anlauf），在左翼激进圈子里他们两人的绰号是“骷髅头”（Totenkopf）”和“猪脸颊”（Schweinbacke）”。另一名警长维利希（Willig）也中了两枪，受重伤。

由汉斯·基彭贝格尔（Hans Kippenberger）领导的德国共

产党非法军事政治机构是这次犯罪的幕后黑手。如果当时的共产党干部赫伯特·魏纳（Herbert Wehner）多年后在1946年撰写的《笔记》（*Notizen*）中准确地复述了这个故事的话，那么这项政治任务的指令来自中央委员会委员海因茨·诺伊曼（Heinz Neumann），目的是“用这一行动和预期的报复把人们的注意力从全民公投的结果上转移开来，创造一个新的局面。这是秘密蓄意计划的，作为全民公决失败的另一种选择，而诺伊曼也认为公投是不可能成功的”。警方事先检查了卡尔·李卜克内西大楼里的武器和犯罪材料之后，于8月21日对涉嫌谋杀的五人发布了逮捕令。德国共产党自卫队的后备役领导人埃里希·米尔克（Erich Mielke）后来被指控犯有谋杀罪，他设法逃到了比利时，后来成为德意志民主共和国国家安全部部长。[15]

德国共产党的恐怖行动给人留下的印象正是该党想要达到的目的，但是这一印象并没有反映现实。共产党人把自己装扮成一个决心猛烈推翻政府的政党，但他们的非法组织从来没有能够对国家政权形成有效的制衡力量。他们做了违法的准备，但主要只是停留在纸上。年轻的共产党员进行的准军事演习仅仅是小口径武器的射击和路障的搭建。左倾极端主义者所做的一切，就是高估自己，同时低估了右派。[16]

这种做法使民族社会主义者更容易逐渐渗透到国家机构中。根据冲锋队的“参谋长”恩斯特·罗姆与德国国防部部长办公室负责人冯·施莱歇少将之间的协议，自1931年3月底以来，民族社会主义德意志工人党的“冲锋队”可以不受任何政治歧视地参与准军事边防活动。9月23日，泽韦林认 425
为已经有理由断定，在保护边界的问题上，德国国防军与右翼组织的联系比与普鲁士内政部的联系更为紧密。当时，施莱歇的路线与重工业界温和派的路线相似：布吕宁可以继续当他的总理，但他应该摆脱对社会民主党的依赖，并且小心翼翼地逐渐接近“民族反对派”。政府政策的轴心从左向右转移，这就是帝国国防军领导层在1931年夏末和初秋努力的方向。[17]

与此同时，温和左派对德国政府提出了和风细雨的批评。德国总工会联合会于1931年8月31日至9月4日在美因河畔的法兰克福召开联邦代表大会。在会上，德国总工会联合会主席特奥多尔·莱帕特严厉批评了布吕宁内阁的经济政策。他指出，布吕宁内阁以为，可以在没有工人的支持甚至与工人为敌的情况下执政。但是自由工会并没有考虑终止自己的宽容政策。“推翻布吕宁政府是一件非常容易的事情，”德国金属工人协会主席、德国国会社会民主党成员、前独立社会民主党人阿尔温·布兰德斯（Alwin Brandes）在致闭幕词时这样说道，“在这种情况下，工人的处境并不会变得更好。正好相反，这将导致经济混乱和政治灾难，并且给工人带来更大的痛苦。”

布兰德斯接下来的讲话在与会代表中得到了许多赞同的呼声，这一番讲话以经典的方式表达了社会民主主义工人运动对自己所处地位的认识。“左翼激进分子呼吁发动内战，因为他们相信或至少口头上这么说，只有内战才能改善工人阶级的命运。这样一场内战将彻底捣毁德国复杂的经济结构，被摧毁的经济可能在未来数十年中都一蹶不振。不仅如此，无论这场灾难的后果如何，其结果也将是德国本身的解体，德国的文化被彻底摧毁。”[18]

就在这个时候，布兰德斯的政党开始与党内极左翼划清界限。这一派从一开始就拒绝宽容政策。发生危机以来，他们对最近发布的紧急法令的攻击程度也日益激烈。造成与极左翼决裂的两个直接原因之一是，马克斯·赛德维茨和库尔特·罗森菲尔德创建了左翼社会主义周刊《火炬》（*Die Fackel*）。这本 426
刊物于9月4日创刊，在第一期称自己是"摆脱德国审查制度的产物，以及莱比锡民主的后代"（"莱比锡民主"不是指社会民主党最后一届党代表大会，而是指宪法法院。这在几周之后才得到澄清，或者得到强调）。决裂的第二个原因是德国和平协会主席弗里茨·屈斯特（Fritz Küster）于7月底在哈根召开的这个协会的会议。会议期间，一批社会民主党人出席了一次特别会议，会议提出反对"德国社会民主党的民族主义军事虔诚态度和宽容政策，反对德国共产党的伪革命灾难政策"，并且准备成立左翼社会主义党。

9月27日，德国社会民主党援引1925年的禁止举行特别会议和特别活动的决定，指出德国和平协会的会员资格，以及对出版《火炬》的自由出版社的支持都是与德国社会民主党的党员资格不符的。三天后，包括马克斯·赛德维茨、库尔特·罗森菲尔德和海因里希·施特勒贝尔在内的八名德国国会议员回答说，无论受到什么指责，他们都将继续出版《火炬》。9月29日，社会民主党执行委员会将赛德维茨和罗森菲尔德开除出党。四名德国国会议员和七名前社会主义青年团（此组织在莱比锡党代表大会上被解散）领导成员对赛德维茨和罗森菲尔德表示声援。提出声援的还有一批地方协会，这些协会来自茨维考-普劳恩（Zwickau-Plauen）和开姆尼茨，还有来自布雷斯劳的社会主义工人青年团。西里西亚首府还发来了参加领导会议的邀请，邀请内容是10月2日在布雷斯劳成立社会主义工人党。两天后，社会主义工人党（SAPD）在柏林宣布正式成立。

新党尽管得到了阿尔贝特·爱因斯坦、卡尔·冯·奥西茨基（Carl von Ossietzky）和利翁·福伊希特万格（Lion Feuchtwanger）等著名知识分子的同情，却没有能够超越一个政治宗派的形式。它仅仅在其创始人活跃的地区以及年轻的社会民主人士那里受到欢迎。年轻人当中的一人是来自吕贝克的赫伯特·弗拉姆（Herbert Frahm），后来他流亡挪威，并且给自己起了一个战斗力极强的名字——维利·勃兰特（Willy Brandt）。1932 年 1 月，年仅 18 岁的他写出的一番话，可能说出了像他一样活跃于社会主义工人党的青年组织或社会主义青年团内大多数人的心声：“我们的内心已经发生了蜕变，与其他任何无产阶级政党相比，我们感觉不到自己在意识形态上更接近德国社会民主党。正好相反，我们与德国社会民主党之间的距离可能是最远的。”

1932 年 3 月，德国共产党前主席海因里希·布兰德勒率领德国共产党反对派（KPO）中的极少一部分人加入社会主义工人党，使社会主义工人党党员人数一下子增加了 1000 人。但是，在整个德国，社会主义工人党的人数从未超过 2.5 万人，这相当于德国社会民主党总人数的 2.5%，德国共产党总
427 人数的 8%。在 1932 年 4 月 24 日普鲁士邦的选举中，社会主义工人党仅仅获得了 0.4% 的选票。虽然很多社会民主党人不能容忍宽容政策，但党的领导层指责党内左派持不同政见者的这种做法是违反纪律，而这种违纪行为对党内绝大多数人来说是不可原谅的。[19]

德国社会民主党的最左派开始发生分裂的时候，也是该党议会党团刚刚设法从布吕宁政府那里成功获得一些社会政治让

步的时候。9月7日，社会民主党和内阁商定了提高失业救济金的评估基础，使季节性工人得到比6月5日的紧急法令更多的救济，并消除了偿还危机补偿金的义务。但是，对于布吕宁政府而言，与社会民主党达成的协议是一把双刃剑。因为德国社会民主党关心的问题，对许多企业家来说是几乎无法接受的。保罗·罗伊施的表态最为激烈。9月6日，就在内阁与德国社会民主党达成协议的前一天，罗伊施致信德国工业帝国协会执行董事会成员路德维希·卡斯特尔："布吕宁先生并未实现我们对他寄予的厚望，他没有勇气与社会民主人士决裂。现在他将受到经济界和帝国协会的严厉打击，工业界必须对他公开质疑。"

9月30日，通过一项紧急法令，内阁授权免除鲁尔地区褐煤开采行业的雇主和雇员对失业保险金的支付，由此重工业与政府的关系进一步恶化。该措施起到了减轻社会负担的效果。根据9月29日颁布的同一项紧急法令的仲裁，雇员的工资要降低7%，然而经过这次调整，矿工仅需承担3.5%的工资损失。矿业主的机关报《德意志矿业报》（*Deutsche Bergwerks-Zeitung*）立即指责布吕宁政府的鸵鸟政策，"为了让某些工人更能接受降薪，专门取悦于工人"。保罗·罗伊施在10月4日给他驻柏林的代表马丁·布兰克（Martin Blank）的信中对布吕宁的立场发表了评论："总理不敢与民众发起斗争，最终必将失败。"[20]

担心群众情绪激化只是政府在调解鲁尔地区工资冲突中主动减轻社会负担的原因之一。对采矿业进行补贴也是为了回应另一场完全不同的挑战，这就是9月20日英国宣布英镑脱离金本位制。麦克唐纳于8月25日组织国民政府，它在议会拥 428

有多数基础，其议员来自保守党、自由党和一小部分从工党中分裂出来的议员。内阁之所以采取这一戏剧性的手段，是为了避免贷款和黄金进一步从英国银行流失。英国国家银行拒绝用黄金换英镑，受到惊吓的不仅仅是金融界。在7月德国银行业危机之后，伦敦脱离金本位制是几个月来对资本主义经济体系的第二次重大冲击。

英国内阁的决议最初导致英镑贬值20%，在9月20日之后的四个星期中，有25种其他货币脱离了金本位制。货币的贬值使放弃金本位制的国家的出口价格下降，而包括意大利、荷兰和丹麦在内的其他国家则试图通过提高关税来保护自己，结果导致发起这一轮行动的英国自己也在11月20日制定了保护性关税。

德国的出口一方面受到各国货币轮番贬值的影响，另一方面又受到贸易保护主义浪潮的威胁。德国不能效仿英国的做法，因为《杨格计划》明确禁止德国操纵货币，例如放弃金本位制。结果是对鲁尔煤炭的补贴成了一种援助。它不仅帮助增加煤炭销售额，对煤炭加工行业的销售也有帮助。德国总理10月2日在内阁中这样解释道，面对英国的这种行为及其后果只有一个回应，这就是为了确保德国的出口顺差，必须继续"紧缩的进程"。这就意味着德国将进一步削减工资和收入，也将进一步降低价格。[21]

帝国总统于10月6日签署的《保护经济和财政安全及打击政治暴动的第三项紧急法令》还不是对上述准则的贯彻。这项新的紧急法令主要是为了兑现总理布吕宁为了从德国社会民主党那里得到进一步的宽容而做的承诺。对失业保险的支持期做了一些变更。政府原来打算把支持期从26周缩短到16

周，现在缩短到20周。政府原来打算把支持期支付的金额降低到危机补偿金的水平，现在决定这个金额维持不变。失业的年轻人如果家庭无法自给，还可以像之前一样再次合法享有失业救济金。冬天到来之际，国家专门拨了2.3亿德国马克，以减轻地方政府在福利方面的负担。内阁政府允许各个邦从这笔 429
金额中向下一级地方政府发放8000万德国马克的款项。泽韦林声称，如果没有这些规定，他将无法保证在普鲁士能维持和平与秩序。

此外，还有用于农业定居点和资助“原始定居点”的支出。所谓原始定居点指的是在大城市郊区失业人群的居住点。用来住房建设的房租税现在降低了20%，且国家政府得到授权，如有必要就减少社会保险机构的支出，都意味着减少社会福利。为了应对英镑的贬值，布吕宁打算进一步降低工人工资、雇员薪水和物价。这些措施将在下一项紧急法令中出台。[22]

1931年10月7日发生的另一个重大事件比《紧急法令》引起了更多关注，这就是布吕宁政府辞职和兴登堡命令这位总理重新组阁。导致内阁最终于10月7日集体请辞的最近这一次政府危机始于9月3日。这一天，奥地利副总理约翰内斯·朔贝尔（Johannes Schober）和德国外交部部长库尔提乌斯在日内瓦国际联盟的欧洲委员会上宣布，两国将不再继续探讨德国与奥地利之间的关税同盟计划。维也纳之所以放弃关税同盟计划，是因为奥地利急需国际贷款的帮助以进行经济重组。当然，即便没有朔贝尔和库尔提乌斯的这个联合声明，关税同盟也不可能成立。就在9月5日，海牙国际法院以8票对7票裁定，关税同盟的计划与1922年《日内瓦协议》中关于奥地利经济和金融重建的条款发生冲突，因此关税同盟的计划违反《日内瓦协议》。

库尔提乌斯是关税同盟项目的发起人，因此他没有了立足之地。不仅是那些“民族反对派”，甚至连中央党的报纸《日耳曼》都对他进行了严厉的攻击。他自己的政党——德意志人民党要求他辞职。库尔提乌斯无法承受这样的压力。他从日内瓦返回后就和布吕宁商讨辞职的日期，这个日期被安排在法国总理皮埃尔·赖伐尔（Pierre Laval）及其外交部部长白里安9月27日至28日访问柏林之后。10月3日，库尔提乌斯请总理向总统申请罢免他的职务。

库尔提乌斯的辞职之所以能够引发政府危机，是因为总理受有影响力的势力所迫向右倾斜。9月6日，施莱歇开始发声。9月13日，兴登堡亲自表态。10月3日，德意志人民党内来自重工业界的势力提出退出内阁，转成在野，并且在10月13日德国国会会议开始后，对德国政府提出不信任议案。
430 布吕宁本人认为，从长远来看向右倾斜是必要的，但这样的路线调整必须与一个条件联系在一起，即“民族反对派”必须承担起一个重任，这就是要让1932年春天任期结束的德国总统兴登堡连任。但是胡根贝格在8月27日就告诉总理他并不准备这样做，可想而知希特勒在这个问题上的态度肯定不会比德国民族主义分子好到哪里去。然而，兴登堡坚持要布吕宁排除那些令德国总统不悦的部长，不管是因为他们太左倾，或天主教成分太重，或者出于其他原因而失去国家元首的宠爱。布吕宁需要更换的除了库尔提乌斯、维尔特、施特格瓦尔德、格拉尔德、特雷维拉努斯和席勒等部长之外，还有国务秘书平德尔。10月7日，当布吕宁向兴登堡提出全体内阁成员请辞的时候，德国总统放弃了这一最高要求，而是要求新政府不要与党派政治联系在一起，并且要更加具备保守的形象。布吕宁承诺要实现这一愿望，随后德国总统接受了政府的请辞，并要求现任总理组建新的内阁。[23]

布吕宁于10月9日完成第二届内阁的组建。这一届内阁并不像兴登堡所希望的那样如此右倾。布吕宁没能邀请到重要的大企业家进入政府：弗格勒和西尔弗贝格都婉言谢绝了邀请。尽管如此，长期空缺的经济部部长一职还是由来自化工业的人物——赫尔曼·瓦姆博尔德接任了。内政部部长以前由中央党左翼人物约瑟夫·维尔特担任，这次的候选人原来是前国防部部长格斯勒，但是格斯勒甚至在国防军那里也受到了重重阻力，布吕宁不得不把内政部部长一职临时交给国防部部长格勒纳。与德国民族主义者关系密切、极为保守的国务秘书库尔特·约埃尔（Curt Joel）接任了司法部部长的职位，实际上他从1930年12月约翰·维克托·布雷特卸任司法部部长以来，就一直领导这个部门的工作。特雷维拉努斯接替格拉尔德担任交通部部长，布吕宁接替库尔提乌斯亲自担任外交部部长。其他部长继续留任。11月7日，内阁又扩展加入了第11名成员，他就是身为基督教民族农民和乡村人民党议员的庄园主汉斯·施兰格-舍宁根。他被任命为专门负责东部地区援助的帝国专员，同时担任不管部部长。[24]

德意志人民党不再属于布吕宁的第二届内阁。10月7日，德意志人民党新闻处呼吁加入政府的“民族反对派”行列。三天之后，在重工业利益集团的压力下，德意志人民党委员会和议会党团决定对政府提出不信任议案。企业家阵营的右翼与布吕宁内阁之间最终还是决裂了。就在第二天，即10月11 431

日，德意志人民党迎来了在巴特哈尔茨堡（Bad Harzburg）的一个公开场合加入“民族反对派”的机会：在那里，坚定右翼政党和协会准备举办一场军事表演。但是，除了联合钢铁厂的煤矿主管恩斯特·布兰迪（Ernst Brandi）之外，没有其他知名大工业家出席。显然，即便是企业界最顽固的批评者布吕宁也还在犹豫是否要无条件地加入激进右派的行列。

来自民族社会主义德意志工人党、德意志民族人民党、钢盔团、帝国乡村同盟和全德意志协会的代表参加了在巴特哈尔茨堡举行的民族反对派会议。前来参加会议的还有许多从前执政过的王室成员，包括普鲁士王子、冲锋队领导人奥古斯特·威廉（August Wilhelm，外号奥威“Auwi”）①，来自经济党的议员戈特哈德·萨克森贝格（Gotthard Sachsenberg），1930 年以后担任德国议会德意志人民党议员的前国防军司令冯·泽克特将军，以及前帝国银行行长沙赫特。会上，胡根贝格谴责了“马克思主义的血腥恐怖”和“文化布尔什维克主义”。前一天，第一次得到兴登堡接见的希特勒在这次会议上引起了轰动，他的冲锋队走过看台之后，紧接着是钢盔团的方阵，此时希特勒故意离开看台。沙赫特则通过对帝国银行的猛烈抨击，引发了持续几天的激烈辩论。“哈尔茨堡阵线”的决议并没有什么惊天动地的地方。纳粹分子和德国民族主义者宣布向德国议会提交几项联合提案，其中包括对布吕宁政府的不信任议案，要求德国总统解散德国议会，并计划于 11 月 8 日举行新的选举，以及要求取消所有紧急法令。

哈尔茨堡会议的倡议来自胡根贝格。希特勒借此机会向世

---

① 即威廉二世的第四个儿子。

界展示他现在有了可以帮助他“夺取政权”的盟友。4 月初通过不信任提案而被赶下台的前图林根邦内政部和人民教育部部长威廉·弗里克，在哈尔茨堡集结的民族主义分子面前把这一考虑公之于众，还用墨索里尼的例子作为榜样。但是，希特勒马上故作姿态地发出挑衅，他不想被德国民族主义者利用来达到这一目的。无论是他的拥护者还是对手都应该清楚，到底谁在“民族反对派”里有话语权：只有他和他的民族社会主义者，而并不是某个政要、政党或资产阶级右翼联盟。[25]

对于社会民主党来说，哈尔茨堡会议更容易让自己心安理得地与开始右倾的布吕宁第二届内阁达成妥协。在德国社会民主党的眼中，“法西斯反动派”对德国政府的猛烈攻击，足以 432
让这一届政府变得可以容忍。沙赫特对货币政策的评论甚至引发了《前进报》的灵感，该报于 10 月 12 日发表了标题为《哈尔茨堡的通货膨胀阵线》一文。在德国议会的辩论中，社会民主党发言人还引用了“哈尔茨堡人”的其他计划，这些计划显然旨在让货币贬值，其中包括胡根贝格关于只在国内流通的货币的考虑。在这一点上，社会民主党人与布吕宁的意见是完全一致的，因为布吕宁也强烈反对这类项目。10 月 16 日，德国社会民主党对不信任议案投了反对票。德国政府之所以还能够维持下去，也要归功于经济党的投票。布吕宁向这一个分裂出来的派别威胁道，如果他的政府得不到支持，他就会把与该党有密切联系而刚刚倒闭的柏林中产阶级银行（Berliner Mittelstandsbank）的商业行为信息公之于众。政府的另一项成绩是，就在同一天，全体会议接受了中央党的提议，要求德国国会休会至 1932 年 2 月 23 日。[26]

德国国会休会期间留下的真空，至少要由一个经济咨询委员会来临时填补。国务秘书、经济部临时负责人特兰德伦堡于9月24日发起了召集这个委员会的提议。经济咨询委员会的经济政策具有显而易见的目的：内阁希望让雇主和雇员意识到进一步降低工资和物价的必要性，从而使下一个紧急法令具有一定的社会合法性。总理与这个经济咨询委员会还有一个目标：兴登堡将在经济咨询委员会开幕式和闭幕式上致辞，他的亮相是要向公众表明，他的头脑依然完全清醒。如果10月2日年满84岁的帝国总统在这些场合中表现出色，那么他第二年春天再次当选国家最高职位的机会就会增加。至少布吕宁是这么想的，因此从他的观点来看，这次经济咨询委员会的试验近乎具有历史性的意义。

兴登堡顺利完成了给他预设的任务：10月29日和11月23日，他分别宣读了包括国务秘书平德尔在内的部长级官员给他准备的两篇简短讲话。然而经济咨询委员会并没有达成所期待的就事论事的共识。相反，工会与雇主组织之间的裂痕更大了。政府的计划并没有得到人们的谅解，而是引起了人们的猜忌。布吕宁暗示应该进一步放宽劳资协议，但是这不但没有达到雇主认为必要的程度，反而足以引起工会的愤怒。农业代
433 表感到自己处于孤立无援的少数派境地，于是在会议结束前几天的11月19日，就拒绝继续参会了。如果布吕宁真相信经济咨询委员会可以作为永久的替代议会，那么这个试验的结果真是让他大失所望。[27]

经济咨询委员会会议结束两天之后，11月25日在黑森发生的一起事件上了头条新闻。一名已经脱离了民族社会主义德意志工人党的国会议员将一份具有政治爆炸性的材料交给了法兰克福警察局局长，这就是第二天被称为“博克斯海姆”

(Boxheim)的那份文件。这份文件是黑森纳粹分子的夺权计划。计划的措施包括："所有枪械都必须在24小时内上交(给冲锋队、地区国防军等)。这个期限之后拥有枪支的任何人将被视为(冲锋队、地区国防军等的)敌人和德国人民的敌人，格杀勿论……每一个在公共设施或公共交通当局服务的公务员、雇员或工人必须立即恢复工作，实行抵抗和破坏行为的人将被处以死刑。"

当社会民主党和自由党的报刊发出警报，把博克斯海姆文件视为民族社会主义者真实意图的证据时，帝国高级检察官卡尔·奥古斯特·维尔纳(Karl August Werner)和帝国司法部的反应却截然不同。维尔纳强调，不是他，而是泽韦林命令达姆施塔特警察对可疑的纳粹分子进行搜查的。纳粹分子的行为是否构成叛国罪，还必须先予以辨析。帝国司法部司长保罗·费迪南德·里希特(Paul Ferdinand Richter)在征得司法部部长约埃尔明确同意后向帝国总理府解释，为了证明嫌疑人犯有叛国罪，就必须证明嫌疑人蓄意用武力推翻宪法。"仅仅草拟一项通知或紧急法令之类的做法还不构成刑事犯罪。可以想象这种案例也可以出自一个历史教授或幻想家之手。"

尽量弱化博克斯海姆文件含义的指示并非来自他人，而是来自德国总理本人。布吕宁正在密切关注的是，不要因为此事而让中央党与民族社会主义德意志工人党之间的首次尝试性接触蒙上阴影：11月15日，黑森邦议会选举之后，民族社会主义者已经成为优胜者，黑褐两党拥有邦议会70个议席中的37个，这是唯一可能在议会中拥有多数的联合政府形式。布吕宁认为，只要不让民族社会主义德意志工人党控制警察，这种解决方案是非常可取的。

然而，在 11 月 30 日，帝国最高检察官还是被迫对博克斯
434 海姆文件的始作俑者提起叛国罪诉讼。民族社会主义德意志工人党随后宣布，有意解除涉嫌此案的党员在党内的职务，直到调查结束。11 个月后，1932 年 10 月 12 日，帝国法院第四院在没有做公开咨询的情况下宣布，由于缺少证据，停止追究博克斯海姆文件作者维尔纳·贝斯特（Werner Best）的责任。[28]

司法部门对社会民主党人的态度远比对纳粹分子严厉。1931 年 11 月 23 日，帝国法院根据 1914 年 6 月 3 日的反泄露军事秘密法判处《世界舞台》的主编卡尔·冯·奥西茨基，以及作家兼飞行员瓦尔特·克莱泽（Walter Kreiser）一年零六个月的监禁，起因是一篇 1929 年初发表的文章《德国航空的风声》。11 月 25 日，社会民主党议会党团向德国政府提出质询，指出《世界舞台》刊登的这篇文章并不包含任何秘密，只是“揭露”了一些众所周知的，或是已经印刷成册的 1929 年 2 月 3 日财政预算委员会记录的事情。然而这一质询是徒劳的。1932 年 5 月，奥西茨基不得不在泰格尔（Tegel）开始服刑，克莱泽逃亡国外，躲过了判决的执行。[29]

布吕宁 1931 年秋天对纳粹分子的宽容态度是和德国国防军领导层协调好的。像总理一样，格勒纳和施莱歇都认为有必要设法让民族社会主义德意志工人党脱离其激进的反对派角色，并让它融入国家事务中。希特勒是否对兴登堡的连任持支持态度，这是考验双方的关键问题。布吕宁 10 月 10 日在特雷维拉努斯家中与纳粹党首举行秘密会谈时已经涉及这个问题了，但是没有得到希特勒的任何承诺。布吕宁希望民族社会主义德意志工人党参政，首先是在黑森邦，然后在帝国层面，他认为这种办法能够驯服这个党。他在 11 月 20 日对德国财政部

国务秘书舍费尔说："必须尽可能在议会政府的框架里强迫民族社会主义者也承担起责任。这种情况将很快在黑森发生。必须避免的风险是，民族社会主义者直到总统选举的时候依然处于在野状态。这样的话，希特勒很有可能在第二轮选举中当上总统，这将在很长一段时间内给政治定性。"

在布吕宁眼里，让民族社会主义德意志工人党参与政府似乎也是一项明智的战术举措，因为它可以瓦解哈尔茨堡阵线。德国民族店员协会成立于 1893 年，是德国基督教民族工会联合会内规模最大的雇员工会。当这个协会尝试让民族社会主义 435
者接近中央党，建议大家采取共同的方式对付由胡根贝格做出的反社会行动的时候，布吕宁是感到非常欣慰的。然而，中央党在黑森组织联合政府的努力并未成功：民族社会主义德意志工人党几乎要求掌握所有权力，中央党还是在 12 月 11 日客气地拒绝了纳粹分子的要求。社会民主党人伯恩哈德·阿德隆（Bernhard Adelung）领导下的德国社会民主党和中央党的邦联合政府于 12 月 8 日下台。组建新内阁的尝试失败，辞职的原班人马作为留任政府继续执政。这一届政府甚至躲过了 1932 年 6 月 19 日由宪法法院下达的重新进行邦选举的法令。[30]

布吕宁尝试搭建通向民族社会主义者阵营的桥梁，这不仅在社会民主党之中引起极大的不满，而且在政府阵营中都引起了一片愤懑之声。12 月 6 日，《前进报》发表标题为《布吕宁，发起反抗吧！》的文章，抗议希特勒召开国际新闻发布会。这次新闻发布会给人的印象好像是未来的政府首脑在讲话。次日，德意志国家党议会党团协会主席奥古斯特·韦伯（August Weber）致信总理，称他的议会党团小组一致认为："由于纳粹主义的出现，国家的权威和德国政治的国家利益受到了最严重的威胁，面对这一切，德国政府却采取消极的态度。我们不能理解这种行为，也不能再容忍下去了。”

12 月 8 日，布吕宁终于准备好澄清这一切的措辞了。在广播讲话中，他对《保护经济和财政安全及内部和平的第四项紧急法令》做了解释，同时他抨击了希特勒坚持合法性表述的两面性。总理的批评最终是这样结尾的：“如果以合法的方式上台，然后打破法律的限制，这样的做法并不合法。与此同时，还在小集团圈子里草拟复仇计划，并把它们公之于众，这就更不合法了。”[31]

1931 年 12 月 8 日的《紧急法令》是布吕宁讲话的主题，在颁布这项法令之前，内阁发生了严重的分歧。最具争议的问题是，现在是否到了应该通过扩大信贷来振兴内部市场的时候。采取这种积极提振经济政策的倡导者是口才出众的经济部部长瓦姆博尔德，但是他无法与德国央行行长路德抗衡。路德坚持认为，经济不是缺少信贷，而是缺少订单，并且通货紧缩的这个恢复过程不应过早停下来。

与路德相比，布吕宁和财政部部长迪特里希对持续的通货紧缩的后果更加怀疑。但总理的大目标是要终结战争赔款，任何让外国认为德国完全有能力偿还这些强制性的国家债务的举
436 措都受到他的拒绝。从布吕宁的角度来看，不能用贷款来创造就业机会，政府首脑也不想进一步减少工人的实际收入。否则，经济将完全陷入停滞，11 月首次突破 500 万大关的失业人数将会急剧增加，这将会造成无法控制的财政和社会后果。

布吕宁的出路是把降低工资和降低物价结合起来，这样不会使大众购买力显著下降，而德国产品将会在国外增加销售机会。为了提振经济，政府规定了降息的措施。从逻辑上讲，措

施中还必须包括降低贴现率，但路德强烈反对这一点。最后采取的是一个折中方案：中央银行理事会没有按照内阁的要求将贴现率降低两个百分点，而是在 12 月 9 日决定将贴现率仅仅降低一个百分点。这样，贴现率就从原来的 8%降低到 7%，而抵押贷款利率从 10%降低到 8%。这种敷衍了事的做法并没有能够给经济带来强大的推动力。内阁做出的另一项决议遭到了经济部部长瓦姆博尔德的反对，这项决议实际上也起到了事与愿违的作用：为确保公共预算的平衡，营业税从 0.85%提高到了 2%。

12 月 8 日的法令主要是德国对英国放弃金本位制所引发的对外贸易逆转的回应。降低利率和降低价格非常适合大幅改善德国的出口机会。如果采用马克贬值的方式，实际上会更加符合德国的出口利益，但是《杨格计划》中明确禁止了这种做法，而且这种做法会让布吕宁的赔偿政策前功尽弃。一方面德国出口获取大量盈利，另一方面又要劝说战争赔偿债权人放弃《杨格计划》，这两种情况是水火不相容的。布吕宁和路德都认为，一旦赔偿问题得到解决，马克就应该大幅度贬值。如果总理在自己的回忆录中正确地记录下当时的现实情况的话，他认为在这个时候德国马克外部价值的贬值幅度应该不小于 20%。

《紧急法令》的内部架构使社会民主党人士和工会很难找出理由直面抨击它。一方面，工人工资降低了约 10%，在特殊情况下甚至降低了 15%，雇员工资降低了 9%。另一方面，政府首次采取了严厉的措施来降低价格、房租和利息。例如，固定价格（gebundene Preise）和品牌商品价格应降低 10%，旧建筑房租应降低约 7.5%，国内长期债务的平均利息应降低 437

25%。最后这些规定起到了轰动性的效果，于是《前进报》得出结论，认为《紧急法令》无论如何都是“国家在资本主义世界对经济进行的最有力和最全面的干预。所谓自由经济现在已经荡然无存”。

这些举措给社会民主党人留下了深刻印象，却激怒了企业家。德国工业帝国协会在12月11日致会员的通函中指出，《紧急法令》的内容“代表了国家对现有私人经济状况的巨大干预，与我们所代表的个人主义经济秩序的原则不同”。对每一条具体规定的评价就有很大的区别了。提高营业税的做法遭到了严厉的批评，但所有降低生产成本的措施都受到了赞扬。“如果早就采取这些措施，那么目前的大部分困难是可以避免的。如果直到现在面对着巨大压力才开始执行这些措施，我们只能希望为时不晚。”

除了经济和金融政策外，《紧急法令》还规定了内部安全的问题。最引人注目的是全面禁止政治协会的制服和徽章。虽然这一措施主要是针对纳粹分子的，却引起了社会民主党的反对。“事实上，一视同仁地禁止共和国的捍卫者和共和国的敌人用服饰和徽章代表自己，这一定会激起民愤。”《前进报》这样评论道。在这里，《前进报》是在为共和国防卫组织黑红金旗帜团说话。[32]

正当德国在对有关新紧急法令的利弊争吵不休的时候，巴塞尔的国际清算银行特别咨询委员会正在讨论德国是否仍能履行其赔偿义务的问题。根据《杨格计划》的有关规定，德国政府于11月20日提出了成立该委员会的要求。特别委员会于12月7日开始工作，12月23日提交了审议结果报告。这是一个彻头彻尾的对《杨格计划》进行全面修订的呼吁。报告中关键的一句话是："调整所有政府间的债务（战争赔款以及其他战争债务），以适应当前世界崩溃的状况。如果要预防新的灾难，必须立即进行调整，这是唯一能够恢复信心的永久性手段。实现这一目标是经济稳定与真正和平的最可靠基础。"

在德国，也没有人能够期待得到更多。直到 12 月 22 日， 438
即特别委员会发布报告的前一天，美国国会经过激烈的辩论之后才接受了胡佛的暂停支付赔款令。反对完全取消协约国债务的呼声依然很高。因此，法国也不太可能迅速放弃其获得战争赔偿的权利。1932 年春天要举行议院选举，这一事实进一步限制了巴黎政府的回旋余地。根据《巴塞尔报告》，原定于 1932 年在洛桑举行的战争赔款会议只有在德国愿意妥协，并且不坚持完全取消赔偿的情况下才能很快得出结论。

然而彻底取消战争赔款是布吕宁的目标，因此即使在巴塞尔取得成功之后，总理也不想做任何事情。在英格兰银行的鼓励下，为了赢得时间，布吕宁 1932 年 1 月 8 日对英国大使霍拉斯·朗博尔德爵士（Sir Horace Rumbold）说，德国现在或将来都无法支付战争赔款。此消息不慎披露到新闻界，因此在 1 月 9 日就已经很清楚：德国政府对快速解决赔偿问题不感兴趣。

布吕宁的意图没有什么可以过多解读的地方。国务秘书平德尔在 1 月 8 日宣布了总理在前一天与外交部国务秘书冯·布洛同德国驻巴黎、伦敦和罗马大使们的谈话结果。文件记录总结了谈话参与者们完全一致的观点："对总体情况进行反复深入讨论之后，每个人都清楚地意识到，灾难性的全球经济危机对我们的战争赔款政策也有其有利的一面。除了法国政府采取抵制态度之外，全世界实际上都清楚地认识到战争赔款的时间段实际上已经过去了。但是如果最严重的萧条时期过去，时局发生一点改善的话，我们在战争赔款政策方面就失去了王牌……因此正是出于这个原因，今天大家的一致意见是不去追求临时的解决办法，而是贯彻彻底取消战争赔款这样一个最终解决方案的想法。”

因此，布吕宁打算在1932年进行战争赔款谈判的路线很明确：在政治上必须充分利用政治危机，即便这将意味着更大的社会痛苦和进一步的政治激进化。帝国政府决定推迟原定于1月25日开始的洛桑战争赔款会议，并实现了这一目
439 标。1月20日，会议被取消，并且没有再定新的日期。德国驻伦敦大使康斯坦丁·冯·诺伊拉特男爵（Konstantin Freiherr von Neurath）告诉英国外交大臣约瑟夫·西蒙（Josef Simon），如果在7月1日胡佛暂停支付战争赔款令到期之前不开始对战争赔款问题进行最终方案谈判的话，那么即便是一个包括不受保护部分的赔款支付在内的全面暂停战争赔款令也无济于事。[33]

布吕宁公开重申自己在赔偿方面的国家立场时，自然不会遭到任何右翼势力的抗议，甚至一些温和左派对总理的方针也表示出善意的理解。早在1931年12月16日，德国总工会联合会主席特奥多尔·莱帕特就提出了“结束赔偿”的口号，从而引发了一片掌声和激烈的冲突。表示认同的一方有这一天刚刚成立的钢铁阵线（Eiserne Front），这是一个由德国社会民主党、自由工会、黑红金旗帜团和反右倾工人体育协会组成的新组织。立即对此提出谴责的是德国社会民主党议会党团主席鲁道夫·布莱特沙伊德，他批评工会领袖违背了社会主义工人国际（Sozialistischen Arbeiter-Internationale）决议的精神，在

“危险地接近”民族社会主义。[34]

莱帕特显然不知道，他的这番与布吕宁商量好的讲话与自由工会同时开始宣扬的目标——通过部分贷款的方式来创造就业机会——背道而驰。1931 年 12 月 23 日，德国总工会联合会的经济专家、来自苏联的弗拉基米尔·沃伊廷斯基（Wladimir Woytinski），德国木工协会主席弗里茨·塔尔诺和德国社会民主党国会议员弗里茨·巴德（Fritz Baade）提交了一项草案，该草案根据三名作者姓名的第一个字母缩写为“WTB 计划”。这一草案设想雇用 100 万名失业人员来从事公共事业工程的工作，并且准备为这一项目从帝国银行发行货币债券。债券用来支付这一计划的部分费用。根据沃伊廷斯基和他同事的计算，这个项目的总开支为 20 亿马克。创造就业机会将会刺激消费品行业，从而吸引更多的失业者重新就业。由于生产设备中有巨大的闲置产能，因此不必担心通货膨胀的影响。

“WTB 计划”很难与在赔偿问题上孤注一掷的立场融合到一起。如果德国在公共项目创造就业机会上花费大笔金钱，就不可能说服西方强国完全放弃战争赔款。如果不这样做，各国准备妥协的可能性更大，从外国借贷的机会也会更大，从而推动经济的复苏。所谓妥协方案，可以是很长一段时间停止偿还赔款，随后支付的几次最后款项远远少于《杨格计划》所规定的金额。但是，当工会对布吕宁在赔偿问题上的强硬方针做 440
出支持之后，摆脱通缩政策的可能性比以往更小了。

社会民主党的态度正好与其相反。一方面，即便是出于照顾法国社会主义者面子的考虑，社会民主党也主张就战争赔偿和协约国债务问题达成国际共识，这种态度与布吕宁对国内采取的严格措施相抵触。另一方面，德国社会民主党拒绝采取自由工会的专家所要求的那种积极的经济政策，因此在这一点上又与德国总理的想法是一致的。结果，当 1932 年 1 月 26 日"WTB 计划"形成最终版本的时候，它并不能成为社会民主工人运动的共同平台。在自由雇员总工会的支持下，德国社会民主党的专家在 2 月 8 日和 9 日提出了一个折中方案：党和工会不应把国家创造就业机会的问题孤立起来，而应该把它作为社会主义"经济结构调整"的一部分，因此不要一味坚持通过附加贷款的办法来创造就业。于是，德国总工会联合会的联邦委员会在 2 月 16 日遵循这一方针，在关于创造就业机会的决议中没有提出任何关于融资问题的具体声明。如果说"WTB 计划"曾经有希望成为一次成功宣传的话，那么在这个决议之后，这种希望几乎没有任何可能性了。

几个因素交织在一起，阻止了社会民主党人与布吕宁政府的通缩政策决裂。一方面，马克思主义政党的遗传基因使他们相信，危机是资本主义制度的本质，必须忍受到最终的痛苦结局。另一方面，社会民主主义经济学家格哈德·科尔姆(Gerhard Colm) 所说的"对通货膨胀的恐惧"也对社会民主党产生了影响：社会民主党担心，如果不再坚定地捍卫马克的稳定，将会招致选民们的惩罚。自 1931 年秋天以来，社会民主主义者一直指责民族主义右派有向通货膨胀倾斜的倾向。现在，他们又怎能签署一项很容易被人提出同样指控的计划呢？[35]

虽然社会民主党采取了正统的态度，但在 1931 年与 1932 年交替之际，再也谈不上什么经济重整的共识了。德国统计局局长兼经济发展研究所所长恩斯特·瓦格曼（Ernst Wagemann）

在1月提交了一份改革计划，试图借此机会扩大银行自主信贷的范围。布吕宁对此非常恼火，他甚至想阻止瓦格曼就该主题发表公开演讲。

内阁内部呼吁采取积极经济政策的呼声也日益高涨。1932 441
年初以来，经济部部长瓦姆博尔德和劳工部部长施特格瓦尔德一直在采取积极措施来振兴经济，他们希望能够通过这些措施缓解国内的局势。2月5日，经济部甚至明确提及了“WTB计划”和沃伊廷斯基的论点。高级政府议员威廉·劳滕巴赫（Wilhelm Lautenbach）在一份备忘录中明确提出要“通过扩张信贷来创造额外的购买力”，布吕宁却对此充耳不闻。总理在2月20日的一次领导会议上承认，“要为创造就业计划发放足够的资金”，但这些资金不应该通过信贷来筹集，而是在很大程度上从失业者那里获取。

除总理外，帝国银行行长路德是最强烈抵制一切通过“人为”信贷创造就业机会的人。和布吕宁一样，路德主要是竭力避免创造大规模就业计划所带来的不良政治后果。绝对不能给战争赔偿债权人造成这样一个印象，好像德国经济仍然具有相当大的实力储备，德国本土不能养成新的通货膨胀的心态。

然而，帝国银行的实际行为并不像它给人的印象那样死板僵化。德国财政部部长迪特里希宣布，他将在总统大选之后提出一个创造就业机会的计划，并为这个计划申请20亿帝国马克的贷款。3月4日路德对此做出回应，指出帝国银行迄今还没有因为贷款的问题而拒绝过某一项单一计划。路德还举了一些例子，包括为所谓的“苏联业务”，即苏联的出口生意放贷，以及为1931年7月成立的承兑和担保银行提供商业贷款的融资，这是为私人银行和帝国银行之间做的中介。然而，帝国银行在任何情况下都不想和不允许的是，“通过信贷扩张来实施大型综合性项目，因为这将完全动摇人们对帝国银行的信任……我们的任务是坚持到7月，直到国际问题得到解决”。

布吕宁认为对这个时间段的期望过于乐观。他在3月4日的同一次会议上说，赔偿问题在1932年夏天得不到解决。即使在7月能够与英国和法国达成协议，但美国是否在提名总统候选人的当口还有心思来抓这块烫手的山芋确实让人生疑。如
442 果胡佛再次当选，那么谈判可以在11月重启。如果他没能连任，就无法在1933年3月新总统上任之前开始谈判。“因此我们必须坚持到那个时候。”

给会议做记录的国务秘书舍费尔在3月4日晚上的一次小规模谈话中再次和总理谈起时间表。根据舍费尔的记录，两人展开了以下对话。舍费尔：“我认为，如果没有国际宽松政策和相对宽松的经济形势，我们是不可能坚持到明年春天的。”布吕宁：“但是我们必须坚持。绝不能给人一个我们开始示弱的印象。”舍费尔：“但是，我们绝不能打肿脸充胖子，否则接下来我们就会突然崩溃。英国人、意大利人和美国人必须根据我们的局势来制定自己的政策。对他们说出真实情况是不是正确的做法，这一点我有点拿不准。但我会这么做。否则，他们以后可以理所当然地责备我们，说正是因为我们没有告诉他们自己的真实情况，他们才没有采取其他行动，或采取更加快捷的行动。”布吕宁：“我们必须坚持到1933年春季，哪怕要使用欺诈手段。”[36]

总理的这一番话并不会令德国财政部国务秘书感到惊讶。舍费尔在2月28日的财政预算备忘录中就做出了对战争赔偿

会议推迟后果的清醒评估。在上一个秋季和冬季计算财务需求，以这样的设想为出发点，即 1932 年 2 月有一个永久性或临时性的赔偿解决方案，经济应该会出现一次不小的复苏。但显而易见的是，经济形势并没有出现好转。在这个时候，必须保持资金集中，也就是说，不能批准任何新的资金，并尽可能减少现有资金发放。“现在，帝国政府和帝国银行必须竭尽全力保持直接用于国家、邦和地方的现金状况，让我们度过这个谈判时期，而不是在谈判中陷入崩溃而被迫做出妥协。为了这个目标，不管多么痛苦，在政治上多么不得人心，也不得不停止东部地区补贴的资金筹措，停止创造就业机会的计划，停止建造住宅区的方案。”

舍费尔认为，造成这一困境的更深层次的原因，不仅仅在于德国和全球经济的发展，还在于德国政治中的错误。“我们一直在同时追求多个目标，却没有意识到我们的能力不足以同时实现这些目标，而且我们经常错过正确的时机，在关键的时候把次要的目标排到重要目标的后面。我们开始建立德国-奥 443
地利关税同盟，而这个项目只有在我们不考虑立即解决赔偿问题的情况下才能执行。当我们决定在公众舆论中动员对赔偿问题进行讨论，并且准备采取政府行动时，却没有及时停止德奥关税同盟的项目，也没有推迟裁军会议来实现我们的赔偿目标。”

舍费尔的判断切中了问题的要害：布吕宁目前采取的外交政策过于单一，在普通事务上如此，在赔偿问题上更是如此。这就是为什么总理在裁军问题上与财政部国务秘书的意见正好相反。伦敦在 1931 年 12 月提议将原本计划已久的日内瓦裁军会议从 1932 年 2 月推迟到夏初，即推迟到法国参议院选举结束后，但被总理拒绝了。他认为，裁军会议不仅应该给德国带来军事平等，而且应该成为解决赔偿问题的杠杆。总理的策略想法是有连贯性的：可以预见法国很可能不会对本身的裁军做出任何让步，因此会在日内瓦会议上受到孤立。如果发生这种情况，巴黎在即将到来的赔偿纠纷中的立场也会被削弱，这样德国就可以在无意中受益。[37]

因此，布吕宁在1932年春采取的政策并非出自政治经济的必然性，而是根据自身设定的政治目标。总理这种排列主次的做法一直是有争议的，从内阁直到最亲近的咨询小组都在为这个问题争执。替代方案一再被讨论，但总是遭到拒绝。当然，这主要是因为政府首脑的固执和决心，所以总理方针的批评者并没有能够发挥作用。况且此时的德国不再由议会掌控，而是受制于总统制，而这个总统是保罗·冯·兴登堡。因此，在“民族性”上不如海因里希·布吕宁的总理都不可能长期掌权。

15. 两害相权取其轻的逻辑

1932 年春季的重大事件是帝国总统大选。兴登堡的七年 444
任期于 4 月 25 日届满。自 1931 年秋以来，布吕宁就一直忙于这位已经 84 岁高龄的陆军元帅的连任问题。布吕宁担心全民普选仍具有一定的风险，所以想通过议会的手段延长兴登堡的任期。然而，修改宪法需要在国会获得三分之二的多数支持。想要在议会获得三分之二以上票数的支持，只有在“民族反对派”同意的情况下才能实现。布吕宁在回忆录里这样写道，他在 1 月 6 日和希特勒谈话，如果希特勒能够作为第一人赞同重选兴登堡，那么布吕宁甚至可以允诺他进入“执政领导层”，即进入总理府。但在五天之后，即 1 月 11 日，希特勒和胡根贝格达成一致意见，拒绝总理的请求。因此只剩下一个宪法规定的一般程序：通过德国全民选举的办法来选出帝国总统。在这一点上，布吕宁内政上的失败，帮助希特勒在公众场合中扮演了一个宪法保护人的角色。[1]

在这个时候尚不能确定兴登堡是否乐意再经历这么一次大选，成为国家最高领导人。总理想在这位老人身上打责任感这张牌，让他知道，他是德国唯一能够阻止纳粹总统上台的候选人。如果布吕宁在回忆录中所述是真实的，他还试图说服兴登堡如果继续任职，甚至还可以准备恢复君主制。至关重要的是，重新选举的倡议来自“右翼”，但只有在社会民主党投票支持的情况下兴登堡才能获胜。而他的竞选意愿主要取决于保守派人士是否能够成功说服他为了祖国的利益而牺牲自己，再承担起另一个总统任期的重任。[2]

1932年2月1日，由柏林市长、无党派人士海因里希·萨姆（Heinrich Sahm）领导的兴登堡委员会发出了呼吁。在这份呼吁书里，总统被描写成“战争中的第一人，和平中的第一人，同胞心中的第一人”。“兴登堡，”呼吁书中继续说，“他克服党派竞争，他是民族团结的象征，他领导我们走向自
445 由。”在这份呼吁书上签字的有诗人格哈特·豪普特曼、画家马克斯·利伯曼（Max Liebermann）、青年德意志骑士团的“大师”阿图尔·马劳恩、德国工业帝国协会主席卡尔·杜伊斯贝格、希尔施-邓克尔行业协会秘书长恩斯特·莱麦尔，以及两位德国前国防部部长奥托·格斯勒和古斯塔夫·诺斯克。诺斯克自1920年以来一直担任普鲁士邦汉诺威省省长，是签署者里唯一的一位社会民主党人士。

在“兴登堡委员会”中，德国保守势力代表人数甚少，远远低于总统和总理的期待。在各“民族主义协会”领袖人物和大农场主中，没有一个人签署这份呼吁书。帝国总统是钢盔团荣誉成员，尽管如此，钢盔团依然不想投票给现任总统。帝国总统还是帝国战士协会“基夫霍伊泽”（Kyffhäuser）的荣誉主席，但这个组织也对是否向兴登堡做出承诺犹豫不决。直到2月14日，基夫霍伊泽协会董事会才宣布效忠德国总统。一天之后，兴登堡终于宣布，他意识到自己的连任关系到“我们祖国的命运”，因此决定再次参选。

兴登堡的声明促使温和的右翼和中间派政党公开支持他。而“哈尔茨堡阵线”发生了破裂，钢盔团和德国民族主义者

不想屈服于民族社会主义者的领导权，并于2月22日提出了自己的候选人：钢盔团副主席特奥多尔·杜斯特贝格（Theodor Duesterberg）。就在同一天，民族社会主义德意志工人党的柏林大区领袖约瑟夫·戈培尔在体育宫宣布："希特勒将成为我们的帝国总统！"四天后，民族社会主义党的领导人被任命为不伦瑞克邦驻柏林的政府理事会主席。政府理事会是一个邦驻首都的代表处，1930年10月以来，不伦瑞克由德国民族主义者和民族社会主义者组成的联合内阁执政管理。自1924年以来就一直无国籍的奥地利人阿道夫·希特勒，借助这个职位终于获得了他申请德国总统职位仍然缺乏的资质——德国公民身份。[3]

从1月12日开始，左派就确定了自己的总统候选人——恩斯特·台尔曼，他被德国共产党中央委员会作为"红色工人候选人"提名为兴登堡的继任者。共产国际和德国共产党领导认为，如果德国社会民主党真正决定支持兴登堡，那么台尔曼将会吸引相当一部分社会民主党的工人。这种考量并非完全错误。自1930年10月实行宽容政策以来，虽然社会民主党的成员和支持者容忍了许多与本党理念背道而驰的做法，但现在如果要推荐拥护帝制的兴登堡参选总统，这对许多社会民主党人来说太过分了。

布吕宁政府并未采取任何措施促使社会民主党人去选择兴 446
登堡。正好相反，在1932年初，政府通过声明和行动对这个最大的民主党派发起了挑战，这种做法只能被理解为是想讨极右派的喜欢。1月22日，总理以一封详细的公开信的形式答复了一份备忘录，在这份备忘录里，希特勒陈述了否定通过国会延长德国总统任期做法的理由。《前进报》称这种做法是总理承认了这个“政治帮派领导人”具有同等的权力。一周之后，德国国防部部长格勒纳发出公告，把一些政党的党员开除出德国国防军，这些政党和被点名的德国共产党一样，“在其纲领中把革命的思想和敌视国家的态度当作政党的永久基础”。格勒纳用这种办法间接地表明民族社会主义德意志工人党不再是违宪的政党。

2 月 24 日是国会召开短期会议的第二天，这一天的会议被一阵阵骚动搞得不得安宁。在会议上，布吕宁公开谈到了他和他的政党试图“拉近语气最严厉的反对派团体与国家的距离”。总理说，右翼政党在过去几年里有无数次机会进入政府，承担起德国的执政责任。“大家做了一次又一次”的尝试（民族社会主义者在台下大声呼喊：在中央党的枷锁之下！），总理补充道，“我的党也是如此”。根据备忘录的记载，布吕宁的这个坦言引发了“中间派政党暴风雨般的持久掌声”，而社会民主党此时保持沉默。总理接着说，民族社会主义者不应以任何方式将他与 1918 年 11 月 9 日联系在一起。“先生们，11 月 9 日，我正在军队里服役，这支军队建立了由温特费尔特率领的镇压革命的团队。”

布吕宁之所以追溯历史，是为了回应约瑟夫·戈培尔在前一天引发的轰动。戈培尔说兴登堡“受到了柏林八卦新闻界的称赞，还得到了逃兵政党的称赞”。戈培尔在这里指的是德国社会民主党。为此，社会民主党国会议员库尔特·舒马赫（Kurt Schumacher）对民族社会主义德意志工人党的发言人做出了回答。舒马赫是一名 1914 年自愿参战的士兵，后来身负重伤，他的回答收获了热烈的反响。舒马赫称纳粹的整场煽动是在“不断对人内在的陋习发出呼吁”，如果民族社会主义有什么值得认可的，那就是“它在德国政治上第一次成功地动员了人的愚蠢”。总理在第二天关于自己在11月角色的解释，对社会民主党人来说并非一个荣誉宣言。正好相反，他们认为这和官方支持纳粹分子声讨“11月罪犯”没有什么差别。[4]

但是，即使布吕宁这种挑衅式的表达方式也不能阻止德国 447
社会民主党于2月26日，即德国国会会议闭幕的最后一天向公众宣布自己做出的决定，而这个决定几乎不会让人感到惊奇。2月27日发表的题为《击败希特勒!》的呼吁，是社会民主党执行委员会前一天决定的。这篇文章指出，德国人民将在3月13日，即第一轮德国总统选举日面临这样一个问题：“到底是保留兴登堡，还是让希特勒取而代之。”兴登堡是1925年由右翼势力在社会民主党的反对呼声中选举产生的总统，但他让自己的前支持者感到失望，这是“因为他是超越党派的，并且想保持超越党派的立场，因为他不想参与政变，所以他们现在想消灭他”。

社会民主党执行委员会把3月13日的选择方案说得异常尖锐，以至于德国社会民主党的选举口号已经成了政治逻辑和道德问题。“希特勒取代兴登堡意味着：德国和整个欧洲陷入混乱和恐慌，经济危机和失业危机严重加剧，国内人民之间和德国与外国之间流血冲突风险最大化。希特勒取代兴登堡意味着：资产阶级中最反动的部分将战胜中产阶级的进步力量，战胜工人阶级。公民将失去全部自由，新闻界、政治组织、工会组织和文化组织将会消失。随之而来的将是变本加厉的剥削和工资奴役（Lohnsklaverei）。”反对兴登堡的每一张选票，就等于给希特勒投了赞成票。每一张不投给台尔曼的票，而是转投给兴登堡的选票都会对希特勒造成打击。因此，执行委员会对每一位成员发出呼吁：“让我们竭尽全力，确保在第一轮投票中就能发出决定性的一击。通过这一击使德国人民摆脱法西斯主义的威胁！击败希特勒！因此我们选择兴登堡！”

一位社会民主党的领导人认为，纯粹否定希特勒的呼吁似乎理由还不够充分。于是普鲁士邦总理奥托·布劳恩于3月10日在《前进报》发表了一份个人宣言。他在1925年的第一轮总统大选中是德国社会民主党的候选人。在这份宣言里，他称兴登堡是“镇定和耿直的体现，他忠实于全体人民并且尽职尽责”。虽然在自己与冯·兴登堡先生之间存在着世界观和政治观方面的巨大鸿沟，“然而在我们今天的公共生活中可惜几乎一钱不值的人性，为我们搭建了逾越鸿沟的桥梁，让我们团结起来，并为促进人民的福祉而团结一致。我认识的这位帝国总统是一个值得信赖的人，一个意志纯正、判断力明确、充
448 满康德式责任感的人……我选兴登堡，我向七年前给我投了票的数百万选民，以及信任我和我的执政理念的所有人发出呼吁，都来这样做，击败希特勒，选择兴登堡！”

在这次总统选举活动中，还有一个比布劳恩更坚定地推举兴登堡的政治人物，他就是海因里希·布吕宁。帝国总理和普鲁士邦总理差不多，也与帝国总统发生过个人冲突。布吕宁比任何人都清楚，这位身居国家元首地位的老人比以往任何时候都更无法理解困难的政治环境并做出自己的判断。但这都不算什么，因为没有任何一个其他候选人可以击败希特勒。因此在3月11日，总理在柏林体育宫举行的最后一次大选集会上这么描述德国总统，而这种形象被现实证实为非常尴尬的谎言。布吕宁说，他想找到一个能够和兴登堡一样“清楚、快速地看清事物，并言简意赅地对此做出评判”的人。总理认为兴

登堡是一位“真正的领袖”，是“上帝派来的”，称呼他“在全世界都是德国的力量和团结的象征”。他发出最终的呐喊：“兴登堡必须胜利，因为德国必须生存。”

兴登堡本人在竞选期间仅发表了一次候选人演讲，这次竞选演讲于3月10日在广播中播出。帝国总统说他已经准备好连任，如果这个位置被一名极端党派的候选人占据，祖国将会面临动荡。他明确否认自己是接受左翼势力或黑红联盟的邀请来参选的，他倒是承认接受了来自右翼党派团体连任总统的请求。他认为“在无党派的基础上成为德国人民的候选人，去面对只是由政党推举的候选人”，这是“为祖国承担义务”。兴登堡还回忆了“1914年思想和奔赴前线的精神，这种精神完全取决于每一个个人，而不是某个社会阶层或某一个政党”。他呼吁“全民大团结”，并且允诺，要像在战时那样坚持到底，忠诚地为德国人民服务。[5]

到了3月13日晚间已经可以确定，第二轮投票势在必行：兴登堡得到了49.6%的有效选票，差一点点获得绝对的多数票。希特勒则以30.1%的票数位居第二，接下来是获得13.2%选票的台尔曼和获得6.8%选票的杜斯特贝格。

只要多出173000张选票，现任总统就可以连任了。与1925年不同的是，在社会民主党的根据地，以及在天主教徒 449
人数高于平均水平的地方，兴登堡获得的选票数尤其多。然而在新教徒聚集的农业地区，他的选票数又远远少于德国的平均水平，而这些地方正是他七年前大获全胜的地方。除去巴伐利亚，兴登堡在所有地区都丧失了自己的固定投票者，而以前反对他的人却纷纷把选票投给了他。[6]

希特勒在与元帅展开政治决斗的时候，把自己卷入了一个巨大的风险之中。民族社会主义者领导人这次获得的票数，比1930年9月的上一次国会选举本党所获的票数多出500万张，但是民族社会主义德意志工人党在宣传时，把这位“老战士”获胜的期望值提得过高，以至于当选举结果出炉时，党内许多人深深陷入了悲观，党旗也降了半旗。然而，希特勒本人则试图给人以胜利即将来临的印象。3月14日晚上他喊出口号，要全力以赴地投入4月10日的第二轮竞选中。“必须立即以最尖锐的形式重新发起攻击……第一轮竞选已经结束，第二轮竞选已经从今天开始。这一次我也会亲自出马！”[7]

德国共产党的候选人获得的选票比上一次德国国会所得选票多出40万张，共产党将这个结果视为自己的成功，但也在“布尔什维克式的自我批评”中承认，在“反击社会民主党可耻的行为，戳穿‘两害相权取其轻’和‘国家资本主义’自欺欺人的谎言，粉碎‘钢铁阵线’的政策方面，并且说服数以百万计的社会民主党和工会所属的工人相信我们政策的正确性，让他们摆脱社会法西斯主义的影响”的运动中，仅仅取得了“部分成功”。第二轮选举比第一轮选举更加明确，这完完全全是兴登堡和希特勒之间的角逐，但是共产党中央委员会仍然坚持让恩斯特·台尔曼再次竞选。根据斯大林1931年11月的指示，共产党发誓要把“工人阶级的主要矛头”指向社会民主主义。因此，“台尔曼同志作为战斗候选人”最重要的目的是很明确的：要比以往任何时候都更加让人们认识到，“社会民主党作为法西斯主义的温和派，以及希特勒法西斯主义的双胞胎兄弟的特性”。[8]

第一轮选举结束后，那些帮助兴登堡迈向胜利门槛的政治力量终于松了一口气。3月16日，社会民主党执行委员会宣布希特勒已经被击败，德国将免于惨重的灾难，整个世界都会摆脱可怕的威胁。一天后，普鲁士邦内政部部长对民族社会主义德意志工人党和冲锋队的所有办事处进行了搜查。事实证明，在大选之日，冲锋队已经接到慕尼黑党部领导的命令保持戒备，并准备发动暴力冲突。

早在选举 5 天前，即 3 月 8 日，德国内政部部长格勒纳就 450
通过信件把这一切告诉了泽韦林。民族社会主义德意志工人党因为被搜查一事在莱比锡的国家法院起诉普鲁士邦政府。在 3 月 24 日的听证会上，普鲁士邦内政部代表在提到 3 月 8 日的信件时声称，帝国内政部部长曾让普鲁士警察采取行动。格勒纳对此表示愤怒：这位双重部长甚至不承认他的信是在呼吁采取严厉行动。

格勒纳这种反复无常令普鲁士、巴伐利亚、巴登、符腾堡、萨克森和黑森等一系列邦行动起来。在 4 月 5 日的一次会议上，德国内政部部长因其无所作为而受到严厉批评。一批出身社会民主党的邦内政部部长要求禁止冲锋队，他们是普鲁士邦的泽韦林、巴登邦的迈尔（Maier）和黑森邦的洛伊施纳（Leuschner），而且巴伐利亚的内政部部长施蒂策尔（Stützel）也提出了同样的要求，而他是来自巴伐利亚人民党的政治家。当时在场的帝国司法部部长约埃尔谈到了“各邦组成统一战线”，这个建议给格勒纳也留下了深刻印象。他决定向内阁提交一份禁止冲锋队和党卫队的紧急法令草案。[9]

就在这一天，即 4 月 5 日，泽韦林把在 3 月 17 日进行大搜查时警方发现的材料详细告知了媒体。至少普鲁士内政部部长认为，这些材料提供了民族社会主义德意志工人党的叛国和叛逆罪行的证据。根据这些材料可以证明，冲锋队在波美拉尼亚和波森-西普鲁士（Posen-Westpreußen）边境地区，计划从德国东部边防警卫队的仓库购买武器，并在波兰入侵时拒绝向边防部队提供任何帮助。此外，纳粹分子还从间谍那里得到了有关警察的结构、兵力和武装的精确信息，发布了建立情报部门的指导方针，并制定了“夺权”的总体动员计划，其中包括占领天然气站、水厂和电厂。

泽韦林宣布的有关民族社会主义者秘密军事政策的消息最初震惊了德国国防军领导层。德国国防部部长办公室负责人冯·施莱歇将军马上暴跳如雷，他明确要求格勒纳禁止冲锋队和党卫队。但是这种决心并没有持续很长时间。4月8日，施莱歇接待了德国国会的两名议员——德意志人民党主席爱德华·丁格尔代与基督教民族农民和乡村人民党的知名成员金特·格雷克（Günther Gereke）。这两人都警告说在禁止冲锋队的事上要慎重，否则在4月24日的普鲁士邦选举中，他们的政党很可能将蒙受损害。施莱歇认为这些担忧有道理，因此在
451 4月9日向格勒纳推荐了另一种策略：内政部部长应以最后通牒的方式要求希特勒对冲锋队进行改造，去除其军事和威胁国家的特性。

施莱歇受命起草给希特勒的信，但是这位将军并没有能够说服他的部长。帝国总统4月9日下午与格勒纳谈话时说，禁止冲锋队的做法要比给希特勒写信更好。经过兴登堡的一番严厉措辞，格勒纳于4月10日，即德国总统第二轮选举的这一天，向总理写了一份备忘录，备忘录提出立即解散民族社会主义德意志工人党的准军事组织。内政部部长指出这一步是必要的，在过去几周里发生在巴伐利亚和普鲁士这些邦的事件，足以给国家对希特勒的私人军队采取强有力行动的理由。

就在大选的星期日下午的晚些时候，布吕宁主持了由一部分部长和国务秘书参加的会议，来讨论格勒纳的备忘录。代理内政部部长讲话之后，国务秘书迈斯纳马上明确表示，在此期间，兴登堡已经对自己的决定产生了动摇。帝国总统现在正在考虑，还是向希特勒发出“限期一周、措辞清晰而严厉的最后通牒”更加妥当。迈斯纳直截了当地指出，为什么兴登堡告诫大家要谨慎行事：“帝国总统担心有人会对他发动袭击。”

施莱歇对兴登堡的情绪变化发挥了重要作用，他也参加了这次会议，之后他宣读了给希特勒的信。这封信引起了司法部部长约埃尔和内政部国务秘书茨威格恩（Zweigen）的忧虑，他们担心这封信不符合宪法。格勒纳说，现在唯一的选择就是，要么严肃处理，要么向冲锋队投降。布吕宁对此观点表示赞同，并用他在过去一周几乎走遍德国各地的竞选活动中收集到的观察结果来为他的观点辩护。于是政府内阁这一级做出了决定。这个决定是社会民主党和德国最重要的几个邦长期以来一直敦促德国政府推行的强硬路线。[10]

在第二轮总统选举之前，各个候选人的造势活动短暂而激烈。为确保复活节和平，政府发布紧急法令，禁止 3 月 20 日至 4 月 3 日在公共场合举行政治选举集会，所以竞选活动集中在 4 月 4 日至 9 日这短短几天之内。钢盔团在 3 月 14 日明确表示其副主席杜斯特贝格将不再参选之后，第二轮选举还剩下三个候选人：兴登堡、希特勒和台尔曼。

很难预测杜斯特贝格的选民们在 4 月 10 日会如何表现。
钢盔团建议弃权，德国民族主义者则决定“积极参与”第二 452
轮选举，理由是兴登堡再次连任已于 3 月 13 日成为板上钉钉的事了，而两周后的普鲁士邦选举比德国总统选举更为重要。

“所有的问题今天都可以放在一件事情后面，这就是普鲁士！现在这里才是推翻体系的杠杆。”

只有一个大型经济利益代表协会公开表示拥护希特勒，这就是帝国乡村同盟。工业家组织没有正式喊出口号。德国工业帝国协会主席卡尔·杜伊斯贝格早在第一轮总统选举前就力挺兴登堡，并呼吁企业家捐款支持现任总统连任。但是，只有少数企业家响应了这一呼吁，莱茵-威斯特法伦的重工业企业中只有克虏伯、西尔弗贝格和弗里克慷慨解囊。鲁尔的大多数大亨都拒绝公开支持兴登堡，因为支持兴登堡也可以被解释为对布吕宁以及他与社会民主党合作的承诺。自 1931 年夏天以来，企业家阵营的右翼一直在激烈反对这种政治倾向。

但是，并不能得出结论说，矿业大佬们都希望有一个民族社会主义德意志工人党的总统。希特勒的早期支持者——联合钢铁厂监事会主席弗里茨·蒂森（Fritz Thyssen）在这方面是个例外。1932 年 1 月底，蒂森帮助民族社会主义德意志工人党领导人在杜塞尔多夫工业家俱乐部公开露面，引起了各界的重视。但是，他在总统选举中为希特勒竞选站台时，并未受到大企业家们的欢迎。倒是资产阶级右翼政党与民族社会主义德意志工人党之间的合作为新帝国政府奠定了基础。这也是古特霍夫农集团总裁保罗·罗伊施的目标。当他于 3 月 19 日与希特勒会面时，就向希特勒表示“他的”报纸《慕尼黑最新新闻》（*Münchner Neueste Nachrichten*）、《施瓦本信使报》（*Schwäbischer Kurier*）和《法兰克信使报》（*Fränkischer Kurier*）在第二轮总统选举中会保持中立。[11]

希特勒试图在 4 月 4 日至 9 日这六天之内从空中征服德国。兴登堡的挑战者乘坐飞机匆匆穿越整个德国，向数十万人讲话，并给人他无处不在的感觉。“希特勒高于德国”（Hitler über Deutschland）是这场竞选活动的口号，这是当时最现代化的、技术上最完美的竞选活动。

希特勒谴责现在的“体制”，并且用自己设想的德意志民族共同体与其对质。而台尔曼在这一次“最后的呼吁”中说出了共产党的一个目标：“工人阶级要掌握所有的权力，建立一个社会主义委员会国家，与苏联和战无不胜的红军结盟。”
在兴登堡阵营里，社会民主党人和资产阶级执政党再次结成 453
“钢铁阵线”，这一联盟中最不知疲倦的战士就是德国总理。他比以往任何时候都更加猛烈地抨击“最肆无忌惮、最不负责任、蛊惑人心的纳粹体系”。布吕宁在柯尼斯堡举行了最后一次竞选造势大会，这次大会在德国各地广播电台播出。会上纳粹分子进行报复，希特勒的追随者把好几箱白鼠带进会场，老鼠到处乱窜，会场乱作一团，分散了总理讲话的大部分影响力。[12]

纳粹分子的最后一次骚扰已经无法阻止兴登堡的胜利了。4 月 10 日深夜已经确定，总统已经以令人信服的多数票获得第二任期的授权。兴登堡的票数为 53%，希特勒 36.8%，台尔曼 10.2%。

希特勒的敌人们终于松了一口气，但他们并没有胜利的喜悦感：陆军元帅虽然取得了很大的胜利，但是与第一轮投票相比，民族社会主义德意志工人党领袖在第二轮选举中赢得的选票比德国总统赢得的选票多。凡是参加第二轮投票的杜斯特贝格的选民，大多数选择了希特勒而不是兴登堡。台尔曼票数的损失主要是由于许多德国共产党支持者并没有听从中央委员会的号召，在 4 月 10 日选择了不投票。从各个地方投票的结果也可以看出，有些人把票投给了希特勒，而另一些人则投票支持兴登堡。4 月 10 日的总投票率为 83.5%，明显低于 3 月 3 日的 86.2%。[13]

就像在 3 月 13 日一样，最难做出选择兴登堡决定的是德国社会民主党。但是，没有哪个政党可以像社会民主党那样，把现任总统的胜利视为自己的成功。普鲁士邦议会党团主席恩斯特·海尔曼在他编辑的机关报《自由之言》（*Das Freie Wort*）上，对 4 月 10 日的选举结果发表了热情洋溢的评论："兴登堡以 600 万票的优势完胜希特勒，以遥遥领先的多数票再次当选德国总统，虽然有各种议论，但这是本党的重大胜利，是民主的凯旋。"

事实上，兴登堡的胜利是社会民主党宽容政策的结果。自 1930 年秋天以来，如果德国社会民主党的支持者没有机会习惯两害相权取其轻的政策，他们在 1932 年春天就几乎不可能被说服，并选择这个顽固的保皇派来领导共和国。这一做法的目的就是防止民族社会主义者的专政。而这恰好是德国总统选
454 举的另一种选择：除了陆军元帅之外，没有人能够将一部分传统的右翼势力与魏玛联盟剩余的支持者团结起来，从而把纳粹分子排挤到第二位。社会民主党内几乎无人不知兴登堡不是一个民主人士，但是到目前为止，德国总统已经证明自己是一个法治人士，也尊重不受欢迎的宪法。从当时的局势看，1932 年总统大选时，魏玛实际上也没有更多可挽救的东西了。与 4 月 10 日再一次避免的局面相比，这已经很不错了。[14]

第二次投票的结果对获胜者来说并不是纯粹的喜悦。兴登堡的成功不是因为右翼势力的支持，而是社会民主党和天主教徒的捧场，这深深地伤害了兴登堡。4 月 15 日，布吕宁祝贺

总统连任。这个最积极的竞选造势者感觉到了老人的不满。根据惯例，布吕宁向兴登堡提交辞呈。兴登堡表示，他目前不愿意接受总理的辞职，但保留今后再使用辞去总理职务的权力。

在总统和总理之间的对话中，还有一件事惹老先生烦恼。施莱歇通过他的战友奥斯卡·冯·兴登堡（Oskar von Hindenburg）说服德国总统，从政治上禁止冲锋队和党卫队是不合时宜的，因为这势必导致兴登堡与右派之间的冲突。因此，总统试图让总理放弃已经计划好的紧急法令。但是总理坚持他在前一天所做的决定。在4月12日，兴登堡与布吕宁和格勒纳进行了长时间的交谈之后，最终还是妥协了。4月13日，内阁一致通过了《保障国家权力的紧急法令》，并立即宣布实施。

纳粹分子已经提前听到了对冲锋队和党卫队实施禁令的风声，并且及时将罪证材料转移到安全的地方。因此，在搜查慕尼黑“褐宫”① 和全德国各地的冲锋队总部时几乎没有什么成果。希特勒暂时禁止其准军事组织出面活动。4月13日，他呼吁冲锋队和党卫队队员们，不要为“现任统治者”提供任何口实，让他们有借口叫停即将举行的邦选举。第二天，民族社会主义德意志工人党宣布将向宪法法院起诉德国政府。[15]

对冲锋队和党卫队的禁令在公众中引起了不同的反响。与政府有关报纸和社会民主主义报纸将这一措施视为自卫行为，而德国民族主义报纸则认为这是左派政党的行为，并且提醒人们注意，对黑红金旗帜团的衡量标准与对民族社会主义者的准 455

① Braunes Haus，纳粹党的全国总部，位于慕尼黑布林纳街45号。其名称来自党员制服的颜色。

军事组织的不同。这种说法完全符合在向帝国总统和德国国防部提交的大量意见书中提出抗议的主旨。4 月 15 日，施莱歇甚至丝毫不加掩饰地威胁德国国防部部长，称帝国国防军不会就这样接受这种禁令。

就在同一天，兴登堡在格勒纳不知情的情况下叫来了陆军总司令库尔特·冯·哈默施泰因-埃克沃德（Kurt von Hammerstein-Equord）将军。上周还坚决捍卫禁止冲锋队命令的哈默施泰因现在应总统的要求，将有关黑红金旗帜团的材料交给兴登堡。这些材料中的大部分都是 4 月 15 日以来的报纸报道，而这些报纸上的信息大部分来自德国国防部的国防军部门。兴登堡认为这些微不足道的文件具有极强的说服力，以至于他立即以书面形式要求格勒纳对与冲锋队和党卫队性质相仿的所有组织采取同样的行动。兴登堡用这种方式越过了总理，布吕宁已于 4 月 14 日前往日内瓦参加裁军会议。帝国总统未经德国国防部批准，就让陆军总司令提交材料的做法也是与现行法律相抵触的。而且新闻界先于收件人得到兴登堡给双重部长格勒纳的指令，这无疑是对格勒纳和整个内阁的公开侮辱。

格勒纳 4 月 16 日收到这封信，为了预防万一，他立即与黑红金旗帜团的领导人卡尔·霍尔特曼（Karl Höltermann）进行了沟通。霍尔特曼表示，声称他的组织致力于军事行动的所有说法都是无稽之谈，由于政变的危险显然已经化解，所以他正准备把黑红金旗帜团的精锐部队——护卫方队（Schutzformationen，简称为 Schufos）送去度假。根据这些承诺和解释，格勒纳宣布黑红金旗帜团和钢盔团都未进行军事训练，即便黑红金旗帜团在过去几个月里因为冲锋队的行为而加强了自己的阵容的话，也会在最短时间内进行缩减。格勒纳在发表这一声明之后，又宣布了一项几乎没有引起公众注意的公告：格勒纳致力于创建一个涵盖整个德国青年的统一体育组织，该组织显然是为准军事任务设计的。只有把它视为民兵的初级阶段，回到义务兵役制，准军事任务才有意义。

由于黑红金旗帜团始终如一地履行霍尔特曼的诺言，立即解散了护卫方队，因此德国政府并不难维持自己的新路线。4月23日，布吕宁和格勒纳在康斯坦茨湖会面。总理专门从日内瓦返回，为第二天在普鲁士的飞地阿赫贝格（Achberg）参 456
加邦议会投票。两人都同意不应对黑红金旗帜团采取任何行动，但是格勒纳4月26日向兴登堡报告此事时，并没有得到好脸色。在国务秘书的支持下，总统下令，一旦护卫方队再次成立，就要对其进行惩罚。

5月3日，内阁重新在布吕宁的主持下开会，会议试图给总统一些脸面。内阁通过了一项紧急法令，将所有军事单位置于帝国内政部的监督之下。另一项紧急法令是立即禁止共产主义自由思想家协会，从而满足了本出自教会团体，后被兴登堡视为自己的要求。帝国总统签署了这两项紧急法令，当然他对第一项紧急法令是非常有保留意见的。他认为，完全禁止右翼军事队伍，而左派组织仅受到内政部部长的控制，这种做法是不公平的。

布吕宁政府迫于各个邦的压力，开始禁止冲锋队和党卫队，政府的平衡点随即略微向左倾斜。这与兴登堡的预期恰好相反，因为总统期待政府的政治倾向能够明确向右倾斜。于是，改组政府的想法浮出了水面。但是布吕宁仍然有一项重要的外交任务要完成：他将代表德国参加即将在洛桑举行的战争赔款会议。在这次会议上，他当然比从“民族反对派”阵营推举出来的任何一个总理获得成功的机会更大，这就是兴登堡为什么认为解除布吕宁职务的时机还没有到来。结果是，对冲锋队的禁令一直有效。[16]

在第二轮总统大选之后的两周，大多数德国人再次被要求来到投票箱前。4 月 24 日，在普鲁士、巴伐利亚、符腾堡、汉堡和安哈尔特举行了邦选举。在选举造势活动的最后几天，许多地方爆发了严重的冲突，特别是在民族社会主义者和社会民主党之间。4 月 22 日，冲锋队在慕尼黑发起了一场大厅之战（Saalschlachten），他们想在柏林警察局局长格热辛斯基参加的集会上发动爆炸袭击。2 月 7 日，社会民主党向民族社会主义者发起挑战，声称应该用狗鞭子将希特勒赶出德国。4 月 22 日，奥托·韦尔斯举行集会之后，在科隆的一家酒店里遭到了民族社会主义者的袭击。纳粹分子在酩酊大醉的国会议员罗伯特·莱伊（Robert Ley）的指挥下把韦尔斯摔倒在地，并且弄伤了他的喉头。4 月 26 日，科隆地方法院发出了逮捕令，逮捕了纳粹党的这个议员。

普鲁士邦议会在 4 月 12 日的最后一次会议上通过了一项
457 意义深远的重大决定：在执政党多数的支持下，普鲁士议会决定改变一项选举程序规则。到目前为止，邦总理在进入第二轮选举时在两位最有希望的候选人之间进行决胜选举，只要获得相对多数票的候选人就可以胜出。变更后的程序规则是，在第二轮选举以及以后的选举中，有绝对多数票支持的候选人才能当选。

这一规则主要是针对建设性不信任提案的：邦议会只有在多数票选出一名继任者的情况下，才能让他取代现任邦政府首脑。《前进报》出人意料地明确表示了社会民主党发起修改规则提案的动机：如果在 4 月 24 日之后出现了“民族反对派”和共产党人的“负面”多数，那么德国共产党就有可能使用老规则，最后让右翼少数派政府掌权。[17]

正如人们普遍预期的那样，4 月 24 日举行的五个邦的选举中，民族社会主义者大获全胜。民族社会主义德意志工人党成为普鲁士、符腾堡、汉堡和安哈尔特邦的最强大政党，只有在巴伐利亚邦，巴伐利亚人民党才保持了两个席位的微弱优势。除了一个邦以外，共产党人的票数都有增长，而社会民主党和非天主教资产阶级政党却损失了很多选票。唯一的例外是汉堡，汉堡的最后一次议会选举在七个月前刚刚举行过。在这里，德国社会民主党和国家党赢得了选票，而德国共产党的表现却明显不如上次选举。与 1930 年 9 月的上一届德国国会选举相比，只有一个赢家，这就是民族社会主义者。在所有的邦，德国社会民主党和非天主教的资产阶级政党都丢失了选票，而共产党人在巴伐利亚之外也在各地失去了选票。但民族社会主义德意志工人党在任何一个地方都未能达到希特勒 4 月 10 日预期的结果。[18]

4 月的邦选举最初仅导致一个邦的政府进行了更替：自 1919 年 7 月以来，社会民主党人海因里希·戴斯特（Heinrich Deist）一直任安哈尔特邦总理，中间只有 1924 年的一次短暂中断。1932 年 5 月，邦总理一职由民族社会主义者阿尔弗雷德·弗赖贝格（Alfred Freyberg）接任，在这里资产阶级右翼的选票起了推波助澜的作用。在巴伐利亚和符腾堡，陷入少数派境地的资产阶级内阁勉强执政。在汉堡，邦大联合政府借助《迪特拉姆斯采尔紧急法令》（Dietramszelle Notverordnung）成为看守政府。这是1931年9月27日帝国总统在迪特拉姆斯采尔度假时颁布的紧急法令，该法令允许邦政府和地方政府采取所有必要的措施来平衡预算，可偏离现行邦法律，按照紧急法令行事。[19]

普鲁士大选的结果备受期待。民族社会主义者的席位从9
458 个激增到162个，而社会民主党的席位从137个骤降到94个。因为国家党遭到了严重的挫败，中央党也有微弱的损失，所以魏玛联盟已经不再拥有多数。他们合在一起的席位仅仅是423个当中的137个。另外一种组合也不可能构成多数，即便是民族社会主义德意志工人党和德意志人民党的所有议员推举出一个纳粹候选人的话，也达不到所需的212张多数票，而仅仅只有200票。令人担忧的“负面”多数已经成为现实：民族社会主义者和共产党人一共拥有219个席位。这一多数派组合不可能组成政府，但是在选举程序规则变更后它也不能推翻现任政府。

普鲁士的大多数选民都反对布劳恩政府，在1932年4月24日的投票中表达了这个心愿。选民们本应该在1931年4月24日根据极右势力和极左势力的意愿，在要求解散邦议会的全民公决中就表达这个心愿的。选民们的决定不仅仅是反对自1925年以来执政的魏玛联合政府，还反对魏玛本身。绝对多数所希望的与议会民主的想法有着根本性的不同，但是在替代方案上存在着严重分歧。很大一部分选民希望成立一个元首领导的国家，就像民族社会主义者写在自己旗帜上的那样，而很小一部分选民则希望以苏联为榜样，建立起共产主义制度。

由于这两种选择都不占多数，因此议会只能以折中的形式解决危机。虽然在1931年秋天有黑森的负面经验，但最有可能让人想到的是中央党和纳粹分子的黑褐色联盟。普鲁士中央党在针对选举结果做出的第一份声明中绝不排除这种政府同盟，但是附加了一个条件，而这个条件民族社会主义者充其量只能做出口头承诺：中央党准备“与在宪法基础上为全体人民服务的各个党派合作”。

社会民主党对中央党与民族社会主义者之间进行谈判没有提出异议，而且认为这是不可避免的。4 月 25 日，《前进报》写道：“抢先进行这些谈判既不是我们的权力，也不是我们的意图。”“我们只能说这么多：如果这两个党达成协议，那么至少两党中的一个就必须彻底改变自己的性质。社会民主主义者对这种协议的产物表示极大的怀疑，因为这将产生德国有史以来最反动的资产阶级集团。”

但是，社会民主党内部关于黑褐色联合执政谈判可能出现的结果存在着很大分歧。久病的奥托·布劳恩在 1932 年春天 459
表现出明显的沮丧态度，正如弗里德里希·施坦普费尔所说，布劳恩深信“让纳粹分子加入议会政府的试验是不可避免的”。卡尔·泽韦林显然也抱着相似的失望态度。他在 4 月 26 日对合众社说，只有“与其联合执政的党派必须保证不违反宪法的基本法律，才可以考虑民族社会主义德意志工人党在普鲁士邦和德国参政”。

虽然布劳恩和泽韦林认为黑褐色联盟最有可能解决这场危机，但是议会党团主席、普鲁士社会民主主义真正的战略负责人恩斯特·海尔曼预计，由于民族社会主义德意志工人党的顽固态度，谈判终将失败。“此后，延续国家政治生命的唯一方法就是让布劳恩-泽韦林政府作为留任政府继续呼吸。”当然，这种解决方案的先决条件是要对极左翼政治势力进行戏剧性的调整。海尔曼向共产主义者发出呼吁，至少要能够容忍布劳恩少数派内阁这个事实。“德国共产党现在必须重新做出决定，是否还要继续追逐立即发动革命的幻象，从而让法西斯主义成为德国的主人，最终的结果无异于自杀。如果德国工人的利益在德国共产党那里还有一点分量，那么他们就应该没有丝毫的犹豫。”

海尔曼的战术本身是有逻辑的：只有在中央党与纳粹分子之间的联合执政谈判失败之后，中央党才会做出继续以前的那个联合政府的决定，尽管这个政府现在已经变成少数派了。因此，社会民主党不应该对黑褐两党的谈话横加指责，更不能过早地摆脱执政的责任。预防性地呼吁共产党人容忍布劳恩行政内阁，告诉他们这样一个内阁与一个右翼内阁相比是两害相权取其轻的选择，传递这样的信息也要谨慎小心。如果大张旗鼓地去争取德国共产党，就会产生适得其反的效果。因为这就可能让中央党受到惊吓，最终把自己送进民族社会主义者的怀抱。[20]

海尔曼对德国共产党的呼吁并非完全没有希望。当希特勒在德国总统第二轮选举中获选票数大增的情况下，共产国际对“统一战线”进行了战术上的调整。共产国际执行委员会、德国共产党代表、革命工会反对派共同发表了“致全体德国工人”呼吁书。呼吁书中对社会民主党人用了另外一种语气，
460 其中心思想是：“我们准备与每一个团结工人的、真正反对削减工资和削减社会福利的组织联合在一起共同斗争！”虽然这份宣言也包含了通常对社会民主党和自由工会领导人的猛烈抨击，但早已过时的反“资本家强盗和日益肆无忌惮的法西斯团伙”的“统一战线”已经不再特别局限于“社会底层的统

一战线”了。

共产国际本来希望在 4 月 24 日的五个邦选举之前发布“致全体德国工人”呼吁书，但德国的“政治局”做出了不同的决定，直到 4 月 25 日才正式发表这份声明。在发表此呼吁书的同一期《红旗报》上，也撰文谈及了要先践行新策略的原因。题为《选举结果》的社论明确指出，德国共产党没有意愿“帮助纳粹分子进入普鲁士政府”：“在与布劳恩-泽韦林政府进行最激烈的原则性斗争中，在反对其紧急法令的专政政策以及他们为希特勒鸣锣开道的斗争中，我们共产党人与血腥的希特勒法西斯主义不共戴天。我们将在无产阶级阶级力量的帮助下，竭尽全力堵死他篡夺政府权力之路，打破他的恐怖，工人阶级将发动新的红色进军彻底击败他。”德国共产党中央委员会在 5 月的呼吁中用言简意赅的形式发出了新的信息：“纳粹参政将是走向公开的血腥专政的危险一步。”

战术上的调整随着德国共产党领导层的变化而变化：海因茨·诺伊曼始终代表着比恩斯特·台尔曼更加激进的超左派路线。经过和斯大林磋商，诺伊曼于 5 月 24 日被逐出共产党的核心权力中心书记处。他最亲密的盟友莱奥·弗利格（Leo Flieg）也遭遇了同样的命运。在“攀升者”的名单里有柏林-勃兰登堡地区的“政治局领导”瓦尔特·乌布利希（Walter Ulbricht）和威廉·皮克。皮克在共产国际执行委员会担任德国代表，也是新路线的发起人之一。这两人都被任命为书记处候选人。

如果共产国际和德国共产党决心认定“希特勒法西斯主义”是最关键的危险，这必将导致他们彻底背离先前的立场。抛开各种添枝加叶地划分界限的言论不说，对布劳恩的少数派政府采取容忍态度，对共产党来说就意味着对社会民主党两害相权取其轻的政治也采取了同样的策略。但工人阶级内部的“主要矛头”是指向社会民主主义的，因为社会民主党是“资产阶级的主要社会支柱”，而且“社会法西斯主义”的斗争公
461 式并没有停止使用，因此人们对这一新策略也表示怀疑。普鲁士大选后的头四个星期里，德国共产党和布劳恩行政内阁也不必多想结局如何，因为新选出的邦议会最早要到 5 月 24 日才能举行会议，而前任政府已经宣布在这一天正式辞职。[21]

5 月初以来有迹象表明，布劳恩内阁可能在此日期之后还继续留任。布吕宁总理虽然对黑褐色联盟没有原则上的顾虑，但绝不能接受把普鲁士总理的职务，以及控制普鲁士警察的大权交给纳粹分子。4 月 30 日，布吕宁从日内瓦裁军会议返回之后，立即在中央党执行委员会中做出相应决议，从而纠正了普鲁士中央党的立场。在此之前，中央党并没有反驳民族社会主义德意志工人党的要求，作为获得票数最多的党理所当然要拥有邦总理一职。中央党的决议大大减少了建立黑褐色联盟的机会，中央党想要阻止民族社会主义者获取的恰恰是对纳粹分子夺权最重要的职位。

此时此刻，希特勒可能比布吕宁本人更了解中央党总理的地位有多么脆弱。4 月 28 日，民族社会主义德意志工人党领袖通过与施莱歇的秘密对话得到了第一手信息，帝国国防军已经不再支持布吕宁了。如果建立一个非纳粹任邦总理的黑褐色联盟，布吕宁选中的候选人是莱比锡市长和帝国物价专员卡尔·格德勒（Carl Goerdeler）。这是一个前德意志民族人民党员，他可能有助于巩固总理的职位。5 月 19 日，希特勒明确表示，不要指望通过他来解决议会的危机。希特勒对民族社会

主义德意志工人党普鲁士议会党团说，纳粹运动奋斗了 13 年，并不是为了在任何一个联盟中继续维持今日德国的政治。[22]

4 月底以来已经有迹象表明政府危机即将来临，之后这个危机愈演愈烈。4 月 30 日，布吕宁几乎是空着手从日内瓦的裁军会议回来的。德国要求在军事上实现平等，美国国务卿史汀生表示理解，英国首相麦克唐纳也勉强表示理解，但法国总理塔迪厄没有表示理解的意思。他的心思全部都放在 5 月 1 日和 8 日的参议院选举上了，因此在会谈中表现出根本不让步的苛刻态度。塔迪厄甚至根本没有参加 4 月 26 日至 29 日在贝辛格（Bessinge）举行的决定性会谈，据称他是喉咙有疾。[23]

布吕宁在柏林发现的信件中，看到了一封德国经济部部长 462
写给德国总统的信。这封信的落款日期是 4 月 28 日，信中瓦姆博尔德提出了辞职申请。部长以委婉的方式表明了他采取这一行为的原因。他曾竭力说服内阁奉行积极的振兴经济政策，但所有的努力都是徒劳的。由于瓦姆博尔德来自法本工业集团的董事会，因此有理由对这次辞职做出不同的解释，也就是化学工业界不再信任布吕宁。对于总理来说特别不幸的是，他提议的继任候选人卡尔·格德勒（他还想请格德勒担任副总理兼普鲁士总理，并培养格德勒成为自己的继任者）并不愿担任德国经济部部长。最终不得不采取了一个尴尬的解决方案：曾在 1930 年 6 月至 1931 年 10 月临时领导该部门的国务秘书特兰德伦堡再次接受兴登堡委托，负责德国经济部的事务。

另一位官员的辞职受到的公众关注比较少。5 月 2 日，布吕宁接受了德国财政部国务秘书汉斯·舍费尔的辞职访问。汉斯·舍费尔是布吕宁最亲密的顾问和最坦率的批评者之一。舍费尔决定辞职，因为他相信自己已经不能对德国的财政政策负责了。布吕宁设法将他的辞职推迟到5月15日，使政府避免了一场尴尬的议会辩论（德国国会会议原定5月9日至12日举行）。但是对于知道内情的人来说，舍费尔的意图发出了另一个明确的信号：总理的权威正在迅速减弱。[24]

施莱歇的活动对布吕宁的威胁比其他任何事情都更为严峻：自4月底以来，德国国防部部长办公室负责人一直与民族社会主义者密切合作，准备推翻总理。4月26日，施莱歇接待了柏林冲锋队领导人赫尔多夫伯爵（Graf Helldorf）。4月28日和5月7日，施莱歇会见了希特勒。“元首和施莱歇将军进行了至关重要的谈话，”约瑟夫·戈培尔在5月8日的日记里这样写道，“帝国总统最亲密圈子里的几位先生都在场。一切进展顺利。元首的讲话让他们信服。布吕宁将在几天之内落败。总统将不再信任他。计划是建立一个总统内阁。国会将被解散，所有强制性法律将被废除，我们将获得宣传的自由，然后我们就来一次杰出的宣传活动。”

在此期间，最迟到5月7日，施莱歇已经掌握了希特勒开出的价码。如果让他容忍一个新的纯右派内阁，那么就要重新进行国会选举，并且撤销对冲锋队的禁令。据说德国总统很有
463 兴趣地听取了施莱歇与希特勒的对话内容。兴登堡于5月9日通知总理，他希望在接下来的几天中与除共产党之外的所有党领导人谈话。而他最关心的一场谈话是与希特勒的谈话。

布吕宁察觉到了兴登堡秘密顾问团的情况，因此要求德国总统将谈话推迟到5月底，因为在接下来的几天中，议会必须通过一项只有德国社会民主党投赞同票才能通过的信贷授权法。而且新一轮裁军谈判将很快在日内瓦开始，如果给人留下了德国政府换届在即的印象，那么谈判的成功率将大打折扣。

如果5月24日召集普鲁士邦议会会议后，德国总统再呼吁中央党与民族社会主义者所属的各个团体采取合作态度，布吕宁比较赞同这样的做法。布吕宁本人支持在普鲁士成立这样的联盟，他准备于6月16日在洛桑举行的战争赔偿会议之后，在德国国家层面为组建一个新政府铺平道路。

兴登堡不顾反对，坚持要立即与各党领导人谈话，因此总理就以立即辞职相要挟。最后还是总统退让了，并同意将会谈推迟至5月24日之后。布吕宁获得了更多的时间，但现在他绝对知道，自己担任总理的日子已经屈指可数了。[25]

5月9日，就在帝国总统会见总理的这一天，帝国议会开始了为期四天的会议。会议在5月10日迎来了第一个高峰，在会上，民族社会主义德意志工人党帝国组织部领导人格雷戈尔·施特拉塞尔发表了相对温和且具有建设性的演讲，在该演讲中，如何创造就业机会占据了中心位置。值得注意的是，施特拉塞尔对自由工会给予了特别友善的对待，并将其与“教条混乱、部分受到外种族知识分子影响的社会民主党领导人”区分开来。当他提到“生产性信贷扩张”时，甚至还引用了弗拉基米尔·沃伊廷斯基的文章，却没有提到这位经济专家是个犹太人。施特拉塞尔对“强大的反资本主义的渴望”的评论成了日后常被人引用的名言。他说，这一渴望在德国人民中间传播，如今也许有95%的民众有意或无意地意识到了这一点。

很显然，纳粹分子在此前赢得了城镇和乡村的基督教中产阶级之后，接下来把重心放到如何争取工人上面来了。大多数观察人士认为，民族社会主义德意志工人党的二号人物所做的这番政治家般的演讲还有另外的目的。他想构架一座通向中央党的桥梁，如果没有中央党，就意味着在可预见的未来，议会中就不会形成多数。

464 次日，占据头条新闻的并不是施特拉塞尔，而是格勒纳。这位德国国防部部长和临时内政部部长的日子很不好过。他的额头上长了个疖子，不得不扎上绷带，还发着高烧。在国会会议上，他受到了民族社会主义德意志工人党的国会议员赫尔曼·戈林的挑衅。戈林是功勋勋章[①]获得者。如果布吕宁后来的记录属实，戈林在攻击的言辞中，还说了由施莱歇传达的来自国防部的机密信息。格勒纳本来就不善言辞，他很想做一番即兴回答，试图捍卫对冲锋队的禁令。这位部长的讲话在纳粹分子的座席中遭遇了一阵阵讽刺的喧闹。他的陈述被吵闹盖过，人们根本听不清楚他在说什么，会议最终不得不中断。

“他在给自己唱葬歌。”戈培尔在日记中这样写道，他并没有夸大其词。“演讲给人留下的普遍印象就是一场灾难。”当天晚上另一个人在日记里也是这样记录的，他是帝国总理府国务秘书赫尔曼·平德尔。他接着写道：“甚至在政府座席上那些非常镇定的、有保皇意识的人，例如部长约埃尔、舍策尔和施兰格，国务秘书施勒格贝格尔（Schlegelberger）、茨威格特（Zweigert），实际上所有人都有这种感觉。”

格勒纳讲话之后，保守人民党议员立即要求解除其部长职务。5月11日上午，施莱歇让平德尔宣布，如果格勒纳现在不离开，施莱歇以及德国国防部总务司的其他高官将立即辞职。然而，平德尔则提议让格勒纳休长假。这个提议得到了布

① Pour le Mérite，又名蓝马克斯勋章，普鲁士和德意志帝国军队最高级别的勋章。

吕宁的支持，但是被这位双重部长拒绝了。格勒纳本人想辞去德国国防部部长的职务，但继续留任内政部部长一职。当然，要做到这一点，他必须先被任命为内政部部长。到目前为止，他是作为国防部部长进入内阁的。作为国防部部长，他于1931年10月9日受命主持内政部部长的事务。

当布吕宁在议会辩论的第三天发表重要讲话时，格勒纳的去留问题还没有决定。针对施特拉塞尔前一天的发言，总理一方面提出了批评，另一方面也指出了值得认可的地方。在其他方面，总理的发言主要致力于外交政策问题。他要求德国实现军事平等，并且指出，在即将举行的洛桑会议上应要求完全取消战争赔偿。他警告德国人，不要在最后五分钟的时间里变成一个软蛋。在热烈的掌声中，总理在结束语中发出了战斗般的呼吁："在国内我根本不在意他们（他指的是民族社会主义者）怎么看我。我冷静对待。如果我受了他们的影响，就会 465
犯下最严重的错误。在当下，每个人都有可能犯这样的错误。我可能会在内政上失去冷静。女士们，先生们，在终点线前的最后100米，在政治上保持冷静是最重要的。"

5月12日是投票的日子，这一天在德国国会的饭店里还爆发了一次殴打事件。退役海军上尉赫尔穆特·克洛茨（Helmuth Klotz）原来是一个民族社会主义者，后来加入社会民主党。他通过私人信件得知冲锋队参谋长恩斯特·罗姆的同性恋行为，并向公众通报了这件事。他遭到了包括帝国国会议员在内的纳粹分子的袭击，在国会大厦的长廊里被打得头破血流。议会主席勒贝当场报了警，警察在国会会议半小时的休息时间里，确定四名民族社会主义德意志工人党议员为帮凶。犹太籍警察局副局长伯恩哈德·魏斯［Bernhard Weiß，戈培尔在《进攻报》

（*Der Angriff*）中一直坚持称其为“伊西多尔”（Isidor）］调动警队，遭到民族社会主义者愤怒的谩骂。

在殴打事件发生之前，德国国会已经通过了政府关于债务偿还和信贷授权的法律。中央党提出的另一个议案明显违宪，但是更得人心的提案得到了更多议员的赞同。这个提案的内容是，在一个有女公务员的家庭里，如果收入可以通过别的方式得到保障，那么就应该强迫女公务员离职。午间休息之后议会继续开会，民族社会主义德意志工人党、德意志民族人民党和德国共产党提出的对布吕宁内阁的不信任议案，被执政党和德国社会民主党投票否决。虽然还有不信任席勒部长和施兰格-舍宁根部长的议案，但没有再进行投票。会议再次休息，当议会主席勒贝将民族社会主义德意志工人党议员中的四名犯罪嫌疑人排除在会议之外 30 天时，他们拒绝离开会议大厅。之后，勒贝宣布无限期中断会议。议会会议记录员记录了确切的时间：下午 2 时 43 分。[26]

此时，格勒纳的事情仍未解决。虽然在此期间格勒纳发表声明，说他将放弃国防部部长一职，未来将完全致力于内政部的工作，但兴登堡希望与格勒纳彻底决裂，并要求布吕宁，在圣灵降临节总统在诺伊德克庄园度假期间，不得进行任何人员变动。5 月 12 日的这次会谈是在兴登堡前往东普鲁士度假之前，这个时候总理还无法向总统提名国防部部长一职的候选人。总理曾在这一天请施莱歇接任格勒纳的职位，但施莱歇还没有回复总理。

格勒纳将不再担任德国国防部部长通常被理解为布吕宁内
466 阁结束的开始。根据《前进报》记载，四处流传的谣言说，
是“将军们下了最后通牒”让格勒纳下台。《法兰克福报》

说，让格勒纳部分卸任的原因是“对冲锋队的禁令影响到国防军领导人所依赖的圈子的情绪”。纳粹分子们当然有了庆祝的理由。“格勒纳辞去德国国防部部长的职务，”戈培尔在日记中写道，“这是第一个成功。他这是绊倒在自己摆设的绞绳上了。然后我们拉紧了绞绳。”[27]

兴登堡在东普鲁士度假时，内阁正在制定一项新的有关经济和社会政策的紧急法令。5 月 21 日，紧急法令的内容已经基本制定完毕。一方面，社会福利再次大幅度削减：失业保险的主要支持金发放对象受救济的时间从 20 周减少到 13 周，后续接受危机资助救济的时间从 38 周延长到 45 周，这样时间的总长依然是 58 周。但是从现在开始，只有那些能够证明自己需要救济的人才有权获得危机资助。主要支持金、危机资助金，以及最低一级救济水平的社区福利金在金额上已经大大降低。

另外，国家也想为创造就业机会做些事情，内阁最终将原先为就业拨出 10 亿马克的计划金额降低到了 1.35 亿马克。这笔金额部分是从普通预算中获得，部分则通过帝国银行的帮助筹得。乡村和城市郊区的住宅区建设、土壤改良、道路和水路建设是创造就业的重点。以上项目的承办者是志愿劳动服务计划（Freiwillige Arbertsdienst），这是一种节省成本的解决方案，因为该计划被允许支付远少于劳资协议水平的工资，而且基本上都是用实物支付。因此，这些最根本的措施根本称不上“创造就业计划”，而只是为了一个首要目标服务：政治上可以落实进一步延续通货紧缩的措施，并且进一步加大力度。[28]

安置政策与创造就业计划紧密相关。在内阁中不懈倡导安置政策的是劳工部部长亚当·施特格瓦尔德和财政部部长赫尔曼·迪特里希。前基督教工会领袖施特格瓦尔德长期以来一直认为，德国的工业化远远突破了健康的界限，只有把大城市的人群带回农村，这种危害才能被消除。从这个角度来看，大规模失业只是这种危害的一种症状，这就是过度工业化。赞成市郊小型住宅区的先驱赫尔曼·迪特里希也得出了类似的结论。两人早在1932年2月就敦促德国东部援助帝国专员汉斯·施兰格-舍宁根，不仅要救助负债累累的大庄园，还要在德国东部人烟稀少的农业地区规划住宅区。

467 到目前为止，施兰格-舍宁根事实上为东部地区提供的援助主要让大企业受益。他在1931年11月16日发布的第一项紧急法令，赋予大地主们执法保护，而普通农民则只能望洋兴叹。1932年2月6日的《农业债务减免法令》规定，可以通过“东部地区救助债务减免书”来补偿债权人，这也是一项让大庄园比小农经济受益更多的措施。但是从基本上讲，施兰格-舍宁根是相信有必要加强住宅定居点的建设的。与施特格瓦尔德和迪特里希的观点相似，他认为这是一剂能够解决失业问题的良药。

5月9日，经过各部门之间长时间磋商后，施兰格提出了一项紧急法令的草案，住宅定居点的设想浮出水面。东部援助帝国专员得到授权，以帝国名义对已经无法进行债务减免的庄园以“不经公开拍卖的方式”收购，或通过强行拍卖的方式收购。然后国家可以将其用于农村定居区。5月20日，内阁出台了经过略微修改的版本。唯一有争议的只是管辖权的问题：定居住宅区事务归德国劳工部部长管辖，但在具体情况下则必须征得东部地区专员同意。5月21日，施特格瓦尔德和施兰格达成了一致意见，感觉是帝国专员的意见占了上风。[29]

当天，公众通过平德尔撰写的公报获悉了定居住宅区的计划。此后不久，帝国乡村同盟发起了大规模宣传运动，反对内阁的草案。自 1930 年秋天以来，这个德国最大的农业协会被牢牢掌控在“民族反对派”手中。1931 年 12 月以来，帝国乡村同盟由四人组成的主席团中，除了三名德意志民族人民党的成员外，还加进来了一个民族社会主义德意志工人党的农业界领袖。该协会把定居住宅区法令这一政治举措视为天赐良机：布吕宁政府提供了一个论点，允许农场主指责内阁在破坏传统的财产秩序。

抗议活动当然要找对人，而保罗·冯·兴登堡善于倾听德国东部农业界所关心的问题和愿望。当帝国总统在诺伊德克庄园时，帝国乡村同盟主席卡尔克罗伊特伯爵（Graf Kalckreuth）、德国农业会议主席恩斯特·布兰德斯（Ernst Brandes）、格罗斯-普劳恩（Groß-Plauen）的地主魏斯、波森-西普鲁士和萨克森边界地区的乡村同盟办事处都纷纷写信给国家元首。

信中的语调总是万变不离其宗。东普鲁士土地协会主席冯·盖尔男爵（Freiherr von Gayl）指出，当局的强制拍卖权 468
“是进一步的干预，这是为民族社会主义推波助澜”。随着该草案的不断流传，德国东部的农业界和城市中产阶级日益感到不安。“不幸的是，对灵魂的折磨在东部不断蔓延，并正在逐渐侵蚀着各个群体的抵抗力，而这些群体是迄今捍卫本民族意愿去抵御波兰人的主体。这一发现也未能逃脱军事当局的视线。在这个关键时刻，应避免一切可能削弱抵抗意愿的因素。”

进言很快产生了预期的效果。5 月 25 日，兴登堡通过迈斯纳告知施兰格，如果法令采用当前这个版本，他是无法批准的。最让帝国总统头疼的就是这个法令草案的核心：即便没有债权人提出要求，帝国也有权力自行对庄园进行强制拍卖。兴登堡要求农业的职业机构能够参与相关决定，这一建议的目的是要去除施兰格提案中的每一个“尖锐之处”。[30]

迈斯纳5月26日短暂访问诺伊德克之后返回柏林，他也给布吕宁带来了帝国总统的口信。兴登堡转达的话是，他依然对帝国总理钦佩有加，他会尽可能保留布吕宁的总理职位。但是内阁必须重组，路线要更加右倾，吸收施莱歇和格德勒这样的人，但是不要纳粹分子。如果在普鲁士能够和希特勒组成联合政府，德国总统认为这是非常可取的。如果是这样的话，就可以要求民族社会主义者容忍这个帝国内阁。兴登堡根本不希望格勒纳留在内阁里，也不想让他担任内政部部长。

兴登堡仍然决心尽早组建右翼政府。总统也非常清楚，不更换总理就不可能实现这一目标，因为只有当布吕宁准备承受丧失个人信誉（即政治自杀）的时候，他才能出面来领导这个右翼政府。迄今为止，让兴登堡避而不谈总理辞职的理由是在洛桑举行的战争赔款会议。不过，德国总统似乎认为，即使布吕宁在一个右翼内阁中担任外交部部长，也有可能在谈判中取得成功。国务秘书迈斯纳已经在5月6日向国会议员夸荻报告了兴登堡圈子的这些考量。但是没有任何迹象表明布吕宁愿
469 意接受这样的提议。作为民族主义右翼政府的外交部部长，他将失去他在中间势力和温和左翼势力中享有的政治声望，因为他正是他们的总理。

普鲁士的情况发展也不像兴登堡所想象的那样。5月24日，新当选的邦议会召开会议，就在这一天，布劳恩政府正式

宣布辞职。5月25日，邦议会的多数议员选择了纳粹分子汉斯·科尔（Hans Kerrl）为邦议会主席。他的当选要感谢中央党，经过与布吕宁协商，中央党决定遵守不成文的，但绝不是强制性的规矩，即议会主席由最强大的党派代表出任。然而，科尔的当选并不预示着黑褐两党之间取得了更广泛的谅解。"是否能在普鲁士与纳粹达成一个解决方案，这实在令人怀疑，至少还要有一个月时间才能见分晓，"平德尔在5月26日的日记中谈到布吕宁与迈斯纳之间的对话时说，"在国家层面上，解决方案不能推迟这么久！看看洛桑会议！如果普鲁士没有一个解决方案，那么国家当然不可能获得（纳粹分子的）任何支持。谈话之后总理独自和我在一起。他甚至考虑彻底退出，把这摊子事都交给右翼。他不想担任外交部部长。他也不知道是否应该颁布一个紧急法令。他还是要好好想想，星期天（5月29日）再向帝国总统做决定性的报告。"[31]

实际上布吕宁也没有理由感到乐观。他比任何人都清楚，战争赔偿谈判的突破绝非近在眼前。法国大使弗朗索瓦-蓬塞（François-Poncet）提起布吕宁在5月13日对德国国会议员的讲话中说的备受关注的"终点线前的最后百米冲刺"时，总理连忙解释说："到终点线的距离是从整个距离的角度来计算的。"布吕宁在5月27日的一次内部会议上表示，德国必须在洛桑要求取消战争赔偿。"但是，这个要求几乎不能立即得到通过，至少不可能在本次会议上通过。对方不愿意承认德国在将来也不可能有盈余用来为战争赔偿。"如此悲观的情绪不可能让德国总理依靠提到洛桑就能够驱使兴登堡迅速让政府换届的愿望。

5月27日，公众对布吕宁的黯淡预言一无所知，但是知道了德国民族主义议会党团对定居住宅区法令所做的决议。在兴登堡返回柏林的前两天，胡根贝格的政党对布吕宁政府发动了迄今最猛烈的攻击。“帝国政府是想通过这项紧急法令表明
470 自己是完美的布尔什维克主义者，”决议说，“这个紧急法令不能帮助任何人，既帮不到所有者，也帮不到债权人，既帮不到国家，也帮不到人民。这个法令粗暴地践踏了宪法中关于所有权的所有基本法则，加剧了城镇和乡村的经济困境，成千上万的人要背井离乡。最重要的是，这项法令增加了德国东部地区人们法律上的不安全感，他们对政府的专断做法感到失望；在受到威胁的东部地区，削弱了德国人当今特别重要的心理抵抗力。”

只要兴登堡不想让纳粹分子当上部长，那么没有德国民族主义者的支持，帝国总统就不可能向右倾方向修正政府的路线。因此，最迟在5月27日，兴登堡就必须坚持拒签住宅区紧急法令。东部援助专员本人也认为没有妥协的余地。5月27日，施兰格-舍宁根打电话告知迈斯纳，他担心“自己被那些在诺伊德克给帝国总统施加影响的东普鲁士大庄园主炸死”。有传言称兴登堡把施兰格称为“农业界的布尔什维克”。如果总统要他提出辞职申请的话，他可以立即做到。

迈斯纳否认兴登堡对德国国务秘书发表过负面的评论。尽管如此，施兰格就在同一天，在布吕宁的批准下给帝国总统写了一封信。在信中，他请总统做出选择，要么充分信任他，要么辞退他。施兰格的这个决定把内阁也束缚起来了。政府在一个月内无法承受第三次部长危机。而这次危机与住宅区法令的破和立直接相关。[32]

总统与总理约好的谈话于5月29日星期日上午11时举

行。根据平德尔的记录，布吕宁了解到总统秘密顾问团的一些阴谋计策，但并没有掌握所有情况，因此他在参加谈话时，“并没有什么攻击力，也不太自信”。正如布吕宁后来在回忆录中所描述的那样，兴登堡接见他的时候态度非常冷淡。总理再次概述了他的政策的主要特点，特别是他正在努力实行向右转的政策，首先在几个邦实现，然后在国家层面推行。然而，帝国总统“以刺耳且粗糙的语调”做出答复：“关于您向右转的政策，人们也听到了完全不同的说法嘛。”然后兴登堡宣读了一份手写的笔记，内容如下：“1. 由于政府不受欢迎，我不允许政府再发布新的紧急法令。2. 我不再赋予政府人事变动权。”

根据布吕宁的记忆，他当时做出了这样的回答：“‘如果我正确理解了您刚才宣读的说明，那么总统先生，您是希望内 471
阁全体辞职。’总统的回答是：‘是的。这个政府必须下台，因为它不受欢迎。’我解释道：‘我明天将举行内阁会议，并决定内阁的全体辞职。’帝国总统：‘我要求尽快完成！’我让自己冷静下来，镇静地回答道，我自己认为国家的当务之急是要尽快组建新内阁。‘我明天早上可以把辞职书带过来。’总统：‘马上去做。’”

兴登堡在谈话结束时要求布吕宁继续担任新政府的外交部部长，这一要求被布吕宁拒绝了。总理说，目前对于他来说，考虑到帝国总统的选民，这样的参与已经是不可能的了。平德尔 5 月 29 日下午根据布吕宁的报告所做的笔记中是这样记录的：“对这些选民的忠诚和感激不应该在仅仅几个星期后就以这种方式来回报。总统似乎显然无视这些明确的示意……我在这字里行间不需要再做更多描述，总理虽然在表面上不露声色，但是对总统这种无动于衷的态度感到非常愤怒。”

第二天，即 5 月 30 日，布吕宁在最后一次内阁会议之前还在早上进行了一系列会谈，其中包括与奥托·韦尔斯进行的会谈。德国社会民主党主席向总理保证，如果布吕宁继续任职，他的政党愿意做出进一步的牺牲。总理在 10 时向内阁报告了前一天他与兴登堡进行的谈话。所有部长都同意布吕宁的结论，内阁辞职已经不可避免。

随后与德国总统的对话只持续了几分钟。“起初，讲演时间安排在斯卡格拉克卫队（Skagerakwache，一支海军仪仗队）仪式之后。但最后一刻情况发生了变化，”布吕宁在他的回忆录中写道，“我被通知于 11 时 55 分见总统。上午 11 时 54 分我被引领到德国总统面前。我递交了辞呈。双方客气地寒暄了几句。此时海军卫队的音乐已经从霍亨索伦大街传来，进入花园。我站起来，总统说：‘为了捍卫我的名字和荣誉，我不得不解雇你。’我答道：‘总统先生，我也要在历史面前捍卫我的名字和荣誉！’几秒钟的沉默，音乐声越来越响亮。我说：‘总统先生，我现在必须离开了，这样您可以打开大门检阅仪仗队。’”

兴登堡试图最后一次说服布吕宁继续担任外交部部长，遭到总理的再次拒绝。布吕宁接着说：“我只希望一件事，总统
472 先生，您的顾问们不会将您推向违反宪法的道路。’帝国总统紧紧盯着我。这时已经有人在敲门了。显然他们担心对话时间太长。谈话一共持续了三分半钟。我默默地鞠躬，在前厅穿好外衣，回到花园。此刻，总统已经步出大门，向海军仪仗队击掌致意。”[33]

布吕宁的落败是一个深刻的历史转折点。温和的总统制阶

段于1932年5月30日宣告结束。它最大的特征是自1930年10月以来，社会民主党对帝国政府实行议会宽容政策。共和国最大的政党支持布吕宁内阁，其意图是双重的，一是阻止一个更右翼的政府上台，一是为了维持与中央党和德意志国家党在普鲁士邦的魏玛联盟。这种局面引发了相互的依赖：为了保住布劳恩，社会民主党就不能推翻布吕宁。而中央党这样一支强大的共和力量绝不能放弃普鲁士联盟，否则这将危及布吕宁在国家层面的总理职位。

在右翼势力面前，中央党解释，之所以和社会民主党在普鲁士联合执政，是为了防止他们“与共产主义者一起走上街头”。实际上社会民主党自1930年秋天以来就不再是在野党了，这就给纳粹分子提供了机会，他们将自己定位为共产党右边的一支在野力量。这样就方便了共产党把不满意社会民主党的选民拉进自己的阵营。社会民主党如果不想放弃在普鲁士的权力，除了容忍布吕宁，别无选择。尽管如此，他们依然为自己创造机会，不忘在议会外动员群众力量。1932年4月24日，布劳恩政府失去议会多数席位时，普鲁士的社会民主制度崩溃了。社会民主党只有两个前景黯淡的选择，要么利用常规的议会手段与黑褐两党政府做斗争，要么在共产党的默许下继续维持布劳恩少数派政府的执政。[34]

布吕宁与社会民主党之间的妥协不仅是温和的总统制存在的条件，也是其致命的弱点。中央党总理从社会民主党处作为政治交换而获得的政治和社会谅解，对政府阵营右翼的政治力量来说一直是一个无法容忍的代价。当民族社会主义德意志工人党通过其合法性主张获得信任之后，这一总统制就开始出现了另一种选项。当民族社会主义者不断崛起为右翼的群众运动

473 时，老派精英阶层开始倾向于让希特勒的政党通过加入邦政府，例如普鲁士政府，并且在国家层面缔结宽容条约的方式进入国家政体。因此，宽容政策就从左转到了右。与布吕宁时代的社会民主党不同的是，他们想让民族社会主义德意志工人党发挥真正的“栋梁”作用。

自 1931 年秋天以来，布吕宁也一直在寻求政治上融入民族社会主义者之中。但是在通往国家政权的大门前，布吕宁设置了一个较高的门槛：民族社会主义德意志工人党应该脚踏实地地站在宪法的基础上，而不能采用获取警察和国防军等决定性统治工具来夺权。对希特勒的期望来说，这无异于化圆为方，难以实现。传统右翼势力对纳粹分子掌权的条件非常含糊不清。只有这一点是可以确定的：在 1932 年春天，兴登堡和他的顾问团还没有想把起决定性作用的权力机构交给希特勒运动。民族社会主义者可以作为入门级伙伴，但不能成为政治继承人。

1932 年 6 月 12 日，布吕宁的副总理赫尔曼·迪特里希在德意志国家党委员会全体委员面前讲话时指出，罢免中央党总理“更深层的理由”是，“之前在国家层面已经没有影响力的一股势力，即老派普鲁士势力想再次夺回领导权”。迪特里希在做这一番评判时提到了与施莱歇的对话。实际上，绝大多数普鲁士大庄园主都是布吕宁最坚定的反对者。兴登堡对他的第一任总统制内阁总理发出的抱怨，有很大一部分来自他与东普鲁士邻居们的谈话，其中也包括他的朋友埃拉德·冯·奥尔登堡-雅努绍（Elard von Oldenburg-Januschau）。

迪特里希的判断实际只有一部分是正确的。一方面，容克大地主们并非直到 1932 年春天才开始施加其强大的政治影响力。早在1925年兴登堡首次当选总统以来，他们就享有直接接触兴登堡的特权。1930年3月，德国的政治体制过渡到了总统制，这种非正式的权力参与也大大提高了大地主的政治价值。另一方面，易北河东部的农业主并不是总统秘密顾问团主张让布吕宁下台的唯一成员。政府的更迭是由以冯·施莱歇将军为首的德国国防军领导层于1932年4月做出的决定。帝国国防部部长办公室的负责人引发了冲锋队禁令的危机，他想先推翻格勒纳，再攻克布吕宁。施莱歇与希特勒密谋，为民族社会主义德意志工人党容忍一个右翼内阁开出条件：取消对冲锋队和党卫队的禁令，解散德国议会，重新进行选举。正是施莱歇争取到兴登堡支持这次势力的新组合，而且向兴登堡推荐了布吕宁的继任人选。因此这位将军有充分的理由向迪特里希掩 474
饰自己在倒戈总理运动中的角色。

兴登堡圣灵降临节在诺伊德克度假期间，至少有一个邻居已经获得第一手信息：总统将很快与现在的总理分手。“布吕宁内阁已经结束了”，5月21日，在住宅区法令的消息传到他这里之前，这位“老雅努绍”就在给冯·盖尔男爵的信中写下了这句话。此时此刻，就连兴登堡都不清楚何时更换总理，因为他还不确定是否应该先等待洛桑的战争赔偿会议的结果，再辞退布吕宁。然而，反对住宅区法令的运动和德国民族主义者的通牒式的决定让总统必须行动。如果他不想破坏新内阁所需要的力量的支持，他就必须迅速采取行动。布吕宁不得不在5月底就让出总理职位，这实际上是“老普鲁士”的几个知名代表一再敦促所致。[35]

在魏玛共和国，没有任何一位总理像布吕宁这样，被不同的党派宠爱或仇恨，如此褒贬不一地被载入史册。有人认为他系统性地破坏了德国民主基础，因此在不情愿的情况下成了希特勒的同路人。在另一些人眼里，他是保守方案的代表，可以既取代失败的议会制度，又避免民族社会主义者的专政。根据后者的看法，从历史的长远角度看布吕宁的执政是必要的，当他倒下的时候，灾难之路才刚刚开始。

实际上，当布吕宁 1930 年 3 月 30 日成为总理时，魏玛的议会民主制已经失败了。大联盟破裂后，向公开的总统制过渡只是时间问题。直到布吕宁下台为止，社会民主党的宽容政治限制了行政权的独立，这一直是专政国家支持者的烦恼。这样看来，魏玛议会制以一种萎缩的形式一直持续到了 1932 年 5 月底。

布吕宁严格执行的紧缩政策直到 1931 年的下半年都基于广泛的社会共识。不仅在资产阶级的政府阵营，而且社会民主党阵营都确认需要采取一致的紧缩政策，因为这是纠正前几年借贷经济导致的不健康后果的唯一方法。赞成这种极端经济还有一个好处，如果国家为创造就业机会而慷慨地筹集资金，就不可能让他国同意对《杨格计划》进行修订。

到 1931 年底至 1932 年初，才出现了对执政方针进行修正
475 的可能。美国国会批准了胡佛暂停偿还令，巴塞尔特别委员会认为《杨格计划》已经过时之后，布吕宁本可以转向积极的经济政策。但是他的侧重点不同，他首先想解决的问题是完全取消战争赔偿，为了这个目标，他继续推行经济紧缩政策。这是一种道德绑架。战争赔偿债权人应该看到，他们把德国逼到了什么地步：劳苦大众日益深重的灾难和日益加剧的政治激进化。[36]

世界大战的战胜国通过向德国索取战争赔偿加剧了德国国

家的政局恶化和经济危机。但是战争赔偿并不能解释，为什么布吕宁拒绝利用 1932 年初以来，在经济政策上更加宽松的谈判空间。使他迄今无法改变自己追求路线的原因是他代表的鲜明的民族主义立场，他可以用这种民族主义向自己和同胞们证明，天主教徒和新教徒一样，都是优秀的德国人。另一篇报道说，如果布吕宁在赔偿问题上采取“柔和”态度，那么兴登堡及其顾问是不会接受的。布吕宁的前任赫尔曼·米勒只能任职到 1930 年 3 月底，这是因为旧领导层里的重要人物都有意让大联合政府以议会多数通过《杨格计划》。布吕宁之所以可以在 1932 年春天延长自己的执政期，是因为他有一个理由，右翼政府中没有一个总理能像他那样想一劳永逸地解决《杨格计划》的问题。当他已经不能用这个言论打动德国总统时，他就不得不离开了。

矛盾的是，布吕宁在魏玛共和国历史上既是最强大的，又是最软弱的总理。他的最强大之处是他比所有前任都更少受制于国家议会。他的最软弱之处是政府首脑中还从未有人像他这样如此依赖德国总统的意愿。归根结底，布吕宁并不能实现自己的想法，而是要看总统及其周围人的眼色行事。因此布吕宁是否努力恢复霍亨索伦君主制，历史上的关注有限。对兴登堡的依赖使布吕宁从一开始就无法成为“保守方针”的建筑师，“保守”一词并不能充分描述总统智囊团的目标。帮总统出主意的人的计划是打造一个专政国家，在这个国家里，群众的意志只能以温和的方式表达出来。这种政权的重要支柱不再是议会，而是国防军。

布吕宁被免职，使支持用专政方式解决危机的人更加接近 476
他们的目标。如果兴登堡真的想尽可能保留魏玛，那么他就应该千方百计地留住这个被议会容忍的总理。选举要到 1934 年 9 月才能举行，到那个时候经济形势可能会有所改善，激进主义的浪潮可能已经过去。但兴登堡周边人的计划并不是维护和改革民主，而是进一步瓦解民主。在这样一个计划里，一个来自民族主义右翼的总理，要比海因里希·布吕宁这样一个右翼中间派政客更加有用。[37]

16. 内战的威胁

5月25日，布吕宁继任者的名字已经出现在柏林谣言交 477
易所里了。在与施莱歇的亲信维尔纳·冯·阿尔文斯莱本（Werner von Alvensleben）交谈之后，戈培尔在日记中写道："总理冯·帕彭，外长诺伊拉特。还有一堆没听说过的名字。"在普鲁士邦议会中，直到4月24日选举前，弗朗茨·冯·帕彭（Franz von Papen）一直是中央党极右翼的后座议员之一。他一直是党报《日耳曼》的监事会主席，也是几个农业利益集团的董事会成员。他在回忆录中坚持说，施莱歇直到5月28日才向他提出总理职位一事，他感到惊讶。

施莱歇的动机未能得到证明，但解读起来还是很容易的。帕彭一直被认为是极为保守的人士，在其他方面却是白纸一张，因此他有望成为一个听任摆布的总理。兴登堡很想把布吕宁的职位转给韦斯塔普伯爵，但是与韦斯塔普伯爵相比，帕彭更具优势，因为这个出生于1879年的威斯特法伦地主不是胡根贝格的敌人。施莱歇认为，帕彭也是中央党成员，这样中央党会比较容易接受总理人选的更换，并且会给予新政府支持。对于兴登堡来说，施莱歇推荐的候选人属于天主教派，这自然令人不悦，但是，帕彭出身贵族，而且他在1925年首次选举总统时就公开表达了自己对兴登堡的崇仰之情。

新总理传记中的某些数据是非常符合陆军元帅的口味的。在士官军校受训之后，帕彭曾在普鲁士王室童子军团（Pagenkorps）任职，并担任乌兰（Ulan）骑兵军官，以出色的赛马和障碍骑马水平而闻名，并完成了为期数年的参谋官教育。1914 年初，身为上尉的他担任了德国驻华盛顿大使馆武官一职。在美国逗留期间有过一段插曲，许多报纸在他被任命为总理之后做了相关的报道：第一次世界大战开始时，帕彭曾于华盛顿策划在加拿大和美国进行破坏活动，1915 年 12 月，作为“不受欢迎的人”被驱逐出境后，帕彭在英国港口中途停留，在此期间英国人在这位德国外交官的行李中找到了相关证据。帕彭返
478 回德国后，最初担任西线的一名营长，随后担任土耳其盟军的总参谋长。战后，他从 1921 年开始了非军事政治生涯，这一年他当选普鲁士邦议会议员。[1]

在帕彭被任命为总理之前，德国总统与各党派代表进行了会谈。其中唯一的一次有分量的谈话是 5 月 30 日傍晚与希特勒和戈林的会晤。根据迈斯纳的官方记录，民族社会主义德意志工人党的领导人对“与德国总统成立的新政府进行有益的合作”仅仅提出了两个条件：“第一，尽快解散德国议会，并且重新选举出一个符合民意的新议会。第二，立即废除诽谤民族社会主义德意志工人党的法令，特别是对冲锋队的禁令。”

希特勒的陈述与他在前几周对施莱歇所说的话是一样的。兴登堡通过这次谈话证实了推翻布吕宁背后所做的盘算。根据迄今的事态发展，德国总统已准备好接受民族社会主义者的条件这一事实是不言而喻的。新选举可能出现的结果似乎并不会让施莱歇和兴登堡感到震惊。5 月 29 日，民族社会主义德意志工人党在奥尔登堡举行的邦选举中占据了绝对多数的席位。

毫无疑问，民族社会主义者也将在新一届议会选举中成为遥遥领先的最大党。

在5月底任命帕彭的唯一障碍是中央党的态度。布吕宁遭到羞辱般的解职后，这个以天主教为主的党派即便是出于自尊，也应该示威性地拒绝总统智囊团的谋划。帕彭在5月31日从兴登堡那里接到成立“集中民族力量的政府”的指令后，中央党主席卡斯向这名总理候选人明确表示，如果他真要去接任布吕宁的位置，那么中央党将视其为背叛。

随后，帕彭在第二次谈话中向德国总统解释说，他无法担任总理，因为他拿不出对方希望的“嫁妆”，即他不能获得本党在议会上的支持，也得不到中间派政治势力的支持。但是兴登堡不为这一借口所动，而且试图唤醒帕彭的爱国责任感。这一招可以说是立即生效，帕彭接受了组建政府的命令。他的这一做法违背了他刚刚给卡斯许下的诺言。为了避免被中央党开除的尴尬后果，他抢先了一步。这名总理候选人于5月31日宣布退出中央党。[2]

6月1日晚，已经得到任命的总理宣布了新政府的临时人员名单。《前进报》的头条新闻标题可以进入史书——《男爵 479
内阁》。随着6月6日劳工部部长的任命，新内阁政府的人选终于全部落实了。在内阁成员的名单里有一名伯爵、四名男爵和另外两名贵族，只有三名成员来自资产阶级阵营。内阁成员名单如下：

帝国总理　弗朗茨·冯·帕彭

外交部部长　康斯坦丁·冯·诺伊拉特男爵

内政部部长　威廉·冯·盖尔男爵

财政部部长　卢茨·什未林·冯·克罗西克伯爵（Lutz Graf Schwerin von Krosigk）

司法部部长　弗朗茨·居特纳（Franz Gürtner）

国防部部长　库尔特·冯·施莱歇

经济部部长　赫尔曼·瓦姆博尔德

劳工部部长　胡戈·舍费尔（Hugo Schäffer）

粮食部和农业部部长　马格努斯·冯·布劳恩男爵（Magnus Freiherr von Braun）

邮政部和交通部部长　保罗·冯·埃尔茨-吕本纳赫男爵（Paul Freiherr von Eltz-Rübenach）

总理不是内阁中唯一受到自由派和社会民主媒体对其政治背景严格审查的成员。农业部部长冯·布劳恩是东普鲁士人，因参加过卡普-吕特维茨政变而在共和派眼中声名狼藉。内政部部长冯·盖尔是东普鲁士土地协会主席和东普鲁士驻帝国议会代表。司法部部长居特纳原来是巴伐利亚邦政府的司法部部长。这两位部长和布劳恩一样都是德意志民族人民党的成员。为了强调新内阁的“无党派”性，这三个人在被任命为部长后宣布退党。

康斯坦丁·冯·诺伊拉特此前担任德国驻英大使，他和德国民族主义者走得很近。在 1931 年秋天布吕宁组建第二届内阁时，他就曾被提名为外交部部长候选人。财政部部长卢茨·什未林·冯·克罗西克 1929 年以来一直担任该部门的部长级主管，现在由他来直接领导这个部门了。另一位专家也是虔诚的天主教徒，埃尔茨-吕本纳赫此前是卡尔斯鲁尔德国铁路管理公司总裁。劳工部部长胡戈·舍费尔在1923年以前一直是克虏伯工厂的负责人，后来担任德国保险机构主席和德国物资供应法院院长。赫尔曼·瓦姆博尔德是唯一前内阁成员。他曾经是布吕宁第二届内阁的经济部部长，因为对自己的平平政绩感到失望，于5月初退出了内阁。

“集中民族力量的内阁”中的强人应该算是新任德国国防部部长库尔特·冯·施莱歇了，多年以来，这名政治倾向极强 480
的将军一直在幕后操纵着政局，现在是第一次在公众面前亮相。施莱歇1882年4月生于勃兰登堡，是一名典型的“书生将军”（Schreibtischgeneral）。除了1917年夏天一段短暂的时间外，他从未担任过部队的指挥官。长期以来他一直在德国国防部担任德国国防军预算专员，有机会深入了解议会动态，并在中间派势力中受到好评，被认为是一名拥有真正的政治眼光的军人。他被格勒纳称为“政治枢机主教”（cardinal in politics），在格勒纳的领导下，他从国防部办公室主任升任为政治上最有影响力的德国将军。他还有着独占鳌头的优势，他是奥斯卡·冯·兴登堡的战友，这位兴登堡正是在“宪法中没有规定”的帝国总统的儿子。通过这层私人关系，施莱歇得以与后来的共和国的实际权力中心建立起个人联系。[3]

在帕彭内阁中，推倒布吕宁的力量占据上风。他们是易北河东岸大庄园主和与其密切相关的军事领袖。与老派的普鲁士精英相比，工业界在新政府中的代表性很弱，这一点让以出口为主导的行业忧心忡忡。工商业中产阶级和工人阶级在内阁中根本没有代表。德国总统的权威和德国国防军的潜在权力是否足以补偿政府极其狭窄的社会基础，这一点尚不确定。而可以确定的是，德国议会中的大多数人都反对内阁。除了德国社会民主党和德国共产党外，中央党、巴伐利亚人民党和国家党都立即向帕彭政府宣战。

因此，德国社会民主党议会党团决定于6月2日在德国议会向政府提出不信任议案。但是，内阁不必担心议会对该提案投票的事。6月4日，兴登堡总统签署了关于立即废除德国议会的法令。他对此举措的解释是："过去几个月里，在德国几个邦的选举结果证明，帝国议会已经不再符合德国人民的政治意愿。"

新任总理在同一天发表了政府声明。他并非在议会里，而是在电台中发表这次演讲，这在魏玛共和国的历史上还是第一次。这次演讲在其他方面看起来也很新鲜。帕彭并没有宣布具体的施政措施，而是展开了一番论战。他谈到了"对议会民主的管理不善"，并且指责战后的政府"通过不断增加的国家社会主义"试图把国家"变成一个福利机构"。"与社区精神
481 为敌的、厄运连连的阶级斗争，以及文化上的布尔什维克主义使德国人民的道德瓦解"，他要用"基督教世界观的不变原则"与此做斗争。

政府声明中最实质性的段落听起来像是一种威胁："为了在接下来的几天和几周内支付款项，以维持国家机构继续运转，政府被迫撤销旧政府计划的一些紧急措施。"在结束语中，总理再次明确了内阁的政治地位。通过解散议会，帕彭说："国家面临的抉择非常清晰明确，我们要义无反顾地走上通向未来的道路。政府将不分政党，为国家的精神和经济复苏而奋斗，为新德国的复兴而奋斗。"

帕彭的政府声明在形式和内容上不同寻常，辞职内阁被迫对此发声做一个反对声明，这也是一件不同寻常的事。这项反

声明中最精彩的一句话是："我们并没有留下一片废墟，而是在最困难的经济和金融条件下，为新的增长奠定了基础。"来自社会民主党机关报的言辞则要尖锐多了。《前进报》称帝国总理的广播演讲为"不折不扣的自上而下的阶级斗争宣言"，并且说，"我们要用自下而上的阶级斗争宣言来回应。贵族与人民之间的斗争必须进行到底！只有当傲慢的统治者被最终击败后，才有可能建立一个真正的人民社会。发表这个宣言的政府是一个以希特勒为中心的政府。爵士们希望纳粹分子当选！我们要给他们一个应得的答案"[4]。

6月14日，就在帕彭发表政府宣言10天之后，兴登堡签署了新内阁的第一项紧急法令。"只能说，'抄袭得漂亮'。"帝国总理府前国务秘书赫尔曼·平德尔在日记里这样评论道。《维持失业救济金和社会保障以及减轻失业者福利负担的措施》，实际上这项名字十分动听的法令在很大程度上是布吕宁内阁在倒台前不久达成的。这项法令规定，失业保险的支持金额平均降低23%，随后的危机资助金总计降低17%，地方福利金额降低15%。在非常重要的一点上，帕彭内阁甚至远远超越了上届政府的草案。布吕宁内阁曾打算将失业保险的支付期从20周缩短至13周，而帕彭内阁则计划在6周之后就进行经济状况调查。经济状况调查之后，失业者几乎丧失了所有要 482
求补贴的可能。取而代之的是一套救助系统，但是救助的水平远远低于通常被称为"生存底线"的水平。[5]

实施紧急法令的后果可以从德国基督教工会联合会的一项调查中读取。中央基督教建筑工人协会计算得出，救济金额平均下降了20%，有些情况下甚至下降了50%。基督教工厂工人和烟草工人中央协会对西里西亚119名失业者进行调查，发现每个家庭成员平均每天的救助金额为 55 芬尼。从所有单独的调查中得出的总体结论是："在扣除了咄咄逼人的租金成本之后，平均每人每天还有 29 芬尼用来维持生计。衣物、照明、取暖这些开销都没有着落，更不用说文化方面的需求了。"

官方统计显示，1932 年 6 月共有 560 万名求职者。来自柏林施潘道的 P. F. 是其中一人，他接受了工会协会的询问。他以自己为例，描述了 1932 年夏天已经迫在眉睫的问题：房屋的短缺。"1932 年 8 月 11 日之前，我一直住在柏林 B……大街 113 号，"他这样说道，"根据紧急法令，我的救助金是 4 人共 18.40 马克。这个房子每个月的房租是 36.10 马克。这样我们每个礼拜的生活费就剩下 10.07 马克，或者说每人每天 36 芬尼。我实在没办法，只能退掉这个房子，去住那种月租 10 马克的'简易房'（Wohnlaube）。现在我担心，在将来计算补助金时，福利办公室会考虑扣除每月省下的 26.10 马克。"

1932 年前后，很多人早已熟悉大城市郊外以"简易房殖民地"形式出现的失业定居点。其他一些无力承担房租的失业者已经放弃了在家乡找工作的希望，他们开始了流浪的生活。根据《福斯日报》的统计，1931 年 11 月初，共有 40 万无家可归的流浪者，其中每天只有 35000 人能够在庇护所和旅馆里找到一个落脚的地方。

这家柏林的自由派报纸声称，"流动大军"在 1932 年这个最为严重的灾难年达到了最大规模。没有确切的数字，但是走在乡间道路上的人们足以证明这场灾难。"流离失所，家中妻儿一贫如洗，没有工作，没有收入，任何经历过这些的人可以说是经历了生活中最大的苦难，"《社会职业工作》（*Soziale*
483 *Berufsarbeit*）1933 年 2 月在一篇报道中这样说道，"在德国的主要大街上，例如柏林—乌克马克（Uckermark）—梅克伦堡和波美拉尼亚之间的大路，或德国西部工业区—梅克伦堡—柏林的大路，你可以睁开双眼，目睹这些家庭的颠沛流离。如果你亲口和他们交谈，亲耳倾听他们的悲惨命运，你就体会得到深渊中的人间苦难。爸爸、妈妈和一群步履蹒跚的孩子。爸爸背着沉重的背包，拉着小车。妈妈推着童车，里面有一个或者两个婴儿，车里还堆满了各种家什和衣物……每次问到这些家庭从哪儿来，到哪儿去，他们异口同声地答道：'找工作。'"

祸不单行，房荒之后，饥荒接踵而至。1931 年 7 月，医生和营养学家赫尔穆特·莱曼（Helmut Lehmann）在《行动》（*Die Tat*）杂志上发表的一篇文章中指出，德国目前正遭受"最高程度的隐蔽的饥荒，它对人的身体和灵魂有造成最严重后果的危险。这是对下一代的最大威胁。德国人民最广泛的社会阶层，而且是在全德国，他们的饮食已经低于最低食物标准的一半了。"粗面粉、带皮烤的土豆、豆类沙拉，或者类似的东西是失业者之家典型的主要食物。如果有一顿肉，则主要是牛肉或马肉。随着儿童数量的增加，成人的营养水平就会下降。根据莱曼的计算，如果一对夫妇有 4 个孩子，那么根据统计，一个"全人"（Vollperson）的摄入量仅仅是最低饮食标准的 40%，如果孩子在 9～14 岁，这一比例还会降至 32%以下。

儿童和青少年是失业的主要受害者。医生发现失业家庭里儿童的健康状况比其他儿童差，老师也发现这些孩子在校的学习成绩明显下降。孩子们还未成年就知道要失业了。1931 年，全德国有 731000 名小学毕业生，但学徒岗位只有 160000 个。这就意味着找到工作的应届毕业生甚至连四分之一都不到。在大城市，许多失业的青年人加入“愤青团伙”。团伙中大多数人来自流浪家庭，但也有不少人陷入了犯罪的深渊。“愤青团伙”里很少有人对政治感兴趣，而那些感兴趣的大都倾向于共产主义。尽管如此，德国共产党也未能把失业的年轻人都拉到自己身边。团伙中的无政府主义者目无党纪，而党的纪律早已成为德国共产主义者的第二天性了。[6]

和其他政党相比，共产党在成年失业者中更容易找到知
484 音。在危机年代，德国共产党逐渐变成了失业者的政党：在1931年底，党员中只有11%还是受雇的工人。在失业人群中，加入民族社会主义德意志工人党的职员占比比工人高。德国社会民主党内，就业工人比例是德国共产党内的好几倍。

然而，共产党不能把失业者组织起来。根据官方数据，1932年有2200个党的失业委员会和1400个革命工会反对派的失业团体。但是失业者已经穷困不堪，已经无法动员他们为抽象的口号而斗争，例如为即将到来的革命或保卫苏联。而在职的工人通常不想因为罢工而使他们的工作受到威胁。德国共产党萨克森地区党委在1932年的一份分析纺织工人状况的报告中说：“工人们担心失业导致罢工失败，这表明了在职工人与失业者之间产生了巨大的隔阂。”工人团队内部的不团结使工会陷于瘫痪。尽管从外部看来不很明显，但是这一现象大大损害了两大工人政党的士气。[7]

德国社会社民党和德国共产党对6月14日的紧急法令做出了强烈反应。《前进报》认为，发布这种法令的政府只可能是“认为自己不必再考虑人民大众的死活了”。《红旗报》号召“劳动人民在游乐园里集体游行”，在职工人放下手头的工作，失业的工人“拒绝打卡”。6月15日，所有工会运动代表

在与新任德国劳工部部长胡戈·舍费尔的第一次对话中强烈抗议，这次提出减少社会福利已经超出了可以忍受的极限。然而他们并未采取任何重大行动。在每 100 名工人当中就有 43 名失业者和 22 名短工的情况下，根本不可能认真考虑让失业者和在职工人采取联合行动。[8]

帕彭政府于 6 月 16 日通过了另一项紧急法令。这一次，政府也不必担心左翼力量会进行抵抗。这项法令的内容是取消对冲锋队和党卫队的禁令，并且再次允许他们穿制服。在国会遭解散后，这是希特勒承诺对帕彭内阁采取容忍态度所提出的第二个条件。就在同一天，德国总统致信内政部部长盖尔，前者希望“德国在未来以比较平静的方式进行政治舆论斗争，而且不要发生暴力行动”。他的这个观点并未被所有邦政府接受。巴登和巴伐利亚这两个邦于 6 月 16 日和 17 日迅速发布了本邦的制服禁令，从而激起了希特勒的强烈抗议。

这些抗议很快产生了预期的效果。盖尔 6 月 26 日在内阁 485
中表示，从长远来看，警察不可能在德国共产党和民族社会主义德意志工人党这两条战线上作战。“从这个角度来看，也应该取消对冲锋队的禁令，并且把民族社会主义者完全融入国家中。”然而，德国南部的这两个邦依然拒绝在第二天召开内政部部长会议，于是德国总统于 6 月 28 日发布了一项新的紧急法令，取消了各邦对制服和游行的所有禁令。

与卡尔斯鲁厄的大联盟政府和慕尼黑由巴伐利亚人民党领导的少数派内阁不同，普鲁士的看守政府显然不愿对取消冲锋队的禁令提出异议。泽韦林考虑到不能给德国政府以任何借口来干预普鲁士邦，甚至在 6 月 27 日由他召集的内政部部长会议上，他呼吁各个邦的同事们接受这项新的紧急法令，如果实在不行，也就最多在宪法法院对国家政府提出上诉，或者派代表团去拜访帝国总统。普鲁士内政部部长是这样为自己的态度辩护的：德国国防军正准备进入紧急状态，而现在只是在等待一个合适的机会。施莱歇确实于6月21日在内阁中发表了这样的见解。泽韦林的建议奏效了，巴伐利亚和巴登最终放弃了反对。尽管自解除冲锋队禁令以来，政治暴力行为的数量猛增，但所有邦都没有反抗地执行了6月28日的紧急法令。[9]

自6月4日以来，内阁中工作时间最长的成员、来自中央党的福利部部长海因里希·希尔齐费尔（Heinrich Hirtsiefer）在普鲁士内阁担任代理总理。就在同一天，60岁的奥托·布劳恩声称自己身体状况不佳而开始"休假"，并且无意再次返回自己的工作岗位。自4月24日举行邦选举以来，他不再觉得自己是个合法的总理。没有人民的支持，他无法想象如何为人民做负责任的工作，因此这位从前的强者向他的朋友们建议不要改变议事规则，不应该阻止选举新的继任人。对于布劳恩来说，现在应该把政治舞台让给黑褐两党联合政府。社会民主党邦议会党团主席恩斯特·海尔曼和柏林警察局局长格热辛斯基要求布劳恩在少数派的位置去争取权力，布劳恩认为这是不民主的，因此是荒谬的。

6月6日，帕彭开始介入普鲁士危机。在不通知行政内阁的情况下，总理要求来自民族社会主义德意志工人党的邦议会
486 主席科尔提前召开会议，尽快确定邦总理人选。总理试图向希尔齐费尔和无党派的财政部部长奥托·克莱珀（Otto Klepper）施加压力，告诉他们，只有有一个合法任命的邦政府，国家才能帮助普鲁士摆脱财政困难。然而，6月8日，邦行政内阁通过自己的力量成功地平衡了预算，因此不再需要国家进行

干预。

但是，议会的危机仍然没有可以得到解决的迹象：在接下来几天里与民族社会主义德意志工人党首次正式进行的联盟谈判中，中央党同意选举一名德国民族主义者而不是民族社会主义者担任邦总理，这个提议被希特勒的谈判代表彻底拒绝了。这时，“男爵内阁”认为对中央党进行严厉威胁的时候到了。盖尔于6月11日呼吁德国国会联合委员会对普鲁士使用“最终手段”（ultima ratio）：由国家委派专员。6月12日，帕彭在与德国南部几个邦的邦主席和邦总理谈话时，再次陈述了他的内政部部长一天之前的说法。[10]

6月中旬，社会民主党里也有人在考虑由帝国对普鲁士进行干预。在与盖尔的对话中，泽韦林谈到了7月31日之后会出现什么情况，这是当时已经确定下来的德国议会选举的日期。如果议会丧失工作能力，那么将会有重大动荡。在这种情况下，他“完全可以想象国家把自己的权力手段与本国最大邦的权力手段结合起来，以便有效地保护自己”。至少在1932年10月提交给国家法院的记录中泽韦林是这样说的。盖尔6月21日向内阁做了关于谈话的粗略报告。泽韦林向他强调：“帝国政府将不得不向普鲁士和其他一些邦委派帝国专员。”6月25日，德国内政部部长声称：“普鲁士内政部部长说，他没有参加与内阁作对的围攻。如果要为普鲁士任命一位帝国专员，那就不宜太迟。”

这个时候，甚至在纳粹的报纸上也能读到泽韦林曾敦促盖尔为普鲁士任命帝国专员一事。此时，普鲁士内政部部长感到有必要出面否认这一点。他在6月25日解释道，他已经向德国政府发出紧急警告，不要在缺乏合理法律依据的情况下对一

个邦实行国家监督，甚至委派帝国专员。在普鲁士，警察始终牢牢掌握在他的手中。但无论泽韦林和盖尔实际上是怎么说
487 的，帝国内政部部长都可以认为，只要国家以符合宪法的方式将这个邦的警察置于自己的指挥之下，普鲁士的执行政府就不会做出任何抵抗。泽韦林显然认为，帝国政府只想集中帝国和普鲁士的权力，以避免公开的内战。他似乎没有看到帕彭内阁主要关心的是将社会民主党人从这个德国最大邦的政权中驱逐出去。[11]

自“男爵内阁”成立以来，社会民主党就从不间断地猛烈攻击这个政府。仅仅在一个领域，社会民主党发现自己与德国政府有某些相似之处，这就是外交政策领域。在帕彭总理任职的第一天，《前进报》就指出，全德国的力量都对前中央党议员追求德法谅解政策发动了猛烈的抨击。实际上，帕彭与邻国政界和大工业界中的一些有影响力的圈子保持着良好的关系，他们在反苏维埃问题上寻求德法两国的密切合作。

在 6 月 16 日于洛桑举行的战争赔偿会议上，总理试图化圆为方：一方面，他要求对《凡尔赛和约》进行彻底的修订，其中包括删除“战争赔款”第 231 条，并且要求德国在军事上得到完全平等；另一方面，他建议与法国达成协议，双方结成同盟，并且实现两国总参谋部的长期合作。这一雄心勃勃的计划不可避免会失败。5 月议院选举的获胜者、激进社会党新任总理赫里欧无法接受修订条约的要求。在建立牢固的德法同盟的问题上，帕彭在英国首相麦克唐纳那里碰了钉子。

可以预见的是，德国的要求不可能在这次会议的狭窄空间中得到落实。在没有任何最终付款的情况下取消赔偿金，这是做不到的。麦克唐纳本想对此要求做出回应的，但他开出的条

件是帕彭无法满足的：德国至少应该在一段时间里放弃积极的修订政策。另外，对于赫里欧来说，没有德国的最后一笔付款他就不无法和议会交代。在谈判期间，法国还是在索赔的数额上做了调整：从原来的 70 亿马克降低到最多 30 亿马克。德国应该最早在三年后，并在更长一段时间内以政府债券的形式支付这笔款项，前提是在此期间已经完全恢复了国内经济的平衡。虽然施莱歇和盖尔表达了严重的担忧，但是在帝国银行行 488
长路德的大力支持下，帕彭最终还是同意了这个条件。7 月 9 日，他签署了《洛桑协定》。

总理在会议闭幕词中宣称德国的目标已经实现，这个结果是赔偿问题的最终解决方案。然而这仅仅是个部分正确的事实。伦敦和巴黎议会对协议的批准取决于美国是否准备好令人满意地解决协约国之间的债务问题。但是，德国除了象征性地支付一些零星余款外，几乎没有必要去做赔偿。帕彭在洛桑取得的成功，是因为布吕宁的不懈努力。这个结果甚至超出了中央党总理在 5 月底设想的比较现实的期望。然而，布吕宁的坚持政策造成的后果依然存在：他严格的赔偿政策加重了经济萧条，加剧了社会贫困，并促进了政治激化。在 7 月 31 日德国议会大选几周前，几乎没有人怀疑谁是这项政策的受益者。[12]

在德国，洛桑会议的结果引起了各种不同的反响。还在会议期间，帕彭就通过公开声明培育了很高的希望值，以至于他回到德国时对来自“民族”圈子的严厉批评并不感到惊讶。德国民族主义新闻界对总理的评价最差，而希特勒麾下的《人民观察家报》虽然也持负面态度，但口气相对温和。直到前不久监事会主席名字还是弗朗茨·冯·帕彭的《日耳曼》声称，《洛桑协定》与 1932 年 1 月的状态相比没有任何进步。

而《福斯日报》和《柏林日报》等自由派媒体则对总理的态度大加赞赏。社会民主党的《前进报》也承认，谅解政策在洛桑战胜了意见分歧。[13]

德国共产党比其他任何政党都起劲地把“洛桑”变成自己的竞选口号。“只有我们共产党人才是真正反对帕彭政府与洛桑受纳贡人所缔结的协定，”7月9日，《红旗报》这样写道，“只有共产主义才能粉碎《凡尔赛和约》。”共产主义者的选举造势活动绝不是专门针对帕彭内阁和纳粹分子的，他们也强烈反对社会民主党人。早在6月下旬，共产国际执行委员会主席团成员威廉·克诺林（Wilhelm Knorin）就在莫斯科发出的电报中对联合阵线策略的“机会主义萌芽”提出抗议。所谓机会主义在这里指的是“红色的”、改良派的和基督教的企
489 业工会发出联合呼吁，地方上的共产党干部和社会民主党干部称兄道弟，呼吁建立“没有领袖的统一战线”，社会民主党、德国总工会联合会，甚至背叛共产党的海因里希·布兰德勒的共产党反对派共同结成地方统一战线，等等。

德国共产党4月25日发出“致全体德国工人”的呼吁，开始采取一种更具有弹性的统一战线策略，然而没过多长时间，便从7月14日开始与这一策略划清界限。由于担心共产党会逐渐蜕变成社会民主党，共产党书记处立即叫停了地方和区域性的统一战线。“每一种无视我们反对社会法西斯主义领导人斗争的做法，每一种混淆我们与德国社会民主党的基本对立的做法，每一次向德国社会民主党领袖针对希特勒和帕彭表述的屈服，每一次对机会主义意识形态的妥协，都会危及我们实施革命性的群众政策。”这是德国共产党发到各区党委通函中的内容。

德国共产党于 4 月 25 日发起的“反法西斯行动”，被视为是针对德国社会民主党、自由工会、黑红金旗帜团和工人体育协会共同发动的“钢铁阵线”的。但是到现在这一行动变成了它一开始的那个样子：共产党的煽动。阿尔贝特·爱因斯坦、海因里希·曼和珂勒惠支在 6 月 17 日发出呼吁，希望这两派在竞选活动中能够团结起来，最好是拟定联合候选人名单，或者至少可以采用候选人组合名单（Listenverbindung）的形式，但这个呼吁最终变成了知识分子的一厢情愿。共产党 7 月 14 日发出通函之后，社会民主党领导人试图与共产党人“暂停党派之争”或达成“互不攻击条约”等，这些比较现实的尝试最终也都成了徒劳之举。在共产国际的领导下，德国共产党回到了以前的战术：与“社会法西斯”做无条件的斗争，其重要性与反对“民族法西斯主义”和“反动派”的斗争完全一样。[14]

1932 年夏天的德国议会选举是德国有史以来最血腥的一次。大多数暴力行为是共产党和纳粹分子发起的。对冲锋队的禁令刚刚解除，德国的许多地区，特别是莱茵河和鲁尔工业区，就频繁发生政治对立派之间的冲突。共产党的支持者似乎已经忘记了 1931 年 11 月，他们的中央委员会警告不要发动个人恐怖袭击。无论如何，与纳粹分子的枪击事件又成了家常便饭。冲锋队在肢体暴力方面很残酷。据报道，柏林几乎每天都有纳粹分子袭击共产党人，以及共产党人袭击纳粹分子的消息，而对方的聚会酒馆成了攻击的首选目标。6 月上旬，普鲁 490
士有 3 人在政治暴乱中丧生，其中 2 人是纳粹分子，1 人是共产党员。在 6 月下旬，对冲锋队以及制服的禁令解除之后，出于政治原因而死的人数上升至 17 人，其中纳粹分子 12 人，共产党员 5 人。在 7 月的 86 人死亡名单中，有 38 名纳粹分子和 30 名共产党员。

星期日是特别血腥的日子。7 月 10 日，在整个德国有 17 人死亡，10 人身受致命伤，181 人受重伤。西里西亚地区的小镇奥劳（Ohlau）创造了纪录，这一天有 4 人死亡，34 人受伤。在这里，黑红金旗帜团与冲锋队和党卫队打了一仗。当地的警察无能，驻扎在奥劳的第 11 骑兵团出面干预，士兵肆无忌惮地使用卡宾枪和手枪清理了街道。就在同一天，纳粹分子试图冲进荷尔斯泰因的埃肯弗德（Eckernförde）工会大厦：两名年轻的农场工人遇刺身亡，一名袭击者据说是被自己人枪杀。在不来梅，一名警察在一个共产党员家中搜寻武器时被炸死。[15]

政治暴力的升级促使普鲁士邦议会中的德意志民族人民党议会党团主席弗里德里希·冯·温特费尔德（Friedrich von Winterfeld）在 7 月 8 日呼吁德国总理对普鲁士进行干预。“现在普鲁士的状态与公开的内战毫无两样，”温特费尔德写道，“由于领导的不得力，普鲁士警察现在不能控制局势了。普鲁士各地每天发生的无数谋杀案就证明了这一点。另一个情况也非常危险，很多地方的警察局局长都是由社会民主党人担任的，众所周知，这些警察局局长及其党内朋友与共产党有着密切的联系。这必将极大地动摇警察的纪律。令人惊讶的是，今天的警察领导人还领导着他们的团队。”就在当天，温特费尔德和他的同事博克（Borck）在德国内政部以及在德国总理府国务秘书埃尔温·普朗克（Erwin Planck）那里提出了同样的口头指控。

德意志民族人民党政客声称的社会民主党警察局局长与共

产党之间的联系完全是杜撰。温特费尔德也没有指出，在6月16日解除对冲锋队和制服的禁令之后，政治冲突造成的死亡人数才开始激增。实际上，没有什么比重新实施这两项禁令更重要了。然而德国内阁从政治恐怖活动的发展中得出了其他的结论。在7月11日由帕彭主持的部长会议上，德国内政部部 491
长冯·盖尔说，如果普鲁士拥有强大的国家权力，共产党的危险也就不会那么让人不安了。“事实上普鲁士政府的权威已经发生严重动摇。警察虽然接到泽韦林部长的命令打击纳粹运动，但是这一运动依然在迅猛发展。”

现在，盖尔认为动手的“心理时刻”已经到来，并且提议向帝国总统提交一项法令，内容是为普鲁士任命一名帝国专员。这项任务由帝国总理亲自负责，再由他任命下属专员。帝国与普鲁士之间的关系将以这种方式重新调整，现任普鲁士政府可以向宪法法院提出诉讼，但胜诉的希望等于零。帝国必须安抚德国南部各邦和萨克森邦的政府。在会议接近尾声的时候，帕彭发现，帝国内阁已经统一了意见，同意在普鲁士任命一名帝国专员，法令的措辞和拟定则留给内政部和司法部处理。

一天之后，德国内阁就已经草拟出这项法令。盖尔强调了时局的严重性，其语气令人震惊：普鲁士内政部国务秘书威廉·阿贝格（Wilhelm Abegg）进行过“德国社会民主党与德国共产党合并的谈判”。阿贝格是德意志国家党员，他确实在泽韦林不知情的情况下，于6月4日邀请两名共产党员前来谈话。他们是帝国国会议员恩斯特·托尔格勒（Ernst Torgler）和普鲁士邦议员威廉·卡斯珀（Wilhelm Kasper）。阿贝格呼吁他们采取行动对付自己党内的恐怖主义行为。共产党的有些恐怖活动的“秘令”在进行搜查时会落到警察的手中。阿贝格还建议共产党人放弃自己尖锐反对派的立场。“如果纳粹分子掌权或帝国为普鲁士任命一个专员，这对你们根本没什么好处。”

政府顾问鲁道夫·迪尔斯（Rudolf Diels）见证了这次谈话，他向德意志民族人民党官员透露了谈话的情况，而这些官员又通知了德国内政部。帝国总理府的处长里夏德·阿达尔贝特·温施泰因（Richard Adalbert Wienstein）为此对迪尔斯进行询问时得知，泽韦林不赞成阿贝格这种未经授权的做法，因此严厉谴责了这位国务秘书。帕彭最迟在7月19日就知道了这件事的原委。

内阁在7月12日的部长会议上商议，如果委派帝国专员的决定引发总罢工的话，应该如何对应。当经济部部长瓦姆博尔德提出这个问题时，盖尔回复道，在这种情况下必须实施军事紧急状态令，此外，1919年动乱期间成立，旨在保护重要
492 企业的技术紧急援助团队也严阵以待。厘清了思路之后，内阁批准了内政部部长的法令草案，并在时间表上达成了协议：7月20日星期三上午10时，把普鲁士邦部长希尔齐费尔、泽韦林和克莱珀请到德国总理府。总理将会在这里告知他们帝国总统在普鲁士设立帝国专员的法令。

但就在同一天，泽韦林打乱了德国内阁的计划。他在7月12日发布一项命令，要求在注册露天集会和游行时警察当局要仔细审查是否有足够的警力保护参与者，如果不够就禁止这场活动。普鲁士内政部部长在给警察当局的广播讲话中呼吁对未经授权携带武器者采取最严格的措施，并尽可能延长对所有被发现携带武器者的拘留时间。面对不断发生的暴力冲突，泽

韦林呼吁民众保持镇定和谨慎。

在 7 月 13 日的部长会议上，司法部部长居特纳提起了泽韦林的命令，盖尔承认普鲁士内政部部长的做法实际上“已经动摇了帝国政府在普鲁士采取行动的基础。这项命令的贯彻情况还有待观察。因此，我们应该放弃昨天立即任命帝国专员的决定”。根据会议记录，施莱歇和其他部长都同意盖尔的结论。

第二天，兴登堡在他东普鲁士的诺伊德克庄园接待了总理和内政部部长。帕彭首先报告了战争赔偿会议的结果，随后盖尔解释了在普鲁士任命帝国专员的准备工作。盖尔于 7 月 16 日向内阁报告，当时帝国总统授予总理一份未签署日期的一揽子授权书。他签署了《重建普鲁士邦的安全和秩序的法令》和《戒严法》。所谓《戒严法》最初只适用于柏林和勃兰登堡边境地区。农业部部长冯·布劳恩还宣布，德国工业帝国协会主席古斯塔夫·克虏伯和德国农业会议主席恩斯特·布兰德斯这两位来自大工业和大农业的领导人希望对整个帝国实施《戒严法》。之后内阁休会，没有再做出其他决定。[16]

1932 年 7 月 17 日这一天在历史上被称为“阿尔托纳血腥星期日”（Altonaer Blutsonntag）。这次事件让帕彭政府有机会 493
恢复打击普鲁士的原定时间表。纳粹分子 7 月 10 日袭击了埃肯弗德的工会大厦之后，阿尔托纳就传出谣言说共产党人不久将对“埃肯弗德复仇”。而阿尔托纳所属的石勒苏益格-荷尔斯泰因是普鲁士的一个行政区。7 月 12 日，在迪特马申的圣米夏埃利斯东（St Michaelisdonn）附近的一条护城河中发现一名失踪了两天的德国共产党干部的尸体，局势变得更加紧张。国务秘书的兄弟、区政府主席瓦尔德马·阿贝格（Waldemar

Abegg）立即在接下来的周末禁止民族社会主义德意志工人党、德国共产党和德国社会民主党的大部分集会。其中一个未遭禁止的少数例外是纳粹分子穿越阿尔托纳的造势游行。

阿贝格决定将阿尔托纳从示威禁令中移除是一个令人无法理解的错误。同样令人难以理解的是，这几天还担任着国会议员的社会民主党警察局局长奥托·埃格施泰特（Otto Eggerstedt）正在参加竞选活动，而他最重要的同事们都在休假。有两件事是毫无疑问的：冲锋队穿越“红色”据点的游行就是要向共产党寻衅，而德国共产党的支持者绝不会对这种挑衅袖手旁观。

7月17日将近下午5时，当臭名昭著的冲锋队游行队伍穿越约翰内斯大街（Große Johannesstraße）、马林大街（Große Marienstraße）、绍恩堡大街（Schauenburgerstraße）的交叉路口时，传来了第一阵枪声。开枪的是共产党人。冲锋队员科赫（Koch）被当场打死，其他一些参与者受了伤。警察用手枪和卡宾枪予以还击。最后有18名平民丧生，其中大多数是被反弹的子弹击中的。遇难者中有一人来自埃彭多夫（Eppendorf）的纳粹妇女团，三名德国共产党员，两名女共产党员或亲共妇女，一名德国社会民主党员，一名黑红金旗帜团成员。[17]

柏林警察局局长阿尔贝特·格热辛斯基在7月16日晚上接到普鲁士内政部打来的关于阿尔托纳事件的电话。普鲁士内政部问他，如果让他担任普鲁士内政部部长，他会怎么做。根据他在第二年写的回忆录，他的答案是“我将立即撤销阿尔托纳警察局局长和地区长官的职务，并宣布阿尔托纳进入紧急状态”。格热辛斯基在回顾这件事的时候说，如果这样做“会让拥护共和国的民众奋起反抗，并且把反动派逼到退守的位置”。

但是，当事的部长没有决心用这种办法来对付这种游行。如果卡尔·泽韦林在回忆录中的记录都是真实的，那么他在7月16日“血腥星期日”的前一天曾向社会民主党的领导汇报说，一切迹象都表明帝国政府在国会选举之前就会任命普鲁士 494
专员。“普鲁士政府中的社会民主党背景的部长，以及支持他们的政党的态度在很大程度上取决于任命的形式，到底是按照宪法规定行事，还是施莱歇感觉自己有足够的实力不去理会宪法的规定。现在的问题是，如果政府采取不合法的、国防军支持的行动，警方是否可能和必须对其进行反击，在这种情况下警方可以得到钢铁阵线的支持。他分析道，虽然有各种颠覆企图，但柏林大多数警察还是忠于共和政府的。就帝国国防军和警察的战斗力而言，对付短时间的示威活动没有问题。”

泽韦林继续写道，在这个时候，《前进报》总编弗里德里希·施坦普费尔打断了他：“我没有权利让警察勇敢，为我牺牲。以前我也是这个观点。我没有任何向党领导建议奋起反抗的想法。但是，我感到有必要在这次会议上讨论一切反抗的可能性，或者一种明显的抗议方式。会议一致决定，不管发生什么，都不要离开宪法的基本准则。”

大约6个月后，德国社会民主党两位党主席中的一位——奥托·韦尔斯回忆起与泽韦林的另一次会面。另一位党主席汉斯·福格尔（Hans Vogel）以及德国国会议员保罗·赫兹也参加了这次会面。韦尔斯说，在7月18日进行的这次对话中，泽韦林提出了一个问题：现在是否到了普鲁士部长辞职的时候。泽韦林的理由是在同一天颁布的全面示威禁令，然而发布这个禁令前并没有与各邦进行任何事先接触。在福格尔和赫兹的支持下，韦尔斯建议泽韦林绝对不要采取这一做法。“泽韦林的突然离职将导致……地方和邦收取薪酬和担任名誉职位的许多本党同志发出疑问，这将会对他们造成什么后果。我们这几个人承担不起批准泽韦林建议的责任。他的辞职会引发党内最严重的矛盾。因此，我们要征询相关部门的意见。”[18]

泽韦林所说的全面禁止户外集会的禁令是德国政府从 7 月 12 日开始计划的。阿尔托纳事件使政府更加有理由将禁令付诸实践。7 月 18 日，民族社会主义德意志工人党的普鲁士邦议会主席汉斯·科尔写信给帕彭，呼吁德国接管普鲁士的警察部
495 队。同样在 7 月 18 日，希特勒在一封从柯尼斯堡发出的电报中向德国总理抱怨警察的“残酷挑衅”，并要求帕彭立即制止“乱七八糟的警察政策导致的不负责任的做法”。

然而，帝国政府已经不再需要这种呼吁了。“阿尔托纳血腥星期日”给了政府机会让 7 月 12 日的时间表重新生效。根据这个时间表，对普鲁士下手的时间定在 7 月 20 日。7 月 18 日，希尔齐费尔、泽韦林和克莱珀接到通知，于后天上午 10 时到德国总理府开会。当问及会议内容时，泽韦林的部长办公室主任爱德华·路德维希·诺比斯（Eduard Ludwig Nobis）得到的回答是，会议将讨论财政、农业和内政方面的问题。而希特勒在 7 月 19 日下午得到了更为准确的信息。在科特布斯（Cottbus）附近的飞机场上，戈林、戈培尔和罗姆向他报告说，第二天将要为普鲁士部署一名帝国专员，接任这项任务的将是埃森市长弗朗茨·布拉赫特（Franz Bracht）。“这是个不完整的解决方案，但是至少可以解决一些问题。”戈培尔在他的日记中这样评论道。

当 7 月 20 日的晨报描述当时的情况时，好像帝国专员已

经成了事实。《前进报》的头条标题是《别动普鲁士！纳粹分子科尔正在要求委派帝国专员！》。但是，在社会民主党的机关报里，人们找不到关于反抗措施的报道。自 7 月 18 日以来，普鲁士政府对帝国内阁的意图已经不再抱有任何幻想，因此它有充分的理由自行对普鲁士实施紧急状态令。正如格热辛斯基在 7 月 20 日上午向泽韦林建议的那样，这种先发制人的紧急状态令是阻止任命专员的最后机会。但是，柏林警察局局长没有联系到泽韦林。而且在我们了解普鲁士内政部部长对局势的评估后就能得出结论，他是不会听从党内朋友的建议的。[20]

早上 10 时过后不久，在德国总理府举行了三位普鲁士部长参加的会议。在国家方面，除了帕彭之外，内政部部长冯·盖尔和国务秘书普朗克参加了会议，会议记录官员是温施泰因处长。在普鲁士方面，与希尔齐费尔、泽韦林和克莱珀一道出席会议的还有部长办公室主任诺比斯。总理声称，根据普鲁士的局势发展，他不得不要求帝国总统根据第 48 条，颁布一项《恢复公共安全与秩序的紧急法令》。然后，帕彭宣读了法令的内容。法令授权帝国总理担任帝国专员，并解除普鲁士国务部①成员的职务，由帝国总理自己接管普鲁士邦总理的事务， 496
并委派帝国其他专员接手普鲁士各部委的领导权。随后帕彭宣布，他按照法令撤除邦总理布劳恩和邦内政部部长泽韦林的职务，并任命埃森市长布拉赫特为普鲁士内政部部长。

泽韦林提出了反对意见。他说，这项法令不符合宪法。普鲁士的安全和秩序并没有比其他邦更差。如果普鲁士的冲突更

① Staatsministerium，普鲁士邦的专有称呼，即邦政府。

多一些，那是因为大多数动乱地区都在这个邦。“只有被帝国总统的明确命令或邦议会的决议罢免，他才会放弃权力或者离开，”官方会议纪要里这样记载道，“播下风的种子就会收获暴风雨。他担心帝国政府的这种做法会引发内战。”

帕彭用一个问题回复。他问泽韦林是怎么理解使用强制力的。普鲁士内政部部长回答：“除非使用暴力，否则不会屈服。”希尔齐费尔部长和泽韦林一样，也对法令是否符合宪法提出了质疑，并且提出疑问，为什么帝国没有根据宪法第 15 条要求纠正政府认为必须批评的缺点。帕彭说，他不会阻止普鲁士的部长们向国家法院求助。三位部长离开帝国总理府后，柏林和勃兰登堡边境地区立即进入紧急军事状态。

上午 11 时前，奥托·布劳恩在柏林策伦多夫家门口的门铃响了，德国帝国总理府的一名官员通知布劳恩，他已经被免除了邦总理的职务。邦总理考虑良久，是否要前往国务部，并且让人把他抓起来。但是，他最亲近的员工还是通过电话对他进行了成功的劝说。于是，布劳恩给帝国总理写了一封信，说明帝国的措施没有法律依据，并请帕彭解释其行动的原因。

与此同时，国防军开始行动了。约 11 时 30 分，被施莱歇任命为执法指挥官的国防军第三军区司令冯·伦德施泰特（von Rundstedt）中将电话通知柏林警察局局长格热辛斯基，他和警察指挥官海曼斯贝格（Heimannsberg）已被免职。中将要求格热辛斯基约定一个时间进行工作交接，两名继任人分别是当时的埃森警察局局长库尔特·梅尔歇尔（Kurt Melcher）和警察上校格奥尔格·波滕（Georg Poten）。格热辛斯基答应考虑之后再回电。在回电之前他先和泽韦林通了电话。泽韦林认为，军队的包围与他自己被革职不同，这一行动是合法的，因此泽韦林建议柏林警察局局长遵从将军的指示。

但是，格热辛斯基还是听从了他的副手伯恩哈德·魏斯的 497
劝告，做出了不同的决定，他拒绝了伦德施泰特的要求。下午5时前后，国防军官兵已经来到警察局，将格热辛斯基、魏斯和海曼斯贝格“保护性拘留”起来。他们被带到莫阿比特的帝国国防军军营，约两个半小时后获释。此前他们签署了一份声明，在声明里他们做出保证，在被强制撤职之后，他们将不会采取任何进一步的官方措施。

就在这个时候，普鲁士政府向总理致信，明确表示了自己的态度。帝国政府采取的措施违反了帝国宪法和普鲁士宪法。因此，普鲁士政府请求宪法法院做出裁决。同时，普鲁士申请了一项禁令，禁令的内容是，停止对普鲁士部长的罢免以及对他们在帝国参议院中权利的侵犯。因此，禁令的申请仅仅涉及普鲁士政府认为无效的那些措施。帝国政府是否可以根据第48条第二款的规定，将普鲁士警察交由帝国政府专员管理，这个问题需要由国家法院做出最终裁决。普鲁士是否未能履行自己的职责，这个问题同样需要国家法院做出裁决。帝国政府也强调这一点，它通过引用同一条的第一款来维持原本的主张，这一条款赋予帝国可以进行干预的权力。

普鲁士政府的法律论点是正确的。帝国在任何情况下都不能剥夺一个邦符合宪法的政府和在帝国参议院的权利。由于总统令也是这样的内容，所以内阁的行为构成了违宪，这与政变别无两样。因此，到现在为止尚未被罢免的部长们完全正确，他们拒绝了帕彭于当天下午5时在普鲁士政府举行会议的邀请（而且故意挑衅地用了“普鲁士总理”字样的信头）。邦政府7月20日发出的信函中明确指出，这样的会议只能由一位普鲁士部长来主持。

这封信于下午3时左右抵达威廉大街另一端的帝国总理府。之后，帕彭马上与盖尔和一些高级官员达成共识，认为应该免除普鲁士所有部长的职务。在下午6时举行的部长会议上正式做出了这项决定。帕彭报告说，他在早上向最重要的几个邦政府通报了针对普鲁士的行动，只有巴伐利亚特使提出了抗
498 议。帝国派往普鲁士内政部的专员布拉赫特向内阁汇报，他下午4时在泽韦林的办公室与其进行了一次“友好”对话，还讨论了免职的方式：“当布拉赫特博士当着警察局局长梅尔歇尔和一名警官的面，要求泽韦林离开办公室之后，泽韦林将于今晚8时把普鲁士内政部部长的办公室腾出来。”之后，内阁讨论了现在必须更换的政府官员名单：这份名单上的人很多，从国务秘书到部门负责人，直至警察局局长。[21]

当自由工会的地区秘书和主席们在德国总工会联合会位于因泽尔街（Inselstrasse）的总部会面时，对普鲁士的打击已经如火如荼地展开了。由于失业救济金和竞选策略的问题被纳入议事日程，以韦尔斯和霍尔特曼为首的社会民主党高层领导和黑红金旗帜团的代表也出席了会议。当莱帕特开始其开场演讲时，突然接到格热辛斯基打来的电话，通知在场的人普鲁士已经进入紧急状态。莱帕特请韦尔斯对时局进行评估，根据韦尔斯自己的回忆，他当时认为帝国政府的做法是“公开政变”，并且进行了一次历史比较。“这很容易唤起对卡普政变的记忆。今天我们还像1920年那样，有那么多民众团结一心地站在我们身后吗？我必须对此加以否定。共产党人和纳粹分子都反对我们，还有国家权力，如国防军等，再加上公务员和广泛的市民阶层。”

这已经从根本上回答了社会民主党是否应该呼吁群众进行大罢工的问题。没有人发言赞成使用这种抗争办法。而所有发言人都赞同韦尔斯所说的替代方案："德国国会选举将在 10 天内进行。如果现在开始战斗，选举将不能举行。不是一时不能进行选举，而是在很长一段时间内都不会进行选举。这样共和国的基础就会动摇。我们是否应该不顾一切后果，来一场不平等的战斗？并且给反动派留下口实，说正是因为我们自己而断送了大选？还是我们应该说，首先确保 7 月 31 日举行的德国国会选举？"

韦尔斯在会议期间拜访了泽韦林。泽韦林也警告说，大罢工将意味着立即实行军事独裁统治。"结果是一场操持武器的战斗。警察无法与德国国防军作战。另外他也没有指挥权了，所以大部分警察也不想这样做。"

就在德国社会民主党柏林地区主席弗朗茨·金斯特勒已经委托制作反对可能出现的共产主义口号的传单时，韦尔斯返回了因泽尔大街。所有政治性工会立即向工人、雇员和公务员发 499
出呼吁，务必谨慎对待"最新的政治事件"，并将在 7 月 31 日做出决定性的答复。社会民主党领导层也力推这个路线。就在 7 月 20 日晚发出的号外中，《前进报》刊出了社会民主党的宣言："德国人民有责任在 7 月 31 日做出决定，终止当前的局势，这个局面是帝国政府与民族社会主义德意志工人党合作的结果。所有组织都处于最高的战斗戒备状态。我们比以往任何时候都更需要最严明的纪律。必须抵制未经授权的机构喊出的野蛮口号！现在最重要的是为 7 月 31 日社会民主主义的胜利而凝聚力量！自由万岁！"

共产党人 7 月 20 日喊出的口号是社会民主党人预料得到

的。德国共产党中央委员会“面对广大无产阶级群众”，呼吁德国社会民主党、德国总工会联合会和自由雇员总工会同共产党人一起进行大罢工。这场群众行动旨在推翻“法西斯军事独裁统治”和“法西斯主义的帕彭政府”。然而，德国共产党在呼吁中并没有提到恢复奥托·布劳恩内阁的事情。恩斯特·台尔曼领导的政党也无法将这样的口号写到自己的大标语里，因为就在6月2日，他们在普鲁士邦议会提交了对这一内阁的不信任动议（该动议已经借助右翼政党的赞同票被接受，但是由于政府已于5月24日宣布辞职，所以没有任何后果）。因此，社会民主党人很容易把共产党人的这种呼吁视为纯粹的煽动而拒绝。社会民主党中央委员会7月21日发表声明说，德国工人阶级“不会让纳粹分子的盟友来决定在什么时间，采取什么手段来对付布劳恩和泽韦林”。

7月20日的柏林很平静。在工人居住区里，大家都在讨论布劳恩政府下台的事。在威丁，有的社会民主党人挂起了黑红金三色旗帜，有的挂起了代表钢铁阵线的三箭头红旗。在社会民主党的集会上，大家高喊着布劳恩、泽韦林和格热辛斯基的名字。即使在帝国首都以外的地区，也没有工人急于采取行动。7月20日，在德绍的容克工厂的企业工会会议中，德国金属工人协会的法律顾问恩斯特·弗伦克尔目睹了各工会缺乏战斗的意愿。有些演讲者和他一样主张发动罢工，并且讲述了当年卡普-吕特维茨政变的旧事，而他们得到的总是相同的回答：“是的，但当时并没有这么多人失业。”[22]

7月20日晚上，帕彭政府就可以肯定自己取得了成功。晚8时左右，泽韦林被革除了其普鲁士内政部部长的职务，方
500 式完全是布拉赫特下午要求的那样。帕彭通过德国的所有广播

电台宣布，对普鲁士的打击是有道理的。他说，被罢免的政府已经没有能力采取必要的措施来抵抗德国共产党与国家为敌的活动。总理称这是每个政府的道义责任，“在国家公敌、我们文化的破坏者，以及为共同利益而奋斗的人民力量之间划清界限。由于起决定作用的政治圈子不能做出放弃共产主义分子和纳粹分子的政治和道德等式的决定，因此出现了那些不自然的阵营，它们与共产主义的反国家势力结成统一阵线，来反对民族社会主义德意志工人党的新兴运动。”

“新兴运动”的柏林大区长官忍不住心中的喜悦，默默地对政变的策划者发出赞许。“一切就像上了发条一样顺利，”约瑟夫·戈培尔在7月21日的日记中这样写道，“红色势力已被消除。他们的组织并没有抗拒……一些警察局局长和邦高级长官被罢免。大罢工没有发生。有传言说黑红金旗帜团要揭竿而起，但这些都是小打小闹。红色势力错过了他们的重要时刻。这个时刻永远不会再来了。”

社会民主党内不仅有赞同领导做法的，也有人对普鲁士遭受打击而等闲视之的做法表示愤慨。“我们的抵抗呢？”后来的北莱茵-威斯特法伦州总理海因茨·屈恩（Heinz Kühn）在1980年发表的回忆录中这样发问。1932年7月20日他作为科隆的黑红金旗帜团的青年领袖，亲身经历了这一切。“游行集会的那些大话到哪里去了？‘黑红金旗帜团’‘护卫方队’‘钢铁阵线’‘铁锤营’，我们在不耐烦地等待，最焦急的是我们这些青年。上千人集结待命，我们期待下达命令。直到晚上柏林的电话来了，说是已经给帝国法院打了电话！我的失望之情好几年之后才平息下去，尽管我早已预见到了这个结局。那天晚上，我把自己的巴拉贝鲁姆（Parabellum）手枪埋进了父母的小园子里，现在一切都结束了！”[23]

在魏玛灭亡之后，确实有一批积极活跃的青年社会民主党人，他们认为1932年7月20日是最后一次拯救共和国的机会。黑红金旗帜团的抵抗意志虽然从未有机会经受考验，却早已被编织上了神话般的光环，然而这种抵抗意志经受不起冷静的考量。这个共和国护卫组织所拥有的武器根本抵御不住德国国防军的军事力量。在对冲锋队实行禁令之后，虽然拥有大约
501 25万人的黑红金旗帜团的精英部队“护卫方队”已经重建，但是，他们充其量只能在短时间里抵御右翼势力装备更加精良的准军事组织，诸如冲锋队、党卫队和钢盔团，因为这些组织在人数上有2倍的优势，而且他们一定会积极参加这场击败“马克思主义者”的战斗。

另外，黑红金旗帜团也许会得到普鲁士一部分警察的支持。但是他们在武器装备上，真是毫无悬念地完败于国防军。更不能相信共产党会和备受痛恨的“泽韦林警察”并肩作战。一旦发动武装抵抗，就是在释放内战的信号。在这样一场内战里，不是黑红金旗帜团，而是来自左右各派最好战的武装组织来决定这场战争将采取怎样的打法。考虑到各派力量的分支，四分五裂的左派根本就不可能取得胜利。

大罢工发动不起来的原因也是显而易见的。这个时候官方的失业人数是600万，如果算上“隐形的失业者”，则有700万以上的失业者，因此一场政治性大罢工不会持续很久。德国最后一次大罢工发生在卡普-吕特维茨政变后，那个时候几乎是充分就业。1920年时，政变分子在社会上没有任何重要的支持，也没有合法的国家权力机构对付他们，没有极右势力的群众运动，而德国共产党在全国范围内还是四分五裂的状态。

如果社会民主党人和自由工会于 1932 年夏天在截然不同的情况下发动大罢工和武装斗争，这个决定无异于光荣的毁灭。民主的群众组织是不允许做出这种决定的。[24]

社会民主党的失误早在政变之前就发生了。如果在 1932 年 7 月仍然有方式可能避免国家的干预，那就是格热辛斯基所倡导的路线，以及普鲁士政府宣布进入紧急状态的措施。但是泽韦林认为普鲁士邦警察的“国家化”从根本上讲是一个明智的做法，甚至是迟早要采取的预防性措施，以避免纳粹分子篡夺权力。集权政府的内政部部长盖尔在 7 月 20 日发动对普鲁士的打击行动时也许略带有这个意图，而这一点在社会民主党的普鲁士内政部部长眼里，甚至成了部分合理的地方。因为泽韦林把德国国防军视作反对右派极权主义危险的力量，因此他在帕彭政府时也采用了两害相权取其轻的逻辑，这在布吕宁内阁时已经演变为社会民主党的第二个天性了。

当时就有人试图解释，在普鲁士执政的社会民主党的行为和它在 1932 年 4 月 24 日邦选举中的失败经历有关。7 月底， 502
社会民主党的国会议员卡洛·米伦多夫在《社会主义月报》中说：“普鲁士的共和派权力实际上是在 4 月 24 日失去的。”8 月中旬，恩斯特·海尔曼在《自由之言》中总结了这种想法。“社会民主党的‘权力地位’是建立在人民的意愿之上的，而不是在其他基础之上。普鲁士的‘权力地位’是 4 月 24 日由人民决定并失去的，而不是在 7 月 20 日丢失的。”实际上，正是对自己的民主合法性的怀疑，布劳恩和泽韦林才在 1932 年夏天显得那么麻木不仁。

1932 年 7 月 20 日社会民主党和自由工会的消极情绪还有更深层的原因。接受这次政变也是社会民主党实行 20 个月的宽容政策和长期参与普鲁士政府执政的结果。在普鲁士是正式的执政党，在帝国是非正式的执政党，与此同时又是等待中的内战派，这在客观上是不可能的。1932 年 7 月 20 日，德国社会民主党失去了仅能维持到当天的残余权力，因为它自 1930 年秋天以来，就将一切赌注都押在一张牌上。这就是在宪法的基础上，与资产阶级的中产阶层一齐反对民族社会主义。

1932 年 6 月，在“打击普鲁士”之前，社会民主党左翼人士阿尔卡迪·古尔兰（Arkadij Gurland）就做出了敏锐的观察。回顾历史，他认为宽容政策是建立在这样一个想法上的：“民主的主要危险取决于内战的危险。因此，它的实际目标不是维护民主，而是维护合法性，不是去化解一个非议会制的政府，而是要预防内战。”社会民主主义者在 1932 年 7 月 20 日也遵循了这个想法。自从 1918 年德国成立第一个共和国以来，社会民主主义者就一直遵守这个共和国的法律。[25]

普鲁士历史上不寻常的一章以布劳恩执行政府被罢免而告终。1918 年后，霍亨索伦家族的这片土地成了德国各个邦当中最可靠的共和国支柱。老普鲁士并没有从这里消失，但魏玛三大政党一直控制着它，直到 1932 年春天。与德国不同的是，普鲁士联合政府的政策是一个成功的故事。在德意志这个最大的邦里，之所以共和势力如此稳定，毫无疑问也归因于这样一个事实，即特别容易引起冲突的两个领域——外交和社会政策，都是在国家层面而不是在邦这个层面决定的。同样重要的是，从三级选举法到普选制的转变让普鲁士形成了一个新的“政治等级”，这个等级摆脱了昔日君主制的行为模式，而接
503 受了执政者和议会派的行为模式。只要在普鲁士还有多数人选择民主，民主的普鲁士就会抓住这个机会。帕彭的政变不仅清

除了普鲁士民主的残余，还清除了普鲁士邦。1932 年 7 月 20 日，老普鲁士战胜了共和派的普鲁士，从长远角度看，付出的代价是把胜利变成了失败。[26]

布劳恩内阁被罢免后，大清洗立即开始了。属于前联合执政党的国务秘书和次长、邦高级长官、行政长官、警察局局长被迫退休。这些职务现在大多由德意志民族人民党的保守派官员担任。四位社会民主党的邦高级长官中只有一人被保留——汉诺威的古斯塔夫·诺斯克。在德国政府看来，这位德国国防部前部长的立场要比他所在的党右倾得多，因此他可以继续留任。

众多社会民主党官员是以“紧缩措施”的名义被解雇的。根据 1932 年 11 月 12 日的法令而失业的 69 名部长级官员中，魏玛政党的成员就有 40 名。其他共和派官员则被帝国专员领导的政府放到了不重要的职位上。1932 年底，除了政治官员和因紧缩措施而被辞退的官员外，还有 23 名司长、局长、处长和科长因为其共和思想被从部委、高级行政部门和警察部门剔除。在新任命的官员中，贵族如此之多，以至于《前进报》在 10 月 6 日目标明确地说这是“贵族和易北河以东地区大地主在普鲁士管理部门的大复辟”。社会民主党的内政部部长泽韦林和格热辛斯基花费了 12 年的心血为普鲁士政府建立的共和体制，在短短几个月内就被帝国专员们剔除殆尽。[27]

1932 年 7 月 20 日的政变不仅对共和国造成打击，对联邦制度也是一个打击。因此德国南方各邦，尤其是巴伐利亚立即与普鲁士站在了一起。巴伐利亚政府于 7 月 20 日致电宪法法院，第二天巴登采取了同样的措施。符腾堡于 7 月 21 日，黑森于 7 月 21 日向帝国总统提出要求法律保护，以免受到 7 月

20日紧急法令的影响。

7月23日在斯图加特举行的一次邦会议上，帕彭和盖尔试图为自己辩护，但他们只能说服右翼政党执政的邦政府代表。德国南部各邦密切关注的是对普鲁士的打击可能是全国中央集权主义改革的开始。1930年以来，随着帝国议会的重要
504 性日益消失，帝国参议院的政治地位日益上升。如果普鲁士的声音今后变成了帝国声音代表的话，那么参议院也会蜕变成帝国政府加长的手臂。因此盖尔做出保证，不是帝国总理，而是代理内政部部长布拉赫特指导普鲁士发声。但是，慕尼黑、斯图加特和卡尔斯鲁厄等传统邦政府的担忧丝毫没有消除。[28]

召开联邦会议两天之后，莱比锡宪法法院于7月25日对普鲁士与帝国之间的冲突做出了初步裁定。它驳回了被罢免的普鲁士政府提出的禁止帝国专员行使公职的要求。帝国宪法法院院长埃尔温·布姆克（Erwin Bumke）做出的解释是，普鲁士提出的要求将导致“国家权力的分离”，从而可能导致“国家生活混乱”。《前进报》指出，宪法法院这是向政权屈服，从而给法治国家这个来自资产阶级的理念一次沉重的打击。中央党报纸《日耳曼》则要求宪法法院迅速做出最终判决。德国民族主义者的各家报纸对这个说法感到满意。他们把拒绝普鲁士的要求当作帝国政府在道义上的巨大成功来庆祝。

7月26日，德国总统解除了六天前对柏林和勃兰登堡实行的紧急状态令。在帝国首都及其周边地区，也可以在7月31日之前的最后五天里进行“正常”的竞选活动了。民族社会主义德意志工人党完全仰仗希特勒，并且打出了希特勒是德国人“最后希望”的旗号。在民族社会主义德意志工人党的政治承诺中，“工作和面包”口号排在第一位。大规模散发的

《经济即时纲领》宣称要“通过生产性信贷创造就业”。

社会民主党人则要求进行大规模的国有化来“调整经济结构”，德国总工会联合会和自由雇员总工会于6月21日商定了上述计划。公共部门创造就业机会也是工会要求的一部分，但这仅仅是多项措施中的一项。这一年年初备受关注的“WTB 计划”现在只剩下了很少内容。在选民面前把自己塑造成创造就业的政党这样一张王牌，社会民主党就这样拱手送给了民族社会主义者。[29]

7 月 30 日是德国国会大选的前一天。这一天，德国总理府举行了一次秘密会谈，谈话的双方是自由工会和“男爵内阁”最重要的成员。促成这次谈话的是前国务秘书汉斯·舍费尔，他从 1932 年起担任乌尔施泰因出版社负责人。政府方面出席会谈的有帕彭、盖尔和施莱歇，工会方面的代表是莱帕特和他的副手彼得·格拉斯曼（Peter Graßmann），格拉斯曼 505
也是帝国议会的社会民主党议员。德国总工会联合会的董事会成员威廉·埃格特（Wilhelm Eggert）也参加了谈话。德国总工会联合会的代表们尖锐地批评政府，而总理和部长们则竭力为自己的做法进行解释。施莱歇说，如果工会充分了解到这次对普鲁士采取行动的背景和原因，工会也会认为这次行动是合理的。帕彭请求德国总工会联合会主席及其同事们利用其强大的影响力，对德国社会民主党施加影响，以便政府能够在帝国议会开展工作。

之后，德国总工会联合会在自己的办公室举行了会议。会上莱帕特诉说了他对会谈的印象：“政府不愿意被人推到一边，这个政府已经做好了长期的打算。虽然我们之间存在着各种政治分歧，但这是一批聪明又体面的人，他们当然要追求他们的政治目标。拿主意的人是施莱歇。”格拉斯曼也是这个观点。“施莱歇是一个聪明伶俐、视野开阔的人，绝不仅仅是一个当兵的。他试图用简单的办法来践行他认为正确的事情。”

7月30日召开秘密会议这一事实，以及选择的时间要比会议内容更加令人震惊。对普鲁士的打击仅仅过去10天，德国总工会联合会的主要官员就认为和这些发动政变的主谋见面没有什么关系。对于工会领导人来说，这次邀请意味着帕彭政府对工会的礼节性认可。他们认为，即便是为了工会组织的成员也有必要与内阁保持联系，哪怕这是一个右翼集权政府。德国总工会联合会的代表们非常在意政府对他们的看法，他们期待政府没有认为他们“与祖国为敌”，而是一支“爱国”的力量。莱帕特、格拉斯曼和埃格特无意与德国社会民主党保持距离。政府必须在7月30日的秘密会谈中给人留下这样一个印象。如果社会民主党向“男爵内阁”进行最猛烈的攻击，而社会民主党的工会领袖与同一个内阁进行了几乎友好的交谈，这就会让人对钢铁阵线的内部统一性产生怀疑。下一次有机会时就可以从对手的不和中得出实际结论了。[30]

就在工会与帕彭密谈的同一天，德国有10人在政治暴力中丧生。在7月31日星期日的选举中，又有12人死于政治暴力事件。第一眼看上去，希特勒取得了辉煌胜利。这次议会选举的投票率为84.1%，是1920年以来的最高水平。民族社会主义德意志工人党占有效票数的37.4%。与1930年9月14日
506 举行的德国议会选举相比，该党的票数增加了19.1个百分点。民族社会主义者的议席数量从107个增加到230个。共产党的增长微乎其微，从13.1%上升到了14.3%。两个天主教党派也略有增长，中央党的得票率从11.8%提高到12.5%，巴伐

利亚人民党的票数从3%提高到3.2%。其他各党都是失败者。德国社会民主党从24.5%下降到21.6%，德意志民族人民党从7%下降到5.9%，德意志人民党从4.5%下降到1.2%，德意志国家党从3.8%下降到1%。剩余各党加在一起的票数占2.7%。

民族社会主义者成功地继承了自由中间势力、温和右翼和分裂出来的党派的选票，并且成功吸引了众多第一次投票的选民和不去投票的选民。希特勒的党在基督教派中占据优势，并且在个体经营者，即农民、手工业者和商人中占据很大比例。然而，在工业工人比例较高，以及天主教徒比例较高的地区，民族社会主义德意志工人党的表现相对较差。它在基督教农村地区比在基督教城市中更为成功，在大城市中吸引的选民则少于中小城市。所有这些因素都反映在民族社会主义者的选票的区域分布中。德国的版图上，北部和东部的“褐色”要比南部和西部浓烈得多。尽管如此，在黑森、弗兰肯、普法尔茨和符腾堡北部，民族社会主义德意志工人党的表现均优于其他政党。在35个选区中的“领先者”是石勒苏益格-荷尔斯泰因。在这个选区，51%的选票都投给了民族社会主义者。

与1930年一样，天主教的环境对民族社会主义者的口号具有很强的免疫力，而内部已经四分五裂的“马克思主义者”选举人群受纳粹的影响也不是很大。1930年以后，天主教政治派别成功地制止了在君主制帝国时期就开始的侵蚀进程，这种侵蚀一直延续到20年代。极右势力的猛烈攻击反而唤起了忠于教会的天主教徒的团结意识。社会民主党不仅要应对民族社会主义者的攻击，还要面对共产党的激进左翼势力的竞争。虽然他们在巩固自己力量方面没有完全成功，但他们还能在一定程度上维持下去。两个最大的民主党派通过向他们的支持者传递超越政治的价值观给他们一种归属感，这个价值观一方面是共同的信仰，一方面是阶级的团结。这两个拥护共和的政党从中获得的利益并没有给共和国带来长远的好处：天主教和社会民主这两个阵营的设防最终导致两党更加疏远。

在资产阶级的基督徒选民中，只有保守派相对于民族社会主义德意志工人党保持了一定程度的独立性：德意志民族人民
507 党的票数不到6%，他们的根据地仍然在易北河东部，这里的选民构成了君主制阵营的核心，不过其规模比以前小很多。政治自由主义势力几乎被抹杀了。民族社会主义者成了反对“体制”的第一支力量，那些没能用坚定的信念阻止迈出这一步的人，都加入这场反抗运动了。他们几乎没有注意到希特勒的政党向选民做的承诺是充满矛盾的。最重要的是一种希望，希望德国和德国人在经过一场“民族革命”后会比现在更好。[31]

但是，7月31日选举之后，依然看不到如何组建议会多数的影子。民族社会主义德意志工人党是迄今国会中最强大的议会团体，但与4月10日举行的第二轮总统选举和4月24日的邦议会选举相比，他们的票数几乎没有增加。即便是德国民族主义者和较小的右翼政党给予组阁支援，他们也达不到多数。从理论上讲，黑褐色联盟是可以想象的，但是根据黑森和普鲁士的经验，这种联盟能否形成确实令人怀疑。总理冯·帕彭在8月1日接受美联社的采访时，对选举结果进行了首次“正式”评估。他指出他的政府无意努力在德国议会中组建联合政府。但他同时强调，民族社会主义运动必须积极参与祖国重建的时候到了。帕彭向自己从前所在的政党中央党发出呼

吁，不要通过发起不信任投票来把政府危机的恶名揽在自己身上。

8 月 1 日，民族社会主义者在柯尼斯堡发动袭击，有两名共产党领导人被杀，几名社会民主党人以及刚刚被罢免的德意志人民党成员冯·巴尔费尔特（von Bahrfeldt）区长被击伤。消息传出，事态的发展就增加了更多不确定的因素。就在同一天，东普鲁士、西里西亚和荷尔斯泰因的一些城市也发生了炸弹和手枪袭击。8 月 3 日，一名曾是共产党人的纳粹分子在上西里西亚的克罗伊茨堡（Kreuzburg）被他的前战友谋杀；在萨克森的大多伊本（Großdeuben），一名冲锋队员腹部中枪死亡。8 月 7 日至 9 日这段日子特别血腥。在马祖里亚（Masuren）的勒岑（Lötzen），黑红金旗帜团的一名领导人被一名冲锋队员枪杀。在上西里西亚的雷奥布舒茨（Leobschütz）县，在格尔利茨和哈茨山的巴特萨克萨（Bad Sachsa），也有黑红金旗帜团成员被纳粹分子杀害。在猫头鹰山脉下的赖兴巴赫（Reichenbach im Eulengebirge），一名冲锋队员在向社会民主党的编辑投掷手榴弹的时候，自己被炸身亡。

与德国国会大选前的几周形成鲜明对比的是，8 月初实施政治暴力犯罪的肇事者中，纳粹分子比共产党人多得多。很多案件都是清算旧账。叛徒经常被从前志同道合的战友袭击、伤 508
害或杀死。在东部农村地区发生的大多数袭击事件中，纳粹政治气氛浓厚，冲锋队的势力也要比西部工业区更强大。在德国西部，德国共产党的“红色群众自我保护”在选举期间对纳粹势力发动了几次沉重的打击。纳粹所发动的恐怖袭击，发出命令的大都是县一级或地区一级的冲锋队指挥官，而不是来自更上级的指挥官，但希特勒或罗姆也没有发出命令制止这些恐怖行动。[32]

新一轮的政治暴力迫使帝国政府采取行动。这一届政府为自己在普鲁士发动政变辩解的理由是，在德国最大的邦，社会民主党的内政部部长已经不能保证安全和秩序了。现在普鲁士警察属于帝国专员管辖，即帝国政府自己管辖，如果不对民族社会主义恐怖活动采取行动，就无法让大家信服。帕彭也毫不怀疑冲锋队的袭击活动所追求的政治目标。8 月 9 日总理在内阁中说："很显然，一些人试图制造社会动荡，迫使人们接受这样一个结果，这就是把政府的领导权拱手送给希特勒。"

就在同一天，德国政府通过了一项反政治恐怖的紧急法令。判处死刑的量刑范围扩展到了出于政治原因令警察或国防军军人身亡的行为。纵火罪、炸药攻击罪和危害铁路运输罪也可能被判处死刑。经 1931 年 10 月 6 日紧急法令的批准，德国政府被授权在受政治恐怖威胁严重的地区设立特别法院。这些特别法院的审判流程会提速。法院的判决不受任何法律手段的约束，因此在宣判之时立即生效，并可以立即执行。

这项紧急法令于 8 月 10 日 0 时生效。一个半小时后，在格莱维茨（Gleiwitz）地区的波坦帕（Potempa）发生了一起犯罪案件，其残酷性超出了普通恐怖活动的范围。喝得酩酊大醉的冲锋队员们偷袭了德国共产党的支持者，失业的波兰上西里西亚人康拉德·皮耶丘（Konrad Pieczuch）在沉睡时被开枪射击，并当着他母亲的面被活活踩死。大部分犯罪嫌疑人在两天内被警察逮捕。根据新的法律，预计会在博伊滕（Beuthen）地区的特别法院将罪犯判处死刑。同样可以肯定的是，如果这个时候民族社会主义者还没有掌权的话，这场案件将是民族社会主义德意志工人党和政府之间的实力较量。[33]

8月上旬，希特勒似乎已经非常接近这个目标了。8月6日，他在柏林附近与德国国防部部长进行了秘密谈话。在数小时的交谈中，民族社会主义德意志工人党的领导人设法说服施莱歇，希特勒本人必须接管德国政府的领导权。同时希特勒还要求民族社会主义德意志工人党人担任普鲁士总理的职务，并且在国家层面和普鲁士邦出任内政部部长、教育部部长和农业部部长等职位，在国家层面还要加上司法部部长和将要成立的帝国航空部部长等职位。希特勒似乎也基本上获得了施莱歇的同意。 509

就这样，内阁中的“强人”，兴登堡最有影响力的顾问经历了一次戏剧性的转向。施莱歇向希特勒承诺的并不是全部权力，但这是民族社会主义者在国内占据政治统治地位必需的权力。1932年8月初，施莱歇认为，只要把握住对国防军的控制权，就不会让民族社会主义德意志工人党独揽大权。8月10日上午，兴登堡刚刚从诺伊德克庄园返回，帕彭就和帝国总统谈了一次话。在这次谈话中，帕彭至少提到了由希特勒担任黑褐色多数派政府领导人的想法。但帕彭和施莱歇并不是总统的智囊团，而兴登堡对希特勒担任总理一职有着个人看法。施莱歇（在1934年1月30日写给《福斯日报》的一封信中）说，他向兴登堡汇报过希特勒提出的要求，对此帝国总统“表达了他‘坚定不移’的想法，他坚决不任命希特勒，而且态度极其严肃，话语非常不客气”。在8月10日与帕彭的谈话中，兴登堡说的一句话后来被广为引用：让那个“波希米亚二等兵”当上总理，简直是岂有此理。

在8月10日下午晚些时候，帝国内阁对是否将权力移交给希特勒的看法也是各不相同。司法部部长居特纳比较委婉地主张民族社会主义者参与政府执政，而财政部部长冯·克罗西克的表述则非常明确，他用轻松的语调说，避免内战的最佳方法就是让偷猎者去看林子。最坚决反对民族社会主义政府的是帝国内政部部长冯·盖尔，他甚至准备与民族社会主义德意志工人党展开“生死斗争”。他建议来一场“自上而下的革命”，并且公开主张违反宪法的解决方案：解散国会，推迟新的选举和强制实行新的选举法。外交部部长冯·诺伊拉特表示完全同
510 意盖尔的意见。瓦姆博尔德、舍费尔和布劳恩则建议维持当前的内阁。虽然帕彭和施莱歇两人意见不同，但他们并不想局限在某一个具体的解决方案上。[34]

第二天，即 8 月 11 日，政府的传统制宪仪式在德国总统出席的情况下举行。主题演讲者利用这个机会反对 1919 年制定的这部宪法，这在魏玛共和国历史上还是第一次。内政部部长冯·盖尔首先指出，《魏玛宪法》未能将德国人团结在一起，而是让他们彼此分离。然后他提倡对宪法进行改革，采用集权制度。改革的重点如下：提高投票人的年龄，允许养家糊口的人和母亲们投附加票，增加政府权力的独立性，并且建立一个由职业阶层组成的第一议院来和德国议会制衡。

正当内政部部长向魏玛说不的时候，民族社会主义者们正在尝试来一次敲诈勒索。总统和总理打算在 8 月 12 日和 13 日与希特勒谈判。就在谈判日之前，实力强大的冲锋队把帝国首都包围得水泄不通。戈培尔在 8 月 11 日记录道：“这样就把先生们搞得非常紧张。这就是练习的目的。他们会屈服的。”

希特勒把原定于 8 月 12 日与帕彭的谈话推迟到了第二天，这进一步加剧了不安的气氛。8 月 13 日上午，希特勒与冲锋队参谋长恩斯特·罗姆一起会见了德国国防部部长，随后又和

民族社会主义德意志工人党议会党团主席威廉·弗里克一起会见了德国总理。希特勒从二人那里得知，帝国总统并不愿意在定于下午举行的会谈中向他提供总理的职位。帕彭在没有兴登堡授权的情况下，邀请希特勒担任政府中的副总理。帕彭甚至向希特勒做出承诺，如果经过一段时间可信赖的合作之后，当总统更好地了解希特勒时，他就辞职让位。但是希特勒拒绝了这一提议，并继续坚持要求总理职位。这个时候帕彭只能告诉希特勒，这取决于兴登堡的想法。

与德国总统的谈话于下午 4 时 15 分开始，谈话持续了大约 20 分钟。政府方面参加会谈的是帕彭和国务秘书迈斯纳，纳粹方面参加会谈的是希特勒、弗里克和罗姆。根据迈斯纳的官方记录，兴登堡首先问希特勒，他和他的政党是否愿意加入现任的帕彭政府。希特勒否认了这一点，他解释道："鉴于民族社会主义运动的重要性，他自己必须出任政府领袖一职，他的党派也应该彻底承担起国家领导的工作。帝国总统非常肯定 511
地说，他必须明确地回答说'不'。他要对上帝、他的良心和他的祖国负责。他不能把所有政府权力交给一个政党，特别是一个反对异己的政党。还有很多其他原因，但他不想一一列举，例如对重大动荡和外国影响的担忧，等等。"

当兴登堡询问希特勒是否愿意成为在野党的时候，希特勒做出了肯定的答复。接下来，总统警告他作为在野党也要有骑士风度。总统将会严厉打击诸如冲锋队和那些恐怖和暴力的行动。告别的时候，兴登堡试图缓和一下语气："我们都是老战友了，我们希望能够这样保持下去，因为今后的路可能把我们再次凝聚在一起，所以现在我想以战友的方式和您握手。"

与帝国总统见面之后，希特勒和帕彭之间发生了严重的争吵。民族社会主义者领导人指责总理为什么没有告知他兴登堡早已做出了决定。而且国务秘书普朗克在会谈前不久还做出保证说尚未做出决定。帕彭对这一结果表示遗憾，因为这可能会给德国带来最严重的后果。但是他依然充满信心，并宣布他将使用国家权力手段以同样严厉的力度来对付右翼和左翼的干扰。当弗里克问他是否想建立一个没有人民响应的军事独裁政权时，帕彭在希特勒、弗里克和罗姆三人签署的一份声明中说：“是的，如果是你加入政府，无论如何你都会在三个星期内达到你今天想要达到的目的。”

8月13日晚上刊出了有关兴登堡与希特勒之间对话的官方公报。施莱歇对希特勒的举止深感恼火，因此他坚持要出一份措辞简洁而强硬的文稿。公报的措辞完全符合施莱歇的建议，国务秘书普朗克甚至对他的前任平德尔说，这简直是一份“埃姆斯密电”[①]。其中关键的一句话是，德国总统拒绝了希特勒对国家全部权力的要求，理由是“他必须向自己的良心和祖国负责，不能将政府权力都交给民族社会主义运动，因为他们会把这个权力据为己有”。

希特勒立即正式地明确表示，他根本没有要求拥有全部国家权力，却无济于事。在兴登堡接见过的党派领袖中，还没有人像他那样在德国和世界公众面前出洋相。希特勒感到帝国总
512 统给他的待遇是他一次严重的政治失误。实际上，自从1923年11月8日至9日的慕尼黑政变失败以来，他还没有经历过像1932年8月13日这样的挫折。

---

① Emser Depesche，德国首相俾斯麦利用埃姆斯密电以激起德法人民的民族仇恨的外交事件，导致普法战争爆发。

两天之后，内阁对此做了总结。帕彭坚持认为应该继续努力将民族社会主义运动作为一个关键因素纳入国家政府，但是必须有把握控制这股势力。总理认为，“超党派的总统内阁”必须扎根于人民，必须通过其在抗击失业的成效来衡量是否成功。这一番话受到了大家的欢迎。政府的座右铭是：“行动起来，行动起来，行动起来。”

在内政方面，施莱歇认为将敌人（即民族社会主义德意志工人党）置于非法状态是最重要的事情。他从所有内战中吸取教训，认为攻击者始终是非法的。在外交方面，如果人民认为与本民族无关的就不要去做。盖尔再次用特别直率的语气发表了自己的意见：“议会制度将在可预见的未来灭亡。”因此必须通过与各党派的对话让民众明白，政府与德国议会之间无法进行富有成效的合作。在其他方面，内政部部长和施莱歇以及后来几位部长一样支持总理的呼吁，认同通过自己的成绩建立人民信任的基础。

然而，政府的第一次尝试就不完全令人信服。8 月 18 日，普鲁士代理内政部部长布拉赫特发布了一项关于游泳的警察执法令。泽韦林的继任者禁止公共场所裸泳，禁止在水中的不道德行为，以及穿着泳装进入公共餐厅。为了在执行这一法令时能够采取统一的方式，9 月 28 日还发布了所谓的“三角内衬法令”[①]。从现在开始，普鲁士妇女只有穿着泳衣才可以在公开场合洗澡，“胸和躯体的正面必须完全遮盖，泳衣必须紧裹在身上，大腿必须有遮盖，裆部要有三角内衬”。布拉赫特引

① Zwickelerlaß，因为这项法令中多次用了“三角内衬”这个词，所以后来被人们讽刺为“三角内衬法令”。

发的嘲讽也重创了帕彭，后者在8月12日主持了普鲁士专员国务部会议，而布拉赫特正是在这次会议上宣布了他的法令。[35]

在政府开始认真执行8月15日制定的方针之前，希特勒就向政府发出了挑战。8月22日，博伊滕特别法庭对波坦帕一案做出了判决。根据8月9日的紧急反恐法令，四名被控纳粹分子因共同政治谋杀罪，另一名纳粹分子因煽动政治谋杀致死罪而被判处死刑。实际上，肇事者驾车行驶了大约20千米作案，因此这是有计划的突袭和蓄意谋杀。

513 从宣布判决的这一刻起，法庭上已经一片沸腾了。西里西亚冲锋队领导人埃德蒙·海内斯（Edmund Heines）向法官们大喊，德国人民将来会做出其他判决，并且还威胁地补充道："博伊滕的判决将成为德国自由的象征。"在这个上西里西亚的城市里，纳粹分子捣毁犹太人的商店，砸碎社会民主党报社和中央党报社的橱窗。希特勒向被判刑的人发出了电报："我的同志们！面对这种残酷的血腥审判，我与你们亲密无间地站在一起。从这一刻开始，你们的自由就意味着我们的荣誉。向做出这一判决的政府宣战是我们的职责。"

同样在8月22日，布里格（Brieg）的一个特别法庭宣布了对7月10日奥劳暴动事件的判决。这次暴乱中有两名冲锋队员被杀。因为严重破坏国家治安，并且造成严重身体伤害罪，两名黑红金旗帜团领导人分别被判处3年和4年徒刑。两个特别法院之所以做出不同的判决，是因为奥劳的罪行是在新的紧急法令生效前发生的，而波坦帕的罪行是在新的紧急法令生效后犯下的。然而，希特勒以特别法庭的不同判决为理由向帝国政府宣战。

“冯·帕彭先生，我不认您那血淋淋的‘客观性’！”希特勒在 8 月 24 日《人民观察家报》中发出这样的呼吁。他接下来说道：“面对这种耸人听闻的血淋淋的审判，我们生命中只有一个目的：战斗，再战斗。我们将把民族这个概念从‘客观性’这一束缚之中解放出来。客观性的真正内在本质激起博伊滕做出这一反对德国民族的判决。冯·帕彭先生就这样用民族战士的鲜血，将自己的名字写入德国历史。现在将要生长的种子将不能通过未来的惩罚得到安抚。为我们五个同志的生命而发起的战斗已经开始了！”

约瑟夫·戈培尔甚至试图超越他的“元首”。他在自己出版的《进攻报》中以《犹太人应受谴责》为题，发表了以下的言论：“我们要……问德国人民，这个判决到底是不是以他们的名义做出的，如果不是，那么现在是否到了把这些冒着天下之大不韪，号称为人民及其福祉把持法律的人和政党赶下舞台的时候了。绝对不要忘记！在把这批被媒体吹捧上天的团伙赶走之前，我们决不罢休……犹太人应受谴责……刑事法院即将来临……这一时刻将会到来，因为国家机关要完成别的任务，而不是去保护叛徒免受人民的怒火。永远不要忘记，同志 514
们！每天告诫自己 100 次，让这句话沉淀在你最深沉的梦境里：犹太人应受谴责！他们将难逃刑事法庭的审判，他们罪有应得。”

帝国政府以官方公告的形式对民族社会主义者的攻击做出了回应。公告说，在必要的时候，德国政府将使用国家的所有权力手段秉公执法，并且不会容忍任何一个政党违反政府的法令。然而接下来的句子听起来并不那么尖刻：“是否可以对博伊滕法院判处的死刑行使赦免权，在这件事上普鲁士政府也不会受政治压力的影响，会对其进行例行审核。”

实际上，赦免权的行使是普鲁士政府的事。但是自 7 月 20 日起，德国总理担任帝国专员一职，在普鲁士拥有最高行政权，因此帕彭面临着艰难的处境。执行死刑可能会变成公开内战的信号。如果赦免，那么帝国政府以及普鲁士政府就会被人怀疑，它们是迫于民族社会主义者的压力才这么做的。两种危险相比，似乎第二种危险对相关人员的威胁要小一些。8 月 30 日，兴登堡总统在诺伊德克与帕彭、盖尔和施莱歇举行会议。总统在会上宣布，他个人倾向于赦免肇事者，这并不是出于政治目的，而仅仅是出于法律原因。这个罪行是在反恐怖主义法令生效仅一个半小时后犯下的，因此不能认为犯罪者已经知道这些刑罚的量刑已经更加严格了。就在这个基础上，由帕彭主持的临时邦政府于 9 月 2 日决定赦免波坦帕的凶手，将其改判为无期徒刑。

这个决定是有理可循的。被纳粹分子称为“犹太新闻”的自由主义派的《法兰克福报》在博伊滕判决之后，马上就提出了与兴登堡和普鲁士临时政府相同的论点，要求赦免肇事者。死刑的反对者本来就很难抗议，在具体的案件中不执行死刑。因此，“波坦帕案”的政治丑闻并不是一种怜悯之举，而是德国最大政党的元首无条件地站在支持者的立场上，而这些支持者以凶残的方式杀害了一个政治对手。自 1932 年 8 月 22 日以来就更加清楚了，如果有一天希特勒上台，德国将面临什么样的挑战。[36]

当博伊滕判决带来的争执还沸沸扬扬的时候，德国政府于 8 月 25 日确定了经济政策的轮廓。这一天召开了由财政部部
515 长冯·克罗西克建议的与德国工业帝国协会的代表举行的会

议。会议上经济部部长瓦姆博尔德首先描述了他对抗进一步经济收缩的设想。在一年的时间里，必须通过两种方式减轻企业家的负担：一方面不收取某些公共款项和税款，另一方面采用更加灵活的雇佣合同。重要的是，企业应该维持较低的工资水平，以避免倒闭的风险。起决定性作用的是雇用新工人。与布吕宁时代不同，瓦姆博尔德这次得到了总理的全力支持。帕彭说，持续的通缩政策将导致货币崩溃。

政府8月25日告诉企业家的话，意味着经济政策发生了根本性变化。帕彭内阁决心奉行积极的经济政策。政府的激励措施旨在刺激私人投资，政府愿意为此目的提供更多贷款。不是政府成员，而是德国工业帝国协会主席古斯塔夫·克虏伯表示，洛桑赔偿会议的结果使新经济政策更容易推广。总而言之，工业家的反应非常积极。“赋税松绑”符合企业家很早以前提出的要求。让雇主感到满意的措施已经开始实施了：劳工部部长舍费尔向国家仲裁员传达了一项指导方针，从6月1日起不再宣布仲裁裁决具有约束力，将工资结构留给劳资谈判方自行解决。

经过8月26日至9月3日的四次部长会议，经济计划最终定形。从1932年10月1日起，税务部门将把企业家缴纳税款的一部分作为税务优惠券发放给企业家，为期一年。雇用更多工人的雇主也可以获得税务优惠券。税务优惠券在银行可以做贷方凭证。税务优惠券可以用来抵押贷款，并允许在证券交易所交易。为企业家的减税政策从1934年4月1日开始，分5年进行。

从英国经济学家约翰·梅纳德·凯恩斯的角度来看，帕彭内阁的优惠券制度是反周期“赤字支出”的大胆案例。当然，凯恩斯要到 1936 年才会完整地提出这个理论。在 1932 年夏天，挪用未来的税收不再是一场赌博游戏。就在 8 月 27 日，经济周期研究所发布了季度报告，报告提到“全球经济趋势
516 逆转的开端”，而且这一势头“可持续并且得到广泛认可”。总是在经济衰退高峰期消失的那些反抗力量，现在又开始涌现出来，并且受到国家慷慨干预的支持，尤其是在美国和英国。经济研究人员对全球经济的进一步发展感到乐观：显然，“在通常被认为已经无可救药的企业家经济中，自动化和根据之前经济经验规则形成的周期性正在重新发挥作用”。

税务优惠券只是新经济计划的一部分。而另一部分在很大程度上旨在取消目前有效的劳资协议法。雇用更多工人的雇主可以用一种更具体的方式降低工资，最多可以超越协议工资下限低至 12.5%。对于那些本来就无法继续维持的公司来说，还有更进一步的救济：允许他们将工资降低 20%。政府在其经济计划的这一部分中所下的命令，只能被工会理解为这是国家在向他们宣战。

8 月 28 日，在明斯特举行的威斯特法伦农民协会的一次会议上，帕彭规划了经济计划的基础。他强调眼下的关键是振兴经济，而不是减少社会福利。帕彭对自由企业的承诺引起了特别关注。他说，企业最重要的生命力是个人的主动性。“加强个人能量和发展个人绩效，增强责任感，这些精神方法是私人经济即便在今后依然能够去满足人类需求的最佳手段，这些方法可能比任何人推荐给我们的经济体系都好。”

“明斯特方针”使帕彭获得了企业家的极大信任。在此之前，特别是在出口导向型行业和贸易界，由于政府的保护主义农业政策，人们对“集中民族力量的内阁”持有强烈的

保留态度。现在，经济界改变了态度，转而开始拥护专制政府。另外，人们对民族社会主义者的失望也促成了这一点。民族社会主义德意志工人党参加竞选时提出的《经济即时纲领》被企业家视为“民族社会主义”，因此非常危险。许多工业家，包括那些在经济上支持过希特勒政党的工业家，都对建立黑褐色联盟的努力感到担忧。民族社会主义德意志工人党与中央党的联盟不仅可能导致重返议会制度方面的风险，还有可能提高两个政党所代表的员工们的利益。从这个角度来看，帕彭内阁几乎在一夜之间就成了大多数企业家的首选政府。

对帝国总理来说，工业界的支持来得正是时候，因为主要 517
由民族社会主义者控制的帝国乡村同盟在 8 月 22 日威胁帝国内阁，如果不采取有利于农业的强有力保护措施，内阁就将承担“严重的政治后果”。帕彭起初反应很强烈，他称帝国乡村同盟是一个“单方面的利益代表”，“缺乏对经济的整体观念和细致洞察力”。然而内阁在 8 月 27 日还是决定对一系列农产品征收关税，其中包括黄瓜、果汁、活鹅和宰杀的鹅，等等。只要“在目前适用贸易协定允许的范围内”，还将限制进口商品的数量。1932 年 8 月，内阁代表的利益平衡开始偏向工业，不过，即便是出于对德国总统的考虑也不能忽视农业方面的需求。[37]

在帕彭的明斯特讲话的第二天，内阁遵循施莱歇两周前发表的外交政策口号，试图通过采取示范性手段来考虑民众的民族需求。8 月 29 日，外交部部长冯·诺伊拉特当着德国国防部部长的面，就裁军会议的问题向法国大使弗朗索瓦-蓬塞递交了照会。帝国政府要求德国实现完全的军事平等，并宣布

“重建”德国国防军，特别强调需要征召民兵以维持国内秩序，以及提供边境和沿海保护。德国无法接受日内瓦会议迄今的结果。德国享有与其他任何国家一样的国家安全的权利，因此德国的平等问题不应该一直悬而未决。“对德国的军事歧视被德国人民视为一种屈辱，它阻止了欧洲建立和平的平衡关系。只有当这种歧视最终消失时，才可以消除紧张关系，缓和政治局势。”

照会不只在接受国引起了负面的回应。在洛桑赔偿会议之后立即与法国签署了一项协商条约的英国也对德国的军备计划表示绝对否定。即便是对德国的平等权利要求表现出比较宽容态度的美国和意大利，这次也非常不满意。8 月 29 日的这个照会是否在国内使帕彭政府受益，这一点也非常令人怀疑。在外交方面，这次行动使德国处于孤立地位。[38]

518 1932 年 8 月 30 日，德国在内政方面做出了重大决定。这一天，帝国总统在诺伊德克接见了帕彭、盖尔和施莱歇。兴登堡批准了政府的经济政策计划，他仅仅提出建议，各种职业做出的牺牲要尽量平均。总理的总体情况报告及其结论也得到了帝国总统的认可。由于极有可能在国会中没有多数议员准备与总统合作，而黑褐色两党联盟也只会是一个“表面上的”或者是“否定”的多数，因此帝国政府将向兴登堡提出解散国会的建议。

与会者一开始讨论了中央党与民族社会主义者之间进行筹备联合政府谈判可能需要多长时间，然后再把眼光聚焦到最具爆炸性的问题上。帕彭说，国会解散之后出现的问题是，是否应在宪法规定的 60 天之内进行新的选举。“如果推迟选举，就会违反宪法相关的规定，但是在紧急状态下，总统有权推迟选举。总统在宣誓就职时，还承担了避免德国人民遭受损害的职责。在这个政治动荡的时代，恐怖主义和谋杀行为比比皆是，在这个时候进行一次新的选举，将对德国人民造成巨大伤害。”

8 月 10 日，在内阁中第一个建议推迟选举日期的内政部部长冯·盖尔表示支持总理。帕彭本人在结论中保证：“如果一直按照宪法办事的德国总统冯·兴登堡元帅由于特殊的紧急情况而决定偏离宪法，德国人民是完全可以接受的。”随后，兴登堡发表了三位来访者期待的声明：“德国总统宣布，为了不让德国人民处于劣势，总统将对自己的良心负责并做出决定，在解散德国国会而出现紧急状态时，以第 25 条的规定为依据，在国家出现特殊情况时推迟新选举的日期。”

对于帕彭、盖尔和施莱歇而言，兴登堡的这一承诺至少等于开出了一纸空白授权，允许政府无条件地立即解散德国议会。帝国总统和政府的三个最重要成员都认为，不按宪法办事是合理的，理由是国家紧急状态使他们别无选择。德国的宪法专家中，有人乐意为此举做出辩护，认为这是终极的手段。这 519
些法学家中最著名的是卡尔·施米特。他在普鲁士政变 10 天前，即 7 月 10 日完成了著作《合法性与正当性》（*Legalität und Legitimität*）。他在这部著作中提出了两部宪法的论点，而《魏玛宪法》正是分裂成了这样两部宪法。第一部分是组织结构的主要部分，是正式的、有中性价值的。第二部分是基本法部分，施米特将其描述为实质性部分，是决定价值观的。在有利的条件下，这两个部分可以并存，但是根据施米特的说法，这些有利条件已经成为过去。国家机关使第一部分失去了效力，而第二部分还在继续使用。宪法的这一实际部分之所以能够保留，正是因为第一部分被抛弃了。因此，总统可以用他那更高的全民公投“正当性”的名义，向多元政党国家形式上的“合法性”宣战，并最终克服它。

施米特建构的逻辑是为独裁国家的合法性授予正式的仪式，先决条件是这个合法性得到总统权威的支持。施米特的同事约翰内斯·黑克尔（Heinrich Heckel）则提出了不同的看法。在1932年10月发表于《公法档案》（*Archiv des öffentlichen Rechts*）的一篇题为《独裁、紧急状态法、预算法引起的宪法危机》的文章中，黑克尔说德国自7月31日大选以来就进入了宪法瘫痪状态。由于两个公开反宪法的政党——民族社会主义德意志工人党和德国共产党拥有绝对多数席位，因此作为一个能够行使职权的宪法机构——议会就名存实亡了。新选举也不可能改变这种状态。黑克尔认为，在这种宪法危机的紧急情况下，德国总统应该尽自己的职责“面对非常状态来保持宪法的总体政治目的，并且对其进行修改”。当然，他不能利用推迟选举来达到帕彭和盖尔所想要达到的目的，即达成一部新的集权制宪法。作为临时独裁政权的掌权者，德国总统仅仅是一个“保护宪法的独裁者”（dictator ad tuendam constitutionem），而不是“决定宪法的独裁者”（dictator ad constituendam constitutionem）。也就是说，他只能保护宪法，但无权创造一部新宪法。[39]

民主党派为化解1932年8月的德国国家危机所做的工作，并不能驳倒宪法瘫痪论。大多数社会民主主义者情愿看到黑褐色两党联盟，也不愿接受帕彭内阁。还有一些人，例如自由雇员总工会主席、德国国会议员西格弗里德·奥夫豪泽（Siegfried Aufhäuser），甚至认为由德国社会民主党、德国共产党和民族社会主义德意志工人党组成一个协调的“社会主义”联盟很有希望。8 月 13 日的丑闻发生后，中央党加大了与民族社会主义德意志工人党在普鲁士邦和国家层面组成联盟的努力。中 520
央党副主席、德国西部天主教工人和矿工协会最重要的领导人之一约瑟夫·约斯，迄今一直是民族社会主义最严厉的批评者，现在却特别热衷于与民族社会主义者的合作。他的论点是，双方可以就实用的创造就业计划达成共识，这与帕彭的单方面对企业家有利的经济计划大不相同，创造就业的计划将得到广大群众的积极回应。德国全国商业雇员协会和一部分基督教工会也持相似观点。

中央党最受尊敬和最有影响力的人物海因里希·布吕宁仍然不愿将普鲁士总理和普鲁士内政部部长的职位交给纳粹党人。格雷戈尔·施特拉塞尔也许能够接受布吕宁的条件。他认真争取过与中央党和巴伐利亚人民党结成联盟。但是身为民族社会主义德意志工人党的组织部领导人，他不敢与自己的“元首”对着干。希特勒本人于 8 月 29 日与布吕宁谈判，坚持要求得到中央党不愿交给民族社会主义者的职位。

因此，即使在议会选举四个星期之后，依然看不到通过议会方式来解决危机的方案。实际上，黑褐色联盟只不过是一个愿望和一种幻想。如果接受中央党的条件，与其结为联盟，那么民族社会主义德意志工人党不再是一个极权主义的政党，而这就等于放弃自己。与天主教政党达成协议，这对希特勒来说必须满足一个条件才有意义，这就是可以在短时间内摆脱这个伙伴。因为做不到这一点，所以他唯一的选择就是领导一个总统内阁。这个方案是兴登堡不想给予他的，而且如果兴登堡真按照就职誓言行事，他也不能这么做。

“国家紧急状态”这个概念最迟在 1932 年 7 月 31 日恰如

其分地描述了德国的现实。如果咬文嚼字地谈论宪法胜于宪法的意义，魏玛已经无法获救了。8 月 30 日的紧急状态法的设计人员并不关心维护宪法的核心，他们的心思是要利用国家危机建立集权政权。1932 年 8 月底，政府和各党派之间讨论的摆脱危机的方法并未摆脱危机，而是越陷越深了。[40]

17. 国家推迟进入紧急状态

1932年8月30日，这一天不仅在诺伊德克就紧急状态问 521
题举行了会面，新选举出的国会也召开了成立大会。1857年7月5日出生的最年长议员、共产党人克拉拉·蔡特金在开幕式讲话结束时表示，希望能作为最长者宣布苏维埃德国第一届委员会会议的召开。开幕式结束后，大多数人选举民族社会主义者赫尔曼·戈林为议会主席。中央党也投票支持戈林，理由是根据议会的习俗，议会主席由最强大的议会党团成员出任。选举第一副主席时，虽然中央党推荐社会民主党人保罗·勒贝，但最终他还是被中央党议员托马斯·埃塞尔（Thomas Esser）击败，而埃塞尔是由民族社会主义者提名的。投票结束时形成了一个“没有马克思主义者”的主席团，戈林就此得出结论，国会拥有“庞大的、运行良好的国民多数，因此并没有出现国家紧急状态”。

这句话的意思很明确：民族社会主义者想以宪法监护人的身份把帝国总统和帝国政府逼到退守状态。民族社会主义德意志工人党和中央党9月的一项联合声明也非常符合这一战术考量。该声明说，两党之间的谈判已经开始，并将继续进行，“目的是从更长远的角度维稳和巩固德国的内政局势”。然而从这个声明并不能得出结论，认为希特勒从现在起就看重黑褐色联盟。目前他只关心不放过所有选项，并且挫败帕彭内阁任何可能的政变计划。

帝国政府尽可能地不去理会民族社会主义者发出的信号。兴登堡礼貌地拒绝了戈林提出的帝国议会主席团到诺伊德克拜见总统的请求，理由是他下周就要返回柏林了。9月4日，内阁宣布一项紧急法令，落实了部长们几天前达成意向的经济复苏计划。内阁决议的另一部分是在9月5日颁布的“增加和保
522 持就业机会”的实施法规。第二条法规在很大程度上推翻了劳资协议工资制，从而引发了工会的强烈抗议。在与帝国劳工部部长舍费尔的会谈中，所有大型工会的代表都称这条法规违宪，并宣布采取相应的法律措施。但政府对此威胁并不恐慌。虽然批评声浪很高，但是9月9日德国总工会联合会依然同意参与实施该法规的工作。

9月8日兴登堡匆匆赶回柏林。就在同一天他接见了国会主席团。戈林和埃塞尔呼吁德国总统与德国国会合作，德意志民族人民党副主席格雷夫（Graef）则被任命为帕彭的总统制内阁的律师。兴登堡拒绝国会主席团享有任何政治谈判的权利，并强调他现在仍然信任现任德国政府。如果国会不同意，它可以决定进行不信任投票。但即使在这种情况下，德国总统也决定不放弃这届德国政府。[1]

两个天主教政党与民族社会主义者之间的谈判仍在继续，但没有任何实质性进展。希特勒既不想被中央党束缚，也不想接受施特拉塞尔提出的建议，让中央党和民族社会主义德意志工人党都参加由施莱歇担任总理的政府。9月10日，德国国防部部长本人也拒绝了类似的计划，他公开出面辟谣。谣言说，“施莱歇要篡改独立的总统制政府的思路，用一个由各个政党组成的内阁取而代之”。此时，希特勒认

为摆脱危机只有一种出路：9月8日，他在柏林恺撒霍夫酒店（Hotel Kaiserhof）的“元首讲话”中明确表示，本党必须准备新的选举，而且越早越好。[2]

国会在9月12日召开第二次会议。会议唯一的日程是听取政府声明。但是会议一开始，共产党议员托尔格勒就提议更改议程，先处理该党团提议的废除9月4日和5日的两项紧急法令，然后处理对帕彭内阁的不信任议案。这种日程的更改，只要有一名议员出面反对就可以阻止。但令人匪夷所思的是，居然没有任何人提出反对意见，甚至连德意志民族人民党党团中也没有人提出反对。为了听取希特勒就下一步行动的决定，民族社会主义德意志工人党提议休会半小时。议会同意审理该提案后，中央党敦促民族社会主义德意志工人党拒绝共产党的提案。但希特勒决定赞同该提案，因此暂时中断了与中央党进一步的谈判。

事态的发展令帕彭手足无措。他既没有考虑到共产党会有 523
这样的举动，也没有料到无人提出异议。他并没有带上兴登堡8月30日在诺伊德克签署的那张没有填写日期的国会解散令。在休会期间，他拿来了这个“红色文件夹”，再次步入会议大厅时故意展示给大家看。会议重新开始后，戈林说，因为刚才没有反对意见，“我们现在就托尔格勒的议案开始表决”。此时，托尔格勒喊道：“主席先生，是记名投票！”戈林应和道：“对，表决是记名式的。”

听到“投票”一词后，总理才起身要求发言，但此时戈林故意向左看，左边是共产党议员座位的方向，戈林用这种办法对总理发言的要求置之不理。国务秘书普朗克不顾场内的阵阵骚乱，向戈林示意总理要发言，戈林很不客气地说：“投票已经开始了。”帕彭第二次要求发言，但无济于事，然后他将红色的国会解散令放到国会主席的桌子上，戈林假装没看见。

国会主席宣布取缔紧急法令和共产党不信任提案联合投票的结果时，总理和部长们已经离开了议会大厅。560 张选票中，1 张选票无效。512 位议员投了赞成票，42 位议员投了反对票，5 位议员弃权。反对票来自德意志民族人民党和德意志人民党。德意志国家党、基督教社会人民服务党、德国农民党和经济党的成员没有参加投票。其他所有议会党团都对共产党的提案投了赞成票。根据会议记录，国会议员以“暴风雨般的欢呼声和掌声”通过了投票结果。戈林随后解释道，在投票期间总理交给了他一份文件，这是“一份因不信任票已经被推翻的总理和内政部部长签名的文件”。所以这份文件已经无效。戈林随后宣读了“1932 年 9 月 12 日帝国总统的议会解散令”。内容是：“根据帝国宪法第 25 条，我宣布解散德国议会，因为国会有要求废除 9 月 4 日和 5 日紧急令的危险倾向。”戈林再次强调这份文件无效，并且建议结束这次会议，第二天继续开会。在本党议员热烈的掌声中，戈林宣布会议结束。

524 实际上，总理把解散令放到国会主席的桌子上时，国会就已经解散了。因此，对共产党的提案进行投票从宪法上讲是不成立的。德国社会民主党议会党团在 9 月 12 日就做出决定，承认议会解散的合法性，不去参加戈林召集的元老会会议。取而代之的是在第二天召开被称为“监督委员会”的保护人民代表权利委员会会议。因为这个委员会不受议会解散的影响，而委员会主席正是保罗·勒贝。召开这次会议的目的是讨论戈林在最后讲话中提到的宪法问题。在这次会议上，德国议会主席本人也承认，解散德国国会在形式上是合法的，而且不存在戈林在前一天谈到的上诉到宪法法院的问题。

对帕彭内阁来说，9 月 12 日的国会会议是一次重大失败。超过五分之四的议员证明了，“集中民族力量的政府”实际上是一个极少数派的政府。此外，总理要为这场灾难承担主要责任。他的支持者不得不发问，帕彭是执行其内阁野心勃勃计划的合适人选吗？[3]

9 月 12 日晚间，帕彭还是宣读了他的政府声明，但听众不是国会议员，而是有机会收听广播的德国人民。总理严厉抨击了戈林的违宪行为，他谈到政府取得的成功和执政意图，然后出人意料地详细谈及要努力完成的宪法改革和帝国改革。形式上的民主体制经过历史的审判在德国人民的眼中已经行不通了，因此必须有一种新的社会秩序来取代它。这是一种“真正公正的人民国家领导”制，建立在民选总统的权力和威望的基础之上。应该提高选举年龄，人民代表机构应与自治团体有机地联系在一起，这显然是指按职业阶层划分的一个参议院。普鲁士政府与帝国政府之间应当建立一种“有机的联系”，以避免将来出现互不往来和彼此抗衡的状态。政府经过仔细研究后，应该提交一份新宪法，由德国人民决定是否可以接受。帕彭讲话的结束语是一个呼吁：“为了德国，与兴登堡一同前行！”

总理在政府声明最后部分所说的，是帕彭政府自 1932 年 525
夏天以来一直试图建立的“新国家”的轮廓。记者瓦尔特·朔特（Walther Schotte）在一本因总理撰写了前言而带有某种官方色彩的小册子中，比总理更详尽地阐述了这个“新国家”与魏玛议会民主的区别。这个“新国家”是一个专制的总统制国家，融入了各种职业的群体。人民意志的表达主要依靠一个一次性的选举，即全民选举国家元首。全民的意愿不再由国会，而是由总统来代表。由他来组成权力的核心。国会应通过兼顾年龄、婚姻状况和子女人数的新选举法来削弱极端化倾向。国会作为一个立法机构，和一个参议院共同分享权力。按照新国家建筑师们的意图，在由帝国总统召集的参议院中，各个行业和谐协作。如果以这些准则为基础的宪法草案得到大多数德国人的认可，那么这就意味着老百姓彻底交出了自己的权力。

帕彭、盖尔和那些帮忙的记者知道，到了1932年，议会民主制只有很少坚定的支持者。现任总理的重要顾问、保守派作家埃德加·荣格（Edgar Jung），早在1927年就在一部广为人知的著作中谴责议会制度是一种“下等人的统治”，而一个专制的、所谓超党派的总统制国家则是长期以来“绅士俱乐部”和《行动》杂志周边的右翼团体创立改革计划的共同点。而那些自诩“保守革命”的支持者阵营并没有提供统一的设想。与施莱歇保持密切关系的记者汉斯·策雷尔（Hans Zehrer）也是《行动》圈子的追随者，他比帕彭周围的知识分子更强调群众的作用。德国国防部部长在1932年夏末的内政联盟讨论中的作用与他的顾问们不断变化的项目有着密切的关系，而他自己策划缜密的计划却往往被搁置在一边。但是到9月，形势已经很明朗了：施莱歇对由他挑选的、越来越明显地远离人民的总理持有明显的怀疑态度。[4]

虽然惋惜魏玛议会民主制大势已去的人不多，但是可以肯定，任何试图削弱普选权和平等权利的企图，都会导致从共产党到各个民主政党甚至民族社会主义者的普遍反对。如果政府希望获得民众的好感，就不能降低选举权的民主化程度。政府应该做的是展示自己的政绩，特别是急大众之急，在关系到他们切身利益的领域里做出一番事业，这就是与失业做斗争。

主要是施莱歇在敦促内阁选择这条道路，因此如果有政治家这样去做，德国国防部部长就持十分赞成的态度。以德国乡 526
村协会主席、基督教民族农民和乡村人民党的帝国国会议员金特·格雷克为首的一批人，主张由公共机构直接发出订单，用贷款来资助创造就业机会。施莱歇不仅对格雷克这批人提出的方案感到满意，更欣赏这个对话小组的组合结构，他们当中有民族社会主义者、钢盔团成员、黑红金旗帜团成员和自由工会会员。对于施莱歇和他的智囊顾问汉斯·策雷尔来说，格雷克的这个团体就是超党派和跨越阶级界限的“跨界”典型。他们希望这样的团体可以成为总统制的社会支持力量。9月5日，格雷克获准向总理和部分部长陈述他的观点，他的展示最初没有起到任何实际作用，主要是财政部部长什未林·冯·克罗西克对格雷克计划中通货膨胀的作用表示很担心。但是施莱歇依然与格雷克的圈子保持联系。他的这种做法给人这样一种印象，似乎他在开始谨慎地偏离帕彭的政府路线。[5]

创建公共领域就业机会的构想在内阁得不到贯彻，但是国防部部长的另一个要求在内阁里完全没有争议，那就是促进军事体育运动。9月12日，在国会那一次戏剧性会议召开几个小时前，部长们得知了帝国总统准备颁布的一项法令，要组建一个青年锻炼帝国管理委员会，这一法令得到所有部长的赞同。内阁批准了“促进越野运动协会”的章程。根据会议记录，内阁一致同意“由青年锻炼帝国管理委员会负责青年体育教育，这对保家卫国至关重要”。

在10月17日给总理的信中，施莱歇阐述了建立这个军事体育组织的长远意图：青年锻炼帝国管理委员会将和 1919 年成立的技术紧急援助团一道，“通过培养一支健康、高效和随时准备好的青年队伍，确保国防安全”。建立这个帝国管理委员会，让“某些贯穿着防卫精神的越野体育运动有利于国民教育”，同时还要奠定“未来武装民兵的基础”。施莱歇的最终目标是毫无疑问的：要采取所有措施“重建”国防军，最终实现重新实行义务兵役制。

国防部部长打算把这个帝国管理委员会建成一个类似于格雷克团体那样的内政机构，吸引各界人才组成一个“横向阵线”的凝聚核心团队。施莱歇希望，能够通过这种办法驯服所有政治国防联盟，让他们为“全民的实际建设工作”服务。他指的政治国防联盟包括冲锋队、钢盔团和黑红金旗帜团等组
527 织。把这些相互敌对的准军事协会合并，这个工作应该由帝国管理委员会、志愿劳动服务团和筹备中的德国青年救助组织、针对失业青年的冬季救助组织来完成。志愿劳动服务团实际上已经成功启动了这个项目。除了钢盔团这类的右翼组织之外，自由工会和黑红金旗帜团也成了这个组织的重要支柱。黑红金旗帜团也乐意加入帝国管理委员会。黑红金旗帜团领导人霍尔特曼认为国防军是唯一可以阻止纳粹分子上台的力量，并希望通过准军事训练来增加本团体的影响力。然而德国社会民主党是“钢铁阵线”中制定政策的政治团体，因此它不可能参与德国社会军事化的工作，也不会去支持施莱歇的军备政策。11 月 10 日，社会民主党委员会决定，黑红金旗帜团不得加入青年锻炼帝国管理委员会。

在 9 月 12 日的同一次会议上，内阁同意成立帝国管理委员会，还通过了另一项同样重要的军事政策决定。外交部部长

冯·诺伊拉特告诉大家，法国大使弗朗索瓦-蓬塞代表法国政府在前一天对 8 月 29 日的德国备忘录做出了回应。在该备忘录中，德国要求实现充分的军事平等。诺伊拉特称巴黎照会“很不尽如人意”，在主要问题上，它回避做出任何决定。外交部部长得出的结论是，德国将不再参加日内瓦裁军会议的进一步谈判，因为这不符合德国的利益。内阁表示同意，并于 9 月 14 日致信给裁军会议主席、英国前外交大臣亨德森。为了向全世界表明，法国应为这种激化形势负责，诺伊拉特 9 月 28 日就离开了国际联盟会议地点日内瓦，而没有听取法国总理赫里欧同一天在主席团的讲话。[7]

内阁 9 月 12 日的决议标志着德国争取恢复军备进入一个新阶段，但这也是德国内政的一个组成部分。政府践行了施莱歇 8 月 15 日提出的口号：在外交政策中，不允许出现人民认为不符合民族利益的任何行为。在国会惨遭失败之后，政府认为，用强调民族的外交政策展示自己的强势要比以往任何时候都更加重要。

内阁在经历了 9 月 12 日的惨败后就再也不敢在内政问题 528
上做一次大的较量，不敢采用帕彭、盖尔和施莱歇 8 月 30 日背着同僚在诺伊德克与兴登堡达成共识的做法。在 9 月 14 日的部长会议上，只有盖尔和施莱歇表示赞成无限期推迟新选举。国防部部长报告说，宪法第 25 条规定国会解散后最迟在 60 天内必须重新选举，能否找出合法的理由不去遵守这条规定。在这个问题上，宪法专家卡尔·施米特、埃尔温·雅各比（Erwin Jacobi）和卡尔·比尔芬格（Carl Bilfinger）认为“国家的确处于紧急状态”，因此对此做出了肯定的答复。包括总理在内的其他所有部长都认为现在还不是偏离宪法的时候。9

月 17 日内阁做出决定，向德国总统提议把 11 月 6 日定为国会新大选的日期，这是宪法允许的最晚日期了。9 月 20 日，兴登堡签署了相应的法令。[8]

内阁在另一个领域的意见也不一致，这就是农业政策。8 月 27 日，政府对乡村同盟的要求做出让步，答应在现行贸易协定允许的前提下对农产品进口实施配额制。重要的工业协会组织对这一决定提出了强烈抗议，其理由也很难被驳倒。它们认为，遭受出口限制的国家将采取反击对策，这会对本来已经很糟糕的德国出口构成新的危险。在 9 月 17 日的内阁会议上，诺伊拉特、克罗西克、瓦姆博尔德和舍费尔都表示认同这一论点，但是帕彭站在农业部部长一边。9 月 26 日，马格努斯·冯·布劳恩在慕尼黑巴伐利亚农业委员会的讲话中列出了一个长长的名单。名单列出了限制进口的产品：除了洋葱、西红柿、豌豆以及最重要的水果外，猪油、黄油、奶酪、牛肉、鲤鱼和熏肉都受到配额制的影响。

农业部部长讲话后的第二天，经济部部长在公众前露面了。9 月 27 日，瓦姆博尔德在科隆工商会发出警告，称自给自足的政策会导致灾难性的后果。10 月 11 日，帝国银行董事会也继续发出警告。配额制对德国的对外贸易、帝国银行的外汇状况，以及对德国货币都构成威胁。德国就进口限制问题和相关国家的谈判中，有两个国家以严厉制裁相威胁——丹麦和意大利。由于无法达成协议，德国政府最终于 11 月 3 日，即德国国会大选 3 天前撤回了配额制的决定。从最初面面俱到的配额计划，到仅剩下黄油这一种进口受到限制。作为补偿，乡村同盟得到了政府对谷物价格的支持。[9]

529 宪法改革也仅仅停留在口头上。帕彭在访问慕尼黑之际，于 10 月 12 日在巴伐利亚工业家联盟做了一个有关国家政策的主题演讲。他反对“国家监管每个公民的这个马克思主义概念”，赞成“真正基督教的全民共同体”，并且秉承“神圣德意志帝国坚不可摧的信念”。总理描绘了一幅“强有力的、超党派的国家权力的图景……这一国家权力不是一个可以被政治和社会力量推来推去的皮球，而是立足于这些力量之上，坚不可摧”。帝国政府不能像现在这样如此依赖于各个政党，不能在偶然的多数面前屈服。“政府与人民代表之间的关系必须是政府行使国家权力，而不是议会。帝国国会做出的决议往往是片面的，因为它们代表的只是各个党派的利益。为了制衡这种现象，德国需要建立一个专门的参议院。这个参议院应该拥有明确的职权划分，并且积极参与立法的工作。”

总理的这番话几乎没有超出他在 9 月 12 日讲话中的内容。负责宪法改革的内政部部长 10 月 28 日在柏林年度新闻发布会上发表讲话时，也没有给出更为具体的内容。盖尔建议设立一种“安全机制”来应对“夸大的议会制”，但没有说明这种安全机制是由什么组成的：是扩大参议会的权力，还是创建一个职业行业的议会，还是两者兼而有之。这位部长否认政府意在废除普遍、平等、直接和匿名的选举权，然而接下来的话又出尔反尔：“我们认为……把选举人和被选举人的年龄提高五岁比较合适，给单人抚养家庭的男性和女性，以及参加过战争的人以附加投票权，这凸显了家庭赡养人对于我们民族的重要性，也表达出祖国对参战者的感谢。”1932 年 10 月底，有一点已经很清楚，“集中民族力量的政府”试图尽力让历史的车轮倒转，但显然他们自己也不知道如何让德国人民大幅度放弃民主权利。[10]

盖尔发表这番讲话时，宪法法院对“普鲁士政变”的判决已经出台3天了。这是大家高度关注的判决，也是在帝国改革问题上原则性的决策，是计划中的宪法改革的一个核心要素。莱比锡法官宣布1932年7月20日的帝国总统令是符合宪
530 法的，在他任命帝国总理为普鲁士邦帝国专员，授权帝国总理暂时取缔普鲁士部长的权力，并由其接管该权力这个问题上给予了肯定。然而这一授权是有限制的，它的原文是这样的：授权“不包括取缔普鲁士国务部及其成员在参议院出任普鲁士邦代表的权力，也不包括取缔其在邦议会、邦参议院或其他邦担任代表的权力。此后凡与此不相符的提案，都会被拒绝”。

1932年10月25日的莱比锡判决判定原告有部分的正确性，被告也有部分的正确性。因此，普鲁士邦的权力被分配给正在执政的布劳恩邦政府和帝国委任的临时政府。临时政府掌控了实际的执政权，而原来的邦政府获得了在参议院中代表普鲁士的最重要的权力。虽然布劳恩内阁没有因此夺回任何实际权力，但也证明了他并没有渎职，这就是一个成功。帝国政府虽然能够继续控制德国最大邦的包括警察在内的国家实权，但不得不接受这样一个事实——7月20日解散普鲁士政府是违宪的。这一裁决也涉及帝国总统，因为是以他的名义执行了这项措施。

不管怎样翻过来掉过去对待此事，这项判决都证明了帝国政府的失败，然而这并不意味着原普鲁士内阁的胜利。《前进报》从“一个特别角度”撰写了一篇醍醐灌顶的评论。作者说莱比锡的决定不是一项法律决定，而是一项政治决定。“宪法法院避开了与帝国发生严重冲突，如果它完全承认普鲁士政府的要求，就可能会引发这种冲突……它的判决与所罗门的判

决正相反：它把受争议的孩子清清楚楚地分成两半，每个吵架的母亲各得一半……因此根据这一判决，帝国专员和普鲁士政府双方都是对的。这里当然有一个巨大的区别：一方的胜利虽然是暂时的，但获得了强大的权力；另一方的胜利虽然获得了永久性结构（Dauergebilde），但实际上影响不大。上帝才知道这会导致什么样的实际效果。”

帝国政府在第一份声明中声称，宪法法院全部确认了1932年7月20日的紧急法令。普鲁士邦的部长们马上提出异议：该紧急法令在其法律基础和根据这个基础的授权令都受到了严格限制。就在10月25日当天，奥托·布劳恩通知第二天召集普鲁士国务部部长开会。邦总理有意识地展示其政治家的风范，他在会后对新闻界表示，他的政府将保持忠诚和客观， 531
为造福帝国和普鲁士，时刻准备积极参与解决尚需澄清的问题。其中最重要的是，普鲁士部长要有检查工作进展的权力，并为其配备足够的官员。

但是帕彭根本不想对布劳恩做出任何让步。10月27日在普鲁士临时政府会议上，总理宣布，帝国政府决定“不允许前普鲁士国务部有行政话语权”。两天后，他与布劳恩一起拜见帝国总统时再次重复了这一立场。他说，执法权是不能分割的，必须由帝国专员负责。而布劳恩表现得比较被动，他甚至不大重视国家法院的判决赋予他的那部分公职。邦总理说：“本来我想早点离任，但是现在不行了。既然国家法院明确分配给我们这份工作，我就不能离开这个职位了。所以我必须耐心等待，等到新的普鲁士政府成立才行。”

布劳恩的抗争意愿不强，使帝国政府很容易削弱莱比锡判决的力度。10月29日，普鲁士福利部解散了。10月31日，帕彭作为普鲁士帝国专员，任命数个帝国副专员来完善临时邦政府。帝国政府的农业部部长马格努斯·冯·布劳恩兼任了普鲁士农业部部长。同时，布拉赫特和专管普鲁士财政部的帝国副专员、前任国务秘书波皮茨一起作为不管部部长进入帝国政府。两个政府的人事交叉是帝国改革的一部分，当然这与布劳恩一直致力的改革不同。10 月 31 日的措施只是证实了 1932 年 7 月 20 日以来的一个事实：普鲁士实际上不再是一个邦，而是隶属于帝国的一个行政单位。

帝国在普鲁士邦掌权期间，普鲁士国务部还要为办公室、人员和文件查看等事情去抗争。布拉赫特直接拒绝了布劳恩希望迁回威廉大街办公地点的愿望。这位副帝国专员分配给国务部的是普鲁士福利部的一个房间，该房间用硬纸板隔成三个小房间。此后奥托·布劳恩内阁便在那里办公。11 月 3 日，邦
532 总理在新闻发布会上宣布，他要向总统倾诉受到如此待遇，而他的许多党内朋友都很失望。他们原本抱有更多的期望，现在还担心国会选举会因此受到负面影响。民主派的《八点晚报》(*8-Uhr-Abendblatt*) 抱怨说，布劳恩没有“立即用拳头敲桌子，也没有发起国务部重大行动”。该报纸还向邦总理推荐了一本书，标题为《我如何能够精力充沛?》(*Wie werde ich energisch?*)。[11]

1932 年第二次德国国会大选的血腥程度远不及第一次，也没有特别的高潮事件。最轰动的集会不是在德国，而是在巴黎。德国共产党主席恩斯特·台尔曼并没有法国签证，他非法进入法国，在 10 月 31 日与法国共产党主席莫里斯·多列士 (Maurice Thorez) 一起来到斗牛场，并在那里发表了一番火药味很浓的讲话，他们抨击“凡尔赛的指令、掠夺性的《杨格

计划》和《洛桑协定》”。两位党主席认同台尔曼在 10 月 2 日向公众发布的联合宣言。宣言中要求，德国和法国的共产党要求推翻“凡尔赛体系”。关键的段落是这么说的：“掠夺性的条约是一场野蛮的吞并，使阿尔萨斯-洛林、西普鲁士和东普鲁士、波森、上西里西亚、南蒂罗尔数以百万计的人民受奴役，而凡尔赛的条约根本就没有征询过他们的意见。这个体系令他们受到帝国主义法国及其附庸国、法西斯波兰和捷克斯洛伐克的统治，忍受比利时和立陶宛的武力或墨索里尼的法西斯野蛮行为的蹂躏。奥地利人民也因凡尔赛体系、《圣日耳曼条约》和新的国联条约被剥夺了民族自决权。”

这个宣言彰显了“德国人民的民族和社会解放宣言”的传统。1930 年 8 月，共产党就试图用此宣言从民族社会主义阵营中赢得选票。它也完全符合 1932 年 8 月和 9 月共产国际执行委员会第十二次全会的方针。这次会议要求共产党一方面开展反“民族主义和沙文主义”的攻势，另一方面宣传自己的民族主义目标，包括“建立‘社会主义苏维埃德国’的方案，这也为奥地利人民和其他德语地区人民自愿加入德国提供了可能性”。

共产国际认为，之所以要打民族主义这张危险的牌是为了追求一个目的：为工人阶级夺权做准备。为了达到这个目的，关键是要发动局部的经济和政治斗争，并将其转变为群众行动，直到出现革命的局面。在这种情况下，由工人阶级多数领导的各个共产党可以按照他们的意愿做出有关权力问题的决定。对于共产党来说，第十二次全会最重要的结论就是执行委 533
员会书记奥托·库西宁（Otto Kuusinen）报告中的论题：“只有重点打击作为资产阶级主要社会支柱的社会民主党，才能成功地击败和粉碎无产阶级的主要阶级敌人——资产阶级。只有把社会民主党领袖和社会民主党工人区分开来，才能以革命统一战线的名义，自下而上地推倒那堵挡在共产党人与社会民主党工人之间的墙。”[12]

共产党在国会选举前不久得到一个机会，把“自下而上的革命统一阵线”向纳粹阵营方向扩展，从而使反对社会民主党和自由工会的斗争有了新的转折点。自9月起，众多企业，特别是中小型公司的雇员因减薪而发起了种种抗议，这也是9月工资政策法规出台的结果。这些罢工得出的结论是，工人阶级逐渐准备好再次用罢工捍卫自己的权益。并非所有罢工，但绝大多数罢工的主要推动者是革命工会反对派。这是共产党安插在企业内的组织。1932年秋最大规模的罢工——11月3日开始的柏林交通公司（Berliner Verkehrs-Gesellschaft，简称BVG）的罢工也是这样。

与首都市政运输公司的原有工资协议于9月30日到期。柏林交通公司的管理层最初要求将每小时的工资削减14~23芬尼，理由是亏损不断加剧，但随后因公共企业工人自由总工会和客货运输雇员自由总工会的反对，降低工资的幅度大打折扣。从11月1日起，每小时的工资仅仅降低2芬尼，然而降低工资的时限没有规定。共产党和革命的工会反对派马上表示不同意这一规定。动员工人的工作由共产党控制的“统一委员会”负责，自由工会组织的工人和纳粹的企业基层组织的成员也属于该委员会。该“统一委员会”的代表大会在11月2日争取到让全体员工进行表决，三分之二的多数票同意罢工。根据总工会的章程，只有在四分之三会员表示赞成的情况下，才可以批准“总”罢工。总工会的领导层会议以没有达到所需多数为由拒绝发起罢工。当然，它也拒绝了迄今与柏林交通公司谈判的结果。

总工会犯了一个严重错误，因为它违背了自己的章程，让 534
柏林交通公司三分之二的非工会会员参加了投票。但是，当大多数人投票赞成罢工后，拒绝罢工只能起到一个作用，这就是让工会被孤立。“统一委员会”的代表们认为这样的结论正求之不得，于是在 11 月 2 日晚上他们一致决定第二天早晨举行罢工。除了共产党、革命工会反对派的领导人，以及一些反对派的工会人士外，选入中央罢工领导层的还有民族社会主义德意志工人党企业基层组织的 4 名成员和柏林交通公司的 2 名女工。

早在 1932 年 5 月，共产党就已经承认在战术上有必要将民族社会主义德意志工人党的工人纳入罢工委员会中。然而纳粹党认为，因为在意识形态上的分歧，很难与“布尔什维克”展开这种互动，而且必须考虑到德国国会选举可能出现的后果。但是柏林大区领导人愿意承担这种风险。“许多资产阶级群体会因为我们参加罢工受到惊吓，”戈培尔在 11 月 3 日的日记中这样写道，“但这不是决定性因素。我们以后可以轻易地将他们争取回来，但是我们一旦失去了工人的支持，就会永远失去它。”

罢工行动基本上是按照罢工的口号来进行的。11 月 3 日，柏林地铁停运。所有已经驶离停车场的有轨电车和公共汽车都被罢工者中途拦住，很多车辆还遭到了破坏。下午，工资谈判各方经过简短的初步谈判之后，仲裁委员会做出了一项仲裁裁决，该裁决实质上确认了之前的结果：时薪降低 2 芬尼，而且没有时限。柏林交通公司接受了这一仲裁，但工会方表示拒绝。国家仲裁员在当晚宣布该裁决具有约束力，柏林交通公司张贴各种告示，要求罢工人员在11月4日星期五下午2时前重新返回工作岗位。如果拒绝，管理层有权立即解雇当事人。

11月4日夜间，情况进一步恶化。警察多次出动进行大搜捕。《前进报》称警察的行动是“乱抓乱捕”。星期五清晨，在舍纳贝格（Schöneberg）的贝尔齐格大街（Belziger Straße）电车总站附近，罢工者与警察发生了严重冲突，一名纳粹海关官员遇害。上午10时前后，工会领导人召开会议，反对警察的所作所为，但同时也对他们的谈判代表表示信任，并呼吁其会员复工。但是因大多数罢工者反对，该决定无法落实。共产
535 党人和纳粹分子在城市的大部分地区引发了严重骚乱。冲锋队在舍纳贝格的主要街道上设置路障，一辆未坐满的公共汽车遭到乱石攻击，警察先开枪警告，然后向人群扫射。11月4日下午，共有3人被警察的子弹击中身亡，8人受重伤。

“柏林充斥着一阵革命气氛，”戈培尔高兴地写道，“我们在工人队伍中的声誉在短短几天内就获得了极大的提升。即使这在本次选举中起不到作用，这笔资产也会在未来拥有无可估量的意义。”《前进报》观察到“纳粹和共产党已经结成兄弟”，并且补充说：“昨天两党还在相互谩骂，要么是褐色杀人魔鬼，要么是红色下里巴人。今天，他们却结成了最忠诚的联合体！有阶级意识的工人难道不感到羞愧脸红吗！”

总理也出面表态了。在11月4日晚所有德国广播电台播出的一次竞选演讲中，他谴责这次自发罢工，指出这是纳粹分子与共产党人肩并肩挑起纷争，破坏经济和平，称这次罢工是“危害整个国家的犯罪行径，全体民众要动用最后的力量与之抗衡”。帕彭完全站在他“强大国家”的立场上，向听众做出

保证："要最严厉地处置所有像在柏林这样的和平破坏分子。"

直到 11 月 7 日，国会选举的第二天，柏林的交通才逐渐恢复正常。傍晚，中央罢工管理层决定停止抗争。领导层指责社会民主党的工会领导率先与警察合作一起破坏了工人的统一战线，这就证明了社会民主党领导的工会是帕彭政府在柏林交通公司中的最有力支持者。11 月 8 日，柏林交通彻底恢复正常，纳粹的企业基层组织也宣布停止罢工。11 月 6 日，民族社会主义德意志工人党在柏林的选票损失主要集中在资产阶级市民居住区，而在工人区的损失则很小。因此戈培尔等人可以希望，从长远视角看，柏林交通公司的罢工仍将为他的政党带来回报，他们在大城市的无产阶级阵营中将获得更多信任。[13]

1932 年第二次德国国会选举的突出特征是，民族社会主义德意志工人党不仅在柏林，而是在整个帝国全线失利。与 7 月 31 日的上一次选举相比，民族社会主义德意志工人党损失了 200 多万张选票。他们的份额从 37.3%下降到 33.1%，席位从 230 个减少到 196 个。德国社会民主党也在失利者阵营中，选票与 7 月相比减少了 70 多万张，份额从 21.6%减少到
20.4%。获胜者是德意志民族人民党和德国共产党。胡根贝格 536
的政党比上次选举多出了 90 万张选票，份额从 5.9%增加到 8.9%。德国共产党凭借着增加的 68 万张选票，份额从 14.5%增加到 16.9%。两个天主教政党略有损失：中央党的份额从 12.5%下降到 11.9%，巴伐利亚人民党的份额从 3.2%下降到 3.1%。德意志国家党保住了 1.0%的份额，而德意志人民党的份额从 1.2%增加到 1.9%，以符腾堡虔信主义为基础的基督教社会人民服务党从 1.0%增加到 1.2%。选民投票率的下降幅度惊人：从 7 月的 84.1%降至 80.6%。

选举结果首先反映出民众已经对政治灰心丧气。如果加上帝国总统的两次选举和各邦的选举，对大多数德国人来说，11月6日的选举已经是1932年的第五次投票了。没有参加投票的人数从7月的700万增加到11月的860万，这主要是归咎于对投票的厌倦。民族社会主义德意志工人党之前往往通过鼓动不参加投票者参与政治而赢得选票，这次则受到了重创。正是那些“非政治”选民深感失望，因为他们发现自己的选票对实际政治几乎没有什么影响。11月6日不去参加选举的德国人，不仅仅是那些选举疲劳的人，还有很多对“他们的”政党深感不满的人，包括民族社会主义德意志工人党、德国社会民主党、中央党，以及巴伐利亚人民党。

从德意志民族人民党和德意志人民党所取得的相对较好的选举结果来看，帕彭内阁显然还是赢得了一些信任，尽管这种信任颇为有限。政府和支持它的政党获益于经济复苏的曙光，人们把这一转机理解为帕彭积极经济复苏政策的成果。受国家控制的电台也不遗余力，把政府的成就说得天花乱坠。此外，人们对民族社会主义德意志工人党在政治和社会领域的极端做法也有了清醒的认识。帕彭在11月4日电台讲话中着重提及了希特勒在波坦帕谋杀案之后挑衅性的表演。纳粹分子和共产党在柏林交通公司罢工中的合作，不仅吓坏了首都柏林的别墅区居民，而且令整个德国的资产阶级选民震惊。但是政府并没有理由欢庆胜利。两个参政政党的选票率尽管从7月的7.1%上升到10.8%，但几乎十分之九的选票都投给了反对“男爵内阁”的政党。

两个天主教政党既没有因为反对帕彭，也没有因为参与和纳粹联合执政的谈判而得到更多的认可。与7月大选相比，他们总共损失了46万张选票。仅从数量上看，组成黑褐色政府联盟已经没有可能。中央党、巴伐利亚人民党和民族社会主义德意志工人党共有286个席位，与绝对多数要求的还差7个席位。因此在11月6日选举之后，通过议会解决危机的方案与7月31日相比就更难实现了。[14]

中间党派的左翼也出现了一种明显的力量转移。社会民主 537
党在7月选举中比共产党多出7.1%，但这一领先优势现在已缩小至3.5%。《前进报》转载了维也纳《工人报》的一篇文章，冠之以《马克思比希特勒更强大》的标题，该文章强调了这样一个事实，即德国社会民主党和德国共产党加在一起比民族社会主义德意志工人党更强大，并从中看到了“最美好的希望”。但是德国共产党正在接近超越德国社会民主党的目标，这一现实让社会民主党人忧心忡忡。在11月10日的党委会议上，开姆尼茨地区党主席卡尔·伯歇尔（Karl Böchel）清楚表达了这将意味什么。这位“左派人物”这样说道：“我们和共产党在进行最后冲刺。我们如果再失去十几个议席，共产党就会超过我们……这将是共产党鼓动的重要心理时刻……那些忠于该党的同志就会说，这是全民的决定，他们会努力打赢这场战斗。”

德国社会民主党主席奥托·韦尔斯则对选举结果给出了积极得多的评价。就在同一次党委会议上，韦尔斯说，在1932年这一年里，社会民主党打了五场仗，这五次战役的口号就是“打败希特勒!”，“在第五次战役中他终于败下阵来”。普鲁士邦议会的议会党团主席恩斯特·海尔曼也以类似的乐观态度评估选举的结果。他在论坛机关报《自由之言》中写道，社会民主党选举的目标一直是避免最糟糕的事情，即避免希特勒的绝对独裁统治。“这个目标我们达到了，而且我们自己没有重大损失。今天，没有一个正常人会相信希特勒的独裁政权……法西斯主义对国家发动了猛烈的进攻，纳粹分子领教了第一次严重失败及其不可预见的后果，这就是工人阶级的成功。从这个角度看，没有人会对付出的工作和努力感到后悔。”

另一大民主政党中央党在 11 月 5 日后并不认为本党与民族社会主义德意志工人党达成妥协的努力失败了，失败的是帕彭内阁。中央党主席卡斯主教在大选之后第二天表示，政府选择了反对人民，人民对此做出了回应。“在人民评判的基础上，我们将采取一切负责任的措施，弥合政治阵营之间的裂痕，尽可能建立一个强大的、与人民紧密联系的帝国政府，改变今天这种不堪的状态。”《日耳曼》报在发表卡斯这篇讲话
538 的时候为其冠上了《绝不和这个政府为伍》的标题。德意志民族人民党的《日报》从选举结果中得出了截然不同的结论。1928 年胡根贝格当选为党主席时，民族人民党就已经做出了决定。“当年和现在都一样，关键是要摆脱议会制！”胡根贝格本人称自己的政党取得了“令人信服的胜利”。他继续说：“铲除了国会中黑褐两色的多数，这为落实我们在人民和议会中代表的方针创造了必要的先决条件……斗争仍在继续。德国万岁！”

民族社会主义德意志工人党把共产党势力的扩大归咎于帕彭内阁。《人民观察家报》写道，“这届绅士俱乐部政府最杰出的成就”是在几个月内帮助共产党争取到 100 个议席。希特勒发出呼吁，坚决反对与政府达成任何谅解和妥协。这个口号意味着继续展开无情的斗争。戈培尔的《进攻报》称，“这次选举得出的理所当然的要求”就是希特勒必须担任总理，

“不管在议会多数的基础上，还是以总统制内阁的形式，或两者兼有的形式。形式是一个次要的问题”。

德国共产党中央委员会谈到革命正在蓬勃地加速发展，并称共产党是此次竞选的胜利者。《真理报》也持同一观点。德国共产党是“德国无产阶级革命的统一党”，因此赢得了选举。联共（布）中央委员会机关报 11 月 10 日写道：“越来越多的劳动人民加入革命大本营。大革命即将爆发。当前的经济斗争浪潮将发展成整个工业领域，以及所有工业地区越来越强劲的罢工运动，最后在共产党的领导下形成政治大罢工和总罢工，展开一场建立无产阶级专政的斗争。”

11 月 8 日，总理在外国媒体协会的讲话中对选举结果首次表态。帕彭谈到“对政府工作的理解取得了可喜的进展”，并希望在大选后形成真正民族力量的集中。总理补充道：“我一直强调，人事问题并不重要。”[15]

内阁在 11 月 9 日讨论了政治局势，帕彭的这番言论遭到了盖尔的强烈反对。根据内政部部长的会议记录：“这句话会被理解为我们在示弱。绝对有必要借下一次机会公开宣布，帝国政府绝不打算为任何一个政府让出位置，让任何结党营私的团体随意发展……帝国总理本人也不要一再强调他可以辞职，说什么他本人不是障碍这样的话。”盖尔建议与各党派谈判， 539
通过谈判来评判帝国内阁的支持度。“如果不能实现这一目标，那么后果很明显，就会出现再次解散国会的想法，也就是进入宪法紧急状态。在一段时间内就无法避免专政。”

8 月 30 日国家紧急状态的计划再次被列入议事日程。但是内政部部长没有得到任何一位同事的完全认可。施莱歇同意内政部部长提出的“最终结果”，但不同意他的方法。政府需先向公众证明，目前不可能建立多数派政府。只有经过总理和各党派商谈之后，德国总统才能走这步棋。政府发表这样的声明后，国会就无法召集会议。外交部部长冯·诺伊拉特也同意这一观点。在新任部长布拉赫特和波皮茨的支持下，财政部部长冯·克罗西克建议邀请民族社会主义德意志工人党共同执政，而司法部部长居特纳一再提醒大家注意违宪的风险。

讨论结束时，帕彭重申了他的观点，即民族力量的集中不要因为人事问题而失败，在特定情况下他的辞职可以有利于这种力量的结合。最好的办法也许是由帝国总统亲自出面与希特勒谈判。施莱歇再次强调有必要让各个党派自知理亏。因此应该是先由总理，然后才是帝国总统和他们谈判。他本人也愿意与希特勒进行非正式的接触，但与此同时“坚信，民族社会主义者是不会参与政府执政的”。国防部部长的提议得到了同事们的认可。总理提出，他本人和整个内阁都不会向总统递交辞呈，总理的这个提法也得到了大家的认可。但是，帕彭要求继续进行宪法改革的要求没有得到支持。内阁中有四位部长，尤其是施莱歇，都表示应该推迟有关计划。这就意味着 1932 年 11 月 9 日这一计划暂时告一段落。

第二天，帕彭向帝国总统汇报了内阁会议的结果。一份新闻稿用如下语言概述了兴登堡的立场：他“继续坚持支持建
540 立一个以帕彭为基础的、民族力量的联合政府”。因此总统授予总理的任务是“与有关政党领导人确认，询问他们是否愿意，以及在多大程度上愿意支持政府落实正在实施的政治和经济计划”。

由此看来，兴登堡的立场很明确。他希望保留总统制内阁，并不想更换总理。然而帕彭到底在想什么还不是很清楚。

帕彭对外国新闻界和内阁的讲话表明，他在寻求与民族社会主义者的和解，就他本人而言，他并不完全拒绝让希特勒出任总理。如果亲纳粹的工业家团体负责人威廉·开普勒（Wilhelm Keppler）11 月 13 日告诉科隆银行家库尔特·冯·施罗德（Kurt von Schröder）的消息属实，那么帕彭甚至在几天前就明确向伊尔塞德冶炼厂（Ilseder Hütte）的监事会主席埃瓦尔德·黑克尔（Ewald Hecker）保证，他有意向“同意在希特勒任总理的领导下组建一个政府”。根据同一个渠道，据说帕彭 11 月 11 日在与黑克尔、现在完全投靠了纳粹的亚尔马·沙赫特，以及希特勒的私人亲信海因里希·希姆莱（Heinrich Himmler）的谈话中，再次表达了相同的观点。

帕彭还从黑克尔那里获悉，工业界、银行界和农业界的一大批重要人物将向帝国总统呈递一份申请，请希特勒接手总理府。这封信确实也在 11 月 19 日递交给帝国总统了。撰写人对现任内阁的“正直意愿”表示出敬意，但指出该内阁在 11 月 6 日的选举中在德国人民中间没能得到足够的支持。信函中最重要的段落是：“我们的总统制内阁拥有最好的物质条件和人力资源，如果把这个内阁的领导权交给最大民族团体的领导人，就可以消除每次群众运动不可避免带来的弱点和错误，并将现在站在一旁的数百万人转化为支持内阁的力量。”

这封信有 20 个人签名，有来自“开普勒集团”的 8 名成员，其中包括沙赫特、库尔特·冯·施罗德和黑克尔。大多数签名人是中型企业家、银行家和大地主。签署该申请书的还有帝国乡村同盟主席卡尔克罗伊特伯爵和弗里茨·蒂森，后者早已是民族社会主义德意志工人党员了。除钾矿厂主奥古斯特·罗斯特格（August Rosterg）外，蒂森是唯一以这种方式支持希特勒的大工业家。没有签字的联合钢铁厂总经理阿尔贝特·弗格勒11月21日通知施罗德，另外两名重工业家——古特霍夫农集团总裁保罗·罗伊施和赫施公司的总经理弗里茨·施普林戈鲁姆（Fritz Springorum）“基本上同意信中表达的观点，他们也视其为解决当前危机的真正方案”。但他们两人都不想签字，因为他们担心，这样一种政治声明会使鲁尔工业界的内部矛盾过于明显。

541 因此给兴登堡的信并不是大型企业的表决。但有一点是肯定的，经过11月6日的选举之后，帕彭政府已经不再像9月和10月那样能够得到经济界几乎“一致”的支持。选举结果对工业界来说是令人失望的，他们将大部分“政治”资金投给了两个支持政府的党派，即德意志人民党和德意志民族人民党。德国共产党选票猛烈增加尤其令人震惊，希特勒指责帕彭内阁应为此负责，这并不是完全没有道理的。财政部部长冯·克罗西克支持纳粹分子参与政府执政，其理由是否则“包括青年”在内的大部分民族社会主义者有可能加入共产主义阵营，当时这也是被广泛接受的观点，也是国会选举后工业家改变态度，转而支持希特勒的背后原因。11月底在杜塞尔多夫举行的朗南协会大会甚至给一名观察员留下了这样的印象：“不管出于什么原因，几乎整个工业界都希望希特勒上台。”当然这种说法不免有些夸张。

11月6日之后，魏玛各个政党开始重新寻求摆脱国家危机的途径，这种努力几近绝望。中央党和巴伐利亚人民党不想放弃与民族社会主义德意志工人党组成联合政府的希望。当然，这样一个联合政府还需要在较小的政党中寻找合作伙伴，才能满足国会席位分配的要求。11 月 14 日，中央党议员约瑟夫·维尔特致信德国社会民主党议会党团主席鲁道夫·布莱特沙伊德，请求他理解中央党左右为难的处境。“中央党将继续努力让民族社会主义者在帝国中承担实际责任。我们双方都认为这种尝试有很大风险，但是我一再主张，如果不冒这个风险，目前的状况会导致国会停摆、人民的权利遭受破坏的局面。为了保护民主，中央党不得不这么做。”

维尔特向德国社会民主党呼吁，作为“一个真正的在野党”，给“中央党、民族社会主义德意志工人党+X 党+Y 党组合的政府”一次机会，先把紧急法令提交给一个委员会进行审查，并且通过投弃权票来阻止不信任议案。只有这样才能阻止胡根贝格“破坏德国民主的手段”，使民主保持其“本质的核心”。社会民主党必须尽力给“人民代表一次喘息的机会，或者更确切地说是生存的机会”。“如果人民代表因为党派原 542
则而灭亡，政党意味着什么？政治发展又意味着什么呢？我在这里不想开玩笑，也不想低估这样的后果。”[17]

至少和中央党一样，社会民主党很担心立即解散新选举出的国会。如果在冬季重新举行选举，德国共产党的票数有可能会超过德国社会民主党。这一忧虑促使党的领导人寻求避免出现这种情况的可能性，因此社会民主党要避免国会召开会议后立即提出，或者支持对帝国政府的不信任议案。韦尔斯于 11 月 10 日向党委会推荐一项策略，他说这是中央党转达给他的：德国社会民主党应该首先提出第 48 条的实施法草案，以限制总统制内阁的权力，进入三读过程后，就不能推翻政府了。韦尔斯并没有说出这个想法的发起人是谁，其实这个人就是海因里希·布吕宁，一天之前他和德国社会民主党主席见了面，并且交换了意见。

韦尔斯的建议很受欢迎。希法亭早在8月就致力于让帕彭内阁这个“小害”（Kleines Übel）继续执政，不要推翻帕彭而让希特勒这个“大害”接管政权。希法亭现在向他的政党发出呼吁，在议会中“为下一次选举创建一个真正的联合战线”。希法亭提问：“如果本届议会再次被送进坟墓，我们将如何面对选民？”泽韦林说，如果社会民主党人真想支持议会制，他们就不应该重犯共产党的错误，“在议会开始工作之前就解散议会，”布莱特沙伊德的一番话也是同样的意思，“如果帕彭立即再次解散国会，我们又将无法表态……我们必须在不与中央党和帕彭联合执政的情况下，就我们最关注的问题表达意见。”

第二天，即11月11日，《前进报》宣布将提交第48条的实施法草案，并解释了放弃立即推翻“男爵内阁”决定的理由：“对帕彭政府的最大打击……就是德国国会对内阁一个又一个失败政策提出批评。”但是，最强大的民主党派的这个办法并不是摆脱国家危机的出路。德国社会民主党的策略只能取得某种外在的成功，而且一方面需要民族社会主义德意志工人党同意不支持共产党提出的不信任议案，另一方面，政府面对反对内阁政策的决议不以解散议会作为答复。无论是前一个还是后一个结果都不大可能出现。如果他们认为借11月6日选举产生的德国国会能够挽救议会制民主，这纯粹是一种幻想。[18]

543 两个天主教政党的幻想则是另外一种类型。他们仍然指望通过让民族社会主义德意志工人党参加政府工作来驯服这个党。帕彭与各个政党的第一轮探索性对话开始于11月16日。

在与中央党主席卡斯主教以及议员尤斯的会谈中，两人都要求内阁辞职，并要求德国总统与各政党开始直接谈判。中央党借着与总理谈话的机会递交了一份公开声明。中央党在声明里表示赞成“将政治力量团结为一个强大的经济共同体和工作共同体”。可以理解为这只不过是与民族社会主义德意志工人党组成联合政府的另一种说法。巴伐利亚人民党主席弗里茨·舍费尔（Fritz Schäffer）的表达更加直率。他当天向总理表示，“动员民族社会主义德意志工人党加入政府，即便是我们要以任命希特勒当总理为代价”，但是这势在必行。

有两个政党拒绝总理的谈话邀请。德国社会民主党议会党团主席很不客气地拒绝了邀请。他在 11 月 15 日的一份声明中表示，鉴于帕彭的举止，他不适合作为社会民主党的谈判伙伴。这一份声明的高潮是要求政府辞职。希特勒表现得客气些，在 11 月 16 日致总理的一封内容翔实的信中，他表示，根据他在 8 月 13 日获得的经验，他只想进行书面的意见交换。民族社会主义德意志工人党领导人认为政府迄今的措施“部分不足，部分缺乏深思熟虑，部分完全无用，甚至危险”。希特勒明确表示自己的党绝对不支持政府继续奉行的政策。

11 月 17 日，内阁对总理的种种努力做出评估。帕彭本人得出的结论是，由他作为总理“不可能实现民族力量的集中”。他建议全体内阁向总统提出辞呈。施莱歇支持这一建议，同时强调，如果没有辞呈，总统的后继谈判就会像一场闹剧。其他部长也支持辞职，只有盖尔提出保留意见，他认为内阁必须继续施政。兴登堡当天接受了辞呈，但同时请政府继续执政。这一点和内政部部长的看法完全吻合。[19]

几乎所有政治阵营都对帕彭政府辞职的消息表示满意。 544

“男爵内阁”的政策令大多数人站到了自己的对立面上，甚至有许多人认为，现在似乎只能朝好的方向扭转了。但是如何克服国家危机，在 11 月 17 日与前几周一样仍然不明朗。

11 月 18 日，兴登堡开始接见各党派领导人。在总统的历次接见中，共产党都不在名单之中，然而这次连社会民主党也没有了。德国总统对他们拒绝帕彭感到非常不满。第一位前来会谈的是德意志民族人民党主席胡根贝格，他主张建立一个“超党派的总统制政府”，并且警告说希特勒这个人反复无常。德意志人民党的丁格尔代虽然不那么直截了当，但也持这一论点。卡斯和舍费尔再次表示赞成民族社会主义德意志工人党参与政府执政，而巴伐利亚人民党主席则认为“希特勒的性格和人格不善”，但同时指出，由于其周围的人渴望独裁执政，那么必须在希特勒领导的政府内插入“制衡的力量和强力人物”。

德国总统最重要的谈话是和希特勒的谈话。在 11 月 19 日的第一次会议中，民族社会主义德意志工人党领导人就指出，如果他的运动失败，“那么德国将会面临最大的危险，将会出现 1800 万马克思主义者，其中大约 1400 万至 1500 万人是共产主义者。因此为了国家的利益，就必须保护我的运动，前提就是授予我的运动领导权”。他在这里强调的不是给运动以权力，而是他要掌握领导权。也许可以在一段时间内用一个超越党派的内阁实施专政。“但这是不会长久的，2 月就会爆发革命，那个时候德国在外交方面就无足轻重了。”

当兴登堡问及他是否打算与其他各党派就合作的务实计划谈判时，希特勒回答说，只有总统下令由他组建政府，他才会这样做。“我相信我将找到一个基础，通过它我和新政府会在国会得到一项授权法令。在国会里只有我一个人能够得到这项授权法令。只有这样难题才会解决。”

11 月 21 日，希特勒再次受兴登堡的邀请进行进一步商谈。此时他已经通过新闻稿和国务秘书迈斯纳得知，总统会向他提出什么建议。这就是给他三天时间，让他尝试组建议会政府。希特勒在国会中获得多数的机会很小。胡根贝格严厉拒绝支持希特勒内阁，中央党的意见是，纳粹党成员要么担任德国总理，要么担任普鲁士邦总理，但不能二者兼得。而希特勒要求得到第 48 条的全权，即总统制内阁的领导权，但兴登堡没有答应。总统表示，作为帝国总统，他必须亲自指定希特勒领 545
导的多数政府中的外交部和国防部的领导职位。总统的这一做法明显违反了宪法第 53 条，这一条规定德国总统有权任命和罢免总理以及总理推荐的各个部长。

希特勒与国务秘书迈斯纳之后的来往信件确认了 11 月 21 日会谈后的结果：兴登堡不准备授予希特勒总统制内阁总理的全权，如果民族社会主义德意志工人党领导人获得议会多数，他的权力应少于宪法赋予总理的权限。而希特勒不准备接受这个条件，从一开始大家都心知肚明，这些只是帝国总统顾问们的计划。11 月 24 日，兴登堡通过迈斯纳向希特勒发送了一条书面信息，这个信息也发送给了新闻界，其实质内容与 1932 年 8 月 13 日的决定没有什么不同：帝国总统认为“如果一个政党一再强调排除异己，同时对他本人，以及他认为非常必要的经济和政治措施持否定态度，他就不能赋予这个政党领导人以总统制的全权，因为这样做无法向德国人民交代。在这种情况下帝国总统有理由担心，一个由您领导的总统制内阁将不可避免地发展为一党专政，其后果是在德国人民中间激化矛盾。

面对这样的结果，他无法对他的誓言和良心负责”。[20]

组成议会多数政府的最后尝试从一开始就毫无希望，可能只是因为兴登堡周围的人认为有必要这么做，以便让公众再次意识到总统制解决方案的必然性。11 月 24 日，帝国总统让主教卡斯与各党派商讨解决议会危机解决方案的可能性。一天之后，负面的结果摆到台面上。卡斯不得不告知德国总统，虽然德意志人民党主席丁格尔代和巴伐利亚人民党主席舍费尔准备参加未来政府关于施政计划的讨论，但希特勒和胡根贝格都不参加。卡斯得出的结论是，现在唯一的解决方案是组建一个不像帕彭政府那么极端化的总统制内阁。这样一个内阁没有议会多数支持，但享有更广泛的基础。

546 11 月 25 日，内阁讨论政治局势。施莱歇先汇报了两天前与希特勒的一次谈话。民族社会主义德意志工人党领导人明确地回答了德国国防部部长提出的详细问题：希特勒并不准备加入帕彭被免除总理职务后的新内阁。如果施莱歇担任总理，希特勒决定与这一政府抗衡。希特勒也不允许任何民族社会主义者在帝国政府中担任部长职务。施莱歇由此得出的结论是，更换总理也不会有任何进展。

帕彭再次转达兴登堡的看法。帝国总统坚决不让希特勒担任总统制内阁领导人，并准备“采取一切必要的措施”。这就意味着，兴登堡仍在考虑如果德国国会再次解散，就决定推迟新选举，也就是不去理会宪法规定的 60 天重选的期限。帝国总统比以往更加关心就业问题和温饱问题，特别是如果在再次解散国会的情况下，这些问题将会更加严峻。“在这段时间内，帝国总统不想对宪法进行任何修改。他更认为自己是帝国宪法的保证人，特别是在没有议会的时期。”

11 月 25 日，内阁远不如总统那么斗志昂扬。农业部部长冯·布劳恩说，前一天与希特勒和胡根贝格谈话后，有可能恢复“哈尔茨堡阵线”，也许会从中形成对新帝国政府的支持力量。财政部部长冯·克罗西克则发出警告，可能会出现政府不得不向“民族主义青年”开枪的局面。如果帝国政府拥有更加广泛的基础，就可以避免这种危险。帕彭提出了他是否应该留任的问题，但没有得到明确的答案。但是，大多数部长似乎倾向于同意国防部部长的观点，即更换总理也不能指望局面会有所好转。

施莱歇解释了为什么不考虑总理的人选问题，因为政府必须准备进入军事紧急状态。在这种情况下，公众注意力将会集中到国防部部长，而不是行政权执行人身上，这样也可以分散公众对“已经受到太多攻击”的总理本人的注意力。施莱歇也向大家保证，军队里已经没有人再热衷于希特勒了。“所有关于军事紧急状态的问题都将于今天（11 月 25 日）和明天在国防部进行仔细审核。无须担心这个地方会有什么闪失。”

施莱歇在这个时候还真的想支持帕彭，且排除自己担任总理的可能性，这似乎令人怀疑。他提到总理不受人欢迎，这更加让人生疑。但是帕彭本人并不表示坚决为保护自己的职位而斗争。克罗西克 11 月 26 日再次私下警告帕彭，如果他继续担任总理，可能会发生流血暴动，这给他留下了深刻的印象。就 547
在当天，现任总理在和帝国总统的一次谈话中请求总统不要授权他组建政府，国防部部长也参加了这次谈话，但是兴登堡坚持要求帕彭担任总理。这时，根据国防部部长的记录，他说了这样一番话：“因为大家普遍反对帕彭，在鲁尔工业区这一情况尤其明显，所以他建议……需要事先调查一下气氛。”帝国总统没有反对，也没有给施莱歇规定时间，并让他完全自由地选择谈话对象。

国防部部长立即确认了第一批谈话的时间。11 月 26 日至 27 日这个周末，他依次与丁格尔代、胡根贝格、卡斯和戈林进行了交谈。丁格尔代和卡斯这两位党魁说，他们宁愿看到施莱歇，也不愿看到帕彭领导新政府。11 月 28 日，国防部部长与自由工会和社会民主党谈判。施莱歇问德国总工会联合会主席特奥多尔·莱帕特及其副手威廉·埃格特，是否同意施特格瓦尔德担任劳工部部长，莱帕特对此避而不答，他说目前尚不清楚新政府由哪些人组成。双方一致认为，创造就业机会应成为未来政府工作的重点。施莱歇主动宣布将废除 9 月 5 日的法令，该法令允许雇主给出的工资低于劳资谈判的水平。

国防部部长说，兴登堡正在考虑把帕彭的职位交给自己，莱帕特的回复非常明确："如果确实如此，那么您应该接受它，我认为把这句话说出来是我的职责。"应施莱歇的要求，第二天莱帕特以书面形式总结了德国总工会联合会包括法律规定 40 小时工作日在内的具体愿望。这次谈话之后，国防部部长相信，他的"持续到明年的停火"计划已经得到了自由工会的赞同。

与莱帕特和埃格特讨论后，施莱歇与德国社会民主党议会党团主席鲁道夫·布莱特沙伊德进行了谈话。这次谈话则截然不同。根据同一天布莱特沙伊德口述的详细笔录，施莱歇先把有关"宪法的谣言"推到了盖尔身上，并说他不赞成这种说
548 法，认为这是"多余和危险的"。然后施莱歇问布莱特沙伊德，是否有可能重新启动国会。"他非常清楚，无论新内阁是什么样子，社会民主党都不会给予支持，但是否有办法至少不

让国会在开会的第一天就被废除?”

布莱特沙伊德答道，这就要看右翼政党和中央党了。德国社会民主党当然愿意至少在国会中能够举行一次辩论。随后，施莱歇抱怨胡根贝格无论如何也不肯让步。国防部部长的目的是向社会民主党进一步陈述他的愿望。“他问，如果德意志民族人民党做不到推迟一段时间再对不信任议案投票，我们是否能够做到这一点?这样的话政府就有机会工作一段时间了。我回答说，这当然要比启动国会还要困难。”如果帕彭被再次任命为总理，那么社会民主党根本就不会出手帮忙“启动国会”。另外，不仅投不信任票是个问题，还有紧急法令的问题。这个提示让施莱歇再次强调，他准备废除9月5日的法令，他也是这样回复莱帕特的。

然后，国防部部长谈到了关键的问题。“如果……要推翻政府，那么除了解散议会，没有其他办法，但是任何人都不希望这么做。如果帝国总统宣布春季重新选举，同时保证在此期间不会对宪法做任何新的尝试，那么事态会如何发展呢?社会民主党是否会立即揭竿而起?”

布莱特沙伊德对这个政治核心问题的回答可以有很多种解释，但几乎不能给施莱歇任何积极的信息。“我回答说，我并不确定是否会‘揭竿而起’。但我必须声明，社会民主党将尽一切努力来制止这种违反宪法的行为。施莱歇说，如果这样的话，看来前景非常不妙。”

在创造就业方面，双方也没有达成任何一致意见。社会民主党议会党团主席称，有消息说政府希望让金特·格雷克担任德国创造就业的帝国专员。这一意图将会遭到社会民主党的强烈反对，因为他们和帝国银行行长路德一样，认为格雷克计划是一个会引发通货膨胀的计划。最后谈到普鲁士问题时，施莱歇承诺，澄清了目前的情况后，他将与奥托·布劳恩商谈，找出一个解决当前困局的得体解决方案。

549 一个半小时后，布莱特沙伊德离开了国防部，此时他坚信"如果在帕彭和施莱歇之间做选择，那么施莱歇会接任内阁。虽然他说他确实不愿意这样做，并且最多只会任职几个月，因为他不想给人造成军事统治的印象，但是我坚信，如果兴登堡同意，他会接手这项工作。"

在第二天即11月29日上午，《前进报》选择了比布莱特沙伊德更加尖锐的语气。报纸的一篇文章指出，施莱歇不仅是帕彭内阁的国防部部长，而且是帕彭的智囊，"因此不能指望社会民主党会对他有丝毫信任"。对于社会民主党来说，参与"内政停火"是不可能的。但在同一天晚上，社会民主党的口吻变得温和多了。此时，在柏林有传言称帕彭将再次出任总理，而且得到明确的任务，要组建一个反对国会的对抗政府。《前进报》立即做出了回应：如果不是帕彭出任总理的政府，也会遭到社会民主党的反对，如果新任总理继续帕彭的方针，那么反抗就会更激烈。"但是，在野党是政治生活的一个正常功能，而政治上的对立尚不构成民族生存的威胁。只有不负责任的挑衅政策发展成尖锐的对立，这个对立一旦爆发，就会出现民族生存的危险。"

即便行文晦涩，施莱歇还是获得了认可，和帕彭相比，施莱歇对社会民主党来说是两害相权取其轻的选择。社会民主党中央机关报发出的警告如同最后通牒："帕彭意味着战争！德国总统无权向自己的人民宣战！"在柏林，冯·帕彭先生即将再次受命的消息引发了极大的动静，甚至是一场"风暴"。

“特别是企业纷纷打电话给我们，告知我们这个已经在工厂传开的消息，在工人中引起了极大的躁动。各方都确信，重新任命帕彭将被工人视为最严重的挑衅。”

社会民主党对施莱歇发出猛烈的攻击，到了 11 月 29 日语气有些缓和，但是依然表现出担忧。社会民主党担心这种新的“宽容政策”的表象，会使该党受到共产党人前所未有的火力攻击和内部分裂的考验。但是，社会民主党看不到比施莱歇的总统制内阁更为民主的方案，而推迟新选举可能是唯一避免希特勒掌权的选项。施莱歇做出保证，不会在没有议会的日子里 550
对宪法做出专制的修改。这一点有可能让施莱歇建起一座通往魏玛拥护宪法政党的桥梁。但是社会民主党并不想踏上这座桥梁。社会民主党和中央党一样，它们反对超越法律的国家紧急状态的终极理由是一种宪法实证主义，而自从 1932 年的第一次德国大选以来，这种宪法实证主义就已经名不副实了。大多数选民已经不在乎魏玛民主，因此忠于宪法文字不再是挽救法治国家的核心手段。在坚决否认国家紧急状态的背后，没有任何战略方案，而只是一种战术上的考量，以及意识不到事态严重性的无能。

社会民主党拒绝由施莱歇担任总统制内阁总理，这在自由工会的领导层中引发了担忧。德国总工会联合会领导委员会尽管对施莱歇的“可信赖度”表示担忧，但是在 11 月 29 日得出结论：“工会不应该把自己排除在外。”社会民主党现在处于极其困难的境地，“尽管如此，还是要仔细考虑是否要对总统制政府进行原则性的斗争。我们的党必须考虑到，由于无法组成内阁多数，以后将会发生什么。不惜一切代价的反对意味着主动削减我们的影响力”。[22]

对于细心的观察者来说，德国总工会联合会和社会民主党之间产生矛盾并不突然。10 月 14 日，莱帕特在贝尔瑙(Berbau)的协会联盟培训学校发表了一篇关于“工会的文化任务”的演讲，他特意表现出摆脱“党的枷锁”的努力。演讲中一句关键的话是这样的：“没有任何一个社会阶层能够脱离民族的发展。”各工会根据其领导的意见把工人组织起来，目的是“在他们中间唤醒一种团体意识，培养一种团体精神”。他们应该“为人民服务”，进行“为民族利益的社会斗争”。作为社会主义者，他们并不缺少“宗教情感”，而且他们理解“服从命令的士兵精神和为全体奉献的精神”。

莱帕特虽然没有明确援引前不久恩斯特·荣格尔（Ernst Jünger）出版的作品《工人：统治和形象》（*Der Arbeiter. Herrschaft und Gestalt*），但是可以看到，贝尔瑙讲话稿撰写人洛塔尔·埃德曼（Lothar Erdmann，他也是工会月刊《劳动》的撰稿人）从德国右翼重要作家的最新作品中获得了重要灵感。工人就是工作的士兵，与国家的自由市民不一样，他们要服务全国人民，他们与具有阶级意识的无产者没有任何共同点。莱帕特的说法与荣格尔设计的“形象”有很多共性。

551 1932 年 8 月，在国防部的财政支持下，以汉斯·策雷尔为首的“行动团体”（Tatkreis）接管了《每日评论》（*Tägliche Rundschau*），从此之后该报就成了施莱歇的传话筒（当然并不总是如此）。恰恰是《每日评论》作为第一份日报刊登了莱帕特演讲的大部分内容，这绝非偶然。更加引人注目的是，民族社会主义者格雷戈尔·施特拉塞尔对社会民主党人莱帕特大加赞扬。10 月 20 日，民族社会主义德意志工人党组织部负责人在柏林体育宫宣称，莱帕特讲话中有几句话“如果是真心话，那么就为未来开辟了广阔的前景”。根据《每日评论》的报道，施特拉塞尔要求工会必须“充分尊重其职业行业的必要性，从工会主席的认知中得出结论，远离海尔曼和希法亭的政党，远离立足国际视野的知识分子阶层领导的社会民主党，表明自己不受党派政治的影响而采取中立态度”。

报道说，施莱歇、莱帕特和施特拉塞尔组成了某种统一阵线，建立了“行动团体”所鼓吹的德国政治新轴心。这种说法立即被德国总工会联合会主席否认了。然而这种猜测是贝尔瑙讲话在字面上引起的：莱帕特的民族观实际上是在给政治右翼发信号，而且右翼接收到了这个信号。有意远离社会民主党这种想法不是此时此刻才诞生的。至少在 7 月 31 日国会大选之后，莱帕特及其最亲密顾问所采取的立场，都更加不利于和社会民主党结成紧密的联系。[23]

11 月底，努力组成从工会到民族社会主义者参加的“横向阵线”的工作进入一个新的阶段。但施莱歇只是在自由工会和中间派政党那里取得了某种程度的成功。11 月 30 日，国防部部长遭到希特勒的拒绝。民族社会主义德意志工人党领导人开始是想在当天到德国首都与施莱歇谈判，但在最后一刻改变了主意。他乘坐从慕尼黑到柏林的夜间列车来到耶拿(Jena)，然后驱车前往魏玛，参加图林根的社区和地方选举活动。从柏林赶往魏玛的施特拉塞尔试图说服希特勒与施莱歇达成协议，但他无法改变希特勒的主意。国防部的欧根·奥特(Eugen Ott) 中校也是如此，他曾于 11 月 30 日在魏玛请希特勒出任施莱歇内阁副总理一职。就在 11 月 30 日这一天，希特勒还拒绝了国务秘书迈斯纳发出的第二天到柏林与德国总统会谈的电话邀请。

552 希特勒知道兴登堡仍未准备让他担任总理一职。由于他不想接受另一种形式的权力分享，所以认为与德国总统的再次会谈不仅没有任何意义，还不得不担心，在接受兴登堡的会见时受到 8 月 13 日那样的伤害，或 11 月 24 日之后的公开侮辱。在这种情况下，希特勒认为与国防部部长的会谈也没有用。希特勒不指望施莱歇能够说服兴登堡让希特勒担任总理，即便施莱歇有这样的意图。在这种情况下，民族社会主义德意志工人党的领导人认为明智的做法就是向柏林统治者表示冷漠态度。

无人知晓施莱歇是否认为有可能在 11 月的最后几天与希特勒达成和解。11 月 25 日，他在内阁中提到的情况评估得出了与此相反的结论。12 月 1 日，他告诉巴伐利亚的全权代表、部长级领导人弗朗茨·施佩尔（Franz Sperr）："他是否能够担任总理，这一点由不得他，而是取决于是否能掌控或驯服纳粹分子。"这番话让人听起来好像国防部部长仍在希望希特勒会做出让步。如果民族社会主义德意志工人党参加了施莱歇政府，那么左翼的侧面保护就不复存在了，民族社会主义德意志工人党必定会引发社会民主党的坚决反对，不管德国总工会联合会和社会民主党，以及自由工会之间有什么样的分歧。因此施莱歇追求的遏制两极分化就会比以往都更为强烈。

与民族社会主义德意志工人党进行全面的合作，哪怕是以某种"双方停火"的形式，看来是行不通的。于是施莱歇与施特拉塞尔做了另一种约定。如果施特拉塞尔单独采取行动，把相当数量的民族社会主义者带入政府阵营，这必定会打开全新的视野，甚至以革命性的方式改变德国的内政。但是这个方案暂时还仅仅是一种猜测。根据记录，施莱歇本人 11 月 9 日在内阁的会议上说道，他不相信现在民族社会主义者阵营里有哪些下级领导准备就参政这一基本问题与希特勒分手。三周之后也没有迹象表明，施特拉塞尔会挺身而出反对希特勒的“全有或全无”的政策。民族社会主义德意志工人党组织部负责人比其他任何人都更了解党内财政状况让人绝望。如果说除了希特勒之外，还有纳粹领导人在党内的“老战士”中拥有广泛的支持者，那真是非他莫属了。但是施特拉塞尔一直避免与希特勒进行正面较量，因此该党分裂的可能性微乎其微。[24]

直到11月30日，国防部部长的摸底工作都没有取得突破 553
性进展。看不出如果由他领导内阁，如何能在议会中拥有多数支持。但是施莱歇知道，与帕彭相比，他被认为是两害相权取其轻的选择，即便在工人阶层中也不例外。创造就业是他一再强调的重点，在这方面有可能与基督教工会和自由工会合作。废除9月5日的薪资政策的法令有望给社会民主党留下深刻的印象，因为社会民主党在法令出台一周之后就向内政部部长提出了废除该法令的全民表决申请。此外，他还与黑红金旗帜团领导层之间建立了近乎信任的关系。施莱歇从未在中央党以及其他中间政党中引起像对帕彭那样的反感，德国南部各邦政府并没有对施莱歇产生反感。工业界在1932年11月还在帕彭和希特勒之间摇摆不定，并且怀疑施莱歇具有民族社会主义倾向，在这个阵营里国防部部长也可以期待大家的情绪变得对他有利。施莱歇需要做到的就是，要比现任总理和希特勒更好地给企业家带来政治上的稳定。

因此，施莱歇获得的社会和政治支持要比帕彭更为广泛。如果在没有议会的时期需要借助军事紧急状态执政，那么施莱歇来执政这一点就变得至关重要了。11月底，施莱歇与现任总理的不同并不在于他拒绝宣布国家进入紧急状态。他只是比帕彭更实际地看到了军事独裁的风险，尽管这种危险是隐蔽的。他想采取各种预防措施以防内战发生。

帕彭并不想领导一个公开的独裁内阁。他的意见是要和民族社会主义者达成共识，让希特勒担任集中民族力量政府的总理，他认为这是这次危机的最佳解决方案。但对于帕彭来说，关键是兴登堡在想什么。如果帝国总统坚持与极左和极右势力做斗争的方针，那么迄今的这一届政府首脑也准备走这条路。但是他低估了困难，因此根本没有想到要采取内政举措来应对国家紧急状态，而国防部部长则认为此举必不可缺。当然，与施莱歇不同，帕彭也根本没有机会冲破“男爵内阁”政策造成的障碍。

12 月 1 日傍晚，在他的儿子奥斯卡和国务秘书迈斯纳的陪同下，兴登堡接见了总理和国防部部长。根据迈斯纳的档案记录，施莱歇汇报了自己的调查报告后，所有与会人员“一
554 致”得出结论，至少在目前不存在国会多数支持施莱歇内阁的可能性。“因此，用施莱歇取代帕彭并不意味着局面会有重大改善，施莱歇内阁与国会的冲突不比帕彭内阁与国会的冲突少。”

施莱歇表示，未来几天里民族社会主义阵营中可能会有另一种观点占上风，也许他指的是他与施特拉塞尔的约定。但是兴登堡不想再等待任何信息了。“因此，帝国总统决定再次委任上任总理帕彭组建内阁。冯·帕彭先生也表示愿意接受这个任务，条件是帝国总统要授予他总统制内阁的权力来处理预料中肯定会发生的与国会的冲突。”迈斯纳对宪法进行详尽解释后，兴登堡答应道：“如果与国会发生冲突，要采取一切必要措施，以保护德国免受因国会违反职责而造成的损失。”

兴登堡的决定不是冷静衡量的结果，而是一种情绪和偏好的表达。这位老人厌烦了内阁的来来回回，他更信任的是帕彭，而不是施莱歇。另外，这也符合他的士兵思维，不要推迟早晚要爆发的不可避免的战斗，而是要尽快将战火扑灭。“书生将军”施莱歇对局面看得更清楚，帝国总统选择的独裁是最危险的，因为它在人民中得不到任何支持。让国防军军人与绝大多数人民作对，这意味着削弱他们的士气并危及他们的生存。由于国防部部长不想看到这种发展趋势，所以他表示不同意帝国总统的意见。

12 月 2 日上午的临时部长会议是把局面扭转到他的思路上的最后一次机会。施莱歇知道，大多数部长都赞成他对局势的评估，而不是兴登堡指定的和帕彭遵循的方针。由内阁做出国防部部长观点正确的决议，总统不可能对此无动于衷，因此必须做出这样的决议。

在上午 9 时开始的部长会议上，施莱歇先请大家等候已经安排好的，第二天他与施特拉塞尔的谈判结果。迈斯纳指出，
帝国总统的心理准备是不允许再次推迟。帕彭随后宣布兴登堡 555
已委托他组建新内阁，并请部长们对政治局势发表评论。最老的内阁成员、外交部部长冯·诺伊拉特第一个发言。他反对由帕彭组建新内阁。紧随其后的是财政部部长冯·克罗西克，他在数周前以及前几天一直发出警告，组建帕彭的抗争内阁可能会引发内战。克罗西克重申了自己的立场，并敦促部长们现在就反对第二个帕彭内阁，而不要等到施莱歇和施特拉塞尔会谈的结果。当帕彭问是否有人持其他意见时，只有邮政部和交通部部长冯·埃尔茨-吕本纳赫赞同帕彭继续担任总理。

也许事先和施莱歇交换过意见，此时司法部部长居特纳发

表了一番讲话，令局面发生了戏剧性的转变。他说，首先有必要搞清楚未来内阁的指导方针和总体政策，然后他问施莱歇："国防军是否对所有可能发生的事件都有把握？"在国防部部长的建议下，奥特中校被叫到内阁。他就"模拟战争"一事做了汇报，这是国防军在过去几周与帝国铁路、邮局、警察和技术紧急援助人员的代表做出的一个计划，以应付大规模罢工运动可能引发的局面。

克罗西克在日记中记载了奥特讲演所带来的影响："出色的演讲生动地阐述了即便用武力也无法解决的困难。报告的结束语是，虽然国防军必须并且会执行所有命令，但他们只能祈祷和希望，愿这个灾难不会降临到他们身上。此时所有参会者都感到非常震惊。虽然施莱歇试图调节一下气氛，称这个'模拟战争'原则上是为最坏的情况做准备，但实际上这种最坏的情况并不会发生。奥特演讲过程中总理一再擦眼睛，可以看出这个报告给包括总理在内的内阁所有成员留下了深刻印象。"

施莱歇借用奥特的"模拟战争"铤而走险。如果他担任总理，而他的内阁决定颁布国家紧急状态法令，那么德国总统就可以用这项研究的结论来反驳施莱歇。与帕彭不同，施莱歇希望能够阻止工会号召大罢工，这样就消除了这一战争游戏的基本假设。但是他必须考虑到，由此引发了这样的印象，即推迟国会选举后，国防军和警察依然没有能力遏制民族社会主义德意志工人党和共产党，同时还要保卫德国东部边界，抵抗
556 "模拟战争"中假定的波兰的进攻。不管国防部部长在 12 月 2 日是否考虑过这种危险，他担心的是示威游行的短期影响，而这种影响确实发挥作用了。当兴登堡从帕彭处听到内阁所发生

的一切时，他还是放弃了反对施莱歇担任总理的看法："我已经过于年迈，无法到了生命的尽头还去承担一场内战的责任。"根据帕彭的说法，他是用这些话来证明他已经放弃了前一天的立场。

帕彭的告别与他的前任海因里希·布吕宁完全不同。1932年12月3日，在这个换届的日子里，兴登堡送给这位曾经领导"男爵内阁"六个月的总理一张自己的肖像，题词是"我有一位战友!"在一封亲笔信中，帝国总统称赞帕彭担任总理和普鲁士帝国专员"勇于奉献和承担责任的工作"。此时，已经担任总理的施莱歇提出聘请帕彭担任德国驻巴黎大使，兴登堡表示反对。在风雨飘摇的时代，总统希望能够把前总理留在自己身边一段时间，以便听取他的建议。帕彭不仅留在了德国，而且经施莱歇同意，帕彭还保留了在威廉大街上的公务住房，因此他保留了在特定情况下比一个国家公职更为重要的东西，这就是直接通向帝国总统的特权。[25]

18. 交出国家政权

557 施莱歇内阁于1932年12月3日上台。新内阁成员与上一届帕彭内阁相比几乎没有变化。只有两位前任部长不再属于新政府，一个是内政部部长冯·盖尔，新任部长是前普鲁士帝国专员和帝国前不管部部长弗朗茨·布拉赫特；另一个是劳工部部长胡戈·舍费尔，接任这个位子的是前帝国就业服务和失业保险局局长弗里德里希·苏立普（Friedrich Syrup）。国防部部长依旧由库尔特·冯·施莱歇担任，但兴登堡对这种权力集于一身的做法持强烈保留态度。新增的职位是政府创造就业项目局的帝国专员，这个职位由德国乡村协会主席金特·格雷克担任。

施莱歇内阁的任命消息引发了各种不同的反响。反馈最积极的是政治中间派。自由派的《福斯日报》强调，施莱歇内阁会比上届提前解散的帕彭政府得到更多的社会支持。同样也是自由派的《柏林日报》得出结论，放弃宪法试验只是新任总理必须尝试的部分内政方针，这是“为了清除前任的遗产，加强更广泛的议会基础。议会基础是内阁所依赖的重要因素，然而目前这个基础还远远不够”。中央党的重要报刊《日耳曼》满怀希望，认为新政府将拥有“政治上稳定民众的坚定意志”。如果这样，就会消除人们积累的不信任感，并重拾对国家和经济的信心。

右翼政治派别的评论持冷淡甚至是否定的态度。小胡戈·施廷内斯（Hugo Stinnes Jr.）控制的《德国汇报》在 11 月中旬积极支持希特勒出面组成一个少数派政府。《德国汇报》现在认为决定这届内阁能否成功，关键在于“是否能够成功推动德国右翼数百万人的运动与自己合作，哪怕最初阶段右翼运动人士仅仅以克制的反对派形式参与合作也可以。经过两到三个月的喘息之后，就会有可能面临 8 月 13 日以及去年 11 月的问题”。代表重工业界的《莱茵-威斯特法伦日报》的判断也非常相似。只有一种方法可以克服危机和冲突：“聚集积极的 558
民族主义者，统一整个民族运动的目标，克服议会的利益政治，解放人民的活力”。德意志民族人民党的《柏林地方公告》认为，施莱歇内阁“朝着议会所熟悉的道路迈出了一步，而这一步是进步还是退步，应由每个人自己评判”。民族社会主义德意志工人党直接宣布，它明确和清楚地拒绝接受施莱歇内阁，因为它显然与人民的意愿不相容。

在政治光谱的另一端发出的回声是充满敌意的。德国共产党称施莱歇政府是“法西斯主义政权一种新的、更激化的阶段”。共产党官方媒体《国际新闻通讯》（*Internationale Pressekorrespondenz*）指责社会民主党以“反帕彭之战”为幌子，用“两害相权取其轻”的说法为施莱歇政府铺平道路，并且打着反对派的幌子去支持这个政府。“共产党是唯一向施莱歇独裁政府展开最尖锐斗争并动员群众去反对它的政党。”

德国社会民主党最初似乎还不知道应该如何评判施莱歇。新总理上任的两天前，鲁道夫·希法亭于 12 月 1 日写信给卡尔·考茨基，说如果帕彭被免职，施莱歇政府上台，“至少可能暂时有一些缓解”。鲁道夫·布莱特沙伊德 12 月 3 日在

《前进报》上写道，新任总理可能比其前任更机敏，会少一些麻烦。他可能比帕彭更了解现实，这可能促使他更好地听取工人的某些建议，放弃“随意的宪法计划”。尽管如此，他的政策与社会民主党政策的差距仍然很大。“只有与反对总统制政府阵线一道，我们才有成功的希望，开始在当今成为独裁言论牺牲品的工人群众中再次激发民主意志。”

前国会主席保罗·勒贝第二天的措辞显然尖锐得多。“社会民主党要向全体人民宣布，如同对待帕彭政府一样，本党也不会与施莱歇政府停火。因为这个施莱歇内阁只是帕彭政府的重组，而帕彭政府在各个领域向德国工人阶级宣战……除了觉醒的无产阶级之外，我们不需要其他盟友。我们深知，我们将和他们一起夺回失地。”

12月5日，德国社会民主党做出了官方决议。党主席宣布，对几乎是上届内阁原班人马的施莱歇内阁表示“最强烈的反对”。经过激烈辩论后，社会民主党议会党团决定对施莱歇政府提出不信任动议，理由是“新内阁并不能保证在政策上与前任内阁有原则上的区别”。强烈反对这一做法的有大约20位国会议员，其中包括两名前帝国部长，他们是泽韦林和希法亭。

559 社会民主党对施莱歇政府提出不信任动议，目的是消除它只是表面上反对新内阁的印象。实际上，社会民主党并不想迅速推翻施莱歇以及尽快举行新国会选举。它和之前一样更担心在1933年初举行一次新选举，因为这次选举可能导致一场政治灾难，德国共产党有可能超越德国社会民主党。仅仅出于这个原因，社会民主党就要利用机会，在国会中用一段时间扮演一个充满活力的在野党。借助这一不信任提案，社会民主党可以在外表上和共产党齐头并进，因为后者也宣布了这样一个议案。但是社会民主党暗中坚持要求民族社会主义德意志工人党和中央党推翻这一不信任议案。中央党是指望得上的。否则，社会民主党人只能希望民族社会主义者比他们更害怕新选举。

12 月 6 日，新当选的德国国会举行立宪会议。国会中最年长的议员、民族社会主义德意志工人党的老将军卡尔·利茨曼（Karl Litzmann）进行了一次煽动性很强的讲话，之后议员们投票，再次选举赫尔曼·戈林为国会主席，只有社会民主党和共产党投了反对票。共产党提议在第二天议程中安排对不信任议案投票，然而这个提议被压倒多数的票数否决。全体会议最终借助民族社会主义德意志工人党的票数，拒绝了德国社会民主党提出的在下一次会议开始时听取政府宣言的提案。

在 12 月 7 日举行的第二次会议上，国会没有听取政府宣言，而是讨论日程中的第一个问题，这是民族社会主义德意志工人党的一个法律草案。根据《魏玛宪法》第 51 条，如果在“受限”或“过早停止总统职责”的情况下，帝国总统将暂时由总理代表。兴登堡在 1932 年 10 月 2 日庆祝了 85 岁生日。如果他在施莱歇担任总理期间去世或病重而无法履行职责，那么帝国总统、帝国总理和国防部部长的权力将暂时落入一个人手中，即冯·施莱歇将军手中。民族社会主义德意志工人党希望通过这项议案，将帝国总统代理人的职责交给帝国法院院长，以防止这种情况发生。为此，他们得到了多数资产阶级政党和社会民主党人的赞同，他们同样认为施莱歇权力的进一步
增加是危险的。因此在 12 月 9 日的三读中，民族社会主义德 560
意志工人党的提案毫不费力地获得了所需的宪法多数：以 403 票赞同，德国共产党和德意志民族人民党的 126 票反对，通过

了该提案。

大多数议员也赞成废除 9 月 4 日紧急法令中有关社会政策的部分内容。这些社会政策授权政府在 9 月 5 日颁布一系列法规，包括争议特别大的工资政策法规，以及针对某些政治罪行免于刑罚的法案。根据民族社会主义德意志工人党、德国共产党和德国社会民主党这三个议会党团的提案，大赦法是法律事务委员会和德国司法部部长居特纳深入讨论的结果。虽然社会民主党和共产党提出反对，但是给失业者提供冬季救助以及废除 9 月 4 日全部紧急法令的提案依然还是转交给了有关委员会处理。12 月 9 日，国会开始无限期休会，这一提案依然遭到社会民主党和共产党的反对，但是民族社会主义德意志工人党表示赞同。同时，国会主席得到授权与元老会协商召开下一次会议。

国会会期如此短暂，赢家是施莱歇政府。它不必面对人民代表的质疑，也避免了严重的挫败。但社会民主党人认为，这是自己的政策取得了成功。他们明确表示了在野党的立场，也避免了并不希望看到的政府被推翻的后果。更有甚者，他们还成功地把实际上宽容政党的部分责任推给民族社会主义德意志工人党。《前进报》断言，“这个国会在短短的三次会议中，以反对议会的多数证明了一个能够运转的议会的价值和重要性”，然而这是一厢情愿的想法。就个别法律和社会政策问题，国会可以拥有战略多数并达成一致，但并没有建设性多数承担共同的责任。因此，1932 年 12 月的国会会期内并没有指出摆脱德国国家危机的出路。社会民主党和资产阶级中间派只能看一步走一步，而只有在民族社会主义德意志工人党迫于大环境的压力也不得不这么做的情况下，他们才能如此行事。[2]

民族社会主义德意志工人党在国会会议期间必须采取谨慎行事和争取时间的策略，因为党的团结似乎一时受到了严重威胁。民族社会主义德意志工人党在12月4日图林根的市政选举中遭受惨重损失。与11月6日的德国国会选举相比，选票损失了近四分之一，与7月31日的选举相比，甚至失去了约40%的选票。

对该党局面持极为悲观态度的组织部负责人格雷戈尔·施 561
特拉塞尔来说，得出的结论很明确：如果民族社会主义德意志工人党不想失去最后的机会，就必须放弃孤注一掷的政策，并加入施莱歇政府。12月4日晚上，当新任总理向他提供副总理职位时，施特拉塞尔没有表示拒绝。

第二天在柏林恺撒霍夫酒店召开的“党卫队全国领袖大会”上，他试图说服希特勒支持施莱歇，但这次尝试和11月30日在魏玛的努力一样没有成功。12月8日，施特拉塞尔决定辞去所有党内职务。12月9日的《每日评论》是第一份刊登这则轰动消息的报纸，并把组织部领导人采取的措施称为政治起义的信号：只有施特拉塞尔取代希特勒并晋升为该运动的领导人，民族社会主义德意志工人党才有可能摆脱绝望的困境。

《每日评论》的报道令希特勒非常沮丧。他在与密友的一次夜间会谈中说：“如果党破裂，我将在三分钟内用手枪结束我的性命。”当时戈培尔也在场。然而令人担心的施特拉塞尔政变并未出现。组织部前负责人于12月9日回到慕尼黑家中，然后在南蒂罗尔度假两个星期。施特拉塞尔放弃党内职务，并非意在发出推翻希特勒的信号，他也不想分裂民族社会主义德意志工人党。他只是不愿意为他认为必定失败的政策承担责任。戈培尔在12月10日的日记中写道："宫廷革命失败了。"就在12月9日晚上，希特勒在两次讲话中，先是对大区领导和督察员，然后对民族社会主义德意志工人党的国会议员发出号召，成功地命令他们重新发誓拥护政党。表面上看，"领袖"与辞职的组织部负责人之间的意见分歧被草草掩盖了。但从这个时候开始，至少施特拉塞尔的宿敌约瑟夫·戈培尔认为，施特拉塞尔被孤立了，已经是一个"死人"。[3]

施莱歇则有不同的看法。在12月13日给军队指挥官和军区指挥官的一系列讲话中，他坚持认为仍然有必要争取"在希特勒批准的情况下与施特拉塞尔领导下的纳粹合作"。总理甚至认为，可以相信希特勒本人"从心底"并不想要总理一职。在1月必须搞清楚，政府在国会中是否有坚定的多数支持。一旦召集国会，就必须问清楚民族社会主义者是否愿意参与政府工作。如果他们拒绝，就会有斗争，也就是说宣布解散德国国会和普鲁士邦议会的时间已到。为了赢得这场斗争，权力必须掌握在政府手中。因此不必惊讶，为什么一再尝试争取民族社会主义德意志工人党并让他们承担责任。瓦解民族社会主义德意志工人党不符合国家利益。

562 1932年12月中旬，施莱歇依然认为有可能与希特勒和施特拉塞尔达成一致。他想再一次尝试争取让民族社会主义者参与政府工作。如果这一次再失败，他就准备与纳粹分子来一次"真刀真枪"的战斗。在两种情况下，都必须尽可能避免与工会的工人发生冲突。在这方面，施莱歇有理由持审慎乐观态度：12月8日，基督教工会联合会主席海因里希·因布施（Heinrich Imbusch）向德国总统保证，他的组织"对德国政府及其领导人德国总理施莱歇非常信任"。12月5日，巴黎《精益求精》（*Excelsior*）报援引了德国总工会联合会主席特奥多尔·莱帕特的话，字里行间透露出他很看好新任总理。这令他的许多社会民主党朋友很恼火。这样一来就形成了一个“横向阵线”，因此在12月中旬远不能说帝国政府在政治上陷入孤立。

12月15日，总理在电台广播里陈述他的政府宣言时，表现得信心满满。他开门见山，要求听众把他看作“一个士兵，也是一个超党派管理人，会在尽可能短的紧急时间内处理所有民众阶层的利益诉求。他的出现带来的不是利剑，而是和平”。他关于军事独裁的观点应该是众所周知的，他今天又重复了一遍：“刺刀尖上坐不稳。从长远来看，如果没有广泛的民众支持就无法理政。”此时此刻他对民选代表机构有一定的不信任，但是如果这个民选机构给政府落实方案的机会，他就很满意了。而政府的方案就是围绕着一个题目：“创造就业！”

总理很看重“离经叛道式”的论断，宣称他既不是资本主义的，也不是社会主义的拥护者。他认为私人经济或计划经济之类的术语已经失去了恐吓力。激活国内市场和出口都至关重要，除私人投资外，还要促进公共就业机会，而且要认识到在德国东部的就业机会、定居与边境安全之间的关系非常紧密。这一切都需要“各阶层人民同心同德的合作”，而实现这一切，必须考虑到在所有规定中兼顾到社会的视角。“一个兼 563
顾社会的将军，我听到某些听众怀疑地甚至嘲讽地这样称呼我。是的，女士们，先生们，实际上没有什么比义务兵役制的军队更为社会化。在那里，穷人和富人、军官和士兵肩并肩，在世界大战的奇迹中展现出的战友情谊和归属感，历史上绝无仅有。”

施莱歇在一些社会政策问题上说得比较具体。他对国会决定废除9月4日紧急法令中社会政策部分的决定表示欢迎，并宣布他的内阁在一天前已经废除了根据该法令制定的9月5日条例。他认为，进一步减少劳动收入，“从社会角度上讲无法承受，在经济上也没有用处”。他的政府将致力于社会保障，并尽一切努力使保险提供方强力高效。在提到社会民主党的要求时，总理宣布了一项特殊的“冬季救援”方案，其中包括降低鲜肉和家用煤炭的价格。施莱歇在政府宣言的外交政策部分中强调德国的平等权利。在军事方面，他重申了自己的观点，即在民兵框架内推行义务兵役制。

最后，总理向各个协会、团体和政党发出呼吁，不要放弃参与国家的合作。他本人不会停止“团结所有善意的力量”的努力，这必定会给予总统内阁强大的支持，得到人民的共鸣。政府宣言的最后一段只能被理解为是对其前任冯·帕彭执政风格的否定。演讲开始时，他称帕彭是他的朋友，一个“有勇有谋的骑士”。但是施莱歇不同意“专制国家不需要民众支持，甚至拒绝与议会合作那些人的观点。执政仅凭意志和勇气是不够的，还需要理解人民的感觉，捕捉心理的时机。这就是为什么我领导的德国政府将用毛奇的名言作为准绳：‘先权衡，再行动。’”

施莱歇的政府宣言是一种力保平衡的举动：他给“右翼”和“左翼”都来一些甜头，并宣布了大多数人都会同意的众多举措。但是，利益冲突是无法用优雅的措辞来化解的。这也适用于关税政策在工业和农业之间引发的冲突，正是该冲突使帕彭内阁陷入严重危机而被推翻。施莱歇对此只是顺带提及，在这方面他采用的办法是“将帝国经济部部长和农业部部长关到密室里协商”，以便找到正确的中间道路。

然而，这一方法并没有成功。内阁12月21日做出的决定 564
更像是对农业同盟的屈服，而不是在农业需求与其他社会阶层利益之间寻求平衡。根据12月23日颁布的紧急法令，德国政府授权强制在人造黄油中添加黄油。由于黄油价格下跌，该措施旨在帮助乡村农业，但引发了工会、雇主协会以及几乎所有政党的强烈抗议。德国工业帝国协会发出警告称，很容易获得足够的声音来举行全民投票反对这项新的紧急法令。各个自由工会抗议“全民最重要的食品”——人造黄油涨价。基督教民族工会的机关报《德国人》（*Der Deutsche*）发表文章称，这是一个“大农场主的附属政府”，可以在各个场合看到大农场主对德国总统的影响。

然而，大农场主对紧急状态法也不满意。12月29日，帝国乡村同盟主席卡尔克罗伊特伯爵要求彻底禁止黄油进口，这一举措必然导致与荷兰和丹麦的贸易战。对于大地主来说，支持牛奶业的要求是同盟内部协作政策的一部分。易北河东部地区的容克地主出于完全不同的动机，想与农业精加工业组成反对施莱歇内阁的阵线，这是因为总理在政府宣言中阐明了在东部地区建立居住区的想法，这一想法和7个月前布吕宁政府于1932年5月颁布的移居令一样，是向老普鲁士大地主阶层发出的挑战。[5]

这位总理非常看重大型利益集团对自己的支持。然而到1932年底，几乎所有协会都反对他，这令他非常不安。问题实际就聚焦在一个点上，但这个问题对广大民众来说至关重要。内阁在12月21日给失业者微薄的“冬季救援”的决定，无法减轻大家对人造黄油法规的愤怒。冯·施莱歇将军的政府正面临着像其前任内阁一样不受欢迎的危险。

但是到了年底，还是可以看到内阁一定的成绩。这些成绩包括德国总统12月19日为确保内部和平颁布的法令，该法令根据“政治形势开始明显稳定的局面”，废除了一些针对政治犯罪的特殊刑罚规定，取缔了8月成立的特别法院。“圣诞危
565 机”没发生，这一点也让内阁颇为满意。12月19日，德国国会元老会拒绝了社会民主党和共产党提出的召开全体会议的要求。国务秘书普朗克此前表示，圣诞节前举行会议可能会与政府发生冲突。元老会的这个决定与12月9日国会休会一样，为施莱歇内阁再次赢得了宝贵的时间。

帝国专员金特·格雷克与内阁同僚和帝国银行进行激烈讨论后，提交了创造就业机会的计划书。政府把这项计划书也视为自己的功绩。这项紧急计划提出为公共工程承担方提供最高5亿马克的临时贷款，由帝国政府承担大部分利息。但是，公众的反应远没有达到政府的预期。社会民主党和工会反对私人企业家依然持有税务优惠券，他们的理由是，帕彭内阁的这一措施迄今并未刺激劳动力市场，反而限制了帝国银行的信贷空间。而许多企业家则指责施莱歇和格雷克单方面支持公共经济。因此他们纷纷提交意见书和决议，要求德国政府立即回到帕彭的纯私有经济政策的“明斯特方针”上。[6]

此外，总理取消了9月12日做出的抵制日内瓦裁军会议的决定，这一举措得到了诸多赞同。美国、英国、法国、意大利和德国之间的谈判使这一举措成为可能。12月11日签署了一个折中方案：既承认德国在军事上的平等权利，也考虑到法国的利益，呼吁为所有国家建立一个安全体系。外交部部长冯·诺伊拉特称这是他的功绩。虽然法国竭力反对，但仍然成

功地在五国宣言草案中删除了不允许德国扩充军备的说法。施莱歇也认为，这一成功在前一段时间是几乎难以想象的。当然，法国坚持最早签署的和平条约应该优先于所有之后签订的具体协定。12 月 11 日签署的这个协议是否能够起到德国实现军事上平等地位的作用，这在 1932 年底还是一个未知数。[7]

外交领域上的另一个进展更为明确。年底前的两周，施莱歇可以声称，在他任总理期间，与苏联的关系有了很大改善。亲法和反苏的帕彭被推翻，莫斯科对此感到很欣慰。人们知道新总理愿意继续德国国防军和红军之间的良好合作。克里姆林宫和共产国际甚至高估了施莱歇的位置，因为他将总理职位、德国国防军和普鲁士全部行政权集于一身，所以苏联认为他是迄今魏玛共和国史上最强势的总理。

1932 年 12 月 19 日，施莱歇接见了苏联外交人民委员李 566
维诺夫（Litvinov）。苏联外交人民委员证实了总理已经知道的事情："苏联政府对帕彭总理不信任，但是对施莱歇政府并非如此。"施莱歇谈到德国共产党人的行为自相矛盾，对此李维诺夫并不恼火。施莱歇说："这一矛盾在于，一方面他们与《凡尔赛和约》做斗争，另一方面他们又反对强化德国军事实力，并向国外告发。面对这种内政骚扰，还是苏联比德国更加安全，因为苏联在这方面有严格的立法。"苏联外交人民委员的回应让德国总理消了气。李维诺夫认为："如果德国采用苏联对付危害国家安全者的做法来对付本国的共产党，他会觉得很自然。"

李维诺夫的另一番话令施莱歇更放心。苏联外交人民委员保证，苏联 1932 年 7 月与波兰、11 月底与法国缔结的互不侵犯条约绝非针对德国。"目的只是息事宁人，不让世界，尤其是法国有借口认为苏联会对世界和平构成威胁。”施莱歇回答说，他并没有认为这些条约有那么重要。“如果硬碰硬的话，生活必需品将比这样的条约更强大。这些生活必需品将始终使苏联站在德国一边。”李维诺夫非常赞成这个说法。

但是，施莱歇无法满足苏联提出的一个具体愿望。双方1926年签署的《柏林条约》期限为5年，于1931年6月签署的条约延长议定书一直在等待国会的批准。布吕宁出于国内外政局的考虑（尤其是照顾法国的态度）、可能与德意志民族人民党发生冲突的担心，以及他本人对苏联的厌恶，特意拖延了这个程序。自1932年7月31日选举以来，就更没有可能在国会获得多数来批准这个协议。施莱歇向李维诺夫保证，他会审核该议定书的生效无须德国国会批准的可能性。但这种做法可能是违宪的，而他并不想为一个次要问题真心这样做。

施莱歇和李维诺夫的会面再次表明，与对所有资本主义国
567 家一样，苏联对德国奉行双管齐下的政策。在短期内，莫斯科主要关注的是自身安全。苏联和德国之间关系的长远展望则是另外一码事。12月6日《真理报》预言，施莱歇政府可能会尝试通过通货膨胀措施，缓解重工业与制造业之间的矛盾。“但是，这条路会加剧德国资产阶级内部的矛盾，极大地破坏德国经济和政治制度，导致革命危机迅速爆发。”

《红旗报》在新年致辞中对未来的展望也是同样的看法。文章说，1932年是“共产主义凯旋的一年”。但是德国共产党人也必须认识到，他们正面临着发生“历史大事件的时期”。“继续与施莱歇进行不懈的斗争，加强无产阶级对资本主义的攻势，抵抗他们对广大群众及其组织的攻击，宣传、游行、出击，直到铺平社会主义道路，这就是我们1933年的主要工作

内容。生活在德国的数百万人凭着钢铁般的意志，扯断了资本主义国家链条中德国的这一节。数以百万计的人加入这个行列，在资本主义的危机炼狱中成为钢铁般的共产主义者，随时准备建立一个工人和农民的共和国，投身到德国的社会和民族解放中。卡尔·马克思说，‘我们还要经受严格的训练’，这是革命的学前班。”[8]

辞旧迎新之际，纳粹领袖的讲话听起来还比较温和。希特勒在《民族社会主义通讯》（*Nationalsozialistische Korrespondenz*）上发表的新年致辞中再次捍卫了他在 1932 年 8 月 13 日和 11 月 25 日的立场。他当时拒绝接受妥协，因为这种做法是扼杀党的萌芽，是扼杀德国未来的萌芽。“我满怀信心做出这样的决定，是因为党内的同志们会理解，对我个人以及对大多数领导人来说，当一个没有权力的部长比继续夺权的斗争要容易得多。今天我下定最大的决心，绝不出卖民族社会主义运动长子的权利，换取加入一个没有任何权力的政府。新一年的最大任务将是让民族社会主义战士、成员和支持者明确理解，民族社会主义德意志工人党本身并不是目标，而只是达到目标的工具。”

1933 年 1 月 4 日，希特勒在科隆银行家冯·施罗德的家中会见了弗朗茨·冯·帕彭。帕彭在 1932 年 8 月 13 日的失败，主要原因就是希特勒。这次会面的起因是 12 月 16 日帕彭 568
在柏林“绅士俱乐部”的一次演讲，前总理在演讲时明确表示赞成民族社会主义德意志工人党参与执政。促成 1 月 4 日会面的中间人是帕彭演讲的一个听众——库尔特·冯·施罗德。报告之后，他曾与辞职的总理交谈，他的感觉是前总理可以和希特勒建立直接联系。但是帕彭后来宣称，这次科隆会面他追求的目标不是让希特勒和施莱歇之间达成谅解，而是在希特勒和兴登堡之间建立一座桥梁。如果有人能让帝国总统放弃对“波希米亚二等兵”的不信任，这个人只能是帕彭。这使得他成为希特勒感兴趣的谈话对象。同时，与希特勒结盟也为前总理提供了重返权力中心的机会。

在科隆谈话中，帕彭和希特勒似乎达成了某种“双元政治”的协议，但由谁领导新的帝国政府还未确定，当然希特勒肯定重申了他担任总理的要求。我们从帕彭 1932 年 8 月和 11 月的立场出发，估计帕彭没有坚持要求他在未来的“集中民族力量的内阁”中担任领导职务。但是在 1 月 4 日，他当然不会不提及兴登堡对希特勒担任总理的一再保留态度。在更深入的谈话中，希特勒显然不再排除暂时不担任总理职位的其他选择。戈培尔与“元首”交谈后在 1 月 10 日写道：“希特勒告诉我，帕彭非常恨施莱歇，想推翻并彻底消灭他。那个老人听他的。帕彭也住在老人那儿。准备和我们一起，要么是总理职位，要么是有实权的部委职位。国防部和内政部。听得出来。”

前任政府首脑在随后几天私下透露的内容也肯定了我们的假设，即希特勒在 1 月 4 日没有彻底拒绝帕彭名义上掌管总理府的过渡方案。帕彭 1 月 7 日在多特蒙德会见了重要工业家克虏伯、罗伊施、施普林戈鲁姆和弗格勒，向他们讲述了科隆会面的印象。他认为，在一个保守力量强势的内阁里，希特勒可以接受自己“配角合伙人”的定位。这种安排完全符合重工业界右翼的精神，如果帕彭能采取这种解决方案，那么他肯定可以得到某些重要企业家的支持。当然，克虏伯以及他领导的德国工业帝国协会都不在这个行列之中。尽管对施莱歇有所保留，但这个国家级的协会组织看不到要更换现任政府的理由，更何况用一个新内阁取代现任政府还可能在民间引发政治动荡。

科隆对话的双方都想保守秘密，但是这一意图彻底失败了。569
柏林的牙医赫尔穆特·埃尔布莱希特（Hellmuth Elbrechte）和许多知名政治家以及记者的关系都很好，其中包括施莱歇、布吕宁、特雷维拉努斯、施特拉塞尔和策雷尔。这位牙医事先得知这次会面的消息，并派了一名摄影师到银行家施罗德家门口守候。1月5日的《每日评论》在一份轰动性的报道中不仅向德国公众通报了会面这件事，还公布了所谓的讨论内容。据说讨论各方考虑了各种选择，决定促成希特勒领导的政府，同时利用帕彭和兴登堡良好的关系。前总理立即出面否认：这场谈话并没有针对施莱歇和现任政府。他们只是讨论了如何将民族社会主义德意志工人党纳入民族团结阵线的问题。不久后，希特勒和帕彭签署了一份态度类似的声明。[9]

施莱歇当然知道科隆对话是针对谁的，但他试图对这场恶毒的游戏展示出善意的态度。1月9日，他与帕彭谈话之后发表了一份官方公报，声称他与其前任之间发生冲突的断言是毫无根据的。帕彭与施莱歇讨论后，马上单独向兴登堡汇报了与希特勒的谈话，帝国总统很相信前任总理。帝国总统对国务秘书迈斯纳说，希特勒不再坚持接管所有政府权力，并准备与右翼政党一起加入联合政府。在此基础上，兴登堡同意帕彭继续与希特勒保持私下联系。由于不能想象希特勒会支持或容忍现任的施莱歇政府，因此只能考虑在帕彭的领导下成立一个新内阁。[10]

帕彭与希特勒合作的第一个后果并未引起公众的注意，这就是施莱歇不敢任命圣诞节前不久度假归来的施特拉塞尔为副总理兼劳工部部长。兴登堡于1月6日接见了民族社会主义德意志工人党组织部的前领导人，对他的印象不错，因此总统对总理的提议也没有异议。但是希特勒的地位自1月4日以来大大提升，以至于施莱歇无法给施特拉塞尔任何机会，带领有实力的部分民族社会主义德意志工人党员进入政府阵营。但是总理还没有完全放弃自己的意图，而只是想等到政治局势明朗后再行动。

570 兴登堡与施特拉塞尔谈话的同一天，施莱歇接待了普鲁士邦总理奥托·布劳恩。对外透露的信息是，双方谈的是布劳恩政府与专员政府之间持续不断的冲突，邦总理要求废除1932年7月20日的紧急法令。但这只是事实的一半。根据布劳恩的回忆录，1933年1月6日他向施莱歇提出了一项解决国家危机的大胆计划。总理应废除有关帝国专员的法令，这样一来布劳恩将不考虑自身的健康状况，准备再次稳稳地掌控邦事务。

布劳恩还建议总理："您解散德国国会，我就解散邦议会。我们把选举推迟到春季进行，在此期间以颁布法令执政，团结一致坚决反对纳粹夺取政权。他们已经在11月的选举中损失了200万张选票，他们的巅峰期已过，开始走下坡路了。我们要做的就是继续跟进，让他们在春季选举中惨败……之后，我们组建可运作的议会，并着手解决棘手的问题，特别是经济危机显然已经过了高峰期，经济前景将大大改善。"

一位社会民主党领袖人物赞同违宪推迟选举，这还是第一次，其目的是不让民族社会主义反宪政运动接近权力。社会民主党是否准备以这种方式紧跟这位党内盟友，我们还很不确定。但是这个试验根本不可能进行。因为施莱歇若接受布劳恩的提议，自己的权力就会被剥夺。取缔 1932 年 7 月 20 日的紧急法令，不仅意味着右翼向左翼投降，而且根本不可想象兴登堡会接受这样的要求。因此布劳恩想象的博弈完全缺乏现实根基，这也是普鲁士邦总理曾有的特点。[11]

帕彭和希特勒在科隆会面一周后，施莱歇不得不认识到，还有一个强大的利益集团决心系统性地推翻他的内阁。1 月 11 日，由帝国总统主持，总理以及布劳恩和瓦姆博尔德等部长参与的一次会议上，帝国乡村同盟再次呼吁，立即落实人造黄油 571
中强制添加黄油的规定，对农业实行全面关税保护和执法保护。会议后不久德国政府得知，帝国乡村同盟已于数小时前向新闻界宣布了他们的决议。德国最大的农业协会在这个决议中对政府的攻击不亚于一份宣战声明。声明说："德国农业的贫困程度，特别是农业加工业的贫困程度，在现任政府的容忍下已经发展到即使是纯粹的马克思主义政府也不能容忍的程度。对农业的掠夺仍在继续，为的就是国际出口工业及其配套企业的利益。因此帝国政府迄今的活动是与总统分配给他们的任务背道而驰的。"

帝国乡村同盟表达的内容和方式几乎与民族社会主义德意志工人党所鼓动的没有什么不同。这种步调一致绝非偶然：自 1931 年 12 月以来，民族社会主义德意志工人党的农业政策机构中的一个重要领导成员一直是帝国乡村同盟的四人主席团成员之一，他就是国会议员维尔纳·威利肯斯（Werner Willikens）。这种做法看起来就像一个率先的"自我一体化"。到目前为止，1933 年 1 月 11 日的行动是德国民族主义大农场主与民族社会主义德意志工人党的农业官员之间互动的高峰。

两天后，农业政策机构负责人里夏德·瓦尔特·达雷（Richard Walther Darré）更进一步。他在给施莱歇的一封公开信中要求“坚决将国家的方向转向国内市场”。当然这只有一个“男子汉的政府”才做得到，一个“满腹疑虑不知道在哪里转弯的政府”是根本不可能做到这一点的。帝国乡村同盟主席卡尔克罗伊特伯爵在总统和总理招待会上警告说，“共产主义的煽动”在德国取得了越来越大的成功，因此达雷在1月13日声称“德国人民中的布尔什维克已经传播得很广”。这封信最后影射俾斯麦在总理府的继任者实施的优惠出口政策：“德国农业的困顿始于卡普里维（Caprivi）将军，但愿上帝把冯·施莱歇将军当作这个不幸的、反农业经济时代的最后一位代表。”

总理可以把达雷的信归入档案，却不能以同样的方式处理帝国乡村同盟的宣战。就在1月11日晚，施莱歇发布了一份正式公告，指控该协会以煽动性的形式对帝国政府进行毫无事
572 实根据的攻击。谴责之后便开始了制裁：帝国政府指出，鉴于帝国乡村同盟主席的恶意行为，德国政府被迫“从现在开始拒绝与帝国乡村同盟主席团成员谈判”。德国总统并未支持这一抵制行动。1月17日，他写信给帝国乡村同盟主席团，表示希望总统在当天签署的加强执法保护令有助于农业经济局面稳定。[12]

农场主对施莱歇发起的攻势，令人想到帝国乡村同盟1932年5月意图推翻布吕宁政府的疯狂鼓动。但是在那场斗争的最后阶段，有一个政党站在前线，现在这个政党却非常克制，它就是德意志民族人民党。1月11日，德意志民族人民党的议员赫格特在国会预算委员会中明确表示，应该给施莱歇

政府一个证明其能力的期限。两天之后，胡根贝格在和总理的一次谈话中甚至提出该党参与执政的建议。但是，施莱歇无法满足他提出的附加条件，否则工业界和工会、中小企业和消费者都会群起反对。德意志民族人民党党魁认为，解决经济部和农业部之间长期争端的办法是把两个部门合二为一，由他来领导。据消息灵通人士说，胡根贝格还要求改组后的内阁至少能够有六个月时间可以不受干扰地工作，这一要求的结果其实就是政变方案的两种变体：国会被迫休会或推迟新选举。

对于施莱歇来说，与爱德华·丁格尔代谈话的气氛要轻松愉快得多。1 月 11 日，德国总理与德意志人民党主席举行了一场谈话。德意志人民党已经在两天前公开宣布，将继续支持施莱歇政府。这与德国工业帝国协会的官方立场一致，后者在 1 月 12 日以前所未有的锋芒毕露的态度反对一天前帝国乡村同盟的宣言。施莱歇还得到了另一个自由党派的支持：1 月 6 日，德意志国家党主席赫尔曼·迪特里希在斯图加特召开的符腾堡民主主义者三王来朝节（Dreikönigstreffen，即主显节）会议上发表讲话，表示支持现任内阁。

国家党的两位国会议员和人民党的 11 位国会议员所能做的只是一点微薄贡献，而施莱歇正需要这种来自人民代表的有力支持。1933 年初，内阁在新一届国会期间能否幸存而不被不信任动议赶下台，这一点确实是个非常不确定的因素。但施莱歇不再只想争取更多的时间，而是准备快刀斩乱麻。1 月 4 573
日，他让国务秘书普朗克在元老会上宣布，政府随时准备召开国会会议、发表政府声明并谈及政府施政纲领。同时政府也非常重视在发表纲领后局面要明朗化。因此德国政府不会同意在发表施政纲领后马上让国会休会，或者推迟国会的不信任投票。民族社会主义德意志工人党提出，召开国会会议的时间应该由未出席元老会的国会主席戈培尔决定。最终，元老会决定在1月24日召开国会全体会议。在这次表决中，民族社会主义德意志工人党弃权，而要求在1月10日就召开国会会议的德国社会民主党和德国共产党投了反对票。鲁道夫·布莱特沙伊德在《前进报》中对民族社会主义德意志工人党的评论是，它之所以弃权，“实际上是对施莱歇表示支持”。

民族社会主义德意志工人党的想法确实与施莱歇不同，它需要争取时间。1月10日，希特勒在柏林短暂停留期间想与帕彭再次会谈，这次会面的地点选在喜欢政治的香槟酒商人约阿希姆·冯·里宾特洛甫（Joachim von Ribbentrop）的家中。里宾特洛甫刚刚加入民族社会主义德意志工人党，住在达勒姆（Dahlem）高档住宅区。但是后来希特勒通知里宾特洛甫，他临时做出决定，想先等一下他寄予厚望的另一件事的结果。1月15日，德国第二小的邦利珀-代特莫尔德（Lippe-Detmold）举行选举。希特勒希望能够弥补上届国会选举和图林根选举的损失。如果利珀的选举结果能够证明选民开始回流到他的政党，他就可以满怀新的自信与保守派力量对峙，并提出理所当然的要求：担任下一届帝国政府的领导者。

1月上旬，民族社会主义德意志工人党的集会席卷了这个德国北部的小邦。希特勒本人在16场大型活动上发表讲话。该党的所有重要领导都出席了活动，其中包括戈林、戈培尔、弗里克，以及普鲁士王子奥古斯特·威廉，外号“奥威”，是冲锋队的高层领导。辛苦奔波终于得到了回报。与1932年11月6日的国会选举相比，民族社会主义德意志工人党的选票增加了近6000张。自1920年以来一直在该邦执政的邦主席

(Landespräsident) 海因里希·德拉克 (Heinrich Drake) 的德国社会民主党的选票也有所增加。与11月的选举相比，该党的选票增加了约4000张。与11月6日相比，德意志民族人民党损失了约4000张选票，共产党损失了约3500张票。

民族社会主义德意志工人党庆贺自己是最大的赢家，其地方机关报《利珀信使报》(*Lippischer Kurier*) 发表的文章被冠以醒目的标题——《施莱歇下台！希特勒在利珀获胜！与上次国会选举相比，民族社会主义德意志工人党的票数从34.7%猛增至今年的39.6%》。戈培尔在他的日记中写道："我党再度前进。我们得到了回报。"

实际上，民族社会主义德意志工人党的成功远没有自己宣 574
传的那么辉煌。与1932年7月31日的选举相比，它还少了3500张选票，而该党在帝国层面的竞选活动不可能像在这个只有16万居民的小邦中那么投入。但是此刻发挥作用的是心理影响：民族社会主义德意志工人党似乎东山再起。这强化了希特勒的地位，特别是面对资产阶级右翼，尤其是德意志民族人民党，希特勒的政党从他们那里抢走了最多的选票。希特勒现在终于可以对施特拉塞尔发起决定性的攻击。他在1月16日魏玛召开的地区领导大会上和这位前组织部负责人做了严厉清算。结果很明显：施特拉塞尔再也找不到支持者，希特勒在党内的地位比以往任何时候都更加无可争议。

利珀大选后的第二天，德国内阁首次在新年开会，讨论政治局势。施莱歇开门见山地说："实际上就是两个问题，一个是否能够争取与民族社会主义者携手合作，一个是他们依然想与帝国内阁做斗争。说到合作，当然还有各种形式，例如可以直接参与帝国内阁，也可以采取支持内阁或类似的方式。"他并不想推迟做决定的时间。如果国会在即将召开的会议上在第一项议程中就提出不信任动议，他将向国会发出书面解散令。

然后，施莱歇回到他任总理前夕致使内阁分裂的问题上来：国会解散后在宪法规定的60天期限内是否应该重新进行选举。“经济界拒绝马上重选的观点。这种情绪在工人中也很普遍。在这种情况下，他认为把新选举推迟到秋季的想法非常值得考虑。无论如何，无论是否进行新选举，帝国内阁都有必要争取更广泛的团体。”

与弗朗茨·冯·帕彭执政的最后一天不同，这次没有任何一位部长反对违宪的推迟新选举决定，这就意味着不反对宣布国家进入紧急状态。只有帝国专员格雷克小心翼翼地表达了担忧的心情，他认为要尽一切努力“得到国会进一步的容忍”。内政部部长布拉赫特强调说：“无论如何，有一件事情已经了结。对付内阁的统一阵线已经不复存在了。”财政部部长什未林·冯·克罗西克伯爵在1932年11月和12月初曾坚定地反对违宪行为，现在则毫无保留地支持推迟新选举。

575 是否真有必要扩大政府的基础，这一点还存在争议。农业部部长冯·布劳恩怀疑，让施特拉塞尔进入内阁是否真会带来民族社会主义德意志工人党的大批支持者。外交部部长冯·诺伊拉特的担心是，接纳政党的代表是否会“远离总统内阁的初衷，演变为政党内阁”。国务秘书迈斯纳明确同意诺伊拉特的看法，并指出他已注意到“放弃总统内阁的想法将会对帝国总统的立场构成危险”。

而总理似乎胸有成竹，他说他与总统深入交谈过。他会与希特勒谈话，但他坚信希特勒已经不再对权力感兴趣了。最近希特勒只是在争取德国国防部部长的职位，但兴登堡不会给他。一个“从施特拉塞尔到中央党”的广泛基础是政府不可缺少的。同时也必须赢得胡根贝格，否则就不能指望得到德意志民族人民党的支持。他深知只有希特勒的参与才能赢得议会的多数。“可以指望民众的情绪慢慢转变，向着有利于内阁的方向转变。只有内阁在实际工作中取得成功，才能实现这一变化。”

施莱歇这番话最根本的论点是：“在某种程度上讲，不能在真空里践行政治。”在进一步的讨论过程中，他回答了诺伊拉特提出的政党内阁问题，并再次表明他曾经的想法。“从长远来看，如果在民众中得不到广泛支持，就不可能在德国执政。”

布拉赫特提议 1933 年 10 月 22 日或 11 月 12 日为德国国会的选举日期。波皮茨对立即公布选举日期是否明智表示怀疑，但受到了内政部部长的强烈反对。必须立即宣布一个时间，否则反对派将不断提出确定日期的要求，直到达到目的，而且会宣扬这是他们的功绩。司法部部长居特纳说，符腾堡以及巴伐利亚可能同意推迟选举。当然他很怀疑并认为秋天的情况并不会比现在好。

如果会议纪要正确地再现了会议流程，那么 1933 年 1 月 16 日根本没有再讨论推迟选举可能导致法律和政治后果的问题。还有一个备选方案，很可能出自国防部的国防军部门，这个方案的核心是“不接受不信任提案，由德国总统来确认政府”。这个方案也没有得到进一步讨论，而只是作为附件放进会议记录中。国防军部门的这个方案说，不信任议案只表达了 576
国会消极的意愿，却没有提出积极的方案。“但是政府工作必须完成，因此这种消极的不信任议案不应让政府停摆。德国国会一定要提出另一项积极的建议，对政府做出肯定。”

这种程序的弊端是，国会“可以高谈阔论，做出煽动性的决定”。然而专家认为这种弊端并不危险：国会“已经把不信任提案这颗重量级炮弹发射出去了……只有当国会颁布具有法律约束力的法规，它的工作才会产生效力。这是国会的本职工作，它必须回到这些工作上来。如果这样做会与政府发生冲突，陷入严重的困境，那么还有解散议会的选项”。这种解决方案的建议也符合宪法改革的基本原则：“国会的根本是立法。只有当支持这一议案的大多数有积极的意愿推行另一种政治，这个不信任议案才有法律效果。”

上述方案的作者认为，同推迟选举或强令国会休会的做法相比，忽视“消极多数”的不信任议案“与宪法发生的冲突是最小的”。实际上，宪法第 54 条要求总理和各位部长必须得到国会的信任，但不排除在不信任议案后解散的政府可以继续理政。这一条也没有为议会“死亡”后的寿命给出时间限制。

德国最著名的宪法学家卡尔·施米特早在 1928 年的《宪法学》（*Verfassungslehre*）中就说，没有执政能力的国会多数派做出不信任决议是一种“纯粹的阻碍行为”。他得出的结论是，此时政府根本没有必要解散，“至少不必同时宣布解散国会”。卡尔·施米特和约翰内斯·黑克尔这两位法学家和社会民主党的法学家恩斯特·弗伦克尔的观点是相同的。弗伦克尔在自己的论文中专门援引了这两位法学家的话。1932 年 12 月，弗伦克尔得出的结论是，当德国共产党和民族社会主义德意志工人党在国会中占据多数时，国会作为魏玛宪法的中央机构就无法履行其职责。为了防止“无法履行义务的国会”迫

使国家机器停摆，并为宪法的敌人提供政变的理由，弗伦克尔提议通过全民投票修改宪法。“人民代表提交不信任议案时必 577
须提交给主席一份积极的提议，并且提名担任部长的具体人选，以替代被推翻的国家官员。”这个时候议会对总理和部长们的不信任提案才有令政府解散的法律约束力。

政治实干家在1932年与1933年交替之际向总理提出各种建议，大多聚焦在如何实行一种建设性的不信任议案形式，在不变更宪法的情况下让宪法转向。1932年12月1日，巴伐利亚驻帝国全权代表、部长级领导人施佩尔向施莱歇表示：“不信任议案并不是决定性因素，部长还可以在看守政府里继续工作，尽管帕彭将这种方式视为削弱政府威信而不愿这样做。”在1933年1月19日的一次会议上，帝国国会议员、基督教社会人民服务党主席威廉·辛芬德费尔（Wilhelm Simpfendörfer）也向总理发出了同样的暗示。

五天后，这位国会议员以书面形式提出了建议。辛芬德费尔于1月24日写信给总理，否定消极多数无权抱怨不遵守他们决议的行为。根据第53条，政府可以由帝国总统任命或罢免。政府只有在承担得起责任的情况下，才可以执行消极多数的决议。“如果合理地和负责任地应用议会民主制和帝国宪法，那么完全消极的多数提出的不信任议案只有一个作用，就是展示他们自己无能的不满。如果他们不满意这种状态，就必须努力争取到积极的多数。但是他们无权用议会消极多数的愚蠢游戏毁掉国家。”

施莱歇没有接受任何不同于公开宣布国家进入紧急状态的危机解决方案。在他看来，与向国会提交不信任议案相比，推迟选举时间似乎更是可以不让政府威信扫地的出路。他认为，依赖一个无法开展建设性工作的国会根本就是令人无法容忍的事，所以他自1933年初以来一直致力于迅速做出决定，如果议会表示它不愿与政府合作，那么就应立即解散议会。施莱歇相信，与前任帕彭内阁相比，他的政府没有那么受到孤立。但尚不确定兴登堡是否会真正兑现他向帕彭许下的承诺：解散国会和违宪推迟选举。由于两者都不确定，因此1月16日提出的国家紧急状态计划其实是建立在一个非常脆弱的基础上的。[15]

578 内阁会议后没过几天，新闻界就充满各种猜测，媒体纷纷猜测国家紧急状态令可能迫在眉睫。1月19日在柏林的腓特烈斯海因举行的社会民主党代表会议上，鲁道夫·布莱特沙伊德透露了施莱歇11月28日告诉他的关于推迟选举的计划。社会民主党议会党团主席也提到了他给德国国防部部长的答复：对于全体工人而言，这一举措将促使他们采取一切合法手段来制止这种违反宪法的行为。“这种挑衅无疑会激起最强烈的风暴。”

1月20日，《前进报》认为猜出了政府可能以什么为由宣布国家进入紧急状态。柏林警察局局长梅尔歇尔同意民族社会主义者于1月22日星期日，在比洛广场的卡尔·李卜克内西大楼门口举办一场针对共产党总部的示威。与此同时，警察却禁止了共产党在比洛广场举行反示威活动的申请。社会民主党的机关报认为这一做法是为了避免流血冲突。一旦发生流血冲突，政府就可以此为借口宣布不能举行选举。然而暴力并没有升级。尽管议员托尔格勒和卡斯珀亲自到施莱歇那里游说，政府还是确认了禁止共产党举行反示威游行。但是共产党呼吁自己的支持者严守纪律，小心审慎，并且听从领导的口令。共产党人的游行推迟到了1月25日。[16]

当时德国公众最关心的不是纳粹分子和共产党的示威游行，也不是国家是否进入紧急状态，而是东部救助的丑闻。1月19日，中央党议员、基督教工会秘书长约瑟夫·厄尔辛（Joseph Ersing）向国会预算委员会透露了滥用公共资金来救济东普鲁士负债累累的大地主的一些细节。厄尔辛说，如果帝国乡村同盟支持者圈子一边从全体德国人民那里多次获取巨额款项，一边依然采用前不久他们对德国政府使用的恶言恶语，那么德国国会就必须处理这个问题。如果帝国政府为他们提供的资金没有用来偿还债务，而是用来购买豪华汽车、参加赛马并去海边旅游，帝国政府就必须索回这笔款项。因此大土地主们试图竭力破坏议会就东部救助问题的进一步讨论。为此，他们在幕后展开了立即解散国会的强力行动。

厄尔辛在预算委员会中的讲话之所以这么受到关注，是因 579
为不久前，帝国总统一个私人朋友的名字频频出现在媒体上有关东部救助的报道中。据说埃拉德·冯·奥尔登堡-雅努绍在公共资金的分配上受益匪浅。同时，兴登堡1927年获得诺伊德克大庄园的详情也被公之于众。在80岁生日之际，他从德国经济界那里获得的礼物是这一庄园的所有权。这个庄园过户到他儿子奥斯卡名下，这样可以节省遗产税。虽然在形式上这并不违反当时的法律，但这是一种有损国家元首声誉的行为。[17]

厄尔辛这一番轰动陈述后的第二天，国会元老会决定将全体会议从1月24日推迟到1月31日。为了保险起见，元老会决定1月27日再召开一次会议。推迟全体会议的提议来自民族社会主义者，理由是政府尚未提交预算草案。中央党担心内阁出台国家紧急状态法，所以也想争取时间，以便在民族社会主义德意志工人党人参与的情况下出台一个议会危机的解决方案。虽然民族社会主义者更愿将何时召开全体会议的事交给国会主席戈林来决定，但中央党只赞成推迟一周。由于社会民主党和共产党坚持原来计划的日期，即 1 月 24 日，那么中央党的提议就成了一个折中的方案，最后获得多数同意。国务秘书普朗克同意了该决定，但他以德国政府的名义强调，这样做是为了国家的政治稳定和经济复苏，为了解决这个当务之急，应尽快明确无误地阐明政治局势。[18]

民族社会主义德意志工人党人有充分的理由不召开这次全体会议。任何事情都不能干扰希特勒在利珀选举后不久开始的政治谈判的进展。1 月 17 日，希特勒与胡根贝格举行了会晤，但未取得具体成果。如果组成联合政府，德意志民族人民党领导人拒绝将普鲁士内政部，也就是普鲁士的警察控制权交给民族社会主义德意志工人党。第二天，希特勒在里宾特洛甫的别墅里见到帕彭。民族社会主义德意志工人党领袖以此次选举成功为由，对总理一职的要求比 1 月 4 日的科隆谈判时更为强硬。但是，即使帕彭确信这种解决方案的必要性，此时兴登堡的立场仍然没有任何变化，他拒绝把总理一职交给希特勒。

580 这个时候，总理的位置越来越处于弱势。1 月 21 日，德意志民族人民党议会党团向施莱歇内阁公开宣战。他们在递交给总理的一项决议中指出，拖延和犹豫的政策让人怀疑政府是否真想做出改善。决议在 21 日就递交给总理了，但直到 1 月 24 日才公布。德意志民族人民党指责的重点是，政府的经济政策越来越明显地陷入“社会主义的国际思维方式”。“如果容忍大型企业和小型企业之间的矛盾，特别是在农业界，那么这是一种特别危险的预兆。这种危险让布尔什维克主义在农村地区蔓延。大家都心生怀疑，认为现任德国政府不过就是在清算帝国总统任命帕彭内阁时树立的集权思想，把德国政治拉回到因民族运动的强化而早已离开的那条老路上。”在其决议的最后一句话中，德意志民族人民党“重申”了他们的信念，即“只有通过强有力的国家管制才能克服国家危机和经济危机”。

关于施莱歇为“布尔什维主义在乡村”打基础的断言，与德意志民族人民党议会党团 8 个月前对布吕宁提出的指控一样具有煽动性并且荒谬。当时布吕宁建造住宅区的法案也被称为“完美的布尔什维克主义”。这个口号在 1932 年 5 月取得了成功，现在依然有希望对兴登堡产生影响。1 月 21 日，德意志民族人民党站到帝国乡村同盟 10 天前的立场上了。施莱歇的对手阵线越来越强大且越来越宽。他们甚至还能指望帝国总统会很快加入这一行列。[19]

1 月 22 日，即德意志民族人民党攻击施莱歇的第二天，希特勒和帕彭再一次在里宾特洛甫家中会面。这次会面非常重要，因为国务秘书迈斯纳、奥斯卡 · 冯 · 兴登堡，以及民族社会主义德意志工人党代表戈林和弗里克也参加了会面。希特勒向与会者保证，只要资产阶级党派的部长们不对各自的政党负责，就可以参与他领导的总统制内阁。戈林对迈斯纳也做了类似的表态。帕彭暗示他现在准备接受在希特勒内阁中担任副总理一职。这次会议最重要的部分是希特勒与总统儿子私下的长时间对话。在一同乘车返回威廉大街时，奥斯卡 · 冯 · 兴登堡对迈斯纳说，希特勒的言论给他留下了深刻的印象。民族社会主义德意志工人党领导人离他的目标又近了一大步。[20]

第二天，1月23日，帝国总统接待了总理，此前总统的儿子和国务秘书迈斯纳已经向他通报了达勒姆会晤的内容。施
581 莱歇告诉他，内阁在一周之前已经达成协议。预计在31日开始国会会期，会议期间可能对德国政府进行不信任投票，“因此他提议解散国会，但新的国会选举也不会改变局面，所以国家要进入紧急状态。在别无选择的情况下，只能将选举推迟几个月”。

根据官方会议记录，兴登堡回答说“他会再次考虑解散国会这个问题。但现在不能做出推迟宪法规定的选举日期的决定，因为这个举措会被各方人士解释为违宪的举动。在决定采取这一举措之前，必须先征求各个政党领导人的意见，以确认他们承认国家进入紧急状态，而不提出违宪的指控”。

1月16日计划的国家紧急状态方案实际上已经失败了。德国总统拒绝施莱歇的建议，不仅仅是出于尊重宪法。他毕竟在1932年8月下旬和12月初两次允许施莱歇的前任这样做，从而偏离了宪法第25条对帝国议会新选举期限的规定。兴登堡之所以如此决定，一定与奥特的“模拟战争”有关。12月2日，施莱歇请奥特做出论证，宣布国家进入紧急状态很可能导致内战。兴登堡做出这一决定当然还有一些其他原因，其中还包括私人关系。在帝国预算委员会中，被披露的东部地区救助丑闻不断发酵，与此相关的公开报道一次又一次提到兴登堡这个名字，而总理并未出面保护帝国总统。总统的贵族邻居们，特别是像“老雅努绍”（der alte Januschauer）这样的贵族大地主，竭力敦促推翻施莱歇，让希特勒接手总理一职。东普鲁士地方军事指挥官冯·勃洛姆堡（von Blomberg）将军也对帝国总统施加了同样的影响。

但是，放弃施莱歇是一回事，任命希特勒是另一回事。1月23日，帕彭在施莱歇之后拜访德国总统，并向总统汇报前一天晚上在里宾特洛甫家中会谈内容时，兴登堡再次拒绝让希特勒担任总理。按照德国总统的意见，施莱歇的后继者应该是帕彭。但帕彭本人对这个想法犹豫不决，并试图说服兴登堡放弃这个计划。但是他在1月23日并没有最终拒绝帝国总统。

1月24日，新闻媒体中充斥着国家进入紧急状态计划的报道。施莱歇立即声明，他没有接受“国家紧急状态”的论点，政府将竭尽全力维护宪法。但没有人相信这一辩解，德国 582
社会民主党主席和社会民主党议会党团主席1月25日“对宣布所谓国家紧急状态法的计划提出最强烈的抗议”。这项计划的落实相当于一场政变，将会导致一种无法治状态，因此“要采取一切手段来抵抗”。

1月26日，施莱歇接待了德国总工会联合会的两位副主席格拉斯曼和埃格特，他们向总理讲述了有关政府解散国会，并决定违宪推迟选举的传言。总理再次申明了两天前他公开否认的一切。他已经向德国总统提出建议，征询“经济界领袖”、工人组织以及企业家协会的意见，“他们是否认为新选举推迟到今年11月或10月，会比在现在进行选举更好？因为现在重新选举并不会改变政党的比例，也不能期待有一个可以运作的国会，如果经济界领袖对这个问题的回答是肯定的，那么在资助选举的经济界的支持下，德国总统和政府就可以尽量推迟新选举的时间。这与违反宪法大不相同”。埃格特对施莱歇的回答感到沮丧，他说：“我们不想听到宣布帝国进入紧急状态，不管以什么形式。”

中央党对国家紧急状态的计划也采取同样明确的拒绝态

度。1月26日，该党主席卡斯主教在一封陈述详细的信中警告总理，不要“用紧急状态法推迟选举日期”。卡斯上一次与施莱歇的会面是在1月16日，他在会面时特别强调，他反对“卡尔·施米特及其追随者把整个宪法相对化的基本倾向”。“毋庸置疑，推迟大选日期明显违反宪法，并应承担由此导致的法律上和政治上的所有后果。回顾布吕宁内阁倒台以来国内政治发展的情况，对其进行客观评估，都会得出这样的结论：根本不是国家需要进入紧急状态，最多只是政府体制陷入紧急状态。这个政府体制一方面自己犯下错误，另一方面对他人的错误采取容忍和纵容的态度，从而加速陷入当今的困境。”

583 作为神学家和律师，卡斯认为这样一个瓶颈不应导致违宪的举动，而是应该认真且有计划地“使用宪法中的可能性，找到相关的办法，建立起一个可以运行的政府联合体”。无论从法律的角度看，还是从政治和道德的立场出发，都可以把违宪推迟选举日期的做法称为“不负责任的选择”。“政府的违法行为将为百姓的违法行为提供口实，最终发展到无法预测的地步。如果请我的政治盟友们讨论和决定这个问题，他们会坚决拒绝并谴责这种做法。”获悉中央党对这一问题看法的不仅仅是总理一个人。在布吕宁的建议下，卡斯征得议会党团同意之后，也给帝国总统发送了这封信的副本。

1933年1月底，两个主要民主党派的表现给人的印象是，似乎施莱歇比希特勒对共和国的威胁更大。在他们看来，违反《魏玛宪法》的一个条款，而不是彻底废除宪法，才是最严重的危险。中央党长期以来一直公开表示，希特勒担任总理，得到议会的多数支持并宣誓忠于宪法——虽然这不是合法解决危机的唯一办法，但这也许是一个民主层面的正确办法。社会民主党迄今并不赞同这一立场。但是，国会议员西格弗里德·奥夫豪泽 1 月 25 日在《前进报》上要求："国会应该召开会议，应该有能力运转，用这种方式表达全体人民对当前帝国国家机构的不信任。"正因如此，他积极争取民族社会主义德意志工人党参加反对施莱歇的斗争。从社会民主党反对推迟新选举的运动来看，他们的态度是情愿接受希特勒以合法方式组建的政府，也反对施莱歇的临时独裁统治，因为这是两害相权取其轻的做法。[21]

1 月 27 日，柏林谣言四起，说另一种专制政府就要出现了，这是一个弗朗茨·冯·帕彭领导的抗争内阁。"要么是狂欢节总理①希特勒，要么是激起民愤的业余骑手冯·帕彭的回归。"《前进报》认为施莱歇过不了几天就会下台，取而代之的就是上述两人的可能性最大。基督教民族工会的机关报《德国人》明确表示什么情况是最糟糕的选择——"没有比回到帕彭路线更致命的事情了"。《德国人》认为，这些计划背后的主要动机是要防止东部救助丑闻进一步曝光。因此，"胡根贝格集团"努力争取帝国总统同意发动一场政变，这等于是在"企图煽动叛国"。

584 实际上，胡根贝格把 1 月 27 日举行的寻找"合法"解决危机方案的谈判推到了失败的边缘。在和希特勒会面时，他一再拒绝把普鲁士内政部部长一职让给民族社会主义者，同时胡根贝格也拒绝了重新进行国会选举，而这是民族社会主义德意志工人党元首最在意的事。两个政党领导人的冲突非常严重，

---

① Faschingskanzler，德语的意思为狂欢节主持人，在这里有隐射逢场作戏的小丑的含义。

希特勒甚至取消了当天和帕彭约定好的会谈。

在此期间，希特勒把钢盔团第一联邦领袖弗朗茨·泽尔特争取到自己的身边，这是希特勒的一大成功。更重要的是，帕彭非常重视民族社会主义德意志工人党将与前任总理帕彭领导的独裁政府展开针锋相对斗争的声明。1月27日晚上，帕彭再次向里宾特洛甫表示，他会比以往更强调让希特勒领导内阁。“帕彭完全明白，现在不管出现什么情况，他都必须坚持让希特勒接任总理一职。他打消了无论如何都要听从兴登堡调遣的主意，”里宾特洛甫记录道，“我认为，帕彭的这一认识是整个问题的转折点。他将于周六（1月28日）上午10时去兴登堡那里。”

媒体还注意到1月27日发生的另一件事：国会元老会决定在1月31日召开全体会议的决定不变。这就清楚表明，只要施莱歇政府在任，国会就会提出不信任提案：共产党和社会民主党已经决定提出相应的议案，民族社会主义德意志工人党宣布他们会赞成该提案。

然而，1月28日早报的头条新闻再次充斥着国家政变的谣言，其中大多数与帕彭这个名字有关。德意志民族人民党的报纸公然要求违反宪法，以至于奥托·布劳恩做出决定，向总理发出公开呼吁。这位普鲁士邦总理在1月初还建议，施莱歇在某种情况下可以推迟选举；现在他在一封给总理的公开信中写道，从法律角度讲，让国家进入紧急状态是不能接受的。因此，作为普鲁士临时国家权力的持有者，帝国政府有义务追究公开赞同这种做法的人，因为这种做法和为叛国行为做准备毫无两样。[22]

内阁于1月28日上午11时30分前后召开会议。会上施莱歇说，他认为只有在帝国总统给担任总理的他解散国会的指令时，德国政府才能在1月31日的国会会议上发表政府宣言。“但是据他对目前情况的了解，德国总统不准备这样做。总统很可能让总理本人决定，是否在没有解散国会令的情况下依然召开国会会议。但他坚信，这在当前的情况下是完全没有意义的。帝国政府没有国会多数的支持。因此，政府只会上演一场 585
必定失败的、毫无意义的游戏。虽然他作为总理做好了充分的准备与国会做斗争，但是在目前的情况下这根本没有可能。”

施莱歇还说，他担心不久的将来会出现最糟糕的情况。“如果帝国总统已经做好准备任命希特勒为总理，困难也许不那么大。但是据他所知，帝国总统一如既往地仍未下定决心这样做。因此，剩下的选择只能是组成另外一种组合的总统内阁。据他所知，应该是一个由帕彭和胡根贝格参与的内阁。这样一种内阁必定会引起广大民众最强烈的对立情绪，并很快会导致国家的危机和帝国总统的危机。他想在会后马上坦率地向帝国总统陈述他的观点。如果不出意料，他作为总理依然得不到德国总统的国会解散令，那么他将立即向德国总统提交他和整个帝国内阁的辞职请求。”

在得到内阁全体成员的同意后，施莱歇在中午12时10分中断了会议，以便去和帝国总统会谈。总理向兴登堡提出了三种解决危机的方案：“1. 多数派的希特勒内阁，这本身就是一个解决方案，但他不相信这能够实现。2. 少数派希特勒内阁，但这不符合德国总统历来的立场。3. 保留现任总统制内阁，但这只有在获得帝国总统的信任和得到授权的情况下才可行。”施莱歇坚决反对的一种解决方案是：“90%的德国人民都会反对一个没有民族社会主义德意志工人党加入，在德意志民族人民党狭窄基础上组建的政府。这样做将引发革命，将导致国家危机。”

兴登堡甚至没有细看施莱歇设想的几种可能性。他用简洁的几句话拒绝了德国总理提出的国会解散令的要求：“在目前的情况下，我不能这样做。我非常感谢您为争取民族社会主义者，并在国会中赢得多数而做的努力。可惜这些努力没有成功，因此必须尝试其他选择。”

施莱歇建议总统听一听国会其他人的想法，兴登堡对此根本不以为意。他只是向总理做出保证，不会把国防部部长一职交给希特勒政党成员。接下来施莱歇当场起草了一份内阁全体成员请辞的官方声明。之后，兴登堡向总理表示感谢。如果施莱歇后来向布吕宁诉说的内容属实的话，总统是这么说的：“将军先生，感谢您为祖国所做的一切。现在就要看老天保佑下一步怎么走了。”

586 大约12时35分，施莱歇回到内阁，向大家做了汇报并宣读了接受请辞申请的记录。财政部部长冯·克罗西克在日记中写道，在与兴登堡会晤的时候，总理施莱歇感觉是“在对着一堵墙说话，老先生根本没有听进他的论点，而是在翻来覆去地重复已经背得滚瓜烂熟的套话。我们听到这个消息后都很震惊。施莱歇内阁在两个月后就因失去总统的信任而被推翻了”。

施莱歇内阁辞职后，德国总统立即给前任总理帕彭一项任务——“与各个政党谈判，澄清政治局势，确认现有的各种可能性”。这就是说，兴登堡的愿望是，帕彭应该“在宪法框架内与德国国会一起”寻求解决方案。不久后就传出消息，帕彭当天下午就开始与民族社会主义德意志工人党领袖希特勒接触。

虽然几天前媒体就预测施莱歇会下台，但 1 月 28 日的官方公告依然被普遍认为是一次轰动事件。同一天，德国工业帝国协会和德国工商贸协会的两位执行董事会成员路德维希·卡斯特尔和爱德华·哈姆就给国务秘书迈斯纳写信，对此表示极度震惊。信中说，经济复苏最重要的是信赖政治的平和与稳定。“政治危机导致的持续不稳定摧毁了经济改善的所有萌芽，毁掉了未来的订单。目前的当务之急就是要实施以创造就业机会为导向的政策，以尽量不给我们的人民带来政治动荡的办法来摆脱当前的政治困境，此时需要清楚地表明执政者的基本经济原则。”

在瑞士度假的德国工业帝国协会主席古斯塔夫·克虏伯当天在电话中请卡斯特尔向迈斯纳重申：“他完全站在我（卡斯特尔）的立场上，他认为持续的政治危机，尤其是当前的危机会给经济的平稳发展带来致命的灾难。他认为，应该避免一 587
切令经济生活陷入动荡的行为。”这两条信息的含义很明确：最大的德国工业帝国协会不同意推翻施莱歇。工业家们认为，保住迄今的内阁是唯一不给“经济”带来更大风险的危机解决方案。

1 月 28 日，大多数工会的全国性机构也向总统发出信息，表示对“令我们的人民陷入不安和威胁的政治危险深表担忧”。“任命一个反社会的和敌视工人的政府”，是对整个德国工人阶层的一场挑战，发给兴登堡的一封电报这样写道。在电报落款处签字的是德国总工会联合会，自由雇员总工会，基督教工会联合会，德国工人、雇员和公务员联盟自由工会联合会和德国公务员自由工会联合会。“尊敬的帝国总统先生，工会希望您坚决抵制以发动政变为目标的所有地下活动，并坚持用符合宪法的方案解决这场危机。”

政治倾向明确的工会比企业家协会更清楚地表明，任命一个反议会的、受德国民族主义者影响的抗争内阁是最大的错误。虽然电报没有直接说出来，但是它清楚地表明了，如果采用符合宪法的方法任命希特勒，不选择帕彭和胡根贝格联合的方案，将不会受到工会工人的一致谴责。1 月 28 日《前进报》主张的路线与工会协会的声明没有明显的偏离：虽然施莱歇的上台没有停止反动的进程，但至少结束了“反动的疯狂期”。“推翻施莱歇是最高级别的警报信号。它表明，选择一个中立的官员政府的道路不受欢迎，尽管这可能是目前唯一的符合宪法的选择。但为了遵循宪法，另一种方法则是一种冒险的试验，而且是最危险的冒险。采用这种方法一定不能违宪，那就是只有在希特勒能够得到议会多数的情况下才能组阁，而且必须保证，他一旦失去多数就必须立即离开内阁。这就意味着，希特勒-胡根贝格政府必须获得中央党的支持才是符合宪法的。”

因此以希特勒为首的帝国政府无论如何都不是最糟糕的选择。只要这一内阁拥有议会多数、不违反宪法，那么社会民主
588 党就可以充分发挥议会的反对党作用。如果这样的政府在国会中得不到足够的支持，情况当然就不同了。“没有议会多数的哈尔茨堡政府意味着国家政变和内战，那么对它的任命也会是对国家安全的一次攻击……在这样一个时刻，如果帝国总统要授予所谓的民族右翼以特殊全权，这将使整个帝国进入违宪和违法的状态。”

在社会民主党机关报编辑部或在社会民主党的领导层中，

这篇文章的主要精神一定遭到了很多人的反驳。下一期的《前进报》就发出了完全不同的声音，称希特勒是“反对德国工人运动的帮派领袖”，“血腥的法西斯主义头目，其目标是粉碎民主，建立法西斯专政”。报纸随后权衡了帕彭内阁和希特勒内阁所面临的风险，得出的结论是：“即便希特勒内阁得到中央党的支持，拥有议会基础，这个内阁依然是一个寻衅内阁！……希特勒的内阁，这正是希特勒的愿望，这是迈向法西斯独裁的跳板！”帕彭和希特勒周围的团体的首要目标是禁止德国共产党，取消它在议会中的席位。“面对反动政府的这种非法行为的前奏曲，全体工人阶级要团结一致，他们有权对违法行为展开斗争！”

社会民主党对希特勒和帕彭的战斗宣言，刊登在 1 月 29 日上午的《前进报》周日版上。德国社会民主党呼吁下午在游乐园举行一次群众集会，集会的口号是“柏林要保持红色”，这应该是社会民主党对前几天民族社会主义德意志工人党和德国共产党的游行给出的答复。《前进报》统计，大约有 10 万人响应了社会民主党的呼吁。当示威者散会时，共产党人在几个交叉路口出言不逊，咒骂社会民主党人。同一天，《红旗报》号召社会民主党成员和自由工会成员组成“反法西斯全面进攻的统一战线”。这一呼吁不是向社会民主党组织的领导们发出的。德国共产党指责社会民主党的领导们现在的做法与 1932 年 7 月 20 日相同，无异于“背叛阶级”。

推翻施莱歇内阁后，中产阶级再次向德国总统发出警告，在任何情况下都不得违反宪法。巴伐利亚人民党政客、巴伐利亚邦总理海因里希·黑尔德表示，他的政府应尽的责任就是，发出最迫切的警告，警告不要做违宪的试验，“因为这会陷入

深渊，并加剧革命群众的激进倾向，同时也给自己的违法行为
589 披上一层合理的外衣”。中央党的《日耳曼》报发出警告，“再一次极其严肃地指出”，违反宪法并建立一个以钢盔团和德国民族主义者为核心的小型“紧急专政政权”，这在道义上、宪法法规上和政治上都是行不通的”。《科隆人民报》(*Kölnische Volkszeitung*) 认为，唯一的解决方案就是中央党也可以支持的方案，这就是让希特勒尝试“建立一个得到议会支持的政府”。[23]

纵观所有可能出现的情况，最糟糕的局面就是一个没有群众支持的右翼抗争内阁，这个可能性也是很大的。如果帕彭和胡根贝格组成政府发动政变，国防军认为会出现奥特的“模拟战争”的局面，即爆发内战。主要军方领导人之所以不得不考虑帕彭组成新政府的可能性，是因为兴登堡在 1 月 26 日和陆军总司令冯·哈默施泰因将军以及陆军人事部主任冯·德姆·布舍-伊彭堡（von dem Bussche-Ippenburg）将军的谈话中，再次表达了原则上拒绝让希特勒担任总理的观点。这一次他是这么说的：“他绝对不会同意让一个奥地利二等兵担任国防部部长或者总理。”帝国国防部的军官们也认为，一个以希特勒为首的政府风险很大。1 月 28 日，施莱歇在与内阁以及兴登堡的最后一次谈话中发出的信号是，帕彭担任总理的内阁比希特勒担任总理的内阁更加危险。施莱歇的态度不仅代表自己，也代表了德国国防部的领导层。

实际上，此时尚不清楚两个政治人物中哪个人将出面组成新政府。如果希特勒的“大政府”的解决方案失败，那么帕彭依旧有其“专制政府”的解决方案。1 月 28 日下午，前任总理帕彭与希特勒和胡根贝格开会，傍晚帕彭与巴伐利亚人民

党主席弗里茨·舍费尔交换意见。舍费尔拒绝加入帕彭内阁，并且借用中央党的名义再次表示赞同一个由希特勒领导的有真正议会多数的政府。然而，帕彭和希特勒对此都不感兴趣。

帕彭还电话联系了什未林·冯·克罗西克伯爵，询问这位财政部前部长是否愿意在帕彭担任副总理的希特勒政府中任职，还是愿意在帕彭-胡根贝格抗争内阁中任职。克罗西克回答，他只会在第一个解决方案中出面。施莱歇政府的另外两个成员，即诺伊拉特和埃尔茨-吕本纳赫也表达了同样的看法。帕彭傍晚告诉兴登堡，经验丰富的保守派政客们愿意将内阁交给希特勒，德国总统深受震动。他第一次表现出准备摒弃对希特勒担任总理一职的担忧。

1月28日晚，兴登堡又做出了一个重要的人事决定。他 590
命令，不论下一任总理是谁，都要让国防军东普鲁士第一军区司令冯·勃洛姆堡将军接任施莱歇，担任国防部部长。当时，勃洛姆堡将军作为德国代表团的技术顾问，在日内瓦参加裁军会议。第二天，兴登堡指示他的国务秘书迈斯纳发出电报，命令勃洛姆堡将军返回柏林。

1月29日上午，希特勒和戈林在帕彭处进行了长时间的讨论。希特勒借此机会任命威廉·弗里克接管内政部，该部门对于贯彻民族社会主义者的权力主张具有战略重要性。当未来的副总理帕彭同意让戈林担任负责普鲁士邦内政部的帝国副专员一职时，希特勒同意了帕彭的要求，放弃普鲁士邦帝国专员一职，因为掌控了普鲁士邦内政部就等于掌握了德国最大邦的警察控制权。在这场谈话进行的时候，还没有人知道总统对民族社会主义德意志工人党要求解散国会和重新选举持什么态度。

当天下午，帕彭会见了胡根贝格以及钢盔团的两位联邦领导人——泽尔特和杜斯特贝格。埃瓦尔德·冯·克莱斯特-舒曼森（Ewald von Kleist-Schmenzin）和奥托·施密特-汉诺威（Otto Schmidt-Hannover）都是德意志民族党政客，他们倾向于采取专制解决方案，并坚决抵制希特勒，这些人给胡根贝格施加了很大的压力。胡根贝格本人对纳粹党举行新选举的要求持有强烈的保留态度，同时也伴有反议会主义情绪和担心削弱本党地位的恐惧。此外，兴登堡答应胡根贝格担任帝国和普鲁士的经济部和农业部部长。这是他一直努力争取的“危机部委”，这些部门对他很有诱惑力，所以他原则上准备加入希特勒内阁。泽尔特赞成由希特勒组阁，在这个内阁中他可以担任劳工部部长。只有杜斯特贝格对希特勒担任总理不再表示担心时，钢盔团才能做出最后决定。然而要让杜斯特贝格下这个决心，民族社会主义德意志工人党就必须因其犹太祖父对他所做的攻击表示道歉。

下午晚些时候，戈林第二次找帕彭谈话。国会主席得到的印象是“现在一切都很完美”，并向在恺撒霍夫酒店等候的希特勒做了汇报。从戈培尔的日记中也可以看出，在新选举问题上戈林做出的判断也是积极的。不管帕彭和兴登堡在这个问题上谈了什么，民族社会主义德意志工人党人知道，帝国总统在1月29日下午不会再次反对新一届国会的选举。对于希特勒来说，这是夺取政权至关重要的条件。他需要一个授权法，而只有在民族社会主义德意志工人党在国会的势力比现在更强大的情况下，他才会得到这个授权法。

591 对新内阁的组合，希特勒和帕彭已经胸有成竹。一切迹象表明，帕彭在1月29日下午已经通知了德国总统。除希特勒外，部长名单中仅有两名民族社会主义德意志工人党员：弗里克担任内政部部长；戈林担任不管部部长，并临时担任普鲁士邦内政部部长和航空部的帝国专员。其他部长职位由资产阶级右翼的政治家和专家担任，其中包括施莱歇前任内阁的三名成员，即诺伊拉特、克罗西克和埃尔茨-吕本纳赫。帕彭任副总理，兼任普鲁士邦帝国专员。司法部部长人选还未确定，这个职位也应该先不予确认，这样就还有与天主教党派进行“联合政府谈判”的空间，而不会从一开始就让人觉得只是在做表面文章。

尽管如此，1 月 29 日，柏林依然传言四起，据说还是会成立一个帕彭和胡根贝格的联合政府，民族社会主义德意志工人党并没有加入。施莱歇和哈默施泰因也相信了这种预测，他们试图在最后一刻出面阻止在他们看来最危险的解决方案。当天下午，陆军总司令会见了希特勒，他想搞清楚兴登堡是否在与自己进行认真的谈判，还是只在佯装谈判。哈默施泰因给希特勒出了个主意，好让事情按照他的想法发展。他问希特勒是否可以考虑让施莱歇在希特勒内阁中继续担任国防部部长，希特勒对这个问题的回答是否定的。

晚上，施莱歇和希特勒之间的中间人维尔纳·冯·阿尔文斯莱本来到位于总理广场上戈培尔的公寓，希特勒也在那里。傍晚来客的一番话让人觉得好像随时就会爆发军事政变：兴登堡计划在第二天任命帕彭少数政府，但德国国防军对此表示反对。这些断言没有任何实际依据，但就在当天夜里，希特勒立即向帕彭和迈斯纳诉说了此事。那天夜里还有传言，说施莱歇和哈默施泰因要动用波茨坦驻军，逮捕兴登堡父子和国务秘书迈斯纳。

虚假的信息有助于加快组建希特勒内阁的速度。1月30日上午，勃洛姆堡到达安哈尔特火车站时，哈默施泰因的副官奉命前来接他，并把这位将军送到本德勒大街的国防部。就在最后一刻，奥斯卡·冯·兴登堡本人也赶到火车站，阻止上述
592 计划实施。他让勃洛姆堡与他一起直接去威廉大街的德国总统官邸。兴登堡向勃洛姆堡通报了施莱歇和哈默施泰因的所谓政变计划，之后总统任命他就任德国国防部部长。因为帝国总统只有在帝国总理的推荐下才能任命帝国政府的部长，因此这一程序违反了宪法。

在此期间，帕彭也没有闲着。1月30日上午，他在办公室内再次与胡根贝格、施密特-汉诺威、泽尔特和杜斯特贝格交谈。他说，如果新内阁在上午11时前不能宣誓就职，那么就有出现军事独裁的威胁。这时，胡根贝格明确表示，他仍然拒绝民族社会主义者要求重新举行大选的要求，而且德国民族主义者是否进入政府也还悬而未决。威廉大街帕彭办公室里的会谈在此时消除了另一个组阁的障碍。与戈林一起再次被叫到帕彭处的希特勒向杜斯特贝格表示，他对那次恶意的侮辱深表遗憾。就纳粹媒体对钢盔团副主席的谩骂事件，希特勒明确表示，这并非出于他本人的指令。

10时45分前后，也就是帕彭和兴登堡约定的内阁宣誓就职时间15分钟前，包括勃洛姆堡的一行人穿过部长花园，来到位于威廉大街77号的德国总理府。1932年夏以来，那里一直是兴登堡的官邸，因为位于威廉大街73号的帝国总统府正在整修当中。宣誓就职的仪式无法开始，因为争议不断的新选举问题尚未达成一致意见。未来内阁的成员们都来到迈斯纳的办公室，但希特勒和胡根贝格在这个问题上分歧如此之大，以

致可能在最后一刻政府组阁失败。希特勒最后不得不承诺，即使在国会重新选举之后，也不会改变内阁的组成。但是这并未能让德意志民族人民党领袖改变自己的立场。

这时帕彭发话了。他说胡根贝格应该相信一个德国男子汉说出的话，收回自己的担忧，在新选举中，所有保守派还可以组成强大的选举阵营。迈斯纳多次提醒大家，不要让兴登堡再等下去，大家同意请德国总统出具解散令。帕彭还替希特勒答应，未来的总理承诺立即与中央党和巴伐利亚人民党展开谈判，以扩大政府阵营。胡根贝格对此很不以为意。最后，希特勒的内阁成员一起进入兴登堡的办公室宣誓就职，生病的埃尔茨-吕本纳赫和尚未选定的司法部部长缺席。希特勒随后发表 593
简短讲话，请德国总统信任自己和这个内阁。兴登堡在简短的仪式结束时说："先生们，愿上帝伴你们前行！"[24]

威廉大街就这样掷下了决定德国命运的骰子。在附近的国会大厦里，德国社会民主党领袖、社会民主党议会党团代表，以及德国总工会联合会代表正在进行激烈的讨论。鲁道夫·布莱特沙伊德代表患病的奥托·韦尔斯发出警告，不要与共产党人一起采取任何行动，并建议要"展示我们的坚定态度"。其他发言人，包括保罗·勒贝和弗里德里希·施坦普费尔则要求对基本上已经确定的希特勒内阁采取大规模抗议行动。布莱特沙伊德的立场得到了奥托·布劳恩、鲁道夫·希法亭，以及德国总工会联合会副主席威廉·埃格特的支持，大多数人显然倾向于埃格特总结的立场："如果希特勒和帕彭领导的内阁尊重宪法，那么也无可厚非。"

德国社会民主党主席和议会党团主席对任命希特勒内阁消息的反应是，呼吁个别组织和团体"不得自主采取无纪律的行动”，“保持冷静，团结一致”是当务之急。在第二天的党代表委员会上，布莱特沙伊德在与会代表的大力支持下，再次强调拒绝在议会之外采取行动。这个呼吁也得到了社会民主党议会代表和钢铁阵线代表的支持。“如果希特勒站在宪法的立场上，即便他是虚情假意，我们也不能给他口实去破坏宪法，那将铸成大错……如果希特勒按照宪法办事，那么他就是右翼政府的首脑，我们可以也必须对这一届政府发起比前几届政府更加猛烈的斗争，但它毕竟是一个符合宪法的右翼政府。”

德国共产党中央委员会认为，1 月 30 日应该是发起进攻的时间。自 1932 年 7 月 20 日“普鲁士政变”以来，他们这是第一次直接向社会民主党和工会领导层喊话。德国共产党向德国总工会联合会、自由雇员总工会、德国社会民主党和基督教工会发出的呼吁是：“与共产党人一道发起总罢工，反对希特勒、胡根贝格、帕彭的法西斯独裁政权，反对他们破坏工人组织，我们要争取工人阶级的自由。”

但 1933 年 1 月 30 日的这个无产阶级统一战线比 1932 年 7 月 20 日的更没有前途。面对 600 万登记在册的失业者，长时间的总罢工根本发动不起来，短期的总罢工会被新政府视为软弱的表现，而不是展示实力的强大示威。此外，共产主义者也
594 不会听从结束罢工的命令。1 月 26 日，《红旗报》拒绝了《前进报》让德国社会民主党和德国共产党达成“互不攻击协议”的提议，并称其为“对红色反法西斯柏林的卑鄙嘲讽”，因此共产党发出共同抵抗的口号缺乏可信度这个最基本的先决条件。德国社会民主党和工会还不得不防备，共产党可能会立即采取革命暴力行动，给纳粹分子以求之不得的时机，为自己的恐怖行动披上合法的外衣。内战只能以工人组织的流血失败而

告终。面对右翼准军事组织、警察和国防军的强大势力，四分五裂的左派没有任何胜算。

1月30日晚上，不仅在柏林的街道上，而且在德国各地，俨然都是希特勒“褐衫队”的天下了。第二天，新任总理开始与中央党谈判，这是他答应帕彭的事情。但希特勒此举只是装装样子，他想证明，根本无法通过1932年11月6日选出的国会来治理国家。然而，中央党仍然有意与民族社会主义德意志工人党组成一个真正的联合政府，它对任命希特勒并不感到愤怒，而是对内阁的“反动派”组合深感不满。尽管如此，卡斯还是拒绝了希特勒提出的将国会会期推迟一年的要求。总理立即以此为借口，宣布1月31日的谈判失败，内阁就此做出第一个重要决定：要求兴登堡解散国会。2月1日，帝国总统签署了相关法令。在另一项法令中确定了1933年3月5日为新的选举日期。

为了摧毁魏玛民主，希特勒把《魏玛宪法》利用到了极致。他给其政党制定的走合法路线的策略不知道比十年前他公开鼓吹的暴力革命成功多少倍。而德国共产党却仍在奉行暴力革命。希特勒在战术上采用的合法路线对各个民主党派的武装，甚至对法治国家本身成功缴械。为了保住这个法治国家，它的捍卫者在魏玛最后的危急时刻本应该挺身而出，不再去咬文嚼字地搬弄宪法里的文字，宪法的针对性本身是中性的。然而，这个法治国家面对的是一群1932年底被恩斯特·弗伦克尔蔑称为“宪法偶像崇拜者”的人。他们的失误并未直接导致希特勒攫取国家政权，却让夺权成为可能。

后记：德国历史中的魏玛

595 1933 年 1 月 30 日是世界历史上的一个重大转折点。第一个德国共和国不仅结束于权力移交给希特勒，德国也早已不是 1918 年之前的那个法治和宪制国家了。取而代之的是一种没有法治的制度，它的内在逻辑就是破坏性政策，最终导致自我毁灭。由于德国人无法把自己从希特勒的统治中解放出来，俾斯麦创建的第一个德意志民族国家就此终结。

迄今为止，不仅仅是历史学家在研究这场灾难是否可以避免这个问题。关于这个问题的答案，现在已经成为神话。在政治左派看来，一些工人运动本来是可以拯救魏玛的。实际上，工人运动的分裂不仅是第一个德意志共和国的沉重政治负担，也是其历史前提之一。用马克思主义的话来说，魏玛是建立在工人阶级和中产阶级之间的“阶级妥协”的基础上的。社会民主党在战前彻底拒绝这种妥协。1914 年以后，如果党的团结没有因为战争贷款一事的争执而破裂，那么最晚在社会民主主义者进入联合政府内阁的时候，已经没有什么一致性可言了。只有在与党内正统左派彻底决裂后，多数中间派才能与中产阶级开始合作，这样才使魏玛的议会民主成为可能。

社会民主党和共产党之间的对立并不是战术上的对立，而是根本的对立。共产党人坚持用暴力推翻政权，发动内战。对于社会民主党人而言，拒绝革命暴力和内战是其政治信条不可缺少的一部分。共产主义者坚信要粉碎魏玛民主制度，用“苏维埃德国”取而代之。社会民主党人视维持魏玛共和国为己任，1930 年以后，魏玛算不上是社会民主党的，但此时此刻，社会民主党却更加有增无减地维护它。共产主义者主要代表了工人中特别需要帮助的人群，包括长期失业者。而社会民主党则主要代表那些就业中的、有一定社会基础的工人，用马克思和恩格斯的著名表述来说，这些人将要失去的不仅仅是枷锁。因此德国社会民主党必须保持自己的执政能力，这个政党 596
在结构上不能成为极左派的在野党，扮演这个角色的是共产党。

希特勒从两个“马克思主义”工人政党中受益，共产主义者的言辞、习惯和行为引发了资产阶级社会的恐惧。没有人能像民族社会主义者那样娴熟地利用这种恐惧感。社会民主党人无意中向民族社会主义德意志工人党提供了弹药，因为前者一直到最后都在支持布吕宁不受人欢迎的政策。这就让希特勒有机会把自己的政党定位在共产党右侧，成为一股庞大的反对势力，一种亲民的可选项，与“马克思主义”一个激进的和一个温和的两种运作形式形成鲜明的对照。

社会民主党对中央党政治家海因里希·布吕宁的支持并不能说是政治上的“错误”，而是一种悲剧般困境的表达。从 1930 年 10 月起，德国社会民主党就开始对布吕宁采取容忍态度，不仅仅是为了防止德国出现一个右翼政府，更重要的是，如果德国社会民主党不容忍布吕宁，在共和意识最强的“堡垒”普鲁士，他们与中央党和德意志国家党的联合政府将受到威胁。如果推翻了布吕宁，社会民主党人将会指责自己放弃了魏玛共和国社会民主党与中产阶级合作这个不成文的基本法则，从而为反民主势力夺取政权铺平道路。

一旦与布吕宁决裂，德国社会民主党可能会靠近共产党。但这种左倾的后果是可以预见的：社会民主党不仅被迫放弃在剩余不多的地方与资产阶级政党的联盟，从而放弃它掌控国家权力的地位，而且它还将失去很大一部分支持者，中产阶级的社会忧虑将日益加剧，很多人会因此加入民族社会主义者的阵营。这样，社会民主党人就会引发他们想防止的两极分化，把潜在的内战转变成公开的内战。

对内战根深蒂固的恐惧也是社会民主党和自由工会不愿在布吕宁的继承者冯·帕彭于 1932 年 7 月 20 日对普鲁士进行打击之后发起总罢工和暴力呼吁的主要原因。1932 年夏天大规模的失业形势下，即便发动总罢工也是一个无望的努力。如果与帝国国防军和右翼准军事组织较量，只能以共和派力量的惨败而告终。社会民主党人和共产主义者联手抗击对“普鲁士的打击”，这种可能性从一开始就不存在。德国共产党坚持要和奥托·布劳恩政府抗争到底。因此，如果共产党呼吁自己的支持者与“社会法西斯主义者”（Sozialfaschisten）一起为重建这样一个内阁而斗争，这对于共产党的领导来说是不可想象的。[1]

597 与无产阶级统一战线为希特勒掌权铺平了道路这种神话相比，魏玛民主主义者的“自我放弃”说法倒是更有让人信服的基础。一些自由主义作者和一些较为保守的作者认为，如果民主力量能够具备更多的洞察力和妥协能力的话，那么议会民主本来是可以得到拯救的。实际上，1930 年 3 月底，最后一届有议会多数支持的大联合政府并不必须解散。社会民主党人当时没有接受搁置有关失业保险改革争端的提议，这是一个错误。如果能够搁置，赫尔曼·米勒内阁的存续本来可以延长几个月的，很可能可以坚持到 1930 年秋天。

在当时也不可能期待更多。大联盟的右翼政党——德意志人民党想拆散与社会民主党的联盟。工业界和大农场主、帝国国防军领导层和兴登堡周围的智囊团都试图将权力从议会转移到德国总统身上。积极向总统制过渡的力量并不认为自己是“民主人士”。他们是民主制之前的权力精英，对大联盟的瓦解比社会民主主义者和自由工会负有更多的责任。仅仅出于这个原因，1930 年春天“民主派的自我放弃”的提法就具有误导性。[2]

然而，当我们在分析整个魏玛议会民主制的发展时，这种说法便有了一个合理的核心。政府频频发生危机通常是因为联盟内阁中的伙伴更加关心自己政党的身份立场，而不去顾及政府总体形象。赫尔曼·米勒领导的最后一届大联盟政府尤其如此，这一届内阁经历了一系列最艰难的考验。缺乏妥协的意愿不仅威胁着现有的联盟，而且不止一次地阻止了联盟的组建。例如，第一届大联盟在 1926 年夏天失败，主要是因为社会民主党在没收王侯财产的全民公决问题上，同意与共产党建立一个临时战略同盟，之后再也没有聚集起与中间派沟通的力量。如果当时组建了一个大联盟，它也许能够解决 1928 年后米勒内阁无法处理的问题——国家财政的重组。

1922 年 11 月底，在前独立社会民主党的压力之下，重新联合的社会民主党第一次拒绝了与古斯塔夫·施特雷泽曼的德意志人民党组成大联盟，其后果是致命的。艾伯特总统听从了党内朋友的建议，决定让库诺组建资产阶级少数派内阁。一个拥有广泛的议会基础的政府不会奉行库诺内阁这样的冒险政

598 策。德国先走到了金融、经济和政治灾难的边缘，直到1923年8月施特雷泽曼受命于危难之际，组建了大联盟内阁。然而，社会民主党在1923年秋天开始共同执政的两个半月的经历吓到了自己，从此之后的四年半时间里，德国最大的民主党派再也没有加入德国的联盟政府，直至1928年秋。

在国家层面上实行联合非常困难，这是因为德国社会民主党、中央党和德意志民主党这些制宪政党在1920年6月的第一次德国国会选举中已经失去了多数席位，而在1919年1月的制宪国民议会选举中，这些政党还拥有多数席位。从那时起，只有把保皇派的德意志人民党囊括进来，才能组成拥有议会多数的大联合政府。到了1924年，中央党还可以联合德意志民族人民党成立右翼联合政府。这样或那样的议会多数政府都存在很多冲突。大联合政府因为经济和社会政策的冲突面临崩溃，而右翼内阁破裂的原因往往是外交或文化政策上的分歧。资产阶级少数派政府就更加脆弱了。只有在非联盟政党（通常是社会民主党）容忍的情况下，这种内阁才可以生存。

如果1920年后的普鲁士没有发展成为一种共和的典范邦，那么魏玛共和国可能连14岁都活不到。在这里，社会民主党和中产阶级多年来共同执政，关系相对和谐，成绩也比较突出。在这里，共和党派的管理比其他任何地方都更成功。在这里，民主的反对者和鄙视者比在德国其他任何邦都遭到更加猛烈的反击。普鲁士抓住共和制新起点的机会，在1918年11月发生剧变后，对选举权进行了根本性的变革，把原来的三级选举制改成了平等和直接的普选制，这样就更有可能出现新的“政治阶层”。在帝国层面，选举制度的变革“仅仅”是从普遍和平等的男性选举制，过渡到一个真正的普选制，因此

1918 年至 1919 年的这个转折并不那么深刻，议会领导层的构成也相应地显示出很强的连续性。[3]

人员的连续性也与政治行为的某些连续性对应。1926 年 11 月，早已回归社会民主主义党阵营的德国共产党前主席保罗·列维表达了“左翼”对政府与议会之间关系的正确理解： 599
“民主与共和就是两件事：一个是负责治理的政府，一个是对政府负责的议会。政府和议会必须自由、公开、独立地面对彼此。两者之间的争执，甚至在某种情况下发生争斗，这就是民主共和国的生命。”[4]

列维说的是民主共和国，但他想的是立宪制君主国。在君主国，政府和议会是彼此独立的。然而在议会民主制中，政府是要依靠议会多数的信任的。相互对立的不是议会和政府，而是政府的多数派和议会的反对派。

德国有许多政党，但没有一个能够在国会中占据多数席位，这就意味着建立联合政府是不可避免的。像保罗·列维这样的有民主意识的马克思主义者不想接受这种逻辑，这当然不仅仅来自德国传统。第二国际在 1900 年阿姆斯特丹国际会议上做出“考茨基决议”：只有在“困境中临时的和非常态干预”的情况下，才允许社会主义者加入资产阶级政府。除了第一次世界大战中“神圣联盟”的插曲之外，法国社会主义者一直坚持这一原则，并一再拒绝与资产阶级政党结盟，直到 1936 年成立人民阵线政府为止。与这种做法相比，1918 年后的德国社会民主党人具有极强的适应性和灵活性。当然他们也必须这样做，因为德国与法兰西第三共和国不同，如果社会民主党人不愿或不能与温和的资产阶级政党结盟的话，德国的议会民主就可能不复存在了。[5]

许多左翼民主党人对魏玛国家的不满与共和国形成的历史密切相关。1918 年至 1919 年的革命使德国社会的权力关系发生了变化，然而这一变化远未达到大部分工人的期望。一些观察人士回顾那段历史时，认为当时选错了路线。1933 年 9 月 23 日，当权力移交给希特勒几个月后，曾在 1918 年属于独立社会民主党成员的鲁道夫·希法亭致信另一位前独立社会民主党人卡尔·考茨基："1923 年以来，我们的德国政策总体来讲是受大环境所迫，因此不可能大不相同。在这个时间点上，其他政策也不会有其他结果。但是从 1914 年开始，尤其是从 1918 年直到卡普政变，在这个时间段里政治是可塑的，而我们恰恰在这个时候犯下了最严重的错误。我们当时就这样说，
600 现在我们也不必收回当时的说法。"四个月之后，这种观点成了该党的正式立场。1934 年 1 月，希法亭为流亡的德国社会民主党撰写的《布拉格宣言》，对 1918 年至 1919 年的革命是这样陈述的："不加改变地全盘接受旧的国家机器，这是在战争期间迷失了方向的德国工人运动犯下的严重历史错误。"[6]

希法亭的分析实际上总结了 20 世纪 60 年代初期以来，对 1918 年至 1919 年德国革命的历史研究的观点，这一观点并非毫无争议，但仍然是占据主导地位的。经过大量研究，新观点取代了另一种先前流行的观点，这种观点在卡尔·迪特里希·埃德曼（Karl Dietrich Erdmann）1955 年的判断中得到了经典的表达。他认为，1918 年至 1919 年革命有两种明确的选择："要么是一场与推动无产阶级革命的力量结成联盟的社会革命，要么是与诸如旧军团的保守势力结成联盟的议会制共和国。"新一代历史学家用独立的马克思主义者阿图尔·罗森贝格早在 1935 年撰写的《德意志共和国历史》一书中提出的论

点来反对埃德曼：与共产党合作不可能成为“魏玛解决方案”的另一种选项，因为它在战争结束后的头几个月，以及后来很长一段时间内都没有群众基础。实际上这关系到传统的权力关系的根本变化，如果大多数社会民主党的领导人真希望这样做，可以在最初借助亲近社会民主党的工人和士兵委员会来进行这些改变。[7]

对“埃德曼论点”的修正具有启发性，实际上是解放性的作用。当研究工作开始探讨革命时期的举措有无回旋的余地，甚至有无其他可选项的时候，艾伯特和诺斯克的政策就不能被泛泛地说成合理了。但是，在这种情况下，保守派的神话一旦破灭，就不可避免地形成了另一种左翼的反面神话。这种神话在 1968 年的学生运动中迅速传播：它夸大了士兵和工人委员会的作用，认为这些组织是真正民主的支柱，并且声称第一次世界大战后如果来一场真正的革命就可以战胜“德国法西斯主义”，而且可以彻底避免第二次世界大战。

修正主义立场的这种粗浅化做法导致了后来的史书作者们“对修正做出再次修正”。与 20 世纪 60 年代中期和晚期相比，现在人们更清醒地看到了工人和士兵委员会的作用。普遍的观点认为，工人和士兵委员会可以“自上而下”地积极支持改革政策，但它们不可能去实行这一改革。这些委员会既不集中也不统一，从来没有机会创建跨地区的决策中心。

委员会在没有国会的过渡时期里是一个紧急的救助手段， 601
它们也不想行使其他权力。当今世界与 60 年代不同，已经很少有人再提起，以弗里德里希 · 艾伯特为首的多数派社会民主党人的政治与共产党的政治之间的所谓“第三条道路”了。在 1918 年至 1919 年，我们关注的不是在议会制与委员会制之间是否存在什么联系，而只是关系到如何能够巩固议会民主的社会变革。

与 60 年代对革命的研究相比，最新文献强调的是 1918 年至 1919 年德国政治和社会变革所受的局限。德国是一个高度工业化的国家，需要持续不断的工业社会所必需的公共服务。德国 1867 年在北德联邦，1871 年在德意志帝国层面上就实施了普遍和平等的男性直接选举制，因此已经较早成为部分民主的国家。这两个事实解释了为什么在德国既不会发生像西方民主革命那样的革命，也不会发生像俄国十月革命这样的革命，因为这些革命都发生在农业社会仍占主导地位的国家里。在 1918 年至 1919 年，是有可能进行预防性的结构改革的：管理部门迈出民主化的第一步，建立忠诚于共和国的军事体系，对经济权力设置公共控制，对矿业实现社会化。而彻底摆脱帝制主权国家的全部残余所需要的与过去的完全决裂是不可能的。[8]

通过这一发现，人们又提出了一个新问题，即 1918 年至 1919 年革命与将权力移交给希特勒之间的历史联系。即使在共和国成立时，人们做了独立社会民主党人中的温和派，如希法亭和考茨基认为必须做以及可以做的一切，也无法阻止共和国后来的失败。没有哪个老权贵像易北河以东地区的容克大地主们那样，在破坏魏玛民主制方面如此及时、如此积极且如此有效。然而在 1918 年至 1919 年，没人想起要没收大庄园主的财产，无论是人民代表还是农业工人和小农民都没有这样做。司法机构也是旧制度国家的坚定支持者，它们在革命中很少采取什么立场；德国的大学和中学也是如此。

实际上，从一开始，不仅是个别权力精英，而且大部分受过教育的中产阶级都是年轻的民主共和国的反对者。如果想要

这种民主，就应该要求把那些公开不忠实的法官、检察官和公务员都撤换掉。但是，如果想实现广泛的变革，人力资源很匮 602
乏。此外，这意味着向整个行业或者向整个“资产阶级”宣战，甚至意味着内战。而那些寻求民主的人并不希望发生内战，因此，共和国当时必须与公务员并存，而在公务员队伍里坚信共和的仅仅是一小部分。[9]

当时人们在回答这个民主国家在建立之初就遇到这种负担的问题时，他们的答案与历史学家在几十年之后所做的解释是不同的。对于大多数有意识地经历了1918年至1933年这个时期的德国人来说，第一个共和国的这14年间，他们不是生活在帝国的阴影，而是生活在凡尔赛的阴影里。和平的条件之所以对德国人来说是一个沉重打击，是因为谢德曼联盟内阁故意不向公众解释，为什么几周前人们期待的刑事法院会做出这样的判决，即德国应该对战争的爆发负责。和平条约违反了人民自决权的原则。战争赔偿成了德国经济的沉重负担。战争责任的条款歪曲了历史真相，因为它提到了中欧列强的责任，而没有提到俄罗斯帝国的责任。但是，战胜国政府都承受着来自本国人民的压力，他们认为没有理由对根本不想悔改的罪人宽容。然而，凡尔赛不是“迦太基式的和平”①。德意志帝国虽然被截肢，但它仍然存在，并且具备一段时间后再次在欧洲主要大国行列中占有一席之地的良好前景。

在1919年，只有少数同时代人得出了这一结论。魏玛时代的德国人大都拒绝接受这个和平条约。然而，对如何修订这

---

① Karthagofriede，迦太基式的和平的意思是被战胜者彻底摧毁，并永远不得重生。

个和平条约，修订的目的是什么，在这些问题上意见分歧很大。社会民主党和资产阶级中间派政党都主张对《凡尔赛和约》进行部分的和非军事的修正，特别是对德国和波兰边境划定的修订。在施特雷泽曼担任外交部部长期间，德意志人民党和上述两党站在同一个立场上。站在这个立场的对立面的是激进右翼势力和共产主义者，他们公开宣称要推翻 1919 年制定的全部和平秩序。

对外不能做的事，就先在德国国内做：使用暴力为自己的目的服务。从 1918 年 11 月 9 日到希特勒于 1923 年 11 月 8 日发动政变，德国国内就没有真正太平过。左派和右派纷纷发起颠覆活动。1919 年 1 月，工会革命领导人和共产党人首先拿起武器阻止国民议会的选举，并且试图以俄国为榜样，成立工农兵委员会。激进左派向激进右派打出了一张王牌，把自己的
603 暴力称为反暴力。在镇压起义的共产党人和无政府主义者方面起着决定性作用的志愿军团最初是代表国家行事。当帝国政府在协约国的压力下，于 1920 年 3 月开始解散志愿军团时，这些民兵发动了第一次代表右翼力量的颠覆活动，这就是卡普-吕特维茨政变。但是这种经历并不能阻止德国国防军继续与激进右翼的准军事组织紧密合作，从而在一定程度上打破了《凡尔赛和约》对德国不得拥有超过 10 万名士兵的限制。

本来只有国家才能拥有的法定实体就这样受到了侵蚀，而部分国家权力机构在不经意间助长了这一趋势。同样，协约国还通过单方面解除德国武装，无意中促进了战败国的公共生活军事化。在战后的五年里这种后果使德国一直处于类似内战的冲突之中。即便在此后的时期，各种政治倾向的准军事集团也严重阻碍了德国向“文明社会”的发展。

到了1923年与1924年交替之际，德国的政治和经济出现了一定程度的稳定迹象。货币改革取得了出乎意料的成功。1925年4月，兴登堡当选德国总统，共和国的形式让保守势力更加容易接受。右翼顽固反对派在共和国中期已经得不到群众的拥护，共产党的吸引力也远远小于1923年夏的战后危机高峰。[10]

德国在外交政策方面的地位也在1924年之后得到巩固。法国尚未赢得欧洲大陆霸权的斗争，这场斗争最终导致占领鲁尔地区，现在它已准备好对德国采取和解政策。苏联放弃了推动诸如1921年德国中部起义、1923年“德国十月革命”之类的革命尝试，而侧重于“在一国建成社会主义”。美国在解决战争赔偿问题方面发挥了积极作用，并通过贷款使德国经济得以复苏。

但稳定的局势仅仅是相对的，而且当时许多人已经意识到了这一点。德国因为战争和通货膨胀，在经济上变得非常虚弱。20世纪20年代中期，德国经济的增长远远落后于全球经济。储蓄率从战前最后一年占国民收入的17%，下降到了1926年的10%。在工业生产总量上，德国在1928年至1929年才刚刚超过1913年的水平。而战后的德国却未能达到1913年的出口量。德国仅仅在“稳定阶段”实现过一次货物贸易 604
顺差，这是在1926年。在国际收支、商品贸易、服务业，以及利息和股利的支付方面也都是同样的情况。只有通过美国的贷款才有可能实现资本流动的顺差，才可以使国际收支达到平衡，才能够支付战争赔款。[11]

相对稳定的时间也可以被称为相对停滞的时间，经济的景气也仅仅是昙花一现。尽管如此，国家、邦和市政当局在支出方面大手大脚，好像有无限的资源可以利用。在通货膨胀时期结束时，企业家们已经强大到可以取消他们在 1918 年 11 月做出的一项主要让步，即 8 小时工作制。当他们反复敦促公共当局朝着节俭转向时，他们是有充分的论据的。此时，要求实施更加脚踏实地的财政政策的呼声并没有停止。经济恶化的形势越严重，工业界、农业界和商业界中产阶级的利益集团就越强烈要求解散魏玛福利国家，并放弃他们指责的有利于大众的要求而不利于生产者的制度，这就是议会民主制。

1919 年的《魏玛宪法》第 48 条规定，帝国总统有权下达紧急法令，从而为推翻议会提供了手段。第 48 条最初旨在应对严重破坏或危及公共安全和秩序的情况，即真正的紧急状态。然而在弗里德里希·艾伯特时代，第 48 条就已成了在危机时期加速立法的手段，而帝国总统则晋升为有选择性的替代立法者。在兴登堡时代，紧急状态法到了 1930 年夏天已经成为永久化的常态。第二任德国总统从未想过要把总统的“后备宪法”恢复成议会的“正常宪法”。1930 年 9 月大选中，自由派和保守派选民纷纷拥向民族社会主义德意志工人党。在这个时候，即便政府拥有帝国议会多数的支持，也已经回不到正常宪法的道路上了。

1932 年春天，投向民族社会主义德意志工人党怀抱的人大幅增加，希特勒甚至可以指望有机会在德国总统的选举中胜出。如果不是社会民主党和中央党成功动员自己的选民支持兴
605 登堡连任，希特勒就实现这个目标了。让兴登堡这位年迈的帝国总统恼火的是，帮助他进入第二任期的不是右翼势力，而是早先和他作对的政治势力。兴登堡和他的智囊团的另一个烦恼是布吕宁政府时不时就要对社会民主党人做出让步，其目的就

是讨得他们的宽容。

布吕宁于1932年5月30日遭到免职，这种做法一来是要脱开与社会民主党的干系，二来是要把兴登堡眼里纳粹那种下里巴人的“民族”运动提拔到国家的台面上来。比布吕宁右倾得多的弗朗茨·冯·帕彭继任总理，他在与希特勒达成协议后，解散了1930年9月选出的德国议会。兴登堡的政治圈没有给出任何令人信服的理由，就这样戏剧性地加剧了国家的危机。行政权的独立性进入了一个新阶段：如果总统政权以前对议会还采取容忍态度，那么现在它公开反对议会了。

1932年7月31日的新大选导致民族社会主义德意志工人党和德国共产党这两个政党构成了议会中的负面多数派。现在，只有在最强大的民族社会主义德意志工人党放弃其极权主义，并同意与中央党和巴伐利亚人民党组成“黑褐色”联盟的情况下，才有可能通过议会来解决这场危机。两个天主教的政党努力争取到一种“妥协”，但是希特勒对此没有兴趣。他根本不满足议会联盟内阁总理所拥有的正常权力，而是瞄准总统内阁元首的超凡权力。

然而，兴登堡还没做好准备。他欢迎民族社会主义者作为帕彭内阁的“初级伙伴”，但不能做政府重大决定的承担者。8月13日，德国总统生硬地拒绝了希特勒当总理的要求。两周之后，总统决定接受“内阁核心”所建议的组阁方式，这个核心由帝国总理冯·帕彭、帝国内政部部长冯·盖尔和帝国国防部部长冯·施莱歇组成，国会再次被解散，新选举被推迟到宪法规定的60天期限之后，实施“超越法律”的紧急状态令。但是，9月17日内阁中没有多数人站出来同意此举违反宪法。对五天之前被解散国会的再次选举定在1932年11月6

日，这是宪法允许的最晚选举日期。

11 月的选举并没有消除民族社会主义德意志工人党和德国共产党的负面多数，但民族社会主义者在这次选举中损失惨
606 重，而共产党人的得票数则大幅增加。然而，希特勒上台的最后机会恰好在于他自己的失败和极左派的成功的结合，这听上去是非常矛盾的。在 1932 年与 1933 年之交冬季的新选举中，包括重工业的领导企业家在内的老权贵们非常担心共产党会变得更强大，而民族社会主义者会变弱。出于这种恐惧，他们选择了希特勒和帕彭搭档的安排。帕彭本人早在 11 月就倾向于成立一个被保守派“包围着的”希特勒内阁，但是兴登堡依然责成他通过紧急状态的方案出任总理。另外，内阁的多数人还是接受了德国国防部部长冯·施莱歇的路线。施莱歇试图把内阁建立在更为广泛的社会基础上，尽可能拉起一条工会到民族社会主义者都参与的“横向阵线”。施莱歇绝不排除推迟新选举的可能。但做出这样的决定是有前提的，那就是政府必须有强大的群众支持，以至于不再需要担心宣布国家紧急状态令时会引发一场血腥的内战。

施莱歇在 1932 年 12 月 3 日继帕彭出任总理后，便尝试将其构想付诸实践。他设法缓和与工会的关系，但是他无法赢得整个民族社会主义运动的支持，或者成功分裂它。他也无法阻止与农业界的决裂，这支力量从 1933 年 1 月 11 日以来就公开宣扬要推翻施莱歇。另外，前任总理正在重工业代表的支持下，努力建立一个帕彭-希特勒的“二元”政府，以此来取代施莱歇政府。这对施莱歇来说也是很危险的。

内阁于 1933 年 1 月 16 日决定请求兴登堡解散德国国会，并将新的选举推迟到 1933 年秋天，这时仍缺少这一计划成功

的最重要先决条件：德国总统宣布国家进入紧急状态的决心。在1933年1月争取兴登堡的斗争中，这位老人信任的一批人占了上风。施莱歇已经不在这批人的行列中很久了。这批人是帝国总统朋友圈中的贵族庄园主、他的儿子奥斯卡、他的国务秘书迈斯纳，以及弗朗茨·冯·帕彭。即便在1933年1月底，兴登堡也不信任那个“波希米亚二等兵”。但是，每个值得德国总统信赖的人都向他保证，希特勒出任保守派内阁总理比任何国家紧急状态计划的危险性都要小得多，兴登堡最终还是让步了。

就像兴登堡在1932年5月辞退布吕宁并任命帕彭一样，他在1933年1月30日再次更换总理，这其实也不是被迫之举。他本来是可以让施莱歇留任的，因为施莱歇在1月28日与总统的最后一次会晤中不再要求违宪推迟选举，而只是解散国会。兴登堡也可以任命一个并不会引起政治两极分化的总理。但是兴登堡只看到了由保守势力控制的希特勒-帕彭内 607
阁，以及德国民族派的帕彭-胡根贝格抗争内阁的替代方案。他所看到的都是“右翼”的选择。他的政治信念来自他所处的环境和他的所见所闻，而不是来自那些1932年4月确认他连任总统以防止希特勒上台的数百万社会民主党选民和天主教派选民。

因此，在魏玛最后的危机中，经济上较弱的易北河以东地区大地主比经济上强势得多的大工业家对总统施加了更大的政治影响力。不是大企业家，而是容克的代表们有幸与帝国总统这位权力把持者进行接触。1932年5月，帝国乡村同盟就是利用这样的机会，与国防军领导一起，将德国民族主义者布吕宁赶下了台。只有解散了布吕宁内阁和1930年选出的德国国会，才出现了必须以紧急状态令来解决危机的情况。

1933 年 1 月，兴登堡再次面临自己的决策所带来的后果，这就是德国国家危机的进一步恶化。就像 8 个月前一样，这次又是大农场主力主推翻总理。当主流的工业协会试图保留施莱歇的时候，帝国乡村同盟正在努力挖这一届政府的墙脚。大庄园的代表们知道，帝国总统责怪总理，是因为总理没有在对东部地区救助丑闻进行指责时出面为总统辩护，在看到兴登堡家族接受诺伊德克庄园馈赠的操纵税收的指控时，总理也没有保护总统。大农场主们想竭力阻止德国国会预算委员会继续调查滥用国家资金资助债台高筑的东普鲁士农庄一事。这样看来，推翻施莱歇，并将权力移交给希特勒的做法的理由都是庸俗的。但它们同时又是德国社会历史的一部分。在其他高度工业化的社会中，没有一个工业化之前的精英团体能够像魏玛共和国的容克地主一样拥有如此强大的政治权力。

将权力交给希特勒不是前一次选举决定的必然结果。希特勒之所以可能掌权，是因为民族社会主义德意志工人党在 1932 年 7 月 31 日的选举中一举成为势力最强的政党；在 1932 年 11 月 6 日的选举中，尽管损失了选票，它依然能以第一大党自居。因此，希特勒不仅是通过权力精英的诡计进入总理府的，他的身后还有一大批依然支持他的选民。

实际上，自 1932 年 7 月 31 日国会选举以来，种种迹象表明，大多数德国人都决定反对魏玛。承认宪法的不可侵犯性是
608 无法克服宪法的瘫痪状态的。如果要击退宪法反对者的攻击，就不可避免地会偏离个别宪法条款。最小的偏离本来就是无视那些纯粹破坏性的不信任议案投票。但是，无论是总统内阁中的帕彭、施莱歇，还是大型的民主政党都没有认真考虑过挽救

这种“轻度”违反宪法的手段。

推迟新选举会带来更多的问题。如果政府推迟新选举是为了建立新的专制政权，就像帕彭和他的内政部部长盖尔所想的那样，那就是对宪法发起攻击。而施莱歇政府决定宣布进入紧急状态，不是想进行独裁的宪政改革，而是在没有议会的时期刺激经济，并有效打击极权主义政党。这种推迟国会选举的目的与上一届政府推出紧急状态的计划应该得到不同的评估。1933 年 1 月 16 日的内阁决议本来是可以为摆脱国家危机开辟道路的，前提是这一尝试要得到帝国总统的大力支持，并且得到立宪政党和工会的接受。

民主力量之所以不同意把防御性国家紧急状态作为最终手段，是因为他们大都用传统的法治思想来做出解释。这种法治思想更深层次的原因是对内战的恐惧。这就是为什么在 1933 年 1 月，几乎所有政党和协会都认为德国民族主义的帕彭-胡根贝格内阁是当时解决这场危机最危险的方案。这样一个内阁，十个德国人中会有九个反对它。这个内阁孕育着政变，随之而来的是百姓的暴动。但是如果施莱歇宣布进入紧急状态，社会民主党、中央党和巴伐利亚人民党等依然得到群众支持的最后的“魏玛”政党担心危机将升级成公开的内战。然而形式上合法地将权力转交给希特勒并不那么可怕。魏玛立宪政党就是出于这基本的法治思想，促成了希特勒用合法手段夺取政权的算计。

也许施莱歇内阁在宣布进入国家紧急状态后，会成为一个隐蔽的军事独裁政权，而国防军则成为执行权的实际承担者。这会引来民族社会主义者和共产党人的大规模抗议。然而，工会是不会对这位“社会将军”（sozialen General）发动罢工的。

社会民主党、天主教政党和自由派新闻界会抗议将新选举推迟
609 到 1933 年秋天，但他们当然不主张使用武力。发动内战的情况是不太可能出现的。

用军事独裁作为阻止希特勒独裁的最后手段，这样一种选择也显示出魏玛发展到了什么地步。自从兴登堡在 1925 年首次当选，获得国家最高职位以来，就再也无法保证德国总统会在紧急情况下成为宪法精神的守护者。五年之后，议会民主制瓦解了，这是因为大批权力精英都反对民主制，而民主党派也不再那么坚定地支持这个民主制了。随后的激进化是对经济萧条和独立行政权的必然反应。权力移交希特勒不是不可避免的。但是要避免这场始于 1933 年 1 月 30 日的灾难，总统权力和议会中的民主少数派之间应该达成一个可持续的、反极权主义的共识。然而，正是因为没有达成这一最低限度的协议，所以这种情况为希特勒扫清了道路。

与同期其他欧洲国家相比，德国在 1918~1933 年的发展有一些相似之处，但也有显著差异。第一次世界大战后，许多国家的议会制度因危机而动摇。在西欧和北欧的“老牌”民主国家中，也出现过不稳定的议会多数派，政府危机频发，但它们从未导致废除议会制。东北欧、中欧和南欧的国家情况有所不同，只有捷克斯洛伐克和芬兰保住了自己的民主制，其他所有国家在两次世界大战之间的这段时间都转向了右翼专制政权。葡萄牙也是如此，西班牙因为 1936~1939 年内战的结果也采取了这种做法。意大利法西斯成了新型独裁统治的榜样，它自 1922 年以来就一直在示范如何将不稳定的民主制度转变为稳定的独裁统治，其方法是激进的民族主义、领袖崇拜、一党统治，以及严厉镇压所有反对派，特别是对马克思主义工人

组织的镇压。

在两次世界大战之间右翼独裁统治占主导地位的国家中，没有一个是高度工业化的国家，所有这些国家都是以农业为主体的国家。这一点也适用于意大利，因为意大利的工业化仅仅影响了该国北部。德国是唯一在全球经济危机中放弃民主，并以右翼极权专政取代民主制的高度工业化国家。这种专政被称为“法西斯主义”是正确的，但是按照意大利的“模式”，仅仅把德国专制称为法西斯主义是不够的，因为在意大利并不具有民族社会主义的核心特征以及种族屠杀的疯狂。

如我们所见，德国发展特殊的原因可以追溯到过去。在 610
1848 年的革命中，资产阶级自由主义尝试建立统一与自由的德国，但失败了。统一最终是以俾斯麦建立帝国的形式出现的。但是由于帝国总理及其国务秘书们对德国国会不承担任何责任，因此帝国根本毫无自由宪法可言。因此，尚未解决的自由问题必须在 1918 年至 1919 年再次提上议程。

魏玛的议会民主制旨在克服帝制德国的根本矛盾，一方面是经济和文化的现代化，另一方面是政治制度的落后。德国应该通过民主化在政治上达到西欧的水平。在布吕宁的领导下恢复的官僚德国标志着这种现代化尝试的失败。在这个时候就可以确定，1918 年至 1919 年出人意料上台的社会民主党人，就像 19 世纪的自由党派一样会失败，他们给自己设定的实现政治和社会民主的双重任务是不可能实现的。

回顾历史的观察人士提出的问题是，在这两种情况下，除了主观上的失效之外，是否也存在着客观上对德国自由主义力量过高的要求。西欧的成功革命都发生在已经建立的民族国家中。1848 年，“德国”由许多国家组成，其中还包括普鲁士和奥地利这两个大国。德国自由主义从未从这场革命的失败中完全恢复过来。自由主义与专制国家的配合产生了深远的影响，这个影响甚至比帝制国家更加长久。自由主义党派与社会民主党或中央党不同，它们身后没有自己的一个固定“社会环境”。民族主义口号对自由党派以前的选民吸引力如此之强，以至于1930年以来，两个自由党派逐渐分裂为无足轻重的小团体了。

魏玛陷入最后危机时，社会民主党已经失去了自由派——这个议会联盟创建时的忠实伙伴。社会民主党的另一个伙伴，即中央党，也越来越向右倾斜。最终人们有一种幻觉，似乎中央党的任务就是要在一个联盟中去驯服民族社会主义德意志工人党党员。于是社会民主党就彻底孤立了。如果魏玛的失败有一个主要原因的话，那就是共和国在很大程度上失去了资产阶级的支持，没有强有力的资产阶级伙伴，工人运动的温和派就无法拯救民主。

民主力量的弱点有着可以追溯到很久以前的原因，而最终获胜的政党的优势也是如此。民族主义最初是自由主义资产阶
611 级对付君主王朝、贵族、国家割据分裂的武器，因此民族主义是资产阶级解放的要素。共和国建立10年之后，民族主义才被政治右翼“发现”，并被用于反对形形色色的左翼力量的斗争。从那时起，所谓“民族”就意味着首先要反对国际化。从解放的民族主义到完整的民族主义，这种从“左”到“右”的功能变化不仅发生在德国，而且发生在其他许多国家，其中包括现代民族主义的祖国——法国。但是民族主义的去民主化和去自由化在任何地方都没有像在德国这样做得那么彻底。

德国与早期的“进步”民族主义的决裂是斩钉截铁的，

因为民族主义的民主根基在这里要比西欧薄弱。德国的民族主义诞生于反对拿破仑法国统治的斗争之中。在许多德国人眼中，这样一种经历也败坏了普遍价值的名声，因为法国正是用这种普遍价值将自己的民族主义合法化的，这就是 1789 年的思想。由于这个时候还没有一个德意志民族国家，所以早期的德国民族主义无法找到一个自己的、主观上可被视为榜样的政治秩序，而只能引用政治意愿之前的人群、语言和文化等客观因素。德国民族主义从来没能完全摆脱这种“种族”形式。

希特勒的极端民族主义不仅是对失败的战争，以及《凡尔赛和约》对德意志民族侮辱的回应。同时，它把各社会阶层的不同利益统一起来，把所有人都集结在纳粹党党旗下。当希特勒以民族复兴的承诺来抗衡对社会衰落的恐惧时，中产阶级特别受到鼓舞，因为他们在大萧条期间日益受到这种恐惧的困扰。然而最重要的是，极端民族主义是对马克思主义国际主义的反意识形态（Gegenideologie zum marxistischen Internationalismus），不管它具有社会民主主义还是共产主义的特征。民族社会主义者的民族主义处于这样一个阵势，它不仅满足了资产阶级选民的界限要求，也满足了“民族”工人的界限要求。因此，对民族社会主义德意志工人党中所谓的“社会主义”早就有了新的解释，它不再是财产关系的重新分配，而是一种面向共同利益的经济精神，减少传统的特权，从而增强社会平等。在这个意义上理解“民族社会主义”，一方面兼顾了资产阶级的反社会主义特性，另一方面又可以让民族社会主义德意志工人党明显不同于胡根贝格意义上的资产阶级民族主义的“反动”性质。

民族社会主义者激进的反犹主义专门针对那些认为自己与 612
特定犹太人有竞争关系的群体，例如与犹太百货公司竞争了数十年的零售商，以及认为犹太人占据了学术界高等职位的学生。但是总体来说，反犹太人的口号是要激活“老战士”的积极性，以赢得更多选票。希特勒正确地认识到，如果他想合法上台，反犹煽动是无法让他赢得他所需要的民众群体的。因此，在他的竞选集会上，以及在1930年至1932年纳粹党的大选宣言中，《凡尔赛和约》、“十一月罪犯”、国际银行业和证券交易所资本、马克思主义和资产阶级政党比犹太人受到更为频繁和尖锐的谴责。

当然，纳粹毫无疑问对犹太人一直抱有仇视的态度。但左翼政治人士总是倾向于将反犹主义误解为一种战术手段，它企图分散群众的注意力，使其无法与真正的对手——大资本家进行斗争。结果，社会民主党人和共产党人低估了犹太人面临的危险。反犹主义在中间派到右翼政治势力那里早就“登上大雅之堂”了。一部分资产阶级感到恼怒的是冲锋队对犹太人的残酷手段，而不是对犹太人的偏见。因此，民族社会主义德意志工人党的选民不一定是狂热的反犹者，但至少接受了民族社会主义者的反犹主义。

1930年之后，大批人加入民族社会主义运动，这也是对总统内阁这种试图倒转历史车轮行为的反抗。德国实行男性普选制已经有60年了。1918年以来的基本法规定，国家需要人民代表的信任，因为国家需要人民作为后盾。民族社会主义者一直嘲笑运作不佳的议会民主制，但是只有当议会民主制从1930年真的成为一场闹剧，议会的话语权不及立宪君主国时，民族社会主义者才可以名正言顺地站出来充当被剥夺权利的人民的捍卫者。希特勒可以抓住两点，一是对胜利者强加的所谓“非德国式”议会制的广泛不满，二是群众以传统普选形式参与政治的权利，因为这是俾斯麦时代的产物。换句话说，他不仅受益于独裁主义的传统，还受益于 1918 年之前的部分民主化。他是德国现代化进程矛盾的受益者。

希特勒想进行一场革命，但是他从 1923 年的政变中了解到，不能通过反对国家机器来实现这一目标，而只能通过使用它来实现这个目标。因此他信誓旦旦地宣称自己遵纪守法，而
他的追随者则往往目无法纪。他扮演着宪法保护人的角色，其 613
目的是消灭宪法。他拥有德国最大的内战部队，因此他可以放心，没有什么比对内战的恐惧更能帮助他了。自从共产党人公开宣传发动内战以来，他们给民族社会主义者提供了一个让自己扮演社会秩序维护者的机会。民族社会主义者准备与警察和德国国防军一起压制左派的暴力行动。同时，如果执政者破坏宪法，挡住了希特勒通向权力的道路，希特勒又可以向他们发起内战威胁。

希特勒的伎俩本来是一个丑闻，但是并没有被视为丑闻。长期以来，来自左派和右派的准军事暴力破坏了国家对武力的垄断，因此人们对过激的言行早已麻木。但如果另一个人做同样的事情，其结果则会完全不同。只有少数人对以苏联模式的武力推翻社会充满热情。因此，几乎不能指望自己队伍之外有人会赞同共产党人使用武力。另外，民族社会主义者好战的反共主义在社会上和国家机构中得到了广泛的支持。

当极端左派呼吁推翻现有社会的时候，民族社会主义者却在把自己当作传统社会的保护者和创新者。他们宣传的新政治秩序既不是魏玛这样的政党统治，也不是保守派意义上的专制政权，而是全国人民赞同和支持的、经过公民投票产生的元首国家。正是这种统治机制的相对现代性使希特勒的观念与传统

权力的观念有区别，并使之优于传统权力。他之所以能在1933年发动他的“民族革命”，是因为他对两个方面都做出了承诺：对保持连续性的需求和对彻底重新开始的需求。[12]

1946年，弗里德里希·迈内克在回顾历史时，把“第三帝国”称为“德国的灾难”。德国人为民族社会主义政策付出了沉重的代价，就是1945年的转折比1918年的深刻得多的原因之一。民族社会主义的独裁政治成为保护德国历史中的民主和自由最强有力的论据。在德国人的集体记忆中，他们反民主革命的灾难性惨败与其他国家人民对成功的民主革命的记忆作用类似。

1945年“崩溃”之后，德国的一部分地区重新得到了建
614 立民主的机会，这就是西德。1948年至1949年，议会理事会（Parlamentarische Rat）通过的《德意志联邦共和国基本法》是向魏玛学习的一种尝试。绝对不能再出现通过合法的手段去废除民主秩序的可能性，绝对不能再出现共和国元首取代立法机关并罢免议会的可能性，绝对不能再出现不能执政的议会负面多数推翻总理的可能性。议会理事会用防御性的民主取代了相对主义的民主，它赋予联邦总统这个职位以象征性的代表意义，它引入了建设性不信任投票机制，这比其他任何宪法条款都更有效地确定了联邦共和国的“总理民主制”。波恩还总结了魏玛的教训，消除了与议会民主制有竞争的全民公决，从而加强了联邦议会作为立法机构的地位。[13]

1919年和1949年两部宪法的区别仅仅部分解释了德国第二次民主的建立比第一次成功的原因。与1918年之后不同的是，许多德国人在1945年之后与前政权进行了道德上的决裂，这也是“波恩”为什么没有成为“魏玛”的几个原因之一，统治阶

层的社会地位变化至少也发挥了同样重要的作用。德国丧失了大量东部的土地，在苏联占领区内进行了“土地改革”，致使积极反对魏玛的旧势力精英，即那些易北河以东地区的容克地主不复存在了。德国重工业界与1933年以前的庄园主一样反民主，然而它在联邦共和国经济中起的作用远不如在魏玛共和国那么重要，由于采取了平等参与的政策，它在政治上的地位不能与当年相提并论。1945年以后，德国一开始根本没有自己的军队。1955年德国联邦国防军成立后，共和国的国防法和对军官的严格选择确保了不再出现“国中国”的情况。

在外交和经济政策方面，联邦共和国的情况也与魏玛的情况有根本性不同。西德在“冷战”期间迅速被西方盟国恢复名誉。“马歇尔计划”与战争赔偿案的历史形成鲜明对比，战争赔款给魏玛共和国带来了沉重负担，并加剧了1930年后的社会和政治危机恶化，联邦德国从未面临过像大萧条这样的挑战。

瑞士时事评论员弗里茨·勒内·阿勒曼（Fritz René Allemann）在1955年的《波恩不是魏玛》一书中指出了第一共和国与第二共和国的另一个重要区别：与1918年不同的是， 615
1949年后，以阿登纳和基督教民主联盟为代表的温和右翼势力推行了超国家一体化的政策，而库尔特·舒马赫领导下的以社会民主党形式出现的温和左派则肩负起民族大业，形成了德国统一党的特色。保守派民主人士之所以能够立得住脚，是因为他们的政策是对西德人、对安全需求更有说服力的答案。与魏玛不同的是，从内部来看，这种安全性几乎没有受到威胁。大家关注的是来自外部的威胁：苏联为扩大其势力范围和统治范围所做的努力。在这方面，西方一体化的政策要比强调德国统一优先的民族政策更多地考虑到这种情况。[14]

第二个德国——德意志民主共和国，相比联邦德国从魏玛得出了不同的结论。根据马克思列宁主义的解释，第一个德意志共和国是从资产阶级民主革命中诞生的，而这场革命在一定程度上是以无产阶级的手段和方法进行的。所谓的多数派社会民主党领导人的阶级背叛使垄断性的资产阶级得以维持和扩大其权力地位。根据德国统一社会党的史学分析，在 1929 年后资本主义危机加剧，垄断性资产阶级的领袖寻求用法西斯主义取代资产阶级民主。根据自 1933 年 12 月起生效的共产国际的学说，东德历史学家将“法西斯政权”解释为“金融资本最反动的、最沙文主义的、最帝国主义的、公开的恐怖主义独裁统治”。虽然随着时间的推移，对这一表达的解释也日益不同，但在原则上还是保留下来了。

根据这一解读，只有通过及时澄清有利于工人阶级及其盟友的权力问题，才能防止法西斯主义夺取权力。根据东德官方的历史观点，之所以这一点没有得到澄清，是因为社会民主党领导层使工人阶级分裂。从法西斯主义中解放出来之后，唯一的正确结果就是从这种经验中得出结论：工人阶级必须团结在一个始终与社会民主机会主义传统决裂的政党内，并且拥有国家和社会权力的决定性职位。由于在右翼社会民主党领袖的支持下，西方帝国主义阻止了在德国西部完成这一历史性任务，因此魏玛的教训最初只能在借助苏联的力量脱离了帝国主义的
616 那一部分德国——德意志民主共和国产生作用。这些都是东德历史学家遵循的历史政治指导方针，后来在细节的解释上有一些细微差别，但在原则上仍然是忠实于基本路线的。[15]

魏玛就这样作为政治参照体制存活在两个德国，而德意志联邦共和国和德意志民主共和国都强调其不连续性：从魏玛那

里学习就意味着与魏玛不同。西方的历史研究也总结出了第一共和国的成就，特别是在社会政策、新的居住文化和教育改革等方面，因此也取得了一些积极的连续性。但是鉴于魏玛共和国的失败，所有这一切都不能得出成功的故事，而只是促成了有别于一概否定的判断。

1990 年两个德国统一之前，第一共和国的这段时间是德国历史上唯一的民主的民族国家阶段。自从《东部条约》令德国分裂的事实变得更加可以容忍以来，“旧”联邦共和国①的自信心越来越多地来自“民族国家中的后民族民主”（postnationale Demonkratie unter Nationalstaaten）的感觉。对于统一之后的德国来说，联邦德国魏玛研究的先驱之一卡尔·迪特里希·布拉赫尔（Karl Dietrich Bracher）提出的这一说法就不再适用了。新的大联邦共和国重又是一个民主国家和一个民族国家，即便它不是一个古典的民主共和国，而是一个欧洲的和大西洋框架中的民族国家。[16]

从某种意义上说，魏玛距离现代更近了。德意志第一共和国不再只是“第三帝国”的前史，也不是两个继承国的对照，不论从积极意义，还是从消极意义上讲，魏玛都是第二个完整德国民主制度的前史。与魏玛不同的是，扩展了的联邦共和国不再是一个缺乏经验的民主共和国。它不仅完成了魏玛学徒期，还完成了更为成功的波恩学徒期。这两个篇章都是历史经验的基础，而统一德国的民主制度就是建立在这个基础上的。

---

① 在这里指的是东西德合并之前的德意志联邦共和国。

致　谢

1990年至1991年，我在慕尼黑的考尔巴赫别墅（Kaulbach-Villa）完成了此书的大部分写作工作。这一宏大项目的面世成为可能，我要感谢历史学院（Historisches Kolleg）、德意志银行研究和教学科学推广基金会（Stiftungsfonds Deutsche Bank zur Förderung der Wissenschaft in Forschung und Lehre），以及德国科学基金会（Stifterverband für die Deutsche Wissenschaft）。我还要感谢格蕾琴·塞豪森-克莱因（Gretchen Seehausen-Klein）女士，她将我手写的稿子转换成可供印刷的版本。感谢C. H. 贝克出版社当年的主编恩斯特-彼得·维肯贝格（Ernst-Peter Wieckenberg）博士，他仔细阅读了本书。感谢我学生时代的同事——在柏林洪堡大学历史学院工作的约格·尤德斯勒本（Jörg Judersleben）博士，他帮助我校对了文本，并且做出了人名索引。

注 释

1. 棘手的遗产

1 Eduard Bernstein, Die deutsche Revolution, ihr Ursprung, ihr Verlauf und ihr Werk. 1. Band: Geschichte der Entstehung und ersten Arbeitsperiode der deutschen Republik (nur Bd. 1 erschienen), Berlin 1921, S. 172.

2 Richard Löwenthal, Bonn und Weimar: Zwei deutsche Demokratien, in: Heinrich August Winkler (Hg.), Politische Weichenstellungen im Nachkriegsdeutschland 1945–1953. Geschichte und Gesellschaft, Sonderheft 5, Göttingen 1979, S. 9–25 (11).

3 Detlef Lehnert, Sozialdemokratie und Novemberrevolution. Die Neuordnungsdebatte 1918/19 in der politischen Publizistik von SPD und USPD, Frankfurt 1983, S. 103.

4 Heinrich Ströbel, Die deutsche Revolution. Ihr Unglück und ihre Rettung, Berlin o. J. (Vorwort: 1920), S. 172.

5 Karl Kautsky, Brief an Franz Mehring vom 8. 7. 1893, zit. nach Dieter Grosser, Vom monarchischen Konstitutionalismus zur parlamentarischen Demokratie. Die Verfassungspolitik der deutschen Parteien im letzten Jahrzehnt des Kaiserreichs, Den Haag 1970, S. 33 f.

6 M. Rainer Lepsius, Parteiensystem und Sozialstruktur: Zum Problem der Demokratisierung der deutschen Gesellschaft, in: Gerhard A. Ritter (Hg.), Die deutschen Parteien vor 1918, Köln 1973, S. 56–80.

7 Heinrich August Winkler, Vom linken zum rechten Nationalismus: Der deutsche Liberalismus in der Krise von 1878/79, in: ders., Liberalismus und Antiliberalismus. Studien zur politischen Sozialgeschichte des 19. u. 20. Jahrhunderts, Göttingen 1978, S. 36–51; Dieter Groh u. Peter Brandt, „Vaterlandslose Gesellen“. Sozialdemokratie und Nation 1860–1990, München 1992.

8 Wolfgang Kruse, Krieg, Neuorientierung und Spaltung. Die politische Entwicklung der deutschen Sozialdemokratie 1914–1918 im Lichte der Vorstellungen ihrer revisionistisch-reformistisch geprägten Kritiker, in: IWK 23 (1987), Heft 1, S. 1–27.

9 综述：Susanne Miller, Burgfrieden und Klassenkampf. Die deutsche Sozialdemokratie im Ersten Weltkrieg, Düsseldorf 1974。

10 Fritz Fischer, Griff nach der Weltmacht. Die Kriegszielpolitik des kaiserlichen Deutschland 1914/18, Düsseldorf 1971[4]; Dirk Stegmann, Bismarcks Erben. Parteien und Verbände in der Spätphase des Wilhelminischen Deutschland 1897–1918, Köln 1970; Wilhelm Ribhegge, Frieden für Europa. Die Politik der deutschen Reichstagsmehrheit 1917–18, Essen 1988.

11 Gerald D. Feldman, Army, Industry and Labor in Germany 1914–1918, Princeton 1966; ders., Eberhard Kolb u. Reinhard Rürup, Die Massenbewegungen der Arbeiterschaft in Deutschland am Ende des Ersten Weltkrieges (1917–1920), in: PVS 13 (1972), S. 84–105; Arthur Rosenberg, Entstehung der Weimarer Republik (1. Aufl. 1928), Frankfurt 1961, S. 178 ff.

12 Erklärung des Parteivorstands der SPD zum Massenstreik (Februar 1918) in: Die Reichstagsfraktion der deutschen Sozialdemokratie 1898 bis 1918. Zweiter Teil, bearb. v. Erich Matthias u. Eberhard Pikart, Düsseldorf 1966, S. 364–372.

13 Peter Lösche, Der Bolschewismus im Urteil der deutschen Sozialdemokratie 1903–1920, Berlin 1967, S. 116–157; Jürgen Zaruski, Die deutschen Sozialdemokraten und

das sowjetische Modell. Ideologische Auseinandersetzung und außenpolitische Konzeption, München 1992, S. 39 ff.; Uli Schöler, „Despotischer Sozialismus“ oder „Staatssklaverei“. Die theoretische Verarbeitung der sowjetrussischen Entwicklung in der Sozialdemokratie Deutschlands und Österreichs 1917–1929, 2 Bde., Münster 1990.

14 Die Zitate: Karl-Ludwig Ay, Die Entstehung einer Revolution. Die Volksstimmung in Bayern während des Ersten Weltkrieges, Berlin 1968, S. 101; Ernst Troeltsch, Spektator-Briefe. Aufsätze über die deutsche Revolution und die Weltpolitik 1918/22, Tübingen 1924, S. 10; Reichstagsfraktion (Anm. 12), S. 458. 论第一次世界大战中的社会发展: Jürgen Kocka, Klassengesellschaft im Krieg. Deutsche Sozialgeschichte 1914–1918, Göttingen 1978^2。

15 Reichstagsfraktion (Anm. 12), S. 417–460 (das Zitat: 442).

16 Der Interfraktionelle Ausschuß 1917/18. Zweiter Teil, bearb. von Erich Matthias unter Mitwirkung von Rudolf Morsey, Düsseldorf 1959, S. 792–798.

17 Albrecht v. Thaer, Generalstabsdienst an der Front und in der OHL. Aus Briefen und Tagebuchaufzeichnungen 1915–1919, hg. v. Siegfried A. Kaehler, Göttingen 1958, S. 234 f. (Äußerung Ludendorffs vom 1. 10. 1918).

18 Die Regierung des Prinzen Max von Baden, bearb. von Erich Matthias u. Rudolf Morsey, Düsseldorf 1962, S. 3–45; Philipp Scheidemann, Der Zusammenbruch, Berlin 1921, S. 174–176; Reichstagsfraktion (Anm. 12), S. 463–468; Das Kriegstagebuch des Reichstagsabgeordneten Eduard David 1914 bis 1918. In Verbindung mit Erich Matthias bearbeitet von Susanne Miller, Düsseldorf 1966, S. 285.

19 Wolfgang Sauer, Das Scheitern der parlamentarischen Demokratie, in: Eberhard Kolb (Hg.), Vom Kaiserreich zur Republik, Köln 1972, S. 77–99 (das Zitat: 84); Leonidas E. Hill, Signal zur Konterrevolution? Der Plan zum Vorstoß der deutschen Hochseeflotte am 30. Oktober 1918, in: VfZ 36 (1988), S. 114–129 Gerhard Paul Groß, Die Seekriegsführung der Kaiserlichen Marine im Jahre 1918, Frankfurt 1989, S. 390 ff. Der Brief von Prinz Max an Wilhelm II. in: Regierung (Anm. 18), S. 359 f.

20 Ebd., S. 439–443 (Scheidemann, Trimborn, Groeber; 31. 10.), 522 f. (Wiemer, Ebert; 5. 11.), 561 f. (Ebert, 6. 11.). Das Zitat aus dem „Vorwärts“: Waffenstillstands- und andere Fragen, in: Vorwärts, Nr. 305, 5. 11. 1918.

21 Regierung (Anm. 18), S. 492 (Scheidemann, 4. 11.). 公海舰队情况综述: Wilhelm Deist, Die Politik der Seekriegsleitung und die Rebellion der Flotte Ende Oktober 1918, in: VfZ 14 (1966), S. 325–343。

22 Heinrich August Winkler, Von der Revolution zur Stabilisierung. Arbeiter und Arbeiterbewegung in der Weimarer Republik 1918–1924, Berlin 1985^2, S. 34–36, 59–61 (mit weiterer Lit.).

23 Harry Graf Kessler, Tagebücher 1918–1937, Frankfurt 1961, S. 18; Prinz Max von Baden, Erinnerungen und Dokumente. Neuausgabe, hg. von Golo Mann u. Andreas Burckhardt, Stuttgart 1968, S. 588.

24 Reichstagsfraktion (Anm. 12), S. 513 f.; Prinz Max, Erinnerungen (Anm. 20), S. 567; Regierung (Anm. 18), S. 574–612; Schulthess' Europäischer Geschichtskalender. Neue Folge, 34. Jg. 1918, 1. Teil, München 1922, S. 422–431 (Erklärungen der SPD und Bericht der „B. Z. am Mittag“).

25 Reichstagsfraktion (Anm. 12), S. 518–520; Prinz Max, Erinnerungen (Anm. 23), S. 596–600 Gerhard A. Ritter u. Susanne Miller (Hg.), Die deutsche Revolution 1918–1919. Dokumente, Hamburg 1975^2, S. 79 f. (Aufruf Eberts vom 9. 11. 1918); Scheidemann, Zusammenbruch (Anm. 18), S. 205; Regierung (Anm. 18), S. 523 (Ebert, 5. 11.), 581 (Scheidemann, 7. 11.); Winkler, Von der Revolution (Anm. 22), S. 40–47.

2. 中断的革命

1 Gerhard A. Ritter u. Susanne Miller (Hg.), Die deutsche Revolution 1918–1919. Dokumente, Hamburg 1975², S. 77–79 (Ansprachen Scheidemanns und Liebknechts).

2 Heinz Hürten, Die Kirchen in der Novemberrevolution. Eine Untersuchung zur Geschichte der Deutschen Revolution 1918/19, Regensburg 1984; ders., Deutsche Katholiken 1918–1945, Paderborn 1992, S. 49ff.; Martin Greschat, Der deutsche Protestantismus im Revolutionsjahr 1918–19, Witten 1974; Kurt Nowak, Evangelische Kirche und Weimarer Republik. Zum politischen Weg des deutschen Protestantismus zwischen 1918 und 1932, Weimar 1988²; Jonathan C. R. Wright, „Über den Parteien". Die politische Haltung der evangelischen Kirchenführer 1918–1933 (engl. Orig.: Oxford 1974), Göttingen 1977; Gottfried Mehnert, Evangelische Kirche und Politik 1917–1919. Die politischen Strömungen im deutschen Protestantismus von der Julikrise 1917 bis zum Herbst 1919, Düsseldorf 1959; Karl-Wilhelm Dahm, Pfarrer und Politik. Soziale Position und politische Mentalität des deutschen evangelischen Pfarrerstandes zwischen 1918 und 1933, Opladen 1965; Jochen Jacke, Kirche zwischen Monarchie und Republik. Der preußische Protestantismus nach dem Zusammenbruch von 1918, Hamburg 1976.

3 Ritter/Miller (Hg.), Revolution (Anm. 1), S. 68–72 (Vorgänge in Spa am 9. 11. 1918), 80 (Aufruf Eberts vom 9. 11. 1918); Prinz Max von Baden, Erinnerungen und Dokumente. Neuausgabe, hg. von Golo Mann u. Andreas Burckhardt, Stuttgart 1968, S. 604; Ernst-Heinrich Schmidt, Heimatheer und Revolution 1918. Die militärischen Gewalten im Heimatgebiet zwischen Oktoberreform und Novemberrevolution, Stuttgart 1981, S. 306ff.

4 Eduard Bernstein, Die deutsche Revolution, ihr Ursprung, ihr Verlauf und ihr Werk. I. Band: Geschichte der Entstehung und ersten Arbeitsperiode der deutschen Republik, Berlin 1921, S. 32. 论MSPD和USPD的关系: Hermann Müller-Franken, Die Novemberrevolution. Erinnerungen, Berlin 1928, S. 28。

5 Heinrich August Winkler, Von der Revolution zur Stabilisierung. Arbeiter und Arbeiterbewegung in der Weimarer Republik 1918–1924, Berlin 1985², S. 49–67. 关于人民委员生平，也参见Erich Matthia序言: Die Regierung der Volksbeauftragten. Eingeleitet von Erich Matthias. Bearbeitet von Susanne Miller unter Mitwirkung von Heinrich Potthoff, Düsseldorf 1969, Bd. 1, S. XXXI-XL。关于工人委员和士兵委员. Eberhard Kolb, Die Arbeiterräte in der deutschen Innenpolitik 1918–1919, Düsseldorf 1962¹。

6 Ulrich Kluge, Soldatenräte und Revolution. Studien zur Militärpolitik in Deutschland 1918/19, Göttingen 1975, bes. S. 82ff. 对Ebert–Scheüch之间约定的另一种观点也见：Heinz Hürten u. Ernst-Heinrich Schmidt, Die Entstehung des Kabinetts der Volksbeauftragten. Eine quellenkritische Untersuchung, in: HJb 99 (1979), S. 255–267。

7 Richard Müller, Vom Kaiserreich zur Republik, Bd. 2: Die Novemberrevolution, Wien 1925, S. 12–15.

8 Ernst Troeltsch, Spektator-Briefe. Aufsätze über die deutsche Revolution und die Weltpolitik 1918/22, Tübingen 1924, S. 24.

9 Ritter/Miller (Hg.), Revolution (Anm. 1), S. 208f.

10 Susanne Miller, Die Bürde der Macht. Die deutsche Sozialdemokratie 1918–1920, Düsseldorf 1978, S. 104–115 (das Zitat: 107).

11 Eberhard Kolb, Internationale Rahmenbedingungen einer demokratischen Neuordnung in Deutschland 1918/19, in: Lothar Albertin u. Werner Link (Hg.), Politische Parteien auf dem Weg zur parlamentarischen Demokratie in Deutschland. Festschrift für Erich Matthias, Düsseldorf 1981, S. 147–176; Klaus Schwabe, Deutsche Revolution und Wilson-Friede, Düsseldorf 1971; Arno J. Mayer, Politics and Diplomacy of Peacemaking. Containment and Counterrevolution 1918–1919, New York 1971²; Harm Mögenburg, Die Haltung der britischen Regierung zur deutschen Revolution 1918/19, phil. Diss. Hamburg 1973; Henning Köhler, Novemberrevolution und Frankreich. Die französische Deutsch-

landpolitik 1917–1919, Stuttgart 1979; Peter Grupp, Deutsche Außenpolitik im Schatten von Versailles 1918–1920. Zur Politik des Auswärtigen Amts vom Ende des Ersten Weltkriegs und der Novemberrevolution bis zum Inkrafttreten des Versailler Vertrags, Paderborn 1988, S. 67ff.

12 论1918~1919年活动空间余地的争论，两篇文章非常典型：„Friedrich Ebert und das Problem der Handlungsspielräume in der deutschen Revolution 1918/19" von Reinhard Rürup（强调其他可能性）und Eckhard Jesse (auf äußere und innere Zwänge abhebend) in: Rudolf König u. a. (Hg.), Friedrich Ebert und seine Zeit。Bilanz und Perspektiven der Forschung, München 1990, S. 69–87, 89–110. 研究成果的综述：Eberhard Kolb, Die Weimarer Republik, München 1988², S. 153–163。

13 Kolb, Arbeiterräte (Anm. 5), S. 185f.

14 Regierung (Anm. 5), S. LIV-LX.

15 Wolfgang Elben, Das Problem der Kontinuität in der deutschen Revolution. Die Politik der Staatssekretäre und der militärischen Führung von November 1918 bis Februar 1919, Düsseldorf 1965; Wolfgang Runge, Politik und Beamtentum im Parteienstaat. Die Demokratisierung der politischen Beamten in Preußen zwischen 1918 und 1933, Stuttgart 1965; Kolb, Arbeiterräte (Anm. 5), S. 262–281, 359–383; Winkler, Von der Revolution (Anm. 5), S. 72–75 (mit weiterer Lit.).

16 Ebd., S. 69–72; Kluge, Soldatenräte (Anm. 6), S. 206–250; Die Beschlüsse der Volksbeauftragten vom 11. u. 12. 12. 1918 in: Lothar Berthold u. Helmut Neef, Militarismus und Opportunismus gegen die Novemberrevolution. Das Bündnis der rechten SPD-Führung mit der Obersten Heeresleitung November und Dezember 1918. Eine Dokumentation, Berlin (O) 1978², S. 164–168.

17 Gerald D. Feldman, The Origins of the Stinnes-Legien-Agreement: A Documentation, in: IWK 9 (1973), Heft 19/20, S. 45–103; ders. u. Irmgard Steinisch, Industrie und Gewerkschaften 1918–1924. Die überforderte Zentralarbeitsgemeinschaft, Stuttgart 1985; Heinrich Potthoff, Gewerkschaften und Politik zwischen Revolution und Inflation, Düsseldorf 1979, S. 25ff.; Winkler, Von der Revolution (Anm. 5), S. 75–80.

18 Regierung (Anm. 5), Bd. 1, S. 104 (Beschluß vom 18. 11. 1918); Elben, Problem (Anm. 15), S. 81–87 (Zitat Müller: 87); Hans Schieck, Die Behandlung der Sozialisierungsfrage in den Monaten nach dem Staatsumsturz, in: Eberhard Kolb (Hg.), Vom Kaiserreich zur Weimarer Republik, Köln 1972, S. 138–164.

19 Heinrich Muth, Die Entstehung der Bauern- und Landarbeiterräte im November 1918 und die Politik des Bundes der Landwirte, in: VfZ 21 (1973), S. 1–38; Martin Schumacher, Land und Politik. Eine Untersuchung über politische Parteien und agrarische Interessen 1914–1923, Düsseldorf 1978; Jens Flemming, Landwirtschaftliche Interessen und Demokratie. Ländliche Gesellschaft, Agrarverbände und Staat 1890–1925, Bonn 1978, S. 252–265. Der Aufruf vom 12. 11. 1918 in: Dokumente und Materialien zur Geschichte der deutschen Arbeiterbewegung, Reihe II, Bd. 2, Berlin (O) 1957, S. 367f.

20 Rudolf Morsey, Die Deutsche Zentrumspartei 1917–1923, Düsseldorf 1966, S. 110–142; Müller, Bürde (Anm. 10), S. 215–218; Hürten, Kirchen (Anm. 2), S. 37ff.

21 Friedrich Ebert, Schriften, Aufzeichnungen, Reden, 2 Bände, Dresden 1926, Bd. 2, S. 127; Regierung (Anm. 5), Bd. I, S. 316–319; Kluge, Soldatenräte (Anm. 6), S. 231–244; Müller, Bürde (Anm. 10), S. 177f.

22 Winkler, Von der Revolution (Anm. 5), S. 100–109 (mit den Zitatnachweisen); Kluge, Soldatenräte (Anm. 6), S. 250–260; Wolfram Wette, Gustav Noske. Eine politische Biographie, Düsseldorf 1987, S. 333–368. Die Verhandlungen des ersten Rätekongresses in: Allgemeiner Kongreß der Arbeiter- und Soldatenräte Deutschlands. Vom 16. bis 21. Dezember 1918 im Abgeordnetenhaus zu Berlin, Berlin 1919. 对“纯苏维埃制度”的批评：Gerhard A. Ritter, „Direkte Demokratie" und Rätewesen in Geschichte und Theorie, in: ders., Arbeiterbewegung, Parteien und Parlamentarismus, Göttingen 1976, S. 292–316。

23 Aus den Geburtsstunden der Weimarer Republik. Das Tagebuch des Obersten Ernst van den Bergh. Hg. v. Wolfram Wette, Düsseldorf 1991, S. 63–69 (Eintragungen vom 25. u. 27. 12. 1918); Karl-Heinz Luther, Die nachrevolutionären Machtkämpfe in Berlin, November 1918 bis März 1919, in: JGMO 8 (1959), S. 187–222; Arthur Rosenberg, Geschichte der Weimarer Republik. Neuausgabe, Frankfurt 1961, S. 43–49 (zu den Schildern bei der Beerdigung der Matrosen: 46); Kluge, Soldatenräte (Anm. 5), S. 260–270; Kolb, Arbeiterräte (Anm. 5), S. 209–216; Winkler, Von der Revolution (Anm. 5), S. 109–113.

24 Hermann Weber (Hg.), Der Gründungsparteitag der KPD. Protokoll und Materialien, Frankfurt 1969, S. 41f. (Programm), 99 (R. Luxemburg); Rosenberg, Geschichte (Anm. 23), S. 51f.

25 Richard Müller, Der Bürgerkrieg in Deutschland, Berlin 1925, S. 32f.

26 Geburtsstunden (Anm. 23), S. 73–82 (Eintragungen vom 6. bis 12. 1. 1919); Kolb, Arbeiterräte (Anm. 5), S. 223–243; Winkler, Von der Revolution (Anm. 5), S. 120–133 (mit weiterer Lit.); Klaus Gietinger, Nachträge, betreffend Aufklärung der Umstände, unter denen Frau Dr. Rosa Luxemburg den Tod gefunden hat, in: IWK 28 (1992), Heft 3, S. 319–373; Noskes Ausspruch vom 7. 1. 1919 in: Gustav Noske, Von Kiel bis Kapp, Berlin 1920, S. 67. 论中央委员会的态度：Der Zentralrat der Deutschen Sozialistischen Republik, 19. 12. 1918–8. 4. 1919. Vom ersten zum zweiten Rätekongreß. Bearbeitet von Eberhard Kolb unter Mitwirkung von Reinhard Rürup, Leiden 1968, S. 201 bis 338。

27 Peter von Oertzen, Betriebsräte in der Novemberrevolution. Eine politikwissenschaftliche Untersuchung über Ideengehalt und Struktur der betrieblichen und wirtschaftlichen Arbeiterräte in der deutschen Revolution 1918/19, Düsseldorf 1963, bes. S. 109ff.; Erhard Lucas, Ursachen und Verlauf der Bergarbeiterbewegung in Hamborn und im westlichen Ruhrgebiet 1918/19, in: Duisburger Forschungen 15 (1971), S. 1–119; Reinhard Rürup (Hg.), Arbeiter- und Soldatenräte im rheinisch-westfälischen Industriegebiet. Studien zur Geschichte der Revolution 1918/19, Wuppertal 1975.

28 Werner Liebe, Die Deutschnationale Volkspartei 1918–1924, Düsseldorf 1956; Anneliese Thimme, Flucht in den Mythos. Die Deutschnationale Volkspartei und die Niederlage von 1918, Göttingen 1969; Wolfgang Hartenstein, Die Anfänge der Deutschen Volkspartei 1918–1920, Düsseldorf 1962; Lothar Albertin, Liberalismus und Demokratie am Anfang der Weimarer Republik. Eine vergleichende Analyse der Deutschen Demokratischen Partei und der Deutschen Volkspartei, Düsseldorf 1972; Larry Eugene Jones, German Liberalism and the Dissolution of the Weimar Party System, 1918–1933, Chapel Hill 1988; Klaus Schönhoven, Die Bayerische Volkspartei 1924–1932, Düsseldorf 1972; Morsey, Zentrumspartei (Anm. 20). Die Gründungs- und Wahlaufrufe der bürgerlichen Parteien in: Ritter/Miller (Hg.), Revolution (Anm. 1), S. 296–319. 对竞选的综述：Detlef Lehnert, Propaganda des Bürgerkriegs? Politische Feindbilder in der Novemberre volution als mentale Destabilisierung der Weimarer Demokratie in: ders. u. Klaus Megerle (Hg.), : Politische Teilkulturen zwischen Integration und Polarisierung. Zur politischen Kultur in der Weimarer Republik, Opladen 1990, S. 61–101。

29 Miller, Bürde (Anm. 10), S. 457f.; Schulthess' Europäischer Geschichtskalender. Neue Folge, 35. Jg. 1919, 1. Teil, München 1923, S. 7–10.

30 Klaus Hock, Die Gesetzgebung des Rates der Volksbeauftragten, Pfaffenweiler 1987; Ludwig Preller, Sozialpolitik in der Weimarer Republik, Düsseldorf 1978², S. 230–237; Winkler, Von der Revolution (Anm. 5), S. 89–91. Das Programm der Volksbeauftragten in: Regierung (Anm. 5), Bd. 1, S. 37f.

31 Ebd., S. 166; Ritter/Miller (Hg.), Revolution (Anm. 1), S. 445–447; Miller, Bürde (Anm. 10), S. 188–203; Grupp, Außenpolitik (Anm. 11), S. 211–229.

32 Dietrich Orlow, Weimar Prussia 1918–1925. The Unlikely Rock of Democracy, Pittsburgh 1986; Hagen Schulze, Otto Braun oder Preußens demokratische Sendung. Eine Biographie, Frankfurt a. M. 1977; Horst Möller, Parlamentarismus in Preußen 1919–1932,

Düsseldorf 1985. Die Äußerungen von Hirsch in: Schulthess 1919 (Anm. 29), 1. Teil, S. 20f.

33 Allgemeiner Kongreß (Anm. 22), Sp. 219.

3. 进退两难的多数

1 Heinrich August Winkler, Von der Revolution zur Stabilisierung. Arbeiter und Arbeiterbewegung in der Weimarer Republik 1918–1924, Berlin 1985², S. 135–144; Gerhard A. Ritter, Kontinuität und Umformung des deutschen Parteiensystems 1918–1920, in: ders., Arbeiterbewegung, Parteien und Parlamentarismus, Göttingen 1976, S. 116–157; Gunther Hollenberg, Bürgerliche Sammlung oder sozialliberale Koalition? Sozialstruktur, Interessenlage und politisches Verhalten der bürgerlichen Schichten 1918 am Beispiel der Stadt Frankfurt am Main, in: VfZ 27 (1979), S. 392–430. 关于资产阶级政党，参阅第2章第28条提及的文献。

2 Die Regierung der Volksbeauftragten. Eingeleitet von Erich Matthias. Bearbeitet von Susanne Miller unter Mitwirkung von Heinrich Potthoff, Düsseldorf 1969, Bd. 2, S. 225.

3 Eduard Bernstein, Die deutsche Revolution, ihr Ursprung, ihr Verlauf und ihr Werk. 1. Band: Geschichte der Entstehung und ersten Arbeitsperiode der deutschen Republik, Berlin 1921, S. 198 (Hervorhebungen im Original). 论联合政府的成立：Winkler, Von der Revolution (Anm. 1), S. 144f.; Susanne Miller, Die Bürde der Macht. Die deutsche Sozialdemokratie 1918–1920, Düsseldorf 1978, S. 243–248; Rudolf Morsey, Die Deutsche Zentrumspartei 1917–1923, Düsseldorf 1966, S. 163–176; Larry Eugene Jones, German Liberalism and the Dissolution of the Weimar Party System, 1918–1933, Chapel Hill 1988, S. 30–43。

4 Über Ebert u. a. Peter-Christian Witt, Friedrich Ebert. Parteiführer, Reichskanzler, Volksbeauftragter, Reichspräsident, Bonn 1987. 关于 Scheidemann和他的内阁的其他成员：Akten der Reichskanzlei (= AdR). Weimarer Republik. Das Kabinett Scheidemann, 13. Februar bis 20. Juni 1919, bearbeitet von Hagen Schulze, Boppard 1971, S. XXVI-XXXII; ferner: Horst Lademacher, Philipp Scheidemann, in: Wilhelm von Sternburg (Hg.), Die deutschen Kanzler von Bismarck bis Schmidt, Königstein 1985, S. 161–175。

5 Zit. bei Gerald D. Feldman, Wirtschafts- und sozialpolitische Probleme der deutschen Demobilmachung, in: Hans Mommsen u. a. (Hg.), Industrielles System und politische Entwicklung in der Weimarer Republik, Düsseldorf 1977, S. 618–636 (635).

6 Carl Severing, 1919–1920 im Wetter- und Watterwinkel, Bielefeld 1927, S. 20ff.; Thomas Alexander, Carl Severing. Sozialdemokrat aus Westfalen mit preußischen Tugenden, Bielefeld 1992, S. 108ff.关于社会化运动和企业委员制：Peter von Oertzen, Betriebsräte in der Novemberrevolution, Düsseldorf 1963¹; ders., Die großen Streiks der Ruhrbergarbeiterschaft im Frühjahr 1919, in: VfZ 6 (1958), S. 231–262; Winkler, Von der Revolution (Anm. 1), S. 159–178 (mit weiterer Lit.). Zu den Freikorps u. a.: Robert G. L. Waite, Vanguard of Nazism. The Free Corps Movement in Postwar Germany 1918–1923, New York 1952¹; Hagen Schulze, Freikorps und Republik 1918–1920, Boppard 1969。

7 Richard Müller, Der Bürgerkrieg in Deutschland, Berlin 1925, S. 152ff.; Karl-Heinz Luther, Die nachrevolutionären Machtkämpfe in Berlin, November 1918 bis März 1919, in: JGMO 8 (1959), S. 187–222; Otmar Jung, „Da gelten Paragraphen nichts, sondern da gilt lediglich der Erfolg…“. Noskes Erschießungsbefehl während des Märzaufstandes in Berlin 1919 – rechtshistorisch betrachtet, in: MGM 45 (1989), S. 51–79; Miller, Bürde (Anm. 3), S. 263–266.

8 Schulthess' Europäischer Geschichtskalender. Neue Folge, 35. Jg. 1919, I. Teil, München 1923, S. 162f. (Aufruf des Zentralrats vom 7. 4. 1919). 论慕尼黑苏维埃共和国：Allan Michtell, Revolution in Bayern 1918/19. Die Eisner-Regierung und die Räterepublik (amerik. Original: Princeton, 1965), München 1967, S. 236–303 (das Zitat aus dem Aufruf des Vollzugsrats vom 13. 4. 1919: 279); Heinrich Hillmayr, Roter und weißer Terror

in Bayern nach 1918, München 1974, S. 71–74; ders., Die Revolution in Bayern 1918–1919, Berlin (O) 1982; Michael Seligmann, Aufstand der Räte. Die erste bayerische Räterepublik vom 7. April 1919, Grafenau 1989; Peter Kritzer, Die bayerische Sozialdemokratie und die bayerische Politik in den Jahren 1918–1923, München 1969, bes. S. 82–117; Karl Heinrich Pohl, Kurt Eisner und die Räterepublik in München, in: Manfred Hettling u. a. (Hg.), Was ist Gesellschaftsgeschichte? Positionen, Themen, Analysen, München 1991, S. 225–236; Winkler, Von der Revolution (Anm. 1), S. 184–190。Über Johannes Hoffmann: Diethard Hennig, Johannes Hoffmann. Sozialdemokrat und Bayerischer Ministerpräsident, München 1990。

9 论慕尼黑苏维埃共和国在反犹太煽动中的作用: Trude Maurer, Ostjuden in Deutschland 1918–1933, Hamburg 1986, bes. S. 148 ff. Das Zitat aus dem Aufruf vom 9. 5. 1919: Schulthess 1919 (Anm. 8), I. Teil, S. 201.

10 Winkler, Von der Revolution (Anm. 1), S. 259 (mit weiterer Lit.). Zu Levi: Charlotte Beradt, Paul Levi. Ein demokratischer Sozialist in der Weimarer Republik, Frankfurt 1969.

11 Unabhängige Sozialdemokratische Partei Deutschlands. Protokoll über die Verhandlungen des außerordentlichen Parteitags vom 2.–6. 3. 1919, Berlin o. J. (ND in: Protokolle der Parteitage der Unabhängigen Sozialdemokratischen Partei Deutschlands, Bd. 1, 1917–1919, Glashütten 1975), S. 3 f. (Programmatische Kundgebung), 212 (Zetkin). Zur USPD u. a.: David Morgan, The Socialist Left and the German Revolution. A History of the German Independent Social Democratic Party, 1917–1922, Ithaca 1975.

12 Heinrich Potthoff, Gewerkschaften und Politik zwischen Revolution und Inflation, Düsseldorf 1979, S. 130–141; Eberhard Kolb, Die Arbeiterräte in der deutschen Innenpolitik 1918–1919, Düsseldorf 1962[1], S. 359–371; Hans-Joachim Bieber, Bürgertum in der Revolution. Bürgerräte und Bürgerstreiks 1918–1920, Hamburg 1993; Winkler, Von der Revolution (Anm. 1), S. 198–205, 294.

13 Ebd., S. 190–198 (die Zitate von Moellendorff: 193); AdR, Kabinett Scheidemann (Anm. 4), S. 295 (Denkschrift Schmidts), 303 (Denkschrift Gotheins).

4. 和平带来的弊病

1 Akten der Reichskanzlei (= AdR), Weimarer Republik. Das Kabinett Scheidemann, 13. Februar bis 20. Juni 1919, bearbeitet von Hagen Schulze, Boppard 1971, S. 85–91, 146–149; Schulthess' Europäischer Geschichtskalender. N. F., 35. Jahrgang 1919, I. Teil, München 1923, S. 545–554 (Weißbuch), 482–484 (Aussage Hindenburgs); Karl Kautsky, Wie der Weltkrieg entstand, Berlin 1919, S. 9. 关于战争罪责的讨论：Ulrich Heinemann, Die verdrängte Niederlage. Politische Öffentlichkeit und Kriegsschuldfrage in der Weimarer Republik, Göttingen 1983; Wolfgang Jäger, Historische Forschung und politische Kultur in Deutschland. Die Debatte 1914–1980 über den Ausbruch des Ersten Weltkrieges, Göttingen 1984, S. 34 ff.; ferner: Heinrich August Winkler, Von der Revolution zur Stabilisierung. Arbeiter und Arbeiterbewegung in der Weimarer Republik 1918–1924, Berlin 1985[2], S. 206–208; Peter Grupp, Deutsche Außenpolitik im Schatten von Versailles 1918–1920. Zur Politik des Auswärtigen Amts vom Ende des Ersten Weltkriegs und der Novemberrevolution bis zum Inkrafttreten des Versailler Vertrags, Paderborn 1988, S. 86–111。关于刺刀在背传说: Friedrich Frhr. Hiller v. Gaertringen, Dolchstoß-Diskussion und Dolchstoß-Legende im Wandel von vier Jahrzehnten, in: ders. u. Waldemar Besson (Hg.), Geschichte und Gegenwartsbewußtsein. Festschrift für Hans Rothfels, Göttingen 1963, S. 122–160。

2 综述: Gerhard Schulz, Revolutionen und Friedensschlüsse 1917–1920, München 1967, S. 217–239; Karl Dietrich Erdmann, Die Zeit der Weltkriege, 1. Teilband: Der Erste Weltkrieg und die Weimarer Republik (= Bruno Gebhardt, Handbuch der deutschen Geschichte, 9. Aufl., Bd. 4 (1), Stuttgart 1973, S. 198–211;, Eberhard Kolb, Die Wei-

marer Republik, München 1988², S. 23–35 (jeweils mit weiterer Lit.)。和平条款文本：Die Friedensbedingungen der Alliierten und Assoziierten Regierun-gen (Übersetzung), Berlin 1919。

3 Schulthess 1919 (Anm. 1), 2. Teil, S. 522 (Brockdorff-Rantzau); Die Deutsche Nationalversammlung im Jahr 1919 in ihrer Arbeit für den Aufbau des neuen deutschen Volksstaates, hg. von Eduard Heilfron, Bd. 4, Berlin 1919, S. 2646 (Scheidemann), 2650 (Hirsch), 2716 (Fehrenbach); Winkler, Von der Revolution (Anm. 1), S. 217 (Erklärung des Vorstands der Zentralarbeitsgemeinschaft). Vgl. auch Fritz Dickmann, Die Kriegsschuldfrage auf der Friedenskonferenz von Paris 1919, München 1964; Leo Haupts, Deutsche Friedenspolitik 1918–19. Eine Alternative zur Machtpolitik des Ersten Weltkrieges, Düsseldorf 1976; Peter Krüger, Die Außenpolitik der Republik von Weimar, Darmstadt 1985, bes. S. 61–76; ders., Deutschland und die Reparationen 1918/19, Stuttgart 1973, bes. S. 161 ff.

4 AdR, Kabinett Scheidemann (Anm. 1), S. 315 f., 417–507. 关于DDP的态度: Jürgen C. Heß, „Das ganze Deutschland soll es sein!" Demokratischer Nationalismus in der Weimarer Republik am Beispiel der Deutschen Demokratischen Partei, Stuttgart 1978, S. 76–111。关于外交部的态度：Akten zur deutschen auswärtigen Politik (= ADAP) 1918–1945. Serie A: 1918–1925, Bd. II: 7. Mai bis 31. Dezember 1919, Göttin-gen 1984, S. 3–146。

5 Die SPD-Fraktion in der Nationalversammlung 1919–1920. Eingeleitet von Heinrich Potthoff. Bearbeitet von Heinrich Potthoff u. Hermann Weber, Düsseldorf 1986, S. 81–84; Rudolf Morsey, Die Deutsche Zentrumspartei 1917–1923, Düsseldorf 1966, S. 180–195. 盟军1919年6月16日的最后通牒的综述：Schulthess 1919 (Anm. 1), 2. Teil, S. 559–582。协议文本见：Der Vertrag von Versailles. Der Friedensvertrag zwischen Deutschland und den Alliierten und Assoziierten Mächten nebst dem Schlußpro-tokoll und der Vereinbarung betr. die militärische Besetzung der Rheinlande, Berlin 1926。

6 ADAP (Anm. 4), Serie A, Bd. II, S. 120–126; Lothar Albertin, Liberalismus und Demokratie am Anfang der Weimarer Republik. Eine vergleichende Analyse der Deutschen Demokratischen Partei und der Deutschen Volkspartei, Düsseldorf 1972, S. 338–337; Morsey, Zentrumspartei (Anm. 5), S. 185 f.; SPD-Fraktion (Anm. 5), S. 91 f.; AdR, Kabinett Scheidemann (Anm. 1), S. LXI f.

7 Ebd., S. 454–464 (Aufzeichnung des preußischen Innenministeriums zu den Oststaatsplänen, 14. 6. 1919), 476–492 (Aufzeichnung Groeners über die Tage in Weimar vom 18.–20. 6. 1919); Horst Mühleisen, Annehmen oder Ablehnen? Das Kabinett Scheidemann, die Oberste Heeresleitung und der Vertrag von Versailles, in: VfZ 35 (1987), S. 419–481; Hagen Schulze, Der Oststaats-Plan von 1919, ebd., 18 (1970), S. 123–163; Wilhelm Ribhegge, August Winnig. Eine historische Persönlichkeitsanalyse, Bonn 1973, S. 115–231. Zum rheinischen Separatismus u. a.: Erwin Bischof, Rheinischer Separatismus 1918–1924. Hans Adam Dortens Rheinstaatsbestrebungen, Bern 1969; Karl Dietrich Erdmann, Adenauer in der Rheinlandpolitik nach dem Ersten Weltkrieg, Stuttgart 1966; Hans-Peter Schwarz, Adenauer. Der Aufstieg: 1876–1952, Stuttgart 1986, S. 202–229; Henning Köhler, Autonomiebewegung oder Separatismus? Die Politik der „Kölnischen Volkszeitung" 1918/19, Berlin 1974.

8 AdR, Die Weimarer Republik. Das Kabinett Bauer. 21. Juni 1919 bis 27. März 1920, bearbeitet von Anton Golecki, Boppard 1980, S. XXII-XLV. Zu Bauer: Martin Vogt, Gustav Adolf Bauer, in: Wilhelm von Sternburg (Hg.), Die deutschen Kanzler von Bismarck bis Schmidt, Königstein 1985, S. 177–190; Karlludwig Rintelen, Ein undemokratischer Demokrat: Gustav Bauer. Gewerkschaftsführer – Freund Eberts – Reichskanzler. Eine politische Biographie, Frankfurt 1993.

9 Gustav Noske, Von Kiel bis Kapp, Berlin 1920, S. 153; ders., Erlebtes aus Aufstieg und Niedergang einer Demokratie, Offenbach 1947, S. 107; Matthias Erzberger, Erlebnisse im Weltkrieg, Stuttgart 1920, S. 380–383; SPD-Fraktion (Anm. 5), S. 102–116 (Sitzungen

vom 21.–23.6.1919); AdR, Kabinett Bauer (Anm. 8), S.3–12 (Vortrag Groeners vom 23.6.1919); Aus den Geburtsstunden der Weimarer Republik. Das Tagebuch des Obersten Ernst van den Bergh. Hg. v. Wolfram Wette, Düsseldorf 1991, S.91–113 (Eintragungen vom 13. bis 25.6.1919); Schulthess 1919 (Anm. 1), S.247–265; Morsey, Zentrumspartei (Anm. 5), S.188–192; Albertin, Liberalismus (Anm. 6), S.344–354; Susanne Miller, Die Bürde der Macht. Die deutsche Sozialdemokratie 1918–1920, Düsseldorf 1978, S.274–296.

10 Niederlage (Anm. 1), bes. S. 54ff. Bernsteins Rede: Protokoll über die Verhandlungen des Parteitages der Sozialdemokratischen Partei Deutschlands. Abgehalten in Weimar vom 10. bis 15. Juni 1919. Bericht über die 7. Frauenkonferenz, abgehalten in Weimar am 15. und 16. Juni 1919, Berlin 1919 (ND Glashütten 1973), S. 242–247. 关于《凡尔赛和约》之后的德国参见 Sebastian Haffner 的其他评价：Von Bismarck zu Hitler. Ein Rückblick, München 1987, S. 177ff. 法国对《凡尔赛和约》的反应: Pierre Miquel, La Paix de Versailles et l'opinion publique française, Paris 1972。

5. 被容忍的宪法

1 Hugo Preuß, Volksstaat oder verkehrter Obrigkeitsstaat?, in: ders., Staat, Recht und Freiheit. Aus 40 Jahren deutscher Politik und Geschichte, Hildesheim 1964, S. 365–368. 论《魏玛宪法》的产生：Reinhard Rürup, Kontinuität und Grundlagen der Weimarer Verfassung, in: Eberhard Kolb (Hg.), Vom Kaiserreich zur Weimarer Republik, Köln 1972, S. 218–243; Heinrich Potthoff, Das Weimarer Verfassungs- werk und die deutsche Linke, in: AfS 12 (1972), S. 433–483; Sigrid Vestring, Die Mehr-heitssozialdemokratie und die Entstehung der Reichsverfassung von Weimar 1918/1919, Münster 1987; Peter Steinbach, Sozialdemokratie und Verfassungsverständnis. Zur Ausbil- dung einer liberaldemokratischen Verfassungskonzeption in der Sozialdemokratie seit Mitte des 19. Jahrhunderts, Opladen 1983; Ernst Portner, Die Verfassungspolitik der Liberalen 1919, Bonn 1973; Dieter Grimm, Die Bedeutung der Weimarer Verfassung in der deutschen Verfassungsgeschichte, Heidelberg 1990; Hans Boldt, Die Weimarer Reichsverfassung, in: Karl-Dietrich Bracher u. a. (Hg.), Die Weimarer Republik 1918–1933, Düsseldorf 1987, S. 44–62; Ernst Rudolf Huber, Deutsche Verfassungsgeschichte seit 1789. Bd. V: Weltkrieg, Revolution und Reichserneuerung 1914–1919; Stuttgart 1978, bes. S. 1178–1205; Ulrich Kluge, Die deutsche Revolution 1918/19. Staat, Politik und Gesellschaft zwischen Weltkrieg und Kapp-Putsch, Frankfurt 1985, S. 159–180; Heinrich August Winkler, Von der Revolution zur Stabilisierung. Arbeiter und Arbeiterbewegung in der Weimarer Republik 1918–1924, Berlin 1985^2, S 227–242。

2 Gerhard Anschütz, Die Verfassung des Deutschen Reiches vom 11. August 1919, Berlin 1926^4, S. 89–105; Willibalt Apelt, Geschichte der Weimarer Verfassung, München 1964^2, S. 92–124; Gerhard Schulz, Zwischen Demokratie und Diktatur. Verfassungspolitik und Reichsreform in der Weimarer Republik, Bd. 1, Berlin 1963^1, S. 101–212; Enno Eimers, Das Verhältnis von Preußen und Reich in den ersten Jahren der Weimarer Republik (1918–1923), Berlin 1969.

3 Die SPD-Fraktion in der Nationalversammlung 1919–1920. Eingeleitet von Heinrich Potthoff. Bearbeitet von Heinrich Potthoff und Hermann Weber, Düsseldorf 1986, S. 43; Die Deutsche Nationalversammlung im Jahr 1919 in ihrer Arbeit für den Aufbau des neuen deutschen Volksstaates, hg. von Eduard Heilfron, Berlin 1919, Bd. 2, S. 925. Der Begriff „Parlaments-Absolutismus" in: Hugo Preuß, Das Verfassungswerk von Weimar, in: ders., Staat (Anm. 1), S. 426.

4 SPD-Fraktion (Anm. 3), S. 45. 关于全民公决和公投的宪法审议综述：Reinhard Schiffers, Elemente direkter Demokratie im Weimarer Regierungssystem, Düsseldorf 1971, S. 117–154; zum Artikel 48: Christoph Gusy, Weimar – die wehrlose Republik?

Verfassungsschutzrecht und Verfassungsschutz in der Weimarer Republik, Tübingen 1991, S. 46ff。

5 Nationalversammlung (Anm. 3), S. 4321f. 论第二次工人和士兵代表大会: Winkler, Von der Revolution (Anm. 1), S. 201–203。

6 Ebd., S. 235–239 (mit weiterer Lit.).

7 Zusammenfassend dazu Anschütz, Verfassung (Anm. 2), S. 41–44.

8 SPD-Fraktion (Anm. 3), S. 121–136, 148f.; Wolfgang W. Wittwer, Die sozialdemokratische Schulpolitik in der Weimarer Republik, Berlin 1980, S. 85ff.; Rudolf Morsey, Die Deutsche Zentrumspartei 1917–1923, Düsseldorf 1966, S. 208–217; Günter Grünthal, Reichsschulgesetz und Zentrumspartei in der Weimarer Republik, Düsseldorf 1968, S. 36ff.; Apelt, Geschichte (Anm. 2), S. 329–337.

9 关于David的判决: Nationalversammlung (Anm. 3), Bd. 7, S. 453。关于直接民主制等问题：Schiffers, Elemente (Anm. 4); Otmar Jung, Direkte Demokratie in der Weimarer Republik. Die Fälle „Aufwertung", „Fürstenenteignung", „Panzerkreuzerverbot" und „Youngplan", Frankfurt 1989。对这个问题最彻底的探讨 Ernst Fraenkel, Die repräsentative und die plebiszitäre Komponente im demokratischen Verfassungsstaat, in: ders., Deutschland und die westlichen Demokratien, Stuttgart 1968[3], S. 81–119。

10 Ebd., S. 113.

11 Hans Fenske, Wahlrecht und Parteiensystem, Frankfurt 1972, bes. S. 349ff. 由 Ferdinand A. Hermens 引发的关于选举权讨论的综述: Eberhard Kolb, Die Weimarer Republik, München 1988[2], S. 165–167。

12 Carl Schmitt, Verfassungslehre, Berlin 1957[3], S. 28–36.

13 Ders., Legalität und Legitimität, Berlin 1932, S. 32, 50.

14 Hans Mommsen, Die verspielte Freiheit. Der Weg der Republik von Weimar in den Untergang 1918 bis 1933, Berlin 1989, bes. S. 70. 综述: Grimm, Bedeutung (Anm. 1)。

6. 失败的反革命

1 Akten der Reichskanzlei (= AdR). Weimarer Republik. Das Kabinett Bauer, 21. Juni 1919 bis 27. März 1920, bearbeitet von Anton Golecki, Boppard 1980, S. 92–97 (Kabinettssitzung vom 8. 7. 1919), 102–105 (Wissells Schreiben an Ebert vom 12. 7. 1919).

2 Klaus Epstein, Matthias Erzberger und das Dilemma der deutschen Demokratie (amerik. Original: Princeton 1959), Berlin 1962, S. 369–391 (die Zahlen: 373, 379); Rosemarie Leuschen-Seppel, Zwischen Staatsverantwortung und Klasseninteresse. Die Wirtschafts- und Finanzpolitik der SPD zur Zeit der Weimarer Republik unter besonderer Berücksichtigung der Mittelphase 1924–1928/29, Bonn 1981, S. 39–68; Carl-Ludwig Holtfrerich, Die deutsche Inflation 1914–1923. Ursachen und Wirkungen in internationaler Perspektive, Berlin 1981, S. 115–135; Peter-Christian Witt, Große Inflation und sozialer Wandel in Krieg und Inflation 1918–1924, in: Hans Mommsen u. a. (Hg.), Industrielles System und politische Entwicklung in der Weimarer Republik, Düsseldorf 1974[1], S. 395–426; ders., Staatliche Wirtschaftspolitik in Deutschland 1918–1923, in: Gerald D. Feldman u. a. (Hg.), Die deutsche Inflation. Eine Zwischenbilanz, Berlin 1982, S. 151–179.

3 Heinrich August Winkler, Von der Revolution zur Stabilisierung. Arbeiter und Arbeiterbewegung in der Weimarer Republik 1918–1924, Berlin 1985[2], S. 283–294; Susanne Miller, Die Bürde der Macht. Die deutsche Sozialdemokratie 1918–1920, Düsseldorf 1978, S. 354–360; Heinrich Potthoff, Gewerkschaften und Politik zwischen Revolution und Inflation, Düsseldorf 1979, S. 141–158; Lothar Albertin, Liberalismus und Demokratie am Anfang der Weimarer Republik. Eine vergleichende Analyse der Deutschen Demokratischen Partei und der Deutschen Volkspartei, Düsseldorf 1972, S. 359f.

4 Winkler, Von der Revolution (Anm. 3), S. 253f. (zu der Kontroverse Hilferding-

Stoecker), 254–257.关于USPD的综述：David M. Morgan, The Socialist Left and the German Revolution. A History of the German Independent Social Democratic Party, 1917–1922, Ithaca 1975。

5 关于KPD的综述：Ossip K. Flechtheim, Die KPD in der Weimarer Republik, Frankfurt 1973[3]; zur KAPD: Hans Manfred Bock, Syndikalismus und Linkskommunismus von 1918–1923. Zur Geschichte und Soziologie der Freien Arbeiter-Union Deutschlands (Syndikalisten), der Allgemeinen Arbeiter-Union Deutschlands und der Kommunistischen Arbeiter-Partei Deutschlands, Meisenheim 1969。

6 Uwe Lohalm, Völkischer Radikalismus. Die Geschichte des Deutschvölkischen Schutz- und Trutzbundes 1919–1923, Hamburg 1970 (die Zitate: S. 189).

7 Werner Liebe, Die Deutschnationale Volkspartei 1918–1924, Düsseldorf 1956, S. 61–67 (65), 112–119 (115).

8 Francis L. Carsten, Reichswehr und Politik 1918–1933, Köln 1964, S. 57–89 (das Zitat: 68f.); Harold J. Gordon, Die Reichswehr und die Weimarer Republik (amerik. Original: Princeton 1957), Frankfurt 1959, S. 61–95（相对Carsten批评少了很多); Wolfram Wette, Gustav Noske. Eine politische Biographie, Düsseldorf 1987, S. 519–625; Hagen Schulze, Freikorps und Republik 1918–1920, Boppard 1969, S. 22–34, 125–201; Hanns Joachim W. Koch, Der deutsche Bürgerkrieg. Eine Geschichte der deutschen und österreichischen Freikorps 1918–1923, Berlin 1978, S. 123ff.（偏袒性辩护); Eric D. Kohler, Revolutionary Pomerania, 1919–1920: A Study in Socialist Agricultural Polices and Civil-Military Relations, in: CEH 9 (1976), S. 250–293; Hagen Schulze, Otto Braun oder Preußens demokratische Sendung. Eine Biographie, Frankfurt 1977, S. 265–277; Martin Schumacher, Land und Politik. Eine Untersuchung über politische Parteien und agrarische Interessen 1914–1933, Düsseldorf 1978, S. 296–312; Jens Flemming, Landwirtschaftliche Interessen und Demokratie. Ländliche Gesellschaft, Agrarverbände und Staat 1890–1925, Bonn 1978, bes. S. 162–229。

9 Die SPD-Fraktion in der Nationalversammlung 1919–1920. Eingeleitet von Heinrich Potthoff. Bearbeitet von Heinrich Potthoff und Hermann Weber, Düsseldorf 1986, S. 180–189, 189–191 (Fraktionssitzungen vom 28. 10. u. 21. 11. 1919); Protokolle der Sitzungen des Parteiausschusses der SPD 1912–1921. Nachdruck, hg. v. Dieter Dowe, 2 Bde., Berlin 1980, Bd. 2, S. 699–754 (Sitzung vom 13. 12. 1919). Zu Noskes negativer Beurteilung des Republikanischen Führerbundes: Zwischen Revolution und Kapp-Putsch. Militär und Innenpolitik 1918–1920, bearbeitet von Heinz Hürten, Düsseldorf 1977, S. 177–179 (Erklärung Noskes vom 17. 7. 1919), 334f. (Befehl Noskes vom 12. 2. 1920). 对上述的综述：Winkler, Von der Revolution (Anm. 3), S. 246–250; Miller, Bürde (Anm. 3), S. 365–368; Heinz Hürten, Reichswehr und Ausnahmezustand. Ein Beitrag zur Verfassungsproblematik der Weimarer Republik in ihrem ersten Jahrfünft, Opladen 1977。

10 Epstein, Erzberger (Anm. 2), S. 392–417; Erich Eyck, Geschichte der Weimarer Republik, Bd. 1: Vom Zusammenbruch des Kaisertums bis zur Wahl Hindenburgs 1918–1925, Erlenbach 1956[4], S. 197–202; Schulthess' Europäischer Geschichtskalender. Neue Folge, 36. Jg., 1920, München 1924, Teil 1, S. 24 (Hirschfeld-Prozeß), 38–43 (Urteil vom 12. 3. 1920, Kommentar der Frankfurter Zeitung).

11 AdR, Kabinett Bauer (Anm. 1), S. 667f.

12 论政变的准备：Johannes Erger, Der Kapp-Lüttwitz-Putsch. Ein Beitrag zur deutschen Innenpolitik 1919/20, Düsseldorf 1967, S. 15–107。论居民自卫队：Gerhard Schulz, Zwischen Demokratie und Diktatur. Verfassungspolitik und Reichsreform in der Weimarer Republik. Bd. I: Die Periode der Konsolidierung und der Revision des Bismarckschen Reichsaufbaus 1919–1930, Berlin 1963[1], S. 333–349; Erwin Könnemann, Einwohnerwehren und Zeitfreiwilligenverbände. Ihre Funktion beim Aufbau eines neuen imperialistischen Militärsystems (November 1918 bis 1920), Berlin (O) 1971; Wolfgang Benz, Süddeutschland in der Weimarer Republik. Ein

Beitrag zur deutschen Innenpolitik 1918–1923, Berlin 1970, S. 271–298。有关盟国对战争问题的态度：Schulthess 1920 (Anm. 10), Teil 2, S. 320f. (Note vom 13. 2. 1920)。

13 Erger, Kapp-Lüttwitz-Putsch (Anm. 12), S. 139–149. 关于Seeckt有争议的表述：Hans Meier-Welcker, Seeckt, Frankfurt 1967, S. 261。论政变：Aus den Geburtsstunden der Weimarer Republik. Das Tagebuch des Obersten Ernst van den Bergh. Hg. v. Wolfram Wette, Düsseldorf 1991, S. 123–147 (Eintragungen vom 15. 3. bis 11. 4. 1920)。

14 对Miller呼吁的批评：Bürde (Anm. 3), S. 377–379; ferner Erger, Kapp-Lüttwitz-Putsch (Anm. 12), S. 193f.; Winkler, Von der Revolution (Anm. 3), S. 300f.; Gustav Noske, Erlebtes aus Aufstieg und Niedergang einer Demokratie, Offenbach 1947, S. 160。对Nosk作用的分析：Wette, Noske (Anm. 8), S. 627–686。

15 Miller, Bürde (Anm. 3), S. 280f.; Potthoff, Gewerkschaften (Anm. 3), S. 26f.; Winkler, Von der Revolution (Anm. 3), S. 302–305; Erwin Könnemann u. Hans-Joachim Krusch, Aktionseinheit gegen Kapp-Putsch. Der Kapp-Putsch im März 1920 und der Kampf der deutschen Arbeiterklasse sowie anderer Werktätiger gegen die Errichtung der Militärdiktatur und für demokratische Verhältnisse, Berlin (O) 1972, S. 172ff. Die Erklärungen der KPD in: Dokumente und Materialien zur Geschichte der Deutschen Arbeiterbewegung (= DuM), Bd. 7/1, Berlin (O) 1966, S. 211–219. 有关上述问题也见：Hans-Ulrich Ludewig, Arbeiterbewegung und Aufstand. Eine Untersuchung zum Verhalten der Arbeiterparteien in den Aufstandsbewegungen der früheren Weimarer Republik 1920–1923, Husum 1978, S. 86ff。

16 Erger, Kapp-Lüttwitz-Putsch (Anm. 12), S. 119–225; Winkler, Von der Revolution (Anm. 3), S. 305–309; Gerald D. Feldman, Big Business and the Kapp Putsch, in: CEH 4 (1971), S. 99–130; Albertin, Liberalismus (Anm. 3), S. 365–391; Wolfgang Hartenstein, Die Anfänge der Deutschen Volkspartei 1918–1920, Düsseldorf 1962, S. 149–190; Werner Liebe, Die Deutschnationale Volkspartei 1918–1924, Düsseldorf 1956, S. 51–60; Hartmut Schustereit, Linksliberalismus und Sozialdemokratie in der Weimarer Republik, Düsseldorf 1975, S. 77ff.; Rudolf Morsey, Die Deutsche Zentrumspartei 1917–1923, Düsseldorf 1966, S. 302–310.

17 Erger, Kapp-Lüttwitz-Putsch (Anm. 12), S. 324–363; Gabriele Krüger, Die Brigade Ehrhardt, Hamburg 1971, S. 61f.; Schulze, Freikorps (Anm. 8), S. 202ff.; Carsten, Reichswehr (Anm. 8), S. 89ff.; Gordon, Reichswehr (Anm. 8), S. 96–147. Kapps Erklärung vom 17. 3. 1920 in: Erwin Könnemann u. a. (Hg.), Arbeiterklasse siegt über Kapp und Lüttwitz, 2 Bde., Berlin (O) 1971, Bd. I, S. 167f.

18 Ebd., S. 175–177. 关于九点方案的形成：Potthoff, Gewerkschaften (Anm. 3), S. 267–287。

19 Könnemann u. a. (Hg.), Arbeiterklasse (Anm. 17), Bd. I, S. 179–195; AdR, Kabinett Bauer (Anm. 1), S. 710–725; Die Gewerkschaften in den Anfangsjahren der Republik 1919–1923. Bearbeitet von Michael Ruck (= Quellen zur Geschichte der deutschen Gewerkschaftsbewegung im 20. Jahrhundert), Köln 1985, S. 143–156.

20 Otto Geßler, Reichswehrpolitik in der Weimarer Zeit, Stuttgart 1958, S. 130f.; Welcker, Seeckt (Anm. 13), S. 273–281; Friedrich von Rabenau, Seeckt. Aus seinem Leben 1918–1936, Leipzig 1940, S. 228–230. Zu Hermann Müller: Martin Vogt, Hermann Müller, in: Wilhelm von Sternburg (Hg.), Die deutschen Kanzler von Bismarck bis Schmidt, Königstein 1985, S. 191–206.

21 Miller, Bürde (Anm. 3), S. 399–401; Dietrich Orlow, Preußen und der Kapp-Putsch, in: VfZ 26 (1978), S. 191–236; ders., Weimar Prussia 1918–1925. The Unlikely Rock of Democracy, Pittsburgh 1986, bes. S. 115–154; Horst Möller, Parlamentarismus in Preußen 1919–1932, Düsseldorf 1985, S. 331–339; Wolfgang Runge, Politik und Beamtentum im Parteienstaat. Die Demokratisierung der politischen Beamten in Preußen zwischen 1918 und 1933, Stuttgart 1965, S. 120–146; Eberhard Pikart, Berufsbeamtentum und Parteienstaat, in: ZfP (N. F.) 7 (1960), S. 225–240; ders., Preußische Beamtenpolitik 1918–1933, in:

VfZ 6 (1958), S. 119–137; Hans-Karl Behrend, Zur Personalpolitik des Preußischen Ministeriums des Innern. Die Besetzung der Landratsstellen in den östlichen Provinzen 1919–1933, in: JGMO 6 (1957), S. 173–214; Schulze, Braun (Anm. 8), S. 290–301; Wilhelm Ribhegge, August Winnig. Eine historische Persönlichkeitsanalyse, Bonn 1973, S. 226ff.; Thomas Alexander, Carl Severing. Sozialdemokrat aus Westfalen mit preußischen Tugenden, Bielefeld 1992, S. 125ff.

22 Schulthess 1920 (Anm. 10), Teil 1, S. 57–59; Schulz, Demokratie (Anm. 12), S. 328–333; Karl Schwend, Bayern zwischen Monarchie und Diktatur. Beiträge zur bayerischen Frage in der Zeit von 1918 bis 1933, München 1954, S. 143–151; Hans Fenske, Konservativismus und Rechtsradikalismus in Bayern nach 1918, Bad Homburg 1969, S. 91ff.; Klaus Schönhoven, Die Bayerische Volkspartei 1924–1932, Düsseldorf 1972, S. 38f.

23 George Eliasberg, Der Ruhrkrieg von 1920, Bonn 1974; Erhard Lucas, Märzrevolution im Ruhrgebiet, März/April 1920, Bd. 1, Frankfurt 1970; ders., Märzrevolution 1920. Der bewaffnete Arbeiteraufstand im Ruhrgebiet in seiner inneren Struktur und in seinem Verhältnis zu den Klassenkämpfen in den verschiedenen Regionen des Reiches (= Bd. 2 von: ders., Märzrevolution im Ruhrgebiet), Frankfurt 1973; Gerhard Colm, Beitrag zur Geschichte und Soziologie des Ruhraufstands vom März-April 1920, Essen 1921 (武斗人员的工会属性和政党派别的数据: S. 49); Winkler, Von der Revolution (Anm. 3), S. 324ff. (武斗人员的数据: S. 325)。

24 Ebd., S. 327ff. 比勒费尔德协定文本: Carl Severing, 1919/1920 im Wetter- und Watterwinkel, Bielefeld 1927, S. 178–180。

25 AdR, Weimarer Republik. Das Kabinett Müller I, 27. März bis 21. Juni 1920, bearbeitet von Martin Vogt, Boppard 1971, S. 3–6; Severing, 1919/1920 (Anm. 24), S. 181–200 (191); Alexander, Severing (Anm. 21), S. 118ff.; Werner T. Angress, Weimar Coalition and Ruhr Insurrection, March-April 1920: A Study of Government Policy, in: JMH 29 (1957), S. 1–20; Winkler, Von der Revolution (Anm. 3), S. 331–335.

26 Ebd., S. 335f.; Klaus Theweleit, Männerphantasien, 2 Bde., Reinbek 1980, Bd. I, S. 87–94. 对志愿军团非常富有同情心：Schulze, Freikorps (Anm. 8), S. 304–318。关于梅因高地的占领：AdR, Kabinett Müller I (Anm. 25), S. XXXVIII-XL。

27 Gerald D. Feldman, Eberhard Kolb, Reinhard Rürup, Die Massenbewegungen der Arbeiterschaft in Deutschland am Ende des Ersten Weltkriegs, in: PVS 18 (1978), S. 353–439; Wolfgang J. Mommsen, Die deutsche Revolution 1918–1920. Politische Revolution und soziale Protestbewegung, in: GG 4 (1978), S. 362–391.

28 Dazu u. a. Ludewig, Arbeiterbewegung (Anm. 15), S. 126ff.; Potthoff, Gewerkschaften (Anm. 3), S. 280ff.; Miller, Bürde (Anm. 3), S. 406ff.

29 AdR, Kabinett Müller I (Anm. 25), S. 31–34 (Chefbesprechung vom 6. 4. 1920), 131–134 (Erlaß Seeckts vom 18. 4. 1920); Carsten, Reichswehr (Anm. 8), S. 99–111; Heinz Hürten, Der Kapp-Putsch als Wende. Über Rahmenbedingungen der Weimarer Republik seit dem Frühjahr 1920, Opladen 1989, bes. S. 34ff.; ders., Reichswehr (Anm. 9), S. 30ff.

30 Eyck, Geschichte (Anm. 10), Bd. I, S. 218f.; Heinrich Hannover u. Elisabeth Hannover-Drück, Politische Justiz 1918–1933, Frankfurt 1966, S. 76–94; Erhard Lucas, Märzrevolution 1920, Bd. 3: Verhandlungsversuche und deren Scheitern; Gegenstrategien von Regierung und Militär, die Niederlage der Aufstandsbewegung, der weiße Terror, Frankfurt 1978, S. 409.

31 Peter Wulf, Die Auseinandersetzungen um die Sozialisierung der Kohle in Deutschland 1920/21, in: VfZ 25 (1977), S. 46–98.

32 Könnemann, Einwohnerwehren (Anm. 12), S. 289–332; Schulz, Demokratie (Anm. 12), Bd. 1, S. 333–363; Fenske, Konservativismus (Anm. 22), S. 76–112; David Clay Large, The Politics of Law and Order. A History of the Bavarian Einwohnerwehr 1918–1921, Philadelphia 1980; James M. Diehl, Paramilitary Politics in Weimar Germany, Bloomington 1977.

33 Winkler, Von der Revolution (Anm. 3), S. 343–364. Das Zitat von Anton Erkelenz in: ders., Lehren aus der Wahl, in: Die Hilfe 26 (1920), S. 406f. Zu Fehrenbach: Peter Wulf, Konstantin Fehrenbach, in: Sternburg (Hg.), Kanzler (Anm. 20), S. 207–216;关于组阁：AdR, Weimarer Republik. Das Kabinett Fehrenbach 25. Juni 1920 bis 4. Mai 1921, bearbeitet von Peter Wulf, Boppard 1972, S. VIII-XXI。

34 Paul Szende, Die Krise der mitteleuropäischen Revolution. Ein massenpsychologischer Versuch, in: ASS 47 (1920/21), S. 337–375; Charles S. Maier, Recasting Bourgeois Europe. Stabilization in France, Germany, and Italy in the Decade after World War I, Princeton 1975; Adam B. Ulam, Expansion and Coexistence: The History of Soviet Foreign Policy, 1916–67, New York 1968, S. 76–111; Winkler, Von der Revolution (Anm. 3), S. 367–370.

35 Gerhard Wagner, Deutschland und der polnische Krieg 1920, Wiesbaden 1979. Das Zitat aus der Denkschrift Seeckts in: Carsten, Reichswehr (Anm. 8), S. 78f.

7. 被推迟的危机

1 Peter Czada, Ursachen und Folgen der großen Inflation, in: Harald Winkel (Hg.), Finanz- und wirtschaftspolitische Fragen der Zwischenkriegszeit, Berlin 1973, S. 9–43 (41f.).

2 Gerald D. Feldman, The Political Economy of Germany's Relative Stabilization during the 1921/22 World Depression, in: ders. (Hg.), Die deutsche Inflation. Eine Zwischenbilanz, Berlin 1982, S. 180–206; Carl Ludwig Holtfrerich, Amerikanischer Kapitalexport und Wiederaufbau der deutschen Wirtschaft 1919–1923 im Vergleich zu 1924–1929, in: Michael Stürmer (Hg.), Die Weimarer Republik. Belagerte Civitas, Königstein 1980, S. 131–157; ders., Die deutsche Inflation 1914–1923. Ursachen und Folgen in internationaler Perspektive, Berlin 1980, bes. S. 279ff.; Heinrich August Winkler, Von der Revolution zur Stabilisierung. Arbeiter und Arbeiterbewegung in der Weimarer Republik 1918–1924, Berlin 1985², S. 374–392 (以及其他文献)。

3 Holtfrerich, Inflation (Anm. 2), S. 135–154 (bes. 149). 论通货膨胀共识见：Charles S. Maier, Die deutsche Inflation als Verteilungskonflikt: Soziale Ursachen und Wirkungen im internationalen Vergleich, in: Otto Büsch u. Gerald D. Feldman (Hg.), Historische Prozesse der deutschen Inflation 1914 bis 1924, Berlin 1978, S. 329–342. 对赔款问题最新文章的批评，包括对法国政策表现出辩护态度的文献：Peter Krüger, Das Reparationsproblem der Weimarer Republik in fragwürdiger Sicht. Kritische Überlegungen zur neuesten Forschung, in: VfZ 29 (1981), S. 21–47。

4 Franz Eulenburg, Die sozialen Wirkungen der Währungsverhältnisse, in: JNSS 122, 3. Folge: 67 (1924), S. 748–994; Werner Abelshauser, Verelendung der Handarbeiter? Zur sozialen Lage der deutschen Arbeiter in der großen Inflation der frühen zwanziger Jahre, in: Hans Mommsen u. Winfried Schulze (Hg.), Vom Elend der Handarbeit. Probleme der historischen Unterschichtenforschung, Stuttgart 1986, S. 445–476; Andreas Kunz, Verteilungskampf oder Interessenkonsens? Einkommensentwicklung und Sozialverhalten von Arbeitnehmergruppen in der Inflationszeit 1914–1924, in: Feldman (Hg.), Inflation (Anm. 2), S. 347–384; ders., Civil Servants and the Politics of Inflation in Germany 1914–1924, Berlin 1986; Merith Niehuss, Arbeiterschaft in Krieg und Inflation. Soziale Schichtung und Lage der Arbeiter in Augsburg und Linz 1910 bis 1925, Berlin 1985; Winkler, Von der Revolution (Anm. 2), S. 377ff. (关于收入平均化：379–383)。

5 Dietmar Petzina u. Werner Abelshauser, Zum Problem der relativen Stagnation der deutschen Wirtschaft in den zwanziger Jahren, in: Hans Mommsen u. a. (Hg.), Industrielles System und politische Entwicklung in der Weimarer Republik, Düsseldorf 1974¹, S. 57–84 (65); Wolfram Fischer, Die Weimarer Republik unter den weltwirtschaftlichen

Bedingungen der Zwischenkriegszeit, ebd., S. 26–50; Knut Borchardt, Zwangslagen und Handlungsspielräume in der großen Wirtschaftskrise der frühen dreißiger Jahre: Zur Revision des überlieferten Geschichtsbildes, in: ders., Wachstum, Krisen und Handlungsspielräume der Wirtschaftspolitik. Studien zur Wirtschaftsgeschichte des 19. und 20. Jahrhunderts, Göttingen 1982, S. 165–182; Rolf Wagenführ, Die Industriewirtschaft. Entwicklungstenzen der deutschen und internationalen Industrieproduktion 1860–1932, in: VfK, Sonderheft 31, Berlin 1933, S. 21–46.

6 综述：Akten der Reichskanzlei (= AdR), Weimarer Republik. Das Kabinett Fehrenbach, 25. Juni 1920 bis 4. Mai 1921, bearbeitet von Peter Wulf, Boppard 1972,S. XXXIV-XLIV (mit Einzelbelegen); Peter Krüger, Die Außenpolitik der Weimarer Republik, Darmstadt 1985, S. 103–127（以及其他文献）。

7 Schulthess' Europäischer Geschichtskalender. Neue Folge, 36. Jg., 1920, München 1924, Teil 1, S. 235–237; AdR, Kabinett Fehrenbach (Anm. 6), S. XLIV-XLIX (mit Einzelbelegen); Gerhard Schulz, Zwischen Demokratie und Diktatur. Verfassungspolitik und Reichsreform in der Weimarer Republik. Bd. I: Die Periode der Konsolidierung und der Revision des Bismarckschen Reichsaufbaus 1919–1930, Berlin 1963[1], S. 333–363; Ernst Rudolf Huber, Deutsche Verfassungsgeschichte seit 1789. Bd. VII: Ausbau, Schutz und Untergang der Weimarer Republik, Stuttgart 1984, S. 133 ff., 158 ff., 175 ff.关于居民自卫队，也参见第6章注释12、32提及的文献。

8 Protokoll über die Verhandlungen des außerordentlichen Parteitags in Halle. Vom 12. bis 17. Oktober 1920 (Rechte), Berlin o. J. (Neudruck: Protokolle der Parteitage der Unabhängigen Sozialdemokratischen Partei Deutschlands, Bd. 3: Glashütten 1976), S. 4. 关于直接选举和哈雷党代会：Robert F. Wheeler, USPD und Internationale. Sozialistischer Internationalismus in der Zeit der Revolution, Frankfurt 1975, S. 246–258; ders., Die 21 Bedingungen und die Spaltung der USPD im Herbst 1920。关于基本意见的形成，见：VfZ 23 (1975), S. 117–154。

9 Bericht über den 5. Parteitag der Kommunistischen Partei Deutschlands (Selektion der Kommunistischen Internationale) vom 1. bis 3. November 1920 in Berlin, Berlin 1921, S. 74–76. 以上问题综述：Winkler, Von der Revolution (Anm. 2), S. 502–513; Ossip K. Flechtheim, Die KPD in der Weimarer Republik, Hamburg 1986[4], S. 122 ff。

10 Sigrid Koch-Baumgarten, Aufstand der Avantgarde. Die Märzaktion der KPD 1921, Frankfurt 1986, S. 114 f.; Stefan Weber, Die Märzaktion 1921 in Mitteldeutschland – Putsch oder Provokation?, in: Beiträge zur Geschichte der Arbeiterbewegung 32 (1991), S. 147–159; Marie-Luise Goldbach, Karl Radek und die deutsch-sowjetischen Beziehungen 1918–1923, Bonn 1973, S. 85–94.

11 Koch-Baumgarten, Aufstand (Anm. 10), S. 141–156 (das Zitat aus der „Roten Fahne“: 154); Willy Brandt u. Richard Löwenthal, Ernst Reuter. Ein Leben für die Freiheit, München 1957, S. 153; Werner T. Angress, Die Kampfzeit der KPD 1921–1923 (amerik. Original: Princeton 1963), Düsseldorf 1973, S. 61–174; Hans-Ulrich Ludewig, Arbeiterbewegung und Aufstand. Eine Untersuchung zum Verhalten der Arbeiterparteien in den Aufstandsbewegungen der frühen Weimarer Republik 1920–1923, Husum 1978, S. 90 ff., 190 ff.; Winkler, Von der Revolution (Anm. 2), S. 511–516.

12 Koch-Baumgarten (Anm. 10), S. 209, 298 f., 316.

13 Winkler, Von der Revolution (Anm. 2), 517–537.

14 Vgl. dazu die Hinweise bei Koch-Baumgarten (Anm. 10), S. 110 f., 131 f., 309.; ferner: Otto-Ernst Schüddekopf, Linke Leute von rechts. Die nationalrevolutionären Minderheiten und der Kommunismus in der Weimarer Republik, Stuttgart 1960, S. 121–135.

15 Schulthess' Europäischer Geschichtskalender. Neue Folge, 37. Bd. 1921, München 1926, Teil 1, S. 107 f., 148–153; Teil 2, S. 281; Huber, Verfassungsgeschichte, Bd. VII (Anm. 7), S. 185 f.

16 Schulthess 1921 (Anm. 15), Teil 2, S. 264–267 (Londoner Ultimatum), 299 (amerika-

nische Note vom 3. 5. 1921); AdR, Kabinett Fehrenbach (Anm. 6), S. XLIIff., LXVIIIff., S. 661–664; Krüger, Außenpolitik (Anm. 6), S. 127ff.

17 AdR, Weimarer Republik. Die Kabinette Wirth I und II. 10. Mai 1921 bis 26. Oktober 1921, 26. Oktober 1921 bis 22. November 1922. 2 Bde. Bd. 1: Mai 1921 bis März 1922, bearbeitet von Ingrid Schulze-Bidlingmaier, Boppard 1973, S. XIX-XXIV; Ingrid Schulze-Bidlingmaier, Joseph Wirth, in: Wilhelm von Sternburg (Hg.), Die deutschen Kanzler von Bismarck bis Schmidt, Königstein 1985, S. 217–230; Ernst Laubach, Die Politik der Kabinette Wirth 1921/22, Lübeck 1968, S. 9–31.

18 Verhandlungen des Reichstags. Stenographische Berichte, Bd. 349, S. 3629f., 3651–3654.

19 Laubach, Politik (Anm. 17), S. 50–55.

20 AdR, Kabinette Wirth (Anm. 17), Bd. 1, S. 35–37; Huber, Verfassungsgeschichte, Bd. VII (Anm. 7), S. 200–203; David Clay Large, The Politics of Law and Order: A History of the Bavarian Einwohnerwehr, 1918–1921, Philadelphia 1980, S. 73ff.; Wilhelm Högner, Die verratene Republik. Geschichte der deutschen Gegenrevolution, München 1958, S. 99ff.

21 综述, Verfassungsgeschichte, Bd. VII (Anm. 7), S. 22–27, 202f。

22 AdR, Kabinette Wirth (Anm. 17), Bd. 1, S. 7–13 (Denkschrift Schmidts vom 19. 5. 1921), 88–90 (Kabinettssitzung vom 24. 6. 1921), 91–97 (Denkschrift des Reichsfinanzministeriums vom 27. 6. 1921); Laubach, Politik (Anm. 17), S. 61–69. 论威斯巴登协定: ebd., S. 73–79。

23 Ludwig Thoma, Sämtliche Beiträge aus dem „Miesbacher Anzeiger“ 1920/21. Kritisch ediert und kommentiert von Wilhelm Volkert, München 1989, S. 278, 286, 341. Zu Thoma: Gertrud M. Rösch, Ludwig Thoma als Journalist. Ein Beitrag zur Publizistik des Kaiserreichs und der frühen Weimarer Republik, Frankfurt 1989.

24 Schulthess 1921 (Anm. 15), Teil 1, S. 198f., 253; Huber, Verfassungsgeschichte, Bd. VII (Anm. 7), S. 208f.; Klaus Epstein, Matthias Erzberger und das Dilemma der deutschen Demokratie (amerik. Original: Princeton 1959), Berlin 1962, S. 428ff. (die Zitate aus der „Kreuz-Zeitung“ u. der „Oletzkoer Zeitung“: 433). Das Zitat aus dem „Berliner Lokalanzeiger“ in: Gotthard Jasper, Der Schutz der Republik. Studien zur staatlichen Sicherung der Demokratie in der Weimarer Republik 1922–1930, Tübingen 1963, S. 36. Zur „Organisation Consul“: Emil Gumbel, „Verräter verfallen der Feme“. Opfer, Mörder, Richter 1919–1929, Berlin 1929, S. 43ff.; ders., Verschwörer, Beiträge zur Geschichte und Soziologie der deutschen nationalistischen Geheimbünde seit 1918, Berlin 1924, S. 76ff.; ders., Vier Jahre politischer Mord, Berlin 1922[5].

25 RGBl. 1921, II, S. 1239f., 1249–1252, 1271f.; AdR, Kabinette Wirth (Anm. 17), Bd. 1, S. 216–218 (Ministerratssitzung vom 29. 8. 1921); Christoph Gusy, Weimar – die wehrlose Republik? Verfassungsschutzrecht und Verfassungsschutz in der Weimarer Republik, Tübingen 1991, S. 128ff.; Jasper, Schutz (Anm. 24), S. 36f.

26 Ebd., S. 43ff.; Huber, Verfassungsgeschichte, Bd. VII (Anm. 7), S. 209ff.; Laubach, Politik (Anm. 17), S. 79ff.; Schulz, Demokratie (Anm. 7), S. 364ff. Zu Bayern auch die in Anm. 6/22 genannte Literatur.

27 Ernst Rudolf Huber, Deutsche Verfassungsgeschichte seit 1789, Bd. VI: Die Weimarer Reichsverfassung, Stuttgart 1981, S. 749–752; Hagen Schulze, Otto Braun oder Preußens demokratische Sendung. Eine politische Biographie, Frankfurt 1977, S. 330ff.; Dietrich Orlow, Weimar Prussia 1918–1925. The Unlikely Rock of Democracy, Pittsburgh 1986, S. 77ff.

28 Protokoll über die Verhandlungen des Parteitags der Sozialdemokratischen Partei Deutschlands, abgehalten in Görlitz vom 18. bis 24. September 1921, Berlin 1921 (ND Berlin S. V-VI (Programm), 182 (Bernstein). 社民党内的联合政府讨论：Alfred Kastning, Die deutsche Sozialdemokratie zwischen Koalition und Opposition

1919–1923, Paderborn 1970, S. 64 ff.; Winkler, Von der Revolution (Anm. 2), S. 450 ff。论格尔利茨章程及其反响: ebd., S. 434 ff. Tucholskys Gedicht erschien unter dem Pseudonyn Theobald Tiger“ und der Überschrift „Gefühlskritik“ in: Die Weltbühne, 17. Jg. (1921), Nr. 39, 23. Sept., S. 312。稍做修改的版本见: Kurt Tucholsky, Gesammelte Werke, 3 Bde., Reinbek 1960, Bd. 1, S. 827 f. 论德国人民党对1920年大联合政府的态度: AdR, Kabinett Fehrenbach (Anm. 6), S. XII f。

29 AdR, Kabinette Wirth (Anm. 17), Bd. 1, S. 368–373, 375–378, 383–386; Peter Wulf, Hugo Stinnes. Wirtschaft und Politik 1918–1924, Stuttgart 1979, S. 266–293; Laubach, Politik (Anm. 17), S. 84 ff.; Larry Eugene Jones, German Liberalism and the Dissolution of the Weimar Party System, 1918–1933, Chapel Hill 1988, S. 141 ff.

30 AdR, Kabinette Wirth (Anm. 17), Bd. 1, S. 330–344; Schulthess 1921 (Anm. 15), S. 296–307 Laubach, Politik (Anm. 17), S. 97–107; Lothar Albertin, Die Verantwortung der liberalen Parteien für das Scheitern der Großen Koalition im Herbst 1921, in: HZ 205 (1967), S. 566–627; Rudolf Morsey, Die Deutsche Zentrumspartei; 1917–1923, Düsseldorf 1966, S. 415–423.

31 综述: Laubach, Politik (Anm. 17), S. 115–172。

32 AdR, Kabinette Wirth (Anm. 17), Bd. 2, S. 683–689 (Ministerrat beim Reichspräsidenten vom 5. 4. 1922); Akten zur Deutschen auswärtigen Politik 1918–1945 (= ADAP), Serie A: 1918–1925, Bd. VI: 1. März bis 31. Dezember 1922, Göttingen 1988, bes. S. 78–82, 84 f., 116 f., 120–136 (deutsch-sowjetische Beziehungen im März u. April 1922). Die Zitate von Wirth in: Martin Walsdorff, Westorientierung und Ostpolitik. Stresemanns Rußlandpolitik in der Locarno-Ära, Bremen 1971, S. 31; Laubach, Politik (Anm. 17), S. 285 f. Zum Vertrag von Rapallo und den deutsch-sowjetischen Beziehungen insgesamt: ebd., S. 107 ff., 180 ff.; Krüger, Außenpolitik (Anm. 6), S. 151 ff.; ders., A Rainy Day, April 16, 1922: Rapallo Treaty and the Cloudy Perspective for German Foreign Policy, in: Carole Fink u. a. (Hg.), Genoa, Rapallo, and European Reconstruction in 1922, Cambridge 1991, S. 49–64; Herbert Helbig, Die Träger der Rapallo-Politik, Göttingen 1958; Theodor Schieder, Die Probleme des Rapallo-Vertrags. Eine Studie über die deutsch-russischen Beziehungen 1922–1926, Köln 1956; ders., Die Entstehungsgeschichte des Rapallo-Vertrags, in: HZ 204 (1967), S. 545–609; Karl Dietrich Erdmann, Deutschland, Rapallo und der Westen, in: VfZ 11 (1963), S. 105–165; Lionel Kochan, Rußland und die Weimarer Republik (engl. Orig. Cambridge 1954), Düsseldorf 1957; Gerald Freund, Unholy Alliance. Russian-German Relations from the Treaty of Brest-Litowsk to the Treaty of Berlin, London 1957; Hermann Graml, Die Rapallopolitik im Urteil der westdeutschen Forschung, in: VfZ 18 (1970), S. 366–391; Alfred Anderle, Die deutsche Rapallopolitik. Deutsch-sowjetische Beziehungen 1922–1929, Berlin (O) 1962; Fritz Klein, Die diplomatischen Beziehungen Deutschlands zur Sowjetunion 1917–1932, Berlin (O) 1952; Günter Rosenfeld, Sowjetrußland und Deutschland 1917–1922, Berlin (O) 1960[1], S. 355 ff.

33 综述: Francis L. Carsten, Reichswehr und Politik 1918–1933, Köln 1964, S. 141–157 (mit weiterer Literatur); ders., Die Reichswehr und Sowjetrußland, 1920–1933, in: Österreichische Osthefte 5 (1963), S. 445–463; Manfred Zeidler, Reichswehr und Rote Armee 1930–1933, in: Deutschland und das bolschewistische Rußland von Brest-Litowsk bis 1941, Berlin 1991, S. 25–47。

34 Schieder, Entstehung (Anm. 32), S. 596; Jacques Bariéty, Les relations franco-allemandes après la première guerre mondiale, 10 novembre 1918–10 janvier 1925. De l'exécution à la négociation, Paris 1977, S. 86–120 (bes. 96); Renata Bournazel, Rapallo, ein französisches Trauma (frz. Orig.: Paris 1974), Köln 1976, S. 160 ff.

35 AdR, Kabinette Wirth (Anm. 17), Bd. 2, S. 710–712 (Kabinettssitzung vom 18. 4. 1922 in Genua); Laubach, Politik (Anm. 17), S. 216 f.

36 Ebd., S. 214 f.; Winkler, Von der Revolution (Anm. 2), S. 466 f.; Jürgen Zaruski, Die deutschen Sozialdemokraten und das sowjetische Modell. Ideologische Auseinanderset-

zung und außenpolitische Konzeptionen 1917–1933, München 1992, S. 155 ff.; Harmut Pogge von Strandmann, Großindustrie und Rapallopolitik, in: HZ 222 (1976), S. 265–341.

37 AdR, Kabinette Wirth (Anm. 17), Bd. 2, S. 791–822, 828–841; Laubach, Politik (Anm. 17), S. 228–236.

38 AdR, Kabinette Wirth (Anm. 17), Bd. 2, S. 822 f. (Äußerung Brauns in der Chefbesprechung vom 24. 5. 1922); Jasper, Schutz (Anm. 24), S. 57; Werner Liebe, Die Deutschnationale Volkspartei 1918–1924, Düsseldorf 1956, S. 62 ff. (das Zitat von Henning: S. 159).

39 Walther Rathenau, Der Kaiser, u. a. in: ders., Schriften und Reden, Frankfurt 1964, S. 235–272 (249); Jasper, Schutz (Anm. 24), S. 57; Harry Graf Kessler, Walther Rathenau. Sein Leben und Werk, Wiesbaden 1928[1]; Ernst Schulin, Walther Rathenau. Repräsentant, Kritiker und Opfer seiner Zeit, Göttingen 1979; Tilmann Buddensieg u. a., Ein Mann vieler Eigenschaften. Walther Rathenau und die Kultur der Moderne, Berlin 1990.

40 Gumbel, „Verräter" (Anm. 24), S. 70 ff.; ders., Verschwörer (Anm. 24), S. 48 ff.; Martin Sabrow, Der Rathenaumord. Rekonstruktion einer Verschwörung gegen die Republik von Weimar, München 1994, S. 122 ff.

41 Winkler, Von der Revolution (Anm. 2), S. 427 f.

42 Schulthess' Europäischer Geschichtskalender, N F, 38. Jg. (1922), München 1927, 1. Teil, S. 75–79; Verhandlungen (Anm. 18), Bd. 356, S. 8058.

43 RGBl. 1922, II, S. 521 f. Dazu Jasper, Schutz (Anm. 24), S. 66–69; Gusy, Weimar (Anm. 25), S. 134 ff. 关于废除1921年9月28日的法令：Huber, Verfassungsgeschichte, Bd. VII (Anm. 7), S. 224。

44 Zusammenfassend: Jasper, Schutz (Anm. 24), S. 92–100, 189–210; Gusy, Weimar (Anm. 25), S. 139 ff.; Laubach, Politik (Anm. 17), S. 263–269. Zur politischen Justiz: Heinrich u. Elisabeth Hannover, Politische Justiz 1918–1933, Frankfurt 1966; Ralph Angermund, Deutsche Richterschaft 1919–1945, Frankfurt 1990.

45 Schulthess 1922 (Anm. 42), S. 100; Huber, Verfassungsgeschichte, Bd. VI (Anm. 27), S. 987 ff., 1009 ff.; allgemein: Michael H. Kater, Studentenschaft und Rechtsradikalismus in Deutschland 1918–1933. Eine sozialgeschichtliche Studie zur Bildungskrise in der Weimarer Republik, Hamburg 1975; Wolfgang Kreutzberger, Studenten und Politik 1918–1933. Der Fall Freiburg im Breisgau, Göttingen 1972; Christian Jansen, Professoren und Politik. Politisches Denken und Handeln der Heidelberger Hochschullehrer 1914–1935, Göttingen 1992; Heike Ströle-Bühler, Studentischer Antisemitismus in der Weimarer Republik. Eine Analyse der Burschenschaftlichen Blätter 1918 bis 1933, Frankfurt 1991; Ulrich Herbert, „Generation der Sachlichkeit". Die völkische Studentenbewegung der frühen Zwanziger Jahre in Deutschland, in: Frank Bajohr u. a. (Hg.), Zivilisation und Barbarei, Hamburg 1992, S. 115–144; Hartmut Titze, Hochschulen, in: Handbuch der deutschen Bildungsgeschichte, Bd. V, 1919–1945. Die Weimarer Republik und die nationalsozialistische Diktatur, München 1989, S. 209–239.

46 Kurt Nowak, Evangelische Kirche und Weimarer Republik. Zum politischen Weg des deutschen Protestantismus zwischen 1918 und 1932, Weimar 1981, S. 118; Jonathan R. C. Wright, „Über den Parteien". Die politische Haltung der evangelischen Kirchenführer 1918–1933 (engl. Orig.: Oxford 1974), Göttingen 1977, S. 66, 84; Morsey, Zentrumspartei (Anm. 30), S. 401 ff. (Münchener Katholikentag 1922). 关于慕尼黑天主教大会也见：Schulthess 1922 (Anm. 42), S. 106–108。

47 AdR, Kabinette Wirth (Anm. 17), Bd. 2, S. 923 f. (Kabinettssitzung vom 1. 7. 1922), 950 (Kabinettssitzung vom 11. 7. 1922); Schulthess 1922 (Anm. 42), S. 102 (Erklärung Eberts zum 11. 8. 1922); Jasper, Schutz (Anm. 24), S. 227 ff. 关于学校教育：Christoph Führ, Zur Schulpolitik der Weimarer Republik. Die Zusammenarbeit von Reich und Ländern im Reichsschulausschuß (1919–1923) und im Ausschuß für das Unterrichtswesen (1924–1933), Weinheim 1970; Bernhard Zymek, Schulen, in: Handbuch, Bd. 5 (Anm. 45), S. 155–208 。关于国庆日的计划：Fritz Schellack, Nationalfeiertage in Deutsch land von

1871 bis 1945, Frankfurt 1990, S. 157ff., sowie Detlef Lehnert u. Klaus Megerle (Hg.), Politische Identität und nationale Gedenktage. Zur politischen Kultur in der Weimarer Republik, Opladen 1989 。将《德意志之歌》选作国歌：Ursula Mader, Wie das „Deutschlandlied" Nationalhymne wurde. Aus der Ministerialakte „Nationallied", in: ZfG 38 (1990), S. 1088–1100。

48 AdR, Kabinette Wirth (Anm. 17), Bd. 2, S. 908–912 (Parteiführerbesprechung vom 28.6. 1922); Schulthess 1922 (Anm. 42), S. 88 f., 96; Morsey, Zentrumspartei (Anm. 30), S. 463 f.; Kastning, Sozialdemokratie (Anm. 28), S. 105 ff.; Winkler, Von der Revolution (Anm. 2), S. 458, 498.

49 Ebd., S. 486 ff., 524 ff.

50 综述：Liebe, Deutschnationale Volkspartei (Anm. 38), S. 62–73。

51 AdR, Kabinette Wirth (Anm. 17), Bd. I, S. IXL-XLVII, LVII-LXI, 855–880 (Kabinettssitzungen vom 13.6. 1922); Laubach, Politik (Anm. 17), S. 234–243, 286 f.; Holtfrerich, Inflation (Anm. 2), S. 15 (Wechselkurse), 189, 288; Wulf, Stinnes (Anm. 29), S. 324–329; Winkler, Von der Revolution (Anm. 2), S. 393–397, 415 f.

52 Ebd., S. 398 f.; George W. F. Hallgarten, Hitler, Reichswehr und Industrie. Zur Geschichte der Jahre 1918–1933, Frankfurt 1962^2, S. 45–55; Wulf, Stinnes (Anm. 29), S. 433 ff.

53 AdR, Kabinette Wirth (Anm. 17), Bd. 2, S. 1154–1171; Schulthess 1922 (Anm. 38), S. 136–139; Laubach, Politik (Anm. 17), S. 298–314; Winkler, Von der Revolution (Anm. 2), S. 499–501, 553; Kastning, Sozialdemokratie (Anm. 28), S. 105 ff.; Hermann-Josef Rupieper, Wilhelm Cuno, in: Sternburg (Hg.), Deutsche Kanzler (Anm. 17), S. 231–242.

8. 被避免的灾难

1 Alfred Kastning, Die deutsche Sozialdemokratie zwischen Koalition und Opposition 1919–1923, Paderborn 1970, S. 110; Heinrich August Winkler, Von der Revolution zur Stabilisierung. Arbeiter und Arbeiterbewegung in der Weimarer Republik 1918–1924, Berlin 1985^2, S. 553 f.

2 Jacques Bariéty, Les relations franco-allemandes après la première guerre mondiale, Paris 1977, S. 91 ff.; ders., Die französische Politik in der Ruhrkrise, in: Klaus Schwabe (Hg.), Die Ruhrkrise 1923. Wendepunkt der internationalen Beziehungen nach dem Ersten Weltkrieg, Paderborn 1984, S. 11–27; Klaus Schwabe, Großbritannien und die Ruhrkrise, ebd. S. 53–87; Jean-Claude Favez, Le Reich devant l'occupation franco-belge de la Ruhr en 1923, Genf 1969, S. 47–59; Denise Artaud, Die Hintergründe der Ruhrbesetzung 1923. Das Problem der interalliierten Schulden, in: VfZ 27 (1979), S. 241–259; Ernst Laubach, Die Politik der Kabinette Wirth 1921/22, Lübeck 1968, S. 263; Hermann J. Rupieper, The Cuno Government and Reparations 1922–1923. Politics and Economics, Den Haag 1979, S. 13 ff.; Werner Link, Die amerikanische Stabilisierungspolitik in Deutschland 1921–1932, Düsseldorf 1970, S. 136 ff. 就上述问题也参见：Schulthess' Europäischer Geschichtskalender, Neue Folge, 39. Jg., 1923, München 1928, S. 399–402。

3 Ebd., S. 8 f.; Verhandlungen des Reichstags. Stenographische Berichte, Bd. 357, S. 9473–9439; Günter Arns, Die Linke in der SPD-Reichstagsfraktion im Herbst 1923, in: VfZ 22 (1974), S. 191–203; Michael Ruck, Die freien Gewerkschaften im Ruhrkampf 1923, Köln 1986, S. 61 ff.; Heinrich Potthoff, Gewerkschaften und Politik zwischen Revolution und Inflation, Düsseldorf 1979, S. 317 ff.; Hans Spethmann, Zwölf Jahre Ruhrbergbau, 4 Bde., Berlin 1928 ff., Bd. 4, S. 11 ff., 212–238.

4 Akten der Reichskanzlei (= AdR), Weimarer Republik, Das Kabinett Cuno, 22. November 1922 bis 12. August 1923, bearbeitet von Karl-Heinz Harbeck, Boppard 1968, S. 186–191 (Besprechung mit den Gewerkschaften, 23. 1. 1923); Carl Severing, Mein Le-

bensweg, 2 Bde., Köln 1950, Bd. 2, S. 115–118; Francis L. Carsten, Reichswehr und Politik 1918–1933, Köln 1964, S. 174f.; Robert G. L. Waite, Vanguard of Nazism. The Free Corps Movement in Postwar Germany 1918–1923, New York 1969[2], S. 239ff.

5 Schulthess 1923 (Anm. 2), S. 10f. 关于纳粹党的崛起，以及希特勒在占领鲁尔区期间的政策：Werner Maser, Die Frühgeschichte der NSDAP. Hitlers Weg bis 1924, Frankfurt 1965, S. 365 ff.; Georg Franz-Willing, Ursprung der Hitlerbewegung, 1919–1922, Preußisch Oldendorf 1974[2]; ders., Krisenjahr der Hitlerbewegung 1923, Preußisch Oldendorf 1975; Dietrich Orlow, The History of the Nazi Party 1919–1933, Pittsburgh 1969, S. 11ff。

6 Michael Ruck, Bollwerk gegen Hitler? Arbeiterschaft, Arbeiterbewegung und die Anfänge des Nationalsozialismus, Köln 1988; Karl-Egon Lönne, Faschismus als Herausforderung. Die Auseinandersetzung der „Roten Fahne“ und des „Vorwärts“ mit dem italienischen Faschismus 1920–1933, Köln 1981; Wolfgang Wippermann, Zur Analyse des Faschismus. Die sozialistischen und kommunistischen Faschismustheorien 1921–1945, Frankfurt 1981; Winkler, Von der Revolution (Anm. 1), S. 547f., 570f., 581f.

7 Ebd., S. 561–572; Werner T. Angress, Die Kampfzeit der KPD 1921–1923 (amerik. Orig.: Princeton 1963), Düsseldorf 1973, S. 315ff.; Otto Wenzel, Die Kommunistische Partei Deutschlands im Jahre 1923, phil. Diss. (MS), FU Berlin 1955, S. 69ff. Der Aufruf der KPD vom 22. 1. 1923 in: Dokumente und Materialien zur Geschichte der deutschen Arbeiterbewegung (= DuM), Bd. 7/2, Berlin (O) 1966, S. 210–213.

8 Ernst Rudolf Huber, Deutsche Verfassungsgeschichte seit 1789, Bd. VI: Die Weimarer Reichsverfassung, Stuttgart 1981, S. 439f., Bd. VII: Ausbau, Schutz und Untergang der Weimarer Republik, Stuttgart 1984, S. 288–290. 关于1923年4月17日和18日德国总工会的会议：Quellen zur Geschichte der deutschen Gewerkschaften, Bd. 2: Die Gewerkschaften in den Anfangsjahren der Republik 1919–1923. Bearbeitet von Michael Ruck, Köln 1985, S. 810–838 (817f.)。

9 数据来源：1914年到1923年德国货币贬值的数据，见专刊 Wirtschaft und Statistik 5 (1925), Nr. 1, S. 5f.; Carl-Ludwig Holtfrerich, Die deutsche Inflation 1914–1923. Ursachen und Wirkungen in internationaler Perspektive, Berlin 1980, S. 64f. Vgl. weiter Gerald D. Feldman, Iron and Steel in the German Inflation 1916–1923, Princeton 1977, S. 346–393; ders. u. Heidrun Homburg, Industrie und Inflation. Studien und Dokumente zur Politik der deutschen Unternehmer 1916–1923, Hamburg 1977, S. 129–159; Paul Wentzcke, Ruhrkampf, Einbruch und Abwehr im rheinisch westfälischen Industriegebiet, 2 Bde., Berlin 1930ff., Bd. 1, S. 267ff。

10 Schulthess 1923 (Anm. 2), S. 65f., 105f.; AdR, Kabinett Cuno (Anm. 4), S. 334–341, 377–383, 550f.; Wentzcke, Ruhrkampf (Anm. 9), Bd. 2, S. 122ff.; Spethmann, Zwölf Jahre (Anm. 3), Bd. 4, S. 264–276; Winkler, Von der Revolution (Anm. 1), S. 566–568; Ruck, Gewerkschaften (Anm. 3), S. 307; Carsten, Reichswehr (Anm. 4), S. 174–183; Manfred Franke, Albert Leo Schlageter. Der erste Soldat des 3. Reiches. Die Entmythologisierung eines Helden, Köln 1981.

11 Protokoll der Konferenz der Erweiterten Exekutive der Kommunistischen Internationale. Moskau, 12–23. Juni 1923, Hamburg 1922 (ND) Mailand 1967, S. 147, 240–245. Der Aufruf der KPD vom 17. 5. 1923 in: DuM, Bd. 7/2 (Anm. 7), S. 315–324. Die Zitate von Fischer und Remmele in: Angress, Kampfzeit (Anm. 7), S. 374–376. Vgl. dazu Otto-Ernst Schüddekopf, Linke Leute von rechts. Nationalismus in Deutschland von 1918–1933, Stuttgart 1960, S. 139–164; Louis Dupeux, „Nationalbolschewismus“ in Deutschland 1919–1933. Kommunistische Strategie und konservative Dynamik (frz. Orig.: Paris 1979), München 1985, S. 178 ff.

12 Schüddekopf, Linke Leute (Anm. 11), S. 149ff.; Marie-Luise Goldbach, Karl Radek und die deutsch-sowjetischen Beziehungen 1918–1923, Bonn 1973, S. 121ff.; E.H. Carr, The Interregnum 1923–1924 (= A History of Soviet Russia, Bd. 4), New York 1954, S. 162f. 论1923年5月2日德国的照会和盟国的回复：Rupieper, Cuno Government (Anm. 2),

S. 147 ff。相关材料见：Akten zur Deutschen Auswärtigen Politik 1918–1945 (= ADAP), Serie A: 1918–1925, Bd. VII: 1. Januar bis 31. Mai 1923, Göttingen 1989, S. 525 ff。

13 AdR, Kabinett Cuno (Anm. 4), S. 508–513 (Schreiben des RDI), 537–539 (Schreiben der Gewerkschaften); Peter Wulf, Hugo Stinnes. Wirtschaft und Politik 1918–1924, Stuttgart 1979, S. 384 ff.; Rupieper, Cuno Government (Anm. 2), S. 155 ff.; Winkler, Von der Revolution (Anm. 1), S. 575 ff.

14 Ebd., S. 577; Rupieper, Cuno Government (Anm. 2), S. 60 ff.; Potthoff, Gewerkschaften (Anm. 3), S. 336 ff.

15 AdR, Kabinett Cuno (Anm. 4), S. 682–688 (Denkschrift vom 27. 7. 1923). 引文来自占领区：Winkler, Von der Revolution (Anm. 1), S. 88。数据：Zahlen (Anm. 9), S. 5 f. (Großhandelspreise und Dollarkurs), Holtfrerich, Inflation (Anm. 9), S. 65 (schwebende Schuld), 230 (Löhne)。关于工人的状况等：Klaus Tenfelde, Proletarische Provinz. Radikalisierung und Widerstand in Penzberg/Oberbayern 1900 bis 1945, München 1982, S. 135 ff.; zu den Bauern: Robert G. Moeller, Winners as Losers in the German Inflation: Peasant Protest over the Controlled Economy 1920–1923, in: Gerald D. Feldman u. a. (Hg.), Die deutsche Inflation. Eine Zwischenbilanz, Berlin 1982, S. 225–288; Jonathan Osmond, German Peasant Farmers in War and Inflation 1914–1924: Stability or Stagnation?, ebd., S. 289–307. Ferner: Martin H. Geyer, Teuerungsprotest, Konsumentenpolitik und soziale Gerechtigkeit während der Inflation: München 1920–1923, in: AfS 30 (1990), S. 381–225。

16 Arthur Rosenberg, Geschichte der Weimarer Republik, Neuausgabe, Frankfurt 1961, S. 136. 相关数据：Winkler, Von der Revolution (Anm. 1), S. 593。

17 Lore Heer-Kleinert, Die Gewerkschaftspolitik der KPD in der Weimarer Republik, Frankfurt 1983, S. 214 ff.; Wenzel, Kommunistische Partei (Anm. 7), S. 133 ff.; Angress, Kampfzeit (Anm. 7), S. 384 ff.; Klaus Dettmer, Arbeitslose in Berlin. Zur politischen Geschichte der Arbeitslosenbewegung zwischen 1918 und 1923, phil. Diss., FU Berlin 1977, S. 212 ff.

18 DuM, Bd. 7/2 (Anm. 7), S. 364–367 (Aufruf der KPD vom 11. 7. 1923), 373–377 (Aufruf vom 25. 7. 1923 zum Antifaschistentag) 378–381 (Erklärung der Zentrale vom 31. 7. 1923), 384–400 (Resolution des Zentralausschusses vom 5./6. 8. 1923); Angress, Kampfzeit (Anm. 7), S. 396 ff. 论Radek对法国发动革命战争的观点：Schüddekopf, Linke Leute (Anm. 11), S. 156。关于巴伐利亚的执政委员会的计划：Franz-Willing, Krisenjahr (Anm. 5), S. 116 ff。

19 Winkler, Von der Revolution (Anm. 1), S. 599 f.

20 Ebd., S. 586 f., 600 f. Der Weimarer Beschluß der Linken vom 29. 7. 1923 in: Friedrich Purlitz (Hg.), Deutscher Geschichtskalender 39 (1923), Bd. 1 (Inland), Leipzig o. J., S. 169 f. Der Beschluß der SPD-Reichstagsfraktion vom 11. 8. 1923 in: DuM Bd. 7/2 (Anm. 7), S. 403. 有关库诺政府和资产阶级党派的反应：AdR, Kabinett Cuno (Anm. 4), S. 733–743。关于SPD政党的发展：Kastning, Sozialdemokratie (Anm. 1), S. 113。

21 AdR, Kabinett Cuno (Anm. 4), S. 695 f. (zum Artikel der „Germania"), 738–746 (Parteiführerbesprechungen vom 12. 8. 1923); Wulf, Stinnes (Anm. 13), S. 443 f.

22 其他文献：Anneliese Thimme, Henry A. Turner, Stresemann. Republikaner aus Vernunft (amerik. Orig.: Princeton 1963), Berlin 1968; Wilhelm von Sternburg, Gustav Stresemann, in: ders. (Hg.), Die deutschen Kanzler von Bismarck bis Schmidt, Königstein 1985, S. 243–272。

23 关于组阁：AdR, Weimarer Republik. Die Kabinette Stresemann I u. II. 13. August bis 6. Oktober 1923, 6. Oktober bis 30. November 1923, 2 Bde., bearbeitet von Karl Dietrich Erdmann u. Martin Vogt, Boppard 1978, S. XXI ff。

24 Schulthess 1923 (Anm. 2), S. 153; Verhandlungen (Anm. 3), Bd. 361, S. 11871–11873; Kastning, Sozialdemokratie (Anm. 1), S. 114 ff.; Arns, Linke (Anm. 3), S. 195; ders., Regierungsbildung und Koalitionspolitik in der Weimarer Republik 1919–1924, phil. Diss.,

Tübingen 1971, S. 138 ff.

25 DuM, Bd. 7/2, S. 407–409; Angress, Kampfzeit (Anm. 7), S. 407 ff.; Winkler, Von der Revolution (Anm. 1), S. 603 f.

26 AdR, Kabinette Stresemann (Anm. 23), Bd. 1, S. 11–17 (Bericht Hamms), 284–289 (Bericht aus dem Ruhrgebiet).关于Fechenbach 的审讯，参见Hermann Schueler, Auf der Flucht erschossen. Felix Fechenbach 1894–1933. Eine Biographie, Köln 1981, S. 171 ff。

27 AdR, Kabinette Stresemann (Anm. 23), Bd. 1, S. 164 (Hilferding), 318 (Elberfelder Konferenz); Gewerkschaften (Anm. 8), S. 923 (Entschließung des ADGB). Dazu Ruck, Gewerkschaften (Anm. 3), S. 445 f.; Winkler, Von der Revolution (Anm. 1), S. 605–608.

28 Zahlen (Anm. 9), S. 10, 35.

29 AdR, Kabinette Stresemann (Anm. 23), Bd. 1, S. 23 – 29 (Besprechung vom 18. 8. 1923).

30 Ebd., S. LXXVI ff. (mit Einzelbelegen). Dazu Claus-Dieter Krohn, Helfferich contra Hilferding. Konservative Geldpolitik und die sozialen Folgen der deutschen Inflation, in: VSWG 62 (1975), S. 62–92; Rosemarie Leuschen-Seppel, Zwischen Staatsverantwortung und Klasseninteresse. Die Wirtschafts- und Finanzpolitik der SPD zur Zeit der Weimarer Republik, unter besonderer Berücksichtigung der Mittelphase 1924–1928/29, Bonn 1981, S. 93 ff.; Martin Vogt, Rudolf Hilferding als Finanzminister im ersten Kabinett Stresemann, in: Otto Büsch u. Gerald D. Feldman (Hg.), Historische Prozesse der deutschen Inflation 1914–1924, Berlin 1987, S. 127–158; Paul Beusch, Währungszerfall und Währungsstabilisierung, Berlin 1928; Winkler, Von der Revolution (Anm. 1), S. 608–612.

31 AdR, Kabinette Stresemann (Anm. 23), Bd. 1, S. 75–83 (Kabinettssitzung vom 23. 8. 1923), 319–325 (Kabinettssitzung vom 20. 9. 1923), 334–345 (Besprechungen mit Vertretern des besetzten Gebiets vom 24. 9. 1923), 349–361 (Besprechungen mit den Ministerpräsidenten und Parteiführern vom 25. 9. 1923), 361–372 (Ministerrat vom 25. 9. 1923); Schulthess 1923 (Anm. 2), S. 177 f. (Aufruf vom 26. 9. 1923), 282 (britische Erklärung vom 19. 3. 1923).上述问题也参见Werner Weidenfeld, Die Englandpolitik Gustav Stresemanns. Theoretische und praktische Außenpolitik, Mainz 1972, S. 173 ff.; Michael-Olaf Maxelon, Stresemann und Frankreich. Deutsche Politik der Ost-West-Balance, Düsseldorf 1972, S. 136 ff。

32 Gustav Stresemann, Vermächtnis. Der Nachlaß in drei Bänden. Bd. 1, Berlin 1932, S. 132 f. (Notiz über ein Telefonat mit Knilling vom 27. 9. 1923); Purlitz 1923 (Anm. 20), Bd. 1, S. 111–113 (bayerische Verlautbarungen); Karl Schwend, Bayern zwischen Monarchie und Diktatur. Beiträge zur bayerischen Frage in der Zeit von 1918 bis 1933, München 1954, S. 215 ff.

33 AdR, Kabinette Stresemann (Anm. 23), Bd. 1, S. 380–385 (Kabinettssitzung vom 27. 9. 1923), 410–415 (Kabinettssitzung vom 30. 9. 1923), S. 432–436 (Bericht des Vertreters der Reichsregierung in Bayern, Staatssekretär Haniel, vom 1. 10. 1923), Bd. 2, S. 1181 ff. (Materialsammlung Lieber). Die Artikel des „Völkischen Beobachters“ in: Ernst Deuerlein (Hg.). Der Hitler-Putsch. Bayerische Dokumente zum 8./9. November 1923, Stuttgart 1968, S. 74 ff.

34 Hans Meier-Welcker, Seeckt, Frankfurt 1967, S. 376 ff.; Wulf, Stinnes (Anm. 13), S. 452 ff.; George W. F. Hallgarten, Hitler, Reichswehr und Industrie. Zur Geschichte der Jahre 1918–1933, Frankfurt 1962[2], S. 11–44 (ebd. S. 63 f., der Bericht Houghtons über sein Gespräch mit Stinnes vom 15. 9. 1923).

35 AdR, Kabinette Stresemann (Anm. 23), Bd. 2, S. 1176 f., 1203–1210 (Materialsammlung Lieber: Gespräche mit Seeckt und Entwürfe für Regierungsprogramm und Regierungserklärung Seeckts); Bd. 1, S. 410–415 (Kabinettssitzung vom 30. 9. 1923). Zur Rolle Seeckts auch: Meier-Welcker, Seeckt (Anm. 34), S. 390–393; Carsten, Reichswehr (Anm. 4), S. 183–193; Eberhard Kessel, Seeckts politisches Programm, in: Im Spiegel der Geschichte. Festschrift für Max Braubach, Münster 1964, S. 887–914; Heinz Hürten, Reichswehr und Ausnahmezustand. Ein Beitrag zur Verfassungsproblematik der Weimarer Republik in ihrem ersten Jahrfünft, Opladen 1977, S. 33 f.

36 Winkler, Von der Revolution (Anm. 1), S. 619–622; Angress, Kampfzeit (Anm. 7), S. 418 ff.; Walter Fabian, Klassenkampf um Sachsen. Ein Stück Geschichte 1918–1930, Löbau 1930, S. 154 ff.; Harold J. Gordon, Die Reichswehr und Sachsen 1923, in: Wehrwissenschaftliche Rundschau 11 (1961), S. 677–692; Helmut Gast, Die proletarischen Hundertschaften als Organe der Einheitsfront im Jahre 1923, in: ZfG 4 (1956), S. 439–465.

37 Angress, Kampfzeit (Anm. 7), S. 426–441; Wenzel, Kommunistische Partei (Anm. 7), S. 175–188; Hans-Ulrich Ludewig, Arbeiterbewegung und Aufstand. Eine Untersuchung zum Verhalten der Arbeiterparteien in den Aufstandsbewegungen der frühen Weimarer Republik 1920–1923, Husum 1978, S. 200–206; Carr, Interregnum (Anm. 12), S. 201 ff.; Georg von Rauch, Lenin und die „verpaßte Revolution" in Deutschland, in: The Annals of the Ukrainian Academy of Arts and Sciences in the United States, New York 6 (1961), S. 26–41; Goldbach, Radek (Anm. 12), S. 127 ff.; Willian Korey, Zinoviev on the German Revolution of October 1923. A Case Study of a Bolschevik Attitude to Revolutions Abroad, in: John Shelton Curtiss (Hg.), Essays in Russian and Soviet History. In Honor of Geroid Tanquary Robinson, Leiden 1963, S. 253–269; Dietrich Möller, Stalin und der „deutsche Oktober" 1923, in: JGO (NF) 13 (1965), S. 212–225. 当代和后来的资料等：Boris Bajanow, Stalin – Der rote Diktator, Berlin 1931, S. 122–131; Die Lehren der deutschen Ereignisse. Das Präsidium des Exekutivkomitees der Kommunistischen Internationale zur deutschen Frage (Januar 1924), Hamburg 1924; August Thalheimer, 1923: Eine verpaßte Revolution? Die deutsche Oktoberlegende und die wirkliche Geschichte von 1923, Berlin 1931; Ruth Fischer, Stalin und der deutsche Kommunismus. Der Übergang zur Konterrevolution (amerik. Orig.: Cambridge/Mass. 1948), Frankfurt o. J. (1950), S. 371–394; Hermann Weber (Hg.), Unabhängige Kommunisten. Der Briefwechsel zwischen Heinrich Brandler und Isaac Deutscher 1949–1967, Berlin 1982, S. 6 ff., 179 ff., 255 ff., 264 f。

38 AdR, Kabinette Stresemann (Anm. 3), Bd. 1, S. 418–422 (Kabinettssitzung vom 1. 10. 1923), 436–444 (Parteiführerbesprechung vom 2. 10. 1923); Schulthess 1923 (Anm. 2), S. 184; Purlitz 1923 (Anm. 20), Bd. 2, S. 98; Wentzcke, Ruhrkampf (Anm. 9), Bd. 2, S. 165 ff.; Spethmann, Zwölf Jahre (Anm. 3), Bd. 4, S. 216–238; Erwin Bischof, Rheinischer Separatismus 1918–1924. Hans Adam Dorstens Rheinstaatsbestrebungen, Bern 1969, S. 123 ff.; Wenzel, Kommunistische Partei (Anm. 7), S. 207–211; Alexander Graf Stenbock-Fermor, Meine Erlebnisse als Bergarbeiter, Stuttgart 1929, S. 173 ff.

39 AdR, Kabinette Stresemann (Anm. 23), S. 415 f. (Beschluß von Unna); Wulf, Stinnes (Anm. 13), S. 425–452; Feldman, Iron (Anm. 9), S. 393 ff.; ders. u. Irmgard Steinisch, Die Weimarer Republik zwischen Sozial- und Wirtschaftsstaat. Die Entscheidung gegen den Achtstundentag, in: AfS 18 (1978), S. 353–439 (bes. 388 ff.); Spethmann, Zwölf Jahre (Anm. 3), Bd. 3, S. 181 f., 378 f.; Paul Osthold, Die Geschichte des Zechenverbandes 1908–1933. Ein Beitrag zur deutschen Sozialgeschichte, Berlin 1934, S. 353 ff.

40 AdR, Kabinette Stresemann (Anm. 23), Bd. 1, S. 410–415 (Kabinettssitzung vom 30. 9. 1923), 417–431 (Ministerrat vom 1. 10. 1923), 436–446 (Parteiführerbesprechungen vom 2. 10. 1923), 454–462 (Kabinettssitzungen vom 3. 10. 1923); Die Protokolle der Reichstagsfraktion der Deutschen Zentrumspartei 1920–1925, bearb. v. Rudolf Morsey u. Karsten Ruppert, Mainz 1981, S. 482–485 (Fraktionssitzung vom 2./3. 10. 1923); Günter Arns, Die Krise des Weimarer Parlamentarismus im Frühherbst 1923, in: Der Staat 8 (1969), S. 180–216; Winkler, Von der Revolution (Anm. 1), S. 627–636 (mit weiteren Literaturangaben).

41 AdR, Kabinette Stresemann (Anm. 23), Bd. 1, S. 484 f. (Koalitionsbesprechung vom 5. 10. 1923), Bd. 2, S. 543 f. (Kabinettssitzung vom 11. 10. 1923), 559 f. (Kabinettssitzung vom 12. 10. 1923); Protokolle (Anm. 40), S. 486–498 (Fraktionssitzungen des Zentrums, 4.–11. 10. 1923); Stresemann, Vermächtnis (Anm. 32), Bd. 1, S. 145 f., 157 f.; Winkler, Von der Revolution (Anm. 1), S. 638 f., 674, 684–689; Huber, Verfassungsgeschichte (Anm. 8), Bd. 7, S. 356–364; Arns, Krise (Anm. 40), S. 212 ff.; ders., Linke (Anm. 3), S. 191–203.

42 Huber, Verfassungsgeschichte (Anm. 8), Bd. 7, S. 364–373; Franz-Willing, Krisenjahr

(Anm. 5), S. 118 ff.; Deuerlein (Hg.), Hitler-Putsch (Anm. 33), S. 81 ff.; Schwend, Bayern (Anm. 32), S. 223 ff.; Harold J. Gordon jr., Hitler-Putsch 1923. Machtkampf in Bayern 1923–1924 (amerik. Original: Princeton 1972), Frankfurt 1971, S. 222 ff.; Meier-Welcker, Seeckt (Anm. 34), S. 393 ff. 关于东部犹太人被驱逐出巴伐利亚: Trude Maurer, Ostjuden in Deutschland 1918–1933, Hamburg 1986, S. 405–416; Reiner Pommerin, Die Ausweisung von „Ostjuden" aus Bayern 1923. Ein Beitrag zum Krisenjahr der Weimarer Republik, in: VfZ 34 (1986), S. 311–340. Ein Augenzeugenbericht zur Ausweisung von Juden aus München vom 31. 10. 1923 in: AdR, Kabinette Stresemann (Anm. 23), Bd. 2, S. 926–933。

43 Ebd. Bd. 2, S. 612–614 (Kabinettssitzung vom 17. 10. 1923), 640–650 (Bericht des Reichskommissars für Überwachung der öffentlichen Ordnung vom 19. 10. 1923); Das Krisenjahr 1923. Militär und Innenpolitik 1922–1924, bearbeitet von Heinz Hürten, Düsseldorf 1980, S. 93 (Müllers Schreiben an die sächsische Regierung vom 15. 10. 1923). Zum Vorstehenden: Winkler, Von der Revolution (Anm. 1), S. 649–652; Wenzel, Kommunistische Partei (Anm. 7), S. 203 ff.; Angress, Kampfzeit (Anm. 7), S. 464 ff.

44 Ebd., S. 476 ff.; Wenzel, Kommunistische Partei (Anm. 7), S. 223 ff.; Winkler, Von der Revolution (Anm. 1), S. 653 ff.; Richard A. Comfort, Revolutionary Hamburg. Labor Politics in the Early Weimar Republic, Stanford 1966, S. 120 ff.; Lothar Danner, Ordnungspolizei Hamburg: Betrachtungen zu ihrer Geschichte 1918–1933, Hamburg 1958, S. 67 ff. 从参与者的视角看：Thalheimer, 1923 (Anm. 37), S. 26; Karl Retzlaw (= Karl Gröhl), Spartakus. Aufstieg und Niedergang. Erinnerungen eines Parteiarbeiters, Frankfurt 1971, S. 280 ff。

45 AdR, Kabinette Stresemann (Anm. 23), Bd. 2, S. 638–640 (Kabinettssitzung vom 19. 10. 1923), 853–859 (Kabinettssitzung vom 27. 10. 1923), 860–862 (Ultimatum Stresemanns), 868 f. (Antwort Zeigners); Purlitz 1923 (Anm. 20), S. 284–287; Schulthess 1923 (Anm. 2), S. 200–206; Fabian, Klassenkampf (Anm. 36), S. 171 f.; Donald B. Pryce, The Reich Government versus Saxony, 1923: The Decision to Intervene, in: CEH 10 (1977), S. 112–147; Winkler, Von der Revolution (Anm. 1), S. 655–658 (mit weiterer Lit.).

46 Hürten, Reichswehr (Anm. 35), S. 36 ff. 关于 Dittmann 的报告以及帝国和萨克森社会民主党之间的谈判：Winkler, Von der Revolution (Anm. 1), S. 657 f。

47 AdR, Kabinette Stresemann (Anm. 23), Bd. 2, S. 869 (Vermerk Stresemanns vom 28. 10. 1923), 870–874 (Parteiführerbesprechung vom 29. 10. 1923), 870–874 (Parteiführerbesprechung vom 29. 10. 1923), 935–938 (Kabinetssitzung vom 1. 11. 1923), 944–947 (Besprechung der bürgerlichen Kabinettsmitglieder vom 2. 11. 1923), 948–952 (Ministerbesprechung vom 2. 11. 1923), 954 (Rücktrittserklärung der sozialdemokratischen Minister vom 2. 11. 1923); Protokolle (Anm. 40), S. 498–502 (Fraktionssitzung des Zentrums vom 4. 11. 1923); Stresemann, Vermächtnis (Anm. 23), Bd. 1, S. 189–194; Linksliberalismus in der Weimarer Republik. Die Führungsgremien der Deutschen Demokratischen Partei und der Deutschen Staatspartei 1918–1933. Eingeleitet von Lothar Albertin, bearb. von Konstanze Wegner, Düsseldorf 1980, S. 502 f. (Koch-Weser, 11. 11. 1923). 社民党内部的咨询：Winkler, Von der Revolution (Anm. 1), S. 658–669; Kastning, Sozialdemokratie (Anm. 1), S. 122–128。巴伐利亚和萨克森危机的比较：Gerald D. Feldman, Bayern und Sachsen in der Hyperinflation 1922/23, in: HZ 238 (1984), S. 569–609。

48 AdR, Kabinette Stresemann (Anm. 23), Bd. 2, S. 966–968 (Ministerbesprechung vom 5. 11. 1923), 1990 f. (Materialsammlung Lieber, 24. 10. 1923), 1211–1215 (Entwurf eines Briefes u. Brief von Seeckt an Kahr, 2./5. 11. 1923), 1215–1217 (Briefwechsel Seeckt-Wiedfeldt); Otto Geßler, Reichswehrpolitik in der Weimarer Zeit, Stuttgart 1958, S. 299; Stresemann, Vermächtnis (Anm. 12), Bd. 1, S. 195–201; Meier-Welcker, Seeckt (Anm. 34), S. 393–409; Turner, Stresemann (Anm. 22), S. 134 f.; Roland Thimme, Stresemann und die Deutsche Volkspartei 1923–1925, Lübeck 1961, S. 22 ff.; Günter Arns, Friedrich Ebert als

Reichspräsident, in: Theodor Schieder (Hg.), Beiträge zur Geschichte der Weimarer Republik, Beiheft 1 der HZ, 1971, S. 1–30.

49 AdR, Kabinette Stresemann (Anm. 23), Bd. 1, S. LXX ff. (mit Einzelbelegen); Link, Stabilisierungspolitik (Anm. 2), S. 136 ff.; Dan P. Silverman, Reconstructing Europe after the Great War, Cambridge/Mass. 1982, S. 145 ff.; Bariéty, Relations (Anm. 2), S. 263 ff.; Stephen A. Schuker, The End of French Predominance in Europe. The Financial Crisis of 1924 and the Adoption of the Dawes Plan, Chapel Hill 1976, S. 31ff.; Peter Krüger, Die Außenpolitik der Republik von Weimar, Darmstadt 1985, S. 218 ff.

50 Schulthess 1923 (Anm. 2), S. 201, 203 f.; Bariéty, Relations (Anm. 2), S. 21; Diethard Hennig, Johannes Hoffmann. Sozialdemokrat und Bayerischer Ministerpräsident, München 1990, S. 479 ff.; 莱茵分裂主义综述：Bischof, Separatismus (Anm. 38)。

51 AdR, Kabinette Stresemann (Anm. 23), Bd. 2, S. 662–673 (Kabinettssitzung vom 20. 10. 1923), 709–713 (Ministerbesprechung vom 24. 10. 1923), 761–836 (Hagener Konferenz vom 25. 10. 1923); Karl Dietrich Erdmann, Adenauer in der Rheinlandpolitik nach dem Ersten Weltkrieg, Stuttgart 1966, S. 71–78; Hans Peter Schwarz, Adenauer. Der Aufstieg: 1876–1952, Stuttgart 1986, S. 258–290.

52 Deuerlein (Hg.), Hitler-Putsch (Anm. 33), S. 308–321; Gordon, Hitler-Putsch (Anm. 42), S. 244–327; Hanns-Hubert Hofmann, Der Hitlerputsch. Krisenjahre deutscher Geschichte 1920–1924, München 1961, S. 158–226; Meier-Welcker, Seeckt (Anm. 34), S. 405–409; Carsten, Reichswehr (Anm. 4), S. 205 f.; Hürten, Reichswehr (Anm. 35), S. 38 f.; Huber, Verfassungsgeschichte (Anm. 8), Bd. 7, S. 402–415. 关于德国政府的反应：AdR, Kabinette Stresemann (Anm. 23), Bd. 2, S. 997 f. (Telegramm an die Länderregierungen vom 8./9. 11. 1923), 998 f. (Kabinettssitzung vom 9. 11. 1923)。关于1923年11月8日和9日的商谈，也见：Severing, Lebensweg (Anm. 4), Bd. 2, S. 446 f。

53 Huber, Verfassungsgeschichte (Anm. 8), Bd. 6, S. 153 f., 86 ff., Bd. 7, S. 385 f., 416–419.

54 AdR, Kabinette Stresemann (Anm. 23), Bd. 1, S. LXXX ff., Bd. 2, S. 578–580 (Kabinettssitzung vom 15. 10. 1923), 986–990 (Kabinettssitzung vom 7. 11. 1923), 1042–1055, 1057–1060, 1110–1124 (Sitzungen von Reichskabinett, beteiligten Ländern und Fünfzehnerausschuß über Fragen des besetzten Gebietes vom 13. und 17. 11. 1923). 关于削减人员：Andreas Kunz, Stand versus Klasse: Beamtenschaft und Gewerkschaften im Konflikt um den Personalabbau 1923/24, in: GG 8(1982), S. 55–86; ders., Civil Servants and the Politics of Inflation in Germany, 1914–1924, Berlin 1986, S. 370 ff。1923年货币改革综述：Holtfrerich, Inflation (Anm. 9), S. 298 ff。

55 AdR, Kabinette Stresemann, Bd. 1, S. LIX ff. (mit Einzelbelegen); Wulf, Stinnes (Anm. 13), S. 393–425; Bariéty, Relations (Anm. 2), S. 241–246, 276 ff.; Spethmann, Zwölf Jahre (Anm. 3), Bd. 3, S. 198–239; Ludwig Zimmermann, Frankreichs Ruhrpolitik von Versailles zum Dawesplan, Göttingen 1971, S. 247 ff.

56 AdR, Kabinette Stresemann (Anm. 23), Bd. 2, S. 1130–1136 (Kabinettssitzung vom 19. 11. 1923), 1162 (Kabinettssitzung vom 22. 11. 1923); Stresemann, Vermächtnis (Anm. 32), Bd. 1, S. 245 (Äußerungen Eberts und Stresemanns); Protokolle (Anm. 40), S. 502–504 (Fraktionssitzungen des Zentrums vom 19. u. 22. 11. 1923); Schulthess 1923 (Anm. 2), S. 218–222; Verhandlungen (Anm. 3), Bd. 361, S. 12292–12294 (Abstimmung vom 23. 11. 1923); Friedrich Stampfer, Die vierzehn Jahre der ersten deutschen Republik, Hamburg 1953³, S. 384; Kastning, Sozialdemokratie (Anm. 1), S. 128–166; Turner, Stresemann (Anm. 22), S. 131; Thimme, Stresemann (Anm. 48), S. 20 ff.

57 AdR, Weimarer Republik. Die Kabinette Marx I und II. 30. November 1923 bis 3. Juni 1924. 3. Juni 1924 bis 15. Januar 1925, 2 Bde., bearbeitet von Günter Abramowski, Boppard 1973, Bd. 1, S. VII ff.; Kastning, Sozialdemokratie (Anm. 1), S. 133 f.; Meier-Welcker, Seeckt (Anm. 34), S. 412 ff. Über Wilhelm Marx: Ulrich von Hehl, Wilhelm Marx 1863–1946, Mainz 1987; ders., Wilhelm Marx, in: Sternburg (Hg.), Kanzler (Anm. 22),

S. 273–293.

58 Holtfrerich, Inflation (Anm. 9), S. 195 (Arbeitslosigkeit); Zahlen (Anm. 9), S. 41. 关于总体社会发展和工会成员的流失：Winkler, Von der Revolution (Anm. 1), S. 646 ff., 711 f。

59 Verhandlungen (Anm. 3), Bd. 361, S. 12259 (Geßler, 23. 11. 1923); AdR, Kabinette Stresemann (Anm. 23), Bd. 2, S. 1130–1136 (Kabinettssitzung vom 19. 11. 1923).

60 Stresemann, Vermächtnis (Anm. 32), Bd. 1, S. 246, 287.

9. 脆弱的稳定

1 Franz Eulenburg, Die sozialen Wirkungen der Währungsverhältnisse, in JNS 122 [3. Folge, 67] 1924, S. 748–794 (789). 上述问题也见：Heinrich August Winkler, Mittelstand, Demokratie und Nationalsozialismus. Die politische Entwicklung von Handwerk und Kleinhandel in der Weimarer Republik, Köln 1972, S. 28 f., 76 ff.; ders., Von der Revolution zur Stabilisierung. Arbeiter und Arbeiterbewegung in der Weimarer Republik 1918–1924, Berlin 1985², S. 388 ff.（以及其他文献）。

2 Ebd. S. 694 ff.; Erich Eyck, Geschichte der Weimarer Republik, 2 Bde., Bd. 1: Vom Zusammenbruch des Kaisertums bis zur Wahl Hindenburgs, Erlenbach 1962⁴, 389 ff.; Friedrich Karl Kübler, Der deutsche Richter und das demokratische Gesetz. Versuch einer Deutung aus richterlichen Selbstzeugnissen, in: Archiv für die civilistische Praxis 162 [N. F.: 42] (1963), S. 104–128.

3 Winkler, Von der Revolution (Anm. 1), S. 711 ff.

4 Akten der Reichskanzlei (= AdR), Weimarer Republik. Die Kabinette Marx I und II. 30. November 1923 bis 3. Juni 1924. 3. Juni 1924 bis 15. Januar 1925, bearbeitet von Günter Abramowski, Boppard 1973, S. 1–37 (Kabinettssitzungen u. Ministerbesprechungen vom 1. bis 4. 12. 1923); Ernst Rudolf Huber, Deutsche Verfassungsgeschichte seit 1789, Bd. VII: Ausbau, Schutz und Untergang der Weimarer Republik, Stuttgart 1984, S. 447–454; Alfred Kastning, Die deutsche Sozialdemokratie zwischen Koalition und Opposition 1919–1923, Paderborn 1970, S. 134–136; Winkler, Von der Revolution (Anm. 1), S. 679 f.

5 Gerald D. Feldman u. Irmgard Steinisch, Die Weimarer Republik zwischen Sozial- und Wirtschaftsstaat. Die Entscheidung gegen den Achtstundentag, in: AfS 18 (1978), S. 353–439; Irmgard Steinisch, Arbeitszeitverkürzung und sozialer Wandel. Der Kampf um die Achtstundenschicht in der deutschen und amerikanischen Eisen- und Stahlindustrie 1880–1929, Berlin 1986; Winkler, Von der Revolution (Anm. 1), S. 681 ff. 关于仲裁条例和仲裁制度：Johannes Bähr, Staatliche Schlichtung in der Weimarer Republik. Tarifpolitik, Korporatismus und industrieller Konflikt zwischen Inflation und Deflation 1919–1932, Berlin 1989, S. 72 ff。关于延长公务员工作时间：AdR, Kabinette Marx I/II (Anm. 4), (Anm. 4), Bd. I, S. 105 (Kabinettssitzung vom 14. 12 1923)。

6 Gerald D. Feldman u. Irmgard Steinisch, Industrie und Gewerkschaften 1918–1924. Die überforderte Zentralarbeitsgemeinschaft, Stuttgart 1985, bes. s. 124 ff.; Winkler, Von der Revolution (Anm. 1), S. 711 ff.

7 Peter Christian Witt, Inflation, Wohnungszwangswirtschaft und Hauszinssteuer. Zur Regelung von Wohnungsbau und Wohnungsmarkt in der Weimarer Republik, in: Lutz Niethammer (Hg.), Wohnen im Wandel. Beiträge zur Geschichte des Alltags in der bürgerlichen Gesellschaft, Wuppertal 1979, S. 385–407; Ludwig Preller, Sozialpolitik in der Weimarer Republik, Düsseldorf 1978², S. 332 ff.

8 Eyck, Geschichte (Anm. 2), Bd. 1, S. 381 ff.; Claus-Dieter Krohn, Stabilisierung und ökonomische Interessen. Die Finanzpolitik des Deutschen Reiches 1923–1927, Düsseldorf 1974, S. 36 ff.; Karl-Bernhard Netzband und Paul Widmaier, Finanz- und Wirtschaftspolitik in der Ära Luther 1923–128, Basel 1964, S. 137 ff.

9 AdR, Kabinette Marx I/II (Anm. 4), Bd. I, S. XXXII f.（以及其他证明）, 39–45

(Gemeinsame Sitzung des Reichskabinetts und des Preußischen Staatsministeriums vom 5. 12. 1923); Karl Dietrich Erdmann, Adenauer in der Rheinlandpolitik nach dem Ersten Weltkrieg, Stuttgart 1966, S. 156 ff.; Hans-Peter Schwarz, Adenauer. Der Aufstieg: 1876–1952, Stuttgart 1986, S. 278 ff。

10 AdR, Kabinette Marx I/II (Anm. 4), Bd. I, S. XIV f., 378 f. (Vereinbarung vom 14. 2. 1924), 400–403 (Brief des Bayerischen Staatsministeriums an Reichskanzler Marx vom 23. 2. 1924), 406–409 (Ministerbesprechung vom 26. 2. 1924); Huber, Verfassungsgeschichte (Anm. 4), Bd. 7, S. 469–478.

11 Friedrich Purlitz (Hg.), Deutscher Geschichtskalender 40 (1924), 1. Band (Inland), Leipzig o. J., S. 296–299 (Urteil im Hitler-Prozeß); Bernd Steger, Der Hitlerprozeß und Bayerns Verhältnis zum Reich 1923/24, in: VfZ 25 (1977), S. 441–466; Otto Gritschneder, Bewährungsfrist für den Terroristen Adolf H. Der Hitler-Putsch und die bayerische Justiz, München 1990. 也参见第8章注释42和52中提到的关于希特勒政变的文献。

12 AdR, Kabinette Marx I/II (Anm. 4), Bd. I, S. XIII f.; Das Krisenjahr 1923. Militär und Innenpolitik 1922–1924, bearbeitet von Heinz Hürten, Düsseldorf 1980, S. XVII f.; Heinz Hürten, Reichswehr und Ausnahmezustand. Ein Beitrag zur Verfassungsproblematik der Weimarer Republik in ihrem ersten Jahrfünft, Opladen 1977, S. 47 f.; Michael Geyer, Der zur Organisation erhobene Burgfrieden, in: Klaus-Jürgen Müller und Eckhardt Opitz (Hg.), Militär und Militarismus in der Weimarer Republik, Düsseldorf 1978, S. 15–100 (bes. 32 ff.); Huber, Verfassungsgeschichte (Anm. 4), Bd. 7, S. 478 ff.

13 AdR, Kabinette Marx I/II (Anm. 4), Bd. I, S. XIV f., 406–409 (Ministerbesprechung vom 26. 2. 1924); Huber, Verfassungsgeschichte (Anm. 4), Bd. 7, S. 482–484.

14 AdR, Kabinette Marx I/II (Anm. 4), Bd. I, S. XVII (mit Einzelbelegen).

15 Bericht über die Verhandlungen des 9. Parteitages der Kommunistischen Partei Deutschlands (Sektion der Kommunistischen Internationale). Abgehalten in Frankfurt am Main vom 7. bis 10. April 1924, Berlin 1924, S. 372 ff.; Dokumente und Materialien zur Geschichte der deutschen Arbeiterbewegung (= DuM), Bd. 8, Berlin (O) 1975, S. 59–78; Winkler, Von der Revolution (Anm. 1), S. 701–711.

16 引用来源: Winkler, Mittelstand (Anm. 1), S. 159。关于巴伐利亚选举: Schulthess' Europäischer Geschichtskalender. Neue Folge, 40. Jg., 1924, München 1927, S. 28。关于希特勒政变后的纳粹政党: Dietrich Orlow, The History of the Nazi Party: 1919–1933, Pittsburgh 1969, S. 46 ff.; Harold J. Gordon jr., Hitlerputsch 1923. Machtkampf in Bayern 1923–1924 (amerik. Orig.: Princeton 1972), Frankfurt 1971, S. 473 ff。

17 Otmar Jung, Direkte Demokratie in der Weimarer Republik. Die Fälle „Aufwertung", „Fürstenenteignung", „Panzerkreuzerverbot" und „Youngplan", Frankfurt 1989, S. 15 ff.; Werner Liebe, Die Deutschnationale Volkspartei 1918–1924, Düsseldorf 1956, S. 76 ff.; Roland Thimme, Stresemann und die Deutsche Volkspartei 1923–1925, Lübeck 1961, S. 50–60 (hier die Zitate der Nationalliberalen Vereinigung und der Erklärung des DVP-Parteitags); Larry Eugene Jones, German Liberalism and the Dissolution of the Weimar Party System, 1918–1933, Chapel Hill 1988, S. 213 ff. Das Zitat von Vögler in: Veröffentlichungen des Reichsverbandes der Deutschen Industrie, Heft 21, Berlin 1924, S. 35.

18 Winkler, Von der Revolution (Anm. 1), S. 696 ff. Die Zitate: Große Koalition in Sachsen, in: Vorwärts, Nr. 5, 4. 1. 1924; Charlotte Beradt, Paul Levi. Ein demokratischer Sozialist in der Weimarer Republik, Frankfurt 1969, S. 78 (Zitat Levis); Vorwärts, Nr. 82, 18. 2. 1924 (Zitat Wels'). 论列维和他编辑的社会主义政治经济学的书信 „Sozialistische Politik und Wirtschaft": Hans-Ulrich Ludewig, Die „Sozialistische Politik und Wirtschaft". Ein Beitrag zur Linksopposition in der SPD 1923 bis 1928, in: IWK 17 (1981), Heft 1, S. 14–41。社民党在派和萨克森冲突总论：Dietmar Klenke, Die SPD-Linke in der Weimarer Republik. Eine Untersuchung zu den regionalen organisatorischen Grundlagen und zur politischen Praxis und Theoriebildung des linken Flügels der SPD in den Jahren 1922–1923, 2 Bde., Münster 1983, bes. Bd. 1, S. 366 ff., Bd. 2, S. 611 ff。

19 Linksliberalismus in der Weimarer Republik. Die Führungsgremien der Deutschen Demokratischen Partei und der Deutschen Staatspartei 1918–1933. Eingeleitet von Lothar Albertin, bearb. von Konstanze Wegner in Verbindung mit Lothar Albertin, Düsseldorf 1980, S. 306 (Sitzung des Parteiausschusses vom 27. 1. 1924); Verhandlungen des Reichstags. Stenographische Berichte, Bd. 361, S. 12 533 (Koch-Weser), 12 597f. (Kaas).

20 Schulthess 1924 (Anm. 16), S. 402–406 (zum Dawes-Gutachten); Werner Link, Die amerikanische Stabilisierungspolitik in Deutschland 1921–1932, Düsseldorf 1970, S. 201ff.; Eckhard Wandel, Die Bedeutung der Vereinigten Staaten von Amerika für das deutsche Reparationsproblem 1924–1929, Tübingen 1971; Carl-Ludwig Holtfrerich, Amerikanischer Kapitalexport und Wiederaufbau der deutschen Wirtschaft 1919–1923 im Vergleich zu 1924–1929, in: Michael Stürmer (Hg.), Die Weimarer Republik. Belagerte Civitas, Königstein 1980, S. 131–157; Stephen A. Schuker, The End of French Predominance in Europe. The Financial Crisis of 1924 and the Adoption of the Dawes Plan, Chapel Hill 1976, S. 171ff.; Charles S. Maier, The Two Postwar Eras and the Condition for Stability in Twentieth-Century Western Europe, in AHR 86 (1981), S. 327–352.

21 E. H. Carr, The Interregnum 1923–1924 (= A History of Soviet Russia, Bd. 4), New York 1954, S. 243ff.; ders., Socialism in One Country 1924–1926, 3 Bde., London 1958ff., Bd. 3, S. 21ff.; Stephen White, Britain and the Bolshevik Revolution: A Study in the Politics of Diplomacy, 1920–1924, New York 1979; Isaac Deutscher, Stalin. Eine politische Biographie (engl. Orig.: London 1961), S. 411ff.; Leonard Shapiro, Die Geschichte der Kommunistischen Partei der Sowjetunion (engl. Orig.: London 1960), Frankfurt 1962, S. 375ff.; Adam B. Ulam, Expansion and Coexistence. The History of Soviet Foreign Policy, 1917–1967, New York 1969[3], S. 154ff.

22 其他文献的综述：Paul Kluke, Großbritannien und das Commonwealth in der Zwischenkriegs- und Nachkriegszeit, in: Theodor Schieder (Hg.), Europa im Zeitalter de Weltmächte (= ders. [Hg.], Handbuch der europäischen Geschichte, Bd. 7), Stuttgart, 1. Teilband, S. 353–437 (bes. 371ff.); Rudolf von Albertini, Frankreich vom Frieden von Versailles bis zum Ende der Vierten Republik 1919–1958, ebd., S. 438–480 (bes. 442f.)。

23 Schulthess 1924 (Anm. 16), S. 30f. (Erklärungen des Alldeutschen Verbandes vom 27. 4. und der Reichsregierung vom 27. 4. 1924); Liebe, Deutschnationale Volkspartei (Anm. 17), S. 76f.; DuM, Bd. 8 (Anm. 15), S. 78–83. Zum Echo auf den Dawes-Plan in der SPD: Der Sachverständigenbericht überreicht, in: Vorwärts, Nr. 170, 9. 4. 1924; Annehmen oder ablehnen?, ebd., Nr. 171, 10. 4. 1924. 竞选综述：Elfi Bendikatu. Detlef Lehnert, „Schwarzweißrot gegen Schwarzrotgold". Identifikation und Abgrenzung parteipolitischer Teilkulturen im Reichstagswahlkampf des Frühjahrs 1924, in: Detlef Lehnert u. Klaus Megerle (Hg.), Politische Teilkulturen zwischen Integration und Polarisierung. Zur politischen Kultur in der Weimarer Republik, Opladen 1990, S. 102–142。

24 1924年5月4日德国国会选举的详细分析见：Heinrich August Winkler, Der Schein der Normalität. Arbeiter und Arbeiterbewegung in der Weimarer Republik 1924–1930, Berlin 1987[2], S. 177–188。也可参见 Charles S. Maier, Recasting Bourgeois Europe. Stabilization in France, Germany, and Italy in the Decade after World War I, Princeton 1975, S. 450–455; Thomas Childers, The Nazi Voter. The Social Foundations of Fascism in Germany, 1919–1933, Chapel Hill 1983, S. 50ff.; Jürgen Falter, Hitlers Wähler, München 1991, S. 67ff。关于经济党：Martin Schumacher, Mittelstandsfront und Republik. Die Wirtschaftspartei – Reichspartei des deutschen Mittelstandes 1919–1933, Düsseldorf 1972。

25 AdR, Kabinette Ma I/II (Anm. 4), Bd. I, S. XVIIII f.; Michael Stürmer, Koalition und Opposition in der Weimarer Republik 1924–1928, Düsseldorf 1967, S. 38ff.; Peter Haungs, Reichspräsident und parlamentarische Kabinettsregierung. Eine Studie zum Regierungssystem der Weimarer Republik in den Jahren 1924 bis 1929, Köln 1968, S. 74ff.; Liebe, Deutschnationale Volkspartei (Anm. 17), S. 76ff.

26 Sozialdemokratischer Parteitag 1924. Protokoll mit dem Bericht der Frauenkonfe-

renz, Berlin 1924 (ND: Glashütten 1974), S. 83 (Müller: Hervorhebung im Original), 99 (Dißmann), 138 (Abstimmung), 204 (Antrag Müller).

27 Klaus Schönhoven, Die Bayerische Volkspartei 1924–1932, Düsseldorf 1972, S. 92–97.

28 AdR, Kabinette Marx I/II (Anm. 4), Bd. 2, S. 992–995 (Kabinettssitzung vom 21. 8. 1924); Winkler, Schein (Anm. 24), S. 190.

29 AdR, Kabinette Marx I/II (Anm. 4), Bd. I, S. XXXVI (mit Einzelbelegen), Bd. 2, S. 1006f. (Erklärung der Reichsregierung zur Kriegsschuldfrage); Peter Krüger, Die Außenpolitik der Republik von Weimar, Darmstadt 1985, S. 237ff.; Schuker, End (Anm. 20), S. 295ff. (das Zitat von MacDonald: 383); Rolf E. Lüke, Von der Stabilisierung zur Krise, Zürich 1958, S. 55ff.

30 Stenographische Berichte (Anm. 19), Bd. 381, S. 1087, 1125–1333; AdR, Kabinette Marx I/II (Anm. 4), Bd. 2, S. 1004–1006 (Kabinettssitzung vom 28. 8. 1924), 1006f. (Erklärung zur Kriegsschuldfrage vom 29. 8. 1924); Schulthess 1924 (Anm. 16), S. 65–77; Liebe, Deutschnationale Volkspartei (Anm. 17), S. 86–88, 168–170.

31 AdR, Kabinette Marx I/II (Anm. 4), Bd. 1, S. XLII (mit Einzelbelegen); Schulthess 1924 (Anm. 16), S. 80; Stürmer, Koalition (Anm. 25), S. 49–73; 综述：Dieter Gessner, Agrarverbände in der Weimarer Republik. Wirtschaftliche und soziale Voraussetzungen agrarkonservativer Politik vor 1933, Düsseldorf 1976; Heinrich Becker, Handlungsspielräume der Agrarpolitik in der Weimarer Republik zwischen 1923 und 1929, Stuttgart 1990。

32 相关材料见：AdR, Kabinette Marx I/II (Anm. 4), S. 1074–1133; Schulthess 1924 (Anm. 16), S. 91–99; dazu Stürmer, Koalition (Anm. 25), S. 73ff.; Winkler, Schein (Anm. 24), S. 192–195; Liebe, Deutschnationale Volkspartei (Anm. 17), S. 95ff.; Thimme, Stresemann (Anm. 17), S. 87ff.; Henry A. Turner jr., Stresemann – Republikaner aus Vernunft (amerik. Orig.: Princeton 1963), Berlin 1968, S. 165ff.

33 Preller, Sozialpolitik (Anm. 7), S. 153 (Lohnentwicklung); Winkler, Schein (Anm. 24), S. 29 (Arbeitslosigkeit), 58 (Arbeitszeit), 211ff. (Gewerkschaftspolitik).

34 Schulthess 1924 (Anm. 16), S. 59f. (Weimarer Reichskonvent der Nationalsozialistischen Freiheitsbewegung). 关于KPD: Winkler, Schein (Anm. 24), S. 208, 462ff.; 关于民族社会主义团体：Orlow, History (Anm. 16), S. 46ff. (以及其他文献）。

35 Liebe, Deutschnationale Volkspartei (Anm. 17), S. 88–99 (die Zitate aus den Aufrufen vom 21. u. 29. 10. 1924: 95, 97). 德意志民族党宣传册的引言见：Winkler, Mittelstand (Anm. 1), S. 132。

36 Sozialdemokratischer Parteitag (Anm. 26), S. 140f.; Purlitz 1924 (Anm. 11), 228–231; Winkler, Schein (Anm. 24), S. 200–202; Klenke (Anm. 18), Bd. 1, S. 397ff., Bd. 2, S. 611ff.

37 选举详情：Winkler, Schein (Anm. 24), S. 216–223。当代分析：Ernst Hamburger, Parteienbewegung und gesellschaftliche Umschichtung, in: Die Gesellschaft 2 (1925/I), S. 341–353; Anton Erkelenz, Der Stand des politischen Barometers, in: Die Hilfe 30 (1924), S. 442–445。

38 AdR, Kabinette Marx I/II (Anm. 4), Bd. 1, S. XLVIIff., Bd. 2, S. 1122–1124 (Ministerbesprechung vom 16. 10. 1924), 1218–1221 (Ministerbesprechung vom 10. 12. 1924), 1231–1234 (Ministerbesprechung vom 19. 12. 1924), 1277f. (Ministerbesprechung vom 6. 1. 1925); AdR, Weimarer Republik. Die Kabinette Luther I und II. 15. Januar 1925 bis 20. Januar 1926. 20. Januar 1926 bis 17. Mai 1926, bearb. v. Karl-Heinz Minuth, Boppard 1977, Bd. I, S. XIXff.; Schulthess 1924 (Anm. 16), S. 116; Schulthess' Europäischer Geschichtskalender. Neue Folge, 41. Jg., 1925, München 1926, S. 6f.; Die Protokolle der Reichstagsfraktion der Deutschen Zentrumspartei 1920–1925. Bearb. v. Rudolf Morsey u. Karsten Ruprecht, Mainz 1981, S. 545–551 (Sitzungen vom 17. 12. 1924 bis 9. 1. 1925); Stürmer, Koalition (Anm. 25), S. 82ff.; Karl Georg Zinn, Hans Luther, in: Wilhelm von Sternburg (Hg.), Die deutschen Kanzler von Bismarck bis Schmidt, Königstein 1985, S. 295–309.

39 Luthers verschämter Bürgerblock, in: Vorwärts, Nr. 20, 13. 1. 1925; Stenographische

Berichte (Anm. 19), Bd. 384, S. 91–95 (Luther), 98–108 (Breitscheid).

40 AdR, Kabinette Luther (Anm. 38), Bd. I, S. XLVI ff.; Krohn, Stabilisierung (Anm. 8), S. 148 ff.; Netzband u. Widmaier, Währungs- und Finanzpolitik (Anm. 8), S. 241 ff.; Jung, Direkte Demokratie (Anm. 17), S. 17 ff.; Winkler, Schein (Anm. 24), S. 246 ff.; Stürmer, Koalition (Anm. 25), S. 91 ff.; Rosemarie Leuschen-Seppel, Zwischen Staatsverantwortung und Klasseninteresse. Die Wirtschafts- und Finanzpolitik der SPD zur Zeit der Weimarer Republik unter besonderer Berücksichtigung der Mittelphase 1924–1928/29, Bonn 1981, S. 131 ff.; Otto Pirlet, Der politische Kampf um die Aufwertungsgesetzgebung nach dem Ersten Weltkrieg, Diss. rer. pol., Köln 1959.

41 Schulthess 1924 (Anm. 16), S. 110–113; Karl Brammer, Der Prozeß des Reichspräsidenten, Berlin 1925; Gotthard Jasper, Der Magdeburger Prozeß, in: Friedrich Ebert 1871/1971, Bonn 1971, S. 109–120; Wolfgang Birkenfeld, Der Rufmord am Reichspräsidenten. Zu Grenzformen des politischen Kampfes gegen die frühe Weimarer Republik 1919–1925, in: AfS 5 (1965), S. 453–500; Eyck, Geschichte (Anm. 2), Bd. I, S. 432 ff.; Winkler, Schein (Anm. 24), S. 229 ff. 关于巴马特丑闻：Karlludwig Rintelen, Ein undemokratischer Demokrat. Gustav Bauer. Gewerkschaftsführer – Freund Friedrich Eberts – Reichskanzler. Eine politische Biographie, Frankfurt 1993, S. 235 ff. 有关1918年柏林军工工人罢工，参阅上述章节1 (S. 20 f.)。

42 Friedrich Purlitz (Hg.), Deutscher Geschichtskalender 41 (Berlin 1925), Bd. 1 (Inland), Leipzig o. J., S. 1 f.; Ein Sohn des Volkes. Führer in schwerster Zeit, in: Vorwärts, Nr. 101, 28. 2. 1925 (Hervorhebung im Original). 关于制鞍师协会中的除名：Friedrich Stampfer, Die vierzehn Jahre der ersten deutschen Republik, Hamburg 1953³, S. 439。也参见 Winkler, Schein (Anm. 24), S. 231 f。

43 Peter-Christian Witt, Friedrich Ebert. Parteiführer, Reichskanzler, Volksbeauftragter, Reichspräsident, Bonn 1987; Waldemar Besson, Friedrich Ebert. Verdienst und Grenze, Göttingen 1963; Hans Mommsen, Friedrich Ebert als Reichspräsident, in: ders., Arbeiterbewegung und Nationale Frage, Göttingen 1979, S. 296–317; Günter Arns, Friedrich Ebert als Reichspräsident, in: Theodor Schieder (Hg.), Beiträge zur Geschichte der Weimarer Republik. HZ, Beiheft 1, München 1981, S. 1–3. Zum Artikel 48: Gerhard Schulz, Artikel 48 in politisch-historischer Sicht, in: Ernst Fraenkel (Hg.), Der Staatsnotstand, Berlin 1965, S. 39–71. 关于奥托·布劳恩的批评：Hagen Schulze, Otto Braun oder Preußens demokratische Sendung. Eine Biographie, Frankfurt 1977, S. 457 f。Remmele 的引言见：Stenographische Berichte (Anm. 19), Bd. 384, S. 940。

44 1925年3月29日选举结果详情：Winkler, Schein (Anm. 24), S. 234–236。

45 Purlitz 1925 (Anm. 42), Bd. I, S. 225–243; Stampfer, Vierzehn Jahre (Anm. 42), S. 451; Schulze, Braun (Anm. 43), S. 473 f.; Ulrich von Hehl, Wilhelm Marx 1863–1946. Eine politische Biographie, Mainz 1987, S. 326 ff.; Herbert Hömig, Das preußische Zentrum in der Weimarer Republik, Mainz 1979, S. 127 ff.; Karsten Ruppert, Im Dienst am Staat von Weimar. Das Zentrum als regierende Partei in der Weimarer Demokratie 1923–1930, Düsseldorf 1992, S. 109 ff.; Horst Möller, Parlamentarismus in Preußen 1919–1932, Düsseldorf 1985, S. 356 ff.

46 Andreas Dorpalen, Hindenburg in der Geschichte der Weimarer Republik (amerik. Orig.: Princeton 1964), Berlin 1966, S. 68 ff.; John W. Wheeler-Bennett, Der hölzerne Titan. Paul von Hindenburg (engl. Orig.: London 1967), Tübingen 1969, S. 266 ff.; Walter Görlitz, Hindenburg. Ein Lebensbild, Bonn 1953, S. 248 ff.; Wolfgang Ruge, Hindenburg. Porträt eines Militaristen, Berlin (O) 1977, S. 197 ff.; Noel D. Cary, The Making of the Reich President, 1925: German Conservatism and the Nomination of Paul von Hindenburg, in: GEH 23 (1990), S. 179–204.

47 Schönhoven, Bayerische Volkspartei (Anm. 27), S. 123 ff.; Hanns-Jochen Hauss, Die

erste Volkswahl des deutschen Reichspräsidenten. Eine Untersuchung ihrer verfassungspolitischen Grundlagen, ihrer Vorgeschichte und ihres Verlaufs unter besonderer Berücksichtigung des Anteils Bayerns und der Bayerischen Volkspartei, Kallmünz 1965; John Zeender, The German Catholics and the Presidential Election of 1925, in: JMH 35 (1963), S. 366–381; Karl Holl, Konfessionalität, Konfessionalismus und demokratische Republik. Zu einigen Aspekten der Reichspräsidentenwahl von 1925, in: VfZ 17 (1969), S. 254–275. 共产党的宣言见：DuM, Bd. 8 (Anm. 15), S. 130–133。

48 第二次选举详情：Winkler, Schein (Anm. 24), S. 239–243 (以及其他文献); Falter, Hitlers Wähler (Anm. 24), S. 123 ff. Das Zitat aus dem „Vorwärts“: Nr. 196 a, 27. 4. 1925。

49 引文顺序：Es lebe die Republik!, in: FZ, Nr. 309, 27. 4. 1925; Hindenburg Präsident der deutschen Republik, in: BTB, Nr. 197, 27. 4. 1925; Hindenburg von Thälmanns Gnaden, in: Vorwärts, Nr. 196 a, 27. 4. 1925; Heinrich Mann, Geistige Führer zur Reichspräsidentenwahl, in: Deutsche Einheit 7 (1925), S. 633–635 (hier die Ausführungen von Heinrich Mann); Ernst Feder, Der Retter, BTB, Nr. 198, 28. 4. 1925 (hier der MacMahon-Vergleich); Der Präsident der Minderheit, in: Vorwärts, Nr. 197, 27. 4. 1925; Hindenburgs Wahlsieg, in: BTB, Nr. 198, 28. 4. 1925 (Hervorhebungen im Original); Harry Graf Kessler, Tagebücher 1918–1937, Frankfurt 1961, S. 441 f。

50 论基督教会等：Jonathan C. R. Wright, „Über den Parteien“. Die politische Haltung der evangelischen Kirchenführer 1918–1933 (engl. Orig.: Oxford 1974), Göttingen 1977, S. 86 ff.; Kurt Nowak, Evangelische Kirche und Weimarer Republik. Zum politischen Weg des deutschen Protestantismus zwischen 1918 und 1932, Weimar 1988², S. 160 ff。论对兴登堡获胜的反应：Peter Fritzsche, Presidential Victory and Popular Festivity in Weimar Germany: Hindenburg's 1925 Election, in: CEH 23 (1990), S. 205–224; ders., Rehearsals for Facism. Populism and Political Mobilization in Weimar Germany, New York 1990, S. 154 ff。

10. 分裂的社会

1 Graf Alexander Stenbock-Fermor, Meine Erlebnisse als Bergarbeiter, Stuttgart 1927, S. 120, 125. 论“营地”这个概念：Oskar Negt u. Alexander Kluge, Öffentlichkeit und Erfahrung. Zur Organisationsanalyse von bürgerlicher und proletarischer Öffentlichkeit, Frankfurt 1972。1925年人口和职业统计最重要的素材见：Statistik des Deutschen Reichs, Bd. 402, I-III: Volks-, Berufs- und Betriebszählung vom 16. Juni 1925。职业统计：Die berufliche und soziale Gliederung der Bevölkerung des Deutschen Reichs, Berlin 1927 ff。

2 Erich Fromm, Arbeiter und Angestellte am Vorabend des Dritten Reiches. Eine sozialpsychologische Untersuchung. Bearb. u. hg. von Wolfgang Bonß, Stuttgart 1980, bes. S. 121–195. Dazu Heinrich August Winkler, Der Schein der Normalität. Arbeiter und Arbeiterbewegung in der Weimarer Republik 1924–1930, Berlin 1988², S. 146 ff. (mit weiterer Literatur). Das Zitat aus dem „Vorwärts“ (Nr. 237, 20. 5. 1927) nach: Christoph Rülcker, Arbeiterkultur und Kulturpolitik im Blickwinkel des „Vorwärts“ 1918–1928, in: AfS 14 (1974), S. 115–156 (128). 关于妇女在劳工运动中的地位，例如 Karen Hagemann, Frauenalltag und Männerpolitik. Alltagsleben und gesellschaftliches Handeln von Arbeiterfrauen in der Weimarer Republik, Bonn 1990。

3 Dieter Langewiesche, Zur Freizeit des Arbeiters. Bildungsbestrebungen und Freizeitgestaltung österreichischer Arbeiter im Kaiserreich und in der Ersten Republik, Stuttgart 1979, S. 386 f. (hier das Zitat); ders., Politik – Gesellschaft – Kultur. Zur Problematik von Arbeiterkultur und kulturellen Arbeiterorganisationen in Deutschland nach dem Ersten Weltkrieg, in: AfS 22 (1982), S. 359–402; ders., Freizeit und „Massenbildung“. Zur Ideolo-

gie und Praxis in der Weimarer Republik, in: Gerhard Huck (Hg.), Sozialgeschichte der Freizeit. Untersuchungen zum Wandel der Alltagskultur in Deutschland, Wuppertal 1980, S. 223–247; Hartmann Wunderer, Arbeitervereine und Arbeiterparteien. Kultur- und Massenorganisationen in der Arbeiterbewegung (1890–1933), Frankfurt 1980; Peter Lösche, Einführung zum Forschungsprojekt „Solidargemeinschaft und Milieu". Sozialistische Kultur- und Freizeitorganisationen in der Weimarer Republik, in: Franz Walter, Sozialistische Akademiker- und Intellektuellenorganisationen in der Weimarer Republik (= Solidargemeinschaft und Milieu: Sozialistische Kultur- und Freizeitorganisationen in der Weimarer Republik, Bd. 1), Bonn 1990, S. 9–25; ders. u. Franz Walter, Zwischen Expansion und Krise. Das sozialdemokratische Arbeitermilieu, in: Detlef Lehnert u. Klaus Megerle (Hg.), Politische Teilkulturen zwischen Integration und Polarisierung. Zur politischen Kultur in der Weimarer Republik, Opladen 1990, S. 161–186; Willy L. Guttsman, Workers' Culture in Weimar Germany. Between Tradition and Commitment, New York 1990; Winkler, Schein (Anm. 2), S. 120ff. (mit weiterer Literatur). Zusammenfassend: Gerhard A. Ritter (Hg.), Arbeiterkultur, Königstein 1979; Klaus Schönhoven, Reformismus und Radikalismus. Gespaltene Arbeiterbewegung im Weimarer Sozialstaat, München 1989.

4 Joseph Joos, Ergebnisse der Umfrage über die gegenwärtige seelische Lage der katholischen Arbeiter in Deutschland, in: Mitteilungen an die Arbeiterpräsides. Hg. von der Diözesanleitung der katholischen Arbeitervereine der Diözese Köln 4 (1926), S. 34–43. Dazu Birgit Sack, Zentrum und Fürstenenteignung. Eine Studie zu den Erosionsprozessen im politischen Katholizismus in den Jahren der relativen Stabilisierung, Magisterarbeit (MS), Freiburg 1990. 关于天主教工人协会：Jürgen Aretz, Katholische Arbeiterbewegung und Nationalsozialismus. Der Verband katholischer Arbeiter- und Knappenvereine Westdeutschlands 1923–1945, Mainz 1978; zu Joos: Oswald Wachtling, Joseph Joos. Journalist, Arbeiterführer, Zentrumspolitiker. Politische Biographie 1878–1933, Mainz 1974. 关于基督教工会：Michael Schneider, Die christlichen Gewerkschaften 1894–1933, Bonn 1982; William L. Patch, jr., Christian Trade Unions in the Politics of the Weimar Republic, 1918–1933. The Failure of Corporate Capitalism, New Haven 1985。Vgl. auch Helga Grebing, Zentrum und katholische Arbeiterschaft 1918–1933. Ein Beitrag zur Geschichte des Zentrums in der Weimarer Republik, phil. Diss. (MS), FU Berlin 1953.

5 Winkler, Schein (Anm. 2), S. 108ff. 关于自由派工人：Hans Georg Fleck, Soziale Gerechtigkeit durch Organisationsmacht und Interessenausgleich. Ausgewählte Aspekte zur Geschichte der sozialliberalen Gewerkschaftsbewegung in Deutschland (1868/69 bis 1933), in: Erich Matthias u. Klaus Schönhoven (Hg.), Solidarität und Menschenwürde. Etappen der deutschen Gewerkschaftsgeschichte von den Anfängen bis zur Gegenwart, Bonn 1984, S. 63–106 。关于德意志民族主义派工人：Amrei Stupperich, Volksgemeinschaft oder Arbeitersolidarität. Studien zur Arbeitnehmerpolitik in der Deutschnationalen Volkspartei 1918–1933, Göttingen 1982。关于"黄色派"：Klaus Mattheier, Die Gelben. Nationale Arbeiter zwischen Wirtschaftsfrieden und Streik, Düsseldorf 1973。

6 Jürgen Kocka, Zur Problematik der deutschen Angestellten 1914–1933, in: Hans Mommsen u. a. (Hg.), Industrielles System und politische Entwicklung in der Weimarer Republik, Düsseldorf 1974[1], S. 792–811 (die Zahlen zur organisatorischen Entwicklung: 799); Hans Speier, Die Angestellten vor dem Nationalsozialismus. Ein Beitag zum Verständnis der deutschen Sozialstruktur 1918–1933, Göttingen 1977; Heinz-Jürgen Priamus, Angestellte und Demokratie. Die nationalliberale Angestelltenbewegung in der Weimarer Republik, Stuttgart 1979; Iris Hamel, Völkischer Verband und nationale Gewerkschaft. Der Deutschnationale Handlungsgehilfen-Verband 1893–1933, Frankfurt 1967; Ulf Kadritzke, Angestellte – Die geduldigen Arbeiter. Zur Soziologie und sozialen Bewegung der Angestellten, Frankfurt 1975; Michael Prinz, Vom neuen Mittelstand zum Volksgenossen. Die Entwicklung des sozialen Status des Angestellten von der Weimarer Republik bis zum Ende der NS-Zeit, München 1986. Aus der zeitgenössischen Literatur u. a. Siegfried Kra-

cauer, Die Angestellten. Aus dem neuesten Deutschland (1929), in: ders., Schriften, Bd. I, Frankfurt 1971, S. 205–304; Emil Lederer, Die Neuschichtung des Proletariats und die kapitalistischen Zwischenschichten vor der Krise (1929), in: ders., Kapitalismus, Klassenstruktur und Probleme der Demokratie in Deutschland 1910–1940, Göttingen 1979, S. 172–185.

7 Andreas Kunz, Civil Servants and the Politics of Inflation in Germany, 1914–1924, Berlin 1986 (关于会员数量：S. 134f.); ders., Stand versus Klasse: Beamtenschaften und Gewerkschaften im Konflikt um den Personalabbau 1923/24, in: GG 8 (1982), S. 55–86; Klaus Sühl, SPD und öffentlicher Dienst in der Weimarer Republik. Die öffentlich Bediensteten in der SPD und ihre Bedeutung für die sozialdemokratische Politik 1918–1933, Berlin 1988; Heinrich Potthoff, Freie Gewerkschaften 1918–1933. Der Allgemeine Deutsche Gewerkschaftsbund in der Weimarer Republik, Düsseldorf 1987, S. 28–30。

8 Heinrich August Winkler, Mittelstand, Demokratie und Nationalsozialismus. Die politische Entwicklung von Handwerk und Kleinhandel in der Weimarer Republik, Köln 1972, bes. S. 100ff.; ders., Vom Protest zur Panik: Der gewerbliche Mittelstand in der Weimarer Republik, in: ders., Zwischen Marx und Monopolen. Der deutsche Mittelstand vom Kaiserreich zur Bundesrepublik Deutschland, Frankfurt 1991, S. 38–51; Martin Schumacher, Mittelstandsfront und Republik. Die Wirtschaftspartei – Reichspartei des deutschen Mittelstandes 1919 bis 1933, Düsseldorf 1972; Heinz-Gerhard Haupt, Mittelstand und Kleinbürgertum in der Weimarer Republik. Zu Problemen und Perspektiven ihrer Erforschung, in: AfS 26 (1986), S. 217–238; Rudy Koshar, Cult of Associations? The Lower Middle Classes in Weimar Germany, in: ders. (Hg.), Splintered Classes. Politics and the Lower Middle Classes in Interwar Europe, New York 1990, S. 31–54.

9 Dieter Gessner, Agrarverbände in der Weimarer Republik. Wirtschaftliche und soziale Voraussetzungen agrarkonservativer Politik vor 1933, Düsseldorf 1976, bes. S. 28ff.; Heide Barmeyer, Andreas Hermes und die Organisationen der deutschen Landwirtschaft. Christliche Bauernvereine, Reichslandbund, Grüne Front, Reichnährstand, 1928–1933, Stuttgart 1971; Jens Flemming, Landwirtschaftliche Interessen und Demokratie. Ländliche Gesellschaft, Agrarverbände und Staat 1980–1925, Bonn 1978. 也参见Hans-Peter Ullmann的概论，Interessenverbände in Deutschland, Frankfurt 1988, S. 144ff。

10 Moritz Julius Bonn, Das Schicksal des deutschen Kapitalismus, Berlin 1930[3], S. 55; Bernd Weisbrod, Schwerindustrie in der Weimarer Republik. Interessenpolitik zwischen Stabilisierung und Krise, Wuppertal 1978; Hans Mommsen, Soziale Kämpfe im Ruhrbergbau nach der Jahrhundertwende, in: ders. u. Ulrich Borsdorff (Hg.), Glück auf, Kameraden! Die Bergarbeiter und ihre Organisationen in Deutschland, Köln 1979, S. 249–272.

11 Ullmann, Interessenverbände (Anm. 9), S. 133ff.; Reinhard Neebe, Großindustrie, Staat und NSDAP 1930–1933. Paul Silverberg und der Reichsverband der Deutschen Industrie in der Krise der Weimarer Republik, Göttingen 1981, S. 35ff.; Ulrich Nocken, Interindustrial Conflicts and Alliances in the Weimar Republic. Experiments in Societal Corporatism, Ph. D. Dissertation, Berkeley 1979. 关于合理化和合理化共识综述：Winkler, Schein (Anm. 2), bes. S. 32ff., 62ff. (以及其他文献); als Fallstudie: Heidrun Homburg, Rationalisierung und Industriearbeit. Das Beispiel des Siemens-Konzerns Berlin 1900–1939, Berlin 1991。

12 Heinrich August Winkler, Die deutsche Gesellschaft der Weimarer Republik und der Antisemitismus, in: Bernd Martin u. Ernst Schulin (Hg.), Die Juden als Minderheit in der Geschichte, München 1981[2], S. 271–289; Michael H. Kater, Studentenschaft und Rechtsradikalismus in Deutschland 1918–1933. Eine sozialgeschichtliche Studie zur Bildungskrise in der Weimarer Republik, Hamburg 1975, bes. S. 145ff.; Hans Mommsen, Die Auflösung des Bürgertums seit dem späten 19. Jahrhundert, in: Jürgen Kocka (Hg.), Bürger und Bürgerlichkeit im 19. Jahrhundert, Göttingen 1987, S. 288–315; Charles E. McClelland,

The German Experience of Professionalization. Modern Learned Professions and their Organizations from the Early Nineteenth Century to the Hitler Era, Cambridge 1991; Fritz K. Ringer, Die Gelehrten. Der Niedergang der deutschen Mandarine 1890–1933 (amerik. Orig.: Cambrigde/Mass. 1969), Stuttgart 1983; Christian Jansen, Professoren und Politik. Politisches Denken und Handeln der Heidelberger Hochschullehrer 1914–1934, Göttingen 1992, bes. S. 189ff.; Konrad H. Jarausch, The Unfree Professions. German Lawyers, Teachers, and Engineers, 1900–1950, New York 1990; ders., Die Not der geistigen Arbeiter: Akademiker in der Berufskrise 1918–1933, in: Werner Abelshauser (Hg.), Die Weimarer Republik als Wohlfahrtsstaat. Zum Verhältnis von Wirtschafts- und Sozialpolitik in der Industriegesellschaft. VSWG, Beiheft 81, Stuttgart 1987, S. 280–299.

13 Johannes Schauff, Das Wahlverhalten der deutschen Katholiken im Kaiserreich und in der Weimarer Republik. Untersuchungen aus dem Jahre 1928. Hg. u. eingel. von Rudolf Morsey, Mainz 1975, S. 47f., 66, 75f., 115, 140, 201; Johannes Horstmann, Katholiken und Reichstagswahlen 1920–1933. Ausgewählte Aspekte mit statistischem Material, in: Jahrbuch für christliche Sozialwissenschaften 26 (1985), S. 63–95; ders., Katholiken, Reichspräsidentenwahlen und Volksentscheide, ebd. 27 (1986), S. 61–93; Siegfried Weichlein, Sozialmilieu und Politische Kultur in Weimar. Hessische Kreise im Vergleich, phil. Diss. (MS), Freiburg 1992, S. 136ff.; Karl Rohe, Wahlen und Wählertraditionen in Deutschland. Kulturelle Grundlagen deutscher Parteien und Parteiensysteme im 19. und 20. Jahrhundert, Frankfurt 1992, S. 121ff.

14 Schauff, Wahlverhalten (Anm. 13), S. 127f.; Günter Dehn, Proletarische Jugend. Lebensgestaltung und Gedankenwelt der großstädtischen Proletarierjugend, Berlin o. J. (1930), bes. S. 21ff.; Winkler, Schein (Anm. 2), S. 156f. 关于退出教会和有组织的自由思想者的运动：Jochen-Christoph Kaiser, Arbeiterbewegung und organisierte Religionskritik. Proletarische Freidenkerverbände in Kaiserreich und Weimarer Republik, Stuttgart 1981, bes. S. 37ff., 130ff.; Wunderer, Arbeitervereine (Anm. 3), S. 55ff., 142ff。

15 对德国社会进行“社会道德群体”划分：M. Rainer Lepsius, Parteiensystem und Sozialstruktur: Zum Problem der Demokratisierung der deutschen Gesellschaft, in: Gerhard A. Ritter (Hg.), Die deutschen Parteien vor 1918, Köln 1973, S. 56–80; ders., Extremer Nationalismus. Strukturbedingungen vor der nationalsozialistischen Machtergreifung, Stuttgart 1966; Lehnert/Megerle (Hg.), Teilkulturen (Anm. 3); dies., Identitäts- und Konsensprobleme in einer fragmentierten Gesellschaft – Zur Politischen Kultur in der Weimarer Republik, in: Dirk Berg-Schlosser u. Jakob Schissler (Hg.), Politische Kultur in Deutschland. Bilanz und Perspektiven der Forschung. PVS, Sonderheft 18, Opladen 1987, S. 80–95。

16 Ausführlicher hierzu Winkler, Schein (Anm. 2), S. 120ff.（以及其他文献）; ferner Siegfried Reck, Arbeiter nach der Arbeit. Sozialhistorische Studien zu den Wandlungen des Arbeiteralltags, Lahn-Gießen 1977; Huch (Hg.), Sozialgeschichte (Anm. 3)。

17 Hendrik de Man, Zur Psychologie des Sozialismus. Neuausgabe (auf Grund des Textes der 2. Aufl. von 1927), Bonn 1976, bes. S. 181ff.; ders., Verbürgerlichung des Proletariats?, in: Neue Blätter für den Sozialismus 1 (1930), Nr. 2 (März), S. 106–118; Max Victor, Verbürgerlichung des Proletariats und Proletarisierung des Mittelstandes. Eine Analyse der Einkommensumschichtung nach dem Kriege, in: Die Arbeit 8 (1931), S. 1731; Hans Speier, Verbürgerlichung des Proletariats?, in: Magazin der Wirtschafts 7/1 (1931), S. 289–304; Theodor Geiger, Zur Kritik der Verbürgerlichung, in: Die Arbeit 8 (1931), S. 534–553; ders., Die Klassengesellschaft im Schmelztiegel, Köln 1949. Der Begriff „nivellierte Mittelstandsgesellschaft“ bei Helmut Schelsky, Gesellschaftlicher Wandel, in: Offene Welt 4 (1956), S. 62–75. 关于“资产阶级化”的争论另见 Winkler, Schein (Anm. 2), S. 160ff.; ders., Der Weg in die Katastrophe. Arbeiter und Arbeiterbewegung in der Weimarer Republik 1930–1933, Bonn 1990², S. 100ff。

18 Detlev J. K. Peukert, Jugend zwischen Krieg und Krise. Lebenswelten von Arbeiter-

jungen in der Weimarer Republik, Köln 1987, bes. S. 37ff., 167ff., 251ff.; Winkler, Weg (Anm. 17), S. 46ff. (jeweils mit weiterer Literatur).

19 Ders., Schein (Anm. 2), S. 360ff.; Werner Kindt (Hg.), Dokumentation der Jugendbewegung, Bd. 3: Die deutsche Jugendbewegung 1920 bis 1933. Die bündische Zeit, Köln 1974; Felix Raabe, Die Bündische Jugend. Ein Beitrag zur Geschichte der Weimarer Republik Stuttgart 1961; Erich Eberts, Arbeiterjugend 1904–1945. Sozialistische Erziehungsgemeinschaft – Politische Organisation, Frankfurt 1979.

20 James M. Diehl, Paramilitary Politics in Weimar Germany, Bloomington 1977; Hans-Joachim Mauch, Nationalsozialistische Wehrorganisationen in der Weimarer Republik. Zur Entwicklung und Ideologie des „Paramilitarismus", Frankfurt 1982; Bernd Weisbrod, Gewalt in der Politik. Zur politischen Kultur in Deutschland zwischen den beiden Weltkriegen, in: GWU 43 (1992), S. 391–405; Volker R. Berghahn, Der Stahlhelm. Bund der Frontsoldaten 1918–1935, Düsseldorf 1966; Karl Rohe, Das Reichsbanner Schwarz-Rot-Gold. Ein Beitrag der Geschichte und Struktur der politischen Kampfverbände zur Zeit der Weimarer Republik, Düsseldorf 1966; Kurt Finker, Geschichte des Roten Frontkämpferbundes, Berlin (O) 1981; Rolf Geißler, Dekadenz und Heroismus. Zeitroman und völkisch-nationalsozialistische Literaturkritik, Stuttgart 1964; Norbert Elias, Kriegsbejahende Literatur der Weimarer Republik (Ernst Jünger), in: ders., Studien über die Deutschen. Machtkämpfe und Habitusentwicklung im 19. u. 20. Jahrhundert, Frankfurt 1989, S. 274–281; ders., Die Zersetzung des staatlichen Gewaltmonopols in der Weimarer Republik, ebd., S. 282–294. 关于志愿军团，参见第3章注释6和第6章注释8提及的文献。

21 关于年龄结构和工人政党中的妇女份额：Winkler, Schein (Anm. 2), S. 346ff., 445ff。关于妇女的选举行为，请见 Schauff, Wahlverhalten (Anm. 13), S. 64ff。综述：Sigmund Neumann, Die Parteien der Weimarer Republik. Neuausgabe der 1. Aufl. von 1932 (unter dem Titel „Die politischen Parteien in Deutschland"), Stuttgart 1965。

22 Ludwig Thoma, Sämtliche Beiträge aus dem „Miesbacher Anzeiger" 1920/21. Kritisch ediert u. kommentiert von Wilhelm Volkert, München 1989, S. 51–53 (52f.).

23 Peter Gay, Die Republik der Außenseiter. Geist und Kultur in der Weimarer Zeit: 1918–1933 (amerik. Orig.: New York 1968), Frankfurt 1970 (das Zitat: S. 23); Walter Laqueur, Weimar. Die Kultur der Republik (engl. Orig.: London 1974), Frankfurt 1976; John Willett, Die Weimarer Jahre. Eine Kultur mit gewaltsamem Ende (engl. Orig.: London 1984), Stuttgart 1986; ders., Explosion der Mitte. Kunst und Politik 1917–1933 (engl. Orig.: London 1978), München 1981; Bärbel Schrader u. Jürgen Schebera, Die „goldenen" zwanziger Jahre. Kunst und Kultur der Weimarer Republik, Leipzig 1987; Leonard Reinisch (Hg.), Die Zeit ohne Eigenschaften. Eine Bilanz der zwanziger Jahre, Stuttgart 1961; Jost Hermand u. Frank Trommler, Die Kultur der Weimarer Republik, Frankfurt 1976; Bruno E. Werner, Die Zwanziger Jahre. Von Morgen bis Mitternachts, München 1963; Detlev J.K. Peukert, Die Weimarer Republik. Krisenjahre der Klassischen Moderne, Frankfurt 1987.

24 综述：Winkler, Schein (Anm. 2), S. 699ff. Zu Münzenberg: Babette Gross, Willy Münzenberg. Eine politische Biographie, Stuttgart 1967。关于犹太人和社会主义的关系：Donald L. Niewyk, Socialist, Anti-Semite and Jew. German Social Democracy Confronts the Problem of Anti-Semitism, Baton Rouge 1971。论犹太人在魏玛共和国的政治生活：ders., The Jews in Weimar Germany, Manchester, 1980; Ernest Hamburger, Jews, Democracy, and Weimar Germany, New York 1972。

25 Kurt Tucholsky, Berlin und die Provinz, in: ders., Gesammelte Werke, Bd. II: 1925–1928, Reinbek 1960, S. 1072–1075. Zur „Weltbühne": Istvan Deak, Weimar Germany's Left-Wing Intellectuals. A Political History of the „Weltbühne" and Its Circle, Berkeley 1968.

26 Schrader/Schebera, „Goldene" zwanziger Jahre (Anm. 23), S. 165. 关于包豪斯和"新实用主义"建筑风格：Norbert Huse, „Neues Bauen" 1918 bis 1933. Moderne Architektur

in der Weimarer Republik, München 1975; Friedhelm Kröll, Das Bauhaus 1919–1933, Düsseldorf 1974。

27 Martin Heidegger, Sein und Zeit (1927[1]), Tübingen 1957[8], S. 127; Carl Schmitt, Die geistesgeschichtliche Lage des heutigen Parlamentarismus, Berlin (1923[1]), 1926[2], S. 8.论来自右翼对民主的批评：Kurt Sontheimer, Antidemokratisches Denken in der Weimarer Republik. Die politischen Ideen des deutschen Nationalismus zwischen 1918 und 1933, München 1962; spezieller Christian Graf v. Krockow, Die Entscheidung. Eine Untersuchung über Ernst Jünger, Carl Schmitt und Martin Heidegger, Stuttgart 1958。关于知识分子右翼：Jeffrey Herf, Reactionary Modernism. Technology, Culture, and Politics in Weimar and the Third Reich, Cambridge 1984。

28 Adolf Hitler, Warum mußte ein 8. November kommen?, in: Deutschlands Erneuerung 8 (1924), S. 199–207 (207; Hervorhebung im Original).

29 Der Große Herder, 4. Aufl., Bd. 1, Freiburg 1926, S. 725. Dazu Winkler, Gesellschaft (Anm. 12), S. 279. 对意大利法西斯分子的接受：Klaus-Peter Hoepke, Die deutsche Rechte und der italienische Faschismus. Ein Beitrag zum Selbstverständnis und zur Politik von Gruppen und Verbänden der deutschen Rechten, Düsseldorf 1968。

30 Thomas Mann, Betrachtungen eines Unpolitischen (1918), in: Stockholmer Gesamtausgabe der Werke Thomas Manns, Bd. 1, Frankfurt 1956; ders., Von deutscher Republik (1922), ebd., Bd. 2: Reden und Aufsätze, Frankfurt 1965, S. 9–52; Kampf um München als Kulturzentrum. Sechs Vorträge von Thomas Mann, Heinrich Mann, Leo Weismantel, Walter Courvoisier und Paul Renner. Mit einem Vorwort von Thomas Mann, München 1926, S. 9; Friedrich Meinecke, Republik, Bürgertum und Jugend (1925), in: ders., Werke, Bd. 2: Politische Schriften und Reden, Darmstadt 1958, S. 369–383 (376); ders., Die deutschen Universitäten und der heutige Staat (1926), ebd., S. 402–413 (410, 413). 论托马斯·曼的政治角色：Kurt Sontheimer, Thomas Mann und die Deutschen, Frankfurt 1965[2]; zu Meinecke: Waldemar Besson, Friedrich Meinecke und die Weimarer Republik, in: VfZ 7 (1959), S. 113–129; Harm Klueting, „Vernunftrepublikanismus" und „Vertrauensdiktatur": Friedrich Meinecke in der Weimarer Republik, in: HZ 242 (1986), S. 69–98。

11. 保守的共和国

1 Akten der Reichskanzlei (= AdR), Weimarer Republik. Die Kabinette Luther I und II. 15. Januar 1925 bis 20. Januar 1926. 20. Januar 1926 bis 17. Mai 1926, bearb. v. Karl-Heinz Minuth, 2 Bde., Boppard 1977, Bd. 1, S. XXIV ff. 关于《洛迦诺公约》的历史和安全问题等：Peter Krüger, Die Außenpolitik der Republik von Weimar, Darmstadt 1985, S. 259 ff.; Klaus Megerle, Deutsche Außenpolitik 1925. Ansatz zu aktivem Revisionismus, Bern 1974; Jon Jacobson, Locarno Diplomacy. Germany and the West, 1925–1929, Princeton 1972; Michael Salewski, Entwaffnung und Militärkontrolle in Deutschland 1919–1927, München 1966。

2 AdR, Kabinette Luther (Anm. 1), Bd. 1, S. 310–314 (Ministerrat beim Reichspräsidenten am 5. 6. 1925); Jürgen Spenz, Die diplomatische Vorgeschichte des Beitritts Deutschlands zum Völkerbund 1924–1926. Ein Beitrag zur Außenpolitik der Weimarer Republik, Göttingen 1960, S. 33 ff.; Erich Matthias, Die deutsche Sozialdemokratie und der Osten 1914–1945, Tübingen 1954, S. 49 ff., 60 ff.; Peter Pistorius, Rudolf Breitscheid 1874–1944. Ein biographischer Beitrag zur deutschen Parteiengeschichte, phil. Diss. Köln 1971, S. 263 ff.; Michael Salewski, Das Weimarer Revisionssyndrom, in: Aus Politik und Zeitgeschichte. Beilage zur Wochenzeitung „Das Parlament" B2/1980, S. 14–25.

3 Akten zur Deutschen Auswärtigen Politik 1918–1945 (= ADAP). Aus dem Archiv des Auswärtigen Amts. Serie B: 1925–1933, Bd. II, 1: Dezember 1925 bis Juni 1926. Deutschlands Beziehungen zur Sowjet-Union, zu Polen, Danzig und den Baltischen Staaten, Göt-

tingen 1967, S. 363–365. Dazu Helmut Lippelt, „Politische Sanierung". Zur deutschen Politik gegenüber Polen 1925/26, in: VfZ 19 (1971), S. 323–373; Karl-Dietrich Erdmann, Gustav Stresemann: The Revision of Versailles and the Weimar Parliamentary System. German Historical Institute London: The 1980 Annal Lecture, London o. J.

4 Schulthess' Europäischer Geschichtskalender 66 (1925), München 1929, S. 154; Friedrich Purlitz (Hg.), Deutscher Geschichtskalender 41 (1925), 1. Bd. (Inland), Leipzig o. J., S. 315 f.; AdR, Kabinette Luther (Anm. 1), Bd. 1, S. XXXVI.

5 Dirk Stegmann, Deutsche Zoll- und Handelspolitik 1924/25–1929 unter besonderer Berücksichtigung agrarischer und industrieller Interessen, in: Hans Mommsen u. a. (Hg.), Industrielles System und politische Entwicklung in der Weimarer Republik, Düsseldorf 1974[1], S. 499–593; Dieter Gessner, Agrarverbände in der Weimarer Republik, Wirtschaftliche und soziale Voraussetzungen agrarkonservativer Politik vor 1933, Düsseldorf 1976, S. 47 ff.; Heinrich Becker, Handlungsspielräume der Agrarpolitik in der Weimarer Republik zwischen 1923 und 1929, Stuttgart 1990, S. 330 ff.; Heidrun Holzbach, Das „System Hugenberg". Die Organisation bürgerlicher Sammlungspolitik vor dem Aufstieg der NSDAP, Stuttgart 1981, S. 180 ff.; Karl Heinrich Pohl, Weimars Wirtschaft und die Außenpolitik der Republik 1924–1926. Vom Dawes-Plan zum Internationalen Eisenpakt, Düsseldorf 1979, S. 135 ff.

6 Heinrich August Winkler, Der Schein der Normalität. Arbeiter und Arbeiterbewegung in der Weimarer Republik 1924–1930, Berlin 1987[2], S. 255–259; Klaus E. Rieseberg, Die SPD in der „Locarno-Krise" Oktober/November 1925, in: VfZ 30 (1982), S. 130–161. 党组织的引言 : Der Sieg des Friedens, in: Vorwärts, Nr. 250, 17. 10. 1925。

7 AdR, Kabinette Luther (Anm. 1), S. LIV f. (mit Einzelbelegen); Michael Stürmer, Koalition und Opposition in der Weimarer Republik 1924–1928, Düsseldorf 1967, S. 132 ff. (也见, S. 288–290, Meissner关于危机的表述); Peter Haungs, Reichspräsident und parlamentarische Kabinettsregierung. Eine Studie zum Regierungssystem der Weimarer Republik in den Jahren 1924 bis 1929, Köln 1968, S. 94 ff.; Winkler, Schein (Anm. 6), S. 259 ff。

8 Ebd., S. 265 ff.; Stürmer, Koalition (Anm. 7), S. 148 ff., sowie AdR, Kabinette Luther (Anm. 1), S. LXIV (mit Einzelbelegen).

9 综述 : Ulrich Schüren, Der Volksentscheid zur Fürstenenteignung 1926. Die Vermögensauseinandersetzungen mit den depossedierten Landesherren als Problem der deutschen Innenpolitik unter besonderer Berücksichtigung der Verhältnisse in Preußen, Düsseldorf 1978; Winkler, Schein (Anm. 6), S. 270 ff。对公民投票民主制的辩护 : Otmar Jung, Direkte Demokratie in der Weimarer Republik. Die Fälle „Aufwertung", „Fürstenenteignung", „Panzerkreuzerverbot" und „Youngplan", Frankfurt 1989. Vgl. auch ders., Volksgesetzgebung. Die „Weimarer Erfahrungen" aus dem Fall der Vermögensauseinandersetzungen zwischen Freistaaten und ehemaligen Fürsten, Hamburg 1991。关于中央党以及天主教选民的态度 : Karsten Ruppert, Im Dienst am Staat von Weimar. Das Zentrum als regierende Partei in der Weimarer Demokratie 1923–1930, Düsseldorf 1992, S. 210 ff.; Birgit Sack, Zentrum und Fürstenenteignung. Eine Studie zu den Erosionsprozessen im politischen Katholizismus in den Jahren der relativen Stabilisierung, Magisterarbeit (MS), Freiburg 1990; Johannes Horstmann, Katholiken, Reichspräsidentenwahlen und Volksentscheide, in: Jahrbuch für christliche Sozialwissenschaften 27 (1986), S. 61–93。

10 ADAP, Bd. II/1 (Anm. 3), S. XXV (mit Einzelbelegen); Martin Walsdorff, Westorientierung und Ostpolitik. Stresemanns Rußlandspolitik in der Locarno-Ära, Bremen 1971, S. 157 ff., 240–246; Krüger, Außenpolitik (Anm. 1), S. 315 ff.

11. Spenz, Vorgeschichte (Anm. 2), S. 125 ff.; Walsdorff, Westorientierung (Anm. 10), S. 176 ff.; Ulrich Hochschild, Sozialdemokratie und Völkerbund. Die Haltung der SPD und S. F. I. O. zum Völkerbund von dessen Gründung bis zum deutschen Beitritt

(1919–1926), Karlsruhe 1982, S. 214ff. Das Zitat in: Von Versailles nach Genf. Eine weltgeschichtliche Wende, in: Vorwärts, Nr. 426, 10. 9. 1926.

12 Krüger, Außenpolitik (Anm. 1), S. 356ff.; Clemens A. Wurm, Die französische Sicherheitspolitik in der Phase der Umorientierung 1924–1926, Frankfurt 1979, S. 392ff.; Hagen Schulze, Weimar. Deutschland 1917–1933, Berlin 1982, S. 281ff.; Hans Mommsen, Die verspielte Freiheit. Der Weg der Republik von Weimar in den Untergang 1918 bis 1933, Berlin 1989, S. 221f.

13 Veröffentlichungen des Reichsverbandes der Deutschen Industrie, Heft 32, Berlin 1926, S. 55f., 64f.; Dirk Stegmann, Die Silverberg-Kontroverse 1926. Unternehmerpolitik zwischen Reform und Restauration, in: Hans-Ulrich Wehler (Hg.), Sozialgeschichte Heute. Festschrift für Hans Rosenberg zum 70. Geburtstag, Göttingen 1974, S. 594–610; Reinhard Neebe, Großindustrie, Staat und NSDAP 1930–1933. Paul Silverberg und der Reichsverband der Deutschen Industrie in der Krise der Weimarer Republik, Göttingen 1981, S. 35ff.; Bernd Weisbrod, Schwerindustrie in der Weimarer Republik. Interessenpolitik zwischen Stabilisierung und Krise, Wuppertal 1978, S. 276ff.; Winkler, Schein (Anm. 6), S. 510ff.

14 纪念施莱歇的文章见：Thilo Vogelsang, Reichswehr, Staat und NSDAP, Stuttgart 1962, S. 409–413。另外关于泽克特转向海耶的综述：Francis L. Carsten, Reichswehr und Politik 1918–1933, Köln 1964, S. 267–287。

15 Akten der Reichskanzlei (= AdR), Weimarer Republik. Die Kabinette Marx III und IV. 17. Mai 1926 bis 29. Januar 1927. 29. Januar 1927 bis 29. Juni 1928., 2 Bde., bearb. v. Günter Abramowski, Boppard 1988, Bd. 1, S. 318f., 322f. (Ministerbesprechungen vom 10. u. 11. 11. 1926); Margaret F. Stieg, The 1926 German Law to Protect Youth against Trash and Dirt: Moral Protectionism in a Democracy, in: CEH 23 (1990), S. 22–56; Stürmer, Koalition (Anm. 7), S. 166ff.; Winkler, Schein (Anm. 6), S. 295ff.

16 Sowjetgranaten für Reichswehrgeschütze, in: Vorwärts, Nr. 573, 5. 12. 1926; AdR, Kabinette Marx III/IV (Anm. 15), Bd. 1, S. 440–462 (Ministerbesprechungen, Kabinettssitzungen, Parteiführerbesprechungen, 13.–16. 12. 1926); Verhandlungen des Reichstags. Stenographische Berichte, Bd. 391, S. 8576–8586 (Scheidemann); Stürmer, Koalition (Anm. 7), S. 176ff.; Winkler, Schein (Anm. 6), S. 298ff.; Carsten, Reichswehr (Anm. 14), S. 276ff.; Hans W. Gatzke, Russo-German Military Collaboration during the Weimar Republic, in: AHR 63 (1958), S. 565–597; Henry A. Turner, jr., Stresemann – Republikaner aus Vernunft (am. Orig.: Princeton 1963), Berlin 1968, S. 217ff.; Jürgen Zaruski, Die deutsche Sozialdemokratie und das sowjetische Modell. Ideologische Auseinandersetzung und außenpolitische Konzeptionen 1917–1923, München 1992, S. 198ff.

17 AdR, Kabinette Marx III/IV (Anm. 15), Bd. 1, S. XLVff. (mit Einzelbelegen); Josef Becker, Zur Politik der Wehrmachtsabteilung in der Regierungskrise 1926/27. Zwei Dokumente aus dem Nachlaß Schleicher, in: VfZ 14 (1966), S. 69–78 (77); Stürmer, Koalition (Anm. 7), S. 182–190, 299–303; Haungs, Reichspräsident (Anm. 7), S. 79–100. 论党派的作用：Manfred Dörr, Die Deutschnationale Volkspartei 1925–1928, Marburg 1964, S. 265ff.; Die Protokolle der Reichstagsfraktion und des Fraktionsvorstandes der Deutschen Zentrumspartei 1926–1933, bearb. v. Rudolf Morsey, Mainz 1969, S. 79–100 (Vorstands- u. Fraktionssitzungen 16. 12. 1926–3. 2. 1927)。

18 Das Zitat aus der „Germania“ nach: Die Parteiführer beim Reichspräsidenten, in: Vorwärts Nr. 7, 5. 1. 1927. Zum Vorstehenden: Winkler, Schein (Anm. 6), S. 305ff.; Gerhard Schulz, Deutschland am Vorabend der Großen Krise (= Zwischen Demokratie und Diktatur. Verfassungspolitik und Reichsreform in der Weimarer Republik, Bd. II), Berlin 1987, S. 266f.

19 AdR, Kabinette Marx III/IV (Anm. 15), Bd. 1, S. XLVff. (mit Einzelbelegen); Haungs, Reichspräsident (Anm. 7), S. 208ff.; Stürmer, Koalition (Anm. 7), S. 213ff.; Gotthard Jasper, Der Schutz der Republik. Studien zur staatlichen Sicherung der Demokratie in der Weimarer Republik 1922–1930, Tübingen 1963, S. 162ff., 277ff.; Geßner, Agrarver-

bände (Anm. 5), S. 83ff.; Stegmann, Zoll- und Handelspolitik (Anm. 5), S. 504ff.; Winkler, Schein (Anm. 6), S. 307ff. 论德国学生会的冲突：Ernst Rudolf Huber, Deutsche Verfassungsgeschichte seit 1789, Bd. VI: Die Weimarer Reichsverfassung, Stuttgart 1981, S. 1013ff.; Erich Wende, C. H. Becker, Mensch und Politiker. Ein biographischer Beitrag zur Kulturgeschichte der Weimarer Republik, Stuttgart 1959, S. 252ff。

20 AdR, Kabinette Marx III/IV (Anm. 15), Bd. 1, S. LXVff.（具体实例）; Ludwig Preller, Sozialpolitik in der Weimarer Republik, Düsseldorf 1978[2]. S. 350f.; Stürmer, Koalition (Anm. 7), S. 203ff.; Winkler, Schein (Anm. 6), S. 59（工时数据）, 310f。

21 AdR, Kabinette Marx III/IV (Anm. 15), Bd. 1, S. LXVII (mit Einzelbelegen); Preller, Sozialpolitik (Anm. 20), S. 369ff.; Winkler, Schein (Anm. 6), S. 311ff.; Stürmer, Koalition (Anm. 7), S. 210ff.; Gerhard A. Ritter, Der Sozialstaat. Entstehung und Entwicklung im internationalen Vergleich, München 1989, S. 110ff.; Walter Bogs, Die Sozialversicherung in der Weimarer Demokratie, München 1981; Karl Christian Führer, Arbeitslosigkeit und die Entstehung der Arbeitslosenversicherung in Deutschland 1902–1927, Berlin 1990, S. 170ff. 关于经济形势：Wolfram Fischer, Deutsche Wirtschaftspolitik 1918–1945, Opladen 1968[3], S. 43f。

22 AdR, Kabinette Marx III/IV (Anm. 15), Bd. 2, S. 935–937 (Besprechung mit Vertretern der Christlichen Gewerkschaften), 29. 9. 1927; Heinrich Köhler, Lebenserinnerungen des Politikers und Staatsmannes 1878–1949, hg. v. Josef Becker, Stuttgart 1964, S. 251–164; Protokolle (Anm. 17), S. 154–166 (Fraktionssitzungen des Zentrums, 17. 10.–14. 12. 1927); Rudolf Morsey, Brünings Kritik an der Reichsfinanzpolitik 1919–1929, in: Erich Hassinger u. a. (Hg.), Geschichte, Wirtschaft, Gesellschaft. Festschrift für Clemens Bauer, Berlin 1974, S. 359–373; Ruppert, Dienst (Anm. 9), S. 274ff.; Haungs, Reichspräsident (Anm. 7), S. 217ff.; Winkler, Schein (Anm. 6), S. 314ff.

23 Schulthess' Europäischer Geschichtskalender 68 (1927), München 1928, S. 489–507 (Memorandum Gilberts vom 20. 10. und Köhlers Antwort vom 5. 11. 1927); AdR, Kabinette Marx III/IV (Anm. 15), Bd. 1, S. LXXVIIIff.（具体实例）; Eigene oder geborgte Währung. Vortrag des Reichsbankpräsidenten Hjalmar Schacht, Berlin 1927; Winkler, Schein (Anm. 6), S. 408ff., S. 513ff. (mit weiterer Lit.); Karl-Heinrich Hansmeyer (Hg.), Kommunale Finanzpolitik in der Weimarer Republik, Stuttgart 1973。

24 Knut Borchardt, Wirtschaftliche Ursachen des Scheiterns der Weimarer Republik, in: ders., Wachstum, Krisen, Handlungsspielräume der Wirtschaftspolitik. Studien zur Wirtschaftsgeschichte des 19. u. 20. Jahrhunderts, Göttingen 1982, S. 183–205; ders., Die „Krise vor der Krise". Zehn Jahre Diskussion über die Vorbelastungen der Wirtschaftspolitik Heinrich Brünings in der Weltwirtschaftskrise (Münchner Wirtschaftswissenschaftliche Beiträge, Nr. 89–25), München 1989. 论赔款和美国贷款的关系等: Stephen A. Schuker, American „Reparations" to Germany 1919–1933: Implications for the Third-World Debt Crisis, Princeton 1988; William C. McNeil, American Money and the Weimar Republic. Economics and Politics on the Eve of the Great Depression, New York 1986。综述经济框架条件和货币政策：Gerd Hardach, Weltmarktorientierung und relative Stagnation. Währungspolitik in Deutschland 1924–1931, Berlin 1976。

25 AdR, Kabinette Marx III/IV (Anm. 15), Bd. 2, S. 1094–1098 (Denkschrift des RDI vom 23. 11. 1927), 1099–1103 (Besprechung des Präsidiums des RDI mit Mitgliedern der Reichsregierung am 24. 11. 1927). Dazu Gerhard Schulz, Zwischen Demokratie und Diktatur. Verfassungspolitik und Reichsreform in der Weimarer Republik. Bd. I: Die Periode der Konsolidierung und der Revision des Bismarckschen Reichsaufbaus 1919–1930, Berlin 1963[1], S. 574ff.

26 Winkler, Schein (Anm. 6), S. 466ff. (mit weiterer Lit.). 关于Naphtalis以及德国总工会1928年9月汉堡会议批准的方案：Fritz Naphtali, Wirtschaftsdemokratie. Ihr Wesen, Weg und Ziel, Berlin 1928 (Neudruck: Frankfurt 1968 u. ö.)。

27 Heinrich August Winkler, Von der Revolution zur Stabilisierung. Arbeiter und Arbeiterbewegung in der Weimarer Republik 1918–1924, Berlin 1985[2], S. 684ff. (685); ders.,

Schein (Anm. 6), S. 472ff., 557f.; Gerald D. Feldman u. Irmgard Steinisch, Die Weimarer Republik zwischen Sozial- und Wirtschaftsstaat. Die Entscheidung gegen den Achtstundentag, in: AfS 18 (1978), S. 353–439 (bes. 411f.); 综述：Johannes Bähr, Staatliche Schlichtung in der Weimarer Republik. Tarifpolitik, Korporatismus und industrieller Konflikt zwischen Inflation und Deflation 1919–1932, Berlin 1989, S. 72ff。

28 Winkler, Schein (Anm. 6), S. 338f. (Hilferding), 472ff.（德国总工会的态度）; Bähr, Schlichtung (Anm. 27), S. 117ff.（强制调节的影响）, 204 (Arbeit Nordwest); Weisbrod, Schwerindustrie (Anm. 13), S. 352ff。论工资“过高”的争议，除注释24外：Carl-Ludwig Holtfrerich, Zu hohe Löhne in der Weimarer Republik? Bemerkungen zur Borchardt-These, in: GG 10 (1984), S. 122–141; Dieter Petzina, Was there a Crisis before the Crisis? The State of the German Economy in the 1920s, in: Jürgen Baron von Kruedener (Hg.), Economic Crisis and Political Collapse. The Weimar Republic 1924–1933, New York 1990, S. 1–19; Albrecht Ritschl, Zu hohe Löhne in der Weimarer Republik?, ebd. 16 (1990), S. 375–402。Borchardt引发的魏玛经济“病症”争论综述：Eberhard Kolb, Die Weimarer Republik, München 1988^2, S. 182ff。

29 Robert A. Brady, The Rationalization Movement in German Industry. A Study in the Evolution of Economic Planning, Berkeley 1933; Gunnar Stollberg, Die Rationalisierungsdebatte 1908–1933. Freie Gewerkschaften zwischen Mitwirkung und Gegenwehr, Frankfurt 1981; Heidrun Homburg, Rationalisierung und Industriearbeit. Das Beispiel des Siemens-Konzerns Berlin 1900–1939, Berlin 1991; Wolfgang Zollitsch, Arbeiter zwischen Weltwirtschaftskrise und Nationalsozialismus. Ein Beitrag zur Sozialgeschichte der Jahre 1928 bis 1936, Göttingen 1990, S. 19ff.; Winkler, Schein (Anm. 6), S. 32ff., 62ff.

30 AdR, Kabinette Marx III/IV (Anm. 15), Bd. 2, S. 856–858 (Ministerbesprechung vom 13. 7. 1927), 1310–1312 (Parteiführerbesprechung vom 15. 2. 1928); Winkler, Schein (Anm. 6), S. 316ff.; Stürmer, Koalition (Anm. 7), S. 225ff.; Günter Grünthal, Reichsschulgesetz und Zentrumspartei in der Weimarer Republik, Düsseldorf 1968, S. 196ff.; Ellen L. Evans, The Center Wages *Kulturpolitik*: Conflict in the Marx-Keudell-Cabinet of 1927, in: CEH 2 (1969), S. 139–158; dies., The German Center Party 1870–1933. A Study in Political Catholicism, Carbondale 1981. S 316ff.; Ruppert, Dienst (Anm. 9), S. 287ff.

31 AdR, Kabinette Marx III/IV (Anm. 7), Bd. 2, S. 1321f. (Ministerbesprechung vom 17. 2. 1928), 1322–1324 (Parteiführerbesprechung vom 17. 2. 1928), 1324–1326 (Besprechung mit Vertretern von SPD und DDP am 17. 2. 1924), 1327–1329 (Ministerbesprechungen vom 18. 2. 1928), 1330–1332 (Besprechung mit Vertretern der Opposition vom 18. 2. 1928), 1332f. (Parteiführerbesprechung vom 18. 2. 1928), 1385f. (Kabinettssitzung vom 26. 3. 1928). 论危机的宪政维度：Schulz, Deutschland (Anm. 18), S. 264ff。

32 Wolfgang Wacker, Der Bau des Panzerkreuzers „A“ und der Reichstag, Tübingen 1959, S. 33ff.; Werner Rahn, Marinerüstung und Innenpolitik einer parlamentarischen Demokratie – das Beispiel des Panzerschiffes A 1928, in: Die deutsche Marine. Historisches Selbstverständnis und Standortbestimmung, Herford 1983, S. 53–72; Jost Dülffer, Weimar, Hitler und die Marine. Reichspolitik und Flottenbau 1920–1939, Düsseldorf 1973, S. 94ff.; Michael Geyer, Aufrüstung oder Sicherheit. Die Reichswehr in der Krise der Machtpolitik 1924–1936, Wiesbaden 1980, S. 198ff.; Winkler, Schein (Anm. 6), S. 533f. 论格斯勒的退位背景，包括国防军秘密资助“福波斯电影公司”的丑闻：Carsten, Reichswehr (Anm. 14), S. 311ff。论格勒纳：Johannes Hürter, Wilhelm Groener. Reichswehrminister am Ende der Weimarer Republik (1928–1932), München 1993.

33 Ernst Thälmann, „Klare Front!“, in: Rote Fahne, 1. 4. 1928, wieder abgedruckt in: ders., Reden und Aufsätze, 2 Bde., Bd. 1: 1919–1928, Frankfurt 1972, S. 566–575. Zur Bolschewisierung der KPD allgemein: Hermann Weber, Die Wandlung des deutschen Kommunismus. Die Stalinisierung der KPD in der Weimarer Republik, 2 Bde., Frankfurt 1969. 关于萨克森冲突和社会民主党：Winkler, Schein (Anm. 6), S. 327ff., S. 533f。

34 Linksliberalismus in der Weimarer Republik. Die Führungsgremien der Deutschen Demokratischen Partei und der Deutschen Staatspartei 1918–1933. Eingeleitet von Lothar Albertin. Bearbeitet von Konstanze Wegner in Verbindung mit Lothar Albertin, Düsseldorf 1980, S. 443–452 (Sitzung des Parteiausschusses vom 29. 4. 1928). 论德意志人民党和施特雷泽曼: Turner, Stresemann (Anm. 16), S. 225 ff。综述自由党派: Larry Eugene Jones, German Liberalism and the Dissolution of the Weimar Party System, 1918–1933, Chapel Hill 1988, S. 291 ff。论德意志人民党 : Holzbach, System (Anm. 5), S. 220ff。论中央党见注释 20。论选举参见 Wolfgang Ruge, Weimar – Republik auf Zeit, Berlin (O) 1982², S. 193 f.

35 Dietrich Orlow, The History of the Nazi Party: 1919–1933, Pittsburgh 1969, S. 68 ff.; Wolfgang Horn, Führerideologie und Parteiorganisation in der NSDAP (1919–1933), Düsseldorf 1972, S. 209 ff.; Mommsen, Freiheit (Anm. 12), S. 321 ff. 论农业危机 : Geßner, Agrarverbände (Anm. 5), S. 83 ff。

12. 议会制的代价

1 选举结果综述 : Heinrich August Winkler, Der Schein der Nor-malität. Arbeiter und Arbeiterbewegung in der Weimarer Republik, Berlin 1988², S. 521–527(以及其他文献)。论德意志民族社会党在Dithmarschen的成功: Rudolf Heberle, Landbevölkerung und Nationalsozialismus. Eine soziologische Untersuchung der politischen Willensbildung in Schleswig-Holstein 1918–1932, Stuttgart 1963, S. 48 ff. (58).

2 Akten der Reichskanzlei (= AdR). Weimarer Republik. Das Kabinett Müller II, 28. Juni 1928 bis 27. März 1930, 2 Bde., bearb. v. Martin Vogt, Boppard 1970, Bd. 1, S. VIII ff.; Otto Braun, Von Weimar zu Hitler, New York 1940¹², S. 245 ff.; Hagen Schulze, Otto Braun oder Preußens demokratische Sendung, Frankfurt 1977, S. 539 ff.; Peter Haungs, Reichspräsident und parlamentarische Kabinettsbildung. Eine Studie zum Regierungssystem der Weimarer Republik in den Jahren 1924–1929, Köln 1968, S. 146 ff.; Winkler, Schein(Anm. 1), S. 528 ff. 论装甲巡洋舰 "A" : Wolfgang Wacker, Der Bau des Pan- zerschiffs „A" und der Reichstag, Tübingen 1959, S. 90 ff。

3 AdR, Kabinett Müller II (Anm. 2), Bd. 1, S. 1 (Verhandlungen über die Regierungsbildung, 12.–14. 6. 1928); Gustav Stresemann, Vermächtnis. Der Nachlaß in drei Bänden, Bd. 3, Berlin 1933, S. 298 f.; Die Protokolle der Reichstagsfraktion und des Fraktionsvorstandes der Deutschen Zentrumspartei 1926–1933, bearb. v. Rudolf Morsey, Mainz 1969, S. 207–226 (Fraktionssitzungen, 8.–28. 6. 1928); Erich Eyck, Geschichte der Weimarer Republik, 2 Bde., Erlenbach 1962³, Bd. 2; S. 206 ff.; Jürgen Blunck, Der Gedanke der Großen Koalition in den Jahren 1923–1928, phil. Diss. (MS), Kiel 1961, S. 256 ff.; Haungs, Reichspräsident (Anm. 2), S. 151; Winkler, Schein (Anm. 1), S. 536–541.

4 AdR, Kabinett Müller II (Anm. 2), Bd. 1, S. 60–64 (Ministerbesprechung vom 10. 8. 1928; Auszug aus dem Tagebuch Koch-Wesers); Wacker, Bau (Anm. 2), S. 100; Winkler, Schein (Anm. 1), S. 541 f.

5 Verhandlungen des Reichstags. Stenographische Berichte, Bd. 423, S. 358–361 (Lemmer), 361–367 (Wirth); Wacker, Bau (Anm. 2), S. 128–140 (hier auch das Zitat aus der Vossischen Zeitung); Winkler, Schein (Anm. 1), S. 542 ff.; Gustav Adolf Caspar, Die sozialdemokratische Partei und das deutsche Wehrproblem in den Jahren der Weimarer Republik, Frankfurt 1959, S. 78 ff.

6 Julius Leber, Ein Mann geht seinen Weg. Schriften, Reden und Briefe, Frankfurt 1952, S. 180 f.; Dorothea Beck, Julius Leber. Sozialdemokrat zwischen Reform und Widerstand, Berlin 1983, S. 72 ff. Das Zitat von Hilferding: Winkler, Schein (Anm. 1), S. 553.

7 Ebd., S. 557–572 (das Zitat aus der Frankfurter Zeitung: 561); Ernst Fraenkel, Der Ruhreisenstreit 1928–1929 in historisch-politischer Sicht, in: Ferdinand A. Hermens u. Theodor Schieder (Hg.), Staat, Wirtschaft und Politik in der Weimarer Republik. Fest-

schrift für Heinrich Brüning, Berlin 1967, S. 97–117; Ursula Hüllbüsch, Der Ruhreisenstreit in gewerkschaftlicher Sicht, in: Hans Mommsen u. a. (Hg.), Industrielles System und politische Entwicklung in der Weimarer Republik, Düsseldorf 1974, S. 271–289; Gerald D. Feldman u. Irmgard Steinisch, Notwendigkeiten und Grenzen sozialstaatlicher Intervention. Eine vergleichende Fallstudie des Ruhreisenstreits in Deutschland und des Generalstreiks in England, in: AfS 20 (1980), S. 57–117; Bernd Weisbrod, Schwerindustrie in der Weimarer Republik. Interessenpolitik zwischen Stabilisierung und Krise, Wuppertal 1978, S. 415 ff.; Michael Schneider, Auf dem Weg in die Krise. Thesen und Materialien zum Ruhreisenstreit 1928/29, Wentorf b. Hamburg 1974.

8 AdR, Kabinett Müller II (Anm. 2), Bd. 1, S. XVIV ff.（具体实例）。综上所述：Peter Krüger, Die Außenpolitik der Republik von Weimar, Darmstadt 1985, bes. S. 428 ff 。将1928年9月的日内瓦规定视为转折点：Franz Knipping, Deutschland, Frankreich und das Ende der Locarno-Ära 1928–1931. Studien zur internationalen Politik in der Anfangsphas der Weltwirtschafts-krise, München 1987, S. 34 ff.

9 John A. Leopold, Alfred Hugenberg. The Radical Nationalist Campaign against the Weimar Republic, New Haven 1977, S. 45 ff.; Heidrun Holzbach, Das „System Hugenberg". Die Organisation bürgerlicher Sammlungspolitik vor dem Aufstieg der NSDAP, Stuttgart 1981, S. 240 ff.; Friedrich Freiherr Hiller von Gaertringen, Die Deutschnationale Volkspartei, in: Erich Matthias u. Rudolf Morsey (Hg.), Das Ende der Parteien 1933, Düsseldorf 1960, S. 543–652 (bes. 544 ff.).

10 Rudolf Morsey, Die Deutsche Zentrumspartei, ebd., S. 281–453 (bes. 283 ff.; das Zitat: 291); Ellen L. Evans, The German Center Party 1870–1933. A Study in Political Catholicism, Carbondale 1981, S. 348 ff.; Karsten Ruppert, Im Dienst am Staat von Weimar. Das Zentrum als regierende Partei in der Weimarer Demokratie 1923–1930, Düsseldorf 1992, S. 335 ff.

11 AdR, Kabinett Müller II (Anm. 2), Bd. 1, S. 382–384, 396–400 (Aufzeichnungen von Staatssekretär Pünder über Koalitionsgespräche vom 24. 1. u. 30. 1. 1929), 408–411 (Politische Aussprache vom 6. 2. 1929); Protokolle (Anm. 3), S. 258–269 (Sitzungen von Vorstand und Fraktion des Zentrums zwischen 19. 1. u. 8. 2. 1929); Schulze, Braun (Anm. 2), S. 551 f.; Herbert Hömig, Das preußische Zentrum in der Weimarer Republik, Mainz 1979, S. 179 ff.; Winkler, Schein (Anm. 1), S. 573 ff.

12 Ebd., S. 576 (Müller: Hervorhebung im Original); Stresemann, Vermächtnis (Anm. 3), Bd. 3, S. 428–433.

13 AdR, Kabinett Müller II (Anm. 2), Bd. 1, S. 524–530 (Ministerbesprechung vom 7. 4. 1929), 531–540 (Politische Besprechungen vom 8. u. 9. 4. 1929), 540–543 (Kabinettssitzung vom 10. 4. 1929), 543 (Politische Besprechung vom 10. 4. 1929); Ilse Maurer, Reichsfinanzen und Große Koalition. Zur Geschichte des Reichskabinetts Müller (1928–1930), Bern 1973, S. 59 ff.; Rosemarie Leuschen-Seppel, Zwischen Staatsverantwortung und Klasseninteresse. Die Wirtschafts- und Finanzpolitik der SPD zur Zeit der Weimarer Republik unter besonderer Berücksichtigung der Mittelphase 1924–1928/29, Bonn 1981, S. 217 ff.; Rainer Meister, Die große Depression. Zwangslagen und Handlungsspielräume der Wirtschafts- und Finanzpolitik in Deutschland 1929–1932, Regensburg 1991, S. 63 ff.; Winkler, Schein (Anm. 1), S. 577 ff.

14 AdR, Kabinett Müller II (Anm. 2), Bd. 1, S. XXV f. (mit Einzelbelegen); Martin Vogt, Die Entstehung des Youngplans dargestellt vom Reichsarchiv 1931–1933, Boppard 1970; Werner Link, Die amerikanische Stabilisierungspolitik in Deutschland 1921–1923, Düsseldorf 1970, S. 438 ff.; Wolfram Fischer, Deutsche Wirtschaftspolitik 1918–1945, Opladen 1968³, S. 26 ff.; Krüger, Außenpolitik (Anm. 8), S. 476 ff.

15 Schulthess' Europäischer Geschichtskalender, 70. Bd., 1929, München 1930, S. 152–154; Weisbrod, Schwerindustrie (Anm. 7), S. 292 ff.; Volker R. Berghahn, Der Stahlhelm, Bund der Frontsoldaten 1918–1935, Düsseldorf 1966, S. 115 ff.; Dietrich Orlow, The History of the Nazi Party: 1919–1933, Pittsburgh 1969, S. 173 ff.

16 Winkler, Schein (Anm. 1), S. 661 ff.; Hermann Weber, Die Wandlung des deutschen Kommunismus. Die Stalinisierung der KPD in der Weimarer Republik, 2 Bde., Frankfurt 1969, Bd. 1, S. 195 ff.; Siegfried Bahne, „Sozialfaschismus" in Deutschland. Zur Geschichte eines politischen Begriffs, in: IRSH 10 (1965), S. 211–245. 向极左转向综述 : Thomas Weingartner, Stalin und der Aufstieg Hitlers. Die Deutschlandpolitik der Sowjetunion und der Kommunistischen Internationale 1929–1934, Berlin 1970, S. 70 ff。

17 Thomas Kurz, „Blutmai". Sozialdemokraten und Kommunisten im Brennpunkt der Berliner Ereignisse von 1929, Bonn 1988 (mit weiterer Lit.); Léon Schirmann, Blutmai Berlin 1929. Dichtungen und Wahrheit, Berlin 1992; Chris Bowlby, Blutmai 1929: Police, Parties and Proletarians in a Berlin Confrontation, in: The Historical Journal 29 (1986), S. 137–317; Eve Rosenhaft, Beating the Fascists? The German Communists and Political Violence 1929–1933, Cambridge 1983 ff., S. 33 ff.; Werner Boldt, Pazifisten und Arbeiterbewegung. Der Berliner Blutmai 1929, in: Gerhard Kraiker u. Dirk Grathoff (Hg.), Carl v. Ossietzky und die politische Kultur der Weimarer Republik, Oldenburg 1991, S. 117–224; Winkler, Schein (Anm. 1), S. 671 ff. (也论社民党的态度)。

18 AdR, Kabinett Müller II (Anm. 2), Bd. 1, S. 643–645 (Ministerbesprechung vom 6. 5. 1929); Kurt G. P. Schuster, Der Rote Frontkämpferbund 1924–1929. Beiträge zur Geschichte eines politischen Kampfbundes, Düsseldorf 1975, S. 225 ff.; Kurt Finker, Geschichte des Roten Frontkämpferbundes, Berlin (O) 1981, S. 203 ff.; Gotthard Jasper, Der Schutz der Republik. Studien zur staatlichen Sicherung der Demokratie in der Weimarer Republik 1922–1929, Tübingen 1963, S. 171 ff.; Thomas Alexander, Carl Severing. Sozialdemokrat aus Westfalen mit preußischen Tugenden, Bielefeld 1992, S. 172 ff.

19 Protokoll der Verhandlungen des 12. Parteitags der Kommunistischen Partei Deutschlands (Sektion der Kommunistischen Internationale), Berlin-Wedding, 9. bis 16. Juni 1929, Berlin 1929 (ND: Frankfurt 1972), S. 49; Weber, Wandlung (Anm. 16), Bd. 1, S. 223 ff. (论1928年政党危机 :199 ff.); Kurz, „Blutmai" (Anm. 17), S. 111 ff.; James Wickham, Working Class Movement and Working Class Life: Frankfurt am Main during the Weimar Republic, in: Social History 8 (1983), S. 315–343; Eve Rosenhaft, Organizing the „Lumpenproletariat": Cliques and Communists in Berlin during the Weimar Republic, in: Richard J. Evans (Hg.), The German Working Class 1888–1933. The Politics of Every- day Life, London 1982, S. 174–219; Winkler, Schein (Anm. 1), S. 679 ff。

20 AdR, Kabinett Müller II (Anm. 2), Bd. 1, S. XLIX ff. (mit Einzelbelegen); Helga Timm, Die deutsche Sozialpolitik und der Bruch der Großen Koalition im März 1930, Düsseldorf 1952[1], S. 108 ff. (hier auch die Zahlen zur Arbeitslosigkeit); Winkler, Schein (Anm. 1), S. 589 ff.

21 Schulthess 1929 (Anm. 15), S. 179 f. (Reaktionen zum Tod Stresemanns).

22 Otmar Jung, Plebiszitärer Durchbruch 1929? Zur Bedeutung von Volksbegehren und Volksentscheid gegen den Youngplan für die NSDAP, in: GG 15 (1989), S. 489–510; ders., Direkte Demokratie in der Weimarer Republik. Die Fälle „Aufwertung", „Fürstenenteignung", „Panzerkreuzerverbot" und „Youngplan", Frankfurt 1989, S. 109 ff.; Hiller v. Gaertringen, Deutschnationale Volkspartei (Anm. 9), S. 544 ff.; Leopold, Hugenberg (Anm. 9), S. 55 ff.; Orlow, History (Anm. 15), S. 173 ff.; Eyck, Geschichte (Anm. 3), Bd. 2, S. 279 ff.; Winkler, Schein (Anm. 1), S. 736 ff.

23 Schulthess 1929 (Anm. 15), S. 174 (Fall Sklarek), 194, 199, 220 (Wahlen); Eyck, Geschichte (Anm. 3), Bd. 2, S. 316; Friedrich Stampfer, Die vierzehn Jahre der ersten deutschen Republik, Hamburg 1947[3], S. 538 f.

24 Karl Dietrich Bracher, Die Auflösung der Weimarer Republik. Eine Studie zum Problem des Machtverfalls in der Demokratie, Villingen 1964[4], S. 147 f. (AStA-Wahlen); Michael H. Kater, Studentenschaft und Rechtsradikalismus in Deutschland 1918–1933. Eine sozialgeschichtliche Studie zur Bildungskrise in der Weimarer Republik, Hamburg 1974, bes. S. 147 ff., 218 f., 288 (Studentenzahlen); Anselm Faust, Der Nationalsozialisti-

sche Deutsche Studentenbund. Studenten und Nationalsozialismus in der Weimarer Republik, 2 Bde., Düsseldorf 1973; Heinrich August Winkler, Die deutsche Gesellschaft in der Weimarer Republik und der Antisemitismus, in: Bernd Martin u. Ernst Schulin (Hg.), Die Juden als Minderheit in der Geschichte, München 1981[1], S. 271–289.

25 Schulthess 1929 (Anm. 15), S. 165 (1月9日炸弹暗杀事件); Gerhard Stoltenberg, Die politischen Stimmungen im schleswig-holsteinischen Landvolk 1918–1933, Düssel-dorf 1962, S. 125 ff.; Heberle, Landbevölkerung (Anm. 1), S. 156 ff.; 以及文学特色的文献：Hans Fallada, Bauern, Bonzen undBomben, Berlin 1931; Ernst von Salo- mon, Die Stadt, Berlin 1932。

26 Fischer, Wirtschaftspolitik (Anm. 14), S. 43 (Konjunkturdaten); Ludwig Preller, Sozialpolitik in der Weimarer Republik, Düsseldorf 1978[2], S. 167 (Arbeitslosendaten).

27 John Kenneth Galbraith, The Great Crash 1929, Boston 1961[3], bes. S. 93 ff.; Charles P. Kindleberger, Die Weltwirtschaftskrise 1929–1939 (amerik. Orig.: London 1973), München 1972[2]; Wilhelm Treue (Hg.), Deutschland in der Weltwirtschaftskrise in Augenzeugenberichten, Düsseldorf 1967[2], S. 63 ff.; Winkler, Schein (Anm. 1), S. 727 ff.

28 AdR, Kabinett Müller II (Anm. 2), Bd. 1, S. LVII ff. (mit Einzelbelegen); Martin Vogt, Die Stellung der Koalitionsparteien zur Finanzpolitik 1928–1930, in: Mommsen u. a. (Hg.), Industrielles System (Anm. 7), S. 439–462; Hildemarie Dieckmann, Johannes Popitz. Entwicklung und Wirksamkeit in der Zeit der Weimarer Republik, Berlin 1960, S. 86 ff.; Maurer, Reichsfinanzen (Anm. 13), S. 101 ff.; Leuschen-Seppel, Staatsverantwortung (Anm. 13), S. 224 ff.; Meister, Große Depression (Anm. 13.), S. 76 ff.; Winkler, Schein (Anm. 1), S. 738 ff.

29 Ebd., S. 750 ff. (引言例证)。

30 Max Seydewitz, Das unannehmbare Finanzprogramm der Regierung, in: KK 3 (1929), Nr. 24 (15. 12), S. 744–741; Paul Levi, Zeitgenosse Schacht, ebd., S. 741–743; Winkler, Schein (Anm. 1), S. 764 ff.

31 Aufstieg oder Niedergang? Deutsche Wirtschafts- und Finanzreform 1929. Eine Denkschrift des Präsidiums des Reichsverbandes der Deutschen Industrie, Berlin 1929, S. 45 f.; Weisbrod, Schwerindustrie (Anm. 7), S. 466 ff. (die Zitate von Reusch und Silverberg: 467); Reinhard Neebe, Großindustrie, Staat und NSDAP 1930–1933. Paul Silverberg und der Reichsverband der Deutschen Industrie in der Krise der Weimarer Republik, Göttingen 1981, S. 53 ff.; Michael Grübler, Die Spitzenverbände der Wirtschaft und das erste Kabinett Brüning. Vom Ende der Großen Koalition 1929/30 bis zum Vorabend der Bankenkrise 1931, Düsseldorf 1982, S. 49 ff. 论自由工会的经济民主制的计划：Fritz Naphtali, Wirtschaftsdemokratie. Ihr Wesen, Weg und Ziel, Neuausgabe, Frankfurt 1968[2]。

32 AdR, Kabinett Müller II (Anm. 2), Bd. 1, S. XXXIV ff. (mit Einzelbelegen); Gerhard Schulz, Staatliche Stützungsmaßnahmen in den deutschen Ostgebieten, in: Hermens/Schieder (Hg.), Staat (Anm. 7), S. 140–203); Dieter Hertz-Eichenrode, Politik und Landwirtschaft in Ostpreußen. Untersuchung eines Strukturproblems in der Weimarer Republik, Köln 1969, bes. S. 278 ff.; Winkler, Schein (Anm. 2), S. 755 ff.

33 Heinrich Brüning, Memoiren 1918–1934, Stuttgart 1970, S. 145–152; Erasmus Jonas, Die Volkskonservativen 1928–1933. Entwicklung, Struktur und Standort und staatspolitische Zielsetzung, Düsseldorf 1965, S. 186–188 (Niederschrift über die Unterredung Hindenburgs-Westarp, 18. 3. 1929); Otto Meissner, Staatssekretär unter Ebert, Hindenburg, Hitler, Hamburg 1950, S. 188.

34 Politik und Wirtschaft in der Krise 1930–1932. Quellen zur Ära Brüning. Eingeleitet von Gerhard Schulz. Bearb. v. Ilse Maurer u. Udo Wengst unter Mitwirkung von Jürgen Heideking, 2 Bde., Düsseldorf 1980, Bd. 1, S. 15–18 (Hindenburgs u. Meissners Gespräch mit Westarp vom 15. 1. 1930); Rudolf Morsey, Neue Quellen zur Vorgeschichte der Reichskanzlerschaft Brünings, in: Hermens/Schieder (Hg.), Staat (Anm. 7), S. 207–231; Heinrich Muth, Quellen zu Brüning, in: GWU 14 (1963), S. 221–236; Tilman P. Koops,

Heinrich Brünings „Politische Erfahrungen" (zum ersten Teil der Memoiren), ebd. 24 (1973), S. 197–221.

35 AdR, Kabinett Müller II (Anm. 2), Bd. 1, S. XXVII ff. (mit Einzelbelegen); Winkler, Schein (Anm. 1), S. 767 ff.

36 Protokolle (Anm. 3), S. 375–378 (Sitzungen des Vorstands der Zentrumsfraktion am 27./28. 1. 1930); AdR, Kabinett Müller (Anm. 2), Bd. 2, S. 1402–1405 (Kabinettssitzung vom 30. 1. 1920); Winkler, Schein (Anm. 1), S. 775 f.

37 Politik (Anm. 34), Bd. 1, S. 33 f. (Besprechung vom 24. 1. 1930), 41–43 (Brief Gilsas an Reusch vom 5. 2. 1930; Hervorhebungen jeweils im Original).

38 Politik (Anm. 34), Bd. 1, S. 55 f. (Rundschreiben industrieller Spitzenverbände vom 27. 2. 1930), 61 f. (Brünings Aufzeichnung über das Gespräch mit Hindenburg vom 1. 3. 1930); Protokolle (Anm. 3), S. 400–402 (Sitzung des Fraktionsvorstands des Zentrums vom 5. 3. 1930 mit Brünings Schätzung der Kräfteverhältnisse in der DVP); Bundesarchiv Koblenz, Nl. Moldenhauer, Nr. 3, Ministerzeit, Bl. 5 (Moldenhauers Schätzung).

39 AdR, Kabinett Müller II (Anm. 2), Bd. 2, S. 1535–1539 (Ministerbesprechung vom 5. 3. 1930, 1550–1554 (Ministerbesprechung vom 7. 3. 1930); Politik (Anm. 34), Bd. 1, S. 76 (Erklärung der industriellen Spitzenverbände vom 7. 3. 1930); Hjalmar Schacht, Das Ende der Reparationen, Oldenburg 1931, S. 117–120; Grübler, Spitzenverbände (Anm. 31), S. 85 f.; Winkler, Schein (Anm. 1), S. 786 ff.

40 AdR, Kabinett Müller II (Anm. 2), Bd. 1, S. LXV f. (mit Einzelbelegen); Winkler, Schein (Anm. 1), S. 790 ff.

41 Politik (Anm. 34), Bd. 1, S. 87 f. (Gilsa an Reusch, 18. 3. 1930), 91 f. (Briefwechsel Schleicher-Meissner, 18./19. 3. 1930; Hervorhebungen im Original). 1930年3月18日兴登堡农业政策呼吁，见：AdR, Kabinett Müller II (Anm. 2), Bd. 2, S. 1580–1582。

42 Schulthess' Europäischer Geschichtskalender, 71. Bd. (1930), München 1931, S. 83–86 (DVP-Parteitag); Politik (Anm. 34), Bd. 1, S. 82 f. (Moldenhauers Brief an Duisberg vom 10. 3. 1930), 86 (Telegramm Duisbergs an Moldenhauer vom 14. 3. 1930), 95 (Aufzeichnung des Legationsrats Redlhammer für Curtius vom 20. 3. 1930); Winkler, Schein (Anm. 1), S. 797 ff.

43 AdR, Kabinett Müller II (Anm. 2), Bd. 2, S. 1594–1598 (Parteiführerbesprechung vom 25. 3. 1930), S. 1600–1602 (Parteiführerbesprechung vom 26. 3. 1930), 1602–1604 (Parteiführerbesprechung vom 27. 3. 1930, 10 Uhr); Protokolle (Anm. 3), S. 423 (Sitzung des Vorstands der Zentrumsfraktion vom 26. 3. 1930); Winkler, Schein (Anm. 1), S. 799 ff.

44 AdR, Kabinett Müller II (Anm. 2), Bd. 2, S. 1608–1610 (Ministerbesprechung vom 27. 3. 1930, 17 u. 19 Uhr). 论社民党和德意志人民党的协商：Winkler, Schein (Anm. 1), S. 805 ff。

45 Eine unheilvolle Entscheidung, in: Frankfurter Zeitung, Nr. 232–234, 28. 3. 1930; Rudolf Hilferding, Der Austritt aus der Regierung, in: Die Gesellschaft 7 (1930/I), S. 385–392.

46 Winkler, Schein (Anm. 1), S. 796 f. (论1930年3月帝国–图林根关系); ferner Günter Neliba, Wilhelm Frick. Der Legalist des Unrechtstaates. Eine politische Biographie, Paderborn 1992, S. 57 ff。

47 Die Gewerkschaften von der Stabilisierung bis zur Weltwirtschaftskrise 1924–1930. Bearbeitet von Horst-A. Kukuck u. Dieter Schiffmann (= Quellen zur Geschichte der deutschen Gewerkschaftsbewegung im 20. Jahrhundert, Bd. 3/II), Köln 1986, S. 1378–1381 (Besprechung der Vorstände des ADGB und des AfA-Bundes mit dem Partei- und Fraktionsvorstand der SPD am 21. 1. 1930); Winkler, Schein (Anm. 1), S. 771 ff.

48 Ders., Mußte Weimar scheitern? Das Ende der ersten Republik und die Kontinuität der deutschen Geschichte, München 1991, S. 31 f.

13.大众被禁言

1 Hermann Pünder, Politik in der Reichskanzlei. Aufzeichnungen aus den Jahren 1928–1932, Stuttgart 1961, S. 126. Zur Person Brünings: Akten der Reichskanzlei (= AdR), Weimarer Republik. Die Kabinette Brüning I u. II. 30. März 1930 bis 10. Oktober 1931; 10. Oktober 1931 bis 1. Juni 1932, 3 Bde., bearb. v. Tilman Koops, Boppard 1982–1990, Bd. I, S. XXII; Detlef Junker, Heinrich Brüning, in: Wilhelm v. Sternburg (Hg.), Die deutschen Kanzler von Bismarck bis Schmidt, Königstein 1985, S. 311–323.对布吕宁政策的全方位讨论: Hans Mommsen, Heinrich Brünings Politik als Reichskanzler: Das Scheitern eines politischen Alleingangs, in: Karl Holl (Hg.), Wirtschaftskrise und liberale Demokratie. Das Ende der Weimarer Republik und die ge-genwärtige Situation, Göttingen 1978, S. 16–45; Gerhard Schulz, Erinnerungen an eine mißlungene Restauration。Heinrich Brüning und seine Memoiren, in: Der Staat 11 (1972), S. 61–81; ders., Von Brüning zu Hitler. Der Wandel des politischen Systems in Deutschland 1930–1933 (= Zwischen Demokratie und Diktatur. Verfassungspolitik und Reichsreform in der Weimarer Republik, Bd. III), Berlin 1992, S. 1 ff.; Werner Conze, Brünings Politik unter dem Druck der großen Krise, in: HZ 199 (1964), S. 529–550; ders., Die Reichsverfassungsreform als Ziel der Politik Brünings, in: Der Staat 10 (1972), S. 209–217; ders., Brüning als Reichskanzler. Eine Zwischenbilanz, in: HZ 214 (1972), S. 310–334; Karl Dietrich Bracher, Brünings unpolitische Politik und die Auflösung der Weimarer Republik, in: VfZ 19 (1972), S. 113–123; Rudolf Morsey, Zur Entstehung, Authentizität und Kritik von Brünings „Memoiren 1918–1934", Opladen 1974.

2 AdR, Kabinette Brüning (Anm. 1), Bd. 1, S. 1–4 (Brief Schieles an Brüning vom 29. 3. 1929); Schulthess' Europäischer Geschichtskalender, 71. Bd. (1930), München 1931, S. 93 f.; Verhandlungen des Reichstags. Stenographische Berichte, Bd. 427, S. 4728–4730 (Brüning); Heinrich Brüning, Memoiren 1918–1934, Stuttgart 1970, S. 161–168; Heinrich August Winkler, Der Weg in die Katastrophe. Arbeiter und Arbeiterbewegung in der Weimarer Republik 1930–1933, Bonn 1990², S. 123 ff.

3 AdR, Kabinette Brüning (Anm. 1), Bd. 1, S. XXXI ff. (mit Einzelbelegen); Winkler, Weg (Anm. 2), S. 134 f., 158 ff.; Schulz, Von Brüning (Anm. 1), S. 41 ff.

4 Stenographische Berichte (Anm. 2), Bd. 428, S. 6401 (Breitscheid); Schulthess 1930 (Anm. 2), S. 172 (Verlautbarung Hindenburgs); AdR, Kabinette Brüning (Anm. 1), Bd. 1, S. 326–329 (Aufzeichnung Pünders über eine Unterredung Brünings mit Hugenberg u. Oberfohren am 17. 7. 1930); Brüning, Memoiren (Anm. 2), S. 180 f. (von Pünders Bericht stark abweichend und als Quelle unzuverlässig); Politik und Wirtschaft in der Krise 1930–1932. Quellen zur Ära Brüning. Eingeleitet von Gerhard Schulz. Bearbeitet von Ilse Maurer u. Udo Wengst unter Mitwirkung von Jürgen Heideking, 2 Bde., Düsseldorf 1980, S. 286–299 (Fraktionssitzungen der DNVP am 17. 7. 1930); Rainer Meister, Die große Depression. Zwangslagen und Handlungsspielräume der Wirtschafts- und Finanzpolitik in Deutschland 1929–1932, Regensburg 1991, S. 171 ff.; Winkler, Weg (Anm. 2), S. 165 ff.

5 Stenographische Berichte (Anm. 2), Bd. 428, S. 6501–6505 (Landsberg), 6505–6508 (Wirth), 6508 f. (Oberfohren), 6509–6513 (Koenen), 6513–6517 (Dietrich), 6517 (Westarp), 6523 (Brüning, Löbe), 6524–6527 (Abstimmung); Schulthess 1930 (Anm. 2), S. 174–182 (Reichstagssitzung, Notverordnung vom 26. 7. 1930); AdR, Kabinette Brüning (Anm. 1), Bd. 1, S. 329–331 (Ministerbesprechungen vom 18. 7. 1930), 333–341 (Ministerbesprechungen vom 24./25. 7. 1930). 论1930年7月紧急状态法令的宪法法规问题：Ernst Rudolf Huber, Deutsche Verfassungsgeschichte seit 1789, Bd. VII: Ausbau, Schutz und Untergang der Weimarer Republik, Stuttgart 1984, S. 761 ff。

6 综述: dazu Winkler, Weg (Anm. 2), S. 135 ff., 173 ff。

7 Schulthess 1930 (Anm. 2), S. 132 (Umbesetzungen im AA), 147 (sächsische Landtagswahlen), 159 f. (Aufruf von Reichspräsident und Reichsregierung vom 1. 7. zur Befreiung

der Rheinlande), 460–468 (Memorandum Briands vom 17. 5.), 469–472 (deutsche Antwort vom 11. 7.); AdR, Kabinette Brüning (Anm. 1), Bd. 1, S. 280–283 (Ministerbesprechung vom 8. 7. 1930). 布吕宁时代早期外交政策的具体例证: ebd., S. LXXff.; Akten zur deutschen auswärtigen Politik 1918–1945 (=ADAP), Serie B: 1925–1933, Bd. XV: 1. Mai bis 30. September 1930, Göttingen 1980。关于1930年代的德法关系: Hermann Hagspiel, Verständigung zwischen Deutschland und Frankreich? Die deutsch-französische Außenpolitik der zwanziger Jahre im innenpoliti - schen Kräftespiel beider Länder, Bonn 1987, S. 436ff.; Franz Knipping, Deutschland, Frankreich und das Ende der Locarno-Ära 1928–1931. Studien zur internationalen Politik in der Anfangsphase der Weltwirtschaftskrise, München 1987, S. 141ff. Zusammenfassend: Peter Krüger, Die Außenpolitik der Republik von Weimar, Darmstadt 1985, S. 507ff. (mit weiterer Lit.).

8 Reinhard Frommelt, Paneuropa oder Mitteleuropa. Einigungsbestrebungen im Kalkül deutscher Wirtschaft und Politik 1925–1933, Stuttgart 1977, bes. S. 73ff.; Krüger, Außenpolitik (Anm. 7), bes. S. 531ff. (jeweils mit weiterer Lit.). 关于德国与波兰的贸易协定: AdR, Kabinette Brüning (Anm. 1), Bd. 1, S. LXXIXf. (mit Einzelbelegen)。

9 Schulthess 1930 (Anm. 2), S. 182–184 (Gründung der Deutschen Staatspartei), 184f. (Tagung des Parteivorstands des Zentrums). Dazu Rudolf Morsey, Die Deutsche Zentrumspartei, in: Erich Matthias und Rudolf Morsey (Hg.), Das Ende der Parteien 1933, Düsseldorf 1960[1], S. 281–453 (bes. 291ff.); Erich Matthias u. Rudolf Morsey, Die Deutsche Staatspartei, ebd., S. 31–97 (bes. 31ff.); Larry Eugene Jones, German Liberalism and the Dissolution of the Weimar Party System, 1918–1933, Chapel Hill 1988, S. 366ff. 犹太人对德意志民主党和青年德意志骑士团合并的疑虑: Linksliberalismus in der Weimarer Republik. Die Führungsgremien der Deutschen Demo-kratischen Partei und der Deutschen Staatspartei 1918–1933. Eingeleitet von Lothar Alber-tin. Bearbeitet von Konstanze Wegner in Verbindung mit Lothar Albertin, Düsseldorf 1980, S. 562–578 (Sitzung des Parteiausschusses vom 30. 7. 1930)。

10 Schulthess 1930 (Anm. 2), S. 181 (Gründung der Konservativen Volkspartei), 185–187 (Sammlungsbemühungen der DVP), 191f. (Wahlaufruf vom 18. 8.); Larry E. Jones, Sammlung oder Zersplitterung? Die Bestrebungen zur Bildung einer neuen Mittelpartei in der Endphase der Weimarer Republik 1930–1933, in: VfZ 25 (1977), S. 265–304; ders., Liberalism (Anm. 9), S. 374ff.

11 Wählerinnen und Wähler der deutschen Republik!, in: Vorwärts, Nr. 335, 20. 7. 1930; 论德国人民的民族和社会解放纲领声明等: Hermann Weber (Hg.), Der deutsche Kommunismus. Dokumente, Köln 1963, S. 58–65; Ossip K. Flechtheim, Die KPD in der Weimarer Republik, Frankfurt 1973[3], S. 274ff.; Winkler, Weg (Anm. 2), S. 180ff. (mit weiterer Lit.)。

12 Winkler, Weg (Anm. 2), S. 148ff.; József Wieszt, KPD-Politik in der Krise 1928–1932. Zur Geschichte und Problematik des Versuchs, den Kampf gegen den Faschismus mittels Sozialfaschismusthese und RGO-Politik zu führen, Frankfurt 1976, S. 234ff.; Die Generallinie. Rundschreiben des Zentralkomitees der KPD an die Bezirke 1929–1933. Eingeleitet von Hermann Weber. Bearbeitet von Hermann Weber unter Mitwirkung von Johann Wachtler, Düsseldorf 1981, S. XXIIff.; Gerhard Paul, Aufstand der Bilder. Die NS-Propaganda vor 1933, Bonn 1990, S. 90ff. Das Zitat von Alfred Rosenberg: ders., Geistige Bankrotterklärung des Marxismus: KPD stiehlt die Losungen des Nationalsozialismus, in: Völkischer Beobachter, Nr. 204, 28. 8. 1930.

13 Otto-Ernst Schüddekopf, Linke Leute von rechts. Die nationalrevolutionären Minderheiten und der Kommunismus in der Weimarer Republik, Stuttgart 1960, S. 317ff.; Louis Dupeux, „Nationalbolschewismus" 1918–1933: Kommunistische Strategie und konservative Dynamik (franz. Orig.: Paris 1976), München 1985, S. 393ff.; Patrick Moreau, Nationalsozialismus von links. Die „Kampfgemeinschaft Revolutionärer Nationalsozialisten" und die „Schwarze Front" Otto Strassers 1930–1935, Stuttgart 1985, S. 30ff.

14 Winkler, Weg (Anm. 2), S. 185f. (mit Einzelbelegen).

15 综上: Jürgen W. Falter, Hitlers Wähler, Mün-chen 1991, S. 98 ff.; ferner: Thomas Childers, The Nazi Voter. The Social Foundations of Fascism in Germany, 1919–1933, Chapel Hill 1983, S. 119 ff.; Richard F. Hamilton, Who Voted for Hitler?, Princeton 1982, bes. S. 309 ff.; Jerzy Holzer, Parteien und Massen. Die politische Krise in Deutschland 1928–1930, Wiesbaden 1974, S. 64 ff。论1930年9月14日的选举结果：Winkler, Weg (Anm. 2), S. 189 ff。

16 Theodor Geiger, Die Panik im Mittelstand, in: Die Arbeit 7 (1930), S. 637–654; Heinrich August Winkler, Mittelstand, Demokratie und Nationalsozialismus. Die politische Entwicklung von Handwerk und Kleinhandel in der Weimarer Republik, Köln 1972, S. 157 ff.; ders., Klassenbewegung oder Volkspartei? Zur Programmdiskussion in der Weimarer Sozialdemokratie 1920–1925, in: GG 8 (1982), S. 9–54.

17 Ders., Mittelstandsbewegung oder Volkspartei? Zur sozialen Basis der NSDAP, in: Wolfgang Schieder (Hg.), Faschismus als soziale Bewegung. Deutschland und Italien im Vergleich, Göttingen 1978[2], S. 97–118; ders., Mittelstand (Anm. 16), S. 166 ff.; Rainer Zitelmann, Hitler. Selbstverständnis eines Revolutionärs, Stuttgart 1990[3], bes. S. 205 ff.; M. Rainer Lepsius, Extremer Nationalismus. Strukturbedingungen vor der nationalsozialistischen Machtergreifung, Stuttgart 1964.

18 在魏玛共和国晚期，社会文化群体，特别是社民党派和天主教派的发展概括：Siegfried Weichlein, Sozialmilieus und Politische Kultur in Weimar. Hessische Kreise im Vergleich, phil. Diss. (MS), Freiburg 1992; Detlef Lehnert u. Klaus Megerle (Hg.), Politische Teilkulturen zwischen Integration und Polarisierung. Zur politischen Kultur in der Weimarer Republik, Opladen 1990; Peter Lösche, Einführung zum Forschungsprojekt „Solidargemeinschaft und Milieu. Sozialistische Kultur- und Freizeitorganisationen in der Weimarer Republik“, in: Franz Walter, Sozialistische Akademiker- und Intellektuellenorganisationen in der Weimarer Republik (Solidargemeinschaft und Milieu: Sozialistische Kultur- und Freizeitorganisationen in der Weimarer Republik, Bd. 1), Bonn 1990, S. 9–88。

19 Schulthess 1930 (Anm. 2), S. 200 (Austritt der Volksnationalen Reichsvereinigung aus der Deutschen Staatspartei am 7. 10. 1930; Linksliberalismus (Anm. 9), S. 597–614 (Sitzung des Vorstands der Deutschen Staatspartei vom 16. 10. 1930). 关于犹太中产阶级的态度：Kurt Löwenstein, Die innerjüdische Reaktion auf die Krise der deut-schen Demokratie, in: Werner E. Mosse (Hg.), Entscheidungsjahr 1932. Zur Judenfrage in der Endphase der Weimarer Republik, Tübingen 1965, S. 349–405; Ernest Hamburger u. Peter Pulzer, Jews as Voters in the Weimar Republic, in: Leo Baeck Institute Year Book 30 (1985), S. 3–66; Heinrich August Winkler, Die deutsche Gesellschaft der Weimarer Repu-blik und der Antisemitismus, in: Bernd Martin u. Ernst Schulin (Hg.). Die Juden als Minderheit in der Geschichte, München 1982[2], S. 271–289。

20 Thomas Mann, Deutsche Ansprache. Ein Appell an die Vernunft (1930), in: ders., Gesammelte Werke, Bd. 12, Berlin 1965, S. 533–553 (553); Kurt Sontheimer, Thomas Mann und die Deutschen, Frankfurt 1965[2], S. 76 ff.

21 布劳恩论政治局势，见：Vorwärts, Nr. 433, 16. 9. 1930; Winkler, Weg (Anm. 2), S. 206 f。

22 Pünder, Politik (Anm. 1), S. 58 f. (Tagebucheintragung vom 14. 9. 1930 zur Haltung Hindenburgs); IfZ, München, Tagebuch Hans Schäffer, Aufzeichnung vom 18. 9. 1930; Winkler, Weg (Anm. 2), S. 208 f.

23 AdR, Kabinette Brüning (Anm. 1), Bd. 1, S. 427 f. (Vermerk Pünders über ein Gespräch mit dem Geschäftsführenden Präsidiumsmitglied des RDI, Kastl, vom 15. 9. 1930), 447–449 (Kabinettssitzung vom 25. 9. 1930); Politik (Anm. 4), Bd. 1, S. 393–397 (Rede Kastls in der Vorstandssitzung des RDI vom 19. 9. 1930); Michael Grübler, Die Spitzenverbände der Wirtschaft und das erste Kabinett Brüning. Vom Ende der Großen Koalition 1929/30 bis zum Vorabend der Bankenkrise 1931. Eine Quellenstudie, Düsseldorf 1982,

S. 209 ff.; Peter Bucher, Der Reichswehrprozeß. Der Hochverrat der Ulmer Reichswehroffiziere 1929/30, Boppard 1967; Francis L. Carsten, Reichswehr und Politik 1918–1967, Köln 1964, S. 341 ff.; Thilo Vogelsang, Reichswehr, Staat und NSDAP. Beiträge zur deutschen Geschichte, Stuttgart 1962, S. 90ff.

24 Max Seydewitz, Der Sieg der Verzweiflung, in: KK 4 (1930), Nr. 18 (15.9.) S. 545–550; Winkler, Weg (Anm. 2), S. 207 ff.; Dietmar Klenke, Die SPD-Linke in der Weimarer Republik. Eine Untersuchung zu den regionalen organisatorischen Grundlagen und zur politischen Praxis und Theoriebildung des linken Flügels der SPD in den Jahren 1922–1932, 2 Bde., Münster 1983, Bd. 1, S. 204 ff.

25 IfZ, München, Tagebuch Hans Schäffer, Aufzeichnung vom 18.9. 1930; Pünder, Politik (Anm. 1), S. 62.

26 Brüning, Memoiren (Anm. 2), S. 191–197; Pünder, Politik (Anm. 1), S. 62–65; Gottfried Reinhold Treviranus, Das Ende von Weimar. Heinrich Brüning und seine Zeit, Düsseldorf 1968, S. 162; Schulz, Von Brüning (Anm. 1), S. 179 ff.; ders., Reparationen und Krisenprobleme nach dem Wahlsieg der NSDAP 1930. Betrachtungen zur Regierung Brüning, in: VSWG 67 (1980), S. 200–222.

27 AdR, Kabinette Brüning (Anm. 1), Bd. 1, S. 466–475 (Kabinettssitzung u. Ministerbesprechung vom 29. 9. 1930); Für Republik und Arbeiterrecht. Entschließung der sozialdemokratischen Reichstagsfraktion, in: Vorwärts, Nr. 465, 4. 10. 1930; Winkler, Weg (Anm. 2), S. 214 ff.

28 Otto Braun, Von Weimar zu Hitler, Hamburg 1949^2, S. 179 f.; Stenographische Berichte (Anm. 2), Bd. 444, S. 17–22 (Brüning), 48–56 (Müller), 56–65 (Strasser), 65–72 (Pieck), 183–194, 202–217 (Abstimmungen).

29 Winkler, Weg (Anm. 2), S. 244 ff.; Eberhard Kolb, Die sozialdemokratische Strategie in der Ära des Präsidialkabinetts Brüning – Strategie ohne Alternative?, in: Ursula Büttner (Hg.), Das Unrechtsregime. Internationale Forschung über den Nationalsozialismus. Festschrift für Werner Jochmann, 2 Bde., Hamburg 1986, Bd. 1, S. 157–176; Wolfram Pyta, Gegen Hitler und für die Republik. Die Auseinandersetzung der deutschen Sozialdemokratie mit der NSDAP in der Weimarer Republik, Düsseldorf 1989, bes. S. 203 ff.; Rainer Schäfer, SPD in der Ära Brüning: Tolerierung oder Mobilisierung? Handlungsspielräume und Strategien sozialdemokratischer Politik 1930–1932, Frankfurt 1990, bes. S. 65 ff.

30 AdR, Kabinette Brüning (Anm. 1), Bd. 1, S. 663–670 (Kabinettssitzung vom 30. 11. 1930); Politik (Anm. 4), Bd. 1, S. 477 (Brünings Rede vor dem RDI vom 27. 11. 1930).

31 Zusammenfassend: Winkler, Weg (Anm. 2), S. 265 ff.

32 Ferien vom Reichstag, in: Vorwärts, Nr. 583, 13. 12. 1930; E. H. (= Ernst Heilmann), Frick und Flick, in: DFW 2 (1930), Nr. 49 (7. 12.), S. 1–4; Erziehung zur Demokratie, in: Vorwärts, Nr. 591, 18. 12. 1930.

33 AdR, Kabinette Brüning (Anm. 1), Bd. 1, S. 584–587 (Ministerbesprechung vom 30. 10. 1930), 605–613 (Brief Groeners an Brüning vom 10. 11. 1930), 751–754 (Ministerbesprechung vom 19. 12. 1930); Protokolle der Reichstagsfraktion und des Fraktionsvorstands der Deutschen Zentrumspartei 1926–1933. Bearb. v. Rudolf Morsey, Mainz 1969, S. 499–503 (Sitzung des Vorstands der Zentrumsfraktion vom 12. 12. 1930); Winkler, Weg (Anm. 2), S. 273 ff.

34 Schulthess' Europäischer Geschichtskalender 72 (1931), München 1932, S. 25 f., 37–39; Stenographische Berichte (Anm. 2), Bd. 444, S. 860–872 (namentliche Abstimmung), 873 f. (Stöhr [NSDAP]); Brüning, Memoiren (Anm. 2), S. 255 ff.; Pünder, Politik (Anm. 1), S. 87 f.; Winkler, Weg (Anm. 2), S. 288 f.

35 Ebd., S. 289 ff.; Klenke, SPD-Linke (Anm. 24), Bd. 1, 210 ff.

36 Stenographische Berichte (Anm. 2), Bd. 445, S. 1855 f. (Brüning); Brüning, Memoiren (Anm. 2), S. 260 f.; Winkler, Weg (Anm. 2), S. 295 ff.

37 Ebd., S. 309ff.; Eve Rosenhaft, Beating the Fascists? Communists and Political Violence, 1929–1933, Cambridge 1983, S. 9ff.; Nancy Jo Aumann, From Legality to Illegality: The Communist Party of Germany in Transition, 1930–1933. Ph. D. Dissertation (Microfilm), University of Wisconsin, Madison 1982, S. 261ff.; Siegfried Bahne, Die KPD und das Ende von Weimar. Das Scheitern einer Politik 1932–1935, Frankfurt 1976, S. 21; Johann Wachtler, Zwischen Revolutionserwartung und Untergang. Die Vorbereitung der KPD auf die Illegalität in den Jahren 1926–1933, Frankfurt 1983, S. 58ff.; Conan Fischer, The German Communists and the Rise of Nazism, Basingstoke 1991, S. 138ff.; Peter Longerich, Die braunen Bataillone. Geschichte der SA, München 1989, S. 153ff.; Imre Lazar, Der Fall Horst Wessel, Stuttgart 1980; Detlef Peukert, Die „Wilden Cliquen“ in den zwanziger Jahren, in: Wilfried Breyvogel (Hg.), Autonome und Widerstand. Zur Theorie und Geschichte des Jugendprotestes, Essen 1983, S. 66–77.论1931年3月28日的紧急法令：Christoph Gusy, Weimar – die wehrlose Republik? Verfassungsschutzrecht u. Vertassungs- schutz in der Weimarer Republik, Tübingen 1991, S. 193ff。

38 Schulthess 1931 (Anm. 34), S. 102f. (Rücktritt Fricks); Richard Bessel, Political Violence and the Rise of Nazism. The Storm Troopers in Eastern Germany 1925–1934, New Haven 1984, S. 62ff.; Dietrich Orlow, The History of the Nazi Party, 1919–1933, Pittsburgh 1969, S. 216ff.; Longerich, Braune Bataillone (Anm. 37), S. 110ff.

39 Die Wirtschaftslage im April 1931, in: GZ, Nr. 17, 25.4. 1931; Die Wirtschaftslage im Mai 1931, ebd., Nr. 21, 23.5.1931.论1931年春季经济复苏：Harold James, Deutschland in der Weltwirtschaftskrise 1924–1936 (engl. Orig.: Oxford 1986), Stuttgart 1988, S. 285ff。

40 AdR, Kabinette Brüning (Anm. 1), Bd. 2, S. 925–928 (Besprechung Brüning-Dietrich vom 6.3.1931), 1017f. (Aufzeichnung über ein Gespräch Pünders mit Breitscheid u. Hertz am 20.4. 1931), 1020–1030 (Ministerbesprechungen vom 23. u. 25.4.1931), 1038–1040 (Unterredung Brünings mit Breitscheid, Hilferding u. Hertz vom 29.4.1931), 1061f. (Vermerk Pünders vom 8.5.1931 über ein Gespräch Brünings mit Braun), 1080f. (Vermerk Pünders über ein Gespräch Brünings mit Severing vom 18.5.1931).

41 Ebd., S. 1053–1059 (Besprechung vom 7.5.1931), 1144–1148 (Ministerbesprechung vom 30.5.1931); Winfried Gosmann, Die Stellung der Reparationsfrage in der Außenpolitik der Kabinette Brüning, in: Josef Becker u. Klaus Hildebrand (Hg.), Internationale Beziehungen in der Weltwirtschaftskrise 1929–1933, München 1980, S. 237–263; Winfried Glashagen, Die Reparationspolitik Heinrich Brünings 1930–1931. Studien zum wirtschafts- und außenpolitischen Entscheidungsprozeß in der Auflösungsphase der Weimarer Republik, 2 Bde., phil. Diss., Bonn 1980, Bd. 1, S. 377ff.

42 AdR, Kabinette Brüning (Anm. 1), Bd. 2, S. 952–955 (Ministerbesprechung vom 16.3.1931), 969–971 (Ministerbesprechung vom 18.3.1931); Schulthess 1931 (Anm. 34), S. 88–90 (Erklärung der Reichsregierung zur Zollunion vom 21.3.1931); Julius Curtius, Sechs Jahre Minister der Deutschen Republik, Heidelberg 1948, S. 188ff.; Brüning, Memoiren (Anm. 2), S. 263f.; F. G. Stambrook, The German-Austrian Customs Union Project of 1931: A Study of German Methods and Motives, in: Journal of Central European Affairs 21 (1961/62), S. 15–44; Stanley Suval, The Anschluss Question in the Weimar Era. A Study of Nationalism in Gemany and Austria, 1918–1932, Baltimore 1974, S. 146ff.; Harro Molt, „... Wie ein Klotz inmitten Europas“. „Anschluß“ und Mitteleuropa in der Weimarer Republik 1925–1931, Frankfurt 1986, S. 65ff.; Holm Sundhausen, Die Weltwirtschaftskrise im Donau-Balkan-Raum und ihre Bedeutung für den Wandel der deutschen Außenpolitik unter Brüning, in: Wolfgang Benz u. Hermann Graml (Hg.), Aspekte deutscher Außenpolitik im 20. Jahrhundert. Gedenkschrift für Hans Rothfels, Stuttgart 1976, S. 120–164; Dörte Doering, Deutsch-österreichische Außenhandelsverflechtung während der Weltwirtschaftskrise, in: Hans Mommsen u. a. (Hg.), Industrielles System und politi-

sche Entwicklung in der Weimarer Republik, Düsseldorf 1974[1], S. 514–530; Hans Paul Höpfner, Deutsche Südosteuropapolitik in der Weimarer Republik, Frankfurt 1983, S. 259ff.; Hans-Jürgen Schröder, Die deutsche Südosteuropapolitik und die Reaktion der angelsächsischen Mächte 1929–1933/34, in: Becker u. Hildebrand (Hg.), Internationale Beziehungen (Anm. 41), S. 343–360; Edward W. Bennett, Germany and the Diplomacy of the Financial Crisis; 1931, Cambridge/Mass. 1962, S. 40ff.; Frommelt, Paneuropa (Anm. 8), S. 80ff.; Krüger, Außenpolitik (Anm. 7), S. 523ff.; Schulz, Von Brüning (Anm. 1), S. 298ff.

43 Carlo Mierendorff, Tolerieren – und was dann?, in: SMH (1931/I), S. 315–318; Winkler, Weg (Anm. 2), S. 300ff. Zu Mierendorff: Richard Albrecht, Der militante Sozialdemokrat: Carlo Mierendorff 1897 bis 1943. Eine Biographie, Berlin 1987.

44 Sozialdemokratischer Parteitag in Leipzig 1931 vom 31. Mai bis 5. Juni im Volkshaus. Protokoll, Berlin 1931, S. 108–114 (Sollmann); Winkler, Weg (Anm. 2), S. 324ff.

14.大萧条时代的政治

1 Schulthess' Europäischer Geschichtskalender, 72. Bd. (1931), München 1932, S. 120f. („Tributaufruf"); RGBl. 1931, I, S. 279–314 (Notverordnung vom 5. 6.); Akten der Reichskanzlei (= AdR), Weimarer Republik. Die Kabinette Brüning I und II. 30. März 1930 bis 10. Oktober 1931, 10. Oktober 1931 bis 1. Juni 1932, 3 Bde., bearb. v. Tilman Koops, Boppard 1982–1990, Bd. 1, S. XXXff. (mit Einzelbelegen); Rainer Meister, Die große Depression. Zwangslagen und Handlungsspielräume der Wirtschafts- und Finanzpolitik in Deutschland 1929–1932, Regensburg 1991, S. 218ff.; Heinrich August Winkler, Der Weg in die Katastrophe. Arbeiter und Arbeiterbewegung in der Weimarer Republik 1930–1933, Bonn 1990[2], S. 338ff.关于自愿劳动：Henning Köhler, Arbeitsdienst in Deutschland. Pläne und Verwirklichungsformen bis zur Einführung der Arbeitsdienst- pflicht im Jahre 1935, Berlin 1967; Wolfgang Benz, Vom Freiwilligen Arbeitsdienst zur Arbeitsdienstpflicht, in: VfZ 16 (1968), S. 317–346; Volker R. Berghahn, Der Stahlhelm. Bund der Frontsoldaten 1918–1935, Düsseldorf 1966, S. 231ff。

2 Schulthess 1931 (Anm. 1), S. 134f.; Winkler, Weg (Anm. 1), S. 340ff.

3 Heinrich Brüning, Memoiren 1918–1934, Stuttgart 1970, S. 278ff.; Julius Curtius, Sechs Jahre Minister der Deutschen Republik, Heidelberg 1948, S. 213ff.; AdR, Kabinette Brüning (Anm. 1), Bd. 2, S. 1178–1181 (Ministerbesprechung vom 3. 6. 1931), 1187–1191 (Ministerbesprechung vom 11. 6. 1931); Schulthess 1931 (Anm. 1), S. 328–331; Edward W. Bennett, Germany and the Diplomacy of the Financial Crisis, 1931, Cambridge/Mass. 1962, 100ff.; Wolfgang J. Helbich, Die Reparationen in der Ära Brüning. Zur Bedeutung des Young-Plans für die deutsche Politik 1930 bis 1932, Berlin 1962, S. 64ff.

4 Brüning, Memoiren (Anm. 3), S. 285ff.; Politik und Wirtschaft in der Krise 1930–1932. Quellen zur Ära Brüning. Eingeleitet von Gerhard Schulz. Bearbeitet von Ilse Maurer u. Udo Wengst unter Mitwirkung von Jürgen Heideking, 2 Bde., Düsseldorf 1980, Bd. 1, S. 650–654 (Tagebuchaufzeichnung Luthers vom 11. 6. 1931); AdR, Kabinette Brüning (Anm. 1), Bd. 2, S. 1187–1191 (Ministerbesprechung vom 11. 6. 1931); Karl-Erich Born, Die deutsche Bankenkrise 1931. Finanzen und Politik, München 1967, S. 64ff. (Zahlen zur Kündigung von Auslandskrediten u. zur Devisenabgabe der Reichsbank im Juni: 67f., 71); Harold James, The Reichsbank and Public Finance in Germany 1924–1933: A Study of the Politics of Economics during the Great Depression, Frankfurt 1985, S. 173ff.; Gerhard Schulz, Von Brüning zu Hitler. Der Wandel des politischen Systems in Deutschland 1930–1933 (= Zwischen Demokratie und Diktatur. Verfassungspolitik und Reichsreform in der Weimarer Republik, Bd. III), Berlin 1992, S. 384ff.; Winkler, Weg (Anm. 1), S. 342ff.

5 Politik (Anm. 4), Bd. 1, S. 666–669 (Aufzeichnung Dingeldeys vom 13. 6. 1931);

Schulthess 1931 (Anm. 1), S. 136f.; Brüning, Memoiren (Anm. 3), S. 286ff.; Winkler, Weg (Anm. 1), S. 344ff. (mit weiteren Belegen).

6 AdR, Kabinette Brüning (Anm. 1), Bd. 2, S. 1194–1198 (Besprechung mit Gewerkschaftsvertretern am 15. 6. 1931), 1198–1211 (Besprechungen mit Parteiführern am 15. 6. 1931); Politik (Anm. 4), Bd. 1, S. 681–683 (Fraktionssitzung der DVP vom 16. 6. 1931); Die Gewerkschaften in der Endphase der Republik 1930–1933. Bearb. v. Peter Jahn unter Mitarbeit von Detlef Brunner (= Quellen zur Geschichte der deutschen Gewerkschaftsbewegung im 20. Jahrhundert, Bd. 4), Köln 1988, S. 326–331 (Sitzung des Bundesvorstands des ADGB am 17. 6. 1931); Brüning, Memoiren (Anm. 3), S. 287–289 (Hertz 论解散普鲁士联盟的威胁，但存在某些不准确之处); Schulthess 1931 (Anm. 1), S. 140–142); Hermann Pün-der, Politik in der Reichskanzlei 1929–1932. Hg.v. Thilo Vogelsang, Stuttgart 1961, S. 100 (Hervorhebung im Original); Winkler, Weg (Anm. 1), S. 347ff。

7 Mahnruf an die Partei, in: Klassenkampf 5 (1931), Nr. 13 (1. 7.), S. 384f.; Rudolf Hilferding, In Krisennot, in: Die Gesellschaft 8 (1931/2), S. 1–8 (1).

8 Schulthess 1931 (Anm. 1), 145–148 (Hoovers Botschaft, Rede Brünings), 155 (Aufruf vom 7. 7. 1931), 490–500 (Ringen um das Hoover-Moratorium); AdR, Kabinette Brüning (Anm. 1), Bd. 2, 132–135 (Ministerbesprechung vom 23. 6. 1931); Politik (Anm. 4), Bd. 1, S. 714–718 (Aufzeichnung Schäffers vom 20. 6. 1931), 718–720 (Aufzeichnung über Luthers Telefonat mit der Bank von England vom 20. 6. 1931); Born, Bankenkrise (Anm. 4), S. 73ff. (mit Zahlen zu den Devisenverlusten); Bennett, Germany (Anm. 3), S. 113ff.; Werner Link, Die amerikanische Stabilisierungspolitik in Deutschland 1921–1932, Düsseldorf 1970, S. 500ff.; Schulz, Von Brüning (Anm. 4), S. 410ff.

9 AdR, Kabinette Brüning (Anm. 1), Bd. 1, S. Lff. (mit Einzelbelegen); Born, Bankenkrise (Anm. 4), S. 114ff.; Harold James, Deutschland in der Weltwirtschaftskrise 1924–1936 (engl. Orig.: Oxford 1986), Stuttgart 1988, S. 283ff.; Carl-Ludwig Holtfrerich, Auswirkungen der Inflation auf die Struktur des deutschen Kreditgewerbes, in: Gerald D. Feldman (Hg.), Die Nachwirkungen der Inflation auf die deutsche Geschichte 1924–1933, München 1985, S. 187–209; Gerd Hardach, Währungskrise 1931: Das Ende des Goldstandards in Deutschland, in: Harald Winkel (Hg.), Finanz- und wirtschaftspolitische Fragen der Zwischenkriegszeit, Berlin 1973, S. 121–133; Winkler, Weg (Anm. 1), S. 366ff.

10 Schulthess 1931 (Anm. 1), S. 501–514; AdR, Kabinette Brüning (Anm. 1), Bd. 1, S. LXXVI; Brüning, Memoiren (Anm. 3), S. 362–366; Born, Bankenkrise (Anm. 4), S. 142ff.; Schulz, Von Brüning (Anm. 4), S. 457ff.; Susanne Wegerhoff, Die Stillhalteabkommen 1931–33. Internationale Versuche zur Privatschuldenregelung unter den Bedingungen des Reparations- und Kriegsschuldensystems, phil. Diss., München 1982, bes. S. 98ff.

11 Brüning, Memoiren (Anm. 3), S. 327ff.; Pünder, Politik (Anm. 6), S. 70ff.; Akten zur Deutschen Auswärtigen Politik (=ADAP) 1918–1945, Serie 13: 1925–1933, Bd. XVIII: 1. Juli bis 15. Oktober 1931, Göttingen 1982, S. 162–168 (Aufzeichnung des Ministerialdirektors Dieckhoff vom 28. 7. 1931); Documents on British Foreign Policy. Second Series, Vol. II: 1931, London 1947, S. 233–237 (Gespräch zwischen MacDonald, Henderson, Brüning u. Curtius vom 28. 7. 1931); AdR, Kabinette Brüning (Anm. 1), Bd. 2, S. 1421–1425 (Ministerbesprechung vom 25. 7. 1931), 1453f. (Gespräch Brünings mit Sackett vom 29. 7. 1931); Helbich, Reparationen (Anm. 3), S. 68ff.; Born, Bankenkrise (Anm. 4), S. 134ff.

12 AdR, Kabinette Brüning (Anm. 1), Bd. 2, S. 1470–1477 (Brief deutscher Industrieller an Brüning vom 30. 7. 1931), 1563–1510 (Ministerbesprechung vom 3. 8. 1931); IfZ, München, Tagebuch Hans Schäffer, 3. 8. 1931; Reinhard Neebe, Großindustrie, Staat und NSDAP 1930–1933. Paul Silverberg und der Reichsverband der Deutschen Industrie in der Krise der Weimarer Republik, Göttingen 1981, S. 111ff.; Gottfried Plumpe, Die I. G. Farbenindustrie AG. Wirtschaft, Technik und Politik 1904–1945, Berlin 1990, S. 513ff.; Knut Borchardt, Das Gewicht der Inflationsangst in den wirtschaftspolitischen Entschei-

dungsprozessen während der Weltwirtschaftskrise, in: Feldman (Hg.), Auswirkungen (Anm. 9), S. 233–260; ders. u. Hans Otto Schötz (Hg.), Wirtschaftspolitik in der Krise. Die (Geheim-) Konferenz der Friedrich-List-Gesellschaft im September 1931 über Möglichkeiten und Folgen einer Kreditausweitung, Baden-Baden 1991; ders., Wirtschaftspolitische Beratung in der Krise: Die Rolle der Wissenschaft, in: Heinrich August Winkler unter Mitwirkung von Elisabeth Müller-Luckner (Hg.), Die deutsche Staatskrise 1930–1933. Handlungsspielräume und Alternativen, München 1992, S. 107–130.; Schulz, Von Brüning (Anm. 4), S. 509ff.

13 Politik (Anm. 4), Bd. 1, S. 76f. (Brief Gilsas an Reusch vom 16.7.1931; Hervorhebung im Original); AdR, Kabinette Brüning (Anm. 1), Bd. 2, S. 1411f. (Brief des Reichslandbundes an Hindenburg vom 22.7.1931).; Bernd Weisbrod, Die Befreiung von den „Tariffesseln". Deflationspolitik als Krisenstrategie der Unternehmer in der Ära Brüning, in: GG 11 (1985), S. 295–325.

14 Schulthess 1931 (Anm. 1), S. 153, 178f.; Brüning in Paris, in: Prawda, 18.7.1931, deutsch in: Internationale Pressekorrespondenz 11 (1931), Nr. 71 (21.7.); Roter Volksentscheid am 9. August, in: Rote Fahne, Nr. 147, 24.7.1931; Die Generallinie. Rundschreiben des Zentralkomitees der KPD an die Bezirke 1929–1933. Eingel. v. Hermann Weber. Bearb. v. Hermann Weber unter Mitwirkung v. Johann Wachtler, Düsseldorf 1981, S. 110–120; Thomas Weingartner, Stalin und der Aufstieg Hitlers. Die Deutschlandpolitik der Sowjetunion und der Kommunistischen Internationale 1919–1934, Berlin 1970, S. 85ff.; Winkler, Weg (Anm. 1), S. 385ff.; Berghahn, Stahlhelm (Anm. 1), S. 158ff.; Hans-Peter Ehni, Bollwerk Preußen? Preußen-Regierung, Reich-Länder-Problem und Sozialdemokratie 1928–1932, Bonn 1975, S. 198ff.; Horst Möller, Parlamentarismus in Preußen 1919–1932, Düsseldorf 1985, S. 315ff.

15 Herbert Wehner, Zeugnis, Köln 1982, S. 41f.; Margarete Buber-Neumann, Von Potsdam nach Moskau. Stationen eines Irrwegs, Stuttgart 1957, S. 257ff.; dies., Kriegsschauplätze der Weltrevolution. Ein Bericht aus der Praxis der Komintern 1919–1943, Stuttgart 1967, S. 311ff. (据称，对这起事件负责的不是诺伊曼，而是德国共产党柏林-勃兰登堡区的领导瓦尔特·乌布利希); Eve Rosenhaft, Beating the Fascists? Communists and Political Violence, 1929–1933, Cambridge 1983, S. 113f.; Geschichte der deutschen Arbeiterbewegung, 8 Bde., Bd. 4: Von 1924 bis Januar 1933, Berlin (O), S. 308; Winkler, Weg (Anm. 1), S. 391ff (mit weiterer Lit.)。

16 AdR, Kabinette Brüning (Anm. 1), Bd. 2, S. 1562f. (Brief Groeners an Wirth vom 14.8.1931), 1624–1636 (Rundschreiben Wirths vom 29.8.1931), 1770f. (Ministerbesprechung vom 30.9.1931); Staat und NSDAP 1930–1932. Quellen zur Ära Brüning. Eingel. v. Gerhard Schulz, bearb. v. Ilse Maurer u. Udo Wengst, Düsseldorf 1977, S. 203–206 (Konferenz der Innenminister in Berlin vom 26.9.1931); Franz Feuchtwanger, Der militärpolitische Apparat der KPD in den Jahren 1928–1935. Erinnerungen, in: IWK 17 (1981), Heft 4, S. 485–533; Johann Wachtler, Zwischen Revolutionserwartung und Untergang. Die Vorbereitung der KPD auf die Illegalität in den Jahren 1929–1933, Frankfurt 1983, S. 93ff.; Carola Stern, In den Netzen der Erinnerung. Lebensgeschichte zweier Menschen, Reinbek 1986, S. 81f.

17 Staat (Anm. 16), S. 189f. (Brief Röhms an Schleicher vom 24.3.1931), 190 (Brief Schleichers an Röhm von Ende März 1931), 197f. (Brief Groeners an Brüning von September 1931), 199–206 (Besprechung Severings mit den preußischen Oberpräsidenten u. Regierungspräsidenten vom 23.9.1931); Thilo Vogelsang, Reichswehr, Staat und NSDAP. Beiträge zur deutschen Geschichte 1930–1932, Stuttgart 1962, S. 118ff.

18 Protokoll der Verhandlungen des 14. Kongresses der Gewerkschaften Deutschlands (4. Bundestag des Allgemeinen Deutschen Gewerkschaftsbundes). Abgehalten in Frankfurt a. M. vom 31. August bis 4. September 1931, Berlin 1931, S. 74 (Leipart), 336 (Brandes).

19 Hanno Drechsler, Die Sozialistische Arbeiterpartei Deutschlands (SAPD). Ein Beitrag zur Geschichte der Arbeiterbewegung am Ende der Weimarer Republik, Meisenheim

1964, S. 82ff. (das Zitat von Brandt: 168f.); Dietmar Klenke, Die SPD-Linke in der Weimarer Republik. Eine Untersuchung zu den regionalen organisatorischen Grundlagen und zur politischen Praxis und Theoriebildung des linken Flügels der SPD in den Jahren 1922–1932, 2 Bde., Münster 1983, Bd. 1, S. 242ff.; Karl Hermann Tjaden, Struktur und Funktion der „KPD-Opposition" (KPO). Eine organisationssoziologische Untersuchung zur „Rechts"-Opposition im deutschen Kommunismus zur Zeit der Weimarer Republik, Meisenheim 1964, S. 282; Ulrich Heinemann, Linksopposition in der Sozialdemokratie und die Erfahrungen der SAP in der Weimarer Republik, in: Enzo Colotti (Hg.), L'internazionale operaia e sozialista tra le due guerre. Annali 23 (1983/84), S. 497–525; Winkler, Weg (Anm. 1), S. 399–408 (mit den Zitaten und Zahlen).关于德国和平协会：Friedrich-Karl Scheer, Die Deutsche Friedensgesellschaft (1892–1933). Organisation, Ideologie, politische Ziele. Ein Beitrag zur Geschichte des Pazifismus in Deutschland, Frankfurt 1981[1]。维利·勃兰特1933年前的政治生涯：Willy Brandt, Links und frei. Mein Weg 1930–1950, Hamburg 1982, bes. S. 54ff。

20 AdR, Kabinette Brüning (Anm. 1), Bd. 2, S. 1642–1651 (Besprechung Brünings mit Vertretern der SPD vom 1. 9. 1931), 1660–1662 (Besprechung Brünings mit Vertretern der SPD am 7. 9. 1931), 1772f. (Ministerbesprechung vom 30. 9. 1931); Politik (Anm. 4), Bd. 2, S. 944f. (Brief Reusch' an Kastl vom 9. 6. 1931, Hervorhebung im Original); Rudolf Tschirbs, Tarifpolitik im Ruhrbergbau 1918 bis 1933, Berlin 1986, S. 409ff.; Winkler, Weg (Anm. 1), S. 414ff. (das Zitat aus der Deutschen Bergwerks-Zeitung: 420).

21 AdR, Kabinette Brüning (Anm. 1), Bd. 2, S. 1723–1731 (Ministerbesprechung vom 24. 9. 1931), 1781–1786 (Ministerbesprechung vom 2. 10. 1931); Brüning, Memoiren (Anm. 3), S. 366ff.; Schulthess 1931 (Anm. 1), S. 334–337, 342–344; Jürgen Schiemann, Die deutsche Währung in der Weltwirtschaftskrise 1929–1933. Währungspolitik und Abwertungskontroverse unter den Bedingungen der Reparationen, Hamburg 1979, S. 178ff.; James, Reichsbank (Anm. 4), S. 287ff.

22 AdR, Kabinette Brüning (Anm. 1), Bd. 2, S. 1735f. (Ministerbesprechung vom 24. 9. 1931), 1740f. (Ministerbesprechung vom 25. 9. 1931); Schulthess 1931 (Anm. 1), S. 215–223; Winkler, Weg (Anm. 1), S. 424ff.; Schulz, Von Brüning (Anm. 4), S. 517ff.

23 Schulthess 1931 (Anm. 1), S. 563–565, 573f.; Politik (Anm. 4), Bd. 2, S. 941–943 (Brief Dingeldeys an Curtius vom 4. 9. 1931); AdR, Kabinette Brüning (Anm. 1), Bd. 2, S. 1796–1801 (Ministerbesprechung vom 3. 10. 1931), 1815f. (Ministerbesprechung vom 7. 10. 1931), Curtius, Sechs Jahre (Anm. 3), S. 201–209; Brüning, Memoiren (Anm. 3), S. 371–425); Die Deutschnationalen und die Zerstörung der Weimarer Republik. Aus dem Tagebuch von Reinhold Quaatz 1928–1933. Hg. v. Hermann Weiß u. Paul Hoser, München 1989, S. 143–145 (Tagebucheintrag vom 27. 8. 1931), 149–153 (Brief Hugenbergs an Oldenburg-Januschau vom 29. 8. 1931); Lothar Döhn, Politik und Interesse. Die Interessenstruktur der Deutschen Volkspartei, Meisenheim 1970, S. 200f., 440f.

24 Schulthess 1931 (Anm. 1), S. 223f.; AdR, Kabinette Brüning (Anm. 1), Bd. 1, S. LXXXVIf.; Karl Dietrich Bracher, Die Auflösung der Weimarer Republik. Eine Studie zum Problem des Machtverfalls in der Weimarer Republik, Villingen 1964[4], S. 415ff.; Winkler, Weg (Anm. 1), S. 431.; Schulz, Von Brüning (Anm. 4), S. 548ff.

25 Schulthess 1931 (Anm. 1), S. 223–229; Ursachen und Folgen. Vom deutschen Zusammenbruch 1918 und 1945 bis zur staatlichen Neuordnung Deutschlands in der Gegenwart. Hg. u. bearb. von Herbert Michaelis u. Ernst Schraepler, Bd. 8: Die Weimarer Republik. Das Ende des parlamentarischen Systems: Brüning-Papen-Schleicher, 1930–1933, Berlin 1963, S. 367–369 (Auszüge aus der Rede Schachts); Politik (Anm. 4), Bd. 2, S. 1031 (Brief Gilsas an Reusch vom 9. 10. 1931), 1039–1044 (Briefe Gilsas vom 12. 10. u. Blanks vom 13. 10. 1931 an Reusch); Brüning, Memoiren (Anm. 3), S. 425–430; Berghahn, Stahlhelm (Anm. 1), S. 179ff.; Bracher, Auflösung (Anm. 24), S. 407ff.; Neebe, Großindustrie (Anm. 12), S. 99ff.; Henry A. Turner, Die Großunternehmer und der Aufstieg Hitlers (amerik.

Orig.: New York 1985), Berlin 1985, S. 215ff.; Winkler, Weg (Anm. 1), S. 431ff.; Schulz, Von Brüning (Anm. 4), S. 554ff.

26 Es geht ums Ganze!, in: Vorwärts, Nr. 478, 12. 10. 1931; Die Harzburger Inflationsfront, ebd., Nr. 479, 13. 10. 1931.关于帝国议会辩论和投票: Brüning, Memoiren (Anm. 3), S. 443f. ; Martin Schumacher, Mittelstandsfront und Republik. Die Wirtschaftspartei – Reichspartei des deutschen Mittelstandes 1919–1933, Düsseldorf 1972, S. 177ff.; Schulz, Von Brüning (Anm. 4), S. 560ff.; Winkler, Weg (Anm. 1), S. 434ff。关于1931年秋季通货膨胀的辩论: Borchardt, Gewicht (Anm. 12), S. 247ff.; Gerhard Schulz, Inflationstrauma, Finanzpolitik und Krisenbekämpfung in den Jahren der Wirt- schaftskrise, 1930–1933, in: Feldman (Hg.), Nachwirkungen (Anm. 9), S. 261–296。

27 AdR, Kabinette Brüning (Anm. 1), Bd. 2, S. 1723–1728 (Ministerbesprechung vom 24. 9. 1931); Schulthess 1931 (Anm. 1), S. 229f., 244f., 256–261; Brüning, Memoiren (Anm. 3), S. 456–460; Winkler, Weg (Anm. 1), S. 436ff.; Schulz, Von Brüning (Anm. 4), S. 613ff.

28 Schulthess 1931 (Anm. 1), S. 253, 262f.; Die Blutpläne von Hessen, in: Vorwärts, Nr. 554, 26. 11. 1931; Brüning, Memoiren (Anm. 3), S. 463ff.; Carl Severing, Mein Lebensweg, 2 Bde., Köln 1950, Bd. 2, S. 311ff., 371f.; Vogelsang, Reichswehr (Anm. 17), S. 139; Bracher, Auflösung (Anm. 24), S. 431ff.; Schulz, Von Brüning (Anm. 4), S. 604ff.; Martin Loiperdinger, „Das Blutnest vom Boxheimer Hof". Die antifaschistische Agitation der SPD in der hessischen Hochverratsaffäre, in: Eike Hennig (Hg.), Hessen contra Hakenkreuz. Studien zur Durchsetzung der NSDAP in Hessen, Frankfurt 1983, S. 433–468.

29 Heinz Jäger (= Walter Kreiser), Windiges aus der deutschen Luftfahrt, in: Weltbühne 25/1 (1929), S. 402–407; Cuno Horkenbach (Hg.), Das Deutsche Reich von 1918 bis heute, Jg. 1931, Berlin o. J., S. 362, 365; Heinrich Hannover u. Elisabeth Hannover-Drück, Politische Justiz in der Weimarer Republik, Frankfurt 1966[1], S. 191; Axel Eggebrecht, Volk ans Gewehr. Chronik eines Berliner Hauses 1930–1934, Berlin 1980[2], S. 170ff.

30 Brüning, Memoiren (Anm. 3), S. 390f., 464f.; IfZ, München, Tagebuch Hans Schäffer, 20. 11. 1931; Vogelsang, Reichswehr (Anm. 17), S. 135ff.; Schulthess 1931 (Anm. 1), S. 268f.; Josef Becker, Brüning, Prälat Kaas und das Problem einer Regierungsbeteiligung der NSDAP 1930–1932, in: HZ 196 (1962), S. 74ff.; William Lewis Patch jr., Christian Trade Unions in the Politics of the Weimar Republic, 1918–1933. The Failure of Corporate Pluralism, New Haven 1985, S. 205; Iris Hamel, Völkischer Verband und nationale Gewerkschaft. Der Deutschnationale Handlungsgehilfen-Verband 1893–1933, Frankfurt 1967, S. 249f.

31 Brüning, wehr dich!, in: Vorwärts, Nr. 571, 6. 12. 1931; AdR, Kabinette Brüning (Anm. 1), Bd. 3, S. 2085f. (Brief Webers an Brüning vom 7. 12. 1931); Staat (Anm. 16), S. 237–239 (Auszüge aus Brünings Rede vom 8. 12. 1931); Schulz, Von Brüning (Anm. 4), S. 587ff.也涉及德意志国家党的内部矛盾。

32 AdR, Kabinette Brüning (Anm. 1), Bd. 3, S. 2054–2057 (Ministerbesprechung vom 4. 12. 1931), 2061–2068 (Ministerbesprechung vom 5. 12. 1931), 2069–2074 (Ministerbesprechung vom 6. 12. 1931), 2074–2078 (Ministerbesprechung vom 7. 12. 1931); Schulthess 1931 (Anm. 1), S. 266; Brüning, Memoiren (Anm. 1), S. 474ff.; Hans Luther, Vor dem Abgrund 1930–1933. Reichsbankpräsident in Krisenzeiten, Berlin 1964, S. 156f., 244ff.; Brünings Echo, in: Vorwärts, Nr. 576, 9. 12. 1931; Politik (Anm. 4), Bd. 2, S. 1167–1169 (Rundschreiben des RDI vom 11. 12. 1931); Winkler, Weg (Anm. 1), S. 454ff.; Schulz, Von Brüning (Anm. 4), S. 599ff., 626ff.; Meister, Große Depression (Anm. 1), S. 235ff.

33 Schulthess 1931 (Anm. 1), S. 272f., 515–530; Schulthess' Europäischer Geschichtskalender, 73. Bd. (1932), München 1933, S. 396–398; Cuno Horkenbach (Hg.), Das Deutsche Reich von 1918 bis heute. Jg. 1932, Berlin 1933, S. 27–30; AdR, Kabinette Brüning (Anm. 1), Bd. 1, S. LXXVIIf. (mit Einzelbelegen), Bd. 3, S. 2139–2151 (Besprechungen vom 5.–7. 1. 1932), 2152f. (Vermerk Pünders vom 8. 1. 1932); Politik (Anm. 4), Bd. 2, S. 1203–1206 (对赔款问题的新闻声明); Pünder, Politik (Anm. 6), S. 111 (Aufzeichnung vom 11. 1. 1932); Klaus Megerle, Weltwirtschaftskrise und Außenpo - litik. Zum Problem

der Kontinuität der deutschen Politik in der Endphase der Weimarer Republik, in: Jürgen Bergmann (Hg.) , Geschichte als politische Wissenschaft, Stuttgart 1979, S. 116–140. ; Schulz, Von Brüning (Anm. 4), S. 647ff。

34 Winkler, Weg (Anm. 1), S. 464ff.

35 Quellen (Anm. 6), S. 478–486 (Sitzungen des Bundesvorstands des ADGB vom 3. u. 10. 2. 1932), 487–515 (Sitzung des Bundesausschusses des ADGB vom 15./16. 2. 1932); Gerhard Colm, Wege aus der Weltwirtschaftskrise, in: Die Arbeit 8 (1931), S. 815–834; Hans Arons, Erwiderung, ebd., S. 834–839; Gerhard Colm, Schlußwort, ebd., S. 839f. (hier das Zitat); Wladimir Woytinski, Wann kommt die aktive Wirtschaftspolitik?, ebd. 9 (1932), S. 11–31; ders., Stormy Passage. A Personal History Through Two Russian Revolutions to Democracy and Freedom: 1905–1960, New York 1961, S. 462ff.; Michael Schneider, Das Arbeitsbeschaffungsprogramm des ADGB. Zur gewerkschaftlichen Politik in der Endphase der Weimarer Republik, Bonn 1975, S. 225ff.; Robert A. Gates, The Economic Policies of the German Free Trade Unions and the German Social Democratic Party, 1930–1933, Ph. D. Dissertation (Microfilm), University of Oregon 1970, S. 221ff.; ders., Von der Sozialpolitik zur Wirtschaftspolitik? Das Dilemma der deutschen Sozialdemokratie in der Krise 1929–1933, in: Hans Mommsen u. a. (Hg.), Industrielles System und politische Entwicklung in der Weimarer Republik, Düsseldorf 1974[1], S. 206–225; Wolfgang Zollitsch, Einzelgewerkschaften und Arbeitsbeschaffung: Zum Handlungsspielraum der Arbeiterbewegung in der Spätphase der Weimarer Republik, in: GG 8 (1982), S. 87–115; Michael Held, Sozialdemokratie und Keynesianismus. Von der Weltwirtschaftskrise bis zum Godesberger Programm, Frankfurt 1982, S. 114ff.; Eberhard Heupel, Reformismus und Krise. Zur Theorie und Praxis von SPD, ADGB und AfA-Bund in der Weltwirtschaftskrise 1929–1932/33, Frankfurt 1981, S. 227ff.; Winkler, Weg (Anm. 1), S. 494ff.; Schulz, Von Brüning (Anm. 4), S. 639ff.

36. AdR, Kabinette Brüning (Anm. 1), Bd. 3, S. 2241f., 2246–2248 (Besprechungen zum Wagemann-Plan vom 28. u. 29. 1. 1932), 2276–2278 (Denkschrift des Reichswirtschaftsministeriums vom 5. 2. 1932), 2288–2290 (Ressortbesprechung vom 12. 2. 1932), 2318–2322 (Chefbesprechung vom 20. 2. 1932); Politik (Anm. 4), Bd. 2, S. 1240–1242 (Aufzeichnung Luthers vom 28. 1. 1932), 1243–1245 (Brief Schäffers an Wagemann vom 28. 1. 1932), 1245–1248 (Aufzeichnungen Luthers vom 29. 1. 1932), 1313–1317 (Aufzeichnungen Schäffers vom 4. 3. 1932); Brüning, Memoiren (Anm. 3), S. 503f.; Luther, Abgrund (Anm. 32), S. 244ff.; Ernst Wagemann, Geld- und Kreditreform, Berlin 1932; Schulthess 1932 (Anm. 33), S. 22f., 19f.; Helmut Marcon, Arbeitsbeschaffungspolitik der Regierung Papen und Schleicher. Grundsteinlegung für die Beschäftigungspolitik im Dritten Reich, Bern 1974, S. 63ff.; Michael Wolffsohn, Industrie und Handwerk im Konflikt mit staatlicher Wirtschaftspolitik? Studien zur Politik der Arbeitsbeschaffung 1930–1934, Berlin 1977, S. 66ff.; Henning Köhler, Arbeitsbeschaffung, Siedlung und Reparationen in der Schlußphase der Regierung Brüning, in: VfZ 17 (1969), S. 276–307; Werner Jochmann, Brünings Deflationspolitik und der Untergang der Weimarer Republik, in: Dirk Stegmann u. a. (Hg.), Industrielle Gesellschaft und politisches System. Festschrift f. Fritz Fischer, Bonn 1978, S. 97–112; Borchardt, Beratung (Anm. 12), S. 107ff.; ders., Gewicht (Anm. 12), S. 233ff.; Rudolf Regul, Der Wagemann-Plan, in: Der Keynesianismus, 3 Bde., Heidelberg 1976ff., Bd. 3, S. 421–447; Wilhelm Grotkopp, Die große Krise. Lehren aus der Überwindung der Wirtschaftskrise 1929/32, Düsseldorf 1954, S. 173ff.; Gerhard Kroll, Von der Weltwirtschaftskrise zur Staatskonjunktur, Berlin 1958, bes. S. 194ff.; George Garvy, Keynes and the Economic Activists in Pre-Hitler Germany, in: Journal of Political Economy 83 (1975), S. 391–404; James, Reichsbank (Anm. 4), S. 292ff.; Manfred Pohl, Die Finanzierung der Russengeschäfte zwischen den beiden Weltkriegen. Die Entwicklung der zwölf großen Rußlandkonsortien, Frankfurt 1975; Winkler, Weg (Anm. 1), S. 506ff.; Schulz, Von Brüning (Anm. 4), S. 640ff.

37 IfZ München, Anlagen zum Tagebuch Hans Schäffer: Die Haushaltslage am 28. Februar 1932; AdR, Kabinette Brüning (Anm. 1), Bd. 1, S. LXXXIII f. (mit Einzelbelegen); Brüning, Memoiren (Anm. 3), S. 491 f.; Schulthess 1932 (Anm. 33), S. 23 f., 450–453; Sten Nadolny, Abrüstungsdiplomatie 1932/33. Deutschland auf der Genfer Konferenz im Übergang von Weimar zu Hitler, München 1978, S. 90 ff.; Eckhard Wandel, Hans Schäffer. Steuermann in wirtschaftlichen und politischen Krisen, Stuttgart 1974, S. 221 ff.; Schulz, Von Brüning (Anm. 4), S. 692 ff. (vor allem zur Abrüstungsfrage); Winkler, Weg (Anm. 1), S. 507 f.

15. 两害相权取其轻的逻辑

1 Heinrich Brüning, Memoiren 1918–1934, Stuttgart 1970, S. 500 f.; Akten der Reichskanzlei (= AdR), Weimarer Republik. Die Kabinette Brüning I und II. 30. März 1930 bis 10. Oktober 1931, 10. Oktober 1931 bis 1. Juni 1932, 3 Bde., bearb. v. Tilman Koops, Boppard 1982–1990, Bd. 1, S. LVIII f. (mit Einzelbelegen); Hermann Pünder, Politik in der Reichskanzlei. Aufzeichnungen aus den Jahren 1929–1932, Stuttgart 1961, S. 134 f.; Erich Matthias, Hindenburg zwischen den Fronten. Zur Vorgeschichte der Reichspräsidentenwahlen von 1932, in: VfZ 8 (1960), S. 75–84; Thilo Vogelsang, Reichswehr, Staat und NSDAP. Beiträge zur deutschen Geschichte 1930–1932, Stuttgart 1962, S. 147 ff.; Heinrich August Winkler, Der Weg in die Katastrophe. Arbeiter und Arbeiterbewegung in der Weimarer Republik 1930–1933, Bonn 1990^2, S. 479 ff.; Gerhard Schulz, Von Brüning zu Hitler. Der Wandel des politischen Systems in Deutschland 1930–1933 (= Zwischen Demokratie und Diktatur. Verfassungspolitik und Reichsreform in der Weimarer Republik, Bd. III), Berlin 1992, S. 704 ff.

2 Brüning, Memoiren (Anm. 1), S. 453 f.; Die Deutschnationalen und die Zerstörung der Weimarer Republik. Aus dem Tagebuch von Reinhold Quaatz 1928–1933. Hg. v. Hermann Weiß u. Paul Hoser, München 1989, S. 168–179 (Tagebucheintrag vom 14. 1. 1932 mit Material zur Verlängerung der Amtszeit Hindenburgs); John Wheeler-Bennett, Der hölzerne Titan. Paul von Hindenburg (engl. Orig.: London 1967), Tübingen 1969, S. 363 f.; Andreas Dorpalen, Hindenburg in der Geschichte der Weimarer Republik (amerik. Orig.: Princeton 1964), Berlin 1966, S. 248 ff.

3 AdR, Kabinette Brüning (Anm. 1), Bd. 3, S. 2227–2232 (Aufzeichnung Pünders über die Wahl des Reichspräsidenten vom 27. 1. 1932), 2278–2282 (Vermerke Pünders vom 6. u. 8. 2. 1932); Politik und Wirtschaft in der Krise 1930–1932. Quellen zur Ära Brüning. Eingel. v. Gerhard Schulz. Bearb. v. Ilse Maurer u. Udo Wengst unter Mitwirkung von Jürgen Heideking, 2 Bde., Düsseldorf 1980, Bd. 2, S. 1302–1306 (Rundschreiben des „Stahlhelm" vom 24. 2. 1932); Schulthess' Europäischer Geschichtskalender, 73. Bd. (1932), München 1933, S. 43 f.; Cuno Horkenbach (Hg.), Das Deutsche Reich von 1918 bis heute, Jg. 1932, Berlin 1933, S. 43 f., 56 f., 62; Vogelsang, Reichswehr (Anm. 1), S. 151 ff. sowie 431–440 (Aufzeichnungen Sahms); Volker R. Berghahn, Der Stahlhelm. Bund der Frontsoldaten 1918–1935, Düsseldorf 1966, S. 195 ff.; ders., Die Harzburger Front und die Kandidatur Hindenburgs für die Präsidentschaftswahlen 1932, in: VfZ 13 (1965), S. 64–82; Rudolf Morsey, Hitler als braunschweigischer Regierungsrat, ebd. 8 (1960), S. 419–448.

4 Schulthess 1932 (Anm. 3), S. 9–11 (Denkschrift Hitlers), 20 (Erlaß Groeners); AdR, Kabinette Brüning (Anm. 1), Bd. 3, S. 2215–2218 (Brief Brünings an Hitler vom 22. 1. 1932); Rüpelspiele, in: Vorwärts, Nr. 39, 24. 1. 1932; Der Groener-Erlaß, ebd., Nr. 65, 9. 2. 1932; Otto-Ernst Schüddekopf, Das Heer und die Republik. Quellen zur Politik der Reichswehrführung 1918 bis 1933, Hannover 1955, S. 330–340 (Quellen zur Krise um Groeners Erlaß); Verhandlungen des Reichstags. Stenographische Berichte, Bd. 446, S. 2245–2252 (Goebbels), 2254 (Schumacher), 2323–2333 (Brüning); Brüning, Memoiren (Anm. 1), S. 529 f.

5 Schlagt Hitler!, in: Vorwärts, Nr. 97, 27. 2. 1932;关于布劳恩赞成选兴登堡, ebd. Nr. 117, 10. 3. 1932; Schulthess 1932 (Anm. 3), S. 55f. (Rede Hindenburgs), 58f. (Rede Brünings); Brüning, Memoiren (Anm. 1), S. 528ff.; Otto Braun, Von Weimar zu Hitler, New York 1940[2], S. 371; Hagen Schulze, Otto Braun oder Preußens demokratische Sendung. Eine Biographie, Frankfurt 1977, S. 719f.; Friedrich Stampfer, Die vierzehn Jahre der ersten deutschen Republik, Hamburg 1953[3], S. 611。

6 Zusammenfassend: Winkler, Weg (Anm. 1), S. 519ff.

7 Otto Dietrich, Mit Hitler in die Macht. Persönliche Erlebnisse mit meinem Führer, München 1934, S. 62; Die Tagebücher von Joseph Goebbels. Sämtliche Fragmente. Hg. von Elke Fröhlich, Teil I: Aufzeichnungen 1924–1941, Bd. 2: 1. 10. 1931–31. 12. 1936, München 1987, S. 140f.; Wolfgang Horn, Führerideologie und Parteiorganisation in der NSDAP (1919–1933), Düsseldorf 1972, S. 348f.

8 论总统选举: RF, Nr. 56, 15. 3. 1932; Resolution des Zentralko-mitees der KPD, ebd., Nr. 65, 27. 3. 1932; Winkler, Weg (Anm. 1), S. 521 (zu Stalins Devise: 491ff.)。

9 An die Partei, in: Vorwärts, Nr. 129, 17. 3. 1932; Staat und NSDAP 1930–1932. Quellen zur Ära Brüning. Eingel. v. Gerhard Schulz. Bearb. v. Ilse Maurer u. Udo Wengst, Düsseldorf 1977, S. 299 (Groeners Brief an Severing vom 23. 3. 1932), 301–304 (Brief des bayerischen Innenministeriums an das Reichsinnenministerium vom 5. 4. 1932), 304–309 (Konferenz der Innenminister vom 5. 4. 1932); AdR, Kabinette Brüning (Anm. 1), Bd. 3, S. 2403 f. (Brief Stützels an Groener vom 30. 3. 1932), 2417–2419 (Brief Pünders an Brüning vom 6. 4. 1932); Vogelsang, Reichswehr (Anm. 1), S. 162f., 445–449 (Aufzeichnung des Regierungsrats Lengrießer über die Konferenz der Innenminister vom 5. 4. 1932); Horkenbach 1932 (Anm. 3), S. 79f., 86f, 100f.; Waldemar Besson, Württemberg und die Deutsche Staatskrise 1928–1933. Eine Studie zur Auflösung der Weimarer Republik, Stuttgart 1959, S. 393–396 (Aufzeichnung des Gesandten Bosler zur Konferenz der Innenminister vom 5. 4. 1932); Winkler, Weg (Anm. 1), S. 522 ff.

10 Dokumente des Hochverrats, in: Vorwärts Nr. 160, 10. 4. 1932; Carl Severing, Mein Lebensweg, 2 Bde., Köln 1950, Bd. 2, S. 327 ff.; Staat (Anm. 9), S. 308–312 (Brief des Oberregierungsrats Erbe an Dingeldey vom 9. 4. 1932; AdR, Kabinette Brüning (Anm. 1), Bd. 3, S. 2426–2429 (Groeners Denkschrift vom 10. 4. 1932), 2437–2440 (Aufzeichnung Pünders vom 13. 4. 1932); Pünder, Politik (Anm. 1), S. 117 (Tagebucheintrag vom 10. 4. 1932); Dorothea Groener-Geyer, General Groener. Soldat und Staatsmann, Frankfurt 1955, S. 291 ff.; Hans-Peter Ehni, Bollwerk Preußen? Preußen-Regierung, Reich-Länder-Problem und Sozialdemokratie 1928–1932, Bonn 1975, S. 239 ff.; Winkler, Weg (Anm. 1), S. 523 ff.

11 Horkenbach 1932 (Anm. 3), S. 76, 83, 85 (Stellungnahmen von Stahlhelm und DNVP); Landbund für Hitler!, in: Vorwärts, Nr. 141, 24. 3. 1932; Politik (Anm. 3), Bd. 2, S. 1384 f. (Brief Blanks an Reusch vom 15. 4. 1932), 1385 f., (Brief Reusch' an Blank vom 17. 4. 1932); Schulz, Von Brüning (Anm. 1), S. 732 ff.; Kurt Koszyk, Paul Reusch und die „Münchner Neuesten Nachrichten", in: VfZ 20 (1972), S. 75–103; Henry A. Turner, Die Großunternehmer und der Aufstieg Hitlers (amerik. Orig.: New York 1985), Berlin 1985, S. 259 ff., 290 ff.; Reinhard Neebe, Großindustrie, Staat und NSDAP 1930–1933. Paul Silverberg und der Reichsverband der Deutschen Industrie in der Krise der Weimarer Republik, Göttingen 1981, S. 120 ff.; Gottfried Plumpe, Die I. G. Farbenindustrie AG. Wirtschaft, Technik und Politik 1904–1945, Berlin 1990, S. 535 f.; Dieter Gessner, Agrarverbände in der Weimarer Republik. Wirtschaftliche und soziale Voraussetzungen agrarkonservativer Politik vor 1933, Düsseldorf 1976, S. 260 ff.

12 Dietrich, Hitler (Anm. 7), S. 65 ff.; Goebbels, Tagebücher (Anm. 7), S. 150–152; Ernst Thälmann, Letzter Appell, in: RF, Nr. 75, 8. 4. 1932; Schulthess 1932 (Anm. 3), S. 63 (Rede Brünings in Königsberg vom 4. 4. 1932); Brüning, Memoiren (Anm. 1), S. 536 ff.

13 综述: Winkler, Weg (Anm. 1), S. 528 ff., sowie Jürgen W. Falter, The Two Hindenburg Elections of 1925 and 1932: A Total Reversal of Voter Coalitions, in: CEH 23 (1990), S.

225–241。

14 E.H. (= Ernst Heilmann), Unüberwindlich, in: DFW 4 (1932), Nr. 16 (17.4.), S. 1–4 (Hervorhebungen im Original); Winkler, Weg (Anm. 1) S. 531 f.

15 Brüning, Memoiren (Anm. 1), S. 540 ff.; AdR, Kabinette Brüning (Anm. 1), Bd. 3, S. 2429 f. (Kabinettssitzung vom 12.4. 1932), 2433–2436 (Ministerbesprechung vom 13.4. 1932); Vogelsang, Reichswehr (Anm. 1), S. 452–454 (Aufzeichnungen Groeners); Staat (Anm. 9), S. 318 f. (Mitteilung des preußischen Innenministeriums zur Durchführung des SA-Verbots vom 20.4. 1932); Horkenbach 1932 (Anm. 3), S. 110–113; Gerhard Schulz, Aufstieg des Nationalsozialismus. Krise und Revolution in Deutschland, Frankfurt 1975, S. 676 ff.; Peter Longerich, Die braunen Bataillone. Geschichte der SA, München 1989, S. 153 ff.

16 Horkenbach 1932 (Anm. 3), S. 111 f., 114–117, 131; Politik (Anm. 3), Bd. 2, S. 1383 (Brief Hindenburgs an Groener vom 15.4. 1932); 1402 f. (Briefwechsel zwischen Hindenburg und Groener vom 22.4. 1932); AdR, Kabinette Brüning (Anm. 1), Bd. 3, S. 2456–2462 (Brief Pünders an Brüning vom 18.4. 1932), 2483–2485 (Ministerbesprechung vom 3.5. 1932); Brüning, Memoiren (Anm. 1), S. 544 f.; Vogelsang, Reichswehr (Anm. 1), 175–180, 230 ff., sowie 454 f. (Aufzeichnungen Groeners), 459–466 (Niederschrift aus dem Büro des Reichspräsidenten vom 10.6. 1932); Erich Matthias, Die Sozialdemokratische Partei Deutschlands, in: ders. u. Rudolf Morsey (Hg.), Das Ende der Parteien 1933, Düsseldorf 1966[1], S. 101–278 (bes. 219); Karl Rohe, Das Reichsbanner Schwarz-Rot-Gold. Ein Beitrag zur Geschichte und Struktur der politischen Kampfverbände zur Zeit der Weimarer Republik, Düsseldorf 1966, S. 417 ff.; Jochen-Christoph Kaiser, Arbeiterbewegung und organisierte Religionskritik. Proletarische Freidenkerverbände in Kaiserreich und Weimarer Republik, Stuttgart 1981, S. 316 f.; Winkler, Weg (Anm. 1), S. 534 ff. 兴登堡对赔款会议的期望值，也参见 Deutschnationale (Anm. 2), S. 172 (Aufzeichnung vom 8.1. 1932)。

17 Horst Möller, Parlamentarismus in Preußen 1919–1932, Düsseldorf 1985, S. 386 ff.; Dietrich Orlow, Weimar Prussia 1925–1933. The Illusion of Strength, Pittsburgh 1991, S. 208 f.; Ehni, Bollwerk (Anm. 10), S. 244 f.; Schulze, Braun (Anm. 5), S. 726 f.; Winkler, Weg (Anm. 1), S. 542 f.; Schulz, Von Brüning (Anm. 1), S. 770 ff.

18 Schulthess 1932 (Anm. 3), S. 69; Werner Stephan, Die Parteien nach den großen Frühjahrswahlkämpfen. Die Analyse der Wahlziffern des Jahres 1932, in: Zeitschrift für Politik 22 (1933), S. 110–118; Alfred Milatz, Das Ende der Parteien im Spiegel der Wahlen 1930 bis 1933, in: Matthias/Morsey (Hg.), Ende (Anm. 16), S. 743–793 (bes. 766 ff.).

19 Ernst Rudolf Huber, Deutsche Verfassungsgeschichte seit 1789, Bd. 6: Die Weimarer Reichsverfassung, Stuttgart 1981, S. 788, 794, 822 f., 841 f., Bd. 7: Ausbau, Schutz und Untergang der Weimarer Republik, Stuttgart 1984, S. 863 ff.; Schulz, Von Brüning (Anm. 1), S. 487 ff.

20 Schulthess 1932 (Anm. 3), S. 69; Landtag ohne Mehrheit!, in: Vorwärts, Nr. 193, 25.4. 1932; Stampfer, Vierzehn Jahre (Anm. 5), S. 617 ff. (das Zitat: 629); Braun, Von Weimar (Anm. 5), S. 374; „Gebt den Nationalsozialisten Verantwortung!“, 泽韦林的提议，见：Frankfurter Zeitung, Nr. 316, 28.4. 1932; Carl Severing, Der Weg der Pflicht. Bemerkungen zur Preußenfrage, in: Vorwärts, Nr. 202, 30.4. 1932 (Hervorhebung im Original); ders., Lebensweg (Anm. 10), Bd. 2, S. 333 f. (teilweise verschleiernd); E.H. (= Ernst Heilmann), Was wird aus Preußen?, in: DFW 4 (1932), Nr. 19 (8.5.), S. 3–7; Schulze, Braun (Anm. 5), S. 725; Matthias, Sozialdemokratische Partei (Anm. 16), S. 127 ff.; Ehni, Bollwerk (Anm. 10), S. 246; Winkler, Weg (Anm. 1), S. 547 ff.; Richard Breitman, German Socialism and Weimar Democracy, Chapel Hill 1981, S. 178 ff.; Thomas Alexander, Carl Severing. Sozialdemokrat aus Westfalen mit preußischen Tugenden, Bielefeld 1992, S. 194 f。

21 An alle deutschen Arbeiter!, in: RF, Nr. 89, 26.4. 1932; 论选举结果，同上；论对抗饥饿、战争和法西斯主义的斗争，同上来源, Nr. 93, 30.4. 1932; Die Generallinie. Rundschreiben des Zentralkomitees der KPD an die Bezirke 1929–1933. Eingel. v. Her-

mann Weber. Bearb. v. Hermann Weber unter Mitwirkung von Johann Wachtler, Düsseldorf 1981, S. XLVI, LXXXIV f.; Siegfried Bahne, Die KPD und das Ende von Weimar. Das Scheitern einer Politik 1932–1935, Frankfurt 1976, S. 23; Jószef Wieszt, KPD-Politik in der Krise 1928–1932. Zur Geschichte und Problematik des Versuchs, den Kampf gegen den Faschismus mittels Sozialfaschismusthese und RGO-Politik zu führen, Frankfurt 1976, S. 329 ff.; Thomas Weingartner, Stalin und der Aufstieg Hitlers. Die Deutschlandpolitik der Sowjetunion und der Kommunistischen Internationale 1929–1934, Berlin 1970, S. 119 ff.; Günter Hortzschansky u. a., Ernst Thälmann. Eine Biographie, Berlin (O) 1979, S. 564 f.; Winkler, Weg (Anm. 1), S. 553 ff。

22 Brüning, Memoiren (Anm. 1), S. 567 ff.; Die Protokolle der Reichstagsfraktion und des Fraktionsvorstands der Deutschen Zentrumspartei 1926–1933. Bearb. v. Rudolf Morsey, Mainz 1969, S. 566–568 (Erklärung Brünings vor dem Vorstand der Zentrumsfraktion am 9. 5. 1932); Horkenbach 1932 (Anm. 3), S. 151 f. (Hitlers Erklärung vom 19. 5. 1932); Schulz, Aufstieg (Anm. 15), S. 668 ff.; Herbert Hömig, Das preußische Zentrum in der Weimarer Republik, Mainz 1979, S. 257 f.; Vogelsang, Reichswehr (Anm. 1), S. 189 f.; Gerhard Ritter, Carl Goerdeler und die deutsche Widerstandsbewegung, Stuttgart 1955², S. 46 ff.

23 Brüning, Memoiren (Anm. 1), S. 544 ff., 556 ff.; Wilhelm Deist, Brüning, Herriot und die Abrüstungsgespräche in Bessinge, in: VfZ (1957), S. 265–272; Sten Nadolny, Abrüstungsdiplomatie 1932/33. Deutschland auf der Genfer Konferenz im Übergang von Weimar zu Hitler, München 1978, S. 136 ff.; Michael Geyer, Abrüstung oder Sicherheit? Die Reichswehr in der Krise der Machtpolitik 1924–1936, Wiesbaden 1980, S. 266 ff.

24 AdR, Kabinette Brüning (Anm. 1), Bd. 3, S. 2474 f. (Brief Warmbolds an Hindenburg vom 28. 4. 1932), 2482 (Ministerbesprechung vom 2. 5. 1932); Brüning, Memoiren (Anm. 1), S. 556, 566 f.; Horkenbach 1932 (Anm. 3), S. 140; Turner, Großunternehmer (Anm. 11), S. 282.

25 Goebbels, Tagebücher (Anm. 7), S. 165 (Eintrag vom 8. 5. 1932); Brüning, Memoiren (Anm. 1), S. 586 f.; Vogelsang, Reichswehr (Anm. 1), S. 461 f. (Aufzeichnung aus dem Büro des Reichspräsidenten vom 10. 6. 1932); Politik (Anm. 3), Bd. 2, S. 1445 f. (Aufzeichnung Meissners vom 9. 5. 1932 über die Besprechung zwischen Hindenburg u. Brüning); Deutschnationale (Anm. 2), S. 189 (Quaatz' Aufzeichnung vom 6. 5. 1932); Pünder, Politik (Anm. 1), S. 118 f. (Aufzeichnung vom 9. 5. 1932); Werner Conze, Zum Sturz Brünings, in: VfZ 1 (1953), S. 261–288.

26 Stenographische Berichte (Anm. 4), Bd. 446, S. 2510–2521 (Strasser), 2536–2545 (Göring), 2545–2550 (Groener), 2593–2602 (Brüning), 2685, 2688 (Löbe), 2689–2695 (namentliche Abstimmungen); Goebbels, Tagebücher (Anm. 7), S. 166 f.; Pünder, Politik (Anm. 1), S. 120 f.; Brüning, Memoiren (Anm. 1), S. 585 f.; Vogelsang, Reichswehr (Anm. 1), S. 456 (Aufzeichnungen Groeners); Horkenbach 1932 (Anm. 3), S. 142–148. 关于施特拉塞尔的讲话：Avraham Barkai, Das Wirtschaftssystem des Nationalsozialismus. Der historische und ideologische Hintergrund 1933–1936, Köln 1977, S. 31 ff.; Udo Kissenkoetter, Gregor Strasser und die NSDAP, München 1978, S. 83 ff。论Klotz事件：Stampfer, Vierzehn Jahre (Anm. 5), S. 583 ff。戈培尔针对魏斯的宣传攻势：Dietz Bering, Kampf um Namen. Bernhard Weiß gegen Joseph Goebbels, Stuttgart 1992。

27 Brüning, Memoiren (Anm. 1), S. 558 f.; Pünder, Politik (Anm. 1), S. 122 f. (Aufzeichnungen vom 15. 3. 1932); Vogelsang, Reichswehr (Anm. 1), S. 462 f. (Aufzeichnung aus dem Büro des Reichspräsidenten vom 10. 6. 1932); Horkenbach 1932 (Anm. 3), S. 148; Groener geht und bleibt, in: Vorwärts, Nr. 222, 13. 5. 1932; Schulthess 1932 (Anm. 3), S. 88 f. (Zitat aus der „Frankfurter Zeitung"); Goebbels, Tagebücher (Anm. 7), S. 168.

28 AdR, Kabinette Brüning (Anm. 1), Bd. 3, S. 2525–2527 (Ministerbesprechung vom 17. 5. 1932), 2527 f. (Chefbesprechung vom 18. 5. 1932), 2528–2530 (Ministerbesprechung vom 18. 5. 1932), 2544–2550 (Ministerbesprechung vom 20. 5. 1932), 2551–2558 (Minister-

besprechung vom 21. 5. 1932), 2565–2568 (Ministerbesprechung vom 23. 5. 1932); Brüning, Memoiren (Anm. 1), S. 572 ff.; Winkler, Weg (Anm. 1), S. 566 ff.

29 AdR, Kabinette Brüning (Anm. 1), Bd. 1, S. XCIV ff. (mit Einzelbelegen); Bd. 3, S. 2501–2506 (Brief Schlange-Schöningens an Pünder vom 9. 5. 1932 mit Verordnungsentwurf), 2544–2550 (Ministerbesprechung vom 20. 5. 1932); Politik (Anm. 3), Bd. 2, S. 1462 f. (Aufzeichnung des Regierungsrats Passarge vom 20. 5. 1932), 1463–1466 (Begründung des Verordnungsentwurfs); Heinrich Muth, Agrarpolitik und Parteipolitik im Frühjahr 1932, in: Ferdinand A. Hermens u. Theodor Schieder (Hg.), Staat, Wirtschaft und Politik in der Weimarer Republik. Festschrift für Heinrich Brüning, Berlin 1967, S. 317–360; Udo Wengst, Schlange-Schöningen, Ostsiedlung und die Demission der Regierung Brüning, in: GWU 30 (1979), S. 538–551; Gessner, Agrarverbände (Anm. 11), S. 242 ff.; Schulz, Von Brüning (Anm. 1), S. 591 ff., 800 ff.

30 Schulthess 1932 (Anm. 3), S. 89 f. (Kommuniqué vom 21. 5. 1932); Pünder, Politik (Anm. 1), S. 124 f. (Aufzeichnung vom 21. 5. 1932); Politik (Anm. 3), Bd. 2, S. 1486–1496 (Brief Gayls an Hindenburg vom 24. 5. 1932), 1496 (Brief Kalckreuths an Hindenburg vom 24. 5. 1932), 1497–1499 (Briefe Meissners an Gayl und Schlange-Schöningen vom 26. 5. 1932); Conze, Sturz (Anm. 25), S. 275 ff.; Bruno Buchta, Die Junker und die Weimarer Republik. Charakter und Bedeutung der Osthilfe in den Jahren 1928–1933, Berlin (O) 1959, S. 136 ff.

31 Pünder, Politik (Anm. 1), S. 126 (Hervorhebungen im Original); Brüning, Memoiren (Anm. 1), S. 593–596; Deutschnationale (Anm. 2), S. 189 (Aufzeichnung Quaatz' über ein Gespräch mit Meissner am 6. 5. 1932); Vogelsang, Reichswehr (Anm. 1), S. 464 (Aufzeichnung aus dem Büro des Reichspräsidenten vom 10. 6. 1932); Otto Meissner, Staatssekretär unter Ebert-Hindenburg-Hitler, Hamburg 1950, S. 221 ff.; AdR, Kabinette Brüning (Anm. 1), Bd. 3, S. 2512–2514 (Gespräch Brünings mit François-Poncet vom 13. 5. 1932), 2575–2577 (Reparationspolitische Besprechung vom 27. 5. 1932).

32 Ebd., S. 2578 f. (Entschließung der DNVP-Reichstagsfraktion); Politik (Anm. 3), Bd. 2, S. 1499-1506 (Materialien zum Rücktrittsangebot Schlanges vom 27. 5. 1932); Hans Schlange-Schöningen, Am Tage danach, Hamburg 1946, S. 68 ff.

33 Pünder, Politik (Anm. 1), S. 127–131; Brüning, Memoiren (Anm. 1), S. 597–602 (Hervorhebungen jeweils im Original); ders., Ein Brief, in: Deutsche Rundschau 70 (1947), S. 1–12; AdR, Kabinette Brüning (Anm. 1), Bd. 3, S. 2585–2587 (Ministerbesprechung vom 30. 5. 1932); Schulz, Von Brüning (Anm. 1), S. 859 ff.

34 论中央党主席卡斯主教向德意志国家人民党为普鲁士联盟进行辩护: Deutschnationale (Anm. 2), S. 145 f. (Brief Quaatz' an Hugenberg vom 29. 8. 1931)。

35 Linksliberalismus in der Weimarer Republik. Die Führungsgremien der Deutschen Demokratischen Partei und der Deutschen Staatspartei 1918–1932. Eingel. v. Lothar Albertin. Bearb. v. Konstanze Wegner in Verbindung mit Lothar Albertin, Düsseldorf 1980, S. 717–726 (719); Politik (Anm. 3), Bd. 2, S. 1469 f. (Brief Oldenburg-Januschaus an Gayl vom 21. 5. 1932; Hervorhebungen jeweils im Original); Vogelsang, Reichswehr (Anm. 1), S. 464 (Aufzeichnung aus dem Büro des Reichspräsidenten vom 10. 6. 1932).

36 对布吕宁经济政策的争论: Knut Borchardt, Zwangslagen und Handlungsspielräume in der großen Weltwirtschaftskrise der frühen dreißiger Jahre: Zur Revision des überlieferten Geschichtsbildes, in: ders., Wachstum, Krisen, Handlungsspielräume der Wirtschaftspolitik. Studien zur Wirtschaftsgeschichte des 19. u. 20. Jahrhunderts, Göttingen 1982, S. 165–182, ders., Wirtschaftliche Ursachen des Scheiterns der Weimarer Republik, ebd., S. 183–205; ders., die „Krise vor der Krise". Zehn Jahre Diskussion über die Vorbelastungen der Wirtschaftspolitik Heinrich Brünings in der Weltwirtschaftskrise. Münchner Wirtschaftswissenschaftliche Beiträge, Nr. 89–25, München 1989; Carl-Ludwig Holtfrerich, Zu hohe Löhne in der Weimarer Republik? Bemerkungen zur Borchardt-These, in: GG 10 (1984), S. 122–141; ders., Alternativen zu Brünings Wirt-

schaftspolitik in der Weltwirtschaftskrise?, in: HZ 235 (1982), S. 605–631; Harold James, Gab es eine Alternative zur Wirtschaftspolitik Brünings?, in: VSWG 70 (1983), S. 523–541; Gottfried Plumpe, Wirtschaftspolitik in der Weltwirtschaftskrise. Realität und Alternativen, in: GG 11 (1985), S. 326–357; Peter-Christian Witt, Finanzpolitik als Verfassungs- und Gesellschaftspolitik des Deutschen Reiches 1930–1932, in: GG 8 (1982), S. 386–414; Ian Kershaw (Hg.), Weimar: Why Did German Democracy Fail?, London 1990; Jürgen Baron von Kruedener (Hg.), Economic Crisis and Political Collapse: The Weimar Republic 1924–1933, New York 1990。

37 对布吕宁历史评价的争议，第13章注释1引用的文献之外: Josef Becker, Heinrich Brüning und das Scheitern der konservativen Alternative, in: APZ 1980, Nr. 22, S. 3–17; Udo Wengst, Heinrich Brüning und die „konservative Alternative". Kritische Anmerkungen zu neuen Thesen über die Endphase der Weimarer Republik, ebd., Nr. 50, S. 19–26; Josef Becker, Geschichtsschreibung im historischen Optativ? Zum Problem der Alternativen im Prozeß der Auflösung einer Republik wider Willen, ebd., S. 27–36.

16. 内战的威胁

1 Die Tagebücher von Joseph Goebbels. Sämtliche Fragmente, hg. v. Elke Fröhlich, Teil I: Aufzeichnungen 1924–1941, Bd. 2: 1. 10. 1931–31. 12. 1936, München 1987, S. 173; Franz von Papen, Der Wahrheit eine Gasse, München 1952, S. 182ff.; ders., Vom Scheitern einer Demokratie 1930–1933, Mainz 1968, S. 187ff.; Akten der Reichskanzlei (= AdR), Weimarer Republik. Das Kabinett von Papen. 1. Juni 1932 bis 3. Dezember 1932, 2 Bde., bearb. v. Karl-Heinz Minuth, Boppard 1989, Bd. 1, S. XIXff.; Thilo Vogelsang, Reichswehr, Staat und NSDAP. Beiträge zur deutschen Geschichte 1930–1932. Stuttgart 1962, S. 199ff.; Gerhard Schulz, Von Brüning zu Hitler. Der Wandel des politischen Systems in Deutschland 1930–1933 (= Zwischen Demokratie und Diktatur. Verfassungspolitik und Reichsreform in der Weimarer Republik, Bd. III), Berlin 1992, S. 863ff.; Karl Dietrich Bracher, Die Auflösung der Weimarer Republik. Eine Studie zum Problem des Machtverfalls in der Demokratie, Villingen 1964[4], S. 517ff.; Jürgen A. Bach, Franz von Papen in der Weimarer Republik. Aktivitäten in Politik und Presse 1918–1932, Düsseldorf 1977; Thomas Trumpp, Franz von Papen, der preußisch-deutsche Dualismus und die NSDAP in Preußen. Ein Beitrag zur Vorgeschichte des 20. Juli 1932, Tübingen 1963; Ulrike Hörster-Philipps, Konservative Politik in der Endphase der Weimarer Republik. Die Regierung Franz von Papen, Köln 1982.

2 Schulthess' Europäischer Geschichtskalender, 73. Bd. (1932), München 1933, S. 92–94; Cuno Horkenbach (Hg.), Das Deutsche Reich von 1918 bis heute, Jg. 1932, Berlin 1933, S. 160; Vogelsang, Reichswehr (Anm. 1), S. 204f. (Unterredungen Hindenburgs am 30./31. 5. 1932), 458f. (Aktennotiz Meissners); Die Protokolle der Reichstagsfraktion und des Fraktionsvorstands der Deutschen Zentrumspartei 1926–1933. Bearb. v. Rudolf Morsey, Mainz 1969, S. 572–576 (Sitzungen der Zentrumsfraktion und ihres Vorstands vom 1. 6. 1932); AdR, Kabinett v. Papen (Anm. 1), Bd. 1, S. 6f. (Erklärung Papens vom 2. 6. 1932); Heinrich Brüning, Memoiren 1918–1934, Stuttgart 1970, S. 607ff.; Hermann Pünder, Politik in der Reichskanzlei. Aufzeichnungen aus den Jahren 1929–1932, Stuttgart 1961, S. 131–133 (Aufzeichnung vom 31. 5. 1932); Otto Meissner, Staatssekretär unter Ebert-Hindenburg-Hitler, Hamburg 1950, S. 230ff.; Papen, Wahrheit (Anm. 1), S. 182ff.; Goebbels, Tagebücher (Anm. 1), S. 177f. (Aufzeichnungen vom 30. u. 31. 5. 1932); Rudolf Morsey, Die Deutsche Zentrumspartei, in: Erich Matthias u. Rudolf Morsey (Hg.). Das Ende der Parteien 1933, Düsseldorf 1960[1], S. 281–453 (bes. 306ff.).

3 AdR, Kabinett v. Papen (Anm. 1), Bd. 1, S. XXIIff.; AdR, Weimarer Republik, Kabinett von Schleicher. 3. Dezember 1932 bis 30. Januar 1933, bearb. v. Anton Golecki,

Boppard 1986, S. XXIf. (jeweils mit weiterer Lit.); Magnus Frhr. v. Braun, Von Ostpreußen bis Texas, Stollhamm 1955, S. 208ff.; nur bedingt brauchbar, weil stark apologetisch: Karl v. Plehwe, Reichskanzler von Schleicher. Weimars letzte Chance gegen Hitler, Esslingen 1983, bes. 184ff.

4 Schulthess 1932 (Anm. 2), S. 94–99 (Reaktionen der Parteien, Auflösung des Reichstags); AdR, Kabinett v. Papen (Anm. 1), Bd. 1, S. 13f. (Regierungserklärung Papens), 223–236 (Eingabe des DIHT vom 15. 7. 1932); Politik und Wirtschaft in der Krise 1930–1932. Quellen zur Ära Brüning. Eingel. v. Gerhard Schulz. Bearb. v. Ilse Maurer u. Udo Wengst unter Mitwirkung von Jürgen Heideking, 2 Bde., Düsseldorf 1980, Bd. 2, S. 1525–1527 (Erklärung der zurückgetretenen Regierung Brüning vom 6. 6. 1932); Papens Kriegserklärung, in: Der Abend. Spätausgabe des Vorwärts, Nr. 260, 4. 6. 1932. 论工业界的态度：Reinhard Neebe, Großindustrie, Staat und NSDAP 1930–1932. Paul Silverberg und der Reichsverband der Deutschen Industrie in der Krise der Weimarer Republik, Göttingen 1981, S. 127ff.; Henry A. Turner, Die Großunternehmer und der Aufstieg Hitlers (amerik. Orig.: New York 1985), Berlin 1985, S. 282ff。

5 Pünder, Politik (Anm. 2), S. 137; Heinrich August Winkler, Der Weg in die Katastrophe. Arbeiter und Arbeiterbewegung in der Weimarer Republik 1930–1933, Bonn 1990[2], S. 626ff.

6 Denkschrift über die Notlage der Arbeiterschaft. Gesamtverband der christlichen Gewerkschaften Deutschlands, Berlin 1932, S. 6f., 10; Alexander Graf Stenbock-Fermor, Deutschland von unten. Reisen durch die proletarische Provinz (1. Aufl. Stuttgart 1931), Luzern 1980[2], S. 141f. (zu den „Laubenkolonien"); Wilhelm Treue (Hg.), Deutschland in der Weltwirtschaftskrise in Augenzeugenberichten, Düsseldorf 1967, S. 251f. (Zitat aus der „Vossischen Zeitung"); Helga Kiesewetter, Die Not arbeitsloser Familien auf der Landstraße, in: Soziale Berufsarbeit 13 (1933), Nr. 2 (Februar), S. 13–17; Helmut Lehmann, Deutsches Volkselend. Auch eine Statistik, in: Die Tat 23 (1931), Nr. 4 (Juli), S. 317–319; Ruth Weiland, Die Kinder der Arbeitslosen. Mit einem Vorwort von Gertrud Bäumer, Eberswalde 1933, bes. S. 29ff.; A. Busemann u. H. Harder, Die Wirkung väterlicher Arbeitslosigkeit auf die Schulleistung der Kinder, in: Zeitschrift für Kinderforschung 40 (1932), S. 89–100; Gertrud Staewen-Ordemann, Menschen in Unordnung. Die proletarische Wirklichkeit im Arbeiterschicksal der ungelernten Großstadtjugend, Berlin 1930; Detlef Peukert, Jugend zwischen Krieg und Krise. Lebenswelten von Arbeiterjungen in der Weimarer Republik, Köln 1987; ders., Die „Wilden Cliquen" in den zwanziger Jahren, in: Wilfried Breyvogel (Hg.), Autonomie und Widerstand. Zur Theorie und Geschichte des Jugendprotestes, Essen 1983, S. 66–77; Winkler, Weg (Anm. 5), S. 33ff. (年轻人失业数据: 48)。

7 Ebd., S. 584ff.; Siegfried Bahne, die Erwerbslosenpolitik der KPD in der Weimarer Republik, in: Hans Mommsen u. Winfried Schulze (Hg.). Vom Elend der Handarbeit. Probleme historischer Unterschichtenforschung, Stuttgart 1981, S. 477–496 (die Zahlen: 489ff., das Zitat der sächsischen Bezirksleitung: 490f.); ders., Die KPD und das Ende von Weimar. Das Scheitern einer Politik 1932–1935, Frankfurt 1976, S. 15–21; Conan J. Fischer, Unemployment and Left-Wing Radicalism in Weimar Germany 1930–1933, in: Peter D. Stachura (Hg.), Unemployment and the Great Depression in Weimar Germany, Houndsmills 1986, S. 209–225; Rose-Marie Huber-Koller, Die kommunistische Erwerbslosenbewegung in der Endphase der Weimarer Republik, in: Gesellschaft. Beiträge zur Marxschen Theorie (1977), S. 89–40; Wolfgang Zollitsch, Arbeiter zwischen Wirtschaftskrise und Nationalsozialismus. Ein Beitrag zur Sozialgeschichte der Jahre 1928 bis 1936, Göttingen 1990, bes. S. 158ff.

8 Hitlerstaat als Elendsanstalt, in: Vorwärts, Nr. 277, 15. 6. 1932; Massendemonstrationen! Proteststreiks!, in: RF, Nr. 131, 16. 6. 1932; 工业代表和部长会面，见: GZ, Nr. 26, 25. 6. 1932。Die Zahlen nach: Ludwig Preller, Sozialpolitik in der Weimarer Republik,

Düsseldorf 1978², S. 166f。

9 AdR, Kabinett v. Papen (Anm. 1), Bd. 1, S. 63–68 (Besprechung der süddeutschen Staats- und Ministerpräsidenten mit dem Reichspräsidenten am 12. 6. 1932), 85–88 (Aufzeichnung Plancks vom 15. 6. 1932 über Besprechungen mit dem bayerischen und dem württembergischen Gesandten), 99–107 (Ministerbesprechung vom 18. 6. 1932), 109–115 (Ministerbesprechung vom 21. 6. 1932), 141–153 (Ministerbesprechung vom 25. 6. 1932), 153–155 (Brief Gayls an die Landesregierungen vom 28. 6. 1932); Staat und NSDAP. Quellen zur Ära Brüning. Eingel. v. Gerhard Schulz. Bearb. v. Ilse Maurer u. Udo Wengst, Düsseldorf 1977, S. 326–332 (Sitzung der Vereinigten Ausschüsse des Reichsrats vom 11. 6. 1932); Horkenbach 1932 (Anm. 2), S. 182f. (Länderminister bei Hindenburg), 195–216 (Aufhebung des SA-Verbots und politische Ausschreitungen); Vogelsang, Reichswehr (Anm. 1), S. 214ff.; Schulz, Von Weimar (Anm. 1), S. 890ff.

10 Otto Braun im Urlaub, in: Der Abend. Spätausgabe des Vorwärts, Nr. 264, 7. 6. 1932; Otto Braun, Von Weimar zu Hitler, New York 1940², S. 396f.; AdR, Kabinett v. Papen (Anm. 1), Bd. 1, S. 22f. (Brief Papens an Kerrl vom 6. 6. 1932), 24–27 (Besprechung Papens mit Hirtsiefer und Klepper am 7. 6. 1932), 41f. (Brief Hirtsiefers an Papen vom 7. 6. 1932), 52–59 (Besprechung der Reichsregierung mit Ministerpräsidenten u. Finanzministern am 11. 6. 1932), 59–61 (Besprechung mit den Vereinigten Reichsausschüssen am 11. 6. 1932), 63–69 (Besprechung der süddeutschen Staats- u. Ministerpräsidenten bei Hindenburg am 12. 6. 1932); Staat (Anm. 9), S. 326–332 (Sitzung der Vereinigten Reichsratsausschüsse am 11. 6. 1932); Horkenbach 1932 (Anm. 2), S. 176 (preußische Notverordnung vom 8. 6. 1932); Carl Severing, Mein Lebensweg, 2 Bde., Köln 1950, Bd. 2, S. 339ff.; Morsey, Zentrumspartei (Anm. 2), S. 311; Herbert Hömig, Das preußische Zentrum in der Weimarer Republik, Mainz 1979, S. 260ff.; Hagen Schulze, Otto Braun oder Preußens demokratische Sendung. Eine Biographie, Frankfurt 1977, S. 736f.; Dietrich Orlow, Weimar Prussia 1925–1955. The Illusion of Strength, Pittsburgh 1991, S. 212ff.

11 AdR, Kabinett v. Papen (Anm. 1), Bd. 1, S. 109–115 (Ministerbesprechung vom 21. 6. 1932), 141–153 (Ministerbesprechung vom 25. 6. 1932); Preußen contra Reich vor dem Staatsgerichtshof. Stenogrammbericht der Verhandlungen vor dem Staatsgerichtshof in Leipzig vom 10. bis 14. u. vom 17. Oktober 1932, Berlin 1933, S. 110 (Telegramm Gayls an den Vertreter des Reiches, Ministerialdirektor Gottheiner vom 11. 10. 1932), 221f. (Erklärung Severings), 296 (Erklärung Gayls); Horkenbach 1932 (Anm. 2), S. 212f. (Unterredung Gayl-Severing, Pressemeldungen, Dementi Severings); Severing, Lebensweg (Anm. 10), Bd. 2, S. 339ff.; Schulz, Von Papen (Anm. 1), S. 882ff.; Winkler, Weg (Anm. 5), S. 629ff.; Trumpp, Papen (Anm. 1), S. 102; Hans-Peter Ehni, Bollwerk Preußen? Preußen-Regierung, Reich-Länder-Problem und Sozialdemokratie 1928–1932, Bonn 1975, S. 260; Thomas Alexander, Carl Severing. Sozialdemokrat aus Westfalen mit preußischen Tugenden, Bielefeld 1992, S. 197ff.

12 Papen ausgetreten, in: Vorwärts, Nr. 253, 1. 6. 1932; AdR, Kabinett v. Papen (Anm. 1), Bd. 1, S. 133–140 (Deutsch-französische Besprechung in Lausanne am 24. 6. 1932), 141–153 (Ministerbesprechung vom 25. 6. 1932), 175–178 (Ministerbesprechung vom 5. 7. 1932), 180f. (Brief Papens an MacDonald vom 4. 7. 1932), 181–183 (Ministerbesprechung vom 5. 7. 1932), 186–190 (Ministerbesprechung vom 7. 7. 1932), 195–204 (Ministerbesprechung vom 11. 7. 1932); Akten zur Deutschen Auswärtigen Politik (= ADAP) 1918–1945. Serie B: 1925–1933, Bd. 20: 1. März bis 15. August 1932, Göttingen 1983, S. 229–461; Documents on British Foreign Policy, 1919–1939. Second Series, London 1947ff., Bd. 3, S. 188–446; Schulthess 1932 (Anm. 2), S. 399–416; Horkenbach 1932 (Anm. 2), S. 231–235; Papen, Wahrheit (Anm. 1), S. 198ff.; Schulz, Von Brüning (Anm. 1), S. 906ff.; Wilhelm Deist, Schleicher und die deutsche Abrüstungspolitik im Juni/Juli 1932, in: VfZ 7 (1959), S. 163–176.

13 Horkenbach 1932 (Anm. 2), S. 235 (Presseecho); Verständigung siegt, in: Vorwärts,

Nr. 310–319, 9. 7. 1932; Winkler, Weg (Anm. 5), S. 635 f.

14 Nieder mit dem Pakt von Lausanne, in: RF, Nr. 153, 9. 7. 1932; Herbert Wehner, Zeugnis, Köln 1982, S. 47 (zum Telegramm Knorins); Die Generallinie. Rundschreiben des Zentralkomitees der KPD an die Bezirke 1929–1933. Eingel. v. Hermann Weber. Bearb. v. Hermann Weber unter Mitwirkung von Johann Wachtler, Düsseldorf 1981, S. 526–534 (Rundschreiben des Sekretariats vom 14. 7. 1932; Hervorhebungen im Original); Winkler, Weg (Anm. 5), S. 558 ff. (Antifaschistische Aktion), 616 ff. (Einheitsfronttaktik, Aufruf Einsteins u. a., Haltung der SPD); Reiner Tosstorff, „Einheitsfront" und/oder „Nichtangriffspakt" mit der KPD, in: Wolfgang Luthardt (Hg.), Sozialdemokratische Arbeiterbewegung und Weimarer Republik. Materialien zur gesellschaftlichen Entwicklung 1927–1933, 2 Bde., Frankfurt 1978, Bd. 2, S. 206–258. 共产党对洛桑会议的反应：Thomas Weingartner, Stalin und der Aufstieg Hitlers. Die Deutschlandpolitik der Sowjetunion und der Kommunistischen Internationale 1929–1934, Berlin 1970, S. 139 ff.; Karlheinz Niclauss, Die Sowjetunion und Hitlers Machtergreifung. Eine Studie über die deutsch-russischen Beziehungen der Jahre 1929–1935, Bonn 1966, S. 59 ff。

15 综述：Winkler, Weg (Anm. 5), S. 639 ff. (zum ZK-Beschluß vom 10. 11. 1931 gegen den individuellen Terror: 441 ff.); weiter Richard Dee Wernette, Political Violence and German Elections: 1930 and July 1932, Ph. D. Diss., University of Michigan (Microfilm) 1974, S. 136 ff.; Richard Bessel, Political Violence and the Rise of Nazism. The Storm-Troopers in Eastern Germany 1925–1934, New Haven 1984, S. 74 ff. (zu Ohlau: 85 ff.); Eve Rosenhaft, Beating the Fascists? The German Communists and Political Violence 1929–1933, Cambridge 1983。关于政治死亡人数的数据：Preußen (Anm. 11), S. 14 f。

16 AdR, Kabinett v. Papen (Anm. 1), Bd. 1, S. 192 f. (Brief Winterfelds an Papen vom 8. 7. 1932), 204–206 (Ministerbesprechung vom 11. 7. 1932), 209–213 (Ministerbesprechung vom 13. 7. 1932), 213–217 (Ministerbesprechung vom 13. 7. 1932), 237–240 (Ministerbesprechung vom 16. 7. 1932), 246 f. (Aufzeichnung Wiensteins vom 19. 7. 1932); Horkenbach 1932 (Anm. 2), S. 240 (Erlaß u. Erklärung Severings vom 12. 7. 1932); Preussen (Anm. 11), S. 24, 37, 45 (zum Gespräch Abeggs mit Torgler u. Kasper); AsD Bonn, Nl. C. Severing, Mappe 60 (Material zum gleichen Gespräch); Christoph Graf, Politische Polizei zwischen Demokratie und Diktatur. Die Entwicklung der preußischen Polizei vom Staatsschutzorgan der Weimarer Republik zum Geheimen Staatspolizeiamt des Dritten Reiches, Berlin 1983, S. 54 ff.; Winkler, Weg (Anm. 5), S. 646 ff.

17 AdR, Kabinett v. Papen (Anm. 1), Bd. 1, S. 248–256 (Bericht des Regierungspräsidenten Abegg an Severing vom 19. 7. 1932); Wolfgang Kopitzsch, Der „Altonaer Blutsonntag", in: Arno Herzig u. a., Arbeiter in Hamburg. Unterschichten, Arbeiter und Arbeiterbewegung seit dem ausgehenden 18. Jahrhundert, Hamburg 1983, S. 509–516; Anthony McElligott, Street and Politics in Hamburg, 1932–3, in: History Workshop 16 (1983), S. 83–90; Peter Leßmann, Die preußische Schutzpolizei in der Weimarer Republik. Streifendienst und Straßenkampf, Düsseldorf 1989, S. 358 ff.; Winkler, Weg (Anm. 5), S. 650 ff.

18 Albert Grzesinski, Im Kampf um die deutsche Republik (geschrieben 1933; MS im BA Koblenz), S. 289; Severing, Lebensweg (Anm. 10), Bd. 2, S. 347 f.; Anpassung oder Widerstand? Aus den Akten des Parteivorstands der deutschen Sozialdemokratie 1932/33. Hg. u. bearb. v. Hagen Schulze, Bonn 1975, S. 3–14 (5 f., Aufzeichnung Wels', wahrscheinlich vom Januar 1933; Hervorhebungen jeweils im Original); Hans J. L. Adolph, Otto Wels und die Politik der deutschen Sozialdemokratie 1894–1939. Eine politische Biographie, Berlin 1971, S. 240 ff.; Winkler, Weg (Anm. 5), S. 654 ff.

19 AdR, Kabinett v. Papen (Anm. 1), Bd. 1, S. 241–245 (Brief Kerrls an Papen vom 18. 7. 1932), 245 f. (Brieftelegramm Hitlers an Papen vom 18. 7. 1932); Goebbels, Tagebücher (Anm. 1), S. 207 (Eintrag vom 19. 7. 1932); Severing, Lebensweg (Anm. 10), Bd. 2, S. 347 f.

20 Hände weg von Preußen!, in: Vorwärts, Nr. 337, 20. 7. 1932; IISG Amsterdam, Nl.

A. Grzesinski, Nr. 2045 (Aufzeichnung vom 20.7.1932); Ludwig Biewer, Der Preußenschlag vom 20. Juli 1932. Ursachen, Ereignisse, Folgen und Wertung, in: Blätter für deutsche Landesgeschichte 119 (1983), S. 159–172; Rudolf Morsey, Zur Geschichte des „Preußenschlags“ am 20.7.1932, in: VfZ 9 (1961), S. 430–439; Gerhard Schulz, „Preußenschlag“ oder Staatsstreich? Neues zum 20. Juli 1932, in: Der Staat 17 (1978), S. 553–581; Orlow, Weimar Prussia (Anm. 10), S. 225 ff.; Erich Matthias, Die Sozialdemokratische Partei Deutschlands, in: Matthias/Morsey (Hg.), Ende (Anm. 2), S. 101–278 (bes. 127 ff.); Winkler, Weg (Anm. 5), S. 656 ff. (mit weiterer Lit.).

21 AdR, Kabinett v. Papen (Anm. 1), Bd. 1, S. 257–259 (Amtl. Protokoll der Besprechung mit den preußischen Ministern in der Reichskanzlei am 20.7.1932), 259–262 (Aufzeichnungen Hirtsiefers u. Severings über die Besprechung in der Reichskanzlei am 20.7.1932), 263 (Brief Brauns an Papen vom 20.7.1932), 263 f. (Brief der Preußischen Staatsregierung an den Reichskanzler vom 20. 7. 1932), 265 f. (Ministerbesprechung vom 20. 7. 1932), 267–272 (Aufzeichnung Plancks vom 20. 7. 1932); Bracher, Auflösung (Anm. 1), S. 735–737 (Aufzeichnung Heimannsbergs von 1957); Winkler, Weg (Anm. 5), S. 658 ff.

22 Anpassung (Anm. 18), S. 9–11 (Aufzeichnung von Wels); Die Gewerkschaften in der Endphase der Republik 1930–1933. Bearb. v. Peter Jahn unter Mitarbeit von Detlev Brunner (= Quellen zur Geschichte der deutschen Gewerkschaftsbewegung im 20. Jahrhundert, Bd. 4), Köln 1988, S. 625 f. (Aufruf der gewerkschaftlichen Spitzenverbände vom 20. 7. 1932); In die Partei!, in: Vorwärts, Nr. 339, 21. 7. 1932; Berlin in Erregung, ebd.; Höchste Kampfbereitschaft, ebd.; Steigert den Kampf! Beschluß der Sozialdemokratischen Partei, ebd., Nr. 340, 21. 7. 1932; Die Antifaschistische Aktion. Dokumentation u. Chronik. Mai 1932 bis Januar 1933. Hg. u. eingel. v. Heinz Karl u. Erika Kücklich, Berlin (O) 1965, S. 193 f. (Appell des ZK der KPD vom 20.7. 1932); Brief Ernst Fraenkels an Karl Dietrich Erdmann vom 31. 7. 1973, in: Karl Dietrich Erdmann, Die Zeit der Weltkriege (= Bruno Gebhardt, Handbuch der deutschen Geschichte, Bd. 4/1), Stuttgart 1973, S. 326 f.; Bracher, KPD (Anm. 7), S. 22 ff.; Winkler, Weg (Anm. 5), S. 669 ff.

23 Severing, Lebensweg (Anm. 10), Bd. 2, S. 352; Horkenbach 1932 (Anm. 2), S. 250 f. (Papens Rundfunkrede vom 20.7. 1932); Goebbels, Tagebücher (Anm. 1), S. 208; Heinz Kühn, Widerstand und Emigration. Die Jahre 1928–1945, Hamburg 1980, S. 49.

24 Karl Rohe, Das Reichsbanner Schwarz-Rot-Gold. Ein Beitrag zur Geschichte und Struktur der politischen Kampfverbände zur Zeit der Weimarer Republik, Düsseldorf 1966, S. 365 ff.; Ludwig Dierske, War eine Abwehr des „Preußenschlags“ vom 20. 7. 1932 möglich?, in: Zeitschrift für Politik 17 (1970), S. 197–245; Hsi Huey Liang, Die Berliner Polizei in der Weimarer Republik (amerik. Orig.: Berkeley, 1970), Berlin 1976, S. 171 ff.; Arnold Brecht, Vorspiel zum Schweigen. Das Ende der deutschen Republik, Wien 1948, S. 99 f.; Winkler, Weg (Anm. 5), S. 671 ff. (zu den „unsichtbaren Arbeitslosen“: 23 f.).

25 Carlo Mierendorff, Sommer der Entscheidungen, in: SMH 76 (1932/II), S. 655–660 (656); E.H. (Ernst Heilmann), Hindenburg gegen die Nazidiktatur, in: DFW 4 (1932), Nr. 34 (21.8.), S. 1–4 (2 f.); A.G. (= Arkadij Gurland), Tolerierungsscherben – und was weiter?, in: Marxistische Tribüne 2 (1932), Nr. 12 (15.6.), S. 351–356 (352 f.); Winkler, Weg (Anm. 5), S. 678 ff. 解散普鲁士政府事件可能产生的反纳粹的力度：Johann Wilhelm Brügel/Norbert Frei, Berliner Tagebuch 1932–1934, Aufzeichnungen des tschechoslowakischen Diplomaten Camill Hoffmann, in: VfZ 36 (1988), S. 131–183 (148 f.)。汉斯·舍费尔也提出类似的观点：IfZ München, Tagebuch Hans Schäffer, Eintragungen vom 20.–22. 7. 1932。

26 在普鲁士和在帝国的共和国稳定性比较：Hagen Schulze, Stabilität und Instabilität in der politischen Ordnung von Weimar. Die sozialdemokratischen Parlamentsfraktionen im Reich und in Preußen, in: VfZ 26 (1978), S. 419–432。

27 Barone ernennen Barone!, in: Vorwärts, Nr. 471, 6. 10. 1932. 关于清洗活动的综述：Wolfgang Runge, Politik und Beamtentum im Parteienstaat. Die Demokratisierung der politischen Beamten in Preußen zwischen 1918 und 1933, Stuttgart 1965,

S. 237ff. (die Zahlen: 237, 239)。Ferner: Ernst Rudolf Huber, Deutsche Verfassungsgeschichte seit 1789, Bd. 7: Ausbau Schutz und Untergang der Weimarer Republik. Stuttgart 1984, S. 1028ff.; Ehni, Bollwerk (Anm. 11), S. 276ff.

28 AdR, Kabinett v. Papen (Anm. 1), Bd. 1, S. 290 (Brief des württembergischen Staatspräsidenten Bolz an Hindenburg vom 21. 7. 1932), 294 (Brief des hessischen Staatspräsidenten Adelung an Hindenburg vom 22. 7. 1932), 295–313 (Länderkonferenz in Stuttgart am 23. 7. 1932); Schulz, Von Brüning (Anm. 1), S. 933ff.; Wolfgang Benz, Papens „Preußenschlag" und die Länder, in: VfZ 18 (1970), S. 321–338; Waldemar Besson, Württemberg und die deutsche Staatskrise 1928–1933. Eine Studie zur Auflösung der Weimarer Republik, Stuttgart 1959, S. 294ff.

29 Horkenbach 1932 (Anm. 2), S. 256–260 (Entscheidung des Staatsgerichtshofs vom 25. 7. 1932, Pressestimmen, Aufhebung des Belagerungszustands); Preußen (Anm. 1), S. 487–491 (Entscheidung des Staatsgerichtshofes); Keine einstweilige Verfügung, in: Vorwärts, Nr. 347, 25. 7. 1932; Schulz, Von Brüning (Anm. 1), S. 943f. (关于纳粹党的紧急经济计划); Avraham Barkai, Das Wirtschaftsprogramm des National-sozialismus. Der historische und ideologische Hintergrund 1933–1936, Köln 1977, S. 37ff.; Winkler, Weg (Anm. 5), S. 637ff. (论"经济调整")。论纳粹党的竞选，也见 Gerhard Paul, Aufstand der Bilder. Die NS-Propaganda vor 1933, Bonn 1990, S. 100ff。

30 Gewerkschaften (Anm. 22), S. 634f. (Vereinbarung Plancks mit dem ADGB vom 29. 7. 1932), 635–640 (Besprechung im Büro des ADGB am 30. 7. 1932 über die Verhandlungen mit der Reichsregierung; Hervorhebung im Original), 641–643 (Tagebuchaufzeichnung Hans Schäffers vom 10. 8. 1932), 643–646 (Sitzung des Bundesvorstands des ADGB vom 3. 8. 1932); Winkler, Weg (Anm. 5), S. 713ff. (mit weiterer Lit.).

31 Ebd., S. 683ff. 对大量选举社会学文献的综述：Jürgen W. Falter, Hitlers Wähler, München 1991. Weiter: Karl Rohe, Wahlen und Wählertraditio-nen in Deutschland, Frankfurt 1992, S. 140ff。关于1930年后天主教政党和社会民主党气氛的强化：Siegfried Weichlein, Sozialmilieus und Politische Kultur in Weimar. Hessische Kreise im Vergleich, phil. Diss. (MS), Freiburg 1992, bes. S. 555ff.

32 Schulthess 1932 (Anm. 2), S. 136f. (Interview Papens, Terrorakte); Horkenbach 1932 (Anm. 2), S. 279–282 (politische Gewalttaten); Goebbels, Tagebücher (Anm. 1), S. 212f. (Eintragung vom 1. 8. 1932); Peter Longerich, Die braunen Bataillone. Geschichte der SA, München 1989, S. 156ff.; Bessel, Violence (Anm. 15), S. 88ff.; Winkler, Weg (Anm. 5), S. 698f.

33 AdR, Kabinett v. Papen (Anm. 1), Bd. 1, S. 374–377 (Ministerbesprechung vom 9. 8. 1932); Horkenbach 1932 (Anm. 2), S. 283; Richard Bessel, The Potempa Murder, in: CEH 10 (1977), S. 241–254; ders., Violence (Anm. 15), S. 91f.; Longerich, Braune Bataillone (Anm. 32), S. 157f.; Paul Kluke, Der Fall Potempa, in: VfZ 5 (1957), S. 279–297.

34 Thilo Vogelsang, Zur Politik Schleichers gegenüber der NSDAP 1932, in: VfZ 6 (1958), S. 86–118 (der Brief vom 30. 1. 1934: 89f.); ders., Reichswehr (Anm. 1), S. 256ff.; Goebbels, Tagebücher (Anm. 1), S. 215–221 (Eintragungen vom 5. 10. 8. 1932); Walter Hubatsch, Hindenburg und der Staat. Aus den Papieren des Generalfeldmarschalls und Reichspräsidenten von 1878 bis 1934, Berlin 1966, S. 335–338 (Aufzeichnung Meissners vom 11. 8. 1932); AdR, Kabinett v. Papen (Anm. 1), Bd. 1, S. 377–386 (Ministerbesprechung vom 10. 8. 1932, mit Auszügen aus dem Tagebuch von Hans Schäffer); Schulz, Von Brüning (Anm. 1), S. 945ff.

35 Horkenbach 1932 (Anm. 2), S. 284 (Gayls Verfassungsrede vom 11. 8. 1932); Schulthess 1932 (Anm. 2), S. 140f. (Verhandlungen mit Hitler am 13. 8. 1932), 141 (Erlaß Brachts vom 18. 8. 1932); Goebbels, Tagebücher (Anm. 1), S. 222–224; AdR, Kabinett v. Papen (Anm. 1), Bd. 1, S. 386–390 (Sitzung der [Kommissarischen] Preußischen Regierung vom 12. 8. 1932), 391f. (Aufzeichnung Meissners über die Besprechung Hindenburgs mit Hitler

vom 13.8.1932; Hervorhebung im Original), 393–396 (Aufzeichnung Hitlers vom 13.8.1932), 396f. (Brief Plancks an Hitler vom 14.8.1932), 398–407 (Ministerbesprechung vom 15.8.1932); Pünder, Politik (Anm. 2), S.138–143 (Aufzeichnungen vom 13.–18.8.1932, unter Verwendung von Informationen Plancks); Vogelsang, Reichswehr (Anm. 1), S.262ff.; Schulz, Von Brüning (Anm. 1), S.963ff.

36 Horkenbach 1932 (Anm. 2), S.290f. (Beuthener u. Brieger Urteile), 307 (Begnadigung); Schulthess 1932 (Anm. 2), S.141 (Hitlers Telegramm und Aufruf, amtliche Mitteilung der Reichsregierung); AdR, Kabinett v. Papen (Anm. 1), Bd. 1, S.474–479 (Besprechung beim Reichspräsidenten in Neudeck vom 30.8.1932), 491–500 (Sitzung der [kommissarischen] Preußischen Regierung vom 2.9.1932); Goebbels, Tagebücher (Anm. 1), S.230f. (Eintragungen vom 23. u. 25.8.1932); Preußen (Anm. 11), S.44 (Auszug aus dem Artikel von Goebbels); Das Echo von Beuthen, in: Vorwärts, Nr. 396, 23.8.1932); Begnadigung zu Zuchthaus?, in: Frankfurter Zeitung, Nr. 629/630, 24.8.1932; Kluke, Fall Potempa (Anm. 33), S.279–297; Bessel, Potempa Murder (An. 33), S.241–254; Heinrich Hannover u. Elisabeth Hannover-Drück, Politische Justiz 1918–1933, Frankfurt 1966, S.301ff.; Huber, Verfassungsgeschichte (Anm. 27), Bd.7, S.1064ff. (auch zur Amnestierung der Mörder von Potempa im März 1933); Winkler, Weg (Anm. 5), S.700ff.

37 AdR, Kabinett v. Papen (Anm. 1), Bd. 1, S.433–435 (Brief des Präsidenten des Reichslandbundes, Graf Kalckreuth, an Papen vom 22.8.1932), 436–444 (Besprechung mit dem RDI vom 25.8.1932), 445–450 (Ministerbesprechungen vom 25. u. 26.8.1932), 453f. (Brief Papens an Kalckreuth vom 26.8.1932), 457–463 (Ministerbesprechung vom 27.8.1932), 480–490 (Ministerbesprechung vom 31.8.1932), 500–509 (Ministerbesprechung vom 3.9.1932); Schulthess 1932 (Anm. 2), S.144–149 (Rede Papens in Münster vom 28.8.1932); Die weltwirtschaftliche Konjunktur, in: Vierteljahrshefte für Konjunkturforschung 7 (1932), Heft 2, Teil A, S.60–87 (62);Günter Plum, Gesellschaftsstruktur und politisches Bewußtsein in einer katholischen Region 1918–1933. Untersuchung am Beispiel des Regierungsbezirks Aachen, Stuttgart 1972, S.301–304 (Brief des schwerindustrienahen Publizisten August Heinrichsbauer an Gregor Strasser vom 20.9.1932); Heinrich August Winkler, Unternehmerverbände zwischen Ständeideologie und Nationalsozialismus, in: ders., Liberalismus und Antiliberalismus. Studien zur politischen Sozialgeschichte des 19. u. 20. Jahrhunderts, Göttingen 1979, S.175–194 (191f.); Turner, Großunternehmer (Anm. 4), S.331ff.; Neebe, Großindustrie (Anm. 4), S.127ff.; Michael Wolffsohn, Industrie und Handwerk im Konflikt mit staatlicher Wirtschaftspolitik? Studien zur Politik der Arbeitsbeschaffung 1930–1934, Berlin 1977, S.78ff.; Helmut Marcon, Arbeitsbeschaffungspolitik der Regierungen Papen und Schleicher. Grundsteinlegung für die Beschäftigungspolitik im Dritten Reich, Bonn 1974, S.130ff.; Hörster-Philipps, Konservative Politik (Anm. 1), S. 301ff. 论终止强制调解：Johannes Bähr, Staatliche Schlichtung in der Weimarer Republik. Tarifpolitik, Korporatismus und industrieller Kon- flikt zwischen Inflation und Deflation 1919–1932, Berlin 1989, S. 328ff。

38 AdR, Kabinett v. Papen (Anm. 1), Bd. 1, S. XXIXff. (mit Einzelbelegen u. weiteren Quellenhinweisen); Schulthess 1932 (Anm. 2), S.473–475 (deutsche Note vom 29.8.1932); Vogelsang, Reichswehr (Anm. 1), S.294ff.; Sten Nadolny, Abrüstungsdiplomatie 1932/33. Deutschland auf der Genfer Konferenz im Übergang von Weimar zu Hitler, München 1978, S.156ff.; Edward W. Bennett, German Rearmament and the West, 1932–1933, Princeton 1979, S.176ff.

39 AdR, Kabinett v. Papen (Anm. 1), Bd. 1, S.474–479 (Besprechung beim Reichspräsidenten am 30.8.1932; Hervorhebung im Original); Carl Schmitt, Legalität und Legitimität, Berlin 1932, bes. S.88ff.; Johannes Heckel, Diktatur, Notverordnungsrecht, Verfassungsnotstand mit besonderer Rücksicht auf das Budgetrecht, in: Archiv des öffentlichen Rechts, N.F. 22 (1932), S.257–338 (260, 310f.); Eberhard Kolb/Wolfram Pyta, Die Staatsnotstandsplanung unter den Regierungen Papen und Schleicher, in: Heinrich August

Winkler unter Mitarbeit von Elisabeth Müller-Luckner (Hg.), Die deutsche Staatskrise 1930–1933. Handlungsspielräume und Alternativen, München 1992, S. 153–179; Dieter Grimm, Verfassungserfüllung – Verfassungsbewahrung – Verfassungsauflösung. Positionen der Staatsrechtslehre in der Staatskrise der Weimarer Republik, ebd., S. 181–197; Heinrich Muth, Carl Schmitt in der deutschen Innenpolitik des Sommers 1932, in: Theodor Schieder (Hg.), Beiträge zur Geschichte der Weimarer Republik. Beiheft 1 der HZ, München 1971, S. 75–147; Ernst Rudolf Huber, Carl Schmitt in der Reichskrise der Weimarer Endzeit, in: Helmut Quaritsch (Hg.), Complexio Oppositorum. Über Carl Schmitt, Berlin 1988, S. 33–50; ders., Verfassungsgeschichte (Anm. 27), Bd. 7, S. 1073 ff.

40 Brüning, Memoiren (Anm. 1), S. 622–655; Goebbels, Tagebücher (Anm. 1), S. 230–233 (Eintragungen vom 25.–29. 8. 1932); Horkenbach 1932 (Anm. 2), S. 296 (Koalitionsverhandlungen); Protokolle (Anm. 2), S. 581–584 (Sitzungen des Fraktionsvorstands und der Fraktion des Zentrums am 29. 8. 1932); Oswald Wachtling, Josef Joos. Journalist, Arbeiterführer, Zentrumspolitiker. Politische Biographie 1878–1933, Mainz 1974, S. 162 ff.; Jürgen Aretz, Katholische Arbeiterbewegung und Nationalsozialismus. Der Verband katholischer Arbeiter- und Knappenvereine Westdeutschlands 1923–1945, Mainz 1978, S. 57 ff.; Detlef Junker, Die Deutsche Zentrumspartei und Hitler 1932/33, Stuttgart 1969, S. 86 ff.; Hömig, Preußisches Zentrum, (Anm. 10), S. 269 ff.; Morsey, Zentrumspartei (Anm. 2), S. 315 ff.; Michael Schneider, Die christlichen Gewerkschaften 1894–1933, Bonn 1982, S. 704 ff.; William L. Patch, jr., Christian Trade Unions in the Weimar Republic 1918–1933. The Failure of „Corporate Pluralism", New Haven 1985, S. 188 ff.; Iris Hamel, Völkischer Verband und nationale Gewerkschaft. Der Deutschnationale Handlungsgehilfen-Verband 1893–1933, Frankfurt 1967, S. 253 ff.; Larry E. Jones, Between the Fronts: The German National Union of Commercial Employees from 1928 to 1933, in: JMH 48 (1978), S. 462–482; Heinz-Jürgen Priamus, Angestellte und Demokratie. Die nationalliberale Angestelltenbewegung in der Weimarer Republik, Stuttgart 1979, S. 197 ff.; Udo Kissenkoetter, Gregor Straßer und die NSDAP, Stuttgart 1978, S. 145 ff.; Winkler, Weg (Anm. 5), S. 722 f. (zur Haltung der SPD); Schulz, Von Brüning (Anm. 1), S. 268 ff.

17. 国家推迟进入紧急状态

1 Verhandlungen des Reichstags. Stenographische Bericht, Bd. 454, S. 1–3 (Zetkin), 6–9 (Wahl des Präsidiums), 10 (Göring); Die Protokolle der Reichstagsfraktion und des Fraktionsvorstands der Deutschen Zentrumspartei 1926–1933. Bearb. v. Rudolf Morsey, Mainz 1969, S. 584 f. (Fraktionssitzung vom 30. 8. 1932); Schulthess' Europäischer Geschichtskalender, 73. Bd. (1932), München 1933, S. 151–157; Cuno Horkenbach (Hg.), Das Deutsche Reich von 1918 bis heute. Jg. 1932, Berlin 1933, S. 300; Akten der Reichskanzlei (= AdR), Weimarer Republik. Das Kabinett von Papen. 1. Juni 1932 bis 3. Dezember 1932. 2 Bde., bearb. v. Karl-Heinz Minuth, Boppard 1989, Bd. 2, S. 527–529 (Empfang des Reichstagspräsidiums bei Hindenburg am 9. 9. 1932). 论1932年9月4日和5日的政令和工会的反应：Heinrich August Winkler, Der Weg in die Katastrophe. Arbeiter und Arbeiterbewegung in der Weimarer Republik 1930–1933, Bonn 1990^2, S. 726 ff.

2 Schulthess 1932 (Anm. 1), S. 158 (Erklärung Schleichers); Die Tagebücher von Joseph Goebbels, hg. v. Elke Fröhlich, Teil I: Aufzeichnungen 1924–1941, Bd. 2: 1. 10. 1931 bis 31. 12. 1936, München 1987, S. 238–240 (Eintragungen vom 8.–10. 9. 1932); Edgar von Schmidt-Pauli, Hitlers Kampf um die Macht. Der Nationalsozialismus und die Ereignisse des Jahres 1932, Berlin o. J. (1933), S. 138 ff.; Heinrich Brüning, Memoiren 1918–1934, Stuttgart 1970, S. 625 f.; Protokolle (Anm. 1), S. 585–589 (Sitzungen des Fraktionsvorstandes und der Fraktion des Zentrums vom 12. 9. 1932); Thilo Vogelsang, Reichswehr, Staat und NSDAP. Beiträge zur deutschen Geschichte 1930–1932, Stuttgart 1962, S. 274 ff.; Ru-

dolf Morsey, Die Deutsche Zentrumspartei, in: Erich Matthias u. Rudolf Morsey (Hg.), Das Ende der Parteien 1933, Düsseldorf 1960[1], S. 281–453 (bes. 320 ff.); Detlef Junker, Die Deutsche Zentrumspartei und Hitler 1932/33. Ein Beitrag zur Problematik des politischen Katholizismus, Stuttgart 1969, S. 86 ff.

3 Stenographische Berichte (Anm. 1), Bd. 454, S. 13 f. (Torgler), 14–16 (Göring), 17–21 (namentliche Abstimmung); Goebbels, Tagebücher (Anm. 2), S. 241 f. (Eintragungen vom 12./13. 9. 1932); Die Deutschnationalen und die Zerstörung der Weimarer Republik. Aus dem Tagebuch von Reinhold Quaatz 1928–1933. Hg. von Hermann Weiß u. Paul Hoser, München 1989, S. 203 (Aufzeichnung vom 12. 9. 1932); Schulthess 1932 (Anm. 1), S. 158–162; AdR, Kabinett v. Papen (Anm. 1), Bd. 2, S. 543–546 (Ministerbesprechung vom 12. 9. 1932), S. 650–713 (Sitzung des „Überwachungsausschusses" vom 27. 9. 1932); Ernst Rudolf Huber, Deutsche Verfassungsgeschichte seit 1789, Bd. 7: Ausbau, Schutz und Untergang der Weimarer Republik, Stuttgart 1984, S. 1092 ff.; Gerhard Schulz, Von Brüning zu Hitler. Der Wandel des politischen Systems in Deutschland 1930–1933 (= Zwischen Demokratie und Diktatur. Verfassungspolitik und Reichsreform in der Weimarer Republik, Bd. III), Berlin 1992, S. 993 ff.; Karl Dietrich Bracher, Die Auflösung der Weimarer Republik. Eine Studie zum Problem des Machtverfalls in der Demokratie, Villingen 1964[4], S. 627 ff.

4 AdR, Kabinett v. Papen (Anm. 1), Bd. 2, S. 546–561 (Rundfunkrede Papens vom 12. 9. 1932); Walther Schotte, Der neue Staat, Berlin 1932; Edgar J. Jung, Die Herrschaft der Minderwertigen, ihr Zerfall und ihre Ablösung durch ein Neues Reich, Berlin 1927[1] (1930[3]); Armin Mohler, Die Konservative Revolution in Deutschland 1918–1932. Grundriß ihrer Weltanschauungen, Stuttgart 1950; Kurt Sontheimer, Antidemokratisches Denken in der Weimarer Republik. Die politischen Ideen des deutschen Nationalismus zwischen 1918 und 1933. München 1962, bes. S. 180 ff.; ders., Der Tatkreis, in: VfZ 7 (1959), S. 229–260; Klaus Fritzsche, Politische Romantik und Gegenrevolution. Fluchtwege in der Krise der bürgerlichen Gesellschaft. Das Beispiel des „Tat-Kreises", Frankfurt 1976; Ebbo Demandt, Von Schleicher zu Springer. Hans Zehrer als politischer Publizist, Mainz 1971, bes. S. 84 ff.; Hans Mommsen, Regierung ohne Parteien. Konservative Pläne zum Verfassungsumbau am Ende der Weimarer Republik, in: Heinrich August Winkler unter Mitwirkung von Elisabeth Müller-Luckner (Hg.), Die deutsche Staatskrise 1930–1933. Handlungsspielräume und Alternativen, München 1992, S. 1–18.

5 AdR, Kabinett v. Papen (Anm. 1), Bd. 2, S. 480–490 (Ministerbesprechung vom 31. 8. 1932), 513–516 (Besprechung Papens mit Gereke vom 5. 9. 1932), 719–729 (Ministerbesprechung vom 29. 9. 1932); Axel Schildt, Militärdiktatur mit Massenbasis? Die Querfrontkonzeption der Reichswehrführung um General von Schleicher am Ende der Weimarer Republik, Frankfurt 1981, S. 109 ff.; Peter Hayes, „A Question Mark with Epaulettes"? Kurt von Schleicher and Weimar Politics, in: JMH 52 (1980), S. 35–65; Joachim Petzold, Alternative zur faschistischen Diktatur? Die Regierungskonzeption des Generals Kurt von Schleicher, in: Militärgeschichte 22 (1983), S. 16–31; Schulz, Von Brüning (Anm. 3), S. 975; Winkler, Weg (Anm. 1), S. 717 ff.

6 AdR, Kabinett v. Papen (Anm. 1), Bd. 2, S. 537–542 (Ministerbesprechung vom 12. 9. 1932), 794–801 (Brief u. Memorandum Schleichers vom 17. 10. 1932); Anpassung oder Widerstand? Aus den Akten des Parteivorstands der deutschen Sozialdemokratie 1932/33. Hg. u. bearb. v. Hagen Schulze, Bonn 1975, S. 72–94 (Wehrsportdebatte im Parteiausschuß am 10. 11. 1932); Vogelsang, Reichswehr (Anm. 2), S. 285 ff.; Karl Rohe, Das Reichsbanner Schwarz-Rot-Gold. Ein Beitrag zur Geschichte und Struktur der politischen Kampfverbände zur Zeit der Weimarer Republik, Düsseldorf 1966, S. 448 ff.; Helga Gotschlich, Zwischen Kampf und Kapitulation. Zur Geschichte des Reichsbanners Schwarz-Rot-Gold, Berlin (O) 1987, S. 138 ff.; Winkler, Weg (Anm. 1), S. 718 ff., 736 ff., 788 ff. (mit weiterer Lit.).

7 AdR, Kabinett v. Papen (Anm. 1), Bd. 1, S. 398–407 (Ministerbesprechung vom 15. 8. 1932), Bd. 2, S. 537–542 (Ministerbesprechung vom 12. 9. 1932), 719–729 (Ministerbesprechung 29. 9. 1932); Schulthess 1932 (Anm. 1), S. 476–479; Vogelsang, Reichswehr (Anm. 2), S. 280 ff.; Michael Geyer, Aufrüstung oder Sicherheit. Die Reichswehr in der Krise der Machtpolitik 1924–1936, Wiesbaden 1980, S. 280 ff.; Edward W. Bennett, German Rearmament and the West, 1932–1933, Princeton 1979, S. 202 ff.

8 AdR, Kabinett v. Papen (Anm. 1), Bd. 2, S. 576–585 (Ministerbesprechung vom 14. 9. 1932), 593–600 (Ministerbesprechung vom 17. 9. 1932); Huber, Verfassungsgeschichte (Anm. 3), Bd. 7, S. 1106 ff.; Vogelsang, Reichswehr (Anm. 2), S. 280 ff.

9 AdR, Kabinett v. Papen (Anm. 1), Bd. 1, S. XLI ff. (mit Einzelbelegen); Schulthess 1932 (Anm. 1), S. 171 (Rede Warmbolds vom 27. 9. 1932), 189 (Protest des RDI vom 27. 10. 1932), 193 (Kabinettsbeschlüsse vom 3. 11. 1932).

10 AdR, Kabinett v. Papen (Anm. 1), Bd. 2, S. 754–764 (Papens Münchner Rede vom 12. 10. 1932), 820–828 (Gayls Berliner Rede vom 28. 10. 1932); Winkler, Weg (Anm. 1), S. 539 ff.

11 Preußen contra Reich vor dem Staatsgerichtshof. Stenogrammbericht der Verhandlungen vor dem Staatsgerichtshof in Leipzig vom 10. bis 14. und vom 17. Oktober 1932, Berlin 1933, S. 492–517; Was bedeutet das Urteil?, in: Vorwärts, Nr. 504, 25. 10. 1932 (Hervorhebungen im Original); AdR, Kabinett v. Papen (Anm. 1), Bd. 2, S. 808 (Besprechung vom 27. 10. 1932 über das Urteil des Staatsgerichtshofes), 809–813 (Sitzung der kommissarischen preußischen Staatsregierung vom 27. 10. 1932), 813–819 (Ministerbesprechung vom 28. 10. 1932), 828–831 (Sitzung der kommissarischen preußischen Staatsregierung vom 28./29. 10. 1932); 831–834 (Besprechung Papens und Brauns bei Hindenburg am 29. 10. 1932), 835–837 (Sitzung der kommissarischen preußischen Staatsregierung vom 1. 11. 1932), 836f. (Brief Brachts an Ministerialdirektor Brecht vom 1. 11. 1932), 858–860 (Brief Brachts an Brecht vom 2. 11. 1932), 872–876 (Brief Brauns an Hindenburg vom 3. 1. 1932), 884 f. (Besprechung vom 7. 11. 1932), 885–889 (Brief Brauns an Hindenburg vom 7. 11. 1932), 907–911 (Besprechung vom 10. 11. 1932); Schulthess 1932 (Anm. 1), S. 184–189 (Leipziger Urteil u. Stellungnahme der preußischen Regierung vom 25. 10. 1932), 193 (Erklärung der preußischen Staatsminister u. Gegenerklärung der Reichsregierung vom 3. 11. 1932); Otto Braun, Von Weimar zu Hitler, New York 1940^2, S. 763 ff.; Hagen Schulze, Otto Braun oder Preußens demokratische Sendung. Eine Biographie, Frankfurt 1977, S. 763 ff. (hier auch das Zitat aus dem „8-Uhr-Abendblatt"); Hans-Peter Ehni, Bollwerk Preußen? Preußen-Regierung, Reich-Länder-Problem und Sozialdemokratie 1928–1932, Bonn 1975, S. 271 ff.; Vogelsang, Reichswehr (Anm. 2), S. 304 ff.; Huber, Verfassungsgeschichte (Anm. 3), Bd. 7, S. 1128 ff.; Schulz, Von Brüning (Anm. 3), S. 1000 ff.; Winkler, Weg (Anm. 1), S. 761 ff.

12 Gemeinsame Proklamation der Kommunisten Deutschlands und Frankreichs für die Nichtigkeitserklärung des Versailler Vertrags, in: Inprekorr 12 (1932), Nr. 90 (28. 10.), S. 2869 f.; Gegen den imperialistischen Krieg, gegen das Versailler System! – Für den proletarischen Internationalismus! Kampfrede des Genossen Thälmann in Paris, ebd., Nr. 91 (1. 11.), S. 2899 f.; Rede des Genossen Thorez in der Pariser Thälmann-Versammlung, ebd., Nr. 92 (4. 11.), S. 2941 f.; Fort mit Versailles!, in: RF, Nr. 195, 26. 10. 1932; XII. Plenum des Exekutivkomitees der Kommunistischen Internationale (September 1932). Thesen und Resolutionen, Moskau 1932, S. 6 f., 9, 11 (Thesen zum Referat Kuusinens); Winkler, Weg (Anm. 1), S. 754 ff. (mit weiterer Lit.). – 论洛桑协定和国际联盟新协议，1932年7月15日达成的协议规定，奥地利获得借款的条件是不得追求与德意志帝国结成经济共同体：Schulthess 1932 (Anm. 1), S. 243, 408。

13 Winkler, Weg (Anm. 1), S. 765 ff. (mit weiterer Lit.); Klaus Rainer Röhl, Fünf Tage im November. Kommunisten, Sozialdemokraten und Nationalsozialisten und der BVG-Streik vom November 1932 in Berlin, in: Diethart Kerbs u. Henrick Stahr (Hg.), Berlin 1932. Das letzte Jahr der ersten deutschen Republik. Politik, Symbole, Medien, Berlin

1992, S. 161–177. Die Zitate: Goebbels, Tagebücher (Anm. 2), S. 267–271 (Eintragungen vom 2. [richtig: 3.] bis 4. 11. 1932); Protest, in: Vorwärts, Nr. 522, 4. 11. 1932; SA-Putsch in Schöneberg, ebd., Nr. 523, 5. 11. 1932; zu Papens Rede: Schulthess 1932 (Anm. 1), S. 194–196; Letzter Appell, in: DAZ, Nr. 521, 5. 11. 1932.

14 综述选举结果：Winkler, Weg (Anm. 1), S. 774 ff. (mit weiterer Lit.)。关于柏林：Richard F. Hamilton, Who Voted for Hitler?, Princeton 1982, S. 89 ff。论广播的作用：Hans Bausch, Der Rundfunk im politischen Kräftespiel der Weimarer Republik, Tübingen 1956, S. 85 ff。

15 Marx stärker als Hitler, in: Vorwärts Nr. 526, 7. 11. 1932; Anpassung (Anm. 6), S. 55 (Böchel), 71 (Wels); E. H. (= Ernst Heilmann), Auf dem richtigen Weg, in: DFW 4 (1932), Nr. 46 (13. 11.), S. 1–5; Horkenbach 1932 (Anm. 1), S. 372–374 (Stellungnahmen von Zentrum, DNVP, NSDAP u. Rede Papens vom 8. 11. 1932); Wahlsieg der KPD im Feuer der Streikkämpfe (Erklärung des ZK der KPD), in: Inprekorr 12 (1932), Nr. 94 (11. 11.), S. 3025–3027;《真理报》评论德国帝国议会选举结果，同上书，S. 3027 f。

16 AdR, Kabinett v. Papen (Anm. 1), Bd. 2, S. 901–907 (Ministerbesprechung vom 9. 11. 1932), 937 f. (Brief Kepplers an Schröder vom 13. 11. 1932); Schulthess 1932 (Anm. 1), S. 198 (Empfang Papens durch Hindenburg am 10. 11. 1932); Eberhard Czichon, Wer verhalf Hitler zur Macht? Zum Anteil der deutschen Industrie an der Zerstörung der Weimarer Republik, Köln 1967, S. 64–72 (Material zur Eingabe an Hindenburg; der Brief selbst: 69–71), 73 (Information Dr. Scholz für Bracht zur Tagung des Langnam-Vereins vom 26. 11. 1932) Henry A. Turner, Jr., Die Großunternehmer und der Aufstieg Hitlers (amerik. Orig.: New York 1985), Berlin 1985, S. 358 ff.; Reinhard Neebe, Großindustrie, Staat und NSDAP 1930–1933. Paul Silverberg und der Reichsverband der Deutschen Industrie in der Krise der Weimarer Republik, Göttingen 1981, S. 167 f.; Gottfried Plumpe, Die I. G. Farbenindustrie AG. Wirtschaft, Technik und Politik 1904–1945, Berlin 1991, S. 538 ff.; Heinrich Muth, Das „Kölner Gespräch" am 4. Januar 1933, in: GWU 37 (1986), S. 463–480, 529–541.

17 Bundesarchiv Koblenz, Nr. 1342: Nachlaß J. Wirth: Brief Wirths an Breitscheid vom 14. 11. 1932. 在此特别感谢 Gerald D. Feldman 对这份文件的提示。

18 Anpassung (Anm. 6), S. 23 f., 45 (Wels), 32 f. (Severing), 41 (Hilferding), 47 (Breitscheid); Kampfansage an Papen, in: Vorwärts, Nr. 533, 11. 11. 1932; Winkler, Weg (Anm. 1), S. 786 ff. 关于1932年夏季希法亭的立场：同上书，S. 724 f。

19 AdR, Kabinett v. Papen (Anm. 1), Bd. 2, S. 944 f. (Gespräch Papens mit Kaas u. Joos vom 16. 11. 1932), 951 f. (Gespräch Papens mit Schäffer vom 16. 11. 1932), 952–956 (Brief Hitlers an Papen vom 16. 11. 1932), 956–963 (Ministerbesprechung vom 17. 11. 1932), 964–972 (Ministerbesprechung vom 18. 11. 1932); Unsere Antwort an Papen, in: Vorwärts. Nr. 541, 16. 11. 1932; Schulthess 1932 (Anm. 1), S. 201 f. (Erklärung des Zentrums vom 16. 11. 1932); Protokolle (Anm. 1), S. 595–597 (Sitzung des Vorstands der Zentrumsfraktion vom 19. 11. 1932); Morsey, Zentrumspartei (Anm. 2), S. 329 ff.; Junker, Zentrumspartei (Anm. 2), S. 112 ff.; Klaus Schönhoven, Zwischen Anpassung und Ausschaltung. Die Bayerische Volkspartei in der Endphase der Weimarer Republik 1932/33, in: HZ 224 (1977), S. 340–378.

20 AdR, Kabinett v. Papen (Anm. 1), Bd. 2, S. 973 f. (Unterredung Hindenburgs mit Hugenberg vom 18. 11. 1932), 975–977 (Unterredung Hindenburgs mit Kaas vom 18. 11. 1932), 977–979 (Unterredung Hindenburgs mit Dingeldey vom 18. 11. 1932), 984–986 (Unterredung Hindenburgs mit Hitler vom 19. 11. 1932), 987 f. (Unterredung Hindenburgs mit Schäffer von 19. 11. 1932), 988–982 (Unterredung Hindenburgs mit Hitler vom 21. 11. 1932), 992–994 (Brief Meissners an Hitler vom 22. 11. 1932), 994–998 (Brief Hitlers an Meissner vom 23. 11. 1932), 998–1000 (Brief Meissners an Hitler vom 24. 11. 1932); Die Deutschnationalen (Anm. 2), S. 211–213 (Tagebuchaufzeichnung Quaatz' vom 19. 11. 1932); Heinrich Brüning, Memoiren 1918–1934, Stuttgart 1970,

S. 634 ff.; Protokolle (Anm. 1), S. 595–597 (Sitzung des Vorstands der Zentrumsfraktion vom 19. 11. 1932); Schulthess 1932 (Anm. 1), S. 203–213; Horkenbach 1932 (Anm. 2), S. 383–394; Volker Hentschel, Weimars letzte Monate. Hitler und der Untergang der Republik, Düsseldorf 1978, S. 67 ff.; Vogelsang, Reichswehr (Anm. 2), S. 318 ff.; Winkler, Weg (Anm. 1), S. 791 ff.

21 AdR, Kabinett v. Papen (Anm. 1), Bd. 2, S. 1013–1022 (Ministerbesprechung vom 25. 11. 1932), 1023–1025 (Besprechung Hindenburgs mit Kaas vom 25. 11. 1932), 1025–1027 (Tagebuchaufzeichnungen Hans Schäffers und Krosigks vom 26. u. 27. 11. 1932), 1029–1031 (Tagebuchaufzeichnung Krosigks vom 29. 11. 1932); Goebbels, Tagebücher (Anm. 1), S. 284–286 (Aufzeichnungen vom 23. bis 28. 11. 1932); Die Gewerkschaften in der Endphase der Republik 1930–1933. Bearb. v. Peter Jahn unter Mitarbeit von Detlev Brunner (= Quellen zur Geschichte der deutschen Gewerkschaftsbewegung im 20. Jahrhundert, Bd. 4), Köln 1988, S. 766–770 (Besprechung im Vorstandsbüro des ADGB über ein Gespräch mit Schleicher am 28. 11. 1932), 770–773 (Brief Leiparts an Schleicher vom 29. 11. 1932), 773–778 (Sitzung des Bundesvorstands des ADGB vom 29. 11. 1932); ABI Berlin, ADGB-Restakten, NB 112: Verhandlungen mit der Reichsregierung (Vertrauliche Aufzeichnung Breitscheids vom 28. 11. 1932 über ein Gespräch mit Schleicher [hier auch Schleichers Schilderung des Gesprächs bei Hindenburg vom 26. 11. 1932]); Schleicher verhandelt mit den Parteiführern, in: Vorwärts, Nr. 559, 27. 11. 1932; Schleicher verhandelt, ebd., Nr. 560, 28. 11. 1932; Richard Breitman, German Socialism and General Schleicher, in: GEH 9 (1976), S. 352–388 (bes. 367 ff.); Winkler, Weg (Anm. 1), S. 793 ff.

22 Kabinett Schleicher?, in: Vorwärts, Nr. 561, 29. 11. 1932; Alarmierende Gerüchte, ebd., Nr. 562, 29. 11. 1932; Papen nicht!, ebd., Sturm in den Betrieben, ebd. (Hervorhebungen jeweils im Original); Gewerkschaften (Anm. 21), S. 773 f. (Sitzung des Bundesvorstands vom 29. 11. 1932); Winkler, Weg (Anm. 1), S. 796 ff.

23 Theodor Leipart, Die Kulturaufgaben der Gewerkschaften. Vortrag in der Aula der Bundesschule in Bernau am 14. Oktober 1932, Berlin 1932, S. 3, 16–20; Ernst Jünger, Der Arbeiter. Herrschaft und Gestalt, Hamburg 1932[1]. 论Bernauer的演讲及其反响 Peter Jahn, Gewerkschaften in der Krise. Zur Politik des ADGB in der Ära der Präsidial-kabinette 1930 bis 1933, in: Erich Matthias u. Klaus Schönhoven (Hg.), Solidarität und Menschen würde. Etappen der deutschen Gewerkschaftsgeschichte von den Anfängen bis zur Gegenwart, Bonn 1984, S. 233–253 (bes. 251 f.); Winkler, Weg (Anm. 1), S. 746 ff. (mit weiterer Lit.)。

24 AdR, Kabinett v. Papen (Anm. 1), Bd. 2, S. 901–907 (Ministerbesprechung vom 9. 11. 1932), 1029–1031 (Tagebuchaufzeichnung Krosigks vom 29. 11. 1932), 1034 f. (Brief Hitlers an Meissner vom 30. 11. 1932); Schulthess 1932 (Anm. 1), S. 214; Goebbels, Tagebücher (Anm. 1), S. 286–291 (Aufzeichnungen vom 27. 11. bis 1. 12. 1932); Schmidt-Pauli, Hitlers Kampf (Anm. 2), S. 182 ff.; Udo Kissenkoetter, Gregor Straßer und die NSDAP, Stuttgart 1978, 162 ff.; Vogelsang, Reichswehr (Anm. 2), S. 329 ff.

25 AdR, Kabinett v. Papen (Anm. 1), Bd. 2, S. 1029–1031 (Tagebuchaufzeichnung Krosigks vom 29. 11. 1932), 1035 f. (Ministerbesprechung vom 2. 12. 1932), 1036–1038 (Tagebuchaufzeichnung Krosigks vom 2. 12. 1932), 1039 f. (Ministerbesprechung vom 3. 12. 1932); Ernst Rudolf Huber (Hg.), Dokumente zur deutschen Verfassungsgeschichte, Bd. 3: Dokumente der Novemberrevolution und der Weimarer Republik 1918–1933, Stuttgart 1966, S. 561–563 (Aufzeichnung über das „Kriegsspiel"), 563 f. (Aufzeichnungen Meissners vom. 1. u. 2. 12. 1932); Franz von Papen, Der Wahrheit eine Gasse, München 1952, S. 243–252 (die Zitate Hindenburgs: 250 f.); ders., Vom Scheitern einer Demokratie 1930–1933, Mainz 1968, S. 308–314; Vogelsang, Reichswehr (Anm. 2), S. 332 ff., 482–484 (Aufzeichnung des bayerischen Bevollmächtigten Sperr vom 1. 12.1932 über Gespräche

mit Meissner, Schleicher u. Papen), 484 (Vortragsnotiz Otts vom 2. 12. 1932); ders., Zur Politik Schleichers gegenüber der NSDAP 1932, in: VfZ 6 (1958), S. 86–118 (bes. 104ff.); Wolfram Pyta, Vorbereitungen für den militärischen Ausnahmezustand unter Papen/Schleicher, in: MGM 51 (1992), S. 385–428; Hans Otto Meissner u. Harry Wilde, Die Machtergreifung. Ein Bericht über die Technik des nationalsozialistischen Staatsstreichs, Stuttgart 1958, S. 124ff.; Hentschel, Weimars letzte Monate (Anm. 20), S. 71ff.; Winkler, Weg (Anm. 1), S. 798ff.

18. 交出国家政权

1 Akten der Reichskanzlei (= AdR), Weimarer Republik. Das Kabinett von Schleicher, 3. Dezember 1932 bis 30. Januar 1933, bearb. von Anton Golecki, Boppard 1986, S. XIXff. (mit Einzelbelegen); Cuno Horkenbach (Hg.), Das Deutsche Reich von 1918 bis heute. Jg. 1932, Berlin 1933, S. 407–410 (Kabinettsbildung u. Pressestimmen); Hitlers Betrauung notwendig, in: DAZ, Nr. 546, 21. 11. 1932; Unsere Meinung, ebd., Nr. 567, 3. 12. 1932; B. Steinemann, Die Schleicher-Regierung, in: Inprekorr 12 (1932), Nr. 102 (6. 12.), S. 3243f.; IISG Amsterdam, Nachlaß K. Kautsky, K D XII: Brief Hilferdings an Kautsky vom 1. 12. 1932; Rudolf Breitscheid, Papen erledigt, in: Vorwärts, Nr. 569, 3. 12. 1932; Paul Löbe, An der Wende!, ebd., Nr. 573, 6. 12. 1932; Gegen Schleicher!, ebd., Vertagung?, ebd.; E. H. (= Ernst Heilmann), Das Unzulängliche, in: DFW 4 (1932), Nr. 51 (18. 12.), S. 1–5; Hans J. L. Adolph, Otto Wels und die Politik der deutschen Sozialdemokratie 1894–1939. Eine politische Biographie, Berlin 1971, S. 250; Heinrich August Winkler, Der Weg in die Katastrophe. Arbeiter und Arbeiterbewegung in der Weimarer Republik 1930–1933, Bonn 1990², S. 810ff.

2 Verhandlungen des Reichstags. Stenographische Berichte, Bd. 455, S. 1f. (Litzmann), 6–11 (Wahl des Präsidiums), 16f. (Anträge zur Tagesordnung), 112–118 (namentliche Abstimmungen vom 9. 12. 1932); AdR, Kabinett v. Schleicher (Anm. 1), S. LVI (mit Einzelbelegen zum Amnestiegesetz), 22–24 (Ministerbesprechung vom 7. 12. 1932); Kurz und gut!, in: Vorwärts, Nr. 581, 10. 12. 1932 (Hervorhebungen im Original); Horkenbach 1932 (Anm. 1), S. 411–415; Schulthess' Europäischer Geschichtskalender, 73. Bd. (1932), München 1933, S. 215–220; Karl Dietrich Bracher, Die Auflösung der Weimarer Republik. Eine Studie zum Problem des Machtverfalls in der Demokratie, Villingen 1964⁴, S. 678ff.; Gerhard Schulz, Von Brüning zu Hitler. Der Wandel des politischen Systems in Deutschland 1930–1933 (= Zwischen Demokratie und Diktatur. Verfassungspolitik und Reichsreform in der Weimarer Republik, Bd. III), Berlin 1992, S. 1040f.; Christoph Gusy, Weimar – die wehrlose Republik? Verfassungsschutzrecht u. Verfassungsschutz in der Weimarer Republik, Tübingen 1991, S. 239ff.; Winkler, Weg (Anm. 1), S. 816ff.

3 Die Tagebücher von Joseph Goebbels, hg. v. Elke Fröhlich, Teil I: Aufzeichnungen 1924–1941, Bd. 2: 1. 10. 1932–31. 12. 1936, München 1987, S. 292–301 (Eintragungen vom 5. bis 11. 12. 1932); Horkenbach 1932 (Anm. 1), S. 412–415; Schulthess 1932 (Anm. 2), S. 220; Udo Kissenkoetter, Gregor Straßer und die NSDAP, Stuttgart 1978, S. 170ff.; Günter Neliba, Wilhelm Frick. Der Legalist des Unrechtsstaates. Eine politische Biographie, Paderborn 1992, S. 66ff.; Karl von Plehwe, Reichskanzler Kurt von Schleicher. Weimars letzte Chance gegen Hitler, Esslingen 1983, S. 251ff.; Thilo Vogelsang, Reichswehr, Staat und NSDAP. Beiträge zur deutschen Geschichte 1930–1932, Stuttgart 1962, S. 340ff.; Dietrich Orlow, The History of the Nazi Party: 1919–1933, Pittsburgh 1969, S. 287ff.; Axel Schildt, Militärdiktatur mit Massenbasis? Die Querfrontkonzeption der Reichswehrführung um General von Schleicher am Ende der Weimarer Republik, Frankfurt 1981, S. 159ff.

4 Thilo Vogelsang, Neue Dokumente zur Geschichte der Reichswehr 1930–1933, in: VfZ 2 (1954), S. 397–436 (die Rede Schleichers vor den Gruppen- und Wehrkreisbefehlsha-

bern: 426–428); AdR, Kabinett v. Schleicher (Anm. 1), S. 35–37 (Empfang einer Abordnung des Gesamtverbandes der Christlichen Gewerkschaften bei Hindenburg am 8. 12. 1932); Leipart über Schleicher, in: Frankfurter Zeitung, Nr. 909/910, 6. 12. 1932; Die Gewerkschaften in der Endphase der Republik 1930–1933. Bearb. v. Peter Jahn unter Mitarbeit von Detlev Brunner (= Quellen zur Geschichte der deutschen Gewerkschaftsbewegung im 20. Jahrhundert, Bd. 4), Köln 1988, S. 780–787 (Sitzung des Bundesvorstands des ADGB vom 8. 12. 1932); Winkler, Weg (Anm. 1), S. 817ff.

5 AdR, Kabinett v. Schleicher (Anm. 1), S. 101–117 (Rundfunkrede Schleichers vom 15. 12. 1932), 141–145 (Ministerbesprechung vom 21. 12. 1932; hier auch die Zitate aus dem „Deutschen" u. die Proteste von Freien Gewerkschaften, RDI und RLB); Horst Gies, NSDAP und landwirtschaftliche Organisationen in der Endphase der Weimarer Republik, in: VfZ 15 (1967), S. 341–376; Winkler, Weg (Anm. 1), S. 826ff.

6 Schulthess 1932 (Anm. 2), S. 231f. (Verordnung des Reichspräsidenten u. Beschluß des Ältestenrates vom 19. 12. 1932); AdR, Kabinett v. Schleicher (Anm. 1), S. 152f. (Sitzung des Ausschusses für Arbeitsbeschaffung vom 21. 12. 1932), 156–162 (Rundfunkrede Gerekes vom 23. 12. 1932); Das Arbeitsbeschaffungsprogramm der Reichsregierung, in GZ, Nr. 53, 31. 12. 1932; Unternehmer gegen Arbeitsbeschaffung, in: Vorwärts, Nr. 605, 24. 12. 1932; Fritz Tarnow, Auf falscher Bahn! Liebesgaben für Unternehmer, ebd.; Heinrich August Winkler, Unternehmerverbände zwischen Ständeideologie und Nationalsozialismus, in: ders., Liberalismus und Antiliberalismus. Studien zur politischen Sozialgeschichte des 19. u. 20. Jahrhunderts, Göttingen 1979, S. 175–194 (193f.); Reinhard Neebe, Großindustrie. Staat und NSDAP 1930–1933. Paul Silverberg und der Reichsverband der Deutschen Industrie in der Krise der Weimarer Republik, Göttingen 1981, S. 148ff.; Helmut Marcon, Arbeitsbeschaffungspolitik der Regierungen Papen und Schleicher. Grundsteinlegung für die Beschäftigungspolitik im Dritten Reich, Bern 1974, S. 253ff.; Michael Wolffsohn, Industrie und Handwerk im Konflikt mit staatlicher Wirtschaftspolitik? Studien zur Politik der Arbeitsbeschaffung 1930–1934, Berlin 1977, S. 98ff.

7 AdR, Kabinett v. Schleicher (Anm. 1), S. 89–101 (Ministerbesprechung vom 14. 12. 1932); Akten zur Deutschen Auswärtigen Politik 1918–1945 (= ADAP). Serie B: 1925–1933, Bd. XXI, 16. August 1932 bis 29. Januar 1933, Göttingen 1983, S. 458–461 (Telegramm Neuraths an das Auswärtige Amt vom 11. 12. 1932); Edward W. Bennett, German Rearmament and the West, 1932–1933, Princeton 1979, S. 262; Sten Nadolny, Abrüstungsdiplomatie 1932/33. Deutschland auf der Genfer Konferenz im Übergang von Weimar zu Hitler, München 1978, S. 189ff.

8. ADAP (Anm. 7), Serie B, Bd. XXI, S. 481f. (Aufzeichnung des Ministerialdirektors Marcks auf Grund von Mitteilungen Schleichers über sein Gespräch mit Litwinow am 19. 12. 1932); Papenregierung ohne Papen (Artikel der „Prawda" vom 6. 12. 1932), in: Inprekorr 12 (1932), Nr. 103 (9. 12.), S. 3286f.; Bahnt den sozialistischen Ausweg!, in: RF, Nr. 1, 1. 1. 1933; Thomas Weingartner, Stalin und der Aufstieg Hitlers. Die Deutschlandpolitik der Sowjetunion und der Kommunistischen Internationale 1929–1934, Berlin 1970, S. 100f. (关于布吕宁的立场), 182ff. (施莱歇任总理期间的轨迹); Karlheinz Niclauss, Die Sowjetunion und Hitlers Machtergreifung. Eine Studieüber die deutsch-russischen Bezi ehungen der Jahre 1929–1935, Bonn 1966, S. 70ff.; ders., Stalin und Hitlers Machtergrei fung, in: Deutschland und das bolschewistische Rußland von Brest-Litowsk bis 1941, Berlin 1991, S. 49–67。

9 Schulthess' Europäischer Geschichtskalender, 74. Bd. (1933), München 1934, S. 3f. (Hitlers Neujahrsartikel), 5f. (Kölner Gespräch vom 4. 1. 1933 mit Presseecho und den Erklärungen Papens, Hitlers und Schroeders); Goebbels, Tagebücher (Anm. 3), S. 331f. (Eintragung vom 10. 1. 1933); Kissenkoetter, Straßer (Anm. 3), S. 205f. (Aussage Elbrechters von 1945); Gottfried Reinhold Treviranus, Das Ende von Weimar. Heinrich Brüning und

seine Zeit, Düsseldorf 1968, S. 355 f.; Franz von Papen, Der Wahrheit eine Gasse, München 1952, S. 253 ff.; ders., Vom Scheitern einer Demokratie 1930–1933, Mainz 1968, S. 329 ff.; Eberhard Czichon, Wer verhalf Hitler zur Macht? Zum Anteil der deutschen Industrie an der Zerstörung der Weimarer Republik, Köln 1967, S. 77–79 (Eidesstattliche Erklärung Kurt v. Schroeders vom 21. 7. 1947); Henry A. Turner, Die Großunternehmer und der Aufstieg Hitlers (amerik. Orig.: Oxford 1985), Berlin 1985, S. 378 ff.; Neebe, Großindustrie (Anm. 6), S. 171 ff.; Heinrich Muth, Das „Kölner Gespräch" am 4. Januar 1933, in: GWU 37 (1986), S. 463–480, 529–541; Hans Otto Meissner u. Harry Wilde, Die Machtergreifung. Ein Bericht über die Technik des nationalsozialistischen Staatsstreichs, Stuttgart 1958, S. 148 ff.; Gotthard Jasper, Die gescheiterte Zähmung. Wege zur Machtergreifung Hitlers 1930–1934, Frankfurt 1986, S. 120f.; Volker Hentschel, Weimars letzte Monate. Hitler und der Untergang der Republik, Düsseldorf 1978, S. 88 ff.; Bracher, Auflösung (Anm. 2), S. 689 ff.

10 Schulthess 1933 (Anm. 9), S. 7 f. (Unterredung Schleichers mit Papen vom 9. 1. 1933 u. amtliches Kommuniqué); Papen, Wahrheit (Anm. 9), S. 260 f.; ders., Scheitern (Anm. 9), S. 343 ff.; Otto Meissner, Staatssekretär unter Ebert – Hindenburg – Hitler, Hamburg 1950, S. 261 f.; Meissner/Wilde, Machtergreifung (Anm. 9), S. 157 f.

11 AdR, Kabinett v. Schleicher (Anm. 1), S. 221 (Anm. 5 zu den Kontakten zwischen Schleicher und Strasser u. zum Empfang Strassers durch Hindenburg); Schulthess 1933 (Anm. 9), S. 6 f. (zum Gespräch zwischen Schleicher u. Braun am 6. 11.); Otto Braun, Von Weimar zu Hitler, New York 1940[2], S. 436 ff.; Hagen Schulze, Otto Braun oder Preußens demokratische Sendung. Eine Biographie, Frankfurt 1977, S. 773 ff.; Kissenkoetter, Straßer (Anm. 3), S. 191 f.; Meissner/Wilde, Machtergreifung (Anm. 9), S. 151; Winkler, Weg (Anm. 1), S. 829 f. (zur Datierung des Empfangs Strassers bei Hindenburg), 830 f. (zum Gespräch zwischen Schleicher u. Braun).

12 AdR, Kabinett v. Schleicher (Anm. 1), S. 206–208 (Empfang des Präsidiums des Reichslandbundes durch Hindenburg am 11. 1. 1933), 208–214 (Besprechung Schleichers, Brauns und Warmbolds mit Vertretern des Reichslandbundes unter Vorsitz Hindenburgs am 11. 1. 1933 nebst Erklärungen von Reichslandbund u. Reichsregierung vom 11. 1. 1933), 218–220 (Brief Darrés an Schleicher vom 13. 1. 1933; Hervorhebungen im Original); Schulthess 1933 (Anm. 9), S. 11–14 (Konflikt zwischen Reichsregierung und Reichslandbund); Vogelsang, Reichswehr (Anm. 3), S. 358 ff.; Gies, NSDAP (Anm. 5), S. 341–376; Dieter Gessner, Agrarverbände in der Weimarer Republik. Wirtschaftliche und soziale Voraussetzungen agrarkonservativer Politik vor 1933, Düsseldorf 1976, S. 242 ff.

13 AdR, Kabinett v. Schleicher (Anm. 1), S. LII (mit Einzelbelegen); Schulthess 1933 (Anm. 9), S. 5 (Sitzung des Ältestenrats vom 4. 1.), 12 f. (Erklärung des RDI vom 12. 1.); Reichstag erst am 24. Januar, in: Vorwärts, Nr. 7, 5. 1. 1933; Vogelsang, Reichswehr (Anm. 3), S. 363 (zu DVP u. Deutscher Staatspartei); Friedrich Frhr. Hiller von Gaertringen, Die Deutschnationale Volkspartei, in: Erich Matthias und Rudolf Morsey (Hg.), Das Ende der Parteien 1933, Düsseldorf 1960[1], S. 543–652 (bes. 566 ff.).

14 Joachim von Ribbentrop, Zwischen London und Moskau. Erinnerungen und letzte Aufzeichnungen, Leoni 1953, S. 37–39; Goebbels, Tagebücher (Anm. 3), S. 331–339 (Aufzeichnungen vom 10.–16. 1. 1933); Schulthess 1933 (Anm. 9), S. 20; Jutta Ciolek-Kümper, Wahlkampf in Lippe. Die Wahlkampfpropaganda der NSDAP zur Landtagswahl am 15. Januar 1933, München 1976 (die Zitate aus dem „Lippischen Kurier": S. 278); Alfred Milatz, Das Ende der Parteien im Spiegel der Wahlen 1930 bis 1933, in: Matthias/Morsey (Hg.), Ende (Anm. 13), S. 743–793 (788 f.); Vogelsang, Reichswehr (Anm. 3), S. 357 f.; Henry A. Turner, Jr., Hitlers Weg zur Macht: Der Januar 1933 (amerik. Orig.: Reading 1996), München 1997, S. 97.

15 AdR, Kabinett v. Schleicher (Anm. 1), S. 230–243 (Ministerbesprechung vom 16. 1. 1933), 297–300 (Brief Simpfendörfers an Schleicher vom 24. 1. 1933); Carl Schmitt, Verfassungslehre, Berlin 1957[3], S. 345; Ernst Fraenkel, Verfassungsreform und Sozialdemo-

kratie, in: Die Gesellschaft 9 (1932/II), S. 486–500; Vogelsang, Reichswehr (Anm. 3), S. 482–484 (Gespräch Sperrs mit Schleicher vom 1. 12. 1932); Ernst Rudolf Huber, Deutsche Verfassungsgeschichte seit 1789, Bd. VII: Ausbau, Schutz und Untergang der Weimarer Republik, Stuttgart 1984, S. 1227 ff.; Winkler, Weg (Anm. 1), S. 835 ff.

16 Ebd., S. 837 f. (mit Einzelbelegen).

17 Schulthess 1933 (Anm. 9), S. 21–24 (Sitzung des Haushaltsausschusses vom 18./19. 1.); Kavalierskrach um Gut Neudeck, in: Vorwärts, Nr. 4, 3. 1. 1933; Magnus Frhr. v. Braun, Von Ostpreußen bis Texas. Erlebnisse u. zeitgeschichtliche Betrachtungen eines Ostdeutschen, Stollhamm 1955, S. 225 ff.; ders., Weg durch vier Zeitepochen. Vom ostpreußischen Gutsleben der Väter bis zur Weltraumforschung des Sohnes, Limburg 1965, S. 223 ff.; Wolfgang Weßling, Hindenburg, Neudeck und die deutsche Wirtschaft, in: VSWG 64 (1977), S. 41–73; Bruno Buchta, Die Junker und die Weimarer Republik. Charakter und Bedeutung der Osthilfe in den Jahren 1928–1933, Berlin (O) 1959, S. 149 ff.

18 Schulthess 1933 (Anm. 9), S. 20 (Gespräch zwischen Schleicher und Kaas vom 16. 1. 1933), 24 f. (Sitzung des Ältestenrates); Detlef Junker, Die Deutsche Zentrumspartei und Hitler 1932/33. Ein Beitrag zur Problematik des politischen Katholizismus in Deutschland, Stuttgart 1969, S. 120 ff.

19 Ribbentrop, Zwischen London (Anm. 14), S. 37 ff.; Schulthess 1933 (Anm. 9), S. 21 (Unterredungen Hitlers mit Hugenberg am 17. 1. u. Papen am 18. 1.), 25 f. (Pressefassung der Entschließung der DNVP-Reichstagsfraktion, 24. 1.); AdR, Kabinett v. Schleicher (Anm. 1), S. 282 f. (Mitteilung der DNVP an Schleicher vom 21. 1. 1933); Die Deutschnationalen und die Zerstörung der Weimarer Republik. Aus dem Tagebuch von Reinhold Quaatz 1928–1933. Hg. v. Hermann Weiß u. Paul Hoser, München 1989, S. 223–227 (Eintragungen vom 17. bis 25. 1. 1933); Vogelsang, Reichswehr (Anm. 3), S. 367 f.; Hiller v. Gaertringen, Deutschnationale Volkspartei (Anm. 13), S. 569.

20 Ribbentrop, Zwischen London (Anm. 14), S. 38 f.; Papen, Wahrheit (Anm. 9), S. 265 f.; ders., Scheitern (Anm. 9), S. 369 (den Ablauf jeweils verschleiernd); Goebbels, Tagebücher (Anm. 3), S. 349 f. (Eintragung vom 25. 1. 1933); Meissner, Staatssekretär (Anm. 10), S. 263 ff.; Meissner/Wilde, Machtergreifung (Anm. 9), S. 161 ff.; Vogelsang, Reichswehr (Anm. 3), S. 371 f.

21 AdR, Kabinett v. Schleicher (Anm. 1), S. 284 f. (Empfang Schleichers bei Hindenburg am 23. 1. 1932), 300–304 (Aktennotiz Eggerts über eine Unterredung mit Schleicher vom 26. 1. 1933), 304 f. (Brief Kaas' an Schleicher vom 26. 1. 1933), 320–323 (Tagebuchaufzeichnungen v. Krosigks über die Zeit vom 23. bis 28. 1. 1933); Papen, Wahrheit (Anm. 9), S. 267; Schulthess 1933 (Anm. 9), S. 27 (Dementi Schleichers vom 24. 1. 1933); Staatsstreich-Pläne, in: Vorwärts, Nr. 39, 24. 1. 1933; Siegfried Aufhäuser, Reichstag, arbeite! ebd., Nr. 41, 25. 1. 1933; Gegen reaktionäre Staatsstreichpläne, ebd., Nr. 43, 26. 1. 1933 (Erklärung des Parteivorstands u. der Reichstagsfraktion der SPD vom 25. 1. 1933); Die Protokolle der Reichstagsfraktion u. des Fraktionsvorstands der Deutschen Zentrumspartei 1926–1933. Bearb. v. Rudolf Morsey, Mainz 1969, S. 608 f. (Sitzung der Zentrumsfraktion vom 26. 1. 1933); Rudolf Morsey, Die Deutsche Zentrumspartei, in: Matthias/Morsey (Hg.), Ende (Anm. 13), S. 281–453 (337 f.); Junker, Zentrumspartei (Anm. 18), S. 122 f.; Vogelsang, Reichswehr (Anm. 3), S. 372 ff.; Winkler, Weg (Anm. 1), S. 842, 847 f.; Ernst Rudolf Huber, Carl Schmitt in der Reichskrise der Weimarer Endzeit, in: Helmut Quaritsch (Hg.), Complexio Oppositorum. Über Carl Schmitt, Berlin 1988, S. 33–50.

22 Schulthess 1933 (Anm. 9), S. 28 (Sitzung des Ältestenrats vom 27. 1.); Cuno Horkenbach (Hg.), Das Deutsche Reich von 1918 bis heute, Jg. 1933, Berlin o. J., S. 25–27 (Pressestimmen vom 28. 1. 1933); AdR, Kabinett v. Schleicher (Anm. 1), S. 311 f. (Brief O. Brauns an Schleicher vom 28. 11. 1933); Ribbentrop, Zwischen London (Anm. 14), S. 40 f.; Goebbels, Tagebücher (Anm. 3), S. S. 352 f.; Kamarilla am Werk!, in: Vorwärts, Nr. 45, 27. 1. 1933; Dienstag Reichstag, ebd., Nr. 47, 28. 1. 1933; Warnung vor dem Staatsstreich!,

ebd.; „Reichskanzler Hindenburg". Christliche Gewerkschaften warnen (Auszüge aus dem Artikel des „Deutschen"), ebd.; „Staatsnotstand" ist Hochverrat. Otto Braun an den Reichskanzler, ebd., Nr. 48, 28. 1. 1933; Spiel mit der Präsidentenkrise?, in: Tägliche Rundschau, Nr. 23, 27. 1. 1933; Hiller v. Gaertringen, Deutschnationale Volkspartei (Anm. 13), S. 569 ff.; Vogelsang, Reichswehr (Anm. 3), S. 379 f.; Volker R. Berghahn, Der Stahlhelm. Bund der Frontsoldaten 1918–1935, Düsseldorf 1966, S. 245 ff.

23 AdR, Kabinett v. Schleicher (Anm. 1), S. 306–310 (Ministerbesprechung vom 28. 1. 1933), 310 f. (Empfang Schleichers bei Hindenburg am 28. 1. 1933), 313 (Brief Kastls u. Hamms sowie Auszug aus Kastls zweitem Brief an Meissner vom 28. 1. 1933), 314 (Eingabe der Gewerkschaftsverbände an Hindenburg vom 28. 1. 1933), 315 (Aide-Memoire Heldts vom 28. 1. 1933), 316–319 (Tagebuchaufzeichnungen v. Krosigks über die Zeit vom 23. bis 28. 1. 1933); Schulthess 1933 (Anm. 9), S. 28–30; Heinrich Brüning, Memoiren 1918–1934, Stuttgart 1970, S. 645; Schleicher zurückgetreten!, in: Vorwärts, Nr. 48, 28. 1. 1933; Das rote Berlin marschiert!, ebd., Nr. 49, 29. 1. 1933 (Hervorhebungen jeweils im Original); Unsere Antwort, ebd., Nr. 50, 30. 1. 1933; Einheitsfront gegen den faschistischen Generalangriff, in: RF, Nr. 25, 29. 1. 1933; Junker, Zentrumspartei (Anm. 18), S. 125 f. (Zitate aus der „Germania" u. der „Kölnischen Volkszeitung" vom 29. 1. 1933); Klaus Schönhoven, Zwischen Anpassung und Ausschaltung. Die Bayerische Volkspartei in der Endphase der Weimarer Republik 1932/33, in: HZ 224 (1977), S. 340–378 (bes. 362 f.); Turner, Großunternehmer (Anm. 9), S. 381 ff.; Neebe, Großindustrie (Anm. 6), S. 151 f.; Vogelsang, Reichswehr (Anm. 3), S. 382 ff.; Winkler, Weg (Anm. 1), S. 851 ff.

24 AdR, Kabinett v. Schleicher (Anm. 1), S. 320–323 (Tagebuchaufzeichnungen Krosigks über die Zeit vom 29. bis 30. 1. 1933); Schulthess 1933 (Anm. 9), S. 30–32 (Ereignisse vom 30. 1. 1933); Goebbels, Tagebücher (Anm. 3), S. 353–359 (Eintragungen vom 29. bis 31. 1. 1933); Papen, Wahrheit (Anm. 9), S. 269 ff.; ders., Vom Scheitern (Anm. 9), S. 377 ff.; Meissner, Staatssekretär (Anm. 10), S. 268 ff.; Bracher, Auflösung (Anm. 2), S. 733 f. (Aufzeichnung Hammersteins vom 28. 1. 1935; hier das Zitat Hindenburgs vom 26. 1. 1933); Theodor Duesterberg, Der Stahlhelm und Hitler, Wolfenbüttel 1949, S. 38 ff.; Otto Schmidt-Hannover, Umdenken oder Anarchie. Männer, Schicksale, Lehren, Göttingen 1959, S. 328 ff.; Ewald v. Kleist-Schmenzin, Die letzte Möglichkeit. Zur Ernennung Hitlers zum Reichskanzler am 30. Januar 1933, in: Politische Studien 10 (1959), S. 89–92; Bodo Scheurig, Ewald von Kleist-Schmenzin. Ein Konservativer gegen Hitler, Oldenburg 1968, S. 118 ff.; Berghahn, Stahlhelm (Anm. 22), S. 246 ff.; Hiller v. Gaertringen, Deutschnationale Volkspartei (Anm. 13), S. 571 ff.; Larry E. Jones, „The Greatest Stupidity of My Life": Alfred Hugenberg and the Formation of the Hitler Cabinet, January 1933, in: JCH 27 (1992), S. 63–87; Vogelsang, Reichswehr (Anm. 3), S. 384 ff. (zur Vereidigungszeremonie: 400); Klaus-Jürgen Müller, Das Heer und Hitler. Armee und nationalsozialistisches Regime 1933–1940, Stuttgart 1969, S. 35 ff.; Meissner/Wilde, Machtergreifung (Anm. 9), S. 176 ff.; Hentschel, Weimars letzte Monate (Anm. 9), S. 95 ff.; Winkler, Weg (Anm. 1), S. 857 ff.

25 Anpassung oder Widerstand? Aus den Akten des Parteivorstands der deutschen Sozialdemokratie 1932/33. Hg. u. bearb. v. Hagen Schulze, Bonn 1975, S. 131–136 (Sitzung des Parteivorstands mit Vertretern der Reichstagsfraktion u. des ADGB am Vormittag des 30. 1. 1933), 145 f. (Breitscheid im Parteiausschuß am 31. 1. 1933); Nichtangriffspakt!, in: Vorwärts, Nr. 42, 25. 1. 1933; Arbeitendes Volk! Republikaner!, ebd., Nr. 51, 31. 1. 1933; SPD-„Nichtangriffspakt" Angriffspakt gegen die Werktätigen, in: RF, Nr. 22, 26. 1. 1933; Aufruf der KPD vom 30. 1. 1930, in: Die Antifaschistische Aktion. Dokumentation u. Chronik Mai 1932 bis Januar 1933. Hg. u. eingel. v. Heinz Karl u. Erika Kücklich, Berlin (O) 1965, S. 354–356; AdR, Die Regierung Hitler. Teil I: 1933/34, Bd. 1: 30. Januar 1933 bis 31. August 1935, bearb. v. Karl-Heinz Minuth, Boppard 1983, S. 5–10 (Ministerbesprechungen vom 31. 1. u. 1. 2. 1933); Schulthess 1933 (Anm. 9), S. 32–37 (Verhandlungen Hitlers mit dem Zentrum); Rudolf Morsey, Hitlers Verhandlungen mit der Zentrumsfüh-

rung am 31. Januar 1933. Dokumentation, in: VfZ 9 (1961), S. 182–194; Protokolle (Anm. 21), S. 611–615 (Sitzungen von Fraktion u. Fraktionsvorstand des Zentrums vom 31. 1. u. 1. 2. 1933); Brüning, Memoiren (Anm. 23), S. 647 f.; Junker, Deutsche Zentrumspartei (Anm. 18), S. 156 ff.; Morsey, Deutsche Zentrumspartei (Anm. 21), S. 339 ff.; Reiner Tosstorff, „Einheitsfront" und/oder Nichtangriffspakt mit der KPD, in: Wolfgang Luthardt (Hg.), Arbeiterbewegung und Weimarer Republik. Materialien zur gesellschaftlichen Entwicklung 1927–1933, 2 Bde., Frankfurt 1978, Bd. 2, S. 219–258; Winkler, Weg (Anm. 1), S. 867 ff. (mit weiterer Lit.). Das Zitat von Fraenkel in: ders., Verfassungsreform (Anm. 15), S. 491.

后记：德国历史中的魏玛

1 论魏玛共和国末期批评社会民主政治的文献：Hans-Dieter Kluge, Verhältnis von SPD und Parlamentarismus: Koalition, Tolerierung, Opposition, in: Wolfgang Luthardt (Hg.), Sozialdemokratische Arbeiterbewegung und Weimarer Republik. Materialien zur gesell schaftlichen Entwick-lung 1927–1933, 2 Bde., Frankfurt 1978, Bd. 2, S. 9–82; Eberhard Heupel, Reformismus und Krise. Zur Theorie u. Praxis von SPD, ADGB u. AfA-Bund in der Weltwirtschafts-krise 1929–1932/33, Frankfurt 1981; Andreas Dorpalen, SPD und KPD in der Endphase der Weimarer Republik, in: VfZ 31 (1983), S. 77–107; Bärbel Hebel-Kunze, SPD und Faschismus. Zur politischen u. organisatorischen Entwicklung der SPD 1932–1935, Frank-furt 1977; Manfred Scharrer (Hg.), Kampflose Kapitulation – Arbei terbewegung 1933, Reinbek 1984 。对于这些文献的批评：Arnold Sywottek, Einheit der Arbeiter-klasse zur Rettung der Weimarer Republik? 对一个神话的批评，见：Ursula Büttner (Hg.), Das Unrechtsregime. Ideologie, Herrschaftssystem, Wirkung in Europa. Festschrift für Werner Jochmann, 2 Bde., Hamburg 1986, Bd. 1, S. 132–155。

2 “一个民主制度自我放弃的论断”：Karl-Dietrich Erdmannu. Hagen Schulze (Hg.), Weimar. Selbstpreisgabe einer Demokratie, Düsseldorf 1980; Hagen Schulze, Weimar. Deutschland 1917–1933, Berlin 1982, S. 314 f.; Werner Conze, Die Krise des Parteienstaates in Deutschland 1929/30, in: HZ 178 (1954), S. 47–83; Erich Eyck, Geschichte der Weimarer Republik, 2 Bde., Erlenbach 1962[3], Bd. 2, S. 314 f。其他观点：Karl Dietrich Bracher, Die Auflösung der Weimarer Republik. Eine Studie zum Problem des Machtzerfalls in der Dem okratie, Villingen 1964[4], S. 296 ff。

3 关于普鲁士与帝国的比较，特别是 Hagen Schulze, Die sozialde-mokratischen Parlam entsfraktionen im Reich und in Preußen 1918–1933, in: VfZ 26 (1978), S. 419–432。

4 Paul Levi, Die „stille" Koalition, in: SPW 4 (1926), Nr. 46 (19. 11.)。

5 以上问题：Heinrich August Winkler, Klassenkampf versus Koalition. Die französis chen Sozialisten und die Politik der deutschen Sozialdemokraten 1928–1933, in: GG 17 (1991), S. 182–219 (das Zitat aus der Resolution Kautsky: 183)。

6 IISG Amsterdam, Nl. Karl Kautsky D XII, S. 661 (Brief Hilferdings an Kautsky vom 23. 9. 1933); Dieter Dowe u. Kurt Klotzbach (Hg.), Programmatische Dokumente der deutschen Sozialdemokratie, Berlin 1984[2], S. 229 (Prager Manifest).

7 Karl Dietrich Erdmann, Die Geschichte der Weimarer Republik als Problem der Wissenschaft, in: VfZ 3 (1955), S. 1–19 (7); Arthur Rosenberg, Entstehung und Geschichte der Weimarer Republik. Hg. u. eingel. v. Kurt Kersten, Frankfurt 1983. 论60年代以来对革命印象的矫正：Eberhard Kolb, Die Arbeiterräte in der deutschen Innenpolitik 1918–1919, Düsseldorf 1962[1]; Peter v. Oertzen, Betriebsräte in der Novemberrevolution, Düsse ldorf 1963[1]; Ulrich Kluge, Soldatenräte und Revolu-tion. Studien zur Militärpolitik in Deutschland 1918/19, Göttingen 1975; Reinhard Rürup, Probleme der Revolution in Deu tschland 1918/19, Wiesbaden 1968。

8 关于当前讨论的最新状态：Heinrich August Winkler, Die Sozialdemokratie und die Revolution von 1918/19. Ein Rückblick nach 60 Jahren, Berlin 1980[2]; ders., Die Revo-

lution von 1918/19 und das Problem der Kontinuität in der deutschen Geschichte, in: HZ 250 (1990), S. 303–319; ders., Die „neue Linke" und der Faschismus: Zur Kritik neomarxistischer Theorien über den Nationalsozialismus, in: ders., Revolution, Staat, Faschismus. Zur Revision des Historischen Materialismus, Göttingen 1978, S. 65–117; Wolfgang J. Mommsen, Die deutsche Revolution 1918–1920, in: GG 4 (1978), S. 362–391; Susanne Miller, Die Bürde der Macht. Die deutsche Sozialdemokratie 1918–1920, Düsseldorf 1978; Reinhard Rürup, Demokratische Revolution und „Dritter Weg". Die deutsche Revolution von 1918/19 in der neueren wissenschaftlichen Diskussion, in: GG 9 (1983), S. 278–301; Ulrich Kluge, Die deutsche Revolution 1918/19. Staat, Politik und Gesellschaft zwischen Weltkrieg und Kapp-Putsch, Frankfurt 1985; Eberhard Kolb, Die Weimarer Republik, München 1988², S. 153ff.; Richard Löwenthal, Vom Ausbleiben der Revolution in Industriegesellschaften, in: HZ 232 (1981), S. 1–24; Horst Möller, Die Weimarer Republik in der zeitgeschichtlichen Perspektive der Bundesrepublik Deutschland während der fünfziger und frühen sechziger Jahre: Demokratische Tradition und NS-Ursachenforschung, in: Ernst Schulin unter Mitwirkung von Elisabeth Müller-Luckner (Hg.), Deutsche Geschichtswissenschaft nach dem Zweiten Weltkrieg (1945–1965), München 1969, S. 157–180。

9 Wolfgang Elben, Das Problem der Kontinuität in der deutschen Revolution. Die Politik der Staatssekretäre und der militärischen Führung von November 1918 bis Februar 1919, Düsseldorf 1965; Wolfgang Runge, Politik und Beamtentum im Polizeistaat. Die Demokratisierung der politischen Beamten in Preußen zwischen 1918 und 1933, Stuttgart 1965; Kolb, Arbeiterräte (Anm. 7), passim; Wolfgang Zollitsch, Adel und adlige Machteliten in der Endphase der Weimarer Republik. Standespolitik und agrarische Interessen, in: Heinrich August Winkler unter Mitwirkung von Elisabeth Müller-Luckner (Hg.), Die deutsche Staatskrise 1930–1933. Handlungsspielräume und Alternativen, München 1992, S. 239–256.

10 Michael Salewski, Das Weimarer Revisionssyndrom, in: APZ 30 (1980), B 2, S. 14–25; James M. Diehl, Paramilitary Politics in Weimar Germany, Bloomington 1977; Hans-Joachim Mauch, Nationalistische Wehrorganisationen in der Weimarer Republik. Zur Entwicklung und Ideologie des „Paramilitarismus", Frankfurt 1982; Bernd Weisbrod, Gewalt in der Politik. Zur politischen Kultur in Deutschland zwischen den beiden Weltkriegen, in: GWU 43 (1992), S. 391–405; Richard Bessel, Politische Gewalt und die Krise der Weimarer Republik, in: Lutz Niethammer u. a., Bürgerliche Gesellschaft in Deutschland. Historische Einblicke, Fragen, Perspektiven, Frankfurt 1990, S. 383–395; ders., Militarismus im innenpolitischen Leben der Weimarer Republik: Von den Freikorps zur SA, in: Klaus-Jürgen Müller u. Eckardt Opitz (Hg.), Militär und Militarismus in der Weimarer Republik, Düsseldorf 1978, S. 193–222; Norbert Elias, Die Zersetzung des staatlichen Gewaltmonopols in der Weimarer Republik, in: ders., Studien über die Deutschen. Machtkämpfe und Habitusentwicklung im 19. u. 20. Jahrhundert, Frankfurt 1989, S. 282–294.

11 Rolf Wagenführ, Die Industriewirtschaft. Entwicklungstendenzen der deutschen und internationalen Industrieproduktion 1860 bis 1932. Vierteljahrshefte zur Konjunkturforschung, Sonderheft 31, Berlin 1933, S. 29ff.; Wolfram Fischer, Deutsche Wirtschaftspolitik 1918–1945, Opladen 1968³; Dietmar Petzina, Die deutsche Wirtschaft in der Zwischenkriegszeit, Wiesbaden 1977.

12 上述总论:Gerald D. Feldman, The Weimar Republic: A Problem of Modernization?, in: AfS 26 (1986), S. 1–26; ders., Der 30. Januar 1933 und die politische Kultur von Weimar, in: Winkler (Hg.), Deutsche Staatskrise (Anm. 9), S. 263–276; Ian Kershaw, Der 30. Januar 1933: Ausweg aus der Staatskrise und Anfang des Staatsverfalls, ebd., S. 275–282; Heinrich August Winkler, Deutschland vor Hitler. Der historische Ort der Weimarer Republik, in: Walter H. Pehle (Hg.), Der historische Ort des Nationalismus. Annäherungen, Frankfurt 1990, S. 11–30; ders., Wandlungen des deutschen Nationalismus, in: Merkur 33 (1979), Heft 377, S. 963–973; ders., Die deutsche Gesell- schaft der Weimarer Republik

und der Antisemitismus, in: Bernd Martin u. Ernst Schulin (Hg.), Die Juden als Minderheit in der Geschichte, München 1981[1], S. 271–289; M. Rainer Lepsius, Extremer Nationalismus. Strukturbedingungen vor der nationalsozialistischen Machtergreifung, Stuttgart 1966, bes. S. 9–18. 论国家暴力垄断的侵蚀nopols: Elias, Zersetzung (Anm. 10), bes. S. 285 f。

13 Friedrich Meinecke, Die deutsche Katastrophe. Betrachtungen und Erinnerungen, Wiesbaden 1947[3]; Friedrich Karl Fromme, Von der Weimarer Verfassung zum Bonner Grundgesetz, Tübingen 1960.

14 Fritz René Allemann, Bonn ist nicht Weimar, Köln 1956, S. 274. 以上综述: Heinrich August Winkler, Nationalismus, Nationalstaat und nationale Frage in Deutschland seit 1945, in: ders. u. Hartmut Kaelble (Hg.), Nationalismus, Natio-nalitäten, Supranationalität, Stut tgart 1993, S. 12–33。

15 Hierzu bes. Wolfgang Ruge, Weimar. Republik auf Zeit, Berlin (O) 1982[2], S. 307 ff.; Geschichte der deutschen Arbeiterbewegung, Bd. 4: Von 1924 bis Januar 1933, Berlin (O) 1966; Heinz Niemann u. a., Geschichte der deutschen Sozialdemokratie 1917–1945, Berlin (O) 1982; Grundriß der Geschichte der deutschen Arbeiterbewegung, Berlin (O) 1963[4]; Stefan Doernberg, Kurze Geschichte der DDR, Berlin (O) 1968[3]; Rolf Badstübner u. a., Geschichte der Deutschen Demokratischen Republik, Berlin (O) 1981. 论共产国际的"法西斯主义模式"等: Theo Pirker (Hg.), Komintern und Faschismus 1920–1940. Do-kum ente zur Geschichte und Theorie des Faschismus, Stuttgart 1965, bes. S. 187

16 Karl Dietrich Bracher, Politik und Zeitgeist. Tendenzen der siebziger Jahre, in: ders. u. a., Republik im Wandel 1969–1974. Die Ära Brandt (= Geschichte der Bundesrepublik Deutschland, Bd. V/1), Stuttgart 1986, S. 285–406 (406).

缩写索引

ABT	August-Bebel-Institut 奥古斯特·倍倍尔研究所
ADAP	Akten zur Deutschen Auswärtigen Politik 德国外交政策档案
ADGB	Allgemeiner Deutscher Gewerkschaftsbund 德国总工会联合会
AdR	Akten der Reichskanzlei 帝国总理府档案
AfA	Arbeitsgemeinschaft freier Angestelltenverbände 自由雇员协会工作组
AfA-Bund	Allgemeiner freier Angestelltenbund 自由雇员总工会
AfS	Archiv für Sozialgeschichte 社会史档案
AHR	American Historical Review 美国史评论
APZ	Aus Politik und Zeitgeschichte 政治和当代历史
ASS	Archiv für Sozialwissenschaft und Sozialpolitik 社会科学和社会政策档案
AStA	Allgemeiner Studentenausschuß 大学生总委员会
BA	Bundesarchiv 联邦档案馆
BVG	Berliner Verkehrs-Gesellschaft 柏林交通公司
BVP	Bayerische Volkspartei 巴伐利亚人民党
CEH	Central European History 中欧历史
Danatbank	Darmstädter und Nationalbank 达姆施塔特和国家银行
DAZ	Deutsche Allgemeine Zeitung 德国汇报
DDP	Deutsche Demokratische Partei 德意志民主党
DFW	Das Freie Wort 自由之言
DNVP	Deutschnationale Volkspartei 德意志民族人民党
DuM	Dokumente und Materialien zur Geschichte der deutschen Arbeiterbewegung 德国工人运动史文件和资料
EKKI	Exekutivkomitee der Kommunistischen Internationale 共产国际执行委员会
GdA	Gewerkschaftsbund der Angestellten 雇员工会联合会
Gedag	Gesamtverband Deutscher Angestelltengewerkschaften 德国雇员工会总联合会
Gefu	Gesellschaft zur Förderung gewerblicher Unternehmungen 工商业企业促进会
GG	Geschichte und Gesellschaft 历史和社会

GWU	Geschichte in Wissenschaft und Unterricht 科教史
GZ	Gewerkschafts-Zeitung 工会报
HZ	Historische Zeitschrift 历史期刊
JfZ	Institut für Zeitgeschichte 当代史研究所
IISG	Internationales Institut für Sozialgeschichte 社会史国际研究所
Inprekorr	Internationale Pressekorrespondenz 国际新闻通讯
IRSH	International Review of Social History 国际社会史评论
IWK	Internationale wissenschaftliche Korrespondenz zur Geschichte der deutschen Arbeiterbewegung 德国工人运动史的国际学术通讯
JCH	Journal of Contemporary History 当代历史杂志
JGMO	Jahrbuch für Geschichte Mittel-und Ostdeutschlands 中德和东德历史年鉴
JGO	Jahrbücher für Geschichte Osteuropas 东欧历史年鉴
JMH	Journal of Modem History 现代史杂志
JNS	Jahrbücher für Nationalökonomie und Statistik 国民经济统计年鉴
KAG	Kommunistische Arbeitsgemeinschaft 共产主义工作小组
KAPD	Kommunistische Arbeiterpartei Deutschlands 德国共产主义工人党
KK	Klassenkampf 阶级斗争
KPD	Kommunistische Partei Deutschlands 德国共产党
KPO	Kommunistische Partei (Opposition) 共产党（反对派）
Langnam-Verein	Verein zur Wahrung der gemeinsamen wirtschaftlichen Interessen in Rheinland und Westfalen 朗南协会（莱茵兰－威斯特法伦共同经济利益维护协会）
M-Apparat	Militärapparat [der KPD] 德国共产党军事机构
MGM	Militärgeschichtliche Mitteilungen 军事史通报
MICUM	Mission Interalliée de Contrôle des Usines et des Mines 协约国工厂和矿山控制代表团
MSPD	Mehrheitssozialdemokratische Partei Deutschlands 德国多数派社会民主党
ND	Neudruck 再版
NEP	Neue Ökonomische Politik 新经济政策
N F	Neue Folge 新系列
NSBO	Nationalsozialistische Betriebszellen-Organisation 民族社会主义工作组织
NSDAP	Nationalsozialistische Deutsche Arbeiterpartei 民族社会主义德意志 / 德国工人党，即纳粹党
O. C.	Organisation Consul 领事组织

OHL	Obersee Heeresleitung 最高统帅部
Orgesch	Organisation Escherich 埃舍里希组织
PVS	Politische Vierteljahresschrift 政治季刊
RDI	Reichsverband der Deutschen Industrie 德国工业帝国协会
RF	Rote Fahne 红旗报
RFB	Roter Frontkämpfer-Bund 红色阵线战士同盟
RGBI.	Reichsgesetzblatt 帝国法律公报
RGO	Revolutionäre Gewerkschafts-Opposition 革命工会反对派
RLB	Reichslandbund 帝国农业同盟
SA	Sturmabteilung 冲锋队
SAPD	Sozialistische Arbeiterpartei Deutschlands 德国社会主义工人党
SM	Sozialistische Monatshefte 社会主义月刊
SPD	Sozialdemokratische Partei Deutschlands 德国社会民主党
SPW	Sozialistische Politik und Wirtschaft 社会主义政治与经济
SS	Schutzstaffel 党卫队
USPD	Unabhängige Sozialdemokratische Partei Deutschlands 德国独立社会民主党
VfZ	Vierteljahreshefte für Zeitgeschichte 当代史季刊
VKPD	Vereinigte Kommunistische Partei Deutschlands 德国联合共产党
WTB-Plan	Woytinski-Tarnow-Baade-Plan 沃伊廷斯基 - 塔尔诺 - 巴德计划
ZAG	Zentral-Arbeitsgemeinschaft der industriellen und gewerblichen Arbeitgeber und Arbeitnehmerverbände Deutschlands 德国工商业雇主和雇员协会中央工作小组
ZfP	Zeitschrift für Politik 政治学期刊

人名索引

（以下页码为原书页码，即本书页边码）

图书在版编目(CIP)数据

魏玛共和国：1918~1933 / （德）海因里希·奥古斯特·温克勒（Heinrich August Winkler）著；杨丽，李鸥译.--北京：社会科学文献出版社，2024.6

书名原文：Weimar 1918-1933：Die Geschichte der ersten deutschen Demokratie

ISBN 978-7-5228-3403-0

Ⅰ.①魏… Ⅱ.①海… ②杨… ③李… Ⅲ.①魏玛共和国-历史-1918-1933 Ⅳ.①K516.43

中国国家版本馆 CIP 数据核字（2024）第 065430 号

魏玛共和国：1918~1933

著　　者 / [德]海因里希·奥古斯特·温克勒（Heinrich August Winkler）
译　　者 / 杨　丽　李　鸥

出 版 人 / 冀祥德
组稿编辑 / 董风云
责任编辑 / 张　骋　成　琳
责任印制 / 王京美

出　　版 / 社会科学文献出版社·甲骨文工作室（分社）（010）59366527
地址：北京市北三环中路甲 29 号院华龙大厦　邮编：100029
网址：www.ssap.com.cn
发　　行 / 社会科学文献出版社（010）59367028
印　　装 / 三河市东方印刷有限公司

规　　格 / 开　本：889mm×1194mm　1/32
印　张：28.25　插　页：0.5　字　数：652 千字
版　　次 / 2024 年 6 月第 1 版　2024 年 6 月第 1 次印刷
书　　号 / ISBN 978-7-5228-3403-0
著作权合同登记号 / 图字 01-2018-7834 号
定　　价 / 169.00 元

读者服务电话：4008918866